Codice

Civile

CODICE CIVILE

Libro I - Delle persone e della famiglia

Sommario

DISPOSIZIONI SULLA LEGGE IN GENERALE

TITOLO I – DELLE PERSONE E DELLA FAMIGLIA 6

TITOLO II – DELLE PERSONE GIURIDICHE 6

TITOLO III – DEL DOMICILIO E DELLA RESIDENZA 8

TITOLO IV – DELL'ASSENZA E DELLA DICHIARAZIONE DI MORTE PRESUNTA . 8

TITOLO V – DELLA PARENTELA E DELL'AFFINITA' 10

TITOLO VI – DEL MATRIMONIO 10

TITOLO VII – DELLA FILIAZIONE 21

TITOLO VIII – DELL'ADOZIONE DI PERSONE MAGGIORI DI ETA' 25

TITOLO IX – DELLA POTESTA' DEI GENITORI E DEI DIRITTI E DOVERI DEL FIGLIO (1) 29

TITOLO IX-BIS – ORDINI DI PROTEZIONE CONTRO GLI ABUSI FAMILIARI (1) . 31

TITOLO X – DELLA TUTELA E DELL'EMANCIPAZIONE 31

TITOLO XI – DELL'AFFILIAZIONE E DELL'AFFIDAMENTO 35

TITOLO XII – DELLE MISURE DI PROTEZIONE DELLE PERSONE PRIVE IN TUTTO OD IN PARTE DI AUTONOMIA (1) 35

TITOLO XIII – DEGLI ALIMENTI 38

TITOLO XIV – DEGLI ATTI DELLO STATO CIVILE 38

CODICE CIVILE

DISPOSIZIONI SULLA LEGGE IN GENERALE

CAPO I - DELLE FONTI DEL DIRITTO

Art. 1. Indicazione delle fonti.

Sono fonti del diritto:

1) le leggi;
2) i regolamenti;
3)… (1)
4) gli usi.

(1) "le norme corporative" sono state abrogate per effetto del R.D.L. 9 agosto 1943, n. 721.

Art. 2. Leggi.

La formazione delle leggi e l'emanazione degli atti del Governo aventi forza di legge sono disciplinate da leggi di carattere costituzionale.

Art. 3. Regolamenti.

Il potere regolamentare del Governo è disciplinato da leggi di carattere costituzionale.

Il potere regolamentare di altre autorità è esercitato nei limiti delle rispettive competenze, in conformità delle leggi particolari.

Art. 4. Limiti della disciplina regolamentare.

I regolamenti non possono contenere norme contrarie alle disposizioni delle leggi.

I regolamenti emanati a norma del secondo comma dell'art. 3 non possono nemmeno dettare norme contrarie a quelle dei regolamenti emanati dal Governo.

Art. 5.

(…) (1)

(1) "Norme corporative.
Sono norme corporative le ordinanze corporative, gli accordi economici collettivi, i contratti collettivi di lavoro e le sentenze della magistratura del lavoro nelle controversie collettive." Le norme corporative sono state abrogate per effetto del R.D.L. 9 agosto 1943, n. 721.

Art. 6.

(…) (1)

(1) "Formazione ed efficacia delle norme corporative.
La formazione e l'efficacia delle norme corporative sono disciplinate nel codice civile e in leggi particolari." Le norme corporative sono state abrogate per effetto del R.D.L. 9 agosto 1943, n. 721.

Art. 7.

(…) (1)

(1) "Limiti della disciplina corporativa.
Le norme corporative non possono derogare alle disposizioni imperative delle leggi e dei regolamenti." Le norme corporative sono state abrogate per effetto del R.D.L. 9 agosto 1943, n. 721.

Art. 8. Usi.

Nelle materie regolate dalle leggi e dai regolamenti gli usi hanno efficacia solo in quanto sono da essi richiamati.

(…) (1)

(1) "Le norme corporative prevalgono sugli usi, anche se richiamati dalle leggi e dai regolamenti, salvo che in esse sia diversamente disposto." Le norme corporative sono state abrogate per effetto del R.D.L. 9 agosto 1943, n. 721.

Art. 9. Raccolte di usi.

Gli usi pubblicati nelle raccolte ufficiali degli enti e degli organi a ciò autorizzati

si presumono esistenti fino a prova contraria.

CAPO II – DELL'APPLICAZIONE DELLA LEGGE IN GENERALE

Art. 10. Inizio dell'obbligatorietà delle leggi e dei regolamenti.

Le leggi e i regolamenti divengono obbligatori nel decimoquinto giorno successivo
a quello della loro pubblicazione, salvo che sia altrimenti disposto.
(…) (1)

(1) "Le norme corporative divengono obbligatorie nel giorno successivo a quello della
pubblicazione, salvo che in esse sia altrimenti disposto." Le norme corporative
sono state abrogate per effetto del R.D.L. 9 agosto 1943, n. 721.

Art. 11. Efficacia della legge nel tempo.

La legge non dispone che per l'avvenire: essa non ha effetto retroattivo.
I contratti collettivi di lavoro possono stabilire per la loro efficacia una data
anteriore alla pubblicazione, purché non preceda quella della stipulazione.

Art. 12. Interpretazione della legge.

Nell'applicare la legge non si può ad essa attribuire altro senso che quello
fatto palese dal significato proprio delle parole secondo la connessione di
esse, e dalla intenzione del legislatore.
Se una controversia non può essere decisa con una precisa disposizione, si
ha riguardo alle disposizioni che regolano casi simili o materie analoghe; se
il caso rimane ancora dubbio, si decide secondo i principi generali
dell'ordinamento giuridico dello Stato.

Art. 13.

(…) (1)

(1) "Esclusione dell'applicazione analogica delle norme corporative.
Le norme corporative non possono essere applicate a casi simili o a materie analoghe
a quelli da esse contemplati." Le norme corporative sono state abrogate per effetto
del R.D.L. 9 agosto 1943, n. 721.

Art. 14. Applicazione delle leggi penali ed eccezionali.

Le leggi penali e quelle che fanno eccezione a regole generali o ad altre leggi
non si applicano oltre i casi e i tempi in esse considerati.

Art. 15. Abrogazione delle leggi.

Le leggi non sono abrogate che da leggi posteriori per dichiarazione espressa
del legislatore, o per incompatibilità tra le nuove disposizioni e le precedenti
o perché la nuova legge regola l'intera materia già regolata dalla legge
anteriore.

Art. 16. Trattamento dello straniero.

Lo straniero è ammesso a godere dei diritti civili attribuiti al cittadino a condizione
di reciprocità e salve le disposizioni contenute in leggi speciali.
Questa disposizione vale anche per le persone giuridiche straniere.

Art. 17.

(…) (1)

(1) "Legge regolatrice dello stato e della capacità delle persone e dei rapporti di famiglia.
Lo stato e la capacità delle persone e i rapporti di famiglia sono regolati dalla legge
dello Stato al quale esse appartengono.
Tuttavia uno straniero, se compie nella Repubblica un atto per il quale sia incapace
secondo la sua legge nazionale, è considerato capace se per tale atto secondo la
legge italiana sia capace il cittadino, salvo che si tratti di rapporti di famiglia, di
successioni
per causa di morte, di donazioni, ovvero di atti di disposizione di immobili situati
all'estero." Articolo abrogato dalla L. 31 maggio 1995, n. 218.

Art. 18.

(…) (1)

(1) "Legge regolatrice dei rapporti personali tra coniugi.
I rapporti personali tra coniugi di diversa cittadinanza sono regolati dall'ultima legge
nazionale che sia stata loro comune durante il matrimonio o, in mancanza di essa,
dalla legge nazionale del marito al tempo della celebrazione del matrimonio." Articolo
abrogato dalla L. 31 maggio 1995, n. 218.

Art. 19.

(…) (1)

(1) "Legge regolatrice dei rapporti patrimoniali tra coniugi.
I rapporti patrimoniali tra coniugi sono regolati dalla legge nazionale del marito al
tempo della celebrazione del matrimonio.
Il cambiamento di cittadinanza dei coniugi non influisce sui rapporti patrimoniali,
salve le convenzioni tra i coniugi in base alla nuova legge nazionale comune" Articolo
abrogato dalla L. 31 maggio 1995, n. 218.

Art. 20.

(…) (1)

(1) "Legge regolatrice dei rapporti tra genitori e figli.
I rapporti tra genitori e figli sono regolati dalla legge nazionale del padre, ovvero da
quella della madre se soltanto la maternità è accertata o se soltanto la madre
ha legittimato il figlio.
I rapporti tra adottante e adottato sono regolati dalla legge nazionale dell'adottante
al tempo dell'adozione." Articolo abrogato dalla L. 31 maggio 1995, n. 218.

Art. 21.

(…) (1)

(1) "Legge regolatrice della tutela.
La tutela e gli altri istituti di protezione degli incapaci sono regolati dalla legge nazionale
dell'incapace." Articolo abrogato dalla L. 31 maggio 1995, n. 218.

Art. 22.

(…) (1)

(1) "Legge regolatrice del possesso, della proprietà e degli altri diritti sulle cose.
Il possesso, la proprietà e gli altri diritti sulle cose mobili e immobili sono regolati
dalla legge del luogo nel quale le cose si trovano." Articolo abrogato dalla L. 31
maggio 1995, n. 218.

Art. 23.

(…) (1)

(1) "Legge regolatrice delle successioni per causa di morte.
Le successioni per causa di morte sono regolate, ovunque siano i beni, dalla legge
dello Stato al quale apparteneva, al momento della morte, la persona della cui eredità
si tratta." Articolo abrogato dalla L. 31 maggio 1995, n. 218.

Art. 24.

(…) (1)

(1) "Legge regolatrice delle donazioni.
Le donazioni sono regolate dalla legge nazionale del donante." Articolo abrogato
dalla L. 31 maggio 1995, n. 218.

Art. 25.

(…) (1)

(1) "Legge regolatrice delle obbligazioni.
Le obbligazioni che nascono da contratto sono regolate dalla legge nazionale dei
contraenti, se è comune; altrimenti da quella del luogo nel quale il contratto è stato
conchiuso. È salva in ogni caso la diversa volontà delle parti.

Le obbligazioni non contrattuali sono regolate dalla legge del luogo ove è avvenuto il fatto dal quale esse derivano." Articolo abrogato dalla L. 31 maggio 1995, n. 218.

Art. 26.

(...) (1)

(1) "Legge regolatrice della forma degli atti.

La forma degli atti tra vivi e degli atti di ultima volontà è regolata dalla legge del luogo nel quale l'atto è compiuto o da quella che regola la sostanza dell'atto, ovvero dalla legge nazionale del disponente o da quella dei contraenti, se è comune.

Le forme di pubblicità degli atti di costituzione, di trasmissione e di estinzione dei diritti sulle cose sono regolate dalla legge del luogo in cui le cose stesse si trovano."
Articolo abrogato dalla L. 31 maggio 1995, n. 218.

Art. 27.

(...) (1)

(1) "Legge regolatrice del processo.

La competenza e la forma del processo sono regolate dalla legge del luogo in cui il processo si svolge." Articolo abrogato dalla L. 31 maggio 1995, n. 218.

Art. 28.

(...) (1)

(1) "Efficacia delle leggi penali e di polizia.

Le leggi penali e quelle di polizia e sicurezza pubblica obbligano tutti coloro che si trovano nel territorio dello Stato." Articolo abrogato dalla L. 31 maggio 1995, n. 218.

Art. 29.

(...) (1)

(1) "Apolidi.

Se una persona non ha cittadinanza, si applica la legge del luogo dove risiede in tutti i casi nei quali, secondo le disposizioni che precedono, dovrebbe applicarsi la legge nazionale." Articolo abrogato dalla L. 31 maggio 1995, n. 218.

Art. 30.

(...) (1)

(1) "Rinvio ad altra legge.

Quando, ai termini degli articoli precedenti, si deve applicare una legge straniera, si applicano le disposizioni della legge stessa senza tener conto del rinvio da essa fatto ad altra legge." Articolo abrogato dalla L. 31 maggio 1995, n. 218.

Art. 31.

(...) (1)

(1) "Limiti derivanti dall'ordine pubblico e dal buon costume.

Nonostante le disposizioni degli articoli precedenti, in nessun caso le leggi e gli atti di uno Stato estero, gli ordinamenti e gli atti di qualunque istituzione o ente, o le private disposizioni e convenzioni possono avere effetto nel territorio dello Stato, quando siano contrari all'ordine pubblico o al buon costume.

L'ordine corporativo fa parte integrante dell'ordine pubblico." Articolo abrogato dalla L. 31 maggio 1995, n. 218.

LIBRO I - DELLE PERSONE E DELLA FAMIGLIA
TITOLO I – DELLE PERSONE E DELLA FAMIGLIA

Art. 1. Capacità giuridica.

La capacità giuridica si acquista dal momento della nascita.

I diritti che la legge riconosce a favore del concepito sono subordinati all'evento
della nascita.

(...) (1)

(1) Il comma "Le limitazioni alla capacità giuridica derivanti dall'appartenenza a determinate

razze sono stabilite da leggi speciali." è stato abrogato dal D.Lgs.Lgt. 14 settembre 1944, n. 287.

Art. 2. Maggiore età. Capacità di agire.

La maggiore età è fissata al compimento del diciottesimo anno. Con la maggiore
età si acquista la capacità di compiere tutti gli atti per i quali non sia stabilita una età diversa.

Sono salve le leggi speciali che stabiliscono un'età inferiore in materia di capacità a prestare il proprio lavoro. In tal caso il minore è abilitato all'esercizio dei diritti e delle azioni che dipendono dal contratto di lavoro.

Art. 3.

(...) (1)

(1) "Capacità in materia di lavoro.

Il minore che ha compiuto gli anni diciotto può prestare il proprio lavoro, stipulare i relativi contratti ed esercitare i diritti e le azioni che ne dipendono, salve le leggi speciali che stabiliscono un'età inferiore." Articolo abrogato dalla L. 8 marzo 1975, n. 39.

Art. 4. Commorienza.

Quando un effetto giuridico dipende dalla sopravvivenza di una persona a un'altra e non consta quale di esse sia morta prima, tutte si considerano morte nello stesso momento.

Art. 5. Atti di disposizione del proprio corpo.

Gli atti di disposizione del proprio corpo sono vietati quando cagionino una diminuzione permanente della integrità fisica, o quando siano altrimenti contrari alla legge, all'ordine pubblico o al buon costume.

Art. 6. Diritto al nome.

Ogni persona ha diritto al nome che le è per legge attribuito.

Nel nome si comprendono il prenome e il cognome.

Non sono ammessi cambiamenti, aggiunte o rettifiche al nome, se non nei casi e con le formalità dalla legge indicati.

Art. 7. Tutela del diritto al nome.

La persona, alla quale si contesti il diritto all'uso del proprio nome o che possa risentire pregiudizio dall'uso che altri indebitamente ne faccia, può chiedere giudizialmente la cessazione del fatto lesivo, salvo il risarcimento dei danni.

L'autorità giudiziaria può ordinare che la sentenza sia pubblicata in uno o più giornali.

Art. 8. Tutela del nome per ragioni familiari.

Nel caso previsto dall'articolo precedente, l'azione può essere promossa anche da chi, pur non portando il nome contestato o indebitamente usato, abbia alla tutela del nome un interesse fondato su ragioni familiari degne d'essere protette.

Art. 9. Tutela dello pseudonimo.

Lo pseudonimo, usato da una persona in modo che abbia

acquistato l'importanza
del nome, può essere tutelato ai sensi dell'articolo 7.

Art. 10. Abuso dell'immagine altrui.

Qualora l'immagine di una persona o dei genitori, del coniuge o dei figli sia stata esposta o pubblicata fuori dei casi in cui l'esposizione o la pubblicazione è dalla legge consentita, ovvero con pregiudizio al decoro o alla reputazione della persona stessa o dei detti congiunti, l'autorità giudiziaria, su richiesta dell'interessato, può disporre che cessi l'abuso, salvo il risarcimento dei danni.

Cfr. Cassazione civile, sez. III, sentenza 16 maggio 2008, n. 12433 e Cassazione penale, sez. V, sentenza 22 luglio 2008, n. 30664 in Altalex Massimario.

TITOLO II – DELLE PERSONE GIURIDICHE
CAPO I – DISPOSIZIONI GENERALI

Art. 11. Persone giuridiche pubbliche.

Le province e i comuni, nonché gli enti pubblici riconosciuti come persone giuridiche, godono dei diritti secondo le leggi e gli usi osservati come diritto pubblico.

Art. 12.

(…) (1)

(1) "Persone giuridiche private.
Le associazioni, le fondazioni e le altre istituzioni di carattere privato acquistano la personalità giuridica mediante il riconoscimento concesso con decreto del presidente della Repubblica.
Per determinate categorie di enti che esercitano la loro attività nell'ambito della provincia, il Governo può delegare ai prefetti la facoltà di riconoscerli con loro decreto."
Articolo abrogato dal D.P.R. 10 febbraio 2000, n. 361.

Art. 13. Società.

Le società sono regolate dalle disposizioni contenute nel libro V.

CAPO II – DELLE ASSOCIAZIONI E DELLE FONDAZIONI

Art. 14. Atto costitutivo.

Le associazioni e le fondazioni devono essere costituite con atto pubblico.
La fondazione può essere disposta anche con testamento.

Art. 15. Revoca dell'atto costitutivo della fondazione.

L'atto di fondazione può essere revocato dal fondatore fino a quando non sia intervenuto il riconoscimento ovvero il fondatore non abbia fatto iniziare l'attività dell'opera da lui disposta.
La facoltà di revoca non si trasmette agli eredi.

Art. 16. Atto costitutivo e statuto. Modificazioni.

L'atto costitutivo e lo statuto devono contenere la denominazione dell'ente, l'indicazione dello scopo, del patrimonio e della sede, nonché le norme sull'ordinamento e sull'amministrazione. Devono anche determinare, quando trattasi di associazioni, i diritti e gli obblighi degli associati e le condizioni della loro ammissione; e, quando trattasi di fondazioni, i criteri e le modalità di erogazione delle rendite.
L'atto costitutivo e lo statuto possono inoltre contenere le norme relative alla estinzione dell'ente e alla devoluzione del patrimonio, e, per le fondazioni, anche quelle relative alla loro trasformazione.

(…) (1)

(1) "Le modificazioni dell'atto costitutivo e dello statuto devono essere approvate dall'autorità governativa nelle forme indicate nell'articolo 12." Comma abrogato dal D.P.R. 10 febbraio 2000, n. 361

Art. 17. Acquisto di immobili e accettazione di donazioni, eredità e legati.

(…)(1)

(1) "La persona giuridica non può acquistare beni immobili, né accettare donazioni o eredità, né conseguire legati senza l'autorizzazione governativa.
Senza questa autorizzazione l'acquisto e l'accettazione non hanno effetto." Articolo abrogato dalla L. 15 maggio 1997, n. 127.

Art. 18. Responsabilità degli amministratori.

Gli amministratori sono responsabili verso l'ente secondo le norme del mandato. È però esente da responsabilità quello degli amministratori il quale non abbia partecipato all'atto che ha causato il danno, salvo il caso in cui, essendo a cognizione che l'atto si stava per compiere, egli non abbia fatto constare del proprio dissenso.

Art. 19. Limitazioni del potere di rappresentanza.

Le limitazioni del potere di rappresentanza, che non risultano dal registro indicato nell'articolo 33, non possono essere opposte ai terzi, salvo che si provi che essi ne erano a conoscenza.

Art. 20. Convocazione dell'assemblea delle associazioni.

L'assemblea delle associazioni deve essere convocata dagli amministratori una volta l'anno per l'approvazione del bilancio.
L'assemblea deve essere inoltre convocata quando se ne ravvisa la necessità o quando ne è fatta richiesta motivata da almeno un decimo degli associati.
In quest'ultimo caso, se gli amministratori non vi provvedono, la convocazione può essere ordinata dal presidente del tribunale.

Art. 21. Deliberazioni dell'assemblea.

Le deliberazioni dell'assemblea sono prese a maggioranza di voti e con la presenza di almeno la metà degli associati. In seconda convocazione la deliberazione è valida qualunque sia il numero degli intervenuti. Nelle deliberazioni
di approvazione del bilancio e in quelle che riguardano la loro responsabilità gli amministratori non hanno voto.
Per modificare l'atto costitutivo e lo statuto, se in essi non è altrimenti disposto, occorrono la presenza di almeno tre quarti degli associati e il voto favorevole della maggioranza dei presenti.
Per deliberare lo scioglimento dell'associazione e la devoluzione del patrimonio occorre il voto favorevole di almeno tre quarti degli associati.

Art. 22. Azioni di responsabilità contro gli amministratori.

Le azioni di responsabilità contro gli amministratori delle associazioni per fatti da loro compiuti sono deliberate dall'assemblea e sono esercitate dai nuovi amministratori o dai liquidatori.

Art. 23. Annullamento e sospensione delle deliberazioni.

Le deliberazioni dell'assemblea contrarie alla legge, all'atto costitutivo o allo statuto possono essere annullate su istanza degli organi dell'ente, di qualunque associato o del pubblico ministero.
L'annullamento della deliberazione non pregiudica i diritti acquistati dai terzi di buona fede in base ad atti compiuti in esecuzione della deliberazione medesima.

Il presidente del tribunale o il giudice istruttore, sentiti gli amministratori dell'associazione, può sospendere, su istanza di colui che ha proposto l'impugnazione, l'esecuzione della delibera impugnata, quando sussistono gravi motivi. Il decreto di sospensione deve essere motivato ed è notificato agli amministratori.

L'esecuzione delle deliberazioni contrarie all'ordine pubblico o al buon costume può essere sospesa anche dall'autorità governativa.

Art. 24. Recesso ed esclusione degli associati.

La qualità di associato non è trasmissibile, salvo che la trasmissione sia consentita dall'atto costitutivo o dallo statuto.

L'associato può sempre recedere dall'associazione se non ha assunto l'obbligo di farne parte per un tempo determinato. La dichiarazione di recesso deve essere comunicata per iscritto agli amministratori e ha effetto con lo scadere dell'anno in corso, purché sia fatta almeno tre mesi prima.

L'esclusione d'un associato non può essere deliberata dall'assemblea che per gravi motivi; l'associato può ricorrere all'autorità giudiziaria entro sei mesi dal giorno in cui gli è stata notificata la deliberazione.

Gli associati, che abbiano receduto o siano stati esclusi o che comunque abbiano cessato di appartenere all'associazione, non possono ripetere i contributi versati, né hanno alcun diritto sul patrimonio dell'associazione.

Art. 25. Controllo sull'amministrazione delle fondazioni.

L'autorità governativa esercita il controllo e la vigilanza sull'amministrazione delle fondazioni; provvede alla nomina e alla sostituzione degli amministratori o dei rappresentanti, quando le disposizioni contenute nell'atto di fondazione non possono attuarsi; annulla, sentiti gli amministratori, con provvedimento definitivo, le deliberazioni contrarie a norme imperative, all'atto di fondazione, all'ordine pubblico o al buon costume; può sciogliere l'amministrazione e nominare un commissario straordinario, qualora gli amministratori non agiscano in conformità dello statuto o dello scopo della fondazione o della legge.

L'annullamento della deliberazione non pregiudica i diritti acquistati dai terzi di buona fede in base ad atti compiuti in esecuzione della deliberazione medesima.

Le azioni contro gli amministratori per fatti riguardanti la loro responsabilità devono essere autorizzate dall'autorità governativa e sono esercitate dal commissario straordinario, dai liquidatori o dai nuovi amministratori.

Art. 26. Coordinamento di attività e unificazione di amministrazione.

L'autorità governativa può disporre il coordinamento dell'attività di più fondazioni ovvero l'unificazione della loro amministrazione, rispettando, per quanto è possibile, la volontà del fondatore.

Art. 27. Estinzione della persona giuridica.

Oltre che per le cause previste nell'atto costitutivo e nello statuto, la persona giuridica si estingue quando lo scopo è stato raggiunto o è divenuto impossibile.

Le associazioni si estinguono, inoltre, quando tutti gli associati sono venuti a mancare.

(…) (1)

(1) "L'estinzione è dichiarata dall'autorità governativa, su istanza di qualunque interessato o anche d'ufficio." Comma abrogato dal D.P.R. 10 febbraio 2000, n. 361.

Art. 28. Trasformazione delle fondazioni.

Quando lo scopo è esaurito o divenuto impossibile o di scarsa utilità, o il patrimonio è divenuto insufficiente, l'autorità governativa, anziché dichiarare estinta la fondazione, può provvedere alla sua trasformazione, allontanandosi il meno possibile dalla volontà del fondatore.

La trasformazione non è ammessa quando i fatti che vi darebbero luogo sono considerati nell'atto di fondazione come causa di estinzione della persona giuridica e di devoluzione dei beni a terze persone.

Le disposizioni del primo comma di questo articolo e dell'articolo 26 non si applicano alle fondazioni destinate a vantaggio soltanto di una o più famiglie determinate.

Art. 29. Divieto di nuove operazioni.

Gli amministratori non possono compiere nuove operazioni, appena è stato loro comunicato il provvedimento che dichiara l'estinzione della persona giuridica o il provvedimento con cui l'autorità, a norma di legge, ha ordinato lo scioglimento dell'associazione, o appena è stata adottata dall'assemblea la deliberazione di scioglimento dell'associazione medesima. Qualora trasgrediscano a questo divieto, assumono responsabilità personale e solidale.

Art. 30. Liquidazione.

Dichiarata l'estinzione della persona giuridica o disposto lo scioglimento dell'associazione, si procede alla liquidazione del patrimonio secondo le norme di attuazione del codice.

Art. 31. Devoluzione dei beni.

I beni della persona giuridica, che restano dopo esaurita la liquidazione, sono devoluti in conformità dell'atto costitutivo o dello statuto.

Qualora questi non dispongano, se trattasi di fondazione, provvede l'autorità governativa, attribuendo i beni ad altri enti che hanno fini analoghi; se trattasi di associazione, si osservano le deliberazioni dell'assemblea che ha stabilito lo scioglimento e, quando anche queste mancano, provvede nello stesso modo l'autorità governativa.

I creditori che durante la liquidazione non hanno fatto valere il loro credito possono chiedere il pagamento a coloro ai quali i beni sono stati devoluti, entro l'anno dalla chiusura della liquidazione, in proporzione e nei limiti di ciò che hanno ricevuto.

Art. 32. Devoluzione dei beni con destinazione particolare.

Nel caso di trasformazione o di scioglimento di un ente, al quale sono stati donati o lasciati beni con destinazione a scopo diverso da quello proprio dell'ente, l'autorità governativa devolve tali beni, con lo stesso onere, ad altre persone giuridiche che hanno fini analoghi.

Art. 33.

(…) (1)

(1) "Registrazione delle persone giuridiche.
In ogni provincia è istituito un pubblico registro delle persone giuridiche.
Nel registro devono indicarsi la data dell'atto costitutivo e quella del decreto di riconoscimento,
la denominazione, lo scopo, il patrimonio, la durata, qualora sia stata determinata, la sede della persona giuridica e il cognome e il nome degli amministratori con la menzione di quelli ai quali è attribuita la rappresentanza.
La registrazione può essere disposta anche d'ufficio.
Gli amministratori di un'associazione o di una fondazione non registrata, benché riconosciuta,
rispondono personalmente e solidalmente, insieme con la persona giuridica, delle obbligazioni assunte." Articolo abrogato dal D.P.R. 10 febbraio 2000, n. 361.

Art. 34.

(…) (1)

(1) "Registrazione di atti.
Nel registro devono iscriversi anche le modificazioni dell'atto costitutivo e dello statuto, dopo che sono state approvate dall'autorità governativa, il trasferimento della sede e l'istituzione di sedi secondarie, la sostituzione degli amministratori con indicazione di quelli ai quali spetta la rappresentanza, le deliberazioni di scioglimento, i provvedimenti che ordinano lo scioglimento o dichiarano l'estinzione, il cognome e il nome dei liquidatori.
Se l'iscrizione non ha avuto luogo, i fatti indicati non possono essere opposti ai terzi, a meno che si provi che questi ne erano a conoscenza." Articolo abrogato dal D.P.R. 10 febbraio 2000, n. 361.

Art. 35. Disposizione penale.

Gli amministratori e i liquidatori che non richiedono le iscrizioni prescritte sono puniti con la sanzione amministrativa del pagamento di una somma da € 10 a € 516. (1)

(1) Le parole "dagli articoli 33 e 34, nel termine e secondo le modalità stabiliti dalle norme di attuazione del codice," sono state abrogate dal D.P.R. 10 febbraio 2000, n. 361.

CAPO III – DELLE ASSOCIAZIONI NON RICONOSCIUTE E DEI COMITATI

Art. 36. Ordinamento e amministrazione delle associazioni non riconosciute.

L'ordinamento interno e l'amministrazione delle associazioni non riconosciute come persone giuridiche sono regolati dagli accordi degli associati.
Le dette associazioni possono stare in giudizio nella persona di coloro ai quali, secondo questi accordi, è conferita la presidenza o la direzione.

Cfr. Cassazione Civile, sez. tributaria, sentenza 16 ottobre 2009, n. 21967 in Altalex Massimario.

Art. 37. Fondo comune.

I contributi degli associati e i beni acquistati con questi contributi costituiscono il fondo comune dell'associazione.
Finché questa dura, i singoli associati non possono chiedere la divisione del fondo comune, né pretenderne la quota in caso di recesso.

Art. 38. Obbligazioni.

Per le obbligazioni assunte dalle persone che rappresentano l'associazione, i terzi possono far valere i loro diritti sul fondo comune. Delle obbligazioni stesse rispondono anche personalmente e solidalmente le persone che hanno agito in nome e per conto dell'associazione.

Cfr. Cassazione Civile, sez. I, sentenza 23 giugno 2009, n. 14612 in Altalex Massimario.

Art. 39. Comitati.

I comitati di soccorso o di beneficenza e i comitati promotori di opere pubbliche,
monumenti, esposizioni, mostre, festeggiamenti e simili sono regolati dalle disposizioni seguenti, salvo quanto è stabilito nelle leggi speciali.

Art. 40. Responsabilità degli organizzatori.

Gli organizzatori e coloro che assumono la gestione dei fondi raccolti sono responsabili personalmente e solidalmente della conservazione dei fondi e della loro destinazione allo scopo annunziato.

Art. 41. Responsabilità dei componenti. Rappresentanza in giudizio.

Qualora il comitato non abbia ottenuto la personalità giuridica, i suoi componenti
rispondono personalmente e solidalmente delle obbligazioni assunte.
I sottoscrittori sono tenuti soltanto a effettuare le oblazioni promesse.
Il comitato può stare in giudizio nella persona del presidente.

Art. 42. Diversa destinazione dei fondi.

Qualora i fondi raccolti siano insufficienti allo scopo, o questo non sia più attuabile, o, raggiunto lo scopo, si abbia un residuo di fondi, l'autorità governativa
stabilisce la devoluzione dei beni, se questa non è stata disciplinata al momento della costituzione.

TITOLO III – DEL DOMICILIO E DELLA RESIDENZA

Art. 43. Domicilio e residenza.

Il domicilio di una persona è nel luogo in cui essa ha stabilito la sede principale dei suoi affari e interessi.
La residenza è nel luogo in cui la persona ha la dimora abituale.

Art. 44. Trasferimento della residenza e del domicilio.

Il trasferimento della residenza non può essere opposto ai terzi di buona fede, se non è stato denunciato nei modi prescritti dalla legge.
Quando una persona ha nel medesimo luogo il domicilio e la residenza e trasferisce questa altrove, di fronte ai terzi di buona fede si considera trasferito pure il domicilio, se non si è fatta una diversa dichiarazione nell'atto in cui è stato denunciato il trasferimento della residenza.

Art. 45. Domicilio dei coniugi, del minore e dell'interdetto.

Ciascuno dei coniugi ha il proprio domicilio nel luogo in cui ha stabilito la sede principale dei propri affari o interessi. (1)
Il minore ha il domicilio nel luogo di residenza della famiglia o quello del tutore. Se i genitori sono separati o il loro matrimonio è stato annullato o sciolto o ne sono cessati gli effetti civili o comunque non hanno la stessa residenza, il minore ha il domicilio del genitore con il quale convive.
L'interdetto ha il domicilio del tutore.

(1) La Corte Costituzionale con sentenza 14 luglio 1976, n. 171 ha dichiarato l'illegittimità

costituzionale del presente comma nella parte in cui in caso di separazione di fatto dei coniugi ed ai fini della competenza per territorio nel giudizio di separazione prevede che la moglie, la quale abbia fissato altrove la propria residenza, conservi legalmente il domicilio del marito.

Art. 46. Sede delle persone giuridiche.

Quando la legge fa dipendere determinati effetti dalla residenza o dal domicilio, per le persone giuridiche si ha riguardo al luogo in cui è stabilita la loro sede.

Nei casi in cui la sede stabilita ai sensi dell'articolo 16 o la sede risultante dal registro è diversa da quella effettiva, i terzi possono considerare come sede della persona giuridica anche quest'ultima.

Cfr. Cassazione Civile, sez. tributaria, sentenza 29 luglio 2009, n. 17590 in Altalex Massimario.

Art. 47. Elezione di domicilio.

Si può eleggere domicilio speciale per determinati atti o affari.

Questa elezione deve farsi espressamente per iscritto.

TITOLO IV – DELL'ASSENZA E DELLA DICHIARAZIONE DI MORTE PRESUNTA

CAPO I – DELL'ASSENZA

Art. 48. Curatore dello scomparso.

Quando una persona non è più comparsa nel luogo del suo ultimo domicilio o dell'ultima sua residenza e non se ne hanno più notizie, il tribunale dell'ultimo domicilio o dell'ultima residenza, su istanza degli interessati o dei presunti successori legittimi o del pubblico ministero, può nominare un curatore che rappresenti la persona in giudizio o nella formazione degli inventari e dei conti e nelle liquidazioni o divisioni in cui sia interessata, e può dare gli altri provvedimenti necessari alla conservazione del patrimonio dello scomparso.

Se vi è un legale rappresentante, non si fa luogo alla nomina del curatore.

Se vi è un procuratore, il tribunale provvede soltanto per gli atti che il medesimo non può fare.

Art. 49. Dichiarazione di assenza.

Trascorsi due anni dal giorno a cui risale l'ultima notizia, i presunti successori legittimi e chiunque ragionevolmente creda di avere sui beni dello scomparso diritti dipendenti dalla morte di lui possono domandare al tribunale competente, secondo l'articolo precedente, che ne sia dichiarata l'assenza.

Art. 50. Immissione nel possesso temporaneo dei beni.

Divenuta eseguibile la sentenza che dichiara l'assenza, il tribunale, su istanza di chiunque vi abbia interesse o del pubblico ministero, ordina l'apertura degli atti di ultima volontà dell'assente, se vi sono.

Coloro che sarebbero eredi testamentari o legittimi, se l'assente fosse morto nel giorno a cui risale l'ultima notizia di lui, o i loro rispettivi eredi possono domandare l'immissione nel possesso temporaneo dei beni.

I legatari, i donatari e tutti quelli ai quali spetterebbero diritti dipendenti dalla morte dell'assente possono domandare di essere ammessi all'esercizio temporaneo di questi diritti.

Coloro che per effetto della morte dell'assente sarebbero liberati da obbligazioni possono essere temporaneamente esonerati dall'adempimento di esse, salvo che si tratti delle obbligazioni alimentari previste dall'articolo 434.

Per ottenere l'immissione nel possesso, l'esercizio temporaneo dei diritti o la liberazione temporanea dalle obbligazioni si deve dare cauzione nella somma determinata dal tribunale; se taluno non sia in grado di darla, il tribunale può stabilire altre cautele, avuto riguardo alla qualità delle persone e alla loro parentela con l'assente.

Art. 51. Assegno alimentare a favore del coniuge dell'assente.

Il coniuge dell'assente, oltre ciò che gli spetta per effetto del regime patrimoniale dei coniugi e per titolo di successione, può ottenere dal tribunale, in caso di bisogno, un assegno alimentare da determinarsi secondo le condizioni della famiglia e l'entità del patrimonio dell'assente.

Cfr. Cassazione penale, sez. V, sentenza 20 gennaio 2009, n. 2066 in Altalex Massimario.

Art. 52. Effetti della immissione nel possesso temporaneo.

L'immissione nel possesso temporaneo dei beni deve essere preceduta dalla formazione dell'inventario dei beni.

Essa attribuisce a coloro che l'ottengono e ai loro successori l'amministrazione dei beni dell'assente, la rappresentanza di lui in giudizio e il godimento delle rendite dei beni nei limiti stabiliti nell'articolo seguente.

Art. 53. Godimento dei beni.

Gli ascendenti, i discendenti e il coniuge immessi nel possesso temporaneo dei beni ritengono a loro profitto la totalità delle rendite. Gli altri devono riservare all'assente il terzo delle rendite.

Art. 54. Limiti alla disponibilità dei beni.

Coloro che hanno ottenuto l'immissione nel possesso temporaneo dei beni non possono alienarli, ipotecarli o sottoporli a pegno, se non per necessità o utilità evidente riconosciuta dal tribunale.

Il tribunale nell'autorizzare questi atti dispone circa l'uso e l'impiego delle somme ricavate.

Art. 55. Immissione di altri nel possesso temporaneo.

Se durante il possesso temporaneo taluno prova di avere avuto, al giorno a cui risale l'ultima notizia dell'assente, un diritto prevalente o uguale a quello del possessore, può escludere questo dal possesso o farvisi associare; ma non ha diritto ai frutti se non dal giorno della domanda giudiziale.

Art. 56. Ritorno dell'assente o prova della sua esistenza.

Se durante il possesso temporaneo l'assente ritorna o è provata l'esistenza di lui, cessano gli effetti della dichiarazione di assenza, salva, se occorre, l'adozione di provvedimenti per la conservazione del patrimonio a norma dell'articolo 48.

I possessori temporanei dei beni devono restituirli; ma fino al giorno della loro costituzione in mora continuano a godere i vantaggi attribuiti dagli articoli 52 e 53, e gli atti compiuti ai sensi dell'articolo 54 restano irrevocabili.

Se l'assenza è stata volontaria e non è giustificata, l'assente perde il diritto di farsi restituire le rendite riservategli dalla norma dell'articolo 53.

Art. 57. Prova della morte dell'assente.

Se durante il possesso temporaneo è provata la morte dell'assente, la successione si apre a vantaggio di coloro che al momento della morte erano suoi eredi o legatari.

Si applica anche in questo caso la disposizione del secondo comma dell'articolo precedente.

CAPO II – DELLA DICHIARAZIONE DI MORTE PRESUNTA

Art. 58. Dichiarazione di morte presunta dell'assente.

Quando sono trascorsi dieci anni dal giorno a cui risale l'ultima notizia dell'assente il tribunale competente secondo l'art. 48, su istanza del pubblico ministero o di taluna delle persone indicate nei capoversi dell'articolo 50, può con sentenza dichiarare presunta la morte dell'assente nel giorno a cui risale l'ultima notizia.

In nessun caso la sentenza può essere pronunziata se non sono trascorsi nove anni dal raggiungimento della maggiore età dell'assente.

Può essere dichiarata la morte presunta anche se sia mancata la dichiarazione di assenza.

Art. 59. Termine per la rinnovazione della istanza.

L'istanza, quando è stata rigettata, non può essere riproposta prima che siano decorsi almeno due anni.

Art. 60. Altri casi di dichiarazione di morte presunta.

Oltre che nel caso indicato nell'articolo 58, può essere dichiarata la morte presunta nei casi seguenti:

1) quando alcuno è scomparso in operazioni belliche alle quali ha preso parte, sia nei corpi armati, sia al seguito di essi, o alle quali si è comunque trovato presente, senza che si abbiano più notizie di lui, e sono trascorsi due anni dall'entrata in vigore del trattato di pace o, in mancanza di questo, tre anni dalla fine dell'anno in cui sono cessate le ostilità;

2) quando alcuno è stato fatto prigioniero dal nemico, o da questo internato o comunque trasportato in paese straniero, e sono trascorsi due anni dall'entrata in vigore del trattato di pace, o, in mancanza di questo, tre anni dalla fine dell'anno in cui sono cessate le ostilità, senza che si siano avute notizie di lui dopo l'entrata in vigore del trattato di pace ovvero dopo la cessazione delle ostilità;

3) quando alcuno è scomparso per un infortunio e non si hanno più notizie di lui, dopo due anni dal giorno dell'infortunio o, se il giorno non è conosciuto, dopo due anni dalla fine del mese o, se neppure il mese è conosciuto, dalla fine dell'anno in cui l'infortunio è avvenuto.

Art. 61. Data della morte presunta.

Nei casi previsti dai numeri 1 e 3 dell'articolo precedente, la sentenza determina il giorno e possibilmente l'ora a cui risale la scomparsa nell'operazione bellica o nell'infortunio, e nel caso indicato dal numero 2 il giorno a cui risale l'ultima notizia.

Qualora non possa determinarsi l'ora, la morte presunta si ha per avvenuta alla fine del giorno indicato.

Art. 62. Condizioni e forme della dichiarazione di morte presunta.

La dichiarazione di morte presunta nei casi indicati dall'articolo 60 può essere domandata quando non si è potuto procedere agli accertamenti richiesti dalla legge per la compilazione dell'atto di morte.

Questa dichiarazione è pronunziata con sentenza del tribunale su istanza del pubblico ministero o di alcuna delle persone indicate nei capoversi dell'articolo 50.

Il tribunale, qualora non ritenga di accogliere l'istanza di dichiarazione di morte presunta, può dichiarare l'assenza dello scomparso.

Art. 63. Effetti della dichiarazione di morte presunta dell'assente.

Divenuta eseguibile la sentenza indicata nell'articolo 58, coloro che ottennero l'immissione nel possesso temporaneo dei beni dell'assente o i loro successori possono disporre liberamente dei beni.

Coloro ai quali fu concesso l'esercizio temporaneo dei diritti o la liberazione temporanea dalle obbligazioni di cui all'articolo 50 conseguono l'esercizio definitivo dei diritti o la liberazione definitiva dalle obbligazioni.

Si estinguono inoltre le obbligazioni alimentari indicate nel quarto comma dell'articolo 50.

In ogni caso cessano le cauzioni e le altre cautele che sono state imposte.

Art. 64. Immissione nel possesso e inventario.

Se non v'è stata immissione nel possesso temporaneo dei beni, gli aventi diritto indicati nei capoversi dell'articolo 50 o i loro successori conseguono il pieno esercizio dei diritti loro spettanti, quando è diventata eseguibile la sentenza menzionata nell'articolo 58.

Coloro che prendono possesso dei beni devono fare precedere l'inventario dei beni.

Parimenti devono far precedere l'inventario dei beni coloro che succedono per effetto della dichiarazione di morte presunta nei casi indicati dall'articolo 60.

Art. 65. Nuovo matrimonio del coniuge.

Divenuta eseguibile la sentenza che dichiara la morte presunta, il coniuge può contrarre nuovo matrimonio.

Art. 66. Prova dell'esistenza della persona di cui è stata dichiarata la morte presunta.

La persona di cui è stata dichiarata la morte presunta, se ritorna o ne è provata l'esistenza, ricupera i beni nello stato in cui si trovano e ha diritto di conseguire il prezzo di quelli alienati, quando esso sia tuttora dovuto, o i beni nei quali sia stato investito.

Essa ha altresì diritto di pretendere l'adempimento delle obbligazioni considerate estinte ai sensi del secondo comma dell'articolo 63.

Se è provata la data della sua morte, il diritto previsto nel primo comma di questo articolo compete a coloro che a quella data sarebbero stati suoi eredi o legatari. Questi possono inoltre pretendere l'adempimento delle obbligazioni considerate estinte ai sensi del secondo comma dell'articolo 63 per il tempo anteriore alla data della morte.

Sono salvi in ogni caso gli effetti delle prescrizioni e delle usucapioni.

Art. 67. Dichiarazione di esistenza o accertamento della morte.

La dichiarazione di esistenza della persona di cui è stata dichiarata la morte presunta e l'accertamento della morte possono essere sempre fatti, su richiesta del pubblico ministero o di qualunque interessato, in contraddittorio di tutti coloro che furono parti nel giudizio in cui fu dichiarata la morte presunta.

Art. 68. Nullità del nuovo matrimonio.

Il matrimonio contratto a norma dell'articolo 65 è nullo, qualora la persona della quale fu dichiarata la morte presunta ritorni o ne sia accertata l'esistenza. Sono salvi gli effetti civili del matrimonio dichiarato nullo.

La nullità non può essere pronunziata nel caso in cui è accertata la morte, anche se avvenuta in una data posteriore a quella del matrimonio.

CAPO III – DELLE RAGIONI EVENTUALI CHE COMPETONO ALLA PERSONA DI CUI SI IGNORA L'ESISTENZA O DI CUI E' STATA DICHIARATA LA MORTE PRESUNTA

Art. 69. Diritti spettanti alla persona di cui si ignora l'esistenza.

Nessuno è ammesso a reclamare un diritto in nome della persona di cui si ignora l'esistenza, se non prova che la persona esisteva quando il diritto è nato.

Art. 70. Successione alla quale sarebbe chiamata la persona di cui si ignora l'esistenza.

Quando s'apre una successione alla quale sarebbe chiamata in tutto o in parte una persona di cui s'ignora l'esistenza, la successione è devoluta a coloro ai quali sarebbe spettata in mancanza della detta persona salvo il diritto di rappresentazione.

Coloro ai quali è devoluta la successione devono innanzi tutto procedere all'inventario dei beni, e devono dare cauzione.

Art. 71. Estinzione dei diritti spettanti alla persona di cui si ignora l'esistenza.

Le disposizioni degli articoli precedenti non pregiudicano la petizione di eredità né gli altri diritti spettanti alla persona di cui s'ignora l'esistenza o ai suoi eredi o aventi causa, salvi gli effetti della prescrizione o dell'usucapione.

La restituzione dei frutti non è dovuta se non dal giorno della costituzione in mora.

Art. 72. Successione a cui sarebbe chiamata la persona della quale è stata dichiarata la morte presunta.

Quando s'apre una successione alla quale sarebbe chiamata in tutto o in parte una persona di cui è stata dichiarata la morte presunta, coloro ai quali, in sua mancanza, è devoluta la successione devono innanzi tutto procedere all'inventario dei beni.

Art. 73. Estinzione dei diritti spettanti alla persona di cui è stata dichiarata la morte presunta.

Se la persona di cui è stata dichiarata la morte presunta ritorna o ne è provata l'esistenza al momento dell'apertura della successione, essa o i suoi eredi o aventi causa possono esercitare la petizione di eredità e far valere ogni altro diritto, ma non possono recuperare i beni se non nello stato in cui si trovano, e non possono ripetere che il prezzo di quelli alienati, quando è ancora dovuto, o i beni nei quali esso è stato investito, salvi gli effetti della prescrizione o dell'usucapione.

Si applica la disposizione del secondo comma dell'articolo 71.

TITOLO V – DELLA PARENTELA E DELL'AFFINITA'

Art. 74. Parentela.

La parentela è il vincolo tra le persone che discendono da uno stesso stipite, sia nel caso in cui la filiazione è avvenuta all'interno del matrimonio, sia nel caso in cui è avvenuta al di fuori di esso, sia nel caso in cui il figlio è adottivo. Il vincolo di parentela non sorge nei casi di adozione di persone maggiori di età, di cui agli articoli 291 e seguenti. (1)

(1) L'articolo che recitava: "La parentela è il vincolo tra le persone che discendono da uno stesso stipite." è stato così sostituito dall'art. 1, L. 10 dicembre 2012, n. 219.

Art. 75. Linee della parentela.

Sono parenti in linea retta le persone di cui l'una discende dall'altra; in linea collaterale quelle che, pur avendo uno stipite comune, non discendono l'una dall'altra.

Art. 76. Computo dei gradi.

Nella linea retta si computano altrettanti gradi quante sono le generazioni, escluso lo stipite.

Nella linea collaterale i gradi si computano dalle generazioni, salendo da uno dei parenti fino allo stipite comune e da questo discendendo all'altro parente, sempre restando escluso lo stipite.

Art. 77. Limite della parentela.

La legge non riconosce il vincolo di parentela oltre il sesto grado, salvo che per alcuni effetti specialmente determinati.

Art. 78. Affinità.

L'affinità è il vincolo tra un coniuge e i parenti dell'altro coniuge.

Nella linea e nel grado in cui taluno è parente d'uno dei due coniugi, egli è affine dell'altro coniuge.

L'affinità non cessa per la morte, anche senza prole, del coniuge da cui deriva, salvo che per alcuni effetti specialmente determinati. Cessa se il matrimonio è dichiarato nullo, salvi gli effetti di cui all'articolo 87, n. 4.

TITOLO VI – DEL MATRIMONIO

CAPO I – DELLA PROMESSA DI MATRIMONIO

Art. 79. Effetti.

La promessa di matrimonio non obbliga a contrarlo né ad eseguire ciò che si fosse convenuto per il caso di non adempimento.

Art. 80. Restituzione dei doni.

Il promittente può domandare la restituzione dei doni fatti a causa della promessa di matrimonio, se questo non è stato contratto.

La domanda non è proponibile dopo un anno dal giorno in cui s'è avuto il rifiuto di celebrare il matrimonio o dal giorno della morte di uno dei promittenti.

Art. 81. Risarcimento dei danni.

La promessa di matrimonio fatta vicendevolmente per atto pubblico o per scrittura privata da una persona maggiore di età o dal minore ammesso a contrarre matrimonio a norma dell'articolo 84, oppure risultante dalla richiesta della pubblicazione, obbliga il promittente che senza giusto motivo ricusi di eseguirla a risarcire il danno cagionato all'altra parte per le spese fatte e per le obbligazioni contratte a causa di quella promessa. Il danno è risarcito entro il limite in cui le spese e le obbligazioni corrispondono alla condizione delle parti.

Lo stesso risarcimento è dovuto dal promittente che con la propria colpa ha dato giusto motivo al rifiuto dell'altro.

La domanda non è proponibile dopo un anno dal giorno del rifiuto di celebrare il matrimonio.

Cfr. Cassazione penale, sez. III, sentenza 20 marzo 2008, n. 12409 in Altalex Massimario.

CAPO II – DEL MATRIMONIO CELEBRATO DAVANTI A MINISTRI DEL CULTO CATTOLICO E DEL MATRIMONIO CELEBRATO DAVANTI A MINISTRI DEI CULTI AMMESSI NELLO STATO

Art. 82. Matrimonio celebrato davanti a ministri di culto cattolico.

Il matrimonio celebrato davanti a un ministro del culto cattolico è regolato in conformità del Concordato con la Santa Sede e delle leggi speciali sulla materia.

Art. 83. Matrimonio celebrato davanti a ministri dei culti ammessi nello Stato.

Il matrimonio celebrato davanti a ministri dei culti ammessi nello Stato è regolato dalle disposizioni del capo seguente, salvo quanto è stabilito nella legge speciale concernente tale matrimonio.

CAPO III – DEL MATRIMONIO CELEBRATO DAVANTI ALL'UFFICIALE DELLO STATO CIVILE

SEZIONE I - Delle condizioni necessarie per contrarre matrimonio

Art. 84. Età.

I minori di età non possono contrarre matrimonio.

Il tribunale, su istanza dell'interessato, accertata la sua maturità psico-fisica e la fondatezza delle ragioni addotte, sentito il pubblico ministero, i genitori o il tutore, può con decreto emesso in camera di consiglio ammettere per gravi motivi al matrimonio chi abbia compiuto i sedici anni.

Il decreto è comunicato al pubblico ministero, agli sposi, ai genitori o al tutore.

Contro il decreto può essere proposto reclamo, con ricorso alla corte d'appello, nel termine perentorio di dieci giorni dalla comunicazione.

La corte d'appello decide con ordinanza non impugnabile, emessa in camera di consiglio.

Il decreto acquista efficacia quando è decorso il termine previsto nel quarto comma, senza che sia stato proposto reclamo.

Art. 85. Interdizione per infermità di mente.

Non può contrarre matrimonio l'interdetto per infermità di mente.

Se l'istanza di interdizione è soltanto promossa, il pubblico ministero può chiedere che si sospenda la celebrazione del matrimonio; in tal caso la celebrazione non può aver luogo finché la sentenza che ha pronunziato sull'istanza non sia passata in giudicato.

Cfr. Tribunale di Trieste, sentenza 28 settembre 2007 in Altalex Massimario.

Art. 86. Libertà di stato.

Non può contrarre matrimonio chi è vincolato da un matrimonio precedente.

Art. 87. Parentela, affinità, adozione e affiliazione.

Non possono contrarre matrimonio fra loro:

1) gli ascendenti e i discendenti in linea retta, legittimi o naturali;
2) i fratelli e le sorelle germani, consanguinei o uterini;
3) lo zio e la nipote, la zia e il nipote;
4) gli affini in linea retta; il divieto sussiste anche nel caso in cui l'affinità deriva da matrimonio dichiarato nullo o sciolto o per il quale è stata pronunziata la cessazione degli effetti civili;
5) gli affini in linea collaterale in secondo grado;
6) l'adottante, l'adottato e i suoi discendenti;
7) i figli adottivi della stessa persona;
8) l'adottato e i figli dell'adottante;
9) l'adottato e il coniuge dell'adottante, l'adottante e il coniuge dell'adottato.

I divieti contenuti ai numeri 6), 7), 8) e 9) sono applicabili all'affiliazione.

I divieti contenuti nei numeri 2) e 3) si applicano anche se il rapporto dipende da filiazione naturale.

Il tribunale, su ricorso degli interessati, con decreto emesso in camera di consiglio, sentito il pubblico ministero, può autorizzare il matrimonio nei casi indicati dai numeri 3 e 5, anche se si tratti di affiliazione o di filiazione naturale. L'autorizzazione può essere accordata anche nel caso indicato dal numero 4, quando l'affinità deriva da un matrimonio dichiarato nullo.

Il decreto è notificato agli interessati e al pubblico ministero.

Si applicano le disposizioni dei commi quarto, quinto e sesto dell'articolo 84.

Art. 88. Delitto.

Non possono contrarre matrimonio tra loro persone delle quali l'una è stata condannata per omicidio consumato o tentato sul coniuge dell'altra.

Se ebbe luogo soltanto rinvio a giudizio ovvero fu ordinata la cattura, si sospende la celebrazione del matrimonio fino a quando non è pronunziata sentenza di proscioglimento.

Art. 89. Divieto temporaneo di nuove nozze.

Non può contrarre matrimonio la donna, se non dopo trecento giorni dallo scioglimento, dall'annullamento o dalla cessazione degli effetti civili del precedente matrimonio. Sono esclusi dal divieto i casi in cui lo scioglimento o la cessazione degli effetti civili del precedente matrimonio siano stati pronunciati in base all'articolo 3, numero 2, lettere b) ed f), della legge 1 dicembre 1970, n. 898, e nei casi in cui il matrimonio sia stato dichiarato nullo per impotenza, anche soltanto a generare, di uno dei coniugi.

Il tribunale con decreto emesso in camera di consiglio, sentito il pubblico ministero, può autorizzare il matrimonio quando è inequivocabilmente escluso lo stato di gravidanza o se risulta da sentenza passata in giudicato che il marito non ha convissuto con la moglie nei trecento giorni precedenti lo scioglimento, l'annullamento o la cessazione degli effetti civili del matrimonio.

Si applicano le disposizioni dei commi quarto, quinto e sesto dell'articolo 84 e del comma quinto dell'articolo 87.

Il divieto cessa dal giorno in cui la gravidanza è terminata.

Art. 90. Assistenza del minore.

Con il decreto di cui all'articolo 84 il tribunale o la corte d'appello nominano, se le circostanze lo esigono, un curatore speciale che assista il minore nella stipulazione delle convenzioni matrimoniali.

Art. 91.

(...) (1)

(1) L' articolo "Diversità di razza o di nazionalità." è stato abrogato dal D.Lgs.Lgt. 14 settembre 1944, n. 287.

Art. 92.

(...) (1)

(1) "Matrimonio del Re Imperatore e dei Principi reali.

Le disposizioni degli articoli 84, 87, numeri 3, 5, 6, 7, 8, 9 e dell'articolo 90, quarto comma, non sono applicabili al Re Imperatore e alla Famiglia reale.

Per la validità dei matrimoni dei Principi e delle Principesse reali è richiesto l'assenso del Re Imperatore." Articolo da ritenersi abrogato a seguito dell'entrata in vigore della Costituzione Italiana.

SEZIONE II - Delle formalità preliminari del matrimonio

Art. 93. Pubblicazione.

La celebrazione del matrimonio dev'essere preceduta dalla pubblicazione fatta a cura dell'ufficiale dello stato civile. (1)

(1) Il comma: "La pubblicazione consiste nell'affissione alla porta della casa comunale di un atto dove si indica il nome, il cognome, la professione, il luogo di nascita e la residenza degli sposi, se essi siano maggiori o minori di età, nonché il luogo dove intendono celebrare il matrimonio. L'atto deve anche indicare il nome del padre e il nome e cognome della madre degli sposi, salvi i casi in cui la legge vieta questa menzione." è stato abrogato dal D.P.R. 3 novembre 2000, n. 396.

Art. 94. Luogo della pubblicazione.

La pubblicazione deve essere richiesta all'ufficiale dello stato civile del comune dove uno degli sposi ha la residenza ed è fatta nei comuni di residenza degli sposi. (1)

(1) I commi: "Se la residenza non dura da un anno, la pubblicazione deve farsi anche nel comune della precedente residenza. L'ufficiale dello stato civile cui si domanda la pubblicazione provvede a chiederla agli ufficiali degli altri comuni nei quali la pubblicazione

deve farsi. Essi devono trasmettere all'ufficiale dello stato civile richiedente il certificato dell'eseguita pubblicazione." sono stati abrogati dal D.P.R. 3 novembre 2000, n. 396.

Art. 95.

(...) (1)

(1) L'articolo: "Durata della pubblicazione.

L'atto di pubblicazione resta affisso alla porta della casa comunale almeno per otto giorni, comprendenti due domeniche successive."

è stato abrogato dal D.P.R. 3 novembre 2000, n. 396.

Art. 96. Richiesta della pubblicazione.

La richiesta della pubblicazione deve farsi da ambedue gli sposi o da persona che ne ha da essi ricevuto speciale incarico.

Art. 97.

(...) (1)

(1) L'articolo: "Documenti per la pubblicazione.

Chi richiede la pubblicazione deve presentare all'ufficiale dello stato civile un estratto per riassunto dell'atto di nascita di entrambi gli sposi, nonché ogni altro documento necessario a provare la libertà degli sposi.

Coloro che esercitano o hanno esercitato la potestà debbono dichiarare all'ufficiale di stato civile al quale viene rivolta la richiesta di pubblicazione, sotto la propria personale

responsabilità, che gli sposi non si trovano in alcuna delle condizioni che impediscono il matrimonio a norma dell'articolo 87, di cui debbono prendere conoscenza attraverso la lettura chiara e completa fatta dall'ufficiale di stato civile, con ammonizione delle conseguenze penali delle dichiarazioni mendaci.

La dichiarazione prevista al comma precedente è resa e sottoscritta dinanzi all'ufficiale di stato civile ed autenticata dallo stesso. Si applicano le disposizioni degli articoli 20, 24 e 26 della legge 4 gennaio 1968, n. 15.

In difetto della dichiarazione prevista nel secondo comma, l'ufficiale di stato civile accerta d'ufficio, esclusivamente mediante esame dell'atto integrale di nascita, l'assenza di impedimento di parentela o di affinità a termini e per gli effetti di cui all'articolo 87.

Qualora i richiedenti non presentino i documenti necessari, l'ufficiale di stato civile provvede su loro domanda a richiederli." è stato abrogato dal D.P.R. 3 novembre 2000, n. 396.

Art. 98. Rifiuto della pubblicazione.

L'ufficiale dello stato civile che non crede di poter procedere alla pubblicazione rilascia un certificato coi motivi del rifiuto.

Contro il rifiuto è dato ricorso al tribunale, che provvede in camera di consiglio,

sentito il pubblico ministero.

Art. 99. Termine per la celebrazione del matrimonio.

Il matrimonio non può essere celebrato prima del quarto giorno dopo compiuta la pubblicazione.

Se il matrimonio non è celebrato nei centottanta giorni successivi, la pubblicazione

si considera come non avvenuta.

Art. 100. Riduzione del termine e omissione della pubblicazione.

Il tribunale, su istanza degli interessati, con decreto non impugnabile emesso in camera di consiglio, sentito il pubblico ministero, può ridurre, per gravi motivi, il termine della pubblicazione. In quel caso la riduzione del termine è dichiarata nella pubblicazione.

Può anche autorizzare, con le stesse modalità, per cause gravissime, l'omissione della pubblicazione, quando gli sposi davanti al cancelliere dichiarano sotto la propria responsabilità che nessuno degli impedimenti stabiliti dagli articoli 85, 86, 87, 88 e 89 si oppone al matrimonio.

Il cancelliere deve far precedere alla dichiarazione la lettura di detti articoli e ammonire i dichiaranti sull'importanza della loro attestazione e sulla gravità delle possibili conseguenze.

(1)

(1) Il comma: "Quando è stata autorizzata l'omissione della pubblicazione, gli sposi, per essere ammessi alla celebrazione del matrimonio, devono presentare all'ufficiale dello stato civile, insieme col decreto di autorizzazione, gli atti previsti dall'articolo 97." È stato abrogato dal D.P.R. 3 novembre 2000, n. 396.

Art. 101. Matrimonio in imminente pericolo di vita.

Nel caso di imminente pericolo di vita di uno degli sposi, l'ufficiale dello stato civile del luogo può procedere alla celebrazione del matrimonio senza pubblicazione e senza l'assenso al matrimonio, se questo è richiesto, purché gli sposi prima giurino che non esistono tra loro impedimenti non suscettibili di dispensa.

L'ufficiale dello stato civile dichiara nell'atto di matrimonio il modo con cui ha accertato l'imminente pericolo di vita.

Cfr. Cassazione penale, sez. III, sentenza 18 novembre 2008, n. 27407 in Altalex Massimario.

SEZIONE III - Delle opposizioni al matrimonio

Art. 102. Persone che possono fare opposizione.

I genitori e, in mancanza loro, gli altri ascendenti e i collaterali entro il terzo grado possono fare opposizione al matrimonio dei loro parenti per qualunque causa che osti alla sua celebrazione.

Se uno degli sposi è soggetto a tutela o a cura, il diritto di fare opposizione compete anche al tutore o al curatore.

Il diritto di opposizione compete anche al coniuge della persona che vuole contrarre un altro matrimonio.

Quando si tratta di matrimonio in contravvenzione all'articolo 89, il diritto di opposizione spetta anche, se il precedente matrimonio fu sciolto, ai parenti del precedente marito e, se il matrimonio fu dichiarato nullo, a colui col quale il matrimonio era stato contratto e ai parenti di lui.

Il pubblico ministero deve sempre fare opposizione al matrimonio, se sa che vi osta un impedimento o se gli consta l'infermità di mente di uno degli sposi, nei confronti del quale, a causa dell'età, non possa essere promossa l'interdizione.

Art. 103. Atto di opposizione.

L'atto di opposizione deve dichiarare la qualità che attribuisce all'opponente il diritto di farla, le cause dell'opposizione, e contenere la elezione di domicilio nel comune dove siede il tribunale nel cui territorio si deve celebrare il matrimonio. (1)

(1) Il comma: "L'atto deve essere notificato nella forma della citazione agli sposi e all'ufficiale dello stato civile del comune nel quale il matrimonio deve essere celebrato." è stato abrogato dal D.P.R. 3 novembre 2000, n. 396.

Art. 104. Effetti dell'opposizione.

(...) (1)

Se l'opposizione è respinta, l'opponente, che non sia un ascendente o il pubblico ministero, può essere condannato al risarcimento dei danni.

(1) il comma: "L'opposizione fatta da chi ne ha facoltà, per causa ammessa dalla legge, sospende la celebrazione del matrimonio sino a che con sentenza passata in giudicato sia rimossa l'opposizione." è stato abrogato dal D.P.R. 3 novembre 2000, n. 396.

Art. 105.

(...) (1)

(1) "Matrimonio del Re Imperatore e dei Principi Reali. Le disposizioni di questa sezione e della precedente non si applicano al Re Imperatore e alla Famiglia reale." Articolo da ritenersi abrogato a seguito dell'entrata in vigore della Costituzione Italiana.

SEZIONE IV - Della Celebrazione del matrimonio

Art. 106. Luogo della celebrazione.

Il matrimonio deve essere celebrato pubblicamente nella casa comunale davanti all'ufficiale dello stato civile al quale fu fatta la richiesta di pubblicazione.

Art. 107. Forma della celebrazione

Nel giorno indicato dalle parti l'ufficiale dello stato civile, alla presenza di due testimoni, anche se parenti, dà lettura agli sposi degli articoli 143, 144 e 147; riceve da ciascuna delle parti personalmente, l'una dopo l'altra, la dichiarazione

che esse si vogliono prendere rispettivamente in marito e in moglie, e di seguito dichiara che esse sono unite in matrimonio.

L'atto di matrimonio deve essere compilato immediatamente dopo la celebrazione.

Art. 108. Inopponibilità di termini e condizioni.

La dichiarazione degli sposi di prendersi rispettivamente in marito e in moglie non può essere sottoposta né a termine né a condizione.

Se le parti aggiungono un termine o una condizione, l'ufficiale dello stato civile non può procedere alla celebrazione del matrimonio. Se ciò nonostante il matrimonio è celebrato, il termine e la condizione si hanno per non apposti.

Art. 109. Celebrazione in un comune diverso.

Quando vi è necessità o convenienza di celebrare il matrimonio in un comune diverso da quello indicato nell'articolo 106, l'ufficiale dello stato civile, trascorso il termine stabilito nel primo comma dell'articolo 99, richiede per iscritto l'ufficiale del luogo dove il matrimonio si deve celebrare.

La richiesta è menzionata nell'atto di celebrazione e in esso inserita. Nel giorno successivo alla celebrazione del matrimonio, l'ufficiale davanti al quale esso fu celebrato, invia, per la trascrizione, copia autentica dell'atto all'ufficiale da cui fu fatta la richiesta.

Art. 110. Celebrazione fuori della casa comunale.

Se uno degli sposi, per infermità o per altro impedimento giustificato all'ufficio dello stato civile, è nell'impossibilità di recarsi alla casa comunale, l'ufficiale si trasferisce col segretario nel luogo in cui si trova lo sposo impedito, e ivi, alla presenza di quattro testimoni, procede alla celebrazione del matrimonio secondo l'articolo 107.

Art. 111. Celebrazione per procura.

I militari e le persone che per ragioni di servizio si trovano al seguito delle forze armate possono, in tempo di guerra, celebrare il matrimonio per procura.

La celebrazione del matrimonio per procura può anche farsi se uno degli sposi risiede all'estero e concorrono gravi motivi da valutarsi dal tribunale nella cui circoscrizione risiede l'altro sposo. L'autorizzazione è concessa con decreto non impugnabile emesso in camera di consiglio, sentito il pubblico ministero.

La procura deve contenere l'indicazione della persona con la quale il matrimonio si deve contrarre.

La procura deve essere fatta per atto pubblico; i militari e le persone al seguito delle forze armate, in tempo di guerra, possono farla nelle forme speciali ad essi consentite.

Il matrimonio non può essere celebrato quando sono trascorsi centottanta giorni da quello in cui la procura è stata rilasciata.

La coabitazione, anche temporanea, dopo la celebrazione del matrimonio, elimina gli effetti della revoca della procura ignorata dall'altro coniuge al momento della celebrazione.

Art. 112. Rifiuto della celebrazione.

L'ufficiale dello stato civile non può rifiutare la celebrazione del matrimonio se non per una causa ammessa dalla legge.

Se la rifiuta, deve rilasciare un certificato con l'indicazione dei motivi.

Contro il rifiuto è dato ricorso al tribunale, che provvede in camera di consiglio, sentito il pubblico ministero.

Art. 113. Matrimonio celebrato davanti a un apparente ufficiale dello stato civile.

Si considera celebrato davanti all'ufficiale dello stato civile il matrimonio che sia stato celebrato dinanzi a persona la quale, senza avere la qualità di ufficiale dello stato civile, ne esercitava pubblicamente le funzioni, a meno che entrambi gli sposi, al momento della celebrazione, abbiano saputo che la detta persona non aveva tale qualità.

Art. 114.

(...) (1)

(1) "Matrimonio del Re Imperatore e dei Principi reali.

Nei matrimoni del Re Imperatore e della Famiglia reale l'ufficiale dello stato civile è il presidente del Senato.

Il Re Imperatore determina il luogo della celebrazione, la quale può anche farsi per procura. In questo caso non si applicano le norme dell'articolo 111." Articolo da ritenersi abrogato a seguito dell'entrata in vigore della Costituzione Italiana.

SEZIONE V - Del matrimonio dei cittadini in paese straniero e degli stranieri nella Repubblica

Art. 115. Matrimonio del cittadino all'estero.

Il cittadino è soggetto alle disposizioni contenute nella sezione prima di questo capo, anche quando contrae matrimonio in paese straniero secondo le forme ivi stabilite. (1)

(1) Il comma: "La pubblicazione deve anche farsi nella Repubblica a norma degli articoli 93, 94 e 95. Se il cittadino non risiede nella Repubblica, la pubblicazione si fa nel comune dell'ultimo domicilio." è stato abrogato dal D.P.R. 3 novembre 2000, n. 396.

Art. 116. Matrimonio dello straniero nella Repubblica.

Lo straniero che vuole contrarre matrimonio nella Repubblica deve presentare all'ufficiale dello stato civile una dichiarazione dell'autorità competente del proprio paese, dalla quale risulti che giusta le leggi a cui è sottoposto nulla osta al matrimonio [*nonché un documento attestante la regolarità del soggiorno nel territorio italiano*]. (1)

Anche lo straniero è tuttavia soggetto alle disposizioni contenute negli articoli 85, 86, 87, numeri 1, 2 e 4, 88 e 89.

Lo straniero che ha domicilio o residenza nella Repubblica deve inoltre far fare la pubblicazione secondo le disposizioni di questo codice.

(1) Le parole: "nonché un documento attestante la regolarità del soggiorno nel territorio italiano" sono state aggiunte dalla L. 15 luglio 2009, n. 94. Successivamente la Corte Costituzionale ne ha dichiarato l'illegittimità costituzionale (sentenza 25 luglio 2011, n. 245).

SEZIONE VI - Della nullità del matrimonio

Art. 117. Matrimonio contratto con violazione degli articoli 84, 86, 87 e 88.

Il matrimonio contratto con violazione degli articoli 86, 87 e 88 può essere impugnato dai coniugi, dagli ascendenti prossimi, dal pubblico ministero e da tutti coloro che abbiano per impugnarlo un interesse legittimo e attuale.

Il matrimonio contratto con violazione dell'articolo 84 può essere impugnato dai coniugi, da ciascuno dei genitori e dal pubblico ministero. La relativa azione di annullamento può essere proposta personalmente dal minore non oltre un anno dal raggiungimento della maggiore età. La domanda, proposta dal genitore o dal pubblico ministero, deve essere respinta ove, anche in pendenza del giudizio, il minore abbia raggiunto la maggiore età ovvero vi sia stato concepimento o procreazione e in ogni caso sia accertata la volontà del minore di mantenere in vita il vincolo matrimoniale.

Il matrimonio contratto dal coniuge dell'assente non può essere impugnato finché dura l'assenza.

Nei casi in cui si sarebbe potuta accordare l'autorizzazione ai sensi del quarto comma dell'articolo 87, il matrimonio non può essere impugnato dopo un anno dalla celebrazione.

La disposizione del primo comma del presente articolo si applica anche nel caso di nullità del matrimonio previsto dall'articolo 68.

Art. 118.

(...) (1)

(1) "Difetto di età.

Il matrimonio contratto da persone, delle quali anche una sola non è pervenuta all'età fissata nel primo comma dell'articolo 84, non può essere impugnato quando è trascorso un mese dal raggiungimento di tale età.

Non può neppure essere impugnato per difetto di età della moglie, quando la moglie è rimasta incinta." Articolo abrogato dalla L. 19 maggio 1975, n. 151.

Art. 119. Interdizione.

Il matrimonio di chi è stato interdetto per infermità di mente può essere impugnato dal tutore, dal pubblico ministero e da tutti coloro che abbiano un interesse legittimo se, al tempo del matrimonio, vi era già sentenza di interdizione passata in giudicato, ovvero se la interdizione è stata pronunziata posteriormente ma l'infermità esisteva al tempo del matrimonio. Può essere impugnato, dopo revocata l'interdizione, anche dalla persona che era interdetta.

L'azione non può essere proposta se, dopo revocata l'interdizione, vi è stata coabitazione per un anno.

Art. 120. Incapacità di intendere o di volere.

Il matrimonio può essere impugnato da quello dei coniugi che, quantunque non interdetto, provi di essere stato incapace di intendere o di volere, per qualunque causa, anche transitoria, al momento della celebrazione del matrimonio.

L'azione non può essere proposta se vi è stata coabitazione per un anno dopo che il coniuge incapace ha recuperato la pienezza delle facoltà mentali.

Art. 121.

(…) (1)

(1) "Mancanza di assenso.
Il matrimonio contratto senza l'assenso prescritto dall'articolo 90 può essere impugnato dalla persona della quale era richiesto l'assenso e da quello degli sposi per il quale l'assenso era necessario.
L'azione non può essere proposta quando il matrimonio è stato espressamente o tacitamente
approvato dalla persona della quale era richiesto l'assenso, o quando sono trascorsi tre mesi dalla notizia del contratto di matrimonio.
Parimenti l'azione non può essere proposta dallo sposo a cui l'assenso era necessario, quando è trascorso un mese dal raggiungimento della sua maggiore età." Articolo abrogato dalla L. 19 maggio 1975, n. 151.

Art. 122. Violenza ed errore.

Il matrimonio può essere impugnato da quello dei coniugi il cui consenso è stato estorto con violenza o determinato da timore di eccezionale gravità derivante da cause esterne allo sposo.

Il matrimonio può altresì essere impugnato da quello dei coniugi il cui consenso
è stato dato per effetto di errore sull'identità della persona o di errore essenziale su qualità personali dell'altro coniuge.

L'errore sulle qualità personali è essenziale qualora, tenute presenti le condizioni
dell'altro coniuge, si accerti che lo stesso non avrebbe prestato il suo consenso se le avesse esattamente conosciute e purché l'errore riguardi:
1) l'esistenza di una malattia fisica o psichica o di una anomalia o deviazione sessuale, tali da impedire lo svolgimento della vita coniugale;
2) l'esistenza di una sentenza di condanna per delitto non colposo alla reclusione
non inferiore a cinque anni, salvo il caso di intervenuta riabilitazione prima della celebrazione del matrimonio. L'azione di annullamento non può essere proposta prima che la sentenza sia divenuta irrevocabile;
3) la dichiarazione di delinquenza abituale o professionale;
4) la circostanza che l'altro coniuge sia stato condannato per delitti concernenti la prostituzione a pena non inferiore a due anni. L'azione di annullamento non può essere proposta prima che la condanna sia divenuta irrevocabile;
5) lo stato di gravidanza causato da persona diversa dal soggetto caduto in errore, purché vi sia stato disconoscimento ai sensi dell'articolo 233, se la gravidanza è stata portata a termine.

L'azione non può essere proposta se vi è stata coabitazione per un anno dopo che siano cessate la violenza o le cause che hanno determinato il timore ovvero sia stato scoperto l'errore.

Art. 123. Simulazione.

Il matrimonio può essere impugnato da ciascuno dei coniugi quando gli sposi abbiano convenuto di non adempiere agli obblighi e di non esercitare i diritti da esso discendenti.

L'azione non può essere proposta decorso un anno dalla celebrazione del matrimonio ovvero nel caso in cui i contraenti abbiano convissuto come coniugi successivamente alla celebrazione medesima.

Art. 124. Vincolo di precedente matrimonio.

Il coniuge può in qualunque tempo impugnare il matrimonio dell'altro coniuge; se si oppone la nullità del primo matrimonio, tale questione deve essere preventivamente giudicata.

Art. 125. Azione del pubblico ministero.

L'azione di nullità non può essere promossa dal pubblico ministero dopo la morte di uno dei coniugi.

Art. 126. Separazione dei coniugi in pendenza del giudizio.

Quando è proposta domanda di nullità del matrimonio, il tribunale può, su istanza di uno dei coniugi, ordinare la loro separazione temporanea durante il giudizio; può ordinarla anche d'ufficio, se ambedue i coniugi o uno di essi sono minori o interdetti.

Art. 127. Intrasmissibilità dell'azione.

L'azione per impugnare il matrimonio non si trasmette agli eredi se non quando il giudizio è già pendente alla morte dell'attore.

Art. 128. Matrimonio putativo.

Se il matrimonio è dichiarato nullo, gli effetti del matrimonio valido si producono,
in favore dei coniugi, fino alla sentenza che pronunzia la nullità, quando i coniugi stessi lo hanno contratto in buona fede, oppure quando il loro consenso è stato estorto con violenza o determinato da timore di eccezionale
gravità derivante da cause esterne agli sposi.

Gli effetti del matrimonio valido si producono anche rispetto ai figli nati o concepiti durante il matrimonio dichiarato nullo, nonché rispetto ai figli nati prima del matrimonio e riconosciuti anteriormente alla sentenza che dichiara la nullità.

Se le condizioni indicate nel primo comma si verificano per uno solo dei coniugi,
gli effetti valgono soltanto in favore di lui e dei figli.

Il matrimonio dichiarato nullo, contratto in malafede da entrambi i coniugi, ha gli effetti del matrimonio valido rispetto ai figli nati o concepiti durante lo stesso, salvo che la nullità dipenda da bigamia o incesto.

Nell'ipotesi di cui al comma precedente, i figli nei cui confronti non si verifichino
gli effetti del matrimonio valido, hanno lo stato di figli naturali riconosciuti, nei casi in cui il riconoscimento è consentito.

Art. 129. Diritti dei coniugi in buona fede.

Quando le condizioni del matrimonio putativo si verificano rispetto ad ambedue i coniugi, il giudice può disporre a carico di uno di essi e per un periodo non superiore a tre anni l'obbligo di corrispondere somme periodiche di denaro, in proporzione alle sue sostanze, a favore dell'altro, ove questi non abbia adeguati redditi propri e non sia passato a nuove nozze.

Per i provvedimenti che il giudice adotta riguardo ai figli, si applica l'articolo 155.

Art. 129-bis. Responsabilità del coniuge in mala fede e del terzo.

Il coniuge al quale sia imputabile la nullità del matrimonio, è tenuto a corrispondere all'altro coniuge in buona fede, qualora il matrimonio sia annullato, una congrua indennità, anche in mancanza di prova del danno sofferto. L'indennità deve comunque comprendere una somma corrispondente al mantenimento per tre anni. E' tenuto altresì a prestare gli alimenti al coniuge in buona fede, sempre che non vi siano altri obbligati.

Il terzo al quale sia imputabile la nullità del matrimonio è tenuto a corrispondere al coniuge in buona fede, se il matrimonio è annullato, l'indennità prevista nel comma precedente.

In ogni caso il terzo che abbia concorso con uno dei coniugi nel determinare la nullità del matrimonio è solidalmente responsabile con lo stesso per il pagamento dell'indennità.

SEZIONE VII - Delle prove della celebrazione del matrimonio

Art. 130. Atto di celebrazione del matrimonio.

Nessuno può reclamare il titolo di coniuge e gli effetti del matrimonio, se non presenta l'atto di celebrazione estratto dai registri dello stato civile.

Il possesso di stato, quantunque allegato da ambedue i coniugi, non dispensa dal presentare l'atto di celebrazione.

Art. 131. Possesso di stato.

Il possesso di stato, conforme all'atto di celebrazione del matrimonio, sana ogni difetto di forma.

Art. 132. Mancanza dell'atto di celebrazione.

Nel caso di distruzione o di smarrimento dei registri dello stato civile l'esistenza del matrimonio può essere provata a norma dell'articolo 452.

Quando vi sono indizi che per dolo o per colpa del pubblico ufficiale o per un caso di forza maggiore l'atto di matrimonio non è stato inserito nei registri a ciò destinati, la prova della esistenza del matrimonio è ammessa, sempre che risulti in modo non dubbio un conforme possesso di stato.

Art. 133. Prova della celebrazione risultante da sentenza penale.

Se la prova della celebrazione del matrimonio risulta da sentenza penale, l'iscrizione della sentenza nel registro dello stato civile assicura al matrimonio, dal giorno della sua celebrazione, tutti gli effetti riguardo tanto ai coniugi quanto ai figli.

SEZIONE VIII - Disposizioni penali

Art. 134. Omissione di pubblicazione.

Sono puniti con la sanzione amministrativa del pagamento di una somma da € 41 a € 206 gli sposi e l'ufficiale dello stato civile che hanno celebrato il matrimonio senza che la celebrazione sia stata preceduta dalla prescritta pubblicazione.

Art. 135. Pubblicazione senza richiesta o senza documenti.

È punito con la sanzione amministrativa del pagamento di una somma da € 20 a € 103, l'ufficiale dello stato civile che ha proceduto alla pubblicazione di un matrimonio senza la richiesta di cui all'articolo 96 o quando manca alcuno dei documenti prescritti dal primo comma dell'articolo 97.

Art. 136. Impedimenti conosciuti dall'ufficiale dello stato civile.

L'ufficiale dello stato civile che procede alla celebrazione del matrimonio, quando vi osta qualche impedimento o divieto di cui egli ha notizia, è punito con la sanzione amministrativa del pagamento di una somma da € 51 a € 309.

Art. 137. Incompetenza dell'ufficiale dello stato civile. Mancanza dei testimoni.

È punito con la sanzione amministrativa del pagamento di una somma da € 30 a € 206 l'ufficiale dello stato civile che ha celebrato un matrimonio per cui non era competente.

La stessa pena si applica all'ufficiale dello stato civile che ha proceduto alla celebrazione di un matrimonio senza la presenza dei testimoni.

Cfr. Tribunale di Monza, sez. IV civile, sentenza 19 febbraio 2010 in Altalex Massimario.

Art. 138. Altre infrazioni.

È punito con la sanzione amministrativa del pagamento di una somma stabilita nell'articolo 135 l'ufficiale dello stato civile che in qualunque modo contravviene alle disposizioni degli articoli 93, 95, 98, 99, 106, 107, 108, 109, 110 e 112 o commette qualsiasi altra infrazione per cui non sia stabilita una pena speciale in questa sezione.

Art. 139. Cause di nullità note a uno dei coniugi.

Il coniuge il quale, conoscendo prima della celebrazione una causa di nullità del matrimonio l'abbia lasciata ignorare all'altro, è punito, se il matrimonio è annullato, con la sanzione amministrativa del pagamento di una somma da € 51 a € 306.

Art. 140. Inosservanza del divieto temporaneo di nuove nozze.

La donna che contrae matrimonio contro il divieto dell'articolo 89, l'ufficiale che lo celebra e l'altro coniuge sono puniti con la sanzione amministrativa del pagamento di una somma da € 20 a € 82.

Art. 141. Competenza.

I reati previsti nei precedenti articoli sono di competenza del tribunale.

Art. 142. Limiti d'applicazione delle precedenti disposizioni.

Le disposizioni della presente sezione si applicano quando i fatti ivi contemplati non costituiscono reato più grave.

CAPO IV – DEI DIRITTI E DEI DOVERI CHE NASCONO DAL MATRIMONIO

Art. 143. Diritti e doveri reciproci dei coniugi.

Con il matrimonio il marito e la moglie acquistano gli stessi diritti e assumono i medesimi doveri.

Dal matrimonio deriva l'obbligo reciproco alla fedeltà, all'assistenza morale

e materiale, alla collaborazione nell'interesse della famiglia e alla coabitazione.
Entrambi i coniugi sono tenuti, ciascuno in relazione alle proprie sostanze e
alla propria capacità di lavoro professionale o casalingo, a contribuire ai
bisogni della famiglia.

Cfr. Art. 143 c.c. annotato con la giurisprudenza, Cassazione Civile, sez. I, sentenza 22 maggio 2009, n. 11922 e Cassazione Civile, sez. III, sentenza 28 agosto 2009, n. 18800 in Altalex Massimario.

Art. 143-bis. Cognome della moglie.

La moglie aggiunge al proprio cognome quello del marito e lo conserva durante
lo stato vedovile, fino a che passi a nuove nozze.

Art. 143-ter.

(…) (1)

(1) "Cittadinanza della moglie.
La moglie conserva la cittadinanza italiana, salvo sua espressa rinunzia, anche se per effetto del matrimonio o del mutamento di cittadinanza da parte del marito assume una cittadinanza straniera." Articolo abrogato dalla L. 5 febbraio 1992, n. 91.

Art. 144. Indirizzo della vita familiare e residenza della famiglia.

I coniugi concordano tra loro l'indirizzo della vita familiare e fissano la residenza
della famiglia secondo le esigenze di entrambi e quelle preminenti
della famiglia stessa.

A ciascuno dei coniugi spetta il potere di attuare l'indirizzo concordato.

Art. 145. Intervento del giudice.

In caso di disaccordo ciascuno dei coniugi può chiedere, senza formalità,
l'intervento del giudice il quale, sentite le opinioni espresse dai coniugi e,
per quanto opportuno, dai figli conviventi che abbiano compiuto il sedicesimo
anno, tenta di raggiungere una soluzione concordata.

Ove questa non sia possibile e il disaccordo concerne la fissazione della residenza
o altri affari essenziali, il giudice, qualora ne sia richiesto espressamente
e congiuntamente dai coniugi, adotta, con provvedimento non impugnabile,
la soluzione che ritiene più adeguata alle esigenze dell'unità e
della vita della famiglia.

Art. 146. Allontanamento dalla residenza familiare.

Il diritto all'assistenza morale e materiale previsto dall'articolo 143 è sospeso
nei confronti del coniuge che, allontanatosi senza giusta causa dalla residenza
familiare rifiuta di tornarvi.

La proposizione della domanda di separazione, o di annullamento, o di scioglimento
o di cessazione degli effetti civili del matrimonio costituisce giusta
causa di allontanamento dalla residenza familiare.

Il giudice può, secondo le circostanze, ordinare il sequestro dei beni del coniuge
allontanatosi, nella misura atta a garantire l'adempimento degli obblighi
previsti dagli articoli 143, terzo comma, e 147.

Art. 147. Doveri verso i figli.

Il matrimonio impone ad ambedue i coniugi l'obbligo di mantenere, istruire
ed educare la prole tenendo conto delle capacità, dell'inclinazione naturale
e delle aspirazioni dei figli.

Cfr. Cassazione Civile, sez. I, sentenza 21 febbraio 2007, n. 4102, Cassazione Civile, sez. I, sentenza 11 giugno 2008, n. 15544, Cassazione Civile, sez. III, sentenza 15 luglio 2008, n. 19450, Cassazione Civile, sez. III, sentenza 22 aprile 2009, n. 9556, Cassazione Civile, sez. I, sentenza 19 maggio 2009, n. 11538 e Cassazione Civile, sez. I, sentenza 6 novembre 2009, n. 23630 in Altalex Massimario.

Art. 148. Concorso negli oneri.

I coniugi devono adempiere l'obbligazione prevista nell'articolo precedente
in proporzione alle rispettive sostanze e secondo la loro capacità di lavoro
professionale o casalingo. Quando i genitori non hanno mezzi sufficienti, gli
altri ascendenti legittimi o naturali, in ordine di prossimità, sono tenuti a
fornire ai genitori stessi i mezzi necessari affinché possano adempiere i loro
doveri nei confronti dei figli.

In caso di inadempimento il presidente del tribunale, su istanza di chiunque
vi ha interesse, sentito l'inadempiente ed assunte informazioni, può ordinare
con decreto che una quota dei redditi dell'obbligato, in proporzione agli
stessi, sia versata direttamente all'altro coniuge o a chi sopporta le spese
per il mantenimento, l'istruzione e l'educazione della prole.

Il decreto notificato agli interessati ed al terzo debitore, costituisce titolo
esecutivo, ma le parti ed il terzo debitore possono proporre opposizione nel
termine di venti giorni dalla notifica.

L'opposizione è regolata dalle norme relative all'opposizione al decreto di
ingiunzione, in quanto applicabili.

Le parti ed il terzo debitore possono sempre chiedere, con le forme del processo
ordinario, la modificazione e la revoca del provvedimento.

Cfr. Cassazione Civile, sez. I, sentenza 21 febbraio 2007, n. 4102 e Cassazione Civile, sez. I, sentenza 6 novembre 2009, n. 23630 in Altalex Massimario.

CAPO V – DELLO SCIOGLIMENTO DEL MATRIMONIO E DELLA SEPARAZIONE DEI CONIUGI

Art. 149. Scioglimento del matrimonio.

Il matrimonio si scioglie con la morte di uno dei coniugi e negli altri casi previsti
dalla legge. Gli effetti civili del matrimonio celebrato con rito religioso,
ai sensi dell'articolo 82, o dell' articolo 83, e regolarmente trascritto, cessano
alla morte di uno dei coniugi e negli altri casi previsti dalla legge.

Art. 150. Separazione personale.

E' ammessa la separazione personale dei coniugi.

La separazione può essere giudiziale o consensuale.

Il diritto di chiedere la separazione giudiziale o l'omologazione di quella
consensuale spetta esclusivamente ai coniugi.

Art. 151. Separazione giudiziale.

La separazione può essere chiesta quando si verificano, anche indipendentemente
dalla volontà di uno o di entrambi i coniugi, fatti tali da rendere
intollerabile la prosecuzione della convivenza o da recare grave pregiudizio
alla educazione della prole.

Il giudice, pronunziando la separazione, dichiara, ove ne ricorrano le circostanze
e ne sia richiesto, a quale dei coniugi sia addebitabile la separazione,
in considerazione del suo comportamento contrario ai doveri che derivano
dal matrimonio.

Cfr. Cassazione Civile, sez. I, sentenza 20 settembre 2007, n. 19450 e Cassazione Civile, sez. I, sentenza 20 marzo 2008, n. 7450 in Altalex Massimario.

Art. 152.
(…) (1)

(1) "Separazione per condanna penale.
La separazione può essere anche chiesta contro il coniuge che è stato condannato alla pena dell'ergastolo o della reclusione per un tempo superiore ai cinque anni, ovvero è stato sottoposto all'interdizione perpetua dai pubblici uffici, tranne il caso in cui la condanna o l'interdizione è anteriore al matrimonio e l'altro coniuge ne è consapevole."
Articolo abrogato dalla L. 19 maggio 1975, n. 151.

Art. 153.
(…) (1)

(1) "Separazione per non fissata residenza.
La moglie può chiedere la separazione quando il marito, senza giusto motivo, non fissa una residenza, o, avendone i mezzi, ricusa di fissarla in modo conveniente alla sua condizione." Articolo abrogato dalla L. 19 maggio 1975, n. 151.

Art. 154. Riconciliazione.
La riconciliazione tra i coniugi comporta l'abbandono della domanda di separazione
personale già proposta.

Per approfondimenti vedi l'articolo di Piero Calabrò: Legge sull'affido condiviso: profili processuali.

Art. 155. Provvedimenti riguardo ai figli. (1)
Anche in caso di separazione personale dei genitori il figlio minore ha il diritto
di mantenere un rapporto equilibrato e continuativo con ciascuno di essi,
di ricevere cura, educazione e istruzione da entrambi e di conservare rapporti
significativi con gli ascendenti e con i parenti di ciascun ramo genitoriale.
Per realizzare la finalità indicata dal primo comma, il giudice che pronuncia
la separazione personale dei coniugi adotta i provvedimenti relativi alla prole
con esclusivo riferimento all'interesse morale e materiale di essa. Valuta
prioritariamente la possibilità che i figli minori restino affidati a entrambi i
genitori oppure stabilisce a quale di essi i figli sono affidati, determina i
tempi e le modalità della loro presenza presso ciascun genitore, fissando
altresì la misura e il modo con cui ciascuno di essi deve contribuire al
mantenimento,
alla cura, all'istruzione e all'educazione dei figli. Prende atto, se
non contrari all'interesse dei figli, degli accordi intervenuti tra i genitori.
Adotta ogni altro provvedimento relativo alla prole.
La potestà genitoriale è esercitata da entrambi i genitori. Le decisioni di
maggiore interesse per i figli relative all'istruzione, all'educazione e alla salute
sono assunte di comune accordo tenendo conto delle capacità, dell'inclinazione
naturale e delle aspirazioni dei figli. In caso di disaccordo la decisione
è rimessa al giudice. Limitatamente alle decisioni su questioni di ordinaria
amministrazione, il giudice può stabilire che i genitori esercitino la
potestà separatamente.

Salvo accordi diversi liberamente sottoscritti dalle parti, ciascuno dei genitori
provvede al mantenimento dei figli in misura proporzionale al proprio
reddito; il giudice stabilisce, ove necessario, la corresponsione di un assegno
periodico al fine di realizzare il principio di proporzionalità, da determinare
considerando:
1) le attuali esigenze del figlio;
2) il tenore di vita goduto dal figlio in costanza di convivenza con entrambi i genitori;
3) i tempi di permanenza presso ciascun genitore;
4) le risorse economiche di entrambi i genitori;
5) la valenza economica dei compiti domestici e di cura assunti da ciascun genitore.

L'assegno è automaticamente adeguato agli indici ISTAT in difetto di altro
parametro indicato dalle parti o dal giudice.
Ove le informazioni di carattere economico fornite dai genitori non risultino
sufficientemente documentate, il giudice dispone un accertamento della
polizia tributaria sui redditi e sui beni oggetto della contestazione, anche se
intestati a soggetti diversi.

(1) Questo articolo è stato così sostituito dalla L. 8 febbraio 2006, n. 54.
Cfr. Tribunale di Napoli, sez. I, ordinanza 1 febbraio 2007, Cassazione Civile, sez. I, sentenza 22 marzo 2007, n. 6979, Cassazione Civile, sez. I, sentenza 23 novembre 2007, n. 24407, Tribunale di Firenze, sentenza 3 ottobre 2007, Consiglio di Stato, sentenza 13 novembre 2007, n. 5825, Cassazione Civile, sez. I, sentenza 7 dicembre 2007, n. 25618, Cassazione Civile, sez. I, sentenza 28 gennaio 2008, n. 1758, Cassazione Civile, sez. I, sentenza 18 febbraio 2008, n. 3934, Tribunale di Nicosia, decreto 22 aprile 2008, Cassazione Civile, sez. I, sentenza 28 gennaio 2009, n. 2191, Cassazione Civile, sez. I, sentenza 27 febbraio 2009, n. 4816 e Cassazione Civile, sez. I, sentenza 6 novembre 2009, n. 23630 in Altalex Massimario.

Art. 155-bis. Affidamento a un solo genitore e opposizione all'affidamento condiviso. (1)
Il giudice può disporre l'affidamento dei figli ad uno solo dei genitori qualora
ritenga con provvedimento motivato che l'affidamento all'altro sia contrario
all'interesse del minore.
Ciascuno dei genitori può, in qualsiasi momento, chiedere l'affidamento
esclusivo quando sussistono le condizioni indicate al primo comma. Il giudice,
se accoglie la domanda, dispone l'affidamento esclusivo al genitore
istante, facendo salvi, per quanto possibile, i diritti del minore previsti dal
primo comma dell'articolo 155. Se la domanda risulta manifestamente
infondata,
il giudice può considerare il comportamento del genitore istante ai
fini della determinazione dei provvedimenti da adottare nell'interesse dei
figli, rimanendo ferma l'applicazione dell'articolo 96 del codice di procedura
civile.

(1) Articolo aggiunto dalla L. 8 febbraio 2006, n. 54.

Art. 155-ter. Revisione delle disposizioni concernenti l'affidamento dei figli. (1)
I genitori hanno diritto di chiedere in ogni tempo la revisione delle disposizioni
concernenti l'affidamento dei figli, l'attribuzione dell'esercizio della

potestà su di essi e delle eventuali disposizioni relative alla misura e alla modalità del contributo.

(1) Articolo aggiunto dalla L. 8 febbraio 2006, n. 54.

Per approfondimenti vedi l'articolo di Piero Calabrò: Legge sull'affido condiviso: profili processuali.

Art. 155-quater. Assegnazione della casa familiare e prescrizioni in tema di residenza. (1)

Il godimento della casa familiare è attribuito tenendo prioritariamente conto dell'interesse dei figli. Dell'assegnazione il giudice tiene conto nella regolazione
dei rapporti economici tra i genitori, considerato l'eventuale titolo di proprietà. Il diritto al godimento della casa familiare viene meno nel caso che l'assegnatario non abiti o cessi di abitare stabilmente nella casa familiare o conviva more uxorio o contragga nuovo matrimonio. Il provvedimento di assegnazione e quello di revoca sono trascrivibili e opponibili a terzi ai sensi dell'articolo 2643.

Nel caso in cui uno dei coniugi cambi la residenza o il domicilio, l'altro coniuge può chiedere, se il mutamento interferisce con le modalità dell'affidamento, la ridefinizione degli accordi o dei provvedimenti adottati, ivi compresi quelli economici.

(1) Articolo aggiunto dalla L. 8 febbraio 2006, n. 54.

Cfr. Cassazione civile, sez. III, sentenza 17 luglio 2008, n. 19691, Corte Costituzionale, sentenza 30 luglio 2008, n. 308 e Cassazione civile, sez. II, sentenza 18 settembre 2009, n. 20144 in Altalex Massimario.

Art. 155-quinquies. Disposizioni in favore dei figli maggiorenni. (1)

Il giudice, valutate le circostanze, può disporre in favore dei figli maggiorenni non indipendenti economicamente il pagamento di un assegno periodico. Tale assegno, salvo diversa determinazione del giudice, è versato direttamente all'avente diritto.

Ai figli maggiorenni portatori di handicap grave ai sensi dell'articolo 3, comma 3, della legge 5 febbraio 1992, n. 104, si applicano integralmente le disposizioni previste in favore dei figli minori.

(1) Articolo aggiunto dalla Legge 8 febbraio 2006, n. 54.

Art. 155-sexies. Poteri del giudice e ascolto del minore. (1)

Prima dell'emanazione, anche in via provvisoria, dei provvedimenti di cui all'articolo 155, il giudice può assumere, ad istanza di parte o d'ufficio, mezzi di prova. Il giudice dispone, inoltre, l'audizione del figlio minore che abbia compiuto gli anni dodici e anche di età inferiore ove capace di discernimento. Qualora ne ravvisi l'opportunità, il giudice, sentite le parti e ottenuto il loro consenso, può rinviare l'adozione dei provvedimenti di cui all'articolo 155 per consentire che i coniugi, avvalendosi di esperti, tentino una mediazione per raggiungere un accordo, con particolare riferimento alla tutela dell'interesse morale e materiale dei figli.

(1) Articolo aggiunto dalla L. 8 febbraio 2006, n. 54.

Per approfondimenti vedi l'articolo di Piero Calabrò: Legge sull'affido condiviso: profili processuali. In tema di mediazione familiare vedi Tribunale di Lamezia Terme, ordinanza 5 dicembre 2007 nonché l'articolo di Giuseppe Spadaro.

Cfr. Tribunale di Lamezia Terme, ordinanza 26 maggio 2008, in Altalex Massimario.

Art. 156. Effetti della separazione sui rapporti patrimoniali tra i coniugi.

Il giudice, pronunciando la separazione, stabilisce a vantaggio del coniuge cui non sia addebitabile la separazione il diritto di ricevere dall'altro coniuge quanto è necessario al suo mantenimento, qualora egli non abbia adeguati redditi propri.

L'entità di tale somministrazione è determinata in relazione alle circostanze e ai redditi dell'obbligato.

Resta fermo l'obbligo di prestare gli alimenti di cui agli articoli 433 e seguenti.

Il giudice che pronunzia la separazione può imporre al coniuge di prestare idonea garanzia reale o personale se esiste il pericolo che egli possa sottrarsi all'adempimento degli obblighi previsti dai precedenti commi e dall'articolo 155.

La sentenza costituisce titolo per l'iscrizione dell'ipoteca giudiziale ai sensi dell'articolo 2818.

In caso di inadempienza, su richiesta dell'avente diritto, il giudice può disporre il sequestro di parte dei beni del coniuge obbligato e ordinare ai terzi, tenuti a corrispondere anche periodicamente somme di danaro all'obbligato, che una parte di essa venga versata direttamente agli aventi diritto. (1) (2) (3) (4)

Qualora sopravvengano giustificati motivi il giudice, su istanza di parte, può disporre la revoca o la modifica dei provvedimenti di cui ai commi precedenti.

(1) La Corte costituzionale con sentenza 31 maggio 1983, n. 144 ha dichiarato l'illegittimità
costituzionale del presente comma nella parte in cui non prevede che le disposizioni ivi contenute si applichino a favore dei figli di coniugi consensualmente separati.

(2) La Corte Costituzionale con sentenza 19 gennaio 1987, n. 5 ha dichiarato l'illegittimità costituzionale del presente comma nella parte in cui non prevede che le disposizioni ivi contenute si applichino ai coniugi separati consensualmente.

(3) La Corte Costituzionale con sentenza 6 luglio 1994, n. 278 ha dichiarato l'illegittimità costituzionale del presente comma nella parte in cui non prevede che il giudice istruttore possa adottare nel corso della causa di separazione il provvedimento di ordinare ai terzi debitori del coniuge obbligato al mantenimento di versare una parte delle somme direttamente agli aventi diritto.

(4) La Corte Costituzionale con sentenza 19 luglio 1996 n. 258 ha dichiarato l'illegittimità costituzionale del presente comma nella parte in cui non prevede che il giudice istruttore possa adottare nel corso della causa di separazione il provvedimento di sequestro di parte dei beni del coniuge obbligato al mantenimento.

Cfr. Cassazione Civile, sez. I, sentenza 23 novembre 2007, n. 24407, Cassazione Civile, sez. I, sentenza 15 febbraio 2008, n. 3797 e Cassazione Civile, sez. I, sentenza 6 giugno 2008, n. 15086 in Altalex Massimario.

Art. 156-bis. Cognome della moglie.

Il giudice può vietare alla moglie l'uso del cognome del marito quando tale uso sia a lui gravemente pregiudizievole, e può parimenti autorizzare la moglie a non usare il cognome stesso, qualora dall'uso possa derivarle grave pregiudizio.

Art. 157. Cessazione degli effetti della separazione.

I coniugi possono di comune accordo far cessare gli effetti della sentenza di separazione, senza che sia necessario l'intervento del giudice, con una espressa dichiarazione o con un comportamento non equivoco che sia incompatibile
con lo stato di separazione.

La separazione può essere pronunziata nuovamente soltanto in relazione a fatti e comportamenti intervenuti dopo la riconciliazione.

Art. 158. Separazione consensuale.

La separazione per il solo consenso dei coniugi non ha effetto senza l'omologazione
del giudice. (1)

Quando l'accordo dei coniugi relativamente all'affidamento e al mantenimento dei figli è in contrasto con l'interesse di questi il giudice riconvoca i coniugi indicando ad essi le modificazioni da adottare nell'interesse dei figli e, in caso di inidonea soluzione, può rifiutare allo stato l'omologazione.

(1) La Corte Costituzionale con sentenza n. 186 del 18 febbraio 1988 ha dichiarato l'illegittimità costituzionale di questo articolo, nella parte in cui non prevede che il decreto di omologazione della separazione consensuale costituisce titolo per l'iscrizione dell'ipoteca giudiziale ai sensi dell'art. 2818 del codice civile.

CAPO VI – DEL REGIME PATRIMONIALE DELLA FAMIGLIA

SEZIONE I - Disposizioni generali

Art. 159. Del regime patrimoniale legale tra i coniugi.

Il regime patrimoniale legale della famiglia, in mancanza di diversa convenzione
stipulata a norma dell'articolo 162, è costituito dalla comunione dei beni regolata dalla sezione III del presente capo.

Art. 160. Diritti inderogabili.

Gli sposi non possono derogare né ai diritti né ai doveri previsti dalla legge per effetto del matrimonio.

Art. 161. Riferimento generico a leggi o agli usi.

Gli sposi non possono pattuire in modo generico che i loro rapporti patrimoniali siano in tutto o in parte regolati da leggi alle quali non sono sottoposti o dagli usi, ma devono enunciare in modo concreto il contenuto dei patti con i quali intendono regolare questi loro rapporti.

Art. 162. Forma delle convenzioni matrimoniali.

Le convenzioni matrimoniali debbono essere stipulate per atto pubblico sotto pena di nullità.

La scelta del regime di separazione può anche essere dichiarata nell'atto di celebrazione del matrimonio.

Le convenzioni possono essere stipulate in ogni tempo, ferme restando le disposizioni dell'articolo 194.

Le convenzioni matrimoniali non possono essere opposte ai terzi quando a margine dell'atto di matrimonio non risultano annotati la data del contratto, il notaio rogante e le generalità dei contraenti, ovvero la scelta di cui al secondo comma.

Art. 163. Modifica delle convenzioni.

Le modifiche delle convenzioni matrimoniali, anteriori o successive al matrimonio,
non hanno effetto se l'atto pubblico non è stipulato col consenso di tutte le persone che sono state parti nelle convenzioni medesime, o dei loro eredi.

Se uno dei coniugi muore dopo aver consentito con atto pubblico alla modifica delle convenzioni, questa produce i suoi effetti se le altre parti esprimono anche successivamente il loro consenso, salva l'omologazione del giudice. L'omologazione può essere chiesta da tutte le persone che hanno partecipato alla modificazione delle convenzioni o dai loro eredi.

Le modifiche convenute e la sentenza di omologazione hanno effetto rispetto ai terzi solo se ne è fatta annotazione in margine all'atto del matrimonio. L'annotazione deve inoltre essere fatta a margine della trascrizione delle convenzioni matrimoniali ove questa sia richiesta a norma degli articoli 2643 e seguenti.

Art. 164. Simulazione delle convenzioni matrimoniali.

È consentita ai terzi la prova della simulazione delle convenzioni matrimoniali. Le controdichiarazioni scritte possono aver effetto nei confronti di coloro tra i quali sono intervenute, solo se fatte con la presenza ed il simultaneo consenso di tutte le persone che sono state parti nelle convenzioni matrimoniali.

Art. 165. Capacità del minore.

Il minore ammesso a contrarre matrimonio è pure capace di prestare il consenso per tutte le relative convenzioni matrimoniali, le quali sono valide se egli è assistito dai genitori esercenti la potestà su di lui o dal tutore o dal curatore speciale nominato a norma dell'articolo 90.

Art. 166. Capacità dell'inabilitato.

Per la validità delle stipulazioni e delle donazioni, fatte nel contratto di matrimonio
dall'inabilitato o da colui contro il quale è stato promosso giudizio di inabilitazione, è necessaria l'assistenza del curatore già nominato. Se questi non è stato ancora nominato, si provvede alla nomina di un curatore speciale.

Art. 166-bis. Divieto di costituzione di dote.

È nulla ogni convenzione che comunque tenda alla costituzione di beni in dote.

SEZIONE II – Del fondo patrimoniale

Art. 167. Costituzione del fondo patrimoniale.

Ciascuno o ambedue i coniugi, per atto pubblico, o un terzo, anche per testamento,
possono costituire un fondo patrimoniale, destinando determinati beni, immobili o mobili iscritti in pubblici registri, o titoli di credito, a far fronte ai bisogni della famiglia.

La costituzione del fondo patrimoniale per atto tra vivi, effettuata dal terzo, si perfeziona con l'accettazione dei coniugi.

L'accettazione può essere fatta con atto pubblico posteriore.

La costituzione può essere fatta anche durante il matrimonio.

I titoli di credito devono essere vincolati rendendoli nominativi con annotazione
del vincolo o in altro modo idoneo.

Art. 168. Impiego ed amministrazione del fondo.

La proprietà dei beni costituenti il fondo patrimoniale spetta ad entrambi i coniugi, salvo che sia diversamente stabilito nell'atto di costituzione.

I frutti dei beni costituenti il fondo patrimoniale sono impiegati per i bisogni della famiglia.

L'amministrazione dei beni costituenti il fondo patrimoniale è regolata dalle norme relative all'amministrazione della comunione legale.

Art. 169. Alienazione dei beni del fondo.
(...) (1)

(1) "Cessazione del vincolo.
Il vincolo sui beni costituenti il patrimonio familiare cessa con lo scioglimento del
matrimonio, se non vi sono figli o se questi hanno tutti raggiunto la maggiore età.
In caso diverso il vincolo dura fino al compimento della maggiore età dell'ultimo figlio.
Tuttavia, se alla morte del coniuge proprietario dei beni, questi fanno parte della
quota legittima, l'autorità giudiziaria, qualora ricorrano ragioni di necessità o di
utilità evidente per i figli maggiorenni, può disporre che sia parzialmente sciolto il
vincolo, così che i detti figli conseguano la parte loro spettante sulla quota di legittima."
Articolo abrogato dalla L. 19 maggio 1975, n. 151.

Art. 176.
(...) (1)

(1) "Amministrazione dopo lo scioglimento del matrimonio.
Nel caso previsto dal secondo comma dell'articolo precedente, se mancano disposizioni
del costituente, l'amministrazione spetta al coniuge superstite.
Se mancano entrambi i genitori e non è stata fatta alcuna designazione dal costituente
o dal coniuge superstite, l'amministrazione spetta al maggiore dei figli, salvo,
che per le ragioni indicate nell'articolo 174 il tribunale ritenga di affidarla a un altro
dei figli.
Se nessuno dei figli ha raggiunto la maggiore età o è emancipato, l'amministratore è
nominato dall'autorità giudiziaria." Articolo abrogato dalla L. 19 maggio 1975, n.
151.

SEZIONE III - Della comunione legale

Art. 177. Oggetto della comunione.
Costituiscono oggetto della comunione:
a) gli acquisti compiuti dai due coniugi insieme o separatamente durante il matrimonio, ad esclusione di quelli relativi ai beni personali;
b) i frutti dei beni propri di ciascuno dei coniugi, percepiti e non consumati allo scioglimento della comunione;
c) i proventi dell'attività separata di ciascuno dei coniugi se, allo scioglimento della comunione, non siano stati consumati;
d) le aziende gestite da entrambi i coniugi e costituite dopo il matrimonio. Qualora si tratti di aziende appartenenti ad uno dei coniugi anteriormente al matrimonio ma gestite da entrambi, la comunione concerne solo gli utili e gli incrementi.

Cfr. Cassazione Civile, sez. II, sentenza 23 luglio 2008, n. 20296, Cassazione Civile, sez. I, sentenza 15 gennaio 2009, n. 799, Cassazione Civile, sez. II, sentenza 2 febbraio 2009, n. 2569, Cassazione Civile, sez. tributaria, sentenza 1° luglio 2009, n. 15426 e Cassazione Civile, sez. II, sentenza 5 maggio 2010, n. 10855 in Altalex Massimario.

Art. 178. Beni destinati all'esercizio di impresa.
I beni destinati all'esercizio dell'impresa di uno dei coniugi costituita dopo il matrimonio e gli incrementi dell'impresa costituita anche precedentemente si considerano oggetto della comunione solo se sussistono al momento dello scioglimento di questa.

Art. 179. Beni personali.
Non costituiscono oggetto della comunione e sono beni personali del coniuge:
a) i beni di cui, prima del matrimonio, il coniuge era proprietario o rispetto ai quali era titolare di un diritto reale di godimento;
b) i beni acquisiti successivamente al matrimonio per effetto di donazione o successione, quando nell'atto di liberalità o nel testamento non è specificato che essi sono attribuiti alla comunione;
c) i beni di uso strettamente personale di ciascun coniuge ed i loro accessori;
d) i beni che servono all'esercizio della professione del coniuge, tranne quelli destinati alla conduzione di una azienda facente parte della comunione;
e) i beni ottenuti a titolo di risarcimento del danno nonché la pensione attinente alla perdita parziale o totale della capacità lavorativa;
f) i beni acquisiti con il prezzo del trasferimento dei beni personali sopraelencati
o col loro scambio, purché ciò sia espressamente dichiarato all'atto dell'acquisto.

L'acquisto di beni immobili, o di beni mobili elencati nell'articolo 2683, effettuato
dopo il matrimonio, è escluso dalla comunione, ai sensi delle lettere c), d) ed f) del precedente comma, quando tale esclusione risulti dall'atto di acquisto se di esso sia stato parte anche l'altro coniuge.

Cfr. Cassazione Civile, sez. II, sentenza 6 marzo 2008, n. 6120 e Cassazione Civile, sez. III, sentenza 19 febbraio 2009, n. 4039 in Altalex Massimario.

Art. 180. Amministrazione dei beni della comunione.
L'amministrazione dei beni della comunione e la rappresentanza in giudizio per gli atti ad essa relativi spettano disgiuntamente ad entrambi i coniugi.

Il compimento degli atti eccedenti l'ordinaria amministrazione, nonché la stipula dei contratti con i quali si concedono o si acquistano diritti personali di godimento e la rappresentanza in giudizio per le relative azioni spettano congiuntamente ad entrambi i coniugi.

Cfr. Cassazione Civile, sez. II, sentenza 23 luglio 2008, n. 20296 in Altalex Massimario.

Art. 181. Rifiuto di consenso.
Se uno dei coniugi rifiuta il consenso per la stipulazione di un atto di straordinaria
amministrazione o per gli altri atti per cui il consenso è richiesto, l'altro coniuge può rivolgersi al giudice per ottenere l'autorizzazione nel caso in cui la stipulazione dell'atto è necessaria nell'interesse della famiglia o dell'azienda che a norma della lettera d) dell'articolo 177 fa parte della comunione.

Art. 182. Amministrazione affidata ad uno solo dei coniugi.
In caso di lontananza o di altro impedimento di uno dei coniugi l'altro, in mancanza di procura del primo risultante da atto pubblico o da scrittura privata autenticata, può compiere, previa autorizzazione del giudice e con le cautele eventualmente da questo stabilite, gli atti necessari per i quali è richiesto, a norma dell'articolo 180, il consenso di entrambi i coniugi.
Nel caso di gestione comune di azienda, uno dei coniugi può essere delegato dall'altro al compimento di tutti gli atti necessari all'attività dell'impresa.

Art. 183. Esclusione dall'amministrazione.
Se uno dei coniugi è minore o non può amministrare ovvero se ha male amministrato, l'altro coniuge può chiedere di escluderlo dall'amministrazione.
Il coniuge privato dell'amministrazione può chiedere al giudice di esservi

reintegrato, se sono venuti meno i motivi che hanno determinato l'esclusione. La esclusione opera di diritto riguardo al coniuge interdetto e permane sino a quando non sia cessato lo stato di interdizione.

Art. 184. Atti compiuti senza il necessario consenso.

Gli atti compiuti da un coniuge senza il necessario consenso dell'altro coniuge e da questo non convalidati sono annullabili se riguardano beni immobili o beni mobili elencati nell'articolo 2683.

L'azione può essere proposta dal coniuge il cui consenso era necessario entro un anno dalla data in cui ha avuto conoscenza dell'atto e in ogni caso entro un anno dalla data di trascrizione. Se l'atto non sia stato trascritto e quando il coniuge non ne abbia avuto conoscenza prima dello scioglimento della comunione l'azione non può essere proposta oltre l'anno dallo scioglimento stesso.

Se gli atti riguardano beni mobili diversi da quelli indicati nel primo comma, il coniuge che li ha compiuti senza il consenso dell'altro è obbligato su istanza di quest'ultimo a ricostituire la comunione nello stato in cui era prima del compimento dell'atto o, qualora ciò non sia possibile, al pagamento dell'equivalente secondo i valori correnti all'epoca della ricostituzione della comunione.

Cfr. Cassazione Civile, sez. II, sentenza 23 luglio 2008, n. 20296 in Altalex Massimario.

Art. 185. Amministrazione dei beni personali del coniuge.

All'amministrazione dei beni che non rientrano nella comunione o nel fondo patrimoniale si applicano le disposizioni dei commi secondo, terzo e quarto dell'articolo 217.

Art. 186. Obblighi gravanti sui beni della comunione.

I beni della comunione rispondono:

a) di tutti i pesi ed oneri gravanti su di essi al momento dell'acquisto;
b) di tutti i carichi dell'amministrazione;
c) delle spese per il mantenimento della famiglia e per l'istruzione e l'educazione dei figli e di ogni obbligazione contratta dai coniugi, anche separatamente, nell'interesse della famiglia;
d) di ogni obbligazione contratta congiuntamente dai coniugi.

Art. 187. Obbligazioni contratte dai coniugi prima del matrimonio.

I beni della comunione, salvo quanto disposto nell'articolo 189, non rispondono delle obbligazioni contratte da uno dei coniugi prima del matrimonio.

Art. 188. Obbligazioni derivanti da donazioni o successioni.

I beni della comunione, salvo quanto disposto nell'articolo 189, non rispondono delle obbligazioni da cui sono gravate le donazioni e le successioni conseguite dai coniugi durante il matrimonio e non attribuite alla comunione.

Art. 189. Obbligazioni contratte separatamente dai coniugi.

I beni della comunione, fino al valore corrispondente alla quota del coniuge obbligato, rispondono, quando i creditori non possono soddisfarsi sui beni personali, delle obbligazioni contratte, dopo il matrimonio, da uno dei coniugi per il compimento di atti eccedenti l'ordinaria amministrazione senza il necessario consenso dell'altro.

I creditori particolari di uno dei coniugi, anche se il credito è sorto anteriormente al matrimonio, possono soddisfarsi in via sussidiaria sui beni della comunione, fino al valore corrispondente alla quota del coniuge obbligato. Ad essi, se chirografari, sono preferiti i creditori della comunione.

Art. 190. Responsabilità sussidiaria dei beni personali.

I creditori possono agire in via sussidiaria sui beni personali di ciascuno dei coniugi, nella misura della metà del credito, quando i beni della comunione non sono sufficienti a soddisfare i debiti su di essa gravanti.

Art. 191. Scioglimento della comunione.

La comunione si scioglie per la dichiarazione di assenza o di morte presunta di uno dei coniugi, per l'annullamento, per lo scioglimento o per la cessazione degli effetti civili del matrimonio, per la separazione personale, per la separazione giudiziale dei beni, per mutamento convenzionale del regime patrimoniale, per il fallimento di uno dei coniugi.

Nel caso di azienda di cui alla lettera d) dell'articolo 177, lo scioglimento della comunione può essere deciso, per accordo dei coniugi, osservata la forma prevista dall'articolo 162.

Art. 192. Rimborsi e restituzioni.

Ciascuno dei coniugi è tenuto a rimborsare alla comunione le somme prelevate dal patrimonio comune per fini diversi dall'adempimento delle obbligazioni previste dall'articolo 186.

È tenuto altresì a rimborsare il valore dei beni di cui all'articolo 189, a meno che, trattandosi di atto di straordinaria amministrazione da lui compiuto, dimostri che l'atto stesso sia stato vantaggioso per la comunione o abbia soddisfatto una necessità della famiglia.

Ciascuno dei coniugi può richiedere la restituzione delle somme prelevate dal patrimonio personale ed impiegate in spese ed investimenti del patrimonio comune.

I rimborsi e le restituzioni si effettuano al momento dello scioglimento della comunione; tuttavia il giudice può autorizzarli in un momento anteriore se l'interesse della famiglia lo esige o lo consente.

Il coniuge che risulta creditore può chiedere di prelevare beni comuni sino a concorrenza del proprio credito. In caso di dissenso si applica il quarto comma. I prelievi si effettuano sul denaro, quindi sui mobili e infine sugli immobili.

Art. 193. Separazione giudiziale dei beni.

La separazione giudiziale dei beni può essere pronunziata in caso di interdizione o di inabilitazione di uno dei coniugi o di cattiva amministrazione della comunione.

Può altresì essere pronunziata quando il disordine degli affari di uno dei coniugi o la condotta da questi tenuta nell'amministrazione dei beni mette in pericolo gli interessi dell'altro o della comunione o della famiglia, oppure quando uno dei coniugi non contribuisce ai bisogni di questa in misura proporzionale alle proprie sostanze e capacità di lavoro.

La separazione può essere chiesta da uno dei coniugi o dal suo legale rappresentante.

La sentenza che pronunzia la separazione retroagisce al giorno in cui è stata proposta la domanda ed ha l'effetto di instaurare il regime di separazione dei beni regolato nella sezione V del presente capo, salvi i diritti dei terzi.

La sentenza è annotata a margine dell'atto di matrimonio e sull'originale delle convenzioni matrimoniali.

Art. 194. Divisione dei beni della comunione.

La divisione dei beni della comunione legale si effettua ripartendo in parti uguali l'attivo e il passivo.

Il giudice, in relazione alle necessità della prole e all'affidamento di essa, può costituire a favore di uno dei coniugi l'usufrutto su una parte dei beni spettanti all'altro coniuge.

Art. 195. Prelevamento dei beni mobili.

Nella divisione i coniugi o i loro eredi hanno diritto di prelevare i beni mobili che appartenevano ai coniugi stessi prima della comunione o che sono ad essi pervenuti durante la medesima per successione o donazione. In mancanza di prova contraria si presume che i beni mobili facciano parte della comunione.

Art. 196. Ripetizione del valore in caso di mancanza delle cose da prelevare.

Se non si trovano i beni mobili che il coniuge o i suoi eredi hanno diritto di prelevare a norma dell'articolo precedente essi possono ripeterne il valore, provandone l'ammontare anche per notorietà, salvo che la mancanza di quei beni sia dovuta a consumazione per uso o perimento o per altra causa non imputabile all'altro coniuge.

Art. 197. Limiti al prelevamento nei riguardi dei terzi.

Il prelevamento autorizzato dagli articoli precedenti non può farsi, a pregiudizio
dei terzi, qualora la proprietà individuale dei beni non risulti da atto avente data certa. E' fatto salvo al coniuge o ai suoi eredi il diritto di regresso sui beni della comunione spettanti all'altro coniuge nonché sugli altri beni di lui.

Art. 198.

(...) (1)

(1) "Frutti della dote. Alimenti alla vedova.

I frutti della dote decorrono di diritto, a favore di coloro ai quali la dote deve essere restituita, dal giorno dello scioglimento del matrimonio.

La moglie, tuttavia, per l'anno successivo allo scioglimento del matrimonio, può esigere dall'eredità del marito, in luogo dei frutti della dote, il proprio mantenimento in congrua misura.

Se non vi è stata costituzione di dote, la moglie ha diritto alla somministrazione degli alimenti per l'anno successivo allo scioglimento del matrimonio.

In ogni caso l'eredità del marito deve fornire, durante un anno, l'abitazione alla moglie, che non sia separata per propria colpa."

Articolo abrogato dalla L. 19 maggio 1975, n. 151.

Art. 199.

(...) (1)

(1) "Divisione dei frutti.

Quando il matrimonio è sciolto, i frutti della dote, naturali o civili, si dividono fra il coniuge superstite e gli eredi dell'altro in proporzione di quanto è durato il matrimonio nell'ultimo anno o nell'ultimo periodo di maturazione o di scadenza dei frutti, se questo periodo è superiore all'anno.

L'anno o il periodo si computa dal giorno corrispondente a quello del matrimonio."
Articolo abrogato dalla L. 19 maggio 1975, n. 151.

Art. 200.

(...) (1)

(1) "Locazioni.

Se il bene dotale fu locato durante il matrimonio dal solo marito, si osserva quanto è stabilito per le locazioni fatte dall'usufruttuario." Articolo abrogato dalla L. 19 maggio 1975, n. 151.

Art. 201.

(...) (1)

(1) "Spese e miglioramenti.

Le norme dettate in materia di usufrutto sono applicabili per il rimborso delle spese e per i miglioramenti fatti dal marito nei beni dotali." Articolo abrogato dalla L. 19 maggio 1975, n. 151.

Art. 202.

(...) (1)

(1) "Casi di separazione.

La separazione della dote è disposta giudizialmente su domanda della moglie, quando questa è in pericolo di perderla, ovvero quando il disordine degli affari del marito lascia temere che i beni di lui non siano sufficienti a soddisfare i diritti della moglie o che i frutti della dote siano distratti dalla loro destinazione. E' inoltre disposta nel caso di separazione personale pronunziata per colpa del marito.

Se la separazione è pronunziata per colpa di entrambi i coniugi, l'autorità giudiziaria ha la facoltà di ordinare la separazione della dote.

La separazione stragiudiziale è nulla." Articolo abrogato dalla L. 19 maggio 1975, n. 151.

Art. 203.

(...) (1)

(1) "Inefficacia della separazione.

La separazione della dote ordinata dall'autorità giudiziaria rimane senza effetto, se la sentenza non è notificata entro
sessanta giorni dalla sua pubblicazione e non è eseguita, entro sessanta giorni dal suo passaggio in giudicato, mediante atto pubblico col reale soddisfacimento dei diritti spettanti alla moglie sino alla concorrenza dei beni del marito, o se, almeno in questo ultimo termine, la moglie non ha proposto e proseguito le relative istanze."
Articolo abrogato dalla L. 19 maggio 1975, n. 151.

Art. 204.

(...) (1)

(1) "Retroattività della sentenza. Spese per la restituzione.

La sentenza che pronunzia la separazione è retroattiva sino al giorno della domanda.

Le spese per la restituzione della dote sono a carico del marito."
Articolo abrogato dalla L. 19 maggio 1975, n. 151.

Art. 205.

(...) (1)

(1) "Divieto ai creditori della moglie di chiedere la separazione.

I creditori della moglie non possono senza il consenso di questa chiedere la separazione della dote." Articolo abrogato dalla L. 19 maggio 1975, n. 151.

Art. 206.

(...) (1)

(1) "Azioni concesse ai creditori del marito.

I creditori del marito possono impugnare con l'azione revocatoria, quando ne ricorrono

gli estremi, la separazione della dote; e possono intervenire in giudizio per opporsi alla domanda di separazione."
Articolo abrogato dalla L. 19 maggio 1975, n. 151.

Art. 207.
(…) (1)

(1) "Obblighi della moglie.
La moglie che ha ottenuto la separazione della dote rimane soggetta agli obblighi stabiliti dagli articoli 145, secondo comma, e 147."
Articolo abrogato dalla L. 19 maggio 1975, n. 151.

Art. 208.
(…) (1)

(1) "Diritti della moglie.
La moglie che ha ottenuto la separazione della dote ne ha la libera amministrazione.
La dote rimane inalienabile, e le somme che la moglie riceve in soddisfazione di essa sono dotali e si devono impiegare con l'autorizzazione giudiziale.
Nel caso in cui occorre provvedere a norma dell'articolo 187, il tribunale può autorizzare l'alienazione anche se il marito non consente." Articolo abrogato dalla L. 19 maggio 1975, n. 151.

Art. 209.
(…) (1)

(1) "Cessazione degli effetti della separazione.
Per volontà di entrambi i coniugi e dopo decreto di autorizzazione del tribunale la dote può essere riconsegnata al marito.
La riconsegna deve essere fatta per atto pubblico, e dalla data di questo cessano gli effetti della separazione della dote.
I creditori della moglie possono impugnare con l'azione revocatoria, quando ne ricorrono gli estremi, la riconsegna della dote."
Articolo abrogato dalla L. 19 maggio 1975, n. 151.

SEZIONE IV - Della comunione convenzionale

Art. 210. Modifiche convenzionali alla comunione legale dei beni.
I coniugi possono, mediante convenzione stipulata a norma dell'articolo 162, modificare il regime della comunione legale dei beni purché i patti non siano in contrasto con le disposizioni dell'articolo 161.

I beni indicati alle lettere c), d) ed e) dell'articolo 179 non possono essere compresi nella comunione convenzionale.
Non sono derogabili le norme della comunione legale relative all'amministrazione
dei beni della comunione e all'uguaglianza delle quote limitatamente ai beni che formerebbero oggetto della comunione legale.

Art. 211. Obbligazioni dei coniugi contratte prima del matrimonio.
I beni della comunione rispondono delle obbligazioni contratte da uno dei coniugi prima del matrimonio limitatamente al valore dei beni di proprietà del coniuge stesso prima del matrimonio che, in base a convenzione stipulata a norma dell'articolo 162, sono entrati a far parte della comunione dei beni.

Art. 212.
(…) (1)

(1) "Amministrazione e godimento dei beni parafernali.
La moglie ha il godimento e l'amministrazione dei beni parafernali.
Se al marito è stata conferita la procura di amministrare tali beni, con l'obbligo di render conto dei frutti, egli è tenuto verso la moglie come qualunque altro procuratore.
Se il marito ha goduto i beni parafernali senza procura e la moglie non ha fatto opposizione
con atto scritto, ovvero se il marito li ha goduti con procura ma senza l'obbligo di render conto dei frutti, egli e i suoi eredi, a richiesta della moglie o allo scioglimento del matrimonio, sono tenuti a consegnare i frutti esistenti e non rispondono per quelli già consumati." Articolo abrogato dalla L. 19 maggio 1975, n. 151.

Art. 213.
(…) (1)

(1) "Obbligazioni del marito.
Il marito che gode i beni parafernali è soggetto a tutte le obbligazioni dell'usufruttuario."
Articolo abrogato dalla L. 19 maggio 1975, n. 151.

Art. 214.
(…) (1)

(1) "Obbligazioni della moglie per il godimento dei beni del marito.
Le disposizioni degli articoli 212 e 213 si applicano anche nel caso in cui la moglie ha avuto l'amministrazione e il godimento dei beni del marito." Articolo abrogato dalla L. 19 maggio 1975, n. 151.

SEZIONE V - Del regime di separazione dei beni

Art. 215. Separazione dei beni.
I coniugi possono convenire che ciascuno di essi conservi la titolarità esclusiva dei beni acquistati durante il matrimonio.

Art. 216.
(…) (1)

(1) "Fonti del regolamento della comunione.
Gli sposi possono stabilire patti speciali per la comunione; in mancanza di questi patti, si applicano le disposizioni relative alla comunione in generale.
In ogni caso si osservano le disposizioni seguenti." Articolo abrogato dalla L. 19 maggio 1975, n. 151.

Art. 217. Amministrazione e godimento dei beni.
Ciascun coniuge ha il godimento e l'amministrazione dei beni di cui è titolare esclusivo.

Se ad uno dei coniugi è stata conferita la procura ad amministrare i beni dell'altro con l'obbligo di rendere conto dei frutti, egli è tenuto verso l'altro coniuge secondo le regole del mandato.

Se uno dei coniugi ha amministrato i beni dell'altro con procura senza l'obbligo di rendere conto dei frutti, egli ed i suoi eredi, a richiesta dell'altro coniuge o allo scioglimento o alla cessazione degli effetti civili del matrimonio, sono tenuti a consegnare i frutti esistenti e non rispondono per quelli consumati.

Se uno dei coniugi, nonostante l'opposizione dell'altro, amministra i beni di questo o comunque compie atti relativi a detti beni risponde dei danni e della mancata percezione dei frutti.

Art. 218. Obbligazioni del coniuge che gode dei beni dell'altro coniuge.
Il coniuge che gode dei beni dell'altro coniuge è soggetto a tutte le obbligazioni dell'usufruttuario.

Art. 219. Prova della proprietà dei beni.
Il coniuge può provare con ogni mezzo nei confronti dell'altro la proprietà esclusiva di un bene.

I beni di cui nessuno dei coniugi può dimostrare la proprietà esclusiva sono di proprietà indivisa per pari quota di entrambi i coniugi.

Art. 220.

(...) (1)

(1) "Amministrazione della comunione.

Solo il marito può amministrare i beni della comunione e stare in giudizio per le azioni riguardanti la medesima; ma non può, salvo che a titolo oneroso, alienare o ipotecare i beni la cui proprietà cade nella comunione." Articolo abrogato dalla L. 19 maggio 1975, n. 151.

Art. 221.

(...) (1)

(1) "Locazioni.

Alle locazioni fatte dal marito dei beni della moglie, il godimento dei quali cade nella comunione, sono applicabili le regole stabilite per le locazioni fatte dall'usufruttuario." Articolo abrogato dalla L. 19 maggio 1975, n. 151.

Art. 222.

(...) (1)

(1) "Amministrazione affidata alla moglie.

In caso di lontananza o di altro impedimento del marito, la moglie può essere autorizzata dal tribunale, quando è necessario nell'interesse della comunione dei beni, ad assumere temporaneamente l'amministrazione di questi beni e, nei casi di necessità o utilità evidente, può anche essere autorizzata a compiere atti di alienazione, con le cautele che il tribunale creda di stabilire."

Articolo abrogato dalla L. 19 maggio 1975, n. 151.

Art. 223.

(...) (1)

(1) "Obblighi gravanti sui beni della comunione.

I beni della comunione rispondono di tutti i pesi e oneri gravanti su di essi al momento dell'acquisto, di tutti i carichi dall'amministrazione, anche rispetto ai beni il cui godimento cade in comunione, delle spese per il mantenimento della famiglia e degli obblighi di alimenti dovuti per legge dall'uno o dall'altro coniuge." Articolo abrogato dalla L. 19 maggio 1975, n. 151.

Art. 224.

(...) (1)

(1) "Obbligazioni contratte dal marito e dalla moglie.

I beni della comunione rispondono anche di tutte le obbligazioni del marito successive alla costituzione della comunione, e di quelle contratte dalla moglie nello stesso periodo ai sensi dell'articolo precedente.

Non rispondono, invece, delle obbligazioni, sia del marito, sia della moglie, anteriori alla costituzione della comunione, restando ai creditori la facoltà di agire sui beni del loro debitore, anche se il godimento di essi è stato conferito nella comunione." Articolo abrogato dalla L. 19 maggio 1975, n. 151.

Art. 225.

(...) (1)

(1) "Scioglimento della comunione.

La comunione si scioglie per la morte o per la dichiarazione di assenza di uno dei coniugi, per la separazione personale e per la separazione giudiziale dei beni." Articolo abrogato dalla L. 19 maggio 1975, n. 151.

Art. 226.

(...) (1)

(1) "Separazione giudiziale dei beni.

La separazione giudiziale dei beni può essere pronunziata nel caso di inabilitazione del marito o di cattiva amministrazione della comunione. Può altresì essere pronunziata quando il disordine degli affari del marito mette in pericolo gli interessi della moglie o il marito non provvede a un congruo mantenimento della famiglia. Sono applicabili le disposizioni degli articoli 204 e 205.

La separazione stragiudiziale è nulla."

Articolo abrogato dalla L. 19 maggio 1975, n. 151.

Art. 227.

(...) (1)

(1) "Divisione dei beni della comunione.

Avvenuto lo scioglimento della comunione, l'attivo e il passivo si dividono tra i coniugi in parti eguali, salvo che le convenzioni matrimoniali stabiliscano una diversa proporzione.

Tuttavia, la moglie o i suoi eredi hanno sempre la facoltà di rinunziare alla comunione o di accettarla col beneficio dell'inventario, uniformandosi a quanto è stabilito in materia di successioni per la rinunzia alle eredità o per l'accettazione delle medesime col beneficio dell'inventario e sotto le sanzioni ivi previste." Articolo abrogato dalla L. 19 maggio 1975, n. 151.

Art. 228.

(...) (1)

(1) "Prelevamento di beni mobili.

Nella divisione della comunione i coniugi o i loro eredi, anche in caso di rinunzia o di accettazione col beneficio d'inventario, hanno diritto di prelevare i beni mobili, che loro appartenevano prima della comunione o che sono loro pervenuti durante la medesima per successione o donazione.

Con la convenzione che istituisce la comunione i coniugi devono fare una descrizione autentica dei loro beni mobili presenti, ed eguale descrizione devono pure fare di quei beni che venissero a loro durante la comunione per successione o per donazione. In mancanza di tali descrizioni o di altro atto autentico, i beni mobili esistenti nella comunione al momento dello scioglimento si presumono della comunione medesima." Articolo abrogato dalla L. 19 maggio 1975, n. 151.

Art. 229.

(...) (1)

(1) "Ripetizione del valore in caso di mancanza delle cose da prelevare.

Se non si trovano i beni mobili che la moglie e i suoi eredi hanno diritto di prelevare a norma dell'articolo precedente, essi possono ripeterne il valore, provandone l'ammontare

anche per notorietà, salvo che la mancanza di quei beni sia dovuta a consumazione per uso o perimento per altra causa non imputabile al marito." Articolo abrogato dalla L. 19 maggio 1975, n. 151.

Art. 230.

(...) (1)

(1) "Limiti al prelevamento nei riguardi dei terzi.

Il prelevamento autorizzato dagli articoli precedenti non può farsi, a pregiudizio dei terzi, in mancanza di descrizione o di altro titolo di proprietà avente data certa. È tuttavia salvo alla moglie o ai suoi eredi il diritto di regresso sulla porzione che della comunione spetta al marito e anche sugli altri beni di lui." Articolo abrogato dalla L. 19 maggio 1975, n. 151.

SEZIONE VI - Dell'impresa familiare

Art. 230-bis. Impresa familiare.

Salvo che sia configurabile un diverso rapporto, il familiare che presta in

modo continuativo la sua attività di lavoro nella famiglia o nell'impresa familiare
ha diritto al mantenimento secondo la condizione patrimoniale della famiglia e partecipa agli utili dell'impresa familiare ed ai beni acquistati con essi nonché agli incrementi dell'azienda, anche in ordine all'avviamento, in proporzione alla quantità e qualità del lavoro prestato. Le decisioni concernenti l'impiego degli utili e degli incrementi nonché quelle inerenti alla gestione straordinaria, agli indirizzi produttivi e alla cessazione dell'impresa sono adottate, a maggioranza, dai familiari che partecipano all'impresa stessa. I familiari partecipanti all'impresa che non hanno la piena capacità di agire sono rappresentati nel voto da chi esercita la potestà su di essi.
Il lavoro della donna è considerato equivalente a quello dell'uomo.
Ai fini della disposizione di cui al primo comma si intende come familiare il coniuge, i parenti entro il terzo grado, gli affini entro il secondo; per impresa familiare quella cui collaborano il coniuge, i parenti entro il terzo grado, gli affini entro il secondo.
Il diritto di partecipazione di cui al primo comma è intrasferibile, salvo che il trasferimento avvenga a favore di familiari indicati nel comma precedente col consenso di tutti i partecipi. Esso può essere liquidato in danaro alla cessazione,
per qualsiasi causa, della prestazione del lavoro, ed altresì in caso
di alienazione dell'azienda. Il pagamento può avvenire in più annualità, determinate,
in difetto di accordo, dal giudice.
In caso di divisione ereditaria o di trasferimento dell'azienda i partecipi di cui al primo comma hanno diritto di prelazione sull'azienda. Si applica, nei limiti in cui è compatibile, la disposizione dell'articolo 732.
Le comunioni tacite familiari nell'esercizio dell'agricoltura sono regolate dagli usi che non contrastino con le precedenti norme.
Cfr. Cassazione Civile, sez. lavoro, sentenza 23 giugno 2008, n. 17057 e Cassazione Civile, sez. lavoro, sentenza 19 novembre 2008, n. 27475 in Altalex Massimario.

TITOLO VII – DELLA FILIAZIONE
CAPO I – DELLA FILIAZIONE LEGITTIMA
SEZIONE I - Dello stato di figlio legittimo

Art. 231. Paternità del marito.
Il marito è padre del figlio concepito durante il matrimonio.

Art. 232. Presunzione di concepimento durante il matrimonio.
Si presume concepito durante il matrimonio il figlio nato quando sono trascorsi centottanta giorni dalla celebrazione del matrimonio e non sono ancora trascorsi trecento giorni dalla data dell'annullamento, dello scioglimento o della cessazione degli effetti civili del matrimonio.
La presunzione non opera decorsi trecento giorni dalla pronuncia di separazione
giudiziale o dalla omologazione di separazione consensuale ovvero
dalla data della comparizione dei coniugi avanti al giudice quando gli stessi sono stati autorizzati a vivere separatamente nelle more del giudizio di separazione
o dei giudizi previsti nel comma precedente.

Art. 233. Nascita del figlio prima dei centottanta giorni.
Il figlio nato prima che siano trascorsi centottanta giorni dalla celebrazione del matrimonio è reputato legittimo se uno dei coniugi, o il figlio stesso, non ne disconoscono la paternità.

Art. 234. Nascita del figlio dopo i trecento giorni.
Ciascuno dei coniugi e i loro eredi possono provare che il figlio, nato dopo i trecento giorni dall'annullamento, dallo scioglimento o dalla cessazione degli effetti civili del matrimonio, è stato concepito durante il matrimonio.
Possono analogamente provare il concepimento durante la convivenza quando il figlio sia nato dopo i trecento giorni dalla pronuncia di separazione giudiziale, o dalla omologazione di separazione consensuale ovvero dalla data di comparizione dei coniugi avanti al giudice quando gli stessi sono stati autorizzati a vivere separatamente nelle more del giudizio di separazione o dei giudizi previsti nel comma precedente.
In ogni caso il figlio può proporre azione per reclamare lo stato di legittimo.

Art. 235. Disconoscimento di paternità.
L'azione per il disconoscimento di paternità del figlio concepito durante il matrimonio è consentita solo nei casi seguenti:
1) se i coniugi non hanno coabitato nel periodo compreso fra il trecentesimo ed il centottantesimo giorno prima della nascita;
2) se durante il tempo predetto il marito era affetto da impotenza, anche se soltanto di generare;
3) se nel detto periodo la moglie ha commesso adulterio o ha tenuto celata al marito la propria gravidanza e la nascita del figlio. In tali casi il marito è ammesso a provare che il figlio presenta caratteristiche genetiche o del gruppo sanguigno incompatibili con quelle del presunto padre o ogni altro fatto tendente ad escludere la paternità. (1)
La sola dichiarazione della madre non esclude la paternità.
L'azione di disconoscimento può essere esercitata anche dalla madre o dal figlio che ha raggiunto la maggiore età in tutti i casi in cui può essere esercitata dal padre.

(1) La Corte costituzionale con sentenza 6 maggio 1985, n. 134 ha dichiarato l'illegittimità costituzionale del presente comma nella parte in cui non dispone per il caso previsto al n. 3 che il termine dell'azione di disconoscimento decorra dal giorno in cui il marito sia venuto a conoscenza dell'adulterio della moglie.
Cfr. Cassazione Civile, sez. I, sentenza 6 giugno 2008, n. 15088 in Altalex Massimario.

SEZIONE II - Delle prove della filiazione legittima

Art. 236. Atto di nascita e possesso di stato.
La filiazione legittima si prova con l'atto di nascita iscritto nei registri dello stato civile.
Basta in mancanza di questo titolo il possesso continuo dello stato di figlio legittimo.

Art. 237. Fatti costitutivi del possesso di stato.
Il possesso di stato risulta da una serie di fatti che nel loro complesso valgono a dimostrare le relazioni di filiazione e di parentela fra una persona e la famiglia a cui essa pretende di appartenere.
In ogni caso devono concorrere i seguenti fatti:
che la persona abbia sempre portato il cognome del padre che essa pretende di avere;
che il padre l'abbia trattata come figlio ed abbia provveduto in questa qualità

al mantenimento, alla educazione e al collocamento di essa;

che sia stata costantemente considerata come tale nei rapporti sociali;

che sia stata riconosciuta in detta qualità dalla famiglia.

Art. 238. Atto di nascita conforme al possesso di stato.

Salvo quanto disposto dagli articoli 128, 233, 234, 235 e 239, nessuno può reclamare uno stato contrario a quello che gli attribuiscono l'atto di nascita di figlio legittimo e il possesso di stato conforme all'atto stesso.

Parimenti non si può contestare la legittimità di colui il quale ha un possesso di stato conforme all'atto di nascita.

Art. 239. Supposizione di parto o sostituzione di neonato.

Qualora si tratti di supposizione di parto o di sostituzione di neonato, ancorché vi sia un atto di nascita conforme al possesso di stato, il figlio può reclamare uno stato diverso, dando la prova della filiazione anche a mezzo di testimoni nei limiti e secondo le regole dell'articolo 241.

Parimenti si può contestare la legittimità del figlio dando anche a mezzo di testimoni, nei limiti e secondo le regole sopra indicati, la prova della supposizione

o della sostituzione predette.

Art. 240. Mancanza dell'atto di matrimonio.

La legittimità del figlio di due persone, che hanno pubblicamente vissuto come marito e moglie e sono morte ambedue, non può essere contestata per il solo motivo che manchi la prova della celebrazione del matrimonio, qualora la stessa legittimità sia provata da un possesso di stato che non sia in opposizione con l'atto di nascita.

Art. 241. Prova con testimoni.

Quando mancano l'atto di nascita e il possesso di stato, o quando il figlio fu iscritto sotto falsi nomi o come nato da genitori ignoti, la prova della filiazione può darsi col mezzo di testimoni.

Questa prova non può essere ammessa che quando vi è un principio di prova per iscritto, ovvero quando le presunzioni e gli indizi sono abbastanza gravi da determinare l'ammissione della prova.

Art. 242. Principio di prova per iscritto.

Il principio di prova per iscritto risulta dai documenti di famiglia, dai registri e dalle carte private del padre o della madre, dagli atti pubblici e privati provenienti da una delle parti che sono impegnate nella controversia o da altra persona, che, se fosse in vita, avrebbe interesse nella controversia.

Art. 243. Prova contraria.

La prova contraria può darsi con tutti i mezzi atti a dimostrare che il reclamante non è figlio della donna che egli pretende di avere per madre, oppure che non è figlio del marito della madre, quando risulta provata la maternità.

SEZIONE III - Dell'azione di disconoscimento e delle azioni di contestazione

e di reclamo di legittimità

Art. 244. Termini dell'azione di disconoscimento.

L'azione di disconoscimento della paternità da parte della madre deve essere proposta nel termine di sei mesi dalla nascita del figlio.

Il marito può disconoscere il figlio nel termine di un anno che decorre dal giorno della nascita quando egli si trovava al tempo di questa nel luogo in cui è nato il figlio; dal giorno del suo ritorno nel luogo in cui è nato il figlio o in cui è la residenza familiare se egli ne era lontano. In ogni caso, se egli prova di non aver avuto notizia della nascita in detti giorni, il termine decorre dal giorno in cui ne ha avuto notizia. (1) (2)

L'azione di disconoscimento della paternità può essere proposta dal figlio, entro un anno dal compimento della maggiore età o dal momento in cui viene successivamente a conoscenza dei fatti che rendono ammissibile il disconoscimento.

L'azione può essere altresì promossa da un curatore speciale nominato dal giudice, assunte sommarie informazioni, su istanza del figlio minore che ha compiuto i sedici anni, o del pubblico ministero quando si tratta di minore di età inferiore.

(1) La Corte costituzionale con sentenza 6 maggio 1985, n. 134 ha dichiarato l'illegittimità costituzionale del presente comma "nella parte in cui non dispone per il caso previsto dal n. 3 dell'art. 235 dello stesso codice, che il termine dell'azione di disconoscimento

decorra dal giorno in cui il marito sia venuto a conoscenza dell'adulterio della moglie."

(2) La Corte costituzionale con sentenza 14 maggio 1999, n. 170 ha dichiarato l'illegittimità

costituzionale del presente comma "nella parte in cui non prevede che il termine per la proposizione dell'azione di disconoscimento della paternità nell'ipotesi di impotenza solo di generare contemplata dal numero 2) dell'art. 235 del codice civile decorra per il marito dal giorno in cui esso sia venuto a conoscenza della propria impotenza di generare e l'illegittimità costituzionale del presente articolo nella parte in cui non prevede che il termine per la proposizione dell'azione di disconoscimento della paternità nell'ipotesi di impotenza solo di generare di cui al numero 2) dell'art. 235 del codice civile decorra per la moglie dal giorno in cui essa sia venuta a conoscenza dell'impotenza di generare del marito."

Art. 245. Sospensione del termine.

Se la parte interessata a promuovere l'azione di disconoscimento della paternità si trova in stato di interdizione per infermità di mente, la decorrenza del termine indicato nell'articolo precedente è sospesa, nei suoi confronti sino a che dura lo stato di interdizione. L'azione può tuttavia essere promossa dal tutore. (1)

(1) La Corte Costituzionale con la sentenza del 25 novembre 2011, n. 332 ha dichiarato questa norma parzialmente illegittima "laddove non prevede che la decorrenza del termine indicato nell'articolo 244 Cc per l'azione relativa al disconoscimento di paternità sia sospesa anche nei confronti del soggetto che, sebbene non interdetto, si trovi in una condizione di abituale grave infermità di mente, che lo renda incapace di provvedere ai propri interessi, sino a che duri tale stato di incapacità naturale."

Art. 246. Trasmissibilità dell'azione.

Se il titolare dell'azione di disconoscimento della paternità muore senza averla promossa, ma prima che ne sia decorso il termine, sono ammessi ad esercitarla in sua vece:

1) nel caso di morte del presunto padre o della madre, i discendenti e gli ascendenti; il nuovo termine decorre dalla morte del presunto padre o della madre, o dalla nascita del figlio se si tratta di figlio postumo;

2) nel caso di morte del figlio, il coniuge o i discendenti; il nuovo termine

decorre dalla morte del figlio o dal raggiungimento della maggiore età da parte di ciascuno dei discendenti.

Art. 247. Legittimazione passiva.

Il presunto padre, la madre ed il figlio sono litisconsorti necessari nel giudizio di disconoscimento.

Se una delle parti è minore o interdetta, l'azione è proposta in contraddittorio con un curatore nominato dal giudice davanti al quale il giudizio deve essere promosso.

Se una delle parti è un minore emancipato o un maggiore inabilitato, l'azione è proposta contro la stessa assistita da un curatore parimenti nominato dal giudice.

Se il presunto padre o la madre o il figlio sono morti, l'azione si propone nei confronti delle persone indicate nell'articolo precedente o, in loro mancanza, nei confronti di un curatore parimenti nominato dal giudice.

Art. 248. Legittimazione all'azione di contestazione della legittimità. Imprescrittibilità.

L'azione per contestare la legittimità spetta a chi dall'atto di nascita del figlio risulti suo genitore e a chiunque vi abbia interesse.

L'azione è imprescrittibile.

Quando l'azione è proposta nei confronti di persone premorte o minori o altrimenti incapaci, si osservano le disposizioni dell'articolo precedente.

Nel giudizio devono essere chiamati entrambi i genitori.

Art. 249. Reclamo della legittimità.

L'azione per reclamare lo stato legittimo spetta al figlio; ma, se egli non l'ha promossa ed è morto in età minore o nei cinque anni dopo aver raggiunto la maggiore età, può essere promossa dai discendenti di lui. Essa deve essere proposta contro entrambi i genitori e, in loro mancanza, contro i loro eredi.

L'azione è imprescrittibile riguardo al figlio.

CAPO II – DELLA FILIAZIONE NATURALE E DELLA LEGITTIMAZIONE

SEZIONE I - Della filiazione naturale

§ 1 - Del riconoscimento dei figli (1)

(1) La parola: "naturali" è stata soppressa dall'art. 1, L. 10 dicembre 2012, n. 219 che ha disposto che nel codice civile le parole: "figli legittimi" e "figli naturali", ovunque ricorrenti, siano sostituite dalla parola: "figli".

Art. 250. Riconoscimento.

Il figlio nato fuori del matrimonio può essere riconosciuto, nei modi previsti dall'articolo 254, dalla madre e dal padre, anche se già uniti in matrimonio con altra persona all'epoca del concepimento. Il riconoscimento può avvenire tanto congiuntamente quanto separatamente.

Il riconoscimento del figlio che ha compiuto i quattordici anni non produce effetto senza il suo assenso.

Il riconoscimento del figlio che non ha compiuto i quattordici anni non può avvenire senza il consenso dell'altro genitore che abbia già effettuato il riconoscimento.

Il consenso non può essere rifiutato se risponde all'interesse del figlio. Il genitore che vuole riconoscere il figlio, qualora il consenso dell'altro genitore sia rifiutato, ricorre al giudice competente, che fissa un termine per la notifica del ricorso all'altro genitore. Se non viene proposta opposizione entro trenta giorni dalla notifica, il giudice decide con sentenza che tiene luogo del consenso mancante; se viene proposta opposizione, il giudice, assunta ogni opportuna informazione, dispone l'audizione del figlio minore che abbia compiuto i dodici anni, o anche di età inferiore, ove capace di discernimento, e assume eventuali provvedimenti provvisori e urgenti al fine di instaurare la relazione, salvo che l'opposizione non sia palesemente fondata. Con la sentenza che tiene luogo del consenso mancante, il giudice assume i provvedimenti opportuni in relazione all'affidamento e al mantenimento
del minore ai sensi dell'articolo 315-bis e al suo cognome ai sensi dell'articolo 262.

Il riconoscimento non può essere fatto dai genitori che non abbiano compiuto il sedicesimo anno di età, salvo che il giudice li autorizzi, valutate le circostanze e avuto riguardo all'interesse del figlio. (1)

(1) L'articolo che recitava: "Il figlio naturale può essere riconosciuto, nei modi previsti dall'articolo 254, dal padre e dalla madre, anche se già uniti in matrimonio con altra persona all'epoca del concepimento. Il riconoscimento può avvenire tanto congiuntamente

quanto separatamente.

Il riconoscimento del figlio che ha compiuto i sedici anni non produce effetto senza il suo assenso.

Il riconoscimento del figlio che non ha compiuto i sedici anni non può avvenire senza il consenso dell'altro genitore che abbia già effettuato il riconoscimento.

Il consenso non può essere rifiutato ove il riconoscimento risponda all'interesse del figlio. Se vi è opposizione, su ricorso del genitore che vuole effettuare il riconoscimento, sentito il minore in contraddittorio con il genitore che si oppone e con l'intervento del pubblico ministero, decide il tribunale con sentenza che, in caso di accoglimento della domanda, tiene luogo del consenso mancante.

Il riconoscimento non può essere fatto dai genitori che non abbiano compiuto il sedicesimo

anno di età." è stato così sostituito dall'art. 1, L. 10 dicembre 2012, n. 219.

Art. 251. Autorizzazione al riconoscimento.

Il figlio nato da persone, tra le quali esiste un vincolo di parentela in linea retta all'infinito o in linea collaterale nel secondo grado [c.c. 74, 75, 76], ovvero un vincolo di affinità [c.c. 78] in linea retta, può essere riconosciuto previa autorizzazione del giudice avuto riguardo all'interesse del figlio e alla necessità di evitare allo stesso qualsiasi pregiudizio.

Il riconoscimento di una persona minore di età è autorizzato dal tribunale per i minorenni. (1)

(1) L'articolo che recitava: "Riconoscimento di figli incestuosi.

I figli nati da persone, tra le quali esiste un vincolo di parentela anche soltanto naturale, in linea retta all'infinito o in linea collaterale nel secondo grado, ovvero un vincolo di affinità in linea retta, non possono essere riconosciuti dai loro genitori, salvo che questi al tempo del concepimento ignorassero il vincolo esistente tra di loro o che sia stato dichiarato nullo il matrimonio da cui deriva l'affinità. Quando uno solo dei genitori è stato in buona fede, il riconoscimento del figlio può essere fatto solo da lui.

Il riconoscimento è autorizzato dal giudice, avuto riguardo all'interesse del figlio ed alla necessità di evitare allo stesso qualsiasi pregiudizio." è stato così sostituito prima dall'art. 103, L. 19 maggio 1975, n. 151 e poi dall'art. 1, co. 3, L. 10 dicembre 2012, n. 219.

Art. 252. Affidamento del figlio naturale e suo inserimento nella famiglia legittima.

Qualora il figlio naturale di uno dei coniugi sia riconosciuto durante il matrimonio

il giudice, valutate le circostanze, decide in ordine all'affidamento del minore e adotta ogni altro provvedimento a tutela del suo interesse morale e materiale.

L'eventuale inserimento del figlio naturale nella famiglia legittima di uno dei genitori può essere autorizzato dal giudice qualora ciò non sia contrario all'interesse del minore e sia accertato il consenso dell'altro coniuge e dei figli legittimi che abbiano compiuto il sedicesimo anno di età e siano conviventi,

nonché dell'altro genitore naturale che abbia effettuato il riconoscimento. In questo caso il giudice stabilisce le condizioni che il genitore cui il figlio è affidato deve osservare e quelle cui deve attenersi l'altro genitore.

Qualora il figlio naturale sia riconosciuto anteriormente al matrimonio, il suo inserimento nella famiglia legittima è subordinato al consenso dell'altro coniuge, a meno che il figlio fosse già convivente con il genitore all'atto del matrimonio o l'altro coniuge conoscesse l'esistenza del figlio naturale.

È altresì richiesto il consenso dell'altro genitore naturale che abbia effettuato il riconoscimento.

Art. 253. Inammissibilità del riconoscimento.

In nessun caso è ammesso un riconoscimento in contrasto con lo stato di figlio legittimo o legittimato in cui la persona si trova.

Art. 254. Forma del riconoscimento.

Il riconoscimento del figlio naturale è fatto nell'atto di nascita, oppure con una apposita dichiarazione, posteriore alla nascita o al concepimento, davanti ad un ufficiale dello stato civile (1) o in un atto pubblico o in un testamento, qualunque sia la forma di questo.

La domanda di legittimazione di un figlio naturale presentata al giudice o la dichiarazione della volontà di legittimarlo espressa dal genitore in un atto pubblico o in un testamento importa riconoscimento, anche se la legittimazione non abbia luogo.

(1) Le parole: "o davanti al giudice tutelare" sono state soppresse dal D.L.vo 19 febbraio 1998, n. 51.

Art. 255. Riconoscimento di un figlio premorto.

Può anche aver luogo il riconoscimento del figlio premorto, in favore dei suoi discendenti legittimi e dei suoi figli naturali riconosciuti.

Art. 256. Irrevocabilità del riconoscimento.

Il riconoscimento è irrevocabile. Quando è contenuto in un testamento ha effetto dal giorno della morte del testatore, anche se il testamento è stato revocato.

Art. 257. Clausole limitatrici.

È nulla ogni clausola diretta a limitare gli effetti del riconoscimento.

Art. 258. Effetti del riconoscimento.

Il riconoscimento produce effetti riguardo al genitore da cui fu fatto e riguardo ai parenti di esso. (1)

L'atto di riconoscimento di uno solo dei genitori non può contenere indicazioni relative all'altro genitore. Queste indicazioni, qualora siano state fatte, sono senza effetto.

Il pubblico ufficiale che le riceve e l'ufficiale dello stato civile che le riproduce sui registri dello stato civile sono puniti con la sanzione amministrativa del pagamento di una somma da € 20 a € 82. Le indicazioni stesse devono essere cancellate.

(1) Il comma che recitava: "Il riconoscimento non produce effetti che riguardo al genitore da cui fu fatto, salvo i casi previsti dalla legge." è stato così sostituito dall'art. 1, comma 4, L. 10 dicembre 2012, n. 219.

Art. 259.

(...) (1)

(1) "Introduzione del figlio naturale nella casa coniugale.
Il figlio naturale di uno dei coniugi, riconosciuto durante il matrimonio, non può essere introdotto nella casa coniugale se non col consenso dell'altro coniuge, salvo che questi abbia già dato il suo assenso al riconoscimento." Articolo abrogato dalla L. 19 maggio 1975, n. 151.

Art. 260.

(...) (1)

(1) "Poteri dei genitori.
Il genitore che ha riconosciuto il figlio naturale ha rispetto a lui i diritti derivanti dalla patria potestà tranne l'usufrutto legale.
Se il riconoscimento è fatto dai due genitori, congiuntamente o separatamente, i diritti derivanti dalla patria potestà sono esercitati dal padre. In caso di morte del padre, di lontananza o di altro impedimento che renda a lui impossibile l'esercizio dei diritti derivanti dalla patria potestà, e nel caso di decadenza da tali diritti secondo le norme del titolo IX di questo libro, questi diritti sono esercitati dalla madre.
Se l'interesse del figlio lo esige, il tribunale può attribuire alla madre, invece che al padre, l'esercizio dei diritti derivanti dalla patria potestà; può altresì limitare l'esercizio di questi diritti, ovvero escludere dall'esercizio di essi, in casi gravi, tutti e due i genitori."
Articolo abrogato dalla L. 19 maggio 1975, n. 151.

Art. 261. Diritti e doveri derivanti al genitore dal riconoscimento.

Il riconoscimento comporta da parte del genitore l'assunzione di tutti i doveri e di tutti i diritti che egli ha nei confronti dei figli legittimi.

Art. 262. Cognome del figlio.

Il figlio naturale assume il cognome del genitore che per primo lo ha riconosciuto.

Se il riconoscimento è stato effettuato contemporaneamente da entrambi i genitori il figlio naturale assume il cognome del padre.

Se la filiazione nei confronti del padre è stata accertata o riconosciuta successivamente

al riconoscimento da parte della madre, il figlio naturale può assumere il cognome del padre aggiungendolo o sostituendolo a quello della madre.

Nel caso di minore età del figlio, il giudice decide circa l'assunzione del cognome

del padre.

Cfr. Cassazione Civile, sez. I, sentenza 17 luglio 2007, n. 15953, Cassazione Civile, sez. I, sentenza 5 febbraio 2008, n. 2751, Cassazione Civile, sez. I, sentenza 6 giugno 2008, n. 15087, Cassazione Civile, sez. I, sentenza 9 gennaio 2009, n. 284, Cassazione Civile, sez. I, sentenza 27 febbraio 2009, n. 4819, Cassazione Civile, sez. I, sentenza

28 maggio 2009, n. 12670 e Cassazione Civile, sez. I, sentenza 6 novembre 2009, n. 23635 in Altalex Massimario.

Art. 263. Impugnazione del riconoscimento per difetto di veridicità.
Il riconoscimento può essere impugnato per difetto di veridicità dall'autore del riconoscimento, da colui che è stato riconosciuto e da chiunque vi abbia interesse.
L'impugnazione è ammessa anche dopo la legittimazione.
L'azione è imprescrittibile.

Art. 264. Impugnazione da parte del riconosciuto.
Colui che è stato riconosciuto non può, durante la minore età o lo stato d'interdizione per infermità di mente, impugnare il riconoscimento.
Tuttavia il giudice, con provvedimento in camera di consiglio su istanza del pubblico ministero o del tutore o dell'altro genitore che abbia validamente riconosciuto il figlio o del figlio stesso che abbia compiuto il sedicesimo anno di età, può dare l'autorizzazione per impugnare il riconoscimento, nominando un curatore speciale.

Art. 265. Impugnazione per violenza.
Il riconoscimento può essere impugnato per violenza dall'autore del riconoscimento
entro un anno dal giorno in cui la violenza è cessata.
Se l'autore del riconoscimento è minore, l'azione può essere promossa entro un anno dal conseguimento dell'età maggiore.

Art. 266. Impugnazione del riconoscimento per effetto di interdizione giudiziale.
Il riconoscimento può essere impugnato per l'incapacità che deriva da interdizione
giudiziale dal rappresentante dell'interdetto e, dopo la revoca dell'interdizione, dall'autore del riconoscimento, entro un anno dalla data della revoca.

Art. 267. Trasmissibilità dell'azione.
Nei casi indicati dagli articoli 265 e 266, se l'autore del riconoscimento è morto senza aver promosso l'azione, ma prima che sia scaduto il termine, l'azione può essere promossa dai discendenti, dagli ascendenti o dagli eredi.

Art. 268. Provvedimenti in pendenza del giudizio.
Quando è impugnato il riconoscimento, il giudice può dare, in pendenza del giudizio, i provvedimenti che ritenga opportuni nell'interesse del figlio.

§ 2 - Della dichiarazione giudiziale della paternità e della maternità naturale

Art. 269. Dichiarazione giudiziale di paternità e maternità.
La paternità e la maternità naturale possono essere giudizialmente dichiarate nei casi in cui il riconoscimento è ammesso.
La prova della paternità e della maternità può essere data con ogni mezzo.
La maternità è dimostrata provando la identità di colui che si pretende essere figlio e di colui che fu partorito dalla donna, la quale si assume essere madre.
La sola dichiarazione della madre e la sola esistenza di rapporti tra la madre e il preteso padre all'epoca del concepimento non costituiscono prova della paternità naturale.

Art. 270. Legittimazione attiva e termine.
L'azione per ottenere che sia dichiarata giudizialmente la paternità o la maternità
naturale è imprescrittibile riguardo al figlio.
Se il figlio muore prima di avere iniziato l'azione, questa può essere promossa dai discendenti legittimi, legittimati o naturali riconosciuti, entro due anni dalla morte.
L'azione promossa dal figlio, se egli muore, può essere proseguita dai discendenti
legittimi, legittimati o naturali riconosciuti.

Art. 271.
(...) (1)

(1) "Legittimazione attiva e termine.
L'azione per ottenere che sia dichiarata giudizialmente la paternità naturale può essere promossa dal figlio entro i due anni dal raggiungimento della maggiore età o, nel caso indicato nel secondo comma dell'articolo 252, dalla data dello scioglimento del matrimonio per effetto della morte del coniuge, se lo scioglimento avviene successivamente
al raggiungimento della maggiore età. Se egli muore prima di tale termine, l'azione può essere promossa dai discendenti legittimi di lui.
Nei casi preveduti dal n. 2 dell'articolo 269 l'azione può essere promossa anche dopo la scadenza del termine indicato nel comma precedente, entro i due anni dal giorno in cui è passata in giudicato la sentenza o è stato scoperto il documento contenente la dichiarazione di paternità.
L'azione già promossa dal figlio, se egli muore, non può essere proseguita che dai suoi discendenti legittimi." Articolo abrogato dalla L. 19 maggio 1975, n. 151.

Art. 272.
(...) (1)

(1) "Dichiarazione giudiziale di maternità.
La maternità può essere dichiarata giudizialmente anche fuori dei casi previsti dall'articolo 269.
Essa è dimostrata provando l'identità di colui che si pretende essere il figlio e colui che fu partorito dalla donna, la quale si assume esserne la madre.
L'azione può essere proposta dal figlio e, dopo la morte di lui, dai suoi discendenti legittimi, se egli è morto in età minore o prima di cinque anni dal raggiungimento della maggiore età.
L'azione è imprescrittibile riguardo al figlio."Articolo abrogato dalla L. 19 maggio 1975, n. 151.

Art. 273. Azione nell'interesse del minore o dell'interdetto.
L'azione per ottenere che sia giudizialmente dichiarata la paternità o la maternità
naturale può essere promossa, nell'interesse del minore, dal genitore che esercita la potestà prevista dall'articolo 316 o dal tutore. Il tutore però deve chiedere l'autorizzazione del giudice, il quale può anche nominare un curatore speciale.
Occorre il consenso del figlio per promuovere o per proseguire l'azione se egli ha compiuto l'età di sedici anni.
Per l'interdetto l'azione può essere promossa dal tutore previa autorizzazione del giudice.

Art. 274. (1) Ammissibilità dell'azione.
L'azione per la dichiarazione giudiziale di paternità o di maternità naturale è

ammessa solo quando concorrono specifiche circostanze tali da farla apparire giustificata.

Sull'ammissibilità il tribunale decide in camera di consiglio con decreto motivato,

su ricorso di chi intende promuovere l'azione, sentiti il pubblico ministero e le parti e assunte le informazioni del caso. Contro il decreto si può proporre reclamo con ricorso alla corte d'appello, che pronuncia anche essa in camera di consiglio.

L'inchiesta sommaria compiuta dal tribunale ha luogo senza alcuna pubblicità e deve essere mantenuta segreta. Al termine della inchiesta gli atti e i documenti della stessa sono depositati in cancelleria ed il cancelliere deve darne avviso alle parti le quali, entro quindici giorni dalla comunicazione di detto avviso, hanno facoltà di esaminarli e di depositare memorie illustrative.

Il tribunale, anche prima di ammettere l'azione, può, se trattasi di minore o di altra persona incapace, nominare un curatore speciale che la rappresenti in giudizio.

(1) La Corte Costituzionale, con sentenza n. 50 del 10 febbraio 2006, ha dichiarato l'illegittimità costituzionale di questo articolo.

Art. 275.

(…) (1)

(1) "Pena in caso di inammissibilità.
Il tribunale, se dichiara inammissibile l'azione, può condannare l'istante al pagamento di una pena pecuniaria da lire trecento a lire cinquemila." Articolo abrogato dalla L. 19 maggio 1975, n. 151.

Art. 276. Legittimazione passiva.

La domanda per la dichiarazione di paternità o di maternità naturale deve essere proposta nei confronti del presunto genitore o, in sua mancanza, nei confronti dei suoi eredi. In loro mancanza, la domanda deve essere proposta nei confronti di un curatore nominato dal giudice davanti al quale il giudizio deve essere promosso.

Alla domanda può contraddire chiunque vi abbia interesse. (1)

(1) L'articolo che recitava: "La domanda per la dichiarazione di paternità o di maternità naturale deve essere proposta nei confronti del presunto genitore o, in mancanza di lui, nei confronti dei suoi eredi.
Alla domanda può contraddire chiunque vi abbia interesse." è stato così sostituito dall'art. 1, L. 10 dicembre 2012, n. 219.
Cfr. Cassazione Civile, sez. I, sentenza 3 aprile 2007, n. 8355 in Altalex Massimario.

Art. 277. Effetti della sentenza.

La sentenza che dichiara la filiazione naturale produce gli effetti del riconoscimento.

Il giudice può anche dare i provvedimenti che stima utili per il mantenimento, l'istruzione e l'educazione del figlio e per la tutela degli interessi patrimoniali di lui.

Art. 278. Indagini sulla paternità o maternità.

Le indagini sulla paternità o sulla maternità non sono ammesse nei casi in cui, a norma dell'articolo 251, il riconoscimento dei figli incestuosi è vietato. Possono essere ammesse dal giudice quando vi è stato ratto o violenza carnale nel tempo che corrisponde a quello del concepimento.

Art. 279. Responsabilità per il mantenimento e l'educazione.

In ogni caso in cui non può proporsi l'azione per la dichiarazione giudiziale di paternità o di maternità, il figlio naturale può agire per ottenere il mantenimento,

l'istruzione e l'educazione. Il figlio naturale se maggiorenne e in stato di bisogno può agire per ottenere gli alimenti.

L'azione è ammessa previa autorizzazione del giudice ai sensi dell'articolo 274.

L'azione può essere promossa nell'interesse del figlio minore da un curatore speciale nominato dal giudice su richiesta del pubblico ministero o del genitore che esercita la potestà.

SEZIONE II - Della legittimazione dei figli naturali (1)

(1) (1) Sezione abrogata dall'art. 1, L. 10 dicembre 2012, n. 219.

Art. 280. Legittimazione.

(…) (1)

(1) (1) L'articolo che recitava: "La legittimazione attribuisce a colui che è nato fuori del matrimonio la qualità di figlio legittimo.
Essa avviene per susseguente matrimonio dei genitori del figlio naturale o per provvedimento
del giudice." è stato abrogato dall'art. 1, L. 10 dicembre 2012, n. 219.

Art. 281. Divieto di legittimazione.

(…) (1)

(1) L'art. che recitava: "Non possono essere legittimati i figli che non possono essere riconosciuti." è stato abrogato dall'art. 1, L. 10 dicembre 2012, n. 219.

Art. 282. Legittimazione di figli premorti.

(…) (1)

(1) L'articolo che recitava: "La legittimazione dei figli premorti può anche aver luogo in favore dei loro discendenti legittimi e dei loro figli naturali riconosciuti." è stato abrogato dall'art. 1, L. 10 dicembre 2012, n. 219.

Art. 283. Effetti e decorrenza della legittimazione per susseguente matrimonio.

(…) (1)

(1) L'articolo che recitava: "I figli legittimati per susseguente matrimonio acquistano i diritti dei figli legittimi dal giorno del matrimonio, se sono stati riconosciuti da entrambi i genitori nell'atto di matrimonio o anteriormente, oppure dal giorno del riconoscimento se questo è avvenuto dopo il matrimonio." è stato abrogato dall'art. 1, L. 10 dicembre 2012, n. 219.

Art. 284. Legittimazione per provvedimento del giudice.

(…) (1)

(1) L'articolo che recitava: "La legittimazione può essere concessa con provvedimento del giudice soltanto se corrisponde agli interessi del figlio ed inoltre se concorrono le seguenti condizioni:
1) che sia domandata dai genitori stessi o da uno di essi e che il genitore abbia compiuto l'età indicata nel quinto comma dell'articolo 250;
2) che per il genitore vi sia l'impossibilità o un gravissimo ostacolo a legittimare il figlio per susseguente matrimonio;
3) che vi sia l'assenso dell'altro coniuge se il richiedente è unito in matrimonio e non è legalmente separato;
4) che vi sia il consenso del figlio legittimando se ha compiuto gli anni sedici, o dell'altro genitore o del curatore speciale, se il figlio è minore degli anni sedici, salvo che il figlio sia già riconosciuto.

La legittimazione può essere chiesta anche in presenza di figli legittimi o legittimati. In tal caso il presidente del tribunale deve ascoltare i figli legittimi o legittimati, se di età superiore ai sedici anni." è stato abrogato dall'art. 1, L. 10 dicembre 2012, n. 219.

Art. 285. Condizioni per la legittimazione dopo la morte dei genitori.
(…) (1)

(1) L'articolo che recitava: "Se uno dei genitori ha espresso in un testamento o in un atto pubblico la volontà di legittimare i figli naturali, questi possono, dopo la morte di lui, domandare la legittimazione se sussisteva la condizione prevista nel numero 2) dell'articolo precedente.

In questo caso la domanda deve essere comunicata agli ascendenti, discendenti e coniuge o, in loro mancanza, a due tra i prossimi parenti del genitore entro il quarto grado." è stato abrogato dall'art. 1, L. 10 dicembre 2012, n. 219.

Art. 286. Legittimazione domandata dallo ascendente.
(…) (1)

(1) L'articolo che recitava: "La domanda di legittimazione di un figlio naturale riconosciuto

può in caso di morte del genitore essere fatta da uno degli ascendenti legittimi di lui, se il genitore non ha comunque espressa una volontà in contrasto con quella di legittimare." è stato abrogato dall'art. 1, L. 10 dicembre 2012, n. 219.

Art. 287. Legittimazione in base alla procura per il matrimonio.
(…) (1)

(1) L'articolo che recitava: "Nei casi in cui è consentito di celebrare il matrimonio per procura, quando concorrono le condizioni per la legittimazione per susseguente matrimonio

la legittimazione dei figli naturali con provvedimento del giudice può essere domandata in base alla procura a contrarre il matrimonio, se questo non potè essere celebrato per la sopravvenuta morte del mandante.

Quando i figli non sono stati riconosciuti, per domandarne la legittimazione è necessario che dalla procura risulti la volontà di riconoscerli o di legittimarli." è stato abrogato dall'art. 1, L. 10 dicembre 2012, n. 219.

Art. 288. Procedura.
(…) (1)

(1) L'articolo che recitava: "La domanda di legittimazione accompagnata dai documenti giustificativi deve essere diretta al presidente del tribunale nella cui circoscrizione il richiedente ha la residenza.

Il tribunale, sentito il pubblico ministero, accerta la sussistenza delle condizioni stabilite negli articoli precedenti e delibera, in camera di consiglio, sulla domanda di legittimazione.

Il pubblico ministero e la parte possono, entro venti giorni dalla comunicazione, proporre reclamo alla corte d'appello. Questa, richiamati gli atti dal tribunale, delibera in camera di consiglio, sentito il pubblico ministero.

In ogni caso la sentenza che accoglie la domanda è annotata in calce all'atto di nascita del figlio." è stato abrogato dall'art. 1, L. 10 dicembre 2012, n. 219.

Art. 289. Azioni esperibili dopo la legittimazione.
(…) (1)

(1) L'articolo che recitava: "La legittimazione per provvedimento del giudice non impedisce

l'azione ordinaria per la contestazione dello stato di figlio legittimato per la mancanza delle condizioni indicate nel numero 1) dell'articolo 284, negli articoli 285, 286 e 287, ferma restando la disposizione dell'articolo 263.

Se manca la condizione indicata nel numero 3) dell'articolo 284 la contestazione può essere promossa soltanto dal coniuge del quale è mancato l'assenso." è stato abrogato dall'art. 1, L. 10 dicembre 2012, n. 219.

Art. 290. Effetti e decorrenza della legittimazione per provvedimento del giudice.
(…) (1)

(1) L'articolo che recitava: "La legittimazione per provvedimento del giudice produce gli stessi effetti della legittimazione per susseguente matrimonio, ma soltanto dalla data del provvedimento e nei confronti del genitore riguardo al quale la legittimazione è stata concessa.

Se il provvedimento interviene dopo la morte del genitore, gli effetti risalgono alla data della morte, purché la domanda di legittimazione non sia stata presentata dopo un anno da tale data." è stato abrogato dall'art. 1, L. 10 dicembre 2012, n. 219.

TITOLO VIII – DELL'ADOZIONE DI PERSONE MAGGIORI DI ETA'

CAPO I – DELL'ADOZIONE DI PERSONE MAGGIORI DI ETA' E DEI SUOI EFFETTI

Art. 291. Condizione.
L'adozione è permessa alle persone che non hanno discendenti legittimi o legittimati, che hanno compiuto gli anni trentacinque e che superano almeno di diciotto anni l'età di coloro che intendono adottare.

Quando eccezionali circostanze lo consiglino, il tribunale può autorizzare l'adozione se l'adottante ha raggiunto almeno l'età di trenta anni, ferma restando la differenza di età di cui al comma precedente. (1)

(1) La Corte Costituzionale, con sentenza n. 557 del 19 maggio 1988, ha dichiarato l'illegittimità costituzionale di questo articolo, nella parte in cui non consente l'adozione a persone che abbiano discendenti legittimi o legittimati maggiorenni e consenzienti.

Art. 292.
(…) (1)

(1) L'articolo: "Divieto di adozione per diversità di razza" è stato abrogato dal D.Lgs.Lgt. 14 settembre 1944, n. 287.

Art. 293. Divieto d'adozione di figli nati fuori del matrimonio.
I figli nati fuori del matrimonio non possono essere adottati dai loro genitori. (1)

(1) I commi: "Non può tuttavia essere dichiarata la nullità della adozione se, al momento in cui questa avvenne, la qualità di figlio naturale dell'adottato non risultava da riconoscimento o da dichiarazione giudiziale. Se l'adottato è un figlio naturale non riconoscibile, può essere sempre dichiarata la nullità dell'adozione." sono stati abrogati dalla L. 4 maggio 1983, n. 184.

Art. 294. Pluralità di adottati o di adottanti.
È ammessa l'adozione di più persone, anche con atti successivi.

Nessuno può essere adottato da più di una persona, salvo che i due adottanti siano marito e moglie.

Art. 295. Adozione da parte del tutore.
Il tutore non può adottare la persona della quale ha avuto la tutela, se non dopo che sia stato approvato il conto della sua amministrazione, sia stata fatta la consegna dei beni e siano state estinte le obbligazioni risultanti a suo carico o data idonea garanzia per il loro adempimento.

Art. 296. Consenso per l'adozione.

Per l'adozione si richiede il consenso dell'adottante e dell'adottando. (1)

(1) I commi: "Se l'adottando non ha compiuto la maggiore età il consenso è dato dal suo legale rappresentante.
Se l'adottando ha compiuto gli anni dodici, deve essere personalmente sentito." sono stati abrogati dalla L. 4 maggio 1983, n. 184.

Art. 297. Assenso del coniuge o dei genitori.

Per l'adozione è necessario l'assenso dei genitori dell'adottando e l'assenso del coniuge dell'adottante e dell'adottando, se coniugati e non legalmente separati.

Quando è negato l'assenso previsto dal primo comma, il tribunale, sentiti gli interessati, su istanza dell'adottante, può, ove ritenga il rifiuto ingiustificato o contrario all'interesse dell'adottando, pronunciare ugualmente l'adozione, salvo che si tratti dell'assenso dei genitori esercenti la potestà o del coniuge, se convivente, dell'adottante o dell'adottando. Parimenti il tribunale può pronunziare l'adozione quando è impossibile ottenere l'assenso per incapacità o irreperibilità delle persone chiamate ad esprimerlo.

Art. 298. Decorrenza degli effetti dell'adozione.

L'adozione produce i suoi effetti dalla data del decreto che la pronunzia.
Finché il decreto non è emanato, tanto l'adottante quanto l'adottando possono revocare il loro consenso.
Se l'adottante muore dopo la prestazione del consenso e prima dell'emanazione del decreto, si può procedere al compimento degli atti necessari per l'adozione.
Gli eredi dell'adottante possono presentare al tribunale memorie e osservazioni per opporsi all'adozione.
Se l'adozione è ammessa, essa produce i suoi effetti dal momento della morte dell'adottante.

Art. 299. Cognome dell'adottato.

L'adottato assume il cognome dell'adottante e lo antepone al proprio.
L'adottato che sia figlio naturale non riconosciuto dai propri genitori assume solo il cognome dell'adottante. Il riconoscimento successivo all'adozione non fa assumere all'adottato il cognome del genitore che lo ha riconosciuto, salvo che l'adozione sia successivamente revocata. Il figlio naturale che sia stato riconosciuto dai propri genitori e sia successivamente adottato, assume il cognome dell'adottante. (1)
Se l'adozione è compiuta da coniugi l'adottato assume il cognome del marito.
Se l'adozione è compiuta da una donna maritata, l'adottato, che non sia figlio del marito, assume il cognome della famiglia di lei.

(1) La Corte costituzionale con sentenza 11 maggio 2001, n. 120 ha dichiarato l'illegittimità
costituzionale del presente comma nella parte in cui non prevede che, qualora sia figlio naturale non riconosciuto dai propri genitori, l'adottato possa aggiungere al cognome dell'adottante anche quello originariamente attribuitogli.

Art. 300. Diritti e doveri dell'adottato.

L'adottato conserva tutti i diritti e i doveri verso la sua famiglia di origine, salve le eccezioni stabilite dalla legge.
L'adozione non induce alcun rapporto civile tra l'adottante e la famiglia dell'adottato, né tra l'adottato e i parenti dell'adottante, salve le eccezioni stabilite dalla legge.

Art. 301.

(...) (1)

(1) "Potestà e amministrazione di beni dell'adottato.
La potestà sull'adottato e il relativo esercizio spettano all'adottante.
L'adottante ha l'obbligo di mantenere l'adottato, di istruirlo ed educarlo conformemente a quanto prescritto dall'articolo 147.
Se l'adottato ha beni propri, l'amministrazione di essi, durante la minore età dell'adottato, spetta all'adottante, il quale non ne ha l'usufrutto legale, ma può impiegarne le rendite per le spese di mantenimento, istruzione ed educazione del minore, con l'obbligo di investirne l'eccedenza in modo fruttifero. Si applicano le disposizioni dell'articolo 382." Articolo abrogato dalla L. 4 maggio 1983, n. 184.

Art. 302.

(...) (1)

(1) "Inventario.
L'adottante deve fare l'inventario dei beni dell'adottato minorenne e trasmetterlo al giudice tutelare entro un mese dalla data del decreto di adozione. Si osservano, in quanto applicabili, le disposizioni contenute nella sezione III del capo I del titolo di questo libro.
L'adottante che omette di fare l'inventario nel termine stabilito o fa un inventario infedele può essere privato dell'amministrazione dei beni dal giudice tutelare, salvo l'obbligo del risarcimento dei danni."
Articolo abrogato dalla L. 4 maggio 1983, n. 184.

Art. 303.

(...) (1)

(1) "Cessazione della potestà dell'adottante.
Se cessa l'esercizio da parte dell'adottante o degli adottanti della potestà, il tribunale su istanza dell'adottato, dei suoi parenti o affini o del pubblico ministero, o anche d'ufficio, può dare i provvedimenti opportuni circa la cura della persona dell'adottato, la sua rappresentanza e l'amministrazione dei suoi beni, anche se ritiene conveniente che l'esercizio della potestà sia ripreso dai genitori."
Articolo abrogato dalla L. 4 maggio 1983, n. 184.

Art. 304. Diritti di successione.

L'adozione non attribuisce all'adottante alcun diritto di successione.
I diritti dell'adottato nella successione dell'adottante sono regolati dalle norme contenute nel libro II.

Art. 305. Revoca dell'adozione.

L'adozione si può revocare soltanto nei casi preveduti dagli articoli seguenti.

Art. 306. Revoca per indegnità dell'adottato.

La revoca dell'adozione può essere pronunziata dal tribunale su domanda dell'adottante, quando l'adottato abbia attentato alla vita di lui o del suo coniuge, dei suoi discendenti o ascendenti, ovvero se si sia reso colpevole verso loro di delitto punibile con pena restrittiva della libertà personale non inferiore nel minimo a tre anni.
Se l'adottante muore in conseguenza dell'attentato la revoca dell'adozione può essere chiesta da coloro ai quali si devolverebbe l'eredità in mancanza dell'adottato e dei suoi discendenti.

Art. 307. Revoca per indegnità dell'adottante.

Quando i fatti previsti dall'articolo precedente sono stati compiuti dall'adottante contro l'adottato, oppure contro il coniuge o i discendenti o gli ascendenti di lui, la revoca può essere pronunziata su domanda dell'adottato.

Art. 308.

(...) (1)

(1) "Revoca promossa dal pubblico ministero.
La revoca dell'adozione può essere promossa dal pubblico ministero per ragioni di buon costume." Articolo abrogato dalla L. 4 maggio 1983, n. 184.

Art. 309. Decorrenza degli effetti della revoca.
Gli effetti dell'adozione cessano quando passa in giudicato la sentenza di revoca.

Se tuttavia la revoca è pronunziata dopo la morte dell'adottante per fatto imputabile all'adottato, l'adottato e i suoi discendenti sono esclusi dalla successione dell'adottante.

Art. 310.
(…) (1)

(1) "Cessazione degli effetti dell'adozione.
Gli effetti dell'adozione cessano:
1) per matrimonio tra le persone legate dal vincolo di adozione;
2) per legittimazione del figlio adottivo da parte dell'adottante;
3) per riconoscimento del figlio adottivo da parte dell'adottante."
Articolo abrogato dalla L. 4 maggio 1983, n. 184.

CAPO II – DELLE FORME DELL'ADOZIONE DI PERSONE DI MAGGIORE ETA'

Art. 311. Manifestazione del consenso.
Il consenso dell'adottante e dell'adottando o del legale rappresentante di questo deve essere manifestato personalmente al presidente del tribunale nel cui circondario l'adottante ha residenza.

(…) (1)

L'assenso delle persone indicate negli articoli 296 e 297 può essere dato da persona munita di procura speciale rilasciata per atto pubblico o per scrittura privata autenticata.

*(1) Il comma: "In caso di grave impedimento il detto presidente può delegare il presidente del tribunale a ricevere il consenso delle persone indicate nel comma prece*CODICE CIVILE

dente o a sentire l'adottando nel caso previsto dall'ultimo comma dell'articolo 296."
è stato abrogato dalla L. 5 giugno 1967, n. 431.

Art. 312. Accertamenti del tribunale.
Il tribunale, assunte le opportune informazioni, verifica:
1) se tutte le condizioni della legge sono state adempiute;
2) se l'adozione conviene all'adottando.

Art. 313. Provvedimento del tribunale.
Il tribunale, in camera di consiglio, sentito il pubblico ministero e omessa ogni altra formalità di procedura, provvede con sentenza decidendo di far luogo o non far luogo alla adozione.

L'adottante, il pubblico ministero, l'adottando, entro trenta giorni dalla comunicazione,
possono proporre impugnazione avanti la corte d'appello, che decide in camera di consiglio, sentito il pubblico ministero. (1)

(1) Articolo così sostituito dalla L. 28 marzo 2001, n. 149.

Art. 314. Pubblicità.
La sentenza definitiva che pronuncia l'adozione è trascritta a cura del cancelliere
del tribunale competente, entro il decimo giorno successivo a quello della relativa comunicazione, da effettuarsi non oltre cinque giorni dal deposito, da parte del cancelliere del giudice dell'impugnazione, su apposito registro e comunicata all'ufficiale di stato civile per l'annotazione a margine dell'atto di nascita dell'adottato.

Con la procedura di cui al primo comma deve essere altresì trascritta ed annotata la sentenza di revoca della adozione, passata in giudicato.

L'autorità giudiziaria può inoltre ordinare la pubblicazione della sentenza che pronuncia l'adozione o della sentenza di revoca nei modi che ritiene opportuni. (1)

(1) Articolo così sostituito dalla L. 28 marzo 2001, n. 149.

CAPO III – DELL'ADOZIONE SPECIALE

Art. 314/2.
(…) (1)

(1) "Requisiti degli adottanti.
La adozione speciale è permessa ai coniugi uniti in matrimonio da almeno cinque anni tra i quali non sussiste separazione personale neppure di fatto e che sono fisicamente e moralmente idonei ad educare, istruire ed in grado di mantenere i minori che intendono adottare.
L'età degli adottanti deve superare di almeno venti e di non più di quarantacinque anni l'età dell'adottando." Articolo abrogato dalla L. 4 maggio 1983, n. 184.

Art. 314/3.
(…) (1)

(1) "Requisiti degli adottanti.
La adozione speciale è consentita a favore dei minori dichiarati in stato di adottabilità ai sensi degli articoli seguenti.
Sono consentite più adozioni speciali con atto singolo o con più atti successivi." Articolo abrogato dalla L. 4 maggio 1983, n. 184.

Art. 314/4.
(…) (1)

(1) "Condizioni per lo stato di adottabilità.
Su istanza del pubblico ministero, degli istituti di cui al comma seguente e di chiunque ne abbia interesse, sono dichiarati in stato di adottabilità dal tribunale per i minorenni del distretto nel quale si trovano i minori di età inferiore agli anni otto privi di assistenza materiale e morale da parte dei genitori o dei parenti tenuti a provvedervi, purché la mancanza di assistenza non sia dovuta a forza maggiore.
La situazione di abbandono sussiste, sempre che ricorrano le condizioni di cui al comma precedente, anche quando i minori sono ricoverati presso pubbliche o private istituzioni di protezione ed assistenza per l'infanzia.
Il compimento dell'ottavo anno da parte del minore, durante il corso del procedimento, non osta alla dichiarazione dello stato di adottabilità." Articolo abrogato dalla L. 4 maggio 1983, n. 184.

Art. 314/5.
(…) (1)

(1) "Denuncia della situazione di abbandono.
Chiunque ha facoltà di segnalare all'autorità pubblica situazioni di abbandono di minori di anni otto.
I pubblici ufficiali, nonché gli organi scolastici, debbono riferire al più presto al tribunale per i minorenni, tramite il giudice tutelare che trasmette gli atti con relazione informativa, sulle condizioni di ogni minore in situazione di abbandono di cui vengano comunque a conoscenza.

Le istituzioni pubbliche o private di protezione o di assistenza all'infanzia trasmettono trimestralmente al giudice tutelare del luogo ove hanno sede l'elenco dei ricoverati o assistiti. Il giudice tutelare assunte le necessarie informazioni, riferisce al tribunale per i minorenni sulle condizioni di quelli fra i ricoverati o assistiti che risultano in situazione di abbandono, specificandone i motivi." Articolo abrogato dalla L. 4 maggio 1983, n. 184.

Art. 314/6.

(...) (1)

(1) "Accertamenti sulla situazione di abbandono.

Il tribunale per i minorenni, appena ricevuta l'informativa di cui all'articolo precedente, dispone d'urgenza approfonditi accertamenti sui precedenti dei minori, sulle loro condizioni giuridiche e di fatto, sull'ambiente in cui hanno vissuto e vivono.

Nei casi previsti dal primo o dal secondo comma dell'articolo precedente il tribunale può ordinare il ricovero del minore in idoneo istituto e disporre ogni altro opportuno provvedimento temporaneo nell'interesse del minore ivi compresa, occorrendo la sospensione della patria potestà." Articolo abrogato dalla L. 4 maggio 1983, n. 184.

Art. 314/7.

(...) (1)

(1) "Dichiarazione dello stato di adottabilità di minori con genitori sconosciuti o deceduti.

Quando dalle indagini previste dall'articolo precedente non risulta l'esistenza di genitori legittimi o di genitori naturali che hanno riconosciuto il minore o la cui paternità o maternità è stata dichiarata giudizialmente, né l'esistenza di parenti tenuti agli alimenti o disposti ad occuparsi convenientemente del minore, il tribunale per i minorenni provvede a dichiarare lo stato di adottabilità del minore." Articolo abrogato dalla L. 4 maggio 1983, n. 184.

Art. 314/8.

(...) (1)

(1) "Procedura per lo stato di adottabilità di minori con genitori o parenti conosciuti ed esistenti.

Quando attraverso le indagini effettuate consta l'esistenza dei genitori o dei parenti tenuti agli alimenti indicati nell'articolo precedente e ne è nota la residenza, il presidente del tribunale per i minorenni con decreto motivato fissa la loro comparizione, entro un congruo termine, dinanzi a sé o ad un giudice da lui delegato.

Nel caso in cui i genitori o i parenti risiedano fuori dalla circoscrizione del tribunale per i minorenni che procede, la loro audizione può essere delegata al tribunale per i minorenni del luogo della loro residenza.

In caso di residenza all'estero è delegata l'autorità consolare competente.

Udite le dichiarazioni dei genitori o dei parenti, il presidente del tribunale per i minorenni o il giudice delegato, ove ne ravvisi l'opportunità, impartisce con decreto motivato ai genitori o ai parenti prescrizioni idonee a garantire l'assistenza morale, il mantenimento, l'istruzione e l'educazione del minore stabilendo al tempo stesso periodici accertamenti da eseguirsi direttamente o avvalendosi del giudice tutelare o di persone esperte o di istituti specializzati. Il decreto è notificato a coloro cui le prescrizioni si rivolgono.

Il presidente o il giudice da lui delegato può, altresì, chiedere al pubblico ministero di promuovere l'azione per la corresponsione degli alimenti a carico di chi vi è tenuto per legge e, al tempo stesso, dispone, ove d'uopo, provvedimenti temporanei ai sensi del secondo comma dell'articolo 314/6." Articolo abrogato dalla L. 4 maggio 1983, n. 184.

Art. 314/9.

(...) (1)

(1) "Convocazione dei genitori e parenti irreperibili.

Nel caso in cui i genitori e i parenti tenuti agli alimenti sono irreperibili, il tribunale per i minorenni provvede alla loro convocazione ai sensi dell'articolo 140 del codice di procedura civile e dispone, altresì, la pubblicazione di un avviso di ricerca su uno o più giornali del luogo di ultima residenza degli stessi." Articolo abrogato dalla L. 4 maggio 1983, n. 184.

Art. 314/10.

(...) (1)

(1) "Sospensione del procedimento dello stato di adottabilità.

Quando dalle indagini effettuate risulta che è in corso un giudizio per la dichiarazione giudiziale della paternità o della maternità, il presidente del tribunale per i minorenni o il giudice delegato dispone, con le modalità previste dall'articolo 314/8, la comparizione delle persone nei confronti delle quali è stata chiesta la dichiarazione e, dopo averle sentite, rimette gli atti al tribunale per i minorenni che, ove lo ritenga opportuno nell'interesse del minore, può ordinare la sospensione del procedimento di dichiarazione di adottabilità per il tempo necessario.

Analoga sospensione può essere disposta dal tribunale per i minorenni quando da particolari circostanze emerse dalle indagini effettuate risulta che la sospensione può riuscire utile nell'interesse del minore. In tal caso la sospensione è disposta per un periodo non superiore ad un anno, eventualmente prorogabile." Articolo abrogato dalla L. 4 maggio 1983, n. 184.

Art. 314/11.

(...) (1)

(1) "Dichiarazione dello stato di adottabilità per i minori con genitori o parenti conosciuti ed esistenti.

A conclusione delle indagini e degli accertamenti previsti dagli articoli precedenti, ove risulti la situazione di abbandono di cui all'articolo 314/4, lo stato di adottabilità del minore è dichiarato dal tribunale per i minorenni quando:

1) i genitori e i parenti convocati ai sensi degli articoli 314/8 e 314/9 non si sono presentati senza giustificato motivo;

2) l'audizione dei medesimi ha dimostrato il persistere della mancanza di assistenza morale e materiale e la impossibilità di ovviarvi;

3) le prescrizioni impartite ai sensi dell'articolo 314/8 sono rimaste inadempiute.

La dichiarazione dello stato di adottabilità del minore è disposta dal tribunale per i minorenni in camera di consiglio con decreto motivato, udito il pubblico ministero nonché il rappresentante dell'istituto presso cui il minore è ricoverato o la persona cui egli è affidato. Deve essere, parimenti, udito il tutore ove esista.

Il decreto è notificato per esteso al pubblico ministero, ai genitori, ai parenti tenuti agli alimenti e al tutore con contestuale avviso agli stessi del loro diritto di proporre opposizione nelle forme e nei termini di cui agli articoli 314/12 e seguenti." Articolo abrogato dalla L. 4 maggio 1983, n. 184.

Art. 314/12.

(...) (1)

(1) "Opposizione alla dichiarazione dello stato di adottabilità.

L'opposizione al provvedimento che dichiara lo stato di adottabilità è proposta al tribunale per i minorenni con ricorso contenente una succinta esposizione dei motivi dell'opposizione ed è depositato nella cancelleria dello stesso tribunale entro trenta giorni dalla notifica del provvedimento.

L'opposizione può essere proposta dalle persone indicate nel terzo comma dell'articolo precedente." Articolo abrogato dalla L. 4 maggio 1983, n. 184.

Art. 314/13.

(...) (1)

(1) "Giudizio sull'opposizione.

A seguito della opposizione il presidente del tribunale per i minorenni nomina un curatore

speciale del minore e fissa con decreto l'udienza di comparizione innanzi al tribunale da tenersi entro tre mesi dal deposito del ricorso disponendo la notifica del decreto di comparizione al ricorrente ed al curatore speciale del minore nonché la convocazione per la udienza fissata delle persone o del rappresentante dell'istituto che abbiano in ricovero il minore.
All'udienza fissata il tribunale per i minorenni sente il ricorrente, le persone convocate nonché quelle indicate dalle parti e, quindi, sulle conclusioni di queste e del pubblico ministero, ove non occorra ulteriore istruttoria, decide immediatamente dando lettura del dispositivo della sentenza." Articolo abrogato dalla L. 4 maggio 1983, n. 184.

Art. 314/14.
(…) (1)
(1) "Impugnazioni.
La sentenza è notificata d'ufficio nel testo integrale, all'opponente ed al curatore speciale del minore i quali hanno diritto di proporre appello davanti alla sezione speciale della corte d'appello nei trenta giorni dalla notifica. Eguale diritto compete al pubblico ministero.
Valgono nel giudizio d'appello, per quanto applicabili, le norme di cui all'articolo precedente.
La sentenza di appello è impugnabile con il ricorso per cassazione nel termine di trenta giorni. Non è richiesto deposito per multa." Articolo abrogato dalla L. 4 maggio 1983, n. 184.

Art. 314/15.
(…) (1)
(1) "Trascrizione della dichiarazione definitiva dello stato di adottabilità.
La dichiarazione definitiva dello stato di adottabilità è trascritta, a cura del cancelliere del tribunale per i minorenni, su apposito registro conservato presso la cancelleria del tribunale stesso.
La trascrizione deve essere effettuata entro il decimo giorno successivo a quello della comunicazione che il decreto o la sentenza sono divenuti definitivi." Articolo abrogato dalla L. 4 maggio 1983, n. 184.

Art. 314/16.
(…) (1)
(1) "Sospensione della patria potestà.
Durante lo stato di adottabilità è sospeso l'esercizio della patria potestà.
Il tribunale per i minorenni nomina un tutore, ove già non esista, e adotta gli ulteriori provvedimenti nell'interesse del minore." Articolo abrogato dalla L. 4 maggio 1983, n. 184.

Art. 314/17.
(…) (1)
(1) "Cessazione dello stato di adottabilità.
Lo stato di adottabilità cessa per adozione o per compimento dell'ottavo anno di età; comunque permane, per tre anni, anche oltre l'ottavo anno, dalla data in cui sia divenuto definitivo il provvedimento che lo pronuncia.
Nei casi di sospensione del procedimento indicato nell'articolo 314/10, lo stato di adottabilità è protratto per un periodo pari a quello della sospensione." Articolo abrogato dalla L. 4 maggio 1983, n. 184.

Art. 314/18.
(…) (1)
(1) "Revoca dello stato di adottabilità.
Lo stato di adottabilità cessa altresì per revoca, nell'interesse del minore, quando è stato pronunciato nelle forme di cui all'articolo 314/7.
Nel caso in cui non sia intervenuto l'affidamento preadottivo, la revoca è pronunciata dal tribunale per i minorenni d'ufficio o su istanza del pubblico ministero, oppure dei genitori.
Il provvedimento di revoca è dato con la procedura della decisione in camera di consiglio sentito il pubblico ministero.
Nel caso in cui sia avvenuto l'affidamento preadottivo, lo stato di adottabilità può essere revocato dal tribunale per i minorenni ad istanza del pubblico ministero, con le modalità stabilite dall'articolo 314/13, sentiti anche i coniugi affidatari.
La dichiarazione di revoca è trascritta sul registro di cui all'articolo 314/15." Articolo abrogato dalla L. 4 maggio 1983, n. 184.

Art. 314/19.
(…) (1)
(1) "Azione revocatoria dello stato di adottabilità.
Quando lo stato di adottabilità è pronunciato con sentenza, è ammesso il ricorso per revocazione a norma dell'articolo 395 del codice di procedura civile.
L'azione non è esperibile se è intervenuta dichiarazione di adozione."
Articolo abrogato dalla L. 4 maggio 1983, n. 184.

Art. 314/20.
(…) (1)
(1) "Affidamento preadottivo.
La domanda per adottare con adozione speciale un minore per il quale è diventata definitiva la dichiarazione di adottabilità, deve essere presentata da entrambi i coniugi richiedenti al tribunale per i minorenni del distretto ove il minore si trova. La domanda può fare menzione espressa del minore che i richiedenti intendono adottare.
Il tribunale per i minorenni, previo accertamento dei requisiti di cui all'articolo 314/2, anche nel caso di più domande da esaminare comparativamente, nell'interesse preminente del minore, sentito il pubblico ministero e, ove esistano, gli ascendenti degli adottanti, omessa ogni altra formalità di procedura, dispone l'affidamento preadottivo e ne determina le modalità.
Il provvedimento dell'affidamento preadottivo è pronunciato dal tribunale in camera di consiglio ed è trascritto entro tre giorni dalla pronuncia sul registro di cui all'articolo 314/15.
Il tribunale per i minorenni vigila sul buon andamento dell'affidamento preadottivo direttamente o avvalendosi del giudice tutelare oppure di persone esperte o di istituti specializzati." Articolo abrogato dalla L. 4 maggio 1983, n. 184.

Art. 314/21.
(…) (1)
(1) "Revoca dell'affidamento preadottivo.
L'affidamento preadottivo è revocato dal tribunale per i minorenni d'ufficio o su istanza del pubblico ministero o del tutore oppure delle persone o degli istituti di cui all'ultimo comma del precedente articolo, quando vengono meno le circostanze che lo hanno determinato o quando il minore rivela gravi difficoltà di ambientamento nella famiglia dei coniugi affidatari, oppure quando i coniugi stessi recedono dalla domanda di adozione." Articolo abrogato dalla L. 4 maggio 1983, n. 184.

Art. 314/22.
(…) (1)
(1) "Impugnativa dei provvedimenti relativi all'affidamento preadottivo.
I provvedimenti del tribunale per i minorenni, relativi all'affidamento preadottivo ed alla sua revoca, sono emessi con decreto motivato, in camera di consiglio, sentito il pubblico ministero.
Avverso tali provvedimenti possono proporre ricorso alla sezione per i minorenni della corte di appello il pubblico ministero, il tutore e i presentatori della domanda di adozione speciale o della istanza di revoca. Il ricorso si propone entro trenta giorni dalla comunicazione del provvedimento.
La corte di appello decide in camera di consiglio sentiti il ricorrente, i presentatori della domanda di adozione speciale o della domanda di revoca, il pubblico ministero, il tutore, gli istituti o le persone incaricate della vigilanza." Articolo abrogato dalla

L. 4 maggio 1983, n. 184.

Art. 314/23.

(...) (1)

(1) "Proroga della durata dello stato di adottabilità.

In caso di revoca dell'affidamento preadottivo, i termini di efficacia dello stato di adottabilità previsti dall'articolo 314/17, sono prorogati per un periodo di durata pari a quello dell'affidamento preadottivo revocato." Articolo abrogato dalla L. 4 maggio 1983, n. 184.

Art. 314/24.

(...) (1)

(1) "Dichiarazione di adozione speciale.

Il tribunale per i minorenni che ha dichiarato lo stato di adottabilità, decorso un anno dall'affidamento, sentiti i coniugi adottanti, il pubblico ministero e la persona o gli istituti che hanno esercitato la vigilanza nel periodo preadottivo, nonché il tutore e il giudice tutelare, dopo aver verificato che ricorrano tutte le condizioni previste dal presente capo, omessa ogni altra formalità di procedura, provvede sull'adozione con decreto in camera di consiglio, decidendo di fare luogo o di non fare luogo all'adozione.

D'ufficio, o su domanda dei coniugi affidatari, ove non contrasti con l'interesse del minore, il tribunale con ordinanza motivata può prorogare di un anno il termine di cui al primo comma del presente articolo.

Se uno dei coniugi muore o diviene incapace durante l'affidamento preadottivo, l'adozione può essere egualmente disposta ad istanza dell'altro coniuge.

Quando la domanda di adozione viene proposta da coniugi che hanno discendenti legittimi o legittimati, il termine di cui al primo comma del presente articolo non può essere inferiore a tre anni e quello di cui al secondo comma può essere prorogato fino a due anni. Se i discendenti hanno superato gli anni 14 devono essere sentiti." Articolo abrogato dalla L. 4 maggio 1983, n. 184.

Art. 314/25.

(...) (1)

(1) "Impugnativa del decreto di adozione speciale.

I coniugi adottanti, il pubblico ministero ed il tutore, entro trenta giorni dalla comunicazione,

possono impugnare il decreto del tribunale con reclamo, alla sezione per i minorenni della corte di appello che decide in camera di consiglio, sentito il pubblico ministero.

Il provvedimento che pronuncia l'adozione speciale, divenuto definitivo, entro il decimo giorno successivo a quello della comunicazione, è trascritto nel registro di cui all'articolo 314/15 e comunicato all'ufficio dello stato civile per l'annotazione a margine dell'atto di nascita." Articolo abrogato dalla L. 4 maggio 1983, n. 184.

Art. 314/26.

(...) (1)

(1) "Effetti dell'adozione speciale.

Per effetto dell'adozione speciale l'adottato acquista lo stato di figlio legittimo degli adottanti, dei quali assume e trasmette il cognome. L'adozione speciale non instaura rapporti di parentela tra l'adottato e i parenti collaterali degli adottanti.

Con l'adozione speciale cessano i rapporti dell'adottato verso la famiglia di origine salvi i divieti matrimoniali e le norme penali fondate sul rapporto di parentela." Articolo abrogato dalla L. 4 maggio 1983, n. 184.

Art. 314/27.

(...) (1)

(1) "Revocatoria dell'adozione speciale.

Il provvedimento che pronuncia l'adozione speciale può essere revocato quando ricorrano i motivi previsti nei numeri 1, 2 e 6 dell'articolo 395 del codice di procedura civile.

L'istanza di revocazione può essere presentata dal pubblico ministero o dai genitori dell'adottato entro sei mesi dalla data in cui abbiano avuto conoscenza delle circostanze che sono poste a base dell'istanza di revocazione.

Sull'istanza di revocazione provvede la Corte di cassazione uditi gli adottanti e, ove del caso, l'adottato.

Il relativo provvedimento è iscritto nell'apposito registro di cui all'art. 314/15 e annotato a margine dell'atto di nascita." Articolo abrogato dalla L. 4 maggio 1983, n. 184.

Art. 314/28.

(...) (1)

(1) "Certificati anagrafici.

Salvi i casi in cui per legge è richiesta la copia integrale dell'atto di nascita, qualunque attestazione di stato civile riferita allo adottato deve essere rilasciata con la sola indicazione del nuovo cognome e con la esclusione di qualsiasi indicazione relativa alla paternità o alla maternità del minore e dell'annotazione di cui all'ultimo comma dell'articolo 314/25." Articolo abrogato dalla L. 4 maggio 1983, n. 184.

TITOLO IX – DELLA POTESTA' DEI GENITORI E DEI DIRITTI E DOVERI DEL FIGLIO (1)

(1) Le parole "e dei diritti e doveri del figlio" sono state inserite dall'art. 1, L. 10 dicembre 2012, n. 219.

Art. 315. Stato giuridico della filiazione.

Tutti i figli hanno lo stesso stato giuridico. (1)

(1) L'articolo che recitava: "Doveri del figlio verso i genitori.

Il figlio deve rispettare i genitori e deve contribuire, in relazione alle proprie sostanze e al proprio reddito, al mantenimento della famiglia finché convive con essa." è stato così sostituito prima dall'art. 137, L. 19 maggio 1975, n. 151 e poi dall'art. 1, L. 10 dicembre 2012, n. 219.

Art. 315-bis. Diritti e doveri del figlio.

Il figlio ha diritto di essere mantenuto, educato, istruito e assistito moralmente dai genitori, nel rispetto delle sue capacità, delle sue inclinazioni naturali e delle sue aspirazioni.

Il figlio ha diritto di crescere in famiglia e di mantenere rapporti significativi con i parenti.

Il figlio minore che abbia compiuto gli anni dodici, e anche di età inferiore ove capace di discernimento, ha diritto di essere ascoltato in tutte le questioni e le procedure che lo riguardano.

Il figlio deve rispettare i genitori e deve contribuire, in relazione alle proprie capacità, alle proprie sostanze e al proprio reddito, al mantenimento della famiglia finché convive con essa. (1)

(1) Articolo aggiunto dall'art. 1, L. 10 dicembre 2012, n. 219.

Art. 316. Esercizio della potestà dei genitori.

Il figlio è soggetto alla potestà dei genitori sino all'età maggiore o alla emancipazione.

La potestà è esercitata di comune accordo da entrambi i genitori.

In caso di contrasto su questioni di particolare importanza ciascuno dei genitori può ricorrere senza formalità al giudice indicando i provvedimenti che ritiene più idonei.

Se sussiste un incombente pericolo di grave pregiudizio per il figlio, il padre può adottare i provvedimenti urgenti ed indifferibili.

Il giudice, sentiti i genitori ed il figlio, se maggiore degli anni quattordici, suggerisce le determinazioni che ritiene più utili nell'interesse del figlio e dell'unità familiare. Se il contrasto permane il giudice attribuisce il potere di decisione a quello dei genitori che, nel singolo caso, ritiene il più idoneo a curare l'interesse del figlio.

Art. 317. Impedimento di uno dei genitori.

Nel caso di lontananza, di incapacità o di altro impedimento che renda impossibile
ad uno dei genitori l'esercizio della potestà, questa è esercitata in modo esclusivo dall'altro.

La potestà comune dei genitori non cessa quando, a seguito di separazione, di scioglimento, di annullamento o di cessazione degli effetti civili del matrimonio,
i figli vengono affidati ad uno di essi. L'esercizio della potestà è regolato, in tali casi, secondo quanto disposto nell'articolo 155.

Art. 317-bis. Esercizio della potestà.

Al genitore che ha riconosciuto il figlio naturale spetta la potestà su di lui.

Se il riconoscimento è fatto da entrambi i genitori, l'esercizio della potestà spetta congiuntamente ad entrambi qualora siano conviventi. Si applicano le disposizioni dell'articolo 316. Se i genitori non convivono l'esercizio della potestà spetta al genitore col quale il figlio convive ovvero, se non convive con alcuno di essi, al primo che ha fatto il riconoscimento. Il giudice, nell'esclusivo
interesse del figlio, può disporre diversamente; può anche escludere dall'esercizio della potestà entrambi i genitori, provvedendo alla nomina di un tutore.

Il genitore che non esercita la potestà ha il potere di vigilare sull'istruzione, sull'educazione e sulle condizioni di vita del figlio minore.

Cfr. Cassazione Civile, sez. I, sentenza 30 ottobre 2009, n. 23032 e Cassazione Civile, sez. I, sentenza 4 novembre 2009, n. 23411 in Altalex Massimario.

Art. 318. Abbandono della casa del genitore.

Il figlio non può abbandonare la casa dei genitori o del genitore che esercita su di lui la potestà né la dimora da essi assegnatagli. Qualora se ne allontani senza permesso, i genitori possono richiamarlo ricorrendo, se necessario, al giudice tutelare.

Art. 319.

(...) (1)

(1) "Cattiva condotta del figlio.
Il padre che non riesca a frenare la cattiva condotta del figlio, può, salva l'applicazione delle norme contenute nelle leggi speciali collocarlo in un istituto di correzione, con l'autorizzazione del presidente del tribunale.
L'autorizzazione può essere chiesta anche verbalmente. Il presidente del tribunale, assunte informazioni, provvede con decreto senza formalità di atti e senza dichiarare i motivi.
Contro il decreto del presidente del tribunale è ammesso ricorso al presidente della corte di appello, il quale provvede sentito il pubblico ministero." Articolo abrogato
dalla L. 19 maggio 1975, n. 151.

Art. 320. Rappresentanza e amministrazione.

I genitori congiuntamente, o quello di essi che esercita in via esclusiva la potestà, rappresentano i figli nati e nascituri in tutti gli atti civili e ne amministrano
i beni. Gli atti di ordinaria amministrazione, esclusi i contratti con i quali si concedono o si acquistano diritti personali di godimento, possono essere compiuti disgiuntamente da ciascun genitore.

Si applicano, in caso di disaccordo o di esercizio difforme dalle decisioni concordate, le disposizioni dell'articolo 316.

I genitori non possono alienare, ipotecare o dare in pegno i beni pervenuti al figlio a qualsiasi titolo, anche a causa di morte, accettare o rinunziare ad
eredità o legati, accettare donazioni, procedere allo scioglimento di comunioni, contrarre mutui o locazioni ultranovennali o compiere altri atti eccedenti la ordinaria amministrazione né promuovere, transigere o compromettere in arbitri giudizi relativi a tali atti, se non per necessità o utilità evidente del figlio dopo autorizzazione del giudice tutelare.

I capitali non possono essere riscossi senza autorizzazione del giudice tutelare, il quale ne determina l'impiego.

L'esercizio di una impresa commerciale non può essere continuato se non con l'autorizzazione del tribunale su parere del giudice tutelare. Questi può consentire l'esercizio provvisorio dell'impresa, fino a quando il tribunale abbia deliberato sulla istanza.

Se sorge conflitto di interessi patrimoniali tra i figli soggetti alla stessa potestà, o tra essi e i genitori o quello di essi che esercita in via esclusiva la potestà, il giudice tutelare nomina ai figli un curatore speciale. Se il conflitto sorge tra i figli e uno solo dei genitori esercenti la potestà, la rappresentanza dei figli spetta esclusivamente all'altro genitore.

Art. 321. Nomina di un curatore speciale.

In tutti i casi in cui i genitori congiuntamente, o quello di essi che esercita in via esclusiva la potestà, non possono o non vogliono compiere uno o più atti di interesse del figlio, eccedenti l'ordinaria amministrazione, il giudice, su richiesta del figlio stesso, del pubblico ministero o di uno dei parenti che vi abbia interesse, e sentiti i genitori, può nominare al figlio un curatore speciale autorizzandolo al compimento di tali atti.

Art. 322. Inosservanza delle disposizioni precedenti.

Gli atti compiuti senza osservare le norme dei precedenti articoli del presente titolo possono essere annullati su istanza dei genitori esercenti la potestà o del figlio o dei suoi eredi o aventi causa.

Art. 323. Atti vietati ai genitori.

I genitori esercenti la potestà sui figli non possono, neppure all'asta pubblica, rendersi acquirenti direttamente o per interposta persona dei beni e dei diritti del minore.

Gli atti compiuti in violazione del divieto previsto nel comma precedente possono essere annullati su istanza del figlio, o dei suoi eredi o aventi causa.

I genitori esercenti la potestà non possono diventare cessionari di alcuna ragione o credito verso il minore.

Art. 324. Usufrutto legale.

I genitori esercenti la potestà hanno in comune l'usufrutto dei beni del figlio.

I frutti percepiti sono destinati al mantenimento della famiglia e all'istruzione ed educazione dei figli.

Non sono soggetti ad usufrutto legale:

1) i beni acquistati dal figlio con i proventi del proprio lavoro;

2) i beni lasciati o donati al figlio per intraprendere una carriera, un'arte o una professione;

3) i beni lasciati o donati con la condizione che i genitori esercenti la potestà o uno di essi non ne abbiano l'usufrutto: la condizione però non ha effetto per i beni spettanti al figlio a titolo di legittima;

4) i beni pervenuti al figlio per eredità, legato o donazione e accettati nell'interesse del figlio contro la volontà dei genitori esercenti la potestà. Se uno solo di essi era favorevole all'accettazione, l'usufrutto legale spetta esclusivamente a lui.

Cfr. Tribunale di Torino, sez. III civile, sentenza 22 maggio 2009, n. 4011 in Altalex Massimario.

Art. 325. Obblighi inerenti all'usufrutto legale.

Gravano sull'usufrutto legale gli obblighi propri dell'usufruttuario.

Art. 326. Inalienabilità dell'usufrutto legale. Esecuzione sui frutti.

L'usufrutto legale non può essere oggetto di alienazione, di pegno o di ipoteca né di esecuzione da parte dei creditori.

L'esecuzione sui frutti dei beni del figlio da parte dei creditori dei genitori o di quello di essi che ne è titolare esclusivo non può aver luogo per debiti che il creditore conosceva essere stati contratti per scopi estranei ai bisogni della famiglia.

Art. 327. Usufrutto legale di uno solo dei genitori.

Il genitore che esercita in modo esclusivo la potestà è il solo titolare dell'usufrutto legale.

Art. 328. Nuove nozze.

Il genitore che passa a nuove nozze conserva l'usufrutto legale, con l'obbligo tuttavia di accantonare in favore del figlio quanto risulti eccedente rispetto alle spese per il mantenimento, l'istruzione e l'educazione di quest'ultimo.

Art. 329. Godimento dei beni dopo la cessazione dell'usufrutto legale.

Cessato l'usufrutto legale, se il genitore ha continuato a godere i beni del figlio convivente con esso senza procura ma senza opposizione, o anche con procura ma senza l'obbligo di rendere conto dei frutti, egli o i suoi eredi non sono tenuti che a consegnare i frutti esistenti al tempo della domanda.

Art. 330. Decadenza dalla potestà sui figli.

Il giudice può pronunziare la decadenza dalla potestà quando il genitore viola o trascura i doveri ad essa inerenti o abusa dei relativi poteri con grave pregiudizio del figlio.

In tale caso, per gravi motivi, il giudice può ordinare l'allontanamento del figlio dalla residenza familiare ovvero l'allontanamento del genitore o convivente che maltratta o abusa del minore. (1)

(1) Comma così modificato dalla L. 28 marzo 2001, n. 149.

Art. 331.

(…) (1)

(1) "Passaggio della patria potestà alla madre.

Quando, pronunziata la decadenza, l'esercizio della patria potestà passa alla madre, il tribunale può in speciali circostanze impartire disposizioni alle quali la madre deve attenersi. Il tribunale può anche ordinare che il figlio venga allontanato dalla casa paterna." Articolo abrogato dalla L. 19 maggio 1975, n. 151.

Art. 332. Reintegrazione nella potestà.

Il giudice può reintegrare nella potestà il genitore che ne è decaduto, quando, cessate le ragioni per le quali la decadenza è stata pronunciata, è escluso ogni pericolo di pregiudizio per il figlio.

Art. 333. Condotta del genitore pregiudizievole ai figli.

Quando la condotta di uno o di entrambi i genitori non è tale da dare luogo alla pronuncia di decadenza prevista dall'articolo 330, ma appare comunque pregiudizievole al figlio, il giudice, secondo le circostanze, può adottare i provvedimenti convenienti e può anche disporre l'allontanamento di lui dalla residenza familiare ovvero l'allontanamento del genitore o convivente che maltratta o abusa del minore. (1)

Tali provvedimenti sono revocabili in qualsiasi momento.

(1) Comma così modificato dalla L. 28 marzo 2001, n. 149.

Art. 334. Rimozione dall'amministrazione.

Quando il patrimonio del minore è male amministrato, il tribunale può stabilire le condizioni a cui i genitori devono attenersi nell'amministrazione o può rimuovere entrambi o uno solo di essi dall'amministrazione stessa e privarli, in tutto o in parte, dell'usufrutto legale.

L'amministrazione è affidata ad un curatore, se è disposta la rimozione di entrambi i genitori.

Art. 335. Riammissione nell'esercizio della amministrazione.

Il genitore rimosso dall'amministrazione ed eventualmente privato dell'usufrutto legale può essere riammesso dal tribunale nell'esercizio dell'una o nel godimento dell'altro, quando sono cessati i motivi che hanno provocato il provvedimento.

Art. 336. Procedimento.

I provvedimenti indicati negli articoli precedenti sono adottati su ricorso dell'altro genitore, dei parenti o del pubblico ministero e, quando si tratta di revocare deliberazioni anteriori, anche del genitore interessato.

Il tribunale provvede in camera di consiglio, assunte informazioni e sentito il pubblico ministero. Nei casi in cui il provvedimento è richiesto contro il genitore, questi deve essere sentito.

In caso di urgente necessità il tribunale può adottare, anche d'ufficio, provvedimenti temporanei nell'interesse del figlio.

Per i provvedimenti di cui ai commi precedenti, i genitori e il minore sono assistiti da un difensore. (1)

(1) Comma aggiunto dalla L. 28 marzo 2001, n. 149. Successivamente le parole: ", anche a spese dello Stato nei casi previsti dalla legge." sono state abrogate dal D.Lgs. 30 maggio 2002, n. 113 e dal D.P.R. 30 maggio 2002, n. 115.

Art. 337. Vigilanza del giudice tutelare.

Il giudice tutelare deve vigilare sull'osservanza delle condizioni che il tribunale abbia stabilito per l'esercizio della potestà e per l'amministrazione dei beni.

Art. 338.

(...) (1)

(1) "Condizioni imposte alla madre superstite.

Il padre può per testamento, per atto pubblico o per scrittura privata autenticata stabilire condizioni alla madre superstite per l'educazione dei figli e per l'amministrazione dei beni.

La madre, che non voglia accettare le condizioni, può domandare di essere dispensata dall'osservanza di esse; e il tribunale provvede in camera di consiglio, assunte informazioni

e sentito il pubblico ministero e, se possibile, i parenti sino al terzo grado."
Articolo abrogato dalla L. 19 maggio 1975, n. 151.

Art. 339.

(...) (1)

(1) "Curatore del nascituro.

Se alla morte del marito la moglie si trova incinta, il tribunale, su istanza di chiunque vi abbia interesse o del pubblico ministero, può nominare un curatore per la protezione del nascituro e, occorrendo, per l'amministrazione dei beni di lui." Articolo abrogato dalla L. 19 maggio 1975, n. 151.

Art. 340.

(...) (1)

(1) "Nuove nozze della madre.

La madre, che vuole passare a nuove nozze, deve darne notizia al tribunale prima che sia celebrato il matrimonio. Il tribunale, assunte le informazioni del caso e sentito il pubblico ministero, delibera se l'amministrazione dei beni possa esserle conservata, oppure stabilisce condizioni, riguardo all'amministrazione stessa e all'educazione dei figli.

In caso di inosservanza della precedente disposizione la madre perde di diritto l'amministrazione

e il marito è responsabile in solido dell'amministrazione esercitata in passato e di quella in seguito indebitamente conservata.

Il tribunale su istanza del pubblico ministero o dei parenti o anche d'ufficio, qualora non creda di riammettere la madre nell'amministrazione dei beni, delibera sulle condizioni da osservare per l'educazione dei figli e sulla nomina di un curatore ai loro beni.

L'ufficiale dello stato civile, che celebra o trascrive il matrimonio della vedova, deve informarne il procuratore della Repubblica entro dieci giorni dalla celebrazione o dalla trascrizione" Articolo abrogato dalla L. 19 maggio 1975, n. 151.

Art. 341.

(...) (1)

(1) "Responsabilità del nuovo marito.

Quando la madre è mantenuta nella amministrazione dei beni o vi è riammessa, il marito s'intende sempre ad essa associato in quell'amministrazione e ne diviene responsabile

in solido." Articolo abrogato dalla L. 19 maggio 1975, n. 151.

Art. 342.

(...) (1)

(1) L'articolo "Nuove nozze del genitore non ariano." è stato abrogato dal D.Lgs.Lgt. 14 settembre 1944, n. 287.

TITOLO IX-BIS – ORDINI DI PROTEZIONE CONTRO GLI ABUSI FAMILIARI

(1)

(1) Titolo aggiunto dalla L. 4 aprile 2001, n. 154.

Art. 342-bis. Ordini di protezione contro gli abusi familiari.

Quando la condotta del coniuge o di altro convivente è causa di grave pregiudizio

all'integrità fisica o morale ovvero alla libertà dell'altro coniuge o convivente, il giudice, (1) su istanza di parte, può adottare con decreto uno o più dei provvedimenti di cui all'articolo 342-ter.

(1) Le parole: "qualora il fatto non costituisca reato perseguibile d'ufficio," sono state abrogate dalla L. 6 novembre 2003, n. 304.

Art. 342-ter. Contenuto degli ordini di protezione.

Con il decreto di cui all'articolo 342-bis il giudice ordina al coniuge o convivente,

che ha tenuto la condotta pregiudizievole, la cessazione della stessa condotta e dispone l'allontanamento dalla casa familiare del coniuge o del convivente che ha tenuto la condotta pregiudizievole prescrivendogli altresì, ove occorra, di non avvicinarsi ai luoghi abitualmente frequentati dall'istante, ed in particolare al luogo di lavoro, al domicilio della famiglia d'origine, ovvero al domicilio di altri prossimi congiunti o di altre persone ed in prossimità dei luoghi di istruzione dei figli della coppia, salvo che questi non debba frequentare i medesimi luoghi per esigenze di lavoro.

Il giudice può disporre, altresì, ove occorra l'intervento dei servizi sociali del territorio o di un centro di mediazione familiare, nonché delle associazioni che abbiano come fine statutario il sostegno e l'accoglienza di donne e minori o di altri soggetti vittime di abusi e maltrattamenti; il pagamento periodico di un assegno a favore delle persone conviventi che, per effetto dei provvedimenti di cui al primo comma, rimangono prive di mezzi adeguati, fissando modalità e termini di versamento e prescrivendo, se del caso, che la somma sia versata direttamente all'avente diritto dal datore di lavoro dell'obbligato, detraendola dalla retribuzione allo stesso spettante.

Con il medesimo decreto il giudice, nei casi di cui ai precedenti commi, stabilisce

la durata dell'ordine di protezione, che decorre dal giorno dell'avvenuta esecuzione dello stesso. Questa non può essere superiore a un anno (1) e può essere prorogata, su istanza di parte, soltanto se ricorrano gravi motivi per il tempo strettamente necessario.

Con il medesimo decreto il giudice determina le modalità di attuazione. Ove sorgano difficoltà o contestazioni in ordine all'esecuzione, lo stesso giudice provvede con decreto ad emanare i provvedimenti più opportuni per l'attuazione,

ivi compreso l'ausilio della forza pubblica e dell'ufficiale sanitario.

(1) Le parole: "sei mesi" sono state così sostituite dalle attuali: "un anno" dal D.L. 23 febbraio 2009, n. 11.

TITOLO X – DELLA TUTELA E DELL'EMANCIPAZIONE

CAPO I – DELLA TUTELA DEI MINORI

Art. 343. Apertura della tutela.

Se entrambi i genitori sono morti o per altre cause non possono esercitare la potestà dei genitori (1), si apre la tutela presso il tribunale del circondario (2) dove è la sede principale degli affari e interessi del minore.

Se il tutore è domiciliato o trasferisce il domicilio in altro circondario, (3) la tutela può essere ivi trasferita con decreto del tribunale.

(1) L'originaria espressione "patria potestà" è stata sostituita dall'art. 146 L. 24 novembre
1981, n. 689. In conseguenza, ogni riferimento in norme di legge alla" patria potestà" va corretto, anche per mancato adattamento delle disposizioni o sviste del legislatore.
(2) Le parole: "la pretura del mandamento" sono state sostituite dalle parole: "il tribunale
del circondario" dal D. L.vo 19 febbraio 1998, n. 51, recante l'istituzione del giudice unico, a decorrere dal 2 giugno 1999.
(3) La parola: "mandamento" è stata sostituita dall'attuale: "circondario" dal D. L.vo 19 febbraio 1998, n. 51, recante l'istituzione del giudice unico, a decorrere dal 2 giugno 1999.

SEZIONE I - Del giudice tutelare

Art. 344. Funzioni del giudice tutelare.

Presso ogni tribunale (1) il giudice tutelare soprintende alle tutele e alle curatele ed esercita le altre funzioni affidategli dalla legge.

Il giudice tutelare può chiedere l'assistenza degli organi della pubblica amministrazione
e di tutti gli enti i cui scopi corrispondono alle sue funzioni.

(1) La parola: "pretura" è stata sostituita dall'attuale: "tribunale" dal D. L.vo 19 febbraio
1998, n. 51, recante l'istituzione del giudice unico, a decorrere dal 2 giugno 1999.

SEZIONE II - Del tutore e del protutore

Art. 345. Denunzie al giudice tutelare.

L'ufficiale di stato civile, che riceve la dichiarazione di morte di una persona la quale ha lasciato figli in età minore ovvero la dichiarazione di nascita di un figlio di genitori ignoti, e il notaio, che procede alla pubblicazione di un testamento contenente la designazione di un tutore o di un protutore, devono darne notizia al giudice tutelare entro dieci giorni.

Il cancelliere, entro quindici giorni dalla pubblicazione o dal deposito in cancelleria,
deve dare notizia al giudice tutelare delle decisioni dalle quali derivi la apertura di una tutela.

I parenti entro il terzo grado devono denunziare al giudice tutelare il fatto da cui deriva l'apertura della tutela entro dieci giorni da quello in cui ne hanno avuto notizia. La denunzia deve essere fatta anche dalla persona designata
quale tutore o protutore entro dieci giorni da quello in cui ha avuto notizia della designazione.

Art. 346. Nomina del tutore e del protutore.

Il giudice tutelare, appena avuta notizia del fatto da cui deriva l'apertura della tutela, procede alla nomina del tutore e del protutore.

Art. 347. Tutela di più fratelli.

È nominato un solo tutore a più fratelli e sorelle, salvo che particolari circostanze
consiglino la nomina di più tutori. Se vi è conflitto di interessi tra minori soggetti alla stessa tutela, il giudice tutelare nomina ai minori un curatore speciale.

Art. 348. Scelta del tutore.

Il giudice tutelare nomina tutore la persona designata dal genitore che ha esercitato per ultimo la potestà dei genitori (1). La designazione può essere fatta per testamento, per atto pubblico o per scrittura privata autenticata.

Se manca la designazione ovvero se gravi motivi si oppongono alla nomina della persona designata, la scelta del tutore avviene preferibilmente tra gli ascendenti o tra gli altri prossimi parenti o affini del minore, i quali in quanto sia opportuno, devono essere sentiti.

Il giudice, prima di procedere alla nomina del tutore, deve anche sentire il minore che abbia raggiunto l'età di anni sedici.

In ogni caso la scelta deve cadere su persona idonea all'ufficio, di ineccepibile condotta, la quale dia affidamento di educare e istruire il minore conformemente
a quanto è prescritto nell'articolo 147.

(...) (2)

(1) L'originaria espressione "patria potestà" è stata sostituita dall'art. 146 L. 24 novembre
1981, n. 689. In conseguenza, ogni riferimento in norme di legge alla" patria potestà" va corretto, anche per mancato adattamento delle disposizioni o sviste del legislatore.
(2) Comma abrogato dal D.Lgs.Lgt. 14 settembre 1944, n. 287.

Art. 349. Giuramento del tutore.

Il tutore, prima di assumere l'ufficio, presta davanti al giudice tutelare giuramento
di esercitarlo con fedeltà e diligenza.

Art. 350. Incapacità all'ufficio tutelare.

Non possono essere nominati tutori e, se sono stati nominati, devono cessare dall'ufficio:

1) coloro che non hanno la libera amministrazione del proprio patrimonio;
2) coloro che sono stati esclusi dalla tutela per disposizione scritta del genitore il quale per ultimo ha esercitato la potestà dei genitori; (1)
3) coloro che hanno o sono per avere o dei quali gli ascendenti, i discendenti o il coniuge hanno o sono per avere col minore una lite, per effetto della quale può essere pregiudicato lo stato del minore o una parte notevole del patrimonio di lui;
4) coloro che sono incorsi nella perdita della potestà dei genitori (1) o nella decadenza da essa, o sono stati rimossi da altra tutela;
5) il fallito che non è stato cancellato dal registro dei falliti.

(1) L'originaria espressione "patria potestà" è stata sostituita dall'art. 146 L. 24 novembre
1981, n. 689. In conseguenza, ogni riferimento in norme di legge alla" patria potestà" va corretto, anche per mancato adattamento delle disposizioni o sviste del legislatore.

Art. 351. Dispensa dall'ufficio tutelare.

Sono dispensati dall'ufficio di tutore:

(...) (1)
2) il Presidente del Consiglio dei ministri; (2)
3) i membri del Sacro collegio;
4) i Presidenti delle assemblee legislative;
5) i Ministri Segretari di Stato.
Le persone indicate nei numeri 2, 3 4, e 5 possono far noto al giudice tutelare che non intendono valersi della dispensa.

(1) Il numero: "1) I principi della Famiglia reale, salve le disposizioni che regolano la tutela dei principi della stessa Famiglia;" è da ritenersi abrogato a seguito dell'entrata in vigore della Costituzione Italiana.

(2) Testo così modificato a seguito dell'entrata in vigore della Costituzione Italiana.

Art. 352. Dispensa su domanda.
Hanno diritto di essere dispensati su loro domanda dall'assumere o dal continuare
l'esercizio della tutela:
1) i grandi ufficiali dello Stato non compresi nell'articolo precedente;
2) gli arcivescovi, i vescovi e i ministri del culto aventi cura d'anime;
(...) (1)
4) i militari in attività di servizio;
5) chi ha compiuto gli anni sessantacinque;
6) chi ha più di tre figli minori;
7) chi esercita altra tutela;
8) chi è impedito di esercitare la tutela da infermità permanente;
9) chi ha missione dal Governo fuori della Repubblica (2) o risiede per ragioni di pubblico servizio fuori della circoscrizione del tribunale dove è costituita la tutela.

(1) Il numero: "3) le donne;" è stato abrogato dalla L. 19 maggio 1975, n. 151.

(2) Testo così modificato a seguito dell'entrata in vigore della Costituzione Italiana.

Art. 353. Domanda di dispensa.
La domanda di dispensa per le cause indicate nell'articolo precedente deve essere presentata al giudice tutelare prima della prestazione del giuramento, salvo che la causa di dispensa sia sopravvenuta.
Il tutore è tenuto ad assumere e a mantenere l'ufficio fino a quando la tutela non sia stata conferita ad altra persona.

Art. 354. Tutela affidata a enti di assistenza.
La tutela dei minori, che non hanno nel luogo del loro domicilio parenti conosciuti
o capaci di esercitare l'ufficio di tutore, può essere deferita dal giudice tutelare ad un ente di assistenza nel comune dove ha domicilio il minore o allo ospizio in cui questi è ricoverato. L'amministrazione dell'ente o dell'ospizio delega uno dei propri membri a esercitare la funzione di tutela.
È tuttavia in facoltà del giudice tutelare di nominare un tutore al minore quando la natura o l'entità dei beni o altre circostanze lo richiedono.

Art. 355. Protutore.
Sono applicabili al protutore le disposizioni stabilite per il tutore in questa sezione.
Non si nomina il protutore nei casi contemplati nel primo comma dell'articolo 354.

Art. 356. Donazione o disposizione testamentaria a favore del minore.
Chi fa una donazione o dispone un testamento a favore di un minore, anche se questi è soggetto alla potestà dei genitori, (1) può nominargli un curatore speciale per l'amministrazione dei beni donati o lasciati.
Se il donante o il testatore non ha disposto altrimenti, il curatore speciale deve osservare le forme stabilite dagli articoli 374 e 375 per il compimento di atti eccedenti l'ordinaria amministrazione.
Si applica in ogni caso al curatore speciale l'articolo 384.

(1) L'originaria espressione "patria potestà" è stata sostituita dall'art. 146 L. 24 novembre
1981, n. 689. In conseguenza, ogni riferimento in norme di legge alla" patria potestà" va corretto, anche per mancato adattamento delle disposizioni o sviste del legislatore.

SEZIONE III - Dell'esercizio della tutela

Art. 357. Funzioni del tutore.
Il tutore ha la cura della persona del minore, lo rappresenta in tutti gli atti civili e ne amministra i beni.

Cfr. Cassazione Civile, sez. I, sentenza 16 ottobre 2007, n. 21748 in Altalex Massimario.

Art. 358. Doveri del minore.
Il minore deve rispetto e obbedienza al tutore. Egli non può abbandonare la casa o l'istituto al quale è stato destinato, senza il permesso del tutore.
Qualora se ne allontani senza permesso, il tutore ha diritto di richiamarvelo, ricorrendo, se è necessario, al giudice tutelare.

Art. 359.
(...) (1)

(1) "Cattiva condotta del minore.
Il tutore che non riesce a frenare la cattiva condotta del minore, salva l'applicazione delle norme contenute nelle leggi speciali, ne riferisce al presidente del tribunale. Questi sentito il minore e, potendo, il protutore e qualche prossimo parente o affine e assunte informazioni può ordinare il collocamento del minore in un istituto di correzione.
Contro il decreto del presidente del tribunale è ammesso ricorso al presidente della corte di appello, che provvede sentito il pubblico ministero." Articolo abrogato dalla L. 19 maggio 1975, n. 151.

Art. 360. Funzioni del protutore.
Il protutore rappresenta il minore nei casi in cui l'interesse di questo è in opposizione con l'interesse del tutore.
Se anche il protutore si trova in opposizione d'interessi col minore, il giudice tutelare nomina un curatore speciale.
Il protutore è tenuto a promuovere la nomina di un nuovo tutore nel caso in cui il tutore è venuto a mancare o ha abbandonato l'ufficio. Frattanto egli ha cura della persona del minore, lo rappresenta e può fare tutti gli atti conservativi
e gli atti urgenti di amministrazione.

Art. 361. Provvedimenti urgenti.
Prima che il tutore o il protutore abbia assunto le proprie funzioni, spetta al giudice tutelare di dare, sia d'ufficio sia su richiesta del pubblico ministero, di un parente o di un affine del minore, i provvedimenti urgenti che possono occorrere per la cura del minore o per conservare e amministrare il patrimonio.
Il giudice può procedere occorrendo, alla apposizione dei sigilli, nonostante qualsiasi dispensa.

Art. 362. Inventario.

Il tutore, nei dieci giorni successivi a quello in cui ha avuto legalmente notizia della sua nomina, deve procedere all'inventario dei beni del minore, nonostante qualsiasi dispensa.

L'inventario deve essere compiuto nel termine di trenta giorni, salva al giudice tutelare la facoltà di prorogare il termine se le circostanze lo esigono.

Art. 363. Formazione dell'inventario.

L'inventario si fa col ministero del cancelliere del tribunale (1) o di un notaio a ciò delegato dal giudice tutelare, con l'intervento del protutore e, se è possibile, anche del minore che abbia compiuto gli anni sedici, e con l'assistenza di due testimoni scelti preferibilmente fra i parenti o gli amici della famiglia.

Il giudice può consentire che l'inventario sia fatto senza ministero di cancelliere o di notaio, se il valore presumibile del patrimonio non eccede GLI € 7,75.

L'inventario è depositato presso il tribunale. (1)

Nel verbale di deposito il tutore e il protutore ne dichiarano con giuramento la sincerità.

(1) Le parole: "della pretura" e "la pretura" sono state rispettivamente sostituite dalle seguenti. "del tribunale" e "il tribunale" dal D. L.vo 19 febbraio 1998, n. 51, recante l'istituzione del giudice unico, a decorrere dal 2 giugno 1999.

Art. 364. Contenuto dell'inventario.

Nello inventario si indicano gli immobili, i mobili, i crediti e i debiti e si descrivono le carte, note e scritture relative allo stato attivo e passivo del patrimonio, osservando le formalità stabilite nel codice di procedura civile.

Art. 365. Inventario di aziende.

Se nel patrimonio del minore esistono aziende commerciali o agricole, si procede con le forme usate nel commercio o nell'economia agraria alla formazione dell'inventario dell'azienda, con l'assistenza e l'intervento delle persone indicate nell'articolo 363. Questi particolari inventari sono pure depositati presso il tribunale (1) e il loro riepilogo è riportato nell'inventario generale.

(1) Le parole: "la pretura" sono state sostituite dalle parole: "il tribunale" dal D. L.vo 19 febbraio 1998, n. 51, recante l'istituzione del giudice unico, a decorrere dal 2 giugno 1999.

Art. 366. Beni amministrati da curatore speciale.

Il tutore deve comprendere nell'inventario generale del patrimonio del minore anche i beni, la cui amministrazione è stata deferita a un curatore speciale. Se questi ha formato un inventario particolare di tali beni, deve rimetterne copia al tutore, il quale lo unirà all'inventario generale.

Il curatore deve anche comunicare al tutore copia dei conti periodici della sua amministrazione, salvo che il disponente l'abbia esonerato.

Art. 367. Dichiarazione di debiti o crediti del tutore.

Il tutore, che ha debiti, crediti o altre ragioni verso il minore, deve esattamente dichiararli prima della chiusura dell'inventario. Il cancelliere o il notaio hanno l'obbligo di interpellarlo al riguardo.

Nel caso di inventario senza opera di cancelliere o di notaio, il tutore è interpellato dal giudice tutelare all'atto del deposito.

In ogni caso si fa menzione dell'interpellazione e della dichiarazione del tutore nell'inventario o nel verbale di deposito.

Art. 368. Omissione della dichiarazione.

Se il tutore, conoscendo il suo credito o le sue ragioni, espressamente interpellato non li ha dichiarati, decade da ogni suo diritto.

Qualora, sapendo di essere debitore, non abbia dichiarato fedelmente il proprio debito, può essere rimosso dalla tutela.

Art. 369. Deposito di titoli e valori.

Il tutore deve depositare il denaro, i titoli di credito al portatore e gli oggetti preziosi esistenti nel patrimonio del minore presso un istituto di credito designato dal giudice tutelare, salvo che questi disponga diversamente per la loro custodia.

Non è tenuto a depositare le somme occorrenti per le spese urgenti di mantenimento e di educazione del minore e per le spese di amministrazione.

Art. 370. Amministrazione prima dell'inventario.

Prima che sia compiuto l'inventario, l'amministrazione del tutore deve limitarsi agli affari che non ammettono dilazione.

Art. 371. Provvedimenti circa l'educazione e l'amministrazione.

Compiuto l'inventario, il giudice tutelare, su proposta del tutore e sentito il protutore, delibera:

1) sul luogo dove il minore deve essere allevato e sul suo avviamento agli studi o all'esercizio di un'arte, mestiere o professione, sentito lo stesso minore se ha compiuto gli anni dieci, e richiesto, quando è opportuno, l'avviso dei parenti prossimi e del comitato di patronato dei minorenni;

2) sulla spesa annua occorrente per il mantenimento e l'istruzione del minore e per l'amministrazione del patrimonio, fissando i modi d'impiego del reddito eccedente;

3) sulla convenienza di continuare ovvero alienare o liquidare le aziende commerciali, che si trovano nel patrimonio del minore, e sulle relative modalità e cautele.

Nel caso in cui il giudice stimi evidentemente utile per il minore la continuazione dell'esercizio dell'impresa, il tutore deve domandare l'autorizzazione del tribunale. In pendenza della deliberazione del tribunale il giudice tutelare può consentire l'esercizio provvisorio dell'impresa.

Art. 372. Investimento di capitali.

I capitali del minore devono, previa autorizzazione del giudice tutelare, essere dal tutore investiti:

1) in titoli dello Stato o garantiti dallo Stato;

2) nell'acquisto di beni immobili posti nella Repubblica (1);

3) in mutui garantiti da idonea ipoteca sopra i beni posti nella Repubblica (1); o in obbligazioni emesse da pubblici istituti autorizzati a esercitare il

credito fondiario;

4) in depositi fruttiferi presso le casse postali o presso altre casse di risparmio o monti di credito su pegno. Il giudice, sentito il tutore e il protutore, può autorizzare il deposito presso altri istituti di credito, ovvero, per motivi particolari, un investimento diverso da quelli sopra indicati.

(1) Testo così modificato a seguito dell'entrata in vigore della Costituzione Italiana.

Art. 373. Titoli al portatore.

Se nel patrimonio del minore si trovano titoli al portatore, il tutore deve farli convertire in nominativi, salvo che il giudice tutelare disponga che siano depositati in cauta custodia.

Art. 374. Autorizzazione del giudice tutelare.

Il tutore non può senza l'autorizzazione del giudice tutelare:

1) acquistare beni, eccettuati i mobili necessari per l'uso del minore, per la economia domestica e per l'amministrazione del patrimonio;

2) riscuotere capitali, consentire alla cancellazione di ipoteche o allo svincolo di pegni, assumere obbligazioni, salvo che queste riguardino le spese necessarie per il mantenimento del minore e per l'ordinaria amministrazione del suo patrimonio;

3) accettare eredità o rinunciarvi, accettare donazioni o legati soggetti a pesi o a condizioni;

4) fare contratti di locazione d'immobili oltre il novennio o che in ogni caso si prolunghino oltre un anno dopo il raggiungimento della maggiore età;

5) promuovere giudizi, salvo che si tratti di denunzie di nuova opera o di danno temuto, di azioni possessorie o di sfratto e di azioni per riscuotere frutti o per ottenere provvedimenti conservativi.

Art. 375. Autorizzazione del tribunale.

Il tutore non può senza l'autorizzazione del tribunale:

1) alienare beni, eccettuati i frutti e i mobili soggetti a facile deterioramento;

2) costituire pegni o ipoteche;

3) procedere a divisioni o promuovere i relativi giudizi;

4) fare compromessi e transazioni o accettare concordati.

L'autorizzazione è data su parere del giudice tutelare.

Art. 376. Vendita di beni.

Nell'autorizzare la vendita dei beni, il tribunale determina se debba farsi all'incanto o a trattative private, fissandone in ogni caso il prezzo minimo. Quando nel dare l'autorizzazione il tribunale non ha stabilito il modo di erogazione

o di reimpiego del prezzo, lo stabilisce il giudice tutelare.

Art. 377. Atti compiuti senza l'osservanza delle norme dei precedenti articoli.

Gli atti compiuti senza osservare le norme dei precedenti articoli possono essere annullati su istanza del tutore o del minore o dei suoi eredi o aventi causa.

Art. 378. Atti vietati al tutore e al protutore.

Il tutore e il protutore non possono, neppure all'asta pubblica, rendersi acquirenti

direttamente o per interposta persona dei beni e dei diritti del minore.

Non possono prendere in locazione i beni del minore senza l'autorizzazione e le cautele fissate dal giudice tutelare.

Gli atti compiuti in violazione di questi divieti possono essere annullati su istanza delle persone indicate nell'articolo precedente, ad eccezione del tutore e del protutore che li hanno compiuti.

Il tutore e il protutore non possono neppure diventare cessionari di alcuna ragione o credito verso il minore.

Art. 379. Gratuità della tutela.

L'ufficio tutelare è gratuito.

Il giudice tutelare tuttavia, considerando l'entità del patrimonio e le difficoltà dell'amministrazione, può assegnare al tutore un'equa indennità. Può altresì, se particolari circostanze lo richiedono, sentito il protutore, autorizzare il tutore a farsi coadiuvare nell'amministrazione, sotto la sua personale responsabilità da una o più persone stipendiate.

Art. 380. Contabilità dell'amministrazione.

Il tutore deve tenere regolare contabilità della sua amministrazione e renderne conto ogni anno al giudice tutelare.

Il giudice può sottoporre il conto annuale all'esame del protutore e di qualche prossimo parente o affine del minore.

Art. 381. Cauzione.

Il giudice tutelare tenuto conto della particolare natura ed entità del patrimonio, può imporre al tutore di prestare una cauzione, determinandone l'ammontare e le modalità. Egli può anche liberare il tutore in tutto o in parte dalla cauzione che avesse prestata.

Art. 382. Responsabilità del tutore e del protutore.

Il tutore deve amministrare il patrimonio del minore con la diligenza del buon padre di famiglia. Egli risponde verso il minore di ogni danno a lui cagionato

violando i propri doveri.

Nella stessa responsabilità incorre il protutore per ciò che riguarda i doveri del proprio ufficio.

SEZIONE IV - Della cessazione del tutore dall'ufficio

Art. 383. Esonero dall'ufficio.

Il giudice tutelare può sempre esonerare il tutore dall'ufficio qualora l'esercizio di esso sia al tutore soverchiamente gravoso e vi sia altra persona atta a sostituirlo.

Art. 384. Rimozione e sospensione del tutore.

Il giudice tutelare può rimuovere dall'ufficio il tutore che si sia reso colpevole di negligenza o abbia abusato dei suoi poteri, o si sia dimostrato inetto nell'adempimento di essi, o sia divenuto immeritevole dell'ufficio per atti anche estranei alla tutela, ovvero sia divenuto insolvente.

Il giudice non può rimuovere il tutore se non dopo averlo sentito o citato; può tuttavia sospenderlo dall'esercizio della tutela nei casi che non ammettono dilazioni.

SEZIONE V - Del rendimento del conto finale

Art. 385. Conto finale.

Il tutore che cessa dalle funzioni deve fare subito la consegna dei beni e deve presentare nel termine di due mesi il conto finale dell'amministrazione al giudice tutelare. Questi può concedere una proroga.

Art. 386. Approvazione del conto.

Il giudice tutelare invita il protutore, il minore divenuto maggiore o emancipato,

ovvero, secondo le circostanze, il nuovo rappresentante legale a esaminare il conto e a presentare le loro osservazioni.

Se non vi sono osservazioni, il giudice che non trova nel conto irregolarità o lacune lo approva; in caso contrario nega l'approvazione.

Qualora il conto non sia stato presentato o sia impugnata la decisione del giudice tutelare, provvede l'autorità giudiziaria nel contraddittorio degli interessati.

Art. 387. Prescrizione delle azioni relative alla tutela.

Le azioni del minore contro il tutore e quelle del tutore contro il minore relative alla tutela si prescrivono in cinque anni dal compimento della maggiore età o dalla morte del minore. Se il tutore ha cessato dall'ufficio e ha presentato il conto prima della maggiore età o della morte del minore, il termine decorre dalla data del provvedimento col quale il giudice tutelare pronunzia sul conto stesso.

Le disposizioni di quest'articolo non si applicano all'azione per il pagamento del residuo che risulta dal conto definitivo.

Art. 388. Divieto di convenzioni prima dell'approvazione del conto.

Nessuna convenzione tra il tutore e il minore divenuto maggiore può aver luogo prima che sia decorso un anno dall'approvazione del conto della tutela. (1)

La convenzione può essere annullata su istanza del minore o dei suoi eredi o aventi causa.

(1) Le originarie parole: "prima dell'approvazione" sono state così sostituite dalla L. 9 gennaio 2004, n. 6.

Art. 389. Registro delle tutele.

Nel registro delle tutele, istituito presso ogni giudice tutelare, sono iscritti a cura del cancelliere l'apertura e la chiusura della tutela, la nomina, l'esonero e la rimozione del tutore o del protutore, le risultanze degli inventari e dei rendiconti e tutti i provvedimenti che portano modificazioni nello stato personale

o patrimoniale del minore.

Dell'apertura e della chiusura della tutela il cancelliere dà comunicazione entro dieci giorni all'ufficiale dello stato civile per l'annotazione in margine all'atto di nascita del minore.

CAPO II – DELL'EMANCIPAZIONE

Art. 390. Emancipazione di diritto.

Il minore è di diritto emancipato col matrimonio.

Art. 391.

(…) (1)

(1) "Emancipazione con provvedimento del giudice tutelare.
Il minore che ha compiuto gli anni diciotto può essere emancipato dal giudice tutelare su istanza del genitore esercente la patria potestà o del tutore.
L'emancipazione può essere accordata dal giudice tutelare su istanza dello stesso minore, sentiti i genitori o il tutore. Il giudice tutelare non può accordare la emancipazione
senza il consenso del genitore esercente la patria potestà salvo che concorrano gravissime ragioni." Articolo abrogato dalla L. 8 marzo 1975, n. 39.

Art. 392. Curatore dell'emancipato.

Curatore del minore sposato con persona maggiore di età è il coniuge.

Se entrambi i coniugi sono minori di età, il giudice tutelare può nominare un unico curatore, scelto preferibilmente fra i genitori.

Se interviene l'annullamento per una causa diversa dall'età, o lo scioglimento o la cessazione degli effetti civili del matrimonio o la separazione personale, il giudice tutelare nomina curatore uno dei genitori, se idoneo all'ufficio, o, in mancanza, altra persona. Nel caso in cui il minore contrae successivamente

matrimonio, il curatore lo assiste altresì negli atti previsti nell'articolo 165.

Art. 393. Incapacità o rimozione del curatore.

Sono applicabili al curatore le disposizioni degli articoli 348, ultimo comma, 350 e 384.

Art. 394. Capacità dell'emancipato.

L'emancipazione conferisce al minore la capacità di compiere gli atti che non eccedono l'ordinaria amministrazione.

Il minore emancipato può con l'assistenza del curatore riscuotere i capitali sotto la condizione di un idoneo impiego e può stare in giudizio sia come attore sia come convenuto.

Per gli altri atti eccedenti l'ordinaria amministrazione, oltre il consenso del curatore, è necessaria l'autorizzazione del giudice tutelare. Per gli atti indicati nell'articolo 375 l'autorizzazione, se curatore non è il genitore, deve essere data dal tribunale su parere del giudice tutelare.

Qualora nasca conflitto di interessi fra il minore e il curatore, è nominato un curatore speciale a norma dell'ultimo comma dell'articolo 320.

Art. 395. Rifiuto del consenso da parte del curatore.

Nel caso in cui il curatore rifiuta il suo consenso, il minore può ricorrere al giudice tutelare, il quale, se stima ingiustificato il rifiuto, nomina un curatore speciale per assistere il minore nel compimento dell'atto, salva, se occorre, l'autorizzazione del tribunale.

Art. 396. Inosservanza delle precedenti norme.

Gli atti compiuti senza osservare le norme stabilite nell'articolo 394 possono essere annullati su istanza del minore o dei suoi eredi o aventi causa.

Sono applicabili al curatore le disposizioni dell'articolo 378.

Art. 397. Emancipato autorizzato all'esercizio di un'impresa commerciale.

Il minore emancipato può esercitare un'impresa commerciale senza l'assistenza del curatore, se è autorizzato dal tribunale, previo parere del giudice tutelare e sentito il curatore.

L'autorizzazione può essere revocata dal tribunale su istanza del curatore o d'ufficio, previo, in entrambi i casi, il parere del giudice tutelare e sentito il minore emancipato.

Il minore emancipato, che è autorizzato all'esercizio di una impresa commerciale, può compiere da solo gli atti che eccedono l'ordinaria amministrazione, anche se estranei all'esercizio dell'impresa.

Art. 398.
(…) (1)

(1) "Revoca dell'emancipazione.
Quando gli atti del minore ne dimostrano l'incapacità ad amministrare, l'emancipazione accordata per l'articolo 391 può essere revocata dal giudice tutelare su istanza di chi richiede l'emancipazione o anche d'ufficio, sentito il minore.
Revocata l'emancipazione, il minore rientra sotto la patria potestà o la tutela e vi rimane sino all'età maggiore." Articolo abrogato dalla L. 8 marzo 1975, n. 39.

Art. 399.
(…) (1)

(1) "Pubblicità.
I provvedimenti con i quali è concessa o revocata l'emancipazione devono essere iscritti, a cura del cancelliere, in apposito registro e comunicati entro dieci giorni all'ufficiale dello stato civile perché li annoti in margine all'atto di nascita dell'emancipato.
La pubblicità dei provvedimenti relativi all'autorizzazione dell'esercizio dell'impresa commerciale o alla revoca dell'autorizzazione è regolata dal libro V." Articolo abrogato dalla L. 8 marzo 1975, n. 39.

TITOLO XI – DELL'AFFILIAZIONE E DELL'AFFIDAMENTO

Art. 400. Norme regolatrici dell'assistenza dei minori.
L'assistenza dei minori è regolata oltre che dalle leggi speciali dalle norme del presente titolo.

Art. 401. Limiti di applicazione delle norme.
Le disposizioni del presente titolo si applicano anche ai minori che sono figli di genitori non conosciuti, ovvero figli naturali riconosciuti dalla sola madre che si trovi nell'impossibilità di provvedere al loro allevamento.
Le stesse disposizioni si applicano ai minori ricoverati in un istituto di pubblica assistenza o assistiti da questo per il mantenimento, l'educazione o la rieducazione, ovvero in istato di abbandono materiale o morale.

Art. 402. Poteri tutelari spettanti agli istituti di assistenza.
L'istituto di pubblica assistenza esercita i poteri tutelari sul minore ricoverato o assistito, secondo le norme del titolo X, capo I di questo libro, fino a quando non si provveda alla nomina di un tutore, e in tutti i casi nei quali l'esercizio della potestà dei genitori (1) o della tutela sia impedito. Resta salva la facoltà del giudice tutelare di deferire la tutela all'ente di assistenza o all'ospizio, ovvero di nominare un tutore a norma dell'articolo 354.
Nel caso in cui il genitore riprenda l'esercizio della potestà, (1) l'istituto deve chiedere al giudice tutelare di fissare eventualmente limiti o condizioni a tale esercizio.

(1) L'originaria espressione "patria potestà" è stata sostituita dall'art. 146 L. 24 novembre
1981, n. 689. In conseguenza, ogni riferimento in norme di legge alla" patria potestà" va corretto, anche per mancato adattamento delle disposizioni o sviste del legislatore.

Art. 403. Intervento della pubblica autorità a favore dei minori.
Quando il minore è moralmente o materialmente abbandonato o è allevato in locali insalubri o pericolosi, oppure da persone per negligenza, immoralità, ignoranza o per altri motivi incapaci di provvedere, all'educazione di lui, la pubblica autorità, a mezzo degli organi di protezione dell'infanzia, lo colloca in luogo sicuro, sino a quando si possa provvedere in modo definitivo alla sua protezione.

TITOLO XII – DELLE MISURE DI PROTEZIONE DELLE PERSONE PRIVE IN TUTTO OD IN PARTE DI AUTONOMIA (1)

CAPO I – DELL'AMMINISTRAZIONE DI SOSTEGNO (1)

(1) Rubrica così modificata dalla L. 9 gennaio 2004, n. 6.
(2) Capo così premesso dalla Legge 9 gennaio 2004, n. 6. Gli originari articoli 404-413 erano stati abrogati dalla L. 4 maggio 1983, n. 184.

Art. 404. Amministrazione di sostegno.
La persona che, per effetto di una infermità ovvero di una menomazione fisica o psichica, si trova nella impossibilità, anche parziale o temporanea, di provvedere ai propri interessi, può essere assistita da un amministratore di sostegno, nominato dal giudice tutelare del luogo in cui questa ha la residenza o il domicilio.

Cfr. Tribunale di Bari, sentenza 5 luglio 2007, Tribunale di Bari, decreto 3 settembre 2008, Tribunale di Modena, decreto 6 agosto 2009 e Tribunale di Varese, decreto 17 novembre 2009 in Altalex Massimario.

Art. 405. Decreto di nomina dell'amministratore di sostegno. Durata dell'incarico e relativa pubblicità.
Il giudice tutelare provvede entro sessanta giorni dalla data di presentazione della richiesta alla nomina dell'amministratore di sostegno con decreto motivato immediatamente esecutivo, su ricorso di uno dei soggetti indicati nell'articolo 406.
Il decreto che riguarda un minore non emancipato può essere emesso solo nell'ultimo anno della sua minore età e diventa esecutivo a decorrere dal momento in cui la maggiore età è raggiunta.
Se l'interessato è un interdetto o un inabilitato, il decreto è esecutivo dalla pubblicazione della sentenza di revoca dell'interdizione o dell'inabilitazione.
Qualora ne sussista la necessità, il giudice tutelare adotta anche d'ufficio i provvedimenti urgenti per la cura della persona interessata e per la conservazione
e l'amministrazione del suo patrimonio. Può procedere alla nomina di un amministratore di sostegno provvisorio indicando gli atti che è autorizzato
a compiere.
Il decreto di nomina dell'amministratore di sostegno deve contenere l'indicazione:
1) delle generalità della persona beneficiaria e dell'amministratore di sostegno;
2) della durata dell'incarico, che può essere anche a tempo indeterminato;
3) dell'oggetto dell'incarico e degli atti che l'amministratore di sostegno ha il potere di compiere in nome e per conto del beneficiario;
4) degli atti che il beneficiario può compiere solo con l'assistenza dell'amministratore
di sostegno;
5) dei limiti, anche periodici, delle spese che l'amministratore di sostegno può sostenere con utilizzo delle somme di cui il beneficiario ha o può avere la disponibilità;

6) della periodicità con cui l'amministratore di sostegno deve riferire al giudice circa l'attività svolta e le condizioni di vita personale e sociale del beneficiario.

Se la durata dell'incarico è a tempo determinato, il giudice tutelare può prorogarlo con decreto motivato pronunciato anche d'ufficio prima della scadenza del termine.

Il decreto di apertura dell'amministrazione di sostegno, il decreto di chiusura ed ogni altro provvedimento assunto dal giudice tutelare nel corso dell'amministrazione di sostegno devono essere immediatamente annotati a cura del cancelliere nell'apposito registro. Il decreto di apertura dell'amministrazione di sostegno e il decreto di chiusura devono essere comunicati, entro dieci giorni, all'ufficiale dello stato civile per le annotazioni in margine all'atto di nascita del beneficiario. Se la durata dell'incarico è a tempo determinato, le annotazioni devono essere cancellate alla scadenza del termine indicato nel decreto di apertura o in quello eventuale di proroga.

Art. 406. Soggetti.

Il ricorso per l'istituzione dell'amministrazione di sostegno può essere proposto dallo stesso soggetto beneficiario, anche se minore, interdetto o inabilitato, ovvero da uno dei soggetti indicati nell'articolo 417.

Se il ricorso concerne persona interdetta o inabilitata il medesimo è presentato congiuntamente all'istanza di revoca dell'interdizione o dell'inabilitazione davanti al giudice competente per quest'ultima.

I responsabili dei servizi sanitari e sociali direttamente impegnati nella cura e assistenza della persona, ove a conoscenza di fatti tali da rendere opportuna l'apertura del procedimento di amministrazione di sostegno, sono tenuti a proporre al giudice tutelare il ricorso di cui all'articolo 407 o a fornirne comunque notizia al pubblico ministero.

Art. 407. Procedimento.

Il ricorso per l'istituzione dell'amministrazione di sostegno deve indicare le generalità del beneficiario, la sua dimora abituale, le ragioni per cui si richiede la nomina dell'amministratore di sostegno, il nominativo ed il domicilio, se conosciuti dal ricorrente, del coniuge, dei discendenti, degli ascendenti, dei fratelli e dei conviventi del beneficiario.

Il giudice tutelare deve sentire personalmente la persona cui il procedimento si riferisce recandosi, ove occorra, nel luogo in cui questa si trova e deve tener conto, compatibilmente con gli interessi e le esigenze di protezione della persona, dei bisogni e delle richieste di questa.

Il giudice tutelare provvede, assunte le necessarie informazioni e sentiti i soggetti di cui all'articolo 406; in caso di mancata comparizione provvede comunque sul ricorso. Dispone altresì, anche d'ufficio, gli accertamenti di natura medica e tutti gli altri mezzi istruttori utili ai fini della decisione.

Il giudice tutelare può, in ogni tempo, modificare o integrare, anche d'ufficio, le decisioni assunte con il decreto di nomina dell'amministratore di sostegno.

In ogni caso, nel procedimento di nomina dell'amministratore di sostegno interviene il pubblico ministero.

Art. 408. Scelta dell'amministratore di sostegno.

La scelta dell'amministratore di sostegno avviene con esclusivo riguardo alla cura ed agli interessi della persona del beneficiario. L'amministratore di sostegno può essere designato dallo stesso interessato, in previsione della propria eventuale futura incapacità, mediante atto pubblico o scrittura privata autenticata. In mancanza, ovvero in presenza di gravi motivi, il giudice tutelare può designare con decreto motivato un amministratore di sostegno diverso. Nella scelta, il giudice tutelare preferisce, ove possibile, il coniuge che non sia separato legalmente, la persona stabilmente convivente, il padre, la madre, il figlio o il fratello o la sorella, il parente entro il quarto grado ovvero il soggetto designato dal genitore superstite con testamento, atto pubblico o scrittura privata autenticata.

Le designazioni di cui al primo comma possono essere revocate dall'autore con le stesse forme.

Non possono ricoprire le funzioni di amministratore di sostegno gli operatori dei servizi pubblici o privati che hanno in cura o in carico il beneficiario.

Il giudice tutelare, quando ne ravvisa l'opportunità, e nel caso di designazione dell'interessato quando ricorrano gravi motivi, può chiamare all'incarico di amministratore di sostegno anche altra persona idonea, ovvero uno dei soggetti di cui al titolo II al cui legale rappresentante ovvero alla persona che questi ha facoltà di delegare con atto depositato presso l'ufficio del giudice tutelare, competono tutti i doveri e tutte le facoltà previste nel presente capo.

Cfr. Tribunale di Modena, decreto 5 novembre 2008 in Altalex Massimario.

Art. 409. Effetti dell'amministrazione di sostegno.

Il beneficiario conserva la capacità di agire per tutti gli atti che non richiedono la rappresentanza esclusiva o l'assistenza necessaria dell'amministratore di sostegno.

Il beneficiario dell'amministrazione di sostegno può in ogni caso compiere gli atti necessari a soddisfare le esigenze della propria vita quotidiana.

Art. 410. Doveri dell'amministratore di sostegno.

Nello svolgimento dei suoi compiti l'amministratore di sostegno deve tener conto dei bisogni e delle aspirazioni del beneficiario.

L'amministratore di sostegno deve tempestivamente informare il beneficiario circa gli atti da compiere nonché il giudice tutelare in caso di dissenso con il beneficiario stesso. In caso di contrasto, di scelte o di atti dannosi ovvero di negligenza nel perseguire l'interesse o nel soddisfare i bisogni o le richieste del beneficiario, questi, il pubblico ministero o gli altri soggetti di cui all'articolo 406 possono ricorrere al giudice tutelare, che adotta con decreto motivato gli opportuni provvedimenti.

L'amministratore di sostegno non è tenuto a continuare nello svolgimento dei suoi compiti oltre dieci anni, ad eccezione dei casi in cui tale incarico è rivestito dal coniuge, dalla persona stabilmente convivente, dagli ascendenti o dai discendenti.

Art. 411. Norme applicabili all'amministrazione di sostegno.

Si applicano all'amministratore di sostegno, in quanto compatibili, le disposizioni di cui agli articoli da 349 a 353 e da 374 a 388. I provvedimenti di cui agli articoli 375 e 376 sono emessi dal giudice tutelare.

All'amministratore di sostegno si applicano altresì, in quanto compatibili, le disposizioni degli articoli 596, 599 e 779.

Sono in ogni caso valide le disposizioni testamentarie e le convenzioni in favore dell'amministratore di sostegno che sia parente entro il quarto grado del beneficiario, ovvero che sia coniuge o persona che sia stata chiamata alla funzione in quanto con lui stabilmente convivente.

Il giudice tutelare, nel provvedimento con il quale nomina l'amministratore di sostegno, o successivamente, può disporre che determinati effetti, limitazioni o decadenze, previsti da disposizioni di legge per l'interdetto o l'inabilitato, si estendano al beneficiario dell'amministrazione di sostegno, avuto riguardo all'interesse del medesimo ed a quello tutelato dalle predette disposizioni.

Il provvedimento è assunto con decreto motivato a seguito di ricorso che può essere presentato anche dal beneficiario direttamente.

Art. 412. Atti compiuti dal beneficiario o dall'amministratore di sostegno in violazione di norme di legge o delle disposizioni del giudice.

Gli atti compiuti dall'amministratore di sostegno in violazione di disposizioni di legge, od in eccesso rispetto all'oggetto dell'incarico o ai poteri conferitigli dal giudice, possono essere annullati su istanza dell'amministratore di sostegno, del pubblico ministero, del beneficiario o dei suoi eredi ed aventi causa.

Possono essere parimenti annullati su istanza dell'amministratore di sostegno, del beneficiario, o dei suoi eredi ed aventi causa, gli atti compiuti personalmente dal beneficiario in violazione delle disposizioni di legge o di quelle contenute nel decreto che istituisce l'amministrazione di sostegno.

Le azioni relative si prescrivono nel termine di cinque anni. Il termine decorre dal momento in cui è cessato lo stato di sottoposizione all'amministrazione di sostegno.

Art. 413. Revoca dell'amministrazione di sostegno.

Quando il beneficiario, l'amministratore di sostegno, il pubblico ministero o taluno dei soggetti di cui all'articolo 406, ritengono che si siano determinati i presupposti per la cessazione dell'amministrazione di sostegno, o per la sostituzione dell'amministratore, rivolgono istanza motivata al giudice tutelare.

L'istanza è comunicata al beneficiario ed all'amministratore di sostegno.

Il giudice tutelare provvede con decreto motivato, acquisite le necessarie informazioni e disposti gli opportuni mezzi istruttori.

Il giudice tutelare provvede altresì, anche d'ufficio, alla dichiarazione di cessazione dell'amministrazione di sostegno quando questa si sia rivelata inidonea a realizzare la piena tutela del beneficiario. In tale ipotesi, se ritiene che si debba promuovere giudizio di interdizione o di inabilitazione, ne informa il pubblico ministero, affinché vi provveda. In questo caso l'amministrazione di sostegno cessa con la nomina del tutore o del curatore provvisorio ai sensi dell'articolo 419, ovvero con la dichiarazione di interdizione o di inabilitazione.

CAPO II - DELLA INTERDIZIONE, DELLA INABILITAZIONE E DELLA INCAPACITA' NATURALE (1)

(1) Intitolazione aggiunta dalla L. 9 gennaio 2004, n. 6.

Art. 414. (2) Persone che possono essere interdette.

Il maggiore di età e il minore emancipato, i quali si trovano in condizioni di abituale infermità di mente che li rende incapaci di provvedere ai propri interessi, sono interdetti quando ciò è necessario per assicurare la loro adeguata protezione.

(2) Articolo così sostituito dalla L. 9 gennaio 2004, n. 6.

Art. 415. Persone che possono essere inabilitate.

Il maggiore di età infermo di mente, lo stato del quale non è talmente grave da far luogo all'interdizione, può essere inabilitato.

Possono anche essere inabilitati coloro che, per prodigalità o per abuso abituale di bevande alcoliche o di stupefacenti, espongono sé o la loro famiglia a gravi pregiudizi economici.

Possono infine essere inabilitati il sordo (1) e il cieco dalla nascita o dalla prima infanzia, se non hanno ricevuto un'educazione sufficiente, salva l'applicazione dell'articolo 414 quando risulta che essi sono del tutto incapaci di provvedere ai propri interessi.

(1) A norma della L. 20 febbraio 2006, n. 95, in tutte le disposizioni legislative vigenti, il termine "sordomuto" è sostituito con l'espressione "sordo".

Art. 416. Interdizione e inabilitazione nell'ultimo anno di minore età.

Il minore non emancipato può essere interdetto o inabilitato nell'ultimo anno della sua minore età. L'interdizione o l'inabilitazione ha effetto dal giorno in cui il minore raggiunge l'età maggiore.

Art. 417. Istanza d'interdizione o di inabilitazione.

L'interdizione o l'inabilitazione possono essere promosse dalle persone indicate negli articoli 414 e 415, dal coniuge, dalla persona stabilmente convivente, dai parenti entro il quarto grado, dagli affini entro il secondo grado, dal tutore o curatore ovvero dal pubblico ministero. (1)

Se l'interdicendo o l'inabilitando si trova sotto la potestà dei genitori (2) o ha per curatore uno dei genitori, l'interdizione o l'inabilitazione non può essere promossa che su istanza del genitore medesimo o del pubblico ministero.

(1) Comma così modificato dalla Legge 9 gennaio 2004, n. 6.
(2) L'originaria espressione "patria potestà" è stata sostituita dall'art. 146 L. 24 novembre 1981, n. 689. In conseguenza, ogni riferimento in norme di legge alla" patria potestà" va corretto, anche per mancato adattamento delle disposizioni o sviste del legislatore.

Art. 418. Poteri dell'autorità giudiziaria.

Promosso il giudizio di interdizione, può essere dichiarata anche d'ufficio l'inabilitazione per infermità di mente.

Se nel corso del giudizio d'inabilitazione si rivela l'esistenza delle condizioni di inabilitazione.

richieste per l'interdizione, il pubblico ministero fa istanza al tribunale di pronunziare l'interdizione, e il tribunale provvede nello stesso giudizio, premessa l'istruttoria necessaria.

Se nel corso del giudizio di interdizione o di inabilitazione appare opportuno applicare l'amministrazione di sostegno, il giudice, d'ufficio o ad istanza di parte, dispone la trasmissione del procedimento al giudice tutelare. In tal caso il giudice competente per l'interdizione o per l'inabilitazione può adottare i provvedimenti urgenti di cui al quarto comma dell'articolo 405. (1)

(1) Comma inserito dalla L. 9 gennaio 2004, n. 6.

Art. 419. Mezzi istruttori e provvedimenti provvisori.

Non si può pronunziare l'interdizione o l'inabilitazione senza che si sia proceduto
all'esame dell'interdicendo o dell'inabilitando.

Il giudice può in questo esame farsi assistere da un consulente tecnico. Può anche d'ufficio disporre i mezzi istruttori utili ai fini del giudizio, interrogare i parenti prossimi dell'interdicendo o inabilitando e assumere le necessarie informazioni.

Dopo l'esame, qualora sia ritenuto opportuno, può essere nominato un tutore provvisorio all'interdicendo o un curatore provvisorio all'inabilitando.

Art. 420.

(…) (1)

(1) "Internamento definitivo in manicomio.
La nomina del tutore provvisorio può essere altresì disposta dal tribunale con lo stesso provvedimento col quale autorizza in via definitiva la custodia di una persona inferma di mente in un manicomio o in un altro istituto di cura o in una casa privata.
In tal caso, se l'istanza d'interdizione non è stata proposta dalle altre persone indicate nell'articolo 417, è proposta dal pubblico ministero." Articolo abrogato dalla L. 13 maggio 1978, n. 180.

Art. 421. Decorrenza degli effetti dell'interdizione e dell'inabilitazione.

L'interdizione e l'inabilitazione producono i loro effetti dal giorno della pubblicazione
della sentenza, salvo il caso previsto dall'articolo 416.

Art. 422. Cessazione del tutore e del curatore provvisorio.

Nella sentenza che rigetta l'istanza d'interdizione o d'inabilitazione, può disporsi che il tutore o il curatore provvisorio rimanga in ufficio fino a che la sentenza non sia passata in giudicato.

Art. 423. Pubblicità.

Il decreto di nomina del tutore o del curatore provvisorio e la sentenza d'interdizione
o d'inabilitazione devono essere immediatamente annotati a
cura del cancelliere nell'apposito registro e comunicati entro dieci giorni all'ufficiale dello stato civile per le annotazioni in margine all'atto di nascita.

Art. 424. Tutela dell'interdetto e curatela dell'inabilitato.

Le disposizioni sulla tutela dei minori e quelle sulla curatela dei minori emancipati si applicano rispettivamente alla tutela degli interdetti e alla curatela degli inabilitati.

Le stesse disposizioni si applicano rispettivamente anche nei casi di nomina del tutore provvisorio dell'interdicendo e del curatore provvisorio dell'inabilitando
a norma dell'articolo 419. Per l'interdicendo non si nomina il protutore provvisorio.

Nella scelta del tutore dell'interdetto e del curatore dell'inabilitato il giudice tutelare individua di preferenza la persona più idonea all'incarico tra i soggetti, e con i criteri, indicati nell'articolo 408. (1)

(1) Comma così sostituito dalla L. 9 gennaio 2004, n. 6.
Cfr. Tribunale di Torino, sez. III civile, sentenza 22 maggio 2009, n. 4011 in Altalex Massimario.

Art. 425. Esercizio dell'impresa commerciale da parte dell'inabilitato.

L'inabilitato può continuare l'esercizio dell'impresa commerciale soltanto se autorizzato dal tribunale su parere del giudice tutelare. L'autorizzazione può essere subordinata alla nomina di un institore.

Art. 426. Durata dell'ufficio.

Nessuno è tenuto a continuare nella tutela dell'interdetto o nella curatela dell'inabilitato oltre dieci anni, ad eccezione del coniuge, della persona stabilmente
convivente, degli ascendenti o dei discendenti. (1)

(1) Comma così modificato dalla L. 9 gennaio 2004, n. 6.

Art. 427. Atti compiuti dall'interdetto e dall'inabilitato.

Nella sentenza che pronuncia l'interdizione o l'inabilitazione, o in successivi provvedimenti dell'autorità giudiziaria, può stabilirsi che taluni atti di ordinaria amministrazione possano essere compiuti dall'interdetto senza l'intervento ovvero con l'assistenza del tutore, o che taluni atti eccedenti l'ordinaria amministrazione possano essere compiuti dall'inabilitato senza l'assistenza del curatore. (1)

Gli atti compiuti dall'interdetto dopo la sentenza di interdizione possono essere annullati su istanza del tutore, dell'interdetto o dei suoi eredi o aventi causa. Sono del pari annullabili gli atti compiuti dall'interdetto dopo la nomina del tutore provvisorio, qualora alla nomina segua la sentenza di interdizione.

Possono essere annullati su istanza dell'inabilitato o dei suoi eredi o aventi causa gli atti eccedenti l'ordinaria amministrazione fatti dall'inabilitato, senza l'osservanza delle prescritte formalità, dopo la sentenza d'inabilitazione o dopo la nomina del curatore provvisorio, qualora alla nomina sia seguita l'inabilitazione.

Per gli atti compiuti dall'interdetto prima della sentenza d'interdizione o prima della nomina del tutore provvisorio si applicano le disposizioni dell'articolo
seguente.

(1) Comma così premesso dalla L. 9 gennaio 2004, n. 6.
Cfr. Tribunale di Torino, sez. III civile, sentenza 22 maggio 2009, n. 4011 in Altalex Massimario.

Art. 428. Atti compiuti da persona incapace d'intendere o di volere.

Gli atti compiuti da persona che, sebbene non interdetta, si provi essere stata per qualsiasi causa, anche transitoria, incapace d'intendere o di volere al momento in cui gli atti sono stati compiuti possono essere annullati su istanza della persona medesima o dei suoi eredi o aventi causa, se ne risulta un grave pregiudizio all'autore.

L'annullamento dei contratti non può essere pronunziato se non quando, per il pregiudizio che sia derivato o possa derivare alla persona incapace d'intendere o di volere o per la qualità del contratto o altrimenti, risulta la malafede dell'altro contraente.

L'azione si prescrive nel termine di cinque anni dal giorno in cui l'atto o il contratto è stato compiuto.

Resta salva ogni diversa disposizione di legge.

Cfr. Cassazione Civile, sez. lavoro, sentenza 22 aprile 2008, n. 7292 in Altalex Massimario.

Art. 429. Revoca dell'interdizione e dell'inabilitazione.

Quando cessa la causa dell'interdizione o dell'inabilitazione, queste possono essere revocate su istanza del coniuge, dei parenti entro il quarto grado o degli affini entro il secondo grado, del tutore dell'interdetto, del curatore dell'inabilitato o su istanza del pubblico ministero.

Il giudice tutelare deve vigilare per riconoscere se la causa dell'interdizione o dell'inabilitazione continui. Se ritiene che sia venuta meno, deve informarne il pubblico ministero.

Se nel corso del giudizio per la revoca dell'interdizione o dell'inabilitazione appare opportuno che, successivamente alla revoca, il soggetto sia assistito dall'amministratore di sostegno, il tribunale, d'ufficio o ad istanza di parte, dispone la trasmissione degli atti al giudice tutelare. (1)

(1) Comma aggiunto dalla L. 9 gennaio 2004, n. 6.

Art. 430. Pubblicità.

Alla sentenza di revoca dell'interdizione o dell'inabilitazione si applica l'articolo 423.

Art. 431. Decorrenza degli effetti della sentenza di revoca.

La sentenza che revoca l'interdizione o l'inabilitazione produce i suoi effetti appena passata in giudicato.

Tuttavia gli atti compiuti dopo la pubblicazione della sentenza di revoca non possono essere impugnati se non quando la revoca è esclusa con sentenza passata in giudicato.

Art. 432. Inabilitazione nel giudizio di revoca dell'interdizione.

L'autorità giudiziaria che, pur riconoscendo fondata l'istanza di revoca dell'interdizione, non crede che l'infermo abbia riacquistato la piena capacità, può revocare l'interdizione e dichiarare inabilitato l'infermo medesimo.

Si applica anche in questo caso il primo comma dell'articolo precedente.

Gli atti non eccedenti l'ordinaria amministrazione, compiuti dall'inabilitato dopo la pubblicazione della sentenza che revoca l'interdizione, possono essere impugnati solo quando la revoca è esclusa con sentenza passata in giudicato.

TITOLO XIII – DEGLI ALIMENTI

Art. 433. Persone obbligate

All'obbligo di prestare gli alimenti sono tenuti, nell'ordine:

1) il coniuge;

2) i figli legittimi o legittimati o naturali o adottivi, e, in loro mancanza, i discendenti prossimi anche naturali;

3) i genitori e, in loro mancanza, gli ascendenti prossimi, anche naturali; gli adottanti;

4) i generi e le nuore;

5) il suocero e la suocera;

6) i fratelli e le sorelle germani o unilaterali, con precedenza dei germani sugli unilaterali.

Art. 434. Cessazione dell'obbligo tra affini.

L'obbligazione alimentare del suocero e della suocera e quella del genero e della nuora cessano:

1) quando la persona che ha diritto agli alimenti è passata a nuove nozze;

2) quando il coniuge, da cui deriva l'affinità, e i figli nati dalla sua unione con l'altro coniuge e i loro discendenti sono morti.

Art. 435.

(...) (1)

(1) "Obbligo dei genitori e dei figli naturali.

Il figlio naturale deve gli alimenti al genitore. Il suo obbligo ha grado dopo quello dei genitori e degli ascendenti legittimi dell'alimentando.

Il genitore deve gli alimenti al figlio naturale e ai discendenti legittimi di questo. Il suo obbligo ha grado dopo quello dei figli naturali dell'alimentando.

Il genitore deve altresì gli alimenti strettamente necessari ai figli naturali del proprio figlio legittimo o naturale. Il suo obbligo ha grado dopo quello del suocero e della suocera dell'alimentando."

Articolo abrogato dalla L. 19 maggio 1975, n. 151.

Art. 436. Obbligo tra adottante e adottato.

L'adottante deve gli alimenti al figlio adottivo con precedenza sui genitori legittimi o naturali di lui.

Art. 437. Obbligo del donatario.

Il donatario è tenuto, con precedenza su ogni altro obbligato, a prestare gli alimenti al donante, a meno che si tratti di donazione fatta in riguardo di un matrimonio o di una donazione rimuneratoria.

Art. 438. Misura degli alimenti.

Gli alimenti possono essere chiesti solo da chi versa in istato di bisogno e non è in grado di provvedere al proprio mantenimento.

Essi devono essere assegnati in proporzione del bisogno di chi li domanda e delle condizioni economiche di chi deve somministrarli. Non devono tuttavia superare quanto sia necessario per la vita dell'alimentando, avuto però riguardo alla sua posizione sociale.

Il donatario non è tenuto oltre il valore della donazione tuttora esistente nel suo patrimonio.

Art. 439. Misura degli alimenti tra fratelli e sorelle.

Tra fratelli e sorelle gli alimenti sono dovuti nella misura dello stretto necessario.

Possono comprendere anche le spese per l'educazione e l'istruzione se si tratta di minore.

Art. 440. Cessazione, riduzione e aumento.

Se dopo l'assegnazione degli alimenti mutano le condizioni economiche di chi li somministra o di chi li riceve, l'autorità giudiziaria provvede per la cessazione,

la riduzione o l'aumento, secondo le circostanze. Gli alimenti possono pure essere ridotti per la condotta disordinata o riprovevole dell'alimentato.

Se, dopo assegnati gli alimenti, consta che uno degli obbligati di grado anteriore

è in condizione di poterli somministrare, l'autorità giudiziaria non può
liberare l'obbligato di grado posteriore se non quando abbia imposto all'obbligato
di grado anteriore di somministrare gli alimenti.

Art. 441. Concorso di obbligati.

Se più persone sono obbligate nello stesso grado alla prestazione degli alimenti,
tutte devono concorrere alla prestazione stessa, ciascuna in proporzione
delle proprie condizioni economiche.

Se le persone chiamate in grado anteriore alla prestazione non sono in condizioni
di sopportare l'onere in tutto o in parte, l'obbligazione stessa è posta
in tutto o in parte a carico delle persone chiamate in grado posteriore.

Se gli obbligati non sono concordi sulla misura, sulla distribuzione e sul modo
di somministrazione degli alimenti, provvede l'autorità giudiziaria secondo
le circostanze.

Art. 442. Concorso di aventi diritto.

Quando più persone hanno diritto agli alimenti nei confronti di un medesimo
obbligato, e questi non è in grado di provvedere ai bisogni di ciascuna di
esse, l'autorità giudiziaria dà i provvedimenti opportuni, tenendo conto della
prossimità della parentela e dei rispettivi bisogni, e anche della possibilità
che taluno degli aventi diritto abbia di conseguire gli alimenti da obbligati di
grado ulteriore.

Art. 443. Modo di somministrazione degli alimenti.

Chi deve somministrare gli alimenti ha la scelta di adempiere questa obbligazione
o mediante un assegno alimentare corrisposto in periodi anticipati,
o accogliendo e mantenendo nella propria casa colui che vi ha diritto.
L'autorità giudiziaria può però, secondo le circostanze, determinare il modo
di somministrazione.

In caso di urgente necessità l'autorità giudiziaria può altresì porre temporaneamente
l'obbligazione degli alimenti a carico di uno solo tra quelli che vi
sono obbligati, salvo il regresso verso gli altri.

Art. 444. Adempimento della prestazione alimentare.

L'assegno alimentare prestato secondo le modalità stabilite non può essere
nuovamente richiesto, qualunque uso l'alimentando ne abbia fatto.

Art. 445. Decorrenza degli alimenti.

Gli alimenti sono dovuti dal giorno della domanda giudiziale o dal giorno
della costituzione in mora dell'obbligato, quando questa costituzione sia
entro sei mesi seguita dalla domanda giudiziale.

Art. 446. Assegno provvisorio.

Finché non sono determinati definitivamente il modo e la misura degli alimenti,
(1) il presidente del tribunale può, sentita l'altra parte, ordinare un
assegno in via provvisoria ponendolo, nel caso di concorso di più obbligati, a
carico anche di uno solo di essi, salvo il regresso verso gli altri.

(1) Le parole: "il pretore o" sono state abrogate dal D.L.vo 19 febbraio 1998, n. 51.

Art. 447. Inammissibilità di cessione e di compensazione.

Il credito alimentare non può essere ceduto.

L'obbligato agli alimenti non può opporre all'altra parte la compensazione,
neppure quando si tratta di prestazioni arretrate.

Art. 448. Cessazione per morte dell'obbligato.

L'obbligo degli alimenti cessa con la morte dell'obbligato, anche se questi li
ha somministrati in esecuzione di sentenza.

Art. 448-bis. Cessazione per decadenza dell'avente diritto dalla potestà sui figli.

Il figlio, anche adottivo, e, in sua mancanza, i discendenti prossimi non sono
tenuti all'adempimento dell'obbligo di prestare gli alimenti al genitore nei
confronti del quale è stata pronunciata la decadenza dalla potestà e, per i
fatti che non integrano i casi di indegnità di cui all'articolo 463, possono
escluderlo dalla successione. (1)

(1) Articolo aggiunto dall'art. 1, L. 10 dicembre 2012, n. 219.

TITOLO XIV – DEGLI ATTI DELLO STATO CIVILE

Art. 449. Registri dello stato civile.

I registri dello stato civile sono tenuti in ogni comune in conformità delle
norme contenute nella legge sull'ordinamento dello stato civile.

Art. 450. Pubblicità dei registri dello stato civile.

I registri dello stato civile sono pubblici.

Gli ufficiali dello stato civile devono rilasciare gli estratti e i certificati che
vengono loro domandati con le indicazioni dalla legge prescritte.

Essi devono altresì compiere negli atti affidati alla loro custodia le indagini
domandate dai privati.

Art. 451. Forza probatoria degli atti.

Gli atti dello stato civile fanno prova, fino a querela di falso, di ciò che l'ufficiale
pubblico attesta essere avvenuto alla sua presenza o da lui compiuto.

Le dichiarazioni dei comparenti fanno fede fino a prova contraria.

Le indicazioni estranee all'atto non hanno alcun valore.

Art. 452. Mancanza, distruzione o smarrimento di registri.

Se non si sono tenuti i registri o sono andati distrutti o smarriti o se, per
qualunque altra causa, manca in tutto o in parte la registrazione dell'atto, la
prova della nascita o della morte può essere data con ogni mezzo.

In caso di mancanza, di distruzione totale o parziale, di alterazione o di occultamento
accaduti per dolo del richiedente, questi non è ammesso alla
prova consentita nel comma precedente.

Art. 453. Annotazioni.

Nessuna annotazione può essere fatta sopra un atto già iscritto nei registri
se non è disposta per legge ovvero non è ordinata dall'autorità giudiziaria.

Art. 454.

(…) (1)

(1) "Rettificazioni.

La rettificazione degli atti dello stato civile si fa in forza di sentenza del tribunale
passata in giudicato, con la quale si ordina all'ufficiale dello stato civile di rettificare
un atto esistente nei registri o di ricevere un atto omesso o di rinnovare un atto
smarrito o distrutto.

Le sentenze devono essere trascritte nei registri." Articolo abrogato dal D.P.R. 3 novembre 2000, n. 396.

Art. 455. Efficacia della sentenza di rettificazione.

La sentenza di rettificazione non può essere opposta a quelli che non concorsero a domandare la rettificazione, ovvero non furono parti in giudizio o non vi furono regolarmente chiamati.

CODICE CIVILE
Libro II - Delle successioni

Sommario

TITOLO I – DISPOSIZIONI GENERALI SULLE SUCCESSIONI 40

TITOLO II – DELLE SUCCESSIONI LEGITTIME 47

TITOLO III – DELLE SUCCESSIONI TESTAMENTARIE 48

TITOLO IV – DELLA DIVISIONE 55

TITOLO V – DELLE DONAZIONI 58

CODICE CIVILE
LIBRO SECONDO - DELLE SUCCESSIONI
TITOLO I – DISPOSIZIONI GENERALI SULLE SUCCESSIONI
CAPO I – DELL'APERTURA DELLA SUCCESSIONE, DELLA DELAZIONE E DELL'ACQUISTO DELL'EREDITA'

Art. 456. Apertura della successione.

La successione si apre al momento della morte, nel luogo dell'ultimo domicilio del defunto.

Art. 457. Delazione dell'eredità.

L'eredità si devolve per legge o per testamento.

Non si fa luogo alla successione legittima se non quando manca, in tutto o in parte, quella testamentaria.

Le disposizioni testamentarie non possono pregiudicare i diritti che la legge riserva ai legittimari.

Art. 458. Divieto di patti successori. (1)

Fatto salvo quanto disposto dagli articoli 768-bis e seguenti, è nulla ogni convenzione con cui taluno dispone della propria successione. È del pari nullo ogni atto col quale taluno dispone dei diritti che gli possono spettare su una successione non ancora aperta, o rinunzia ai medesimi.

(1) Articolo così modificato dalla Legge 14 febbraio 2006, n. 55.

Cfr. Cassazione civile, sez. II, sentenza 19 novembre 2009, n. 24450 in Altalex Massimario.

Art. 459. Acquisto dell'eredità.

L'eredità si acquista con l'accettazione. L'effetto dell'accettazione risale al momento nel quale si è aperta la successione.

Art. 460. Poteri del chiamato prima dell'accettazione.

Il chiamato all'eredità può esercitare le azioni possessorie a tutela dei beni ereditari, senza bisogno di materiale apprensione.

Egli inoltre può compiere atti conservativi, di vigilanza e di amministrazione temporanea, e può farsi autorizzare dall'autorità giudiziaria a vendere i beni che non si possono conservare o la cui conservazione importa grave dispendio.

Non può il chiamato compiere gli atti indicati nei commi precedenti, quando si è provveduto alla nomina di un curatore dell'eredità a norma dell'articolo 528.

Cfr. Cassazione civile, sez. III, sentenza 13 giugno 2008, n. 16002 in Altalex Massimario.

Art. 461. Rimborso delle spese sostenute dal chiamato.

Se il chiamato rinunzia alla eredità, le spese sostenute per gli atti indicati dall'articolo precedente sono a carico dell'eredità.

CAPO II – DELLA CAPACITA' DI SUCCEDERE

Art. 462. Capacità delle persone fisiche.

Sono capaci di succedere tutti coloro che sono nati o concepiti al tempo dell'apertura della successione.

Salvo prova contraria, si presume concepito al tempo dell'apertura della successione chi è nato entro i trecento giorni dalla morte della persona della cui successione si tratta.

Possono inoltre ricevere per testamento i figli di una determinata persona vivente al tempo della morte del testatore, benché non ancora concepiti.

CAPO III – DELL'INDEGNITA'

Art. 463. Casi d'indegnità.

E' escluso dalla successione come indegno:

1) chi ha volontariamente ucciso o tentato di uccidere la persona della cui successione si tratta, o il coniuge, o un discendente, o un ascendente della medesima, purché non ricorra alcuna delle cause che escludono la punibilità a norma della legge penale;

2) chi ha commesso, in danno di una di tali persone, un fatto al quale la legge (1) dichiara applicabili le disposizioni sull'omicidio;

3) chi ha denunziato una di tali persone per reato punibile (2) con l'ergastolo o con la reclusione per un tempo non inferiore nel minimo a tre anni, se la denunzia è stata dichiarata calunniosa in giudizio penale; ovvero ha testimoniato contro le persone medesime imputate dei predetti reati, se la testimonianza è stata dichiarata, nei confronti di lui, falsa in giudizio penale;

3-bis) Chi, essendo decaduto dalla podestà genitoriale nei confronti della persona della cui successione si tratta a norma dell'articolo 330, non è stato reintegrato nella podestà alla data di apertura della successione della medesima. (3)

4) chi ha indotto con dolo o violenza la persona, della cui successione si tratta, a fare, revocare o mutare il testamento, o ne l'ha impedita;

5) chi ha soppresso, celato o alterato il testamento dal quale la successione

sarebbe stata regolata;

6) chi ha formato un testamento falso o ne ha fatto scientemente uso.

(1) La parola: "penale" è stata soppressa dalla Legge 8 luglio 2005, n. 137.

(2) Le parole: "con la morte," sono state soppresse dalla Legge 8 luglio 2005, n. 137.

(3) Numero inserito dalla Legge 8 luglio 2005, n. 137.

Cfr. Cassazione civile, sez. II, sentenza 9 aprile 2008, n. 9274 e Cassazione civile, sez. II, sentenza 5 marzo 2009, n. 5402 in Altalex Massimario.

Art. 464. Restituzione di frutti.

L'indegno è obbligato a restituire i frutti che gli sono pervenuti dopo l'apertura della successione.

Art. 465. Indegnità del genitore.

Colui che è escluso per indegnità dalla successione non ha sui beni della medesima che siano devoluti ai suoi figli, i diritti di usufrutto o di amministrazione
che la legge accorda ai genitori.

Art. 466. Riabilitazione dell'indegno.

Chi è incorso nell'indegnità è ammesso a succedere quando la persona, della cui successione si tratta, ve lo ha espressamente abilitato con atto pubblico o con un testamento.

Tuttavia l'indegno non espressamente abilitato, se è stato contemplato nel testamento quando il testatore conosceva la causa dell'indegnità, è ammesso a succedere nei limiti della disposizione testamentaria.

CAPO IV – DELLA RAPPRESENTAZIONE

Art. 467. Nozione.

La rappresentazione fa subentrare i discendenti legittimi o naturali nel luogo e nel grado del loro ascendente, in tutti i casi in cui questi non può o non vuole accettare l'eredità o il legato.

Si ha rappresentazione nella successione testamentaria quando il testatore non ha provveduto per il caso in cui l'istituito non possa o non voglia accettare l'eredità o il legato, e sempre che non si tratti di legato di usufrutto o di altro diritto di natura personale.

Art. 468. Soggetti.

La rappresentazione ha luogo, nella linea retta, a favore dei discendenti dei figli legittimi, legittimati e adottivi, nonché dei discendenti dei figli naturali del defunto, e, nella linea collaterale, a favore dei discendenti dei fratelli e delle sorelle del defunto.

I discendenti possono succedere per rappresentazione anche se hanno rinunziato
all'eredità della persona in luogo della quale subentrano, o sono incapaci o indegni di succedere rispetto a questa. (1)

*(1) La Corte costituzionale con sentenza 14 aprile 1969, n. 79 ha dichiarato l'illegittimità costituzionale del presente articolo nella parte in cui esclude dalla rappresen*CODICE CIVILE

tazione il figlio naturale di chi, figlio o fratello del de cuius, non potendo o non volendo accettare, non lasci o non abbia discendenti legittimi.

Cfr. Cassazione civile, sez. II, sentenza 28 ottobre 2009, n. 22840 in Altalex Massimario.

Art. 469. Estensione del diritto di rappresentazione. Divisione.

La rappresentazione ha luogo in infinito, siano uguali o disuguali il grado dei discendenti e il loro numero in ciascuna stirpe.

La rappresentazione ha luogo anche nel caso di unicità di stirpe.

Quando vi è rappresentazione, la divisione si fa per stirpi.

Se uno stipite ha prodotto più rami, la suddivisione avviene per stirpi anche in ciascun ramo, e per capi tra i membri del medesimo ramo.

CAPO V – DELL'ACCETTAZIONE DELL'EREDITA'

SEZIONE I - Disposizioni generali

Art. 470. Accettazione pura e semplice e accettazione col beneficio d'inventario.

L'eredità può essere accettata puramente e semplicemente o col beneficio d'inventario.

L'accettazione col beneficio d'inventario può farsi nonostante qualunque divieto del testatore.

Art. 471. Eredità devolute a minori o interdetti.

Non si possono accettare le eredità devolute ai minori e agli interdetti, se non col beneficio d'inventario, osservate le disposizioni degli articoli 321 e 374.

Art. 472. Eredità devolute a minori emancipati o a inabilitati.

I minori emancipati e gli inabilitati non possono accettare le eredità, se non col beneficio d'inventario, osservate le disposizioni dell'articolo 394.

Art. 473. Eredità devolute a persone giuridiche o ad associazioni, fondazioni
ed enti non riconosciuti. (1)

L'accettazione delle eredità devolute alle persone giuridiche o ad associazioni, fondazioni ed enti non riconosciuti non può farsi che col beneficio d'inventario.

Il presente articolo non si applica alle società.

(1) Articolo così sostituito dalla Legge 22 giugno 2000, n. 192.

Art. 474. Modi di accettazione.

L'accettazione può essere espressa o tacita.

Art. 475. Accettazione espressa.

L'accettazione è espressa quando in un atto pubblico o in una scrittura privata, il chiamato all'eredità ha dichiarato di accettarla oppure ha assunto il titolo di erede.

È nulla la dichiarazione di accettare sotto condizione o a termine.

Parimenti è nulla la dichiarazione di accettazione parziale di eredità.

Art. 476. Accettazione tacita.

L'accettazione è tacita quando il chiamato all'eredità compie un atto che presuppone necessariamente la sua volontà di accettare e che non avrebbe il diritto di fare se non nella qualità di erede.

Cfr. Cassazione civile, sez. III, sentenza 13 giugno 2008, n. 16002 in Altalex Massimario.

Art. 477. Donazione, vendita e cessione dei diritti di successione.

La donazione, la vendita o la cessione, che il chiamato all'eredità faccia dei suoi diritti di successione a un estraneo o a tutti gli altri chiamati o ad alcuno di questi, importa accettazione dell'eredità.

Art. 478. Rinunzia che importa accettazione.

La rinunzia ai diritti di successione, qualora sia fatta verso corrispettivo o a favore di alcuni soltanto dei chiamati, importa accettazione.

Art. 479. Trasmissione del diritto di accettazione.

Se il chiamato all'eredità muore senza averla accettata, il diritto di accettarla si trasmette agli eredi.

Se questi non sono d'accordo per accettare o rinunziare, colui che accetta l'eredità acquista tutti i diritti e soggiace a tutti i pesi ereditari, mentre vi rimane estraneo chi ha rinunziato.

La rinunzia all'eredità propria del trasmittente include rinunzia all'eredità che al medesimo è devoluta.

Art. 480. Prescrizione.

Il diritto di accettare l'eredità si prescrive in dieci anni.

Il termine decorre dal giorno dell'apertura della successione e, in caso d'istituzione
condizionale, dal giorno in cui si verifica la condizione.

Il termine non corre per i chiamati ulteriori, se vi è stata accettazione da parte di precedenti chiamati e successivamente il loro acquisto ereditario è venuto meno.

Art. 481. Fissazione di un termine per l'accettazione.

Chiunque vi ha interesse può chiedere che l'autorità giudiziaria fissi un termine entro il quale il chiamato dichiari se accetta o rinunzia all'eredità. Trascorso questo termine senza che abbia fatto la dichiarazione, il chiamato perde il diritto di accettare.

Art. 482. Impugnazione per violenza o dolo.

L'accettazione dell'eredità si può impugnare quando è effetto di violenza o di dolo.

L'azione si prescrive in cinque anni dal giorno in cui è cessata la violenza o è stato scoperto il dolo.

Art. 483. Impugnazione per errore.

L'accettazione dell'eredità non si può impugnare se viziata da errore.

Tuttavia, se si scopre un testamento del quale non si aveva notizia al tempo dell'accettazione, l'erede non è tenuto a soddisfare i legati scritti in esso oltre il valore dell'eredità, o con pregiudizio della porzione legittima che gli è dovuta. Se i beni ereditari non bastano a soddisfare tali legati, si riducono proporzionalmente anche i legati scritti in altri testamenti. Se alcuni legatari sono stati già soddisfatti per intero, contro di loro è data azione di regresso.

L'onere di provare il valore dell'eredità incombe all'erede.

SEZIONE II - Del beneficio d'inventario

Art. 484. Accettazione col beneficio d'inventario.

L'accettazione col beneficio di inventario si fa mediante dichiarazione, ricevuta da un notaio o dal cancelliere del tribunale del circondario in cui si è aperta la successione, e inserita nel registro delle successioni conservato nello stesso tribunale. (1)

Entro un mese dall'inserzione, la dichiarazione deve essere trascritta, a cura del cancelliere, presso l'ufficio dei registri immobiliari del luogo in cui si è aperta la successione.

La dichiarazione deve essere preceduta o seguita dall'inventario, nelle forme prescritte dal codice di procedura civile.

Se l'inventario è fatto prima della dichiarazione, nel registro deve pure menzionarsi la data in cui esso è stato compiuto.

Se l'inventario è fatto dopo la dichiarazione, l'ufficiale pubblico che lo ha redatto deve, nel termine di un mese, far inserire nel registro l'annotazione della data in cui esso è stato compiuto.

(1) Le parole: "della pretura del mandamento" e "nella stessa pretura" sono state rispettivamente
sostituite dalle parole: "dal tribunale del circondario" e dalle parole:
"nello stesso tribunale" dal D. L.vo 19 febbraio 1998, n. 51, recante l'istituzione del giudice unico, a decorrere dal 2 giugno 1999.

Art. 485. Chiamato all'eredità che è nel possesso di beni.

Il chiamato all'eredità, quando a qualsiasi titolo è nel possesso di beni ereditari, deve fare l'inventario entro tre mesi dal giorno dell'apertura della successione o della notizia della devoluta eredità. Se entro questo termine lo ha cominciato ma non è stato in grado di completarlo, può ottenere dal tribunale (1) del luogo in cui si è aperta la successione una proroga che, salvo gravi circostanze, non deve eccedere i tre mesi.

Trascorso tale termine senza che l'inventario sia stato compiuto, il chiamato all'eredità è considerato erede puro e semplice.

Compiuto l'inventario, il chiamato che non abbia ancora fatto la dichiarazione a norma dell'articolo 484 ha un termine di quaranta giorni da quello del compimento dell'inventario medesimo, per deliberare se accetta o rinunzia all'eredità. Trascorso questo termine senza che abbia deliberato, è considerato erede puro e semplice.

(1) La parola: " pretore"è stata sostituita dalla parola: " tribunale" dal D. L.vo 19 febbraio 1998, n. 51, recante l'istituzione del giudice unico, a decorrere dal 2 giugno 1999.

Cfr. Cassazione civile, sez. tributaria, sentenza 29 gennaio 2008, n. 1920 in Altalex Massimario.

Art. 486. Poteri.

Durante i termini stabiliti dall'articolo precedente per fare l'inventario e per deliberare, il chiamato, oltre che esercitare i poteri indicati nell'articolo 460, può stare in giudizio come convenuto per rappresentare l'eredità.

Se non compare, l'autorità giudiziaria nomina un curatore all'eredità affinché la rappresenti in giudizio.

Art. 487. Chiamato all'eredità che non è nel possesso di beni.

Il chiamato all'eredità che non è nel possesso di beni ereditari, può fare la dichiarazione di accettare col beneficio d'inventario, fino a che il diritto di accettare non è prescritto.

Quando ha fatto la dichiarazione, deve compiere l'inventario nel termine di tre mesi dalla dichiarazione, salva la proroga accordata dall'autorità giudiziaria a norma dell'articolo 485; in mancanza, è considerato erede puro e semplice.

Quando ha fatto l'inventario non preceduto da dichiarazione d'accettazione, questa deve essere fatta nei quaranta giorni successivi al compimento dell'inventario; in mancanza il chiamato perde il diritto di accettare l'eredità.

Art. 488. Dichiarazione in caso di termine fissato dall'autorità giudiziaria.

Il chiamato all'eredità, che non è nel possesso di beni ereditari, qualora gli sia assegnato un termine a norma dell'articolo 481, deve, entro detto termine, compiere anche l'inventario; se fa la dichiarazione e non l'inventario, è considerato erede puro e semplice.

L'autorità giudiziaria può accordare una dilazione.

Art. 489. Incapaci.

I minori, gli interdetti e gli inabilitati non s'intendono decaduti dal beneficio d'inventario, se non al compimento di un anno dalla maggiore età o dal cessare dello stato d'interdizione o d'inabilitazione, qualora entro tale termine non si siano conformati alle norme della presente sezione.

Art. 490. Effetti del beneficio d'inventario.

L'effetto del beneficio d'inventario consiste nel tener distinto il patrimonio del defunto da quello dell'erede.

Conseguentemente:

1) l'erede conserva verso l'eredità tutti i diritti e tutti gli obblighi che aveva verso il defunto, tranne quelli che si sono estinti per effetto della morte;

2) l'erede non è tenuto al pagamento dei debiti ereditari e dei legati oltre il valore dei beni a lui pervenuti.

3) i creditori dell'eredità e i legatari hanno preferenza sul patrimonio ereditario di fronte ai creditori dell'erede. Essi però non sono dispensati dal domandare la separazione dei beni, secondo le disposizioni del capo seguente, se vogliono conservare questa preferenza anche nel caso che l'erede decada dal beneficio d'inventario o vi rinunzi.

Art. 491. Responsabilità dell'erede nell'amministrazione.

L'erede con beneficio d'inventario non risponde dell'amministrazione dei beni ereditari se non per colpa grave.

Art. 492. Garanzia.

Se i creditori o altri aventi interesse lo richiedono, l'erede deve dare idonea garanzia per il valore dei beni mobili compresi nell'inventario, per i frutti degli immobili e per il prezzo dei medesimi che sopravanzi al pagamento dei creditori ipotecari.

Art. 493. Alienazione dei beni ereditari senza autorizzazione.

L'erede decade dal beneficio d'inventario, se aliena o sottopone a pegno o ipoteca beni ereditari, o transige relativamente a questi beni senza l'autorizzazione giudiziaria e senza osservare le forme prescritte dal codice di procedura civile.

Per i beni mobili l'autorizzazione non è necessaria trascorsi cinque anni dalla dichiarazione di accettare con beneficio d'inventario.

Art. 494. Omissioni o infedeltà nell'inventario.

Dal beneficio d'inventario decade l'erede che ha omesso in mala fede di denunziare nell'inventario beni appartenenti all'eredità, o che ha denunziato in mala fede, nell'inventario stesso, passività non esistenti.

Art. 495. Pagamento dei creditori e legatari.

Trascorso un mese dalla trascrizione prevista nell'articolo 484 o dall'annotazione disposta nello stesso articolo per il caso che l'inventario sia posteriore alla dichiarazione, l'erede, quando creditori o legatari non si oppongono ed egli non intende promuovere la liquidazione a norma dell'articolo 503, paga i creditori e i legatari a misura che si presentano, salvi i loro diritti di poziorità.

Esaurito l'asse ereditario, i creditori rimasti insoddisfatti hanno soltanto diritto di regresso contro i legatari, ancorché di cosa determinata appartenente al testatore, nei limiti del valore del legato.

Tale diritto si prescrive in tre anni dal giorno dell'ultimo pagamento salvo che il credito sia anteriormente prescritto.

Art. 496. Rendimento del conto.

L'erede ha l'obbligo di rendere conto della sua amministrazione ai creditori e ai legatari, i quali possono fare assegnare un termine all'erede.

Art. 497. Mora nel rendimento del conto.

L'erede non può essere costretto al pagamento con i propri beni, se non quando è stato costituito in mora a presentare il conto e non ha ancora soddisfatto a quest'obbligo.

Dopo la liquidazione del conto, non può essere costretto al pagamento con i propri beni se non fino alla concorrenza delle somme di cui è debitore.

Art. 498. Liquidazione dell'eredità in caso di opposizione.

Qualora entro il termine indicato nell'articolo 495 gli sia stata notificata opposizione da parte di creditori o di legatari, l'erede non può eseguire pagamenti, ma deve provvedere alla liquidazione dell'eredità nell'interesse di tutti i creditori e legatari.

A tal fine egli, non oltre un mese dalla notificazione dell'opposizione, deve, a mezzo di un notaio del luogo dell'aperta successione, invitare i creditori e i legatari a presentare, entro un termine stabilito dal notaio stesso e non inferiore a giorni trenta, le dichiarazioni di credito.

L'invito è spedito per raccomandata ai creditori e ai legatari dei quali è noto il domicilio o la residenza ed è pubblicato nel foglio degli annunzi legali della provincia. (1)

(1) A norma della L. 24 novembre 2000, n. 340, a decorrere dal novantesimo giorno successivo alla data di entrata in vigore della stessa legge sono aboliti i fogli degli annunzi legali delle province.

Art. 499. Procedura di liquidazione.

Scaduto il termine entro il quale devono presentarsi le dichiarazioni di credito, l'erede provvede, con l'assistenza del notaio, a liquidare le attività ereditarie facendosi autorizzare alle alienazioni necessarie. Se l'alienazione ha per oggetto beni sottoposti a privilegio o a ipoteca, i privilegi non si estinguono, e le ipoteche non possono essere cancellate sino a che l'acquirente non depositi il prezzo nel modo stabilito dal giudice o non provveda al pagamento dei creditori collocati nello stato di graduazione previsto dal comma seguente.

L'erede forma, sempre con l'assistenza del notaio, lo stato di graduazione. I creditori sono collocati secondo i rispettivi diritti di prelazione. Essi sono preferiti ai legatari. Tra i creditori non aventi diritto a prelazione l'attivo ereditario è ripartito in proporzione dei rispettivi crediti.

Qualora, per soddisfare i creditori, sia necessario comprendere nella liquidazione anche l'oggetto di un legato di specie, sulla somma che residua dopo il pagamento dei creditori il legatario di specie è preferito agli altri legatari.

Art. 500. Termine per la liquidazione.

L'autorità giudiziaria, su istanza di alcuno dei creditori o legatari, può assegnare

un termine all'erede per liquidare le attività ereditarie e per formare
lo stato di graduazione.

Art. 501. Reclami.

Compiuto lo stato di graduazione, il notaio ne dà avviso con raccomandata ai creditori e legatari di cui è noto il domicilio o la residenza, e provvede alla pubblicazione di un estratto dello stato nel foglio degli annunzi legali della provincia. (1) Trascorsi senza reclami trenta giorni dalla data di questa pubblicazione,
lo stato di graduazione diviene definitivo.

(1) A norma della L. 24 novembre 2000, n. 340, a decorrere dal novantesimo giorno successivo alla data di entrata in vigore della stessa legge sono aboliti i fogli degli annunzi legali delle province.

Art. 502. Pagamento dei creditori e dei legatari.

Divenuto definitivo lo stato di graduazione o passata in giudicato la sentenza che pronunzia sui reclami, l'erede deve soddisfare i creditori e i legatari in conformità dello stato medesimo. Questo costituisce titolo esecutivo contro l'erede.

La collocazione dei crediti condizionali non impedisce il pagamento dei creditori
posteriori, sempre che questi diano cauzione.

I creditori e i legatari che non si sono presentati hanno azione contro l'erede solo nei limiti della somma che residua dopo il pagamento dei creditori e dei legatari collocati nello stato di graduazione. Questa azione si prescrive in tre anni dal giorno in cui lo stato è divenuto definitivo o è passata in giudicato la sentenza che ha pronunziato sui reclami, salvo che il credito sia anteriormente
prescritto.

Art. 503. Liquidazione promossa dall'erede.

Anche quando non vi è opposizione di creditori o di legatari, l'erede può valersi della procedura di liquidazione prevista dagli articoli precedenti.
Il pagamento fatto a creditori privilegiati o ipotecari non impedisce all'erede di valersi di questa procedura.

Art. 504. Liquidazione nel caso di più eredi.

Se vi sono più eredi con beneficio d'inventario, ciascuno può promuovere la liquidazione; ma deve convocare i propri coeredi davanti al notaio nel termine che questi ha stabilito per la dichiarazione dei crediti. I coeredi che
non si presentano sono rappresentati nella liquidazione dal notaio.

Art. 505. Decadenza dal beneficio.

L'erede, che in caso di opposizione, non osserva le norme stabilite dall'articolo 498 o non compie la liquidazione o lo stato di graduazione nel termine stabilito dall'articolo 500, decade dal beneficio d'inventario.
Parimenti decade dal beneficio d'inventario l'erede che, nel caso previsto dall'articolo 503, dopo l'invito ai creditori di presentare le dichiarazioni di credito, esegue pagamenti prima che sia definita la procedura di liquidazione o non osserva il termine che gli è stato prefisso a norma dell'articolo 500.
La decadenza non si verifica quando si tratta di pagamenti a favore di creditori privilegiati o ipotecari.
In ogni caso la decadenza dal beneficio d'inventario può essere fatta valere solo dai creditori del defunto e dai legatari.

Art. 506. Procedure individuali.

Eseguita la pubblicazione prescritta dal terzo comma dell'articolo 498, non possono essere promosse procedure esecutive a istanza dei creditori. Possono tuttavia essere continuate quelle in corso, ma la parte di prezzo che residua dopo il pagamento dei creditori privilegiati e ipotecari deve essere distribuita in base allo stato di graduazione previsto dall'articolo 499.
I crediti a termine diventano esigibili. Resta tuttavia il beneficio del termine, quando il credito è munito di garanzia reale su beni la cui alienazione non si renda necessaria ai fini della liquidazione, e la garanzia stessa è idonea ad assicurare il soddisfacimento integrale del credito.
Dalla data di pubblicazione dell'invito ai creditori previsto dal terzo comma dell'articolo 498 è sospeso il decorso degli interessi dei crediti chirografari. I creditori tuttavia hanno diritto, compiuta la liquidazione, al collocamento degli interessi sugli eventuali residui.

Art. 507. Rilascio dei beni ai creditori e ai legatari.

L'erede, non oltre un mese dalla scadenza del termine stabilito per presentare le dichiarazioni di credito, se non ha provveduto ad alcun atto di liquidazione, può rilasciare tutti i beni ereditari a favore dei creditori e dei legatari.
A tal fine l'erede deve, nelle forme indicate dall'articolo 498, dare avviso ai creditori e ai legatari dei quali è noto il domicilio o la residenza; deve iscrivere la dichiarazione di rilascio nel registro delle successioni, annotarla, in margine alla trascrizione prescritta dal secondo comma dell'articolo 484, e trascriverla presso gli uffici dei registri immobiliari dei luoghi in cui si trovano gli immobili ereditari e presso gli uffici dove sono registrati i beni mobili.
Dal momento in cui è trascritta la dichiarazione di rilascio, gli atti di disposizione
dei beni ereditari compiuti dall'erede sono senza effetto rispetto ai creditori e ai legatari.
L'erede deve consegnare i beni al curatore nominato secondo le norme dell'articolo seguente. Eseguita la consegna, egli resta liberato da ogni responsabilità
per i debiti ereditari.

Art. 508. Nomina del curatore.

Trascritta la dichiarazione di rilascio, il tribunale (1) del luogo dell'aperta successione, su istanza dell'erede o di uno dei creditori o legatari, o anche d'ufficio, nomina un curatore, perché provveda alla liquidazione secondo le norme degli articoli 498 e seguenti.
Il decreto di nomina del curatore è iscritto nel registro delle successioni.
Le attività che residuano, pagate le spese della curatela e soddisfatti i creditori e i legatari collocati nello stato di graduazione, spettano all'erede, salva l'azione dei creditori e legatari, che non si sono presentati, nei limiti determinati dal terzo comma dell'articolo 502.

(1) La parola: "pretore" è stata sostituita dalla parola: "tribunale" dal D. L.vo 19 febbraio 1998, n. 51, recante l'istituzione del giudice unico, a decorrere dal 2 giugno 1999.

Art. 509. Liquidazione proseguita su istanza dei creditori o legatari.

Se, dopo la scadenza del termine stabilito per presentare le dichiarazioni di credito, l'erede incorre nella decadenza dal beneficio d'inventario, ma nessuno dei creditori o legatari la fa valere, il tribunale (1) del luogo dell'aperta successione, su istanza di uno dei creditori o legatari, sentiti l'erede e coloro che hanno presentato le dichiarazioni di credito, può nominare un curatore con l'incarico di provvedere alla liquidazione dell'eredità secondo le norme degli articoli 499 e seguenti. Dopo la nomina del curatore, la decadenza dal beneficio non può più essere fatta valere.

Il decreto di nomina del curatore è iscritto nel registro delle successioni, annotato a margine della trascrizione prescritta dal secondo comma dell'articolo 484, e trascritto negli uffici dei registri immobiliari dei luoghi dove si trovano gli immobili ereditari e negli uffici dove sono registrati i beni mobili. L'erede perde l'amministrazione dei beni ed è tenuto a consegnarli al curatore. Gli atti di disposizione che l'erede compie dopo trascritto il decreto di nomina del curatore sono senza effetto rispetto ai creditori e ai legatari.

(1) La parola: "pretore" è stata sostituita dalla parola: " tribunale" dal D. L.vo 19 febbraio 1998, n. 51, recante l'istituzione del giudice unico, a decorrere dal 2 giugno 1999.

Art. 510. Accettazione o inventario fatti da uno dei chiamati.

L'accettazione con beneficio d'inventario fatta da uno dei chiamati giova a tutti gli altri, anche se l'inventario è compiuto da un chiamato diverso da quello che ha fatto la dichiarazione.

Art. 511. Spese.

Le spese dell'apposizione dei sigilli, dell'inventario e di ogni altro atto dipendente
dall'accettazione con beneficio d'inventario sono a carico dell'eredità.

CAPO VI – DELLA SEPARAZIONE DEI BENI DEL DEFUNTO DA QUELLI
DELL'EREDE

Art. 512. Oggetto della separazione.

La separazione dei beni del defunto da quelli dell'erede assicura il soddisfacimento,
con i beni del defunto, dei creditori di lui e dei legatari che l'hanno esercitata, a preferenza dei creditori dell'erede.

Il diritto alla separazione spetta anche ai creditori o legatari che hanno altre garanzie sui beni del defunto.

La separazione non impedisce ai creditori e ai legatari che l'hanno esercitata, di soddisfarsi anche sui beni propri dell'erede.

Art. 513. Separazione contro i legatari di specie.

I creditori del defunto possono esercitare la separazione anche rispetto ai beni che formano oggetto di legato di specie.

Art. 514. Rapporti tra creditori separatisti e non separatisti.

I creditori e i legatari che hanno esercitato la separazione hanno diritto di soddisfarsi sui beni separati a preferenza dei creditori e dei legatari che non l'hanno esercitata, quando il valore della parte di patrimonio non separata sarebbe stato sufficiente a soddisfare i creditori e i legatari non separatisti. Fuori di questo caso, i creditori e i legatari non separatisti possono concorrere con coloro che hanno esercitato la separazione; ma, se parte del patrimonio non è stata separata il valore di questa si aggiunge al prezzo dei beni separati per determinare quanto spetterebbe a ciascuno dei concorrenti, e quindi si considera come attribuito integralmente ai creditori e ai legatari non separatisti.

Quando la separazione è esercitata da creditori e legatari, i creditori sono preferiti ai legatari. La preferenza è anche accordata, nel caso previsto dal comma precedente, ai creditori non separatisti di fronte ai legatari separatisti. Restano salve in ogni caso le cause di prelazione.

Art. 515. Cessazione della separazione.

L'erede può impedire o far cessare la separazione pagando i creditori e i legatari, e dando cauzione per il pagamento di quelli il cui diritto è sospeso da condizione o sottoposto a termine oppure è contestato.

Art. 516. Termine per l'esercizio del diritto alla separazione.

Il diritto alla separazione deve essere esercitato entro il termine di tre mesi dall'apertura della successione.

Art. 517. Separazione riguardo ai mobili.

Il diritto alla separazione riguardo ai mobili si esercita mediante domanda giudiziale.

La domanda si propone con ricorso al tribunale (1) del luogo dell'aperta successione,
il quale ordina l'inventario, se non è ancora fatto, e dà le disposizioni necessarie per la conservazione dei beni stessi.

Riguardo ai mobili già alienati dall'erede, il diritto alla separazione comprende soltanto il prezzo non ancora pagato.

(1) La parola: "pretore" è stata sostituita dalla parola: " tribunale" dal D. L.vo 19 febbraio 1998, n. 51, recante l'istituzione del giudice unico, a decorrere dal 2 giugno 1999.

Art. 518. Separazione riguardo agli immobili.

Riguardo agli immobili e agli altri beni capaci d'ipoteca, il diritto alla separazione
si esercita mediante l'iscrizione del credito o del legato sopra ciascuno dei beni stessi. L'iscrizione si esegue nei modi stabiliti per iscrivere le ipoteche, indicando il nome del defunto e quello dell'erede, se è conosciuto, e dichiarando che l'iscrizione stessa viene presa a titolo di separazione dei beni. Per tale iscrizione non è necessario esibire il titolo.

Le iscrizioni a titolo di separazione, anche se eseguite in tempi diversi, prendono
tutte il grado della prima e prevalgono sulle trascrizioni ed iscrizioni contro l'erede o il legatario, anche se anteriori.

Alle iscrizioni a titolo di separazione sono applicabili le norme sulle ipoteche.

CAPO VII – DELLA RINUNZIA ALL'EREDITA'

Art. 519. Dichiarazione di rinunzia.

La rinunzia all'eredità deve farsi con dichiarazione, ricevuta da un notaio o dal cancelliere del tribunale del circondario (1) in cui si è aperta la successione, e inserita nel registro delle successioni.

La rinunzia fatta gratuitamente a favore di tutti coloro ai quali si sarebbe devoluta la quota del rinunziante non ha effetto finché, a cura di alcuna delle parti, non siano osservate le forme indicate nel comma precedente.

(1) Le parole: "della pretura del mandamento" sono state sostituite dalle parole: "dal tribunale del circondario" dal D. L.vo 19 febbraio 1998, n. 51, recante l'istituzione del giudice unico, a decorrere dal 2 giugno 1999.

Art. 520. Rinunzia condizionata, a termine o parziale.

È nulla la rinunzia fatta sotto condizione o a termine o solo per parte.

Art. 521. Retroattività della rinunzia.

Chi rinunzia all'eredità è considerato come se non vi fosse mai stato chiamato.
Il rinunziante può tuttavia ritenere la donazione o domandare il legato a lui fatto sino alla concorrenza della porzione disponibile, salve le disposizioni degli articoli 551 e 552.

Art. 522. Devoluzione nelle successioni legittime.

Nelle successioni legittime la parte di colui che rinunzia si accresce a coloro che avrebbero concorso col rinunziante, salvo il diritto di rappresentazione e salvo il disposto dell'ultimo comma dell'articolo 571. Se il rinunziante è solo, l'eredità si devolve a coloro ai quali spetterebbe nel caso che egli mancasse.

Art. 523. Devoluzione nelle successioni testamentarie.

Nelle successioni testamentarie, se il testatore non ha disposto una sostituzione e se non ha luogo il diritto di rappresentazione, la parte del rinunziante si accresce ai coeredi a norma dell'articolo 674, ovvero si devolve agli eredi legittimi a norma dell'articolo 677.

Art. 524. Impugnazione della rinunzia da parte dei creditori.

Se taluno rinunzia, benché senza frode, a un'eredità con danno dei suoi creditori,
questi possono farsi autorizzare ad accettare la eredità in nome e luogo del rinunziante, al solo scopo di soddisfarsi sui beni ereditari fino alla concorrenza dei loro crediti.
Il diritto dei creditori si prescrive in cinque anni dalla rinunzia.

Art. 525. Revoca della rinunzia.

Fino a che il diritto di accettare l'eredità non è prescritto contro i chiamati che vi hanno rinunziato, questi possono sempre accettarla, se non è già stata acquistata da altro dei chiamati, senza pregiudizio delle ragioni acquistate da terzi sopra i beni dell'eredità.

Art. 526. Impugnazione per violenza o dolo.

La rinunzia all'eredità si può impugnare solo se è l'effetto di violenza o di dolo.
L'azione si prescrive in cinque anni dal giorno in cui è cessata la violenza o è stato scoperto il dolo.

Art. 527. Sottrazione di beni ereditari.

I chiamati all'eredità, che hanno sottratto o nascosto beni spettanti all'eredità stessa, decadono dalla facoltà di rinunziarvi e si considerano eredi puri e semplici nonostante la loro rinunzia.

CAPO VIII – DELL'EREDITA' GIACENTE

Art. 528. Nomina del curatore.

Quando il chiamato non ha accettato l'eredità e non è nel possesso di beni ereditari, il tribunale del circondario (1) in cui si è aperta la successione, su istanza delle persone interessate o anche d'ufficio, nomina un curatore dell'eredità.

Il decreto di nomina del curatore, a cura del cancelliere, è pubblicato per estratto nel foglio degli annunzi legali della provincia (2) e iscritto nel registro delle successioni.

(1) Le parole: "della pretura del mandamento" sono state sostituite dalle parole: "dal tribunale del circondario" dal D. L.vo 19 febbraio 1998, n. 51, recante l'istituzione del giudice unico, a decorrere dal 2 giugno 1999.

(2) I fogli degli annunzi legali delle province sono stati aboliti dalla Legge 24 novembre 2000, n. 340.

Art. 529. Obblighi del curatore.

Il curatore è tenuto a procedere all'inventario dell'eredità, a esercitarne e promuoverne le ragioni, a rispondere alle istanze proposte contro la medesima, ad amministrarla, a depositare presso le casse postali o presso un istituto di credito designato dal tribunale (1) il danaro che si trova nell'eredità o si ritrae dalla vendita dei mobili o degli immobili, e, da ultimo, a rendere conto della propria amministrazione.

(1) La parola: "pretore" è stata sostituita dalla parola: "tribunale" dal D. L.vo 19 febbraio 1998, n. 51, recante l'istituzione del giudice unico, a decorrere dal 2 giugno 1999.

Art. 530. Pagamento dei debiti ereditari.

Il curatore può provvedere al pagamento dei debiti ereditari e dei legati, previa autorizzazione del tribunale. (1)
Se però alcuno dei creditori o dei legatari fa opposizione, il curatore non può procedere ad alcun pagamento, ma deve provvedere alla liquidazione dell'eredità secondo le norme degli articoli 498 e seguenti.

(1) La parola: "pretore" è stata sostituita dalla parola: "tribunale" dal D. L.vo 19 febbraio 1998, n. 51, recante l'istituzione del giudice unico, a decorrere dal 2 giugno 1999.

Art. 531. Inventario, amministrazione e rendimento dei conti.

Le disposizioni della sezione II del capo V di questo titolo, che riguardano l'inventario, l'amministrazione e il rendimento di conti da parte dell'erede con beneficio d'inventario, sono comuni al curatore dell'eredità giacente, esclusa la limitazione della responsabilità per colpa.

Art. 532. Cessazione della curatela per accettazione dell'eredità.

Il curatore cessa dalle sue funzioni quando l'eredità è stata accettata.

CAPO IX – DELLA PETIZIONE DI EREDITA'

Art. 533. Nozione.

L'erede può chiedere il riconoscimento della sua qualità ereditaria contro chiunque possiede tutti o parte dei beni ereditari a titolo di erede o senza titolo alcuno, allo scopo di ottenere la restituzione dei beni medesimi.
L'azione è imprescrittibile, salvi gli effetti dell'usucapione rispetto ai singoli beni.

Art. 534. Diritti dei terzi.

L'erede può agire anche contro gli aventi causa da chi possiede a titolo di erede o senza titolo.
Sono salvi i diritti acquistati, per effetto di convenzioni a titolo oneroso con l'erede apparente, dai terzi i quali provino di avere contrattato in buona fede.
La disposizione del comma precedente non si applica ai beni immobili e ai beni mobili iscritti nei pubblici registri, se l'acquisto a titolo di erede e l'acquisto

dall'erede apparente non sono stati trascritti anteriormente alla trascrizione dell'acquisto da parte dell'erede o del legatario vero, o alla trascrizione della domanda giudiziale contro l'erede apparente.

Art. 535. Possessore di beni ereditari.

Le disposizioni in materia di possesso si applicano anche al possessore di beni ereditari, per quanto riguarda la restituzione dei frutti, le spese, i miglioramenti
e le addizioni.

Il possessore in buona fede, che ha alienato pure in buona fede una cosa dell'eredità, è solo obbligato a restituire all'erede il prezzo o il corrispettivo ricevuto. Se il prezzo o il corrispettivo è ancora dovuto, l'erede subentra nel diritto di conseguirlo.

È possessore in buona fede colui che ha acquistato il possesso dei beni ereditari,
ritenendo per errore di essere erede. La buona fede non giova se l'errore dipende da colpa grave.

CAPO X – DEI LEGITTIMARI
SEZIONE I - Dei diritti riservati ai legittimari
Art. 536. Legittimari.

Le persone a favore delle quali la legge riserva una quota di eredità o altri diritti nella successione sono: il coniuge, i figli legittimi, i figli naturali, gli ascendenti legittimi.

Ai figli legittimi sono equiparati i legittimati e gli adottivi.

A favore dei discendenti dei figli legittimi o naturali, i quali vengono alla successione in luogo di questi, la legge riserva gli stessi diritti che sono riservati
ai figli legittimi o naturali.

Cfr. Cassazione civile, sez. III, sentenza 13 giugno 2008, n. 16002 in Altalex Massimario.

Art. 537. Riserva a favore dei figli legittimi e naturali.

Salvo quanto disposto dall'articolo 542, se il genitore lascia un figlio solo, legittimo o naturale, a questi è riservata la metà del patrimonio.

Se i figli sono più, è loro riservata la quota dei due terzi, da dividersi in parti uguali tra tutti i figli, legittimi e naturali.

I figli legittimi possono soddisfare in denaro o in beni immobili ereditari la porzione spettante ai figli naturali che non vi si oppongano. Nel caso di opposizione
decide il giudice, valutate le circostanze personali e patrimoniali.

Cfr. Corte Costituzionale, sentenza 18 dicembre 2009, n. 335 in Altalex Massimario.

Art. 538. Riserva a favore degli ascendenti legittimi.

Se chi muore non lascia figli legittimi né naturali, ma ascendenti legittimi, a favore di questi è riservato un terzo del patrimonio, salvo quanto disposto dall'articolo 544.

In caso di pluralità di ascendenti, la riserva è ripartita tra i medesimi secondo i criteri previsti dall'articolo 569.

Art. 539.

(…) (1)

(1) "Riserva a favore dei figli naturali.

A favore dei figli naturali, quando la figliazione è riconosciuta o dichiarata è riservato un terzo del patrimonio del genitore se questi lascia un solo figlio naturale, o la metà se i figli naturali sono più, salvo quanto è disposto dagli articoli 541, 542, 543, 545 e 546 per i casi di concorso." Articolo abrogato dalla Legge 19 maggio 1975, n. 151.

Art. 540. Riserva a favore del coniuge.

A favore del coniuge è riservata la metà del patrimonio dell'altro coniuge, salve le disposizioni dell'articolo 542 per il caso di concorso con i figli.

Al coniuge anche quando concorra con altri chiamati, sono riservati i diritti di abitazione sulla casa adibita a residenza familiare e di uso sui mobili che la corredano, se di proprietà del defunto o comuni. Tali diritti gravano sulla porzione disponibile e, qualora questa non sia sufficiente, per il rimanente sulla quota di riserva del coniuge ed eventualmente sulla quota riservata ai figli.

Cfr. Cassazione civile, sez. III, sentenza 13 gennaio 2009, n. 463 in Altalex Massimario.

Art. 541.

(…) (1)

(1) "Concorso di figli legittimi e naturali.

Quando, oltre ai figli legittimi, il defunto lascia figli naturali, la quota di patrimonio complessivamente riservata è di due terzi. Su tale quota ogni figlio naturale consegue metà della porzione che consegue ciascuno dei figli legittimi, purché complessivamente la quota di questi ultimi non sia inferiore al terzo del patrimonio.

I figli legittimi hanno facoltà di pagare in danaro o in beni immobili ereditari, a giusta stima, la porzione spettante ai figli naturali."
Articolo abrogato dalla Legge 19 maggio 1975, n. 151.

Art. 542. Concorso di coniuge e figli.

Se chi muore lascia, oltre al coniuge, un solo figlio, legittimo o naturale, a quest'ultimo è riservato un terzo del patrimonio ed un altro terzo spetta al coniuge.

Quando i figli, legittimi o naturali, sono più di uno, ad essi è complessivamente riservata la metà del patrimonio e al coniuge spetta un quarto del patrimonio del defunto. La divisione tra tutti i figli, legittimi e naturali, è effettuata in parti uguali.

Si applica il terzo comma dell'articolo 537.

Art. 543.

(…) (1)

(1) "Concorso di coniuge e figli naturali.

Quando insieme col coniuge vi è soltanto un figlio naturale, al coniuge è riservato l'usufrutto di cinque dodicesimi del patrimonio del defunto.

Al figlio naturale sono riservate la piena proprietà di un quarto del patrimonio e la nuda proprietà di un quinto dei beni assegnati in usufrutto al coniuge. La nuda proprietà degli altri quattro quinti dei beni assegnati in usufrutto al coniuge fa parte della disponibile.

Quando i figli naturali sono più, al coniuge è riservato l'usufrutto di un terzo del patrimonio,
e ai figli naturali la piena proprietà di un altro terzo. La nuda proprietà dei beni assegnati in usufrutto al coniuge spetta per metà ai figli, mentre per l'altra metà fa parte della disponibile." Articolo abrogato dalla Legge 19 maggio 1975, n. 151.

Art. 544. Concorso di ascendenti legittimi e coniuge.

Quando chi muore non lascia né figli legittimi né figli naturali, ma ascendenti legittimi e il coniuge, a quest'ultimo è riservata la metà del patrimonio, ed agli ascendenti un quarto.

In caso di pluralità di ascendenti, la quota di riserva ad essi attribuita ai sensi del precedente comma è ripartita tra i medesimi secondo i criteri previsti dall'articolo 569.

Art. 545.

(...) (1)

(1) "Concorso di ascendenti legittimi e figli naturali.

Quando vi sono ascendenti legittimi e figli naturali, la quota complessivamente riservata è della metà del patrimonio del defunto, se questi lascia un solo figlio naturale; di due terzi, se i figli sono più.

La quota è ripartita in modo che agli ascendenti o al solo ascendente superstite sia attribuita una porzione eguale a quella di ciascuno dei figli naturali, ma non inferiore a un sesto del patrimonio del defunto." Articolo abrogato dalla Legge 19 maggio 1975, n. 151.

Art. 546.

(...) (1)

(1) "Concorso di ascendenti legittimi, figli naturali e coniuge.

Se insieme con ascendenti legittimi e con figli naturali vi è anche il coniuge, la quota complessivamente riservata è di due terzi del patrimonio del defunto. Su questa quota al coniuge spetta l'usufrutto di una porzione pari a un terzo del patrimonio; agli ascendenti, una porzione pari al quinto del patrimonio se il figlio naturale è uno solo e al sesto se i figli naturali sono più; la residua parte spetta ai figli naturali. La nuda proprietà dei beni assegnati in usufrutto al coniuge spetta ai figli naturali se sono più; se il figlio naturale è uno solo, a lui ne spettano tre quinti e il resto fa parte della disponibile." Articolo abrogato dalla Legge 19 maggio 1975, n. 151.

Art. 547.

(...) (1)

(1) "Soddisfacimento delle ragioni del coniuge.

È in facoltà degli eredi di soddisfare le ragioni del coniuge mediante l'assicurazione di una rendita vitalizia o mediante l'assegno di frutti di beni immobili o capitali ereditari, da determinarsi di comune accordo o, in mancanza, dall'autorità giudiziaria, avuto riguardo delle circostanze del caso.

Fino a che non sia soddisfatto delle sue ragioni, il coniuge conserva i propri diritti di usufrutto su tutti i beni ereditari." Articolo abrogato dalla Legge 19 maggio 1975, n. 151.

Art. 548. Riserva a favore del coniuge separato.

Il coniuge cui non è stata addebitata la separazione con sentenza passata in giudicato, ai sensi del secondo comma dell'articolo 151, ha gli stessi diritti successori del coniuge non separato.

Il coniuge cui è stata addebitata la separazione con sentenza passata in giudicato

ha diritto soltanto ad un assegno vitalizio se al momento dell'apertura della successione godeva degli alimenti a carico del coniuge deceduto.

L'assegno è commisurato alle sostanze ereditarie e alla qualità e al numero degli eredi legittimi, e non è comunque di entità superiore a quella della prestazione alimentare goduta. La medesima disposizione si applica nel caso in cui la separazione sia stata addebitata ad entrambi i coniugi.

Art. 549. Divieto di pesi o condizioni sulla quota dei legittimari.

Il testatore non può imporre pesi o condizioni sulla quota spettante ai legittimari

salva l'applicazione delle norme contenute nel titolo IV di questo libro.

Art. 550. Lascito eccedente la porzione disponibile.

Quando il testatore dispone di un usufrutto o di una rendita vitalizia il cui reddito eccede quello della porzione disponibile, i legittimari, ai quali è stata

assegnata la nuda proprietà della disponibile o di parte di essa, hanno la scelta o di eseguire tale disposizione o di abbandonare la nuda proprietà della porzione disponibile. Nel secondo caso il legatario, conseguendo la disponibile abbandonata, non acquista la qualità di erede.

La stessa scelta spetta ai legittimari quando il testatore ha disposto della nuda proprietà di una parte eccedente la disponibile.

Se i legittimari sono più, occorre l'accordo di tutti perché la disposizione testamentaria abbia esecuzione.

Le stesse norme si applicano anche se dell'usufrutto, della rendita o della nuda proprietà è stato disposto con donazione.

Art. 551. Legato in sostituzione di legittima.

Se a un legittimario è lasciato un legato in sostituzione della legittima egli può rinunziare al legato e chiedere la legittima.

Se preferisce di conseguire il legato, perde il diritto di chiedere un supplemento,

nel caso che il valore del legato sia inferiore a quello della legittima,

e non acquista la qualità di erede. Questa disposizione non si applica quando il testatore ha espressamente attribuito al legittimario, la facoltà di chiedere il supplemento.

Il legato in sostituzione della legittima grava sulla porzione indisponibile. Se però il valore del legato eccede quello della legittima spettante al legittimario, per l'eccedenza il legato grava sulla disponibile.

Art. 552. Donazioni e legati in conto di legittima.

Il legittimario che rinunzia all'eredità, quando non si ha rappresentazione, può sulla disponibile ritenere le donazioni o conseguire i legati a lui fatti; ma quando non vi è stata espressa dispensa dall'imputazione, se per integrare la legittima spettante agli eredi è necessario ridurre le disposizioni testamentarie

o le donazioni, restano salve le assegnazioni, fatte dal testatore sulla disponibile che non sarebbero soggette a riduzione se il legittimario accettasse l'eredità, e si riducono le donazioni e i legati fatti a quest'ultimo.

SEZIONE II - Della reintegrazione della quota riservata ai legittimari

Art. 553. Riduzione delle porzioni degli eredi legittimi in concorso con legittimari.

Quando sui beni lasciati dal defunto si apre in tutto o in parte la successione legittima, nel concorso di legittimari con altri successibili, le porzioni che spetterebbero a questi ultimi si riducono proporzionalmente nei limiti in cui è necessario per integrare la quota riservata ai legittimari, i quali però devono imputare a questa, ai sensi dell'articolo 564, quanto hanno ricevuto dal defunto in virtù di donazioni o di legati.

Art. 554. Riduzione delle disposizioni testamentarie.

Le disposizioni testamentarie eccedenti la quota di cui il defunto poteva disporre sono soggette a riduzione nei limiti della quota medesima.

Art. 555. Riduzione delle donazioni.

Le donazioni, il cui valore eccede la quota della quale il defunto poteva disporre,

sono soggette a riduzione fino alla quota medesima.

Le donazioni non si riducono se non dopo esaurito il valore dei beni di cui è stato disposto per testamento.

Cfr. Cassazione civile, sez. II, sentenza 7 settembre 2009, n. 19284 in Altalex Massimario.

Art. 556. Determinazione della porzione disponibile.

Per determinare l'ammontare della quota di cui il defunto poteva disporre si forma una massa di tutti i beni che appartenevano al defunto al tempo della morte, detraendone i debiti. Si riuniscono quindi fittiziamente i beni di cui sia stato disposto a titolo di donazione, secondo il loro valore determinato in base alle regole dettate negli articoli 747 a 750, e sull'asse così formato si calcola la quota di cui il defunto poteva disporre.

Art. 557. Soggetti che possono chiedere la riduzione.

La riduzione delle donazioni e delle disposizioni lesive della porzione di legittima

non può essere domandata che dai legittimari e dai loro eredi o aventi causa.

Essi non possono rinunziare a questo diritto, finché vive il donante, né con dichiarazione espressa, né prestando il loro assenso alla donazione.

I donatari e i legatari non possono chiedere la riduzione, né approfittarne.

Non possono chiederla né approfittarne nemmeno i creditori del defunto, se il legittimario avente diritto alla riduzione ha accettato con il beneficio d'inventario.

Cfr. Cassazione civile, sez. II, sentenza 20 gennaio 2009, n. 1373 in Altalex Massimario.

Art. 558. Modo di ridurre le disposizioni testamentarie.

La riduzione delle disposizioni testamentarie avviene proporzionalmente senza distinguere tra eredi e legatari.

Se il testatore ha dichiarato che una sua disposizione deve avere effetto a preferenza delle altre, questa disposizione non si riduce, se non in quanto il valore delle altre non sia sufficiente a integrare la quota riservata ai legittimari.

Art. 559. Modo di ridurre le donazioni.

Le donazioni si riducono cominciando dall'ultima e risalendo via via alle anteriori.

Art. 560. Riduzione del legato o della donazione d'immobili.

Quando oggetto del legato o della donazione da ridurre è un immobile, la riduzione si fa separando dall'immobile medesimo la parte occorrente per integrare la quota riservata, se ciò può avvenire comodamente.

Se la separazione non può farsi comodamente e il legatario o il donatario ha nell'immobile una eccedenza maggiore del quarto della porzione disponibile, l'immobile si deve lasciare per intero nell'eredità, salvo il diritto di conseguire il valore della porzione disponibile. Se l'eccedenza non supera il quarto, il legatario o il donatario può ritenere tutto l'immobile, compensando in danaro i legittimari.

Il legatario o il donatario che è legittimario può ritenere tutto l'immobile, purché il valore di esso non superi l'importo della porzione disponibile e della quota che gli spetta come legittimario.

Art. 561. Restituzione degli immobili.

Gli immobili restituiti in conseguenza della riduzione sono liberi da ogni peso o ipoteca di cui il legatario o il donatario può averli gravati, salvo il disposto del n. 8 dell'articolo 2652. I pesi e le ipoteche restano efficaci se la riduzione è domandata dopo venti anni dalla trascrizione della donazione, salvo in questo caso l'obbligo del donatario di compensare in denaro i legittimari in ragione del conseguente minor valore dei beni, purché la domanda sia stata proposta entro dieci anni dall'apertura della successione. Le stesse disposizioni si applicano per i mobili iscritti in pubblici registri. (1)

I frutti sono dovuti a decorrere dal giorno della domanda giudiziale.

(1) Comma così modificato dal D.L. 14 marzo 2005, n. 35.

Art. 562. Insolvenza del donatario soggetto a riduzione.

Se la cosa donata è perita per causa imputabile al donatario o ai suoi aventi causa o se la restituzione della cosa donata non può essere richiesta contro l'acquirente, e il donatario è in tutto o in parte insolvente, il valore della donazione che non si può recuperare dal donatario si detrae dalla massa ereditaria, ma restano impregiudicate le ragioni di credito del legittimario e dei donatari antecedenti contro il donatario insolvente.

Art. 563. Azione contro gli aventi causa dai donatari soggetti a riduzione.

Se i donatari contro i quali è stata pronunziata la riduzione hanno alienato a terzi gli immobili donati e non sono trascorsi venti anni dalla trascrizione della donazione, il legittimario, premessa l'escussione dei beni del donatario, può chiedere ai successivi acquirenti, nel modo e nell'ordine in cui si potrebbe chiederla ai donatari medesimi, la restituzione degli immobili. (1)

L'azione per ottenere la restituzione deve proporsi secondo l'ordine di data delle alienazioni, cominciando dall'ultima. Contro i terzi acquirenti può anche essere richiesta, entro il termine di cui al primo comma, la restituzione dei beni mobili, oggetto della donazione, salvi gli effetti del possesso di buona fede. (1)

Il terzo acquirente può liberarsi dall'obbligo di restituire in natura le cose donate pagando l'equivalente in danaro.

Salvo il disposto del numero 8) dell'articolo 2652, il decorso del termine di cui al primo comma e di quello di cui all'articolo 561, primo comma, è sospeso nei confronti del coniuge e dei parenti in linea retta del donante che abbiano notificato e trascritto, nei confronti del donatario e dei suoi aventi causa, un atto stragiudiziale di opposizione alla donazione. Il diritto dell'opponente

è personale e rinunziabile. L'opposizione perde effetto se non è rinnovata prima che siano trascorsi venti anni dalla sua trascrizione. (2)

(1) Comma così modificato dal D.L. 14 marzo 2005, n. 35.
(2) Comma inserito dal D.L. 14 marzo 2005, n. 35 e poi così modificato dalla Legge 28 dicembre 2005, n. 263.

Art. 564. Condizioni per l'esercizio dell'azione di riduzione.

Il legittimario che non ha accettato l'eredità col beneficio d'inventario non può chiedere la riduzione delle donazioni e dei legati, salvo che le donazioni

e i legati siano stati fatti a persone chiamate come coeredi, ancorché abbiano rinunziato all'eredità. Questa disposizione non si applica all'erede che ha accettato col beneficio d'inventario e che ne è decaduto.

In ogni caso il legittimario, che domanda la riduzione di donazioni o di disposizioni testamentarie, deve imputare alla sua porzione legittima le donazioni e i legati a lui fatti, salvo che ne sia stato espressamente dispensato.

Il legittimario che succede per rappresentazione deve anche impugnare le donazioni e i legati fatti, senza espressa dispensa, al suo ascendente.

La dispensa non ha effetto a danno dei donatari anteriori.

Ogni cosa che, secondo le regole contenute nel capo II del titolo IV di questo libro, è esente da collazione, è pure esente da imputazione.

TITOLO II – DELLE SUCCESSIONI LEGITTIME

Art. 565. Categorie dei successibili.

Nella successione legittima l'eredità si devolve al coniuge, ai discendenti legittimi e naturali, agli ascendenti legittimi, ai collaterali, agli altri parenti e allo Stato nell'ordine e secondo le regole stabilite nel presente titolo.

CAPO I – DELLA SUCCESSIONE DEI PARENTI

Art. 566. Successione dei figli legittimi e naturali.

Al padre ed alla madre succedono i figli legittimi e naturali, in parti uguali.

Si applica il terzo comma dell'articolo 537.

Art. 567. Successione dei figli legittimati e adottivi.

Ai figli legittimi sono equiparati i legittimati e gli adottivi.

I figli adottivi sono estranei alla successione dei parenti dell'adottante.

Art. 568. Successione dei genitori.

A colui che muore senza lasciare prole, né fratelli o sorelle o loro discendenti, succedono il padre e la madre in eguali porzioni, o il genitore che sopravvive.

Art. 569. Successione degli ascendenti.

A colui che muore senza lasciare prole, né genitori, né fratelli o sorelle o loro discendenti, succedono per una metà gli ascendenti della linea paterna e per l'altra metà gli ascendenti della linea materna.

Se però gli ascendenti non sono di eguale grado, l'eredità è devoluta al più vicino senza distinzione di linea.

Art. 570. Successione dei fratelli e delle sorelle.

A colui che muore senza lasciare prole, né genitori, né altri ascendenti, succedono i fratelli e le sorelle in parti uguali.

I fratelli e le sorelle unilaterali conseguono però la metà della quota che conseguono i germani.

Art. 571. Concorso di genitori o ascendenti con fratelli e sorelle.

Se coi genitori o con uno soltanto di essi concorrono fratelli e sorelle germani del defunto, tutti sono ammessi alla successione del medesimo per capi, purché in nessun caso la quota, in cui succedono i genitori o uno di essi, sia minore della metà.

Se vi sono fratelli e sorelle unilaterali, ciascuno di essi consegue la metà della quota che consegue ciascuno dei germani o dei genitori, salva in ogni caso la quota della metà in favore di questi ultimi.

Se entrambi i genitori non possono o non vogliono venire alla successione e vi sono ulteriori ascendenti, a questi ultimi si devolve, nel modo determinato dall'articolo 569, la quota che sarebbe spettata a uno dei genitori in mancanza dell'altro.

Art. 572. Successione di altri parenti.

Se alcuno muore senza lasciare prole, né genitori, né altri ascendenti, né fratelli o sorelle o loro discendenti, la successione si apre a favore del parente o dei parenti prossimi, senza distinzione di linea.

La successione non ha luogo tra i parenti oltre il sesto grado.

Art. 573. Successione dei figli naturali.

Le disposizioni relative alla successione dei figli naturali si applicano quando la filiazione è stata riconosciuta o giudizialmente dichiarata, salvo quanto è disposto dall'articolo 580.

Art. 574.

(…) (1)

(1) "Concorso di figli naturali e legittimi.

I figli naturali, se concorrono con i figli legittimi, conseguono metà della quota che conseguono i legittimi, purché complessivamente la quota dei figli legittimi non sia inferiore al terzo dell'eredità.

I figli legittimi o i loro discendenti hanno facoltà di pagare in denaro o in beni immobili ereditari, a giusta stima, la porzione spettante ai figli naturali." Articolo abrogato dalla Legge 19 maggio 1975, n. 151.

Art. 575.

(…) (1)

(1) "Concorso di figli naturali con ascendenti e coniuge del genitore.

Se concorrono con gli ascendenti o con il coniuge del genitore, i figli naturali conseguono due terzi dell'eredità; se concorrono ad un tempo con gli ascendenti e con il coniuge, conseguono l'eredità diminuita del quarto che spetta agli ascendenti e del terzo che spetta al coniuge." Articolo abrogato dalla Legge 19 maggio 1975, n. 151.

Art. 576.

(…) (1)

(1) "Successione dei soli figli naturali.

In mancanza di discendenti legittimi, di ascendenti e del coniuge del genitore, i figli naturali succedono in tutta l'eredità." Articolo abrogato dalla Legge 19 maggio 1975, n. 151.

Art. 577. Successione del figlio naturale all'ascendente legittimo immediato del suo genitore. (1)

Il figlio naturale succede all'ascendente legittimo immediato del suo genitore che non può o non vuole accettare l'eredità, se l'ascendente non lascia né coniuge, né discendenti o ascendenti, né fratelli o sorelle o loro discendenti, né altri parenti legittimi entro il terzo grado.

(1) La Corte costituzionale con sentenza 14 aprile 1969, n. 79 ha dichiarato l'illegittimità costituzionale del presente articolo.

Art. 578. Successione dei genitori al figlio naturale.

Se il figlio naturale muore senza lasciar prole né coniuge, la sua eredità è devoluta a quello dei genitori che lo ha riconosciuto o del quale è stato dichiarato figlio.

Se è stato riconosciuto o dichiarato figlio di entrambi i genitori, l'eredità spetta per metà a ciascuno di essi.

Se uno solo dei genitori ha legittimato il figlio, l'altro è escluso dalla successione.

Art. 579. Concorso del coniuge e dei genitori.

Se al figlio naturale morto senza lasciar prole, né genitori, sopravvive il coniuge, l'eredità si devolve per intero al medesimo.

Se vi sono genitori, l'eredità è devoluta per due terzi al coniuge e per l'altro terzo ai genitori.

Art. 580. Diritti dei figli naturali non riconoscibili.

Ai figli naturali aventi diritto al mantenimento, all'istruzione e alla educazione, a norma dell'articolo 279, spetta un assegno vitalizio pari all'ammontare della rendita della quota di eredità alla quale avrebbero diritto, se la filiazione fosse stata dichiarata o riconosciuta.

I figli naturali hanno diritto di ottenere su loro richiesta la capitalizzazione dell'assegno loro spettante a norma del comma precedente, in denaro, ovvero, a scelta degli eredi legittimi, in beni ereditari.

CAPO II – DELLA SUCCESSIONE DEL CONIUGE

Art. 581. Concorso del coniuge con i figli.

Quando con il coniuge concorrono figli legittimi o figli naturali, o figli legittimi e naturali, il coniuge ha diritto alla metà dell'eredità, se alla successione concorre un solo figlio, e ad un terzo negli altri casi.

Art. 582. Concorso del coniuge con ascendenti legittimi, fratelli e sorelle.

Al coniuge sono devoluti i due terzi dell'eredità se egli concorre con ascendenti legittimi o con fratelli e sorelle anche se unilaterali, ovvero con gli uni e con gli altri. In quest'ultimo caso la parte residua è devoluta agli ascendenti, ai fratelli e alle sorelle, secondo le disposizioni dell'articolo 571, salvo in ogni caso agli ascendenti il diritto a un quarto dell'eredità.

Art. 583. Successione del solo coniuge.

In mancanza di figli legittimi o naturali, di ascendenti, di fratelli o sorelle, al coniuge si devolve tutta l'eredità.

Art. 584. Successione del coniuge putativo.

Quando il matrimonio è stato dichiarato nullo dopo la morte di uno dei coniugi, al coniuge superstite di buona fede spetta la quota attribuita al coniuge dalle disposizioni che precedono. Si applica altresì la disposizione del secondo comma dell'articolo 540.

Egli è però escluso dalla successione, quando la persona della cui eredità si tratta è legata da valido matrimonio al momento della morte.

Art. 585. Successione del coniuge separato.

Il coniuge cui non è stata addebitata la separazione con sentenza passata in giudicato ha gli stessi diritti successori del coniuge non separato.

Nel caso in cui al coniuge sia stata addebitata la separazione con sentenza passata in giudicato, si applicano le disposizioni del secondo comma dell'articolo 548.

CAPO III – DELLA SUCCESSIONE DELLO STATO

Art. 586. Acquisto dei beni da parte dello Stato.

In mancanza di altri successibili, l'eredità è devoluta allo Stato. L'acquisto si opera di diritto senza bisogno di accettazione e non può farsi luogo a rinunzia.

Lo Stato non risponde dei debiti ereditari e dei legati oltre il valore dei beni acquistati.

Cfr. Cassazione civile, sez. II, sentenza 26 gennaio 2010, n. 1549 in Altalex Massimario.

TITOLO III – DELLE SUCCESSIONI TESTAMENTARIE
CAPO I – DISPOSIZIONI GENERALI

Art. 587. Testamento.

Il testamento è un atto revocabile con il quale taluno dispone, per il tempo in cui avrà cessato di vivere, di tutte le proprie sostanze o di parte di esse.

Le disposizioni di carattere non patrimoniale, che la legge consente siano contenute in un testamento, hanno efficacia, se contenute in un atto che ha la forma del testamento, anche se manchino disposizioni di carattere patrimoniale.

Cfr. Cassazione Civile, sez. II, sentenza 7 settembre 2009, n. 19283 in Altalex Massimario.

Art. 588. Disposizioni a titolo universale e a titolo particolare.

Le disposizioni testamentarie, qualunque sia l'espressione o la denominazione usata dal testatore, sono a titolo universale e attribuiscono la qualità di erede, se comprendono l'universalità o una quota dei beni del testatore.

Le altre disposizioni sono a titolo particolare e attribuiscono la qualità di legatario.

L'indicazione di beni determinati o di un complesso di beni non esclude che la disposizione sia a titolo universale, quando risulta che il testatore ha inteso assegnare quei beni come quota del patrimonio.

Art. 589. Testamento congiuntivo o reciproco.

Non si può fare testamento da due o più persone nel medesimo atto, né a vantaggio di un terzo, né con disposizione reciproca.

Art. 590. Conferma ed esecuzione volontaria di disposizioni testamentarie nulle.

La nullità della disposizione testamentaria, da qualunque causa dipenda, non può essere fatta valere da chi, conoscendo la causa della nullità, ha, dopo la morte del testatore, confermato la disposizione o dato ad essa volontaria esecuzione.

CAPO II – DELLA CAPACITA' DI DISPORRE PER TESTAMENTO

Art. 591. Casi d'incapacità.

Possono disporre per testamento tutti coloro che non sono stati dichiarati incapaci dalla legge.

Sono incapaci di testare:

1) coloro che non hanno compiuto la maggiore età;
2) gli interdetti per infermità di mente;
3) quelli che, sebbene non interdetti, si provi essere stati, per qualsiasi causa, anche transitoria, incapaci di intendere o di volere nel momento in cui fecero testamento.

Nei casi d'incapacità preveduti dal presente articolo il testamento può essere impugnato da chiunque vi ha interesse. L'azione si prescrive nel termine di cinque anni dal giorno in cui è stata data esecuzione alle disposizioni testamentarie.

CAPO III – DELLA CAPACITA' DI RICEVERE PER TESTAMENTO

Art. 592. Figli naturali riconosciuti o riconoscibili. (1)

Se vi sono discendenti legittimi, i figli naturali quando la filiazione è stata riconosciuta o dichiarata, non possono ricevere per testamento più di quanto avrebbero ricevuto se la successione si fosse devoluta in base alla legge.

I figli naturali riconoscibili, quando la filiazione risulta nei modi indicati dall'articolo 279, non possono ricevere più di quanto, secondo la disposizione del comma precedente, potrebbero conseguire se la filiazione fosse stata riconosciuta o dichiarata.

(1) La Corte costituzionale con sentenza 28 dicembre 1970, n. 205 ha dichiarato l'illegittimità

costituzionale del presente articolo.

Art. 593.

(…) (1)

(1) "Figli naturali non riconoscibili.

Quando il testatore lascia figli legittimi o loro discendenti, i figli naturali non riconoscibili,

la cui filiazione risulta nei modi stabiliti dall'articolo 279, non possono singolarmente ricevere per testamento più della metà di quanto consegue nella successione il meno favorito dei figli legittimi. L'eccedenza è ripartita nelle stesse proporzioni tra i figli legittimi e i figli non riconoscibili. Questi non possono, in nessun caso, complessivamente ricevere più del terzo dell'eredità.

Se al testatore sopravvive il coniuge, i figli non riconoscibili non possono ricevere più del terzo dell'eredità. L'eccedenza è attribuita al coniuge.

I discendenti legittimi hanno facoltà di pagare in danaro o in beni immobili ereditari, a giusta stima, la porzione spettante ai figli non riconoscibili.

Le disposizioni precedenti si applicano anche ai figli non riconosciuti, dei quali sarebbe ammissibile il riconoscimento a norma degli articoli 251 e 252, terzo comma."

Articolo abrogato dalla Legge 19 maggio 1975, n. 151.

Art. 594. Assegno ai figli naturali non riconoscibili.

Gli eredi, i legatari e i donatari sono tenuti, in proporzione a quanto hanno ricevuto, a corrispondere ai figli naturali di cui all'articolo 279 un assegno vitalizio nei limiti stabiliti dall'articolo 580, se il genitore non ha disposto per donazione o testamento in favore dei figli medesimi. Se il genitore ha disposto in loro favore, essi possono rinunziare alla disposizione e chiedere l'assegno.

Art. 595.

(…) (1)

(1) "Coniuge del binubo.

Il coniuge del binubo non può ricevere da questo per testamento, sulla disponibile, più di quanto consegue, sulla disponibile stessa, il meno favorito dei figli di precedenti matrimoni. Per determinare la porzione del coniuge devono calcolarsi le donazioni da lui ricevute.

L'eccedenza di cui è stato disposto a favore del coniuge, anche per donazione, deve essere divisa in parti eguali tra il coniuge medesimo e tutti i figli del testatore." Articolo abrogato dalla Legge 19 maggio 1975, n. 151.

Art. 596. Incapacità del tutore e del protutore.

Sono nulle le disposizioni testamentarie della persona sottoposta a tutela in favore del tutore, se fatte dopo la nomina di questo e prima che sia approvato il conto o sia estinta l'azione per il rendimento del conto medesimo, quantunque il testatore sia morto dopo l'approvazione. Questa norma si applica anche al protutore, se il testamento è fatto nel tempo in cui egli sostituiva il tutore.

Sono però valide le disposizioni fatte in favore del tutore o del protutore che è ascendente, discendente, fratello, sorella o coniuge del testatore.

Art. 597. Incapacità del notaio, dei testimoni e dell'interprete.

Sono nulle le disposizioni a favore del notaio o di altro ufficiale che ha ricevuto il testamento pubblico, ovvero a favore di alcuno dei testimoni o dell'interprete intervenuti al testamento medesimo.

Art. 598. Incapacità di chi ha scritto o ricevuto il testamento segreto.

Sono nulle le disposizioni a favore della persona che ha scritto il testamento segreto, salvo che siano approvate di mano dello stesso testatore o nell'atto della consegna. Sono pure nulle le disposizioni a favore del notaio a cui il testamento segreto è stato consegnato in plico non sigillato.

Art. 599. Persone interposte.

Le disposizioni testamentarie a vantaggio delle persone incapaci indicate dagli articoli 592, 593, (1) 595, (2) 596, 597 e 598 sono nulle anche se fatte sotto nome d'interposta persona.

Sono reputate persone interposte il padre, la madre, i discendenti e il coniuge della persona incapace, anche se chiamati congiuntamente con l'incapace.

(1) La Corte costituzionale con sentenza 28 dicembre 1970, n. 205 ha dichiarato l'illegittimità

costituzionale del presente articolo nella parte in cui si riferisce agli artt. 592 e 593.

(2) La Corte costituzionale con sentenza 20 dicembre 1979, n. 153 ha dichiarato la illegittimità

costituzionale del presente articolo nella parte in cui richiama l'art. 595 c.c.

Art. 600.

(…) (1)

(1) "Enti non riconosciuti.

Le disposizioni a favore di un ente non riconosciuto non hanno efficacia, se entro un anno dal giorno in cui il testamento è eseguibile non è fatta l'istanza per ottenere il riconoscimento.

Fino a quando l'ente non è costituito possono essere promossi gli opportuni provvedimenti conservativi." Articolo abrogato dalla Legge 15 maggio 1997, n. 127.

CAPO IV – DELLA FORMA DEI TESTAMENTI

SEZIONE I - Dei testamenti ordinari

Art. 601. Forme.

Le forme ordinarie di testamento sono il testamento olografo e il testamento per atto di notaio.

Il testamento per atto di notaio è pubblico o segreto.

Art. 602. Testamento olografo.

Il testamento olografo deve essere scritto per intero, datato e sottoscritto di mano del testatore.

La sottoscrizione deve essere posta alla fine delle disposizioni. Se anche non è fatta indicando nome e cognome, è tuttavia valida quando designa con certezza la persona del testatore.

La data deve contenere l'indicazione del giorno, mese e anno. La prova della non verità della data è ammessa soltanto quando si tratta di giudicare della capacità del testatore, della priorità di data tra più testamenti o di altra questione da decidersi in base al tempo del testamento.

Art. 603. Testamento pubblico.

Il testamento pubblico è ricevuto dal notaio in presenza di due testimoni.

Il testatore, in presenza dei testimoni, dichiara al notaio la sua volontà, la

quale è ridotta in iscritto a cura del notaio stesso. Questi dà lettura del testamento
al testatore in presenza dei testimoni. Di ciascuna di tali formalità
è fatta menzione nel testamento.

Il testamento deve indicare il luogo, la data del ricevimento e l'ora della sottoscrizione, ed essere sottoscritto dal testatore, dai testimoni e dal notaio. Se il testatore non può sottoscrivere, o può farlo solo con grave difficoltà, deve dichiararne la causa e il notaio deve menzionare questa dichiarazione prima della lettura dell'atto.

Per il testamento del muto o sordo (1) si osservano le norme stabilite dalla legge notarile per gli atti pubblici di queste persone. Qualora il testatore sia incapace anche di leggere, devono intervenire quattro testimoni.

(1) A norma della L. 20 febbraio 2006, n. 95, in tutte le disposizioni legislative vigenti, il termine "sordomuto" è stato sostituito con l'espressione "sordo".

Art. 604. Testamento segreto.

Il testamento segreto può essere scritto dal testatore o da un terzo. Se è scritto dal testatore deve essere sottoscritto da lui alla fine delle disposizioni; se è scritto in tutto o in parte da altri, o se è scritto con mezzi meccanici, deve portare la sottoscrizione del testatore anche in ciascun mezzo foglio, unito o separato.

Il testatore che sa leggere ma non sa scrivere, o che non ha potuto apporre la sottoscrizione quando faceva scrivere le proprie disposizioni, deve altresì dichiarare al notaio, che riceve il testamento, di averlo letto ed aggiungere la causa che gli ha impedito di sottoscriverlo: di ciò si fa menzione nell'atto di ricevimento.

Chi non sa o non può leggere non può fare testamento segreto.

Art. 605. Formalità del testamento segreto.

La carta su cui sono stese le disposizioni o quella che serve da involto deve essere sigillata con impronta, in guisa che il testamento non si possa aprire né estrarre senza rottura o alterazione.

Il testatore, in presenza di due testimoni, consegna personalmente al notaio la carta così sigillata, o la fa sigillare nel modo sopra indicato in presenza del notaio e dei testimoni, e dichiara che in questa carta è contenuto il suo testamento.

Il testatore, se è muto o sordo, (1) deve scrivere tale dichiarazione
in presenza dei testimoni e deve pure dichiarare per iscritto di aver letto il testamento, se questo è stato scritto da altri.

Sulla carta in cui dal testatore è scritto o involto il testamento, o su un ulteriore involto predisposto dal notaio e da lui debitamente sigillato, si scrive l'atto di ricevimento nel quale si indicano il fatto della consegna e la dichiarazione
del testatore, il numero e l'impronta dei sigilli, e l'assistenza dei testimoni a tutte le formalità.

L'atto deve essere sottoscritto dal testatore, dai testimoni e dal notaio.
Se il testatore non può, per qualunque impedimento, sottoscrivere l'atto della consegna, si osserva quel che è stabilito circa il testamento per atto pubblico. Tutto ciò deve essere fatto di seguito e senza passare ad altri atti.

(1) A norma della L. 20 febbraio 2006, n. 95, in tutte le disposizioni legislative vigenti, il termine "sordomuto" è stato sostituito con l'espressione "sordo".

Art. 606. Nullità del testamento per difetto di forma.

Il testamento è nullo quando manca l'autografia o la sottoscrizione nel caso di testamento olografo, ovvero manca la redazione per iscritto, da parte del notaio, delle dichiarazioni del testatore o la sottoscrizione dell'uno o dell'altro, nel caso di testamento per atto di notaio.

Per ogni altro difetto di forma il testamento può essere annullato su istanza di chiunque vi ha interesse. L'azione di annullamento si prescrive nel termine di cinque anni dal giorno in cui è stata data esecuzione alle disposizioni testamentarie.

Art. 607. Validità del testamento segreto come olografo.

Il testamento segreto, che manca di qualche requisito suo proprio, ha effetto come testamento olografo, qualora di questo abbia i requisiti.

Art. 608. Ritiro di testamento segreto od olografo.

Il testamento segreto e il testamento olografo che è stato depositato possono dal testatore essere ritirati in ogni tempo dalle mani del notaio presso il quale si trovano.

A cura del notaio si redige verbale della restituzione; il verbale è sottoscritto dal testatore, da due testimoni e dal notaio; se il testatore non può sottoscrivere, se ne fa menzione.

Quando il testamento è depositato in un pubblico archivio, il verbale è redatto dall'archivista e sottoscritto dal testatore, dai testimoni e dall'archivista medesimo.

Della restituzione del testamento si prende nota in margine o in calce all'atto di consegna o di deposito.

SEZIONE II - Dei testamenti speciali

Art. 609. Malattie contagiose, calamità pubbliche o infortuni.

Quando il testatore non può valersi delle forme ordinarie, perché si trova in luogo dove domina una malattia reputata contagiosa, o per causa di pubblica calamità o d'infortunio, il testamento è valido se ricevuto da un notaio,
(1) dal giudice di pace del luogo, dal sindaco o da chi ne fa le veci, o da un ministro di culto, in presenza di due testimoni di età non inferiore a sedici anni.

Il testamento è redatto e sottoscritto da chi lo riceve; è sottoscritto anche dal testatore e dai testimoni. Se il testatore o i testimoni non possono sottoscrivere,
se ne indica la causa.

(1) Le parole: "dal pretore o" sono state abrogate dal D.Lgs. 19 febbraio 1998, n. 51.

Art. 610. Termine di efficacia.

Il testamento ricevuto nel modo indicato dall'articolo precedente perde la sua efficacia tre mesi dopo la cessazione della causa che ha impedito al testatore
di valersi delle forme ordinarie.

Se il testatore muore nell'intervallo, il testamento deve essere depositato, appena è possibile, nell'archivio notarile del luogo in cui è stato ricevuto.

Art. 611. Testamento a bordo di nave.

Durante il viaggio per mare il testamento può essere ricevuto a bordo della nave dal comandante di essa.

Il testamento del comandante può essere ricevuto da colui che lo segue immediatamente in ordine di servizio.

Art. 612. Forme.
Il testamento indicato dall'articolo precedente è redatto in doppio originale alla presenza di due testimoni e deve essere sottoscritto dal testatore, dalla persona che lo ha ricevuto e dai testimoni; se il testatore o i testimoni non possono sottoscrivere, si deve indicare il motivo che ha impedito la sottoscrizione.
Il testamento è conservato tra i documenti di bordo ed è annotato sul giornale di bordo ovvero sul giornale nautico e sul ruolo d'equipaggio.

Art. 613. Consegna.
Se la nave approda a un porto estero in cui vi sia un'autorità consolare, il comandante è tenuto a consegnare all'autorità medesima uno degli originali del testamento e una copia dell'annotazione fatta sul giornale di bordo ovvero sul giornale nautico e sul ruolo di equipaggio.

Al ritorno della nave nella Repubblica (1) i due originali del testamento o quello non depositato durante il viaggio, devono essere consegnati all'autorità marittima locale insieme con la copia della predetta annotazione.
Della consegna si rilascia dichiarazione, di cui si fa cenno in margine all'annotazione
sopraindicata.
(1) Testo così modificato a seguito dell'entrata in vigore della Costituzione Italiana.

Art. 614. Verbale di consegna.
L'autorità marittima o consolare locale deve redigere verbale della consegna del testamento e trasmettere il verbale e gli atti ricevuti al Ministero della difesa o al Ministero delle infrastrutture e dei trasporti (1) secondo che il testamento sia stato ricevuto a bordo di una nave della marina militare o di una nave della marina mercantile. Il Ministero ordina il deposito di uno degli originali nel suo archivio, e trasmette l'altro all'archivio notarile del luogo del domicilio o dell'ultima residenza del testatore.
(1) Il Ministero della marina mercantile è stato soppresso, unitamente al Ministero dei trasporti e dell'aviazione civile, dalla L. 24 dicembre 1993, n. 537, la quale ha istituito, in loro vece, il Ministero dei trasporti e della navigazione, poi modificato in Ministero delle infrastrutture e dei trasporti dalla L. 14 luglio 2008, n. 121.

Art. 615. Termine di efficacia.
Il testamento fatto durante il viaggio per mare, nella forma stabilita dagli articoli 611 e seguenti, perde la sua efficacia tre mesi dopo lo sbarco del testatore in un luogo dove è possibile fare testamento nelle forme ordinarie.

Art. 616. Testamento a bordo di aeromobile.
Al testamento fatto a bordo di un aeromobile durante il viaggio si applicano le disposizioni degli articoli 611 a 615.
Il testamento è ricevuto dal comandante, in presenza di uno o, quando è possibile, di due testimoni.
Le attribuzioni delle autorità marittime a norma degli articoli 613 e 614 spettano alle autorità aeronautiche.
Il testamento è annotato sul giornale di rotta. (1)
(1) Il giornale di rotta è stato denominato giornale di bordo dalla L. 13 maggio 1983, n. 213.

Art. 617. Testamento dei militari e assimilati.
Il testamento dei militari e delle persone al seguito delle forze armate dello Stato può essere ricevuto da un ufficiale o da un cappellano militare o da un ufficiale della Croce rossa, in presenza di due testimoni; esso deve essere sottoscritto dal testatore, dalla persona che lo ha ricevuto e dai testimoni.
Se il testatore o i testimoni non possono sottoscrivere, si deve indicare il motivo che ha impedito la sottoscrizione.
Il testamento deve essere al più presto trasmesso al quartiere generale e da questo al Ministero competente, che ne ordina il deposito nell'archivio notarile del luogo del domicilio o dell'ultima residenza del testatore.

Art. 618. Casi e termini d'efficacia.
Nella forma speciale stabilita dall'articolo precedente possono testare soltanto coloro i quali, appartenendo a corpi o servizi mobilitati o comunque impegnati in guerra, si trovano in zona di operazioni belliche o sono prigionieri presso il nemico, e coloro che sono acquartierati o di presidio fuori della Repubblica (1) o in luoghi dove siano interrotte le comunicazioni.
Il testamento perde la sua efficacia tre mesi dopo il ritorno del testatore in un luogo dove è possibile far testamento nelle forme ordinarie.
(1) Testo così modificato a seguito dell'entrata in vigore della Costituzione Italiana.

Art. 619. Nullità.
I testamenti previsti in questa sezione sono nulli quando manca la redazione in iscritto della dichiarazione del testatore ovvero la sottoscrizione della persona autorizzata a riceverla o del testatore.
Per gli altri difetti di forma si osserva il disposto del secondo comma dell'articolo 606.

SEZIONE III - Della pubblicazione dei testamenti olografi e dei testamenti segreti

Art. 620. Pubblicazione del testamento olografo.
Chiunque è in possesso di un testamento olografo deve presentarlo a un notaio per la pubblicazione, appena ha notizia della morte del testatore.
Chiunque crede di avervi interesse può chiedere, con ricorso al tribunale del circondario (1) in cui si è aperta la successione, che sia fissato un termine per la presentazione.
Il notaio procede alla pubblicazione del testamento in presenza di due testimoni,
redigendo nella forma degli atti pubblici un verbale nel quale descrive lo stato del testamento, ne riproduce il contenuto e fa menzione della sua apertura, se è stato presentato chiuso con sigillo. Il verbale è sottoscritto dalla persona che presenta il testamento, dai testimoni e dal notaio. Ad esso sono uniti la carta in cui è scritto il testamento, vidimata in ciascun mezzo foglio dal notaio e dai testimoni, e l'estratto dell'atto di morte del testatore o copia del provvedimento che ordina l'apertura degli atti di ultima volontà dell'assente o della sentenza che dichiara la morte presunta.
Nel caso in cui il testamento è stato depositato dal testatore presso un notaio, la pubblicazione è eseguita dal notaio depositario.
Avvenuta la pubblicazione, il testamento olografo ha esecuzione.
Per giustificati motivi, su istanza di chiunque vi ha interesse, il tribunale (2) può disporre che periodi o frasi di carattere non patrimoniale siano cancellati

dal testamento e omessi nelle copie che fossero richieste, salvo che l'autorità giudiziaria ordini il rilascio di copia integrale.

(1) Le parole: "pretore del mandamento" sono state sostituite dalle parole: "tribunale del circondario" dal D. L.vo 19 febbraio 1998, n. 51, recante l'istituzione del giudice unico, a decorrere dal 2 giugno 1999.

(2) La parola: "pretore" è stata sostituita dalla parola: "tribunale" dal D. L.vo 19 febbraio 1998, n. 51, recante l'istituzione del giudice unico, a decorrere dal 2 giugno 1999.

Art. 621. Pubblicazione del testamento segreto.

Il testamento segreto deve essere aperto e pubblicato dal notaio appena gli perviene la notizia della morte del testatore. Chiunque crede di avervi interesse può chiedere, con ricorso al tribunale del circondario (1) in cui si è aperta la successione, che sia fissato un termine per l'apertura e la pubblicazione.

Si applicano le disposizioni del terzo comma dell'articolo 620.

(1) Le parole: "pretore del mandamento" sono state sostituite dalle parole: "tribunale del circondario" dal D. L.vo 19 febbraio 1998, n. 51, recante l'istituzione del giudice unico, a decorrere dal 2 giugno 1999.

Art. 622. Comunicazione dei testamenti alla pretura. (1)

Il notaio deve trasmettere alla cancelleria del tribunale, (2) nella cui giurisdizione
si è aperta la successione, copia in carta libera dei verbali previsti dagli articoli 620 e 621 e del testamento pubblico.

*(1) Ai sensi del D. L.vo 19 febbraio 1998, n. 51, l'ufficio del pretore è soppresso a decorrere
dal 2 giugno 1999, fatta salva l'attività necessaria per l'esaurimento degli affari pendenti, e le relative competenze sono trasferite al tribunale ordinario.*

(2) Le parole: "della pretura" sono state sostituite dalle parole: "del tribunale" dal D. L.vo 19 febbraio 1998, n. 51, recante l'istituzione del giudice unico, a decorrere dal 2 giugno 1999.

Art. 623. Comunicazioni agli eredi e legatari.

Il notaio che ha ricevuto un testamento pubblico, appena gli è nota la morte del testatore, o, nel caso di testamento olografo o segreto, dopo la pubblicazione,
comunica l'esistenza del testamento agli eredi e legatari di cui conosce il domicilio o la residenza.

CAPO V – DELL'ISTITUZIONE DI EREDE E DEI LEGATI
SEZIONE I - Disposizioni generali
Art. 624. Violenza, dolo, errore.

La disposizione testamentaria può essere impugnata da chiunque vi abbia interesse quando è l'effetto di errore, di violenza, o di dolo.

L'errore sul motivo, sia esso di fatto o di diritto, è causa di annullamento della disposizione testamentaria, quando il motivo risulta dal testamento ed è il solo che ha determinato il testatore a disporre.

L'azione si prescrive in cinque anni dal giorno in cui si è avuta notizia della violenza, del dolo o dell'errore.

Art. 625. Erronea indicazione dell'erede o del legatario o della cosa che forma oggetto della disposizione.

Se la persona dell'erede o del legatario è stata erroneamente indicata, la disposizione ha effetto, quando dal contesto del testamento o altrimenti risulta in modo non equivoco quale persona il testatore voleva nominare.

La disposizione ha effetto anche quando la cosa che forma oggetto della disposizione è stata erroneamente indicata o descritta, ma è certo a quale cosa il testatore intendeva riferirsi.

Art. 626. Motivo illecito.

Il motivo illecito rende nulla la disposizione testamentaria, quando risulta dal testamento ed è il solo che ha determinato il testatore a disporre.

Art. 627. Disposizione fiduciaria.

Non è ammessa azione in giudizio per accertare che le disposizioni fatte a favore di persona dichiarata nel testamento sono soltanto apparenti e che in realtà riguardano altra persona, anche se espressioni del testamento possono indicare o far presumere che si tratta di persona interposta.

Tuttavia la persona dichiarata nel testamento, se ha spontaneamente eseguito la disposizione fiduciaria trasferendo i beni alla persona voluta dal testatore, non può agire per la ripetizione, salvo che sia un incapace.

Le disposizioni di questo articolo non si applicano al caso in cui l'istituzione o il legato sono impugnati come fatti per interposta persona a favore d'incapaci a ricevere.

Art. 628. Disposizione a favore di persona incerta.

È nulla ogni disposizione fatta a favore di persona che sia indicata in modo da non poter essere determinata.

Art. 629. Disposizioni a favore dell'anima.

Le disposizioni a favore dell'anima sono valide qualora siano determinati i beni o possa essere determinata la somma da impiegarsi a tale fine.

Esse si considerano come un onere a carico dell'erede o del legatario, e si applica l'articolo 648.

Il testatore può designare una persona che curi l'esecuzione della disposizione, anche nel caso in cui manchi un interessato a richiedere l'adempimento.

Art. 630. Disposizioni a favore dei poveri.

Le disposizioni a favore dei poveri e altre simili, espresse genericamente, senza che si determini l'uso o il pubblico istituto a cui beneficio sono fatte, s'intendono fatte in favore dei poveri del luogo in cui il testatore aveva il domicilio al tempo della sua morte, e i beni sono devoluti all'ente comunale di assistenza.

La precedente disposizione si applica anche quando la persona incaricata dal testatore di determinare l'uso o il pubblico istituto non può o non vuole accettare l'incarico.

Art. 631. Disposizioni rimesse all'arbitrio del terzo.

È nulla ogni disposizione testamentaria con la quale si fa dipendere dall'arbitrio di un terzo l'indicazione dell'erede o del legatario, ovvero la determinazione della quota di eredità.

Tuttavia è valida la disposizione a titolo particolare in favore di persona da scegliersi dall'onerato o da un terzo tra più persone determinate dal testatore o appartenenti a famiglie o categorie di persone da lui determinate, ed è pure valida la disposizione a titolo particolare a favore di uno tra più enti determinati del pari dal testatore. Se sono indicate più persone in modo alternativo e non è stabilito chi deve fare la scelta, questa si considera lasciata all'onerato.

Se l'onerato o il terzo non può o non vuole fare la scelta, questa è fatta con decreto dal presidente del tribunale del luogo in cui si è aperta la successione, dopo avere assunto le opportune informazioni.

Art. 632. Determinazione di legato per arbitrio altrui.

È nulla la disposizione che lascia al mero arbitrio dell'onerato o di un terzo di determinare l'oggetto o la quantità del legato.

Sono validi i legati fatti a titolo di rimunerazione per i servizi prestati al testatore, anche se non ne sia indicato l'oggetto o la quantità.

SEZIONE II - Delle disposizioni condizionali, a termine e modali

Art. 633. Condizione sospensiva o risolutiva.

Le disposizioni a titolo universale o particolare possono farsi sotto condizione sospensiva o risolutiva.

Art. 634. Condizioni impossibili o illecite.

Nelle disposizioni testamentarie si considerano non apposte le condizioni impossibili e quelle contrarie a norme imperative, all'ordine pubblico o al buon costume, salvo quanto è stabilito dall'articolo 626.

Art. 635. Condizione di reciprocità.

È nulla la disposizione a titolo universale o particolare fatta dal testatore a condizione di essere a sua volta avvantaggiato nel testamento dell'erede o del legatario.

Art. 636. Divieto di nozze.

È illecita la condizione che impedisce le prime nozze o le ulteriori.

Tuttavia il legatario di usufrutto o di uso, di abitazione o di pensione, o di altra prestazione periodica per il caso o per il tempo del celibato o della vedovanza, non può goderne che durante il celibato o la vedovanza.

Art. 637. Termine.

Si considera non apposto a una disposizione a titolo universale il termine dal quale l'effetto di essa deve cominciare o cessare.

Art. 638. Condizioni di non fare o di non dare.

Se il testatore ha disposto sotto la condizione che l'erede o il legatario non faccia o non dia qualche cosa per un tempo indeterminato, la disposizione si considera fatta sotto condizione risolutiva, salvo che dal testamento risulti una contraria volontà del testatore.

Art. 639. Garanzia in caso di condizione risolutiva.

Se la disposizione testamentaria è sottoposta a condizione risolutiva, l'autorità giudiziaria, qualora ne ravvisi l'opportunità, può imporre all'erede o al legatario di prestare idonea garanzia a favore di coloro ai quali l'eredità o il legato dovrebbe devolversi nel caso che la condizione si avverasse.

Art. 640. Garanzia in caso di legato sottoposto a condizione sospensiva o a termine.

Se a taluno è lasciato un legato sotto condizione sospensiva o dopo un certo tempo, l'onerato può essere costretto a dare idonea garanzia al legatario, salvo che il testatore abbia diversamente disposto.

La garanzia può essere imposta anche al legatario quando il legato è a termine finale.

Art. 641. Amministrazione in caso di condizione sospensiva o di mancata prestazione di garanzia.

Qualora l'erede sia istituito sotto condizione sospensiva, finché questa condizione non si verifica o non è certo che non si può più verificare, è dato all'eredità un amministratore.

Vale la stessa norma anche nel caso in cui l'erede o il legatario non adempie l'obbligo di prestare la garanzia prevista dai due articoli precedenti.

Art. 642. Persone a cui spetta l'amministrazione.

L'amministrazione spetta alla persona a cui favore è stata disposta la sostituzione, ovvero al coerede o ai coeredi, quando tra essi e l'erede condizionale vi è il diritto di accrescimento.

Se non è prevista la sostituzione o non vi sono coeredi a favore dei quali abbia luogo il diritto di accrescimento, l'amministrazione spetta al presunto erede legittimo.

In ogni caso l'autorità giudiziaria, quando concorrono giusti motivi, può provvedere altrimenti.

Art. 643. Amministrazione in caso di eredi nascituri.

Le disposizioni dei due precedenti articoli si applicano anche nel caso in cui sia chiamato a succedere un non concepito, figlio di una determinata persona vivente. A questa spetta la rappresentanza del nascituro, per la tutela dei suoi diritti successori, anche quando l'amministratore dell'eredità è una persona diversa.

Se è chiamato un concepito, l'amministrazione spetta al padre e, in mancanza di questo, alla madre.

Art. 644. Obblighi e facoltà degli amministratori.

Agli amministratori indicati dai precedenti articoli sono comuni le regole che si riferiscono ai curatori dell'eredità giacente.

Art. 645. Condizione sospensiva potestativa senza termine.

Se la condizione apposta all'istituzione di erede o al legato è sospensiva potestativa e non è indicato il termine per l'adempimento gli interessati possono adire l'autorità giudiziaria perché fissi questo termine.

Art. 646. Retroattività della condizione.

L'adempimento della condizione ha effetto retroattivo; ma l'erede o il legatario, nel caso di condizione risolutiva, non è tenuto a restituire i frutti se non dal giorno in cui la condizione si è verificata. L'azione per la restituzione dei frutti si prescrive in cinque anni.

Art. 647. Onere.

Tanto all'istituzione di erede quanto al legato può essere apposto un onere.

Se il testatore non ha diversamente disposto, l'autorità giudiziaria, qualora ne ravvisi l'opportunità, può imporre all'erede o al legatario gravato dall'onere una cauzione.

L'onere impossibile o illecito si considera non apposto; rende tuttavia nulla la disposizione, se ne ha costituito il solo motivo determinante.

Art. 648. Adempimento dell'onere.

Per l'adempimento dell'onere può agire qualsiasi interessato.

Nel caso d'inadempimento dell'onere, l'autorità giudiziaria può pronunziare la risoluzione della disposizione testamentaria, se la risoluzione è stata prevista dal testatore, o se l'adempimento dell'onere ha costituito il solo motivo determinante della disposizione.

SEZIONE III - Dei legati

Art. 649. Acquisto del legato.

Il legato si acquista senza bisogno di accettazione, salva la facoltà di rinunziare. Quando oggetto del legato è la proprietà di una cosa determinata o altro diritto appartenente al testatore, la proprietà o il diritto si trasmette dal testatore al legatario al momento della morte del testatore.

Il legatario però deve domandare all'onerato il possesso della cosa legata, anche quando ne è stato espressamente dispensato dal testatore.

Art. 650. Fissazione di un termine per la rinunzia.

Chiunque ha interesse può chiedere che l'autorità giudiziaria fissi un termine entro il quale il legatario dichiari se intende esercitare la facoltà di rinunziare. Trascorso questo termine senza che abbia fatto alcuna dichiarazione, il legatario perde il diritto di rinunziare.

Art. 651. Legato di cosa dell'onerato o di un terzo.

Il legato di cosa dell'onerato o di un terzo è nullo, salvo che dal testamento o da altra dichiarazione scritta dal testatore risulti che questi sapeva che la cosa legata apparteneva all'onerato o al terzo. In questo ultimo caso l'onerato è obbligato ad acquistare la proprietà della cosa dal terzo e a trasferirla al legatario, ma è in sua facoltà di pagarne al legatario il giusto prezzo.

Se però la cosa legata, pur appartenendo ad altri al tempo del testamento, si trova in proprietà del testatore al momento della sua morte, il legato è valido.

Art. 652. Legato di cosa solo in parte del testatore.

Se al testatore appartiene una parte della cosa legata o un diritto sulla medesima,
il legato è valido solo relativamente a questa parte o a questo diritto, salvo che risulti la volontà del testatore di legare la cosa per intero, in conformità dell'articolo precedente.

Art. 653. Legato di cosa genericamente determinata.

È valido il legato di cosa determinata solo nel genere, anche se nessuna del genere ve n'era nel patrimonio del testatore al tempo del testamento e nessuna se ne trova al tempo della morte.

Art. 654. Legato di cosa non esistente nell'asse.

Quando il testatore ha lasciato una sua cosa particolare, o una cosa determinata soltanto nel genere da prendersi dal suo patrimonio, il legato non ha effetto se la cosa non si trova nel patrimonio del testatore al tempo della sua morte.

Se la cosa si trova nel patrimonio del testatore al tempo della sua morte, ma non nella quantità determinata, il legato ha effetto per la quantità che vi si trova.

Art. 655. Legato di cosa da prendersi da certo luogo.

Il legato di cose da prendersi da certo luogo ha effetto soltanto se le cose vi si trovano, e per la parte che vi si trova; ha tuttavia effetto per l'intero quando, alla morte del testatore, le cose non vi si trovano, in tutto o in parte, perché erano state rimosse temporaneamente dal luogo in cui di solito erano custodite.

Art. 656. Legato di cosa del legatario.

Il legato di cosa che al tempo in cui fu fatto il testamento era già di proprietà del legatario è nullo, se la cosa si trova in proprietà di lui anche al tempo dell'apertura della successione.

Se al tempo dell'apertura della successione la cosa si trova in proprietà del testatore, il legato è valido, ed è altresì valido se in questo tempo la cosa si trova in proprietà dell'onerato o di un terzo, e dal testamento risulta che essa fu legata in previsione di tale avvenimento.

Art. 657. Legato di cosa acquistata dal legatario.

Se il legatario, dopo la confezione del testamento, ha acquistato dal testatore, a titolo oneroso o a titolo gratuito, la cosa a lui legata, il legato è senza effetto in conformità dell'articolo 686.

Se dopo la confezione del testamento la cosa legata è stata dal legatario acquistata, a titolo gratuito, dall'onerato o da un terzo, il legato è senza effetto; se l'acquisto ha avuto luogo a titolo oneroso, il legatario ha diritto al rimborso del prezzo, qualora ricorrano le circostanze indicate dall'articolo 651.

Art. 658. Legato di credito o di liberazione da debito.

Il legato di un credito o di liberazione da un debito ha effetto per la sola parte del credito o del debito che sussiste al tempo della morte del testatore. L'erede è soltanto tenuto a consegnare al legatario i titoli del credito legato che si trovavano presso il testatore.

Art. 659. Legato a favore del creditore.

Se il testatore, senza fare menzione del debito, fa un legato al suo creditore, il legato non si presume fatto per soddisfare il legatario del suo credito.

Art. 660. Legato di alimenti.

Il legato di alimenti, a favore di chiunque sia fatto, comprende le somministrazioni
indicate dall'articolo 438, salvo che il testatore abbia altrimenti disposto.

Art. 661. Prelegato.

Il legato a favore di uno dei coeredi e a carico di tutta l'eredità si considera come legato per l'intero ammontare.

Art. 662. Onere della prestazione del legato.

Il testatore può porre la prestazione del legato a carico degli eredi ovvero a carico di uno o più legatari. Quando il testatore non ha disposto, alla prestazione
sono tenuti gli eredi.

Su ciascuno dei diversi onerati il legato grava in proporzione della rispettiva quota ereditaria o del legato, se il testatore non ha diversamente disposto.

Art. 663. Legato imposto a un solo erede.

Se l'obbligo di adempiere il legato è stato particolarmente imposto a uno degli eredi, questi solo è tenuto a soddisfarlo.

Se è stata legata una cosa propria di un coerede, i coeredi sono tenuti a compensarlo del valore di essa con danaro o con beni ereditari, in proporzione della loro quota ereditaria, quando non consta una contraria volontà del testatore.

Art. 664. Adempimento del legato di genere.
Nel legato di cosa determinata soltanto nel genere, la scelta, quando dal testatore non è affidata al legatario o a un terzo, spetta all'onerato. Questi è obbligato a dare cose di qualità non inferiore alla media; ma se nel patrimonio ereditario vi è una sola delle cose appartenenti al genere indicato, l'onerato non ha facoltà né può essere obbligato a prestarne un'altra, salvo espressa disposizione contraria del testatore.
Se la scelta è lasciata dal testatore al legatario o a un terzo, questi devono scegliere una cosa di media qualità; ma se cose del genere indicato si trovano nell'eredità, il legatario può scegliere la migliore.
Se il terzo non può o non vuole fare la scelta, questa è fatta a norma del terzo comma dell'articolo 631.

Art. 665. Scelta nel legato alternativo.
Nel legato alternativo la scelta spetta all'onerato, a meno che il testatore l'abbia lasciata al legatario o a un terzo.

Art. 666. Trasmissione all'erede della facoltà di scelta.
Tanto nel legato di genere quanto in quello alternativo, se l'onerato o il legatario
a cui compete la scelta non ha potuto farla, la facoltà di scegliere si trasmette al suo erede.
La scelta fatta è irretrattabile.

Art. 667. Accessioni della cosa legata.
La cosa legata, con tutte le sue pertinenze, deve essere prestata al legatario nello stato in cui si trova al tempo della morte del testatore.
Se è stato legato un fondo, sono comprese nel legato anche le costruzioni fatte nel fondo, sia che esistessero già al tempo della confezione del testamento, sia che non esistessero, salva in ogni caso l'applicabilità del secondo comma dell'articolo 686.
Se il fondo legato è stato accresciuto con acquisti posteriori, questi sono dovuti al legatario, purché siano contigui al fondo e costituiscano con esso una unità economica.

Art. 668. Adempimento del legato.
Se la cosa legata è gravata da una servitù, da un canone o da altro onere inerente al fondo, ovvero da una rendita fondiaria, il peso ne è sopportato dal legatario.
Se la cosa legata è vincolata per una rendita semplice, un censo o altro debito dell'eredità, o anche di un terzo, l'erede è tenuto al pagamento delle anCODICE CIVILE

nualità o degli interessi e della somma principale, secondo la natura del debito, qualora il testatore non abbia diversamente disposto.

Art. 669. Frutti della cosa legata.
Se oggetto del legato è una cosa fruttifera, appartenente al testatore al momento della sua morte, i frutti o gli interessi sono dovuti al legatario da questo momento.
Se la cosa appartiene all'onerato o a un terzo, ovvero se si tratta di cosa determinata per genere o quantità, i frutti o gli interessi sono dovuti dal giorno della domanda giudiziale o dal giorno in cui la prestazione del legato è stata promessa, salvo che il testatore abbia diversamente disposto.

Art. 670. Legato di prestazioni periodiche.
Se è stata legata una somma di danaro o una quantità di altre cose fungibili, da prestarsi a termini periodici, il primo termine decorre dalla morte del testatore, e il legatario acquista il diritto a tutta la prestazione dovuta per il termine in corso, ancorché fosse in vita soltanto al principio di esso. Il legato però non può esigersi se non dopo scaduto il termine.
Si può tuttavia esigere all'inizio del termine il legato a titolo di alimenti.

Art. 671. Legati e oneri a carico del legatario.
Il legatario è tenuto all'adempimento del legato e di ogni altro onere a lui imposto entro i limiti del valore della cosa legata.

Art. 672. Spese per la prestazione del legato.
Le spese per la prestazione del legato sono a carico dell'onerato.

Art. 673. Perimento della cosa legata. Impossibilità della prestazione.
Il legato non ha effetto se la cosa legata è interamente perita durante la vita del testatore.
L'obbligazione dell'onerato si estingue se, dopo la morte del testatore, la prestazione è divenuta impossibile per causa a lui non imputabile.

SEZIONE IV - Del diritto di accrescimento

Art. 674. Accrescimento tra coeredi.
Quando più eredi sono stati istituiti con uno stesso testamento nell'universalità dei beni, senza determinazione di parti o in parti uguali, anche se determinate, qualora uno di essi non possa o non voglia accettare la sua parte
si accresce agli altri.
Se più eredi sono stati istituiti in una stessa quota, l'accrescimento ha luogo a favore degli altri istituiti nella quota medesima.
L'accrescimento non ha luogo quando dal testamento risulta una diversa volontà del testatore.
È salvo in ogni caso il diritto di rappresentazione.

Art. 675. Accrescimento tra collegatari.
L'accrescimento ha luogo anche tra più legatari ai quali è stato legato uno stesso oggetto, salvo che dal testamento risulti una diversa volontà e salvo sempre il diritto di rappresentazione.

Art. 676. Effetti dell'accrescimento.
L'acquisto per accrescimento ha luogo di diritto.
I coeredi o i legatari, a favore dei quali si verifica l'accrescimento, subentrano negli obblighi a cui era sottoposto l'erede o il legatario mancante, salvo che si tratti di obblighi di carattere personale.

Art. 677. Mancanza di accrescimento.
Se non ha luogo l'accrescimento, la porzione dell'erede mancante si devolve agli eredi legittimi, e la porzione del legatario mancante va a profitto dell'onerato.
Gli eredi legittimi e l'onerato subentrano negli obblighi che gravavano sull'erede
o sul legatario mancante, salvo che si tratti di obblighi di carattere personale.
Le disposizioni precedenti si applicano anche nel caso di risoluzione di disposizioni

testamentarie per inadempimento dell'onere.

Art. 678. Accrescimento nel legato di usufrutto.

Quando a più persone è legato un usufrutto in modo che tra di loro vi sia il diritto di accrescimento, l'accrescimento ha luogo anche quando una di esse viene a mancare dopo conseguito il possesso della cosa su cui cade l'usufrutto. Se non vi è diritto di accrescimento, la porzione del legatario mancante si consolida con la proprietà.

SEZIONE V - Della revocazione delle disposizioni testamentarie

Art. 679. Revocabilità del testamento.

Non si può in alcun modo rinunziare alla facoltà di revocare o mutare le disposizioni testamentarie: ogni clausola o condizione contraria non ha effetto.

Art. 680. Revocazione espressa.

La revocazione espressa può farsi soltanto con un nuovo testamento, o con un atto ricevuto da notaio in presenza di due testimoni, in cui il testatore personalmente dichiara di revocare, in tutto o in parte, la disposizione anteriore.

Art. 681. Revocazione della revocazione.

La revocazione totale o parziale di un testamento può essere a sua volta revocata sempre con le forme stabilite dall'articolo precedente. In tal caso rivivono le disposizioni revocate.

Art. 682. Testamento posteriore.

Il testamento posteriore, che non revoca in modo espresso i precedenti, annulla in questi soltanto le disposizioni che sono con esso incompatibili.

Art. 683. Testamento posteriore inefficace.

La revocazione fatta con un testamento posteriore conserva la sua efficacia anche quando questo rimane senza effetto perché l'erede istituito o il legatario è premorto al testatore, o è incapace o indegno, ovvero ha rinunziato all'eredità o al legato.

Art. 684. Distruzione del testamento olografo.

Il testamento olografo distrutto, lacerato o cancellato, in tutto o in parte, si considera in tutto o in parte revocato, a meno che si provi che fu distrutto, lacerato o cancellato da persona diversa dal testatore, ovvero si provi che il testatore non ebbe l'intenzione di revocarlo.

Art. 685. Effetti del ritiro del testamento segreto.

Il ritiro del testamento segreto, a opera del testatore, dalle mani del notaio o dell'archivista presso cui si trova depositato, non importa revocazione del testamento quando la scheda testamentaria può valere come testamento olografo.

Art. 686. Alienazione e trasformazione della cosa legata.

L'alienazione che il testatore faccia della cosa legata o di parte di essa, anche mediante vendita con patto di riscatto, revoca il legato riguardo a ciò che è stato alienato, anche quando l'alienazione è annullabile per cause diverse dai vizi del consenso, ovvero la cosa ritorna in proprietà del testatore.

Lo stesso avviene se il testatore ha trasformato la cosa legata in un'altra, in guisa che quella abbia perduto la precedente forma e la primitiva denominazione.

È ammessa la prova di una diversa volontà del testatore.

Art. 687. Revocazione per sopravvenienza di figli.

Le disposizioni a titolo universale o particolare, fatte da chi al tempo del testamento non aveva o ignorava di aver figli o discendenti, sono revocate di diritto per l'esistenza o la sopravvenienza di un figlio o discendente legittimo del testatore, benché postumo, o legittimato o adottivo, ovvero per il riconoscimento di un figlio naturale.

La revocazione ha luogo anche se il figlio è stato concepito al tempo del testamento, e, trattandosi di figlio naturale legittimato, anche se è già stato riconosciuto dal testatore prima del testamento e soltanto in seguito legittimato.

La revocazione non ha invece luogo qualora il testatore abbia provveduto al caso che esistessero o sopravvenissero figli o discendenti da essi.

Se i figli o discendenti non vengono alla successione e non si fa luogo a rappresentazione,

la disposizione ha il suo effetto.

CAPO VI – DELLE SOSTITUZIONI

SEZIONE I - Della sostituzione ordinaria

Art. 688. Casi di sostituzione ordinaria.

Il testatore può sostituire all'erede istituito altra persona per il caso che il primo non possa o non voglia accettare l'eredità.

Se il testatore ha disposto per uno solo di questi casi, si presume che egli si sia voluto riferire anche a quello non espresso, salvo che consti una sua diversa volontà.

Art. 689. Sostituzione plurima. Sostituzione reciproca.

Possono sostituirsi più persone a una sola e una sola a più.

La sostituzione può anche essere reciproca tra i coeredi istituiti. Se essi sono stati istituiti in parti disuguali, la proporzione fra le quote fissate nella prima istituzione si presume ripetuta anche nella sostituzione. Se nella sostituzione insieme con gli istituiti è chiamata un'altra persona, la quota vacante viene divisa in parti uguali tra tutti i sostituiti.

Art. 690. Obblighi dei sostituiti.

I sostituiti devono adempiere gli obblighi imposti agli istituiti, a meno che una diversa volontà sia stata espressa dal testatore o si tratti di obblighi di carattere personale.

Art. 691. Sostituzione ordinaria nei legati.

Le norme stabilite in questa sezione si applicano anche ai legati.

SEZIONE II - Della sostituzione fedecommissaria

Art. 692. Sostituzione fedecommissaria.

Ciascuno dei genitori o degli altri ascendenti in linea retta o il coniuge dell'interdetto possono istituire rispettivamente il figlio, il discendente, o il coniuge con l'obbligo di conservare e restituire alla sua morte i beni anche costituenti la legittima, a favore della persona o degli enti che, sotto la vigilanza del tutore, hanno avuto cura dell'interdetto medesimo.

La stessa disposizione si applica nel caso del minore di età, se trovasi nelle condizioni di abituale infermità di mente tali da far presumere che nel termine indicato dall'articolo 416 interverrà la pronuncia di interdizione.

Nel caso di pluralità di persone o enti di cui al primo comma i beni sono attribuiti

proporzionalmente al tempo durante il quale gli stessi hanno avuto cura dell'interdetto.

La sostituzione è priva di effetto nel caso in cui l'interdizione sia negata o il relativo procedimento non sia iniziato entro due anni dal raggiungimento della maggiore età del minore abitualmente infermo di mente. E' anche priva di effetto nel caso di revoca dell'interdizione o rispetto alle persone o agli enti che abbiano violato gli obblighi di assistenza.

In ogni altro caso la sostituzione è nulla.

Art. 693. Diritti e obblighi dell'istituto.

L'istituto ha il godimento e la libera amministrazione dei beni che formano oggetto della sostituzione, e può stare in giudizio per tutte le azioni relative ai beni medesimi. Egli può altresì compiere tutte le innovazioni dirette ad una migliore utilizzazione dei beni.

All'istituto sono comuni, in quanto applicabili, le norme concernenti l'usufruttuario.

(…) (1)

(1) Il comma: "Se l'istituito trascura di osservare i propri obblighi, l'autorità giudiziaria può nominare, anche d'ufficio, un amministratore." è stato abrogato dalla Legge 19 maggio 1975, n. 151.

Art. 694. Alienazione dei beni.

L'autorità giudiziaria può consentire l'alienazione dei beni che formano oggetto della sostituzione in caso di utilità evidente, disponendo il reimpiego delle somme ricavate. Può anche essere consentita, con le necessarie cautele, la costituzione di ipoteche sui beni medesimi a garanzia di crediti destinati a miglioramenti e trasformazioni fondiarie.

Art. 695. Diritti dei creditori personali dell'istituto.

I creditori personali dell'istituto possono agire soltanto sui frutti dei beni che formano oggetto della sostituzione.

Art. 696. Devoluzione al sostituto.

L'eredità si devolve al sostituto al momento della morte dell'istituto.

Se le persone o gli enti che hanno avuto cura dell'incapace muoiono o si estinguono prima della morte di lui, i beni o la porzione dei beni che spetterebbe

loro è devoluta ai successori legittimi dell'incapace.

Art. 697. Sostituzione fedecommissaria nei legati.

Le norme stabilite in questa sezione sono applicabili anche ai legati.

Art. 698. Usufrutto successivo.

La disposizione, con la quale è lasciato a più persone successivamente l'usufrutto,

una rendita o un'annualità, ha valore soltanto a favore di quelli che alla morte del testatore si trovano primi chiamati a goderne.

Art. 699. Premi di nuzialità, opere di assistenza e simili.

È valida la disposizione testamentaria avente per oggetto l'erogazione periodica,

in perpetuo o a tempo, di somme determinate per premi di nuzialità o di natalità, sussidi per l'avviamento a una professione o a un'arte, opere di assistenza o per altri fini di pubblica utilità, a favore di persone da scegliersi entro una determinata categoria o tra i discendenti di determinate famiglie. Tali annualità possono riscattarsi secondo le norme dettate in materia di rendita.

CAPO VII – DEGLI ESECUTORI TESTAMENTARI

Art. 700. Facoltà di nomina e di sostituzione.

Il testatore può nominare uno o più esecutori testamentari e, per il caso che alcuni o tutti non vogliano o non possano accettare, altro o altri in loro sostituzione.

Se sono nominati più esecutori testamentari, essi devono agire congiuntamente, salvo che il testatore abbia diviso tra loro le attribuzioni, o si tratti di provvedimento urgente per la conservazione di un bene o di un diritto ereditario.

Il testatore può autorizzare l'esecutore testamentario a sostituire altri a se stesso, qualora egli non possa continuare nell'ufficio.

Art. 701. Persone capaci di essere nominate.

Non possono essere nominati esecutori testamentari coloro che non hanno la piena capacità di obbligarsi.

Anche un erede o un legatario può essere nominato esecutore testamentario.

Art. 702. Accettazione e rinunzia alla nomina.

L'accettazione della nomina di esecutore testamentario o la rinunzia alla stessa deve risultare da dichiarazione fatta nella cancelleria del tribunale (1) nella cui giurisdizione si è aperta la successione, e deve essere annotata nel registro delle successioni.

L'accettazione non può essere sottoposta a condizione o a termine.

L'autorità giudiziaria, su istanza di qualsiasi interessato, può assegnare all'esecutore

un termine per l'accettazione, decorso il quale l'esecutore si considera rinunziante.

(1) Le parole: "della pretura" sono state sostituite dalle parole: "del tribunale" dal D. L.vo 19 febbraio 1998, n. 51, recante l'istituzione del giudice unico, a decorrere dal 2 giugno 1999.

Art. 703. Funzioni dell'esecutore testamentario.

L'esecutore testamentario deve curare che siano esattamente eseguite le disposizioni di ultima volontà del defunto.

A tal fine, salvo contraria volontà del testatore, egli deve amministrare la massa ereditaria, prendendo possesso dei beni che ne fanno parte.

Il possesso non può durare più di un anno dalla dichiarazione di accettazione, salvo che l'autorità giudiziaria, per motivi di evidente necessità, sentiti gli eredi, ne prolunghi la durata, che non potrà mai superare un altro anno.

L'esecutore deve amministrare come un buon padre di famiglia e può compiere tutti gli atti di gestione occorrenti. Quando è necessario alienare beni dell'eredità, ne chiede l'autorizzazione all'autorità giudiziaria, la quale provvede sentiti gli eredi.

Qualsiasi atto dell'esecutore testamentario non pregiudica il diritto del chiamato a rinunziare all'eredità o ad accettarla col beneficio d'inventario.

Art. 704. Rappresentanza processuale.

Durante la gestione dell'esecutore testamentario, le azioni relative all'eredità devono essere proposte anche nei confronti dell'esecutore. Questi ha facoltà d'intervenire nei giudizi promossi dall'erede e può esercitare le azioni relative allo esercizio del suo ufficio.

Art. 705. Apposizione di sigilli e inventario.

L'esecutore testamentario fa apporre i sigilli quando tra i chiamati all'eredità vi sono minori, assenti, interdetti o persone giuridiche.

Egli in tal caso fa redigere l'inventario dei beni dell'eredità in presenza dei chiamati all'eredità o dei loro rappresentanti, o dopo averli invitati.

Art. 706. Divisione da compiersi dall'esecutore testamentario.

Il testatore può disporre che l'esecutore testamentario, quando non è un erede o un legatario, proceda alla divisione tra gli eredi dei beni dell'eredità. In questo caso si osserva il disposto dell'articolo 733.

Prima di procedere alla divisione l'esecutore testamentario deve sentire gli eredi.

Art. 707. Consegna dei beni all'erede.

L'esecutore testamentario deve consegnare all'erede, che ne fa richiesta, i beni dell'eredità che non sono necessari all'esercizio del suo ufficio.

Egli non può rifiutare tale consegna a causa di obbligazioni che debba adempiere conformemente alla volontà del testatore, o di legati condizionaCODICE
CIVILE

li o a termine, se l'erede dimostra di averli già soddisfatti, od offre idonea garanzia per l'adempimento delle obbligazioni, dei legati o degli oneri.

Art. 708. Disaccordo tra più esecutori testamentari.

Se gli esecutori che devono agire congiuntamente non sono d'accordo circa un atto del loro ufficio, provvede l'autorità giudiziaria, sentiti, se occorre, gli eredi.

Art. 709. Conto della gestione.

L'esecutore testamentario deve rendere il conto della sua gestione al termine della stessa, e anche spirato l'anno dalla morte del testatore, se la gestione si prolunga oltre l'anno.

Egli è tenuto, in caso di colpa, al risarcimento dei danni verso gli eredi e verso i legatari.

Gli esecutori testamentari, quando sono più, rispondono solidalmente per la gestione comune.

Il testatore non può esonerare l'esecutore testamentario dall'obbligo di rendere il conto o dalla responsabilità della gestione.

Art. 710. Esonero dell'esecutore testamentario.

Su istanza di ogni interessato, l'autorità giudiziaria può esonerare l'esecutore testamentario dal suo ufficio per gravi irregolarità nell'adempimento dei suoi obblighi, per inidoneità all'ufficio o per aver commesso azione che ne menomi la fiducia.

L'autorità giudiziaria, prima di provvedere, deve sentire l'esecutore e può disporre opportuni accertamenti.

Art. 711. Retribuzione.

L'ufficio dell'esecutore testamentario è gratuito. Tuttavia il testatore può stabilire una retribuzione a carico dell'eredità.

Art. 712. Spese.

Le spese fatte dall'esecutore testamentario per l'esercizio del suo ufficio sono a carico dell'eredità.

TITOLO IV – DELLA DIVISIONE

CAPO I – DISPOSIZIONI GENERALI

Art. 713. Facoltà di domandare la divisione.

I coeredi possono sempre domandare la divisione.

Quando però tutti gli eredi istituiti o alcuni di essi sono minori di età, il testatore può disporre che la divisione non abbia luogo prima che sia trascorso un anno dalla maggiore età dell'ultimo nato.

Egli può anche disporre che la divisione dell'eredità o di alcuni beni di essa non abbia luogo prima che sia trascorso dalla sua morte un termine non eccedente il quinquennio.

Tuttavia in ambedue i casi l'autorità giudiziaria, qualora gravi circostanze lo richiedano, può, su istanza di uno o più coeredi, consentire che la divisione si effettui senza indugio o dopo un termine minore di quello stabilito dal testatore.

Art. 714. Godimento separato di parte dei beni.

Può domandarsi la divisione anche quando uno o più coeredi hanno goduto separatamente parte dei beni ereditari, salvo che si sia verificata l'usucapione per effetto di possesso esclusivo.

Art. 715. Casi d'impedimento alla divisione.

Se tra i chiamati alla successione vi è un concepito, la divisione non può aver luogo prima della nascita del medesimo.

Parimenti la divisione non può aver luogo durante la pendenza di un giudizio sulla legittimità o sulla filiazione naturale di colui che, in caso di esito favorevole del giudizio, sarebbe chiamato a succedere, né può aver luogo durante lo svolgimento della procedura amministrativa per l'ammissione del riconoscimento previsto dal quarto comma dell'art. 252 o per il riconoscimento dell'ente istituito erede. (1)

L'autorità giudiziaria può tuttavia autorizzare la divisione, fissando le opportune cautele.

La disposizione del comma precedente si applica anche se tra i chiamati alla successione vi sono nascituri non concepiti.

Se i nascituri non concepiti sono istituiti senza determinazione di quote, l'autorità giudiziaria può attribuire agli altri coeredi tutti i beni ereditari o parte di essi, secondo le circostanze, disponendo le opportune cautele nell'interesse dei nascituri.

(1) Comma così sostituito dalla Legge 19 maggio 1975, n. 151.

Art. 716.

(…) (1)

(1) "Divisione di beni costituiti in patrimonio familiare.
Nella divisione dei beni ereditari non si possono comprendere i beni costituenti il patrimonio
familiare prima che tutti i figli abbiano raggiunta la maggiore età, salvo il
caso previsto dal secondo comma dell'articolo 175." Articolo abrogato dalla Legge
19 maggio 1975, n. 151.

Art. 717. Sospensione della divisione per ordine del giudice.

L'autorità giudiziaria, su istanza di uno dei coeredi, può sospendere, per un periodo di tempo non eccedente i cinque anni, la divisione dell'eredità o di alcuni beni, qualora l'immediata sua esecuzione possa recare notevole pregiudizio al patrimonio ereditario.

Art. 718. Diritto ai beni in natura.

Ciascun coerede può chiedere la sua parte in natura dei beni mobili e immobili dell'eredità, salve le disposizioni degli articoli seguenti.

Art. 719. Vendita dei beni per il pagamento dei debiti ereditari.

Se i coeredi aventi diritto a più della metà dell'asse concordano nella necessità della vendita per il pagamento dei debiti e pesi ereditari, si procede alla vendita all'incanto dei beni mobili e, se occorre, di quei beni immobili la cui alienazione rechi minor pregiudizio agli interessi dei condividenti.

Quando concorre il consenso di tutte le parti, la vendita può seguire tra i soli condividenti e senza pubblicità, salvo che vi sia opposizione dei legatari o dei creditori.

Art. 720. Immobili non divisibili.

Se nell'eredità vi sono immobili non comodamente divisibili, o il cui frazionamento
recherebbe pregiudizio alle ragioni della pubblica economia o dell'igiene, e la divisione dell'intera sostanza non può effettuarsi senza il loro frazionamento, essi devono preferibilmente essere compresi per intero, con addebito dell'eccedenza, nella porzione di uno dei coeredi aventi diritto alla quota maggiore, o anche nelle porzioni di più coeredi, se questi ne richiedono congiuntamente l'attribuzione. Se nessuno dei coeredi è a ciò disposto, si fa luogo alla vendita all'incanto.

Cfr. Cassazione Civile, sez. II, sentenza 22 gennaio 2008, n. 12119 e Tribunale di Bari, sez. II civile, sentenza 22 giugno 2009, n. 2066 in Altalex Massimario.

Art. 721. Vendita degli immobili.

I patti e le condizioni della vendita degli immobili, qualora non siano concordati
dai condividenti, sono stabiliti dall'autorità giudiziaria.

Art. 722. Beni indivisibili nell'interesse della produzione nazionale.

In quanto non sia diversamente disposto dalle leggi speciali, le disposizioni dei due articoli precedenti si applicano anche nel caso in cui nell'eredità vi sono beni che la legge dichiara indivisibili nell'interesse della produzione nazionale.

Art. 723. Resa dei conti.

Dopo la vendita, se ha avuto luogo, dei mobili e degli immobili si procede ai conti che i condividenti si devono rendere, alla formazione dello stato attivo e passivo dell'eredità e alla determinazione delle porzioni ereditarie e dei conguagli o rimborsi che si devono tra loro i condividenti.

Art. 724. Collazione e imputazione.

I coeredi tenuti a collazione, a norma del capo II di questo titolo, conferiscono tutto ciò che è stato loro donato.

Ciascun erede deve imputare alla sua quota le somme di cui era debitore verso il defunto e quelle di cui è debitore verso i coeredi in dipendenza dei rapporti di comunione.

Art. 725. Prelevamenti.

Se i beni donati non sono conferiti in natura, o se vi sono debiti da imputare alla quota di un erede a norma del secondo comma dell'articolo precedente, gli altri eredi prelevano dalla massa ereditaria beni in proporzione delle loro rispettive quote.

I prelevamenti, per quanto è possibile, si formano con oggetti della stessa natura e qualità di quelli che non sono stati conferiti in natura.

Art. 726. Stima e formazione delle parti.

Fatti i prelevamenti, si provvede alla stima di ciò che rimane nella massa, secondo il valore venale dei singoli oggetti.

Eseguita la stima, si procede alla formazione di tante porzioni quanti sono gli eredi o le stirpi condividenti in proporzione delle quote.

Art. 727. Norme per la formazione delle porzioni.

Salvo quanto è disposto dagli articoli 720 e 722, le porzioni devono essere formate, previa stima dei beni comprendendo una quantità di mobili, imCODICE
CIVILE

mobili e crediti di eguale natura e qualità, in proporzione dell'entità di ciascuna quota.

Si deve tuttavia evitare, per quanto è possibile, il frazionamento delle biblioteche,
gallerie e collezioni che hanno una importanza storica, scientifica o artistica.

Cfr. Cassazione Civile, sez. II, sentenza 6 febbraio 2009, n. 3029 in Altalex Massimario.

Art. 728. Conguagli in danaro.

L'ineguaglianza in natura nelle quote ereditarie si compensa con un equivalente in danaro.

Cfr. Cassazione Civile, sez. II, sentenza 26 marzo 2008, n. 7833 in Altalex Massimario.

Art. 729. Assegnazione o attribuzione delle porzioni.

L'assegnazione delle porzioni eguali è fatta mediante estrazione a sorte. Per le porzioni diseguali si procede mediante attribuzione. Tuttavia, rispetto a beni costituenti frazioni eguali di quote diseguali, si può procedere per estrazione a sorte.

Art. 730. Deferimento delle operazioni a un notaio.

Le operazioni indicate negli articoli precedenti possono essere, col consenso di tutti i coeredi, deferite a un notaio. La nomina di questo, in mancanza di accordo, è fatta con decreto del tribunale (1) del luogo dell'aperta successione.

Qualora sorgano contestazioni nel corso delle operazioni, esse sono riservate e rimesse tutte insieme alla cognizione dell'autorità giudiziaria competente, che provvede con unica sentenza.

(1) La parola: "pretore" è stata sostituita dalla parola: "tribunale" dal D.Lgs. 19 febbraio
1998, n. 51, recante l'istituzione del giudice unico, a decorrere dal 2 giugno 1999.

Art. 731. Suddivisioni tra stirpi.

Le norme sulla divisione dell'intero asse si osservano anche nelle suddivisioni tra i componenti di ciascuna stirpe.

Art. 732. Diritto di prelazione.

Il coerede, che vuol alienare a un estraneo la sua quota o parte di essa, deve notificare la proposta di alienazione, indicandone il prezzo, agli altri coeredi, i quali hanno diritto di prelazione. Questo diritto deve essere esercitato nel

termine di due mesi dall'ultima delle notificazioni. In mancanza della notificazione,
i coeredi hanno diritto di riscattare la quota dall'acquirente e da ogni successivo avente causa, finché dura lo stato di comunione ereditaria.
Se i coeredi che intendono esercitare il diritto di riscatto sono più, la quota è assegnata a tutti in parti uguali.

Art. 733. Norme date dal testatore per la divisione.

Quando il testatore ha stabilito particolari norme per formare le porzioni, queste norme sono vincolanti per gli eredi, salvo che l'effettivo valore dei beni non corrisponda alle quote stabilite dal testatore.

Il testatore può disporre che la divisione si effettui secondo la stima di persona da lui designata che non sia erede o legatario: la divisione proposta da questa persona non vincola gli eredi, se l'autorità giudiziaria, su istanza di taluno di essi, la riconosce contraria alla volontà del testatore o manifestamente iniqua.

Art. 734. Divisione fatta dal testatore.

Il testatore può dividere i suoi beni tra gli eredi comprendendo nella divisione anche la parte non disponibile.

Se nella divisione fatta dal testatore non sono compresi tutti i beni lasciati al tempo della morte, i beni in essa non compresi sono attribuiti conformemente alla legge, se non risulta una diversa volontà del testatore.

Art. 735. Preterizione di eredi e lesione di legittima.

La divisione nella quale il testatore non abbia compreso qualcuno dei legittimari
o degli eredi istituiti è nulla.

Il coerede che è stato leso nella quota di riserva può esercitare l'azione di riduzione contro gli altri coeredi.

Art. 736. Consegna dei documenti.

Compiuta la divisione, si devono rimettere a ciascuno dei condividenti i documenti
relativi ai beni e diritti particolarmente loro assegnati.

I documenti di una proprietà che è stata divisa rimangono a quello che ne ha la parte maggiore, con l'obbligo di comunicarli agli altri condividenti che vi hanno interesse, ogni qualvolta se ne faccia richiesta. Gli stessi documenti, se la proprietà è divisa in parti eguali, e quelli comuni all'intera eredità si consegnano alla persona scelta a tal fine da tutti gli interessati, la quale ha l'obbligo di comunicarli a ciascuno di essi, a ogni loro domanda. Se vi è contrasto
nella scelta, la persona è determinata con decreto dal tribunale (1) del luogo dell'aperta successione, su ricorso di alcuno degli interessati, sentiti gli altri.

(1) La parola: "pretore" è stata sostituita dalla parola: "tribunale" dal D.Lgs. 19 febbraio
1998, n. 51, recante l'istituzione del giudice unico, a decorrere dal 2 giugno 1999.

CAPO II – DELLA COLLAZIONE

Art. 737. Soggetti tenuti alla collazione. (1)

I figli legittimi e naturali e i loro discendenti legittimi e naturali ed il coniuge che concorrono alla successione devono conferire ai coeredi tutto ciò che hanno ricevuto dal defunto per donazione direttamente o indirettamente, salvo che il defunto non li abbia da ciò dispensati.

La dispensa da collazione non produce effetto se non nei limiti della quota disponibile.

(1) Articolo così sostituito dalla Legge 19 maggio 1975, n. 151.

Art. 738. Limiti della collazione per il coniuge. (1)

Non sono soggette a collazione le donazioni di modico valore fatte al coniuge.

(1) Articolo così sostituito dalla Legge 19 maggio 1975, n. 151.

Art. 739. Donazioni ai discendenti o al coniuge dell'erede. Donazioni a coniugi.

L'erede non è tenuto a conferire le donazioni fatte ai suoi discendenti o al coniuge, ancorché succedendo a costoro ne abbia conseguito il vantaggio.

Se le donazioni sono state fatte congiuntamente a coniugi di cui uno è discendente
del donante, la sola porzione a questo donata è soggetta a collazione.

Art. 740. Donazioni fatte all'ascendente dell'erede. (1)

Il discendente che succede per rappresentazione deve conferire ciò che è stato donato all'ascendente, anche nel caso in cui abbia rinunziato all'eredità di questo.

(1) Articolo così sostituito dalla Legge 19 maggio 1975, n. 151.

Art. 741. Collazione di assegnazioni varie. (1)

È soggetto a collazione ciò che il defunto ha speso a favore dei suoi discendenti per assegnazioni fatte a causa di matrimonio, per avviarli all'esercizio di una attività produttiva o professionale, per soddisfare premi relativi a contratti di assicurazione sulla vita a loro favore o per pagare i loro debiti.

(1) Articolo così sostituito dalla Legge 19 maggio 1975, n. 151.

Art. 742. Spese non soggette a collazione.

Non sono soggette a collazione le spese di mantenimento e di educazione e quelle sostenute per malattia, né quelle ordinarie fatte per abbigliamento o per nozze.

Le spese per il corredo nuziale e quelle per l'istruzione artistica o professionale sono soggette a collazione solo per quanto eccedono notevolmente la misura ordinaria, tenuto conto delle condizioni economiche del defunto.

Non sono soggette a collazione le liberalità previste dal secondo comma dell'articolo 770.

Art. 743. Società contratta con l'erede.

Non è dovuta collazione di ciò che si è conseguito per effetto di società contratta
senza frode tra il defunto e alcuno dei suoi eredi, se le condizioni sono state regolate con atto di data certa.

Art. 744. Perimento della cosa donata.

Non è soggetta a collazione la cosa perita per causa non imputabile al donatario.

Art. 745. Frutti e interessi.

I frutti delle cose e gli interessi sulle somme soggette a collazione non sono dovuti che dal giorno in cui si è aperta la successione.

Art. 746. Collazione d'immobili.

La collazione di un bene immobile si fa o col rendere il bene in natura o con l'imputarne il valore alla propria porzione, a scelta di chi conferisce.

Se l'immobile è stato alienato o ipotecato, la collazione si fa soltanto con l'imputazione.

Art. 747. Collazione per imputazione.
La collazione per imputazione si fa avuto riguardo al valore dell'immobile al tempo della aperta successione.

Art. 748. Miglioramenti, spese e deterioramenti.
In tutti i casi, si deve dedurre a favore del donatario il valore delle migliorie apportate al fondo nei limiti del loro valore al tempo dell'aperta successione. Devono anche computarsi a favore del donatario le spese straordinarie da lui sostenute per la conservazione della cosa, non cagionate da sua colpa.
Il donatario dal suo canto è obbligato per i deterioramenti che, per sua colpa, hanno diminuito il valore dell'immobile.
Il coerede che conferisce un immobile in natura può ritenerne il possesso sino all'effettivo rimborso delle somme che gli sono dovute per spese e miglioramenti.

Art. 749. Miglioramenti e deterioramenti dell'immobile alienato.
Nel caso in cui l'immobile è stato alienato dal donatario, i miglioramenti e i deterioramenti fatti dall'acquirente devono essere computati a norma dell'articolo precedente.

Art. 750. Collazione di mobili.
La collazione dei mobili si fa soltanto per imputazione, sulla base del valore che essi avevano al tempo dell'aperta successione.
Se si tratta di cose delle quali non si può far uso senza consumarle, e il donatario
le ha già consumate, si determina il valore che avrebbero avuto secondo il prezzo corrente al tempo dell'aperta successione.
Se si tratta di cose che con l'uso si deteriorano, il loro valore al tempo dell'aperta successione è stabilito con riguardo allo stato in cui si trovano.
La determinazione del valore dei titoli dello Stato, degli altri titoli di credito quotati in borsa e delle derrate e delle merci il cui prezzo corrente è stabilito dalle mercuriali, si fa in base ai listini di borsa e alle mercuriali del tempo dell'aperta successione.

Art. 751. Collazione del danaro.
La collazione del danaro donato si fa prendendo una minore quantità del danaro che si trova nell'eredità, secondo il valore legale della specie donata o di quella ad essa legalmente sostituita all'epoca dell'aperta successione.
Quando tale danaro non basta e il donatario non vuole conferire altro denaro o titoli dello Stato, sono prelevati mobili o immobili ereditari, in proporzione delle rispettive quote.

CAPO III – DEL PAGAMENTO DEI DEBITI

Art. 752. Ripartizione dei debiti ereditari tra gli eredi.
I coeredi contribuiscono tra loro al pagamento dei debiti e pesi ereditari in proporzione delle loro quote ereditarie, salvo che il testatore abbia altrimenti disposto.

Art. 753. Immobili gravati da rendita redimibile.
Ogni coerede, quando i beni immobili dell'eredità sono gravati con ipoteca da una prestazione di rendita redimibile, può chiedere che gli immobili ne siano affrancati e resi liberi prima che si proceda alla formazione delle quote ereditarie. Se uno dei coeredi si oppone, decide l'autorità giudiziaria. Se i coeredi dividono l'eredità nello stato in cui si trova, l'immobile gravato deve stimarsi con gli stessi criteri con cui si stimano gli altri beni immobili, detratto dal valore di esso il capitale corrispondente alla prestazione, secondo le norme relative al riscatto della rendita, salvo che esista un patto speciale intorno al capitale da corrispondersi per l'affrancazione.
Alla prestazione della rendita è tenuto solo l'erede, nella cui quota cade detto immobile, con l'obbligo di garantire i coeredi.

Art. 754. Pagamento dei debiti e rivalsa.
Gli eredi sono tenuti verso i creditori al pagamento dei debiti e pesi ereditari personalmente in proporzione della loro quota ereditaria e ipotecariamente per l'intero. Il coerede che ha pagato oltre la parte a lui incombente può ripetere dagli altri coeredi soltanto la parte per cui essi devono contribuire a norma dell'articolo 752, quantunque si sia fatto surrogare nei diritti dei creditori.
Il coerede conserva la facoltà di chiedere il pagamento del credito a lui personale
e garantito da ipoteca, non diversamente da ogni altro creditore, detratta la parte che deve sopportare come coerede.

Art. 755. Quota di debito ipotecario non pagata da un coerede.
In caso d'insolvenza di un coerede, la sua quota di debito ipotecario è ripartita in proporzione tra tutti gli altri coeredi.

Art. 756. Esenzione del legatario dal pagamento dei debiti.
Il legatario non è tenuto a pagare i debiti ereditari, salvo ai creditori l'azione ipotecaria sul fondo legato e l'esercizio del diritto di separazione; ma il legatario
che ha estinto il debito di cui era gravato il fondo legato subentra nelle ragioni del creditore contro gli eredi.

CAPO IV – DEGLI EFFETTI DELLA DIVISIONE E DELLA GARANZIA DELLE QUOTE

Art. 757. Diritto dell'erede sulla propria quota.
Ogni coerede è reputato solo e immediato successore in tutti i beni componenti la sua quota o a lui pervenuti dalla successione, anche per acquisto all'incanto, e si considera come se non avesse mai avuto la proprietà degli altri beni ereditari.

Art. 758. Garanzia tra coeredi.
I coeredi si devono vicendevole garanzia per le sole molestie ed evizioni derivanti da causa anteriore alla divisione.
La garanzia non ha luogo, se è stata esclusa con clausola espressa nell'atto di divisione, o se il coerede soffre l'evizione per propria colpa.

Art. 759. Evizione subita da un coerede.
Se alcuno dei coeredi subisce evizione, il valore del bene evitto, calcolato al momento dell'evizione, deve essere ripartito tra tutti i coeredi ai fini della garanzia stabilita dall'articolo precedente, in proporzione del valore che i beni attribuiti a ciascuno di essi hanno al tempo dell'evizione e tenuto conto

dello stato in cui si trovano al tempo della divisione.

Se uno dei coeredi è insolvente, la parte per cui è obbligato deve essere ugualmente ripartita fra l'erede che ha sofferto l'evizione e tutti gli eredi solventi.

Art. 760. Inesigibilità di crediti.

Non è dovuta garanzia per l'insolvenza del debitore di un credito assegnato a uno dei coeredi, se l'insolvenza è sopravvenuta soltanto dopo che è stata fatta la divisione.

La garanzia della solvenza del debitore di una rendita è dovuta per i cinque anni successivi alla divisione.

CAPO V – DELL'ANNULLAMENTO E DELLA RESCISSIONE IN MATERIA DI DIVISIONE

Art. 761. Annullamento per violenza o dolo.

La divisione può essere annullata quando è l'effetto di violenza o di dolo.

L'azione si prescrive in cinque anni dal giorno in cui è cessata la violenza o in cui il dolo è stato scoperto.

Art. 762. Omissione di beni ereditari.

L'omissione di uno o più beni dell'eredità non dà luogo a nullità della divisione, ma soltanto a un supplemento della divisione stessa.

Art. 763. Rescissione per lesione.

La divisione può essere rescissa quando taluno dei coeredi prova di essere stato leso oltre il quarto.

La rescissione è ammessa anche nel caso di divisione fatta dal testatore, quando il valore dei beni assegnati ad alcuno dei coeredi è inferiore di oltre un quarto all'entità della quota ad esso spettante.

L'azione si prescrive in due anni dalla divisione.

Art. 764. Atti diversi dalla divisione.

L'azione di rescissione è anche ammessa contro ogni altro atto che abbia per effetto di far cessare tra i coeredi la comunione dei beni ereditari.

L'azione non è ammessa contro la transazione con la quale si è posta fine alle questioni insorte a causa della divisione o dell'atto fatto in luogo della medesima, ancorché non fosse al riguardo incominciata alcuna lite.

Art. 765. Vendita del diritto ereditario fatta al coerede.

L'azione di rescissione non è ammessa contro la vendita del diritto ereditario fatta senza frode a uno dei coeredi, a suo rischio e pericolo, da parte degli altri coeredi o di uno di essi.

Art. 766. Stima dei beni.

Per conoscere se vi è lesione si procede alla stima dei beni secondo il loro stato e valore al tempo della divisione.

Art. 767. Facoltà del coerede di dare il supplemento.

Il coerede contro il quale è promossa l'azione di rescissione può troncarne il corso e impedire una nuova divisione, dando il supplemento della porzione ereditaria, in danaro o in natura, all'attore e agli altri coeredi che si sono a lui associati.

Art. 768. Alienazione della porzione ereditaria.

Il coerede che ha alienato la sua porzione o una parte di essa non è più ammesso a impugnare la divisione per dolo o violenza, se l'alienazione è seguita quando il dolo era stato scoperto o la violenza cessata.

Il coerede non perde il diritto di proporre l'impugnazione, se la vendita è limitata a oggetti di facile deterioramento o di valore minimo in rapporto alla quota.

CAPO V-BIS – DEL PATTO DI FAMIGLIA (1)

(1) Capo (da art. 768-bis ad art. 768-octies) inserito dalla Legge 14 febbraio 2006, n. 55.

Art. 768-bis. Nozione.

È patto di famiglia il contratto con cui, compatibilmente con le disposizioni in materia di impresa familiare e nel rispetto delle differenti tipologie societarie, l'imprenditore trasferisce, in tutto o in parte, l'azienda, e il titolare di partecipazioni societarie trasferisce, in tutto o in parte, le proprie quote, ad uno o più discendenti.

Art. 768-ter. Forma.

A pena di nullità il contratto deve essere concluso per atto pubblico.

Art. 768-quater. Partecipazione.

Al contratto devono partecipare anche il coniuge e tutti coloro che sarebbero legittimari ove in quel momento si aprisse la successione nel patrimonio dell'imprenditore.

Gli assegnatari dell'azienda o delle partecipazioni societarie devono liquidare gli altri partecipanti al contratto, ove questi non vi rinunzino in tutto o in parte, con il pagamento di una somma corrispondente al valore delle quote previste dagli articoli 536 e seguenti; i contraenti possono convenire che la liquidazione, in tutto o in parte, avvenga in natura.

I beni assegnati con lo stesso contratto agli altri partecipanti non assegnatari dell'azienda, secondo il valore attribuito in contratto, sono imputati alle quote di legittima loro spettanti; l'assegnazione può essere disposta anche con successivo contratto che sia espressamente dichiarato collegato al primo e purché vi intervengano i medesimi soggetti che hanno partecipato al primo contratto o coloro che li abbiano sostituiti.

Quanto ricevuto dai contraenti non è soggetto a collazione o a riduzione.

Art. 768-quinquies. Vizi del consenso.

Il patto può essere impugnato dai partecipanti ai sensi degli articoli 1427 e seguenti.

L'azione si prescrive nel termine di un anno.

Art. 768-sexies. Rapporti con i terzi.

All'apertura della successione dell'imprenditore, il coniuge e gli altri legittimari che non abbiano partecipato al contratto possono chiedere ai beneficiari del contratto stesso il pagamento della somma prevista dal secondo comma dell'articolo 768-quater, aumentata degli interessi legali.

L'inosservanza delle disposizioni del primo comma costituisce motivo di impugnazione ai sensi dell'articolo 768-quinquies.

Art. 768-septies. Scioglimento.

Il contratto può essere sciolto o modificato dalle medesime persone che hanno concluso il patto di famiglia nei modi seguenti:

1) mediante diverso contratto, con le medesime caratteristiche e i medesimi presupposti di cui al presente capo;
2) mediante recesso, se espressamente previsto nel contratto stesso e, necessariamente,
attraverso dichiarazione agli altri contraenti certificata da un notaio.

Art. 768-octies. Controversie.

Le controversie derivanti dalle disposizioni di cui al presente capo sono devolute
preliminarmente a uno degli organismi di conciliazione previsti dall'articolo 38 del decreto legislativo 17 gennaio 2003, n. 5.

TITOLO V – DELLE DONAZIONI
CAPO I – DISPOSIZIONI GENERALI

Art. 769. Definizione.

La donazione è il contratto col quale, per spirito di liberalità, una parte arricchisce
l'altra, disponendo a favore di questa di un suo diritto o assumendo verso la stessa un'obbligazione.

Art. 770. Donazione rimuneratoria.

È donazione anche la liberalità fatta per riconoscenza o in considerazione dei meriti del donatario o per speciale rimunerazione.

Non costituisce donazione la liberalità che si suole fare in occasione di servizi resi o comunque in conformità agli usi.

Art. 771. Donazione di beni futuri.

La donazione non può comprendere che i beni presenti del donante. Se comprende beni futuri, è nulla rispetto a questi, salvo che si tratti di frutti non ancora separati.

Qualora oggetto della donazione sia una universalità di cose e il donante ne conservi il godimento trattenendola presso di sé, si considerano comprese nella donazione anche le cose che vi si aggiungono successivamente, salvo che dall'atto risulti una diversa volontà.

Cfr. Corte di Cassazione, sez. II civile, sentenza 5 maggio 2009, n. 10356 in Altalex Massimario.

Art. 772. Donazione di prestazioni periodiche.

La donazione che ha per oggetto prestazioni periodiche si estingue alla morte del donante, salvo che risulti dall'atto una diversa volontà.

Art. 773. Donazione a più donatari.

La donazione fatta congiuntamente a favore di più donatari s'intende fatta per parti uguali, salvo che dall'atto risulti una diversa volontà.

È valida la clausola con cui il donante dispone che, se uno dei donatari non può o non vuole accettare, la sua parte si accresca agli altri.

CAPO II – DELLA CAPACITA' DI DISPORRE E DI RICEVERE PER DONAZIONE

Art. 774. Capacità di donare.

Non possono fare donazione coloro che non hanno la piena capacità di disporre dei propri beni. È tuttavia valida la donazione fatta dal minore e dall'inabilitato nel loro contratto di matrimonio a norma degli articoli 165 e 166.

Le disposizioni precedenti si applicano anche al minore emancipato autorizzato all'esercizio di una impresa commerciale.

Art. 775. Donazione fatta da persona incapace d'intendere o di volere.

La donazione fatta da persona che, sebbene non interdetta, si provi essere stata per qualsiasi causa, anche transitoria, incapace di intendere o di volere al momento in cui la donazione è stata fatta, può essere annullata su istanza del donante, dei suoi eredi o aventi causa.

L'azione si prescrive in cinque anni dal giorno in cui la donazione è stata fatta.

Art. 776. Donazione fatta dall'inabilitato.

La donazione fatta dall'inabilitato, anche se anteriore alla sentenza di inabilitazione
o alla nomina del curatore provvisorio, può essere annullata se
fatta dopo che è stato promosso il giudizio di inabilitazione.

Il curatore dell'inabilitato per prodigalità può chiedere l'annullamento della donazione, anche se fatta nei sei mesi anteriori all'inizio del giudizio d'inabilitazione.

Art. 777. Donazioni fatte da rappresentanti di persone incapaci.

Il padre e il tutore non possono fare donazioni per la persona incapace da essi rappresentata.

Sono consentite, con le forme abilitative richieste, le liberalità in occasione di nozze a favore dei discendenti dell'interdetto o dell'inabilitato.

Art. 778. Mandato a donare.

È nullo il mandato con cui si attribuisce ad altri la facoltà di designare la persona
del donatario o di determinare l'oggetto della donazione.

È peraltro valida la donazione a favore di persona che un terzo sceglierà tra più persone designate dal donante o appartenenti a determinate categorie, o a favore di una persona giuridica tra quelle indicate dal donante stesso.

È del pari valida la donazione che ha per oggetto una cosa che un terzo determinerà
tra più cose indicate dal donante o entro i limiti di valore dal donante stesso stabiliti.

Art. 779. Donazione a favore del tutore o protutore.

È nulla la donazione a favore di chi è stato tutore o protutore del donante, se fatta prima che sia stato approvato il conto o sia estinta l'azione per il rendimento del conto medesimo.

Si applicano le disposizioni dell'articolo 599.

Art. 780.

(...) (1)

---

(1) "Donazione al figlio naturale non riconoscibile.
E' nulla la donazione fatta dal genitore al figlio naturale, se la filiazione non può essere riconosciuta o dichiarata.
La nullità non si estende agli assegni fatti dal genitore in occasione del matrimonio o per la sistemazione professionale del figlio nella misura consentita dalle condizioni economiche e sociali del donante.
La nullità può essere fatta valere dal donante, dai suoi discendenti legittimi o dal

coniuge.
Si applicano le disposizioni dell'articolo 599." Articolo abrogato dalla Legge 19 maggio 1975, n. 151.

Art. 781. Donazione tra coniugi. (1)

I coniugi non possono, durante il matrimonio, farsi l'uno all'altro alcuna liberalità
[c.c. 159, 162, 178, 219, 783, 1418], salve quelle conformi agli usi.

(1) La Corte costituzionale con sentenza 27 giugno 1973, n. 91 ha dichiarato l'illegittimità costituzionale del presente articolo.

CAPO III – DELLA FORMA E DEGLI EFFETTI DELLA DONAZIONE

Art. 782. Forma della donazione.

La donazione deve essere fatta per atto pubblico, sotto pena di nullità. Se ha per oggetto cose mobili, essa non è valida che per quelle specificate con indicazione del loro valore nell'atto medesimo della donazione, ovvero in una nota a parte sottoscritta dal donante, dal donatario e dal notaio.
L'accettazione può essere fatta nell'atto stesso o con atto pubblico posteriore. In questo caso la donazione non è perfetta se non dal momento in cui l'atto di accettazione è notificato al donante.
Prima che la donazione sia perfetta, tanto il donante quanto il donatario possono revocare la loro dichiarazione.
(…) (1)

(1) Il comma: "Se la donazione è fatta a una persona giuridica, il donante non può revocare la sua dichiarazione dopo che gli è stata notificata la domanda diretta a ottenere dall'autorità governativa l'autorizzazione ad accettare. Trascorso un anno dalla notificazione senza che l'autorizzazione sia stata concessa, la dichiarazione può essere revocata." è stato abrogato dalla Legge 15 maggio 1997, n. 127.
Cfr. Tribunale di Cassino, sez. civile, sentenza 12 luglio 2007 in Altalex Massimario.

Art. 783. Donazioni di modico valore.

La donazione di modico valore che ha per oggetto beni mobili è valida anche se manca l'atto pubblico, purché vi sia stata la tradizione.
La modicità deve essere valutata anche in rapporto alle condizioni economiche del donante.

Art. 784. Donazione a nascituri.

La donazione può essere fatta anche a favore di chi è soltanto concepito, ovvero a favore dei figli di una determinata persona vivente al tempo della donazione, benché non ancora concepiti.
L'accettazione della donazione a favore di nascituri, benché non concepiti, è regolata dalle disposizioni degli articoli 320 e 321.
Salvo diversa disposizione del donante, l'amministrazione dei beni donati spetta al donante o ai suoi eredi, i quali possono essere obbligati a prestare idonea garanzia. I frutti maturati prima della nascita sono riservati al donatario se la donazione è fatta a favore di un nascituro già concepito. Se è fatta a favore di un non concepito, i frutti sono riservati al donante sino al momento della nascita del donatario.

Art. 785. Donazione in riguardo di matrimonio.

La donazione fatta in riguardo di un determinato futuro matrimonio, sia dagli sposi tra loro, sia da altri a favore di uno o di entrambi gli sposi o dei figli nascituri da questi, si perfeziona senza bisogno che sia accettata, ma non produce effetto finché non segua il matrimonio.

L'annullamento del matrimonio importa la nullità della donazione. Restano tuttavia salvi i diritti acquistati dai terzi di buona fede tra il giorno del matrimonio
e il passaggio in giudicato della sentenza che dichiara la nullità del matrimonio. Il coniuge di buona fede non è tenuto a restituire i frutti percepiti anteriormente alla domanda di annullamento del matrimonio.
La donazione in favore di figli nascituri rimane efficace per i figli rispetto ai quali si verificano gli effetti del matrimonio putativo.

Art. 786.

(…) (1)

(1) "Donazione a ente non riconosciuto.
La donazione a favore di un ente non riconosciuto non ha efficacia, se entro un anno non è notificata al donante l'istanza per ottenere il riconoscimento. La notificazione produce gli effetti indicati dall'ultimo comma dell'articolo 782.
Salvo diversa disposizione del donante, i frutti maturati prima del riconoscimento sono riservati al donatario." Articolo abrogato dalla Legge 15 maggio 1997, n. 127.

Art. 787. Errore sul motivo della donazione.

La donazione può essere impugnata per errore sul motivo, sia esso di fatto o di diritto, quando il motivo risulta dall'atto ed è il solo che ha determinato il donante a compiere la liberalità.

Art. 788. Motivo illecito.

Il motivo illecito rende nulla la donazione quando risulta dall'atto ed è il solo che ha determinato il donante alla liberalità.

Art. 789. Inadempimento o ritardo nell'esecuzione.

Il donante, in caso d'inadempimento o di ritardo nell'eseguire la donazione, è responsabile soltanto per dolo o per colpa grave.

Art. 790. Riserva di disporre di cose determinate.

Quando il donante si è riservata la facoltà di disporre di qualche oggetto compreso nella donazione o di una determinata somma sui beni donati, e muore senza averne disposto, tale facoltà non può essere esercitata dagli eredi.

Art. 791. Condizione di riversibilità.

Il donante può stipulare la riversibilità delle cose donate, sia per il caso di premorienza del solo donatario, sia per il caso di premorienza del donatario e dei suoi discendenti.
Nel caso in cui la donazione è fatta con generica indicazione della riversibilità, questa riguarda la premorienza, non solo del donatario, ma anche dei suoi discendenti.
Non si fa luogo a riversibilità che a beneficio del solo donante. Il patto a favore di altri si considera non apposto.

Art. 792. Effetti della riversibilità.

Il patto di riversibilità produce l'effetto di risolvere tutte le alienazioni dei beni donati e di farli ritornare al donante liberi da ogni peso o ipoteca, ad eccezione dell'ipoteca iscritta a garanzia della dote o di altre convenzioni matrimoniali, quando gli altri beni del coniuge donatario non sono sufficienti, e nel caso soltanto in cui la donazione è stata fatta con lo stesso contratto matrimoniale da cui l'ipoteca risulta.
È valido il patto per cui la riversione non deve pregiudicare la quota di riserva spettante al coniuge superstite sul patrimonio del donatario, compresi in

esso i beni donati.

Art. 793. Donazione modale.

La donazione può essere gravata da un onere.

Il donatario è tenuto all'adempimento dell'onere entro i limiti del valore della cosa donata.

Per l'adempimento dell'onere può agire, oltre il donante, qualsiasi interessato, anche durante la vita del donante stesso.

La risoluzione per inadempimento dell'onere, se preveduta nell'atto di donazione,

può essere domandata dal donante o dai suoi eredi.

Art. 794. Onere illecito o impossibile.

L'onere illecito o impossibile si considera non apposto; rende tuttavia nulla la donazione se ne ha costituito il solo motivo determinante.

Art. 795. Divieto di sostituzione.

Nelle donazioni non sono permesse le sostituzioni se non nei casi e nei limiti stabiliti per gli atti di ultima volontà.

La nullità delle sostituzioni non importa nullità della donazione.

Art. 796. Riserva di usufrutto.

È permesso al donante di riservare l'usufrutto dei beni donati a proprio vantaggio,

e dopo di lui a vantaggio di un'altra persona o anche di più persone, ma non successivamente.

Art. 797. Garanzia per evizione.

Il donante è tenuto a garanzia verso il donatario, per l'evizione che questi può soffrire delle cose donate, nei casi seguenti:

1) se ha espressamente promesso la garanzia;

2) se l'evizione dipende dal dolo o dal fatto personale di lui;

3) se si tratta di donazione che impone oneri al donatario, o di donazione rimuneratoria, nei quali casi la garanzia è dovuta fino alla concorrenza dell'ammontare degli oneri o dell'entità delle prestazioni ricevute dal donante.

Art. 798. Responsabilità per vizi della cosa.

Salvo patto speciale, la garanzia del donante non si estende ai vizi della cosa, a meno che il donante sia stato in dolo.

Art. 799. Conferma ed esecuzione volontaria di donazioni nulle.

La nullità della donazione, da qualunque causa dipenda, non può essere fatta valere dagli eredi o aventi causa dal donante che, conoscendo la causa della nullità, hanno, dopo la morte di lui, confermato la donazione o vi hanno dato volontaria esecuzione.

CAPO IV – DELLA REVOCAZIONE DELLE DONAZIONI

Art. 800. Cause di revocazione.

La donazione può essere revocata per ingratitudine o per sopravvenienza di figli.

Art. 801. Revocazione per ingratitudine.

La domanda di revocazione per ingratitudine non può essere proposta che quando il donatario ha commesso uno dei fatti previsti dai numeri 1, 2 e 3 dell'articolo 463, ovvero si è reso colpevole d'ingiuria grave verso il donante o ha dolosamente arrecato grave pregiudizio al patrimonio di lui o gli ha rifiutato indebitamente gli alimenti dovuti ai sensi degli articoli 433, 435 e 436.

Cfr. Cassazione Civile, sez. II, sentenza 28 maggio 2008, 14093 in Altalex Massimario.

Art. 802. Termini e legittimazione ad agire.

La domanda di revocazione per causa d'ingratitudine deve essere proposta dal donante o dai suoi eredi, contro il donatario o i suoi eredi, entro l'anno dal giorno in cui il donante è venuto a conoscenza del fatto che consente la revocazione.

Se il donatario si è reso responsabile di omicidio volontario in persona del donante o gli ha dolosamente impedito di revocare la donazione, il termine per proporre l'azione è di un anno dal giorno in cui gli eredi hanno avuto notizia della causa di revocazione.

Art. 803. Revocazione per sopravvenienza di figli.

Le donazioni, fatte da chi non aveva o ignorava di avere figli o discendenti legittimi al tempo della donazione, possono essere revocate per la sopravvenienza

o l'esistenza di un figlio o discendente legittimo del donante. Possono inoltre essere revocate per il riconoscimento di un figlio naturale, fatto entro due anni dalla donazione, salvo che si provi che al tempo della donazione il donante aveva notizia dell'esistenza del figlio. (1)

La revocazione può essere domandata anche se il figlio del donante era già concepito al tempo della donazione.

(1) La Corte Costituzionale con sentenza 3 luglio 2000, n. 250 ha dichiarato l'illegittimità del presente comma nella parte in cui prevede che in caso di sopravvenienza di un figlio naturale la donazione possa essere revocata solo se il riconoscimento del figlio sia intervenuto entro due anni dalla donazione.

Art. 804. Termine per l'azione.

L'azione di revocazione per sopravvenienza di figli deve essere proposta entro cinque anni dal giorno della nascita dell'ultimo figlio o discendente legittimo ovvero della notizia dell'esistenza del figlio o discendente, ovvero dell'avvenuto riconoscimento del figlio naturale.

Il donante non può proporre o proseguire l'azione dopo la morte del figlio o del discendente.

Art. 805. Donazioni irrevocabili.

Non possono revocarsi per causa d'ingratitudine, né per sopravvenienza di figli, le donazioni rimuneratorie e quelle fatte in riguardo di un determinato matrimonio.

Art. 806. Inammissibilità della rinunzia preventiva.

Non è valida la rinunzia preventiva alla revocazione della donazione per ingratitudine o per sopravvenienza di figli.

Art. 807. Effetti della revocazione.

Revocata la donazione per ingratitudine o sopravvenienza di figli, il donatario deve restituire i beni in natura, se essi esistono ancora, e i frutti relativi, a partire dal giorno della domanda.

Se il donatario ha alienato i beni, deve restituirne il valore, avuto riguardo al tempo della domanda, e i frutti relativi, a partire dal giorno della domanda stessa.

Art. 808. Effetti nei riguardi dei terzi.

La revocazione per ingratitudine o per sopravvenienza di figli non pregiudica i terzi che hanno acquistato diritti anteriormente alla domanda, salvi gli effetti della trascrizione di questa.

Il donatario, che prima della trascrizione della domanda di revocazione ha costituito sui beni donati diritti reali che ne diminuiscono il valore, deve indennizzare il donante della diminuzione di valore sofferta dai beni stessi.

Art. 809. Norme sulle donazioni applicabili ad altri atti di liberalità.

Le liberalità, anche se risultano da atti diversi da quelli previsti dall'articolo 769, sono soggette alle stesse norme che regolano la revocazione delle donazioni
per causa d'ingratitudine e per sopravvenienza di figli nonché a
quelle sulla riduzione delle donazioni per integrare la quota dovuta ai legittimari.

Questa disposizione non si applica alle liberalità previste dal secondo comma dell'articolo 770 e a quelle che a norma dell'articolo 742 non sono soggette a collazione.

CODICE CIVILE
Libro III - Della proprietà

Sommario
TITOLO I – DEI BENI 61
TITOLO II – DELLA PROPRIETA' 62
TITOLO III – DELLA SUPERFICIE 69
TITOLO IV – DELL'ENFITEUSI 69
TITOLO V – DELL'USUFRUTTO, DELL'USO E DELL'ABITAZIONE 70
TITOLO VI – DELLE SERVITU' PREDIALI 73
TITOLO VII – DELLA COMUNIONE 77
TITOLO VII – DELLA COMUNIONE 78
TITOLO VIII – DEL POSSESSO 82
TITOLO IX – DELLA DENUNZIA DI NUOVA OPERA E DANNO TEMUTO 84

CODICE CIVILE
LIBRO TERZO - DELLA PROPRIETA'
TITOLO I – DEI BENI
CAPO I – DEI BENI IN GENERALE

Art. 810. Nozione.

Sono beni le cose che possono formare oggetto di diritti.

SEZIONE I – Dei beni nell'ordine corporativo

Art. 811.

(…) (1)

(1) "Disciplina corporativa"
Articolo abrogato dal D.L.vo Lgt. 14 settembre 1944, n. 287.

SEZIONE II – Dei beni immobili e mobili

Art. 812. Distinzione dei beni.

Sono beni immobili il suolo, le sorgenti e i corsi d'acqua, gli alberi, gli edifici e le altre costruzioni, anche se unite al suolo a scopo transitorio, e in genere tutto ciò che naturalmente o artificialmente è incorporato al suolo.

Sono reputati immobili i mulini, i bagni e gli altri edifici galleggianti quando sono saldamente assicurati alla riva o all'alveo o sono destinati ad esserlo in modo permanente per la loro utilizzazione.

Sono mobili tutti gli altri beni.

Cfr. Cassazione Civile, sez. II, sentenza 7 settembre 2009, n. 19283 in Altalex Massimario.

Art. 813. Distinzione dei diritti.

Salvo che dalla legge risulti diversamente, le disposizioni concernenti i beni immobili si applicano anche ai diritti reali che hanno per oggetto beni immobili e alle azioni relative; le disposizioni concernenti i beni mobili si applicano a tutti gli altri diritti.

Art. 814. Energie.

Si considerano beni mobili le energie naturali che hanno valore economico.

Art. 815. Beni mobili iscritti in pubblici registri.

I beni mobili iscritti in pubblici registri sono soggetti alle disposizioni che li riguardano e, in mancanza, alle disposizioni relative ai beni mobili.

Art. 816. Universalità di mobili.

È considerata universalità di mobili la pluralità di cose che appartengono alla stessa persona e hanno una destinazione unitaria.

Le singole cose componenti l'universalità possono formare oggetto di separati atti e rapporti giuridici.

Art. 817. Pertinenze.

Sono pertinenze le cose destinate in modo durevole a servizio o ad ornamento di un'altra cosa.

La destinazione può essere effettuata dal proprietario della cosa principale o da chi ha un diritto reale sulla medesima.

Art. 818. Regime delle pertinenze.

Gli atti e i rapporti giuridici che hanno per oggetto la cosa principale comprendono
anche le pertinenze, se non è diversamente disposto.

Le pertinenze possono formare oggetto di separati atti o rapporti giuridici.

La cessazione della qualità di pertinenza non è opponibile ai terzi i quali abbiano
anteriormente acquistato diritti sulla cosa principale.

Art. 819. Diritti dei terzi sulle pertinenze.

La destinazione di una cosa al servizio o all'ornamento di un'altra non pregiudica
i diritti preesistenti su di essa a favore dei terzi. Tali diritti non possono

essere opposti ai terzi di buona fede se non risultano da scrittura avente data certa anteriore, quando la cosa principale è un bene immobile o un bene mobile iscritto in pubblici registri.

SEZIONE III – Dei frutti

Art. 820. Frutti naturali e frutti civili.

Sono frutti naturali quelli che provengono direttamente dalla cosa, vi concorra o no l'opera dell'uomo come i prodotti agricoli, la legna, i parti degli animali, i prodotti delle miniere, cave e torbiere.

Finché non avviene la separazione, i frutti formano parte della cosa. Si può tuttavia disporre di essi come di cosa mobile futura.

Sono frutti civili quelli che si ritraggono dalla cosa come corrispettivo del godimento che altri ne abbia. Tali sono gli interessi dei capitali, i canoni enfiteutici,

le rendite vitalizie e ogni altra rendita, il corrispettivo delle locazioni.

Art. 821. Acquisto dei frutti.

I frutti naturali appartengono al proprietario della cosa che li produce, salvo che la loro proprietà sia attribuita ad altri. In quest'ultimo caso la proprietà si acquista con la separazione.

Chi fa propri i frutti deve, nei limiti del loro valore, rimborsare colui che abbia fatto spese per la produzione e il raccolto.

I frutti civili si acquistano giorno per giorno, in ragione della durata del diritto.

CAPO II – DEI BENI APPARTENENTI ALLO STATO, AGLI ENTI PUBBLICI E AGLI ENTI ECCLESIASTICI

Art. 822. Demanio pubblico.

Appartengono allo Stato e fanno parte del demanio pubblico il lido del mare, la spiaggia, le rade e i porti; i fiumi, i torrenti, i laghi e le altre acque definite pubbliche dalle leggi in materia; le opere destinate alla difesa nazionale.

Fanno parimenti parte del demanio pubblico, se appartengono allo Stato, le strade, le autostrade e le strade ferrate; gli aerodromi; gli acquedotti; gli immobili riconosciuti d'interesse storico, archeologico e artistico a norma delle leggi in materia, le raccolte dei musei, delle pinacoteche degli archivi, delle biblioteche; e infine gli altri beni che sono dalla legge assoggettati al regime proprio del demanio pubblico.

Art. 823. Condizione giuridica del demanio pubblico.

I beni che fanno parte del demanio pubblico, sono inalienabili e non possono formare oggetto di diritti a favore di terzi, se non nei modi e nei limiti stabiliti dalle leggi che li riguardano.

Spetta all'autorità amministrativa la tutela dei beni che fanno parte del demanio pubblico. Essa ha facoltà sia di procedere in via amministrativa, sia di valersi dei mezzi ordinari a difesa della proprietà e del possesso regolati dal presente codice.

Art. 824. Beni delle province e dei comuni soggetti al regime dei beni demaniali.

I beni della specie di quelli indicati dal secondo comma dell'articolo 822, se appartengono alle province o ai comuni, sono soggetti al regime del demanio pubblico.

Allo stesso regime sono soggetti i cimiteri e i mercati comunali.

Art. 825. Diritti demaniali su beni altrui.

Sono parimenti soggetti al regime del demanio pubblico i diritti reali che spettano allo Stato, alle province e ai comuni su beni appartenenti ad altri soggetti, quando i diritti stessi sono costituiti per l'utilità di alcuno dei beni indicati dagli articoli precedenti o per il conseguimento di fini di pubblico interesse corrispondenti a quelli a cui servono i beni medesimi.

Art. 826. Patrimonio dello Stato, delle province e dei comuni.

I beni appartenenti allo Stato, alle province e ai comuni, i quali non siano della specie di quelli indicati dagli articoli precedenti, costituiscono il patrimonio

dello Stato o, rispettivamente, delle province e dei comuni.

Fanno parte del patrimonio indisponibile dello Stato le foreste che a norma delle leggi in materia costituiscono il demanio forestale dello Stato, le miniere, le cave e torbiere quando la disponibilità ne è sottratta al proprietario del fondo, le cose d'interesse storico, archeologico, paletnologico, paleontologico

e artistico, da chiunque e in qualunque modo ritrovate nel sottosuolo, i beni costituenti la dotazione della presidenza della Repubblica, le caserme, gli armamenti, gli aeromobili militari e le navi da guerra.

Fanno parte del patrimonio indisponibile dello Stato o, rispettivamente, delle province e dei comuni, secondo la loro appartenenza, gli edifici destinati a sede di uffici pubblici, con i loro arredi, e gli altri beni destinati a un pubblico servizio.

Art. 827. Beni immobili vacanti.

I beni immobili che non sono di proprietà di alcuno spettano al patrimonio dello Stato.

Art. 828. Condizione giuridica dei beni patrimoniali.

I beni che costituiscono il patrimonio dello Stato, delle province e dei comuni sono soggetti alle regole particolari che li concernono e, in quanto non è diversamente disposto, alle regole del presente codice.

I beni che fanno parte del patrimonio indisponibile non possono essere sottratti alla loro destinazione, se non nei modi stabiliti dalle leggi che li riguardano.

Art. 829. Passaggio di beni dal demanio al patrimonio.

Il passaggio dei beni dal demanio pubblico al patrimonio dello Stato dev'essere dichiarato dall'autorità amministrativa.

Dell'atto deve essere dato annunzio nella Gazzetta ufficiale della Repubblica. Per quanto riguarda i beni delle province e dei comuni, il provvedimento che dichiara il passaggio al patrimonio deve essere pubblicato nei modi stabiliti per i regolamenti comunali e provinciali.

Art. 830. Beni degli enti pubblici non territoriali.

I beni appartenenti agli enti pubblici non territoriali sono soggetti alle regole del presente codice, salve le disposizioni delle leggi speciali.

Ai beni di tali enti che sono destinati a un pubblico servizio si applica la disposizione

del secondo comma dell'articolo 828.

Art. 831. Beni degli enti ecclesiastici ed edifici di culto.

I beni degli enti ecclesiastici sono soggetti alle norme del presente codice, in quanto non è diversamente disposto dalle leggi speciali che li riguardano. Gli edifici destinati all'esercizio pubblico del culto cattolico, anche se appartengono
a privati, non possono essere sottratti alla loro destinazione neppure per effetto di alienazione, fino a che la destinazione stessa non sia cessata in conformità delle leggi che li riguardano.

TITOLO II – DELLA PROPRIETA'
CAPO I – DISPOSIZIONI GENERALI

Art. 832. Contenuto del diritto.
Il proprietario ha diritto di godere e disporre delle cose in modo pieno ed esclusivo, entro i limiti e con l'osservanza degli obblighi stabiliti dall'ordinamento
giuridico.

Art. 833. Atti d'emulazione.
Il proprietario non può fare atti i quali non abbiano altro scopo che quello di nuocere o recare molestia ad altri.

Art. 834. Espropriazione per pubblico interesse.
Nessuno può essere privato in tutto o in parte dei beni di sua proprietà se non per causa di pubblico interesse, legalmente dichiarata, e contro il pagamento
di una giusta indennità.
Le norme relative all'espropriazione per causa di pubblico interesse sono determinate da leggi speciali.

Art. 835. Requisizioni.
Quando ricorrono gravi e urgenti necessità pubbliche, militari o civili, può essere disposta la requisizione dei beni mobili o immobili. Al proprietario è dovuta una giusta indennità.
Le norme relative alle requisizioni sono determinate da leggi speciali.

Art. 836. Vincoli ed obblighi temporanei.
Per le cause indicate dall'articolo precedente l'autorità amministrativa, nei limiti e con le forme stabiliti da leggi speciali, può sottoporre a particolari vincoli od obblighi di carattere temporaneo le aziende commerciali e agricole.

Art. 837. Ammassi.
Allo scopo di regolare la distribuzione di determinati prodotti agricoli o industriali
nell'interesse della produzione nazionale sono costituiti gli ammassi.
Le norme per il conferimento dei prodotti negli ammassi sono contenute in leggi speciali.

Art. 838. Espropriazione di beni che interessano la produzione nazionale o di prevalente interesse pubblico.
Salve le disposizioni delle leggi penali e di polizia, nonché le disposizioni particolari concernenti beni determinati, quando il proprietario abbandona la conservazione, la coltivazione o l'esercizio di beni che interessano la produzione
nazionale, in modo da nuocere gravemente alle esigenze della produzione stessa, può farsi luogo all'espropriazione dei beni da parte dell'autorità amministrativa, premesso il pagamento di una giusta indennità.
La stessa disposizione si applica se il deperimento dei beni ha per effetto di nuocere gravemente al decoro delle città o alle ragioni dell'arte, della storia o della sanità pubblica.

Art. 839. Beni d'interesse storico e artistico.
Le cose di proprietà privata, immobili e mobili, che presentano interesse artistico, storico, archeologico o etnografico, sono sottoposte alle disposizioni delle leggi speciali.

CAPO II – DELLA PROPRIETA' FONDIARIA
SEZIONE I – Disposizioni generali

Art. 840. Sottosuolo e spazio sovrastante al suolo.
La proprietà del suolo si estende al sottosuolo, con tutto ciò che vi si contiene, e il proprietario può fare qualsiasi
escavazione od opera che non rechi danno al vicino. Questa disposizione non si applica a quanto forma oggetto delle leggi sulle miniere, cave e torbiere. Sono del pari salve le limitazioni derivanti dalle leggi sulle antichità e belle arti, sulle acque, sulle opere idrauliche e da altre leggi speciali.
Il proprietario del suolo non può opporsi ad attività di terzi che si svolgano a tale profondità nel sottosuolo o a tale altezza nello spazio sovrastante, che egli non abbia interesse ad escluderle.

Art. 841. Chiusura del fondo.
Il proprietario può chiudere in qualunque tempo il fondo.

Art. 842. Caccia e pesca.
Il proprietario di un fondo non può impedire che vi si entri per l'esercizio della caccia, a meno che il fondo sia chiuso nei modi stabiliti dalla legge sulla caccia o vi siano colture in atto suscettibili di danno.
Egli può sempre opporsi a chi non è munito della licenza rilasciata dall'autorità. Per l'esercizio della pesca occorre il consenso del proprietario del fondo.

Art. 843. Accesso al fondo.
Il proprietario deve permettere l'accesso e il passaggio nel suo fondo, sempre che ne venga riconosciuta la necessità, al fine di costruire o riparare un muro o altra opera propria del vicino oppure comune.
Se l'accesso cagiona danno è dovuta un'adeguata indennità.
Il proprietario deve parimenti permettere l'accesso a chi vuole riprendere la cosa sua che vi si trovi accidentalmente o l'animale che vi si sia riparato sfuggendo alla custodia. Il proprietario può impedire l'accesso consegnando la cosa o l'animale.

Art. 844. Immissioni.
Il proprietario di un fondo non può impedire le immissioni di fumo o di calore, le esalazioni, i rumori, gli scuotimenti e simili propagazioni derivanti dal fondo del vicino, se non superano la normale tollerabilità, avuto anche riguardo alla condizione dei luoghi.
Nell'applicare questa norma l'autorità giudiziaria deve contemperare le esigenze della produzione con le ragioni della proprietà. Può tener conto della priorità di un determinato uso.
Cfr. Tribunale di Chiavari, sentenza 9 agosto 2008, n. 373 in Altalex Massimario e l'articolo Intollerabilità delle immissioni e danno esistenziale di Renato Amoroso.

Art. 845. Regole particolari per scopi di pubblico interesse.

La proprietà fondiaria è soggetta a regole particolari per il conseguimento di scopi di pubblico interesse nei casi previsti dalle leggi speciali e dalle disposizioni contenute nelle sezioni seguenti.

Art. 846.

(...) (1)

(1) "Minima unità colturale.

Nei trasferimenti di proprietà, nelle divisioni e nelle assegnazioni a qualunque titolo, aventi per oggetto terreni destinati a coltura o suscettibili di coltura, e nella costituzione o nei trasferimenti di diritti reali sui terreni stessi non deve farsi luogo a frazionamenti che non rispettino la minima unità colturale.

S'intende per minima unità colturale la estensione di terreno necessaria e sufficiente per il lavoro di una famiglia agricola e, se non si tratta di terreno appoderato, per esercitare una conveniente coltivazione secondo le regole della buona tecnica agraria."

Articolo abrogato dal D.L.vo 18 maggio 2001, n. 228.

Art. 847.

(...) (1)

(1) "Determinazione della minima unità colturale.

L'estensione della minima unità colturale sarà determinata distintamente per zone, avuto riguardo all'ordinamento produttivo e alla situazione demografica locale, con provvedimento dell'autorità amministrativa, da adottarsi sentite le associazioni professionali."

Articolo abrogato dal D.Lgs. 18 maggio 2001, n. 228.

Art. 848.

(...) (1)

(1) "Sanzione dell'inosservanza

Gli atti compiuti contro il divieto dell'articolo 846 possono essere annullati dall'autorità giudiziaria, su istanza del pubblico ministero. L'azione si prescrive in tre anni dalla data della trascrizione dell'atto." Articolo abrogato dal D.Lgs. 18 maggio 2001, n. 228.

Art. 849. Fondi compresi entro maggiori unità fondiarie.

Indipendentemente dalla formazione del consorzio previsto dall'articolo seguente, il proprietario di terreni entro i quali sono compresi appezzamenti appartenenti ad altri, di estensione inferiore alla minima unità colturale, può domandare che gli sia trasferita la proprietà di questi ultimi, pagandone il prezzo, allo scopo di attuare una migliore sistemazione delle unità fondiarie. In caso di contrasto decide l'autorità giudiziaria (1).

(1) Le parole: "sentite le associazioni professionali circa la sussistenza delle condizioni che giustificano la richiesta di trasferimento." sono da considerarsi inefficaci in forza della soppressione dell'ordinamento corporativo fascista disposta dall'art. 1 del D.L.vo Lgt. 23 novembre 1944, n. 369

Art. 850. Consorzi a scopo di ricomposizione fondiaria.

Quando più terreni contigui e inferiori alla minima unità colturale appartengono a diversi proprietari, può, su istanza di alcuno degli interessati o per iniziativa dell'autorità amministrativa, essere costituito un consorzio tra gli stessi proprietari, allo scopo di provvedere a una ricomposizione fondiaria idonea alla migliore utilizzazione dei terreni stessi.

Per la costituzione del consorzio si applicano le norme stabilite per i consorzi di bonifica.

Art. 851. Trasferimenti coattivi.

Il consorzio indicato dall'articolo precedente può predisporre il piano di riordinamento.

Per la migliore sistemazione delle unità fondiarie può procedersi a espropriazioni e a trasferimenti coattivi; può anche procedersi a rettificazioni di confini e ad arrotondamento di fondi.

Art. 852. Terreni esclusi dai trasferimenti.

Dai trasferimenti coattivi previsti dall'articolo precedente sono esclusi:

1) gli appezzamenti forniti di casa di abitazione civile o colonica;

2) i terreni adiacenti ai fabbricati e costituenti dipendenze dei medesimi;

3) le aree fabbricabili;

4) gli orti, i giardini, i parchi;

5) i terreni necessari per piazzali o luoghi di deposito di stabilimenti industriali o commerciali;

6) i terreni soggetti a inondazioni, a scoscendimenti o ad altri gravi rischi;

7) i terreni che per la loro speciale destinazione, ubicazione o singolarità di coltura presentano caratteristiche di spiccata individualità.

Art. 853. Trasferimento dei diritti reali.

Nei trasferimenti coattivi le servitù prediali sono abolite, conservate o create in relazione alle esigenze della nuova sistemazione.

Gli altri diritti reali di godimento sono trasferiti sui terreni assegnati in cambio e, qualora non siano costituiti su tutti i terreni dello stesso proprietario, sono trasferiti soltanto su una parte determinata del fondo assegnato in cambio, che corrisponda in valore ai terreni su cui esistevano.

Le ipoteche che non siano costituite su tutti i terreni dello stesso proprietario sono trasferite sul fondo di nuova assegnazione per una quota corrispondente in valore ai terreni su cui erano costituite. In caso di espropriazione forzata dell'immobile gravato da ipoteca su una quota, l'immobile è espropriato per intero e il credito è collocato, secondo il grado dell'ipoteca, sulla parte del prezzo corrispondente alla quota soggetta alla ipoteca medesima.

Art. 854. Notifica e trascrizione del piano di riordinamento.

Il piano di riordinamento deve essere preventivamente portato a cognizione degli interessati, e contro di esso è ammesso reclamo in via amministrativa, nelle forme e nei termini stabiliti da leggi speciali.

Il provvedimento amministrativo di approvazione definitiva del piano dev'essere trascritto presso l'ufficio dei registri immobiliari nella cui circoscrizione sono situati i beni.

Art. 855. Effetti dell'approvazione del piano di riordinamento.

Con l'approvazione del piano di riordinamento si operano i trasferimenti di proprietà e degli altri diritti reali; sono anche costituite le servitù imposte nel piano stesso.

Art. 856. Competenza dell'autorità giudiziaria.

Nelle materie indicate dagli articoli 850 e seguenti è salva la competenza dell'autorità giudiziaria ordinaria per la tutela dei diritti degli interessati.

L'autorità giudiziaria non può tuttavia con le sue decisioni provocare una revisione del piano di riordinamento, ma può procedere alla conversione e liquidazione in danaro dei diritti da essa accertati.

Il credito relativo è privilegiato a norma delle leggi speciali.

SEZIONE III – Della bonifica integrale

Art. 857. Terreni soggetti a bonifica.

Per il conseguimento di fini igienici, demografici, economici o di altri fini sociali possono essere dichiarati soggetti a bonifica i terreni che si trovano in un comprensorio, in cui sono laghi, stagni, paludi e terre paludose, ovvero costituito da terreni montani dissestati nei riguardi idro-geologici e forestali, o da terreni estensivamente coltivati per gravi cause d'ordine fisico o sociale, i quali siano suscettibili di una radicale trasformazione dell'ordinamento produttivo.

Art. 858. Comprensorio di bonifica e piano delle opere.

Il comprensorio di bonifica e il piano generale dei lavori e di attività coordinate sono determinati e pubblicati a norma della legge speciale.

Art. 859. Opere di competenza dello Stato.

Il piano generale indicato dall'articolo precedente stabilisce quali opere di bonifica siano di competenza dello Stato.

Art. 860. Concorso dei proprietari nella spesa.

I proprietari dei beni situati entro il perimetro del comprensorio sono obbligati a contribuire nella spesa necessaria per l'esecuzione, la manutenzione e l'esercizio delle opere in ragione del beneficio che traggono dalla bonifica.

Art. 861. Opere di competenza dei privati.

I proprietari degli immobili indicati dall'articolo precedente sono obbligati a eseguire, in conformità del piano generale di bonifica e delle connesse direttive di trasformazione agraria, le opere di competenza privata che siano d'interesse comune a più fondi o d'interesse particolare a taluno di essi.

Art. 862. Consorzi di bonifica.

All'esecuzione, alla manutenzione e all'esercizio delle opere di bonifica può provvedersi a mezzo di consorzi tra i proprietari interessati.

A tali consorzi possono essere anche affidati l'esecuzione, la manutenzione e l'esercizio delle altre opere d'interesse comune a più fondi o d'interesse particolare a uno di essi.

I consorzi sono costituiti per decreto del Presidente della Repubblica e, in mancanza dell'iniziativa privata, possono essere formati anche d'ufficio.

Essi sono persone giuridiche pubbliche e svolgono la loro attività secondo le norme dettate dalla legge speciale.

Art. 863. Consorzi di miglioramento fondiario.

Nelle forme stabilite per i consorzi di bonifica possono essere costituiti anche consorzi per l'esecuzione, la manutenzione e l'esercizio di opere di miglioramento fondiario comuni a più fondi e indipendenti da un piano generale di bonifica.

Essi sono persone giuridiche private. Possono tuttavia assumere il carattere di persone giuridiche pubbliche quando, per la loro vasta estensione territoriale o per la particolare importanza delle loro funzioni ai fini dell'incremento della produzione, sono riconosciuti d'interesse nazionale con provvedimento dell'autorità amministrativa.

Art. 864. Contributi consorziali.

I contributi dei proprietari nella spesa di esecuzione, manutenzione ed esercizio delle opere di bonifica e di miglioramento fondiario sono esigibili con le norme e i privilegi stabiliti per l'imposta fondiaria.

Art. 865. Espropriazione per inosservanza degli obblighi.

Quando l'inosservanza degli obblighi imposti ai proprietari risulta tale da compromettere l'attuazione del piano di bonifica, può farsi luogo all'espropriazione parziale o totale del fondo appartenente al proprietario inadempiente, osservate le disposizioni della legge speciale.

L'espropriazione ha luogo a favore del consorzio, se questo ne fa richiesta, o, in mancanza, a favore di altra persona che si obblighi ad eseguire le opere offrendo opportune garanzie..

SEZIONE IV – Dei vincoli idrogeologici e delle difese fluviali

Art. 866. Vincoli per scopi idrogeologici e per altri scopi.

Anche indipendentemente da un piano di bonifica, i terreni di qualsiasi natura e destinazione possono essere sottoposti a vincolo idrogeologico, osservate le forme e le condizioni stabilite dalla legge speciale, al fine di evitare che possano con danno pubblico subire denudazioni, perdere la stabilità o turbare il regime delle acque.

L'utilizzazione dei terreni e l'eventuale loro trasformazione, la qualità delle colture, il governo dei boschi e dei pascoli sono assoggettati, per effetto del vincolo, alle limitazioni stabilite dalle leggi in materia.

Parimenti, a norma della legge speciale, possono essere sottoposti a limitazione nella loro utilizzazione i boschi che per la loro speciale ubicazione difendono terreni o fabbricati dalla caduta di valanghe, dal rotolamento dei sassi, dal sorrenamento e dalla furia dei venti, e quelli ritenuti utili per le condizioni igieniche locali.

Art. 867. Sistemazione e rimboschimento dei terreni vincolati.

Al fine del rimboschimento e del rinsaldamento i terreni vincolati possono essere assoggettati a espropriazione, a occupazione temporanea o a sospensione dell'esercizio del pascolo, nei modi e con le forme stabiliti dalle leggi in materia.

Art. 868. Regolamento protettivo dei corsi di acqua.

I proprietari d'immobili situati in prossimità di corsi d'acqua che arrecano o minacciano danni all'agricoltura, ad abitati o a manufatti d'interesse pubblico sono obbligati, anche indipendentemente da un piano di bonifica, a contribuire all'esecuzione delle opere necessarie per il regolamento del corso d'acqua nelle forme stabilite dalle leggi speciali.

SEZIONE V – Della proprietà edilizia

Art. 869. Piani regolatori.

I proprietari d'immobili nei comuni dove sono formati piani regolatori devono osservare le prescrizioni dei piani stessi nelle costruzioni e nelle riedificazioni o modificazioni delle costruzioni esistenti.

Art. 870. Comparti.

Quando è prevista la formazione di comparti, costituenti unità fabbricabili con speciali modalità di costruzione e di adattamento, gli aventi diritto sugli immobili compresi nel comparto devono regolare i loro reciproci rapporti in modo da rendere possibile l'attuazione del piano. Possono anche riunirsi in consorzio per l'esecuzione delle opere. In mancanza di accordo, può procedersi alla espropriazione a norma delle leggi in materia.

Art. 871. Norme di edilizia e di ornato pubblico.
Le regole da osservarsi nelle costruzioni sono stabilite dalla legge speciale e dai regolamenti edilizi comunali.
La legge speciale stabilisce altresì le regole da osservarsi per le costruzioni nelle località sismiche.

Art. 872. Violazione delle norme di edilizia.
Le conseguenze di carattere amministrativo della violazione delle norme indicate dall'articolo precedente sono stabilite da leggi speciali.
Colui che per effetto della violazione ha subito danno deve esserne risarcito, salva la facoltà di chiedere la riduzione in pristino quando si tratta della violazione delle norme contenute nella sezione seguente o da questa richiamate.

SEZIONE VI – Delle distanze nelle costruzioni, piantagioni e scavi, e dei muri, fossi e siepi interposti tra i fondi

Art. 873. Distanze nelle costruzioni.
Le costruzioni su fondi finitimi, se non sono unite o aderenti, devono essere tenute a distanza non minore di tre metri. Nei regolamenti locali può essere stabilita una distanza maggiore.

Art. 874. Comunione forzosa del muro sul confine.
Il proprietario di un fondo contiguo al muro altrui può chiederne la comunione, per tutta l'altezza o per parte di essa, purché lo faccia per tutta l'estensione della sua proprietà. Per ottenere la comunione deve pagare la metà del valore del muro, o della parte di muro resa comune, e la metà del valore del suolo su cui il muro è costruito. Deve inoltre eseguire le opere che occorrono per non danneggiare il vicino.

Art. 875. Comunione forzosa del muro che non è sul confine.
Quando il muro si trova ad una distanza dal confine minore di un metro e mezzo ovvero a distanza minore della metà di quella stabilita dai regolamenti locali, il vicino può chiedere la comunione del muro, soltanto allo scopo di fabbricare contro il muro stesso, pagando, oltre il valore della metà del muro, il valore del suolo da occupare con la nuova fabbrica, salvo che il proprietario preferisca estendere il suo muro sino al confine.
Il vicino che intende domandare la comunione deve interpellare preventivamente
il proprietario se preferisca di estendere il muro al confine o di procedere alla sua demolizione. Questi deve manifestare la propria volontà entro il termine di giorni quindici e deve procedere alla costruzione o alla demolizione entro sei mesi dal giorno in cui ha comunicato la risposta.

Art. 876. Innesto nel muro sul confine.
Se il vicino vuole servirsi del muro esistente sul confine solo per innestarvi un capo del proprio muro, non ha l'obbligo di renderlo comune a norma dell'articolo 874, ma deve pagare una indennità per l'innesto.

Art. 877. Costruzioni in aderenza.
Il vicino, senza chiedere la comunione del muro posto sul confine, può costruire
sul confine stesso in aderenza, ma senza appoggiare la sua fabbrica a quella preesistente.
Questa norma si applica anche nel caso previsto dall'articolo 875; il vicino in tal caso deve pagare soltanto il valore del suolo.

Art. 878. Muro di cinta.
Il muro di cinta e ogni altro muro isolato che non abbia un'altezza superiore ai tre metri non è considerato per il computo della distanza indicata dall'articolo 873.
Esso, quando è posto sul confine, può essere reso comune anche a scopo d'appoggio, purché non preesista al di là un edificio a distanza inferiore ai tre metri.

Art. 879. Edifici non soggetti all'obbligo delle distanze o a comunione forzosa.
Alla comunione forzosa non sono soggetti gli edifici appartenenti al demanio pubblico e quelli soggetti allo stesso regime, né gli edifici che sono riconosciuti di interesse storico, archeologico o artistico, a norma delle leggi in materia. Il vicino non può neppure usare della facoltà concessa dall'articolo 877.
Alle costruzioni che si fanno in confine con le piazze e le vie pubbliche non si applicano le norme relative alle distanze, ma devono osservarsi le leggi e i regolamenti che le riguardano.

Art. 880. Presunzione di comunione del muro divisorio.
Il muro che serve di divisione tra edifici si presume comune fino alla sua sommità e, in caso di altezze ineguali, fino al punto in cui uno degli edifici comincia ad essere più alto.
Si presume parimenti comune il muro che serve di divisione tra cortili, giardini e orti o tra recinti nei campi.

Art. 881. Presunzione di proprietà esclusiva del muro divisorio.
Si presume che il muro divisorio tra i campi, cortili, giardini od orti appartenga al proprietario del fondo verso il quale esiste il piovente e in ragione del piovente medesimo.
Se esistono sporti, come cornicioni, mensole e simili, o vani che si addentrano oltre la metà della grossezza del muro, e gli uni e gli altri risultano costruiti col muro stesso, si presume che questo spetti al proprietario dalla cui parte gli sporti o i vani si presentano, anche se vi sia soltanto qualcuno di tali segni.
Se uno o più di essi sono da una parte, e uno o più dalla parte opposta, il muro è reputato comune: in ogni caso la positura del piovente prevale su tutti gli altri indizi.

Art. 882. Riparazioni del muro comune.
Le riparazioni e le ricostruzioni necessarie del muro comune sono a carico di tutti quelli che vi hanno diritto e in proporzione del diritto di ciascuno, salvo che la spesa sia stata cagionata dal fatto di uno dei partecipanti.
Il comproprietario di un muro comune può esimersi dall'obbligo di contribuire nelle spese di riparazione e ricostruzione, rinunziando al diritto di comunione, purché il muro comune non sostenga un edificio di sua spettanza.
La rinunzia non libera il rinunziante dall'obbligo delle riparazioni e ricostruzioni
a cui abbia dato causa col fatto proprio.

Art. 883. Abbattimento di edificio appoggiato al muro comune.

Il proprietario che vuole atterrare un edificio sostenuto da un muro comune può rinunziare alla comunione di questo, ma deve farvi le riparazioni e le opere che la demolizione rende necessarie per evitare ogni danno al vicino.

Art. 884. Appoggio e immissione di travi e catene nel muro comune.

Il comproprietario di un muro comune può fabbricare appoggiandovi le sue costruzioni e può immettervi travi, purché le mantenga a distanza di cinque centimetri dalla superficie opposta, salvo il diritto dell'altro comproprietario di fare accorciare la trave fino alla metà del muro, nel caso in cui egli voglia collocare una trave nello stesso luogo, aprirvi un incavo o appoggiarvi un camino. Il comproprietario può anche attraversare il muro comune con chiavi e catene di rinforzo, mantenendo la stessa distanza. Egli è tenuto in ogni caso a riparare i danni causati dalle opere compiute.

Non può fare incavi nel muro comune, né eseguirvi altra opera che ne comprometta
la stabilità o che in altro modo lo danneggi.

Art. 885. Innalzamento del muro comune.

Ogni comproprietario può alzare il muro comune, ma sono a suo carico tutte le spese di costruzione e conservazione della parte sopraedificata. Anche questa può dal vicino essere resa comune a norma dell'articolo 874.

Se il muro non è atto a sostenere la sopraedificazione, colui che l'esegue è tenuto a ricostruirlo o a rinforzarlo a sue spese. Per il maggiore spessore che sia necessario, il muro deve essere costruito sul suolo proprio, salvo che esigenze tecniche impongano di costruirlo su quello del vicino. In entrambi i casi il muro ricostruito o ingrossato resta di proprietà comune, e il vicino deve essere indennizzato di ogni danno prodotto dall'esecuzione delle opere. Nel secondo caso il vicino ha diritto di conseguire anche il valore della metà del suolo occupato per il maggiore spessore.

Qualora il vicino voglia acquistare la comunione della parte sopraelevata del muro, si tiene conto, nel calcolare il valore di questa, anche delle spese occorse per la ricostruzione o per il rafforzamento.

Art. 886. Costruzione del muro di cinta.

Ciascuno può costringere il vicino a contribuire per metà nella spesa di costruzione
dei muri di cinta che separano le rispettive case, i cortili e i giardini
posti negli abitati. L'altezza di essi, se non è diversamente determinata dai regolamenti locali o dalla convenzione, deve essere di tre metri.

Art. 887. Fondi a dislivello negli abitati.

Se di due fondi posti negli abitati uno è superiore e l'altro inferiore, il proprietario
del fondo superiore deve sopportare per intero le spese di costruzione
e conservazione del muro dalle fondamenta all'altezza del proprio
suolo, ed entrambi i proprietari devono contribuire per tutta la restante altezza.

Il muro deve essere costruito per metà sul terreno del fondo inferiore e per metà sul terreno del fondo superiore.

Art. 888. Esonero dal contributo nelle spese.

Il vicino si può esimere dal contribuire nelle spese di costruzione del muro di cinta o divisorio, cedendo, senza diritto a compenso, la metà del terreno su cui il muro di separazione deve essere costruito. In tal caso il muro è di proprietà
di colui che l'ha costruito, salva la facoltà del vicino di renderlo comune ai sensi dell'articolo 874, senza obbligo però di pagare la metà del valore del suolo su cui il muro è stato costruito.

Art. 889. Distanze per pozzi, cisterne, fosse e tubi.

Chi vuole aprire pozzi, cisterne, fosse di latrina o di concime presso il confine, anche se su questo si trova un muro divisorio, deve osservare la distanza di almeno due metri tra il confine e il punto più vicino del perimetro interno delle opere predette.

Per i tubi d'acqua pura o lurida, per quelli di gas e simili e loro diramazioni deve osservarsi la distanza di almeno un metro dal confine.

Sono salve in ogni caso le disposizioni dei regolamenti locali.

Art. 890. Distanze per fabbriche e depositi nocivi o pericolosi.

Chi presso il confine, anche se su questo si trova un muro divisorio, vuole fabbricare forni, camini, magazzini di sale, stalle e simili, o vuol collocare materie umide o esplodenti o in altro modo nocive, ovvero impiantare macchinari,
per i quali può sorgere pericolo di danni, deve osservare le distanze stabilite dai regolamenti e, in mancanza, quelle necessarie a preservare i fondi vicini da ogni danno alla solidità, salubrità e sicurezza.

Art. 891. Distanze per canali e fossi.

Chi vuole scavare fossi o canali presso il confine, se non dispongono in modo diverso i regolamenti locali, deve osservare una distanza eguale alla profondità del fosso o canale. La distanza si misura dal confine al ciglio della sponda più vicina, la quale deve essere a scarpa naturale ovvero munita di opere di sostegno. Se il confine si trova in un fosso comune o in una via privata,
la distanza si misura da ciglio a ciglio o dal ciglio al lembo esteriore della via.

Art. 892. Distanze per gli alberi.

Chi vuol piantare alberi presso il confine deve osservare le distanze stabilite dai regolamenti e, in mancanza, dagli usi locali. Se gli uni e gli altri non dispongono,
devono essere osservate le seguenti distanze dal confine:

1) tre metri per gli alberi di alto fusto. Rispetto alle distanze, si considerano alberi di alto fusto quelli il cui fusto, semplice o diviso in rami, sorge ad altezza notevole, come sono i noci, i castagni, le querce, i pini, i cipressi, gli olmi, i pioppi, i platani e simili;

2) un metro e mezzo per gli alberi di non alto fusto. Sono reputati tali quelli il cui fusto, sorto ad altezza non superiore a tre metri, si diffonde in rami;

3) mezzo metro per le viti, gli arbusti, le siepi vive, le piante da frutto di altezza non maggiore di due metri e mezzo.

La distanza deve essere però di un metro, qualora le siepi siano di ontano, di castagno o di altre piante simili che si recidono periodicamente vicino al ceppo, e di due metri per le siepi di robinie.

La distanza si misura dalla linea del confine alla base esterna del tronco dell'albero nel tempo della piantagione, o dalla linea stessa al luogo dove fu fatta la semina.

Le distanze anzidette non si devono osservare se sul confine esiste un muro
divisorio, proprio o comune, purché le piante siano tenute ad altezza che
non ecceda la sommità del muro.

Art. 893. Alberi presso strade, canali e sul confine di boschi.

Per gli alberi che nascono o si piantano nei boschi, sul confine con terreni
non boschivi, o lungo le strade o le sponde dei canali, si osservano, trattandosi
di boschi, canali e strade di proprietà privata, i regolamenti e, in mancanza,
gli usi locali. Se gli uni e gli altri non dispongono, si osservano le distanze
prescritte dall'articolo precedente.

Art. 894. Alberi a distanza non legale.

Il vicino può esigere che si estirpino gli alberi e le siepi che sono piantati o
nascono a distanza minore di quelle indicate dagli articoli precedenti.

Art. 895. Divieto di ripiantare alberi a distanza non legale.

Se si è acquistato il diritto di tenere alberi a distanza minore di quelle sopra
indicate, e l'albero muore o viene reciso o abbattuto, il vicino non può
sostituirlo,
se non osservando la distanza legale.
La disposizione non si applica quando gli alberi fanno parte di un filare situato
lungo il confine.

Art. 896. Recisione di rami protesi e di radici.

Quegli sul cui fondo si protendono i rami degli alberi del vicino può in
qualunque
tempo costringerlo a tagliarli, e può egli stesso tagliare le radici che
si addentrano nel suo fondo, salvi però in ambedue i casi i regolamenti e gli
usi locali.
Se gli usi locali non dispongono diversamente, i frutti naturalmente caduti
dai rami protesi sul fondo del vicino appartengono al proprietario del fondo
su cui sono caduti.
Se a norma degli usi locali i frutti appartengono al proprietario dell'albero,
per la raccolta di essi si applica il disposto dell'articolo 843.

Art. 896-bis. (1) Distanze minime per gli apiari.

Gli apiari devono essere collocati a non meno di dieci metri da strade di
pubblico transito e a non meno di cinque metri dai confini di proprietà
pubbliche
o private.
Il rispetto delle distanze di cui al primo comma non è obbligatorio se tra
l'apiario e i luoghi ivi indicati esistono dislivelli di almeno due metri o se sono
interposti, senza soluzioni di continuità, muri, siepi o altri ripari idonei a
non consentire il passaggio delle api. Tali ripari devono avere una altezza di
almeno due metri. Sono comunque fatti salvi gli accordi tra le parti interessate.
Nel caso di accertata presenza di impianti industriali saccariferi, gli apiari
devono rispettare una distanza minima di un chilometro dai suddetti luoghi
di produzione.

(1) Articolo inserito dalla Legge 24 dicembre 2004, n. 313.

Art. 897. Comunione di fossi.

Ogni fosso interposto tra due fondi si presume comune.
Si presume che il fosso appartenga al proprietario che se ne serve per gli
scoli delle sue terre, o al proprietario del fondo dalla cui parte è il getto della
terra o lo spurgo ammucchiatovi da almeno tre anni.
Se uno o più di tali segni sono da una parte e uno o più dalla parte opposta,
il fosso si presume comune.

Art. 898. Comunione di siepi.

Ogni siepe tra due fondi si presume comune ed è mantenuta a spese comuni,
salvo che vi sia termine di confine o altra prova in contrario.
Se uno solo dei fondi è recinto, si presume che la siepe appartenga al
proprietario
del fondo recinto, ovvero di quello dalla cui parte si trova la siepe
stessa in relazione ai termini di confine esistenti.

Art. 899. Comunione di alberi.

Gli alberi sorgenti nella siepe sono comuni.
Gli alberi sorgenti sulla linea di confine si presumono comuni, salvo titolo o
prova in contrario.
Gli alberi che servono di limite o che si trovano nella siepe comune non
possono
essere tagliati, se non di comune consenso o dopo che l'autorità giudiziaria
abbia riconosciuto la necessità o la convenienza del taglio.

SEZIONE VII – Delle luci e delle vedute

Art. 900. Specie di finestre.

Le finestre o altre aperture sul fondo del vicino sono di due specie: luci,
quando danno passaggio alla luce e all'aria, ma non permettono di affacciarsi
sul fondo del vicino; vedute o prospetti, quando permettono di affacciarsi
e di guardare di fronte, obliquamente o lateralmente.

Art. 901. Luci.

Le luci che si aprono sul fondo del vicino devono:
1) essere munite di un'inferriata idonea a garantire la sicurezza del vicino e
di una grata fissa in metallo le cui maglie non siano maggiori di tre centimetri
quadrati;
2) avere il lato inferiore a un'altezza non minore di due metri e mezzo dal
pavimento o dal suolo del luogo al quale si vuole dare luce e aria, se esse
sono al piano terreno, e non minore di due metri se sono ai piani superiori;
3) avere il lato inferiore a un'altezza non minore di due metri e mezzo dal
suolo del fondo vicino, a meno che si tratti di locale che sia in tutto o in parte
a livello inferiore al suolo del vicino e la condizione dei luoghi non consenta
di osservare l'altezza stessa.

Art. 902. Apertura priva dei requisiti prescritti per le luci.

L'apertura che non ha i caratteri di veduta o di prospetto è considerata come
luce, anche se non sono state osservate le prescrizioni indicate dall'articolo
901.
Il vicino ha sempre il diritto di esigere che essa sia resa conforme alle
prescrizioni
dell'articolo predetto.

Art. 903. Luci nel muro proprio o nel muro comune.

Le luci possono essere aperte dal proprietario del muro contiguo al fondo
altrui.

Se il muro è comune, nessuno dei proprietari può aprire luci senza il consenso dell'altro; ma chi ha sopraelevato il muro comune può aprirle nella maggiore altezza a cui il vicino non abbia voluto contribuire.

Art. 904. Diritto di chiudere le luci.

La presenza di luci in un muro non impedisce al vicino di acquistare la comunione
del muro medesimo né di costruire in aderenza.

Chi acquista la comunione del muro non può chiudere le luci se ad esso non appoggia il suo edificio.

Art. 905. Distanza per l'apertura di vedute dirette e balconi.

Non si possono aprire vedute dirette verso il fondo chiuso o non chiuso e neppure sopra il tetto del vicino, se tra il fondo di questo e la faccia esteriore del muro in cui si aprono le vedute dirette non vi è la distanza di un metro e mezzo.

Non si possono parimenti costruire balconi o altri sporti, terrazze, lastrici solari e simili, muniti di parapetto che permetta di affacciarsi sul fondo del vicino, se non vi è la distanza di un metro e mezzo tra questo fondo e la linea esteriore di dette opere.

Il divieto cessa allorquando tra i due fondi vicini vi è una via pubblica.

Art. 906. Distanza per l'apertura di vedute laterali od oblique.

Non si possono aprire vedute laterali od oblique sul fondo del vicino se non si osserva la distanza di settantacinque centimetri, la quale deve misurarsi dal più vicino lato della finestra o dal più vicino sporto.

Art. 907. Distanza delle costruzioni dalle vedute.

Quando si è acquistato il diritto di avere vedute dirette verso il fondo vicino, il proprietario di questo non può fabbricare a distanza minore di tre metri, misurata a norma dell'articolo 905.

Se la veduta diretta forma anche veduta obliqua, la distanza di tre metri deve pure osservarsi dai lati della finestra da cui la veduta obliqua si esercita.

Se si vuole appoggiare la nuova costruzione al muro in cui sono le dette vedute dirette od oblique, essa deve arrestarsi almeno a tre metri sotto la loro soglia.

Cfr. Cassazione Civile, sez. II, sentenza 27 marzo 2008, n. 7972 in Altalex Massimario.

SEZIONE VIII – Dello stillicidio

Art. 908. Scarico delle acque piovane.

Il proprietario deve costruire i tetti in maniera che le acque piovane scolino nel suo terreno e non può farle cadere nel fondo del vicino.

Se esistono pubblici colatoi, deve provvedere affinché le acque piovane vi siano immesse con gronde o canali. Si osservano in ogni caso i regolamenti locali e le leggi sulla polizia idraulica.

SEZIONE IX – Delle acque

Art. 909. Diritto sulle acque esistenti nel fondo.

Il proprietario del suolo ha il diritto di utilizzare le acque in esso esistenti, salve le disposizioni delle leggi speciali per le acque pubbliche e per le acque sotterranee.

Egli può anche disporne a favore d'altri, qualora non osti il diritto di terzi; ma, dopo essersi servito delle acque, non può divertirle in danno d'altri fondi.

Art. 910.
(…) (1)

(1) *"Uso delle acque che limitano o attraversano un fondo*
Il proprietario di un fondo limitato o attraversato da un'acqua non pubblica, che corre
naturalmente e sulla quale altri non ha diritto, può, mentre essa trascorre, farne
uso per l'irrigazione dei suoi terreni e per l'esercizio delle sue industrie, ma deve restituire
le colature e gli avanzi al corso ordinario." articolo abrogato dal D.P.R. 18
febbraio 1999, n. 238.
Cfr. Cassazione Civile, sez. II, sentenza 10 ottobre 2007, n. 21245 in Altalex Massimario.

Art. 911. Apertura di nuove sorgenti e altre opere.

Chi vuole aprire sorgenti, stabilire capi o aste di fonte e in genere eseguire opere per estrarre acque dal sottosuolo o costruire canali o acquedotti, oppure scavarne, profondarne o allargarne il letto, aumentarne o diminuirne il pendio o variarne la forma, deve, oltre le distanze stabilite nell'articolo 891, osservare le maggiori distanze ed eseguire le opere che siano necessarie per non recare pregiudizio ai fondi altrui, sorgenti, capi o aste di fonte, canali o acquedotti preesistenti e destinati all'irrigazione dei terreni o agli usi domestici o industriali.

Art. 912. Conciliazione di opposti interessi.

Se sorge controversia tra i proprietari a cui un'acqua non pubblica può essere utile, l'autorità giudiziaria deve valutare l'interesse dei singoli proprietari nei loro rapporti e rispetto ai vantaggi che possono derivare all'agricoltura o all'industria dall'uso a cui l'acqua è destinata o si vuol destinare.

L'autorità giudiziaria può assegnare una indennità ai proprietari che sopportino diminuzione del proprio diritto.

In tutti i casi devono osservarsi le disposizioni delle leggi sulle acque e sulle opere idrauliche.

Art. 913. Scolo delle acque.

Il fondo inferiore è soggetto a ricevere le acque che dal fondo più elevato scolano naturalmente, senza che sia intervenuta l'opera dell'uomo.

Il proprietario del fondo inferiore non può impedire questo scolo, né il proprietario
del fondo superiore può renderlo più gravoso.

Se per opere di sistemazione agraria dell'uno o dell'altro fondo si rende necessaria
una modificazione del deflusso naturale delle acque, è dovuta
un'indennità al proprietario del fondo a cui la modificazione stessa ha recato pregiudizio.

Art. 914. Consorzi per regolare il deflusso delle acque.

Qualora per esigenze della produzione si debba provvedere a opere di sistemazione
degli scoli, di soppressione di ristagni o di raccolta di acque,
l'autorità amministrativa, su richiesta della maggioranza degli interessati o anche d'ufficio, può costituire un consorzio tra i proprietari dei fondi che traggono beneficio dalle opere stesse.

Si applicano a tale consorzio le disposizioni del secondo e del terzo comma dell'articolo 921.

Art. 915. Riparazione di sponde e argini.

Qualora le sponde o gli argini che servivano di ritegno alle acque siano stati in tutto o in parte distrutti o atterrati, ovvero per la naturale variazione del

corso delle acque si renda necessario costruire nuovi argini o ripari, e il proprietario
del fondo non provveda sollecitamente a ripararli o a costruirli,
ciascuno dei proprietari che hanno sofferto o possono ricevere danno può
provvedervi, previa autorizzazione del tribunale (1), che provvede in via d'urgenza.
Le opere devono essere eseguite in modo che il proprietario del fondo, in
cui esse si compiono, non ne subisca danno, eccetto quello temporaneo
causato dalla esecuzione delle opere stesse.

(1) Parola così sostituita dal D.L.vo 19 febbraio 1998, n. 51.

Art. 916. Rimozione degli ingombri.
Le disposizioni dell'articolo precedente si applicano anche quando si tratta
di togliere un ingombro formatosi sulla superficie di un fondo o in un fosso,
rivo, colatoio o altro alveo, a causa di materie in essi impigliate, in modo che
le acque danneggino o minaccino di danneggiare i fondi vicini.

Art. 917. Spese per la riparazione, costruzione o rimozione.
Tutti i proprietari, ai quali torna utile che le sponde e gli argini siano conservati
o costruiti e gli ingombri rimossi, devono contribuire nella spesa in proporzione
del vantaggio che ciascuno ne ritrae.
Tuttavia, se la distruzione degli argini, la variazione delle acque o l'ingombro
nei loro corsi deriva da colpa di alcuno dei proprietari, le spese di conservazione,
di costruzione o di riparazione gravano esclusivamente su di lui, salvo
in ogni caso il risarcimento dei danni.

Art. 918. Consorzi volontari.
Possono costituirsi in consorzio i proprietari di fondi vicini che vogliano riunire
e usare in comune le acque defluenti dal medesimo bacino di alimentazione
o da bacini contigui.
L'adesione degli interessati e il regolamento del consorzio devono risultare
da atto scritto.
Il regolamento del consorzio è deliberato dalla maggioranza calcolata in
base all'estensione dei terreni a cui serve l'acqua.

Art. 919. Scioglimento del consorzio.
Lo scioglimento del consorzio non ha luogo se non quando è deliberato da
una maggioranza eccedente i tre quarti, o quando, potendosi la divisione
effettuare senza grave danno, essa è domandata da uno degli interessati.

Art. 920. Norme applicabili.
Salvo quanto è disposto dagli articoli precedenti, si applicano ai consorzi
volontari ivi indicati le norme stabilite per la comunione.

Art. 921. Consorzi coattivi.
Nel caso indicato dall'articolo 918, il consorzio può anche essere costituito
d'ufficio dall'autorità amministrativa, allo scopo di provvedere a una migliore
utilizzazione delle acque.
Per le forme di costituzione e il funzionamento si osservano le norme stabilite
per i consorzi di miglioramento fondiario.
Il consorzio può anche procedere alla espropriazione dei singoli diritti, mediante
il pagamento delle dovute indennità.

CAPO III – DEI MODI DI ACQUISTO DELLA PROPRIETA'

Art. 922. Modi di acquisto.
La proprietà si acquista per occupazione, per invenzione, per accessione,
per specificazione, per unione o commistione per usucapione, per effetto di
contratti, per successione a causa di morte e negli altri modi stabiliti dalla legge.

SEZIONE I – Dell'occupazione e dell'invenzione

Art. 923. Cose suscettibili di occupazione.
Le cose mobili che non sono proprietà di alcuno si acquistano con l'occupazione.
Tali sono le cose abbandonate e gli animali che formano oggetto di caccia o di pesca.

Art. 924. Sciami di api.
Il proprietario di sciami di api ha diritto di inseguirli sul fondo altrui, ma deve
indennità per il danno cagionato al fondo; se non li ha inseguiti entro due
giorni o ha cessato durante due giorni di inseguirli, può prenderli e ritenerli
il proprietario del fondo.

Art. 925. Animali mansuefatti.
Gli animali mansuefatti possono essere inseguiti dal proprietario nel fondo
altrui, salvo il diritto del proprietario del fondo, a indennità per il danno.
Essi appartengono a chi se ne è impossessato, se non sono reclamati entro
venti giorni da quando il proprietario ha avuto conoscenza del luogo dove si trovano.

Art. 926. Migrazione di colombi, conigli e pesci.
I conigli o pesci che passano ad un'altra conigliera o peschiera si acquistano
dal proprietario di queste, purché non vi siano stati attirati con arte o con frode.
La stessa norma si osserva per i colombi che passano ad altra colombaia,
salve le diverse disposizioni di legge sui colombi viaggiatori.

Art. 927. Cose ritrovate.
Chi trova una cosa mobile deve restituirla al proprietario, e, se non lo conosce,
deve consegnarla senza ritardo al sindaco, del luogo in cui l'ha trovata,
indicando le circostanze del ritrovamento.

Art. 928. Pubblicazione del ritrovamento.
Il sindaco rende nota la consegna per mezzo di pubblicazione nell'albo pretorio
del comune, da farsi per due domeniche successive e da restare affissa
per tre giorni ogni volta.

Art. 929. Acquisto di proprietà della cosa ritrovata.
Trascorso un anno dall'ultimo giorno della pubblicazione senza che si presenti
il proprietario, la cosa oppure il suo prezzo, se le circostanze ne hanno
richiesto la vendita, appartiene a chi l'ha trovata.
Così il proprietario come il ritrovatore, riprendendo la cosa o ricevendo il
prezzo, devono pagare le spese occorse.

Art. 930. Premio dovuto al ritrovatore.
Il proprietario deve pagare a titolo di premio al ritrovatore, se questi lo richiede,
il decimo della somma o del prezzo della cosa ritrovata.
Se tale somma o prezzo eccede gli € 5,16, il premio per il sovrappiù è solo
del ventesimo.

Se la cosa non ha valore commerciale, la misura del premio è fissata dal giudice secondo il suo prudente apprezzamento.

Art. 931. Equiparazione del possessore o detentore al proprietario.
Agli effetti delle disposizioni contenute negli articoli 927 e seguenti, al proprietario
sono equiparati, secondo le circostanze, il possessore e il detentore.

Art. 932. Tesoro.
Tesoro è qualunque cosa mobile di pregio, nascosta o sotterrata, di cui nessuno può provare d'essere proprietario.
Il tesoro appartiene al proprietario del fondo in cui si trova. Se il tesoro è trovato nel fondo altrui, purché sia stato scoperto per solo effetto del caso, spetta per metà al proprietario del fondo e per metà al ritrovatore. La stessa disposizione si applica se il tesoro è scoperto in una cosa mobile altrui.
Per il ritrovamento degli oggetti d'interesse storico, archeologico, paletnologico,
paleontologico e artistico si osservano le disposizioni delle leggi speciali.

Art. 933. Rigetti del mare e piante sul lido. Relitti aeronautici.
I diritti sopra le cose gettate in mare o sopra quelle che il mare rigetta e sopra le piante e le erbe che crescono lungo le rive del mare sono regolati dalle leggi speciali.
Parimenti si osservano le leggi speciali per il ritrovamento di aeromobili e di relitti di aeromobili.

SEZIONE II – Dell'accessione, della specificazione, dell'unione e della commistione

Art. 934. Opere fatte sopra o sotto il suolo.
Qualunque piantagione, costruzione od opera esistente sopra o sotto il suolo appartiene al proprietario di questo, salvo quanto è disposto dagli articoli 935, 936, 937 e 938 e salvo che risulti diversamente dal titolo o dalla legge.

Art. 935. Opere fatte dal proprietario del suolo con materiali altrui.
Il proprietario del suolo che ha fatto costruzioni, piantagioni od opere con materiali altrui deve pagarne il valore, se la separazione non è chiesta dal proprietario dei materiali, ovvero non può farsi senza che si rechi grave danno all'opera costruita o senza che perisca la piantagione. Deve inoltre, anche nel caso che si faccia la separazione, il risarcimento dei danni, se è in colpa grave.
In ogni caso la rivendicazione dei materiali non è ammessa trascorsi sei mesi dal giorno in cui il proprietario ha avuto notizia dell'incorporazione.

Art. 936. Opere fatte da un terzo con materiali propri.
Quando le piantagioni, costruzioni od opere sono state fatte da un terzo con i suoi materiali, il proprietario del fondo ha diritto di ritenerle o di obbligare
colui che le ha fatte a levarle.
Se il proprietario preferisce di ritenerle, deve pagare a sua scelta il valore dei materiali e il prezzo della mano d'opera oppure l'aumento di valore recato al fondo.
Se il proprietario del fondo domanda che siano tolte, esse devono togliersi a spese di colui che le ha fatte. Questi può inoltre essere condannato al risarcimento
dei danni.
Il proprietario non può obbligare il terzo a togliere le piantagioni, costruzioni od opere, quando sono state fatte a sua scienza e senza opposizione o quando sono state fatte dal terzo in buona fede.
La rimozione non può essere domandata trascorsi sei mesi dal giorno in cui il proprietario ha avuto notizia dell'incorporazione.
Cfr. Cassazione Civile, sez. I, sentenza 15 gennaio 2009, n. 799 in Altalex Massimario.

Art. 937. Opere fatte da un terzo con materiali altrui.
Se le piantagioni, costruzioni o altre opere sono state fatte da un terzo con materiali altrui, il proprietario di questi può rivendicarli, previa separazione a spese del terzo, se la separazione può ottenersi senza grave danno delle opere e del fondo.
La rivendicazione non è ammessa trascorsi sei mesi dal giorno in cui il proprietario
ha avuto notizia dell'incorporazione.
Nel caso che la separazione dei materiali non sia richiesta o che i materiali siano inseparabili, il terzo che ne ha fatto uso e il proprietario del suolo che sia stato in mala fede sono tenuti in solido al pagamento di una indennità pari al valore dei materiali stessi. Il proprietario dei materiali può anche esigere tale indennità dal proprietario del suolo, ancorché in buona fede, limitatamente al prezzo che da questo fosse ancora dovuto. Può altresì chiedere il risarcimento dei danni, tanto nei confronti del terzo che ne abbia fatto uso senza il suo consenso, quanto nei confronti del proprietario del suolo che in mala fede abbia autorizzato l'uso.

Art. 938. Occupazione di porzione di fondo attiguo.
Se nella costruzione di un edificio si occupa in buona fede una porzione del fondo attiguo, e il proprietario di questo non fa opposizione entro tre mesi dal giorno in cui ebbe inizio la costruzione, l'autorità giudiziaria, tenuto conto delle circostanze, può attribuire al costruttore la proprietà dell'edificio e del suolo occupato. Il costruttore è tenuto a pagare al proprietario del suolo il doppio del valore della superficie occupata, oltre il risarcimento dei danni.
Cfr. Cassazione Civile, sez. tributaria, sentenza 1 giugno 2007, n. 12923 e Cassazione Civile, sez. II, sentenza 27 febbraio 2008, n. 5133 in Altalex Massimario.

Art. 939. Unione e commistione.
Quando più cose appartenenti a diversi proprietari sono state unite o mescolate in guisa da formare un sol tutto, ma sono separabili senza notevole deterioramento, ciascuno conserva la proprietà della cosa sua e ha diritto di ottenerne la separazione. In caso diverso, la proprietà ne diventa comune in proporzione del valore delle cose spettanti a ciascuno.
Quando però una delle cose si può riguardare come principale o è di molto superiore per valore, ancorché serva all'altra di ornamento, il proprietario della cosa principale acquista la proprietà del tutto. Egli ha l'obbligo di pagare all'altro il valore della cosa che vi è unita o mescolata; ma se l'unione o la mescolanza è avvenuta senza il suo consenso ad opera del proprietario della cosa accessoria, egli non è obbligato a corrispondere che la somma minore tra l'aumento di valore apportato alla cosa principale e il valore della cosa accessoria.

È inoltre dovuto il risarcimento dei danni in caso di colpa grave.

Art. 940. Specificazione.

Se taluno ha adoperato una materia che non gli apparteneva per formare una nuova cosa, possa o non possa la materia riprendere la sua prima forma, ne acquista la proprietà pagando al proprietario il prezzo della materia, salvo che il valore della materia sorpassi notevolmente quello della mano d'opera. In questo ultimo caso la cosa spetta al proprietario della materia, il quale deve pagare il prezzo della mano d'opera.

Art. 941. Alluvione.

Le unioni di terra e gli incrementi che si formano successivamente e impercettibilmente
nei fondi posti lungo le rive dei fiumi o torrenti, appartengono
al proprietario del fondo, salvo quanto è disposto dalle leggi speciali.

Art. 942. Terreni abbandonati dalle acque correnti.

I terreni abbandonati dalle acque correnti, che insensibilmente si ritirano da una delle rive portandosi sull'altra, appartengono al demanio pubblico, senza che il confinante della riva opposta possa reclamare il terreno perduto.

Ai sensi del primo comma, si intendono per acque correnti i fiumi, i torrenti e le altre acque definite pubbliche dalle leggi in materia.

Quanto stabilito al primo comma vale anche per i terreni abbandonati dal mare, dai laghi, dalle lagune e dagli stagni appartenenti al demanio pubblico.

Art. 943. Laghi e stagni.

Il terreno che l'acqua copre quando essa è all'altezza dello sbocco del lago o dello stagno appartiene al proprietario del lago o dello stagno, ancorché il volume dell'acqua venga a scemare.

Il proprietario non acquista alcun diritto sopra la terra lungo la riva che l'acqua ricopre nei casi di piena straordinaria.

Art. 944. Avulsione.

Se un fiume o torrente stacca per forza istantanea una parte considerevole e riconoscibile di un fondo contiguo al suo corso e la trasporta verso un fondo inferiore o verso l'opposta riva, il proprietario del fondo al quale si è unita la parte staccata ne acquista la proprietà. Deve però pagare all'altro proprietario un'indennità nei limiti del maggior valore recato al fondo dall'avulsione.

Art. 945. Isole e unioni di terra.

Le isole e unioni di terra che si formano nel letto dei fiumi o torrenti appartengono
al demanio pubblico.

(1) Il secondo comma che recita: "Se l'isola si è formata per avulsione, il proprietario del fondo, da cui è avvenuto il distacco, ne conserva la proprietà." ed il terzo comma che recita: "La stessa regola si osserva se un fiume o un torrente, formando un nuovo corso, attraversa e circonda il fondo o parte del fondo di un proprietario confinante, facendone un'isola." sono stati abrogati dall'art. 2 della L. 5 gennaio 1944, n. 37

Art. 946. Alveo abbandonato.

Se un fiume o un torrente si forma un nuovo letto, abbandonando l'antico, il terreno abbandonato rimane assoggettato al regime proprio del demanio pubblico.

Art. 947. Mutamenti del letto dei fiumi derivanti da regolamento del loro corso.

Le disposizioni degli articoli 942, 945 e 946 si applicano ai terreni comunque abbandonati sia a seguito di eventi naturali che per fatti artificiali indotti dall'attività antropica, ivi comprendendo anche i terreni abbandonati per fenomeni di inalveamento.

La disposizione dell'articolo 941 non si applica nel caso in cui le alluvioni derivano da regolamento del corso dei fiumi, da bonifiche o da altri fatti artificiali indotti dall'attività antropica.

In ogni caso è esclusa la sdemanializzazione tacita dei beni del demanio idrico.

CAPO IV – DELLE AZIONI A DIFESA DELLA PROPRIETA'

Art. 948. Azione di rivendicazione.

Il proprietario può rivendicare la cosa, da chiunque la possiede o detiene e può proseguire l'esercizio dell'azione anche se costui, dopo la domanda, ha cessato, per fatto proprio, di possedere o detenere la cosa. In tal caso il convenuto è obbligato a recuperarla per l'attore a proprie spese, o, in mancanza, a corrispondergliene il valore, oltre a risarcirgli il danno.

Il proprietario, se consegue direttamente dal nuovo possessore o detentore la restituzione della cosa, è tenuto a restituire al precedente possessore o detentore la somma ricevuta in luogo di essa.

L'azione di rivendicazione non si prescrive, salvi gli effetti dell'acquisto della proprietà da parte di altri per usucapione

Art. 949. Azione negatoria.

Il proprietario può agire per far dichiarare l'inesistenza di diritti affermati da altri sulla cosa, quando ha motivo di temerne pregiudizio.

Se sussistono anche turbative o molestie, il proprietario può chiedere che se ne ordini la cessazione, oltre la condanna al risarcimento del danno.

Art. 950. Azione di regolamento di confini.

Quando il confine tra due fondi è incerto, ciascuno dei proprietari può chiedere che sia stabilito giudizialmente.

Ogni mezzo di prova è ammesso.

In mancanza di altri elementi, il giudice si attiene al confine delineato dalle mappe catastali.

Art. 951. Azione per apposizione di termini.

Se i termini tra fondi contigui mancano o sono diventati irriconoscibili, ciascuno
dei proprietari ha diritto di chiedere che essi siano apposti o ristabiliti
a spese comuni.

TITOLO III – DELLA SUPERFICIE

Art. 952. Costituzione del diritto di superficie.

Il proprietario può costituire il diritto di fare e mantenere al disopra del suolo una costruzione a favore di altri, che acquista la proprietà.

Del pari può alienare la proprietà della costruzione già esistente, separatamente dalla proprietà del suolo.

Art. 953. Costituzione a tempo determinato.

Se la costituzione del diritto è stata fatta per un tempo determinato, allo scadere del termine il diritto di superficie si estingue e il proprietario del suolo diventa proprietario della costruzione.

Art. 954. Estinzione del diritto di superficie.

L'estinzione del diritto di superficie per scadenza del termine importa l'estinzione
dei diritti reali imposti dal superficiario. I diritti gravanti sul suolo si estendono alla costruzione salvo, per le ipoteche, il disposto del primo comma dell'articolo 2816.

I contratti di locazione, che hanno per oggetto la costruzione, non durano se non per l'anno in corso alla scadenza del termine.

Il perimento della costruzione non importa, salvo patto contrario, l'estinzione del diritto di superficie.

Il diritto di fare la costruzione sul suolo altrui si estingue per prescrizione per effetto del non uso protratto per venti anni.

Art. 955. Costruzioni al disotto del suolo.

Le disposizioni precedenti si applicano anche nel caso in cui è concesso il diritto di fare e mantenere costruzioni al disotto del suolo altrui.

Art. 956. Divieto di proprietà separata delle piantagioni.

Non può essere costituita o trasferita la proprietà delle piantagioni separatamente
dalla proprietà del suolo.

TITOLO IV – DELL'ENFITEUSI

Art. 957. Disposizioni inderogabili.

L'enfiteusi, salvo che il titolo disponga altrimenti, è regolata dalle norme contenute negli articoli seguenti.

Il titolo non può tuttavia derogare alle norme contenute negli articoli 958, secondo comma, 961, secondo comma, 962, 965, 968, 971 e 973.

Art. 958. Durata.

L'enfiteusi può essere perpetua o a tempo.

L'enfiteusi temporanea non può essere costituita per una durata inferiore ai venti anni.

Art. 959. Diritti dell'enfiteuta.

L'enfiteuta ha gli stessi diritti che avrebbe il proprietario sui frutti del fondo, sul tesoro e relativamente alle utilizzazioni del sottosuolo in conformità delle disposizioni delle leggi speciali.

Il diritto dell'enfiteuta si estende alle accessioni.

Art. 960. Obblighi dell'enfiteuta.

L'enfiteuta ha l'obbligo di migliorare il fondo e di pagare al concedente un canone periodico. Questo può consistere in una somma di danaro ovvero in una quantità fissa di prodotti naturali.

L'enfiteuta non può pretendere remissione o riduzione del canone per qualunque
insolita sterilità del fondo o perdita di frutti.

Art. 961. Pagamento del canone.

L'obbligo del pagamento del canone grava solidalmente su tutti i coenfiteuti e sugli eredi dell'enfiteuta finché dura la comunione.

Nel caso in cui segua la divisione e il fondo venga goduto separatamente dagli enfiteuti o dagli eredi, ciascuno risponde per gli obblighi inerenti all'enfiteusi proporzionalmente al valore della sua porzione.

Art. 962.

(…) (1)

(1) "Revisione del canone

Decorsi almeno dieci anni dalla costituzione dell'enfiteusi, e successivamente dopo eguale periodo di tempo, le parti possono chiedere una revisione del canone, qualora questo sia divenuto troppo tenue o troppo gravoso in relazione al valore attuale del fondo. Tale valore determina senza tener conto dei miglioramenti arrecati dall'enfiteuta di deterioramenti dovuti a causa a lui imputabile.

La revisione non è ammessa, se il valore attuale del fondo non risulta almeno raddoppiato o ridotto a metà rispetto al valore iniziale o a quello accertato nella precedente revisione.". Articolo abrogato dall'art. 18, della L.22 luglio 1966, n. 607

Art. 963. Perimento totale o parziale del fondo.

Quando il fondo enfiteutico perisce interamente, l'enfiteusi si estingue.

Se è perita una parte notevole del fondo e il canone risulta sproporzionato al valore della parte residua, l'enfiteuta, secondo le circostanze, può chiedere una congrua riduzione del canone, o rinunziare al suo diritto, restituendo il fondo al concedente, salvo il diritto al rimborso dei miglioramenti sulla parte residua.

La domanda di riduzione del canone e la rinunzia al diritto non sono ammesse, decorso un anno dall'avvenuto perimento.

Qualora il fondo sia assicurato e l'assicurazione sia fatta anche nell'interesse del concedente, l'indennità è ripartita tra il concedente e l'enfiteuta in proporzione
del valore dei rispettivi diritti.

Nel caso di espropriazione per pubblico interesse l'indennità si ripartisce a norma del comma precedente.

Art. 964. Imposte e altri pesi.

Le imposte e gli altri pesi che gravano sul fondo sono a carico dell'enfiteuta salve le disposizioni delle leggi speciali.

Se in virtù del titolo costitutivo sono a carico del concedente, tale obbligo non può eccedere l'ammontare del canone.

Art. 965. Disponibilità del diritto dell'enfiteuta.

L'enfiteuta può disporre del proprio diritto, sia per atto tra vivi, sia per atto di ultima volontà.

Per l'alienazione del diritto dell'enfiteuta non è dovuta alcuna prestazione al concedente.

Nell'atto costitutivo può essere vietato all'enfiteuta di disporre per atto tra vivi, in tutto o in parte, del proprio diritto, per un tempo non maggiore di venti anni.

Nel caso di alienazione compiuta contro tale divieto, l'enfiteuta non è liberato dai suoi obblighi verso il concedente ed è tenuto a questi solidalmente con l'acquirente.

Art. 966.

(…) (1)

(1) "Prelazione a favore del concedente

In caso di vendita del diritto dell'enfiteuta, il concedente è preferito a parità di condizioni. L'enfiteuta deve notificare al concedente la proposta di alienazione, indicandone il prezzo; il concedente deve esercitare il suo diritto entro il termine di trenta giorni. In mancanza della notificazione, il concedente, entro un anno dalla notizia della vendita, può riscattare il diritto dall'acquirente e da ogni successivo avente causa.

Se i concedenti sono più e la prelazione non è esercitata da tutti congiuntamente, essa può esercitarsi per la totalità anche da uno solo, il quale subentra all'enfiteuta di fronte agli altri concedenti.". Articolo abrogato dall'art. 10, L. 18 dicembre 1970, n. 1138

Art. 967. Diritti e obblighi dell'enfiteuta e del concedente in caso di alienazione.

In caso di alienazione, il nuovo enfiteuta è obbligato solidalmente col precedente
al pagamento dei canoni non soddisfatti.

Il precedente enfiteuta non è liberato dai suoi obblighi, prima che sia stato notificato l'atto di acquisto al concedente.

In caso di alienazione del diritto del concedente, l'acquirente non può pretendere
l'adempimento degli obblighi dell'enfiteuta prima che a questo sia stata notificata l'alienazione.

Art. 968. Subenfiteusi.

La subenfiteusi non è ammessa.

Art. 969. Ricognizione.

Il concedente può richiedere la ricognizione del proprio diritto da chi si trova nel possesso del fondo enfiteutico, un anno prima del compimento del ventennio.

Per l'atto di ricognizione non è dovuta alcuna prestazione. Le spese dell'atto sono a carico del concedente.

Art. 970. Prescrizione del diritto dell'enfiteuta.

Il diritto dell'enfiteuta si prescrive per effetto del non uso protratto per venti anni.

Art. 971. Affrancazione.

Se più sono gli enfiteuti, l'affrancazione può promuoversi anche da uno solo di essi, ma per la totalità. In questo caso l'affrancante subentra nei diritti del concedente verso gli altri enfiteuti, salva, a favore di questi, una riduzione proporzionale del canone.

Se più sono i concedenti, l'affrancazione può effettuarsi per la quota che spetta a ciascun concedente.

L'affrancazione si opera mediante il pagamento di una somma risultante dalla capitalizzazione del canone annuo sulla base dell'interesse legale. Le modalità sono stabilite da leggi speciali.

(1) I primi tre commi che recitano: "L'enfiteuta può affrancare il fondo dopo venti anni dalla costituzione dell'enfiteusi.

Nell'atto costitutivo può essere stabilito un termine superiore ai venti anni, ma non eccedente i quarant'anni.

Anche quando nell'atto costitutivo non è indicato alcun termine, se in esso è prestabilito un piano di miglioramento, l'enfiteuta non può procedere all'affrancazione prima che i miglioramenti siano stati compiuti." sono stati abrogati dall'art. 10 della L. 18 dicembre 1970, n.1138, nuove norme in materia di enfiteusi.

Art. 972. Devoluzione.

Il concedente può chiedere la devoluzione del fondo enfiteutico:

1) se l'enfiteuta deteriora il fondo o non adempie all'obbligo di migliorarlo;

2) se l'enfiteuta è in mora nel pagamento di due annualità di canone. La devoluzione non ha luogo se l'enfiteuta ha effettuato il pagamento dei canoni maturati prima che sia intervenuta nel giudizio sentenza, ancorché di primo grado, che abbia accolto la domanda.

La domanda di devoluzione non preclude all'enfiteuta il diritto di affrancare sempre che ricorrano le condizioni previste dall'articolo 971.

Art. 973. Clausola risolutiva espressa.

La dichiarazione del concedente di valersi della clausola risolutiva espressa non impedisce l'esercizio del diritto di affrancazione.

Art. 974. Diritti dei creditori dell'enfiteuta.

I creditori dell'enfiteuta possono intervenire nel giudizio di devoluzione per conservare le loro ragioni, valendosi all'uopo anche del diritto di affrancazione che spetti all'enfiteuta; possono offrire il risarcimento dei danni e dare cauzione per l'avvenire.

I creditori, che hanno iscritto ipoteca contro l'enfiteuta anteriormente alla trascrizione della domanda di devoluzione e ai quali questa non è stata notificata
in tempo utile per poter intervenire, conservano il diritto di affrancazione anche dopo avvenuta la devoluzione.

Art. 975. Miglioramenti e addizioni.

Quando cessa l'enfiteusi, all'enfiteuta spetta il rimborso dei miglioramenti nella misura dell'aumento di valore conseguito dal fondo per effetto dei miglioramenti stessi, quali sono accertati al tempo della riconsegna.

Se in giudizio è stata fornita qualche prova della sussistenza in genere dei miglioramenti, all'enfiteuta compete la ritenzione del fondo fino a quando non è soddisfatto il suo credito.

Per le addizioni fatte dall'enfiteuta, quando possono essere tolte senza nocumento
del fondo, il concedente, se vuole ritenerle, deve pagarne il valore al tempo della riconsegna. Se le addizioni non sono separabili senza nocumento e costituiscono miglioramento, si applica la disposizione del primo comma di questo articolo.

Art. 976. Locazioni concluse dall'enfiteuta.

Per le locazioni concluse dall'enfiteuta si applicano le norme dell'articolo 999.

Art. 977. Enfiteusi costituite dalle persone giuridiche.

Le disposizioni contenute negli articoli precedenti si applicano anche alle enfiteusi costituite dalle persone giuridiche, salvo che sia disposto diversamente dalle leggi speciali.

TITOLO V – DELL'USUFRUTTO, DELL'USO E DELL'ABITAZIONE

CAPO I – DELL'USUFRUTTO

SEZIONE I – Disposizioni generali

Art. 978. Costituzione.

L'usufrutto è stabilito dalla legge o dalla volontà dell'uomo. Può anche acquistarsi
per usucapione.

Art. 979. Durata.

La durata dell'usufrutto non può eccedere la vita dell'usufruttuario.

L'usufrutto costituito a favore di una persona giuridica non può durare più di trent'anni.

Art. 980. Cessione dell'usufrutto.

L'usufruttuario può cedere il proprio diritto per un certo tempo o per tutta la sua durata, se ciò non è vietato dal titolo costitutivo.

La cessione deve essere notificata al proprietario; finché non sia stata notificata, l'usufruttuario è solidalmente obbligato con il cessionario verso il proprietario.

SEZIONE II – Dei diritti nascenti dall'usufrutto

Art. 981. Contenuto del diritto di usufrutto.

L'usufruttuario ha diritto di godere della cosa, ma deve rispettarne la destinazione economica.

Egli può trarre dalla cosa ogni utilità che questa può dare, fermi i limiti stabiliti in questo capo.

Art. 982. Possesso della cosa.

L'usufruttuario ha diritto di conseguire il possesso della cosa di cui ha l'usufrutto, salvo quanto è disposto dall'articolo 1002.

Art. 983. Accessioni.

L'usufrutto si estende a tutte le accessioni della cosa.

Se il proprietario dopo l'inizio dell'usufrutto, con il consenso dell'usufruttuario, ha fatto nel fondo costruzioni o piantagioni, l'usufruttuario è tenuto a corrispondere gli interessi, sulle somme impiegate. La norma si applica anche nel caso in cui le costruzioni o piantagioni sono state fatte per disposizioni della pubblica autorità.

Art. 984. Frutti.

I frutti naturali e i frutti civili spettano all'usufruttuario per la durata del suo diritto.

Se il proprietario e l'usufruttuario si succedono nel godimento della cosa entro l'anno agrario o nel corso di un periodo produttivo di maggiore durata, l'insieme di tutti i frutti si ripartisce fra l'uno e l'altro in proporzione della durata del rispettivo diritto nel periodo stesso.

Le spese per la produzione e il raccolto sono a carico del proprietario e dell'usufruttuario nella proporzione indicata dal comma precedente ed entro i limiti del valore dei frutti.

Art. 985. Miglioramenti.

L'usufruttuario ha diritto a un'indennità per i miglioramenti che sussistono al momento della restituzione della cosa.

L'indennità si deve corrispondere nella minor somma tra l'importo della spesa e l'aumento di valore conseguito dalla cosa per effetto dei miglioramenti.

L'autorità giudiziaria, avuto riguardo alle circostanze, può disporre che il pagamento dell'indennità prevista dai commi precedenti sia fatto rateamente, imponendo in questo caso idonea garanzia.

Art. 986. Addizioni.

L'usufruttuario può eseguire addizioni che non alterino la destinazione economica della cosa.

Egli ha diritto di toglierle alla fine dello usufrutto, qualora ciò possa farsi senza nocumento della cosa, salvo che il proprietario preferisca ritenere le addizioni stesse. In questo caso deve essere corrisposta all'usufruttuario un'indennità pari alla minor somma tra l'importo della spesa e il valore delle addizioni al tempo della riconsegna.

Se le addizioni non possono separarsi senza nocumento della cosa e costituiscono miglioramento di essa, si applicano le disposizioni relative ai miglioramenti.

Art. 987. Miniere, cave e torbiere.

L'usufruttuario gode delle cave e torbiere già aperte e in esercizio all'inizio dell'usufrutto. Non ha facoltà di aprirne altre senza il consenso del proprietario.

Per le ricerche e le coltivazioni minerarie, di cui abbia ottenuto il permesso, l'usufruttuario deve indennizzare il proprietario dei danni che saranno accertati alla fine dell'usufrutto.

Se il permesso è stato ottenuto dal proprietario o da un terzo, questi devono all'usufruttuario un'indennità corrispondente al diminuito godimento del fondo durante l'usufrutto.

Art. 988. Tesoro.

Il diritto dell'usufruttuario non si estende al tesoro che si scopra durante l'usufrutto, salve le ragioni che gli possono competere come ritrovatore.

Art. 989. Boschi, filari e alberi sparsi di alto fusto.

Se nell'usufrutto sono compresi boschi o filari cedui ovvero boschi o filari di alto fusto destinati alla produzione di legna, l'usufruttuario può procedere ai tagli ordinari, curando il mantenimento dell'originaria consistenza dei boschi o dei filari e provvedendo, se occorre alla loro ricostituzione.

Circa il modo, l'estensione, l'ordine e l'epoca dei tagli, l'usufruttuario è tenuto a uniformarsi, oltre che alle leggi e ai regolamenti forestali, alla pratica costante della regione.

Le stesse regole si applicano agli alberi di alto fusto sparsi per la campagna, destinati ad essere tagliati.

Art. 990. Alberi di alto fusto divelti, spezzati o periti.

Gli alberi di alto fusto divelti, spezzati o periti per accidente spettano al proprietario.

L'usufruttuario può servirsi di essi soltanto per le riparazioni che sono a suo carico.

Art. 991. Alberi fruttiferi.

Gli alberi fruttiferi che periscono e quelli divelti o spezzati per accidente appartengono all'usufruttuario, ma questi ha l'obbligo di sostituirne altri.

Art. 992. Pali per vigne e per altre coltivazioni.

L'usufruttuario può prendere nei boschi i pali occorrenti per le vigne e per le altre coltivazioni che ne abbisognano, osservando sempre la pratica costante della regione.

Art. 993. Semenzai.

L'usufruttuario può servirsi dei piantoni dei semenzai, ma deve osservare la pratica costante della regione per il tempo e il modo dell'estrazione e per la rimessa dei virgulti.

Art. 994. Perimento delle mandrie e dei greggi.
Se l'usufrutto è stabilito sopra una mandria o un gregge, l'usufruttuario è
tenuto a surrogare gli animali periti, fino alla concorrente quantità dei nati,
dopo che la mandria o il gregge ha cominciato ad essere mancante del numero
primitivo.
Se la mandria o il gregge perisce interamente per causa non imputabile
all'usufruttuario, questi non è obbligato verso il proprietario che a rendere
conto delle pelli o del loro valore.

Art. 995. Cose consumabili.
Se l'usufrutto comprende cose consumabili, l'usufruttuario ha diritto di
servirsene
e ha l'obbligo di pagarne il valore al termine dell'usufrutto secondo
la stima convenuta.
Mancando la stima, è in facoltà dell'usufruttuario di pagare le cose secondo
il valore che hanno al tempo in cui finisce l'usufrutto o di restituirne altre in
eguale qualità e quantità.

Art. 996. Cose deteriorabili.
Se l'usufrutto comprende cose che, senza consumarsi in un tratto, si deteriorano
a poco a poco, l'usufruttuario ha diritto di servirsene secondo l'uso
al quale sono destinate, e alla fine dell'usufrutto è soltanto tenuto a restituirle
nello stato in cui si trovano.

Art. 997. Impianti, opifici e macchinari.
Se l'usufrutto comprende impianti, opifici o macchinari che hanno una
destinazione
produttiva, l'usufruttuario è tenuto a riparare e a sostituire durante
l'usufrutto le parti che si logorano, in modo da assicurare il regolare
funzionamento delle cose suddette. Se l'usufruttuario ha sopportato spese
che eccedono quelle delle ordinarie riparazioni, il proprietario, al termine
dell'usufrutto, è tenuto a corrispondergli una congrua indennità.

Art. 998. Scorte vive e morte.
Le scorte vive e morte di un fondo devono essere restituite in eguale quantità
e qualità. L'eccedenza o la deficienza di esse deve essere regolata in
danaro, secondo il loro valore al termine dell'usufrutto.

Art. 999. Locazioni concluse dall'usufruttuario.
Le locazioni concluse dall'usufruttuario, in corso al tempo della cessazione
dell'usufrutto, purché constino da atto pubblico o da scrittura privata di
data certa anteriore, continuano per la durata stabilita, ma non oltre il
quinquennio dalla cessazione dell'usufrutto.
Se la cessazione dell'usufrutto avviene per la scadenza del termine stabilito,
le locazioni non durano in ogni caso se non per l'anno e trattandosi di fondi
rustici dei quali il principale raccolto è biennale o triennale, se non per il
biennio o triennio che si trova in corso al tempo in cui cessa l'usufrutto.
Cfr. Cassazione Civile, sez. III, sentenza 10 aprile 2008, n. 9345 in Altalex Massimario.

Art. 1000. Riscossione di capitali.
Per la riscossione di somme che rappresentano un capitale gravato d'usufrutto,
è necessario il concorso del titolare del credito e dell'usufruttuario. Il
pagamento fatto a uno solo di essi non è opponibile all'altro, salve in ogni
caso le norme relative alla cessione dei crediti.

Il capitale riscosso dev'essere investito in modo fruttifero e su di esso si
trasferisce
l'usufrutto. Se le parti non sono d'accordo sul modo d'investimento,
provvede l'autorità giudiziaria.

SEZIONE III – Degli obblighi nascenti dall'usufrutto

Art. 1001. Obbligo di restituzione. Misura della diligenza.
L'usufruttuario deve restituire le cose che formano oggetto del suo diritto,
al termine dell'usufrutto, salvo quanto è disposto dall'articolo 995.
Nel godimento della cosa egli deve usare la diligenza del buon padre di
famiglia.

Art. 1002. Inventario e garanzia.
L'usufruttuario prende le cose nello stato in cui si trovano.
Egli è tenuto a fare a sue spese l'inventario dei beni, previo avviso al
proprietario.
Quando l'usufruttuario è dispensato dal fare l'inventario, questo
può essere richiesto dal proprietario a sue spese.
L'usufruttuario deve inoltre dare idonea garanzia. Dalla prestazione della
garanzia sono dispensati i genitori che hanno l'usufrutto legale sui beni dei
loro minori. Sono anche dispensati il venditore e il donante con riserva
d'usufrutto;
ma, qualora questi cedano l'usufrutto, il cessionario è tenuto a
prestare garanzia.
L'usufruttuario non può conseguire il possesso dei beni prima di avere
adempiuto agli obblighi su indicati.

Art. 1003. Mancanza o insufficienza della garanzia.
Se l'usufruttuario non presta la garanzia a cui è tenuto, si osservano le
disposizioni
seguenti:
gli immobili sono locati o messi sotto amministrazione, salva la facoltà
all'usufruttuario
di farsi assegnare per propria abitazione una casa compresa
nell'usufrutto. L'amministrazione è affidata, con il consenso dell'usufruttuario,
al proprietario o altrimenti a un terzo scelto di comune accordo tra proprietario
e usufruttuario o, in mancanza di tale accordo, nominato dall'autorità
giudiziaria;
il danaro è collocato a interesse;
i titoli al portatore si convertono in nominativi a favore del proprietario con
il vincolo dell'usufrutto, ovvero si depositano presso una terza persona,
scelta dalle parti o presso un istituto di credito, la cui designazione, in caso
di dissenso, è fatta dall'autorità giudiziaria;
le derrate sono vendute e il loro prezzo è parimenti collocato a interesse.
In questi casi appartengono all'usufruttuario gli interessi dei capitali, le rendite,
le pigioni e i fitti.
Se si tratta di mobili i quali si deteriorano con l'uso, il proprietario può chiedere
che siano venduti e ne sia impiegato il prezzo come quello delle derrate.

L'usufruttuario può nondimeno domandare che gli siano lasciati i mobili necessari per il proprio uso.

Art. 1004. Spese a carico dell'usufruttuario.

Le spese e, in genere, gli oneri relativi alla custodia, amministrazione e manutenzione
ordinaria della cosa sono a carico dell'usufruttuario.

Sono pure a suo carico le riparazioni straordinarie rese necessarie dall'inadempimento
degli obblighi di ordinaria manutenzione.

Art. 1005. Riparazioni straordinarie.

Le riparazioni straordinarie sono a carico del proprietario.

Riparazioni straordinarie sono quelle necessarie ad assicurare la stabilità dei muri maestri e delle volte, la sostituzione delle travi, il rinnovamento, per intero o per una parte notevole, dei tetti, solai, scale, argini, acquedotti, muri di sostegno o di cinta.

L'usufruttuario deve corrispondere al proprietario, durante l'usufrutto, l'interesse
delle somme spese per le riparazioni straordinarie.

Art. 1006. Rifiuto del proprietario alle riparazioni.

Se il proprietario rifiuta di eseguire le riparazioni poste a suo carico o ne ritarda l'esecuzione senza giusto motivo, è in facoltà dell'usufruttuario di farle eseguire a proprie spese [c.c. 1005]. Le spese devono essere rimborsate alla fine dell'usufrutto senza interesse. A garanzia del rimborso l'usufruttuario ha diritto di ritenere l'immobile riparato.

Art. 1007. Rovina parziale di edificio accessorio.

Le disposizioni dei due articoli precedenti si applicano anche nel caso in cui, per vetustà o caso fortuito, rovini soltanto in parte l'edificio che formava accessorio necessario del fondo soggetto a usufrutto.

Art. 1008. Imposte e altri pesi a carico dell'usufruttuario.

L'usufruttuario è tenuto, per la durata del suo diritto, ai carichi annuali, come le imposte, i canoni, le rendite fondiarie e gli altri pesi che gravano sul reddito.

Per l'anno in corso al principio e alla fine dell'usufrutto questi carichi si ripartiscono
tra il proprietario e l'usufruttuario in proporzione della durata del rispettivo diritto.

Art. 1009. Imposte e altri pesi a carico del proprietario.

Al pagamento dei carichi imposti sulla proprietà durante l'usufrutto, salvo diverse disposizioni di legge, è tenuto il proprietario, ma l'usufruttuario gli deve corrispondere l'interesse della somma pagata.

Se l'usufruttuario ne anticipa il pagamento, ha diritto di essere rimborsato del capitale alla fine dell'usufrutto.

Art. 1010. Passività gravanti su eredità in usufrutto.

L'usufruttuario di un'eredità o di una quota di eredità è obbligato a pagare per intero, o in proporzione della quota, le annualità e gli interessi dei debiti o dei legati da cui l'eredità stessa sia gravata.

Per il pagamento del capitale dei debiti o dei legati che si renda necessario durante l'usufrutto, è in facoltà dell'usufruttuario di fornire la somma occorrente, che gli deve essere rimborsata senza interesse alla fine dell'usufrutto.

Se l'usufruttuario non può o non vuole fare questa anticipazione, il proprietario può pagare tale somma, sulla quale l'usufruttuario deve corrispondergli l'interesse durante l'usufrutto, o può vendere una porzione dei beni soggetti all'usufrutto fino alla concorrenza della somma dovuta.

Se per il pagamento dei debiti si rende necessaria la vendita dei beni, questa è fatta d'accordo tra proprietario e usufruttuario, salvo ricorso all'autorità giudiziaria in caso di dissenso. L'espropriazione forzata deve seguire contro ambedue.

Art. 1011. Ritenzione per le somme anticipate.

Nelle ipotesi contemplate dal secondo comma dell'articolo 1009 e dal secondo comma dell'articolo 1010, l'usufruttuario ha diritto di ritenzione sui beni che sono in suo possesso fino alla concorrenza della somma a lui dovuta.

Art. 1012. Usurpazioni durante l'usufrutto e azioni relative alle servitù.

Se durante l'usufrutto un terzo commette usurpazione sul fondo o altrimenti offende le ragioni del proprietario, l'usufruttuario è tenuto a fargliene denunzia e, omettendola, è responsabile dei danni che eventualmente siano derivati al proprietario.

L'usufruttuario può far riconoscere la esistenza delle servitù a favore del fondo o l'inesistenza di quelle che si pretende di esercitare sul fondo medesimo; egli deve in questi casi chiamare in giudizio il proprietario.

Art. 1013. Spese per le liti.

Le spese delle liti che riguardano tanto la proprietà quanto l'usufrutto sono sopportate dal proprietario e dall'usufruttuario in proporzione del rispettivo interesse.

SEZIONE IV – Estinzione e modificazioni del'usufrutto

Art. 1014. Estinzione dell'usufrutto.

Oltre quanto è stabilito dall'articolo 979, l'usufrutto si estingue:

1) per prescrizione per effetto del non uso durato per venti anni;
2) per la riunione dell'usufrutto e della proprietà nella stessa persona;
3) per il totale perimento della cosa su cui è costituito.

Art. 1015. Abusi dell'usufruttuario.

L'usufrutto può anche cessare per l'abuso che faccia l'usufruttuario del suo diritto alienando i beni o deteriorandoli o lasciandoli andare in perimento per mancanza di ordinarie riparazioni.

L'autorità giudiziaria può, secondo le circostanze, ordinare che l'usufruttuario dia garanzia, qualora ne sia esente, o che i beni siano locati o posti sotto amministrazione a spese di lui, o anche dati in possesso al proprietario con l'obbligo di pagare annualmente all'usufruttuario, durante l'usufrutto, una somma determinata.

I creditori dell'usufruttuario possono intervenire nel giudizio per conservare le loro ragioni, offrire il risarcimento dei danni e dare garanzia per l'avvenire.

Art. 1016. Perimento parziale della cosa.

Se una sola parte della cosa soggetta all'usufrutto perisce, l'usufrutto si conserva
sopra ciò che rimane.

Art. 1017. Perimento della cosa per colpa o dolo di terzi.

Se il perimento della cosa non è conseguenza di caso fortuito, l'usufrutto si trasferisce sull'indennità dovuta dal responsabile del danno.

Art. 1018. Perimento dell'edificio.

Se l'usufrutto è stabilito sopra un fondo, del quale fa parte un edificio, e questo viene in qualsiasi modo a perire, l'usufruttuario ha diritto di godere dell'area e dei materiali.

La stessa disposizione si applica se l'usufrutto è stabilito soltanto sopra un edificio. In tal caso, però, il proprietario, se intende costruire un altro edificio, ha il diritto di occupare l'area e di valersi dei materiali, pagando all'usufruttuario, durante l'usufrutto, gli interessi sulla somma corrispondente al valore dell'area e dei materiali.

Art. 1019. Perimento di cosa assicurata dall'usufruttuario.

Se l'usufruttuario ha provveduto all'assicurazione della cosa o al pagamento dei premi per la cosa già assicurata, l'usufrutto si trasferisce sull'indennità dovuta dall'assicuratore.

Se è perito un edificio e il proprietario intende di ricostruirlo con la somma conseguita come indennità, l'usufruttuario non può opporsi. L'usufrutto in questo caso si trasferisce sull'edificio ricostruito. Se però la somma impiegata nella ricostruzione è maggiore di quella spettante in usufrutto, il diritto dell'usufruttuario sul nuovo edificio è limitato in proporzione di quest'ultima.

Art. 1020. Requisizione o espropriazione.

Se la cosa è requisita o espropriata per pubblico interesse, l'usufrutto si trasferisce sull'indennità relativa.

CAPO II – DELL'USO E DELL'ABITAZIONE

Art. 1021. Uso.

Chi ha diritto d'uso di una cosa può servirsi di essa e, se è fruttifera, può raccogliere i frutti per quanto occorre ai bisogni suoi e della sua famiglia.
I bisogni si devono valutare secondo la condizione sociale del titolare del diritto.

Cfr. Cassazione Civile, sez. II, sentenza 26 febbraio 2008, n. 5034 in Altalex Massimario.

Art. 1022. Abitazione.

Chi ha diritto di abitazione di una casa può abitarla limitatamente ai bisogni suoi e della sua famiglia.

Art. 1023. Ambito della famiglia.

Nella famiglia si comprendono anche i figli nati dopo che è cominciato il diritto d'uso o d'abitazione, quantunque nel tempo in cui il diritto è sorto la persona non avesse contratto matrimonio. Si comprendono inoltre i figli adottivi, i figli naturali riconosciuti e gli affiliati, anche se l'adozione, il riconoscimento o l'affiliazione sono seguiti dopo che il diritto era già sorto. Si comprendono infine le persone che convivono con il titolare del diritto per prestare a lui o alla sua famiglia i loro servizi.

Art. 1024. Divieto di cessione.

I diritti di uso e di abitazione non si possono cedere o dare in locazione.

Art. 1025. Obblighi inerenti all'uso e all'abitazione.

Chi ha l'uso di un fondo e ne raccoglie tutti i frutti o chi ha il diritto di abitazione e occupa tutta la casa è tenuto alle spese di coltura, alle riparazioni ordinarie e al pagamento dei tributi come l'usufruttuario.

Se non raccoglie che una parte dei frutti o non occupa che una parte della casa, contribuisce in proporzione di ciò che gode.

Art. 1026. Applicabilità delle norme sull'usufrutto.

Le disposizioni relative all'usufrutto si applicano, in quanto compatibili all'uso e all'abitazione.

TITOLO VI – DELLE SERVITU' PREDIALI

CAPO I – DISPOSIZIONI GENERALI

Art. 1027. Contenuto del diritto.

La servitù prediale consiste nel peso imposto sopra un fondo per l'utilità di un altro fondo appartenente a diverso proprietario.

Art. 1028. Nozione dell'utilità.

L'utilità può consistere anche nella maggiore comodità o amenità del fondo dominante. Può del pari essere inerente alla destinazione industriale del fondo.

Art. 1029. Servitù per vantaggio futuro.

È ammessa la costituzione di una servitù per assicurare a un fondo un vantaggio futuro.

È ammessa altresì a favore o a carico di un edificio da costruire o di un fondo da acquistare; ma in questo caso la costituzione non ha effetto se non dal giorno in cui l'edificio è costruito o il fondo è acquistato.

Art. 1030. Prestazioni accessorie.

Il proprietario del fondo servente non è tenuto a compiere alcun atto per rendere possibile l'esercizio della servitù da parte del titolare, salvo che la legge o il titolo disponga altrimenti.

Art. 1031. Costituzione delle servitù.

Le servitù prediali possono essere costituite coattivamente o volontariamente. Possono anche essere costituite per usucapione o per destinazione del padre di famiglia.

CAPO II – DELLE SERVITU' COATTIVE

Art. 1032. Modi di costituzione.

Quando in forza di legge, il proprietario di un fondo ha diritto di ottenere da parte del proprietario di un altro fondo la costituzione di una servitù, questa, in mancanza di contratto è costituita con sentenza. Può anche essere costituita con atto dell'autorità amministrativa nei casi specialmente determinati dalla legge.

La sentenza stabilisce le modalità della servitù e determina l'indennità dovuta. Prima del pagamento dell'indennità il proprietario del fondo servente può opporsi all'esercizio della servitù.

SEZIONE I – Dell'acquedotto e dello scarico coattivo

Art. 1033. Obbligo di dare passaggio alle acque.

Il proprietario è tenuto a dare passaggio per i suoi fondi alle acque di ogni specie che si vogliono condurre da parte di chi ha, anche solo temporaneamente, il diritto di utilizzarle per i bisogni della vita o per usi agrari o industriali. Sono esenti da questa servitù le case, i cortili, i giardini e le aie ad esse attinenti.

Art. 1034. Apertura di nuovo acquedotto.

Chi ha diritto di condurre acque per il fondo altrui deve costruire il necessario acquedotto, ma non può far defluire le acque negli acquedotti già esistenti e destinati al corso di altre acque.

Il proprietario del fondo soggetto alla servitù può tuttavia impedire la costruzione,
consentendo il passaggio nei propri acquedotti già esistenti, qualora ciò non rechi notevole pregiudizio alla condotta che si domanda. In tal caso al proprietario dell'acquedotto è dovuta un'indennità da determinarsi avuto riguardo all'acqua che s'introduce, al valore dell'acquedotto, alle opere che si rendono necessarie per il nuovo passaggio e alle maggiori spese di manutenzione.

La facoltà indicata dal comma precedente non è consentita al proprietario del fondo servente nei confronti della pubblica amministrazione.

Art. 1035. Attraversamento di acquedotti.

Chi vuol condurre l'acqua per il fondo altrui può attraversare al disopra o al disotto gli acquedotti preesistenti, appartengano essi al proprietario del fondo o ad altri, purché esegua le opere necessarie a impedire ogni danno o alterazione degli acquedotti stessi.

Art. 1036. Attraversamento di fiumi o di strade.

Se per la condotta delle acque occorre attraversare strade pubbliche o corsi di acque pubbliche, si osservano le leggi e i regolamenti sulle strade e sulle acque.

Art. 1037. Condizioni per la costituzione della servitù.

Chi vuol far passare le acque sul fondo altrui deve dimostrare che può disporre dell'acqua durante il tempo per cui chiede il passaggio; che la medesima è sufficiente per l'uso al quale si vuol destinare; che il passaggio richiesto è il più conveniente e il meno pregiudizievole al fondo servente, avuto riguardo alle condizioni dei fondi vicini, al pendio e alle altre condizioni per la condotta, per il corso e lo sbocco delle acque.

Cfr. Corte d'Appello di Brescia, sentenza 1 aprile 2009 in Altalex Massimario.

Art. 1038. Indennità per l'imposizione della servitù.

Prima di imprendere la costruzione dell'acquedotto, chi vuol condurre acqua per il fondo altrui deve pagare il valore, secondo la stima, dei terreni da occupare, senza detrazione delle imposte e degli altri carichi inerenti al fondo, oltre l'indennità per i danni, ivi compresi quelli derivanti dalla separazione in due o più parti o da altro deterioramento del fondo da intersecare.

Per i terreni, però, che sono occupati soltanto per il deposito delle materie estratte e per il getto dello spurgo non si deve pagare che la metà del valore del suolo, e sempre senza detrazione delle imposte e degli altri carichi inerenti; ma nei terreni medesimi il proprietario del fondo servente può fare piantagioni e rimuovere e trasportare le materie ammucchiate, purché tutto segua senza danno dell'acquedotto, del suo spurgo e della sua riparazione.

Art. 1039. Indennità per il passaggio temporaneo.

Qualora il passaggio delle acque sia domandato per un tempo non maggiore di nove anni, il pagamento dei valori e delle indennità indicati dall'articolo precedente è ristretto alla sola metà, ma con l'obbligo, scaduto il termine, di rimettere le cose nel primitivo stato.

Il passaggio temporaneo può essere reso perpetuo prima della scadenza del termine mediante il pagamento dell'altra metà con gli interessi legali dal giorno in cui il passaggio è stato praticato; scaduto il termine, non si tiene più conto di ciò che è stato pagato per la concessione temporanea.

Art. 1040. Uso dell'acquedotto.

Chi possiede un acquedotto nel fondo altrui non può immettervi maggior quantità d'acqua, se l'acquedotto non ne è capace o ne può venir danno al fondo servente.

Se l'introduzione di una maggior quantità d'acqua esige nuove opere, queste non possono farsi, se prima non se ne determinano la natura e la qualità e non si paga la somma dovuta per il suolo da occupare e per i danni nel modo stabilito dall'articolo 1038.

La stessa disposizione si applica anche quando per il passaggio attraverso un acquedotto occorre sostituire una tomba a un ponte-canale o viceversa.

Art. 1041. Letto dell'acquedotto.

È sempre in facoltà del proprietario del fondo servente di far determinare stabilmente il letto dell'acquedotto con l'apposizione di capisaldi o soglie da riportarsi a punti fissi. Se però di tale facoltà egli non ha fatto uso al tempo della concessione dell'acquedotto, deve sopportare la metà delle spese occorrenti.

Art. 1042. Obblighi inerenti all'uso di corsi contigui a fondi altrui.

Se un corso d'acqua impedisce ai proprietari dei fondi contigui l'accesso ai medesimi, o la continuazione dell'irrigazione o dello scolo delle acque, coloro che si servono di quel corso sono obbligati, in proporzione del beneficio che ne ritraggono, a costruire e a mantenere i ponti e i loro accessi sufficienti per un comodo e sicuro transito, come pure le botti sotterranee, i ponti-canali o altre opere simili per continuare l'irrigazione o lo scolo, salvi i diritti derivanti dal titolo o dall'usucapione.

Art. 1043. Scarico coattivo.

Le disposizioni contenute negli articoli precedenti per il passaggio delle acque si applicano anche se il passaggio è domandato al fine di scaricare acque sovrabbondanti che il vicino non consente di ricevere nel suo fondo.

Lo scarico può essere anche domandato per acque impure, purché siano adottate le precauzioni atte a evitare qualsiasi pregiudizio o molestia.

Art. 1044. Bonifica.

Ferme le disposizioni delle leggi sulla bonifica e sul vincolo forestale, il proprietario
che intende prosciugare o bonificare le sue terre con fognature, con colmate o altri mezzi ha diritto, premesso il pagamento dell'indennità e col minor danno possibile, di condurre per fogne o per fossi le acque di scolo attraverso i fondi che separano le sue terre da un corso di acqua o da qualunque altro colatoio.

Se il prosciugamento risulta in contrasto con gli interessi di coloro che utilizzano
le acque provenienti dal fondo paludoso, e se gli opposti interessi non
si possono conciliare con opportune opere che importino una spesa proporzionata
allo scopo, l'autorità giudiziaria dà le disposizioni per assicurare l'interesse
prevalente, avuto in ogni caso riguardo alle esigenze generali della
produzione. Se si fa luogo al prosciugamento, può essere assegnata una
congrua indennità a coloro che al prosciugamento si sono opposti.

Art. 1045. Utilizzazione di fogne o di fossi altrui.

I proprietari dei fondi attraversati da fogne o da fossi altrui, o che altrimenti
possono approfittare dei lavori fatti in forza dell'articolo precedente, hanno
facoltà di servirsene per risanare i loro fondi, a condizione che non ne venga
danno ai fondi già risanati e che essi sopportino le nuove spese occorrenti
per modificare le opere già eseguite, affinché queste siano in grado di servire
anche ai fondi attraversati, e inoltre sopportino una parte proporzionale
delle spese già fatte e di quelle richieste per il mantenimento delle opere, le
quali divengono comuni.

Art. 1046. Norme per l'esecuzione delle opere.

Nell'esecuzione delle opere indicate dagli articoli precedenti sono applicabili
le disposizioni del secondo comma dell'articolo 1033 e degli articoli 1035 e 1036.

SEZIONE II – Dell'appoggio e dell'infissione di chiusa

Art. 1047. Contenuto della servitù.

Chi ha diritto di derivare acque da fiumi, torrenti, rivi, canali, laghi o serbatoi
può, qualora sia necessario, appoggiare o infiggere una chiusa alle sponde,
con l'obbligo però di pagare l'indennità e di fare e mantenere le opere
atte ad assicurare i fondi da ogni danno.

Art. 1048. Obblighi degli utenti.

Nella derivazione e nell'uso delle acque a norma del precedente articolo,
deve evitarsi tra gli utenti superiori e gli inferiori ogni vicendevole pregiudizio
che possa provenire dallo stagnamento, dal rigurgito o dalla diversione
delle acque medesime.

SEZIONE III – Della somministrazione coattiva di acqua a un edificio o a un fondo

Art. 1049. Somministrazione di acqua a un edificio.

Se a una casa o alle sue dipendenze manca l'acqua necessaria per l'alimentazione
degli uomini o degli animali e per gli altri usi domestici, e non è possibile
procurarla senza eccessivo dispendio, il proprietario del fondo vicino
deve consentire che sia dedotta l'acqua di sopravanzo nella misura indispensabile
per le necessità anzidette.

Prima che siano iniziati i lavori, deve pagarsi il valore dell'acqua, che si chiede
di dedurre, calcolato per un'annualità. Si devono altresì sostenere tutte
le spese per le opere di presa e di derivazione. Si applicano inoltre le disposizioni
del primo comma dell'articolo 1038.

In mancanza di convenzione, la sentenza determina le modalità della derivazione
e l'indennità dovuta.

Qualora si verifichi un mutamento nelle condizioni originarie, la derivazione
può essere soppressa su istanza dell'una o dell'altra parte.

Art. 1050. Somministrazione di acqua a un fondo.

Le norme stabilite dall'articolo precedente si applicano anche se il proprietario
di un fondo non ha acqua per irrigarlo, quando le acque del fondo vicino
consentono una parziale somministrazione, dopo soddisfatto ogni bisogno
domestico, agricolo o industriale.

Le disposizioni di questo articolo e del precedente non si applicano nel caso
in cui delle acque si dispone in forza di concessione amministrativa.

SEZIONE IV – Del passaggio coattivo

Art. 1051. Passaggio coattivo.

Il proprietario, il cui fondo è circondato da fondi altrui, e che non ha uscita
sulla via pubblica né può procurarsela senza eccessivo dispendio o disagio,
ha diritto di ottenere il passaggio sul fondo vicino per la coltivazione e il
conveniente uso del proprio fondo.

Il passaggio si deve stabilire in quella parte per cui l'accesso alla via pubblica
è più breve e riesce di minore danno al fondo sul quale è consentito. Esso
può essere stabilito anche mediante sottopassaggio, qualora ciò sia preferibile,
avuto riguardo al vantaggio del fondo dominante e al pregiudizio del
fondo servente.

Le stesse disposizioni si applicano nel caso in cui taluno avendo un passaggio
sul fondo altrui, abbia bisogno ai fini suddetti di ampliarlo per il transito
dei veicoli anche a trazione meccanica.

Sono esenti da questa servitù le case, i cortili, i giardini e le aie ad esse
attinenti.

Cfr. Cassazione Civile, sez. II, sentenza 30 settembre 2009, n. 20997, Cassazione Civile, sez. II, sentenza 5 ottobre 2009, n. 21255 e Tribunale di Catanzaro, sez. I civile, ordinanza 9 marzo 2010, n. 177 in Altalex Massimario.

Art. 1052. Passaggio coattivo a favore di fondo non intercluso.

Le disposizioni dell'articolo precedente si possono applicare anche se il proprietario
del fondo ha un accesso alla via pubblica, ma questo è inadatto o
insufficiente ai bisogni del fondo e non può essere ampliato.

Il passaggio può essere concesso dall'autorità giudiziaria solo quando questa
riconosce che la domanda risponde alle esigenze dell'agricoltura o
dell'industria.

Art. 1053. Indennità.

Nei casi previsti dai due articoli precedenti è dovuta un'indennità proporzionata
al danno cagionato dal passaggio.

Qualora per attuare il passaggio, sia necessario occupare con opere stabili o
lasciare incolta una zona del fondo servente, il proprietario che lo domanda
deve, prima d'imprendere le opere o di iniziare il passaggio, pagare il valore
della zona predetta nella misura stabilita dal primo comma dell'articolo 1038.

Art. 1054. Interclusione per effetto di alienazione o di divisione.

Se il fondo è divenuto da ogni parte chiuso per effetto di alienazione a titolo

oneroso, il proprietario ha diritto di ottenere dall'altro contraente il passaggio
senza alcuna indennità.
La stessa norma si applica in caso di divisione.

Art. 1055. Cessazione dell'interclusione.
Se il passaggio cessa di essere necessario, può essere soppresso in qualunque
tempo a istanza del proprietario del fondo dominante o del fondo servente.
Quest'ultimo deve restituire il compenso ricevuto; ma l'autorità giudiziaria
può disporre una riduzione della somma, avuto riguardo alla durata
della servitù e al danno sofferto. Se l'indennità fu convenuta in annualità, la
prestazione cessa dall'anno successivo.

SEZIONE V – Dell'elettrodotto coattivo e del passaggio coattivo di linee teleferiche

Art. 1056. Passaggio di condutture elettriche.
Ogni proprietario è tenuto a dare passaggio per i suoi fondi alle condutture
elettriche, in conformità delle leggi in materia.

Art. 1057. Passaggio di vie funicolari.
Ogni proprietario è parimenti tenuto a lasciar passare sopra il suo fondo le
gomene di vie funicolari aeree a uso agrario o industriale e a tollerare sul
fondo le opere, i meccanismi e le occupazioni necessarie a tale scopo, in
conformità delle leggi in materia.

CAPO III – DELLE SERVITU' VOLONTARIE

Art. 1058. Modi di costituzione.
Le servitù prediali possono essere costituite per contratto o per testamento.

Art. 1059. Servitù concessa da uno dei comproprietari.
La servitù concessa da uno dei comproprietari di un fondo indiviso non è
costituita se non quando gli altri l'hanno anch'essi concessa unitamente o
separatamente.
La concessione, però fatta da uno dei comproprietari, indipendentemente
dagli altri, obbliga il concedente e i suoi eredi o aventi causa a non porre
impedimento all'esercizio del diritto concesso.

Art. 1060. Servitù costituite dal nudo proprietario.
Il proprietario può, senza il consenso dell'usufruttuario, imporre sul fondo le
servitù che non pregiudicano il diritto di usufrutto.

CAPO IV – DELLE SERVITU' ACQUISTATE PER USUCAPIONE E PER DESTINAZIONE DEL PADRE DI FAMIGLIA

Art. 1061. Servitù non apparenti.
Le servitù non apparenti non possono acquistarsi per usucapione o per
destinazione
del padre di famiglia.
Non apparenti sono le servitù quando non si hanno opere visibili e permanenti
destinate al loro esercizio.

Art. 1062. Destinazione del padre di famiglia.
La destinazione del padre di famiglia ha luogo quando consta mediante
qualunque
genere di prova, che due fondi, attualmente divisi, sono stati posseduti
dallo stesso proprietario, e che questi ha posto o lasciato le cose nello
stato dal quale risulta la servitù.
Se i due fondi cessarono di appartenere allo stesso proprietario, senza alcuna
disposizione relativa alla servitù, questa si intende stabilita attivamente e
passivamente a favore e sopra ciascuno dei fondi separati.

CAPO V – DELL'ESERCIZIO DELLE SERVITU'

Art. 1063. Norme regolatrici.
L'estensione e l'esercizio delle servitù sono regolati dal titolo e, in mancanza,
dalle disposizioni seguenti.

Art. 1064. Estensione del diritto di servitù.
Il diritto di servitù comprende tutto ciò che è necessario per usarne.
Se il fondo viene chiuso, il proprietario deve lasciarne libero e comodo
l'ingresso
a chi ha un diritto di servitù che renda necessario il passaggio per il
fondo stesso.

Art. 1065. Esercizio conforme al titolo o al possesso.
Colui che ha un diritto di servitù non può usarne se non a norma del suo
titolo o del suo possesso.
Nel dubbio circa l'estensione e le modalità di esercizio, la servitù deve ritenersi
costituita in guisa da soddisfare il bisogno del fondo dominante col
minor aggravio del fondo servente.

Art. 1066. Possesso delle servitù.
Nelle questioni di possesso delle servitù si ha riguardo alla pratica dell'anno
antecedente e, se si tratta di servitù esercitate a intervalli maggiori di un
anno, si ha riguardo alla pratica dell'ultimo godimento.

Art. 1067. Divieto di aggravare o di diminuire l'esercizio della servitù.
Il proprietario del fondo dominante non può fare innovazioni che rendano
più gravosa la condizione del fondo servente.
Il proprietario del fondo servente non può compiere alcuna cosa che tenda
a diminuire l'esercizio della servitù o a renderlo più incomodo.

Art. 1068. Trasferimento della servitù in luogo diverso.
Il proprietario del fondo servente non può trasferire l'esercizio della servitù
in luogo diverso da quello nel quale è stata stabilita originariamente.
Tuttavia, se l'originario esercizio è divenuto più gravoso per il fondo servente,
o se impedisce di fare lavori, riparazioni o miglioramenti, il proprietario
del fondo servente può offrire al proprietario dell'altro fondo un luogo
egualmente comodo per l'esercizio dei suoi diritti, e questi non può ricusarlo.
Il cambiamento di luogo per l'esercizio della servitù si può del pari concedere
su istanza del proprietario del fondo dominante, se questi prova che il
cambiamento riesce per lui di notevole vantaggio e non reca danno al fondo
servente.
L'autorità giudiziaria può anche disporre che la servitù sia trasferita su altro
fondo del proprietario del fondo servente o di un terzo che vi acconsenta,
purché l'esercizio di essa riesca egualmente agevole al proprietario del fondo
dominante.

Art. 1069. Opere sul fondo servente.
Il proprietario del fondo dominante, nel fare le opere necessarie per conservare
la servitù, deve scegliere il tempo e il modo che siano per recare

minore incomodo al proprietario del fondo servente.

Egli deve fare le opere a sue spese, salvo che sia diversamente stabilito dal titolo o dalla legge.

Se però le opere giovano anche al fondo servente, le spese sono sostenute in proporzione dei rispettivi vantaggi.

Art. 1070. Abbandono del fondo servente.

Il proprietario del fondo servente, quando è tenuto in forza del titolo o della legge alle spese necessarie per l'uso o per la conservazione della servitù, può sempre liberarsene, rinunziando alla proprietà del fondo servente a favore del proprietario del fondo dominante.

Nel caso in cui l'esercizio della servitù sia limitato a una parte del fondo, la rinunzia può limitarsi alla parte stessa.

Art. 1071. Divisione del fondo dominante o del fondo servente.

Se il fondo dominante viene diviso, la servitù è dovuta a ciascuna porzione, senza che però si renda più gravosa la condizione del fondo servente.

Se il fondo servente viene diviso e la servitù ricade su una parte determinata del fondo stesso, le altre parti sono liberate.

CAPO VI – DELL'ESTINZIONE DELLE SERVITU'

Art. 1072. Estinzione per confusione.

La servitù si estingue quando in una sola persona si riunisce la proprietà del fondo dominante con quella del fondo servente.

Art. 1073. Estinzione per prescrizione.

La servitù si estingue per prescrizione quando non se ne usa per venti anni.

Il termine decorre dal giorno in cui si è cessato di esercitarla; ma, se si tratta di servitù negativa o di servitù per il cui esercizio non è necessario il fatto dell'uomo, il termine decorre dal giorno in cui si è verificato un fatto che ne ha impedito l'esercizio.

Nelle servitù che si esercitano a intervalli, il termine decorre dal giorno in cui la servitù si sarebbe potuta esercitare e non ne fu ripreso l'esercizio.

Agli effetti dell'estinzione si computa anche il tempo per il quale la servitù non fu esercitata dai precedenti titolari.

Se il fondo dominante appartiene a più persone in comune, l'uso della servitù fatto da una di esse impedisce l'estinzione riguardo a tutte.

La sospensione o l'interruzione della prescrizione a vantaggio di uno dei comproprietari giova anche agli altri.

Art. 1074. Impossibilità di uso e mancanza di utilità.

L'impossibilità di fatto di usare della servitù e il venir meno dell'utilità della medesima non fanno estinguere la servitù, se non è decorso il termine indicato dall'articolo precedente.

Art. 1075. Esercizio limitato della servitù.

La servitù esercitata in modo da trarne un'utilità minore di quella indicata dal titolo si conserva per intero.

Art. 1076. Esercizio della servitù non conforme al titolo o al possesso.

L'esercizio di una servitù in tempo diverso da quello determinato dal titolo o dal possesso non ne impedisce l'estinzione per prescrizione.

Art. 1077. Servitù costituite sul fondo enfiteutico.

Le servitù costituite dall'enfiteuta sul fondo enfiteutico cessano quando l'enfiteusi si estingue per decorso del termine, per prescrizione o per devoluzione.

Art. 1078. Servitù costituite a favore del fondo enfiteutico, dotale o in usufrutto.

Le servitù costituite dall'enfiteuta a favore del fondo enfiteutico non cessano con l'estinguersi dell'enfiteusi. Lo stesso vale per le servitù costituite dall'usufruttuario a favore del fondo di cui ha l'usufrutto o dal marito a favore del fondo dotale.

CAPO VII – DELLE AZIONI A DIFESA DELLE SERVITU'

Art. 1079. Accertamento della servitù e altri provvedimenti di tutela.

Il titolare della servitù può farne riconoscere in giudizio l'esistenza contro chi ne contesta l'esercizio e può far cessare gli eventuali impedimenti e turbative.

Può anche chiedere la rimessione delle cose in pristino, oltre il risarcimento dei danni.

CAPO VIII – DI ALCUNE SERVITU' IN MATERIA DI ACQUA

SEZIONE I – Delle servitù di presa o di derivazione di acque

Art. 1080. Presa d'acqua continua.

Il diritto alla presa d'acqua continua si può esercitare in ogni istante.

Art. 1081. Modulo d'acqua.

Nelle servitù in cui è convenuta ed espressa una costante quantità di acqua, la quantità deve esprimersi in relazione al modulo.

Il modulo è l'unità di misura dell'acqua corrente.

Esso è un corpo d'acqua che scorre nella costante quantità di cento litri al minuto secondo e si divide in decimi, centesimi e millesimi.

Art. 1082. Forma della bocca e dell'edificio derivatore.

Quando, per la derivazione di una data e costante quantità di acqua corrente, è stata determinata la forma della bocca e dell'edificio derivatore, le parti non possono chiederne la modificazione per eccedenza o deficienza d'acqua, salvo che l'eccedenza o la deficienza provenga da variazioni seguite nel canale dispensatore o nel corso delle acque in esso correnti.

Se la forma non è stata determinata, ma la bocca e l'edificio derivatore sono stati costruiti e posseduti per cinque anni, non è neppure ammesso dopo tale tempo alcun reclamo delle parti per eccedenza o deficienza d'acqua, salvo nel caso di variazione seguita nel canale o nel corso delle acque.

In mancanza di titolo o di possesso, la forma è determinata dall'autorità giudiziaria.

Art. 1083. Determinazione della quantità di acqua.

Quando la quantità d'acqua non è stata determinata, ma la derivazione è stata fatta per un dato scopo, s'intende concessa la quantità necessaria per lo scopo medesimo, e chi vi ha interesse può in ogni tempo fare stabilire la forma della derivazione in modo che ne venga assicurato l'uso necessario e impedito l'eccesso.

Se però è stata determinata la forma della bocca e dell'edificio derivatore, o se, in mancanza di titolo, si è posseduta per cinque anni la derivazione in una data forma, non è ammesso reclamo delle parti, se non nel caso indicato dall'articolo precedente.

Art. 1084. Norme regolatrici della servitù.

Per l'esercizio della servitù di presa di acqua, quando non dispone il titolo o non è possibile riferirsi al possesso, si osservano gli usi locali.

In mancanza di tali usi si osservano le disposizioni dei tre articoli seguenti.

Art. 1085. Tempo d'esercizio della servitù.

Il diritto alla presa d'acqua si esercita per l'acqua estiva, dall'equinozio di primavera a quello d'autunno; per l'acqua iemale, dall'equinozio d'autunno a quello di primavera.

La distribuzione d'acqua per giorni e per notti si riferisce al giorno e alla notte naturali.

L'uso delle acque nei giorni festivi è regolato dalle feste di precetto vigenti al tempo in cui l'uso fu convenuto o in cui si è incominciato a possedere.

Art. 1086. Distribuzione per ruota.

Nelle distribuzioni per ruota il tempo che impiega l'acqua per giungere alla bocca di derivazione dell'utente si consuma a suo carico, e la coda dell'acqua appartiene a quello di cui cessa il turno.

Art. 1087. Acque sorgenti o sfuggite.

Nei canali soggetti a distribuzioni per ruota le acque sorgenti o sfuggite, ma contenute nell'alveo del canale, non possono trattenersi o derivarsi da un utente che al tempo del suo turno.

Art. 1088. Variazione del turno tra gli utenti.

Gli utenti dei medesimi canali possono variare o permutare tra loro il turno, purché tale cambiamento non rechi danno agli altri.

Art. 1089. Acqua impiegata come forza motrice.

Chi ha diritto di servirsi dell'acqua come forza motrice non può, senza espressa disposizione del titolo, impedirne o rallentarne il corso, procurandone il ribocco o ristagno.

Art. 1090. Manutenzione del canale.

Nella servitù di presa o di condotta d'acqua, quando il titolo non dispone altrimenti, il proprietario del fondo servente può domandare che il canale sia mantenuto convenientemente spurgato e le sue sponde siano tenute in istato di buona manutenzione a spese del proprietario del fondo dominante.

Art. 1091. Obblighi del concedente fino al luogo di consegna dell'acqua.

Se il titolo non dispone diversamente, il concedente dell'acqua di una fonte o di un canale è tenuto verso gli utenti ad eseguire le opere ordinarie e straordinarie per la derivazione e condotta dell'acqua fino al punto in cui ne fa la consegna, a mantenere in buono stato gli edifici, a conservare l'alveo e le sponde della fonte o del canale, a praticare i consueti spurghi e a usare la dovuta diligenza, affinché la derivazione e la regolare condotta dell'acqua siano in tempi debiti effettuate.

Art. 1092. Deficienza dell'acqua.

La deficienza dell'acqua deve essere sopportata da chi ha diritto di prenderla e di usarla nel tempo in cui la deficienza si verifica.

Tra diversi utenti la deficienza dell'acqua deve essere sopportata prima da quelli che hanno titolo o possesso più recente, e tra utenti in parità di condizione dall'ultimo utente.

Tuttavia l'autorità giudiziaria, con provvedimento in camera di consiglio, sentiti gli uffici tecnici competenti, può modificare o limitare i turni di utilizzazione e dare le altre disposizioni necessarie in relazione alla quantità di acqua disponibile, agli usi e alle colture a cui l'acqua è destinata.

Il concedente dell'acqua è tenuto a una proporzionale diminuzione del corrispettivo per la deficienza dell'acqua verificatasi per causa naturale o per fatto altrui. Parimenti si fa luogo alle dovute indennità in conseguenza delle modificazioni o limitazioni di turni, che siano state disposte dall'autorità giudiziaria.

Art. 1093. Riduzione della servitù.

Se la servitù dà diritto di derivare acqua da un fondo e per fatti indipendenti dalla volontà del proprietario si verifica una diminuzione dell'acqua tale che essa non possa bastare alle esigenze del fondo servente, il proprietario di questo può chiedere una riduzione della servitù, avuto riguardo ai bisogni di ciascun fondo. In questo caso è dovuta una congrua indennità al proprietario del fondo dominante.

SEZIONE II - Della servitù degli scoli e degli avanzi di acqua

Art. 1094. Servitù attiva degli scoli.

Gli scoli o acque colaticce derivanti dall'altrui fondo possono costituire oggetto di servitù a favore del fondo che li riceve, all'effetto di impedire la loro diversione.

Art. 1095. Usucapione della servitù attiva degli scoli.

Nella servitù attiva degli scoli il termine per l'usucapione comincia a decorrere dal giorno in cui il proprietario del fondo dominante ha fatto sul fondo servente opere visibili e permanenti destinate a raccogliere e condurre i detti scoli a vantaggio del proprio fondo.

Quando sul fondo servente è aperto un cavo destinato a raccogliere e condurre gli scoli, il regolare spurgo e la manutenzione delle sponde fanno presumere, che il cavo sia opera del proprietario del fondo dominante, purché non vi sia titolo, segno o prova in contrario.

Si reputa segno contrario l'esistenza sul cavo di opere costruite o mantenute dal proprietario del fondo in cui il cavo è aperto.

Art. 1096. Diritti del proprietario del fondo servente.

La servitù degli scoli non toglie al proprietario del fondo servente il diritto di usare liberamente dell'acqua a vantaggio del suo fondo, di cambiare la coltivazione di questo e di abbandonarne in tutto o in parte l'irrigazione.

Art. 1097. Diritto agli avanzi d'acqua.

Quando l'acqua è concessa, riservata o posseduta per un determinato uso, con restituzione al concedente o ad altri di ciò che ne sopravanza, tale uso non può variarsi a danno del fondo a cui la restituzione è dovuta.

Art. 1098. Divieto di deviare acque di scolo o avanzi d'acqua.

Il proprietario del fondo vincolato alla restituzione degli scoli o degli avanzi d'acqua non può deviarne una parte qualunque adducendo di avervi introdotto una maggiore quantità di acqua viva o un diverso corpo, ma deve lasciarli discendere nella totalità a favore del fondo dominante.

Art. 1099. Sostituzione di acqua viva.

Il proprietario del fondo soggetto alla servitù degli scoli o degli avanzi d'acqua può sempre liberarsi da tale servitù mediante la concessione e l'assicurazione al fondo dominante di un corpo di acqua viva, la cui quantità è determinata dall'autorità giudiziaria, tenuto conto di tutte le circostanze.

TITOLO VII – DELLA COMUNIONE
CAPO I – DELLA COMUNIONE IN GENERALE

Art. 1100. Norme regolatrici.

Quando la proprietà o altro diritto reale spetta in comune a più persone se il titolo o la legge non dispone diversamente si applicano le norme seguenti.

Cfr. Cassazione Penale, SS.UU., sentenza 29 novembre 2007, n. 24657 in Altalex Massimario.

Art. 1101. Quote dei partecipanti.

Le quote dei partecipanti alla comunione si presumono eguali.

Il concorso dei partecipanti, tanto nei vantaggi quanto nei pesi della comunione,

è in proporzione delle rispettive quote.

Art. 1102. Uso della cosa comune.

Ciascun partecipante può servirsi della cosa comune, purché non ne alteri la destinazione e non impedisca agli altri partecipanti di farne parimenti uso secondo il loro diritto. A tal fine può apportare a proprie spese le modificazioni necessarie per il miglior godimento della cosa.

Il partecipante non può estendere il suo diritto sulla cosa comune in danno degli altri partecipanti, se non compie atti idonei a mutare il titolo del suo possesso.

Cfr. Cassazione Civile, sez. II, sentenza 17 luglio 2007, n. 15913, Cassazione Civile, sez. II, sentenza 19 dicembre 2007, n. 26796, Cassazione Civile, sez. II, sentenza 21 aprile 2008, n. 10324, Tribunale di Lecce, sez. Maglie, sentenza 21 giugno 2008, n. 211, Cassazione Civile, sez. II, sentenza 21 gennaio 2009, n. 1547 e Tribunale di Bari, sez. III civile, sentenza 29 ottobre 2009, n. 3237 in Altalex Massimario.

Art. 1103. Disposizione della quota.

Ciascun partecipante può disporre del suo diritto e cedere ad altri il godimento della cosa nei limiti della sua quota.

Per le ipoteche costituite da uno dei partecipanti si osservano le disposizioni contenute nel capo IV del titolo III del libro VI.

Art. 1104. Obblighi dei partecipanti.

Ciascun partecipante deve contribuire nelle spese necessarie per la conservazione

e per il godimento della cosa comune e nelle spese deliberate dalla maggioranza a norma delle disposizioni seguenti, salva la facoltà di liberarsene con la rinunzia al suo diritto.

La rinunzia non giova al partecipante che abbia anche tacitamente approvato la spesa.

Il cessionario del partecipante è tenuto in solido con il cedente a pagare i contributi da questo dovuti e non versati.

Cfr. Cassazione Civile, sez. II, sentenza 9 novembre 2009, n. 23691 in Altalex Massimario.

Art. 1105. Amministrazione.

Tutti i partecipanti hanno diritto di concorrere nell'amministrazione della cosa comune.

Per gli atti di ordinaria amministrazione le deliberazioni della maggioranza dei partecipanti, calcolata secondo il valore delle loro quote, sono obbligatorie per la minoranza dissenziente.

Per la validità delle deliberazioni della maggioranza si richiede che tutti i partecipanti siano stati preventivamente informati dell'oggetto della deliberazione.

Se non si prendono i provvedimenti necessari per l'amministrazione della cosa comune o non si forma una maggioranza, ovvero se la deliberazione adottata non viene eseguita, ciascun partecipante può ricorrere all'autorità giudiziaria. Questa provvede in camera di consiglio e può anche nominare un amministratore.

Art. 1106. Regolamento della comunione e nomina di amministratore.

Con la maggioranza calcolata nel modo indicato dall'articolo precedente, può essere formato un regolamento per l'ordinaria amministrazione e per il miglior godimento della cosa comune.

Nello stesso modo l'amministrazione può essere delegata ad uno o più partecipanti,

o anche a un estraneo, determinandosi i poteri e gli obblighi dell'amministratore.

Art. 1107. Impugnazione del regolamento.

Ciascuno dei partecipanti dissenzienti può impugnare davanti all'autorità giudiziaria il regolamento della comunione entro trenta giorni dalla deliberazione

che lo ha approvato. Per gli assenti il termine decorre dal giorno in cui è stata loro comunicata la deliberazione. L'autorità giudiziaria decide con unica sentenza sulle opposizioni proposte.

Decorso il termine indicato dal comma precedente senza che il regolamento sia stato impugnato, questo ha effetto anche per gli eredi e gli aventi causa dai singoli partecipanti.

Art. 1108. Innovazioni e altri atti eccedenti l'ordinaria amministrazione.

Con deliberazione della maggioranza dei partecipanti che rappresenti almeno due terzi del valore complessivo della cosa comune, si possono disporre tutte le innovazioni dirette al miglioramento della cosa o a renderne più comodo o redditizio il godimento, purché esse non pregiudichino il godimento di alcuno dei partecipanti e non importino una spesa eccessivamente gravosa.

Nello stesso modo si possono compiere gli altri atti eccedenti l'ordinaria amministrazione, sempre che non risultino pregiudizievoli all'interesse di alcuno dei partecipanti.

E' necessario il consenso di tutti i partecipanti per gli atti di alienazione o di costituzione di diritti reali sul fondo comune e per le locazioni di durata superiore

a nove anni.

L'ipoteca può essere tuttavia consentita dalla maggioranza indicata dal primo comma, qualora abbia lo scopo di garantire la restituzione delle somme mutuate per la ricostruzione o per il miglioramento della cosa comune.

Art. 1109. Impugnazione delle deliberazioni.

Ciascuno dei componenti la minoranza dissenziente può impugnare davanti all'autorità giudiziaria le deliberazioni della maggioranza:

1) nel caso previsto dal secondo comma dell'articolo 1105, se la deliberazione è gravemente pregiudizievole alla cosa comune;
2) se non è stata osservata la disposizione del terzo comma dell'articolo 1105;
3) se la deliberazione relativa a innovazioni o ad altri atti eccedenti l'ordinaria amministrazione è in contrasto con le norme del primo e del secondo comma dell'articolo 1108.

L'impugnazione deve essere proposta, sotto pena di decadenza, entro trenta giorni dalla deliberazione. Per gli assenti il termine decorre dal giorno in cui è stata loro comunicata la deliberazione. In pendenza del giudizio, l'autorità giudiziaria può ordinare la sospensione del provvedimento deliberato.

Art. 1110. Rimborso di spese.

Il partecipante che, in caso di trascuranza degli altri partecipanti o dell'amministratore, ha sostenuto spese necessarie per la conservazione della cosa comune, ha diritto al rimborso.

Art. 1111. Scioglimento della comunione.

Ciascuno dei partecipanti può sempre domandare lo scioglimento della comunione;
l'autorità giudiziaria può stabilire una congrua dilazione, in ogni caso non superiore a cinque anni, se l'immediato scioglimento può pregiudicare gli interessi degli altri.

Il patto di rimanere in comunione per un tempo non maggiore di dieci anni è valido e ha effetto anche per gli aventi causa dai partecipanti. Se è stato stipulato per un termine maggiore, questo si riduce a dieci anni.
Se gravi circostanze lo richiedono, l'autorità giudiziaria può ordinare lo scioglimento della comunione prima del tempo convenuto.

Art. 1112. Cose non soggette a divisione.

Lo scioglimento della comunione non può essere chiesto quando si tratta di cose che, se divise, cesserebbero di servire all'uso a cui sono destinate.

Art. 1113. Intervento nella divisione e opposizioni.

I creditori e gli aventi causa da un partecipante possono intervenire nella divisione a proprie spese, ma non possono impugnare la divisione già eseguita, a meno che abbiano notificato un'opposizione anteriormente alla divisione stessa e salvo sempre ad essi l'esperimento dell'azione revocatoria o dell'azione surrogatoria.

Nella divisione che ha per oggetto beni immobili, l'opposizione per l'effetto indicato dal comma precedente, deve essere trascritta prima della trascrizione dell'atto di divisione e, se si tratta di divisione giudiziale, prima della trascrizione della relativa domanda.

Devono essere chiamati a intervenire, perché la divisione abbia effetto nei loro confronti, i creditori iscritti e coloro che hanno acquistato diritti sull'immobile in virtù di atti soggetti a trascrizione e trascritti prima della trascrizione dell'atto di divisione o della trascrizione della domanda di divisione giudiziale.

Nessuna ragione di prelevamento in natura per crediti nascenti dalla comunione può opporsi contro le persone indicate dal comma precedente, eccetto le ragioni di prelevamento nascenti da titolo anteriore alla comunione medesima, ovvero da collazione.

Art. 1114. Divisione in natura.

La divisione ha luogo in natura, se la cosa può essere comodamente divisa in parti corrispondenti alle quote dei partecipanti.

Art. 1115. Obbligazioni solidali dei partecipanti.

Ciascun partecipante può esigere che siano estinte le obbligazioni in solido contratte per la cosa comune, le quali siano scadute o scadano entro l'anno dalla domanda di divisione.

La somma per estinguere le obbligazioni si preleva dal prezzo di vendita della cosa comune, e, se la divisione ha luogo in natura, si procede alla vendita di una congrua frazione della cosa, salvo diverso accordo tra i condividenti.
Il partecipante che ha pagato il debito in solido e non ha ottenuto il rimborso concorre nella divisione per una maggiore quota corrispondente al suo diritto verso gli altri condividenti.

Art. 1116. Applicabilità delle norme sulla divisione ereditaria.

Alla divisione delle cose comuni si applicano le norme sulla divisione dell'eredità, in quanto non siano in contrasto con quelle sopra stabilite.

TITOLO VII – DELLA COMUNIONE
CAPO II – DEL CONDOMINIO NEGLI EDIFICI

Art. 1117. Parti comuni dell'edificio. (1)

Sono oggetto di proprietà comune dei proprietari delle singole unità immobiliari dell'edificio, anche se aventi diritto a godimento periodico e se non risulta il contrario dal titolo:

1) tutte le parti dell'edificio necessarie all'uso comune, come il suolo su cui sorge l'edificio, le fondazioni, i muri maestri, i pilastri e le travi portanti, i tetti e i lastrici solari, le scale, i portoni di ingresso, i vestiboli, gli anditi, i portici, i cortili e le facciate;

2) le aree destinate a parcheggio nonché i locali per i servizi in comune, come la portineria, incluso l'alloggio del portiere, la lavanderia, gli stenditoi e i sottotetti destinati, per le caratteristiche strutturali e funzionali, all'uso comune;

3) le opere, le installazioni, i manufatti di qualunque genere destinati all'uso comune, come gli ascensori, i pozzi, le cisterne, gli impianti idrici e fognari, i sistemi centralizzati di distribuzione e di trasmissione per il gas, per l'energia elettrica, per il riscaldamento ed il condizionamento dell'aria, per la ricezione radiotelevisiva e per l'accesso a qualunque altro genere di flusso informativo, anche da satellite o via cavo, e i relativi collegamenti fino al punto di diramazione ai locali di proprietà individuale dei singoli condomini, ovvero, in caso di impianti unitari, fino al punto di utenza, salvo quanto disposto dalle normative di settore in materia di reti pubbliche.

(1) Articolo così sostituito dall'art. 1, L. 11 dicembre 2012, n. 220, in vigore dal 17 giugno 2013.
Il testo in vigore fino al 16 giugno 2013 è il seguente: "Sono oggetto di proprietà comune dei proprietari dei diversi piani o porzioni di piani di un edificio, se il contrario

non risulta dal titolo:

1) il suolo su cui sorge l'edificio, le fondazioni, i muri maestri, i tetti e i lastrici solari, le scale, i portoni d'ingresso, i vestiboli, gli anditi, i portici, i cortili e in genere tutte le parti dell'edificio necessarie all'uso comune;

2) i locali per la portineria e per l'alloggio del portiere, per la lavanderia, per il riscaldamento centrale, per gli stenditoi e per altri simili servizi in comune;

3) le opere, le installazioni, i manufatti di qualunque genere che servono all'uso e al godimento comune, come gli ascensori, i pozzi, le cisterne, gli acquedotti e inoltre le fognature e i canali di scarico, gli impianti per l'acqua, per il gas, per l'energia elettrica, per il riscaldamento e simili fino al punto di diramazione degli impianti ai locali di proprietà esclusiva dei singoli condomini."

Cfr. Cassazione Civile, SS.UU., sentenza 31 gennaio 2006, n. 2046 e Cassazione Civile, sez. II, sentenza 31 gennaio 2008, n. 2305, Cassazione Civile, sez. II, sentenza 16 gennaio 2008, n. 730, Cassazione Civile, sez. II, sentenza 4 marzo 2008, n. 5891, Tribunale di Salerno, sez. I, sentenza 27 marzo 2009, Cassazione Civile, sez. II, sentenza 20 luglio 2009, n. 16829 e Cassazione Civile, sez. III, sentenza 20 luglio 2009, n. 16832, Cassazione Civile, sez. II, sentenza 7 settembre 2009, n. 19329 e Cassazione Civile, sez. II, sentenza 18 settembre 2009, n. 20237 in Altalex Massimario.

Art. 1117-bis. Ambito di applicabilità. (1)

Le disposizioni del presente capo si applicano, in quanto compatibili, in tutti i casi in cui più unità immobiliari o più edifici ovvero più condominii di unità immobiliari o di edifici abbiano parti comuni ai sensi dell'articolo 1117.

(1) Articolo aggiunto dall'art. 2, L. 11 dicembre 2012, n. 220, in vigore dal 17 giugno 2013.

Art. 1117-ter. Modificazioni delle destinazioni d'uso. (1)

Per soddisfare esigenze di interesse condominiale, l'assemblea, con un numero di voti che rappresenti i quattro quinti dei partecipanti al condominio e i quattro quinti del valore dell'edificio, può modificare la destinazione d'uso delle parti comuni.

La convocazione dell'assemblea deve essere affissa per non meno di trenta giorni consecutivi nei locali di maggior uso comune o negli spazi a tal fine destinati e deve effettuarsi mediante lettera raccomandata o equipollenti mezzi telematici, in modo da pervenire almeno venti giorni prima della data di convocazione.

La convocazione dell'assemblea, a pena di nullità, deve indicare le parti comuni oggetto della modificazione e la nuova destinazione d'uso.

La deliberazione deve contenere la dichiarazione espressa che sono stati effettuati gli adempimenti di cui ai precedenti commi.

Sono vietate le modificazioni delle destinazioni d'uso che possono recare pregiudizio alla stabilità o alla sicurezza del fabbricato o che ne alterano il decoro architettonico.

(1) Articolo aggiunto dall'art. 2, L. 11 dicembre 2012, n. 220, in vigore dal 17 giugno 2013.

Art. 1117-quater. Tutela delle destinazioni d'uso. (1)

In caso di attività che incidono negativamente e in modo sostanziale sulle destinazioni d'uso delle parti comuni, l'amministratore o i condomini, anche singolarmente, possono diffidare l'esecutore e possono chiedere la convocazione dell'assemblea per far cessare la violazione, anche mediante azioni giudiziarie. L'assemblea delibera in merito alla cessazione di tali attività con la maggioranza prevista dal secondo comma dell'articolo 1136.

(1) Articolo aggiunto dall'art. 2, L. 11 dicembre 2012, n. 220.

Art. 1118. Diritti dei partecipanti sulle cose comuni. (1)

Il diritto di ciascun condomino sulle parti comuni, salvo che il titolo non disponga altrimenti, è proporzionale al valore dell'unità immobiliare che gli appartiene.

Il condomino non può rinunziare al suo diritto sulle parti comuni.

Il condomino non può sottrarsi all'obbligo di contribuire alle spese per la conservazione delle parti comuni, neanche modificando la destinazione d'uso della propria unità immobiliare, salvo quanto disposto da leggi speciali.

Il condomino può rinunciare all'utilizzo dell'impianto centralizzato di riscaldamento o di condizionamento, se dal suo distacco non derivano notevoli squilibri di funzionamento o aggravi di spesa per gli altri condomini. In tal caso il rinunziante resta tenuto a concorrere al pagamento delle sole spese per la manutenzione straordinaria dell'impianto e per la sua conservazione e messa a norma.

(1) Articolo così sostituito dall'art. 3, L. 11 dicembre 2012, n. 220, in vigore dal 17 giugno 2013. Il testo in vigore fino al 16 giugno 2013 è il seguente: "Il diritto di ciascun condomino sulle cose indicate dall'articolo precedente è proporzionato al valore del piano o porzione di piano che gli appartiene, se il titolo non dispone altrimenti. Il condomino non può, rinunziando al diritto sulle cose anzidette, sottrarsi al contributo nelle spese per la loro conservazione."

Cfr. Cassazione Civile, SS.UU., sentenza 8 aprile 2008, n. 9148 in Altalex Massimario.

Art. 1119. Indivisibilità.

Le parti comuni dell'edificio non sono soggette a divisione, a meno che la divisione possa farsi senza rendere più incomodo l'uso della cosa a ciascun condomino e con il consenso di tutti i partecipanti al condominio. (1)

(1) Le parole: "e con il consenso di tutti i partecipanti al condominio" sono state aggiunte dall'art. 4, L. 11 dicembre 2012, n. 220, in vigore dal 17 giugno 2013.

Art. 1120. Innovazioni.

I condomini, con la maggioranza indicata dal quinto comma dell'articolo 1136, possono disporre tutte le innovazioni dirette al miglioramento o all'uso più comodo o al maggior rendimento delle cose comuni.

I condomini, con la maggioranza indicata dal secondo comma dell'articolo 1136, possono disporre le innovazioni che, nel rispetto della normativa di settore, hanno ad oggetto:

1) le opere e gli interventi volti a migliorare la sicurezza e la salubrità degli edifici e degli impianti;

2) le opere e gli interventi previsti per eliminare le barriere architettoniche, per il contenimento del consumo energetico degli edifici e per realizzare parcheggi destinati a servizio delle unità immobiliari o dell'edificio, nonché per la produzione di energia mediante l'utilizzo di impianti di cogenerazione, fonti eoliche, solari o comunque rinnovabili da parte del condominio o

di terzi che conseguano a titolo oneroso un diritto reale o personale di godimento
del lastrico solare o di altra idonea superficie comune;
3) l'installazione di impianti centralizzati per la ricezione radiotelevisiva e per l'accesso a qualunque altro genere di flusso informativo, anche da satellite o via cavo, e i relativi collegamenti fino alla diramazione per le singole utenze, ad esclusione degli impianti che non comportano modifiche in grado di alterare la destinazione della cosa comune e di impedire agli altri condomini di farne uso secondo il loro diritto. (1)

L'amministratore è tenuto a convocare l'assemblea entro trenta giorni dalla richiesta anche di un solo condomino interessato all'adozione delle deliberazioni
di cui al precedente comma. La richiesta deve contenere l'indicazione del contenuto specifico e delle modalità di esecuzione degli interventi proposti. In mancanza, l'amministratore deve invitare senza indugio il condomino
proponente a fornire le necessarie integrazioni. (1)

Sono vietate le innovazioni che possano recare pregiudizio alla stabilità o alla sicurezza del fabbricato, che ne alterino il decoro architettonico o che rendano talune parti comuni dell'edificio inservibili all'uso o al godimento anche di un solo condomino.

(1) Comma aggiunto dall'art. 5, L. 11 dicembre 2012, n. 220, in vigore dal 17 giugno 2013.

Cfr. Cassazione Civile, sez. II, sentenza 17 ottobre 2007, n. 21835, Cassazione Civile, sez. II, sentenza 18 settembre 2009, n. 20254 e Cassazione Civile, sez. II, sentenza 25 gennaio 2010, n. 1286 in Altalex Massimario.

Art. 1121. Innovazioni gravose o voluttuarie.

Qualora l'innovazione importi una spesa molto gravosa o abbia carattere voluttuario rispetto alle particolari condizioni e all'importanza dell'edificio, e consista in opere, impianti o manufatti suscettibili di utilizzazione separata, i condomini che non intendono trarne vantaggio sono esonerati da qualsiasi contributo nella spesa.

Se l'utilizzazione separata non è possibile, l'innovazione non è consentita, salvo che la maggioranza dei condomini che l'ha deliberata o accettata intenda sopportarne integralmente la spesa.

Nel caso previsto dal primo comma i condomini e i loro eredi o aventi causa possono tuttavia, in qualunque tempo, partecipare ai vantaggi dell'innovazione, contribuendo nelle spese di esecuzione e di manutenzione dell'opera.

Cfr. Cassazione Civile, sez. II, sentenza 18 settembre 2009, n. 20254 in Altalex Massimario.

Art. 1122. Opere su parti di proprietà o uso individuale. (1)

Nell'unità immobiliare di sua proprietà ovvero nelle parti normalmente destinate
all'uso comune, che siano state attribuite in proprietà esclusiva o destinate all'uso individuale, il condomino non può eseguire opere che rechino danno alle parti comuni ovvero determinino pregiudizio alla stabilità, alla sicurezza o al decoro architettonico dell'edificio.

In ogni caso è data preventiva notizia all'amministratore che ne riferisce all'assemblea.

(1) Articolo così sostituito dall'art. 6, L. 11 dicembre 2012, n. 220, in vigore dal 17 giugno 2013. Il testo in vigore fino al 16 giugno 2013 è il seguente: "Opere sulle parti dell'edificio di proprietà comune.

Ciascun condomino, nel piano o porzione di piano di sua proprietà, non può eseguire opere che rechino danno alle parti comuni dell'edificio."

Art. 1122-bis. Impianti non centralizzati di ricezione radiotelevisiva e di produzione di energia da fonti rinnovabili. (1)

Le installazioni di impianti non centralizzati per la ricezione radiotelevisiva e per l'accesso a qualunque altro genere di flusso informativo, anche da satellite o via cavo, e i relativi collegamenti fino al punto di diramazione per le singole utenze sono realizzati in modo da recare il minor pregiudizio alle parti comuni e alle unità immobiliari di proprietà individuale, preservando in ogni caso il decoro architettonico dell'edificio, salvo quanto previsto in materia di reti pubbliche.

È consentita l'installazione di impianti per la produzione di energia da fonti rinnovabili destinati al servizio di singole unità del condominio sul lastrico solare, su ogni altra idonea superficie comune e sulle parti di proprietà individuale
dell'interessato.

Qualora si rendano necessarie modificazioni delle parti comuni, l'interessato ne dà comunicazione all'amministratore indicando il contenuto specifico e le modalità di esecuzione degli interventi. L'assemblea può prescrivere, con la maggioranza di cui al quinto comma dell'articolo 1136, adeguate modalità
alternative di esecuzione o imporre cautele a salvaguardia della stabilità, della sicurezza o del decoro architettonico dell'edificio e, ai fini dell'installazione
degli impianti di cui al secondo comma, provvede, a richiesta degli interessati, a ripartire l'uso del lastrico solare e delle altre superfici comuni, salvaguardando le diverse forme di utilizzo previste dal regolamento di condominio o comunque in atto. L'assemblea, con la medesima maggioranza,
può altresì subordinare l'esecuzione alla prestazione, da parte dell'interessato, di idonea garanzia per i danni eventuali.

L'accesso alle unità immobiliari di proprietà individuale deve essere consentito ove necessario per la progettazione e per l'esecuzione delle opere. Non sono soggetti ad autorizzazione gli impianti destinati alle singole unità abitative.

(1) Articolo aggiunto dall'art. 7, L. 11 dicembre 2012, n. 220, in vigore dal 17 giugno 2013.

Art. 1122-ter. Impianti di videosorveglianza sulle parti comuni. (1)

Le deliberazioni concernenti l'installazione sulle parti comuni dell'edificio di impianti volti a consentire la videosorveglianza su di esse sono approvate dall'assemblea con la maggioranza di cui al secondo comma dell'articolo 1136.

(1) Articolo aggiunto dall'art. 7, L. 11 dicembre 2012, n. 220, in vigore dal 17 giugno 2013.

Art. 1123. Ripartizione delle spese.

Le spese necessarie per la conservazione e per il godimento delle parti comuni dell'edificio per la prestazione dei servizi nell'interesse comune e per le innovazioni deliberate dalla maggioranza sono sostenute dai condomini in misura proporzionale al valore della proprietà di ciascuno, salvo diversa convenzione.

Se si tratta di cose destinate a servire i condomini in misura diversa, le spese sono ripartite in proporzione dell'uso che ciascuno può farne.

Qualora un edificio abbia più scale, cortili, lastrici solari, opere o impianti destinati a servire una parte dell'intero fabbricato, le spese relative alla loro manutenzione sono a carico del gruppo di condòmini che ne trae utilità.

Cfr. Cassazione Civile, sez. II, sentenza 24 giugno 2008, n. 17201 in Altalex Massimario.

Art. 1124. Manutenzione e sostituzione delle scale e degli ascensori. (1)

Le scale e gli ascensori sono mantenuti e sostituiti dai proprietari delle unità immobiliari a cui servono. La spesa relativa è ripartita tra essi, per metà in ragione del valore delle singole unità immobiliari e per l'altra metà esclusivamente

in misura proporzionale all'altezza di ciascun piano dal suolo. (2)

Al fine del concorso nella metà della spesa, che è ripartita in ragione del valore, si considerano come piani le cantine, i palchi morti, le soffitte o camere a tetto e i lastrici solari, qualora non siano di proprietà comune.

(1) La rubrica che recitava: "Manutenzione e ricostruzione delle scale" è stata così modificata dall'art. 8, L. 11 dicembre 2012, n. 220, in vigore dal 17 giugno 2013.

(2) Comma così sostituito dall'art. 8, L. 11 dicembre 2012, n. 220, in vigore dal 17 giugno 2013. Il testo in vigore fino al 16 giugno 2013 è il seguente: "Le scale sono mantenute e ricostruite dai proprietari dei diversi piani a cui servono. La spesa relativa è ripartita tra essi, per metà in ragione del valore dei singoli piani o porzioni di piano, e per l'altra metà in misura proporzionale all'altezza di ciascun piano dal suolo."

Art. 1125. Manutenzione e ricostruzione dei soffitti, delle volte e dei solai.

Le spese per la manutenzione e ricostruzione dei soffitti, delle volte e dei solai sono sostenute in parti eguali dai proprietari dei due piani l'uno all'altro sovrastanti, restando a carico del proprietario del piano superiore la copertura del pavimento e a carico del proprietario del piano inferiore l'intonaco,

la tinta e la decorazione del soffitto.

Art. 1126. Lastrici solari di uso esclusivo.

Quando l'uso dei lastrici solari o di una parte di essi non è comune a tutti i condomini, quelli che ne hanno l'uso esclusivo sono tenuti a contribuire per un terzo nella spesa delle riparazioni o ricostruzioni del lastrico; gli altri due terzi sono a carico di tutti i condomini dell'edificio o della parte di questo a cui il lastrico solare serve, in proporzione del valore del piano o della porzione di piano di ciascuno.

Cfr. Cassazione Civile, sez. III, sentenza 13 dicembre 2007, n. 26239 in Altalex Massimario.

Art. 1127. Costruzione sopra l'ultimo piano dell'edificio.

Il proprietario dell'ultimo piano dell'edificio può elevare nuovi piani o nuove fabbriche, salvo che risulti altrimenti dal titolo. La stessa facoltà spetta a chi è proprietario esclusivo del lastrico solare.

La sopraelevazione non è ammessa se le condizioni statiche dell'edificio non la consentono.

I condomini possono altresì opporsi alla sopraelevazione, se questa pregiudica l'aspetto architettonico dell'edificio ovvero diminuisce notevolmente l'aria o la luce dei piani sottostanti.

Chi fa la sopraelevazione deve corrispondere agli altri condomini un'indennità pari al valore attuale dell'area da occuparsi con la nuova fabbrica, diviso per il numero dei piani, ivi compreso quello da edificare, e detratto l'importo della quota a lui spettante. Egli è inoltre tenuto a ricostruire il lastrico solare di cui tutti o parte dei condomini avevano il diritto di usare.

Cfr. Cassazione Civile, sez. II, sentenza 7 febbraio 2008, n. 2865, Cassazione Civile, sez. II, sentenza 16 aprile 2008, n. 10040 e Cassazione Civile, sez. III, sentenza 24 novembre
2009, n. 24689 in Altalex Massimario.

Art. 1128. Perimento totale o parziale dell'edificio.

Se l'edificio perisce interamente o per una parte che rappresenti i tre quarti del suo valore, ciascuno dei condomini può richiedere la vendita all'asta del suolo e dei materiali, salvo che sia stato diversamente convenuto.

Nel caso di perimento di una parte minore, l'assemblea dei condomini delibera circa la ricostruzione delle parti comuni dell'edificio, e ciascuno è tenuto a concorrervi in proporzione dei suoi diritti sulle parti stesse.

L'indennità corrisposta per l'assicurazione relativa alle parti comuni è destinata alla ricostruzione di queste.

Il condomino che non intende partecipare alla ricostruzione dell'edificio è tenuto a cedere agli altri condomini i suoi diritti, anche sulle parti di sua esclusiva proprietà, secondo la stima che ne sarà fatta, salvo che non preferisca cedere i diritti stessi ad alcuni soltanto dei condomini.

Art. 1129. Nomina, revoca ed obblighi dell'amministratore. (1)

Quando i condomini sono più di otto, se l'assemblea non vi provvede, la nomina di un amministratore è fatta dall'autorità giudiziaria su ricorso di uno o più condomini o dell'amministratore dimissionario.

Contestualmente all'accettazione della nomina e ad ogni rinnovo dell'incarico, l'amministratore comunica i propri dati anagrafici e professionali, il codice fiscale, o, se si tratta di società, anche la sede legale e la denominazione, il locale ove si trovano i registri di cui ai numeri 6) e 7) dell'articolo 1130, nonché i giorni e le ore in cui ogni interessato, previa richiesta all'amministratore,

può prenderne gratuitamente visione e ottenere, previo rimborso della spesa, copia da lui firmata.

L'assemblea può subordinare la nomina dell'amministratore alla presentazione ai condomini di una polizza individuale di assicurazione per la responsabilità civile per gli atti compiuti nell'esercizio del mandato.

L'amministratore è tenuto altresì ad adeguare i massimali della polizza se nel periodo del suo incarico l'assemblea deliberi lavori straordinari. Tale adeguamento non deve essere inferiore all'importo di spesa deliberato e deve essere effettuato contestualmente all'inizio dei lavori. Nel caso in cui l'amministratore sia coperto da una polizza di assicurazione per la responsabilità

civile professionale generale per l'intera attività da lui svolta, tale polizza deve essere integrata con una dichiarazione dell'impresa di assicurazione

che garantisca le condizioni previste dal periodo precedente per lo specifico condominio.

Sul luogo di accesso al condominio o di maggior uso comune, accessibile anche ai terzi, è affissa l'indicazione delle generalità, del domicilio e dei recapiti, anche telefonici, dell'amministratore.

In mancanza dell'amministratore, sul luogo di accesso al condominio o di maggior uso comune, accessibile anche ai terzi, è affissa l'indicazione delle generalità e dei recapiti, anche telefonici, della persona che svolge funzioni analoghe a quelle dell'amministratore.

L'amministratore è obbligato a far transitare le somme ricevute a qualunque titolo dai condomini o da terzi, nonché quelle a qualsiasi titolo erogate per conto del condominio, su uno specifico conto corrente, postale o bancario, intestato al condominio; ciascun condomino, per il tramite dell'amministratore, può chiedere di prendere visione ed estrarre copia, a proprie spese, della rendicontazione periodica.

Alla cessazione dell'incarico l'amministratore è tenuto alla consegna di tutta la documentazione in suo possesso afferente al condominio e ai singoli condomini e ad eseguire le attività urgenti al fine di evitare pregiudizi agli interessi comuni senza diritto ad ulteriori compensi.

Salvo che sia stato espressamente dispensato dall'assemblea, l'amministratore è tenuto ad agire per la riscossione forzosa delle somme dovute dagli obbligati entro sei mesi dalla chiusura dell'esercizio nel quale il credito esigibile è compreso, anche ai sensi dell'articolo 63, primo comma, delle disposizioni per l'attuazione del presente codice.

L'incarico di amministratore ha durata di un anno e si intende rinnovato per eguale durata. L'assemblea convocata per la revoca o le dimissioni delibera in ordine alla nomina del nuovo.

La revoca dell'amministratore può essere deliberata in ogni tempo dall'assemblea, con la maggioranza prevista per la sua nomina oppure con le modalità previste dal regolamento di condominio. Può altresì essere disposta dall'autorità giudiziaria, su ricorso di ciascun condomino, nel caso previsto dal quarto comma dell'articolo 1131, se non rende il conto della gestione, ovvero in caso di gravi irregolarità. Nei casi in cui siano emerse gravi irregolarità fiscali o di non ottemperanza a quanto disposto dal numero 3) del dodicesimo comma del presente articolo, i condomini, anche singolarmente, possono chiedere la convocazione dell'assemblea per far cessare la violazione e revocare il mandato all'amministratore. In caso di mancata revoca da parte dell'assemblea, ciascun condomino può rivolgersi all'autorità giudiziaria; in caso di accoglimento della domanda, il ricorrente, per le spese legali, ha titolo alla rivalsa nei confronti del condominio, che a sua volta può rivalersi nei confronti dell'amministratore.

Costituiscono, tra le altre, gravi irregolarità:
1) l'omessa convocazione dell'assemblea per l'approvazione del rendiconto condominiale, il ripetuto rifiuto di convocare l'assemblea per la revoca e per la nomina del nuovo amministratore o negli altri casi previsti dalla legge;
2) la mancata esecuzione di provvedimenti giudiziari e amministrativi, nonché di deliberazioni dell'assemblea;
3) la mancata apertura ed utilizzazione del conto di cui al settimo comma;
4) la gestione secondo modalità che possono generare possibilità di confusione tra il patrimonio del condominio e il patrimonio personale dell'amministratore o di altri condomini;
5) l'aver acconsentito, per un credito insoddisfatto, alla cancellazione delle formalità eseguite nei registri immobiliari a tutela dei diritti del condominio;
6) qualora sia stata promossa azione giudiziaria per la riscossione delle somme dovute al condominio, l'aver omesso di curare diligentemente l'azione e la conseguente esecuzione coattiva;
7) l'inottemperanza agli obblighi di cui all'articolo 1130, numeri 6), 7) e 9);
8) l'omessa, incompleta o inesatta comunicazione dei dati di cui al secondo comma del presente articolo.

In caso di revoca da parte dell'autorità giudiziaria, l'assemblea non può nominare nuovamente l'amministratore revocato.

L'amministratore, all'atto dell'accettazione della nomina e del suo rinnovo, deve specificare analiticamente, a pena di nullità della nomina stessa, l'importo dovuto a titolo di compenso per l'attività svolta.

Per quanto non disciplinato dal presente articolo si applicano le disposizioni di cui alla sezione I del capo IX del titolo III del libro IV.

Il presente articolo si applica anche agli edifici di alloggi di edilizia popolare ed economica, realizzati o recuperati da enti pubblici a totale partecipazione pubblica o con il concorso dello Stato, delle regioni, delle province o dei comuni, nonché a quelli realizzati da enti pubblici non economici o società private senza scopo di lucro con finalità sociali proprie dell'edilizia residenziale pubblica.

---

(1) Articolo così sostituito dall'art. 9, L. 11 dicembre 2012, n. 220, in vigore dal 17 giugno 2013. Il testo in vigore fino al 16 giugno 2013 è il seguente: "Nomina e revoca dell'amministratore.

Quando i condomini sono più di quattro, l'assemblea nomina un amministratore. Se l'assemblea non provvede, la nomina è fatta dall'autorità giudiziaria, su ricorso di uno o più condomini.

L'amministratore dura in carica un anno e può essere revocato in ogni tempo dall'assemblea.

Può altresì essere revocato dall'autorità giudiziaria, su ricorso di ciascun condomino, oltre che nel caso previsto dall'ultimo comma dell'articolo 1131, se per due anni non ha reso il conto della sua gestione, ovvero se vi sono fondati sospetti di gravi irregolarità. La nomina e la cessazione per qualunque causa dell'amministratore dall'ufficio sono annotate in apposito registro."

Cfr. Cassazione Civile, sez. II, sentenza 13 novembre 2009, n. 24132 in Altalex Massimario.

Art. 1130. Attribuzioni dell'amministratore. (1)

L'amministratore, oltre a quanto previsto dall'articolo 1129 e dalle vigenti disposizioni di legge, deve:

1) eseguire le deliberazioni dell'assemblea, convocarla annualmente per l'approvazione del rendiconto condominiale di cui all'articolo 1130-bis e curare l'osservanza del regolamento di condominio;

2) disciplinare l'uso delle cose comuni e la fruizione dei servizi nell'interesse comune, in modo che ne sia assicurato il miglior godimento a ciascuno dei condomini;

3) riscuotere i contributi ed erogare le spese occorrenti per la manutenzione ordinaria delle parti comuni dell'edificio e per l'esercizio dei servizi comuni;

4) compiere gli atti conservativi relativi alle parti comuni dell'edificio;

5) eseguire gli adempimenti fiscali;

6) curare la tenuta del registro di anagrafe condominiale contenente le generalità

dei singoli proprietari e dei titolari di diritti reali e di diritti personali di godimento, comprensive del codice fiscale e della residenza o domicilio, i dati catastali di ciascuna unità immobiliare, nonché ogni dato relativo alle condizioni di sicurezza. Ogni variazione dei dati deve essere comunicata all'amministratore in forma scritta entro sessanta giorni. L'amministratore, in caso di inerzia, mancanza o incompletezza delle comunicazioni, richiede con lettera raccomandata le informazioni necessarie alla tenuta del registro di anagrafe. Decorsi trenta giorni, in caso di omessa o incompleta risposta, l'amministratore acquisisce le informazioni necessarie, addebitandone il costo ai responsabili;

7) curare la tenuta del registro dei verbali delle assemblee, del registro di nomina e revoca dell'amministratore e del registro di contabilità. Nel registro dei verbali delle assemblee sono altresì annotate: le eventuali mancate costituzioni dell'assemblea, le deliberazioni nonché le brevi dichiarazioni rese dai condomini che ne hanno fatto richiesta; allo stesso registro è allegato il regolamento di condominio, ove adottato. Nel registro di nomina e revoca dell'amministratore sono annotate, in ordine cronologico, le date della nomina e della revoca di ciascun amministratore del condominio, nonché gli estremi del decreto in caso di provvedimento giudiziale. Nel registro di contabilità sono annotati in ordine cronologico, entro trenta giorni da quello dell'effettuazione, i singoli movimenti in entrata ed in uscita. Tale registro può tenersi anche con modalità informatizzate;

8) conservare tutta la documentazione inerente alla propria gestione riferibile sia al rapporto con i condomini sia allo stato tecnico-amministrativo dell'edificio e del condominio;

9) fornire al condomino che ne faccia richiesta attestazione relativa allo stato dei pagamenti degli oneri condominiali e delle eventuali liti in corso;

10) redigere il rendiconto condominiale annuale della gestione e convocare l'assemblea per la relativa approvazione entro centottanta giorni.

(1) Articolo così sostituito dall'art. 10, L. 11 dicembre 2012, n. 220, in vigore dal 17 giugno 2013. Il testo in vigore fino al 16 giugno 2013 è il seguente: "L'amministratore deve:

1) eseguire le deliberazioni dell'assemblea dei condomini e curare l'osservanza del regolamento di condominio;

2) disciplinare l'uso delle cose comuni e la prestazione dei servizi nell'interesse comune, in modo che ne sia assicurato il miglior godimento a tutti i condomini;

3) riscuotere i contributi ed erogare le spese occorrenti per la manutenzione ordinaria delle parti comuni dell'edificio e per l'esercizio dei servizi comuni;

4) compiere gli atti conservativi dei diritti inerenti alle parti comuni dell'edificio.

Egli, alla fine di ciascun anno, deve rendere il conto della sua gestione."

Cfr. Corte d'Appello di Napoli, sentenza 7 settembre 2007, n. 2814 e Cassazione Penale, sez. IV, sentenza 13 ottobre 2009, n. 39959 in Altalex Massimario.

Art. 1130-bis. Rendiconto condominiale. (1)

Il rendiconto condominiale contiene le voci di entrata e di uscita ed ogni altro dato inerente alla situazione patrimoniale del condominio, ai fondi disponibili ed alle eventuali riserve, che devono essere espressi in modo da consentire l'immediata verifica. Si compone di un registro di contabilità, di un riepilogo finanziario, nonché di una nota sintetica esplicativa della gestione con l'indicazione anche dei rapporti in corso e delle questioni pendenti. L'assemblea condominiale può, in qualsiasi momento o per più annualità specificamente identificate, nominare un revisore che verifichi la contabilità del condominio. La deliberazione è assunta con la maggioranza prevista per la nomina dell'amministratore e la relativa spesa è ripartita fra tutti i condomini sulla base dei millesimi di proprietà. I condomini e i titolari di diritti reali o di godimento sulle unità immobiliari possono prendere visione dei documenti giustificativi di spesa in ogni tempo ed estrarne copia a proprie spese. Le scritture e i documenti giustificativi devono essere conservati per dieci anni dalla data della relativa registrazione.

L'assemblea può anche nominare, oltre all'amministratore, un consiglio di condominio composto da almeno tre condomini negli edifici di almeno dodici unità immobiliari. Il consiglio ha funzioni consultive e di controllo.

(1) Articolo aggiunto dall'art. 11, L. 11 dicembre 2012, n. 220, in vigore dal 17 giugno 2013.

Art. 1131. Rappresentanza.

Nei limiti delle attribuzioni stabilite dall'articolo 1130 (1) o dei maggiori poteri conferitigli dal regolamento di condominio o dall'assemblea, l'amministratore ha la rappresentanza dei partecipanti e può agire in giudizio sia contro i condomini sia contro i terzi.

Può essere convenuto in giudizio per qualunque azione concernente le parti comuni dell'edificio; a lui sono notificati i provvedimenti dell'autorità amministrativa

che si riferiscono allo stesso oggetto.

Qualora la citazione o il provvedimento abbia un contenuto che esorbita dalle attribuzioni dell'amministratore, questi è tenuto a darne senza indugio notizia all'assemblea dei condomini.

L'amministratore che non adempie a quest'obbligo può essere revocato ed è tenuto al risarcimento dei danni.

(1) La parola: "precedente" è stata così sostituita dall'art. 12, L. 11 dicembre 2012, n. 220, in vigore dal 17 giugno 2013.

Cfr. Corte d'Appello di Napoli, sentenza 7 settembre 2007, n. 2814 e Cassazione Civile, sez. II, sentenza 9 dicembre 2009, n. 25766 in Altalex Massimario.

Art. 1132. Dissenso dei condomini rispetto alle liti.

Qualora l'assemblea dei condomini abbia deliberato di promuovere una lite o di resistere a una domanda il condomino dissenziente, con atto notificato all'amministratore, può separare la propria responsabilità in ordine alle conseguenze della lite per il caso di soccombenza. L'atto deve essere notificato entro trenta giorni da quello in cui il condomino ha avuto notizia della deliberazione.

Il condomino dissenziente ha diritto di rivalsa per ciò che abbia dovuto pagare alla parte vittoriosa.

Se l'esito della lite è stato favorevole al condominio, il condomino dissenziente che ne abbia tratto vantaggio è tenuto a concorrere nelle spese di giudizio che non sia stato possibile ripetere dalla parte soccombente.

Art. 1133. Provvedimenti presi dall'amministratore.

I provvedimenti presi dall'amministratore nell'ambito dei suoi poteri sono obbligatori per i condomini. Contro i provvedimenti dell'amministratore è ammesso ricorso all'assemblea, senza pregiudizio del ricorso all'autorità giudiziaria nei casi e nel termine previsti dall'articolo 1137.

Art. 1134. Gestione di iniziativa individuale. (1)

Il condomino che ha assunto la gestione delle parti comuni senza autorizzazione

dell'amministratore o dell'assemblea non ha diritto al rimborso, salvo che si tratti di spesa urgente.

(1) Articolo così sostituito dall'art. 13, L. 11 dicembre 2012, n. 220, in vigore dal 17 giugno 2013. Il testo in vigore fino al 16 giugno 2013 è il seguente: "Spese fatte dal condomino.

Il condomino che ha fatto spese per le cose comuni senza autorizzazione dell'amministratore

o dell'assemblea non ha diritto al rimborso, salvo che si tratti di spesa urgente."

Art. 1135. Attribuzioni dell'assemblea dei condomini.

Oltre quanto è stabilito dagli articoli precedenti, l'assemblea dei condomini provvede:

1) alla conferma dell'amministratore e all'eventuale sua retribuzione;

2) all'approvazione del preventivo delle spese occorrenti durante l'anno e alla relativa ripartizione tra i condomini;

3) all'approvazione del rendiconto annuale dell'amministratore e all'impiego del residuo attivo della gestione;

4) alle opere di manutenzione straordinaria e alle innovazioni, costituendo obbligatoriamente un fondo speciale di importo pari all'ammontare dei lavori. (1)

L'amministratore non può ordinare lavori di manutenzione straordinaria, salvo che rivestano carattere urgente, ma in questo caso deve riferirne nella prima assemblea.

L'assemblea può autorizzare l'amministratore a partecipare e collaborare a progetti, programmi e iniziative territoriali promossi dalle istituzioni locali o da soggetti privati qualificati, anche mediante opere di risanamento di parti comuni degli immobili nonché di demolizione, ricostruzione e messa in sicurezza

statica, al fine di favorire il recupero del patrimonio edilizio esistente, la vivibilità urbana, la sicurezza e la sostenibilità ambientale della zona in cui il condominio è ubicato. (2)

(1) La lettera che recitava: "4) alle opere di manutenzione straordinaria, costituendo, se occorre, un fondo speciale." è stata così sostituita dall'art. 13, L. 11 dicembre 2012, n. 220, in vigore dal 17 giugno 2013.

(2) Comma aggiunto dall'art. 13, L. 11 dicembre 2012, n. 220, in vigore dal 17 giugno 2013.

Cfr. Cassazione Civile, sez. II, sentenza 13 novembre 2009, n. 24132 in Altalex Massimario.

Art. 1136. Costituzione dell'assemblea e validità delle deliberazioni. (1)

L'assemblea in prima convocazione è regolarmente costituita con l'intervento di tanti condomini che rappresentino i due terzi del valore dell'intero edificio e la maggioranza dei partecipanti al condominio.

Sono valide le deliberazioni approvate con un numero di voti che rappresenti la maggioranza degli intervenuti e almeno la metà del valore dell'edificio.

Se l'assemblea in prima convocazione non può deliberare per mancanza di numero legale, l'assemblea in seconda convocazione delibera in un giorno successivo a quello della prima e, in ogni caso, non oltre dieci giorni dalla medesima. L'assemblea in seconda convocazione è regolarmente costituita con l'intervento di tanti condomini che rappresentino almeno un terzo del valore dell'intero edificio e un terzo dei partecipanti al condominio. La deliberazione

è valida se approvata dalla maggioranza degli intervenuti con un numero di voti che rappresenti almeno un terzo del valore dell'edificio.

Le deliberazioni che concernono la nomina e la revoca dell'amministratore o le liti attive e passive relative a materie che esorbitano dalle attribuzioni dell'amministratore medesimo, le deliberazioni che concernono la ricostruzione dell'edificio o riparazioni straordinarie di notevole entità e le deliberazioni di cui agli articoli 1117-quater, 1120, secondo comma, 1122-ter nonché 1135, terzo comma, devono essere sempre approvate con la maggioranza stabilita dal secondo comma del presente articolo.

Le deliberazioni di cui all'articolo 1120, primo comma, e all'articolo 1122-bis, terzo comma, devono essere approvate dall'assemblea con un numero di voti che rappresenti la maggioranza degli intervenuti ed almeno i due terzi del valore dell'edificio.

L'assemblea non può deliberare, se non consta che tutti gli aventi diritto sono stati regolarmente convocati.

Delle riunioni dell'assemblea si redige processo verbale da trascrivere nel registro tenuto dall'amministratore.

(1) Articolo così sostituito dall'art. 14, L. 11 dicembre 2012, n. 220, in vigore dal 17 giugno 2013. Il testo in vigore fino al 16 giugno 2013 è il seguente: "L'assemblea è regolarmente costituita con l'intervento di tanti condomini che rappresentino i due terzi del valore dell'intero edificio e i due terzi dei partecipanti al condominio.

Sono valide le deliberazioni approvate con un numero di voti che rappresenti la maggioranza degli intervenuti e almeno la metà del valore dell'edificio.

Se l'assemblea non può deliberare per mancanza di numero, l'assemblea di seconda convocazione delibera in un giorno successivo a quello della prima e, in ogni caso, non oltre dieci giorni dalla medesima; la deliberazione è valida se riporta un numero di voti che rappresenti il terzo dei partecipanti al condominio e almeno un terzo del valore dell'edificio.

Le deliberazioni che concernono la nomina e la revoca dell'amministratore o le liti attive e passive relative a materie che esorbitano dalle attribuzioni dell'amministratore medesimo, nonché le deliberazioni che concernono la ricostruzione dell'edificio o riparazioni straordinarie di notevole entità devono essere sempre prese con la maggioranza stabilita dal secondo comma.

Le deliberazioni che hanno per oggetto le innovazioni previste dal primo comma dell'articolo 1120 devono essere sempre approvate con un numero di voti che rappresenti la maggioranza dei partecipanti al condominio e i due terzi del valore dell'edificio.

L'assemblea non può deliberare, se non consta che tutti i condomini sono stati invitati alla riunione.

Delle deliberazioni dell'assemblea si redige processo verbale da trascriversi in un registro tenuto dall'amministratore."

Cfr. Cassazione Civile, sez. II, sentenza 14 agosto 2007, n. 17694, Tribunale di Torino, sez. III civile, sentenza 6 marzo 2009, n. 1173, Tribunale di Torino, sez. III civile, sentenza 20 aprile 2009, n. 2989, Cassazione Civile, sez. II, sentenza 10 agosto 2009, n. 18192 e Cassazione Civile, sez. II, sentenza 18 settembre 2009, n. 20254 in Altalex Massimario.

Art. 1137. Impugnazione delle deliberazioni dell'assemblea. (1)

Le deliberazioni prese dall'assemblea a norma degli articoli precedenti sono obbligatorie per tutti i condomini.

Contro le deliberazioni contrarie alla legge o al regolamento di condominio ogni condomino assente, dissenziente o astenuto può adire l'autorità giudiziaria chiedendone l'annullamento nel termine perentorio di trenta giorni, che decorre dalla data della deliberazione per i dissenzienti o astenuti e dalla data di comunicazione della deliberazione per gli assenti.

L'azione di annullamento non sospende l'esecuzione della deliberazione, salvo che la sospensione sia ordinata dall'autorità giudiziaria.

L'istanza per ottenere la sospensione proposta prima dell'inizio della causa di merito non sospende né interrompe il termine per la proposizione dell'impugnazione della deliberazione. Per quanto non espressamente previsto, la sospensione è disciplinata dalle norme di cui al libro IV, titolo I, capo III, sezione I, con l'esclusione dell'articolo 669-octies, sesto comma, del codice di procedura civile.

(1) Articolo così sostituito dall'art. 15, L. 11 dicembre 2012, n. 220, in vigore dal 17 giugno 2013. Il testo in vigore fino al 16 giugno 2013 è il seguente: "Le deliberazioni prese dall'assemblea a norma degli articoli precedenti sono obbligatorie per tutti i condomini.

Contro le deliberazioni contrarie alla legge o al regolamento di condominio, ogni condomino dissenziente può fare ricorso all'autorità giudiziaria, ma il ricorso non sospende

l'esecuzione del provvedimento, salvo che la sospensione sia ordinata dall'autorità stessa.

Il ricorso deve essere proposto, sotto pena di decadenza, entro trenta giorni, che decorrono

dalla data della deliberazione per i dissenzienti e dalla data di comunicazione per gli assenti."

Cfr. Cassazione Civile, SS.UU., sentenza 27 febbraio 2007, n. 4421, Tribunale di Torino, sez. III civile, sentenza 6 marzo 2009, n. 1173 e Tribunale di Torino, sez. III civile, sentenza 20 aprile 2009, n. 2989 in Altalex Massimario.

Art. 1138. Regolamento di condominio.

Quando in un edificio il numero dei condomini è superiore a dieci, deve essere formato un regolamento, il quale contenga le norme circa l'uso delle cose comuni e la ripartizione delle spese, secondo i diritti e gli obblighi spettanti a ciascun condomino, nonché le norme per la tutela del decoro dell'edificio e quelle relative all'amministrazione.

Ciascun condomino può prendere l'iniziativa per la formazione del regolamento di condominio o per la revisione di quello esistente.

Il regolamento deve essere approvato dall'assemblea con la maggioranza stabilita dal secondo comma dell'articolo 1136. (1) Esso può essere impugnato a norma dell'articolo 1107.

Le norme del regolamento non possono in alcun modo menomare i diritti di ciascun condomino, quali risultano dagli atti di acquisto e dalle convenzioni, e in nessun caso possono derogare alle disposizioni degli articoli 1118, secondo comma 1119, 1120, 1129, 1131, 1132, 1136 e 1137.

Le norme del regolamento non possono vietare di possedere o detenere animali domestici. (2)

(1) Il periodo: "e trascritto nel registro indicato dall'ultimo comma dell'art. 1129." è stato così sostituito dall'art. 16, L. 11 dicembre 2012, n. 220, in vigore dal 17 giugno 2013.

(2) Comma aggiunto dall'art. 16, L. 11 dicembre 2012, n. 220, in vigore dal 17 giugno 2013.

Art. 1139. Rinvio alle norme sulla comunione.

Per quanto non è espressamente previsto da questo capo si osservano le norme sulla comunione in generale.

TITOLO VIII – DEL POSSESSO
CAPO I – DISPOSIZIONI GENERALI

Art. 1140. Possesso.

Il possesso è il potere sulla cosa che si manifesta in un'attività corrispondente all'esercizio della proprietà o di altro diritto reale.

Si può possedere direttamente o per mezzo di altra persona, che ha la detenzione della cosa.

Art. 1141. Mutamento della detenzione in possesso.

Si presume il possesso in colui che esercita il potere di fatto, quando non si prova che ha cominciato a esercitarlo semplicemente come detenzione.

Se alcuno ha cominciato ad avere la detenzione, non può acquistare il possesso finché il titolo non venga a essere mutato per causa proveniente da un terzo o in forza di opposizione da lui fatta contro il possessore. Ciò vale anche per i successori a titolo universale.

Cfr. Cassazione Civile, sez. II, sentenza 16 aprile 2007, n. 9090 in Altalex Massimario.

Art. 1142. Presunzione di possesso intermedio.

Il possessore attuale che ha posseduto in tempo più remoto si presume che abbia posseduto anche nel tempo intermedio.

Art. 1143. Presunzione di possesso anteriore.

Il possesso attuale non fa presumere il possesso anteriore, salvo che il possessore abbia un titolo a fondamento del suo possesso; in questo caso si presume che egli abbia posseduto dalla data del titolo.

Art. 1144. Atti di tolleranza.

Gli atti compiuti con l'altrui tolleranza non possono servire di fondamento all'acquisto del possesso.

Art. 1145. Possesso di cose fuori commercio.

Il possesso delle cose di cui non si può acquistare la proprietà è senza effetto. Tuttavia nei rapporti tra privati è concessa l'azione di spoglio rispetto ai beni appartenenti al pubblico demanio e ai beni delle provincie e dei comuni soggetti al regime proprio del demanio pubblico.

Se trattasi di esercizio di facoltà, le quali possono formare oggetto di concessione da parte della pubblica amministrazione, è data altresì l'azione di manutenzione.

Art. 1146. Successione nel possesso. Accessione del possesso.

Il possesso continua nell'erede con effetto dall'apertura della successione.

Il successore a titolo particolare può unire al proprio possesso quello del suo autore per goderne gli effetti.

Art. 1147. Possesso di buona fede.

E' possessore di buona fede chi possiede ignorando di ledere l'altrui diritto.

La buona fede non giova se l'ignoranza dipende da colpa grave.

La buona fede è presunta e basta che vi sia stata al tempo dell'acquisto.

CAPO II – DEGLI EFFETTI DEL POSSESSO

SEZIONE I – Dei diritti e degli obblighi del possessore nella restituzione della cosa

Art. 1148. Acquisto dei frutti.

Il possessore di buona fede fa suoi i frutti naturali separati fino al giorno della domanda giudiziale e i frutti civili maturati fino allo stesso giorno. Egli, fino alla restituzione della cosa, risponde verso il rivendicante dei frutti percepiti dopo la domanda giudiziale e di quelli che avrebbe potuto percepire dopo tale data, usando la diligenza di un buon padre di famiglia.

Art. 1149. Rimborso delle spese per la produzione e il raccolto dei frutti.

Il possessore che è tenuto a restituire i frutti indebitamente percepiti ha diritto al rimborso delle spese a norma del secondo comma dell'articolo 821.

Art. 1150. Riparazioni, miglioramenti e addizioni.

Il possessore, anche se di mala fede, ha diritto al rimborso delle spese fatte per le riparazioni straordinarie.

Ha anche diritto a indennità per i miglioramenti recati alla cosa, purché sussistano al tempo della restituzione.

L'indennità si deve corrispondere nella misura dell'aumento di valore conseguito dalla cosa per effetto dei miglioramenti, se il possessore è di buona fede; se il possessore è di mala fede, nella minor somma tra l'importo della spesa e l'aumento di valore.

Se il possessore è tenuto alla restituzione dei frutti, gli spetta anche il rimborso delle spese fatte per le riparazioni ordinarie, limitatamente al tempo per il quale la restituzione è dovuta.

Per le addizioni fatte dal possessore sulla cosa si applica il disposto dell'articolo 936. Tuttavia, se le addizioni costituiscono miglioramento e il possessore è di buona fede, è dovuta un'indennità nella misura dell'aumento di valore conseguito dalla cosa.

Art. 1151. Pagamento delle indennità.

L'autorità giudiziaria, avuto riguardo alle circostanze, può disporre che il pagamento delle indennità previste dall'articolo precedente sia fatto ratealmente, ordinando, in questo caso, le opportune garanzie.

Art. 1152. Ritenzione a favore del possessore di buona fede.

Il possessore di buona fede può ritenere la cosa finché non gli siano corrisposte le indennità dovute, purché queste siano state domandate nel corso del giudizio di rivendicazione e sia stata fornita una prova generica della sussistenza delle riparazioni e dei miglioramenti.

Egli ha lo stesso diritto finché non siano prestate le garanzie ordinate dall'autorità giudiziaria nel caso previsto dall'articolo precedente.

SEZIONE II – Del possesso di buona fede di beni mobili

Art. 1153. Effetti dell'acquisto del possesso.

Colui al quale sono alienati beni mobili da parte di chi non ne è proprietario, ne acquista la proprietà mediante il possesso, purché sia in buona fede al momento della consegna e sussista un titolo idoneo al trasferimento della proprietà.

La proprietà si acquista libera da diritti altrui sulla cosa, se questi non risultano dal titolo e vi è la buona fede dell'acquirente.

Nello stesso modo si acquistano i diritti di usufrutto, di uso e di pegno.

Art. 1154. Conoscenza dell'illegittima provenienza della cosa.

A colui che ha acquistato conoscendo l'illegittima provenienza della cosa, non giova l'erronea credenza che il suo autore o un precedente possessore ne sia divenuto proprietario.

Art. 1155. Acquisto di buona fede e precedente alienazione ad altri.

Se taluno con successivi contratti aliena a più persone un bene mobile, quella tra esse che ne ha acquistato in buona fede il possesso è preferita alle altre, anche se il suo titolo è di data posteriore.

Art. 1156. Universalità di mobili e mobili iscritti in pubblici registri.

Le disposizioni degli articoli precedenti non si applicano alle universalità di mobili e ai beni mobili iscritti in pubblici registri.

Art. 1157. Possesso di titoli di credito.

Gli effetti del possesso di buona fede dei titoli di credito sono regolati dal titolo V del libro IV.

SEZIONE III – Dell'usucapione

Art. 1158. Usucapione dei beni immobili e dei diritti reali immobiliari.

La proprietà dei beni immobili e gli altri diritti reali di godimento sui beni medesimi si acquistano in virtù del possesso continuato per venti anni.

Cfr. Cassazione Civile, sez. II, sentenza 27 luglio 2009, n. 17462 in Altalex Massimario.

Art. 1159. Usucapione decennale.

Colui che acquista in buona fede da chi non è proprietario un immobile, in forza di un titolo che sia idoneo a trasferire la proprietà e che sia stato debitamente trascritto, ne compie l'usucapione in suo favore col decorso di dieci anni dalla data della trascrizione.

La stessa disposizione si applica nel caso di acquisto degli altri diritti reali di godimento sopra un immobile.

Cfr. Corte di Cassazione, sez. II civile, sentenza 5 maggio 2009, n. 10356 e Cassazione Civile, sez. II, sentenza 27 luglio 2009, n. 17462 in Altalex Massimario.

Art. 1159-bis. Usucapione speciale per la piccola proprietà rurale.

La proprietà dei fondi rustici con annessi fabbricati situati in comuni classificati montani dalla legge si acquista in virtù del possesso continuato per quindici anni.

Colui che acquista in buona fede da chi non è proprietario, in forza di un titolo che sia idoneo a trasferire la proprietà e che sia debitamente trascritto, un fondo rustico con annessi fabbricati, situati in comuni classificati montani dalla legge, ne compie l'usucapione in suo favore col decorso di cinque anni dalla data di trascrizione.

La legge speciale stabilisce la procedura, le modalità e le agevolazioni per la regolarizzazione del titolo di proprietà.

Le disposizioni di cui ai commi precedenti si applicano anche ai fondi rustici con annessi fabbricati, situati in comuni non classificati montani dalla legge, aventi un reddito non superiore ai limiti fissati dalla legge speciale.

Art. 1160. Usucapione delle universalità di mobili.

L'usucapione di un'universalità di mobili o di diritti reali di godimento sopra la medesima si compie in virtù del possesso continuato per venti anni.

Nel caso di acquisto in buona fede da chi non è proprietario, in forza di titolo idoneo, l'usucapione si compie con il decorso di dieci anni.

Art. 1161. Usucapione dei beni mobili.

In mancanza di titolo idoneo, la proprietà dei beni mobili e gli altri diritti reali di godimento sui beni medesimi si acquistano in virtù del possesso continuato

per dieci anni, qualora il possesso sia stato acquistato in buona fede.

Se il possessore è di mala fede, l'usucapione si compie con il decorso di venti anni.

Cfr. Cassazione Civile, sez. II, sentenza 7 settembre 2009, n. 19283 in Altalex Massimario.

Art. 1162. Usucapione di beni mobili iscritti in pubblici registri.

Colui che acquista in buona fede da chi non è proprietario un bene mobile iscritto in pubblici registri, in forza di un titolo che sia idoneo a trasferire la proprietà e che sia stato debitamente trascritto, ne compie in suo favore l'usucapione col decorso di tre anni dalla data della trascrizione.

Se non concorrono le condizioni previste dal comma precedente, l'usucapione si compie col decorso di dieci anni.

Le stesse disposizioni si applicano nel caso di acquisto degli altri diritti reali di godimento.

Art. 1163. Vizi del possesso.

Il possesso acquistato in modo violento o clandestino non giova per l'usucapione
se non dal momento in cui la violenza o la clandestinità è cessata.

Art. 1164. Interversione del possesso.

Chi ha il possesso corrispondente all'esercizio di un diritto reale su cosa altrui non può usucapire la proprietà della cosa stessa, se il titolo del suo possesso non è mutato per causa proveniente da un terzo o in forza di opposizione da lui fatta contro il diritto del proprietario. Il tempo necessario per l'usucapione decorre dalla data in cui il titolo del possesso è stato mutato.

Art. 1165. Applicazione di norme sulla prescrizione.

Le disposizioni generali sulla prescrizione, quelle relative alle cause di sospensione
e d'interruzione e al computo dei termini si osservano in quanto applicabili, rispetto all'usucapione.

Cfr. Cassazione Civile, sez. II, sentenza 26 marzo 2007, n. 7847 in Altalex Massimario.

Art. 1166. Inefficacia delle cause di impedimento e di sospensione rispetto al terzo possessore.

Nell'usucapione ventennale non hanno luogo, riguardo al terzo possessore di un immobile o di un diritto reale sopra un immobile, né l'impedimento derivante da condizione o da termine né le cause di sospensione indicate dall'articolo 2942.

L'impedimento derivante da condizione o da termine e le cause di sospensione menzionate nel detto articolo non sono nemmeno opponibili al terzo possessore nella prescrizione per non uso dei diritti reali sui beni da lui posseduti.

Art. 1167. Interruzione dell'usucapione per perdita di possesso.

L'usucapione è interrotta quando il possessore è stato privato del possesso per oltre un anno.

L'interruzione si ha come non avvenuta se è stata proposta l'azione diretta a ricuperare il possesso e questo è stato ricuperato.

CAPO III – DELLE AZIONI A DIFESA DEL POSSESSO

Art. 1168. Azione di reintegrazione.

Chi è stato violentemente od occultamente spogliato del possesso può, entro l'anno dal sofferto spoglio, chiedere contro l'autore di esso la reintegrazione del possesso medesimo.

L'azione è concessa altresì a chi ha la detenzione della cosa, tranne il caso che l'abbia per ragioni di servizio o di ospitalità.

Se lo spoglio è clandestino, il termine per chiedere la reintegrazione decorre dal giorno della scoperta dello spoglio.

La reintegrazione deve ordinarsi dal giudice sulla semplice notorietà del fatto, senza dilazione.

Cfr. Tribunale di Modena, sez. II, sentenza 30 aprile 2008 e Corte di Cassazione, sez. II civile, sentenza 20 maggio 2008, n. 12751 in Altalex Massimario.

Art. 1169. Reintegrazione contro l'acquirente consapevole dello spoglio.

La reintegrazione si può domandare anche contro chi è nel possesso in virtù di un acquisto a titolo particolare, fatto con la conoscenza dell'avvenuto spoglio.

Art. 1170. Azione di manutenzione.

Chi è stato molestato nel possesso di un immobile, di un diritto reale sopra un immobile o di un'universalità di mobili può, entro l'anno dalla turbativa, chiedere la manutenzione del possesso medesimo.

L'azione è data se il possesso dura da oltre un anno, continuo e non interrotto, e non è stato acquistato violentemente o clandestinamente. Qualora il possesso sia stato acquistato in modo violento o clandestino, l'azione può nondimeno esercitarsi, decorso un anno dal giorno in cui la violenza o la clandestinità è cessata.

Anche colui che ha subito uno spoglio non violento o clandestino può chiedere di essere rimesso nel possesso, se ricorrono le condizioni indicate dal comma precedente.

Cfr. Tribunale di Bergamo, sez. di Grumello del Monte, sentenza 26 gennaio 2007 in Altalex Massimario.

TITOLO IX – DELLA DENUNZIA DI NUOVA OPERA E DANNO TEMUTO

Art. 1171. Denunzia di nuova opera.

Il proprietario, il titolare di altro diritto reale di godimento o il possessore, il quale ha ragione di temere che da una nuova opera, da altri intrapresa sul proprio come sull'altrui fondo, sia per derivare danno alla cosa che forma l'oggetto del suo diritto o del suo possesso, può denunziare all'autorità giudiziaria
la nuova opera, purché questa non sia terminata e non sia trascorso un anno dal suo inizio.

L'autorità giudiziaria, presa sommaria cognizione del fatto, può vietare la continuazione dell'opera, ovvero permetterla, ordinando le opportune cautele: nel primo caso, per il risarcimento del danno prodotto dalla sospensione dell'opera, qualora le opposizioni al suo proseguimento risultino infondate nella decisione del merito; nel secondo caso, per la demolizione o riduzione dell'opera e per il risarcimento del danno che possa soffrire il denunziante, se questi ottiene sentenza favorevole, nonostante la permessa continuazione.

Art. 1172. Denunzia di danno temuto.

Il proprietario, il titolare di altro diritto reale di godimento o il possessore, il quale ha ragione di temere che da qualsiasi edificio, albero o altra cosa sovrasti pericolo di un danno grave e prossimo alla cosa che forma l'oggetto del suo diritto o del suo possesso, può denunziare il fatto all'autorità giudiziaria e ottenere, secondo le circostanze, che si provveda per ovviare al pericolo. L'autorità giudiziaria, qualora ne sia il caso dispone idonea garanzia per i danni eventuali.

CODICE CIVILE

Libro IV - Delle obbligazioni

Sommario

TITOLO I – DELLE OBBLIGAZIONI IN GENERALE 85
TITOLO II – DEI CONTRATTI IN GENERALE 92
TITOLO III – DEI SINGOLI CONTRATTI 100
TITOLO IV – DELLE PROMESSE UNILATERALI............................. 128
TITOLO V – DEI TITOLI DI CREDITO 128
TITOLO VI – DELLA GESTIONE DI AFFARI 130
TITOLO VII – DEL PAGAMENTO DELL'INDEBITO 130
TITOLO VIII – DELL'ARRICCHIMENTO SENZA CAUSA 130
TITOLO IX – DEI FATTI ILLECITI 131

CODICE CIVILE

LIBRO QUARTO - DELLE OBBLIGAZIONI

TITOLO I – DELLE OBBLIGAZIONI IN GENERALE

CAPO I – DISPOSIZIONI PRELIMINARI

Art. 1173. Fonti delle obbligazioni.

Le obbligazioni derivano da contratto, da fatto illecito, o da ogni altro atto, o fatto idoneo a produrle in conformità dell'ordinamento giuridico.

Art. 1174. Carattere patrimoniale della prestazione.

La prestazione che forma oggetto dell'obbligazione deve essere suscettibile di valutazione economica e deve corrispondere a un interesse, anche non patrimoniale del creditore.

Cfr. Tribunale di Catanzaro, sez. I civile, sentenza 18 maggio 2009, Tribunale di Roma, sentenza 23 settembre 2009 e Tribunale di Rovereto, sentenza 18 ottobre 2009 in Altalex Massimario.

Art. 1175. Comportamento secondo correttezza.

Il debitore e il creditore devono comportarsi secondo le regole della correttezza.
(1)

(1) Le parole: "in relazione ai principi della solidarietà corporativa." Sono state soppresse dall'art. 3 D.L.vo Lgt. 14 settembre 1944, n. 287

Cfr. Tribunale di Trapani, sez. civile, sentenza 30 agosto 2007, Tribunale di Mantova, sentenza 27 maggio 2008, Tribunale di Mantova, sentenza 19 settembre 2008, Cassazione Civile, sez. III, sentenza 11 maggio 2009, n. 10741, Cassazione Civile, sez. lavoro, sentenza 13 luglio 2009, n. 16322 e Cassazione Civile, sez. III, sentenza 18 settembre 2009, n. 20106 in Altalex Massimario.

CAPO II – DELL'ADEMPIMENTO DELLE OBBLIGAZIONI

SEZIONE I – Dell'adempimento delle obbligazioni

Art. 1176. Diligenza nell'adempimento.

Nell'adempiere l'obbligazione il debitore deve usare la diligenza del buon padre di famiglia.

Nell'adempimento delle obbligazioni inerenti all'esercizio di un'attività professionale,
la diligenza deve valutarsi con riguardo alla natura dell'attività esercitata.

Cfr. Cassazione Civile, sez. I, sentenza 6 settembre 2007, n. 18723, Tribunale di Trapani, sez. civile, sentenza 30 agosto 2007, Tribunale di Bari, sez. III civile, sentenza 17 aprile 2008, n. 978, Tribunale di Mantova, sentenza 19 settembre 2008, Cassazione Civile, sez. III, sentenza 3 aprile 2009, n. 8151 e Cassazione Civile, sez. III, sentenza 26 gennaio 2010, n. 1538 in Altalex Massimario.

Art. 1177. Obbligazione di custodire.

L'obbligazione di consegnare una cosa determinata include quella di custodirla fino alla consegna.

Art. 1178. Obbligazione generica.

Quando l'obbligazione ha per oggetto la prestazione di cose determinate soltanto nel genere, il debitore deve prestare cose di qualità non inferiore alla media.

Art. 1179. Obbligo di garanzia.

Chi è tenuto a dare una garanzia, senza che ne siano determinati il modo e la forma, può prestare a sua scelta un'idonea garanzia reale o personale, ovvero altra sufficiente cautela.

Art. 1180. Adempimento del terzo.

L'obbligazione può essere adempiuta da un terzo, anche contro la volontà del creditore, se questi non ha interesse a che il debitore esegua personalmente la prestazione.

Tuttavia il creditore può rifiutare l'adempimento offertogli dal terzo, se il debitore gli ha manifestato la sua opposizione.

Art. 1181. Adempimento parziale.

Il creditore può rifiutare un adempimento parziale anche se la prestazione è divisibile, salvo che la legge o gli usi dispongano diversamente.

Art. 1182. Luogo dell'adempimento.

Se il luogo nel quale la prestazione deve essere eseguita non è determinato dalla convenzione o dagli usi e non può desumersi dalla natura della prestazione
o da altre circostanze, si osservano le norme che seguono.

L'obbligazione di consegnare una cosa certa e determinata deve essere adempiuta nel luogo in cui si trovava la cosa quando l'obbligazione è sorta.

L'obbligazione avente per oggetto una somma di danaro deve essere adempiuta al domicilio che il creditore ha al tempo della scadenza. Se tale domicilio è diverso da quello che il creditore aveva quando è sorta l'obbligazione e ciò rende più gravoso l'adempimento, il debitore, previa dichiarazione al creditore, ha diritto di eseguire il pagamento al proprio domicilio.

Negli altri casi l'obbligazione deve essere adempiuta al domicilio che il debitore
ha al tempo della scadenza.

Art. 1183. Tempo dell'adempimento.

Se non è determinato il tempo in cui la prestazione deve essere eseguita, il creditore può esigerla immediatamente. Qualora tuttavia, in virtù degli usi o per la natura della prestazione ovvero per il modo o il luogo dell'esecuzione, sia necessario un termine, questo, in mancanza di accordo delle parti, è stabilito dal giudice.

Se il termine per l'adempimento è rimesso alla volontà del debitore, spetta ugualmente al giudice di stabilirlo
secondo le circostanze; se è rimesso alla volontà del creditore, il termine può essere fissato su istanza del debitore che intende liberarsi.

Art. 1184. Termine.

Se per l'adempimento è fissato un termine, questo si presume a favore del debitore, qualora non risulti stabilito a favore del creditore o di entrambi.

Art. 1185. Pendenza del termine.

Il creditore non può esigere la prestazione prima della scadenza, salvo che il termine sia stabilito esclusivamente a suo favore.

Tuttavia il debitore non può ripetere ciò che ha pagato anticipatamente, anche se ignorava l'esistenza del termine. In questo caso però egli può ripetere, nei limiti della perdita subita, ciò di cui il creditore si è arricchito per effetto del pagamento anticipato.

Cfr. Cassazione Civile, sez. III, sentenza 16 maggio 2008, n. 12424 in Altalex Massimario.

Art. 1186. Decadenza dal termine.

Quantunque il termine sia stabilito a favore del debitore, il creditore può esigere immediatamente la prestazione se il debitore è divenuto insolvente o ha diminuito, per fatto proprio, le garanzie che aveva date o non ha dato le garanzie che aveva promesse.

Art. 1187. Computo del termine.

Il termine fissato per l'adempimento delle obbligazioni è computato secondo le disposizioni dell'articolo 2963.

La disposizione relativa alla proroga del termine che scade in giorno festivo si osserva se non vi sono usi diversi.

È salva in ogni caso una diversa pattuizione.

Cfr. Cassazione Civile, sez. III, sentenza 16 maggio 2008, n. 12424 in Altalex Massimario.

Art. 1188. Destinatario del pagamento.

Il pagamento deve essere fatto al creditore o al suo rappresentante ovvero alla persona indicata dal creditore o autorizzata dalla legge o dal giudice a riceverlo.

Il pagamento fatto a chi non era legittimato a riceverlo libera il debitore, se il creditore lo ratifica o se ne ha approfittato.

Cfr. Cassazione Civile, sez. lavoro, sentenza 5 giugno 2007, n. 13113 in Altalex Massimario.

Art. 1189. Pagamento al creditore apparente.

Il debitore che esegue il pagamento a chi appare legittimato a riceverlo in base a circostanze univoche, è liberato se prova di essere stato in buona fede.

Chi ha ricevuto il pagamento è tenuto alla restituzione verso il vero creditore, secondo le regole stabilite per la ripetizione dell'indebito.

Art. 1190. Pagamento al creditore incapace.

Il pagamento fatto al creditore incapace di riceverlo non libera il debitore, se questi non prova che ciò che fu pagato è stato rivolto a vantaggio dell'incapace.

Art. 1191. Pagamento eseguito da un incapace.

Il debitore che ha eseguito la prestazione dovuta non può impugnare il pagamento
a causa della propria incapacità.

Art. 1192. Pagamento eseguito con cose altrui.

Il debitore non può impugnare il pagamento eseguito con cose di cui non poteva disporre, salvo che offra di eseguire la prestazione dovuta con cose di cui può disporre.

Il creditore che ha ricevuto il pagamento in buona fede può impugnarlo, salvo il diritto al risarcimento del danno.

Art. 1193. Imputazione del pagamento.

Chi ha più debiti della medesima specie verso la stessa persona può dichiarare, quando paga, quale debito intende soddisfare.

In mancanza di tale dichiarazione, il pagamento deve essere imputato al debito scaduto; tra più debiti scaduti, a quello meno garantito; tra più debiti ugualmente garantiti, al più oneroso per il debitore; tra più debiti ugualmente onerosi, al più antico. Se tali criteri non soccorrono, l'imputazione è fatta proporzionalmente ai vari debiti.

Art. 1194. Imputazione del pagamento agli interessi.

Il debitore non può imputare il pagamento al capitale, piuttosto che agli interessi e alle spese, senza il consenso del creditore.

Il pagamento fatto in conto di capitale e d'interessi deve essere imputato prima agli interessi.

Art. 1195. Quietanza con imputazione.

Chi, avendo più debiti, accetta una quietanza nella quale il creditore ha dichiarato
di imputare il pagamento a uno di essi, non può pretendere un'imputazione diversa, se non vi è stato dolo o sorpresa da parte del creditore.

Art. 1196. Spese del pagamento.

Le spese del pagamento sono a carico del debitore.

Art. 1197. Prestazione in luogo dell'adempimento.

Il debitore non può liberarsi eseguendo una prestazione diversa da quella dovuta, anche se di valore uguale o maggiore, salvo che il creditore consenta. In questo caso l'obbligazione si estingue quando la diversa prestazione è eseguita.

Se la prestazione consiste nel trasferimento della proprietà o di un altro diritto, il debitore è tenuto alla garanzia per l'evizione e per i vizi della cosa secondo le norme della vendita salvo che il creditore preferisca esigere la prestazione originaria e il risarcimento del danno.

In ogni caso non rivivono le garanzie prestate dai terzi.

Art. 1198. Cessione di un credito in luogo dell'adempimento.

Quando in luogo dell'adempimento è ceduto un credito, l'obbligazione si estingue con la riscossione del credito, se non risulta una diversa volontà delle parti.

È salvo quanto è disposto dal secondo comma dell'articolo 1267.

Art. 1199. Diritto dei debitore alla quietanza.

Il creditore che riceve il pagamento deve, a richiesta e a spese del debitore, rilasciare quietanza e farne annotazione sul titolo, se questo non è restituito al debitore.

Il rilascio di una quietanza per il capitale fa presumere il pagamento degli interessi.

Art. 1200. Liberazione dalle garanzie.

Il creditore che ha ricevuto il pagamento deve consentire la liberazione dei beni dalle garanzie reali date per il credito e da ogni altro vincolo che comunque
ne limiti la disponibilità.

SEZIONE II – Del pagamento con surrogazione

Art. 1201. Surrogazione per volontà del creditore.

Il creditore, ricevendo il pagamento da un terzo, può, surrogarlo nei propri diritti. La surrogazione deve essere fatta in modo espresso e contemporaneamente
al pagamento.

Art. 1202. Surrogazione per volontà del debitore.

Il debitore, che prende a mutuo una somma di danaro o altra cosa fungibile al fine di pagare il debito, può surrogare il mutuante nei diritti del creditore, anche senza il consenso di questo.

La surrogazione ha effetto quando concorrono le seguenti condizioni:

1) che il mutuo e la quietanza risultino da atto avente data certa;

2) che nell'atto di mutuo sia indicata espressamente la specifica destinazione della somma mutuata;

3) che nella quietanza si menzioni la dichiarazione del debitore circa la provenienza
della somma impiegata nel pagamento. Sulla richiesta del debitore,
il creditore non può rifiutarsi di inserire nella quietanza tale dichiarazione.

Art. 1203. Surrogazione legale.

La surrogazione ha luogo di diritto nei seguenti casi:

1) a vantaggio di chi, essendo creditore, ancorché chirografario, paga un altro creditore che ha diritto di essergli preferito in ragione dei suoi privilegi del suo pegno o delle sue ipoteche;

2) a vantaggio dell'acquirente di un immobile che, fino alla concorrenza del prezzo di acquisto, paga uno o più creditori a favore dei quali l'immobile è ipotecato;

3) a vantaggio di colui che, essendo tenuto con altri o per altri al pagamento del debito, aveva interesse di soddisfarlo;

4) a vantaggio dell'erede con beneficio d'inventario che paga con danaro proprio i debiti ereditari;

5) negli altri casi stabiliti dalla legge.

Art. 1204. Terzi garanti.

La surrogazione contemplata nei precedenti articoli ha effetto anche contro i terzi che hanno prestato garanzia per il debitore.

Se il credito è garantito da pegno, si osserva la disposizione del secondo comma dell'articolo 1263.

Art. 1205. Surrogazione parziale.

Se il pagamento è parziale, il terzo surrogato e il creditore concorrono nei confronti del debitore in proporzione di quanto è loro dovuto, salvo patto contrario.

SEZIONE III – Della mora del creditore

Art. 1206. Condizioni.

Il creditore è in mora quando, senza il motivo legittimo, non riceve il pagamento
offertogli nei modi indicati dagli articoli seguenti o non compie quanto è necessario affinché il debitore possa adempiere l'obbligazione.

Art. 1207. Effetti.

Quando il creditore è in mora, è a suo carico l'impossibilità della prestazione sopravvenuta per causa non imputabile al debitore. Non sono più dovuti gli interessi né i frutti della cosa che non siano stati percepiti dal debitore.

Il creditore è pure tenuto a risarcire i danni derivati dalla sua mora e a sostenere le spese per la custodia e la conservazione della cosa dovuta.

Gli effetti della mora si verificano dal giorno dell'offerta, se questa è successivamente
dichiarata valida con sentenza passata in giudicato o se è accettata dal creditore.

Art. 1208. Requisiti per la validità dell'offerta.

Affinché l'offerta sia valida è necessario:

1) che sia fatta al creditore capace di ricevere o a chi ha la facoltà di ricevere

per lui;
2) che sia fatta da persona che può validamente adempiere;
3) che comprenda la totalità della somma o delle cose dovute, dei frutti o degli interessi e delle spese liquide, e una somma per le spese non liquide, con riserva di un supplemento, se è necessario;
4) che il termine sia scaduto, se stipulato in favore del creditore;

5) che si sia verificata la condizione dalla quale dipende l'obbligazione;
6) che l'offerta sia fatta alla persona del creditore o nel suo domicilio;
7) che l'offerta sia fatta da un ufficiale pubblico a ciò autorizzato.
Il debitore può subordinare l'offerta al consenso del creditore necessario per liberare i beni dalle garanzie reali o da altri vincoli che comunque ne limitino la disponibilità.

Art. 1209. Offerta reale e offerta per intimazione.
Se l'obbligazione ha per oggetto danaro titoli di credito ovvero cose mobili da consegnare al domicilio del creditore, l'offerta deve essere reale.
Se si tratta invece di cose mobili da consegnare in luogo diverso, l'offerta consiste nell'intimazione al creditore di riceverle, fatta mediante atto a lui notificato nelle forme prescritte per gli atti di citazione.

Art. 1210. Facoltà di deposito e suoi effetti liberatori.
Se il creditore rifiuta di accettare l'offerta reale o non si presenta per ricevere le cose offertegli mediante intimazione, il debitore può eseguire il deposito.
Eseguito il deposito, quando questo è accettato dal creditore o è dichiarato valido con sentenza passata in giudicato, il debitore non può più ritirarlo ed è liberato dalla sua obbligazione.

Art. 1211. Cose deperibili o di dispendiosa custodia.
Se le cose non possono essere conservate o sono deteriorabili, oppure se le spese della loro custodia sono eccessive, il debitore, dopo l'offerta reale o l'intimazione di ritirarle, può farsi autorizzare dal tribunale a venderle nei modi stabiliti per le cose pignorate e a depositarne il prezzo.

Art. 1212. Requisiti del deposito.
Per la validità del deposito è necessario:
1) che sia stato preceduto da un'intimazione notificata al creditore e contenente l'indicazione del giorno, dell'ora e del luogo in cui la cosa offerta sarà depositata;
2) che il debitore abbia consegnato la cosa, con gli interessi e i frutti dovuti fino al giorno dell'offerta, nel luogo indicato dalla legge o, in mancanza, dal giudice;
3) che sia redatto dal pubblico ufficiale un processo verbale da cui risulti la natura delle cose offerte, il rifiuto di riceverle da parte del creditore o la sua mancata comparizione, e infine il fatto del deposito;
4) che in caso di non comparizione del creditore, il processo verbale di deposito gli sia notificato con l'invito a ritirare la cosa depositata.
Il deposito che ha per oggetto somme di danaro può eseguirsi anche presso un istituto di credito.

Art. 1213. Ritiro del deposito.
Il deposito non produce effetto se il debitore lo ritira prima che sia stato accettato dal creditore o prima che sia stato riconosciuto valido con sentenza passata in giudicato.
Se, dopo l'accettazione del deposito o il passaggio in giudicato della sentenza che lo dichiara valido, il creditore consente che il debitore ritiri il deposito, egli non può più rivolgersi contro i condebitori e i fideiussori, né valersi dei privilegi, del pegno e delle ipoteche che garantivano il credito.

Art. 1214. Offerta secondo gli usi e deposito.
Se il debitore ha offerto la cosa dovuta nelle forme d'uso anziché in quelle prescritte dagli articoli 1208 e 1209, gli effetti della mora si verificano dal giorno in cui egli esegue il deposito a norma dell'articolo 1212, se questo è accettato dal creditore o è dichiarato valido con sentenza passata in giudicato.

Art. 1215. Spese.
Quando l'offerta reale e il deposito sono validi, le spese occorse sono a carico del creditore.

Art. 1216. Intimazione di ricevere la consegna di un immobile.
Se deve essere consegnato un immobile, l'offerta consiste nell'intimazione al creditore di prenderne possesso. L'intimazione deve essere fatta nella forma prescritta dal secondo comma dell'articolo 1209.
Il debitore dopo l'intimazione al creditore, può ottenere dal giudice la nomina di un sequestratario. In questo caso egli è liberato dal momento in cui ha consegnato al sequestratario la cosa dovuta.

Cfr. Cassazione Civile, SS.UU., sentenza 9 marzo 2009, n. 5624 in Altalex Massimario.

Art. 1217. Obbligazioni di fare.
Se la prestazione consiste in un fare, il creditore è costituito in mora mediante l'intimazione di ricevere la prestazione o di compiere gli atti che sono da parte sua necessari per renderla possibile.
L'intimazione può essere fatta nelle forme d'uso.

CAPO III – DELL'INADEMPIMENTO DELLE OBBLIGAZIONI
Art. 1218. Responsabilità del debitore.
Il debitore che non esegue esattamente la prestazione dovuta è tenuto al risarcimento del danno, se non prova che l'inadempimento o il ritardo è stato determinato da impossibilità della prestazione derivante da causa a lui non imputabile.

Cfr. Cassazione Civile, sez. III, sentenza 14 giugno 2007, n. 13953, Cassazione Civile, sez. I, sentenza 10 ottobre 2007, n. 21140, Cassazione Civile, SS.UU., sentenza 11 gennaio 2008, n. 577, Cassazione Civile, sez. II, sentenza 26 marzo 2008, n. 7857, Cassazione Civile, sez. lavoro, sentenza 14 aprile 2008, n. 9817, Cassazione Civile, sez. III, sentenza 8 ottobre 2008, n. 24791, Corte di Appello di Firenze, sentenza 19 gennaio 2009, n. 60, Tribunale di Brindisi, sentenza 2 febbraio 2009, sentenza 10 febbraio 2009, Cassazione Civile, sez. I, sentenza 17 febbraio 2009, n. 3773, Tribunale di Bari, sentenza 26 marzo 2009, Tribunale di Bari, sez. III civile, sentenza 7 maggio 2009, n. 1518, Tribunale di Catanzaro, sez. I civile, sentenza 18 maggio 2009, Cassazione Civile, sez. III, sentenza 7 luglio 2009, n. 15895, Cassazione Civile, sez. lavoro, sentenza 13 luglio 2009, n. 16322, Cassazione Civile, sez. III, sentenza 15 luglio 2009, n. 16463, Cassazione Civile, sez. III, sentenza 21 settembre 2009, n. 20324, Tribunale di Roma, sentenza 23 settembre 2009, Tribunale di Rovereto, sentenza 18 ottobre 2009, Cassazione Civile, sez. III, sentenza 30 settembre 2009, n. 20954, Cassazione Civile, sez. III, sentenza 4 gennaio 2010, n. 13, Cassazione Civile, sez. III, sentenza

26 gennaio 2010, n. 1538 e Cassazione Civile, sez. III, sentenza 4 marzo 2010,
n. 5190 in Altalex Massimario.

Art. 1219. Costituzione in mora.

Il debitore è costituito in mora mediante intimazione o richiesta fatta per iscritto.

Non è necessaria la costituzione in mora:

1) quando il debito deriva da fatto illecito;
2) quando il debitore ha dichiarato per iscritto di non volere eseguire l'obbligazione;
3) quando è scaduto il termine, se la prestazione deve essere eseguita al domicilio del creditore. Se il termine scade dopo la morte del debitore, gli eredi non sono costituiti in mora che mediante intimazione o richiesta fatta per iscritto, e decorsi otto giorni dall'intimazione o dalla richiesta.

Cfr. Cassazione Civile, sez. II, sentenza 13 maggio 2008, n. 11872, Cassazione Civile, sez. I, sentenza 15 gennaio 2009, n. 806 e Cassazione Civile, sez. lavoro, sentenza 2 luglio 2009, n. 15503 in Altalex Massimario.

Art. 1220. Offerta non formale.

Il debitore non può essere considerato in mora, se tempestivamente ha fatto offerta della prestazione dovuta, anche senza osservare le forme indicate nella sezione III del precedente capo, a meno che il creditore l'abbia rifiutata per un motivo legittimo.

Art. 1221. Effetti della mora sul rischio.

Il debitore che è in mora non è liberato per la sopravvenuta impossibilità della prestazione derivante da causa a lui non imputabile, se non prova che l'oggetto della prestazione sarebbe ugualmente perito presso il creditore.

In qualunque modo sia perita o smarrita una cosa illecitamente sottratta, la perdita di essa non libera chi l'ha sottratta dall'obbligo di restituirne il valore.

Art. 1222. Inadempimento di obbligazioni negative.

Le disposizioni sulla mora non si applicano alle obbligazioni di non fare; ogni fatto compiuto in violazione di queste costituisce di per sé inadempimento.

Art. 1223. Risarcimento del danno.

Il risarcimento del danno per l'inadempimento o per il ritardo deve comprendere

così la perdita subita dal creditore come il mancato guadagno, in quanto ne siano conseguenza immediata e diretta.

Cfr. Cassazione Civile, sez. I, sentenza 10 ottobre 2007, n. 21140, Cassazione Civile, sez. III, sentenza 17 gennaio 2008, n. 867, Tribunale di Milano, sez. V civile, sentenza 4 marzo 2008, n. 2847, Cassazione Civile, sez. III, sentenza 16 ottobre 2008, n. 25266, Cassazione Civile, sez. III, sentenza 25 febbraio 2009, n. 4491, Cassazione Civile, sez. III, sentenza 20 aprile 2009, n. 9344, Cassazione Civile, sez. II, sentenza 27 maggio 2009, n. 12354, Cassazione Civile, sez. lavoro, sentenza 13 luglio 2009, n. 16322, Tribunale di Roma, sez. XI, sentenza 13 luglio 2009, Tribunale di Rovereto, sentenza 18 ottobre 2009, Cassazione Civile, sez. III, sentenza 30 ottobre 2009, n. 23053, Cassazione Civile, sez. III, sentenza 4 gennaio 2010, n. 13 e Cassazione Civile, sez. II, sentenza 20 gennaio 2010, n. 920 in Altalex Massimario.

Art. 1224. Danni nelle obbligazioni pecuniarie.

Nelle obbligazioni che hanno per oggetto una somma di danaro, sono dovuti dal giorno della mora gli interessi legali, anche se non erano dovuti precedentemente

e anche se il creditore non prova di aver sofferto alcun danno.

Se prima della mora erano dovuti interessi in misura superiore a quella legale, gli interessi moratori sono dovuti nella stessa misura.

Al creditore che dimostra di aver subito un danno maggiore spetta l'ulteriore risarcimento. Questo non è dovuto se è stata convenuta la misura degli interessi moratori.

Cfr. Cassazione Civile, sez. III, sentenza 22 giugno 2007, n. 14573, Cassazione Civile, sez. III, sentenza 24 ottobre 2007, n. 22317, Cassazione Civile, SS.UU., sentenza 16 luglio 2008, n. 19499, Cassazione Civile, sez. lavoro, sentenza 19 gennaio 2009, n. 1166 e Cassazione Civile, sez. tributaria, sentenza 29 aprile 2009, n. 10018 in Altalex Massimario.

Art. 1225. Prevedibilità del danno.

Se l'inadempimento o il ritardo non dipende da dolo del debitore, il risarcimento

è limitato al danno che poteva prevedersi nel tempo in cui è sorta l'obbligazione.

Cfr. Cassazione Civile, sez. II, sentenza 15 maggio 2007, n. 11189 e Tribunale di Rovereto,
sentenza 18 ottobre 2009 in Altalex Massimario.

Art. 1226. Valutazione equitativa del danno.

Se il danno non può essere provato nel suo preciso ammontare, è liquidato dal giudice con valutazione equitativa.

Cfr. Cassazione Civile, sez. III, sentenza 18 aprile 2007, n. 9233, Corte d'Appello di Roma, sez. II, sentenza 8 novembre 2007, Tribunale di Roma, sez. XII, sentenza 3 giugno 2008, n. 11335, Tribunale di Chieti, sentenza 12 gennaio 2009, n. 21, Cassazione Civile, sez. III, sentenza 2 aprile 2009, n. 8016, Cassazione Civile, sez. lavoro, sentenza 1° luglio 2009, n. 15405 e Cassazione Civile, sez. III, sentenza 28 agosto 2009, n. 18800 in Altalex Massimario.

Art. 1227. Concorso del fatto colposo del creditore.

Se il fatto colposo del creditore ha concorso a cagionare il danno, il risarcimento

è diminuito secondo la gravità della colpa e l'entità delle conseguenze che ne sono derivate.

Il risarcimento non è dovuto per i danni che il creditore avrebbe potuto evitare usando l'ordinaria diligenza.

Cfr. Cassazione Civile, sez. III, sentenza 27 marzo 2007, n. 7403, Consiglio di Stato, sez. V, sentenza 16 luglio 2007, n. 4025, Cassazione Civile, sez. lavoro, sentenza 18 gennaio 2008, n. 1068, Cassazione Civile, sez. lavoro, sentenza 2 aprile 2008, n. 8486, Cassazione Civile, sez. III, sentenza 15 luglio 2008, n. 19427, Cassazione Civile, sez. III, sentenza 28 maggio 2009, n. 12547, Cassazione Civile, sez. lavoro, sentenza 13 luglio 2009, n. 16322, Cassazione Civile, sez. lavoro, sentenza 22 settembre 2009, n. 20415, Cassazione Civile, sez. III, sentenza 30 settembre 2009, n. 20949, Cassazione Civile, sez. lavoro, sentenza 9 novembre 2009, n. 23726, Cassazione Penale, sez. I, sentenza 18 novembre 2009, n. 44165, Cassazione Civile, sez. I, sentenza 5 maggio 2010, n. 10895 e Cassazione Civile, sez. III, sentenza 25 maggio 2010, n. 12714 in Altalex Massimario.

Art. 1228. Responsabilità per fatto degli ausiliari.

Salva diversa volontà delle parti, il debitore che nell'adempimento dell'obbligazione

si vale dell'opera di terzi, risponde anche dei fatti dolosi o colposi di costoro.

Cfr. Cassazione Civile, sez. III, sentenza 14 giugno 2007, n. 13953, Cassazione Penale, sez. IV, sentenza 23 settembre 2008, n. 36502, Cassazione Civile, sez. III, sentenza 7 luglio 2009, n. 15895 e Cassazione Civile, sez. III, sentenza 29 settembre 2009, n. 20825 in Altalex Massimario.

Art. 1229. Clausole di esonero da responsabilità.

È nullo qualsiasi patto che esclude o limita preventivamente la responsabilità del debitore per dolo o per colpa grave.

È nullo altresì qualsiasi patto preventivo di esonero o di limitazione di responsabilità
per i casi in cui il fatto del debitore o dei suoi ausiliari costituisca
violazione di obblighi derivanti da norme di ordine pubblico.

CAPO IV – DEI MODI DI ESTINZIONE DELLE OBBLIGAZIONI DIVERSE DALL'ADEMPIMENTO

SEZIONE I – Della novazione

Art. 1230. Novazione oggettiva.

L'obbligazione si estingue quando le parti sostituiscono all'obbligazione originaria
una nuova obbligazione con oggetto o titolo diverso.

La volontà di estinguere l'obbligazione precedente deve risultare in modo non equivoco.

Art. 1231. Modalità che non importano novazione.

Il rilascio di un documento o la sua rinnovazione, l'apposizione o l'eliminazione di un termine e ogni altra modificazione accessoria dell'obbligazione
non producono novazione.

Art. 1232. Privilegi, pegno e ipoteche.

I privilegi, il pegno e le ipoteche, del credito originario si estinguono, se le parti non convengono espressamente di mantenerli per il nuovo credito.

Art. 1233. Riserva delle garanzie nelle obbligazioni solidali.

Se la novazione si effettua tra il creditore e uno dei debitori in solido con effetto liberatorio per tutti, i privilegi, il pegno e le ipoteche del credito anteriore
possono essere riservati soltanto sui beni del debitore che fa la novazione.

Art. 1234. Inefficacia della novazione.

La novazione è senza effetto, se non esisteva l'obbligazione originaria.

Qualora l'obbligazione originaria derivi da un titolo annullabile, la novazione è valida se il debitore ha assunto validamente il nuovo debito conoscendo il vizio del titolo originario.

Art. 1235. Novazione soggettiva.

Quando un nuovo debitore è sostituito a quello originario che viene liberato, si osservano le norme contenute nel capo VI di questo titolo.

SEZIIONE II – Della remissione

Art. 1236. Dichiarazione di remissione del debito.

La dichiarazione del creditore di rimettere il debito estingue l'obbligazione quando è comunicata al debitore, salvo che questi dichiari in un congruo termine di non volerne profittare.

Art. 1237. Restituzione volontaria del titolo.

La restituzione volontaria del titolo originale del credito, fatta dal creditore al debitore, costituisce prova della liberazione anche rispetto ai condebitori in solido.

Se il titolo del credito è in forma pubblica, la consegna volontaria della copia spedita in forma esecutiva fa presumere la liberazione, salva la prova contraria.

Art. 1238. Rinunzia alle garanzie.

La rinunzia alle garanzie dell'obbligazione non fa presumere la remissione del debito.

Art. 1239. Fideiussori.

La remissione accordata al debitore principale libera i fideiussori.

La remissione accordata a uno dei fideiussori non libera gli altri che per la parte del fideiussore liberato. Tuttavia se gli altri fideiussori hanno consentito la liberazione, essi rimangono obbligati per l'intero.

Art. 1240. Rinunzia a una garanzia verso corrispettivo.

Il creditore che ha rinunziato, verso corrispettivo, alla garanzia prestata da un terzo deve imputare al debito principale quanto ha ricevuto, a beneficio del debitore e di coloro che hanno prestato garanzia per l'adempimento dell'obbligazione.

SEZIONE III – Della compensazione

Art. 1241. Estinzione per compensazione.

Quando due persone sono obbligate l'una verso l'altra, i due debiti si estinguono per le quantità corrispondenti, secondo le norme degli articoli che seguono.

Art. 1242. Effetti della compensazione.

La compensazione estingue i due debiti dal giorno della loro coesistenza. Il giudice non può rilevarla d'ufficio.

La prescrizione non impedisce la compensazione, se non era compiuta quando si è verificata la coesistenza dei due debiti.

Art. 1243. Compensazione legale e giudiziale.

La compensazione si verifica solo tra due debiti che hanno per oggetto una somma di danaro o una quantità di cose fungibili dello stesso genere e che sono ugualmente liquidi ed esigibili.

Se il debito opposto in compensazione non è liquido ma è di facile e pronta liquidazione, il giudice può dichiarare la compensazione per la parte del debito che riconosce esistente, e può anche sospendere la condanna per il credito liquido fino all'accertamento del credito opposto in compensazione.

Art. 1244. Dilazione.

La dilazione concessa gratuitamente dal creditore non è di ostacolo alla compensazione.

Art. 1245. Debiti non pagabili nello stesso luogo.

Quando i due debiti non sono pagabili nello stesso luogo, si devono computare le spese del trasporto al luogo del pagamento.

Art. 1246. Casi in cui la compensazione non si verifica.

La compensazione si verifica qualunque sia il titolo dell'uno o dell'altro debito, eccettuati i casi:

1) di credito per la restituzione di cose di cui il proprietario sia stato ingiustamente spogliato;
2) di credito per la restituzione di cose depositate o date in comodato;
3) di credito dichiarato impignorabile;
4) di rinunzia alla compensazione fatta preventivamente dal debitore;
5) di divieto stabilito dalla legge.

Art. 1247. Compensazione opposta da terzi garanti.

Il fideiussore può opporre in compensazione il debito che il creditore ha verso il debitore principale.

Lo stesso diritto spetta al terzo che ha costituito un'ipoteca o un pegno.

Art. 1248. Inopponibilità della compensazione.

Il debitore, se ha accettato puramente e semplicemente la cessione che il creditore ha fatta delle sue ragioni a un terzo, non può opporre al cessionario la compensazione che avrebbe potuto opporre al cedente.

La cessione non accettata dal debitore, ma a questo notificata, impedisce la compensazione dei crediti sorti posteriormente alla notificazione.

Art. 1249. Compensazione di più debiti.

Quando una persona ha verso un'altra più debiti compensabili, si osservano per la compensazione le disposizioni del secondo comma dell'articolo 1193.

Art. 1250. Compensazione rispetto ai terzi.

La compensazione non si verifica in pregiudizio dei terzi che hanno acquistato diritti di usufrutto o di pegno su uno dei crediti.

Art. 1251. Garanzie annesse al credito.

Chi ha pagato un debito mentre poteva invocare la compensazione non può più valersi, in pregiudizio dei terzi, dei privilegi e delle garanzie a favore del suo credito, salvo che abbia ignorato l'esistenza di questo per giusti motivi.

Art. 1252. Compensazione volontaria.

Per volontà delle parti può aver luogo compensazione anche se non ricorrono le condizioni previste dagli articoli precedenti.

Le parti possono anche stabilire preventivamente le condizioni di tale compensazione.

SEZIONE IV – Della confusione

Art. 1253. Effetti della confusione.

Quando le qualità di creditore e di debitore si riuniscono nella stessa persona, l'obbligazione si estingue, e i terzi che hanno prestato garanzia per il debitore sono liberati.

Art. 1254. Confusione rispetto ai terzi.

La confusione non opera in pregiudizio dei terzi che hanno acquistato diritti di usufrutto o di pegno sul credito.

Art. 1255. Riunione delle qualità di fideiussore e di debitore.

Se nella medesima persona si riuniscono le qualità di fideiussore e di debitore principale, la fideiussione resta in vita, purché il creditore vi abbia interesse.

SEZIONE V – Dell'impossibilità sopravvenuta per causa non imputabile al debitore

Art. 1256. Impossibilità definitiva e impossibilità temporanea.

L'obbligazione si estingue quando, per una causa non imputabile al debitore, la prestazione diventa impossibile.

Se l'impossibilità è solo temporanea, il debitore, finché essa perdura, non è responsabile del ritardo nell'adempimento. Tuttavia l'obbligazione si estingue se l'impossibilità perdura fino a quando, in relazione al titolo dell'obbligazione o alla natura dell'oggetto il debitore non può più essere ritenuto obbligato a eseguire la prestazione ovvero il creditore non ha più interesse a conseguirla.

Art. 1257. Smarrimento di cosa determinata.

La prestazione che ha per oggetto una cosa determinata si considera divenuta impossibile anche quando la cosa è smarrita senza che possa esserne provato il perimento.

In caso di successivo ritrovamento della cosa, si applicano le disposizioni del secondo comma dell'articolo precedente.

Art. 1258. Impossibilità parziale.

Se la prestazione è divenuta impossibile solo in parte, il debitore si libera dall'obbligazione eseguendo la prestazione per la parte che è rimasta possibile.

La stessa disposizione si applica quando, essendo dovuta una cosa determinata, questa ha subito un deterioramento, o quando residua alcunché dal perimento totale della cosa.

Art. 1259. Subingresso del creditore nei diritti del debitore.

Se la prestazione che ha per oggetto una cosa determinata è divenuta impossibile, in tutto o in parte, il creditore subentra nei diritti spettanti al debitore in dipendenza del fatto che ha causato l'impossibilità, e può esigere dal debitore la prestazione di quanto questi abbia conseguito a titolo di risarcimento.

CAPO V – DELLA CESSIONE DEI CREDITI

Art. 1260. Cedibilità dei crediti.

Il creditore può trasferire a titolo oneroso o gratuito il suo credito, anche senza il consenso del debitore, purché il credito non abbia carattere strettamente personale o il trasferimento non sia vietato dalla legge.

Le parti possono escludere la cedibilità del credito; ma il patto non è opponibile al cessionario, se non si prova che egli lo conoscesse al tempo della cessione.

Cfr. Cassazione Civile, sez. I, sentenza 1 febbraio 2007, n. 2209 e Tribunale di Vibo Valentia, sezione civile, ordinanza 25 marzo 2010 in Altalex Massimario.

Art. 1261. Divieti di cessione.

I magistrati dell'ordine giudiziario, i funzionari delle cancellerie e segreterie giudiziarie, gli ufficiali giudiziari, gli avvocati, i procuratori, i patrocinatori e i notai non possono, neppure per interposta persona, rendersi cessionari di diritti sui quali è sorta contestazione davanti l'autorità giudiziaria di cui fanno parte o nella cui giurisdizione esercitano le loro funzioni, sotto pena di nullità e dei danni.

La disposizione del comma precedente non si applica alle cessioni di azioni ereditarie tra coeredi, né a quelle fatte in pagamento di debiti o per difesa di beni posseduti dal cessionario.

Art. 1262. Documenti probatori del credito.

Il cedente deve consegnare al cessionario i documenti probatori del credito che sono in suo possesso.

Se è stata ceduta solo una parte del credito, il cedente è tenuto a dare al cessionario una copia autentica dei documenti.

Art. 1263. Accessori del credito.

Per effetto della cessione, il credito è trasferito al cessionario con i privilegi, con le garanzie personali e reali e con gli altri accessori.

Il cedente non può trasferire al cessionario, senza il consenso del costituente, il possesso della cosa ricevuta in pegno; in caso di dissenso, il cedente rimane custode del pegno.

Salvo patto contrario, la cessione non comprende i frutti scaduti.

Art. 1264. Efficacia della cessione riguardo al debitore ceduto.

La cessione ha effetto nei confronti del debitore ceduto quando questi l'ha accettata o quando gli è stata notificata.

Tuttavia, anche prima della notificazione, il debitore che paga al cedente non è liberato, se il cessionario prova che il debitore medesimo era a conoscenza

dell'avvenuta cessione.

Art. 1265. Efficacia della cessione riguardo ai terzi.

Se il medesimo credito ha formato oggetto di più cessioni a persone diverse, prevale la cessione notificata per prima al debitore, o quella che è stata prima accettata dal debitore con atto di data certa, ancorché essa sia di data posteriore.

La stessa norma si osserva quando il credito ha formato oggetto di costituzione di usufrutto o di pegno.

Art. 1266. Obbligo di garanzia del cedente.

Quando la cessione è a titolo oneroso, il cedente è tenuto a garantire l'esistenza del credito al tempo della cessione. La garanzia può essere esclusa per patto, ma il cedente resta sempre obbligato per il fatto proprio.

Se la cessione è a titolo gratuito, la garanzia è dovuta solo nei casi e nei limiti in cui la legge pone a carico del donante la garanzia per l'evizione.

Art. 1267. Garanzia della solvenza del debitore.

Il cedente non risponde della solvenza del debitore, salvo che ne abbia assunto la garanzia. In questo caso egli risponde nei limiti di quanto ha ricevuto; deve inoltre corrispondere gli interessi, rimborsare le spese della cessione e quelle che il cessionario abbia sopportate per escutere il debitore e risarcire il danno. Ogni patto diretto ad aggravare la responsabilità del cedente è senza effetto.

Quando il cedente ha garantito la solvenza del debitore, la garanzia cessa, se la mancata realizzazione del credito per insolvenza del debitore è dipesa da negligenza del cessionario nell'iniziare o nel proseguire le istanze contro il debitore stesso.

CAPO VI – DELLA DELEGAZIONE, DELL'ESPROMISSIONE E DELL'ACCOLLO

Art. 1268. Delegazione cumulativa.

Se il debitore assegna al creditore un nuovo debitore, il quale si obbliga verso il creditore, il debitore originario non è liberato dalla sua obbligazione, salvo che il creditore dichiari espressamente di liberarlo.

Tuttavia il creditore che ha accettato l'obbligazione del terzo non può rivolgersi al delegante, se prima non ha richiesto al delegato l'adempimento.

Art. 1269. Delegazione di pagamento.

Se il debitore per eseguire il pagamento ha delegato un terzo, questi può obbligarsi verso il creditore, salvo che il debitore l'abbia vietato.

Il terzo delegato per eseguire il pagamento non è tenuto ad accettare l'incarico, ancorché sia debitore del delegante. Sono salvi gli usi diversi.

Art. 1270. Estinzione della delegazione.

Il delegante può revocare la delegazione, fino a quando il delegato non abbia assunto l'obbligazione in confronto del delegatario o non abbia eseguito il pagamento a favore di questo.

Il delegato può assumere l'obbligazione o eseguire il pagamento a favore del delegatario anche dopo la morte o la sopravvenuta incapacità del delegante.

Art. 1271. Eccezioni opponibili dal delegato.

Il delegato può opporre al delegatario le eccezioni relative ai suoi rapporti con questo.

Se le parti non hanno diversamente pattuito, il delegato non può opporre al delegatario, benché questi ne fosse stato a conoscenza, le eccezioni che avrebbe potuto opporre al delegante, salvo che sia nullo il rapporto tra delegante e delegatario.

Il delegato non può neppure opporre le eccezioni relative al rapporto tra il delegante e il delegatario, se ad esso le parti non hanno fatto espresso riferimento.

Art. 1272. Espromissione.

Il terzo che, senza delegazione del debitore, ne assume verso il creditore il debito, è obbligato in solido col debitore originario, se il creditore non dichiara espressamente di liberare quest'ultimo.

Se non si è convenuto diversamente, il terzo non può opporre al creditore le eccezioni relative ai suoi rapporti col debitore originario.

Può opporgli invece le eccezioni che al creditore avrebbe potuto opporre il debitore originario, se non sono personali a quest'ultimo e non derivano da fatti successivi all'espromissione. Non può opporgli la compensazione che avrebbe potuto opporre il debitore originario, quantunque si sia verificata prima dell'espromissione.

Art. 1273. Accollo.

Se il debitore e un terzo convengono che questi assuma il debito dell'altro, il creditore può aderire alla convenzione, rendendo irrevocabile la stipulazione a suo favore.

L'adesione del creditore importa liberazione del debitore originario solo se ciò costituisce condizione espressa della stipulazione o se il creditore dichiara espressamente di liberarlo.

Se non vi è liberazione del debitore, questi rimane obbligato in solido col terzo.

In ogni caso il terzo è obbligato verso il creditore che ha aderito alla stipulazione

nei limiti in cui ha assunto il debito, e può opporre al creditore le eccezioni fondate sul contratto in base al quale l'assunzione è avvenuta.

Art. 1274. Insolvenza del nuovo debitore.

Il creditore che, in seguito a delegazione, ha liberato il debitore originario, non ha azione contro di lui se il delegato diviene insolvente, salvo che ne abbia fatto espressa riserva.

Tuttavia, se il delegato era insolvente al tempo in cui assunse il debito in confronto del creditore, il debitore originario non è liberato.

Le medesime disposizioni si osservano quando il creditore ha aderito all'accollo stipulato a suo favore e la liberazione del debitore originario era condizione espressa della stipulazione.

Art. 1275. Estinzione delle garanzie.

In tutti i casi nei quali il creditore libera il debitore originario, si estinguono le garanzie annesse al credito, se colui che le ha prestate non consente espressamente a mantenerle.

Art. 1276. Invalidità della nuova obbligazione.

Se l'obbligazione assunta dal nuovo debitore verso il creditore è dichiarata nulla o annullata, e il creditore aveva liberato il debitore originario, l'obbligazione
di questo rivive, ma il creditore non può valersi delle garanzie prestate da terzi.

CAPO VII – DI ALCUNE SPECIE DI OBBLIGAZIONI
SEZIONE I – Delle obbligazioni pecuniarie

Art. 1277. Debito di somma di danaro.

I debiti pecuniari si estinguono con moneta avente corso legale nello Stato al tempo del pagamento e per il suo valore nominale.

Se la somma dovuta era determinata in una moneta che non ha più corso legale al tempo del pagamento, questo deve farsi in moneta legale ragguagliata per valore alla prima.

Art. 1278. Debito di somma di monete non aventi corso legale.

Se la somma dovuta è determinata in una moneta non avente corso legale nello Stato, il debitore ha facoltà di pagare in moneta legale, al corso del cambio nel giorno della scadenza e nel luogo stabilito per il pagamento.

Art. 1279. Clausola di pagamento effettivo in monete non aventi corso legale.

La disposizione dell'articolo precedente non si applica, se la moneta non avente corso legale nello Stato è indicata con la clausola «effettivo» o altra equivalente, salvo che alla scadenza dell'obbligazione non sia possibile procurarsi
tale moneta.

Art. 1280. Debito di specie monetaria avente valore intrinseco.

Il pagamento deve farsi con una specie di moneta avente valore intrinseco, se così è stabilito dal titolo costitutivo del debito, sempreché la moneta avesse corso legale al tempo in cui l'obbligazione fu assunta.

Se però la moneta non è reperibile, o non ha più corso, o ne è alterato il valore intrinseco, il pagamento si effettua con moneta corrente che rappresenti il valore intrinseco che la specie monetaria dovuta aveva al tempo in cui l'obbligazione fu assunta.

Art. 1281. Leggi speciali.

Le norme che precedono si osservano in quanto non siano in contrasto con i principi derivanti da leggi speciali.

Sono salve le disposizioni particolari concernenti i pagamenti da farsi fuori del territorio dello Stato.

Art. 1282. Interessi nelle obbligazioni pecuniarie.

I crediti liquidi ed esigibili di somme di danaro producono interessi di pieno diritto, salvo che la legge o il titolo stabiliscano diversamente.

Salvo patto contrario, i crediti per fitti e pigioni non producono interessi se non dalla costituzione in mora.

Se il credito ha per oggetto rimborso di spese fatte per cose da restituire, non decorrono interessi per il periodo di tempo in cui chi ha fatto le spese abbia goduto della cosa senza corrispettivo e senza essere tenuto a render conto del godimento.

Art. 1283. Anatocismo.

In mancanza di usi contrari, gli interessi scaduti possono produrre interessi solo dal giorno della domanda giudiziale o per effetto di convenzione poste

riore alla loro scadenza, e sempre che si tratti di interessi dovuti almeno per sei mesi.

Cfr. Cassazione Civile, sez. I, sentenza 10 ottobre 2007, n. 21141, Corte d'Appello di Roma, sez. II, sentenza 8 novembre 2007 e Cassazione Civile, sez. I, sentenza 8 maggio 2008, n. 11466 in Altalex Massimario.

Art. 1284. Saggio degli interessi. (1)

Il saggio degli interessi legali è determinato in misura pari al 2,5 per cento in ragione d'anno. Il Ministro del tesoro, con proprio decreto pubblicato nella Gazzetta Ufficiale della Repubblica Italiana non oltre il 15 dicembre dell'anno precedente a quello cui il saggio si riferisce, può modificarne annualmente la misura, sulla base del rendimento medio annuo lordo dei titoli di Stato di durata non superiore a 12 mesi e tenuto conto del tasso di inflazione registrato
nell'anno. Qualora entro il 15 dicembre non sia fissata una nuova misura del saggio, questo rimane invariato per l'anno successivo.

Allo stesso saggio si computano gli interessi convenzionali, se le parti non ne hanno determinato la misura.

Gli interessi superiori alla misura legale devono essere determinati per iscritto; altrimenti sono dovuti nella misura legale.

(1) Vedi D.M. 15 dicembre 2009 che stabilisce la misura del saggio degli interessi legali all'1 per cento in ragione d'anno, con decorrenza dal 1° gennaio 2010.

Cfr. Cassazione Civile, sez. I, sentenza 8 maggio 2008, n. 11466 in Altalex Massimario.

SEZIONE II – Delle obbligazioni alternative

Art. 1285. Obbligazione alternativa.

Il debitore di un'obbligazione alternativa si libera eseguendo una delle due prestazioni dedotte in obbligazione, ma non può costringere il creditore a ricevere parte dell'una e parte dell'altra.

Art. 1286. Facoltà di scelta.

La scelta spetta al debitore se non è stata attribuita al creditore o ad un terzo.

La scelta diviene irrevocabile con l'esecuzione di una delle due prestazioni, ovvero con la dichiarazione di scelta, comunicata all'altra parte, o ad entrambe se la scelta è fatta da un terzo.

Se la scelta deve essere fatta da più persone, il giudice può fissare loro un termine. Se la scelta non è fatta nel termine stabilito, essa è fatta dal giudice.

Art. 1287. Decadenza dalla facoltà di scelta.

Quando il debitore, condannato alternativamente a due prestazioni, non ne esegue alcuna nel termine assegnatogli dal giudice, la scelta spetta al creditore.

Se la facoltà di scelta spetta al creditore e questi non l'esercita nel termine stabilito o in quello fissatogli dal debitore, la scelta passa a quest'ultimo.

Se la scelta è rimessa a un terzo e questi non la fa nel termine assegnatogli, essa è fatta dal giudice.

Art. 1288. Impossibilità di una delle prestazioni.

L'obbligazione alternativa si considera semplice, se una delle due prestazioni non poteva formare oggetto di obbligazione o se è divenuta impossibile per causa non imputabile ad alcuna delle parti.

Art. 1289. Impossibilità colposa di una delle prestazioni.

Quando la scelta spetta al debitore, l'obbligazione alternativa diviene semplice, se una delle due prestazioni diventa impossibile anche per causa a lui imputabile. Se una delle due prestazioni diviene impossibile per colpa del creditore, il debitore, è liberato dall'obbligazione, qualora non preferisca eseguire l'altra prestazione e chiedere il risarcimento dei danni.

Quando la scelta spetta al creditore, il debitore è liberato dall'obbligazione, se una delle due prestazioni diviene impossibile per colpa del creditore, salvo che questi preferisca esigere l'altra prestazione e risarcire il danno. Se dell'impossibilità deve rispondere il debitore, il creditore può scegliere l'altra prestazione o esigere il risarcimento del danno.

Art. 1290. Impossibilità sopravvenuta di entrambe le prestazioni.

Qualora entrambe le prestazioni siano divenute impossibili e il debitore debba rispondere riguardo a una di esse, egli deve pagare l'equivalente di quella che è divenuta impossibile per l'ultima, se la scelta spettava a lui. Se la scelta spettava al creditore, questi può domandare l'equivalente dell'una o dell'altra.

Art. 1291. Obbligazione con alternativa multipla.

Le regole stabilite in questa sezione si osservano anche quando le prestazioni dedotte in obbligazione sono più di due.

SEZIONE III – Delle obbligazioni in solido

Art. 1292. Nozione della solidarietà.

L'obbligazione è in solido quando più debitori sono obbligati tutti per la medesima
prestazione, in modo che ciascuno può essere costretto all'adempimento per la totalità e l'adempimento da parte di uno libera gli altri; oppure quando tra più creditori ciascuno ha diritto di chiedere l'adempimento dell'intera obbligazione e l'adempimento conseguito da uno di essi libera il debitore verso tutti i creditori.

Cfr. Cassazione Civile, sez. II, sentenza 4 giugno 2008, n. 14813 in Altalex Massimario.

Art. 1293. Modalità varie dei singoli rapporti.

La solidarietà non è esclusa dal fatto che i singoli debitori siano tenuti ciascuno con modalità diverse, o il debitore comune sia tenuto con modalità diverse di fronte ai singoli creditori.

Art. 1294. Solidarietà tra condebitori.

I condebitori sono tenuti in solido, se dalla legge o dal titolo non risulta diversamente.

Cfr. Cassazione Civile, sez. III, sentenza 21 luglio 2009, n. 16920 in Altalex Massimario.

Art. 1295. Divisibilità tra gli eredi.

Salvo patto contrario, l'obbligazione si divide tra gli eredi di uno dei condebitori
o di uno dei creditori in solido, in proporzione delle rispettive quote.

Art. 1296. Scelta del creditore per il pagamento.

Il debitore ha la scelta di pagare all'uno o all'altro dei creditori in solido, quando non è stato prevenuto da uno di essi con domanda giudiziale.

Art. 1297. Eccezioni personali.

Uno dei debitori in solido non può opporre al creditore le eccezioni personali agli altri debitori.

A uno dei creditori in solido il debitore non può opporre le eccezioni personali agli altri creditori.

Art. 1298. Rapporti interni tra debitori o creditori solidali.

Nei rapporti interni l'obbligazione in solido si divide tra i diversi debitori o tra i diversi creditori, salvo che sia stata contratta nell'interesse esclusivo di alcuno di essi.

Le parti di ciascuno si presumono uguali, se non risulta diversamente.

Cfr. Cassazione Civile, sez. III, sentenza 11 giugno 2008, n. 15484 in Altalex Massimario.

Art. 1299. Regresso tra condebitori.

Il debitore in solido che ha pagato l'intero debito può ripetere dai condebitori soltanto la parte di ciascuno di essi.

Se uno di questi è insolvente, la perdita si ripartisce per contributo tra gli altri condebitori, compreso quello che ha fatto il pagamento.

La stessa norma si applica qualora sia insolvente il condebitore nel cui esclusivo interesse l'obbligazione era stata assunta.

Art. 1300. Novazione.

La novazione tra il creditore e uno dei debitori in solido libera gli altri debitori. Qualora però si sia voluto limitare la novazione a uno solo dei debitori, gli altri non sono liberati che per la parte di quest'ultimo.

Se convenuta tra uno dei creditori in solido e il debitore, la novazione ha effetto verso gli altri creditori solo per la parte del primo.

Art. 1301. Remissione.

La remissione a favore di uno dei debitori in solido libera anche gli altri debitori,
salvo che il creditore abbia riservato il suo diritto verso gli altri, nel qual caso il creditore non può esigere il credito da questi, se non detratta la parte del debitore a favore del quale ha consentito la remissione.

Se la remissione è fatta da uno dei creditori in solido, essa libera il debitore verso gli altri creditori solo per la parte spettante al primo.

Art. 1302. Compensazione.

Ciascuno dei debitori in solido può opporre in compensazione il credito di un condebitore solo fino alla concorrenza della parte di quest'ultimo.

A uno dei creditori in solido il debitore può opporre in compensazione ciò che gli è dovuto da un altro dei creditori, ma solo per la parte di questo.

Art. 1303. Confusione.
Se nella medesima persona si riuniscono le qualità di creditore e di debitore in solido, l'obbligazione degli altri debitori si estingue per la parte di quel condebitore.
Se nella medesima persona si riuniscono le qualità di debitore e di creditore in solido, l'obbligazione si estingue per la parte di questo.

Art. 1304. Transazione.
La transazione fatta dal creditore con uno dei debitori in solido non produce effetto nei confronti degli altri, se questi non dichiarano di volerne profittare.
Parimenti, se è intervenuta tra uno dei creditori in solido e il debitore, la transazione non ha effetto nei confronti degli altri creditori, se questi non dichiarano di volerne profittare.
Cfr. Cassazione Civile, sez. III, sentenza 30 ottobre 2009, n. 23061 in Altalex Massimario.

Art. 1305. Giuramento.
Il giuramento sul debito e non sul vincolo solidale, deferito da uno dei debitori in solido al creditore o da uno dei creditori in solido al debitore, ovvero dal creditore a uno dei debitori in solido o dal debitore a uno dei creditori in solido produce gli effetti seguenti:
il giuramento ricusato dal creditore o dal debitore, ovvero prestato dal condebitore
o dal concreditore in solido, giova agli altri condebitori o concreditori;
il giuramento prestato dal creditore o dal debitore, ovvero ricusato dal condebitore
o dal concreditore in solido, nuoce solo a chi lo ha deferito o a colui al quale è stato deferito.

Art. 1306. Sentenza.
La sentenza pronunziata tra il creditore e uno dei debitori in solido, o tra il debitore e uno dei creditori in solido, non ha effetto contro gli altri debitori o contro gli altri creditori.
Gli altri debitori possono opporla al creditore, salvo che sia fondata sopra ragioni personali al condebitore; gli altri creditori possono farla valere contro il debitore, salve le eccezioni personali che questi può opporre a ciascuno di essi.

Art. 1307. Inadempimento.
Se l'adempimento dell'obbligazione è divenuto impossibile per causa imputabile
a uno o più condebitori, gli altri condebitori non sono liberati dall'obbligo solidale di corrispondere il valore della prestazione dovuta. Il creditore può chiedere il risarcimento del danno ulteriore al condebitore o a ciascuno dei condebitori inadempienti.

Art. 1308. Costituzione in mora.
La costituzione in mora di uno dei debitori in solido non ha effetto riguardo agli altri, salvo il disposto dell'articolo 1310.
La costituzione in mora del debitore da parte di uno dei creditori in solido giova agli altri.

Art. 1309. Riconoscimento del debito.
Il riconoscimento del debito fatto da uno dei debitori in solido non ha effetto riguardo agli altri; se è fatto dal debitore nei confronti di uno dei creditori in solido, giova agli altri.

Art. 1310. Prescrizione.
Gli atti con i quali il creditore interrompe la prescrizione contro uno dei debitori
in solido, oppure uno dei creditori in solido interrompe la prescrizione contro il comune debitore, hanno effetto riguardo agli altri debitori o agli altri creditori.
La sospensione della prescrizione nei rapporti di uno dei debitori o di uno dei creditori in solido non ha effetto riguardo agli altri. Tuttavia il debitore che sia stato costretto a pagare ha regresso contro i condebitori liberati in conseguenza della prescrizione.
La rinunzia alla prescrizione fatta da uno dei debitori in solido non ha effetto riguardo agli altri; fatta in confronto di uno dei creditori in solido, giova agli altri. Il condebitore che ha rinunziato alla prescrizione non ha regresso verso gli altri debitori liberati in conseguenza della prescrizione medesima.

Art. 1311. Rinunzia alla solidarietà.
Il creditore che rinunzia alla solidarietà a favore di uno dei debitori conserva l'azione in solido contro gli altri.
Rinunzia alla solidarietà:
1) il creditore che rilascia a uno dei debitori quietanza per la parte di lui senza alcuna riserva;
2) il creditore che ha agito giudizialmente contro uno dei debitori per la parte di lui, se questi ha aderito alla domanda, o se è stata pronunciata una sentenza di condanna.
Cfr. Cassazione Civile, sez. III, sentenza 20 giugno 2008, n. 16810 in Altalex Massimario.

Art. 1312. Pagamento separato dei frutti o degli interessi.
Il creditore che riceve, separatamente e senza riserva, la parte dei frutti o degli interessi che è a carico di uno dei debitori perde contro di lui l'azione in solido per i frutti o per gli interessi scaduti, ma la conserva per quelli futuri.

Art. 1313. Insolvenza di un condebitore in caso di rinunzia alla solidarietà.
Nel caso di rinunzia del creditore alla solidarietà verso alcuno dei debitori, se uno degli altri è insolvente, la sua parte di debito è ripartita per contributo tra tutti i condebitori, compreso quello che era stato liberato dalla solidarietà.

SEZIONE IV – Delle obbligazioni divisibili e indivisibili

Art. 1314. Obbligazioni divisibili.
Se più sono i debitori o i creditori di una prestazione divisibile e l'obbligazione non è solidale, ciascuno dei creditori non può domandare il soddisfacimento del credito che per la sua parte, e ciascuno dei debitori non è tenuto a pagare il debito che per la sua parte.

Art. 1315. Limiti alla divisibilità tra gli eredi del debitore.
Il beneficio della divisione non può essere opposto da quello tra gli eredi del debitore, che è stato incaricato di eseguire la prestazione o che è in possesso della cosa dovuta, se questa è certa e determinata.

Art. 1316. Obbligazioni indivisibili.
L'obbligazione è indivisibile, quando la prestazione ha per oggetto una cosa o un fatto che non è suscettibile di divisione per sua natura o per il modo in cui è stato considerato dalle parti contraenti.

Art. 1317. Disciplina delle obbligazioni indivisibili.

Le obbligazioni indivisibili sono regolate dalle norme relative alle obbligazioni solidali, in quanto applicabili, salvo quanto è disposto dagli articoli seguenti.

Art. 1318. Indivisibilità nei confronti con gli eredi.

L'indivisibilità opera anche nei confronti degli eredi del debitore o di quelli del creditore.

Art. 1319. Diritto di esigere l'intero.

Ciascuno dei creditori può esigere l'esecuzione dell'intera prestazione indivisibile.

Tuttavia l'erede del creditore, che agisce per il soddisfacimento dell'intero credito, deve dare cauzione a garanzia dei coeredi.

Art. 1320. Estinzione parziale.

Se uno dei creditori ha fatto remissione del debito o ha consentito a ricevere un'altra prestazione in luogo di quella dovuta, il debitore non è liberato verso gli altri creditori. Questi tuttavia non possono domandare la prestazione indivisibile se non addebitandosi ovvero rimborsando il valore della parte di colui che ha fatto la remissione o che ha ricevuto la prestazione diversa.

La medesima disposizione si applica in caso di transazione, novazione, compensazione e confusione.

TITOLO II – DEI CONTRATTI IN GENERALE
CAPO I – DISPOSIZIONI PRELIMINARI

Art. 1321. Nozione.

Il contratto è l'accordo di due o più parti per costituire, regolare o estinguere tra loro un rapporto giuridico patrimoniale.

Art. 1322. Autonomia contrattuale.

Le parti possono liberamente determinare il contenuto del contratto nei limiti imposti dalla legge (1).

Le parti possono anche concludere contratti che non appartengano ai tipi aventi una disciplina particolare, purché siano diretti a realizzare interessi meritevoli di tutela secondo l'ordinamento giuridico.

(1) L'espressione: "e dalle norme corporative" è da ritenersi abrogata dal R.D.L. 9 agosto 1943, n.721

Cfr. Cassazione Civile, sez. I, sentenza 11 febbraio 2008, n. 3179, Cassazione Civile, sez. II, sentenza 21 febbraio 2008, n. 4446, Cassazione Civile, SS.UU., sentenza 27 marzo 2008, n. 7930 e Cassazione Civile, sez. I, sentenza 22 settembre 2008, n. 23949 in Altalex Massimario.

Art. 1323. Norme regolatrici dei contratti.

Tutti i contratti ancorché non appartengano ai tipi che hanno una disciplina particolare, sono sottoposti alle norme generali contenute in questo titolo.

Art. 1324. Norme applicabili agli atti unilaterali.

Salvo diverse disposizioni di legge, le norme che regolano i contratti si osservano, in quanto compatibili, per gli atti unilaterali tra vivi aventi contenuto patrimoniale.

Cfr. Cassazione Civile, sez. lavoro, sentenza 28 giugno 2009, n. 14864 in Altalex Massimario.

CAPO II – DEI REQUESITI DEL CONTRATTO

Art. 1325. Indicazione dei requisiti.

I requisiti del contratto sono:

1) l'accordo delle parti;

2) la causa;

3) l'oggetto;

4) la forma, quando risulta che è prescritta dalla legge sotto pena di nullità.

SEZIONE I – Dell'accordo delle parti

Art. 1326. Conclusione del contratto.

Il contratto è concluso nel momento in cui chi ha fatto la proposta ha conoscenza dell'accettazione dell'altra parte.

L'accettazione deve giungere al proponente nel termine da lui stabilito o in quello ordinariamente necessario secondo la natura dell'affare o secondo gli usi.

Il proponente può ritenere efficace l'accettazione tardiva, purché ne dia immediatamente avviso all'altra parte.

Qualora il proponente richieda per l'accettazione una forma determinata, l'accettazione non ha effetto se è data in forma diversa.

Un'accettazione non conforme alla proposta equivale a nuova proposta.

Cfr. Cassazione Civile, sez. lavoro, sentenza 19 maggio 2008, n. 12631 e Cassazione Civile, sez. III, sentenza 22 giugno 2009, n. 14545 in Altalex Massimario.

Art. 1327. Esecuzione prima della risposta dell'accettante.

Qualora, su richiesta del proponente o per la natura dell'affare o secondo gli usi, la prestazione debba eseguirsi senza una preventiva risposta, il contratto è concluso nel tempo e nel luogo in cui ha avuto inizio l'esecuzione.

L'accettante deve dare prontamente avviso all'altra parte della iniziata esecuzione e, in mancanza, è tenuto al risarcimento del danno.

Cfr. Cassazione Civile, SS.UU., sentenza 28 febbraio 2007, n. 4634 in Altalex Massimario.

Art. 1328. Revoca della proposta e dell'accettazione.

La proposta può essere revocata finché il contratto non sia concluso. Tuttavia, se l'accettante ne ha intrapreso in buona fede l'esecuzione prima di avere notizia della revoca, il proponente è tenuto a indennizzarlo delle spese e delle perdite subìte per l'iniziata esecuzione del contratto.

L'accettazione può essere revocata, purché la revoca giunga a conoscenza del proponente prima dell'accettazione.

Art. 1329. Proposta irrevocabile.

Se il proponente si è obbligato a mantenere ferma la proposta per un certo tempo, la revoca è senza effetto.

Nell'ipotesi prevista dal comma precedente, la morte o la sopravvenuta incapacità del proponente non toglie efficacia alla proposta, salvo che la natura dell'affare o altre circostanze escludano tale efficacia.

Art. 1330. Morte o incapacità dell'imprenditore.

La proposta o l'accettazione, quando è fatta dall'imprenditore nell'esercizio della sua impresa, non perde efficacia se l'imprenditore muore o diviene incapace prima della conclusione del contratto, salvo che si tratti di piccoli imprenditori o che diversamente risulti dalla natura dell'affare o da altre circostanze.

Art. 1331. Opzione.

Quando le parti convengono che una di esse rimanga vincolata alla propria dichiarazione e l'altra abbia facoltà di accettarla o meno, la dichiarazione della prima si considera quale proposta irrevocabile per gli effetti previsti dall'articolo 1329.

Se per l'accettazione non è stato fissato un termine, questo può essere stabilito dal giudice.

Cfr. Cassazione Civile, sez. II, ordinanza 2 febbraio 2009, n. 2568 e Tribunale di Bari, sez. II civile, sentenza 30 giugno 2009, n. 2218 in Altalex Massimario.

Art. 1332. Adesione di altre parti al contratto.

Se ad un contratto possono aderire altre parti e non sono determinate le modalità dell'adesione, questa deve essere diretta all'organo che sia stato costituito per l'attuazione del contratto o, in mancanza di esso a tutti i contraenti originari.

Art. 1333. Contratto con obbligazioni del solo proponente.

La proposta diretta a concludere un contratto da cui derivino obbligazioni solo per il proponente è irrevocabile appena giunge a conoscenza della parte alla quale è destinata.

Il destinatario può rifiutare la proposta nel termine richiesto dalla natura dell'affare o dagli usi. In mancanza di tale rifiuto il contratto è concluso.

Art. 1334. Efficacia degli atti unilaterali.

Gli atti unilaterali producono effetto dal momento in cui pervengono a conoscenza
della persona alla quale sono destinati.

Art. 1335. Presunzione di conoscenza.

La proposta, l'accettazione, la loro revoca e ogni altra dichiarazione diretta a una determinata persona si reputano conosciute nel momento in cui giungono all'indirizzo del destinatario, se questi non prova di essere stato, senza sua colpa, nell'impossibilità di averne notizia.

Cfr. Cassazione Civile, sez. II, sentenza 24 luglio 2007, n. 16327 in Altalex Massimario.

Art. 1336. Offerta al pubblico.

L'offerta al pubblico, quando contiene gli estremi essenziali del contratto alla cui conclusione è diretta, vale come proposta, salvo che risulti diversamente
dalle circostanze o dagli usi.

La revoca dell'offerta, se è fatta nella stessa forma dell'offerta o in forma equipollente, è efficace anche in confronto di chi non ne ha avuto notizia.

Cfr. Cassazione Civile, sez. III, sentenza 22 giugno 2009, n. 14545 in Altalex Massimario.

Art. 1337. Trattative e responsabilità precontrattuale.

Le parti, nello svolgimento delle trattative e nella formazione del contratto, devono comportarsi secondo buona fede.

Cfr. Tribunale di Lecco, sentenza 14 giugno 2007, n. 657, Tar Lazio-Roma, sez. III, sentenza 10 settembre 2007, n. 8761, Tribunale di Bolzano, sez. II civile, sentenza 20 ottobre 2007, n. 1305, Cassazione Civile, sez. III, sentenza 8 ottobre 2008, n. 24791 e Cassazione Civile, sez. III, sentenza 8 ottobre 2008, n. 24795 in Altalex Massimario.

Art. 1338. Conoscenza delle cause d'invalidità.

La parte che, conoscendo o dovendo conoscere l'esistenza di una causa di invalidità del contratto, non ne ha dato notizia all'altra parte è tenuta a risarcire il danno da questa risentito per avere confidato, senza sua colpa, nella validità del contratto.

Cfr. Tar Lazio-Roma, sez. III, sentenza 10 settembre 2007, n. 8761 in Altalex Massimario.

Art. 1339. Inserzione automatica di clausole.

Le clausole, i prezzi di beni o di servizi, imposti dalla legge (1), sono di diritto inseriti nel contratto, anche in sostituzione delle clausole difformi apposte dalle parti.

(1) Le parole "o da norme corporative" sono da ritenersi abrogate dal R.D.L. 9 agosto 1943, n.721

Cfr. Cassazione Civile, sez. III, sentenza 5 giugno 2009, n. 12996 in Altalex Massimario.

Art. 1340. Clausole d'uso.

Le clausole d'uso s'intendono inserite nel contratto, se non risulta che non sono state volute dalle parti.

Art. 1341. Condizioni generali di contratto.

Le condizioni generali di contratto predisposte da uno dei contraenti sono efficaci nei confronti dell'altro, se al momento della conclusione del contratto questi le ha conosciute o avrebbe dovuto conoscerle usando l'ordinaria diligenza.

In ogni caso non hanno effetto, se non sono specificamente approvate per iscritto, le condizioni che stabiliscono, a favore di colui che le ha predispoCODICE
CIVILE

ste, limitazioni di responsabilità, facoltà di recedere dal contratto o di sospenderne
l'esecuzione, ovvero sanciscono a carico dell'altro contraente decadenze, limitazioni alla facoltà di opporre eccezioni, restrizioni alla libertà contrattuale nei rapporti coi terzi, tacita proroga o rinnovazione del contratto, clausole compromissorie o deroghe alla competenza dell'autorità giudiziaria.

Cfr. Cassazione Civile, sez. III, sentenza 27 gennaio 2009, n. 1957, Tribunale di Piacenza, sentenza 21 settembre 2009, n. 599 e Cassazione Civile, sez. III, sentenza 13 maggio 2010, n. 11594 in Altalex Massimario.

Art. 1342. Contratto concluso mediante moduli o formulari.

Nei contratti conclusi mediante la sottoscrizione di moduli o formulari, predisposti per disciplinare in maniera uniforme determinati rapporti contrattuali,
le clausole aggiunte al modulo o al formulario prevalgono su quelle del modulo o del formulario qualora siano incompatibili con esse, anche se queste ultime non sono state cancellate.

Si osserva inoltre la disposizione del secondo comma dell'articolo precedente.

Cfr. Cassazione Civile, sez. III, sentenza 11 maggio 2010, n. 11361 in Altalex Massimario.

SEZIONE II – Della causa del contratto

Art. 1343. Causa illecita.

La causa è illecita quando è contraria a norme imperative, all'ordine pubblico o al buon costume.

Art. 1344. Contratto in frode alla legge.

Si reputa altresì illecita la causa quando il contratto costituisce il mezzo per eludere l'applicazione di una norma imperativa.

Cfr. Cassazione Civile, sez. III, sentenza 20 marzo 2008, n. 7485 in Altalex Massimario.

Art. 1345. Motivo illecito.

Il contratto è illecito quando le parti si sono determinate a concluderlo esclusivamente per un motivo illecito comune ad entrambe.

SEZIONE III – Dell'oggetto del contratto

Art. 1346. Requisiti.

L'oggetto del contratto deve essere possibile, lecito, determinato o determinabile.

Cfr. Cassazione Civile, sez. II, sentenza 16 aprile 2007, n. 9088 in Altalex Massimario.

Art. 1347. Possibilità sopravvenuta dell'oggetto.

Il contratto sottoposto a condizione sospensiva o a termine è valido, se la prestazione inizialmente impossibile diviene possibile prima dell'avveramento della condizione o della scadenza del termine.

Art. 1348. Cose future.

La prestazione di cose future può essere dedotta in contratto, salvi i particolari divieti della legge.

Art. 1349. Determinazione dell'oggetto.

Se la determinazione della prestazione dedotta in contratto è deferita a un terzo e non risulta che le parti vollero rimettersi al suo mero arbitrio, il terzo deve procedere con equo apprezzamento. Se manca la determinazione del terzo o se questa è manifestamente iniqua o erronea, la determinazione è fatta dal giudice.

La determinazione rimessa al mero arbitrio del terzo non si può impugnare se non provando la sua mala fede. Se manca la determinazione del terzo e le parti non si accordano per sostituirlo, il contratto è nullo.

Nel determinare la prestazione il terzo deve tener conto anche delle condizioni generali della produzione a cui il contratto eventualmente abbia riferimento.

SEZIONE IV – Della forma del contratto

Art. 1350. Atti che devono farsi per iscritto.

Devono farsi per atto pubblico o per scrittura privata, sotto pena di nullità:

1) i contratti che trasferiscono la proprietà di beni immobili;

2) i contratti che costituiscono, modificano o trasferiscono il diritto di usufrutto su beni immobili, il diritto di superficie, il diritto del concedente e dell'enfiteuta;

3) i contratti che costituiscono la comunione di diritti indicati dai numeri precedenti;

4) i contratti che costituiscono o modificano le servitù prediali, il diritto di uso su beni immobili e il diritto di abitazione;

5) gli atti di rinunzia ai diritti indicati dai numeri precedenti;

6) i contratti di affrancazione del fondo enfiteutico;

7) i contratti di anticresi;

8) i contratti di locazione di beni immobili per una durata superiore a nove anni;

9) i contratti di società o di associazione con i quali si conferisce il godimento di beni immobili o di altri diritti reali immobiliari per un tempo eccedente i nove anni o per un tempo indeterminato;

10) gli atti che costituiscono rendite perpetue o vitalizie salve le disposizioni relative alle rendite dello Stato;

11) gli atti di divisione di beni immobili e di altri diritti reali immobiliari;

12) le transazioni che hanno per oggetto controversie relative ai rapporti giuridici menzionati nei numeri precedenti;

13) gli altri atti specialmente indicati dalla legge.

Cfr. Cassazione Civile, sez. III, sentenza 22 giugno 2009, n. 14545 in Altalex Massimario.

Art. 1351. Contratto preliminare.

Il contratto preliminare è nullo, se non è fatto nella stessa forma che la legge prescrive per il contratto definitivo.

Cfr. Cassazione Civile, sez. III, sentenza 11 maggio 2010, n. 11371 in Altalex Massimario.

Art. 1352. Forme convenzionali.

Se le parti hanno convenuto per iscritto di adottare una determinata forma per la futura conclusione di un contratto, si presume che la forma sia stata voluta per la validità di questo.

CAPO III – DELLA CONDIZIONE NEL CONTRATTO

Art. 1353. Contratto condizionale.

Le parti possono subordinare l'efficacia o la risoluzione del contratto o di un singolo patto a un avvenimento futuro e incerto.

Art. 1354. Condizioni illecite o impossibili.

È nullo il contratto al quale è apposta una condizione, sospensiva o risolutiva, contraria a norme imperative, all'ordine pubblico o al buon costume.

La condizione impossibile rende nullo il contratto se è sospensiva; se è risolutiva,

si ha come non apposta.

Se la condizione illecita o impossibile è apposta a un patto singolo del contratto,

si osservano, riguardo l'efficacia del patto, le disposizioni dei commi precedenti, fermo quanto è disposto dall'articolo 1419.

Art. 1355. Condizione meramente potestativa.

È nulla l'alienazione di un diritto o l'assunzione di un obbligo subordinata a una condizione sospensiva che la faccia dipendere dalla mera volontà dell'alienante

o, rispettivamente da quella del debitore.

Art. 1356. Pendenza della condizione.

In pendenza della condizione sospensiva l'acquirente di un diritto può compiere atti conservativi.

L'acquirente di un diritto sotto condizione risolutiva può, in pendenza di questa, esercitarlo, ma l'altro contraente può compiere atti conservativi.

Art. 1357. Atti di disposizione in pendenza della condizione.

Chi ha un diritto subordinato a condizione sospensiva o risolutiva può disporne in pendenza di questa; ma gli effetti di ogni atto di disposizione sono subordinati alla stessa condizione.

Art. 1358. Comportamento delle parti nello stato di pendenza.

Colui che si è obbligato o che ha alienato un diritto sotto condizione sospensiva,

ovvero lo ha acquistato sotto condizione risolutiva, deve, in pendenza della condizione, comportarsi secondo buona fede per conservare integre le ragioni dell'altra parte.

Art. 1359. Avveramento della condizione.

La condizione si considera avverata qualora sia mancata per causa imputabile alla parte che aveva interesse contrario all'avveramento di essa.

Art. 1360. Retroattività della condizione.
Gli effetti dell'avveramento della condizione retroagiscono al tempo in cui è stato concluso il contratto, salvo che, per volontà delle parti o per la natura del rapporto, gli effetti del contratto o della risoluzione debbano essere riportati a un momento diverso.
Se però la condizione risolutiva è apposta a un contratto ad esecuzione continuata
o periodica, l'avveramento di essa, in mancanza di patto contrario, non ha effetto riguardo alle prestazioni già eseguite.

Art. 1361. Atti di amministrazione.
L'avveramento della condizione non pregiudica la validità degli atti di amministrazione
compiuti dalla parte a cui, in pendenza della condizione stessa spettava l'esercizio del diritto.
Salvo diverse disposizioni di legge o diversa pattuizione, i frutti percepiti sono dovuti dal giorno in cui la condizione si è avverata.

CAPO IV – DELL'INTERPRETAZIONE DEL CONTRATTO

Art. 1362. Intenzione dei contraenti.
Nell'interpretare il contratto si deve indagare quale sia stata la comune intenzione
delle parti e non limitarsi al senso letterale delle parole.
Per determinare la comune intenzione delle parti, si deve valutare il loro comportamento complessivo anche posteriore alla conclusione del contratto.
Cfr. Cassazione Civile, sez. II, sentenza 16 aprile 2007, n. 9088, Cassazione Civile, SS.UU., sentenza 9 Maggio 2008, n. 11501, Cassazione Civile, sez. lavoro, sentenza 4 giugno 2008, n. 14788, Cassazione Civile, sez. sez. II, sentenza 2 febbraio 2009, n. 2561, Cassazione Civile, sez. lavoro, sentenza 4 maggio 2009, n. 10232 e Cassazione Civile, sez. lavoro, sentenza 25 giugno 2009, n. 14941 in Altalex Massimario.

Art. 1363. Interpretazione complessiva delle clausole.
Le clausole del contratto si interpretano le une per mezzo delle altre, attribuendo
il senso che risulta dal complesso dell'atto.
Cfr. Cassazione Civile, sez. II, sentenza 16 aprile 2007, n. 9088, Cassazione Civile, sez. lavoro, sentenza 4 giugno 2008, n. 14788 e Cassazione Civile, sez. lavoro, sentenza 28 giugno 2009, n. 14864 in Altalex Massimario.

Art. 1364. Espressioni generali.
Per quanto generali siano le espressioni usate nel contratto, questo non comprende che gli oggetti sui quali le parti si sono proposte di contrattare.

Art. 1365. Indicazioni esemplificative.
Quando in un contratto si è espresso un caso al fine di spiegare un patto, non si presumono esclusi i casi non espressi, ai quali, secondo ragione, può estendersi lo stesso patto.

Art. 1366. Interpretazione di buona fede.
Il contratto deve essere interpretato secondo buona fede.

Art. 1367. Conservazione del contratto.
Nel dubbio, il contratto o le singole clausole devono interpretarsi nel senso in cui possono avere qualche effetto, anziché in quello secondo cui non ne avrebbero alcuno.
Cfr. Cassazione Civile, sez. II, sentenza 3 dicembre 2008, n. 28753 in Altalex Massimario.

Art. 1368. Pratiche generali interpretative.
Le clausole ambigue s'interpretano secondo ciò che si pratica generalmente nel luogo in cui il contratto è stato concluso.
Nei contratti in cui una delle parti è un imprenditore, le clausole ambigue s'interpretano secondo ciò che si pratica generalmente nel luogo in cui è la sede dell'impresa.

Art. 1369. Espressioni con più sensi.
Le espressioni che possono avere più sensi devono, nel dubbio, essere intese nel senso più conveniente alla natura e all'oggetto del contratto.
Cfr. Cassazione Civile, sez. II, sentenza 16 aprile 2007, n. 9088 in Altalex Massimario.

Art. 1370. Interpretazione contro l'autore della clausola.
Le clausole inserite nelle condizioni generali di contratto o in moduli o formulari
predisposti da uno dei contraenti s'interpretano, nel dubbio, a favore dell'altro.
Cfr. Cassazione Civile, sez. III, sentenza 17 gennaio 2008, n. 866 in Altalex Massimario.

Art. 1371. Regole finali.
Qualora, nonostante l'applicazione delle norme contenute in questo capo, il contratto rimanga oscuro, esso deve essere inteso nel senso meno gravoso per l'obbligato, se è a titolo gratuito, e nel senso che realizzi l'equo contemperamento
degli interessi delle parti, se è a titolo oneroso.
(...) (1)
(1) Seguiva un secondo comma abrogato dall'articolo 3 del D.L.vo Lgt 14 settembre 1944, n. 287

CAPO V – DEGLI EFFETTI DEL CONTRATTO
SEZIONE I – Disposizioni generali

Art. 1372. Efficacia del contratto.
Il contratto ha forza di legge tra le parti. Non può essere sciolto che per mutuo consenso o per cause ammesse dalla legge.
Il contratto non produce effetto rispetto ai terzi che nei casi previsti dalla legge.
Cfr. Cassazione Civile, sez. lavoro, sentenza 6 luglio 2007, n. 15264 in Altalex Massimario.

Art. 1373. Recesso unilaterale.
Se a una delle parti è attribuita la facoltà di recedere dal contratto, tale facoltà può essere esercitata finché il contratto non abbia avuto un principio di esecuzione.
Nei contratti a esecuzione continuata o periodica, tale facoltà può essere esercitata anche successivamente, ma il recesso non ha effetto per le prestazioni già eseguite o in corso di esecuzione.
Qualora sia stata stipulata la prestazione di un corrispettivo per il recesso, questo ha effetto quando la prestazione è eseguita.
E' salvo in ogni caso il patto contrario.
Cfr. Cassazione Civile, sez. III, sentenza 10 novembre 2008, n. 26863 in Altalex Massimario.

Art. 1374. Integrazione del contratto.

Il contratto obbliga le parti non solo a quanto è nel medesimo espresso, ma anche a tutte le conseguenze che ne derivano secondo la legge, o, in mancanza, secondo gli usi e l'equità.

Art. 1375. Esecuzione di buona fede.

Il contratto deve essere eseguito secondo buona fede.

Cfr. Cassazione Civile, sez. III, sentenza 29 settembre 2007, n. 20592, Cassazione Civile, sez. III, sentenza 13 maggio 2008, n. 11908 e Cassazione Civile, sez. III, sentenza 18 settembre 2009, n. 20106 in Altalex Massimario.

Art. 1376. Contratto con effetti reali.

Nei contratti che hanno per oggetto il trasferimento della proprietà di una cosa determinata, la costituzione o il trasferimento di un diritto reale ovvero il trasferimento di un altro diritto, la proprietà o il diritto si trasmettono e si acquistano per effetto del consenso delle parti legittimamente manifestato.

Art. 1377. Trasferimento di una massa di cose.

Quando oggetto del trasferimento è una determinata massa di cose, anche se omogenee, si applica la disposizione dell'articolo precedente, ancorché, per determinati effetti, le cose debbano essere numerate, pesate o misurate.

Art. 1378. Trasferimento di cosa determinata solo nel genere.

Nei contratti che hanno per oggetto il trasferimento di cose determinate solo nel genere la proprietà si trasmette con l'individuazione fatta d'accordo tra le parti o nei modi da esse stabiliti. Trattandosi di cose che devono essere trasportate da un luogo a un altro, l'individuazione avviene anche mediante la consegna al vettore o allo spedizioniere.

Art. 1379. Divieto di alienazione.

Il divieto di alienare stabilito per contratto ha effetto solo tra le parti, e non è valido se non è contenuto entro convenienti limiti di tempo e se non risponde a un apprezzabile interesse di una delle parti.

Art. 1380. Conflitto tra più diritti personali di godimento.

Se, con successivi contratti, una persona concede a diversi contraenti un diritto personale di godimento relativo alla stessa cosa, il godimento spetta al contraente che per primo lo ha conseguito.

Se nessuno dei contraenti ha conseguito il godimento, è preferito quello che ha il titolo di data certa anteriore.

Sono salve le norme relative agli effetti della trascrizione.

Art. 1381. Promessa dell'obbligazione o del fatto del terzo.

Colui che ha promesso l'obbligazione o il fatto di un terzo è tenuto a indennizzare

l'altro contraente, se il terzo rifiuta di obbligarsi o non compie il fatto promesso.

Cfr. Corte d'Appello di Roma, sez. II, sentenza 8 novembre 2007 in Altalex Massimario.

SEZIONE II – Della clausola penale e della caparra

Art. 1382. Effetti della clausola penale.

La clausola, con cui si conviene che, in caso d'inadempimento o di ritardo nell'adempimento, uno dei contraenti è tenuto a una determinata prestazione, ha l'effetto di limitare il risarcimento alla prestazione promessa, se non è stata convenuta la risarcibilità del danno ulteriore.

La penale è dovuta indipendentemente dalla prova del danno.

Cfr. Cassazione Civile, sez. III, sentenza 28 marzo 2008, n. 8071 in Altalex Massimario.

Art. 1383. Divieto di cumulo.

Il creditore non può domandare insieme la prestazione principale e la penale, se questa non è stata stipulata per il semplice ritardo.

Art. 1384. Riduzione della penale.

La penale può essere diminuita equamente dal giudice, se l'obbligazione principale è stata eseguita in parte ovvero se l'ammontare della penale è manifestamente eccessivo, avuto sempre riguardo all'interesse che il creditore aveva all'adempimento.

Art. 1385. Caparra confirmatoria.

Se al momento della conclusione del contratto una parte dà all'altra, a titolo di caparra, una somma di danaro, o una quantità di altre cose fungibili, la caparra, in caso di adempimento, deve essere restituita o imputata alla prestazione

dovuta.

Se la parte che ha dato la caparra è inadempiente, l'altra può recedere dal contratto, ritenendo la caparra; se inadempiente è invece la parte che l'ha ricevuta, l'altra può recedere dal contratto ed esigere il doppio della caparra.

Se però la parte che non è inadempiente preferisce domandare l'esecuzione o la risoluzione del contratto, il risarcimento del danno è regolato dalle norme generali.

Cfr. Cassazione Civile, sez. II, sentenza 11 marzo 2008, n. 6463, Cassazione Civile, sez. II, sentenza 22 aprile 2008, n. 10394 e Cassazione Civile, SS.UU., sentenza 14 gennaio 2009, n. 553 in Altalex Massimario.

Art. 1386. Caparra penitenziale.

Se nel contratto è stipulato il diritto di recesso per una o per entrambe le parti, la caparra ha la sola funzione di corrispettivo del recesso.

In questo caso, il recedente perde la caparra data o deve restituire il doppio di quella che ha ricevuta.

CAPO VI – DELLA RAPPRESENTANZA

Art. 1387. Fonti della rappresentanza.

Il potere di rappresentanza è conferito dalla legge ovvero dall'interessato.

Art. 1388. Contratto concluso dal rappresentante.

Il contratto concluso dal rappresentante in nome e nell'interesse del rappresentato,

nei limiti delle facoltà conferitegli, produce direttamente effetto nei confronti del rappresentato.

Art. 1389. Capacità del rappresentante e del rappresentato.

Quando la rappresentanza è conferita dall'interessato, per la validità del contratto concluso dal rappresentante basta che questi abbia la capacità di intendere e di volere, avuto riguardo alla natura e al contenuto del contratto stesso, sempre che sia legalmente capace il rappresentato.

In ogni caso, per la validità del contratto concluso dal rappresentante è necessario

che il contratto non sia vietato al rappresentato.

Art. 1390. Vizi della volontà.

Il contratto è annullabile se è viziata la volontà del rappresentante. Quando però il vizio riguarda elementi predeterminati dal rappresentante, il contratto è annullabile solo se era viziata la volontà di questo.

Art. 1391. Stati soggettivi rilevanti.

Nei casi in cui è rilevante lo stato di buona o di mala fede, di scienza o d'ignoranza
di determinate circostanze, si ha riguardo alla persona del rappresentante,
salvo che si tratti di elementi predeterminati dal rappresentato.

In nessun caso il rappresentato che è in mala fede può giovarsi dello stato d'ignoranza o di buona fede del rappresentante.

Art. 1392. Forma della procura.

La procura non ha effetto se non è conferita con le forme prescritte per il contratto che il rappresentante deve concludere.

Art. 1393. Giustificazione dei poteri del rappresentante.

Il terzo che contratta col rappresentante può sempre esigere che questi giustifichi i suoi poteri e, se la rappresentanza risulta da un atto scritto, che gliene dia una copia da lui firmata.

Art. 1394. Conflitto d'interessi.

Il contratto concluso dal rappresentante in conflitto d'interessi col rappresentato
può essere annullato su domanda del rappresentato, se il conflitto
era conosciuto o riconoscibile dal terzo.

Cfr. Cassazione Civile, sez. lavoro, sentenza 18 luglio 2007, n. 15981 e Cassazione Civile, sez. I, sentenza 9 gennaio 2008, n. 174 in Altalex Massimario.

Art. 1395. Contratto con se stesso.

È annullabile il contratto che il rappresentante conclude con se stesso, in proprio o come rappresentante di un'altra parte, a meno che il rappresentato lo abbia autorizzato specificatamente ovvero il contenuto del contratto sia determinato in modo da escludere la possibilità di conflitto d'interessi.

L'impugnazione può essere proposta soltanto dal rappresentato.

Art. 1396. Modificazione ed estinzione della procura.

Le modificazioni e la revoca della procura devono essere portate a conoscenza dei terzi con mezzi idonei. In mancanza, esse non sono opponibili ai
terzi, se non si prova che questi le conoscevano al momento della conclusione del contratto.

Le altre cause di estinzione del potere di rappresentanza conferito dall'interessato
non sono opponibili ai terzi che le hanno senza colpa ignorate.

Art. 1397. Restituzione del documento della rappresentanza.

Il rappresentante è tenuto a restituire il documento dal quale risultano i suoi poteri, quando questi sono cessati.

Art. 1398. Rappresentanza senza potere.

Colui che ha contrattato come rappresentante senza averne i poteri o eccedendo
i limiti delle facoltà conferitegli, è responsabile del danno che il terzo contraente ha sofferto per avere confidato senza sua colpa nella validità del contratto.

Art. 1399. Ratifica.

Nell'ipotesi prevista dall'articolo precedente, il contratto può essere ratificato dall'interessato, con l'osservanza delle forme prescritte per la conclusione di esso.

La ratifica ha effetto retroattivo, ma sono salvi i diritti dei terzi.

Il terzo e colui che ha contrattato come rappresentante possono d'accordo sciogliere il contratto prima della ratifica.

Il terzo contraente può invitare l'interessato a pronunciarsi sulla ratifica assegnandogli un termine, scaduto il quale, nel silenzio, la ratifica s'intende negata.

La facoltà di ratifica si trasmette agli eredi.

Cfr. Cassazione Civile, sez. III, sentenza 9 maggio 2008, n. 11509 e Cassazione Civile, sez. lavoro, sentenza 25 giugno 2009, n. 14952 in Altalex Massimario.

Art. 1400. Speciali forme di rappresentanza.

Le speciali forme di rappresentanza nelle imprese agricole e commerciali sono regolate dal libro V.

CAPO VII – DEL CONTRATTO PER PERSONA DA NOMINARE

Art. 1401. Riserva di nomina del contraente.

Nel momento della conclusione del contratto una parte può riservarsi la facoltà di nominare successivamente la persona che deve acquistare i diritti e assumere gli obblighi nascenti dal contratto stesso.

Cfr. Cassazione Civile, sez. II, sentenza 10 ottobre 2009, n. 23066 in Altalex Massimario.

Art. 1402. Termine e modalità della dichiarazione di nomina.

La dichiarazione di nomina deve essere comunicata all'altra parte nel termine di tre giorni dalla stipulazione del contratto, se le parti non hanno stabilito un termine diverso.

La dichiarazione non ha effetto se non è accompagnata dall'accettazione della persona nominata o se non esiste una procura anteriore al contratto.

Art. 1403. Forme e pubblicità.

La dichiarazione di nomina e la procura o l'accettazione della persona nominata non hanno effetto se non rivestono la stessa forma che le parti hanno usata per il contratto, anche se non prescritta dalla legge.

Se per il contratto è richiesta a determinati effetti una forma di pubblicità, deve agli stessi effetti essere resa pubblica anche la dichiarazione di nomina, con l'indicazione dell'atto di procura o dell'accettazione della persona nominata.

Art. 1404. Effetti della dichiarazione di nomina.

Quando la dichiarazione di nomina è stata validamente fatta, la persona nominata acquista i diritti e assume gli obblighi derivanti dal contratto con effetto dal momento in cui questo fu stipulato.

Art. 1405. Effetti della mancata dichiarazione di nomina.

Se la dichiarazione di nomina non è fatta validamente nel termine stabilito dalla legge o dalle parti, il contratto produce i suoi effetti fra i contraenti originari.

CAPO VIII – DELLA CESSIONE DEL CONTRATTO

1406. Nozione.

Ciascuna parte può sostituire a sé un terzo nei rapporti derivanti da un contratto con prestazioni corrispettive, se queste non sono state ancora eseguite, purché l'altra parte vi consenta.

Art. 1407. Forma.

Se una parte ha consentito preventivamente che l'altra sostituisca a sé un terzo nei rapporti derivanti dal contratto, la sostituzione è efficace nei suoi

confronti dal momento in cui le è stata notificata o in cui essa l'ha accettata.
Se tutti gli elementi del contratto risultano da un documento nel quale è
inserita la clausola «all'ordine» o altra equivalente, la girata del documento
produce la sostituzione del giratario nella posizione del girante.

Art. 1408. Rapporti fra contraente ceduto e cedente.

Il cedente è liberato dalle sue obbligazioni verso il contraente ceduto dal
momento in cui la sostituzione diviene efficace nei confronti di questo.
Tuttavia il contraente ceduto, se ha dichiarato di non liberare il cedente,
può agire contro di lui qualora il cessionario non adempia le obbligazioni
assunte.

Nel caso previsto dal comma precedente, il contraente ceduto deve dare
notizia al cedente dell'inadempimento del cessionario, entro quindici giorni
da quello in cui l'inadempimento si è verificato; in mancanza è tenuto al
risarcimento del danno.

Art. 1409. Rapporti fra contraente ceduto e cessionario.

Il contraente ceduto può opporre al cessionario tutte le eccezioni derivanti
dal contratto, ma non quelle fondate su altri rapporti col cedente, salvo che
ne abbia fatto espressa riserva al momento in cui ha consentito alla
sostituzione.

Art. 1410. Rapporti fra cedente e cessionario.

Il cedente è tenuto a garantire la validità del contratto.
Se il cedente assume la garanzia dell'adempimento del contratto, egli risponde
come un fideiussore per le obbligazioni del contraente ceduto.

CAPO IX – DEL CONTRATTO A FAVORE DI TERZI

Art. 1411. Contratto a favore di terzi.

E' valida la stipulazione a favore di un terzo, qualora lo stipulante vi abbia
interesse.

Salvo patto contrario, il terzo acquista il diritto contro il promittente per
effetto della stipulazione. Questa però può essere revocata o modificata
dallo stipulante, finché il terzo non abbia dichiarato, anche in confronto del
promittente, di volerne profittare.

In caso di revoca della stipulazione o di rifiuto del terzo di profittarne, la
prestazione rimane a beneficio dello stipulante salvo che diversamente risulti
dalla volontà delle parti o dalla natura del contratto.

Cfr. Cassazione Civile, sez. III, sentenza 11 maggio 2009, n. 10741 in Altalex Massimario.

Art. 1412. Prestazione al terzo dopo la morte dello stipulante.

Se la prestazione deve essere fatta al terzo dopo la morte dello stipulante,
questi può revocare il beneficio anche con una disposizione testamentaria e
quantunque il terzo abbia dichiarato di volerne profittare, salvo che, in
quest'ultimo
caso, lo stipulante abbia rinunciato per iscritto al potere di revoca.

La prestazione deve essere eseguita a favore degli eredi del terzo se questi
premuore allo stipulante, purché il beneficio non sia stato revocato o lo
stipulante non abbia disposto diversamente.

Art. 1413. Eccezioni opponibili dal promittente al terzo.

Il promittente può opporre al terzo le eccezioni fondate sul contratto dal
quale il terzo deriva il suo diritto, ma non quelle fondate su altri rapporti tra
promittente e stipulante.

CAPO X – DELLA SIMULAZIONE

Art. 1414. Effetti della simulazione tra le parti.

Il contratto simulato non produce effetto tra le parti.
Se le parti hanno voluto concludere un contratto diverso da quello apparente,
ha effetto tra esse il contratto dissimulato, purché ne sussistano i requisiti
di sostanza e di forma.

Le precedenti disposizioni si applicano anche agli atti unilaterali destinati a
una persona determinata, che siano simulati per accordo tra il dichiarante e
il destinatario.

Art. 1415. Effetti della simulazione rispetto ai terzi.

La simulazione non può essere opposta né dalle parti contraenti, né dagli
aventi causa o dai creditori del simulato alienante, ai terzi che in buona fede
hanno acquistato diritti dal titolare apparente, salvi gli effetti della trascrizione
della domanda di simulazione.

I terzi possono far valere la simulazione in confronto delle parti, quando
essa pregiudica i loro diritti.

Art. 1416. Rapporti con i creditori.

La simulazione non può essere opposta dai contraenti ai creditori del titolare
apparente che in buona fede hanno compiuto atti di esecuzione sui beni
che furono oggetto del contratto simulato.

I creditori del simulato alienante possono far valere la simulazione che
pregiudica
i loro diritti, e, nel conflitto con i creditori chirografari del simulato
acquirente, sono preferiti a questi, se il loro credito è anteriore all'atto simulato.

Art. 1417. Prova della simulazione.

La prova per testimoni della simulazione è ammissibile senza limiti, se la
domanda è proposta da creditori o da terzi e, qualora sia diretta a far valere
l'illiceità del contratto dissimulato, anche se è proposta dalle parti.

Cfr. Cassazione Civile, sez. II, sentenza 14 marzo 2008, n. 7048 in Altalex Massimario.

CAPO XI – DELLA NULLITA' DEL CONTRATTO

Art. 1418. Cause di nullità del contratto.

Il contratto è nullo quando è contrario a norme imperative, salvo che la legge
disponga diversamente.

Producono nullità del contratto la mancanza di uno dei requisiti indicati
dall'articolo 1325, l'illiceità della causa, l'illiceità dei motivi nel caso indicato
dall'articolo 1345 e la mancanza nell'oggetto dei requisiti stabiliti dall'articolo
1346.

Il contratto è altresì nullo negli altri casi stabiliti dalla legge.

Cfr. Cassazione Civile, SS.UU., sentenza 19 dicembre 2007, n. 26724, Tribunale di Trapani, sez. civile, sentenza 30 agosto 2007, Cassazione Civile, sez. II, sentenza 7 febbraio 2008, n. 2860, Cassazione Civile, sez. I, sentenza 1 aprile 2008, n. 8445, Cassazione Civile, sez. I, sentenza 18 giugno 2008, n. 16597 e Tribunale di Bari, sez. II civile, sentenza 1° ottobre 2009, n. 2866 in Altalex Massimario.

Art. 1419. Nullità parziale.

La nullità parziale di un contratto o la nullità di singole clausole importa la
nullità dell'intero contratto, se risulta che i contraenti non lo avrebbero
concluso senza quella parte del suo contenuto che è colpita dalla nullità.

La nullità di singole clausole non importa la nullità del contratto, quando le
clausole nulle sono sostituite di diritto da norme imperative.

Art. 1420. Nullità nel contratto plurilaterale.

Nei contratti con più di due parti, in cui le prestazioni di ciascuna sono dirette al conseguimento di uno scopo comune, la nullità che colpisce il vincolo di una sola delle parti non importa nullità del contratto, salvo che la partecipazione di essa debba, secondo le circostanze, considerarsi essenziale.

Art. 1421. Legittimazione all'azione di nullità.
Salvo diverse disposizioni di legge, la nullità può essere fatta valere da chiunque vi ha interesse e può essere rilevata d'ufficio dal giudice.
Cfr. Cassazione Civile, sez. I, sentenza 10 ottobre 2007, n. 21141 in Altalex Massimario.

Art. 1422. Imprescrittibilità dell'azione di nullità.
L'azione per far dichiarare la nullità non è soggetta a prescrizione, salvi gli effetti dell'usucapione e della prescrizione delle azioni di ripetizione.

Art. 1423. Inammissibilità della convalida.
Il contratto nullo non può essere convalidato, se la legge non dispone diversamente.

Art. 1424. Conversione del contratto nullo.
Il contratto nullo può produrre gli effetti di un contratto diverso, del quale contenga i requisiti di sostanza e di forma, qualora, avuto riguardo allo scopo perseguito dalle parti, debba ritenersi che esse lo avrebbero voluto se avessero conosciuto la nullità.

CAPO XII – DELL'ANNULLABILITA' DEL CONTRATTO
SEZIONE I – Dell'incapacità
Art. 1425. Incapacità delle parti.
Il contratto è annullabile se una delle parti era legalmente incapace di contrattare.
E' parimenti annullabile, quando ricorrono le condizioni stabilite dall'articolo 428, il contratto stipulato da persona incapace d'intendere o di volere.
Cfr. Tribunale di Torino, sez. III civile, sentenza 22 maggio 2009, n. 4011 in Altalex Massimario.

Art. 1426. Raggiri usati dal minore.
Il contratto non è annullabile, se il minore ha con raggiri occultato la sua minore età; ma la semplice dichiarazione da lui fatta di essere maggiorenne non è di ostacolo all'impugnazione del contratto.

SEZIONE II – Dei vizi del consenso
Art. 1427. Errore, violenza e dolo.
Il contraente, il cui consenso fu dato per errore, estorto con violenza, o carpito con dolo, può chiedere l'annullamento del contratto, secondo le disposizioni seguenti.

Art. 1428. Rilevanza dell'errore.
L'errore è causa di annullamento del contratto quando è essenziale ed è riconoscibile dall'altro contraente.

Art. 1429. Errore essenziale.
L'errore è essenziale:
1) quando cade sulla natura o sull'oggetto del contratto;
2) quando cade sull'identità dell'oggetto della prestazione ovvero sopra una qualità dello stesso che, secondo il comune apprezzamento o in relazione alle circostanze, deve ritenersi determinante del consenso;
3) quando cade sull'identità o sulle qualità della persona dell'altro contraente, sempre che l'una o le altre siano state determinanti del consenso;
4) quando, trattandosi di errore di diritto, è stato la ragione unica o principale del contratto.

Art. 1430. Errore di calcolo.
L'errore di calcolo non dà luogo ad annullamento del contratto, ma solo a rettifica, tranne che, concretandosi in errore sulla quantità, sia stato determinante del consenso.

Art. 1431. Errore riconoscibile.
L'errore si considera riconoscibile quando, in relazione al contenuto, alle circostanze del contratto ovvero alla qualità dei contraenti, una persona di normale diligenza avrebbe potuto rilevarlo.

Art. 1432. Mantenimento del contratto rettificato.
La parte in errore non può domandare l'annullamento del contratto se, prima che ad essa possa derivarne pregiudizio, l'altra offre di eseguirlo in modo conforme al contenuto e alle modalità del contratto che quella intendeva concludere.

Art. 1433. Errore nella dichiarazione o nella sua trasmissione.
Le disposizioni degli articoli precedenti si applicano anche al caso in cui l'errore cade sulla dichiarazione, o in cui la dichiarazione è stata inesattamente trasmessa dalla persona o dall'ufficio che ne era stato incaricato.

Art. 1434. Violenza.
La violenza è causa di annullamento del contratto anche se esercitata da un terzo.

Art. 1435. Caratteri della violenza.
La violenza deve essere di tal natura da fare impressione sopra una persona sensata e da farle temere di esporre sé o i suoi beni a un male ingiusto e notevole. Si ha riguardo, in questa materia, all'età, al sesso e alla condizione delle persone.

Art. 1436. Violenza diretta contro terzi.
La violenza è causa di annullamento del contratto anche quando il male minacciato riguarda la persona o i beni del coniuge del contraente o di un discendente o ascendente di lui.
Se il male minacciato riguarda altre persone, l'annullamento del contratto è rimesso alla prudente valutazione delle circostanze da parte del giudice.

Art. 1437. Timore riverenziale.
Il solo timore riverenziale non è causa di annullamento del contratto.

Art. 1438. Minaccia di far valere un diritto.
La minaccia di far valere un diritto può essere causa di annullamento del contratto solo quando è diretta a conseguire vantaggi ingiusti.

Art. 1439. Dolo.
Il dolo è causa di annullamento del contratto quando i raggiri usati da uno dei contraenti sono stati tali che, senza di essi, l'altra parte non avrebbe contrattato.
Quando i raggiri sono stati usati da un terzo, il contratto è annullabile se essi erano noti al contraente che ne ha tratto vantaggio.

Art. 1440. Dolo incidente.

Se i raggiri non sono stati tali da determinare il consenso, il contratto è valido, benché senza di essi sarebbe stato concluso a condizioni diverse; ma il contraente in mala fede risponde dei danni.

SEZIONE III – Dell'azione di annullamento

Art. 1441. Legittimazione.

L'annullamento del contratto può essere domandato solo dalla parte nel cui interesse è stabilito dalla legge.

L'incapacità del condannato in istato di interdizione legale può essere fatta valere da chiunque vi ha interesse.

Art. 1442. Prescrizione.

L'azione di annullamento si prescrive in cinque anni.

Quando l'annullabilità dipende da vizio del consenso o da incapacità legale, il termine decorre dal giorno in cui è cessata la violenza, è stato scoperto l'errore o il dolo, è cessato lo stato d'interdizione o d'inabilitazione, ovvero il minore ha raggiunto la maggiore età.

Negli altri casi il termine decorre dal giorno della conclusione del contratto.

L'annullabilità può essere opposta dalla parte convenuta per l'esecuzione del contratto, anche se è prescritta l'azione per farla valere.

Art. 1443. Ripetizione contro il contraente incapace.

Se il contratto è annullato per incapacità di uno dei contraenti, questi non è tenuto a restituire all'altro la prestazione ricevuta se non nei limiti in cui è stata rivolta a suo vantaggio.

Art. 1444. Convalida.

Il contratto annullabile può essere convalidato dal contraente al quale spetta l'azione di annullamento, mediante un atto che contenga la menzione del contratto e del motivo di annullabilità, e la dichiarazione che s'intende convalidarlo.

Il contratto è pure convalidato, se il contraente al quale spettava l'azione di annullamento vi ha dato volontariamente esecuzione conoscendo il motivo di annullabilità.

La convalida non ha effetto, se chi l'esegue non è in condizione di concludere validamente il contratto.

Art. 1445. Effetti dell'annullamento nei confronti dei terzi.

L'annullamento che non dipende da incapacità legale non pregiudica i diritti acquistati a titolo oneroso dai terzi di buona fede, salvi gli effetti della trascrizione

della domanda di annullamento.

Art. 1446. Annullabilità nel contratto plurilaterale.

Nei contratti indicati dall'articolo 1420 l'annullabilità che riguarda il vincolo di una sola delle parti non importa annullamento del contratto, salvo che la partecipazione di questa debba, secondo le circostanze, considerarsi essenziale.

CAPO XIII – DELLA RESCISSIONE DEL CONTRATTO

Art. 1447. Contratto concluso in istato di pericolo.

Il contratto con cui una parte ha assunto obbligazioni a condizioni inique, per la necessità, nota alla controparte, di salvare sé o altri dal pericolo attuale di un danno grave alla persona, può essere rescisso sulla domanda della parte che si è obbligata.

Il giudice nel pronunciare la rescissione, può, secondo le circostanze, assegnare un equo compenso all'altra parte per l'opera prestata.

Art. 1448. Azione generale di rescissione per lesione.

Se vi è sproporzione tra la prestazione di una parte e quella dell'altra, e la sproporzione è dipesa dallo stato di bisogno di una parte, del quale l'altra ha approfittato per trarne vantaggio, la parte danneggiata può domandare la rescissione del contratto.

L'azione non è ammissibile se la lesione non eccede la metà del valore che la prestazione eseguita o promessa dalla parte danneggiata aveva al tempo del contratto.

La lesione deve perdurare fino al tempo in cui la domanda è proposta.

Non possono essere rescissi per causa di lesione i contratti aleatori.

Sono salve le disposizioni relative alla rescissione della divisione.

Art. 1449. Prescrizione.

L'azione di rescissione si prescrive in un anno dalla conclusione del contratto; ma se il fatto costituisce reato, si applica l'ultimo comma dell'articolo 2947.

La rescindibilità del contratto non può essere opposta in via di eccezione quando l'azione è prescritta.

Art. 1450. Offerta di modificazione del contratto.

Il contraente contro il quale è domandata la rescissione può evitarla offrendo una modificazione del contratto sufficiente per ricondurlo ad equità.

Art. 1451. Inammissibilità della convalida.

Il contratto rescindibile non può essere convalidato.

Art. 1452. Effetti della rescissione rispetto ai terzi.

La rescissione del contratto non pregiudica i diritti acquistati dai terzi, salvi gli effetti della trascrizione della domanda di rescissione.

CAPO XIV – DELLA RISOLUZIONE DEL CONTRATTO

SEZIONE I – Della risoluzione per inadempimento

Art. 1453. Risolubilità del contratto per inadempimento.

Nei contratti con prestazioni corrispettive, quando uno dei contraenti non adempie le sue obbligazioni, l'altro può a sua scelta chiedere l'adempimento o la risoluzione del contratto, salvo, in ogni caso, il risarcimento del danno.

La risoluzione può essere domandata anche quando il giudizio è stato promosso per ottenere l'adempimento; ma non può più chiedersi l'adempimento quando è stata domandata la risoluzione.

Dalla data della domanda di risoluzione l'inadempiente non può più adempiere la propria obbligazione.

Cfr. Cassazione Civile, sez. II, sentenza 10 maggio 2007, n. 10678 e Cassazione Civile, SS.UU., sentenza 14 gennaio 2009, n. 553 in Altalex Massimario.

Art. 1454. Diffida ad adempiere.

Alla parte inadempiente l'altra può intimare per iscritto di adempiere in un congruo termine, con dichiarazione che, decorso inutilmente detto termine, il contratto s'intenderà senz'altro risoluto.

Il termine non può essere inferiore a quindici giorni, salvo diversa pattuizione delle parti o salvo che, per la natura del contratto o secondo gli usi, risulti congruo un termine minore.

Decorso il termine senza che il contratto sia stato adempiuto, questo è risoluto di diritto.

Cfr. Cassazione Civile, SS.UU., sentenza 15 giugno 2010, n. 14292 in Altalex Massimario.

Art. 1455. Importanza dell'inadempimento.

Il contratto non si può risolvere se l'inadempimento di una delle parti ha scarsa importanza, avuto riguardo all'interesse dell'altra.

Cfr. Cassazione Civile, sez. II, sentenza 13 febbraio 2008, n. 3472 e Cassazione Civile, sez. II, sentenza 18 febbraio 2008, n. 3954 in Altalex Massimario.

Art. 1456. Clausola risolutiva espressa.

I contraenti possono convenire espressamente che il contratto si risolva nel caso che una determinata obbligazione non sia adempiuta secondo le modalità stabilite.

In questo caso, la risoluzione si verifica di diritto quando la parte interessata dichiara all'altra che intende valersi della clausola risolutiva.

Cfr. Consiglio di Stato, sez. VI, sentenza 9 settembre 2008, n. 4304 in Altalex Massimario.

Art. 1457. Termine essenziale per una delle parti.

Se il termine fissato per la prestazione di una delle parti deve considerarsi essenziale nell'interesse dell'altra, questa, salvo patto o uso contrario, se vuole esigerne l'esecuzione nonostante la scadenza del termine, deve darne notizia all'altra parte entro tre giorni.

In mancanza, il contratto s'intende risoluto di diritto anche se non è stata espressamente pattuita la risoluzione.

Art. 1458. Effetti della risoluzione.

La risoluzione del contratto per inadempimento ha effetto retroattivo tra le parti, salvo il caso di contratti ad esecuzione continuata o periodica, riguardo ai quali l'effetto della risoluzione non si estende alle prestazioni già eseguite.

La risoluzione, anche se è stata espressamente pattuita, non pregiudica i diritti acquistati dai terzi, salvi gli effetti della trascrizione della domanda di risoluzione.

Cfr. Tribunale di Modena, sez. I civile, sentenza 9 giugno 2009, n. 904 in Altalex Massimario.

Art. 1459. Risoluzione nel contratto plurilaterale.

Nei contratti indicati dall'articolo 1420 l'inadempimento di una delle parti non importa la risoluzione del contratto rispetto alle altre, salvo che la prestazione

mancata debba, secondo le circostanze, considerarsi essenziale.

Art. 1460. Eccezione d'inadempimento.

Nei contratti con prestazioni corrispettive, ciascuno dei contraenti può rifiutarsi di adempiere la sua obbligazione, se l'altro non adempie o non offre di adempiere contemporaneamente la propria, salvo che termini diversi per l'adempimento siano stati stabiliti dalle parti o risultino dalla natura del contratto.

Tuttavia non può rifiutarsi l'esecuzione se, avuto riguardo alle circostanze, il rifiuto è contrario alla buona fede.

Cfr. Cassazione Civile, sez. III, sentenza 19 ottobre 2007, n. 21973, Cassazione Civile, sez. II, sentenza 6 febbraio 2008, n. 2800, Cassazione Civile, sez. lavoro, sentenza 19 febbraio 2008, n. 4060 e Cassazione Civile, sez. III, sentenza 8 gennaio 2010, n. 74 in Altalex Massimario.

Art. 1461. Mutamento nelle condizioni patrimoniali dei contraenti.

Ciascun contraente può sospendere l'esecuzione della prestazione da lui dovuta, se le condizioni patrimoniali dell'altro sono divenute tali da porre in evidente pericolo il conseguimento della controprestazione, salvo che sia prestata idonea garanzia.

Art. 1462. Clausola limitativa della proponibilità di eccezioni.

La clausola con cui si stabilisce che una delle parti non può opporre eccezioni al fine di evitare o ritardare la prestazione dovuta, non ha effetto per le eccezioni di nullità, di annullabilità e di rescissione del contratto.

Nei casi in cui la clausola è efficace, il giudice, se riconosce che concorrono gravi motivi, può tuttavia sospendere la condanna, imponendo, se del caso, una cauzione.

Cfr. Cassazione Civile, sez. II, sentenza 21 febbraio 2008, n. 4446 in Altalex Massimario.

SEZIONE II – Dell'impossibilità sopravvenuta

Art. 1463. Impossibilità totale.

Nei contratti con prestazioni corrispettive, la parte liberata per la sopravvenuta impossibilità della prestazione dovuta non può chiedere la controprestazione, e deve restituire quella che abbia già ricevuta, secondo le norme relative alla ripetizione dell'indebito.

Art. 1464. Impossibilità parziale.

Quando la prestazione di una parte è divenuta solo parzialmente impossibile, l'altra parte ha diritto a una corrispondente riduzione della prestazione da essa dovuta, e può anche recedere dal contratto qualora non abbia un interesse apprezzabile all'adempimento parziale.

Cfr. Cassazione Civile, sez. lavoro, sentenza 26 giugno 2009, n. 15080 in Altalex Massimario.

Art. 1465. Contratto con effetti traslativi o costitutivi.

Nei contratti che trasferiscono la proprietà di una cosa determinata ovvero costituiscono o trasferiscono diritti reali, il perimento della cosa per una causa non imputabile all'alienante non libera l'acquirente dall'obbligo di eseguire la controprestazione, ancorché la cosa non gli sia stata consegnata.

La stessa disposizione si applica nel caso in cui l'effetto traslativo o costitutivo sia differito fino allo scadere di un termine.

Qualora oggetto del trasferimento sia una cosa determinata solo nel genere, l'acquirente non è liberato dall'obbligo di eseguire la controprestazione, se l'alienante ha fatto la consegna o se la cosa è stata individuata.

L'acquirente è in ogni caso liberato dalla sua obbligazione, se il trasferimento era sottoposto a condizione sospensiva e l'impossibilità è sopravvenuta prima che si verifichi la condizione.

Art. 1466. Impossibilità nel contratto plurilaterale.

Nei contratti indicati dall'articolo 1420 l'impossibilità della prestazione di una delle parti non importa scioglimento del contratto rispetto alle altre, salvo che la prestazione mancata debba, secondo le circostanze, considerarsi essenziale.

SEZIONE III – Dell'eccessiva onerosità

Art. 1467. Contratto con prestazioni corrispettive.

Nei contratti a esecuzione continuata o periodica ovvero a esecuzione differita, se la prestazione di una delle parti è divenuta eccessivamente onerosa per il verificarsi di avvenimenti straordinari e imprevedibili, la parte che deve tale prestazione può domandare la risoluzione del contratto, con gli effetti stabiliti dall'articolo 1458.

La risoluzione non può essere domandata se la sopravvenuta onerosità rientra nell'alea normale del contratto.

La parte contro la quale è domandata la risoluzione può evitarla offrendo di modificare equamente le condizioni del contratto.

Art. 1468. Contratto con obbligazioni di una sola parte.

Nell'ipotesi prevista dall'articolo precedente se si tratta di un contratto nel quale una sola delle parti ha assunto obbligazioni, questa può chiedere una riduzione della sua prestazione ovvero una modificazione nelle modalità di esecuzione, sufficienti per ricondurla ad equità.

Cfr. Cassazione Civile, sez. II, sentenza 20 marzo 2009, n. 6891 in Altalex Massimario.

Art. 1469. Contratto aleatorio.

Le norme degli articoli precedenti non si applicano ai contratti aleatori per loro natura o per volontà delle parti.

CAPO XIV bis – DEI CONTRATTI DEL CONSUMATORE

Art. 1469-bis. Contratti del consumatore. (1)

Le disposizioni del presente titolo si applicano ai contratti del consumatore, ove non derogate dal codice del consumo o da altre disposizioni più favorevoli per il consumatore.

(1) Articolo così modificato dall'articolo 142 del Codice del consumo che ha sostituito gli artt. da 1469-bis a 1469-sexies con il nuovo 1469-bis.

Cfr. Cassazione Civile, sez. III, sentenza 29 settembre 2007, n. 20592 in Altalex Massimario.

Art. 1469-ter.

(…) (1)

(1) " Accertamento della vessatorietà"
Articolo eliminato dall'articolo 142 del Codice del consumo che ha sostituito gli artt. da 1469-bis a 1969-sexies con il nuovo 1469-bis.

Art. 1469-quater.

(…) (1)

(1) "Forma e interpretazione"
Articolo eliminato dall'articolo 142 del Codice del consumo che ha sostituito gli artt. da 1469-bis a 1969-sexies con il nuovo 1469-bis.

Art. 1469-quinquies.

(…) (1)

(1) "Inefficacia"
Articolo eliminato dall'articolo 142 del Codice del consumo che ha sostituito gli artt. da 1469-bis a 1969-sexies con il nuovo 1469-bis.

Art. 1469-sexies.

(…) (1)

(1) "Azione inibitoria"
Articolo eliminato dall'articolo 142 del Codice del consumo che ha sostituito gli artt. da 1469-bis a 1969-sexies con il nuovo 1469-bis.

Cfr. Cassazione Civile, sez. I, sentenza 21 maggio 2008, n. 13051 in Altalex Massimario.

TITOLO III – DEI SINGOLI CONTRATTI

CAPO I – DELLA VENDITA

SEZIONE I – Disposizioni generali

Art. 1470. Nozione.

La vendita è il contratto che ha per oggetto il trasferimento della proprietà di una cosa o il trasferimento di un altro diritto verso il corrispettivo di un prezzo.

Cfr. Cassazione Civile, sez. tributario, sentenza 6 maggio 2009, n. 10388 in Altalex Massimario.

Art. 1471. Divieti speciali di comprare.

Non possono essere compratori nemmeno all'asta pubblica, né direttamente né per interposta persona:

1) gli amministratori dei beni dello Stato, dei comuni, delle province o degli altri enti pubblici, rispetto ai beni affidati alla loro cura;

2) gli ufficiali pubblici, rispetto ai beni che sono venduti per loro ministero;

3) coloro che per legge o per atto della pubblica autorità amministrano beni altrui, rispetto ai beni medesimi;

4) i mandatari, rispetto ai beni che sono stati incaricati di vendere, salvo il disposto dell'articolo 1395.

Nei primi due casi l'acquisto è nullo; negli altri è annullabile.

Art. 1472. Vendita di cose future.

Nella vendita che ha per oggetto una cosa futura, l'acquisto della proprietà si verifica non appena la cosa viene ad esistenza. Se oggetto della vendita sono gli alberi o i frutti di un fondo, la proprietà si acquista quando gli alberi sono tagliati o i frutti sono separati.

Qualora le parti non abbiano voluto concludere un contratto aleatorio, la vendita è nulla, se la cosa non viene ad esistenza.

Cfr. Cassazione Civile, sez. II, sentenza 12 ottobre 2009, n. 21607 in Altalex Massimario.

Art. 1473. Determinazione del prezzo affidata a un terzo.

Le parti possono affidare la determinazione del prezzo a un terzo, eletto nel contratto o da eleggere posteriormente.

Se il terzo non vuole o non può accettare l'incarico, ovvero le parti non si accordano per la sua nomina o per la sua sostituzione, la nomina, su richiesta di una delle parti, è fatta dal presidente del tribunale del luogo in cui è stato concluso il contratto.

Art. 1474. Mancanza di determinazione espressa del prezzo.

Se il contratto ha per oggetto cose che il venditore vende abitualmente e le parti non hanno determinato il prezzo, né hanno convenuto il modo di determinarlo,

né esso è stabilito per atto della pubblica autorità (1), si presume che le parti abbiano voluto riferirsi al prezzo normalmente praticato dal venditore.

Se si tratta di cose aventi un prezzo di borsa o di mercato, il prezzo si desume dai listini o dalle mercuriali del luogo in cui deve essere eseguita la consegna o da quelli della piazza più vicina.

Qualora le parti abbiano inteso riferirsi al giusto prezzo, si applicano le disposizioni

dei commi precedenti; e, quando non ricorrono i casi da essi previsti, il prezzo, in mancanza di accordo, è determinato da un terzo, nominato a norma del secondo comma dell'articolo precedente.

(1) L'espressione: "o da norme corporative" è stata abrogata dal R.D.L. 9 agosto 1943, n.721

Art. 1475. Spese della vendita.

Le spese del contratto di vendita e le altre accessorie sono a carico del compratore, se non è stato pattuito diversamente.

§ 1 - Delle obbligazioni del venditore

Art. 1476. Obbligazioni principali del venditore.

Le obbligazioni principali del venditore sono:

1) quella di consegnare la cosa al compratore;
2) quella di fargli acquistare la proprietà della cosa o il diritto, se l'acquisto non è effetto immediato del contratto;
3) quella di garantire il compratore dall'evizione e dai vizi della cosa.

Art. 1477. Consegna della cosa.

La cosa deve essere consegnata nello stato in cui si trovava al momento della vendita.

Salvo diversa volontà delle parti, la cosa deve essere consegnata insieme con gli accessori, le pertinenze e i frutti dal giorno della vendita.

Il venditore deve pure consegnare i titoli e i documenti relativi alla proprietà e all'uso della cosa venduta.

Art. 1478. Vendita di cosa altrui.

Se al momento del contratto la cosa venduta non era di proprietà del venditore, questi è obbligato a procurarne l'acquisto al compratore.

Il compratore diventa proprietario nel momento in cui il venditore acquista la proprietà dal titolare di essa.

Cfr. Cassazione Civile, sez. II, sentenza 23 novembre 2007, n. 24448 in Altalex Massimario.

Art. 1479. Buona fede del compratore.

Il compratore può chiedere la risoluzione del contratto, se, quando l'ha concluso,

ignorava che la cosa non era di proprietà del venditore, e se frattanto il venditore non gliene ha fatto acquistare la proprietà.

Salvo il disposto dell'articolo 1223, il venditore è tenuto a restituire all'acquirente

il prezzo pagato, anche se la cosa è diminuita di valore o è deteriorata; deve inoltre rimborsargli le spese e i pagamenti legittimamente fatti per il contratto. Se la diminuzione di valore o il deterioramento derivano da un fatto del compratore, dall'ammontare suddetto si deve detrarre l'utile che il compratore ne ha ricavato.

Il venditore è inoltre tenuto a rimborsare al compratore le spese necessarie e utili fatte per la cosa, e, se era in mala fede, anche quelle voluttuarie.

Cfr. Cassazione Civile, sez. II, sentenza 2 settembre 2008, n. 22033 in Altalex Massimario.

Art. 1480. Vendita di cosa parzialmente di altri.

Se la cosa che il compratore riteneva di proprietà del venditore era solo in parte di proprietà altrui, il compratore può chiedere la risoluzione del contratto e il risarcimento del danno a norma dell'articolo precedente, quando deve ritenersi, secondo le circostanze, che non avrebbe acquistato la cosa senza quella parte di cui non è divenuto proprietario; altrimenti può solo ottenere una riduzione del prezzo, oltre al risarcimento del danno.

Cfr. Cassazione Civile, sez. II, sentenza 2 settembre 2008, n. 22033 in Altalex Massimario.

Art. 1481. Pericolo di rivendica.

Il compratore può sospendere il pagamento del prezzo, quando ha ragione di temere che la cosa o una parte di essa possa essere rivendicata da terzi, salvo che il venditore presti idonea garanzia.

Il pagamento non può essere sospeso se il pericolo era noto al compratore al tempo della vendita.

Art. 1482. Cosa gravata da garanzie reali o da altri vincoli.

Il compratore può altresì sospendere il pagamento del prezzo, se la cosa venduta risulta gravata da garanzie reali o da vincoli derivanti da pignoramento o da sequestro, non dichiarati dal venditore e dal compratore stesso ignorati.

Egli può inoltre far fissare dal giudice un termine alla scadenza del quale, se la cosa non è liberata, il contratto è risolto con obbligo del venditore di risarcire il danno ai sensi dell'articolo 1479.

Se l'esistenza delle garanzie reali o dei vincoli sopra indicati era nota al compratore, questi non può chiedere la risoluzione del contratto, e il venditore è tenuto verso di lui solo per il caso di evizione.

Art. 1483. Evizione totale della cosa.

Se il compratore subisce l'evizione totale della cosa per effetto di diritti che un terzo ha fatti valere su di essa, il venditore è tenuto a risarcirlo del danno a norma dell'articolo 1479.

Egli deve inoltre corrispondere al compratore il valore dei frutti che questi sia tenuto a restituire a colui dal quale è evitto, le spese che egli abbia fatte per la denunzia della lite e quelle che abbia dovuto rimborsare all'attore.

Cfr. Cassazione Civile, sez. II, sentenza 25 settembre 2008, n. 24055 in Altalex Massimario.

Art. 1484. Evizione parziale.

In caso di evizione parziale della cosa, si osservano le disposizioni dell'articolo 1480 e quella del secondo comma dell'articolo precedente.

Cfr. Cassazione Civile, sez. II, sentenza 25 settembre 2008, n. 24055 in Altalex Massimario.

Art. 1485. Chiamata in causa del venditore.

Il compratore convenuto da un terzo che pretende di avere diritti sulla cosa venduta, deve chiamare in causa il venditore. Qualora non lo faccia e sia condannato con sentenza passata in giudicato, perde il diritto alla garanzia, se il venditore prova che esistevano ragioni sufficienti per far respingere la domanda.

Il compratore che ha spontaneamente riconosciuto il diritto del terzo perde il diritto alla garanzia, se non prova che non esistevano ragioni sufficienti per impedire l'evizione.

Art. 1486. Responsabilità limitata del venditore.

Se il compratore ha evitato la evizione della cosa mediante il pagamento di una somma di danaro, il venditore può liberarsi da tutte le conseguenze della garanzia col rimborso della somma pagata, degli interessi e di tutte le spese.

Art. 1487. Modificazione o esclusione convenzionale della garanzia.

I contraenti possono aumentare o diminuire gli effetti della garanzia e possono altresì pattuire che il venditore non sia soggetto a garanzia alcuna.

Quantunque sia pattuita l'esclusione della garanzia, il venditore è sempre tenuto per l'evizione derivante da un fatto suo proprio. È nullo ogni patto contrario.

Art. 1488. Effetti dell'esclusione della garanzia.

Quando è esclusa la garanzia, non si applicano le disposizioni degli articoli 1479 e 1480; se si verifica l'evizione, il compratore può pretendere dal venditore

soltanto la restituzione del prezzo pagato e il rimborso delle spese.

Il venditore è esente anche da questo obbligo quando la vendita è stata convenuta a rischio e pericolo del compratore.

Art. 1489. Cosa gravata da oneri o da diritti di godimento di terzi.

Se la cosa venduta è gravata da oneri o da diritti reali o personali non apparenti che ne diminuiscono il libero godimento e non sono stati dichiarati nel contratto, il compratore che non ne abbia avuto conoscenza può domandare la risoluzione del contratto oppure una riduzione del prezzo secondo la disposizione dell'articolo 1480.

Si osservano inoltre, in quanto applicabili, le disposizioni degli articoli 1481, 1485, 1486, 1487 e 1488.

Art. 1490. Garanzia per i vizi della cosa venduta.

Il venditore è tenuto a garantire che la cosa venduta sia immune da vizi che la rendano inidonea all'uso a cui è destinata o ne diminuiscano in modo apprezzabile il valore.

Il patto con cui si esclude o si limita la garanzia non ha effetto, se il venditore ha in mala fede taciuto al compratore i vizi della cosa.

Cfr. Cassazione Civile, sez. II, sentenza 11 marzo 2008, n. 6466, Tribunale di Bari, sez. III civile, sentenza 30 settembre 2009, n. 2848 e Cassazione Civile, sez. II, sentenza 12 dicembre 2009, n. 21621 in Altalex Massimario.

Art. 1491. Esclusione della garanzia.

Non è dovuta la garanzia se al momento del contratto il compratore conosceva i vizi della cosa; parimenti non è dovuta, se i vizi erano facilmente riconoscibili, salvo, in questo caso, che il venditore abbia dichiarato che la cosa era esente da vizi.

Art. 1492. Effetti della garanzia.

Nei casi indicati dall'articolo 1490 il compratore può domandare a sua scelta la risoluzione del contratto ovvero la riduzione del prezzo, salvo che, per determinati vizi, gli usi escludano la risoluzione.

La scelta è irrevocabile quando è fatta con la domanda giudiziale.

Se la cosa consegnata è perita in conseguenza dei vizi, il compratore ha diritto alla risoluzione del contratto; se invece è perita per caso fortuito o per colpa del compratore, o se questi l'ha alienata o trasformata, egli non può domandare che la riduzione del prezzo.

Cfr. Cassazione Civile, sez. II, sentenza 21 maggio 2008, n. 12852, Cassazione Civile, sez. II, sentenza 18 maggio 2009, n. 11423 e Tribunale di Bari, sez. III civile, sentenza 30 settembre 2009, n. 2848 in Altalex Massimario.

Art. 1493. Effetti della risoluzione del contratto.

In caso di risoluzione del contratto il venditore deve restituire il prezzo e rimborsare al compratore le spese e i pagamenti legittimamente fatti per la vendita.

Il compratore deve restituire la cosa, se questa non è perita in conseguenza dei vizi.

Art. 1494. Risarcimento del danno.

In ogni caso il venditore è tenuto verso il compratore al risarcimento del danno se non prova di avere ignorato senza colpa i vizi della cosa.

Il venditore deve altresì risarcire al compratore i danni derivati dai vizi della cosa.

Cfr. Cassazione Civile, sez. II, sentenza 6 febbraio 2008, n. 2797, Cassazione Civile, sez. II, sentenza 18 maggio 2009, n. 11423 e Tribunale di Bari, sez. III civile, sentenza 30 settembre 2009, n. 2848 in Altalex Massimario.

Art. 1495. Termini e condizioni per l'azione.

Il compratore decade dal diritto alla garanzia, se non denunzia i vizi al venditore

entro otto giorni dalla scoperta, salvo il diverso termine stabilito dalle parti o dalla legge.

La denunzia non è necessaria se il venditore ha riconosciuto l'esistenza del vizio o l'ha occultato.

L'azione si prescrive, in ogni caso, in un anno dalla consegna; ma il compratore che sia convenuto per l'esecuzione del contratto, può sempre far valere la garanzia, purché il vizio della cosa sia stato denunziato entro otto giorni dalla scoperta e prima del decorso dell'anno dalla consegna.

Art. 1496. Vendita di animali.

Nella vendita di animali la garanzia per i vizi è regolata dalle leggi speciali o, in mancanza, dagli usi locali. Se neppure questi dispongono, si osservano le norme che precedono.

Art. 1497. Mancanza di qualità.

Quando la cosa venduta non ha le qualità promesse ovvero quelle essenziali per l'uso a cui è destinata, il compratore ha diritto di ottenere la risoluzione del contratto secondo le disposizioni generali sulla risoluzione per inadempimento,

purché il difetto di qualità ecceda i limiti di tolleranza stabiliti dagli usi.

Tuttavia il diritto di ottenere la risoluzione è soggetto alla decadenza e alla prescrizione stabilite dall'articolo 1495.

§ 2 - Delle obbligazioni del compratore

Art. 1498. Pagamento del prezzo.

Il compratore è tenuto a pagare il prezzo nel termine e nel luogo fissati dal contratto.

In mancanza di pattuizione e salvi gli usi diversi, il pagamento deve avvenire al momento della consegna e nel luogo dove questa si esegue.

Se il prezzo non si deve pagare al momento della consegna, il pagamento si fa al domicilio del venditore.

Art. 1499. Interessi compensativi sul prezzo.

Salvo diversa pattuizione, qualora la cosa venduta e consegnata al compratore produca frutti o altri proventi, decorrono gli interessi sul prezzo, anche se questo non è ancora esigibile.

§ 3 - Del riscatto convenzionale

Art. 1500. Patto di riscatto.

Il venditore può riservarsi il diritto di riavere la proprietà della cosa venduta mediante la restituzione del prezzo e i rimborsi stabiliti dalle disposizioni che seguono.

Il patto di restituire un prezzo superiore a quello stipulato per la vendita è nullo per l'eccedenza.

Art. 1501. Termini.

Il termine per il riscatto non può essere maggiore di due anni nella vendita di beni mobili e di cinque anni in quella di beni immobili. Se le parti stabiliscono
un termine maggiore, esso si riduce a quello legale.

Il termine stabilito dalla legge è perentorio e non si può prorogare.

Art. 1502. Obblighi del riscattante.

Il venditore che esercita il diritto di riscatto è tenuto a rimborsare al compratore il prezzo, le spese e ogni altro pagamento legittimamente fatto per la vendita, le spese per le riparazioni necessarie e, nei limiti dell'aumento, quelle che hanno aumentato il valore della cosa.

Fino al rimborso delle spese necessarie e utili, il compratore ha diritto di ritenere la cosa. Il giudice tuttavia, per il rimborso delle spese utili, può accordare
una dilazione disponendo, se occorrono, le opportune cautele.

Art. 1503. Esercizio del riscatto.

Il venditore decade dal diritto di riscatto, se entro il termine fissato non comunica
al compratore la dichiarazione di riscatto e non gli corrisponde le somme liquide dovute per il rimborso del prezzo, delle spese e di ogni altro pagamento legittimamente fatto per la vendita.

Se il compratore rifiuta di ricevere il pagamento di tali rimborsi, il venditore decade dal diritto di riscatto, qualora non ne faccia offerta reale entro otto giorni dalla scadenza del termine.

Nella vendita di beni immobili la dichiarazione di riscatto deve essere fatta per iscritto, sotto pena di nullità.

Art. 1504. Effetti del riscatto rispetto ai subacquirenti.

Il venditore che ha legittimamente esercitato il diritto di riscatto nei confronti del compratore può ottenere il rilascio della cosa anche dai successivi acquirenti, purché il patto sia ad essi opponibile.

Se l'alienazione è stata notificata al venditore, il riscatto deve essere esercitato in confronto del terzo acquirente.

Art. 1505. Diritti costituiti dal compratore sulla cosa.

Il venditore che ha esercitato il diritto di riscatto riprende la cosa esente dai pesi e dalle ipoteche da cui sia stata gravata; ma è tenuto a mantenere le locazioni fatte senza frode, purché abbiano data certa e siano state convenute per un tempo non superiore ai tre anni.

Art. 1506. Riscatto di parte indivisa.

In caso di vendita con patto di riscatto di una parte indivisa di una cosa, il comproprietario che chiede la divisione deve proporre la domanda anche in confronto del venditore.

Se la cosa non è comodamente divisibile e si fa luogo all'incanto, il venditore che non ha esercitato il riscatto anteriormente all'aggiudicazione decade da tale diritto, anche se aggiudicatario sia lo stesso compratore.

Art. 1507. Vendita congiuntiva di cosa indivisa.

Se più persone hanno venduto congiuntamente, mediante un solo contratto, una cosa indivisa, ciascuna può esercitare il diritto di riscatto solo sopra la quota che le spettava.

La medesima disposizione si osserva se il venditore ha lasciato più eredi.

Il compratore, nei casi sopra espressi, può esigere che
tutti i venditori o tutti i coeredi esercitino congiuntamente il diritto di riscatto dell'intera cosa; se essi non si accordano, il riscatto può esercitarsi soltanto da parte di colui o di coloro che offrono di riscattare la cosa per intero.

Art. 1508. Vendita separata di cosa indivisa.

Se i comproprietari di una cosa non l'hanno venduta congiuntamente e per intero, ma ciascuno ha venduto la sola sua quota, essi possono separatamente esercitare il diritto di riscatto sopra la quota che loro spettava, e il compratore non può valersi della facoltà prevista dall'ultimo comma dell'articolo
precedente.

Art. 1509. Riscatto contro gli eredi del compratore.

Qualora il compratore abbia lasciato più eredi, il diritto di riscatto si può esercitare contro ciascuno di essi solo per la parte che gli spetta, anche quando la cosa venduta è tuttora indivisa.

Se l'eredità è stata divisa e la cosa venduta è stata assegnata a uno degli eredi, il diritto di riscatto non può esercitarsi contro di lui che per la totalità.

SEZIONE II – Della vendita di cose mobili

§ 1 - Disposizioni generali

Art. 1510. Luogo della consegna.

In mancanza di patto o di uso contrario, la consegna della cosa deve avvenire nel luogo dove questa si trovava al tempo della vendita, se le parti ne erano a conoscenza, ovvero nel luogo dove il venditore aveva il suo domicilio o la sede dell'impresa.

Salvo patto o uso contrario, se la cosa venduta deve essere trasportata da un luogo all'altro, il venditore si libera dall'obbligo della consegna rimettendo la cosa al vettore o allo spedizioniere; le spese del trasporto sono a carico del compratore.

Cfr. Cassazione Civile, sez. III, sentenza 28 marzo 2008, n. 8063 in Altalex Massimario.

Art. 1511. Denunzia nella vendita di cose da trasportare.

Nella vendita di cose da trasportare da un luogo a un altro, il termine per la denunzia dei vizi e dei difetti di qualità apparenti decorre dal giorno del ricevimento.

Art. 1512. Garanzia di buon funzionamento.

Se il venditore ha garantito per un tempo determinato il buon funzionamento della cosa venduta, il compratore, salvo patto contrario, deve denunziare al venditore il difetto di funzionamento entro trenta giorni dalla scoperta, sotto pena di decadenza. L'azione si prescrive, in sei mesi dalla scoperta.

Il giudice, secondo le circostanze, può assegnare al venditore un termine per sostituire o riparare la cosa in modo da assicurarne il buon funzionamento, salvo il risarcimento dei danni.

Sono salvi gli usi i quali stabiliscono che la garanzia di buon funzionamento è dovuta anche in mancanza di patto espresso.

Art. 1513. Accertamento dei difetti.

In caso di divergenza sulla qualità o condizione della cosa, il venditore o il compratore possono chiederne la verifica nei modi stabiliti dall'articolo 696 del codice di procedura civile. Il giudice, su istanza della parte interessata, può ordinare il deposito o il sequestro della cosa stessa, nonché la vendita per conto di chi spetta, determinandone le condizioni.

La parte che non ha chiesto la verifica della cosa, deve, in caso di contestazione,

provarne rigorosamente l'identità e lo stato.

Art. 1514. Deposito della cosa venduta.

Se il compratore non si presenta per ricevere la cosa acquistata, il venditore può depositarla, per conto e a spese del compratore medesimo, in un locale di pubblico deposito, oppure in altro locale idoneo determinato dal tribunale del luogo in cui la consegna doveva essere fatta.

Il venditore deve dare al compratore pronta notizia del deposito eseguito.

Art. 1515. Esecuzione coattiva per inadempimento del compratore.

Se il compratore non adempie l'obbligazione di pagare il prezzo, il venditore può far vendere senza ritardo la cosa per conto e a spese di lui.

La vendita è fatta all'incanto a mezzo di una persona autorizzata a tali atti, o, in mancanza di essa nel luogo in cui la vendita deve essere eseguita, a mezzo di un ufficiale giudiziario. Il venditore deve dare tempestiva notizia al compratore del giorno, del luogo e dell'ora in cui la vendita sarà eseguita.

Se la cosa ha un prezzo corrente, stabilito per atto della pubblica autorità, (1) ovvero risultante da listini di borsa o da mercuriali, la vendita può essere fatta senza incanto, al prezzo corrente, a mezzo delle persone indicate nel comma precedente o di un commissario nominato dal tribunale. In tal caso il venditore deve dare al compratore pronta notizia della vendita.

Il venditore ha diritto alla differenza tra il prezzo convenuto e il ricavo netto della vendita, oltre al risarcimento del maggior danno.

(1) L'espressione "o da norme corporative" è da ritenersi abrogata dal R.D.L. 9 agosto 1943, n.721

Art. 1516. Esecuzione coattiva per inadempimento del venditore.

Se la vendita ha per oggetto cose fungibili che hanno un prezzo corrente a norma del terzo comma dell'articolo precedente, e il venditore non adempie la sua obbligazione, il compratore può fare acquistare senza ritardo le cose, a spese del venditore, a mezzo di una delle persone indicate nel secondo e terzo comma dell'articolo precedente. Dell'acquisto il compratore deve dare pronta notizia al venditore.

Il compratore ha diritto alla differenza tra l'ammontare della spesa occorsa per l'acquisto e il prezzo convenuto, oltre al risarcimento del maggior danno.

Art. 1517. Risoluzione di diritto.

La risoluzione ha luogo di diritto a favore del contraente che, prima della scadenza del termine stabilito, abbia offerto all'altro, nelle forme di uso, la consegna della cosa o il pagamento del prezzo, se l'altra parte non adempie la propria obbligazione.

La risoluzione di diritto ha luogo pure a favore del venditore, se, alla scadenza del termine stabilito per la consegna, il compratore, la cui obbligazione di pagare il prezzo non sia scaduta, non si presenta per ricevere la cosa preventivamente offerta, ovvero non l'accetta.

Il contraente che intende valersi della risoluzione disposta dal presente articolo deve darne comunicazione all'altra parte entro otto giorni dalla scadenza del termine; in mancanza di tale comunicazione, si osservano le disposizioni generali sulla risoluzione per inadempimento.

Art. 1518. Normale determinazione del risarcimento.

Se la vendita ha per oggetto una cosa che ha un prezzo corrente a norma del terzo comma dell'articolo 1515, e il contratto si risolve per l'inadempimento di una delle parti, il risarcimento è costituito dalla differenza tra il prezzo convenuto e quello corrente nel luogo e nel giorno in cui si doveva fare la consegna, salva la prova di un maggior danno.

Nella vendita a esecuzione periodica, la liquidazione del danno si determina sulla base dei prezzi correnti nel luogo e nel giorno fissati per le singole consegne.

Art. 1519. Restituzione di cose non pagate.

Se la vendita è stata fatta senza dilazione per il pagamento del prezzo, il venditore, in mancanza di pagamento, può riprendere il possesso delle cose vendute, finché queste si trovano presso il compratore, purché la domanda sia proposta entro quindici giorni dalla consegna e le cose si trovino nello stato in cui erano al tempo della consegna stessa.

Il diritto di riprendere il possesso delle cose non si può esercitare in pregiudizio dei privilegi previsti dagli articoli 2764 e 2765, salvo che si provi che il creditore, al tempo dell'introduzione di esse nella casa o nel fondo locato ovvero nel fondo concesso a mezzadria o a colonia, conosceva che il prezzo era ancora dovuto.

La disposizione del comma precedente si applica anche a favore dei creditori del compratore che abbiano sequestrato o pignorato le cose, a meno che si provi che essi, al momento del sequestro o del pignoramento, conoscevano che il prezzo era ancora dovuto.

§ 1-bis - Della vendita dei beni di consumo (1)

(1) Questo paragrafo è stato inserito dal D.L.vo 2 febbraio 2002, n. 24. Gli articoli da 1519 bis a 1519 nonies sono stati abrogati dall'art. 146, comma 1, lett. s), del D.L.vo 6 settembre 2005, n. 206.

Art. 1520. Vendita con riserva di gradimento.

Quando si vendono cose con riserva di gradimento da parte del compratore, la vendita non si perfeziona fino a che il gradimento non sia comunicato al venditore.

Se l'esame della cosa deve farsi presso il venditore, questi è liberato, qualora il compratore non vi proceda nel termine stabilito dal contratto o dagli usi, o, in mancanza, in un termine congruo fissato dal venditore.

Se la cosa si trova presso il compratore e questi non si pronunzia nel termine sopra indicato, la cosa si considera di suo gradimento.

Art. 1521. Vendita a prova.

La vendita a prova si presume fatta sotto la condizione sospensiva che la cosa abbia le qualità pattuite o sia idonea all'uso a cui è destinata.

La prova si deve eseguire nel termine e secondo le modalità stabiliti dal contratto
o dagli usi.

Art. 1522. Vendita su campione e su tipo di campione.

Se la vendita è fatta sul campione, s'intende che questo deve servire come esclusivo paragone per la qualità della merce, e in tal caso qualsiasi difformità attribuisce al compratore il diritto alla risoluzione del contratto.

Qualora, però, dalla convenzione o dagli usi risulti che il campione deve servire unicamente a indicare in modo approssimativo la qualità, si può domandare la risoluzione soltanto se la difformità dal campione sia notevole.

In ogni caso l'azione è soggetta alla decadenza e alla prescrizione stabilite dall'articolo 1495.

§ 3 - Della vendita con riserva della proprietà

Art. 1523. Passaggio della proprietà e dei rischi.

Nella vendita a rate con riserva della proprietà, il compratore acquista la proprietà della cosa col pagamento dell'ultima rata di prezzo, ma assume i rischi dal momento della consegna.

Art. 1524. Opponibilità della riserva di proprietà nei confronti di terzi.

La riserva della proprietà è opponibile ai creditori del compratore, solo se risulta da atto scritto avente data certa anteriore al pignoramento.

Se la vendita ha per oggetto macchine e il prezzo è superiore agli € 15,49 la riserva della proprietà è opponibile anche al terzo acquirente, purché il patto di riservato dominio sia trascritto in apposito registro tenuto nella cancelleria del tribunale nella giurisdizione del quale è collocata la macchina, e

questa quando è acquistata dal terzo, si trovi ancora nel luogo dove la trascrizione
è stata eseguita.

Sono salve le disposizioni relative ai beni mobili iscritti in pubblici registri.

Art. 1525. Inadempimento del compratore.

Nonostante patto contrario, il mancato pagamento di una sola rata, che non superi l'ottava parte del prezzo, non dà luogo alla risoluzione del contratto, e il compratore conserva il beneficio del termine relativamente alle rate successive.

Art. 1526. Risoluzione del contratto.

Se la risoluzione del contratto ha luogo per l'inadempimento del compratore, il venditore deve restituire le rate riscosse, salvo il diritto a un equo compenso per l'uso della cosa, oltre al risarcimento del danno.

Qualora si sia convenuto che le rate pagate restino acquisite al venditore a titolo d'indennità, il giudice secondo le circostanze, può ridurre l'indennità convenuta.

La stessa disposizione si applica nel caso in cui il contratto sia configurato come locazione, e sia convenuto che, al termine di esso, la proprietà della cosa sia acquisita al conduttore per effetto del pagamento dei canoni pattuiti.

§ 4 - Della vendita su documenti e con pagamento contro documenti

Art. 1527. Consegna.

Nella vendita su documenti, il venditore si libera dall'obbligo della consegna rimettendo al compratore il titolo rappresentativo della merce e gli altri documenti stabiliti dal contratto o, in mancanza, dagli usi.

Art. 1528. Pagamento del prezzo.

Salvo patto o usi contrari, il pagamento del prezzo e degli accessori deve eseguirsi nel momento e nel luogo in cui avviene la consegna dei documenti indicati dall'articolo precedente.

Quando i documenti sono regolari, il compratore non può rifiutare il pagamento del prezzo adducendo eccezioni relative alla qualità e allo stato delle cose, a meno che queste risultino già dimostrate.

Art. 1529. Rischi.

Se la vendita ha per oggetto cose in viaggio e tra i documenti consegnati al compratore è compresa la polizza di assicurazione per i rischi del trasporto, sono a carico del compratore i rischi a cui si trova esposta la merce dal momento
della consegna al vettore.

Questa disposizione non si applica se il venditore al tempo del contratto era a conoscenza della perdita o dell'avaria della merce, e le ha in mala fede taciute al compratore.

Art. 1530. Pagamento contro documenti a mezzo di banca.

Quando il pagamento del prezzo deve avvenire a mezzo di una banca, il venditore non può rivolgersi al compratore se non dopo il rifiuto opposto dalla banca stessa e constatato all'atto della presentazione dei documenti nelle forme stabilite dagli usi.

La banca che ha confermato il credito al venditore può opporgli solo le eccezioni
derivanti dall'incompletezza o irregolarità dei documenti e quelle relative al rapporto di conferma del credito.

§ 5 - Della vendita a termine di titoli di credito

Art. 1531. Interessi, dividendi e diritto di voto.

Nella vendita a termine di titoli di credito, gli interessi e i dividendi esigibili dopo la conclusione del contratto e prima della scadenza del termine, se riscossi dal venditore, sono accreditati al compratore.

Qualora la vendita abbia per oggetto titoli azionari il diritto di voto, spetta al venditore fino al momento della consegna.

Art. 1532. Diritto di opzione.

Il diritto di opzione inerente ai titoli venduti a termine spetta al compratore.

Il venditore, qualora il compratore gliene faccia richiesta in tempo utile, deve mettere il compratore in grado di esercitare il diritto di opzione, oppure deve esercitarlo per conto del compratore, se questi gli ha fornito i fondi necessari.

In mancanza di richiesta da parte del compratore, il venditore deve curare la vendita dei diritti di opzione per conto del compratore, a mezzo di un agente di cambio o di un istituto di credito.

Art. 1533. Estrazione per premi o rimborsi.

Se i titoli venduti a termine sono soggetti a estrazione per premi o rimborsi, i diritti e gli oneri derivanti dall'estrazione spettano al compratore, qualora la conclusione del contratto sia anteriore al giorno stabilito per l'inizio dell'estrazione.

Il venditore, al solo effetto indicato dal comma precedente, deve comunicare per iscritto al compratore una distinta numerica dei titoli almeno un giorno prima dell'inizio dell'estrazione.

In mancanza di tale comunicazione, il compratore ha facoltà di acquistare, a spese del venditore, i diritti spettanti a una quantità corrispondente di titoli, dandone comunicazione al venditore prima dell'inizio dell'estrazione.

Art. 1534. Versamenti richiesti sui titoli.

Il compratore deve fornire al venditore, almeno due giorni prima della scadenza,
le somme necessarie per eseguire i versamenti richiesti sui titoli non liberati.

Art. 1535. Proroga dei contratti a termine.

Se alla scadenza del termine le parti convengono di prorogare l'esecuzione del contratto, è dovuta la differenza tra il prezzo originario e quello corrente nel giorno della scadenza, salva l'osservanza degli usi diversi.

Art. 1536. Inadempimento.

In caso d'inadempimento della vendita a termine di titoli, si osservano le norme degli articoli 1515 e 1516, salva, per i contratti di borsa, l'applicazione delle leggi speciali.

SEZIONE III – Della vendita di cose immobili

Art. 1537. Vendita a misura.

Quando un determinato immobile è venduto con l'indicazione della sua misura e per un prezzo stabilito in ragione di un tanto per ogni unità di misura, il compratore ha diritto a una riduzione, se la misura effettiva dell'immobile è inferiore a quella indicata nel contratto.

Se la misura risulta superiore a quella indicata nel contratto, il compratore deve corrispondere il supplemento del prezzo, ma ha facoltà di recedere dal contratto qualora l'eccedenza oltrepassi la ventesima parte della misura dichiarata.

Art. 1538. Vendita a corpo.

Nei casi in cui il prezzo è determinato in relazione al corpo dell'immobile e non alla sua misura, sebbene questa sia stata indicata, non si fa luogo a diminuzione
o a supplemento di prezzo, salvo che la misura reale sia inferiore
o superiore di un ventesimo rispetto a quella indicata nel contratto.

Nel caso in cui dovrebbe pagarsi un supplemento di prezzo, il compratore ha la scelta di recedere dal contratto o di corrispondere il supplemento.

Art. 1539. Recesso dal contratto.

Quando il compratore esercita il diritto di recesso, il venditore è tenuto a restituire il prezzo e a rimborsare le spese del contratto.

Art. 1540. Vendita cumulativa di più immobili.

Se due o più immobili sono stati venduti con lo stesso contratto per un solo e medesimo prezzo, con l'indicazione della misura di ciascuno di essi, e si trova che la quantità è minore nell'uno e maggiore nell'altro, se ne fa la compensazione fino alla debita concorrenza; il diritto al supplemento o alla diminuzione del prezzo spetta in conformità delle disposizioni sopra stabilite.

Art. 1541. Prescrizione.

Il diritto del venditore al supplemento e quello del compratore alla diminuzione del prezzo o al recesso dal contratto si prescrivono in un anno dalla consegna dell'immobile.

SEZIONE IV – Della vendita di eredità

Art. 1542. Garanzia.

Chi vende un'eredità senza specificarne gli oggetti non è tenuto a garantire che la propria qualità di erede.

Art. 1543. Forme.

La vendita di eredità deve farsi per atto scritto, sotto pena di nullità.

Il venditore è tenuto a prestarsi agli atti che sono necessari da parte sua per rendere efficace, di fronte ai terzi, la trasmissione di ciascuno dei diritti compresi nell'eredità.

Art. 1544. Obblighi del venditore.

Se il venditore ha percepito i frutti di qualche bene o riscosso qualche credito ereditario, ovvero ha venduto qualche bene dell'eredità, è tenuto a rimborsare il compratore, salvo patto contrario.

Art. 1545. Obblighi del compratore.

Il compratore deve rimborsare il venditore di quanto questi ha pagato per debiti e pesi dell'eredità, e deve corrispondergli quanto gli sarebbe dovuto dall'eredità medesima, salvo che sia convenuto diversamente.

Art. 1546. Responsabilità per debiti ereditari.

Il compratore, se non vi è patto contrario, è obbligato in solido col venditore a pagare i debiti ereditari.

Art. 1547. Altre forme di alienazione di eredità.

Le disposizioni precedenti si applicano alle altre forme di alienazione di un'eredità a titolo oneroso.

Nelle alienazioni a titolo gratuito la garanzia è regolata dall'articolo 797.

CAPO II – DEL RIPORTO

Art. 1548. Nozione.

Il riporto è il contratto per il quale il riportato trasferisce in proprietà al riportatore
titoli di credito di una data specie per un determinato prezzo, e il riportatore assume l'obbligo di trasferire al riportato, alla scadenza del termine stabilito, la proprietà di altrettanti titoli della stessa specie, verso rimborso del prezzo, che può essere aumentato o diminuito nella misura convenuta.

Art. 1549. Perfezione del contratto.

Il contratto si perfeziona con la consegna dei titoli.

Art. 1550. Diritti accessori e obblighi inerenti ai titoli.

I diritti accessori e gli obblighi inerenti ai titoli dati a riporto spettano al riportato.

Si applicano le disposizioni degli articoli 1531, 1532, 1533 e 1534.

Il diritto di voto, salvo patto contrario, spetta al riportatore.

Art. 1551. Inadempimento.

In caso di inadempimento di una delle parti, si osservano le disposizioni degli articoli 1515 e 1516, salva per i contratti di borsa l'applicazione delle leggi speciali.

Se entrambe le parti non adempiono le proprie obbligazioni nel termine stabilito, il riporto cessa di avere effetto, e ciascuna parte ritiene ciò che ha ricevuto al tempo della stipulazione del contratto.

CAPO III – DELLA PERMUTA

Art. 1552. Nozione.

La permuta è il contratto che ha per oggetto il reciproco trasferimento della proprietà di cose, o di altri diritti, da un contraente all'altro.

Art. 1553. Evizione.

Il permutante, se ha sofferto l'evizione e non intende riavere la cosa data, ha diritto al valore della cosa evitta, secondo le norme stabilite per la vendita, salvo in ogni caso il risarcimento del danno.

Art. 1554. Spese della permuta.

Salvo patto contrario, le spese della permuta e le altre accessorie sono a carico di entrambi i contraenti in parti uguali.

Art. 1555. Applicabilità delle norme sulla vendita.

Le norme stabilite per la vendita si applicano alla permuta, in quanto siano con questa compatibili.

CAPO IV - DEL CONTRATTO ESTIMATORIO

Art. 1556. Nozione.

Con il contratto estimatorio una parte consegna una o più cose mobili all'altra e questa si obbliga a pagare il prezzo, salvo che restituisca le cose nel termine stabilito.

Art. 1557. Impossibilità di restituzione.

Chi ha ricevuto le cose non è liberato dall'obbligo di pagarne il prezzo, se la restituzione di esse nella loro integrità è divenuta impossibile per causa a lui non imputabile.

Art. 1558. Disponibilità delle cose.

Sono validi gli atti di disposizione compiuti da chi ha ricevuto le cose; ma i suoi creditori non possono sottoporle a pignoramento o a sequestro finché non ne sia stato pagato il prezzo.

Colui che ha consegnato le cose non può disporne fino a che non gli siano restituite.

CAPO V - DELLA SOMMINISTRAZIONE

Art. 1559. Nozione.

La somministrazione è il contratto con il quale una parte si obbliga, verso corrispettivo di un prezzo, a eseguire, a favore dell'altra, prestazioni periodiche o continuative di cose.

Art. 1560. Entità della somministrazione.

Qualora non sia determinata l'entità della somministrazione, s'intende pattuita quella corrispondente al normale fabbisogno della parte che vi ha diritto, avuto riguardo al tempo della conclusione del contratto.

Se le parti hanno stabilito soltanto il limite massimo e quello minimo per l'intera somministrazione o per le singole prestazioni, spetta all'avente diritto alla somministrazione di stabilire, entro i limiti suddetti, il quantitativo dovuto.

Se l'entità della somministrazione deve determinarsi in relazione al fabbisogno ed è stabilito un quantitativo minimo, l'avente diritto alla somministrazione è tenuto per la quantità corrispondente al fabbisogno se questo supera il minimo stesso.

Art. 1561. Determinazione del prezzo.

Nella somministrazione a carattere periodico, se il prezzo deve essere determinato secondo le norme dell'articolo 1474, si ha riguardo al tempo della scadenza delle singole prestazioni e al luogo in cui queste devono essere eseguite.

Art. 1562. Pagamento del prezzo.

Nella somministrazione a carattere periodico il prezzo è corrisposto all'atto delle singole prestazioni e in proporzione di ciascuna di esse.

Nella somministrazione a carattere continuativo il prezzo è pagato secondo le scadenze d'uso.

Art. 1563. Scadenza delle singole prestazioni.

Il termine stabilito per le singole prestazioni si presume pattuito nell'interesse di entrambe le parti.

Se l'avente diritto alla somministrazione ha la facoltà di fissare la scadenza delle singole prestazioni, egli deve comunicarne la data al somministrante con un congruo preavviso.

Art. 1564. Risoluzione del contratto.

In caso d'inadempimento di una delle parti relativo a singole prestazioni, l'altra può chiedere la risoluzione del contratto, se l'inadempimento ha una notevole importanza ed è tale da menomare la fiducia nell'esattezza dei successivi adempimenti.

Art. 1565. Sospensione della somministrazione.

Se la parte che ha diritto alla somministrazione è inadempiente e l'inadempimento è di lieve entità, il somministrante non può sospendere l'esecuzione del contratto senza dare congruo preavviso.

Art. 1566. Patto di preferenza.

Il patto con cui l'avente diritto alla somministrazione si obbliga a dare la preferenza al somministrante nella stipulazione di un successivo contratto per lo stesso oggetto, è valido purché la durata dell'obbligo non ecceda il termine di cinque anni. Se è convenuto un termine maggiore, questo si riduce a cinque anni.

L'avente diritto alla somministrazione deve comunicare al somministrante le condizioni propostegli da terzi e il somministrante deve dichiarare, sotto pena di decadenza, nel termine stabilito o, in mancanza, in quello richiesto dalle circostanze o dagli usi, se intende valersi del diritto di preferenza.

Art. 1567. Esclusiva a favore del somministrante.

Se nel contratto è pattuita la clausola di esclusiva a favore del somministrante, l'altra parte non può ricevere da terzi prestazioni della stessa natura, né, salvo patto contrario, può provvedere con mezzi propri alla produzione delle cose che formano oggetto del contratto.

Art. 1568. Esclusiva a favore dell'avente diritto alla somministrazione.

Se la clausola di esclusiva è pattuita a favore dell'avente diritto alla somministrazione, il somministrante non può compiere nella zona per cui l'esclusiva è concessa e per la durata del contratto, né direttamente né indirettamente, prestazioni della stessa natura di quelle che formano oggetto del contratto.

L'avente diritto alla somministrazione, che assume l'obbligo di promuovere, nella zona assegnatagli, la vendita delle cose di cui ha l'esclusiva, risponde dei danni in caso di inadempimento a tale obbligo, anche se ha eseguito il contratto rispetto al quantitativo minimo che sia stato fissato.

Art. 1569. Contratto a tempo indeterminato.
Se la durata della somministrazione non è stabilita, ciascuna delle parti può recedere dal contratto, dando preavviso nel termine pattuito o in quello stabilito dagli usi o, in mancanza, in un termine congruo avuto riguardo alla natura della somministrazione.

Art. 1570. Rinvio.
Si applicano alla somministrazione, in quanto compatibili con le disposizioni che precedono, anche le regole che disciplinano il contratto a cui corrispondono le singole prestazioni.

CAPO VI – DELLA LOCAZIONE
SEZIONE I – Disposizioni generali

Art. 1571. Nozione.
La locazione è il contratto col quale una parte si obbliga a far godere all'altra una cosa mobile o immobile per un dato tempo, verso un determinato corrispettivo.

Art. 1572. Locazioni e anticipazioni eccedenti l'ordinaria amministrazione.
Il contratto di locazione per una durata superiore a nove anni è atto eccedente l'ordinaria amministrazione.
Sono altresì atti eccedenti l'ordinaria amministrazione le anticipazioni del corrispettivo della locazione per una durata superiore a un anno.

Art. 1573. Durata della locazione.
Salvo diverse norme di legge, la locazione non può stipularsi per un tempo eccedente i trenta anni. Se stipulata per un periodo più lungo o in perpetuo, è ridotta al termine suddetto.

Art. 1574. Locazione senza determinazione di tempo.
Quando le parti non hanno determinato la durata della locazione, questa s'intende convenuta:
1) se si tratta di case senza arredamento di mobili o di locali per l'esercizio di una professione, di un'industria o di un commercio, per la durata di un anno, salvi gli usi locali;
2) se si tratta di camere o di appartamenti mobiliati, per la durata corrispondente all'unità di tempo a cui è commisurata la pigione;
3) se si tratta di cose mobili, per la durata corrispondente all'unità di tempo a cui è commisurato il corrispettivo;
4) se si tratta di mobili forniti dal locatore per l'arredamento di un fondo urbano, per la durata della locazione del fondo stesso.

Art. 1575. Obbligazioni principali del locatore.
Il locatore deve:
1) consegnare al conduttore la cosa locata in buono stato di manutenzione;
2) mantenerla in istato da servire all'uso convenuto;
3) garantirne il pacifico godimento durante la locazione.

Cfr. Cassazione Civile, sez. III, sentenza 23 aprile 2008, n. 10593 e Cassazione Civile, sez. III, sentenza 13 maggio 2008, n. 11903 in Altalex Massimario.

Art. 1576. Mantenimento della cosa in buono stato locativo.
Il locatore deve eseguire, durante la locazione tutte le riparazioni necessarie, eccettuate quelle di piccola manutenzione che sono a carico del conduttore.
Se si tratta di cose mobili, le spese di conservazione e di ordinaria manutenzione sono, salvo patto contrario, a carico del conduttore.

Art. 1577. Necessità di riparazioni.
Quando la cosa locata abbisogna di riparazioni che non sono a carico del conduttore, questi è tenuto a darne avviso al locatore.
Se si tratta di riparazioni urgenti, il conduttore può eseguirle direttamente, salvo rimborso, purché ne dia contemporaneamente avviso al locatore.

Art. 1578. Vizi della cosa locata.
Se al momento della consegna la cosa locata è affetta da vizi che ne diminuiscono in modo apprezzabile l'idoneità all'uso pattuito, il conduttore può domandare la risoluzione del contratto o una riduzione del corrispettivo, salvo che si tratti di vizi da lui conosciuti o facilmente riconoscibili.
Il locatore è tenuto a risarcire al conduttore i danni derivati da vizi della cosa, se non prova di avere senza colpa ignorato i vizi stessi al momento della consegna.

Cfr. Cassazione Civile, sez. III, sentenza 23 aprile 2008, n. 10593, Cassazione Civile, sez. III, sentenza 9 maggio 2008, n. 11514 e Cassazione Civile, sez. III, sentenza 24 febbraio 2010, n. 4495 in Altalex Massimario.

Art. 1579. Limitazioni convenzionali della responsabilità.
Il patto con cui si esclude o si limita la responsabilità del locatore per i vizi della cosa non ha effetto, se il locatore li ha in mala fede taciuti al conduttore oppure se i vizi sono tali da rendere impossibile il godimento della cosa.
Cfr. Cassazione Civile, sez. III, sentenza 29 settembre 2007, n. 20592 in Altalex Massimario.

Art. 1580. Cose pericolose per la salute.
Se i vizi della cosa o di parte notevole di essa espongono a serio pericolo la salute del conduttore o dei suoi familiari o dipendenti, il conduttore può ottenere la risoluzione del contratto, anche se i vizi gli erano noti, nonostante qualunque rinunzia.
Cfr. Cassazione Civile, sez. III, sentenza 30 ottobre 2007, n. 22886 in Altalex Massimario.

Art. 1581. Vizi sopravvenuti.
Le disposizioni degli articoli precedenti si osservano, in quanto applicabili, anche nel caso di vizi della cosa sopravvenuti nel corso della locazione.

Art. 1582. Divieto d'innovazione.
Il locatore non può compiere sulla cosa innovazioni che diminuiscano il godimento da parte del conduttore.

Art. 1583. Mancato godimento per riparazioni urgenti.
Se nel corso della locazione la cosa abbisogna di riparazioni che non possono differirsi fino al termine del contratto, il conduttore deve tollerarle anche quando importano privazione del godimento di parte della cosa locata.

Art. 1584. Diritti del conduttore in caso di riparazioni.
Se l'esecuzione delle riparazioni si protrae per oltre un sesto della durata

della locazione e, in ogni caso, per oltre venti giorni, il conduttore ha diritto a una riduzione del corrispettivo, proporzionata all'intera durata delle riparazioni
stesse e all'entità del mancato godimento.

Indipendentemente dalla sua durata, se l'esecuzione delle riparazioni rende inabitabile quella parte della cosa che è necessaria per l'alloggio del conduttore e della sua famiglia, il conduttore può ottenere, secondo le circostanze, lo scioglimento del contratto.

Art. 1585. Garanzia per molestie.

Il locatore è tenuto a garantire il conduttore dalle molestie che diminuiscono l'uso o il godimento della cosa, arrecate da terzi che pretendono di avere diritti sulla cosa medesima.

Non è tenuto a garantirlo dalle molestie di terzi che non pretendono di avere diritti, salva al conduttore la facoltà di agire contro di essi in nome proprio.

Art. 1586. Pretese da parte di terzi.

Se i terzi che arrecano le molestie pretendono di avere diritti sulla cosa locata, il conduttore è tenuto a darne pronto avviso al locatore, sotto pena del risarcimento dei danni.

Se i terzi agiscono in via giudiziale, il locatore è tenuto ad assumere la lite, qualora sia chiamato nel processo. Il conduttore deve esserne estromesso con la semplice indicazione del locatore, se non ha interesse a rimanervi.

Art. 1587. Obbligazioni principali del conduttore.

Il conduttore deve:

1) prendere in consegna la cosa e osservare la diligenza del buon padre di famiglia nel servirsene per l'uso determinato nel contratto o per l'uso che può altrimenti presumersi dalle circostanze;
2) dare il corrispettivo nei termini convenuti.

Cfr. Cassazione Civile, sez. III, sentenza 9 maggio 2007, n. 10562 e Cassazione Civile, sez. III, sentenza 11 maggio 2007, n. 10838 in Altalex Massimario.

Art. 1588. Perdita e deterioramento della cosa locata.

Il conduttore risponde della perdita e del deterioramento della cosa che avvengono nel corso della locazione, anche se derivanti da incendio, qualora non provi che siano accaduti per causa a lui non imputabile.

È pure responsabile della perdita e del deterioramento cagionati da persone che egli ha ammesse, anche temporaneamente, all'uso o al godimento della cosa.

Cfr. Cassazione Civile, sez. II, sentenza 20 marzo 2009, n. 6888 in Altalex Massimario.

Art. 1589. Incendio di cosa assicurata.

Se la cosa distrutta o deteriorata per incendio era stata assicurata dal locatore o per conto di questo, la responsabilità del conduttore verso il locatore è limitata alla differenza tra l'indennizzo corrisposto dall'assicuratore e il danno effettivo.

Quando si tratta di cosa mobile stimata e l'assicurazione è stata fatta per valore uguale alla stima, cessa ogni responsabilità del conduttore in confronto del locatore, se questi è indennizzato dall'assicuratore.

Sono salve in ogni caso le norme concernenti il diritto di surrogazione dell'assicuratore.

Art. 1590. Restituzione della cosa locata.

Il conduttore deve restituire la cosa al locatore nello stato medesimo in cui l'ha ricevuta, in conformità della descrizione che ne sia stata fatta dalle parti, salvo il deterioramento o il consumo risultante dall'uso della cosa in conformità del contratto.

In mancanza di descrizione, si presume che il conduttore abbia ricevuto la cosa in buono stato di manutenzione.

Il conduttore non risponde del perimento o del deterioramento dovuti a vetustà.

Le cose mobili si devono restituire nel luogo dove sono state consegnate.

Cfr. Cassazione Civile, sez. III, sentenza 9 maggio 2007, n. 10562 e Cassazione Civile, sez. III, sentenza 11 maggio 2007, n. 10838 in Altalex Massimario.

Art. 1591. Danni per ritardata restituzione.

Il conduttore in mora a restituire la cosa è tenuto a dare al locatore il corrispettivo
convenuto fino alla riconsegna, salvo l'obbligo di risarcire il maggior danno.

Cfr. Cassazione Civile, sez. III, sentenza 22 agosto 2007, n. 17844 e Cassazione Civile, SS.UU., sentenza 3 novembre 2009, n. 23198 in Altalex Massimario.

Art. 1592. Miglioramenti.

Salvo disposizioni particolari della legge o degli usi, il conduttore non ha diritto a indennità per i miglioramenti apportati alla cosa locata. Se però vi è stato il consenso del locatore, questi è tenuto a pagare un'indennità corrispondente
alla minor somma tra l'importo della spesa e il valore del risultato utile al tempo della riconsegna.

Anche nel caso in cui il conduttore non ha diritto a indennità, il valore dei miglioramenti può compensare i deterioramenti che si sono verificati senza colpa grave del conduttore.

Art. 1593. Addizioni.

Il conduttore che ha eseguito addizioni sulla cosa locata ha diritto di toglierle alla fine della locazione qualora ciò possa avvenire senza nocumento della cosa, salvo che il proprietario preferisca ritenere le addizione stesse. In tal caso questi deve pagare al conduttore una indennità pari alla minor somma tra l'importo della spesa e il valore delle addizioni al tempo della riconsegna.

Se le addizioni non sono separabili senza nocumento della cosa e ne costituiscono
un miglioramento, si osservano le norme dell'articolo precedente.

Art. 1594. Sublocazione o cessione della locazione.

Il conduttore, salvo patto contrario, ha facoltà di sublocare la cosa locatagli, ma non può cedere il contratto senza il consenso del locatore.

Trattandosi di cosa mobile, la sublocazione deve essere autorizzata dal locatore o consentita dagli usi.

Art. 1595. Rapporti tra il locatore e il subconduttore.

Il locatore, senza pregiudizio dei suoi diritti verso il conduttore, ha azione diretta contro il subconduttore per esigere il prezzo della sublocazione, di cui questi sia ancora debitore al momento della domanda giudiziale, e per costringerlo ad adempiere tutte le altre obbligazioni derivanti dal contratto di sublocazione.

Il subconduttore non può opporgli pagamenti anticipati, salvo che siano stati fatti secondo gli usi locali.

Senza pregiudizio delle ragioni del subconduttore verso il sublocatore la nullità o la risoluzione del contratto di locazione ha effetto anche nei confronti del subconduttore, e la sentenza pronunciata tra locatore e conduttore ha effetto anche contro di lui.

Art. 1596. Fine della locazione per lo spirare del termine.

La locazione per un tempo determinato dalle parti cessa con lo spirare del termine, senza che sia necessaria la disdetta.

La locazione senza determinazione di tempo non cessa, se prima della scadenza stabilita a norma dell'articolo 1574 una delle parti non comunica all'altra disdetta nel termine determinato dalle parti o dagli usi.

Art. 1597. Rinnovazione tacita del contratto

La locazione si ha per rinnovata se, scaduto il termine di essa il conduttore rimane ed è lasciato nella detenzione della cosa locata o se trattandosi di locazione a tempo indeterminato, non è stata comunicata la disdetta a norma dell'articolo precedente.

La nuova locazione è regolata dalle stesse condizioni della precedente, ma la sua durata è quella stabilita per le locazioni a tempo indeterminato.

Se è stata data licenza, il conduttore non può opporre la tacita rinnovazione, salvo che consti la volontà del locatore di rinnovare il contratto.

Art. 1598. Garanzie della locazione.

Le garanzie prestate da terzi non si estendono alle obbligazioni derivanti da proroghe della durata del contratto.

Art. 1599. Trasferimento a titolo particolare della cosa locata.

Il contratto di locazione è opponibile al terzo acquirente, se ha data certa anteriore all'alienazione della cosa.

La disposizione del comma precedente non si applica alla locazione di beni mobili non iscritti in pubblici registri, se l'acquirente ne ha conseguito il possesso
in buona fede.

Le locazioni di beni immobili non trascritte non sono opponibili al terzo acquirente,
se non nei limiti di un novennio dall'inizio della locazione.

L'acquirente è in ogni caso tenuto a rispettare la locazione, se ne ha assunto l'obbligo verso l'alienante.

Art. 1600. Detenzione anteriore al trasferimento.

Se la locazione non ha data certa, ma la detenzione del conduttore è anteriore al trasferimento, l'acquirente non è tenuto a rispettare la locazione
che per una durata corrispondente a quella stabilita per le locazioni a tempo indeterminato.

Art. 1601. Risarcimento del danno al conduttore licenziato.

Se il conduttore è stato licenziato dall'acquirente perché il contratto di locazione
non aveva data certa anteriore al trasferimento, il locatore è tenuto a risarcirgli il danno.

Art. 1602. Effetti dell'opponibilità della locazione al terzo acquirente.

Il terzo acquirente tenuto a rispettare la locazione subentra, dal giorno del suo acquisto, nei diritti e nelle obbligazioni derivanti dal contratto di locazione.

Cfr. Cassazione Civile, sez. III, sentenza 13 maggio 2008, n. 11895 in Altalex Massimario.

Art. 1603. Clausola di scioglimento del contratto in caso di alienazione.

Se si è convenuto che il contratto possa sciogliersi in caso di alienazione della cosa locata, l'acquirente che vuole valersi di tale facoltà deve dare licenza al conduttore rispettando il termine di preavviso stabilito dal secondo comma dell'articolo 1596. In tal caso al conduttore licenziato non spetta il risarcimento dei danni, salvo patto contrario.

Art. 1604. Vendita della cosa locata con patto di riscatto.

Il compratore con patto di riscatto non può esercitare la facoltà di licenziare il conduttore fino a che il suo acquisto non sia divenuto irrevocabile con la scadenza del termine fissato per il riscatto.

Art. 1605. Liberazione o cessione del corrispettivo della locazione.

La liberazione o la cessione del corrispettivo della locazione non ancora scaduto
non può opporsi al terzo acquirente della cosa locata, se non risulta da atto scritto avente data certa anteriore al trasferimento. Si può in ogni caso opporre il pagamento anticipato eseguito in conformità degli usi locali.

Se la liberazione o la cessione è stata fatta per un periodo eccedente i tre anni e non è stata trascritta, può essere opposta solo entro i limiti di un triennio; se il triennio è già trascorso, può essere opposta solo nei limiti dell'anno in corso nel giorno del trasferimento.

Art. 1606. Estinzione del diritto del locatore.

Nei casi in cui il diritto del locatore sulla cosa locata si estingue con effetto retroattivo, le locazioni da lui concluse aventi data certa sono mantenute, purché siano state fatte senza frode e non eccedano il triennio.

Sono salve le diverse disposizioni di legge.

SEZIONE II – Della locazione di fondi urbani

Art. 1607. Durata massima della locazione di case.

La locazione di una casa per abitazione può essere convenuta per tutta la durata della vita dell'inquilino e per due anni successivi alla sua morte.

Art. 1608. Garanzie per il pagamento della pigione.

Nelle locazioni di case non mobiliate l'inquilino può essere licenziato se non fornisce la casa di mobili sufficienti o non presta altre garanzie idonee ad assicurare il pagamento della pigione.

Art. 1609. Piccole riparazioni a carico dell'inquilino.

Le riparazioni di piccola manutenzione, che a norma dell'articolo 1576 devono essere eseguite dall'inquilino a sue spese, sono quelle dipendenti da deterioramenti prodotti dall'uso e non quelle dipendenti da vetustà o da caso fortuito.

Le suddette riparazioni, in mancanza di patto, sono determinate dagli usi locali.

Art. 1610. Spurgo di pozzi e di latrine.

Lo spurgo dei pozzi e delle latrine è a carico del locatore.

Art. 1611. Incendio di casa abitata da più inquilini.

Se si tratta di casa occupata da più inquilini, tutti sono responsabili verso il locatore del danno prodotto dall'incendio, proporzionalmente al valore della parte occupata. Se nella casa abita anche il locatore, si detrae dalla somma dovuta una quota corrispondente alla parte da lui occupata.

La disposizione del comma precedente non si applica se si prova che l'incendio è cominciato dall'abitazione di uno degli inquilini, ovvero se alcuno di questi prova che l'incendio non è potuto cominciare nella sua abitazione.

Art. 1612. Recesso convenzionale del locatore.

Il locatore che si è riservata la facoltà di recedere dal contratto per abitare egli stesso nella casa locata deve dare licenza motivata nel termine stabilito dagli usi locali.

Art. 1613. Facoltà di recesso degli impiegati pubblici.

Gli impiegati delle pubbliche amministrazioni possono, nonostante patto contrario, recedere dal contratto nel caso di trasferimento, purché questo non sia stato disposto su loro domanda.

Tale facoltà si esercita mediante disdetta motivata, e il recesso ha effetto dal secondo mese successivo a quello in corso alla data della disdetta.

Art. 1614. Morte dell'inquilino.

Nel caso di morte dell'inquilino, se la locazione deve ancora durare per più di un anno ed è stata vietata la sublocazione, gli eredi possono recedere dal contratto entro tre mesi dalla morte.

Il recesso si deve esercitare mediante disdetta comunicata con preavviso non inferiore a tre mesi.

SEZIONE III – Dell'affitto

§ 1 - Disposizioni generali

Art. 1615. Gestione e godimento della cosa produttiva.

Quando la locazione ha per oggetto il godimento di una cosa produttiva, mobile o immobile, l'affittuario deve curarne la gestione in conformità della destinazione economica della cosa e dell'interesse della produzione. A lui spettano i frutti e le altre utilità della cosa.

Art. 1616. Affitto senza determinazione di tempo.

Se le parti non hanno determinato la durata dell'affitto ciascuna di esse può recedere dal contratto dando all'altra un congruo preavviso.

Sono salve e gli usi che dispongono diversamente.

Art. 1617. Obblighi del locatore.

Il locatore è tenuto a consegnare la cosa, con i suoi accessori e le sue pertinenze,
in istato da servire all'uso e alla produzione a cui è destinata.

Art. 1618. Inadempimenti dell'affittuario.

Il locatore può chiedere la risoluzione del contratto, se l'affittuario non destina al servizio della cosa i mezzi necessari per la gestione di essa, se non osserva le regole della buona tecnica, ovvero se muta stabilmente la destinazione
economica della cosa.

Art. 1619. Diritto di controllo.

Il locatore può accertare in ogni tempo, anche con accesso in luogo, se l'affittuario
osserva gli obblighi che gli incombono.

Art. 1620. Incremento della produttività della cosa.

L'affittuario può prendere le iniziative atte a produrre un aumento di reddito della cosa, purché esse non importino obblighi per il locatore o non gli arrechino pregiudizio, e siano conformi all'interesse della produzione.

Art. 1621. Riparazioni.

Il locatore è tenuto ad eseguire a sue spese, durante l'affitto le riparazioni straordinarie. Le altre sono a carico dell'affittuario.

Art. 1622. Perdite determinate da riparazioni.

Se l'esecuzione delle riparazioni che sono a carico del locatore determina per l'affittuario una perdita superiore al quinto del reddito annuale o, nel caso di affitto non superiore a un anno, al quinto del reddito complessivo, l'affittuario può domandare una riduzione del fitto in ragione della diminuzione del reddito oppure, secondo le circostanze, lo scioglimento del contratto.

Art. 1623. Modificazioni sopravvenute del rapporto contrattuale.

Se, in conseguenza di una disposizione di legge, o di un provvedimento dell'autorità riguardanti la gestione produttiva, il rapporto contrattuale risulta notevolmente modificato in modo che le parti ne risentano rispettivamente una perdita e un vantaggio, può essere richiesto un aumento o una diminuzione del fitto ovvero, secondo le circostanze, lo scioglimento del contratto.

Sono salve le diverse disposizioni della legge o del provvedimento dell'autorità.

Art. 1624. Divieto di subaffitto. Cessione dell'affitto.

L'affittuario non può subaffittare la cosa senza il consenso del locatore.

La facoltà di cedere l'affitto comprende quella di subaffittare; la facoltà di subaffittare non comprende quella di cedere l'affitto.

Art. 1625. Clausola di scioglimento del contratto in caso di alienazione.

Se si è convenuto che l'affitto possa sciogliersi in caso di alienazione, l'acquirente
che voglia dare licenza all'affittuario deve osservare la disposizione dell'articolo 1616.

Quando l'affitto ha per oggetto un fondo rustico, la licenza deve essere data col preavviso di sei mesi e ha effetto per la fine dell'anno agrario in corso alla scadenza del termine di preavviso.

Art. 1626. Incapacità o insolvenza dell'affittuario.

L'affitto si scioglie per l'interdizione, l'inabilitazione o l'insolvenza dell'affittuario
salvo che al locatore sia prestata idonea garanzia per l'esatto adempimento degli obblighi dell'affittuario.

Art. 1627. Morte dell'affittuario.

Nel caso di morte dell'affittuario, il locatore e gli eredi dell'affittuario possono, entro tre mesi dalla morte, recedere dal contratto mediante disdetta comunicata all'altra parte con preavviso di sei mesi.

Se l'affitto ha per oggetto un fondo rustico, la disdetta ha effetto per la fine dell'anno agrario in corso alla scadenza del termine di preavviso.

§ 2 - Dell'affitto di fondi rustici

Art. 1628.

(…) (1)

(1) "Durata minima dell'affitto

Se le norme corporative stabiliscono un periodo minimo di durata del contratto, l'affitto di un fondo rustico stipulato per una durata inferiore si estende al periodo minimo così stabilito." Questo articolo deve intendersi abrogato poiché l'ordinamento corporativo è stato soppresso con R.D.L. 9 agosto 1943, n.721

Art. 1629. Fondi destinati al rimboschimento.
L'affitto di fondi rustici destinati al rimboschimento può essere stipulato per un termine massimo di novantanove anni.

Art. 1630. Affitto senza determinazione di tempo.
L'affitto a tempo indeterminato di un fondo soggetto a rotazione di colture si reputa stipulato per il tempo necessario affinché l'affittuario possa svolgere e portare a compimento il normale ciclo di avvicendamento delle colture praticate nel fondo.

Se il fondo non è soggetto ad avvicendamento di colture, l'affitto si reputa fatto per il tempo necessario alla raccolta dei frutti.

L'affitto non cessa se prima della scadenza una delle parti non ha dato disdetta con preavviso di sei mesi.

Art. 1631. Estensione del fondo.
Per l'affitto a misura, oppure a corpo con indicazione della misura, nel caso di eccesso o di difetto dell'estensione del fondo rispetto alla misura indicata, i diritti e le obbligazioni delle parti sono determinati secondo le norme contenute nel capo della vendita.

Art. 1632.
(...) (1)

(1) "Miglioramenti"
Articolo abrogato dalla L. 11 febbraio 1971, n. 11

Art. 1633.
(...) (1)

(1) "Diritti derivanti dall'esecuzione dei miglioramenti" Articolo abrogato dalla L. 11 febbraio 1971, n. 11

Art. 1634.
(...) (1)

(1) "Inderogabilità
Le disposizioni dei due articoli precedenti sono inderogabili." Articolo implicitamente abrogato in seguito alla L. 11 febbraio 1971, n. 11

Art. 1635. Perdita fortuita dei frutti negli affitti pluriennali.
Se, durante l'affitto convenuto per più anni, almeno la metà dei frutti di un anno non ancora separati perisce per caso fortuito, l'affittuario può domandare una riduzione del fitto, salvo che la perdita trovi compenso nei precedenti raccolti.

Qualora la perdita non trovi compenso nei precedenti raccolti, la riduzione è determinata alla fine dell'affitto, eseguito il conguaglio con i frutti raccolti in tutti gli anni decorsi. Il giudice può dispensare provvisoriamente l'affittuario dal pagamento di una parte del fitto in proporzione della perdita sofferta.

La riduzione non può mai eccedere la metà del fitto.

In ogni caso si deve tener conto degli indennizzi che l'affittuario abbia conseguiti

o possa conseguire in relazione alla perdita sofferta.

Al perimento è equiparata la mancata produzione dei frutti.

Art. 1636. Perdita fortuita dei frutti negli affitti annuali.
Se l'affitto ha la durata di un solo anno, e si è verificata la perdita per caso fortuito di almeno la metà dei frutti, l'affittuario può essere esonerato dal pagamento di una parte del fitto, in misura non superiore alla metà.

Art. 1637. Accollo di casi fortuiti.
L'affittuario può, con patto espresso, assumere il rischio dei casi fortuiti ordinari.

Sono reputati tali i fortuiti che, avuto riguardo ai luoghi e a ogni altra circostanza, le parti potevano ragionevolmente ritenere probabili.

È nullo il patto col quale l'affittuario si assoggetta ai casi fortuiti straordinari.

Art. 1638. Espropriazione per pubblico interesse.
In caso di espropriazione per pubblico interesse o di occupazione temporanea del fondo locato, l'affittuario ha diritto di ottenere dal locatore la parte d'indennità a questo corrisposta per i frutti non percepiti o per il mancato raccolto.

Art. 1639. Canone di affitto.
Il fitto può consistere anche in una quota ovvero in una quantità fissa o variabile
dei frutti del fondo locato.

Art. 1640. Scorte morte.
Le scorte morte costituenti la dotazione del fondo, che sono state consegnate all'affittuario all'inizio dell'affitto, con determinazione della specie, qualità e quantità, devono, anche se stimate, essere restituite al locatore alla fine dell'affitto, nella stessa specie, qualità e quantità e, se si tratta di scorte fisse, come macchinari e attrezzi, nello stesso stato d'uso. L'eccedenza o la deficienza deve essere regolata in danaro, secondo il valore corrente al tempo della riconsegna. La dotazione necessaria non può essere distratta e deve essere mantenuta secondo le esigenze delle colture e la pratica dei luoghi.

La disposizione del comma precedente si applica anche se, all'inizio dell'affitto, l'affittuario ha depositato la somma che rappresenti il valore delle scorte presso il locatore, salvo l'obbligo di questo di restituirla al tempo della riconsegna delle scorte.

Se le scorte sono state consegnate con la sola indicazione del valore, l'affittuario
ne acquista la proprietà, e, alla fine dell'affitto, deve restituire il valore ricevuto o scorte in natura per un corrispondente valore, determinato secondo il prezzo corrente, al tempo della riconsegna, ovvero parte dell'uno e parte delle altre.

Sono salve le diverse pattuizioni delle parti.

Art. 1641. Scorte vive.
Quando il bestiame da lavoro o da allevamento, costituente la dotazione del fondo, è stato in tutto o in parte fornito dal locatore, si osservano le disposizioni degli articoli seguenti, salve i patti diversi.

Art. 1642. Proprietà del bestiame consegnato.
Qualora il bestiame consegnato all'affittuario sia stato determinato con indicazione
della specie, del numero, del sesso, della qualità, dell'età e del peso, anche se ne è stata fatta stima, la proprietà di esso rimane al

locatore. Tuttavia l'affittuario può disporre dei singoli capi, ma deve mantenere nel fondo la dotazione necessaria.

Art. 1643. Rischio della perdita del bestiame.

Il rischio della perdita del bestiame è a carico dell'affittuario dal momento in cui questi lo ha ricevuto, se non è stato diversamente pattuito.

Art. 1644. Accrescimenti e frutti del bestiame.

L'affittuario fa suoi i parti e gli altri frutti del bestiame, l'accrescimento e ogni altro provento che ne deriva.

Il letame però deve essere impiegato esclusivamente nella coltivazione del fondo.

Art. 1645. Riconsegna del bestiame.

Nel caso previsto dall'articolo 1642, al termine del contratto l'affittuario deve restituire bestiame corrispondente per specie, numero, sesso, qualità, età e peso a quello ricevuto. Se vi sono differenze di qualità o di quantità contenute nei limiti in cui esse possano ammettersi avuto riguardo ai bisogni della coltivazione del fondo, l'affittuario deve restituire bestiame di uguale valore. Se vi è eccedenza o deficienza nel valore del bestiame ne è fatto conguaglio in danaro tra le parti, secondo il valore al tempo della riconsegna.

La disposizione del comma precedente si applica anche se, all'inizio dell'affitto, l'affittuario ha depositato presso il locatore la somma che rappresenta il valore del bestiame.

Si applica altresì la disposizione del terzo comma dell'articolo 1640.

Sono salve i patti diversi.

Art. 1646. Rapporti fra gli affittuari uscente e subentrante.

L'affittuario uscente deve mettere a disposizione di chi gli subentra nella coltivazione i locali opportuni e gli altri comodi occorrenti per i lavori dell'anno seguente; il nuovo affittuario deve lasciare al precedente i locali opportuni e gli altri comodi occorrenti per il consumo dei foraggi e per le raccolte che restano da fare.

Per l'ulteriore determinazione dei rapporti tra l'affittuario uscente e l'affittuario subentrante si osservano, gli usi locali.

§ 3 - *Dell'affitto a coltivatore diretto*

Art. 1647. Nozione.

Quando l'affitto ha per oggetto un fondo che l'affittuario coltiva col lavoro prevalentemente proprio o di persone della sua famiglia, si applicano le norme che seguono.

Art. 1648. Casi fortuiti ordinari.

Il giudice, con riguardo alle condizioni economiche dell'affittuario, può disporre
il pagamento rateale del fitto se per un caso fortuito ordinario, le cui conseguenze l'affittuario ha assunte a suo carico, si verifica la perdita di almeno la metà dei frutti del fondo.

Art. 1649. Subaffitto.

Se il locatore consente il subaffitto, questo è considerato come locazione diretta tra il locatore e il nuovo affittuario.

Art. 1650.

(…) (1)

(1) "Morte dell'affittuario"

Articolo abrogato dall'art. 29 della L. 11 febbraio 1971, n. 11

Art. 1651.

(…) (1)

(1) "Miglioramenti"

Articolo abrogato dall'art. 29 della L. 11 febbraio 1971, n. 11.

Art. 1652. Anticipazioni dell'affittuario.

Qualora l'affittuario non possa provvedere altrimenti, il locatore è tenuto ad anticipargli le sementi e le materie fertilizzanti e antiparassitarie necessarie per la coltivazione del fondo.

Il credito del locatore produce interessi in misura corrispondente al saggio legale.

Art. 1653.

(…) (1)

(1) " Sostituzione del locatore all'affittuario"

Articolo abrogato dall'art. 29 della L. 11 febbraio 1971, n. 11

Art. 1654.

(…) (1)

(1) "Inderogabilità

Le disposizioni che precedono sono inderogabili"

Articolo implicitamente abrogato in seguito alla L. 11 febbraio 1971, n. 11.

CAPO VII – DELL'APPALTO

Art. 1655. Nozione.

L'appalto è il contratto col quale una parte assume, con organizzazione dei mezzi necessari e con gestione a proprio rischio, il compimento di una opera o di un servizio verso un corrispettivo in danaro.

Cfr. Cassazione Civile, sez. II, sentenza 30 settembre 2009, n. 20995 e Cassazione Civile, sez. I, sentenza 11 novembre 2009, n. 23903 in Altalex Massimario.

Art. 1656. Subappalto.

L'appaltatore non può dare in subappalto l'esecuzione dell'opera o del servizio, se non è stato autorizzato dal committente.

Cfr. Cassazione Civile, sez. I, sentenza 11 novembre 2009, n. 23903 in Altalex Massimario.

Art. 1657. Determinazione del corrispettivo.

Se le parti non hanno determinato la misura del corrispettivo né hanno stabilito il modo di determinarla, essa è calcolata con riferimento alle tariffe esistenti o agli usi; in mancanza, è determinata dal giudice.

Art. 1658. Fornitura della materia.

La materia necessaria a compiere l'opera deve essere fornita dall'appaltatore, se non è diversamente stabilito dalla convenzione o dagli usi.

Art. 1659. Variazioni concordate del progetto.

L'appaltatore non può apportare variazioni alle modalità convenute dell'opera se il committente non le ha autorizzate.

L'autorizzazione si deve provare per iscritto.

Anche quando le modificazioni sono state autorizzate, l'appaltatore, se il prezzo dell'intera opera è stato determinato globalmente, non ha diritto a compenso per le variazioni o per le aggiunte, salvo diversa pattuizione.

Art. 1660. Variazioni necessarie del progetto.

Se per l'esecuzione dell'opera a regola d'arte è necessario apportare variazioni al progetto e le parti non si accordano, spetta al giudice di determinare le variazioni da introdurre e le correlative variazioni del prezzo.

Se l'importo delle variazioni supera il sesto del prezzo complessivo convenuto, l'appaltatore può recedere dal contratto e può ottenere, secondo le circostanze un'equa indennità.

Se le variazioni sono di notevole entità, il committente può recedere dal contratto ed è tenuto a corrispondere un equo indennizzo.

Art. 1661. Variazioni ordinate dal committente.

Il committente può apportare variazioni al progetto, purché il loro ammontare non superi il sesto del prezzo complessivo convenuto. L'appaltatore ha diritto al compenso per i maggiori lavori eseguiti, anche se il prezzo dell'opera era stato determinato globalmente.

La disposizione del comma precedente non si applica quando le variazioni, pur essendo contenute nei limiti suddetti, importano notevoli modificazioni della natura dell'opera o dei quantitativi nelle singole categorie di lavori previste nel contratto per l'esecuzione dell'opera medesima.

Art. 1662. Verifica nel corso di esecuzione dell'opera.

Il committente ha diritto di controllare lo svolgimento dei lavori e di verificarne a proprie spese lo stato.

Quando, nel corso dell'opera, si accerta che la sua esecuzione non procede secondo le condizioni stabilite dal contratto e a regola d'arte, il committente può fissare un congruo termine entro il quale l'appaltatore si deve conformare a tali condizioni; trascorso inutilmente il termine stabilito, il contratto è risolto, salvo il diritto del committente al risarcimento del danno.

Art. 1663. Denuncia dei difetti della materia.

L'appaltatore è tenuto a dare pronto avviso al committente dei difetti della materia da questo fornita, se si scoprono nel corso dell'opera e possono comprometterne la regolare esecuzione.

Art. 1664. Onerosità o difficoltà dell'esecuzione.

Qualora per effetto di circostanze imprevedibili si siano verificati aumenti o diminuzioni nel costo dei materiali o della mano d'opera, tali da determinare un aumento o una diminuzione superiori al decimo del prezzo complessivo convenuto, l'appaltatore o il committente possono chiedere una revisione del prezzo medesimo.

La revisione può essere accordata solo per quella differenza che eccede il decimo.

Se nel corso dell'opera si manifestano difficoltà di esecuzione derivanti da cause geologiche, idriche e simili, non previste dalle parti, che rendano notevolmente più onerosa la prestazione dell'appaltatore, questi ha diritto a un equo compenso.

Art. 1665. Verifica e pagamento dell'opera.

Il committente, prima di ricevere la consegna, ha diritto di verificare l'opera compiuta.

La verifica deve essere fatta dal committente appena l'appaltatore lo mette in condizione di poterla eseguire.

Se, nonostante l'invito fattogli dall'appaltatore, il committente tralascia di procedere alla verifica senza giusti motivi, ovvero non ne comunica il risultato entro un breve termine, l'opera si considera accettata.

Se il committente riceve senza riserve la consegna dell'opera, questa si considera accettata ancorché non si sia proceduto alla verifica.

Salvo diversa pattuizione o uso contrario, l'appaltatore ha diritto al pagamento del corrispettivo quando l'opera è accettata dal committente.

Cfr. Cassazione Civile, sez. II, sentenza 10 maggio 2007, n. 10718 in Altalex Massimario.

Art. 1666. Verifica e pagamento di singole partite.

Se si tratta di opera da eseguire per partite, ciascuno dei contraenti può chiedere che la verifica avvenga per le singole partite. In tal caso l'appaltatore può domandare il pagamento in proporzione dell'opera eseguita.

Il pagamento fa presumere l'accettazione della parte di opera pagata; non produce questo effetto il versamento di semplici acconti.

Art. 1667. Difformità e vizi dell'opera.

L'appaltatore è tenuto alla garanzia per le difformità e i vizi dell'opera. La garanzia non è dovuta se il committente ha accettato l'opera e le difformità o i vizi erano da lui conosciuti o erano riconoscibili, purché, in questo caso, non siano stati in mala fede taciuti dall'appaltatore.

Il committente deve, a pena di decadenza, denunziare all'appaltatore le difformità o i vizi entro sessanta giorni dalla scoperta. La denunzia non è necessaria se l'appaltatore ha riconosciuto le difformità o i vizi o se li ha occultati.

L'azione contro l'appaltatore si prescrive in due anni dal giorno della consegna dell'opera. Il committente convenuto per il pagamento può sempre far valere la garanzia, purché le difformità o i vizi siano stati denunziati entro sessanta giorni dalla scoperta e prima che siano decorsi i due anni dalla consegna.

Art. 1668. Contenuto della garanzia per difetti dell'opera.

Il committente può chiedere che le difformità o i vizi siano eliminati a spese dell'appaltatore, oppure che il prezzo sia proporzionalmente diminuito, salvo il risarcimento del danno nel caso di colpa dell'appaltatore.

Se però le difformità o i vizi dell'opera sono tali da renderla del tutto inadatta alla sua destinazione, il committente può chiedere la risoluzione del contratto.

Cfr. Corte d'Appello di Roma, sez. II civile, sentenza 9 luglio 2009 in Altalex Massimario.

Art. 1669. Rovina e difetti di cose immobili.

Quando si tratta di edifici o di altre cose immobili destinate per la loro natura a lunga durata, se, nel corso di dieci anni dal compimento, l'opera, per vizio del suolo o per difetto della costruzione, rovina in tutto o in parte, ovvero presenta evidente pericolo di rovina o gravi difetti, l'appaltatore è responsabile nei confronti del committente e dei suoi aventi causa, purché sia fatta la denunzia entro un anno dalla scoperta.

Il diritto del committente si prescrive in un anno dalla denunzia.

Cfr. Cassazione Civile, sez. II, sentenza 28 dicembre 2007, n. 27193, Cassazione Civile, sez. II, sentenza 31 gennaio 2008, n. 2313, Cassazione Civile, sez. I, sentenza 18 febbraio 2008, n. 3932, Cassazione Civile, sez. II, sentenza 29 aprile 2008, n. 10857, Cassazione Civile, sez. II, sentenza 4 giugno 2008, n. 14812 e Tribunale di Rovigo, sez. Andria, sentenza 6 maggio 2009 in Altalex Massimario.

Art. 1670. Responsabilità dei subappaltatori.

L'appaltatore, per agire in regresso nei confronti dei subappaltatori, deve, sotto pena di decadenza, comunicare ad essi la denunzia entro sessanta giorni dal ricevimento.

Art. 1671. Recesso unilaterale dal contratto.

Il committente può recedere dal contratto, anche se è stata iniziata l'esecuzione dell'opera o la prestazione del servizio, purché tenga indenne l'appaltatore delle spese sostenute, dei lavori eseguiti e del mancato guadagno.

Art. 1672. Impossibilità di esecuzione della opera.

Se il contratto si scioglie perché l'esecuzione dell'opera è divenuta impossibile in conseguenza di una causa non imputabile ad alcuna delle parti, il committente deve pagare la parte dell'opera già compiuta, nei limiti in cui è per lui utile, in proporzione del prezzo pattuito per l'opera intera.

Art. 1673. Perimento o deterioramento della cosa.

Se, per causa non imputabile ad alcuna delle parti, l'opera perisce o è deteriorata

prima che sia accettata dal committente o prima che il committente sia in mora a verificarla, il perimento o il deterioramento è a carico dell'appaltatore,

qualora questi abbia fornito la materia.

Se la materia è stata fornita in tutto o in parte dal committente, il perimento o il deterioramento dell'opera è a suo carico per quanto riguarda la materia da lui fornita, e per il resto è a carico dell'appaltatore.

Art. 1674. Morte dell'appaltatore.

Il contratto di appalto non si scioglie per la morte dell'appaltatore, salvo che la considerazione della sua persona sia stata motivo determinante del contratto. Il committente può sempre recedere dal contratto, se gli eredi dell'appaltatore non danno affidamento per la buona esecuzione dell'opera o del servizio.

Art. 1675. Diritti e obblighi degli eredi dell'appaltatore.

Nel caso di scioglimento del contratto per morte dell'appaltatore, il committente è tenuto a pagare agli eredi il valore delle opere eseguite, in ragione del prezzo pattuito, e a rimborsare le spese sostenute per l'esecuzione del rimanente, ma solo nei limiti in cui le opere eseguite e le spese sostenute gli sono utili.

Il committente ha diritto di domandare la consegna, verso una congrua indennità,

dei materiali preparati e dei piani in via di esecuzione, salve le norme che proteggono le opere dell'ingegno.

Art. 1676. Diritti degli ausiliari dell'appaltatore verso il committente.

Coloro che, alle dipendenze dell'appaltatore, hanno dato la loro attività per eseguire l'opera o per prestare il servizio possono proporre azione diretta contro il committente per conseguire quanto è loro dovuto, fino alla concorrenza

del debito che il committente ha verso l'appaltatore nel tempo in cui essi propongono la domanda.

Art. 1677. Prestazione continuativa o periodica di servizi.

Se l'appalto ha per oggetto prestazioni continuative o periodiche di servizi, si osservano, in quanto compatibili, le norme di questo capo e quelle relative al contratto di somministrazione.

CAPO VIII – DEL TRASPORTO

SEZIONE I – Disposizioni generali

Art. 1678. Nozione.

Col contratto di trasporto il vettore si obbliga, verso corrispettivo, a trasferire persone o cose da un luogo a un altro.

Cfr. Cassazione Civile, sez. III, sentenza 28 marzo 2008, n. 8063 in Altalex Massimario.

Art. 1679. Pubblici servizi di linea.

Coloro che per concessione amministrativa esercitano servizi di linea per il trasporto di persone o di cose sono obbligati ad accettare le richieste di trasporto che siano compatibili con i mezzi ordinari dell'impresa, secondo le condizioni generali stabilite o autorizzate nell'atto di concessione e rese note al pubblico.

I trasporti devono eseguirsi secondo l'ordine delle richieste; in caso di più richieste simultanee, deve essere preferita quella di percorso maggiore.

Se le condizioni generali ammettono speciali concessioni, il vettore è obbligato ad applicarle a parità di condizioni a chiunque ne faccia richiesta.

Salve le speciali concessioni ammesse dalle condizioni generali, qualunque deroga alle medesime è nulla, e alla clausola difforme è sostituita la norma delle condizioni generali.

Art. 1680. Limiti di applicabilità delle norme.

Le disposizioni di questo capo si applicano anche ai trasporti per via d'acqua o per via d'aria e a quelli ferroviari e postali, in quanto non siano derogate dal codice della navigazione e dalle leggi speciali.

SEZIONE II – Del trasporto di persone

Art. 1681. Responsabilità del vettore.

Salva la responsabilità per il ritardo e per l'inadempimento nell'esecuzione del trasporto, il vettore risponde dei sinistri che colpiscono la persona del viaggiatore durante il viaggio e della perdita o dell'avaria delle cose che il viaggiatore porta con sé, se non prova di avere adottato tutte le misure idonee a evitare il danno.

Sono nulle le clausole che limitano la responsabilità del vettore per i sinistri che colpiscono il viaggiatore.

Le norme di questo articolo si osservano anche nei contratti di trasporto gratuito.

Art. 1682. Responsabilità del vettore nei trasporti cumulativi.

Nei trasporti cumulativi ciascun vettore risponde nell'ambito del proprio percorso.

Tuttavia il danno per il ritardo o per l'interruzione del viaggio si determina in ragione dell'intero percorso.

SEZIONE III – Del trasporto di cose

Art. 1683. Indicazioni e documenti che devono essere forniti al vettore.

Il mittente deve indicare con esattezza al vettore il nome del destinatario e il luogo di destinazione, la natura, il peso, la quantità e il numero delle cose da trasportare e gli altri estremi necessari per eseguire il trasporto.

Se per l'esecuzione del trasporto occorrono particolari documenti, il mittente deve rimetterli al vettore all'atto in cui consegna le cose da trasportare.

Sono a carico del mittente i danni che derivano dall'omissione o dall'inesattezza delle indicazioni o dalla mancata consegna o irregolarità dei documenti.

Art. 1684. Lettera di vettura e ricevuta di carico.

Su richiesta del vettore, il mittente deve rilasciare una lettera di vettura con la propria sottoscrizione, contenente le indicazioni enunciate nell'articolo precedente e le condizioni convenute per il trasporto.

Su richiesta del mittente, il vettore deve rilasciare un duplicato della lettera di vettura con la propria sottoscrizione o, se non gli è stata rilasciata lettera di vettura, una ricevuta di carico, con le stesse indicazioni.

Salvo contrarie disposizioni di legge, il duplicato della lettera di vettura e la ricevuta di carico possono essere rilasciate con la clausola «all'ordine».

Art. 1685. Diritti del mittente.

Il mittente può sospendere il trasporto e chiedere la restituzione delle cose, ovvero ordinarne la consegna a un destinatario diverso da quello originariamente indicato o anche disporre diversamente, salvo l'obbligo di rimborsare le spese e di risarcire i danni derivanti dal contrordine.

Qualora dal vettore sia stato rilasciato al mittente un duplicato della lettera di vettura o una ricevuta di carico, il mittente non può disporre delle cose consegnate per il trasporto, se non esibisce al vettore il duplicato o la ricevuta per farvi annotare le nuove indicazioni. Queste devono essere sottoscritte dal vettore.

Il mittente non può disporre delle cose trasportate dal momento in cui esse sono passate a disposizione del destinatario.

Art. 1686. Impedimenti e ritardi nell'esecuzione del trasporto.

Se l'inizio o la continuazione del trasporto sono impediti o soverchiamente ritardati per causa non imputabile al vettore, questi deve chiedere immediatamente istruzioni al mittente, provvedendo alla custodia delle cose consegnateli.

Se le circostanze rendono impossibile la richiesta di istruzioni al mittente o se le istruzioni non sono attuabili, il vettore può depositare le cose a norma dell'articolo 1514, o, se sono soggette a rapido deterioramento, può farle vendere a norma dell'articolo 1515. Il vettore deve informare prontamente il mittente del deposito o della vendita.

Il vettore ha diritto al rimborso delle spese. Se il trasporto è stato iniziato, egli ha diritto anche al pagamento del prezzo in proporzione del percorso compiuto, salvo che l'interruzione del trasporto sia dovuta alla perdita totale delle cose derivante da caso fortuito.

Art. 1687. Riconsegna delle merci.

Il vettore deve mettere le cose trasportate a disposizione del destinatario nel luogo, nel termine e con le modalità indicati dal contratto o, in mancanza, dagli usi.

Se la riconsegna non deve eseguirsi presso il destinatario, il vettore deve dargli prontamente avviso dell'arrivo delle cose trasportate.

Se dal mittente è stata rilasciata una lettera di vettura, il vettore deve esibirla al destinatario.

Art. 1688. Termine di resa.

Il termine di resa, quando sono indicati più termini parziali, è determinato dalla somma di questi.

Art. 1689. Diritti del destinatario.

I diritti nascenti dal contratto di trasporto verso il vettore spettano al destinatario dal momento in cui, arrivate le cose a destinazione o scaduto il termine in cui sarebbero dovute arrivare, il destinatario ne richiede la riconsegna al vettore.

Il destinatario non può esercitare i diritti nascenti dal contratto se non verso pagamento al vettore dei crediti derivanti dal trasporto e degli assegni da cui le cose trasportate sono gravate. Nel caso in cui l'ammontare delle somme dovute sia controverso, il destinatario deve depositare la differenza contestata presso un istituto di credito.

Cfr. Cassazione civile, sez. III, sentenza 30 gennaio 2008, n. 2094 in Altalex Massimario.

Art. 1690. Impedimenti alla riconsegna.

Se il destinatario è irreperibile ovvero rifiuta o ritarda a chiedere la riconsegna delle cose trasportate, il vettore deve domandare immediatamente istruzioni al mittente e si applicano le disposizioni dell'articolo 1686.

Se sorge controversia tra più destinatari o circa il diritto del destinatario alla riconsegna o circa l'esecuzione di questa, ovvero se il destinatario ritarda a ricevere le cose trasportate, il vettore può depositarle a norma dell'articolo 1514 o, se sono soggette a rapido deterioramento, può farle vendere a norma dell'articolo 1515 per conto dell'avente diritto. Il vettore deve informare prontamente il mittente del deposito o della vendita.

Art. 1691. Lettera di vettura o ricevuta di carico all'ordine.

Se il vettore ha rilasciato al mittente un duplicato della lettera di vettura all'ordine o la ricevuta di carico all'ordine, i diritti nascenti dal contratto verso il vettore si trasferiscono mediante girata del titolo.

In tal caso il vettore è esonerato dall'obbligo di dare avviso dell'arrivo delle cose trasportate, salvo che sia stato indicato un domiciliatario nel luogo di destinazione, e l'indicazione risulti dal duplicato della lettera di vettura o dalla ricevuta di carico.

Il possessore del duplicato della lettera di vettura all'ordine o della ricevuta di carico all'ordine, deve restituire il titolo al vettore all'atto della riconsegna delle cose trasportate.

Art. 1692. Responsabilità del vettore nei confronti del mittente.

Il vettore che esegue la riconsegna al destinatario senza riscuotere i propri crediti o gli assegni da cui è gravata la cosa, o senza esigere il deposito della somma controversa, è responsabile verso il mittente dell'importo degli assegni dovuti al medesimo e non può rivolgersi a quest'ultimo per il pagamento dei propri crediti, salva l'azione verso il destinatario.

Cfr. Tribunale di Torino, sez. III civile, sentenza 1 agosto 2007 in Altalex Massimario.

Art. 1693. Responsabilità per perdita e avaria.

Il vettore è responsabile della perdita e dell'avaria delle cose consegnategli per il trasporto, dal momento in cui le riceve a quello in cui le riconsegna al destinatario, se non prova che la perdita o l'avaria è derivata da caso fortuito, dalla natura o dai vizi delle cose stesse o del loro imballaggio, o dal fatto del mittente o da quello del destinatario.

Se il vettore accetta le cose da trasportare senza riserve, si presume che le cose stesse non presentino vizi apparenti d'imballaggio.

Cfr. Cassazione Civile, sez. III, sentenza 27 marzo 2009, n. 7533 in Altalex Massimario.

Art. 1694. Presunzioni di fortuito.

Sono valide le clausole che stabiliscono presunzioni di caso fortuito per eventi che normalmente, in relazione ai mezzi e alle condizioni del trasporto, dipendono da caso fortuito.

Art. 1695. Calo naturale.

Per le cose che, data la loro particolare natura, sono soggette durante il trasporto a diminuzione nel peso o nella misura, il vettore risponde solo delle diminuzioni che oltrepassano il calo naturale, a meno che il mittente o il destinatario provi che la diminuzione non è avvenuta in conseguenza della natura delle cose o che per le circostanze del caso non poteva giungere alla misura accertata.

Si deve tener conto del calo separatamente per ogni collo.

Art. 1696. Calcolo del danno in caso di perdita o di avaria.

Il danno derivante da perdita o da avaria si calcola secondo il prezzo corrente delle cose trasportate nel luogo e nel tempo della riconsegna.

Il risarcimento dovuto dal vettore non può essere superiore a un euro per ogni chilogrammo di peso lordo della merce perduta o avariata nei trasporti nazionali ed all'importo di cui all'articolo 23, comma 3, della Convenzione per il trasporto stradale di merci, ratificata con legge 6 dicembre 1960, n. 1621, e successive modificazioni, nei trasporti internazionali.

La previsione di cui al comma precedente non è derogabile a favore del vettore se non nei casi e con le modalità previste dalle leggi speciali e dalle convenzioni internazionali applicabili.

Il vettore non può avvalersi della limitazione della responsabilità prevista a suo favore dal presente articolo ove sia fornita la prova che la perdita o l'avaria della merce sono stati determinati da dolo o colpa grave del vettore o dei suoi dipendenti e preposti, ovvero di ogni altro soggetto di cui egli si sia avvalso per l'esecuzione del trasporto, quando tali soggetti abbiano agito nell'esercizio delle loro funzioni.

Art. 1697. Accertamento della perdita e dell'avaria.

Il destinatario ha diritto di fare accertare a sue spese, prima della riconsegna, l'identità e lo stato delle cose trasportate.

Se la perdita o l'avaria esiste, il vettore deve rimborsargli le spese.

Salvo diverse disposizioni della legge, la perdita e l'avaria si accertano nei modi stabiliti dall'articolo 696 del codice di procedura civile.

Art. 1698. Estinzione dell'azione nei confronti del vettore.

Il ricevimento senza riserve delle cose trasportate col pagamento di quanto è dovuto al vettore estingue le azioni derivanti dal contratto, tranne il caso di dolo o colpa grave del vettore. Sono salve le azioni per perdita parziale o per avaria non riconoscibili al momento della riconsegna, purché in quest'ultimo

caso il danno sia denunziato appena conosciuto e non oltre otto giorni dopo il ricevimento.

Art. 1699. Trasporto con rispedizione della merce.

Se il vettore si obbliga di far proseguire le cose trasportate, oltre le proprie linee, per mezzo di vettori successivi, senza farsi rilasciare dal mittente una lettera di vettura diretta fino al luogo di destinazione, si presume che egli assuma, per il trasporto oltre le proprie linee, gli obblighi di uno spedizioniere.

Art. 1700. Trasporto cumulativo.

Nei trasporti che sono assunti cumulativamente da più vettori successivi con unico contratto, i vettori rispondono in solido per l'esecuzione del contratto dal luogo originario di partenza fino al luogo di destinazione.

Il vettore chiamato a rispondere di un fatto non proprio può agire in regresso contro gli altri vettori, singolarmente o cumulativamente. Se risulta che il fatto dannoso è avvenuto nel percorso di uno dei vettori, questi è tenuto al risarcimento integrale; in caso contrario, al risarcimento sono tenuti tutti i vettori in parti proporzionali ai percorsi, esclusi quei vettori che provino che il danno non è avvenuto nel proprio percorso.

Art. 1701. Diritto di accertamento dei vettori successivi.

I vettori successivi hanno diritto di far dichiarare, nella lettera di vettura o in atto separato, lo stato delle cose da trasportare al momento in cui sono loro consegnate. In mancanza di dichiarazione, si presume che le abbiano ricevute in buono stato e conformi alla lettera di vettura.

Art. 1702. Riscossione dei crediti da parte dell'ultimo vettore.

L'ultimo vettore rappresenta i vettori precedenti per la riscossione dei rispettivi crediti che nascono dal contratto di trasporto e per l'esercizio del privilegio sulle cose trasportate.

Se egli omette tale riscossione o l'esercizio del privilegio, è responsabile verso i vettori precedenti per le somme loro dovute, salva l'azione contro il destinatario.

CAPO IX – DEL MANDATO

SEZIONE I – Disposizioni generali

Art. 1703. Nozione.

Il mandato è il contratto col quale una parte si obbliga a compiere uno o più atti giuridici per conto dell'altra.

Cfr. Cassazione civile, sez. III, sentenza 9 settembre 2008, n. 22658 in Altalex Massimario.

Art. 1704. Mandato con rappresentanza.

Se al mandatario è stato conferito il potere di agire in nome del mandante, si applicano anche le norme del capo VI del titolo II di questo libro.

Art. 1705. Mandato senza rappresentanza.

Il mandatario che agisce in proprio nome acquista i diritti e assume gli obblighi derivanti dagli atti compiuti con i terzi, anche se questi hanno avuto conoscenza del mandato.

I terzi non hanno alcun rapporto col mandante. Tuttavia il mandante, sostituendosi
al mandatario, può esercitare i diritti di credito derivanti dall'esecuzione del mandato, salvo che ciò possa pregiudicare i diritti attribuiti al mandatario dalle disposizioni degli articoli che seguono.

Cfr. Cassazione civile, SS.UU., sentenza 8 ottobre 2008, n. 24772 in Altalex Massimario.

Art. 1706. Acquisti del mandatario.

Il mandante può rivendicare le cose mobili acquistate per suo conto dal mandatario che ha agito in nome proprio, salvi i diritti acquistati dai terzi per effetto del possesso di buona fede.

Se le cose acquistate dal mandatario sono beni immobili o beni mobili iscritti in pubblici registri, il mandatario è obbligato a ritrasferirle al mandante. In caso d'inadempimento, si osservano le norme relative all'esecuzione dell'obbligo di contrarre.

Art. 1707. Creditori del mandatario.

I creditori del mandatario non possono far valere le loro ragioni sui beni che, in esecuzione del mandato, il mandatario ha acquistati in nome proprio, purché, trattandosi di beni mobili o di crediti, il mandato risulti da scrittura avente data certa anteriore al pignoramento, ovvero, trattandosi di beni immobili o di beni mobili iscritti in pubblici registri, sia anteriore al pignoramento

la trascrizione dell'atto di ritrasferimento o della domanda giudiziale diretta a conseguirlo.

Art. 1708. Contenuto del mandato.

Il mandato comprende non solo gli atti per i quali è stato conferito, ma anche quelli che sono necessari al loro compimento.

Il mandato generale non comprende gli atti che eccedono l'ordinaria amministrazione,

se non sono indicati espressamente.

Art. 1709. Presunzione di onerosità.

Il mandato si presume oneroso. La misura del compenso, se non è stabilita dalle parti, è determinata in base alle tariffe professionali o agli usi; in mancanza

è determinata dal giudice.

§ 1 - Delle obbligazioni del mandatario

Art. 1710. Diligenza del mandatario.

Il mandatario è tenuto a eseguire il mandato con la diligenza del buon padre di famiglia; ma se il mandato è gratuito, la responsabilità per colpa è valutata con minor rigore.

Il mandatario è tenuto a rendere note al mandante le circostanze sopravvenute che possono determinare la revoca o la modificazione del mandato.

Cfr. Tribunale di Mantova, sez. II, sentenza 15 novembre 2007 in Altalex Massimario.

Art. 1711. Limiti del mandato.

Il mandatario non può eccedere i limiti fissati nel mandato. L'atto che esorbita dal mandato resta a carico del mandatario, se il mandante non lo ratifica.

Il mandatario può discostarsi dalle istruzioni ricevute qualora circostanze ignote al mandante, e tali che non possano essergli comunicate in tempo, facciano ragionevolmente ritenere che lo stesso mandante avrebbe dato la sua approvazione.

Art. 1712. Comunicazione dell'eseguito mandato.

Il mandatario deve senza ritardo comunicare al mandante l'esecuzione del mandato.

Il ritardo del mandante a rispondere dopo aver ricevuto tale comunicazione, per un tempo superiore a quello richiesto dalla natura dell'affare o dagli usi, importa approvazione, anche se il mandatario si è discostato dalle istruzioni o ha ecceduto i limiti del mandato.

Art. 1713. Obbligo di rendiconto.

Il mandatario deve rendere al mandante il conto del suo operato e rimettergli tutto ciò che ha ricevuto a causa del mandato.

La dispensa preventiva dall'obbligo di rendiconto non ha effetto nei casi in cui il mandatario deve rispondere per dolo o per colpa grave.

Cfr. Cassazione civile, sez. III, sentenza 14 aprile 2010, n. 8857 in Altalex Massimario.

Art. 1714. Interessi sulle somme riscosse.

Il mandatario deve corrispondere al mandante gli interessi legali sulle somme riscosse per conto del mandante stesso, con decorrenza dal giorno in cui avrebbe dovuto fargliene la consegna o la spedizione ovvero impiegarle secondo le istruzioni ricevute.

Art. 1715. Responsabilità per le obbligazioni dei terzi.

In mancanza di patto contrario, il mandatario che agisce in proprio nome non risponde verso il mandante dell'adempimento delle obbligazioni assunte dalle persone con le quali ha contrattato, tranne il caso che l'insolvenza di queste gli fosse o dovesse essergli nota all'atto della conclusione del contratto.

Art. 1716. Pluralità di mandatari.

Salvo patto contrario, il mandato conferito a più persone designate a operare congiuntamente non ha effetto, se non è accettato da tutte.

Se nel mandato non è dichiarato che i mandatari devono agire congiuntamente, ciascuno di essi può concludere l'affare. In questo caso il mandante, appena avvertito della conclusione, deve darne notizia agli altri mandatari; in mancanza è tenuto a risarcire i danni derivanti dall'omissione o dal ritardo.

Se più mandatari hanno comunque operato congiuntamente, essi sono obbligati in solido verso il mandante.

Art. 1717. Sostituto del mandatario.

Il mandatario che, nell'esecuzione del mandato, sostituisce altri a se stesso, senza esservi autorizzato o senza che ciò sia necessario per la natura dell'incarico,

risponde dell'operato della persona sostituita.

Se il mandante aveva autorizzato la sostituzione senza indicare la persona, il mandatario risponde soltanto quando è in colpa nella scelta.

Il mandatario risponde delle istruzioni che ha impartite al sostituto.

Il mandante può agire direttamente contro la persona sostituita dal mandatario.

Cfr. Cassazione civile, sez. III, sentenza 11 febbraio 2009, n. 3354 in Altalex Massimario.

Art. 1718. Custodia delle cose e tutela dei diritti del mandante.

Il mandatario deve provvedere alla custodia delle cose che gli sono state spedite per conto del mandante e tutelare i diritti di quest'ultimo di fronte al vettore, se le cose presentano segni di deterioramento o sono giunte con ritardo.

Se vi è urgenza, il mandatario può procedere alla vendita delle cose a norma dell'articolo 1515.

Di questi fatti, come pure del mancato arrivo della merce, egli deve dare immediato avviso al mandante.

Le disposizioni di questo articolo si applicano anche se il mandatario non accetta l'incarico conferitogli dal mandante, sempre che tale incarico rientri nell'attività professionale del mandatario.

§ 2 - Delle obbligazioni del mandante

Art. 1719. Mezzi necessari per l'esecuzione del mandato.

Il mandante, salvo patto contrario, è tenuto a somministrare al mandatario i mezzi necessari per l'esecuzione del mandato e per l'adempimento delle obbligazioni che a tal fine il mandatario ha contratte in proprio nome.

Art. 1720. Spese e compenso del mandatario.

Il mandante deve rimborsare al mandatario le anticipazioni, con gli interessi legali dal giorno in cui sono state fatte, e deve pagargli il compenso che gli spetta.

Il mandante deve inoltre risarcire i danni che il mandatario ha subiti a causa dell'incarico.

Art. 1721. Diritto del mandatario sui crediti.

Il mandatario ha diritto di soddisfarsi sui crediti pecuniari sorti dagli affari che ha conclusi, con precedenza sul mandante e sui creditori di questo.

§ 3 - *Dell'estinzione del mandato*

Art. 1722. Cause di estinzione.

Il mandato si estingue:

1) per la scadenza del termine o per il compimento, da parte del mandatario, dell'affare per il quale è stato conferito;

2) per revoca da parte del mandante;

3) per rinunzia del mandatario;

4) per la morte, l'interdizione o l'inabilitazione del mandante o del mandatario.

Tuttavia il mandato che ha per oggetto il compimento di atti relativi all'esercizio di un'impresa non si estingue, se l'esercizio dell'impresa è continuato,

salvo il diritto di recesso delle parti o degli eredi.

Cfr. Tribunale di Trieste, sentenza 6 luglio 2007 in Altalex Massimario.

Art. 1723. Revocabilità del mandato.

Il mandante può revocare il mandato; ma, se era stata pattuita l'irrevocabilità, risponde dei danni, salvo che ricorra una giusta causa.

Il mandato conferito anche nell'interesse del mandatario o di terzi non si estingue per revoca da parte del mandante, salvo che sia diversamente stabilito o ricorra una giusta causa di revoca; non si estingue per la morte o per la sopravvenuta incapacità del mandante.

Art. 1724. Revoca tacita.

La nomina di un nuovo mandatario per lo stesso affare o il compimento di questo da parte del mandante importano revoca del mandato, e producono effetto dal giorno in cui sono stati comunicati al mandatario.

Art. 1725. Revoca del mandato oneroso.

La revoca del mandato oneroso, conferito per un tempo determinato o per un determinato affare, obbliga il mandante a risarcire i danni, se è fatta prima della scadenza del termine o del compimento dell'affare, salvo che ricorra una giusta causa.

Se il mandato è a tempo indeterminato, la revoca obbliga il mandante al risarcimento, qualora non sia dato un congruo preavviso, salvo che ricorra una giusta causa.

Art. 1726. Revoca del mandato collettivo.

Se il mandato è stato conferito da più persone con unico atto e per un affare d'interesse comune, la revoca non ha effetto qualora non sia stata fatta da tutti i mandanti, salvo che ricorra una giusta causa.

Art. 1727. Rinunzia del mandatario.

Il mandatario che rinunzia senza giusta causa al mandato deve risarcire i danni al mandante. Se il mandato è a tempo indeterminato, il mandatario che rinunzia senza giusta causa è tenuto al risarcimento, qualora non abbia dato un congruo preavviso.

In ogni caso la rinunzia deve essere fatta in modo e in tempo tali che il mandante possa provvedere altrimenti, salvo il caso d'impedimento grave da parte del mandatario.

Art. 1728. Morte o incapacità del mandante o del mandatario.

Quando il mandato si estingue per morte o per incapacità sopravvenuta del mandante, il mandatario che ha iniziato l'esecuzione deve continuarla, se vi è pericolo nel ritardo.

Quando il mandato si estingue per morte o per sopravvenuta incapacità del mandatario, i suoi eredi ovvero colui che lo rappresenta o lo assiste, se hanno conoscenza del mandato, devono avvertire prontamente il mandante e prendere intanto nell'interesse di questo i provvedimenti richiesti dalle circostanze.

Art. 1729. Mancata conoscenza della causa di estinzione.

Gli atti che il mandatario ha compiuti prima di conoscere l'estinzione del mandato sono validi nei confronti del mandante o dei suoi eredi.

Art. 1730. Estinzione del mandato conferito a più mandatari.

Salvo patto contrario, il mandato conferito a più persone designate a operare congiuntamente si estingue anche se la causa di estinzione concerne uno solo dei mandatari.

SEZIONE II – Della commissione

Art. 1731. Nozione.

Il contratto di commissione è un mandato che ha per oggetto l'acquisto o la vendita di beni per conto del committente e in nome del commissionario.

Art. 1732. Operazioni a fido.

Il commissionario si presume autorizzato a concedere dilazioni di pagamento in conformità degli usi del luogo in cui compie l'operazione, se il committente non ha disposto altrimenti.

Se il commissionario concede dilazioni di pagamento, malgrado il divieto del committente o quando non è autorizzato dagli usi, il committente può esigere da lui il pagamento immediato, salvo il diritto del commissionario di far propri i vantaggi che derivano dalla concessa dilazione.

Il commissionario che ha concesso dilazioni di pagamento deve indicare al committente la persona del contraente e il termine concesso; altrimenti l'operazione si considera fatta senza dilazione e si applica il disposto del comma precedente.

Art. 1733. Misura della provvigione.

La misura della provvigione spettante al commissionario, se non è stabilita dalle parti, si determina secondo gli usi del luogo in cui è compiuto l'affare. In mancanza di usi provvede il giudice secondo equità.

Art. 1734. Revoca della commissione.

Il committente può revocare l'ordine di concludere l'affare fino a che il commissionario non l'abbia concluso. In tal caso spetta al commissionario una parte della provvigione, che si determina tenendo conto delle spese sostenute e dell'opera prestata.

Art. 1735. Commissionario contraente in proprio.

Nella commissione di compera o di vendita di titoli, divise o merci aventi un prezzo corrente che risulti nei modi indicati dal terzo comma dell'articolo 1515, se il committente non ha diversamente disposto, il commissionario può fornire al prezzo suddetto le cose che deve comprare, o può acquistare per sé le cose che deve vendere, salvo, in ogni caso, il suo diritto alla provvigione.

Anche quando il committente ha fissato il prezzo, il commissionario che acquista per sé non può praticare un prezzo inferiore a quello corrente nel giorno in cui compie l'operazione, se questo è superiore al prezzo fissato dal committente; e il commissionario che fornisce le cose che deve comprare non può praticare un prezzo superiore a quello corrente, se questo è inferiore al prezzo fissato dal committente.

Art. 1736. Star del credere.

Il commissionario che, in virtù di patto o di uso, è tenuto allo «star del credere » risponde nei confronti del committente per l'esecuzione dell'affare.

In tal caso ha diritto, oltre che alla provvigione, a un compenso o a una maggiore provvigione, la quale, in mancanza di patto, si determina secondo gli usi del luogo in cui è compiuto l'affare. In mancanza di usi, provvede il giudice secondo equità.

SEZIONE III – Della spedizione

Art. 1737. Nozione.

Il contratto di spedizione è un mandato col quale lo spedizioniere assume l'obbligo di concludere, in nome proprio e per conto del mandante, un contratto di trasporto e di compiere le operazioni accessorie.

Cfr. Cassazione Civile, sez. III, sentenza 28 marzo 2008, n. 8063 in Altalex Massimario.

Art. 1738. Revoca.

Finché lo spedizioniere non abbia concluso il contratto di trasporto col vettore, il mittente può revocare l'ordine di spedizione, rimborsando lo spedizioniere delle spese sostenute e corrispondendogli un equo compenso per l'attività prestata.

Art. 1739. Obblighi dello spedizioniere.

Nella scelta della via, del mezzo e delle modalità di trasporto della merce, lo spedizioniere è tenuto a osservare le istruzioni del committente e, in mancanza, a operare secondo il migliore interesse del medesimo.

Salvo che gli sia stato diversamente ordinato e salvi gli usi contrari, lo spedizioniere
non ha obbligo di provvedere all'assicurazione delle cose spedite.

I premi, gli abbuoni e i vantaggi di tariffa ottenuti dallo spedizioniere devono essere accreditati al committente, salvo patto contrario.

Art. 1740. Diritti dello spedizioniere.

La misura della retribuzione dovuta allo spedizioniere per l'esecuzione dell'incarico si determina, in mancanza di convenzione, secondo le tariffe professionali o, in mancanza, secondo gli usi del luogo in cui avviene la spedizione.

Le spese anticipate e i compensi per le prestazioni accessorie eseguite dallo spedizioniere sono liquidati sulla base dei documenti giustificativi, a meno che il rimborso e i compensi siano stati preventivamente convenuti in una somma globale unitaria.

Art. 1741. Spedizioniere vettore.

Lo spedizioniere che con mezzi propri o altrui assume l'esecuzione del trasporto
in tutto o in parte, ha gli obblighi e i diritti del vettore.

CAPO X – DEL CONTRATTO DI AGENZIA

Art. 1742. Nozione.

Col contratto di agenzia una parte assume stabilmente l'incarico di promuovere, per conto dell'altra, verso retribuzione, la conclusione di contratti in una zona determinata.

Il contratto deve essere provato per iscritto. Ciascuna parte ha diritto di ottenere dall'altra un documento della stessa sottoscritto che riproduca il contenuto del contratto e delle clausole aggiuntive. Tale diritto è irrinunciabile.

Art. 1743. Diritto di esclusiva.

Il preponente non può valersi contemporaneamente di più agenti nella stessa zona e per lo stesso ramo di attività, né l'agente può assumere l'incarico di trattare nella stessa zona e per lo stesso ramo gli affari di più imprese in concorrenza tra loro.

Art. 1744. Riscossioni.

L'agente non ha facoltà di riscuotere i crediti del preponente. Se questa facoltà gli è stata attribuita, egli non può concedere sconti o dilazioni senza speciale autorizzazione.

Art. 1745. Rappresentanza dell'agente.

Le dichiarazioni che riguardano l'esecuzione del contratto concluso per il tramite dell'agente e i reclami relativi alle inadempienze contrattuali sono validamente fatti all'agente.

L'agente può chiedere i provvedimenti cautelari nell'interesse del preponente e presentare i reclami che sono necessari per la conservazione dei diritti spettanti a quest'ultimo.

Art. 1746. Obblighi dell'agente.

Nell'esecuzione dell'incarico l'agente deve tutelare gli interessi del preponente e agire con lealtà e buona fede. In particolare, deve adempiere l'incarico affidatogli in conformità delle istruzioni ricevute e fornire al preponente le informazioni riguardanti le condizioni del mercato nella zona assegnatagli, e ogni altra informazione utile per valutare la convenienza dei singoli affari. È nullo ogni patto contrario.

Egli deve altresì osservare gli obblighi che incombono al commissionario ad eccezione di quelli di cui all'articolo 1736, in quanto non siano esclusi dalla natura del contratto di agenzia.

È vietato il patto che ponga a carico dell'agente una responsabilità, anche solo parziale, per l'inadempimento del terzo. È però consentito eccezionalmente alle parti di concordare di volta in volta la concessione di una apposita garanzia da parte dell'agente, purché ciò avvenga con riferimento a singoli affari, di particolare natura ed importo, individualmente determinati; l'obbligo di garanzia assunto dall'agente non sia di ammontare più elevato della provvigione che per quell'affare l'agente medesimo avrebbe diritto a percepire; sia previsto per l'agente un apposito corrispettivo.

Art. 1747. Impedimento dell'agente.

L'agente che non è in grado di eseguire l'incarico affidatogli deve dare immediato
avviso al preponente. In mancanza è obbligato al risarcimento del danno.

Art. 1748. Diritti dell'agente.

Per tutti gli affari conclusi durante il contratto l'agente ha diritto alla provvigione
quando l'operazione è stata conclusa per effetto del suo intervento.

La provvigione è dovuta anche per gli affari conclusi dal preponente con terzi che l'agente aveva in precedenza acquisito come clienti per affari dello stesso tipo o appartenenti alla zona o alla categoria o gruppo di clienti riservati all'agente, salvo che sia diversamente pattuito.

L'agente ha diritto alla provvigione sugli affari conclusi dopo la data di scioglimento
del contratto se la proposta è pervenuta al preponente o all'agente
in data antecedente o gli affari sono conclusi entro un termine ragionevole
dalla data di scioglimento del contratto e la conclusione è da ricondurre
prevalentemente all'attività da lui svolta; in tali casi la provvigione è dovuta
solo all'agente precedente, salvo che da specifiche circostanze risulti equo
ripartire la provvigione tra gli agenti intervenuti.

Salvo che sia diversamente pattuito, la provvigione spetta all'agente dal momento e nella misura in cui il preponente ha eseguito o avrebbe dovuto eseguire la prestazione in base al contratto concluso con il terzo. La provvigione
spetta all'agente, al più tardi, inderogabilmente dal momento e nella misura in cui il terzo ha eseguito o avrebbe dovuto eseguire la prestazione qualora il preponente avesse eseguito la prestazione a suo carico.

Se il preponente e il terzo si accordano per non dare, in tutto o in parte, esecuzione al contratto, l'agente ha diritto, per la parte ineseguita, ad una provvigione ridotta nella misura determinata dagli usi o, in mancanza, dal giudice secondo equità.

L'agente è tenuto a restituire le provvigioni riscosse solo nella ipotesi e nella misura in cui sia certo che il contratto tra il terzo e il preponente non avrà esecuzione per cause non imputabili al preponente. È nullo ogni patto più sfavorevole all'agente.

L'agente non ha diritto al rimborso delle spese di agenzia.

Art. 1749. Obblighi del preponente.

Il preponente, nei rapporti con l'agente, deve agire con lealtà e buona fede.
Egli deve mettere a disposizione dell'agente la documentazione necessaria relativa ai beni o servizi trattati e fornire all'agente le informazioni necessarie all'esecuzione del contratto: in particolare avvertire l'agente, entro un termine ragionevole, non appena preveda che il volume delle operazioni commerciali sarà notevolmente inferiore a quello che l'agente avrebbe potuto normalmente attendersi. Il preponente deve inoltre informare l'agente, entro un termine ragionevole, dell'accettazione o del rifiuto e della mancata esecuzione di un affare procuratogli.

Il preponente consegna all'agente un estratto conto delle provvigioni dovute al più tardi l'ultimo giorno del mese successivo al trimestre nel corso del quale esse sono maturate. L'estratto conto indica gli elementi essenziali in base ai quali è stato effettuato il calcolo delle provvigioni. Entro il medesimo termine le provvigioni liquidate devono essere effettivamente pagate all'agente.

L'agente ha diritto di esigere che gli siano fornite tutte le informazioni necessarie
per verificare l'importo delle provvigioni liquidate ed in particolare un estratto dei libri contabili.

È nullo ogni patto contrario alle disposizioni del presente articolo.

Art. 1750. Durata del contratto o recesso.

Il contratto di agenzia a tempo determinato che continui ad essere eseguito dalle parti successivamente alla scadenza del termine si trasforma in contratto a tempo indeterminato.

Se il contratto di agenzia è a tempo indeterminato, ciascuna delle parti può recedere dal contratto stesso dandone preavviso all'altra entro un termine stabilito.

Il termine di preavviso non può comunque essere inferiore ad un mese per il primo anno di durata del contratto, a due mesi per il secondo anno iniziato, a tre mesi per il terzo anno iniziato, a quattro mesi per il quarto anno, a cinque mesi per il quinto anno e a sei mesi per il sesto anno e per tutti gli anni successivi.

Le parti possono concordare termini di preavviso di maggiore durata, ma il preponente non può osservare un termine inferiore a quello posto a carico dell'agente.

Salvo diverso accordo tra le parti, la scadenza del termine di preavviso deve coincidere con l'ultimo giorno del mese di calendario.

Art. 1751. Indennità in caso di cessazione del rapporto.

All'atto della cessazione del rapporto, il preponente è tenuto a corrispondere all'agente un'indennità se ricorrono le seguenti condizioni:
l'agente abbia procurato nuovi clienti al preponente o abbia sensibilmente sviluppato gli affari con i clienti esistenti e il preponente riceva ancora sostanziali
vantaggi derivanti dagli affari con tali clienti;
il pagamento di tale indennità sia equo, tenuto conto di tutte le circostanze del caso, in particolare delle provvigioni che l'agente perde e che risultano dagli affari con tali clienti.

L'indennità non è dovuta:
quando il preponente risolve il contratto per un'inadempienza imputabile all'agente, la quale, per la sua gravità, non consenta la prosecuzione anche provvisoria del rapporto;
quando l'agente recede dal contratto, a meno che il recesso sia giustificato da circostanze attribuibili al preponente o da circostanze attribuibili all'agente, quali età, infermità o malattia, per le quali non può più essergli ragionevolmente
chiesta la prosecuzione dell'attività;
quando, ai sensi di un accordo con il preponente, l'agente cede ad un terzo i diritti e gli obblighi che ha in virtù del contratto d'agenzia.

L'importo dell'indennità non può superare una cifra equivalente ad un'indennità annua calcolata sulla base della media annuale delle retribuzioni riscosse dall'agente negli ultimi cinque anni e, se il contratto risale a meno di cinque anni, sulla media del periodo in questione.

La concessione dell'indennità non priva comunque l'agente del diritto all'eventuale

risarcimento dei danni.

L'agente decade dal diritto all'indennità prevista dal presente articolo se, nel termine di un anno dallo scioglimento del rapporto, omette di comunicare al preponente l'intenzione di far valere i propri diritti.

Le disposizioni di cui al presente articolo sono inderogabili a svantaggio dell'agente.

L'indennità è dovuta anche se il rapporto cessa per morte dell'agente.

Cfr. Cassazione Civile, sez. lavoro, sentenza 19 giugno 2007, n. 14189 e Cassazione Civile, sez. lavoro, sentenza 2 aprile 2008, n. 8483 in Altalex Massimario.

Art. 1751-bis. Patto di non concorrenza.

Il patto che limita la concorrenza da parte dell'agente dopo lo scioglimento del contratto deve farsi per iscritto. Esso deve riguardare la medesima zona, clientela e genere di beni o servizi per i quali era stato concluso il contratto di agenzia e la sua durata non può eccedere i due anni successivi all'estinzione del contratto.

L'accettazione del patto di non concorrenza comporta, in occasione della cessazione del rapporto, la corresponsione all'agente commerciale di una indennità di natura non provvigionale. L'indennità va commisurata alla durata, non superiore a due anni dopo l'estinzione del contratto, alla natura del contratto di agenzia e all'indennità di fine rapporto. La determinazione della indennità in base ai parametri di cui al precedente periodo è affidata alla contrattazione tra le parti tenuto conto degli accordi economici nazionali di categoria. In difetto di accordo l'indennità è determinata dal giudice in via equitativa anche con riferimento:

1) alla media dei corrispettivi riscossi dall'agente in pendenza di contratto ed alla loro incidenza sul volume d'affari complessivo nello stesso periodo;

2) alle cause di cessazione del contratto di agenzia;

3) all'ampiezza della zona assegnata all'agente;

4) all'esistenza o meno del vincolo di esclusiva per un solo preponente.

Art. 1752. Agente con rappresentanza.

Le disposizioni del presente capo si applicano anche nell'ipotesi in cui all'agente

è conferita dal preponente la rappresentanza per la conclusione dei contratti.

Art. 1753. Agenti di assicurazione.

Le disposizioni di questo capo sono applicabili anche agli agenti di assicurazione,

in quanto non siano derogate dagli usi e in quanto siano compatibili con la natura dell'attività assicurativa.

CAPO XI – DELLA MEDIAZIONE

Art. 1754. Mediatore.

È mediatore colui che mette in relazione due o più parti per la conclusione di un affare, senza essere legato ad alcuna di esse da rapporti di collaborazione, di dipendenza o di rappresentanza.

Cfr. Corte di Cassazione, sez. III, sentenza 14 luglio 2009, n. 16382 e Tribunale di Bari, sez. II civile, sentenza 22 settembre 2009, n. 2785 in Altalex Massimario.

Art. 1755. Provvigione.

Il mediatore ha diritto alla provvigione da ciascuna delle parti, se l'affare è concluso per effetto del suo intervento.

La misura della provvigione e la proporzione in cui questa deve gravare su ciascuna delle parti, in mancanza di patto, di tariffe professionali o di usi, sono determinate dal giudice secondo equità.

Cfr. Tribunale di Reggio Emilia, sentenza 29 gennaio 2009 e Tribunale di Bari, sez. II civile, sentenza 22 settembre 2009, n. 2785 in Altalex Massimario.

Art. 1756. Rimborso delle spese.

Salvo patti o usi contrari, il mediatore ha diritto al rimborso delle spese nei confronti della persona per incarico della quale sono state eseguite anche se l'affare non è stato concluso.

Art. 1757. Provvigione nei contratti condizionali o invalidi.

Se il contratto è sottoposto a condizione sospensiva, il diritto alla provvigione sorge nel momento in cui si verifica la condizione.

Se il contratto è sottoposto a condizione risolutiva, il diritto alla provvigione non viene meno col verificarsi della condizione.

La disposizione del comma precedente si applica anche quando il contratto è annullabile o rescindibile, se il mediatore non conosceva la causa d'invalidità.

Art. 1758. Pluralità di mediatori.

Se l'affare è concluso per l'intervento di più mediatori, ciascuno di essi ha diritto a una quota della provvigione.

Art. 1759. Responsabilità del mediatore.

Il mediatore deve comunicare alle parti le circostanze a lui note, relative alla valutazione e alla sicurezza dell'affare, che possono influire sulla conclusione di esso.

Il mediatore risponde dell'autenticità della sottoscrizione delle scritture e dell'ultima girata dei titoli trasmessi per il suo tramite.

Cfr. Tribunale di Mantova, sentenza 19 settembre 2008 in Altalex Massimario.

Art. 1760. Obblighi del mediatore professionale.

Il mediatore professionale in affari su merci o su titoli deve:

1) conservare i campioni delle merci vendute sopra campione, finché sussista la possibilità di controversia sull'identità della merce;

2) rilasciare al compratore una lista firmata dei titoli negoziati, con l'indicazione

della serie e del numero;

3) annotare su apposito libro gli estremi essenziali del contratto che si stipula col suo intervento e rilasciare alle parti copia da lui sottoscritta di ogni annotazione.

Art. 1761. Rappresentanza del mediatore.

Il mediatore può essere incaricato da una delle parti di rappresentarla negli atti relativi all'esecuzione del contratto concluso con il suo intervento.

Art. 1762. Contraente non nominato.

Il mediatore che non manifesta a un contraente il nome dell'altro risponde della esecuzione del contratto e, quando lo ha eseguito, subentra nei diritti verso il contraente non nominato.

Se dopo la conclusione del contratto il contraente non nominato si manifesta all'altra parte o è nominato dal mediatore, ciascuno dei contraenti può agire direttamente contro l'altro, ferma restando la responsabilità del mediatore.

Art. 1763. Fideiussione del mediatore.

Il mediatore può prestare fideiussione per una delle parti.

Art. 1764. Sanzioni.

Il mediatore che non adempie agli obblighi imposti dall'articolo 1760 è punito con la sanzione amministrativa del pagamento di una somma da € 5 a €
516
Nei casi più gravi può essere aggiunta la sospensione dalla professione fino a sei mesi.

Alle stesse pene è soggetto il mediatore che presta la sua attività nell'interesse di persona notoriamente insolvente o della quale conosce lo stato d'incapacità.

Art. 1765. Leggi speciali.

Sono salve le disposizioni delle leggi speciali.

CAPO XII – DEL DEPOSITO

SEZIONE I – Del deposito in generale

Art. 1766. Nozione.

Il deposito è il contratto col quale una parte riceve dall'altra una cosa mobile con l'obbligo di custodirla e di restituirla in natura.

Cfr. Cassazione Civile, sez. III, sentenza 13 marzo 2007, n. 5837, Tribunale di Mantova, sentenza 27 agosto 2007, Cassazione Civile, sez. III, sentenza 9 settembre 2008, n. 22658, Cassazione Civile, sez. III, sentenza 27 gennaio 2009, n. 1957 in Altalex Massimario.

Art. 1767. Presunzione di gratuità.

Il deposito si presume gratuito, salvo che dalla qualità professionale del depositario
o da altre circostanze si debba desumere una diversa volontà delle parti.

Cfr. Cassazione Civile, sez. III, sentenza 9 settembre 2008, n. 22658 in Altalex Massimario.

Art. 1768. Diligenza nella custodia.

Il depositario deve usare nella custodia la diligenza del buon padre di famiglia.
Se il deposito è gratuito, la responsabilità per colpa è valutata con minor rigore.

Art. 1769. Responsabilità del depositario incapace.

Il depositario incapace è responsabile della conservazione della cosa nei limiti in cui può essere tenuto a rispondere per fatti illeciti. In ogni caso il depositante ha diritto di conseguire la restituzione della cosa finché questa si trova presso il depositario; altrimenti può pretendere il rimborso di ciò che sia stato rivolto a vantaggio di quest'ultimo.

Art. 1770. Modalità della custodia.

Il depositario non può servirsi della cosa depositata né darla in deposito ad altri, senza il consenso del depositante.

Se circostanze urgenti lo richiedono, il depositario può esercitare la custodia in modo diverso da quello convenuto, dandone avviso al depositante appena è possibile.

Art. 1771. Richiesta di restituzione e obbligo di ritirare la cosa.

Il depositario deve restituire la cosa appena il depositante la richiede, salvo che sia convenuto un termine nell'interesse del depositario.

Il depositario può richiedere in qualunque tempo che il depositante riprenda la cosa, salvo che sia convenuto un termine nell'interesse del depositante.
Anche se non è stato convenuto un termine, il giudice può concedere al depositante un termine congruo per ricevere la cosa.

Art. 1772. Pluralità di depositanti e di depositari.

Se più sono i depositanti di una cosa ed essi non si accordano circa la restituzione,
questa deve farsi secondo le modalità stabilite dall'autorità giudiziaria.
La stessa norma si applica quando a un solo depositante succedono più eredi, se la cosa non è divisibile.

Se più sono i depositari, il depositante ha facoltà di chiedere la restituzione a quello tra essi che detiene la cosa. Questi deve darne pronta notizia agli altri.

Art. 1773. Terzo interessato nel deposito.

Se la cosa è stata depositata anche nell'interesse di un terzo e questi ha comunicato al depositante e al depositario la sua adesione, il depositario non può liberarsi restituendo la cosa al depositante senza il consenso del terzo.

Art. 1774. Luogo di restituzione e spese relative.

Salvo diversa convenzione, la restituzione della cosa deve farsi nel luogo in cui doveva essere custodita.
Le spese per la restituzione sono a carico del depositante.

Art. 1775. Restituzione dei frutti.

Il depositario è obbligato a restituire i frutti della cosa che egli abbia percepiti.

Art. 1776. Obblighi dell'erede del depositario.

L'erede del depositario, il quale ha alienato in buona fede la cosa che ignorava essere tenuta in deposito, è obbligato soltanto a restituire il corrispettivo ricevuto. Se questo non è stato ancora pagato, il depositante subentra nel diritto dell'alienante.

Art. 1777. Persona a cui deve essere restituita la cosa.

Il depositario deve restituire la cosa al depositante o alla persona indicata per riceverla, e non può esigere che il depositante provi di esserne proprietario.
Se è convenuto in giudizio da chi rivendica la proprietà della cosa o pretende di avere diritti su di essa, deve, sotto pena del risarcimento del danno, denunziare la controversia al depositante, e può ottenere di essere estromesso dal giudizio indicando la persona del medesimo. In questo caso egli può anche liberarsi dall'obbligo di restituire la cosa, depositandola, nei modi stabiliti dal giudice, a spese del depositante.

Art. 1778. Cosa proveniente da reato.

Il depositario, se scopre che la cosa proviene da un reato e gli è nota la persona alla quale è stata sottratta, deve denunziare il deposito fatto presso di sé.

Il depositario è liberato se restituisce la cosa al depositante decorsi dieci giorni dalla denunzia senza che gli sia stata notificata opposizione.

Art. 1779. Cosa propria del depositario.

Il depositario è liberato da ogni obbligazione se risulta che la cosa gli appartiene
e che il depositante non ha su di essa alcun diritto.

Art. 1780. Perdita non imputabile della detenzione della cosa.

Se la detenzione della cosa è tolta al depositario in conseguenza di un fatto a lui non imputabile, egli è liberato dall'obbligazione di restituire la cosa, ma deve, sotto pena di risarcimento del danno, denunziare immediatamente al depositante il fatto per cui ha perduto la detenzione.

Il depositante ha diritto di ricevere ciò che, in conseguenza del fatto stesso, il depositario abbia conseguito, e subentra nei diritti spettanti a quest'ultimo.

Art. 1781. Diritti del depositario.

Il depositante è obbligato a rimborsare il depositario delle spese fatte per conservare la cosa, a tenerlo indenne delle perdite cagionate dal deposito e a pagargli il compenso pattuito.

Art. 1782. Deposito irregolare.

Se il deposito ha per oggetto una quantità di danaro o di altre cose fungibili, con facoltà per il depositario di servirsene, questi ne acquista la proprietà ed è tenuto a restituire altrettante della stessa specie e qualità.

In tal caso si osservano, in quanto applicabili, le norme relative al mutuo.

SEZIONE II – Del deposito in albergo

Art. 1783. Responsabilità per le cose portate in albergo.

Gli albergatori sono responsabili di ogni deterioramento, distruzione o sottrazione
delle cose portate dal cliente in albergo.

Sono considerate cose portate in albergo:

1) le cose che vi si trovano durante il tempo nel quale il cliente dispone dell'alloggio;

2) le cose di cui l'albergatore, un membro della sua famiglia o un suo ausiliario assumono la custodia, fuori dell'albergo durante il periodo di tempo in cui il cliente dispone dell'alloggio;

3) le cose di cui l'albergatore, un membro della sua famiglia o un suo ausiliario assumono la custodia sia nell'albergo, sia fuori dell'albergo, durante un periodo di tempo ragionevole, precedente o successivo a quello in cui il cliente dispone dell'alloggio.

La responsabilità di cui al presente articolo è limitata al valore di quanto sia deteriorato, distrutto o sottratto, sino all'equivalente di cento volte il prezzo di locazione dell'alloggio per giornata.

Cfr. Cassazione Civile, sez. III, sentenza 11 luglio 2007, n. 15468 e Cassazione Civile, sez. III, sentenza 5 dicembre 2008, n. 28812 in Altalex Massimario.

Art. 1784. Responsabilità per le cose consegnate e obblighi dell'albergatore.

La responsabilità dell'albergatore è illimitata:

1) quando le cose gli sono state consegnate in custodia;

2) quando ha rifiutato di ricevere in custodia cose che aveva l'obbligo di accettare.

L'albergatore ha l'obbligo di accettare le carte-valori, il danaro contante e gli oggetti di valore; egli può rifiutarsi di riceverli soltanto se si tratti di oggetti pericolosi o che, tenuto conto della importanza e delle condizioni di gestione dell'albergo, abbiano valore eccessivo o natura ingombrante.

L'albergatore può esigere che la cosa consegnatagli sia contenuta in un involucro
chiuso o sigillato.

Cfr. Cassazione Civile, sez. III, sentenza 5 marzo 2009, n. 5348 in Altalex Massimario.

Art. 1785. Limiti di responsabilità.

L'albergatore non è responsabile quando il deterioramento, la distruzione o la sottrazione sono dovuti:

1) al cliente, alle persone che l'accompagnano, che sono al suo servizio o che gli rendono visita;

2) a forza maggiore;

3) alla natura della cosa.

Art. 1785-bis. Responsabilità per colpa dell'albergatore.

L'albergatore è responsabile, senza che egli possa invocare il limite previsto dall'ultimo comma dell'articolo 1783, quando il deterioramento, la distruzione o la sottrazione delle cose portate dal cliente in albergo sono dovuti a colpa sua, dei membri della sua famiglia o dei suoi ausiliari.

Art. 1785-ter. Obbligo di denuncia del danno.

Fuori del caso previsto dall'articolo 1785-bis, il cliente non potrà valersi delle precedenti disposizioni se, dopo aver constatato il deterioramento, la distruzione o la sottrazione, denunci il fatto all'albergatore con ritardo ingiustificato.

Art. 1785-quater. Nullità.

Sono nulli i patti o le dichiarazioni tendenti ad escludere o a limitare preventivamente
la responsabilità dell'albergatore.

Art. 1785-quinquies. Limiti di applicazione.

Le disposizioni della presente sezione non si applicano ai veicoli, alle cose lasciate negli stessi, né gli animali vivi.

Art. 1786. Stabilimenti e locali assimilati agli alberghi.

Le norme di questa sezione si applicano anche agli imprenditori di case di cura, stabilimenti di pubblici spettacoli, stabilimenti balneari, pensioni, trattorie,
carrozze letto e simili.

SEZIONE III – Del deposito nei magazzini generali

Art. 1787. Responsabilità dei magazzini generali.

I magazzini generali sono responsabili della conservazione delle merci depositate,
a meno che si provi che la perdita, il calo o l'avaria è derivata da caso fortuito, dalla natura delle merci ovvero da vizi di esse o dell'imballaggio.

Art. 1788. Diritti del depositante.

Il depositante ha diritto d'ispezionare le merci depositate e di ritirare i campioni d'uso.

Art. 1789. Vendita delle cose depositate.

I magazzini generali, previo avviso al depositante, possono procedere alla vendita delle merci, quando, al termine del contratto, le merci non sono ritirate o non è rinnovato il deposito, ovvero, trattandosi di deposito a tempo indeterminato, quando è decorso un anno dalla data del deposito, e in ogni caso quando le merci sono minacciate di deperimento. Per la vendita si osservano le modalità stabilite dall'articolo 1515.

Il ricavato della vendita, dedotte le spese e quanto altro spetta ai magazzini generali, deve essere tenuto a disposizione degli aventi diritto.

Art. 1790. Fede di deposito.

I magazzini generali, a richiesta del depositante, devono rilasciare una fede di deposito delle merci depositate.

La fede di deposito deve indicare:

1) il cognome e il nome o la ditta e il domicilio del depositante;
2) il luogo del deposito;
3) la natura e la quantità delle cose depositate e gli altri estremi atti a individuarle;
4) se per la merce sono stati pagati i diritti doganali e se essa è stata assicurata.

Art. 1791. Nota di pegno.

Alla fede di deposito è unita la nota di pegno, sulla quale sono ripetute le indicazioni richieste dall'articolo precedente.

La fede di deposito e la nota di pegno devono essere staccate da un unico registro o matrice, da conservarsi presso i magazzini.

Art. 1792. Intestazione e circolazione dei titoli.

La fede di deposito e la nota di pegno possono intestarsi al nome del depositante
o di un terzo da questo designato, e sono trasferibili, sia congiuntamente sia separatamente, mediante girata.

Art. 1793. Diritti del possessore.

Il possessore della fede di deposito unita alla nota di pegno ha diritto alla riconsegna delle cose depositate; egli ha altresì diritto di richiedere che, a sue spese, le cose depositate siano divise in più partite e che per ogni partita gli sia rilasciata una fede di deposito distinta con la nota di pegno in sostituzione
del titolo complessivo.

Il possessore della sola nota di pegno ha diritto di pegno sulle cose depositate.

Il possessore della sola fede di deposito non ha diritto alla riconsegna delle cose depositate, se non osserva le condizioni indicate dall'articolo 1795; egli può valersi della facoltà concessa dall'articolo 1788.

Art. 1794. Prima girata della nota di pegno.

La prima girata della sola nota di pegno deve indicare l'ammontare del credito e degli interessi nonché la scadenza. La girata corredata delle dette indicazioni deve essere trascritta sulla fede di deposito e controfirmata dal giratario.

La girata della nota di pegno che non indica l'ammontare del credito vincola, a favore del possessore di buona fede, tutto il valore delle cose depositate. Rimane tuttavia salva al titolare o al terzo possessore della fede di deposito, che abbia pagato una somma non dovuta, l'azione di rivalsa nei confronti del diretto contraente e del possessore di mala fede della nota di pegno.

Art. 1795. Diritti del possessore della sola fede di deposito.

Il possessore della sola fede di deposito può ritirare le cose depositate anche prima della scadenza del debito per cui furono costituite in pegno, depositando presso i magazzini generali la somma dovuta alla scadenza al creditore pignoratizio.

Sotto la responsabilità dei magazzini generali, quando si tratta di merci fungibili, il possessore della sola fede di deposito può ritirare anche parte delle merci, depositando presso i magazzini generali una somma proporzionale all'ammontare del debito garantito dalla nota di pegno e alla quantità delle merci ritirate.

Art. 1796. Diritti del possessore della nota di pegno insoddisfatto.

Il possessore della nota di pegno, che non sia stato soddisfatto alla scadenza e che abbia levato il protesto a norma della legge cambiaria, può far vendere la cosa depositata in conformità dell'articolo 1515, decorsi otto giorni da quello della scadenza.

Il girante che ha pagato volontariamente il possessore della nota di pegno è surrogato nei diritti di questo, e può procedere alla vendita delle cose depositate decorsi otto giorni dalla scadenza.

Art. 1797. Azione nei confronti dei giranti.

Il possessore della nota di pegno non può agire contro il girante, se prima non ha proceduto alla vendita del pegno.

I termini per esercitare l'azione di regresso contro i giranti sono quelli stabiliti dalla legge cambiaria e decorrono dal giorno in cui è avvenuta la vendita delle cose depositate.

Il possessore della nota di pegno decade dall'azione di regresso contro i giranti, se alla scadenza non leva il protesto o se, entro quindici giorni dal protesto, non fa istanza per la vendita delle cose depositate.

Egli conserva tuttavia l'azione contro i giranti della fede di deposito e contro il debitore. Quest'azione si prescrive in tre anni.

CAPO XIII – DEL SEQUESTRO CONVENZIONALE

Art. 1798. Nozione.

Il sequestro convenzionale è il contratto col quale due o più persone affidano a un terzo una cosa o una pluralità di cose, rispetto alla quale sia nata tra esse controversia, perché la custodisca e la restituisca a quella a cui spetterà quando la controversia sarà definita.

Art. 1799. Obblighi, diritti e poteri del sequestratario.

Gli obblighi, i diritti e i poteri del sequestratario sono determinati dal contratto; in mancanza, si osservano le disposizioni seguenti.

Art. 1800. Conservazione e alienazione dell'oggetto del sequestro.

Il sequestratario, per la custodia delle cose affidategli, è soggetto alle norme del deposito.

Se vi è imminente pericolo di perdita o di grave deterioramento delle cose mobili affidategli, il sequestratario può alienarle, dandone pronta notizia agli interessati.

Qualora la natura delle cose lo richieda, egli ha pure l'obbligo di amministrarle. In questo caso si applicano le norme del mandato.

Il sequestratario non può consentire locazioni per durata superiore a quella stabilita per le locazioni a tempo indeterminato.

Art. 1801. Liberazione del sequestratario.

Prima che la controversia sia definita, il sequestratario non può essere liberato che per accordo delle parti o per giusti motivi.

Art. 1802. Compenso e rimborso delle spese al sequestratario.

Il sequestratario ha diritto a compenso, se non si è pattuito diversamente. Egli ha pure diritto al rimborso delle spese e di ogni altra erogazione fatta per la conservazione e per l'amministrazione della cosa.

CAPO XIV – DEL COMODATO

Art. 1803. Nozione.

Il comodato è il contratto col quale una parte consegna all'altra una cosa mobile o immobile, affinché se ne serva per un tempo o per un uso determinato, con l'obbligo di restituire la stessa cosa ricevuta.

Il comodato è essenzialmente gratuito.

Cfr. Cassazione Civile, sez. III, sentenza 3 aprile 2008, n. 8548 e Cassazione Civile, sez. III, sentenza 13 giugno 2008, n. 15995 in Altalex Massimario.

Art. 1804. Obbligazioni del comodatario.

Il comodatario è tenuto a custodire e a conservare la cosa con la diligenza del buon padre di famiglia. Egli non può servirsene che per l'uso determinato dal contratto o dalla natura della cosa.

Non può concedere a un terzo il godimento della cosa senza il consenso del comodante.

Se il comodatario non adempie gli obblighi suddetti, il comodante può chiedere l'immediata restituzione della cosa, oltre al risarcimento del danno.

Art. 1805. Perimento della cosa.

Il comodatario è responsabile se la cosa perisce per un caso fortuito a cui poteva sottrarla sostituendola con la cosa propria, o se, potendo salvare una delle due cose, ha preferito la propria.

Il comodatario che impiega la cosa per un uso diverso o per un tempo più lungo di quello a lui consentito, è responsabile della perdita avvenuta per causa a lui non imputabile, qualora non provi che la cosa sarebbe perita anche se non l'avesse impiegata per l'uso diverso o l'avesse restituita a tempo debito.

Art. 1806. Stima.

Se la cosa è stata stimata al tempo del contratto, il suo perimento è a carico del comodatario, anche se avvenuto per causa a lui non imputabile.

Art. 1807. Deterioramento per effetto dell'uso.

Se la cosa si deteriora per solo effetto dell'uso per cui è stata consegnata e senza colpa del comodatario, questi non risponde del deterioramento.

Art. 1808. Spese per l'uso della cosa e spese straordinarie.

Il comodatario non ha diritto al rimborso delle spese sostenute per servirsi della cosa.

Egli però ha diritto di essere rimborsato delle spese straordinarie sostenute per la conservazione della cosa, se queste erano necessarie e urgenti.

Art. 1809. Restituzione.

Il comodatario è obbligato a restituire la cosa alla scadenza del termine convenuto o, in mancanza di termine, quando se ne è servito in conformità del contratto.

Se però, durante il termine convenuto o prima che il comodatario abbia cessato di servirsi della cosa, sopravviene un urgente e impreveduto bisogno al comodante, questi può esigerne la restituzione immediata.

Art. 1810. Comodato senza determinazione di durata.

Se non è stato convenuto un termine né questo risulta dall'uso a cui la cosa doveva essere destinata, il comodatario è tenuto a restituirla non appena il comodante la richiede.

Art. 1811. Morte del comodatario.

In caso di morte del comodatario, il comodante, benché sia stato convenuto un termine, può esigere dagli eredi l'immediata restituzione della cosa.

Art. 1812. Danni al comodatario per vizi della cosa.

Se la cosa comodata ha vizi tali che rechino danno a chi se ne serve, il comodante
è tenuto al risarcimento qualora, conoscendo i vizi della cosa, non ne abbia avvertito il comodatario.

CAPO XV – DEL MUTUO

Art. 1813. Nozione.

Il mutuo è il contratto col quale una parte consegna all'altra una determinata quantità di danaro o di altre cose fungibili, e l'altra si obbliga a restituire altrettante cose della stessa specie e qualità.

Art. 1814. Trasferimento della proprietà.

Le cose date a mutuo passano in proprietà del mutuatario.

Art. 1815. Interessi.

Salvo diversa volontà delle parti, il mutuatario deve corrispondere gli interessi al mutuante. Per la determinazione degli interessi si osservano le disposizioni dell'articolo 1284.

Se sono convenuti interessi usurari, la clausola è nulla e non sono dovuti interessi.

Art. 1816. Termine per la restituzione fissato dalle parti.

Il termine per la restituzione si presume stipulato a favore di entrambe le parti e, se il mutuo è a titolo gratuito, a favore del mutuatario.

Art. 1817. Termine per la restituzione fissato dal giudice.

Se non è fissato un termine per la restituzione, questo è stabilito dal giudice, avuto riguardo alle circostanze.

Se è stato convenuto che il mutuatario paghi solo quando potrà, il termine per il pagamento è pure fissato dal giudice.

Art. 1818. Impossibilità o notevole difficoltà di restituzione.

Se sono state mutuate cose diverse dal danaro, e la restituzione è divenuta impossibile o notevolmente difficile per causa non imputabile al debitore, questi è tenuto a pagarne il valore, avuto riguardo al tempo e al luogo in cui la restituzione si doveva eseguire.

Art. 1819. Restituzione rateale.

Se è stata convenuta la restituzione rateale delle cose mutuate e il mutuatario non adempie l'obbligo del pagamento anche di una sola rata, il mutuante può chiedere, secondo le circostanze, l'immediata restituzione dell'intero.

Art. 1820. Mancato pagamento degli interessi.

Se il mutuatario non adempie l'obbligo del pagamento degli interessi, il mutuante
può chiedere la risoluzione del contratto.

Art. 1821. Danni al mutuatario per vizi delle cose.

Il mutuante è responsabile del danno cagionato al mutuatario per i vizi delle cose date a prestito, se non prova di averli ignorati senza colpa.

Se il mutuo è gratuito, il mutuante è responsabile solo nel caso in cui, conoscendo
i vizi, non ne abbia avvertito il mutuatario.

Art. 1822. Promessa di mutuo.

Chi ha promesso di dare a mutuo può rifiutare l'adempimento della sua obbligazione, se le condizioni patrimoniali dell'altro contraente sono divenute tali da rendere notevolmente difficile la restituzione, e non gli sono offerte idonee garanzie.

CAPO XVI – DEL CONTO CORRENTE

Art. 1823. Nozione.

Il conto corrente è il contratto col quale le parti si obbligano ad annotare in un conto i crediti derivanti da reciproche rimesse, considerandoli inesigibili e indisponibili fino alla chiusura del conto.

Il saldo del conto è esigibile alla scadenza stabilita. Se non è richiesto il pagamento,
il saldo si considera quale prima rimessa di un nuovo conto e il contratto s'intende rinnovato a tempo indeterminato.

Art. 1824. Crediti esclusi dal conto corrente.

Sono esclusi dal conto corrente i crediti che non sono suscettibili di compensazione.

Qualora il contratto intervenga tra imprenditori, s'intendono esclusi dal conto i crediti estranei alle rispettive imprese.

Art. 1825. Interessi.

Sulle rimesse decorrono gli interessi nella misura stabilita dal contratto o dagli usi ovvero, in mancanza, in quella legale.

Art. 1826. Spese e diritti di commissione.

L'esistenza del conto corrente non esclude i diritti di commissione e il rimborso delle spese per le operazioni che danno luogo alle rimesse. Tali diritti sono inclusi nel conto, salvo convenzione contraria.

Art. 1827. Effetti dell'inclusione nel conto.

L'inclusione di un credito nel conto corrente non esclude l'esercizio delle azioni ed eccezioni relative all'atto da cui il credito deriva.

Se l'atto è dichiarato nullo, annullato, rescisso o risolto, la relativa partita si elimina dal conto.

Art. 1828. Efficacia della garanzia dei crediti iscritti.

Se il credito incluso nel conto è assistito da una garanzia reale o personale, il correntista ha diritto di valersi della garanzia per il saldo esistente a suo favore alla chiusura del conto e fino alla concorrenza del credito garantito. La stessa disposizione si applica se per il credito esiste un coobbligato solidale.

Art. 1829. Crediti verso terzi.

Se non risulta una diversa volontà delle parti, l'inclusione nel conto di un credito verso un terzo si presume fatta con la clausola «salvo incasso». In tal caso, se il credito non è soddisfatto, il ricevente ha la scelta di agire per la riscossione o di eliminare la partita dal conto reintegrando nelle sue ragioni colui che ha fatto la rimessa. Può eliminare la partita dal conto anche dopo avere infruttuosamente esercitato le azioni contro il debitore.

Art. 1830. Sequestro o pignoramento del saldo.

Se il creditore di un correntista ha sequestrato o pignorato l'eventuale saldo del conto spettante al suo debitore, l'altro correntista non può, con nuove rimesse, pregiudicare le ragioni del creditore. Non si considerano nuove rimesse quelle fatte in dipendenza di diritti sorti prima del sequestro o del pignoramento.

Il correntista presso cui è stato eseguito il sequestro o il pignoramento deve darne notizia all'altro. Ciascuno di essi può recedere dal contratto.

Art. 1831. Chiusura del conto.

La chiusura del conto con la liquidazione del saldo è fatta alle scadenze stabilite
dal contratto o dagli usi e, in mancanza, al termine di ogni semestre, computabile dalla data del contratto.

Art. 1832. Approvazione del conto.

L'estratto conto trasmesso da un correntista all'altro s'intende approvato, se non è contestato nel termine pattuito o in quello usuale, o altrimenti nel termine che può ritenersi congruo secondo le circostanze.

L'approvazione del conto non preclude il diritto di impugnarlo per errori di scritturazione o di calcolo, per omissioni o per duplicazioni. L'impugnazione deve essere proposta, sotto pena di decadenza, entro sei mesi dalla data di ricezione, dell'estratto conto relativo alla liquidazione di chiusura, che deve essere spedito per mezzo di raccomandata.

Cfr. Tribunale di Lecce, sez. II civile, sentenza 5 dicembre 2007, n. 1787 in Altalex Massimario.

Art. 1833. Recesso dal contratto.

Se il contratto è a tempo indeterminato, ciascuna delle parti può recedere dal contratto a ogni chiusura del conto, dandone preavviso almeno dieci giorni prima.

In caso d'interdizione, d'inabilitazione, d'insolvenza o di morte di una delle parti, ciascuna di queste o gli eredi hanno diritto di recedere dal contratto.

Lo scioglimento del contratto impedisce l'inclusione nel conto di nuove partite, ma il pagamento del saldo non può richiedersi che alla scadenza del periodo stabilito dall'articolo 1831.

CAPO XVII – DEI CONTRATTI BANCARI

SEZIONE I – Dei depositi bancari

Art. 1834. Depositi di danaro.

Nei depositi di una somma di danaro presso una banca, questa ne acquista la proprietà, ed è obbligata a restituirla nella stessa specie monetaria, alla scadenza del termine convenuto ovvero a richiesta del depositante, con l'osservanza del periodo di preavviso stabilito dalle parti o dagli usi.

Salvo patto contrario, i versamenti e i prelevamenti si eseguono alla sede della banca presso la quale si è costituito il rapporto.

Art. 1835. Libretto di deposito a risparmio.

Se la banca rilascia un libretto di deposito a risparmio, i versamenti e i prelevamenti
si devono annotare sul libretto.

Le annotazioni sul libretto, firmate dall'impiegato della banca che appare addetto al servizio, fanno piena prova nei rapporti tra banca e depositante. È nullo ogni patto contrario.

Cfr. Tribunale di Bari, sentenza 3 gennaio 2007 in Altalex Massimario.

Art. 1836. Legittimazione del possessore.

Se il libretto di deposito è pagabile al portatore, la banca che senza dolo o colpa grave adempie la prestazione nei confronti del possessore è liberata anche se questi non è il depositante.

La stessa disposizione si applica nel caso in cui il libretto di deposito pagabile al portatore sia intestato al nome di una determinata persona o in altro modo contrassegnato.

Sono salve le disposizioni delle leggi speciali.

Art. 1837.

(…) (1)

(1) "Libretti in favore di minori"
Articolo abrogato dall'art. 11, L. 8 marzo 1975, n. 39.

Art. 1838. Deposito di titoli in amministrazione.

La banca che assume il deposito di titoli in amministrazione deve custodire i titoli, esigerne gli interessi o i dividendi, verificare i sorteggi per l'attribuzione di premi o per rimborso di capitale, curare le riscossioni per conto del depositante, e in generale provvedere alla tutela dei diritti inerenti ai titoli. Le somme riscosse devono essere accreditate al depositante.

Se per i titoli depositati si deve provvedere al versamento di decimi o si deve esercitare un diritto di opzione, la banca deve chiedere in tempo utile istruzioni al depositante e deve eseguirle, qualora abbia ricevuto i fondi all'uopo occorrenti. In mancanza d'istruzioni, i diritti di opzione devono essere venduti per conto del depositante a mezzo di un agente di cambio.

Alla banca spetta un compenso nella misura stabilita dalla convenzione o dagli usi, nonché il rimborso delle spese necessarie da essa fatte.

È nullo il patto col quale si esonera la banca dall'osservare, nell'amministrazione
dei titoli, l'ordinaria diligenza.

SEZIONE II – Del servizio bancario delle cassette di sicurezza

Art. 1839. Cassette di sicurezza.

Nel servizio delle cassette di sicurezza, la banca risponde verso l'utente per l'idoneità e la custodia dei locali e per l'integrità della cassetta, salvo il caso fortuito.

Cfr. Cassazione Civile, sez. I, sentenza 4 novembre 2009, n. 23412 in Altalex Massimario.

Art. 1840. Apertura della cassetta.

Se la cassetta è intestata a più persone, l'apertura di essa è consentita singolarmente
a ciascuno degli intestatari, salvo diversa pattuizione.

In caso di morte dell'intestatario o di uno degli intestatari, la banca che ne abbia ricevuto comunicazione non può consentire l'apertura della cassetta se non con l'accordo di tutti gli aventi diritto o secondo le modalità stabilite dall'autorità giudiziaria.

Art. 1841. Apertura forzata della cassetta.

Quando il contratto è scaduto, la banca, previa intimazione all'intestatario e decorsi sei mesi dalla data della medesima, può chiedere al tribunale l'autorizzazione
ad aprire la cassetta. L'intimazione può farsi anche mediante raccomandata con avviso di ricevimento.

L'apertura si esegue con l'assistenza di un notaio all'uopo designato e con le cautele che il tribunale ritiene opportune.

Il tribunale può dare le disposizioni necessarie per la conservazione degli oggetti rinvenuti e può ordinare la vendita di quella parte di essi che occorra al soddisfacimento di quanto è dovuto alla banca per canoni e spese.

SEZIONE III – Dell'apertura di credito bancario

Art. 1842. Nozione.

L'apertura di credito bancario è il contratto col quale la banca si obbliga a tenere a disposizione dell'altra parte una somma di danaro per un dato periodo di tempo o a tempo indeterminato.

Art. 1843. Utilizzazione del credito.

Se non è convenuto altrimenti, l'accreditato può utilizzare in più volte il credito, secondo le forme di uso, e può con successivi versamenti ripristinare la sua disponibilità.

Salvo patto contrario, i prelevamenti e i versamenti si eseguono presso la sede della banca dove è costituito il rapporto.

Art. 1844. Garanzia.

Se per l'apertura di credito è data una garanzia reale o personale, questa non si estingue prima della fine del rapporto per il solo fatto che l'accreditato cessa di essere debitore della banca.

Se la garanzia diviene insufficiente, la banca può chiedere un supplemento di garanzia o la sostituzione del garante. Se l'accreditato non ottempera alla richiesta, la banca può ridurre il credito proporzionalmente al diminuito valore della garanzia o recedere dal contratto.

Art. 1845. Recesso dal contratto.

Salvo patto contrario, la banca non può recedere dal contratto prima della scadenza del termine, se non per giusta causa.

Il recesso sospende immediatamente l'utilizzazione del credito, ma la banca deve concedere un termine di almeno quindici giorni per la restituzione delle somme utilizzate e dei relativi accessori.

Se l'apertura di credito è a tempo indeterminato, ciascuna delle parti può recedere dal contratto, mediante preavviso nel termine stabilito dal contratto, dagli usi o, in mancanza, in quello di quindici giorni.

SEZIONE IV – Dell'anticipazione bancaria

Art. 1846. Disponibilità delle cose date in pegno.

Nell'anticipazione bancaria su pegno di titoli o di merci la banca non può disporre delle cose ricevute in pegno, se ha rilasciato un documento nel quale le cose stesse sono individuate. Il patto contrario deve essere provato per iscritto.

Art. 1847. Assicurazione delle merci.

La banca deve provvedere per conto del contraente all'assicurazione delle merci date in pegno, se, per la natura, il valore o l'ubicazione di esse, l'assicurazione risponde alle cautele d'uso.

Art. 1848. Spese di custodia.

La banca oltre al corrispettivo dovutole, ha diritto al rimborso delle spese occorse per la custodia delle merci e dei titoli, salvo che ne abbia acquistato la disponibilità.

Art. 1849. Ritiro dei titoli o delle merci.

Il contraente, anche prima della scadenza del contratto, può ritirare in parte i titoli o le merci dati in pegno, previo rimborso proporzionale delle somme anticipate e delle altre somme spettanti alla banca secondo la disposizione dell'articolo precedente, salvo che il credito residuo risulti insufficientemente garantito.

Art. 1850. Diminuzione della garanzia.

Se il valore della garanzia diminuisce almeno di un decimo rispetto a quello che era al tempo del contratto, la banca può chiedere al debitore un supplemento di garanzia nei termini d'uso, con la diffida che, in mancanza, si procederà alla vendita dei titoli o delle merci dati in pegno. Se il debitore non ottempera alla richiesta, la banca può procedere alla vendita a norma del secondo e quarto comma dell'articolo 2797.

La banca ha diritto al rimborso immediato del residuo non soddisfatto col ricavato della vendita.

Art. 1851. Pegno irregolare o garanzia di anticipazione.

Se, a garanzia di uno o più crediti, sono vincolati depositi di danaro, merci o titoli che non siano stati individuati o per i quali sia stata conferita alla banca la facoltà di disporre, la banca deve restituire solo la somma o la parte delle merci o dei titoli che eccedono l'ammontare dei crediti garantiti. L'eccedenza è determinata in relazione al valore delle merci o dei titoli al tempo della scadenza dei crediti.

SEZIONE V – Delle operazioni bancarie in conto corrente

Art. 1852. Disposizione da parte del correntista.

Qualora il deposito, l'apertura di credito o altre operazioni bancarie siano regolate in conto corrente, il correntista può disporre in qualsiasi momento delle somme risultanti a suo credito, salva l'osservanza del termine di preavviso eventualmente pattuito.

Art. 1853. Compensazione tra i saldi di più rapporti o più conti.

Se tra la banca e il correntista esistono più rapporti o più conti, ancorché in monete differenti, i saldi attivi e passivi si compensano reciprocamente, salvo patto contrario.

Art. 1854. Conto corrente intestato a più persone.

Nel caso in cui il conto sia intestato a più persone, con facoltà per le medesime di compiere operazioni anche separatamente, gli intestatari sono considerati creditori o debitori in solido dei saldi del conto.

Art. 1855. Operazione a tempo indeterminato.

Se l'operazione regolata in conto corrente è a tempo indeterminato, ciascuna delle parti può recedere dal contratto, dandone preavviso nel termine stabilito dagli usi o, in mancanza, entro quindici giorni.

Art. 1856. Esecuzione d'incarichi.

La banca risponde secondo le regole del mandato per l'esecuzione d'incarichi ricevuti dal correntista o da altro cliente.

Se l'incarico deve eseguirsi su una piazza dove non esistono filiali della banca, questa può incaricare dell'esecuzione un'altra banca o un suo corrispondente.

Art. 1857. Norme applicabili.

Alle operazioni regolate in conto corrente si applicano le norme degli articoli 1826, 1829 e 1832.

SEZIONE VI – Dello sconto bancario

Art. 1858. Nozione.

Lo sconto è il contratto col quale la banca, previa deduzione dell'interesse, anticipa al cliente l'importo di un credito verso terzi non ancora scaduto, mediante la cessione, salvo buon fine, del credito stesso.

Art. 1859. Sconto di cambiali.

Se lo sconto avviene mediante girata di cambiale o di assegno bancario, la banca, nel caso di mancato pagamento, oltre ai diritti derivanti dal titolo, ha anche il diritto alla restituzione della somma anticipata.

Sono salve le norme delle leggi speciali relative alla cessione della provvista nello sconto di tratte non accettate o munite di clausole «senza accettazione».

Art. 1860. Sconto di tratte documentate.

La banca che ha scontato tratte documentate ha sulla merce lo stesso privilegio del mandatario finché il titolo rappresentativo è in suo possesso.

CAPO XVIII – DELLA RENDITA PERPETUA

Art. 1861. Nozione.

Col contratto di rendita perpetua una parte conferisce all'altra il diritto di esigere in perpetuo la prestazione periodica di una somma di danaro o di una certa quantità di altre cose fungibili, quale corrispettivo dell'alienazione di un immobile o della cessione di un capitale.

La rendita perpetua può essere costituita anche quale onere dell'alienazione gratuita di un immobile o della cessione gratuita di un capitale.

Art. 1862. Norme applicabili.

L'alienazione dell'immobile, se fatta a titolo oneroso, è soggetta alle norme stabilite per la vendita.

L'alienazione o la cessione fatta a titolo gratuito è soggetta alle norme stabilite per la donazione.

Art. 1863. Rendita fondiaria e rendita semplice.

È fondiaria la rendita costituita mediante alienazione di un immobile. È semplice quella costituita mediante cessione di un capitale.

Art. 1864. Garanzia della rendita semplice.

La rendita semplice deve essere garantita con ipoteca sopra un immobile; altrimenti il capitale è ripetibile.

Art. 1865. Diritto di riscatto della rendita perpetua.

La rendita perpetua è redimibile a volontà del debitore, nonostante qualunque convenzione contraria.

Le parti possono tuttavia convenire che il riscatto non possa eseguirsi durante la vita del beneficiario o prima di un certo termine, il quale non può eccedere i dieci anni nella rendita semplice e i trenta anni nella rendita fondiaria.

Può anche stipularsi che il debitore non esegua il riscatto senza averne dato preavviso al beneficiario. Il termine di preavviso non può eccedere l'anno.
Se sono convenuti termini più lunghi, essi si riducono nei limiti sopra stabiliti.

Art. 1866. Esercizio del riscatto.

Il riscatto della rendita semplice e della rendita fondiaria si effettua mediante il pagamento della somma che risulta dalla capitalizzazione della rendita annua sulla base dell'interesse legale.
Le modalità del riscatto sono stabilite dalle leggi speciali.

Art. 1867. Riscatto forzoso.

Il debitore di una rendita perpetua può essere costretto al riscatto:
1) se è in mora nel pagamento di due annualità di rendita;
2) se non ha dato al creditore le garanzie promesse, o se, venendo a mancare quelle già date, non ne sostituisce altre di uguale sicurezza;
3) se, per effetto di alienazione o di divisione, il fondo su cui è garantita la rendita è diviso fra più di tre persone.

Art. 1868. Riscatto per insolvenza del debitore.

Si fa pure luogo al riscatto della rendita nel caso d'insolvenza del debitore, salvo che, essendo stato alienato il fondo su cui era garantita la rendita, l'acquirente se ne sia assunto il debito o si dichiari pronto ad assumerlo.

Art. 1869. Altre prestazioni perpetue.

Le disposizioni degli articoli 1864, 1865, 1866, 1867 e 1868 si applicano a ogni altra annua prestazione perpetua costituita a qualsiasi titolo, anche per atto di ultima volontà.

Art. 1870. Ricognizione.

Il debitore della rendita o di ogni altra prestazione annua che debba o possa durare oltre i dieci anni deve fornire a proprie spese al titolare, se questi lo richiede, un nuovo documento, trascorsi nove anni dalla data del precedente.

Art. 1871. Rendite dello Stato.

Le disposizioni di questo capo non si applicano alle rendite emesse dallo Stato.

CAPO XIX – DELLA RENDITA VITALIZIA

Art. 1872. Modi di costituzione.

La rendita vitalizia può essere costituita a titolo oneroso, mediante alienazione di un bene mobile o immobile o mediante cessione di capitale.
La rendita vitalizia può essere costituita anche per donazione o per testamento, e in questo caso si osservano le norme stabilite dalla legge per tali atti.

Art. 1873. Determinazione della durata.

La rendita vitalizia può costituirsi per la durata della vita del beneficiario o di altra persona.
Essa può costituirsi anche per la durata della vita di più persone.

Art. 1874. Costituzione a favore di più persone.

Se la rendita è costituita a favore di più persone, la parte spettante al creditore premorto si accresce a favore degli altri, salvo patto contrario.

Art. 1875. Costituzione a favore di un terzo.

La rendita vitalizia costituita a favore di un terzo, quantunque importi per questo una liberalità, non richiede le forme stabilite per la donazione.

Art. 1876. Rendita costituita su persone già defunte.

Il contratto è nullo, se la rendita è costituita per la durata della vita di persona che, al tempo del contratto, aveva già cessato di vivere.

Art. 1877. Risoluzione del contratto di vitalizio oneroso.

Il creditore di una rendita vitalizia costituita a titolo oneroso può chiedere la risoluzione del contratto, se il promittente non gli dà o diminuisce le garanzie pattuite.

Art. 1878. Mancanza di pagamento delle rate scadute.

In caso di mancato pagamento delle rate di rendita scadute, il creditore della rendita, anche se è lo stesso stipulante, non può domandare la risoluzione del contratto, ma può far sequestrare e vendere i beni del suo debitore affinché col ricavato della vendita si faccia l'impiego di una somma sufficiente ad assicurare il pagamento della rendita.

Art. 1879. Divieto di riscatto e onerosità sopravvenuta.

Il debitore della rendita, salvo patto contrario, non può liberarsi dal pagamento della rendita stessa offrendo il rimborso del capitale, anche se rinunzia alla ripetizione delle annualità pagate.
Egli è tenuto a pagare la rendita per tutto il tempo per il quale è stata costituita, per quanto gravosa sia divenuta la sua prestazione.

Art. 1880. Modalità del pagamento della rendita.

La rendita vitalizia costituita mediante contratto è dovuta al creditore in proporzione del numero dei giorni vissuti da colui sulla vita del quale è costituita.
Se però è stato convenuto di pagarla a rate anticipate, ciascuna rata si acquista dal giorno in cui è scaduta.

Art. 1881. Sequestro o pignoramento della rendita.

Quando la rendita vitalizia è costituita a titolo gratuito, si può disporre che essa non sia soggetta a pignoramento o a sequestro entro i limiti del bisogno alimentare del creditore.

CAPO XX – DELL'ASSICURAZIONE

SEZIONE I – Disposizioni generali

Art. 1882. Nozione.

L'assicurazione è il contratto col quale l'assicuratore, verso pagamento di un premio, si obbliga a rivalere l'assicurato, entro i limiti convenuti, del danno ad esso prodotto da un sinistro, ovvero a pagare un capitale o una rendita al verificarsi di un evento attinente alla vita umana.

Cfr. Corte d'Appello di Roma, sez. II, sentenza 8 novembre 2007 in Altalex Massimario.

Art. 1883. Esercizio delle assicurazioni.

L'impresa di assicurazione non può essere esercitata che da un istituto di diritto pubblico o da una società per azioni e con l'osservanza delle norme stabilite dalle leggi speciali.

Art. 1884. Assicurazioni mutue.

Le assicurazioni mutue sono disciplinate dalle norme del presente capo, in quanto compatibili con la specialità del rapporto.

Art. 1885. Assicurazioni contro i rischi della navigazione.

Le assicurazioni contro i rischi della navigazione sono disciplinate dalle norme del presente capo per quanto non è regolato dal codice della navigazione.

Art. 1886. Assicurazioni sociali.
Le assicurazioni sociali sono disciplinate dalle leggi speciali. In mancanza si applicano le norme del presente capo.

Art. 1887. Efficacia della proposta.
La proposta scritta diretta all'assicuratore rimane ferma per il termine di quindici giorni, o di trenta giorni quando occorre una visita medica. Il termine decorre dalla data della consegna o della spedizione della proposta.

Art. 1888. Prova del contratto.
Il contratto di assicurazione deve essere provato per iscritto.

L'assicuratore è obbligato a rilasciare al contraente la polizza di assicurazione o altro documento da lui sottoscritto.

L'assicuratore è anche tenuto a rilasciare, a richiesta e a spese del contraente, duplicati o copie della polizza; ma in tal caso può esigere la presentazione o la restituzione dell'originale.

Art. 1889. Polizze all'ordine e al portatore.
Se la polizza di assicurazione è all'ordine o al portatore, il suo trasferimento importa trasferimento del credito verso l'assicuratore, con gli effetti della cessione.

Tuttavia l'assicuratore è liberato se senza dolo o colpa grave adempie la prestazione nei confronti del giratario o del portatore della polizza, anche se questi non è l'assicurato.

In caso di smarrimento, furto o distruzione della polizza all'ordine, si applicano le disposizioni relative all'ammortamento dei titoli all'ordine.

Art. 1890. Assicurazione in nome altrui.
Se il contraente stipula l'assicurazione in nome altrui senza averne il potere, l'interessato può ratificare il contratto anche dopo la scadenza o il verificarsi del sinistro.

Il contraente è tenuto personalmente ad osservare gli obblighi derivanti dal contratto fino al momento in cui l'assicuratore ha avuto notizia della ratifica o del rifiuto di questa.

Egli deve all'assicuratore i premi del periodo in corso nel momento in cui l'assicuratore ha avuto notizia del rifiuto della ratifica.

Art. 1891. Assicurazione per conto altrui o per conto di chi spetta.
Se l'assicurazione è stipulata per conto altrui o per conto di chi spetta, il contraente deve adempiere gli obblighi derivanti dal contratto, salvi quelli che per loro natura non possono essere adempiuti che dall'assicurato.

I diritti derivanti dal contratto spettano all'assicurato, e il contraente, anche se in possesso della polizza, non può farli valere senza espresso consenso dell'assicurato medesimo.

All'assicurato sono opponibili le eccezioni che si possono opporre al contraente in dipendenza del contratto.

Per il rimborso dei premi pagati all'assicuratore e delle spese del contratto, il contraente ha privilegio sulle somme dovute dall'assicuratore nello stesso grado dei crediti per spese di conservazione.

Art. 1892. Dichiarazioni inesatte e reticenze con dolo o colpa grave.
Le dichiarazioni inesatte e le reticenze del contraente, relative a circostanze tali che l'assicuratore non avrebbe dato il suo consenso o non lo avrebbe dato alle medesime condizioni se avesse conosciuto il vero stato delle cose, sono causa di annullamento del contratto quando il contraente ha agito con dolo o con colpa grave.

L'assicuratore decade dal diritto d'impugnare il contratto se, entro tre mesi dal giorno in cui ha conosciuto l'inesattezza della dichiarazione o la reticenza, non dichiara al contraente di volere esercitare l'impugnazione.

L'assicuratore ha diritto ai premi relativi al periodo di assicurazione in corso al momento in cui ha domandato l'annullamento e, in ogni caso, al premio convenuto per il primo anno. Se il sinistro si verifica prima che sia decorso il termine indicato dal comma precedente, egli non è tenuto a pagare la somma assicurata.

Se l'assicurazione riguarda più persone o più cose, il contratto è valido per quelle persone o per quelle cose alle quali non si riferisce la dichiarazione inesatta o la reticenza.

Cfr. Cassazione Civile, sez. III, sentenza 28 aprile 2010, n. 10194 in Altalex Massimario.

Art. 1893. Dichiarazioni inesatte e reticenze senza dolo o colpa grave.
Se il contraente ha agito senza dolo o colpa grave, le dichiarazioni inesatte e le reticenze non sono causa di annullamento del contratto, ma l'assicuratore può recedere dal contratto stesso, mediante dichiarazione da farsi all'assicurato nei tre mesi dal giorno in cui ha conosciuto l'inesattezza della dichiarazione o la reticenza.

Se il sinistro si verifica prima che l'inesattezza della dichiarazione o la reticenza sia conosciuta dall'assicuratore, o prima che questi abbia dichiarato di recedere dal contratto, la somma dovuta è ridotta in proporzione della differenza

tra il premio convenuto e quello che sarebbe stato applicato se si fosse conosciuto il vero stato delle cose.

Art. 1894. Assicurazioni in nome o per conto di terzi.
Nelle assicurazioni in nome o per conto di terzi, se questi hanno conoscenza dell'inesattezza delle dichiarazioni o delle reticenze relative al rischio, si applicano

a favore dell'assicuratore le disposizioni degli articoli 1892 e 1893.

Art. 1895. Inesistenza del rischio.
Il contratto è nullo se il rischio non è mai esistito o ha cessato di esistere prima della conclusione del contratto.

Art. 1896. Cessazione del rischio durante l'assicurazione.
Il contratto si scioglie se il rischio cessa di esistere dopo la conclusione del contratto stesso, ma l'assicuratore ha diritto al pagamento dei premi finché la cessazione del rischio non gli sia comunicata o non venga altrimenti a sua conoscenza. I premi relativi al periodo di assicurazione in corso al momento della comunicazione o della conoscenza sono dovuti per intero.

Qualora gli effetti dell'assicurazione debbano avere inizio in un momento posteriore alla conclusione del contratto e il rischio cessi nell'intervallo, l'assicuratore

ha diritto al solo rimborso delle spese.

Art. 1897. Diminuzione del rischio.
Se il contraente comunica all'assicuratore mutamenti che producono una

diminuzione del rischio tale che, se fosse stata conosciuta al momento della conclusione del contratto, avrebbe portato alla stipulazione di un premio minore, l'assicuratore, a decorrere dalla scadenza del premio o della rata di premio successiva alla comunicazione suddetta, non può esigere che il minor premio, ma ha la facoltà di recedere dal contratto entro due mesi dal giorno in cui è stata fatta la comunicazione.

La dichiarazione di recesso dal contratto ha effetto dopo un mese.

Art. 1898. Aggravamento del rischio.

Il contraente ha l'obbligo di dare immediato avviso all'assicuratore dei mutamenti
che aggravano il rischio in modo tale che, se il nuovo stato di cose fosse esistito e fosse stato conosciuto dall'assicuratore al momento della conclusione del contratto, l'assicuratore non avrebbe consentito l'assicurazione o l'avrebbe consentita per un premio più elevato.

L'assicuratore può recedere dal contratto, dandone comunicazione per iscritto all'assicurato entro un mese dal giorno in cui ha ricevuto l'avviso o ha avuto in altro modo conoscenza dell'aggravamento del rischio.

Il recesso dell'assicuratore ha effetto immediato se l'aggravamento è tale che l'assicuratore non avrebbe consentito l'assicurazione; ha effetto dopo quindici giorni, se l'aggravamento del rischio è tale che per l'assicurazione sarebbe stato richiesto un premio maggiore.

Spettano all'assicuratore i premi relativi al periodo di assicurazione in corso al momento in cui è comunicata la dichiarazione di recesso.

Se il sinistro si verifica prima che siano trascorsi i termini per la comunicazione e per l'efficacia del recesso, l'assicuratore non risponde qualora l'aggravamento del rischio sia tale che egli non avrebbe consentito l'assicurazione se il nuovo stato di cose fosse esistito al momento del contratto; altrimenti la somma dovuta è ridotta, tenuto conto del rapporto tra il premio stabilito nel contratto e quello che sarebbe stato fissato se il maggiore rischio fosse esistito al tempo del contratto stesso.

Art. 1899. Durata dell'assicurazione.

L'assicurazione ha effetto dalle ore ventiquattro del giorno della conclusione del contratto alle ore ventiquattro dell'ultimo giorno della durata stabilita nel contratto stesso. L'assicuratore, in alternativa ad una copertura di durata annuale, può proporre una copertura di durata poliennale a fronte di una riduzione del premio rispetto a quello previsto per la stessa copertura del contratto annuale (1). In questo caso, se il contratto supera i cinque anni, l'assicurato, trascorso il quinquennio, ha facoltà di recedere dal contratto con preavviso di sessanta giorni e con effetto dalla fine dell'annualità nel corso della quale la facoltà di recesso è stata esercitata (1).

Il contratto può essere tacitamente prorogato una o più volte, ma ciascuna proroga tacita non può avere una durata superiore a due anni.

Le norme del presente articolo non si applicano alle assicurazioni sulla vita.

(1) L'originario secondo periodo di questo comma che recitava: "In caso di durata poliennale, l'assicurato ha facoltà di recedere annualmente dal contratto senza oneri e con preavviso di sessanta giorni." È stato così sostituito dagli attuali secondo e terzo periodo dall'art. 21, comma 3, della L. 23 luglio 2009, n. 99.

Art. 1900. Sinistri cagionati con dolo o con colpa grave dell'assicurato o dei dipendenti.

L'assicuratore non è obbligato per i sinistri cagionati da dolo o da colpa grave del contraente, dell'assicurato o del beneficiario, salvo patto contrario per i casi di colpa grave.

L'assicuratore è obbligato per il sinistro cagionato da dolo o da colpa grave delle persone del fatto delle quali l'assicurato deve rispondere.

Egli è obbligato altresì nonostante patto contrario, per i sinistri conseguenti ad atti del contraente, dell'assicurato o del beneficiario, compiuti per dovere di solidarietà umana o nella tutela degli interessi comuni all'assicuratore.

Art. 1901. Mancato pagamento del premio.

Se il contraente non paga il premio o la prima rata di premio stabilita dal contratto, l'assicurazione resta sospesa fino alle ore ventiquattro del giorno in cui il contraente paga quanto è da lui dovuto.

Se alle scadenze convenute il contraente non paga i premi successivi, l'assicurazione
resta sospesa dalle ore ventiquattro del quindicesimo giorno dopo quello della scadenza.

Nelle ipotesi previste dai due commi precedenti il contratto è risoluto di diritto se l'assicuratore, nel termine di sei mesi dal giorno in cui il premio o la rata sono scaduti, non agisce per la riscossione; l'assicuratore ha diritto soltanto al pagamento del premio relativo al periodo di assicurazione in corso e al rimborso delle spese. La presente norma non si applica alle assicurazioni
sulla vita.

Cfr. Cassazione Civile, SS.UU., sentenza 28 febbraio 2007, n. 4631 e Cassazione Civile, sez. III, sentenza 8 aprile 2010, n. 8368 in Altalex Massimario.

Art. 1902. Fusione, concentrazione e liquidazione coatta amministrativa.

La fusione e la concentrazione di aziende tra più imprese assicuratrici non sono cause di scioglimento del contratto di assicurazione. Il contratto continua con l'impresa assicuratrice che risulta dalla fusione o che incorpora le imprese preesistenti. Per i trasferimenti di portafoglio si osservano le leggi speciali.

Nel caso di liquidazione coatta amministrativa dell'impresa assicuratrice, il contratto di assicurazione si scioglie nei modi e con gli effetti stabiliti dalle leggi speciali anche per ciò che riguarda il privilegio a favore della massa degli assicurati.

Art. 1903. Agenti di assicurazione.

Gli agenti autorizzati a concludere contratti di assicurazione possono compiere gli atti concernenti le modificazioni e la risoluzione dei contratti medesimi, salvi i limiti contenuti nella procura che sia pubblicata nelle forme richieste dalla legge.

Possono inoltre promuovere azioni ed essere convenuti in giudizio in nome dell'assicuratore, per le obbligazioni dipendenti dagli atti compiuti nell'esecuzione
del loro mandato, davanti l'autorità giudiziaria del luogo in cui ha sede l'agenzia presso la quale è stato concluso il contratto.

SEZIONE II – Dell'assicurazione contro i danni

Art. 1904. Interesse all'assicurazione.

Il contratto di assicurazione contro i danni è nullo se, nel momento in cui l'assicurazione deve avere inizio, non esiste un interesse dell'assicurato al risarcimento del danno.

Art. 1905. Limiti del risarcimento.

L'assicuratore è tenuto a risarcire, nei modi e nei limiti stabiliti dal contratto, il danno sofferto dall'assicurato in conseguenza del sinistro.

L'assicuratore risponde del profitto sperato solo se si è espressamente obbligato.

Art. 1906. Danni cagionati da vizio della cosa.

Salvo patto contrario, l'assicuratore non risponde dei danni prodotti da vizio intrinseco della cosa assicurata, che non gli sia stato denunziato.

Se il vizio ha aggravato il danno, l'assicuratore, salvo patto contrario, risponde del danno nella misura in cui sarebbe stato a suo carico, qualora il vizio non fosse esistito.

Art. 1907. Assicurazione parziale.

Se l'assicurazione copre solo una parte del valore che la cosa assicurata aveva nel tempo del sinistro, l'assicuratore risponde dei danni in proporzione della parte suddetta, a meno che non sia diversamente convenuto.

Art. 1908. Valore della cosa assicurata.

Nell'accertare il danno non si può attribuire alle cose perite o danneggiate un valore superiore a quello che avevano al tempo del sinistro.

Il valore delle cose assicurate può essere tuttavia stabilito al tempo della conclusione del contratto, mediante stima accettata per iscritto dalle parti.

Non equivale a stima la dichiarazione di valore delle cose assicurate contenuta nella polizza o in altri documenti.

Nell'assicurazione dei prodotti del suolo il danno si determina in relazione al valore che i prodotti avrebbero avuto al tempo della maturazione o al tempo in cui ordinariamente si raccolgono.

Art. 1909. Assicurazione per somma eccedente il valore delle cose.

L'assicurazione per una somma che eccede il valore reale della cosa assicurata non è valida se vi è stato dolo da parte dell'assicurato; l'assicuratore, se è in buona fede, ha diritto ai premi del periodo di assicurazione in corso.

Se non vi è stato dolo da parte del contraente, il contratto ha effetto fino alla concorrenza del valore reale della cosa assicurata e il contraente ha diritto di ottenere per l'avvenire una proporzionale riduzione del premio.

Art. 1910. Assicurazione presso diversi assicuratori.

Se per il medesimo rischio sono contratte separatamente più assicurazioni presso diversi assicuratori, l'assicurato deve dare avviso di tutte le assicurazioni a ciascun assicuratore.

Se l'assicurato omette dolosamente di dare l'avviso, gli assicuratori non sono tenuti a pagare l'indennità.

Nel caso di sinistro, l'assicurato deve darne avviso a tutti gli assicuratori a norma dell'articolo 1913, indicando a ciascuno il nome degli altri. L'assicurato può chiedere a ciascun assicuratore l'indennità dovuta secondo il rispettivo contratto, purché le somme complessivamente riscosse non superino l'ammontare del danno.

L'assicuratore che ha pagato ha diritto di regresso contro gli altri per la ripartizione proporzionale in ragione delle indennità dovute secondo i rispettivi contratti. Se un assicuratore è insolvente, la sua quota viene ripartita fra gli altri assicuratori.

Cfr. Tribunale di Milano, sez. V civile, sentenza 24 luglio 2008, n. 9791 in Altalex Massimario.

Art. 1911. Coassicurazione.

Qualora la medesima assicurazione o l'assicurazione di rischi relativi alle stesse cose sia ripartita tra più assicuratori per quote determinate, ciascun assicuratore è tenuto al pagamento dell'indennità assicurata soltanto in proporzione della rispettiva quota, anche se unico è il contratto sottoscritto da tutti gli assicuratori.

Art. 1912. Terremoto, guerra, insurrezione, tumulti popolari.

Salvo patto contrario, l'assicuratore non è obbligato per i danni determinati da movimenti tellurici, da guerra, da insurrezione o da tumulti popolari.

Art. 1913. Avviso all'assicuratore in caso di sinistro.

L'assicurato deve dare avviso del sinistro all'assicuratore o all'agente autorizzato a concludere il contratto, entro tre giorni da quello in cui il sinistro si è verificato o l'assicurato ne ha avuta conoscenza. Non è necessario l'avviso, se l'assicuratore o l'agente autorizzato alla conclusione del contratto interviene entro il detto termine alle operazioni di salvataggio o di constatazione del sinistro.

Nelle assicurazioni contro la mortalità del bestiame l'avviso, salvo patto contrario, deve essere dato entro ventiquattro ore.

Art. 1914. Obbligo di salvataggio.

L'assicurato deve fare quanto gli è possibile per evitare o diminuire il danno.

Le spese fatte a questo scopo dall'assicurato sono a carico dell'assicuratore in proporzione del valore assicurato rispetto a quello che la cosa aveva nel tempo del sinistro, anche se il loro ammontare, unitamente a quello del danno, supera la somma assicurata, e anche se non si è raggiunto lo scopo, salvo che l'assicuratore provi che le spese sono state fatte inconsideratamente.

L'assicuratore risponde dei danni materiali direttamente derivati alle cose assicurate dai mezzi adoperati dall'assicurato per evitare o diminuire i danni del sinistro, salvo che egli provi che tali mezzi sono stati adoperati inconsideratamente.

L'intervento dell'assicuratore per il salvataggio delle cose assicurate e per la loro conservazione non pregiudica i suoi diritti.

L'assicuratore che interviene al salvataggio deve, se richiesto dall'assicurato, anticiparne le spese o concorrere in proporzione del valore assicurato.

Art. 1915. Inadempimento dell'obbligo di avviso o di salvataggio.

L'assicurato che, dolosamente non adempie l'obbligo dell'avviso o del salvataggio perde il diritto all'indennità.

Se l'assicurato omette colposamente di adempiere tale obbligo, l'assicuratore ha diritto di ridurre l'indennità in ragione del pregiudizio sofferto.

Art. 1916. Diritto di surrogazione dell'assicuratore. (1)

L'assicuratore che ha pagato l'indennità è surrogato, fino alla concorrenza

dell'ammontare di essa, nei diritti dell'assicurato verso i terzi responsabili.
Salvo il caso di dolo, la surrogazione non ha luogo se il danno è causato dai figli, dagli affiliati, dagli ascendenti, da altri parenti o da affini dell'assicurato stabilmente con lui conviventi o da domestici. (2)

L'assicurato è responsabile verso l'assicuratore del pregiudizio arrecato al diritto di surrogazione.

Le disposizioni di questo articolo si applicano anche alle assicurazioni contro gli infortuni sul lavoro e contro le disgrazie accidentali.

(1) La Corte Costituzionale, con sentenza del 18 luglio 1991, n. 356, ha dichiarato l'illegittimità costituzionale di questo articolo nella parte in cui consente all'assicuratore di avvalersi, nell'esercizio del diritto di surrogazione nei confronti del terzo responsabile, anche delle somme da questi dovute all'assicurato a titolo di risarcimento
del danno biologico.

(2) La Corte Costituzionale, con sentenza n. 117 del 21 maggio 1975, ha dichiarato l'illegittimità costituzionale di questo comma, nella parte in cui non annovera, tra le persone nei confronti delle quali non è ammessa surrogazione, il coniuge dell'assicurato.

Art. 1917. Assicurazione della responsabilità civile.

Nell'assicurazione della responsabilità civile l'assicuratore è obbligato a tenere indenne l'assicurato di quanto questi, in conseguenza del fatto accaduto durante il tempo dell'assicurazione, deve pagare a un terzo, in dipendenza della responsabilità dedotta nel contratto. Sono esclusi i danni derivanti da fatti dolosi.

L'assicuratore ha facoltà, previa comunicazione all'assicurato, di pagare direttamente
al terzo danneggiato l'indennità dovuta, ed è obbligato al pagamento diretto se l'assicurato lo richiede.

Le spese sostenute per resistere all'azione del danneggiato contro l'assicurato sono a carico dell'assicuratore nei limiti del quarto della somma assicurata. Tuttavia, nel caso che sia dovuta al danneggiato una somma superiore al capitale assicurato, le spese giudiziali si ripartiscono tra assicuratore e assicurato in proporzione del rispettivo interesse.

L'assicurato, convenuto dal danneggiato, può chiamare in causa l'assicuratore.

Cfr. Corte Costituzionale, sentenza 5 marzo 2009, n. 63 in Altalex Massimario.

Art. 1918. Alienazione delle cose assicurate.

L'alienazione delle cose assicurate non è causa di scioglimento del contratto di assicurazione.

L'assicurato, che non comunica all'assicuratore l'avvenuta alienazione e all'acquirente l'esistenza del contratto di assicurazione, rimane obbligato a pagare i premi che scadono posteriormente alla data dell'alienazione.

I diritti e gli obblighi dell'assicurato passano all'acquirente, se questi, avuta notizia dell'esistenza del contratto di assicurazione, entro dieci giorni dalla scadenza del primo premio successivo all'alienazione, non dichiara all'assicuratore,
mediante raccomandata, che non intende subentrare nel contratto.

Spettano in tal caso all'assicuratore i premi relativi al periodo di assicurazione in corso.

L'assicuratore, entro dieci giorni da quello in cui ha avuto notizia dell'avvenuta alienazione, può recedere dal contratto, con preavviso di quindici giorni, che può essere dato anche mediante raccomandata.

Se è stata emessa una polizza all'ordine o al portatore, nessuna notizia dell'alienazione deve essere data all'assicuratore, e così quest'ultimo come l'acquirente non possono recedere dal contratto.

SEZIONE III – Dell'assicurazione sulla vita

Art. 1919. Assicurazione sulla vita propria o di un terzo.

L'assicurazione può essere stipulata sulla vita propria o su quella di un terzo.

L'assicurazione contratta per il caso di morte di un terzo non è valida se questi o il suo legale rappresentante non dà il consenso alla conclusione del contratto. Il consenso deve essere provato per iscritto.

Art. 1920. Assicurazione a favore di un terzo.

È valida l'assicurazione sulla vita a favore di un terzo.

La designazione del beneficiario può essere fatta nel contratto di assicurazione, o con successiva dichiarazione scritta comunicata all'assicuratore, o per testamento; essa è efficace anche se il beneficiario è determinato solo genericamente. Equivale a designazione l'attribuzione della somma assicurata fatta nel testamento a favore di una determinata persona.

Per effetto della designazione il terzo acquista un diritto proprio ai vantaggi dell'assicurazione.

Art. 1921. Revoca del beneficio.

La designazione del beneficiario è revocabile con le forme con le quali può essere fatta a norma dell'articolo precedente. La revoca non può tuttavia farsi dagli eredi dopo la morte del contraente, né dopo che, verificatosi l'evento, il beneficiario ha dichiarato di voler profittare del beneficio.

Se il contraente ha rinunziato per iscritto al potere di revoca, questa non ha effetto dopo che il beneficiario ha dichiarato al contraente di voler profittare del beneficio. La rinuncia del contraente e la dichiarazione del beneficiario devono essere comunicate per iscritto all'assicuratore.

Art. 1922. Decadenza dal beneficio.

La designazione del beneficiario, anche se irrevocabile, non ha effetto qualora il beneficiario attenti alla vita dell'assicurato.

Se la designazione è irrevocabile ed è stata fatta a titolo di liberalità, essa può essere revocata nei casi previsti dall'articolo 800.

Art. 1923. Diritti dei creditori e degli eredi.

Le somme dovute dall'assicuratore al contraente o al beneficiario non possono essere sottoposte ad azione esecutiva o cautelare.

Sono salve, rispetto ai premi pagati, le disposizioni relative alla revocazione degli atti compiuti in pregiudizio dei creditori e quelle relative alla collazione all'imputazione e alla riduzione delle donazioni.

Art. 1924. Mancato pagamento dei premi.

Se il contraente non paga il premio relativo al primo anno, l'assicuratore può agire per l'esecuzione del contratto nel termine di sei mesi dal giorno in cui il premio è scaduto. La disposizione si applica anche se il premio è ripartito in più rate, fermo restando il disposto dei primi due commi dell'articolo 1901; in tal caso il termine decorre dalla scadenza delle singole rate.

Se il contraente non paga i premi successivi nel termine di tolleranza previsto dalla polizza o, in mancanza, nel termine di venti giorni dalla scadenza, il contratto è risoluto di diritto, e i premi pagati restano acquisiti all'assicuratore, salvo che sussistano le condizioni per il riscatto dell'assicurazione o per la riduzione della somma assicurata.

Art. 1925. Riscatto e riduzione della polizza.

Le polizze di assicurazione devono regolare i diritti di riscatto e di riduzione della somma assicurata, in modo tale che l'assicurato sia in grado, in ogni momento, di conoscere quale sarebbe il valore di riscatto o di riduzione dell'assicurazione.

Art. 1926. Cambiamento di professione dell'assicurato.

I cambiamenti di professione o di attività dell'assicurato non fanno cessare gli effetti dell'assicurazione, qualora non aggravino il rischio in modo tale che, se il nuovo stato di cose fosse esistito al tempo del contratto, l'assicuratore non avrebbe consentito l'assicurazione.

Qualora i cambiamenti siano di tale natura che, se il nuovo stato di cose fosse esistito al tempo del contratto, l'assicuratore avrebbe consentito l'assicurazione per un premio più elevato, il pagamento della somma assicurata è ridotto in proporzione del minor premio convenuto in confronto di quello che sarebbe stato stabilito.

Se l'assicurato, dà notizia dei suddetti cambiamenti all'assicuratore, questi, entro quindici giorni, deve dichiarare se intende far cessare gli effetti del contratto ovvero ridurre la somma assicurata o elevare il premio.

Se l'assicuratore dichiara di voler modificare il contratto in uno dei due sensi su indicati, l'assicurato, entro quindici giorni successivi, deve dichiarare se intende accettare la proposta.

Se l'assicurato dichiara di non accettare, il contratto è risoluto, salvo il diritto dell'assicuratore al premio relativo al periodo di assicurazione in corso e salvo il diritto dell'assicurato al riscatto. Il silenzio dell'assicurato vale come adesione alla proposta dell'assicuratore.

Le comunicazioni e dichiarazioni previste dai commi precedenti possono farsi anche mediante raccomandata.

Art. 1927. Suicidio dell'assicurato.

In caso di suicidio dell'assicurato, avvenuto prima che siano decorsi due anni dalla stipulazione del contratto, l'assicuratore non è tenuto al pagamento delle somme assicurate, salvo patto contrario.

L'assicuratore non è nemmeno obbligato se, essendovi stata sospensione del contratto per mancato pagamento dei premi, non sono decorsi due anni dal giorno in cui la sospensione è cessata.

SEZIONE IV – Della riassicurazione

Art. 1928. Prova.

I contratti generali di riassicurazione relativi a una serie di rapporti assicurativi devono essere provati per iscritto.

I rapporti di riassicurazione in esecuzione dei contratti generali e i contratti di riassicurazione per singoli rischi possono essere provati secondo le regole generali.

Art. 1929. Efficacia del contratto.

Il contratto di riassicurazione non crea rapporti tra l'assicurato e il riassicuratore, salve le disposizioni delle leggi speciali sul privilegio a favore della massa degli assicurati.

Art. 1930. Diritto del riassicurato in caso di liquidazione coatta amministrativa.

In caso di liquidazione coatta amministrativa del riassicurato, il riassicuratore deve pagare integralmente l'indennità dovuta al riassicurato, salva la compensazione con i premi e gli altri crediti.

Art. 1931. Compensazione dei crediti e debiti.

In caso di liquidazione coatta amministrativa dell'impresa del riassicuratore o del riassicurato, i debiti e i crediti che, alla fine della liquidazione, risultano dalla chiusura dei conti relativi a più contratti di riassicurazione, si compensano di diritto.

SEZIONE V – Disposizioni finali

Art. 1932. Norme inderogabili.

Le disposizioni degli articoli 1887, 1892, 1893, 1894, 1897, 1898, 1899, secondo comma, 1901, 1903, secondo comma, 1914, secondo comma, 1915, secondo comma, 1917, terzo e quarto comma e 1926 non possono essere derogate se non in senso più favorevole all'assicurato.

Le clausole che derogano in senso meno favorevole all'assicurato sono sostituite di diritto dalle corrispondenti disposizioni di legge.

Cfr. Tribunale di Salerno, sez. I, sentenza 27 marzo 2009 in Altalex Massimario.

CAPO XXI – DEL GIUOCO E DELLA SCOMMESSA

Art. 1933. Mancanza di azione.

Non compete azione per il pagamento di un debito di giuoco o di scommessa, anche se si tratta di giuoco o di scommessa non proibiti.

Il perdente tuttavia non può ripetere quanto abbia spontaneamente pagato dopo l'esito di un giuoco o di una scommessa in cui non vi sia stata alcuna frode. La ripetizione è ammessa in ogni caso se il perdente è un incapace.

Art. 1934. Competizioni sportive.

Sono eccettuati dalla norma del primo comma dell'articolo precedente, anche rispetto alle persone che non vi prendono parte, i giuochi che addestrano al maneggio delle armi, le corse di ogni specie e ogni altra competizione sportiva.

Tuttavia il giudice può rigettare o ridurre la domanda, qualora ritenga la posta eccessiva.

Art. 1935. Lotterie autorizzate.

Le lotterie danno luogo ad azione in giudizio, qualora siano state legalmente autorizzate.

CAPO XXII – DELLA FIDEIUSSIONE

SEZIONE I – Disposizioni generali

Art. 1936. Nozione.

È fideiussore colui che, obbligandosi personalmente verso il creditore, garantisce
l'adempimento di un'obbligazione altrui.
La fideiussione è efficace anche se il debitore non ne ha conoscenza.
Cfr. Cassazione Civile, sez. I, sentenza 12 dicembre 2007, n. 26012 in Altalex Massimario.

Art. 1937. Manifestazione della volontà.
La volontà di prestare fideiussione deve essere espressa.

Art. 1938. Fideiussione per obbligazioni future o condizionali.
La fideiussione può essere prestata anche per un'obbligazione condizionale o futura con la previsione, in questo ultimo caso, dell'importo massimo garantito.

Art. 1939. Validità della fideiussione.
La fideiussione non è valida se non è valida l'obbligazione principale, salvo che sia prestata per un'obbligazione assunta da un incapace.

Art. 1940. Fideiussore del fideiussore.
La fideiussione può essere prestata così per il debitore principale, come per il suo fideiussore.

Art. 1941. Limiti della fideiussione.
La fideiussione non può eccedere ciò che è dovuto dal debitore, né può essere prestata a condizioni più onerose.
Può prestarsi per una parte soltanto del debito o a condizioni meno onerose.
La fideiussione eccedente il debito o contratta a condizioni più onerose è valida nei limiti dell'obbligazione principale.

Art. 1942. Estensione della fideiussione.
Salvo patto contrario, la fideiussione, si estende a tutti gli accessori del debito principale, nonché alle spese per la denunzia al fideiussore della causa promossa contro il debitore principale e alle spese successive.

Art. 1943. Obbligazione di prestare fideiussione.
Il debitore obbligato a dare un fideiussore deve presentare persona capace, che possieda beni sufficienti a garantire l'obbligazione e che abbia o elegga domicilio nella giurisdizione della corte di appello in cui la fideiussione si deve prestare.
Quando il fideiussore è divenuto insolvente, deve essere dato un altro, tranne che la fideiussione sia stata prestata dalla persona voluta dal creditore.

SEZIONE II – Dei rapporti tra creditore e fideiussore

Art. 1944. Obbligazione del fideiussore.
Il fideiussore è obbligato in solido col debitore principale al pagamento del debito.
Le parti però possono convenire che il fideiussore non sia tenuto a pagare prima dell'escussione del debitore
principale. In tal caso, il fideiussore, che sia convenuto dal creditore e intenda valersi del beneficio dell'escussione, deve indicare i beni del debitore principale da sottoporre ad esecuzione.
Salvo patto contrario, il fideiussore è tenuto ad anticipare le spese necessarie.
Cfr. Cassazione Civile, SS.UU., sentenza 5 febbraio 2008, n. 2655 e Cassazione Civile, sez. III, sentenza 29 settembre 2009, n. 20822 in Altalex Massimario.

Art. 1945. Eccezioni opponibili dal fideiussore.
Il fideiussore può opporre contro il creditore tutte le eccezioni che spettano al debitore principale, salva quella derivante dall'incapacità.
Cfr. Tribunale di Lecce, sez. II civile, sentenza 5 dicembre 2007, n. 1787 in Altalex Massimario.

Art. 1946. Fideiussione prestata da più persone.
Se più persone hanno prestato fideiussione per un medesimo debitore e a garanzia di un medesimo debito, ciascuna di esse è obbligata per l'intero debito, salvo che sia stato pattuito il beneficio della divisione.

Art. 1947. Beneficio della divisione.
Se è stato stipulato il beneficio della divisione, ogni fideiussore che sia convenuto
per il pagamento dell'intero debito può esigere che il creditore riduca l'azione alla parte da lui dovuta.
Se alcuno dei fideiussori era insolvente al tempo in cui un altro ha fatto valere il beneficio della divisione, questi è obbligato per tale insolvenza in proporzione della sua quota, ma non risponde delle insolvenze sopravvenute.

Art. 1948. Obbligazione del fideiussore del fideiussore.
Il fideiussore del fideiussore non è obbligato verso il creditore, se non nel caso in cui il debitore principale e tutti i fideiussori di questo siano insolventi, o siano liberati perché incapaci.

SEZIONE III – Dei rapporti tra fideiussore e debitore principale

Art. 1949. Surrogazione del fideiussore nei diritti del creditore.
Il fideiussore che ha pagato il debito è surrogato nei diritti che il creditore aveva contro il debitore.

Art. 1950. Regresso contro il debitore principale.
Il fideiussore che ha pagato ha regresso contro il debitore principale, benché questi non fosse consapevole della prestata fideiussione.
Il regresso comprende il capitale, gli interessi e le spese che il fideiussore ha fatte dopo che ha denunziato al debitore principale le istanze proposte contro di lui.
Il fideiussore inoltre ha diritto agli interessi legali sulle somme pagate dal giorno del pagamento. Se il debito principale produceva interessi in misura superiore al saggio legale, il fideiussore ha diritto a questi fino al rimborso del capitale.
Se il debitore è incapace, il regresso del fideiussore è ammesso solo nei limiti di ciò che sia stato rivolto a suo vantaggio.

Art. 1951. Regresso contro più debitori principali.
Se vi sono più debitori principali obbligati in solido, il fideiussore che ha garantito
per tutti ha regresso contro ciascuno per ripetere integralmente ciò che ha pagato.

Art. 1952. Divieto di agire contro il debitore principale.
Il fideiussore non ha regresso contro il debitore principale se, per avere omesso di denunziargli il pagamento fatto, il debitore ha pagato ugualmente il debito.
Se il fideiussore ha pagato senza averne dato avviso al debitore principale, questi può opporgli le eccezioni che avrebbe potuto opporre al creditore principale all'atto del pagamento.
In entrambi i casi è fatta salva al fideiussore l'azione per la ripetizione contro il creditore.

Art. 1953. Rilievo del fideiussore.

Il fideiussore, anche prima di aver pagato, può agire contro il debitore perché questi gli procuri la liberazione o, in mancanza, presti le garanzie necessarie per assicurargli il soddisfacimento delle eventuali ragioni di regresso, nei casi seguenti:

1) quando è convenuto in giudizio per il pagamento;
2) quando il debitore è divenuto insolvente;
3) quando il debitore si è obbligato di liberarlo dalla fideiussione entro un tempo determinato;
4) quando il debito è divenuto esigibile per la scadenza del termine;
5) quando sono decorsi cinque anni, e l'obbligazione principale non ha un termine, purché essa non sia di tal natura da non potersi estinguere prima di un tempo determinato.

SEZIONE IV – Dei rapporti fra più fideiussori

Art. 1954. Regresso contro gli altri fideiussori.

Se più persone hanno prestato fideiussione per un medesimo debitore e per un medesimo debito, il fideiussore che ha pagato ha regresso contro gli altri fideiussori per la loro rispettiva porzione. Se uno di questi è insolvente, si osserva la disposizione del secondo comma dell'articolo 1299.

SEZIONE V – Dell'estinzione della fideiussione

Art. 1955. Liberazione del fideiussore per fatto del creditore.

La fideiussione si estingue quando, per fatto del creditore, non può avere effetto la surrogazione del fideiussore nei diritti, nel pegno, nelle ipoteche e nei privilegi del creditore.

Cfr. Cassazione Civile, sez. III, sentenza 19 novembre 2007, n. 23922 in Altalex Massimario.

Art. 1956. Liberazione del fideiussore per obbligazione futura.

Il fideiussore per un'obbligazione futura è liberato se il creditore, senza speciale autorizzazione del fideiussore, ha fatto credito al terzo, pur conoscendo che le condizioni patrimoniali di questo erano divenute tali da rendere notevolmente più difficile il soddisfacimento del credito.

Non è valida la preventiva rinuncia del fideiussore ad avvalersi della liberazione.

Art. 1957. Scadenza dell'obbligazione principale.

Il fideiussore rimane obbligato anche dopo la scadenza dell'obbligazione principale, purché il creditore entro sei mesi abbia proposto le sue istanze contro il debitore e le abbia con diligenza continuate.

La disposizione si applica anche al caso in cui il fideiussore ha espressamente limitato la sua fideiussione allo stesso termine dell'obbligazione principale. In questo caso però l'istanza contro il debitore deve essere proposta entro due mesi.

L'istanza proposta contro il debitore interrompe la prescrizione anche nei confronti del fideiussore.

Cfr. Cassazione Civile, sez. III, sentenza 24 aprile 2008, n. 10669, Cassazione Civile, sez. III, sentenza 21 maggio 2008, n. 13078 e Cassazione Civile, sez. III, sentenza 12 dicembre 2008, n. 29215 in Altalex Massimario.

CAPO XXIII – DEL MANDATO DI CREDITO

Art. 1958. Effetti del mandato di credito.

Se una persona si obbliga verso un'altra, che le ha conferito l'incarico, a fare credito a un terzo, in nome e per conto proprio, quella che ha dato l'incarico risponde come fideiussore di un debito futuro.

Colui che ha accettato l'incarico non può rinunziarvi, ma chi l'ha conferito può revocarlo, salvo l'obbligo di risarcire il danno all'altra parte.

Art. 1959. Sopravvenuta insolvenza del mandante o del terzo.

Se, dopo l'accettazione dell'incarico, le condizioni patrimoniali di colui che lo ha conferito o del terzo sono divenute tali da rendere notevolmente più difficile il soddisfacimento del credito, colui che ha accettato l'incarico non può essere costretto ad eseguirlo.

Si applica inoltre la disposizione dell'articolo 1956.

CAPO XXIVV – DELL'ANTICRESI

Art. 1960. Nozione.

L'anticresi è il contratto col quale il debitore o un terzo si obbliga a consegnare un immobile al creditore a garanzia del credito, affinché il creditore ne percepisca i frutti, imputandoli agli interessi, se dovuti, e quindi al capitale.

Art. 1961. Obblighi del creditore anticretico.

Il creditore, se non è stato convenuto diversamente, è obbligato a pagare i tributi e i pesi annui dell'immobile ricevuto in anticresi.

Egli ha l'obbligo di conservare, amministrare e coltivare il fondo da buon padre di famiglia. Le spese relative devono essere prelevate dai frutti.

Il creditore, se vuole liberarsi da tali obblighi, può, in ogni tempo, restituire l'immobile al debitore purché non abbia rinunziato a tale facoltà.

Art. 1962. Durata dell'anticresi.

L'anticresi dura finché il creditore sia stato interamente soddisfatto del suo credito, anche se il credito o l'immobile dato in anticresi sia divisibile, salvo che sia stata stabilita la durata.

In ogni caso l'anticresi non può avere una durata superiore a dieci anni. Se è stato stipulato un termine maggiore, questo si riduce al termine suddetto.

Art. 1963. Divieto del patto commissorio.

È nullo qualunque patto, anche posteriore alla conclusione del contratto, con cui si conviene che la proprietà dell'immobile passi al creditore nel caso di mancato pagamento del debito.

Art. 1964. Compensazione dei frutti con gli interessi.

Salva la disposizione dell'articolo 1448, è valido il patto col quale le parti convengono che i frutti si compensino con gli interessi in tutto o in parte. In tal caso il debitore può in ogni tempo estinguere il suo debito e rientrare nel possesso dell'immobile.

CAPO XXV – DELLA TRANSAZIONE

Art. 1965. Nozione.

La transazione è il contratto col quale le parti, facendosi reciproche concessioni, pongono fine a una lite già incominciata o prevengono una lite che può sorgere tra loro.

Con le reciproche concessioni si possono creare, modificare o estinguere anche rapporti diversi da quello che ha formato oggetto della pretesa e della contestazione delle parti.

Art. 1966. Capacità a transigere e disponibilità dei diritti.

Per transigere le parti devono avere la capacità di disporre dei diritti che formano oggetto della lite.

La transazione è nulla se tali diritti, per loro natura o per espressa disposizione di legge, sono sottratti alla disciplina delle parti.

Art. 1967. Prova.

La transazione deve essere provata per iscritto, fermo il disposto del n. 12 dell'articolo 1350.

Art. 1968. Transazione sulla falsità di documenti.

La transazione nei giudizi civili di falso non produce alcun effetto, se non è stata omologata dal tribunale, sentito il pubblico ministero.

Art. 1969. Errore di diritto.

La transazione non può essere annullata per errore di diritto relativo alle questioni che sono state oggetto di controversia tra le parti.

Art. 1970. Lesione.

La transazione non può essere impugnata per causa di lesione.

Art. 1971. Transazione su pretesa temeraria.

Se una delle parti era consapevole della temerarietà della sua pretesa, l'altra può chiedere l'annullamento della transazione.

Art. 1972. Transazione su un titolo nullo.

E' nulla la transazione relativa a un contratto illecito, ancorché le parti abbiano trattato della nullità di questo.

Negli altri casi in cui la transazione è stata fatta relativamente a un titolo nullo, l'annullamento di essa può chiedersi solo dalla parte che ignorava la causa di nullità del titolo.

Art. 1973. Annullabilità per falsità di documenti.

È annullabile la transazione fatta, in tutto o in parte, sulla base di documenti che in seguito sono stati riconosciuti falsi.

Art. 1974. Annullabilità per cosa giudicata.

È pure annullabile la transazione fatta su lite già decisa con sentenza passata in giudicato della quale le parti o una di esse non avevano notizia.

Art. 1975. Annullabilità per scoperta di documenti.

La transazione che le parti hanno conclusa generalmente sopra tutti gli affari che potessero esservi tra loro non può impugnarsi per il fatto che posteriormente

una di esse venga a conoscenza di documenti che le erano ignoti

al tempo della transazione, salvo che questi siano stati occultati dall'altra parte.

La transazione è annullabile, quando non riguarda che un affare determinato e con documenti posteriormente scoperti si prova che una delle parti non aveva alcun diritto.

Art. 1976. Risoluzione della transazione per inadempimento.

La risoluzione della transazione per inadempimento non può essere richiesta se il rapporto preesistente è stato estinto per novazione, salvo che il diritto alla risoluzione sia stato espressamente stipulato.

CAPO XXVI – DELLA CESSIONE DEI BENI AI CREDITORI

Art. 1977. Nozione.

La cessione dei beni ai creditori è il contratto col quale il debitore incarica i suoi creditori o alcuni di essi di liquidare tutte o alcune sue attività e di ripartirne

tra loro il ricavato in soddisfacimento dei loro crediti.

Art. 1978. Forma.

La cessione dei beni si deve fare per iscritto, sotto pena di nullità.

Se tra i beni ceduti esistono crediti, si osservano le disposizioni degli articoli 1264 e 1265.

Art. 1979. Poteri dei creditori cessionari.

L'amministrazione dei beni ceduti spetta ai creditori cessionari. Questi possono esercitare tutte le azioni di carattere patrimoniale relative ai beni medesimi.

Art. 1980. Effetti della cessione.

Il debitore non può disporre dei beni ceduti.

I creditori anteriori alla cessione che non vi hanno partecipato possono agire esecutivamente anche su tali beni.

I creditori cessionari, se la cessione ha avuto per oggetto solo alcune attività del debitore, non possono agire esecutivamente sulle altre attività prima di aver liquidato quelle cedute.

Art. 1981. Spese.

I creditori che hanno concluso il contratto o vi hanno aderito devono anticipare le spese necessarie per la liquidazione e hanno il diritto di prelevarne l'importo sul ricavato di essa.

Art. 1982. Riparto.

I creditori devono ripartire tra loro le somme ricavate in proporzione dei rispettivi crediti, salve le cause di prelazione. Il residuo spetta al debitore.

Art. 1983. Controllo del debitore.

Il debitore ha diritto di controllare la gestione e di averne il rendiconto alla fine della liquidazione, o alla fine di ogni anno se la gestione dura più di un anno.

Se è stato nominato un liquidatore, questi deve rendere il conto anche al debitore.

Art. 1984. Liberazione del debitore.

Se non vi è patto contrario, il debitore è liberato verso i creditori solo dal giorno in cui essi ricevono la parte loro spettante sul ricavato della liquidazione,

e nei limiti di quanto hanno ricevuto.

Art. 1985. Recesso dal contratto.

Il debitore può recedere dal contratto offrendo il pagamento del capitale e degli interessi a coloro con i quali ha contrattato o che hanno aderito alla cessione. Il recesso ha effetto dal giorno del pagamento.

Il debitore è tenuto al rimborso delle spese di gestione.

Art. 1986. Annullamento e risoluzione del contratto.

La cessione può essere annullata se il debitore, avendo dichiarato di cedere tutti i suoi beni, ha dissimulato parte notevole di essi, ovvero se ha occultato passività o ha simulato passività inesistenti.

La cessione può essere risolta per inadempimento secondo le regole generali.

TITOLO IV – DELLE PROMESSE UNILATERALI

Art. 1987. Efficacia delle promesse.

La promessa unilaterale di una prestazione non produce effetti obbligatori fuori dei casi ammessi dalla legge.

Art. 1988. Promessa di pagamento e ricognizione di debito.

La promessa di pagamento o la ricognizione di un debito dispensa colui a favore del quale è fatta dall'onere di provare il rapporto fondamentale. L'esistenza

di questo si presume fino a prova contraria.

Cfr. Tribunale di Modena, sentenza 18 maggio 2009, n. 646, Corte di Appello di Roma, sez. I, sentenza 13 luglio 2009 e Cassazione Civile, sez. II, sentenza 28 ottobre 2009, n. 22855.

Art. 1989. Promessa al pubblico.

Colui che, rivolgendosi al pubblico, promette una prestazione a favore di chi si trovi in una determinata situazione o compia una determinata azione, è vincolato dalla promessa non appena questa è resa pubblica.

Se alla promessa non è apposto un termine, o questo non risulta dalla natura o dallo scopo della medesima, il vincolo del promittente cessa, qualora entro l'anno dalla promessa non gli sia stato comunicato l'avveramento della situazione o il compimento dell'azione prevista nella promessa.

Cfr. Cassazione Civile, sez. III, sentenza 24 novembre 2009, n. 24685.

Art. 1990. Revoca della promessa.

La promessa può essere revocata prima della scadenza del termine indicato dall'articolo precedente solo per giusta causa, purché la revoca sia resa pubblica nella stessa forma della promessa o in forma equivalente.

In nessun caso la revoca può avere effetto se la situazione prevista nella promessa si è già verificata o se l'azione è già stata compiuta.

Art. 1991. Cooperazione di più persone.

Se l'azione è stata compiuta da più persone separatamente, oppure se la situazione è comune a più persone, la prestazione promessa, quando è unica, spetta a colui che per primo ne ha dato notizia al promittente.

TITOLO V – DEI TITOLI DI CREDITO

CAPO I – DISPOSIZIONI GENERALI

Art. 1992. Adempimento della prestazione.

Il possessore di un titolo di credito ha diritto alla prestazione in esso indicata verso presentazione del titolo, purché sia legittimato nelle forme prescritte dalla legge.

Il debitore, che senza dolo o colpa grave adempie la prestazione nei confronti del possessore, è liberato anche se questi non è il titolare del diritto.

Art. 1993. Eccezioni opponibili.

Il debitore può opporre al possessore del titolo soltanto le eccezioni a questo personali, le eccezioni di forma, quelle che sono fondate sul contesto letterale del titolo, nonché quelle che dipendono da falsità della propria firma, da difetto di capacità o di rappresentanza al momento dell'emissione, o dalla mancanza delle condizioni necessarie per l'esercizio dell'azione.

Il debitore può opporre al possessore del titolo le eccezioni fondate sui rapporti personali con i precedenti possessori, soltanto se, nell'acquistare il titolo, il possessore ha agito intenzionalmente a danno del debitore medesimo.

Art. 1994. Effetti del possesso di buona fede.

Chi ha acquistato in buona fede il possesso di un titolo di credito, in conformità delle norme che ne disciplinano la circolazione, non è soggetto a rivendicazione.

Art. 1995. Trasferimento dei diritti accessori.

Il trasferimento del titolo di credito comprende anche i diritti accessori che sono ad esso inerenti.

Art. 1996. Titoli rappresentativi.

I titoli rappresentativi di merci attribuiscono al possessore il diritto alla consegna

delle merci che sono in essi specificate, il possesso delle medesime e il potere di disporre mediante trasferimento del titolo.

Art. 1997. Efficacia dei vincoli sul credito.

Il pegno, il sequestro, il pignoramento e ogni altro vincolo sul diritto menzionato

in un titolo di credito o sulle merci da esso rappresentate non hanno effetto se non si attuano sul titolo.

Art. 1998. Titoli con diritto a premi.

Nel caso di usufrutto di titoli di credito il godimento dell'usufruttuario si estende ai premi e alle altre utilità aleatorie prodotte dal titolo.

Il premio è investito a norma dell'articolo 1000.

Nel pegno di titoli di credito la garanzia non si estende ai premi e alle altre utilità aleatorie prodotte dal titolo.

Art. 1999. Conversione dei titoli.

I titoli di credito al portatore possono essere convertiti dall'emittente in titoli nominativi su richiesta e a spese del possessore.

Salvo il caso in cui la convertibilità sia stata espressamente esclusa dall'emittente,

i titoli nominativi possono essere convertiti in titoli al portatore, su richiesta e a spese dell'intestatario che dimostri la propria identità e la propria capacità a norma del secondo comma dell'articolo 2022.

Art. 2000. Riunione e frazionamento dei titoli.

I titoli di credito emessi in serie possono essere riuniti in un titolo multiplo, su richiesta e a spese del possessore.

I titoli di credito multipli possono essere frazionati in più titoli di taglio minore.

Art. 2001. Rinvio a disposizioni speciali.

Le norme di questo titolo si applicano in quanto non sia diversamente disposto da altre norme di questo codice o di leggi speciali.

I titoli del debito pubblico, i biglietti di banca e gli altri titoli equivalenti sono regolati da leggi speciali.

Art. 2002. Documenti di legittimazione e titoli impropri.

Le norme di questo titolo non si applicano ai documenti che servono solo a identificare l'avente diritto alla prestazione, o a consentire il trasferimento del diritto senza l'osservanza delle forme proprie della cessione.

CAPO II – DEI TITOLI AL PORTATORE

Art. 2003. Trasferimento del titolo e legittimazione del possessore.

Il trasferimento del titolo al portatore si opera con la consegna del titolo.

Il possessore del titolo al portatore è legittimato all'esercizio del diritto in esso menzionato in base alla presentazione del titolo.

Art. 2004. Limitazione della libertà di emissione.

Il titolo di credito contenente l'obbligazione di pagare una somma di danaro non può essere emesso al portatore se non nei casi stabiliti dalla legge.

Art. 2005. Titolo deteriorato.

Il possessore di un titolo deteriorato che non sia più idoneo alla circolazione, ma sia tuttora sicuramente identificabile, ha diritto di ottenere dall'emittente un titolo equivalente, verso la restituzione del primo e il rimborso delle spese.

Art. 2006. Smarrimento e sottrazione del titolo.

Salvo disposizioni di leggi speciali, non è ammesso l'ammortamento dei titoli al portatore smarriti o sottratti.

Tuttavia chi denunzia all'emittente lo smarrimento o la sottrazione d'un titolo al portatore e gliene fornisce la prova ha diritto alla prestazione e agli accessori della medesima, decorso il termine di prescrizione del titolo.

Il debitore che esegue la prestazione a favore del possessore del titolo prima del termine suddetto è liberato, salvo che si provi che egli conoscesse il vizio del possesso del presentatore.

Se i titoli smarriti o sottratti sono azioni al portatore, il denunziante può essere autorizzato dal tribunale, previa cauzione, se del caso, a esercitare i diritti inerenti alle azioni anche prima del termine di prescrizione, fino a quando i titoli non vengano presentati da altri.

È salvo, in ogni caso, l'eventuale diritto del denunziante verso il possessore del titolo.

Art. 2007. Distruzione del titolo.

Il possessore del titolo al portatore, che ne provi la distruzione, ha diritto di chiedere all'emittente il rilascio di un duplicato o di un titolo equivalente. Le spese sono a carico del richiedente.

Se la prova della distruzione non è raggiunta, si osservano le disposizioni dell'articolo precedente.

CAPO III – DEI TITOLI ALL'ORDINE

Art. 2008. Legittimazione del possessore.

Il possessore di un titolo all'ordine è legittimato all'esercizio del diritto in esso menzionato in base a una serie continua di girate.

Cfr. Cassazione Civile, sez. I, sentenza 6 settembre 2007, n. 18723 in Altalex Massimario.

Art. 2009. Forma della girata.

La girata deve essere scritta sul titolo e sottoscritta dal girante.

È valida la girata anche se non contiene l'indicazione del giratario.

La girata al portatore vale come girata in bianco.

Art. 2010. Girata condizionale o parziale.

Qualsiasi condizione apposta alla girata si ha come non scritta.

E' nulla la girata parziale.

Art. 2011. Effetti della girata.

La girata trasferisce tutti i diritti inerenti al titolo.

Se il titolo è girato in bianco, il possessore può riempire la girata col proprio nome o con quello di altra persona, ovvero può girare di nuovo il titolo o trasmetterlo a un terzo senza riempire la girata o senza apporre una nuova.

Art. 2012. Obblighi del girante.

Salvo diversa disposizione di legge o clausola contraria risultante dal titolo, il girante non è obbligato per l'inadempimento della prestazione da parte dell'emittente.

Art. 2013. Girata per incasso o per procura.

Se alla girata è apposta una clausola che importa conferimento di una procura per incasso, il giratario può esercitare tutti i diritti inerenti al titolo, ma non può girare il titolo, fuorché per procura.

L'emittente può opporre al giratario per procura soltanto le eccezioni opponibili al girante.

L'efficacia della girata per procura non cessa per la morte o per la sopravvenuta incapacità del girante.

Art. 2014. Girata a titolo di pegno.

Se alla girata è apposta una clausola che importa costituzione di pegno, il giratario può esercitare tutti i diritti inerenti al titolo, ma la girata da lui fatta vale solo come girata per procura.

L'emittente non può opporre al giratario in garanzia le eccezioni fondate sui propri rapporti personali col girante, a meno che il giratario, ricevendo il titolo abbia agito intenzionalmente a danno dell'emittente.

Art. 2015. Cessione del titolo all'ordine.

L'acquisto di un titolo all'ordine con un mezzo diverso dalla girata produce gli effetti della cessione.

Art. 2016. Procedura d'ammortamento.

In caso di smarrimento, sottrazione o distruzione del titolo, il possessore può farne denunzia al debitore e chiedere l'ammortamento del titolo con ricorso al presidente del tribunale del luogo in cui il titolo è pagabile.

Il ricorso deve indicare i requisiti essenziali del titolo e, se si tratta di titolo in bianco, quelli sufficienti a identificarlo. Il presidente del tribunale, premessi gli opportuni accertamenti sulla verità dei fatti e sul diritto del possessore, pronunzia con decreto l'ammortamento e autorizza il pagamento del titolo dopo trenta giorni dalla data di pubblicazione del decreto nella Gazzetta ufficiale della Repubblica, purché nel frattempo non sia fatta opposizione

dal detentore. Se alla data della pubblicazione il titolo non è ancora scaduto, il termine per il pagamento decorre dalla data della scadenza.

Il decreto deve essere notificato al debitore e pubblicato nella Gazzetta ufficiale della Repubblica a cura del ricorrente.

Nonostante la denunzia, il pagamento fatto al detentore prima della notificazione

del decreto libera il debitore.

Art. 2017. Opposizione del detentore.

L'opposizione del detentore deve essere proposta davanti al tribunale che ha pronunziato l'ammortamento, con citazione da notificarsi al ricorrente e al debitore.

L'opposizione non è ammissibile senza il deposito del titolo presso la cancelleria
del tribunale.

Se l'opposizione è respinta, il titolo è consegnato a chi ha ottenuto l'ammortamento.

Art. 2018. Diritti del ricorrente durante il termine per l'opposizione.

Durante il termine stabilito dall'articolo 2016, il ricorrente può compiere tutti gli atti che tendono a conservare i suoi diritti, e, se il titolo è scaduto o pagabile a vista, può esigerne il pagamento mediante cauzione o chiedere il deposito giudiziario della somma.

Art. 2019. Effetti dell'ammortamento.

Trascorso senza opposizione il termine indicato dall'articolo 2016, il titolo non ha più efficacia, salve le ragioni del detentore verso chi ha ottenuto l'ammortamento.

Chi ha ottenuto l'ammortamento, su presentazione del decreto e di un certificato
del cancelliere del tribunale comprovante che non fu interposta opposizione, può esigere il pagamento o, qualora il titolo sia in bianco o non
sia ancora scaduto, può ottenere un duplicato.

Art. 2020. Leggi speciali.

Le norme di questa sezione si applicano ai titoli all'ordine regolati da leggi speciali in quanto queste non dispongano diversamente.

CAPO IV – DEI TITOLI NOMINATIVI

Art. 2021. Legittimazione del possessore.

Il possessore di un titolo nominativo è legittimato all'esercizio del diritto in esso menzionato per effetto dell'intestazione a suo favore contenuta nel titolo e nel registro dell'emittente.

Art. 2022. Trasferimento.

Il trasferimento del titolo nominativo si opera mediante l'annotazione del nome dell'acquirente sul titolo e nel registro dell'emittente o col rilascio di un nuovo titolo intestato al nuovo titolare. Del rilascio deve essere fatta annotazione nel registro.

Colui che chiede l'intestazione del titolo a favore di un'altra persona, o il rilascio di un nuovo titolo ad essa intestato, deve provare la propria identità e la propria capacità di disporre, mediante certificazione di un notaio o di un agente di cambio. Se l'intestazione o il rilascio è richiesto dall'acquirente, questi deve esibire il titolo e dimostrare il suo diritto mediante atto autentico.

Le annotazioni nel registro e sul titolo sono fatte a cura e sotto la responsabilità dell'emittente.

L'emittente che esegue il trasferimento nei modi indicati dal presente articolo è esonerato da responsabilità salvo il caso di colpa.

Art. 2023. Trasferimento mediante girata.

Salvo diverse disposizioni della legge, il titolo nominativo può essere trasferito anche mediante girata autenticata da un notaio o da un agente di cambio.

La girata deve essere datata e sottoscritta dal girante e contenere l'indicazione del giratario. Se il titolo non è interamente liberato, è necessaria anche la sottoscrizione del giratario.

Il trasferimento mediante girata non ha efficacia nei confronti dell'emittente fino a che non ne sia fatta annotazione nel registro. Il giratario che si dimostra possessore del titolo in base ad una serie continua di girate ha diritto di ottenere l'annotazione del trasferimento nel registro dell'emittente.

Art. 2024. Vincoli sul credito.

Nessun vincolo sul credito produce effetti nei confronti dell'emittente e dei terzi, se non risulta da una corrispondente annotazione sul titolo e nel registro. Per l'annotazione si osserva il disposto del secondo comma dell'articolo 2022.

Cfr. Tribunale di Vicenza, sentenza 24 maggio 2007 in Altalex Massimario.

Art. 2025. Usufrutto.

Chi ha l'usufrutto del credito menzionato in un titolo nominativo ha diritto di ottenere un titolo separato da quello del proprietario.

Art. 2026. Pegno.

La costituzione in pegno di un titolo nominativo può farsi anche mediante consegna del titolo, girato con la clausola «in garanzia» o altra equivalente. Il giratario in garanzia non può trasmettere ad altri il titolo se non mediante girata per procura.

Cfr. Tribunale di Vicenza, sentenza 24 maggio 2007 in Altalex Massimario.

Art. 2027. Ammortamento.

In caso di smarrimento, sottrazione o distruzione del titolo, l'intestatario o il giratario di esso può farne denunzia all'emittente e chiedere l'ammortamento del titolo in conformità delle norme relative ai titoli all'ordine.

In caso di smarrimento, sottrazione o distruzione di azioni nominative, durante il termine stabilito dall'articolo 2016, il ricorrente può esercitare i diritti inerenti alle azioni, salva, se del caso, la prestazione di una cauzione

L'ammortamento estingue il titolo, ma non pregiudica le ragioni del detentore verso chi ha ottenuto il nuovo titolo.

TITOLO VI – DELLA GESTIONE DI AFFARI

Art. 2028. Obbligo di continuare la gestione.

Chi, senza esservi obbligato, assume scientemente la gestione di un affare altrui, è tenuto a continuarla e a condurla a termine finché l'interessato non sia in grado di provvedervi da se stesso.

L'obbligo di continuare la gestione sussiste anche se l'interessato muore prima che l'affare sia terminato, finché l'erede possa provvedere direttamente.

Art. 2029. Capacità del gestore.

Il gestore deve avere la capacità di contrattare.

Art. 2030. Obbligazioni del gestore.

Il gestore è soggetto alle stesse obbligazioni che deriverebbero da un mandato. Tuttavia il giudice, in considerazione delle circostanze che hanno indotto il gestore ad assumere la gestione, può moderare il risarcimento dei danni ai quali questi sarebbe tenuto per effetto della sua colpa.

Art. 2031. Obblighi dell'interessato.

Qualora la gestione sia stata utilmente iniziata, l'interessato deve adempiere le obbligazioni che il gestore ha assunte in nome di lui, deve tenere indenne il gestore di quelle assunte dal medesimo in nome proprio e rimborsargli tutte le spese necessarie o utili con gli interessi dal giorno in cui le spese stesse sono state fatte.

Questa disposizione non si applica agli atti di gestione eseguiti contro il divieto dell'interessato, eccetto che tale divieto sia contrario alla legge, all'ordine pubblico o al buon costume.

Art. 2032. Ratifica dell'interessato.

La ratifica dell'interessato produce, relativamente alla gestione, gli effetti che sarebbero derivati da un mandato, anche se la gestione è stata compiuta da persona che credeva di gestire un affare proprio.

TITOLO VII – DEL PAGAMENTO DELL'INDEBITO

Art. 2033. Indebito oggettivo.
Chi ha eseguito un pagamento non dovuto ha diritto di ripetere ciò che ha pagato. Ha inoltre diritto ai frutti e agli interessi dal giorno del pagamento, se chi lo ha ricevuto era in mala fede, oppure, se questi era in buona fede, dal giorno della domanda.

Cfr. Cassazione Civile, sez. II, sentenza 23 luglio 2007, n. 16222, Consiglio di Stato, sez. IV, decisione 4 febbraio 2008, n. 293, Cassazione Civile, SS.UU., sentenza 11 settembre
2008, n. 23284, Consiglio di Stato, sez. V, sentenza 5 febbraio 2009, n. 605 e Cassazione Civile, sez. III, sentenza 1 dicembre 2009, n. 25276 in Altalex Massimario.

Art. 2034. Obbligazioni naturali.
Non è ammessa la ripetizione di quanto è stato spontaneamente prestato in esecuzione di doveri morali o sociali, salvo che la prestazione sia stata eseguita da un incapace.

I doveri indicati dal comma precedente, e ogni altro per cui la legge non accorda azione ma esclude la ripetizione di ciò che è stato spontaneamente pagato, non producono altri effetti.

Cfr. Tribunale di Cassino, sez. civile, sentenza 12 luglio 2007 in Altalex Massimario.

Art. 2035. Prestazione contraria al buon costume.
Chi ha eseguito una prestazione per uno scopo che, anche da parte sua, costituisca offesa al buon costume non può ripetere quanto ha pagato.

Art. 2036. Indebito soggettivo.
Chi ha pagato un debito altrui, credendosi debitore in base a un errore scusabile,
può ripetere ciò che ha pagato, sempre che il creditore non si sia privato in buona fede del titolo o delle garanzie del credito.

Chi ha ricevuto l'indebito è anche tenuto a restituire i frutti e gli interessi dal giorno del pagamento, se era in mala fede, o dal giorno della domanda, se era in buona fede.

Quando la ripetizione non è ammessa, colui che ha pagato subentra nei diritti del creditore.

Art. 2037. Restituzione di cosa determinata.
Chi ha ricevuto indebitamente una cosa determinata è tenuto a restituirla.
Se la cosa è perita, anche per caso fortuito, chi l'ha ricevuta in mala fede è tenuto a corrisponderne il valore; se la cosa è soltanto deteriorata, colui che l'ha data può chiedere l'equivalente, oppure la restituzione e una indennità per la diminuzione di valore.

Chi ha ricevuto la cosa in buona fede non risponde del perimento o del deterioramento
di essa, ancorché dipenda da fatto proprio, se non nei limiti
del suo arricchimento.

Art. 2038. Alienazione della cosa ricevuta indebitamente.
Chi, avendo ricevuto la cosa in buona fede, l'ha alienata prima di conoscere l'obbligo di restituirla è tenuto a restituire il corrispettivo conseguito. Se questo è ancora dovuto, colui che ha pagato l'indebito subentra nel diritto dell'alienante. Nel caso di alienazione a titolo gratuito, il terzo acquirente è obbligato, nei limiti del suo arricchimento, verso colui che ha pagato l'indebito.

Chi ha alienato la cosa ricevuta in mala fede, o dopo aver conosciuto l'obbligo di restituirla, è obbligato a restituirla in natura o a corrisponderne il valore. Colui che ha pagato l'indebito può però esigere il corrispettivo dell'alienazione e può anche agire direttamente per conseguirlo. Se l'alienazione è stata fatta a titolo gratuito, l'acquirente, qualora l'alienante sia stato inutilmente escusso, è obbligato, nei limiti dell'arricchimento, verso colui che ha pagato l'indebito.

Art. 2039. Indebito ricevuto da un incapace.
L'incapace che ha ricevuto l'indebito, anche in mala fede, non è tenuto che nei limiti in cui ciò che ha ricevuto è stato rivolto a suo vantaggio.

Art. 2040. Rimborso di spese e di miglioramenti.
Colui al quale è restituita la cosa è tenuto a rimborsare il possessore delle spese e dei miglioramenti, a norma degli articoli 1149, 1150, 1151 e 1152.

TITOLO VIII – DELL'ARRICCHIMENTO SENZA CAUSA

Art. 2041. Azione generale di arricchimento.
Chi, senza una giusta causa, si è arricchito a danno di un'altra persona è tenuto, nei limiti dell'arricchimento a indennizzare quest'ultima della correlativa diminuzione patrimoniale. Qualora l'arricchimento abbia per oggetto una cosa determinata, colui che l'ha ricevuta è tenuto a restituirla in natura, se sussiste al tempo della domanda.

Cfr. Consiglio di Stato, sez. V, sentenza 7 settembre 2007, n. 4702, Cassazione civile, sez. I, sentenza 29 novembre 2007, n. 24949, Cassazione civile, SS.UU., sentenza 29 maggio 2008, n. 14201, Cassazione civile, sez. I, sentenza 18 giugno 2008, n. 16596, Cassazione civile, SS.UU., sentenza 11 settembre 2008, n. 23385 e Cassazione civile, SS.UU., sentenza 8 ottobre 2008, n. 24772 in Altalex Massimario.

Art. 2042. Carattere sussidiario dell'azione.
L'azione di arricchimento non è proponibile quando il danneggiato può esercitare un'altra azione per farsi indennizzare del pregiudizio subìto.

Cfr. Cassazione civile, sez. III, sentenza 11 giugno 2007, n. 13682 e Cassazione civile, sez. III, sentenza 7 aprile 2008, n. 8953 in Altalex Massimario.

TITOLO IX – DEI FATTI ILLECITI

Art. 2043. Risarcimento per fatto illecito.
Qualunque fatto doloso o colposo che cagiona ad altri un danno ingiusto, obbliga colui che ha commesso il fatto a risarcire il danno.

Cfr. Cassazione Civile, sez. II, sentenza 6 febbraio 2007, n. 2546, Cassazione Civile, sez. III, sentenza 20 febbraio 2007, n. 3949, Cassazione Civile, SS.UU., sentenza 9 marzo 2007, n. 5394, Tribunale di Paola, sentenza 15 maggio 2007, n. 462, Cassazione Civile, sez. III, sentenza 5 giugno 2007, n. 13061, Tribunale di Nola, sez. II civile, sentenza 30 giugno 2007, Cassazione Civile, sez. III, sentenza 4 luglio 2007, n. 15131, Cassazione Civile, sez. II, sentenza 23 luglio 2007, n. 16222, Consiglio di Stato, ad. plenaria, sentenza 30 luglio 2007, n. 10, Cassazione Civile, sez. III, sentenza 3 settembre 2007, n. 18511, Cassazione Civile, sez. I, sentenza 6 settembre 2007, n. 18723, Cassazione Civile, sez. I, sentenza 9 ottobre 2007, n. 21096, Tribunale di Torino, sez. IV civile, sentenza 11 ottobre 2007, n. 6070, Cassazione Civile, sez. I, sentenza 17 ottobre 2007, n. 21850, Cassazione Civile, sez. III, sentenza 3 dicembre 2007, n. 25173, Cassazione Civile, sez. III, sentenza 11 gennaio 2008, n. 390, Cassazione Civile, sez. III, sentenza 17 gennaio 2008, n. 867, Tribunale di Milano, sez. V civile, sentenza 4 marzo 2008, n. 2847, Cassazione Civile, sez. III, sentenza 10 marzo

2008, n. 6297, Cassazione Civile, sez. III, sentenza 20 marzo 2008, n. 7495, Cassazione Civile, sez. III, sentenza 3 aprile 2008, n. 8546, Cassazione Civile, sez. I, sentenza 8 maggio 2008, n. 11477, Cassazione Civile, sez. III, sentenza 26 maggio 2008, n. 13589, Tribunale di Mantova, sentenza 27 maggio 2008, Cassazione Civile, sez. III, sentenza 15 luglio 2008, n. 19445, Cassazione Civile, sez. I, sentenza 25 settembre 2008, n. 24084, Cassazione Civile, sez. III, sentenza 16 ottobre 2008, n. 25250, Consiglio di Stato, sez. V, decisione 20 ottobre 2008, n. 5124, Cassazione Civile, sez. III, sentenza 21 novembre 2008, n. 27673, Tribunale di Torino, sez. IV civile, sentenza 27 novembre 2008, Tribunale di Piacenza, sentenza 2 dicembre 2008, Cassazione Civile, sez. III, sentenza 12 dicembre 2008, n. 29211, Cassazione Civile, sez. III, sentenza 20 gennaio 2009, n. 1343, Cassazione Civile, sez. III, sentenza 13 marzo 2009, n. 6181, TAR Lazio-Roma, sez. II bis, sentenza 16 marzo 2009, n. 2694, Cassazione Civile, sez. III, sentenza 9 aprile 2009, n. 8703, Cassazione Civile, sez. III, sentenza 22 aprile 2009, n. 9549, Tribunale di Modena, sentenza 14 maggio 2009, Tribunale di Venezia, sentenza 17 giugno 2009, n. 1701, Cassazione Civile, SS.UU., sentenza 1° luglio 2009, n. 15388, Cassazione Civile, sez. lavoro, sentenza 1° luglio 2009, n. 15405, Cassazione Civile, sez. III, sentenza 14 luglio 2009, n. 16374, Cassazione Civile, SS.UU., sentenza 19 agosto 2009, n. 18356, Cassazione Civile, sez. III, sentenza 2 settembre
2009, n. 19092, Giudice di Pace di Lamezia Terme, sentenza 22 settembre 2009, n. 1619, Cassazione Civile, sez. III, sentenza 26 ottobre 2009, n. 22604, Cassazione Civile, sez. III, sentenza 28 ottobre 2009, n. 22807, Cassazione Civile, sez. III, sentenza 30 ottobre 2009, n. 23053, Cassazione Civile, sez. III, sentenza 30 ottobre 2009, n. 23059, Cassazione Civile, sez. III, sentenza 19 novembre 2009, n. 24435, Cassazione Civile, sez. III, sentenza 8 gennaio 2010, n. 80, Cassazione Civile, sez. III, sentenza 27 gennaio 2010, n. 1703, Cassazione Civile, sez. III, sentenza 27 gennaio 2010, n. 1704, Cassazione Civile, sez. III, sentenza 2 febbraio 2010, n. 2352, TAR Sardegna-
Cagliari, sez. I, sentenza 19 febbraio 2010, n. 204, Cassazione Civile, sez. III, sentenza 4 marzo 2010, n. 5190, Tribunale di Caltanissetta, sez. civile, sentenza 19 dicembre 2009, n. 614 e Tribunale di Napoli, sez. III civile, sentenza 27 maggio 2010, n. 6229 in Altalex Massimario.

Art. 2044. Legittima difesa.

Non è responsabile chi cagiona il danno per legittima difesa di sé o di altri.
Cfr. Cassazione Civile, sez. III, sentenza 25 febbraio 2009, n. 4492 in Altalex Massimario.

Art. 2045. Stato di necessità.

Quando chi ha compiuto il fatto dannoso vi è stato costretto dalla necessità di salvare sé o altri dal pericolo attuale di un danno grave alla persona, e il pericolo non è stato da lui volontariamente causato, né era altrimenti evitabile, al danneggiato è dovuta un'indennità, la cui misura è rimessa all'equo apprezzamento del giudice.

Art. 2046. Imputabilità del fatto dannoso.

Non risponde delle conseguenze del fatto dannoso chi non aveva la capacità d'intendere o di volere al momento in cui lo ha commesso, a meno che lo stato d'incapacità derivi da sua colpa.

Art. 2047. Danno cagionato dall'incapace.

In caso di danno cagionato da persona incapace di intendere o di volere, il risarcimento è dovuto da chi è tenuto alla sorveglianza dell'incapace salvo che provi di non aver potuto impedire il fatto.
Nel caso in cui il danneggiato non abbia potuto ottenere il risarcimento da chi è tenuto alla sorveglianza, il giudice in considerazione delle condizioni economiche delle parti, può condannare l'autore del danno a un'equa indennità.

Art. 2048. Responsabilità dei genitori, dei tutori, dei precettori e dei maestri d'arte.

Il padre e la madre, o il tutore, sono responsabili del danno cagionato dal fatto illecito dei figli minori non emancipati o delle persone soggette alla tutela, che abitano con essi. La stessa disposizione si applica all'affiliante.
I precettori e coloro che insegnano un mestiere o un'arte sono responsabili del danno cagionato dal fatto illecito dei loro allievi e apprendisti nel tempo in cui sono sotto la loro vigilanza.
Le persone indicate dai commi precedenti sono liberate dalla responsabilità soltanto se provano di non avere potuto impedire il fatto.
Cfr. Cassazione Civile, sez. III, sentenza 14 marzo 2008, n. 7050, Cassazione Civile, sez. III, sentenza 15 luglio 2008, n. 19450, Cassazione Civile, sez. III, sentenza 22 aprile 2009, n. 9542, Cassazione Civile, sez. III, sentenza 22 aprile 2009, n. 9556, Cassazione Civile, sez. III, sentenza 28 agosto 2009, n. 18804, Cassazione Civile, sez. III, sentenza 28 settembre 2009, n. 20743 e Cassazione Civile, sez. III, sentenza 16 marzo 2010, n. 6325 in Altalex Massimario.

Art. 2049. Responsabilità dei padroni e dei committenti.

I padroni e i committenti sono responsabili per i danni arrecati dal fatto illecito dei loro domestici e commessi nell'esercizio delle incombenze a cui sono adibiti.
Cfr. Tribunale di Milano, sez. X civile, sentenza 28 ottobre 2006, n. 11794, Cassazione Civile, sez. III, sentenza 12 marzo 2008, n. 6632, Cassazione Civile, sez. III, sentenza 23 aprile 2008, n. 10588 e Cassazione Penale, sez. IV, sentenza 23 settembre 2008, n. 36502 in Altalex Massimario.

Art. 2050. Responsabilità per l'esercizio di attività pericolose.

Chiunque cagiona danno ad altri nello svolgimento di una attività pericolosa, per sua natura o per la natura dei mezzi adoperati, è tenuto al risarcimento, se non prova di avere adottato tutte le misure idonee a evitare il danno.
Cfr. Cassazione Civile, sez. III, sentenza 23 maggio 2008, n. 20062, Cassazione Civile, sez. III, sentenza 13 febbraio 2009, n. 3528, Tribunale di Modena, sentenza 14 maggio 2009 e Cassazione Civile, sez. III, sentenza 17 dicembre 2009, n. 26516 in Altalex Massimario.

Art. 2051. Danno cagionato da cosa in custodia.

Ciascuno è responsabile del danno cagionato dalle cose che ha in custodia, salvo che provi il caso fortuito.
Cfr. Cassazione Civile, sez. III, sentenza 27 marzo 2007, n. 7403, Tribunale di Nola, sez. II civile, sentenza 30 giugno 2007, Cassazione Civile, sez. III, sentenza 30 ottobre 2007, n. 22882, Cassazione Civile, sez. III, sentenza 19 novembre 2007, n. 23924, Tribunale di Roma, sez. II civile, sentenza 5 dicembre 2007, n. 23877, Cassazione Civile, sez. III, sentenza 22 febbraio 2008, n. 4591, Cassazione Civile, sez. III, sentenza 8 maggio 2008, n. 11227, Cassazione Civile, sez. III, sentenza 9 maggio 2008, n. 11511, Cassazione Civile, sez. III, sentenza 16 maggio 2008, n. 12425, Cassazione Civile, sez. III, sentenza 6 giugno 2008, n. 15042, Cassazione Civile, sez. III, sentenza 19 giugno 2008, n. 16607, Tribunale di Piacenza, sentenza 2 dicembre 2008, Tribunale di Cuneo, sentenza 14 gennaio 2009, Tribunale di Reggio Emilia, sentenza 22 gennaio 2009, n. 85, Cassazione Civile, sez. III, sentenza 23 gennaio 2009, n. 1691, Tribunale di Salerno, sentenza 3 febbraio 2009, Cassazione Civile, sez. III, sentenza 23 febbraio 2009, n. 4341, Cassazione Civile, sez. III, sentenza 17 marzo 2009, n. 6435, Cassazione Civile, sez. III, sentenza 3 aprile 2009, n. 8128, Cassazione Civile, sez. III, sentenza 22 aprile 2009, n. 9560, Tribunale di Bari, sez. III civile, sentenza 24 aprile

2009, n. 1375, Tribunale di Modena, sentenza 14 maggio 2009, Cassazione Civile, sez. III, ordinanza 20 maggio 2009, n. 11695, Cassazione Civile, sez. lavoro, sentenza 22 settembre 2009, n. 20415, Giudice di Pace di Lamezia Terme, sentenza 22 settembre 2009, n. 1619, Cassazione Civile, sez. III, sentenza 28 settembre 2009, n. 20754, Cassazione Civile, sez. III, sentenza 28 ottobre 2009, n. 22807, Cassazione Civile, sez. III, sentenza 20 novembre 2009, n. 24529, Cassazione Civile, sez. II, sentenza 9 dicembre 2009, n. 25772, Cassazione Civile, sez. III, sentenza 2 febbraio 2010, n. 2360, Tribunale di Napoli, sez. III civile, sentenza 27 maggio 2010, n. 6229 e Cassazione Civile, sez. II, sentenza 9 giugno 2010, n. 13881 in Altalex Massimario.

Art. 2052. Danno cagionato da animali.

Il proprietario di un animale o chi se ne serve per il tempo in cui lo ha in uso, è responsabile dei danni cagionati dall'animale, sia che fosse sotto la sua custodia, sia che fosse smarrito o fuggito, salvo che provi il caso fortuito.

Cfr. Cassazione Civile, sez. III, sentenza 21 novembre 2008, n. 27673, Tribunale di Bari, sez. III, sentenza 15 gennaio 2009, n. 92, Cassazione Civile, sez. III, sentenza 20 aprile 2009, n. 9350, Cassazione Civile, sez. III, sentenza 8 gennaio 2010, n. 80, Cassazione Civile, sez. III, sentenza 28 aprile 2010, n. 10189 e Cassazione Civile, sez. II, sentenza 9 giugno 2010, n. 13881 in Altalex Massimario.

Art. 2053. Rovina di edificio.

Il proprietario di un edificio o di altra costruzione è responsabile dei danni cagionati dalla loro rovina, salvo che provi che questa non è dovuta a difetto di manutenzione o a vizio di costruzione.

Cfr. Cassazione Civile, sez. III, sentenza 30 gennaio 2009, n. 2481 in Altalex Massimario.

Art. 2054. Circolazione di veicoli

Il conducente di un veicolo senza guida di rotaie è obbligato a risarcire il danno prodotto a persone o a cose dalla circolazione del veicolo, se non prova di aver fatto tutto il possibile per evitare il danno.

Nel caso di scontro tra veicoli si presume, fino a prova contraria, che ciascuno dei conducenti abbia concorso ugualmente a produrre il danno subìto dai singoli veicoli. (1)

Il proprietario del veicolo o, in sua vece, l'usufruttuario o l'acquirente con patto di riservato dominio, è responsabile in solido col conducente, se non prova che la circolazione del veicolo è avvenuta contro la sua volontà.

In ogni caso le persone indicate dai commi precedenti sono responsabili dei danni derivati da vizi di costruzione o da difetto di manutenzione del veicolo.

(1) La Corte costituzionale, con sentenza 29 dicembre 1972, n. 205, ha dichiarato l'illegittimità costituzionale dell'art. 2054, secondo comma, c.c., limitatamente alla parte in cui nel caso di scontro tra veicoli, esclude che la presunzione di egual concorso dei conducenti operi anche se uno dei veicoli non abbia riportato danni.

Cfr. Tribunale di Torino, sez. IV civile, sentenza 11 ottobre 2007, n. 6070, Cassazione Penale, sez. IV, sentenza 22 aprile 2008, n. 16464, Cassazione Civile, sez. III, sentenza 3 luglio 2008, n. 18234, Cassazione Civile, sez. III, sentenza 10 luglio 2008, n. 18872, Cassazione Penale, sez. III, sentenza 13 gennaio 2009, n. 479, Cassazione Civile, sez. III, sentenza 13 marzo 2009, n. 6168, Cassazione Civile, sez. III, sentenza 22 aprile 2009, n. 9549, Cassazione Civile, sez. III, sentenza 28 settembre 2009, n. 20774, Cassazione Civile, sez. III, sentenza 30 settembre 2009, n. 20949, Cassazione Civile, sez. III, sentenza 15 ottobre 2009, n. 21907, Cassazione Civile, sez. III, sentenza 30 ottobre 2009, n. 23061, Cassazione Penale, sez. I, sentenza 18 novembre 2009, n. 44165, Cassazione Civile, sez. III, sentenza 24 novembre 2009, n. 24689, Cassazione Civile, sez. III, sentenza 31 marzo 2010, n. 7781 e Tribunale di Piacenza, sentenza 18 maggio 2010, n. 364 in Altalex Massimario.

Art. 2055. Responsabilità solidale.

Se il fatto dannoso è imputabile a più persone, tutte sono obbligate in solido al risarcimento del danno.

Colui che ha risarcito il danno ha regresso contro ciascuno degli altri, nella misura determinata dalla gravità della rispettiva colpa e dall'entità delle conseguenze che ne sono derivate.

Nel dubbio, le singole colpe si presumono uguali.

Cfr. Cassazione Civile, SS.UU., sentenza 15 luglio 2009, n. 16503 in Altalex Massimario.

Art. 2056. Valutazione dei danni.

Il risarcimento dovuto al danneggiato si deve determinare secondo le disposizioni degli articoli 1223, 1226 e 1227.

Il lucro cessante è valutato dal giudice con equo apprezzamento delle circostanze del caso.

Cfr. Cassazione Civile, sez. III, sentenza 18 aprile 2007, n. 9233, Tribunale di Roma, sez. XII, sentenza 3 giugno 2008, n. 11335, Cassazione Civile, sez. III, sentenza 15 luglio 2008, n. 19445, Cassazione Civile, sez. III, sentenza 13 gennaio 2009, n. 469, Cassazione Civile, sez. III, sentenza 28 agosto 2009, n. 18800 e Cassazione Civile, sez. III, sentenza 30 ottobre 2009, n. 23053 in Altalex Massimario.

Art. 2057. Danni permanenti.

Quando il danno alle persone ha carattere permanente la liquidazione può essere fatta dal giudice, tenuto conto delle condizioni delle parti e della natura del danno, sotto forma di una rendita vitalizia. In tal caso il giudice dispone le opportune cautele.

Art. 2058. Risarcimento in forma specifica.

Il danneggiato può chiedere la reintegrazione in forma specifica, qualora sia in tutto o in parte possibile.

Tuttavia il giudice può disporre che il risarcimento avvenga solo per equivalente, se la reintegrazione in forma specifica risulta eccessivamente onerosa per il debitore.

Cfr. Giudice di Pace di Bari, sentenza 3 luglio 2009, n. 5191 in Altalex Massimario.

Art. 2059. Danni non patrimoniali.

Il danno non patrimoniale deve essere risarcito solo nei casi determinati dalla legge.

Cfr. Cassazione Civile, sez. III, sentenza 2 febbraio 2007, n. 2311, Cassazione civile, sez. II, sentenza 6 febbraio 2007, n. 2546, Cassazione Civile, sez. III, sentenza 11 maggio 2007, n. 10847, Cassazione civile, sez. III, sentenza 4 giugno 2007, n. 12929, Cassazione Civile, sez. III, sentenza 8 ottobre 2007, n. 20987, Cassazione Civile, sez. III, sentenza 19 ottobre 2007, n. 21976, Cassazione Civile, sez. III, sentenza 24 ottobre 2007, n. 22338, Cassazione Civile, sez. III, sentenza 30 ottobre 2007, n. 22884, Cassazione Civile, sez. III, sentenza 6 dicembre 2007, n. 25458, Cassazione Civile, sez. I, sentenza 7 gennaio 2008, n. 31, Cassazione Civile, sez. III, sentenza 17 gennaio 2008, n. 870, Cassazione Civile, sez. III, sentenza 12 febbraio 2008, n. 3284, Cassazione Civile, sez. III, sentenza 4 marzo 2008, n. 5795, Tribunale di Milano, sez. V civile, sentenza 4 marzo 2008, n. 2847, Cassazione Civile, sez. III, sentenza 6 marzo 2008, n. 6033, Corte d'Appello di Genova, sez. I civile, sentenza 7 marzo 2008, n.

281, Cassazione Civile, sez. III, sentenza 10 marzo 2008, n. 6288, Cassazione Civile, sez. lavoro, sentenza 11 marzo 2008, n. 6436, Cassazione Civile, sez. III, sentenza 12 marzo 2008, n. 6684, Tribunale di Monza, sez. I, sentenza 23 aprile 2008, Tribunale di Modena, sez. II, sentenza 21 maggio 2008, Cassazione Civile, sez. III, sentenza 6 giugno 2008, n. 15029, Tribunale di Trieste, sez. civile, sentenza 1 luglio 2008, Tribunale di Chiavari, sentenza 9 agosto 2008, n. 373, Tribunale di Lecce, sez. Maglie, sentenza 3 settembre 2008, Cassazione Civile, sez. III, sentenza 18 settembre 2008, n. 23846, Tribunale di Cassino, sentenza 7 novembre 2008, n. 757, Corte d'Appello di Perugia, sentenza 24 novembre 2008, Tribunale di Torino, sez. IV civile, sentenza 27 novembre 2008, Tribunale di Lecce, sez. Maglie, sentenza 29 novembre 2008, n. 368, Cassazione Civile, sez. III, sentenza 12 dicembre 2008, n. 29185, Cassazione Civile, sez. III, sentenza 12 dicembre 2008, n. 29191, Cassazione Civile, sez. III, sentenza 12 dicembre 2008, n. 29211, Tribunale di Trieste, sez. civile, sentenza 15 dicembre 2008, n. 2806, Tribunale di Firenze, sez. II civile, sentenza 17 dicembre 2008, Giudice di Pace di Verona, sentenza 1 gennaio 2009, Corte d'Appello di Salerno, sez. penale, sentenza 8 gennaio 2009, Cassazione Civile, sez. III, sentenza 13 gennaio 2009, n. 458, Cassazione Civile, sez. III, sentenza 13 gennaio 2009, n. 469, Cassazione Civile, SS.UU., sentenza 14 gennaio 2009, n. 557, Cassazione Civile, sez. III, sentenza 20 gennaio 2009, n. 1343, Tribunale di Nola, sez. II civile, sentenza 22 gennaio 2009, Tribunale di Brindisi, sentenza 2 febbraio 2009, Tribunale di Cassino, sentenza 5 febbraio 2009, Consiglio di Stato, sez. IV, decisione 10 febbraio 2009, n. 8464, Cassazione Civile, sez. III, sentenza 11 febbraio 2009, n. 3357, Cassazione Civile, sez. III, sentenza 11 febbraio 2009, n. 3359, Tribunale di Lecce, sez. Maglie, sentenza 11 febbraio 2009, Cassazione Civile, SS.UU., sentenza 16 febbraio 2009, n. 3677, Tribunale di Milano, sez. V civile, sentenza 19 febbraio 2009, n. 2334, Cassazione Civile, sez. III, sentenza 19 febbraio 2009, n. 403, Tribunale di Montepulciano, sentenza 20 febbraio 2009, n. 74, Tribunale di Milano, sentenza 23 febbraio 2009, Cassazione Civile, sez. III, sentenza 25 febbraio 2009, n. 4493, Cassazione Civile, sez. III, sentenza 3 marzo 2009, n. 5057, Tribunale di Milano, sentenza 5 marzo 2009, n. 3047, Cassazione Civile, sez. III, sentenza 13 marzo 2009, n. 6168, Tribunale di Torino, sez. IV civile, sentenza 17 marzo 2009, Tribunale di Pinerolo, sentenza 17 marzo 2009, Tribunale di Pordenone, sentenza 18 marzo 2009, Cassazione Civile, sez. III, sentenza 9 aprile 2009, n. 8703, Cassazione Penale, sez. VI, sentenza 16 aprile 2009, n. 16031, Cassazione Civile, sez. III, sentenza 22 aprile 2009, n. 9549, Tribunale di Milano, sez. V civile, sentenza 6 maggio 2009, n. 6076, Cassazione Civile, sez. III, sentenza 7 maggio 2009, n. 10495, Cassazione civile, sez. III, sentenza 13 maggio 2009, n. 11059, Tribunale di Catanzaro, sez. I civile, sentenza 18 maggio 2009, Cassazione civile, sez. III, sentenza 20 maggio 2009, n. 11701, Cassazione Penale, sez. IV, sentenza 22 maggio 2009, n. 21505, Tribunale di Piacenza, sentenza 4 giugno 2009, Tribunale di Nola, sentenza 23 giugno 2009, Tribunale di Roma, sez. XI, sentenza 13 luglio 2009, Cassazione Civile, sez. III, sentenza 14 luglio 2009, n. 16374, Tribunale di Palermo, sez. III civile, sentenza 3 giugno 2009, Cassazione Civile, SS.UU., sentenza 19 agosto 2009, n. 18356, Cassazione Civile, sez. III, sentenza 2 settembre 2009, n. 19092, Tribunale di Messina, sentenza 11 settembre 2009, Cassazione Civile, sez. III, sentenza 29 settembre 2009, n. 20819, Cassazione Civile, sez. lavoro, sentenza 30 settembre 2009, n. 20980, Corte d'Appello di Torino, sez. III civile, sentenza 5 ottobre 2009, Cassazione Civile, sez. III, sentenza 13 ottobre 2009, n. 21680, Tribunale di Rovereto, sentenza 18 ottobre 2009, Tribunale di Roma, sez. Ostia, sentenza 22 ottobre 2009, Cassazione Civile, sez. III, sentenza 30 ottobre 2009, n. 23053, Cassazione Civile, sez. II, sentenza 10 novembre 2009, n. 23807, Corte d'Appello di Reggio Calabria, sez. civile, sentenza 11 novembre 2009, n. 750, Cassazione Civile, sez. III, sentenza 19 novembre 2009, n. 24435, Tribunale di Roma, sez. XII civile, sentenza 1 dicembre 2009, n. 10413, Tribunale di Alba, sentenza 15 dicembre 2009, Cassazione Civile, sez. III, sentenza 18 dicembre 2009, n. 26777, Cassazione Civile, sez. III, sentenza 4 gennaio 2010, n. 13, Cassazione Civile, sez. III, ordinanza 25 gennaio 2010, n. 1325, Cassazione Civile, sez. I, sentenza 29 gennaio 2010, n. 2122, Tribunale di Monza, sez. IV civile, sentenza 2 marzo 2010, n. 770, Cassazione Civile, sez. III, sentenza 8 aprile 2010, n. 8360 e Cassazione Civile, sez. lavoro, sentenza 20 aprile 2010, n. 9379 in Altalex Massimario

CODICE CIVILE

Libro V - Del lavoro

Sommario

TITOLO I - DELLA DISCIPLINA DELLE ATTIVITA' PROFESSIONALI
.... 133

TITOLO II – DEL LAVORO NELL' IMPRESA
.... 134

TITOLO III – DEL LAVORO AUTONOMO
.... 144

TITOLO IV – DEL LAVORO SUBORDINATO IN PARTICOLARI RAPPORTI 145

TITOLO V – DELLE SOCIETA' ....
145

TITOLO VI – DELLE SOCIETA' COOPERATIVE E DELLE MUTUE ASSICURATRICI187

TITOLO VII – DELL'ASSOCIAZIONE IN PARTECIPAZIONE
.... 192

TITOLO VIII – DELL'AZIENDA ....
192

TITOLO IX – DEI DIRITTI SULLE OPERE DELL'INGEGNO E SULLE INVENZIONI
INDUSTRIALI 193

TITOLO X – DELLA DISCIPLINA DELLA CONCORRENZA E DEI CONSORZI 194

TITOLO XI – DISPOSIZIONI PENALI IN MATERIA DI SOCIETA' E DI CONSORZI196

CODICE CIVILE

LIBRO QUINTO - DEL LAVORO

TITOLO I - DELLA DISCIPLINA DELLE ATTIVITA' PROFESSIONALI

CAPO I – DISPOSIZIONI GENERALI

Art. 2060. Del lavoro.

Il lavoro è tutelato in tutte le sue forme organizzative ed esecutive, intellettuali, tecniche e manuali.

Art. 2061. Ordinamento delle categorie professionali.

L'ordinamento delle categorie professionali è stabilito dalle leggi, dai regolamenti,

dai provvedimenti dell'autorità governativa e dagli statuti delle associazioni professionali.

Art. 2062. Esercizio professionale delle attività economiche.

L'esercizio professionale delle attività economiche è disciplinato dalle leggi, dai regolamenti (1).

(1) "e dalle norme corporative" L'ordinamento corporativo è stato soppresso con D.L.vo Lgt. 23 novembre 1944, n. 369.

CAPO II - DELLE ORDINANZE CORPORATIVE E DEGLI ACCORDI ECONOMICI COLLETTIVI (1)

(1) L'ordinamento corporativo è stato soppresso con D.L.vo Lgt. 23 novembre 1944, n. 369.

"Art. 2063. Oggetto"
"Art. 2064. Formazione e pubblicazione."
"Art. 2065. Efficacia."
"Art. 2066. Inderogabilità."

CAPO III – DEL CONTRATTO COLLETTIVO DI LAVORO E DELLE NORME EQUIPARATE

Art. 2067.

(…) (1)

1) " Soggetti
I contratti collettivi di lavoro sono stipulati dalle associazioni professionali." Il presente articolo è da ritenersi abrogato implicitamente per effetto della soppressione dell'ordinamento corporativo, disposta con R.D.L. 9 agosto 1943, n. 721 e della soppressione delle organizzazioni sindacali fasciste disposta con D.L.vo Lgt 23 novembre 1944, n. 369.

Art. 2068.

(…) (1)

(1) " Rapporti di lavoro sottratti a contratto collettivo
Non possono essere regolati da contratto collettivo i rapporti di lavoro, in quanto siano disciplinati con atti della pubblica autorità in conformità della legge. Sono altresì sottratti alla disciplina del contratto collettivo i rapporti di lavoro concernenti prestazioni di carattere personale o domestico ." Il presente articolo è da ritenersi abrogato implicitamente per effetto della soppressione dell'ordinamento corporativo, disposta con R.D.L. 9 agosto 1943, n. 72 721 e della soppressione delle organizzazioni sindacali fasciste disposta con D.L.vo Lgt 23 novembre 1944, n. 369.

Art. 2069.

(…) (1)

(1) "Efficacia
Il contratto collettivo deve contenere l'indicazione della categoria di imprenditori e di prestatori di lavoro, ovvero delle imprese o dell'impresa, a cui si riferisce, e del territorio dove ha efficacia. In mancanza di tali indicazioni il contratto collettivo e obbligatorio per tutti gli imprenditori e i prestatori di lavoro rappresentati dalle associazioni stipulanti." Il presente articolo è da ritenersi abrogato implicitamente per effetto della soppressione dell'ordinamento corporativo, disposta con R.D.L. 9 agosto 1943, n. 721 e della soppressione delle organizzazioni sindacali fasciste disposta con D.L.vo Lgt 23 novembre 1944, n. 369.

Art. 2070.

(…) (1)

(1) "Criteri di appartenenza
L'appartenenza alla categoria professionale, ai fini dell'applicazione del contratto collettivo, si determina secondo l'attività effettivamente esercitata dall'imprenditore (2082). Se l'imprenditore esercita distinte attività aventi carattere autonomo, si applicano ai rispettivi rapporti di lavoro le norme dei contratti collettivi corrispondenti alle singole attività. Quando il datore di lavoro esercita non professionalmente un'attività organizzata, si applica il contratto collettivo che regola i rapporti di lavoro relativi alle imprese che esercitano la stessa attività." Il presente articolo è da ritenersi abrogato implicitamente per effetto della soppressione dell'ordinamento corporativo, disposta con R.D.L. 9 agosto 1943, n. 721 e della soppressione delle organizzazioni sindacali fasciste disposta con D.L.vo Lgt 23 novembre 1944, n. 369.

Art. 2071.

(…) (1)

(1) "Contenuto
Il contratto collettivo deve contenere le disposizioni occorrenti, secondo la natura del rapporto, per dare esecuzione alle norme di questo codice concernenti la disciplina del lavoro, i diritti e gli obblighi degli imprenditori e dei prestatori di lavoro. Deve inoltre indicare le qualifiche e le rispettive mansioni dei prestatori di lavoro appartenenti alla categoria a cui si riferisce la disciplina collettiva. Deve infine contenere la determinazione della sua durata." Il presente articolo è da ritenersi abrogato implicitamente per effetto della soppressione dell'ordinamento corporativo, disposta con R.D.L. 9 agosto 1943, n. 721 e della soppressione delle organizzazioni sindacali fasciste disposta con D.L.vo Lgt 23 novembre 1944, n. 369.

Art. 2072.

(…) (1)

(1) "Deposito e pubblicazione
Il deposito e la pubblicazione del contratto collettivo sono regolati dalle leggi speciali. Prima della pubblicazione l'autorità governativa deve accertare che ricorrano le condizioni richieste per la validità del contratto collettivo.
La pubblicazione può essere rifiutata, se il contratto collettivo non contiene le disposizioni e le indicazioni richieste dall'art. 2071, salvo che le parti si siano obbligate a integrarlo con successivi patti da stipularsi entro un termine stabilito. Se i patti integrativi non sono stipulati nel termine, può essere adita la magistratura del lavoro per la formazione delle disposizioni integrative.
Contro il rifiuto di pubblicazione è ammesso ricorso alla magistratura del lavoro a norma delle leggi speciali." Il presente articolo è da ritenersi abrogato per effetto della soppressione dell'ordinamento corporativo, disposta con R.D.L. 9 agosto 1943, n. 721 e della soppressione delle organizzazioni sindacali fasciste disposta con D.L.vo Lgt 23 novembre 1944, n. 369.

Art. 2073.

(…) (1)

(1) "Denunzia
La denunzia del contratto collettivo deve farsi almeno tre mesi prima della scadenza. Se, avvenuta, la denunzia, le associazioni professionali non hanno, un mese prima della scadenza, provveduto alla stipulazione e al deposito del nuovo contratto collettivo, ed è rimasto infruttuoso l'esperimento di conciliazione previsto nell'art. 412 del codice civile, può essere adita la magistratura del lavoro per la formazione di nuove condizioni di lavoro." Il presente articolo è da ritenersi abrogato per effetto della soppressione dell'ordinamento corporativo, disposta con R.D.L. 9 agosto 1943, n. 721 e della soppressione delle organizzazioni sindacali fasciste disposta con D.L.vo Lgt 23 novembre 1944, n. 369.

Art. 2074.

(…) (1)

(1) "Efficacia dopo la scadenza

Il contratto collettivo, anche quando è stato denunziato, continua a produrre i suoi effetti dopo la scadenza, fino a che sia intervenutoi un nuovo regolamento collettivo."
Il presente articolo è da ritenersi abrogato per effetto della soppressione dell'ordinamento corporativo, disposta con R.D.L. 9 agosto 1943, n. 721 e della soppressione
delle organizzazioni sindacali fasciste disposta con D.L.vo Lgt 23 novembre 1944, n. 369.

Art. 2075.
(...) (1)

(1) "Efficacia nel caso di variazione nell'inquadramento
Il contratto collettivo conserva efficacia nei confronti della categoria alla quale si riferisce,
anche se la rappresentanza legale di questa, per effetto di variazioni nell'inquadramento, spetta ad altra associazione.
Questa ha però facoltà di denunziare il contratto collettivo indipendentemente dal termine fissato per la scadenza di esso." Il presente articolo è da ritenersi abrogato per effetto della soppressione dell'ordinamento corporativo, disposta con R.D.L. 9 agosto 1943, n. 721 e della soppressione delle organizzazioni sindacali fasciste disposta con D.L.vo Lgt 23 novembre 1944, n. 369.

Art. 2076.
(...) (1)

(1) "Contratto collettivo annullabile
Il contratto collettivo annullabile conserva efficacia fino a che intervenga una sentenza di annullamento passata in giudicato.
La domanda di annullamento è proposta davanti la magistratura del lavoro dalle associazioni interessate o dal pubblico ministero.
La domanda deve essere proposta, sotto pena di decadenza, entro sei mesi dalla pubblicazione del contratto collettivo." Il presente articolo è da ritenersi abrogato per effetto della soppressione dell'ordinamento corporativo, disposta con R.D.L. 9 agosto 1943, n. 721 e della soppressione delle organizzazioni sindacali fasciste disposta con D.L.vo Lgt 23 novembre 1944, n. 369.

Art. 2077.
(...) (1)

(1) "Efficacia del contratto collettivo sul contratto individuale
I contratti individuali di lavoro tra gli appartenenti alle categorie alle quali si riferisce il contratto collettivo devono uniformarsi alle disposizioni di questo. Le clausole difformi dei contratti individuali preesistenti o successivi al contratto collettivo, sono sostituite di diritto da quelle del contratto collettivo, salvo che contengano speciali condizioni più favorevoli ai prestatori di lavoro." Il presente articolo è da ritenersi abrogato implicitamente per effetto della soppressione dell'ordinamento corporativo, disposta con R.D.L. 9 agosto 1943, n. 721 e della soppressione delle organizzazioni sindacali fasciste disposta con D.L.vo Lgt 23 novembre 1944, n. 369.

Art. 2078.
(...) (1)

(1) "Efficacia degli usi
In mancanza di disposizioni di legge e di contratto collettivo si applicano gli usi. Tuttavia gli usi più favorevoli ai prestatori di lavoro prevalgono sulle norme dispositive di legge. Gli usi non prevalgono sui contratti individuali di lavoro." Il presente articolo è da ritenersi abrogato implicitamente per effetto della soppressione dell'ordinamento corporativo, disposta con R.D.L. 9 agosto 1943, n. 721 e della soppressione delle organizzazioni sindacali fasciste disposta con D.L.vo Lgt 23 novembre 1944, n. 369

Art. 2079.
(...) (1)

(1) "Rapporti di associazione agraria e di affitto a coltivatore diretto
La disciplina del contratto collettivo di lavoro si applica anche ai rapporti di associazione agraria regolati dal capo II del titolo II ed a quelli di affitto a coltivatore diretto del fondo.
Tuttavia in questi rapporti il contratto collettivo non deve contenere norme relative al salario, all'orario di lavoro, alle ferie, al periodo di prova, od altre che contrastino con la natura dei rapporti medesimi." Il presente articolo è da ritenersi abrogato implicitamente per effetto della soppressione dell'ordinamento corporativo, disposta con R.D.L. 9 agosto 1943, n. 721 e della soppressione delle organizzazioni sindacali fasciste disposta con D.L.vo Lgt 23 novembre 1944, n. 369

Art. 2080.
(...) (1)

(1) "Colonia parziaria e affitto con obbligo di miglioria
Nei contratti individuali di colonia parziaria e di affitto a coltivatore diretto, con obbligo di miglioria, conservano efficacia le clausole difformi dalle disposizioni del contratto collettivo stipulato durante lo svolgimento del rapporto." Il presente articolo è da ritenersi abrogato implicitamente per effetto della soppressione dell'ordinamento corporativo, disposta con R.D.L. 9 agosto 1943, n. 721 e della soppressione delle organizzazioni sindacali fasciste disposta con D.L.vo Lgt 23 novembre 1944, n. 369

Art. 2081
(...) (1)

(1) "Norme equiparate al contratto collettivo
Le disposizioni sul contratto collettivo di lavoro contenute in questo capo valgono, in quanto applicabili, per le altre norme corporative che disciplinano rapporti di lavoro."
Il presente articolo è da ritenersi abrogato implicitamente per effetto della soppressione dell'ordinamento corporativo, disposta con R.D.L. 9 agosto 1943, n. 721 e della soppressione delle organizzazioni sindacali fasciste disposta con D.Lvo.Lgt 23 novembre 1944, n. 369

TITOLO II – DEL LAVORO NELL' IMPRESA
CAPO I –DELL' IMPRESA IN GENERALE
SEZIONE I – Dell'imprenditore

Art. 2082. Imprenditore.
È imprenditore chi esercita professionalmente una attività economica organizzata
al fine della produzione o dello scambio di beni o di servizi.
Cfr. T.A.R., Veneto-Venezia, sez. I, sentenza 26 marzo 2009, n. 881 e Cassazione Civile, sez. lavoro, sentenza 7 aprile 2010, n. 8262 in Altalex Massimario.

Art. 2083. Piccoli imprenditori.
Sono piccoli imprenditori i coltivatori diretti del fondo, gli artigiani, i piccoli commercianti e coloro che esercitano un'attività professionale organizzata prevalentemente con il lavoro proprio o dei componenti della famiglia.

Art. 2084. Condizioni per l'esercizio dell'impresa.
La legge determina le categorie d'imprese il cui esercizio è subordinato a concessione o autorizzazione amministrativa.
Le altre condizioni per l'esercizio delle diverse categorie d'imprese sono stabilite dalla legge (1).

(1) "e dalle norme corporative". Le norme corporative sono state abrogate con

R.D.L. 9 agosto 1943, n. 721.

Art. 2085. Indirizzo della produzione.

Il controllo sull'indirizzo della produzione e degli scambi in relazione all'interesse

unitario dell'economia nazionale è esercitato dallo Stato, nei modi previsti dalla legge. (1)

La legge stabilisce altresì i casi e i modi nei quali si esercita la vigilanza dello Stato sulla gestione delle imprese.

(1) "e dalle norme corporative". Le norme corporative sono state abrogate con R.D.L. 9 agosto 1943, n. 721.

Art. 2086. Direzione e gerarchia nell'impresa.

L'imprenditore è il capo dell'impresa e da lui dipendono gerarchicamente i suoi collaboratori.

Cfr. Cassazione Civile, sez. lavoro, sentenza 10 luglio 2009, n. 16196 in Altalex Massimario.

Art. 2087. Tutela delle condizioni di lavoro.

L'imprenditore è tenuto ad adottare nell'esercizio dell'impresa le misure che, secondo la particolarità del lavoro, l'esperienza e la tecnica, sono necessarie

a tutelare l'integrità fisica e la personalità morale dei prestatori di lavoro (1).

(1) Si veda il D.L.vo 9 aprile 2008 n. 81, in materia di tutela della salute e della sicurezza nei luoghi di lavoro.

Cfr. Cassazione Civile, sez. lavoro, sentenza 20 agosto 2007, n. 16148 e Consiglio di Stato, sez. IV, sentenza 27 dicembre 2007, n. 6687, Cassazione Civile, sez. lavoro, sentenza 7 novembre 2007, n. 23162, Cassazione Civile, sez. lavoro, sentenza 18 gennaio 2008, n. 1068, Cassazione Civile, sez. lavoro, sentenza 29 gennaio 2008, n. 1971, Cassazione Civile, sez. lavoro, sentenza 29 gennaio 2008, n. 1988, Cassazione Penale, sez. IV, sentenza 1 febbraio 2008, n. 5117, Cassazione Civile, sez. lavoro, sentenza 19 febbraio 2008, n. 4067, Cassazione Civile, sez. III, sentenza 25 febbraio 2008, n. 4718, Cassazione Civile, sez. III, sentenza 25 febbraio 2008, n. 4781, Cassazione Civile, sez. lavoro, sentenza 14 aprile 2008, n. 9817, Cassazione Civile, sez. III, sentenza 15 aprile 2008, n. 9898, Consiglio di Stato, sez. VI, decisione 15 aprile 2008, n. 1739, Cassazione Penale, sez. VI, sentenza 22 aprile 2008, n. 16466, Cassazione Civile, sez. lavoro, sentenza 20 maggio 2008, n. 12735, Cassazione Civile, sez. lavoro, sentenza 3 luglio 2008, n. 18376, Corte d'Appello di Potenza, sez. lavoro, sentenza 18 luglio 2008, Cassazione Civile, sez. lavoro, sentenza 22 luglio 2008, n. 20188, Cassazione

Civile, sez. lavoro, sentenza 11 settembre 2008, n. 22858, Cassazione Penale, sez. IV, sentenza 14 ottobre 2008, n. 38819, Cassazione Civile, sez. lavoro, sentenza 7 gennaio 2009, n. 45, Cassazione Civile, sez. lavoro, sentenza 26 gennaio 2009, n. 1838, Cassazione Civile, sez. lavoro, sentenza 17 febbraio 2009, n. 3785,e Cassazione Civile, sez. lavoro, sentenza 17 marzo 2009, n. 6454, Tribunale di Lanusei, sentenza 31 marzo 2009, Cassazione Civile, sez. lavoro, sentenza 30 giugno 2009, n. 15327 e Cassazione Civile, SS.UU., sentenza 22 febbraio 2010, n. 4063 in Altalex Massimario.

Art. 2088.

(…) (1)

(1) "Responsabilità dell'imprenditore

L'imprenditore deve uniformarsi nell'esercizio dell'impresa ai princìpi dell'ordinamento corporativo e agli obblighi che ne derivano e risponde verso lo Stato dell'indirizzo della produzione e degli scambi, in conformità della legge e delle norme corporative."

Le norme corporative sono state abrogate con R.D.L. 9 agosto 1943, n. 721.

Art. 2089.

(…) (1)

(1) "Inosservanza degli obblighi dell'imprenditore.

Se l'imprenditore non osserva gli obblighi imposti dall'ordinamento corporativo nell'interesse della produzione, in modo da determinare grave danno all'economia nazionale, gli organi corporativi, dopo aver compiuto le opportune indagini e richiesto all'imprenditore i chiarimenti necessari, possono disporre la trasmissione degli atti al pubblico ministero presso la corte d'appello di cui fa parte la magistratura del lavoro competente per territorio, perché promuova eventualmente i provvedimenti indicati nell'articolo 209."

Articolo abrogato da R.D.L. 9 agosto 1943, n. 721 e dal D.L.vo Lgt. 23 novembre 1944, n. 369

Art. 2090.

(…) (1)

(1) "Procedimento.

Il presidente della magistratura del lavoro, ricevuta la istanza del pubblico ministero, fissa il giorno per la comparizione dell'imprenditore e assegna un termine entro il quale egli deve presentare le sue deduzioni.

La magistratura del lavoro decide in camera di consiglio, sentiti il pubblico ministero e l'imprenditore. Può anche, prima di decidere, sentire l'associazione professionale alla quale appartiene l'imprenditore, assumere le informazioni e compiere le indagini che ritiene necessarie.

Contro la sentenza della magistratura del lavoro l'imprenditore e il pubblico ministero possono proporre ricorso per cassazione a norma dell'articolo 426 del codice di procedura civile." *Articolo abrogato da R.D.L. 9 agosto 1943, n. 721 e dal D.L.vo Lgt. 23 novembre 1944, n. 369.*

Art. 2091.

(…) (1)

(1) "Sanzioni.

La magistratura del lavoro, se accerta che l'inosservanza perdura, fissa un termine entro il quale l'imprenditore deve uniformarsi agli obblighi suddetti.

Qualora l'imprenditore non vi ottemperi nel termine fissato, la magistratura del lavoro può ordinare la sospensione dell'esercizio dell'impresa o, se la sospensione è tale da recare pregiudizio all'economia nazionale, può nominare un amministratore che assuma la gestione dell'impresa, scegliendolo fra le persone designate dall'imprenditore,

se riconosciute idonee, e determinandone i poteri e la durata.

Se si tratta di società, la magistratura del lavoro, anziché nominare un amministratore, può assegnare un termine entro il quale la società deve provvedere a sostituire gli amministratori in carica con altre persone riconosciute idonee."

Le norme corporative sono state abrogate con R.D.L. 9 agosto 1943, n. 721 721 e dal D.L.vo Lgt. 23 novembre 1944, n. 369.

Art. 2092.

(…) (1)

(1) "Sanzioni previste da leggi speciali.

Le disposizioni dei tre articoli precedenti non si applicano nei casi in cui per le trasgressioni

commesse dall'imprenditore le leggi speciali prevedono particolari sanzioni a di lui carico."

Le norme corporative sono state abrogate con R.D.L. 9 agosto 1943, n. 721 e dal D.L.vo Lgt. 23 novembre 1944, n. 369.

Art. 2093. Imprese esercitate da enti pubblici.

(...) (1)

Sono salve le diverse disposizioni della legge.

(1) "Le disposizioni di questo libro si applicano agli enti pubblici inquadrati nelle associazioni
professionali.
Agli enti pubblici non inquadrati si applicano le disposizioni di questo libro, limitatamente alle imprese da essi esercitate."
I primi due commi del presente articolo devono ritenersi abrogati per effetto dell'abrogazione
dell'ordinamento corporativo con R.D.L. 9 agosto 1943, n. 721.

SEZIONE II – Dei collaboratori dell'imprenditore

Art. 2094. Prestatore di lavoro subordinato.

È prestatore di lavoro subordinato chi si obbliga mediante retribuzione a collaborare nell'impresa, prestando il proprio lavoro intellettuale o manuale alle dipendenze e sotto la direzione dell'imprenditore.

Cfr. Cassazione Civile, sez. lavoro, sentenza 28 luglio 2008, n. 20532 e Cassazione Civile, sez. lavoro, sentenza 27 luglio 2009, n. 17455 in Altalex Massimario.

Art. 2095. Categorie dei prestatori di lavoro.

I prestatori di lavoro subordinato si distinguono in dirigenti, quadri, impiegati e operai.

Le leggi speciali (1), in relazione a ciascun ramo di produzione e alla particolare struttura dell'impresa, determinano i requisiti di appartenenza alle indicate categorie.

(1) "e le norme corporative" Le norme corporative sono state abrogate con R.D.L. 9 agosto 1943, n. 721.
Cfr. Cassazione Civile, sez. lavoro, sentenza 13 luglio 2009, n. 16336 e Cassazione Civile, sez. lavoro, sentenza 27 luglio 2009, n. 17455 in Altalex Massimario.

SEZIONE III – Del rapporto di lavoro

§ 1 - Della costituzione del rapporto di lavoro

Art. 2096. Assunzione in prova.

Salvo diversa disposizione, (1) l'assunzione del prestatore di lavoro per un periodo di prova deve risultare da atto scritto.

L'imprenditore e il prestatore di lavoro sono rispettivamente tenuti a consentire e a fare l'esperimento che forma oggetto del patto di prova.

Durante il periodo di prova ciascuna delle parti può recedere dal contratto, senza l'obbligo di preavviso o d'indennità. Se però la prova è stabilita per un tempo minimo necessario, la facoltà di recesso non può esercitarsi prima della scadenza del termine.

Compiuto il periodo di prova, l'assunzione diviene definitiva e il servizio prestato
si computa nell'anzianità del prestatore di lavoro.

(1) "delle norme corporative" Le norme corporative sono state abrogate con R.D.L. 9 agosto 1943, n. 721.

Art. 2097.

(...) (1)

(1) "Durata del contratto di lavoro.
Il contratto di lavoro si reputa a tempo indeterminato, se il termine non risulta dalla specialità del rapporto o da atto scritto.
In quest'ultimo caso l'apposizione del termine è priva di effetto, se è fatta per eludere le disposizioni che riguardano il contratto a tempo indeterminato.
Se la prestazione di lavoro continua dopo la scadenza del termine e non risulta una contraria volontà delle parti, il contratto si considera a tempo indeterminato.
Salvo diversa disposizione delle norme corporative se il contratto di lavoro è stato stipulato per una durata superiore a cinque anni, o a dieci se si tratta di dirigenti, il prestatore di lavoro può recedere da esso trascorso il quinquennio o il decennio, osservata la disposizione dell'articolo 2118."
Articolo abrogato dall'art. 9 della Legge 18 aprile 1962, n. 230.

Art. 2098. Violazione delle norme sul collocamento dei prestatori di lavoro.

Il contratto di lavoro stipulato senza l'osservanza delle disposizioni concernenti la disciplina della domanda e dell'offerta di lavoro può essere annullato, salva l'applicazione delle sanzioni penali.

La domanda di annullamento è proposta dal pubblico ministero, su denunzia dell'ufficio di collocamento, entro un anno dalla data dell'assunzione del prestatore di lavoro.

§ 2 - Dei diritti e degli obblighi delle parti

Art. 2099. Retribuzione.

La retribuzione del prestatore di lavoro può essere stabilita a tempo o a cottimo e deve essere corrisposta nella misura determinata, (1) con le modalità e nei termini in uso nel luogo in cui il lavoro viene eseguito.

In mancanza di (1) accordo tra le parti, la retribuzione è determinata dal giudice. (1)

Il prestatore di lavoro può anche essere retribuito in tutto o in parte con partecipazione agli utili o ai prodotti, con provvigione o con prestazioni in natura.

(1) "nella misura determinata dalle norme corporative", "di norme corporative o" e "tenuto conto, ove occorra, del parere delle associazioni professionali" sono da ritenersi abrogate dal R.D.L. 9 agosto 1943, n. 721 e dal D.L.vo Lgt 23 novembre 1944, n. 369.
Cfr. Cassazione Civile, sez. lavoro, sentenza 18 gennaio 2008, n. 1074 e Cassazione Civile, sez. lavoro, sentenza 19 marzo 2008, n. 7393 in Altalex Massimario.

Art. 2100. Obbligatorietà del cottimo.

Il prestatore di lavoro deve essere retribuito secondo il sistema del cottimo quando, in conseguenza dell'organizzazione del lavoro, è vincolato all'osservanza
di un determinato ritmo produttivo, o quando la valutazione della sua prestazione è fatta in base al risultato delle misurazioni dei tempi di lavorazione.

(...) (1).

(1) "Le norme corporative determinano i rami di produzione e i casi in cui si verificano le condizioni previste nel comma precedente e stabiliscono i criteri per la formazione delle tariffe".
Comma abrogato per effetto della soppressione dell'ordinamento corporativo.

Art. 2101. Tariffe di cottimo.

Le norme (1) possono stabilire che le tariffe di cottimo non divengano definitive se non dopo un periodo di esperimento.

Le tariffe possono essere sostituite o modificate soltanto se intervengono mutamenti nelle condizioni di esecuzione del lavoro, e in ragione degli stessi.

(2)

L'imprenditore deve comunicare preventivamente ai prestatori di lavoro i dati riguardanti gli elementi costitutivi della tariffa di cottimo, le lavorazioni da eseguirsi e il relativo compenso unitario. Deve altresì comunicare i dati relativi alla quantità di lavoro eseguita e al tempo impiegato.

(1) L'espressione: "corporative" è da ritenersi abrogata dal R.D.L. 9 agosto 1943, n. 721.

(2) "In questo caso la sostituzione o la variazione della tariffa non diviene definitiva se non dopo il periodo di esperimento stabilito dalle norme corporative." Tale periodo è sa ritenersi abrogato per effetto dell'abrogazione dell'ordinamento corporativo con R.D.L. 9 agosto 1943, n. 721.

Art. 2102. Partecipazione agli utili.

Se (1) la convenzione non dispongono diversamente, la partecipazione agli utili spettante al prestatore di lavoro è determinata in base agli utili netti dell'impresa, e, per le imprese soggette alla pubblicazione del bilancio, in base agli utili netti risultanti dal bilancio regolarmente approvato e pubblicato.

(1) "le norme corporative o" Le norme corporative sono state abrogate con R.D.L. 9 agosto 1943, n. 721.

Art. 2103. Mansioni del lavoratore.

Il prestatore di lavoro deve essere adibito alle mansioni per le quali è stato assunto o a quelle corrispondenti alla categoria superiore che abbia successivamente

acquisito ovvero a mansioni equivalenti alle ultime effettivamente svolte, senza alcuna diminuzione della retribuzione. Nel caso di assegnazione a mansioni superiori il prestatore ha diritto al trattamento corrispondente all'attività svolta, e l'assegnazione stessa diviene definitiva, ove la medesima non abbia avuto luogo per sostituzione di lavoratore assente con diritto alla conservazione del posto, dopo un periodo fissato dai contratti collettivi, e comunque non superiore a tre mesi. Egli non può essere trasferito da una unità produttiva ad una altra se non per comprovate ragioni tecniche, organizzative e produttive.

Ogni patto contrario è nullo.

Cfr. Cassazione Civile, sez. lavoro, sentenza 23 agosto 2007, n. 17940, Cassazione Civile, sez. lavoro, sentenza 4 settembre 2007, n. 18580, Cassazione Civile, sez. lavoro, sentenza 5 dicembre 2007, n. 25313, Cassazione Civile, sez. lavoro, sentenza 21 dicembre 2007, n. 27113, Cassazione Civile, sez. lavoro, sentenza 23 gennaio 2008, n. 1430, Cassazione Civile, sez. lavoro, sentenza 4 febbraio 2008, n. 2621, Cassazione Civile, sez. lavoro, sentenza 12 febbraio 2008, n. 3304, Cassazione Civile, sez. lavoro, sentenza 5 febbraio 2008, n. 2729, Cassazione Civile, sez. lavoro, sentenza 18 febbraio 2008, n. 4000, Cassazione Civile, sez. lavoro, sentenza 19 febbraio 2008, n. 4060, Cassazione Civile, sez. lavoro, sentenza 22 febbraio 2008, n. 4673, Cassazione Civile, sez. lavoro, sentenza 26 marzo 2008, n. 7871, Cassazione Civile, SS.UU., sentenza 4 aprile 2008, n. 8740, Cassazione Civile, sez. lavoro, sentenza 14 aprile 2008, n. 9814, Cassazione Civile, sez. lavoro, sentenza 7 maggio 2008, n. 11142, Cassazione Civile, sez. lavoro, sentenza 8 maggio 2008, n. 11362, Cassazione Civile, sez. lavoro, sentenza 9 maggio 2008, n. 11601, Cassazione Civile, sez. lavoro, sentenza 10 giugno 2008, n. 15327, Cassazione Civile, sez. lavoro, sentenza 2 settembre 2008, n. 22055, Cassazione Civile, sez. lavoro, sentenza 6 ottobre 2008, n. 24658, Cassazione Civile, sez. lavoro, sentenza 22 ottobre 2008, n. 25574 e Cassazione Civile, sez. tributaria, sentenza 9 dicembre 2008, n. 28887, Cassazione Civile, sez. lavoro, sentenza 1° luglio 2009, n. 15405, Cassazione Civile, sez. lavoro, sentenza 30 settembre 2009, n. 20980 e Cassazione Civile, sez. lavoro, sentenza 14 aprile 2010, n. 8893 in Altalex Massimario.

Art. 2104. Diligenza del prestatore di lavoro.

Il prestatore di lavoro deve usare la diligenza richiesta dalla natura della prestazione dovuta, dall'interesse dell'impresa e da quello superiore della produzione nazionale.

Deve inoltre osservare le disposizioni per l'esecuzione e per la disciplina del lavoro impartite dall'imprenditore e dai collaboratori di questo dai quali gerarchicamente dipende.

Cfr. Cassazione Civile, sez. lavoro, sentenza 26 maggio 2008, n. 13530, Cassazione Civile, sez. lavoro, sentenza 12 gennaio 2009, n. 394, Cassazione Civile, sez. lavoro, sentenza 16 febbraio 2009, n. 3710, Cassazione Civile, sez. lavoro, sentenza 10 luglio 2009, n. 16196 e Cassazione Civile, sez. lavoro, sentenza 14 ottobre 2009, n. 21795 in Altalex Massimario.

Art. 2105. Obbligo di fedeltà.

Il prestatore di lavoro non deve trattare affari, per conto proprio o di terzi, in concorrenza con l'imprenditore, né divulgare notizie attinenti all'organizzazione

e ai metodi di produzione dell'impresa, o farne uso in modo da poter recare ad essa pregiudizio.

Cfr. Cassazione Civile, sez. lavoro, sentenza 10 agosto 2009, n. 18169 in Altalex Massimario.

Art. 2106. Sanzioni disciplinari.

L'inosservanza delle disposizioni contenute nei due articoli precedenti può dar luogo alla applicazione di sanzioni disciplinari, secondo la gravità dell'infrazione.

(1)

(1) "e in conformità delle norme corporative". Le norme corporative sono state abrogate con R.D.L. 9 agosto 1943, n. 721.

Cfr. Cassazione Civile, sez. lavoro, sentenza 8 giugno 2009, n. 13167 e Cassazione Civile, sez. lavoro, sentenza 14 ottobre 2009, n. 21795 in Altalex Massimario.

Art. 2107. Orario di lavoro.

La durata giornaliera e settimanale della prestazione di lavoro non può superare i limiti stabiliti dalle leggi speciali. (1)

(1) "o dalle norme corporative." Le norme corporative sono state abrogate con R.D.L. 9 agosto 1943, n. 721.

Art. 2108. Lavoro straordinario e notturno.

In caso di prolungamento dell'orario normale, il prestatore di lavoro deve essere compensato per le ore straordinarie con un aumento di retribuzione rispetto a quella dovuta per il lavoro ordinario.

Il lavoro notturno non compreso in regolari turni periodici deve essere parimenti

retribuito con una maggiorazione rispetto al lavoro diurno.

I limiti entro i quali sono consentiti il lavoro straordinario e quello notturno, la durata di essi e la misura della maggiorazione sono stabiliti dalla legge. (1)

(1) "o dalle norme corporative." Le norme corporative sono state abrogate con R.D.L. 9 agosto 1943, n. 721.

Art. 2109. Periodo di riposo.

Il prestatore di lavoro ha diritto ad un giorno di riposo ogni settimana di regola in coincidenza con la domenica.

Ha anche diritto ad un periodo annuale di ferie retribuito, possibilmente continuativo, nel tempo che l'imprenditore stabilisce, tenuto conto delle esigenze dell'impresa e degli interessi del prestatore di lavoro. La durata di tale periodo è stabilita dalla legge (1), dagli usi o secondo equità.

L'imprenditore deve preventivamente comunicare al prestatore di lavoro il periodo stabilito per il godimento delle ferie.

Non può essere computato nelle ferie il periodo di preavviso indicato nell'articolo 2118.

(1) "o dalle norme corporative." Le norme corporative sono state abrogate con R.D.L. 9 agosto 1943, n. 721.

Cfr. Cassazione Civile, sez. lavoro, sentenza 21 marzo 2008, n. 7654 in Altalex Massimario.

Art. 2110. Infortunio, malattia, gravidanza, puerperio.

In caso di infortunio, di malattia, di gravidanza o di puerperio, se la legge (1) non stabiliscono forme equivalenti di previdenza o di assistenza, è dovuta al prestatore di lavoro la retribuzione o un'indennità nella misura e per il tempo determinati dalle leggi speciali (1), dagli usi o secondo equità.

Nei casi indicati nel comma precedente, l'imprenditore ha diritto di recedere dal contratto a norma dell'articolo 2118, decorso il periodo stabilito dalla legge (1), dagli usi o secondo equità.

Il periodo di assenza dal lavoro per una delle cause anzidette deve essere computato nell'anzianità di servizio.

(1) "o le norme corporative" "dalle norme corporative". Le norme corporative sono state abrogate con R.D.L. 9 agosto 1943, n. 721.

Cfr. Cassazione Civile, sez. lavoro, sentenza 10 gennaio 2008, n. 278 in Altalex Massimario.

Art. 2111. Servizio militare.

(…) (1)

In caso di richiamo alle armi, si applicano le disposizioni del primo e del terzo comma dell'articolo precedente.

(1) "La chiamata alle armi per adempiere agli obblighi di leva risolve il contratto di lavoro salvo diverse disposizioni delle norme corporative." Comma implicitamente abrogato dal D.L.vo C.P.S. 13 settembre 1946, n. 303

Art. 2112. Mantenimento dei diritti dei lavoratori in caso di trasferimento d'azienda.

In caso di trasferimento d'azienda, il rapporto di lavoro continua con il cessionario
ed il lavoratore conserva tutti i diritti che ne derivano.

Il cedente ed il cessionario sono obbligati, in solido, per tutti i crediti che il lavoratore aveva al tempo del trasferimento. Con le procedure di cui agli articoli 410 e 411 del codice di procedura civile il lavoratore può consentire la liberazione del cedente dalle obbligazioni derivanti dal rapporto di lavoro.

Il cessionario è tenuto ad applicare i trattamenti economici e normativi previsti dai contratti collettivi nazionali, territoriali ed aziendali vigenti alla data del trasferimento, fino alla loro scadenza, salvo che siano sostituiti da altri contratti collettivi applicabili all'impresa del cessionario. L'effetto di sostituzione
si produce esclusivamente fra contratti collettivi del medesimo livello.

Ferma restando la facoltà di esercitare il recesso ai sensi della normativa in materia di licenziamenti, il trasferimento d'azienda non costituisce di per sé motivo di licenziamento. Il lavoratore, le cui condizioni di lavoro subiscono una sostanziale modifica nei tre mesi successivi al trasferimento d'azienda, può rassegnare le proprie dimissioni con gli effetti di cui all'articolo 2119, primo comma.

Ai fini e per gli effetti di cui al presente articolo si intende per trasferimento d'azienda qualsiasi operazione che, in seguito a cessione contrattuale o fusione, comporti il mutamento nella titolarità di un'attività economica organizzata, con o senza scopo di lucro, preesistente al trasferimento e che conserva nel trasferimento la propria identità a prescindere dalla tipologia negoziale o dal provvedimento sulla base del quale il trasferimento è attuato ivi compresi l'usufrutto o l'affitto di azienda. Le disposizioni del presente articolo si applicano altresì al trasferimento di parte dell'azienda, intesa come articolazione funzionalmente autonoma di un'attività economica organizzata,
identificata come tale dal cedente e dal cessionario al momento del suo trasferimento.

Nel caso in cui l'alienante stipuli con l'acquirente un contratto di appalto la cui esecuzione avviene utilizzando il ramo d'azienda oggetto di cessione, tra appaltante e appaltatore opera un regime di solidarietà di cui all'articolo 29, comma 2, del decreto legislativo 10 settembre 2003, n. 276.

Cfr. Cassazione Civile, sez. lavoro, sentenza 22 ottobre 2007, n. 22067, Tribunale di Trani, sentenza 20 marzo 2008, Tribunale di Cassino, sentenza 27 giugno 2008 e Cassazione Civile, sez. lavoro, sentenza 10 luglio 2009, n. 16198 in Altalex Massimario.

Art. 2113. Rinunzie e transazioni

Le rinunzie e le transazioni, che hanno per oggetto diritti del prestatore di lavoro derivanti da disposizioni inderogabili della legge e dei contratti o accordi
collettivi concernenti i rapporti di cui all'articolo 409 del codice di procedura civile, non sono valide.

L'impugnazione deve essere proposta, a pena di decadenza, entro sei mesi dalla data di cessazione del rapporto o dalla data della rinunzia o della transazione,
se queste sono intervenute dopo la cessazione medesima.

Le rinunzie e le transazioni di cui ai commi precedenti possono essere impugnate
con qualsiasi atto scritto, anche stragiudiziale, del lavoratore idoneo a renderne nota la volontà.

Le disposizioni del presente articolo non si applicano alla conciliazione intervenuta
ai sensi degli articoli 185, 410 e 411 del codice di procedura civile.

Cfr. Cassazione Civile, sez. lavoro, sentenza 27 luglio 2007, n. 16682, Cassazione Civile, sez. lavoro, sentenza 12 maggio 2008, n. 11659 e Cassazione Civile, sez. lavoro, sentenza 19 ottobre 2009, n. 22105 in Altalex Massimario.

§ 3 - Della previdenza e dell'assistenza

Art. 2114. Previdenza ed assistenza obbligatorie.

Le leggi speciali (1) determinano i casi e le forme di previdenza e di assistenza obbligatorie e le contribuzioni e prestazioni relative.

(1) "e le norme corporative". Le norme corporative sono state abrogate con R.D.L. 9 agosto 1943, n. 721.

Cfr. Cassazione Civile, sez. lavoro, sentenza 18 aprile 2008, n. 10218 in Altalex Massimario.

Art. 2115. Contribuzioni.

Salvo diverse disposizioni della legge (1) l'imprenditore e il prestatore di lavoro contribuiscono in parti eguali alle istituzioni di previdenza e di assistenza.

L'imprenditore è responsabile del versamento del contributo, anche per la parte che è carico del prestatore di lavoro, salvo il diritto di rivalsa secondo le leggi speciali.

È nullo qualsiasi patto diretto ad eludere gli obblighi relativi alla previdenza o all'assistenza.

(1) "o delle norme corporative". Le norme corporative sono state abrogate con R.D.L. 9 agosto 1943, n. 721.

Art. 2116. Prestazioni.

Le prestazioni indicate nell'articolo 2114 sono dovute al prestatore di lavoro, anche quando l'imprenditore non ha versato regolarmente i contributi dovuti alle istituzioni di previdenza e di assistenza, salvo diverse disposizioni delle leggi speciali. (1)

Nei casi in cui, secondo tali disposizioni, le istituzioni di previdenza e di assistenza,

per mancata o irregolare contribuzione, non sono tenute a corrispondere in tutto o in parte le prestazioni dovute, l'imprenditore è responsabile del danno che ne deriva al prestatore di lavoro.

(1) "o delle norme corporative". Le norme corporative sono state abrogate con R.D.L. 9 agosto 1943, n. 721.

Cfr. Cassazione Civile, sez. lavoro, sentenza 15 giugno 2007, n. 13997 in Altalex Massimario.

Art. 2117. Fondi speciali per la previdenza e l'assistenza.

I fondi speciali per la previdenza e l'assistenza che l'imprenditore abbia costituiti,

anche senza contribuzione dei prestatori di lavoro, non possono essere distratti dal fine al quale sono destinati e non possono formare oggetto di esecuzione da parte dei creditori dell'imprenditore o del prestatore di lavoro.

§ 4 - Dell'estinzione del rapporto di lavoro

Art. 2118. Recesso dal contratto a tempo indeterminato.

Ciascuno dei contraenti può recedere dal contratto di lavoro a tempo indeterminato,

dando il preavviso nel termine e nei modi stabiliti (1), dagli usi o secondo equità.

In mancanza di preavviso, il recedente è tenuto verso l'altra parte a un'indennità equivalente all'importo della retribuzione che sarebbe spettata per il periodo di preavviso.

La stessa indennità è dovuta dal datore di lavoro nel caso di cessazione del rapporto per morte del prestatore di lavoro.

(1) "dalle norme corporative". Le norme corporative sono state abrogate con R.D.L. 9 agosto 1943, n. 721.

Cfr. Cassazione Civile, sez. lavoro, sentenza 1 febbraio 2007, n. 2233 e Cassazione Civile, sez. lavoro, sentenza 14 ottobre 2009, n. 21795 in Altalex Massimario.

Art. 2119. Recesso per giusta causa.

Ciascuno dei contraenti può recedere dal contratto prima della scadenza del termine, se il contratto è a tempo determinato, o senza preavviso, se il contratto è a tempo indeterminato, qualora si verifichi una causa che non consenta la prosecuzione anche provvisoria, del rapporto. Se il contratto è a tempo indeterminato, al prestatore di lavoro che recede, per giusta causa compete l'indennità indicata nel secondo comma dell'articolo precedente.

Non costituisce giusta causa di risoluzione del contratto il fallimento dell'imprenditore o la liquidazione coatta amministrativa dell'azienda.

Cfr. Cassazione Civile, sez. lavoro, sentenza 9 luglio 2007, n. 15334, Cassazione Civile, sez. lavoro, sentenza 12 ottobre 2007, n. 21445, Cassazione Civile, sez. lavoro, sentenza 5 ottobre 2009, n. 21221 e Cassazione Civile, sez. lavoro, sentenza 14 ottobre 2009, n. 21795 in Altalex Massimario.

Art. 2120. Disciplina del trattamento di fine rapporto.

In ogni caso di cessazione del rapporto di lavoro subordinato, il prestatore di lavoro ha diritto ad un trattamento di fine rapporto. Tale trattamento si calcola sommando per ciascun anno di servizio una quota pari e comunque non superiore all'importo della retribuzione dovuta per l'anno stesso divisa per 13,5. La quota è proporzionalmente ridotta per le frazioni di anno, computandosi

come mese intero le frazioni di mese uguali o superiori a 15 giorni.

Salvo diversa previsione dei contratti collettivi la retribuzione annua, ai fini del comma precedente, comprende tutte le somme, compreso l'equivalente delle prestazioni in natura, corrisposte in dipendenza del rapporto di lavoro, a titolo non occasionale e con esclusione di quanto è corrisposto a titolo di rimborso spese.

In caso di sospensione della prestazione di lavoro nel corso dell'anno per una delle cause di cui all'articolo 2110, nonché in caso di sospensione totale o parziale per la quale sia prevista l'integrazione salariale, deve essere computato

nella retribuzione di cui al primo comma l'equivalente della retribuzione a cui il lavoratore avrebbe avuto diritto in caso di normale svolgimento del rapporto di lavoro.

Il trattamento di cui al precedente primo comma, con esclusione della quota maturata nell'anno, è incrementato, su base composta, al 31 dicembre di ogni anno, con l'applicazione di un tasso costituito dall'1,5 per cento in misura fissa e dal 75 per cento dell'aumento dell'indice dei prezzi al consumo per le famiglie di operai ed impiegati, accertato dall'ISTAT, rispetto al mese di dicembre dell'anno precedente.

Ai fini della applicazione del tasso di rivalutazione di cui al comma precedente per frazioni di anno, l'incremento dell'indice ISTAT è quello risultante nel mese di cessazione del rapporto di lavoro rispetto a quello di dicembre dell'anno precedente. Le frazioni di mese uguali o superiori a quindici giorni si computano come mese intero.

Il prestatore di lavoro, con almeno otto anni di servizio presso le stesso datore di lavoro, può chiedere, in costanza di rapporto di lavoro, una anticipazione non superiore al 70 per cento sul trattamento cui avrebbe diritto nel

caso di cessazione del rapporto alla data della richiesta.
Le richieste sono soddisfatte annualmente entro i limiti del 10 per cento
degli aventi titolo, di cui al precedente comma, e comunque del 4 per cento
del numero totale dei dipendenti.
La richiesta deve essere giustificata dalla necessità di:
a) eventuali spese sanitarie per terapie e interventi straordinari riconosciuti
dalle competenti strutture pubbliche;
b) acquisto della prima casa di abitazione per sé o per i figli, documentato
con atto notarile.(1)
L'anticipazione può essere ottenuta una sola volta nel corso del rapporto di
lavoro e viene detratta, a tutti gli effetti, dal trattamento di fine rapporto.
Nell'ipotesi di cui all'articolo 2122 la stessa anticipazione è detratta
dall'indennità
prevista dalla norma medesima.
Condizioni di miglior favore possono essere previste dai contratti collettivi o
da atti individuali. I contratti collettivi possono altresì stabilire criteri di priorità
per l'accoglimento delle richieste di anticipazione.

*(1) Dichiarata illegittimità di questa lettera, dalla Corte Costituzionale con sentenza
n. 142 del 5 aprile 1991, nella parte in cui non prevede la possibilità di concessione
dell'anticipazione in ipotesi di acquisto "in itinere" comprovato con mezzi idonei a
dimostrare l'effettività.*

Art. 2121. Computo dell'indennità di mancato preavviso.

L'indennità di cui all'articolo 2118 deve calcolarsi computando le provvigioni,
i premi di produzione, le partecipazioni agli utili o ai prodotti ed ogni altro
compenso di carattere continuativo, con esclusione di quanto è corrisposto
a titolo di rimborso spese.
Se il prestatore di lavoro è retribuito in tutto o in parte con provvigioni, con
premi di produzione o con partecipazioni, l'indennità suddetta è determinata
sulla media degli emolumenti degli ultimi tre anni di servizio o del minor
tempo di servizio prestato.
Fa parte della retribuzione anche l'equivalente del vitto e dell'alloggio dovuto
al prestatore di lavoro.

Art. 2122. Indennità in caso di morte.

In caso di morte del prestatore di lavoro, le indennità indicate dagli articoli
2118 e 2120 devono corrispondersi al coniuge, ai figli e se vivevano a carico
del prestatore di lavoro ai parenti entro il terzo grado e agli affini entro il
secondo grado.
La ripartizione delle indennità, se non vi è accordo tra gli aventi diritto, deve
farsi secondo il bisogno di ciascuno.
In mancanza delle persone indicate nel primo comma, le indennità sono
attribuite secondo le norme della successione legittima.
È nullo ogni patto anteriore alla morte del prestatore di lavoro circa
l'attribuzione
e la ripartizione delle indennità.

Art. 2123. Forme di previdenza.

Salvo patto contrario, l'imprenditore che ha compiuto volontariamente atti
di previdenza può dedurre dalle somme da lui dovute a norma degli articoli
2110, 2111 e 2120 quanto il prestatore di lavoro ha diritto di percepire per
effetto degli atti medesimi.
Se esistono fondi di previdenza formati con il contributo dei prestatori di
lavoro, questi hanno diritto alla liquidazione della propria quota, qualunque
sia la causa della cessazione del contratto.

Art. 2124. Certificato di lavoro.

Se non è obbligatorio il libretto di lavoro, all'atto della cessazione del contratto,
qualunque ne sia la causa, l'imprenditore deve rilasciare un certificato
con l'indicazione del tempo durante il quale il prestatore di lavoro è stato
occupato alle sue dipendenze e delle mansioni esercitate.

Art. 2125. Patto di non concorrenza.

Il patto con il quale si limita lo svolgimento dell'attività del prestatore di
lavoro, per il tempo successivo alla cessazione del contratto, è nullo se non
risulta da atto scritto, se non è pattuito un corrispettivo a favore del prestatore
di lavoro e se il vincolo non è contenuto entro determinati limiti di oggetto,
di tempo e di luogo.
La durata del vincolo non può essere superiore a cinque anni, se si tratta di
dirigenti, e a tre anni negli altri casi. Se è pattuita una durata maggiore, essa
si riduce nella misura suindicata.

§ 5 - Disposizioni finali

Art. 2126. Prestazione di fatto con violazione di legge.

La nullità o l'annullamento del contratto di lavoro non produce effetto per il
periodo in cui il rapporto ha avuto esecuzione, salvo che la nullità derivi
dall'illiceità dell'oggetto o della causa.
Se il lavoro è stato prestato con violazione di norme poste a tutela del prestatore
di lavoro, questi ha in ogni caso diritto alla retribuzione.

Art. 2127. Divieto d'interposizione nel lavoro a cottimo.

È vietato all'imprenditore di affidare ai propri dipendenti lavori a cottimo da
eseguirsi da prestatori di lavoro assunti e retribuiti direttamente dai dipendenti
medesimi.
In caso di violazione di tale divieto, l'imprenditore risponde direttamente,
nei confronti dei prestatori di lavoro assunti dal proprio dipendente, degli
obblighi derivanti dai contratti di lavoro da essi stipulati.

Art. 2128. Lavoro a domicilio.

Ai prestatori di lavoro a domicilio si applicano le disposizioni di questa
sezione,
in quanto compatibili con la specialità del rapporto.

Art. 2129. Contratto di lavoro per i dipendenti da enti pubblici.

Le disposizioni di questa sezione si applicano ai prestatori di lavoro dipendenti
da enti pubblici salvo che il rapporto sia diversamente regolato dalla
legge.

SEZIONE IV – Del tirocinio

Art. 2130. Durata del tirocinio.

Il periodo di tirocinio non può superare i limiti stabiliti (1) dagli usi.

*(1) "dalle norme corporative o". Le norme corporative sono state abrogate con
R.D.L. 9 agosto 1943, n. 721.*

Art. 2131. Retribuzione.

La retribuzione dell'apprendista non può assumere la forma del salario a
cottimo.

Art. 2132. Istruzione professionale.

L'imprenditore deve permettere che l'apprendista frequenti i corsi per la formazione professionale e deve destinarlo soltanto ai lavori attinenti alla specialità professionale a cui si riferisce il tirocinio.

Art. 2133. Attestato di tirocinio.

Alla cessazione del tirocinio, l'apprendista, per il quale non è obbligatorio il libretto di lavoro, ha diritto di ottenere un attestato del tirocinio compiuto.

Art. 2134. Norme applicabili al tirocinio.

Al tirocinio si applicano le disposizioni della sezione precedente, in quanto siano compatibili con la specialità del rapporto e non siano derogate da disposizioni
delle leggi speciali (1).

(1) "o da norme corporative." Le norme corporative sono state abrogate con R.D.L. 9 agosto 1943, n. 721.

CAPO II – DELL'IMPRESA AGRICOLA
SEZIONE I – DISPOSIZIONI GENERALI

Art. 2135. Imprenditore agricolo (1)

È imprenditore agricolo chi esercita una delle seguenti attività: coltivazione del fondo, selvicoltura, allevamento di animali e attività connesse.

Per coltivazione del fondo, per selvicoltura e per allevamento di animali si intendono le attività dirette alla cura e allo sviluppo di un ciclo biologico o di una fase necessaria del ciclo stesso, di carattere vegetale o animale, che utilizzano o possono utilizzare il fondo, il bosco o le acque dolci, salmastre o marine.

Si intendono comunque connesse le attività, esercitate dal medesimo imprenditore
agricolo, dirette alla manipolazione, conservazione, trasformazione, commercializzazione e valorizzazione che abbiano ad oggetto prodotti ottenuti prevalentemente dalla coltivazione del fondo o del bosco o dall'allevamento di animali, nonché le attività dirette alla fornitura di beni o servizi mediante l'utilizzazione prevalente di attrezzature o risorse dell'azienda normalmente impiegate nell'attività agricola esercitata, ivi comprese le attività di valorizzazione del territorio e del patrimonio rurale e forestale, ovvero di ricezione ed ospitalità come definite dalla legge.

(1) Questo articolo è stato così sostituito dall'art. 1 del D.L.vo 18 maggio 2001, n.228

Art. 2136. Inapplicabilità delle norme sulla registrazione.

Le norme relative alla iscrizione nel registro delle imprese non si applicano agli imprenditori agricoli, salvo quanto è disposto dall'articolo 2200.

Art. 2137. Responsabilità dell'imprenditore agricolo.

L'imprenditore, anche se esercita l'impresa sul fondo altrui, è soggetto agli obblighi stabiliti dalla legge (1) concernenti l'esercizio dell'agricoltura.

(1) "e delle norme corporative" Le norme corporative sono state abrogate con R.D.L. 9 agosto 1943, n. 721.

Art. 2138. Dirigenti e fattori di campagna.

I poteri dei dirigenti preposti all'esercizio dell'impresa agricola e quelli dei fattori di campagna, se non sono determinati per iscritto dal preponente, sono regolati (1), dagli usi.

(1) "dalle norme corporative e, in mancanza". Le norme corporative sono state abrogate con R.D.L. 9 agosto 1943, n. 721.

Art. 2139. Scambio di mano d'opera o di servizi.

Tra piccoli imprenditori agricoli è ammesso lo scambio di mano d'opera o di servizi secondo gli usi.

Art. 2140.

(…) (1)

(1) "Comunioni tacite familiari.
Le comunioni tacite familiari nell'esercizio dell'agricoltura sono regolate dagli usi."
Articolo abrogato dall'art. 205, L. 19 maggio 1975, n. 151.

SEZIONE II – Della mezzadria (1)

(1) La legge 15 settembre 1964, n. 756 ha vietato la stipulazione di nuovi contratti di mezzadria.

Art. 2141. Nozione.

Nella mezzadria il concedente ed il mezzadro, in proprio e quale capo di una famiglia colonica, si associano per la coltivazione di un podere e per l'esercizio delle attività connesse al fine di dividerne a metà i prodotti e gli utili. E' valido tuttavia il patto con il quale taluni prodotti si dividono in proporzioni diverse.

Art. 2142.

(…) (1)

(1) "La composizione della famiglia colonica non può volontariamente essere modificata senza il consenso del concedente, salvi i casi di matrimonio, di adozione e di riconoscimento di figli naturali. La composizione e le variazioni della famiglia colonica devono risultare dal libretto colonico."
Da ritenere abrogato dall'art 7 della L. 15 settembre 1964 n. 756.

Art. 2143. Mezzadria a tempo indeterminato.

La mezzadria a tempo indeterminato s'intende convenuta per la durata di un anno agrario, (1), e si rinnova tacitamente di anno in anno, se non è stata comunicata disdetta almeno sei mesi prima della scadenza nei modi fissati (1), dalla convenzione o dagli usi.

(1)"salvo diverse disposizioni delle norme corporative" "dalle norme corporative". Le norme corporative sono state abrogate con R.D.L. 9 agosto 1943, n. 721.

Art. 2144. Mezzadria a tempo determinato.

La mezzadria a tempo determinato non cessa di diritto alla scadenza del termine.
Se non è comunicata disdetta a norma dell'articolo precedente, il contratto s'intende rinnovato di anno in anno.

Art. 2145. Diritti ed obblighi del concedente.

Il concedente conferisce il godimento del podere, dotato di quanto occorre per l'esercizio dell'impresa e di un'adeguata casa per la famiglia colonica.
La direzione dell'impresa spetta al concedente, il quale deve osservare le norme della buona tecnica agraria.

Art. 2146. Conferimento delle scorte.

Le scorte vive e morte sono conferite dal concedente e dal mezzadro in parti uguali, salvo diversa disposizione (1), della convenzione o degli usi.
Le scorte conferite divengono comuni in proporzione dei rispettivi conferimenti.

(1) "delle norme corporative". Le norme corporative sono state abrogate con R.D.L. 9 agosto 1943, n. 721.

Art. 2147. Obblighi del mezzadro.

Il mezzadro è obbligato a prestare, secondo le direttive del concedente e le necessità della coltivazione, il lavoro proprio e quello della famiglia colonica.

È a carico del mezzadro, salvo diverse disposizioni (1), della convenzione o degli usi, la spesa della mano d'opera eventualmente necessaria per la normale coltivazione del podere.

(1) "delle norme corporative". Le norme corporative sono state abrogate con R.D.L. 9 agosto 1943, n. 721.

Art. 2148. Obblighi di residenza e di custodia.

Il mezzadro ha l'obbligo di risiedere stabilmente nel podere con la famiglia colonica.

Egli deve custodire il podere e mantenerlo in normale stato di produttività.

Egli deve altresì custodire e conservare le altre cose affidategli dal concedente, con la diligenza del buon padre di famiglia, e non può, senza il consenso del concedente o salvo uso contrario, svolgere attività a suo esclusivo profitto o compiere prestazioni a favore di terzi.

Art. 2149. Divieto di subconcessione.

Il mezzadro non può cedere la mezzadria, né affidare ad altri la coltivazione del podere, senza il consenso del concedente.

Art. 2150. Rappresentanza della famiglia colonica.

Nei rapporti relativi alla mezzadria il mezzadro rappresenta, nei confronti del concedente, i componenti della famiglia colonica.

Le obbligazioni contratte dal mezzadro nell'esercizio della mezzadria sono garantite dai suoi beni e da quelli comuni della famiglia colonica. I componenti della famiglia colonica non rispondono con i loro beni, se non hanno prestato espressa garanzia.

Art. 2151. Spese per la coltivazione.

Le spese per la coltivazione del podere e per l'esercizio delle attività connesse, escluse quelle per la mano d'opera previste dall'articolo 2147, sono a carico del concedente e del mezzadro in parti eguali, se non dispongono diversamente (1), la convenzione o gli usi.

Se il mezzadro è sfornito di mezzi propri, il concedente deve anticipare senza interesse sino alla scadenza dell'anno agrario in corso, le spese indicate nel comma precedente, salvo rivalsa mediante prelevamento sui prodotti e sugli utili.

(1) "le norme corporative". Le norme corporative sono state abrogate con R.D.L. 9 agosto 1943, n. 721.

Art. 2152. Miglioramenti.

Il concedente che intende compiere miglioramenti sul podere deve valersi del lavoro dei componenti della famiglia colonica che siano forniti della necessaria

capacità lavorativa, e questi sono tenuti a prestarlo verso compenso.

La misura del compenso, se non è stabilita (1) dalla convenzione o dagli usi, è determinata dal giudice (2), e tenuto conto dell'eventuale incremento di reddito realizzato dal mezzadro.

(1) "dalle norme corporative". Espressione da ritenersi abrogata dal R.D.L. 9 giugno 1943, n.721.

(2) "sentite, ove occorra, le associazioni professionali". Soppresse dal D.L.vo Lgt. 23 novembre 1944, n. 369

Art. 2153. Riparazioni di piccola manutenzione.

Salvo diverse disposizioni (1), della convenzione o degli usi, sono a carico del mezzadro le riparazioni di piccola manutenzione della casa colonica e degli strumenti di lavoro di cui egli e la famiglia colonica si servono.

(1) "delle norme corporative". Le norme corporative sono state abrogate con R.D.L. 9 agosto 1943, n. 721.

Art. 2154. Anticipazioni di carattere alimentare alla famiglia colonica.

Se la quota dei prodotti spettante al mezzadro, per scarsezza del raccolto a lui non imputabile, non è sufficiente ai bisogni alimentari della famiglia colonica,

e questa non è in grado di provvedervi, il concedente deve somministrare senza interesse il necessario per il mantenimento della famiglia colonica, salvo rivalsa mediante prelevamento sulla parte dei prodotti e degli utili spettanti al mezzadro.

Il giudice, con riguardo alle circostanze, può disporre il rimborso rateale.

Art. 2155. Raccolta e divisione dei prodotti.

Il mezzadro non può iniziare le operazioni di raccolta senza il consenso del concedente ed è obbligato a custodire i prodotti sino alla divisione.

I prodotti sono divisi in natura sul fondo con l'intervento delle parti.

Salvo diverse disposizioni (1), della convenzione o degli usi, il mezzadro deve trasportare ai magazzini del concedente la quota a questo assegnata nella divisione.

(1) "delle norme corporative". Le norme corporative sono state abrogate con R.D.L. 9 agosto 1943, n. 721.

Art. 2156. Vendita dei prodotti.

La vendita dei prodotti, che in conformità degli usi non si dividono in natura, è fatta dal concedente previo accordo col mezzadro e, in mancanza, sulla base del prezzo di mercato.

La divisione si effettua sul ricavato della vendita, dedotte le spese.

Art. 2157. Diritto di preferenza del concedente.

Il mezzadro, nella vendita dei prodotti assegnatigli in natura, deve, a parità di condizioni, preferire il concedente.

Art. 2158. Morte di una delle parti.

La mezzadria non si scioglie per la morte del concedente.

In caso di morte del mezzadro la mezzadria si scioglie alla fine dell'anno agrario in corso, salvo che tra gli eredi del mezzadro vi sia persona idonea a sostituirlo ed i componenti della famiglia colonica si accordino nel designarla.

Se la morte del mezzadro è avvenuta negli ultimi quattro mesi dell'anno agrario, i componenti della famiglia colonica possono chiedere che la mezzadria

continui sino alla fine dell'anno successivo, purché assicurino la buona coltivazione del podere. La richiesta deve essere fatta entro due mesi dalla morte del mezzadro, o, se ciò non è possibile, prima dell'inizio del nuovo anno agrario.

In tutti i casi se il podere non è coltivato con la dovuta diligenza, il concedente può fare eseguire a sue spese i lavori necessari, salvo rivalsa mediante prelevamento sui prodotti e sugli utili.

Art. 2159. Scioglimento del contratto.

Salve le norme generali sulla risoluzione dei contratti per inadempimento, ciascuna delle parti può chiedere lo scioglimento del contratto quando si verificano fatti tali da non consentire la prosecuzione del rapporto.

Art. 2160. Trasferimento del diritto di godimento del fondo.

Se viene trasferito il diritto di godimento del fondo, la mezzadria continua nei confronti di chi subentra al concedente, salvo che il mezzadro, entro un mese dalla notizia del trasferimento, dichiari di recedere dal contratto. In tal caso il recesso ha effetto alla fine dell'anno agrario in corso o di quello successivo,
se non è comunicato almeno tre mesi prima della fine dell'anno
agrario in corso.

I crediti e i debiti del concedente verso il mezzadro risultanti dal libretto colonico passano a chi subentra nel godimento del fondo, salva per i debiti la responsabilità sussidiaria dell'originario concedente.

Art. 2161. Libretto colonico.

Il concedente deve istituire un libretto colonico da tenersi in due esemplari, uno per ciascuna delle parti.

Il concedente deve annotare di volta in volta su entrambi gli esemplari i crediti e i debiti delle parti relativi alla mezzadria, con indicazione della data e del fatto che li ha determinati.

Le annotazioni devono, alla fine dell'anno agrario, essere sottoscritte per accettazione dal concedente e dal mezzadro.

Il mezzadro deve presentare il libretto colonico al concedente per le annotazioni
e per i saldi annuali.

Art. 2162. Efficacia probatoria del libretto colonico.

Le annotazioni eseguite sui due esemplari del libretto colonico fanno prova a favore e contro ciascuno dei contraenti, se il mezzadro non ha reclamato entro novanta giorni dalla consegna del libretto fattagli dal concedente.

Se una delle parti non presenta il proprio libretto, fa fede quello presentato. In ogni caso le annotazioni delle partite fanno prova contro chi le ha scritte. Con la sottoscrizione delle parti alla chiusura annuale del conto colonico, questo s'intende approvato. Le risultanze del conto possono essere impugnate soltanto per errori materiali, omissioni, falsità e duplicazioni di partite entro novanta giorni dalla consegna del libretto al mezzadro.

Art. 2163. Assegnazione delle scorte al termine della mezzadria.

Salvo diverse disposizioni (1), della convenzione o degli usi, l'assegnazione delle scorte al termine della mezzadria deve farsi secondo le norme seguenti:
1) se si tratta di scorte vive, secondo la specie, il sesso, il numero, la qualità e il peso, ovvero, in mancanza di tali determinazioni, secondo il valore, tenuto conto della differenza di esso tra il tempo del conferimento e quello della riconsegna;
2) se si tratta di scorte morte circolanti, per quantità e qualità, valutando le eccedenze e le diminuzioni in base ai prezzi di mercato nel tempo della riconsegna;
3) se si tratta di scorte morte fisse, per specie, quantità, qualità e stato di uso.

(1) "delle norme corporative". Le norme corporative sono state abrogate con R.D.L. 9 agosto 1943, n. 721.

SEZIONE III – Della colonia parziaria

Art. 2164. Nozione.

Nella colonia parziaria il concedente ed uno o più coloni si associano per la coltivazione di un fondo e per l'esercizio delle attività connesse, al fine di dividerne i prodotti e gli utili.

La misura della ripartizione dei prodotti e degli utili è stabilita (1) dalla convenzione
o dagli usi.

(1) "dalle norme corporative". Tale espressione è da ritenersi abrogata dal R.D.L. 9 giugno 1943, n. 721

Art. 2165. Durata.

La colonia parziaria è contratta per il tempo necessario affinché il colono possa svolgere e portare a compimento un ciclo normale di rotazione delle colture praticate nel fondo.

Se non si fa luogo a rotazione di colture, la colonia non può avere una durata inferiore a due anni.

Art. 2166. Obblighi del concedente.

Il concedente deve consegnare il fondo in istato di servire alla produzione alla quale è destinato.

Art. 2167. Obblighi del colono.

Il colono deve prestare il lavoro proprio secondo le direttive del concedente e le necessità della coltivazione.

Egli deve custodire il fondo e mantenerlo in normale stato di produttività; deve altresì custodire e conservare le altre cose affidategli dal concedente con la diligenza del buon padre di famiglia.

Art. 2168. Morte di una delle parti.

La colonia parziaria non si scioglie per la morte del concedente.

In caso di morte del colono, si applicano a favore degli eredi di questo le disposizioni del secondo, terzo e quarto comma dell'articolo 2158.

Art. 2169. Rinvio.

Sono applicabili alla colonia parziaria le norme dettate per la mezzadria negli articoli 2145, secondo comma, 2147, secondo comma, 2149, 2151, secondo comma, 2152, 2155, 2156, 2157, 2159, 2160 e 2163, nonché quelle concernenti la tenuta e l'efficacia probatoria del libretto colonico, qualora le parti l'abbiano d'accordo istituito.

SEZIONE IV – Della soccida

§ 1 - Disposizioni generali

Art. 2170. Nozione.

Nella soccida il soccidante e il soccidario si associano per l'allevamento e lo sfruttamento di una certa quantità di bestiame e per l'esercizio delle attività connesse, al fine di ripartire l'accrescimento del bestiame e gli altri prodotti e utili che ne derivano.

L'accrescimento consiste tanto nei parti sopravvenuti, quanto nel maggior valore intrinseco che il bestiame abbia al termine del contratto.

§ 2 - Della soccida semplice

Art. 2171. Nozione.

Nella soccida semplice il bestiame è conferito dal soccidante.

La stima del bestiame all'inizio del contratto non ne trasferisce la proprietà al soccidario.

La stima deve indicare il numero, la razza, la qualità, il sesso, il peso e l'età del bestiame e il relativo prezzo di mercato. La stima serve di base per determinare

il prelevamento a cui ha diritto il soccidante alla fine del contratto, a norma dell'articolo 2181.

Art. 2172. Durata del contratto.

Se nel contratto non è stabilito un termine, la soccida ha la durata di tre anni.

Alla scadenza del termine il contratto non cessa di diritto, e la parte che non intende rinnovarlo deve darne disdetta almeno sei mesi prima della scadenza o nel maggior termine fissato (1) dalla convenzione o dagli usi.

Se non è data disdetta, il contratto s'intende rinnovato di anno in anno.

(1) "dalle norme corporative". Le norme corporative sono state abrogate con R.D.L. 9 agosto 1943, n. 721.

Art. 2173. Direzione dell'impresa e assunzione di mano d'opera.

La direzione dell'impresa spetta al soccidante, il quale deve esercitarla secondo le regole della buona tecnica dell'allevamento.

La scelta di prestatori di lavoro, estranei alla famiglia del soccidario, deve essere fatta col consenso del soccidante, anche quando secondo la convenzione o gli usi la relativa spesa è posta a carico del soccidario.

Art. 2174. Obblighi del soccidario.

Il soccidario deve prestare secondo le direttive del soccidante, il lavoro occorrente

per la custodia e l'allevamento del bestiame affidatogli, per la lavorazione dei prodotti e per il trasporto sino ai luoghi di ordinario deposito.

Il soccidario deve usare la diligenza del buon allevatore.

Art. 2175. Perimento del bestiame.

Il soccidario non risponde del bestiame che provi essere perito per causa a lui non imputabile, ma deve rendere conto delle parti recuperabili.

Art. 2176. Reintegrazione del bestiame conferito.

Nella soccida stipulata per un tempo non inferiore a tre anni, qualora durante la prima metà del periodo contrattuale perisca la maggior parte del bestiame inizialmente conferito, per causa non imputabile al soccidario, questi può chiederne la reintegrazione con altri capi di valore intrinseco eguale a quello che i capi periti avevano all'inizio del contratto, tenuto conto del numero, della razza, della qualità, del sesso, del peso e dell'età.

Se il soccidante non provvede alla reintegrazione, il soccidario può recedere dal contratto.

Art. 2177. Trasferimento dei diritti sul bestiame.

Se la proprietà o il godimento del bestiame dato a soccida viene trasferito ad altri, il contratto non si scioglie, e i crediti e i debiti del soccidante, derivanti dalla soccida, passano all'acquirente in proporzione della quota acquistata, salva per i debiti la responsabilità sussidiaria del soccidante.

Se il trasferimento riguarda la maggior parte del bestiame, il soccidario può, nel termine di un mese da quando ha avuto conoscenza del trasferimento, recedere dal contratto con effetto dalla fine dell'anno in corso.

Art. 2178. Accrescimenti, prodotti, utili e spese.

Gli accrescimenti, i prodotti, gli utili e le spese si dividono tra le parti secondo le proporzioni stabilite (1), dalla convenzione o dagli usi.

È nullo il patto per il quale il soccidario debba sopportare nella perdita una parte maggiore di quella spettantegli nel guadagno.

(1) "dalle norme corporative". Le norme corporative sono state abrogate con R.D.L. 9 agosto 1943, n. 721.

Art. 2179. Morte di una delle parti.

La soccida non si scioglie per la morte del soccidante.

In caso di morte del soccidario si osservano, in quanto applicabili, nei riguardi degli eredi le disposizioni del secondo, terzo e quarto comma dell'art 2158.

Art. 2180. Scioglimento del contratto.

Salve le norme generali sulla risoluzione dei contratti per inadempimento, ciascuna delle parti può chiedere lo scioglimento del contratto, quando si verificano fatti tali da non consentire la prosecuzione del rapporto.

Art. 2181. Prelevamento e divisione al termine del contratto.

Al termine del contratto le parti procedono a nuova stima del bestiame. Il soccidante preleva, d'accordo con il soccidario, un complesso di capi che, avuto riguardo al numero, alla razza, al sesso, al peso, alla qualità e all'età, sia corrispondente alla consistenza del bestiame apportato all'inizio della soccida. Il di più si divide a norma dell'articolo 2178.

Se non vi sono capi sufficienti ad eguagliare la stima iniziale, il soccidante prende quelli che rimangono.

§ 3 - Della soccida parziaria

Art. 2182. Conferimento del bestiame.

Nella soccida parziaria il bestiame è conferito da entrambi i contraenti nelle proporzioni convenute.

Essi divengono comproprietari del bestiame in proporzione del rispettivo conferimento.

Art. 2183. Reintegrazione del bestiame conferito.

Nella soccida stipulata per un tempo non inferiore a tre anni, qualora durante la prima metà del periodo contrattuale perisca per causa non imputabile al soccidario la maggior parte del bestiame inizialmente conferito, e i contraenti non si accordino per la reintegrazione, ciascuno di essi ha diritto di recedere dal contratto.

Salvo diverso accordo delle parti, il recesso ha effetto con la fine dell'anno in corso.

Il bestiame rimasto è diviso fra le parti nella proporzione indicata nell'articolo 2184.

Se è convenuto che nella divisione del bestiame da farsi alla scadenza del contratto sia attribuita ad uno dei contraenti una quota maggiore di quella corrispondente al suo conferimento, tale quota deve essere ridotta in rapporto alla minor durata della soccida.

Art. 2184. Divisione del bestiame, dei prodotti e degli utili.

Gli accrescimenti, i prodotti, gli utili, le spese e, al termine del contratto, il bestiame conferito si dividono nella proporzione stabilita (1), dalla convenzione o dagli usi.

(1) "dalle norme corporative". Le norme corporative sono state abrogate con R.D.L.

9 agosto 1943, n. 721.

Art. 2185. Rinvio.

Per quanto non è disposto dagli articoli precedenti, si applicano alla soccida parziaria le disposizioni relative alla soccida semplice.

§ 4 - Della soccida con conferimento di pascolo

Art. 2186. Nozione e norme applicabili.

Si ha rapporto di soccida anche quando il bestiame è conferito dal soccidario e il soccidante conferisce il terreno per il pascolo.

In tal caso il soccidario ha la direzione dell'impresa e al soccidante spetta il controllo della gestione.

Si osservano inoltre le disposizioni dell'articolo 2184 e, in quanto applicabili, quelle dettate per la soccida semplice.

SEZIONE V – Disposizione finale

Art. 2187. Usi.

Nei rapporti di associazione agraria regolati delle sezioni II, III e IV di questo capo, per quanto non è espressamente disposto, si applicano, in mancanza di convenzione, gli usi.

CAPO III - DELLE IMPRESE COMMERCIALI E DELLE ALTRE IMPRESE
SOGGETTE A REGISTRAZIONE

SEZIONE I – Del registro delle imprese

Art. 2188. Registro delle imprese.

E' istituito il registro delle imprese per le iscrizioni previste dalla legge.

Il registro è tenuto dall'ufficio del registro delle imprese sotto la vigilanza di un giudice delegato dal presidente del tribunale.

Il registro è pubblico.

Art. 2189. Modalità d'iscrizione.

Le iscrizioni nel registro sono eseguite su domanda sottoscritta dall'interessato.

Prima di procedere all'iscrizione, l'ufficio del registro deve accertare l'autenticità

della sottoscrizione e il concorso delle condizioni richieste dalla legge per l'iscrizione.

Il rifiuto dell'iscrizione deve essere comunicato con raccomandata al richiedente.

Questi può ricorrere entro otto giorni al giudice del registro, che provvede con decreto.

Art. 2190. Iscrizione d'ufficio.

Se un'iscrizione obbligatoria non è stata richiesta, l'ufficio del registro invita mediante raccomandata l'imprenditore a richiederla entro un congruo termine.

Decorso inutilmente il termine assegnato, il giudice del registro può ordinarla con decreto.

Cfr. Corte Costituzionale, ordinanza 18 gennaio 2008, n. 6 in Altalex Massimario.

Art. 2191. Cancellazione d'ufficio.

Se una iscrizione è avvenuta senza che esistano le condizioni richieste dalla legge, il giudice del registro, sentito l'interessato, ne ordina con decreto la cancellazione.

Art. 2192. Ricorso contro il decreto del giudice del registro.

Contro il decreto del giudice del registro emesso a norma degli articoli precedenti,

l'interessato, entro quindici giorni dalla comunicazione, può ricorrere al tribunale dal quale dipende l'ufficio del registro.

Il decreto che pronunzia sul ricorso deve essere iscritto d'ufficio nel registro.

Art. 2193. Efficacia dell'iscrizione.

I fatti dei quali la legge prescrive l'iscrizione se non sono stati iscritti, non possono essere opposti ai terzi da chi è obbligato a richiederne l'iscrizione, a meno che questi provi che i terzi ne abbiano avuto conoscenza.

L'ignoranza dei fatti dei quali la legge prescrive l'iscrizione non può essere opposta dai terzi dal momento in cui l'iscrizione è avvenuta.

Sono salve le disposizioni particolari della legge.

Art. 2194. Inosservanza dell'obbligo di iscrizione.

Salvo quanto disposto dagli articoli 2626 e 2634, chiunque omette di richiedere l'iscrizione nei modi e nel termine stabiliti dalla legge, è punito con l'ammenda da € 10 a € 516.

SEZIONE II – DELL'OBBLIGO DI REGISTRAZIONE

Art. 2195. Imprenditori soggetti a registrazione.

Sono soggetti all'obbligo dell'iscrizione, nel registro delle imprese gli imprenditori

che esercitano:

1) un'attività industriale diretta alla produzione di beni o di servizi;

2) un'attività intermediaria nella circolazione dei beni;

3) un'attività di trasporto per terra, per acqua o per aria;

4) un'attività bancaria o assicurativa;

5) altre attività ausiliarie delle precedenti.

Le disposizioni della legge che fanno riferimento alle attività e alle imprese commerciali si applicano, se non risulta diversamente, a tutte le attività indicate in questo articolo e alle imprese che le esercitano.

Art. 2196. Iscrizione dell'impresa.

Entro trenta giorni dall'inizio dell'impresa l'imprenditore che esercita un'attività commerciale deve chiedere l'iscrizione all'ufficio del registro delle imprese nella cui circoscrizione stabilisce la sede, indicando:

1) il cognome e il nome, il nome del padre, la cittadinanza;

2) la ditta;

3) l'oggetto dell'impresa;

4) la sede dell'impresa;

5) il cognome e il nome degli institori e procuratori.

(…) (1)

L'imprenditore deve inoltre chiedere l'iscrizione delle modificazioni relative agli elementi suindicati e della cessazione dell'impresa entro trenta giorni da quello in cui le modificazioni o la cessazione si verificano.

(1) "All'atto della richiesta l'imprenditore deve depositare la sua firma autografa e quelle dei suoi institori e procuratori". Comma abrogato dall'art. 33, L. 24 novembre 2000, n. 340.

Art. 2197. Sedi secondarie.

L'imprenditore che istituisce nel territorio dello Stato sedi secondarie con una rappresentanza stabile deve, entro trenta giorni, chiederne l'iscrizione all'ufficio del registro delle imprese del luogo dove è la sede principale dell'impresa.

Nello stesso termine la richiesta deve essere fatta all'ufficio del luogo nel quale è istituita la sede secondaria, indicando altresì la sede principale, e il cognome e il nome del rappresentante preposto alla sede secondaria. (1)

La disposizione del secondo comma si applica anche all'imprenditore che ha all'estero la sede principale dell'impresa.

L'imprenditore che istituisce sedi secondarie con rappresentanza stabile all'estero deve, entro trenta giorni, chiederne l'iscrizione all'ufficio del registro nella cui circoscrizione si trova la sede principale.

(1) "Il rappresentante deve depositare preso il medesimo ufficio la sua firma autografa". Periodo abrogato dall'art. 33, comma 1, della L. 24 novembre 2000 n. 340.

Art. 2198. Minori, interdetti e inabilitati.

I provvedimenti di autorizzazione all'esercizio di un'impresa commerciale da parte di un minore emancipato o di un inabilitato o nell'interesse di un minore non emancipato o di un interdetto e i provvedimenti con i quali l'autorizzazione viene revocata devono essere comunicati senza indugio a cura del cancelliere all'ufficio del registro delle imprese per l'iscrizione.

Art. 2199. Indicazione dell'iscrizione.

L'imprenditore deve indicare negli atti e nella corrispondenza, che si riferiscono all'impresa, il registro presso il quale è iscritto.

Art. 2200. Società.

Sono soggette all'obbligo dell'iscrizione nel registro delle imprese le società costituite secondo uno dei tipi regolati nei capi III e seguenti del titolo V e le società cooperative, anche se non esercitano un'attività commerciale.

L'iscrizione delle società nel registro delle imprese è regolata dalle disposizioni dei titoli V e VI.

Art. 2201. Enti pubblici.

Gli enti pubblici che hanno per oggetto esclusivo o principale una attività commerciale sono soggetti all'obbligo dell'iscrizione nel registro delle imprese.

Art. 2202. Piccoli imprenditori.

Non sono soggetti all'obbligo dell'iscrizione nel registro delle imprese i piccoli imprenditori.

SEZIONE III – Disposizioni particolari per le imprese commerciali

§ 1 - Della rappresentanza

Art. 2203. Preposizione institoria.

E' institore colui che è preposto dal titolare all'esercizio di un'impresa commerciale.

La preposizione può essere limitata all'esercizio di una sede secondaria o di un ramo particolare dell'impresa.

Se sono preposti più institori, questi possono agire disgiuntamente, salvo che nella procura sia diversamente disposto.

Cfr. Cassazione Civile, sez. I, sentenza 16 maggio 2008, n. 12469 in Altalex Massimario.

Art. 2204. Poteri dell'institore.

L'institore può compiere tutti gli atti pertinenti all'esercizio dell'impresa a cui è preposto, salve le limitazioni contenute nella procura. Tuttavia non può alienare o ipotecare i beni immobili del preponente, se non è stato a ciò espressamente autorizzato.

L'institore può stare in giudizio in nome del preponente per le obbligazioni dipendenti da atti compiuti nell'esercizio dell'impresa a cui è preposto.

Art. 2205. Obblighi dell'institore.

Per le imprese o le sedi secondarie alle quali è preposto, l'institore è tenuto, insieme con l'imprenditore, all'osservanza delle disposizioni riguardanti l'iscrizione nel registro delle imprese e la tenuta delle scritture contabili.

Art. 2206. Pubblicità della procura.

La procura con sottoscrizione del preponente autenticata deve essere depositata per l'iscrizione presso il competente ufficio del registro delle imprese.

In mancanza dell'iscrizione, la rappresentanza si reputa generale e le limitazioni di essa non sono opponibili ai terzi, se non si prova che questi le conoscevano al momento della conclusione dell'affare.

Art. 2207. Modificazione e revoca della procura.

Gli atti con i quali viene successivamente limitata o revocata la procura devono essere depositati, per l'iscrizione nel registro delle imprese, anche se la procura non fu pubblicata.

In mancanza dell'iscrizione, le limitazioni o la revoca non sono opponibili ai terzi, se non si prova che questi le conoscevano al momento della conclusione dell'affare.

Art. 2208. Responsabilità personale dell'institore.

L'institore è personalmente obbligato se omette di far conoscere al terzo che egli tratta per il preponente; tuttavia il terzo può agire anche contro il preponente per gli atti compiuti dall'institore, che siano pertinenti all'esercizio dell'impresa a cui è preposto.

Art. 2209. Procuratori.

Le disposizioni degli articoli 2206 e 2207 si applicano anche ai procuratori, i quali, in base a un rapporto continuativo, abbiano il potere di compiere per l'imprenditore gli atti pertinenti all'esercizio dell'impresa, pur non essendo preposti ad esso.

Art. 2210. Poteri dei commessi dell'imprenditore.

I commessi dell'imprenditore, salve le limitazioni contenute nell'atto di conferimento della rappresentanza, possono compiere gli atti che ordinariamente comporta la specie delle operazioni di cui sono incaricati.

Non possono tuttavia esigere il prezzo delle merci delle quali non facciano la consegna, né concedere dilazioni o sconti che non sono d'uso, salvo che siano a ciò espressamente autorizzati.

Art. 2211. Poteri di deroga alle condizioni generali di contratto.

I commessi, anche se autorizzati a concludere contratti in nome dell'imprenditore, non hanno il potere di derogare alle condizioni generali di contratto o alle clausole stampate sui moduli dell'impresa, se non sono muniti di una speciale autorizzazione scritta.

Art. 2212. Poteri dei commessi relativi agli affari conclusi.

Per gli affari da essi conclusi, i commessi dell'imprenditore sono autorizzati a ricevere per conto di questo le dichiarazioni che riguardano l'esecuzione del contratto e i reclami relativi alle inadempienze contrattuali.

Sono altresì legittimati a chiedere i provvedimenti cautelari nell'interesse dell'imprenditore.

Art. 2213. Poteri dei commessi preposti alla vendita.

I commessi preposti alla vendita nei locali dell'impresa possono esigere il prezzo delle merci da essi vendute, salvo che alla riscossione sia palesemente destinata una cassa speciale.

Fuori dei locali dell'impresa non possono esigere il prezzo, se non sono autorizzati

o se non consegnano quietanza firmata dall'imprenditore.

§ 2 - Delle scritture contabili

Art. 2214. Libri obbligatori e altre scritture contabili.

L'imprenditore che esercita un'attività commerciale deve tenere il libro giornale e il libro degli inventari.

Deve altresì tenere le altre scritture che siano richieste dalla natura e dalle dimensioni dell'impresa e conservare ordinatamente per ciascun affare gli originali delle lettere, dei telegrammi e delle fatture ricevute, nonché le copie delle lettere, dei telegrammi e delle fatture spedite.

Le disposizioni di questo paragrafo non si applicano ai piccoli imprenditori.

Cfr. Tribunale di Cassino, sentenza 27 giugno 2008 in Altalex Massimario.

Art. 2215. Modalità di tenuta delle scritture contabili.

I libri contabili, prima di essere messi in uso, devono essere numerati progressivamente

in ogni pagina e, qualora sia previsto l'obbligo della bollatura

o della vidimazione, devono essere bollati in ogni foglio dall'ufficio del registro delle imprese o da un notaio secondo le disposizioni delle leggi speciali.

L'ufficio del registro o il notaio deve dichiarare nell'ultima pagina dei libri il numero dei fogli che li compongono.

Il libro giornale e il libro degli inventari devono essere numerati progressivamente

e non sono soggetti a bollatura né a vidimazione.

Cfr. Cassazione Civile, sez. tributaria, sentenza 21 dicembre 2007, n. 27034 in Altalex Massimario.

Art. 2215-bis. (1) Documentazione informatica.

I libri, i repertori, le scritture e la documentazione la cui tenuta e' obbligatoria per disposizione di legge o di regolamento o che sono richiesti dalla natura o dalle dimensioni dell'impresa possono essere formati e tenuti con strumenti informatici. Le registrazioni contenute nei documenti di cui al primo comma debbono essere rese consultabili in ogni momento con i mezzi messi a disposizione dal soggetto tenutario e costituiscono informazione primaria e originale da cui e' possibile effettuare, su diversi tipi di supporto, riproduzioni e copie per gli usi consentiti dalla legge.

Gli obblighi di numerazione progressiva e di vidimazione previsti dalle disposizioni

di legge o di regolamento per la tenuta dei libri, repertori e scritture sono assolti, in caso di tenuta con strumenti informatici, mediante apposizione, almeno una volta all'anno, della marcatura temporale e della firma digitale dell'imprenditore o di altro soggetto dal medesimo delegato. (2)

Qualora per un anno non siano state eseguite registrazioni, la firma digitale e la marcatura temporale devono essere apposte all'atto di una nuova registrazione

e da tale apposizione decorre il periodo annuale di cui al terzo comma. (2)

I libri, i repertori e le scritture tenuti con strumenti informatici, secondo quanto previsto dal presente articolo, hanno l'efficacia probatoria di cui agli articoli 2709 e 2710 del codice civile.

Per i libri e per i registri la cui tenuta è obbligatoria per disposizione di legge o di regolamento di natura tributaria, il termine di cui al terzo comma opera secondo le norme in materia di conservazione digitale contenute nelle medesime

disposizioni. (3)

(1) Articolo introdotto dal D.L. 29 novembre 2008, n. 185 convertito, con modificazioni nella L. 28 gennaio 2009, n. 2

(2) I commi che recitavano: "3. Gli obblighi di numerazione progressiva, vidimazione e gli altri obblighi previsti dalle disposizioni di legge o di regolamento per la tenuta dei libri, repertori e scritture, ivi compreso quello di regolare tenuta dei medesimi, sono assolti, in caso di tenuta con strumenti informatici, mediante apposizione, ogni tre mesi a far data dalla messa in opera, della marcatura temporale e della firma digitale dell'imprenditore, o di altro soggetto dal medesimo delegato, inerenti al documento

contenente le registrazioni relative ai tre mesi precedenti.

4. Qualora per tre mesi non siano state eseguite registrazioni, la firma digitale e la marcatura temporale devono essere apposte all'atto di una nuova registrazione, e da tale apposizione decorre il periodo trimestrale di cui al terzo comma." sono stati così sostituiti dal D.L. 13 maggio 2011, n. 70, convertito con L. 12 luglio 2011, n. 106.

(3) Comma aggiunto dal D.L. 13 maggio 2011, n. 70, convertito con L. 12 luglio 2011, n. 106.

Art. 2216. Contenuto del libro giornale.

Il libro giornale deve indicare giorno per giorno le operazioni relative all'esercizio

dell'impresa.

Art. 2217. Redazione dell'inventario

L'inventario deve redigersi all'inizio dell'esercizio dell'impresa e successivamente

ogni anno, e deve contenere l'indicazione e la valutazione delle attività e delle passività relative all'impresa, nonché delle attività e delle passività dell'imprenditore estranee alla medesima.

L'inventario si chiude con il bilancio e con il conto dei profitti e delle perdite il quale deve dimostrare con evidenza e verità gli utili conseguiti o le perdite subite. Nelle valutazioni di bilancio l'imprenditore deve attenersi ai criteri stabiliti per i bilanci delle società per azioni, in quanto applicabili.

L'inventario deve essere sottoscritto dall'imprenditore entro tre mesi dal termine per la presentazione della dichiarazione dei redditi ai fini delle imposte dirette.

Art. 2218. Bollatura facoltativa.

L'imprenditore può far bollare nei modi indicati nell'articolo 2215 gli altri libri da lui tenuti.

Art. 2219. Tenuta della contabilità.

Tutte le scritture devono essere tenute secondo le norme di un'ordinata contabilità senza spazi in bianco, senza interlinee e senza trasporti in margine. Non vi si possono fare abrasioni e, se è necessaria qualche cancellazione, questa deve eseguirsi in modo che le parole cancellate siano leggibili.

Art. 2220. Conservazione delle scritture contabili.

Le scritture devono essere conservate per dieci anni dalla data dell'ultima registrazione.

Per lo stesso periodo devono conservarsi le fatture, le lettere e i telegrammi ricevuti e le copie delle fatture, delle lettere e dei telegrammi spediti.

Le scritture e documenti di cui al presente articolo possono essere conservati sotto forma di registrazioni su supporti di immagini, sempre che le registrazioni corrispondano ai documenti e possano in ogni momento essere rese leggibili con mezzi messi a disposizione dal soggetto che utilizza detti supporti.

§ 3 - *Dell'insolvenza*

Art. 2221. Fallimento e concordato preventivo.

Gli imprenditori che esercitano un'attività commerciale, esclusi gli enti pubblici e i piccoli imprenditori, sono soggetti in caso di insolvenza alle procedure del fallimento e del concordato preventivo salve le disposizioni delle leggi speciali.

TITOLO III – DEL LAVORO AUTONOMO
CAPO I – DISPOSIZIONI GENERALI

Art. 2222. Contratto d'opera.

Quando una persona si obbliga a compiere verso un corrispettivo un'opera o un servizio, con lavoro prevalentemente proprio e senza vincolo di subordinazione nei confronti del committente, si applicano le norme di questo capo, salvo che il rapporto abbia una disciplina particolare nel libro IV.

Cfr. Cassazione Civile, sez. lavoro, sentenza 27 luglio 2009, n. 17455 in Altalex Massimario.

Art. 2223. Prestazione della materia.

Le disposizioni di questo capo si osservano anche se la materia è fornita dal prestatore d'opera, purché le parti non abbiano avuto prevalentemente in considerazione la materia, nel qual caso si applicano le norme sulla vendita.

Art. 2224. Esecuzione dell'opera.

Se il prestatore d'opera non procede all'esecuzione dell'opera secondo le condizioni stabilite dal contratto e a regola d'arte, il committente può fissare un congruo termine, entro il quale il prestatore d'opera deve conformarsi a tali condizioni.

Trascorso inutilmente il termine fissato, il committente può recedere dal contratto, salvo il diritto al risarcimento dei danni.

Art. 2225. Corrispettivo.

Il corrispettivo, se non è convenuto dalle parti e non può essere determinato secondo le tariffe professionali o gli usi, è stabilito dal giudice in relazione al risultato ottenuto e al lavoro normalmente necessario per ottenerlo.

Cfr. Cassazione Civile, sez. I, sentenza 4 aprile 2008, n. 8730 in Altalex Massimario.

Art. 2226. Difformità e vizi dell'opera.

L'accettazione espressa o tacita dell'opera libera il prestatore d'opera dalla responsabilità per difformità o per vizi della medesima, se all'atto dell'accettazione questi erano noti al committente o facilmente riconoscibili, purché in questo caso non siano stati dolosamente occultati.

Il committente deve, a pena di decadenza denunziare le difformità e i vizi occulti al prestatore d'opera entro otto giorni dalla scoperta. L'azione si prescrive entro un anno dalla consegna.

I diritti del committente nel caso di difformità o di vizi dell'opera sono regolati dall'articolo 1668.

Cfr. Tribunale di Chieti, sentenza 26 febbraio 2008 in Altalex Massimario.

Art. 2227. Recesso unilaterale dal contratto.

Il committente può recedere dal contratto, ancorché sia iniziata l'esecuzione dell'opera, tenendo indenne il prestatore d'opera delle spese, del lavoro eseguito e del mancato guadagno.

Art. 2228. Impossibilità sopravvenuta della esecuzione dell'opera.

Se l'esecuzione dell'opera diventa impossibile per causa non imputabile ad alcuna delle parti, il prestatore d'opera ha diritto ad un compenso per il lavoro prestato in relazione all'utilità della parte dell'opera compiuta.

CAPO II – DELLE PROFESSIONI INTELLETTUALI

Art. 2229. Esercizio delle professioni intellettuali.

La legge determina le professioni intellettuali per l'esercizio delle quali è necessaria l'iscrizione in appositi albi o elenchi.

L'accertamento dei requisiti per l'iscrizione negli albi o negli elenchi, la tenuta dei medesimi e il potere disciplinare sugli iscritti sono demandati (1), sotto la vigilanza dello Stato, salvo che la legge disponga diversamente.

Contro il rifiuto dell'iscrizione o la cancellazione dagli albi o elenchi, e contro i provvedimenti disciplinari che importano la perdita o la sospensione del diritto all'esercizio della professione è ammesso ricorso in via giurisdizionale nei modi e nei termini stabiliti dalle leggi speciali.

(1) "alle associazioni professionali". Le norme corporative sono state abrogate con R.D.L. 9 agosto 1943, n. 721.

Art. 2230. Prestazione d'opera intellettuale.

Il contratto che ha per oggetto una prestazione d'opera intellettuale è regolato dalle norme seguenti e, in quanto compatibili con queste e con la natura del rapporto, dalle disposizioni del capo precedente.

Sono salve le disposizioni delle leggi speciali.

Art. 2231. Mancanza d'iscrizione.

Quando l'esercizio di un'attività professionale è condizionato all'iscrizione in un albo o elenco, la prestazione eseguita da chi non è iscritto non gli dà azione per il pagamento della retribuzione.

La cancellazione dall'albo o elenco risolve il contratto in corso, salvo il diritto del prestatore d'opera al rimborso delle spese incontrate e a un compenso adeguato all'utilità del lavoro compiuto.

Cfr. Cassazione Civile, sez. I, sentenza 1 aprile 2008, n. 8445 e Cassazione Civile, sez. II, sentenza 11 giugno 2008, n. 15530 in Altalex Massimario.

Art. 2232. Esecuzione dell'opera.

Il prestatore d'opera deve eseguire personalmente l'incarico assunto. Può tuttavia valersi, sotto la propria direzione e responsabilità, di sostituti e ausiliari,

se la collaborazione di altri è consentita dal contratto o dagli usi e non è incompatibile con l'oggetto della prestazione.

Art. 2233. Compenso.

Il compenso, se non è convenuto dalle parti e non può essere determinato secondo le tariffe o gli usi, è determinato dal giudice, (1).

In ogni caso la misura del compenso deve essere adeguata all'importanza dell'opera e al decoro della professione.

Sono nulli, se non redatti in forma scritta, i patti conclusi tra gli avvocati ed i praticanti abilitati con i loro clienti che stabiliscono i compensi professionali (2).

(1) "sentito il parere dell'associazione professionale a cui il professionista appartiene". Le norme corporative sono state abrogate con R.D.L. 9 agosto 1943, n. 721.
(2) Questo comma è stato così sostituito dall'art. 2, comma 2 bis, del D.L. 4 luglio 2006, n. 233, convertito, con modificazioni, nella L. 4 agosto 2006, n. 248.

Art. 2234. Spese e acconti.

Il cliente, salvo diversa pattuizione, deve anticipare al prestatore d'opera le spese occorrenti al compimento dell'opera e corrispondere, secondo gli usi, gli acconti sul compenso.

Art. 2235. Divieto di ritenzione.

Il prestatore d'opera non può ritenere le cose e i documenti ricevuti, se non per il periodo strettamente necessario alla tutela dei propri diritti secondo le leggi professionali.

Art. 2236. Responsabilità del prestatore di opera.

Se la prestazione implica la soluzione di problemi tecnici di speciale difficoltà, il prestatore d'opera non risponde dei danni, se non in caso di dolo o di colpa grave.

Cfr. Cassazione Civile, sez. III, sentenza 18 aprile 2007, n. 9238, Tribunale di Bari, sez. III civile, sentenza 17 aprile 2008, n. 978 e Cassazione Civile, sez. III, sentenza 2 settembre
2009, n. 19092 in Altalex Massimario.

Art. 2237. Recesso.

Il cliente può recedere dal contratto, rimborsando al prestatore d'opera le spese sostenute e pagando il compenso per l'opera svolta.

Il prestatore d'opera può recedere dal contratto per giusta causa. In tal caso egli ha diritto al rimborso delle spese fatte e al compenso per l'opera svolta, da determinarsi con riguardo al risultato utile che ne sia derivato al cliente.

Il recesso del prestatore d'opera deve essere esercitato in modo da evitare pregiudizio al cliente.

Cfr. Cassazione Civile, sez. lavoro, sentenza 25 giugno 2007, n. 14702 in Altalex Massimario.

Art. 2238. Rinvio.

Se l'esercizio della professione costituisce elemento di un'attività organizzata in forma di impresa, si applicano anche le disposizioni del titolo II.

In ogni caso se l'esercente una professione intellettuale impiega sostituti o ausiliari, si applicano le disposizioni delle sezioni II, III, IV, del capo I del titolo

II.

TITOLO IV – DEL LAVORO SUBORDINATO IN PARTICOLARI RAPPORTI

CAPO I – DISPOSIZIONI GENERALI

Art. 2239. Norme applicabili.

I rapporti di lavoro subordinato che non sono inerenti all'esercizio di un'impresa sono regolati dalle disposizioni delle sezioni II, III, IV del capo I del titolo II, in quanto compatibili con la specialità del rapporto.

CAPO II – DEL LAVORO DOMESTICO

Art. 2240. Norme applicabili.

Il rapporto di lavoro che ha per oggetto la prestazione di servizi di carattere domestico è regolato dalle disposizioni di questo capo e, in quanto più favorevoli

al prestatore di lavoro, dalla convenzione e dagli usi.

Art. 2241. Periodo di prova.

Il patto di prova si presume per i primi otto giorni.

Art. 2242. Vitto, alloggio e assistenza.

Il prestatore di lavoro ammesso alla convivenza familiare ha diritto, oltre alla retribuzione in danaro, al vitto, all'alloggio e, per le infermità di breve durata, alla cura e all'assistenza medica.

Le parti devono contribuire alle istituzioni di previdenza e di assistenza, nei casi e nei modi stabiliti dalla legge.

Art. 2243. Periodo di riposo.

Il prestatore di lavoro, oltre al riposo settimanale secondo gli usi, ha diritto (1), ad un periodo di ferie retribuito, che non può essere inferiore a otto giorni.

(1) L'inciso: "dopo un anno di ininterrotto servizio" è stato dichiarato illegittimo dalla Corte costituzionale, con sentenza 27 febbraio 1969, n. 16.

Art. 2244. Recesso.

Al contratto di lavoro domestico sono applicabili le norme sul recesso volontario

e per giusta causa, stabilite negli articoli 2118 e 2119.

Il periodo di preavviso non può essere inferiore a otto giorni o, se l'anzianità di servizio è superiore a due anni, a quindici giorni.

Art. 2245. Indennità di anzianità.

In caso di cessazione del contratto è dovuta al prestatore di lavoro un'indennità proporzionale agli anni di servizio, salvo il caso di licenziamento per colpa di lui o di dimissioni volontarie.

L'ammontare dell'indennità è determinata sulla base dell'ultima retribuzione in danaro, nella misura di otto giorni per ogni anno di servizio.

Se gli usi lo stabiliscono, l'indennità è dovuta anche nel caso di dimissioni volontarie.

Art. 2246. Certificato di lavoro.

Alla cessazione del contratto il prestatore di lavoro ha diritto al rilascio di un certificato che attesti la natura delle mansioni disimpegnate e il periodo di servizio prestato.

TITOLO V – DELLE SOCIETA'
CAPO I - DISPOSIZIONI GENERALI

Art. 2247. Contratto di società.

Con il contratto di società due o più persone conferiscono beni o servizi per l'esercizio in comune di una attività economica allo scopo di dividerne gli utili.

Cfr. Cassazione Civile, sez. I, sentenza 29 ottobre 2008, n. 25995 in Altalex Massimario.

Art. 2248. Comunione a scopo di godimento.

La comunione costituita o mantenuta al solo scopo del godimento di una o più cose è regolata dalle norme del titolo VII del libro III.

Art. 2249. Tipi di società.

Le società che hanno per oggetto l'esercizio di una attività commerciale devono costituirsi secondo uno dei tipi regolati nei capi III e seguenti di questo titolo.

Le società che hanno per oggetto l'esercizio di una attività diversa sono regolate dalle disposizioni sulla società semplice a meno che i soci abbiano voluto costituire la società secondo uno degli altri tipi regolati nei capi III e seguenti di questo titolo.

Sono salve le disposizioni riguardanti le società cooperative e quelle delle leggi speciali che per l'esercizio di particolari categorie di imprese prescrivono la costituzione della società secondo un determinato tipo.

Art. 2250. Indicazione negli atti e nella corrispondenza.

Negli atti e nella corrispondenza delle società soggette all'obbligo dell'iscrizione
nel registro delle imprese devono essere indicati la sede della società
e l'ufficio del registro delle imprese presso il quale questa è iscritta e il numero d'iscrizione.

Il capitale delle società per azioni, in accomandita per azioni e a responsabilità limitata deve essere negli atti e nella corrispondenza indicato secondo la somma effettivamente versata e quale risulta esistente dall'ultimo bilancio.

Dopo lo scioglimento delle società previste dal primo comma deve essere espressamente indicato negli atti e nella corrispondenza che la società è in liquidazione.

Negli atti e nella corrispondenza delle società per azioni ed (1) a responsabilità limitata deve essere indicato se queste hanno un unico socio.

Gli atti delle società costituite secondo uno dei tipi regolati nei capi V, VI e VII del presente titolo, per i quali è obbligatoria l'iscrizione o il deposito, possono essere altresì pubblicati in apposita sezione del registro delle imprese in altra lingua ufficiale delle Comunità europee, con traduzione giurata di un esperto (2).

In caso di discordanza con gli atti pubblicati in lingua italiana, quelli pubblicati in altra lingua ai sensi del quinto comma non possono essere opposti ai terzi, ma questi possono avvalersene, salvo che la società dimostri che essi erano a conoscenza della loro versione in lingua italiana (2).

Le società di cui al quinto comma che dispongono di uno spazio elettronico destinato alla comunicazione collegato ad una rete telematica ad accesso pubblico forniscono, attraverso tale mezzo, tutte le informazioni di cui al primo, secondo, terzo e quarto comma (2).

(1) Le parole: "per azioni ed" sono state inserite dall'art. 6, comma 3, del D.L.vo 6 febbraio 2004, n. 37.

(2) Questo comma è stato aggiunto dall'art. 42, comma 1, della L. 7 luglio 2009, n. 88.

CAPO II – DELLA SOCIETA' SEMPLICE
SEZIONE I – Disposizioni generali

Art. 2251. Contratto sociale.

Nella società semplice il contratto non è soggetto a forme speciali, salve quelle richieste dalla natura dei beni conferiti.

Art. 2252. Modificazioni del contratto sociale.

Il contratto sociale può essere modificato soltanto con il consenso di tutti i soci, se non è convenuto diversamente.

SEZIONE II – Dei rapporti tra i soci

Art. 2253. Conferimenti.

Il socio è obbligato a eseguire i conferimenti determinati nel contratto sociale.
Se i conferimenti non sono determinati, si presume che i soci siano obbligati a conferire, in parti eguali tra loro, quanto è necessario per il conseguimento dell'oggetto sociale.

Art. 2254. Garanzia e rischi dei conferimenti.

Per le cose conferite in proprietà la garanzia dovuta dal socio e il passaggio dei rischi sono regolati dalle norme sulla vendita.

Il rischio delle cose conferite in godimento resta a carico del socio che le ha conferite. La garanzia per il godimento è regolata dalle norme sulla locazione.

Art. 2255. Conferimento di crediti.

Il socio che ha conferito un credito risponde della insolvenza del debitore, nei limiti indicati dall'articolo 1267 per il caso di assunzione convenzionale della garanzia.

Art. 2256. Uso illegittimo delle cose sociali.

Il socio non può servirsi, senza il consenso degli altri soci, delle cose appartenenti
al patrimonio sociale per fini estranei a quelli della società.

Art. 2257. Amministrazione disgiuntiva.

Salvo diversa pattuizione, l'amministrazione della società spetta a ciascuno dei soci disgiuntamente dagli altri.

Se l'amministrazione spetta disgiuntamente a più soci, ciascun socio amministratore
ha diritto di opporsi all'operazione che un altro voglia compiere, prima che sia compiuta.

La maggioranza dei soci, determinata secondo la parte attribuita a ciascun socio negli utili, decide sull'opposizione.

Art. 2258. Amministrazione congiuntiva.

Se l'amministrazione spetta congiuntamente a più soci, è necessario il consenso di tutti i soci amministratori per il compimento delle operazioni sociali.

Se è convenuto che per l'amministrazione o per determinati atti sia necessario il consenso della maggioranza, questa si determina a norma dell'ultimo comma dell'articolo precedente.

Nei casi preveduti da questo articolo, i singoli amministratori non possono compiere da soli alcun atto, salvo che vi sia urgenza di evitare un danno alla società.

Art. 2259. Revoca della facoltà di amministrare.

La revoca dell'amministratore nominato con il contratto sociale non ha effetto se non ricorre una giusta causa.

L'amministratore nominato con atto separato è revocabile secondo le norme sul mandato.

La revoca per giusta causa può in ogni caso essere chiesta giudizialmente da ciascun socio.

Art. 2260. Diritti e obblighi degli amministratori.

I diritti e gli obblighi degli amministratori sono regolati dalle norme sul mandato.

Gli amministratori sono solidalmente responsabili verso la società per l'adempimento

degli obblighi ad essi imposti dalla legge e dal contratto sociale.

Tuttavia la responsabilità non si estende a quelli che dimostrino di essere esenti da colpa.

Art. 2261. Controllo dei soci.

I soci che non partecipano all'amministrazione hanno diritto di avere dagli amministratori notizia dello svolgimento degli affari sociali, di consultare i documenti relativi all'amministrazione e di ottenere il rendiconto quando gli affari per cui fu costituita la società sono stati compiuti.

Se il compimento degli affari sociali dura oltre un anno, i soci hanno diritto di avere il rendiconto dell'amministrazione al termine di ogni anno, salvo che il contratto stabilisca un termine diverso.

Art. 2262. Utili.

Salvo patto contrario ciascun socio ha diritto di percepire la sua parte di utili dopo l'approvazione del rendiconto.

Art. 2263. Ripartizione dei guadagni e delle perdite.

Le parti spettanti ai soci nei guadagni e nelle perdite si presumono proporzionali

ai conferimenti. Se il valore dei conferimenti non è determinato dal contratto, esse si presumono eguali.

La parte spettante al socio che ha conferito la propria opera, se non è determinata

dal contratto, è fissata dal giudice, secondo equità.

Se il contratto determina soltanto la parte di ciascun socio nei guadagni, nella stessa misura si presume che debba determinarsi la partecipazione alle perdite.

Art. 2264. Partecipazione ai guadagni e alle perdite rimessa alla determinazione

di un terzo.

La determinazione della parte di ciascun socio nei guadagni e nelle perdite può essere rimessa ad un terzo.

La determinazione del terzo può essere impugnata soltanto nei casi previsti dall'articolo 1349 e nel termine di tre mesi dal giorno in cui il socio, che pretende

di esserne leso, ne ha avuto comunicazione. L'impugnazione non può essere proposta dal socio che ha volontariamente eseguito la determinazione del terzo.

Art. 2265. Patto leonino.

È nullo il patto con il quale uno o più soci sono esclusi da ogni partecipazione agli utili o alle perdite.

SEZIONE III – Dei rapporti con i terzi

Art. 2266. Rappresentanza della società.

La società acquista diritti e assume obbligazioni per mezzo dei soci che ne hanno la rappresentanza e sta in giudizio nella persona dei medesimi.

In mancanza di diversa disposizione del contratto, la rappresentanza spetta a ciascun socio amministratore e si estende a tutti gli atti che rientrano nell'oggetto sociale.

Le modificazioni e l'estinzione dei poteri di rappresentanza sono regolate dall'articolo 1396.

Art. 2267. Responsabilità per le obbligazioni sociali.

I creditori della società possono far valere i loro diritti sul patrimonio sociale.

Per le obbligazioni sociali rispondono inoltre personalmente e solidalmente i soci che hanno agito in nome e per conto della società e, salvo patto contrario, gli altri soci.

Il patto deve essere portato a conoscenza dei terzi con mezzi idonei; in mancanza, la limitazione della responsabilità o l'esclusione della solidarietà non è opponibile a coloro che non ne hanno avuto conoscenza.

Art. 2268. Escussione preventiva del patrimonio sociale.

Il socio richiesto del pagamento di debiti sociali può domandare, anche se la società è in liquidazione, la preventiva escussione del patrimonio sociale, indicando i beni sui quali il creditore possa agevolmente soddisfarsi.

Art. 2269. Responsabilità del nuovo socio.

Chi entra a far parte di una società già costituita risponde con gli altri soci per le obbligazioni sociali anteriori all'acquisto della qualità di socio.

Art. 2270. Creditore particolare del socio.

Il creditore particolare del socio, finché dura la società, può far valere i suoi diritti sugli utili spettanti al debitore e compiere atti conservativi sulla quota spettante a quest'ultimo nella liquidazione.

Se gli altri beni del debitore sono insufficienti a soddisfare i suoi crediti, il creditore particolare del socio può inoltre chiedere in ogni tempo la liquidazione

della quota del suo debitore. La quota deve essere liquidata entro tre mesi dalla domanda, salvo che sia deliberato lo scioglimento della società.

Art. 2271. Esclusione della compensazione.

Non è ammessa compensazione fra il debito che un terzo ha verso la società e il credito che egli ha verso un socio.

SEZIONE IV – Dello scioglimento della società

Art. 2272. Cause di scioglimento.

La società si scioglie:

1) per il decorso del termine;

2) per il conseguimento dell'oggetto sociale o per la sopravvenuta impossibilità

di conseguirlo;

3) per la volontà di tutti i soci;

4) quando viene a mancare la pluralità dei soci, se nel termine di sei mesi questa non è ricostituita;

5) per le altre cause previste dal contratto sociale.

Art. 2273. Proroga tacita.

La società è tacitamente prorogata a tempo indeterminato quando, decorso il tempo per cui fu contratta, i soci continuano a compiere le operazioni sociali.

Art. 2274. Poteri degli amministratori dopo lo scioglimento.

Avvenuto lo scioglimento della società, i soci amministratori conservano il potere di amministrare, limitatamente agli affari urgenti, fino a che siano presi i provvedimenti necessari per la liquidazione.

Art. 2275. Liquidatori.

Se il contratto non prevede il modo di liquidare il patrimonio sociale e i soci non sono d'accordo nel determinarlo, la liquidazione è fatta da uno o più liquidatori, nominati con il consenso di tutti i soci o, in caso di disaccordo, dal presidente del tribunale.

I liquidatori possono essere revocati per volontà di tutti i soci e in ogni caso dal tribunale per giusta causa su domanda di uno o più soci.

Art. 2276. Obblighi e responsabilità dei liquidatori.

Gli obblighi e la responsabilità dei liquidatori sono regolati dalle disposizioni stabilite per gli amministratori, in quanto non sia diversamente disposto dalle norme seguenti o dal contratto sociale.

Art. 2277. Inventario.

Gli amministratori devono consegnare ai liquidatori i beni e i documenti sociali e presentare ad essi il conto della gestione relativo al periodo successivo all'ultimo rendiconto.

I liquidatori devono prendere in consegna i beni e i documenti sociali, e redigere,

insieme con gli amministratori, l'inventario dal quale risulti lo stato attivo e passivo del patrimonio sociale. L'inventario deve essere sottoscritto dagli amministratori e dai liquidatori.

Art. 2278. Poteri dei liquidatori.

I liquidatori possono compiere gli atti necessari per la liquidazione e, se i soci non hanno disposto diversamente, possono vendere anche in blocco i beni sociali e fare transazioni e compromessi.

Essi rappresentano la società anche in giudizio.

Art. 2279. Divieto di nuove operazioni.

I liquidatori non possono intraprendere nuove operazioni. Contravvenendo a tale divieto, essi rispondono personalmente e solidalmente per gli affari intrapresi.

Art. 2280. Pagamento dei debiti sociali.

I liquidatori non possono ripartire tra i soci, neppure parzialmente, i beni sociali, finché non siano pagati i creditori della società o non siano accantonate le somme necessarie per pagarli.

Se i fondi disponibili risultano insufficienti per il pagamento dei debiti sociali, i liquidatori possono chiedere ai soci i versamenti ancora dovuti sulle rispettive quote e, se occorre, le somme necessarie, nei limiti della rispettiva responsabilità e in proporzione della parte di ciascuno nelle perdite. Nella stessa proporzione si ripartisce tra i soci il debito del socio insolvente.

Art. 2281. Restituzione dei beni conferiti in godimento.

I soci che hanno conferito beni in godimento hanno diritto di riprenderli nello stato in cui si trovano. Se i beni sono periti o deteriorati per causa imputabile

agli amministratori, i soci hanno diritto al risarcimento del danno a carico del patrimonio sociale, salva l'azione contro gli amministratori.

Art. 2282. Ripartizione dell'attivo.

Estinti i debiti sociali, l'attivo residuo è destinato al rimborso dei conferimenti. L'eventuale eccedenza è ripartita tra i soci in proporzione della parte di ciascuno nei guadagni.

L'ammontare dei conferimenti non aventi per oggetto somme di danaro è determinato secondo la valutazione che ne è stata fatta nel contratto o, in mancanza secondo il valore che essi avevano nel momento in cui furono eseguiti.

Art. 2283. Ripartizione di beni in natura.

Se è convenuto che la ripartizione dei beni sia fatta in natura, si applicano le disposizioni sulla divisione delle cose comuni.

SEZIONE V – Dello scioglimento del rapporto sociale limitatamente a un socio

Art. 2284. Morte del socio.

Salvo contraria disposizione del contratto sociale, in caso di morte di uno dei soci, gli altri devono liquidare la quota agli eredi, a meno che preferiscano sciogliere la società ovvero continuarla con gli eredi e questi vi acconsentano.

Art. 2285. Recesso del socio.

Ogni socio può recedere dalla società quando questa è contratta a tempo indeterminato o per tutta la vita di uno dei soci.

Può inoltre recedere nei casi previsti nel contratto sociale ovvero quando sussiste una giusta causa.

Nei casi previsti nel primo comma il recesso deve essere comunicato agli altri soci con un preavviso di almeno tre mesi.

Art. 2286. Esclusione.

L'esclusione di un socio può aver luogo per gravi inadempienze delle obbligazioni

che derivano dalla legge o dal contratto sociale, nonché per l'interdizione, l'inabilitazione del socio o per la sua condanna ad una pena che importa l'interdizione anche temporanea, dai pubblici uffici.

Il socio che ha conferito nella società la propria opera o il godimento di una cosa può altresì essere escluso per la sopravvenuta inidoneità a svolgere l'opera conferita o per il perimento della cosa dovuto a causa non imputabile agli amministratori.

Parimenti può essere escluso il socio che si è obbligato con il conferimento a trasferire la proprietà di una cosa, se questa è perita prima che la proprietà sia acquistata alla società.

Art. 2287. Procedimento di esclusione.

La esclusione è deliberata dalla maggioranza dei soci, non computandosi nel numero di questi il socio da escludere, ed ha effetto decorsi trenta giorni dalla data della comunicazione al socio escluso.

Entro questo termine il socio escluso può fare opposizione davanti al tribunale, il quale può sospendere l'esecuzione.

Se la società si compone di due soci, l'esclusione di uno di essi è pronunciata dal tribunale, su domanda dell'altro.

Art. 2288. Esclusione di diritto.

È escluso di diritto il socio che sia dichiarato fallito.

Parimenti è escluso di diritto il socio nei cui confronti un suo creditore particolare

abbia ottenuto la liquidazione della quota a norma dell'articolo 2270.

Art. 2289. Liquidazione della quota del socio uscente.

Nei casi in cui il rapporto sociale si scioglie limitatamente a un socio, questi o i suoi eredi hanno diritto soltanto ad una somma di danaro che rappresenti il valore della quota.

La liquidazione della quota è fatta in base alla situazione patrimoniale della società nel giorno in cui si verifica lo scioglimento.

Se vi sono operazioni in corso, il socio o i suoi eredi partecipano agli utili e alle perdite inerenti alle operazioni medesime.

Salvo quanto è disposto nell'articolo 2270, il pagamento della quota spettante al socio deve essere fatto entro sei mesi dal giorno in cui si verifica lo scioglimento del rapporto.

Art. 2290. Responsabilità del socio uscente o dei suoi eredi.

Nei casi in cui il rapporto sociale si scioglie limitatamente a un socio, questi o i suoi eredi sono responsabili verso i terzi per le obbligazioni sociali fino al giorno in cui si verifica lo scioglimento.

Lo scioglimento deve essere portato a conoscenza dei terzi con mezzi idonei; in mancanza non è opponibile ai terzi che lo hanno senza colpa ignorato.

CAPO III – DELLA SOCIETA' IN NOME COLLETTIVO

Art. 2291. Nozione.

Nella società in nome collettivo tutti i soci rispondono solidalmente e illimitatamente

per le obbligazioni sociali.

Il patto contrario non ha effetto nei confronti dei terzi.

Cfr. Cassazione Civile, sez. tributaria, sentenza 8 luglio 2008, n. 18649 in Altalex Massimario.

Art. 2292. Ragione sociale.

La società in nome collettivo agisce sotto una ragione sociale costituita dal nome di uno o più soci con l'indicazione del rapporto sociale.

La società può conservare nella ragione sociale il nome del socio receduto o defunto, se il socio receduto o gli eredi del socio defunto vi consentono.

Art. 2293. Norme applicabili.

La società in nome collettivo è regolata dalle norme di questo capo e, in quanto queste non dispongano, dalle norme del capo precedente.

Art. 2294. Incapace.

La partecipazione di un incapace alla società in nome collettivo è subordinata in ogni caso all'osservanza delle disposizioni degli articoli, 320, 371, 397, 424 e 425.

Art. 2295. Atto costitutivo.

L'atto costitutivo della società deve indicare:

1) il cognome e il nome, il nome del padre, il domicilio, la cittadinanza dei soci;

2) la ragione sociale;

3) i soci che hanno l'amministrazione e la rappresentanza della società;

4) la sede della società e le eventuali sedi secondarie;

5) l'oggetto sociale;

6) i conferimenti di ciascun socio, il valore ad essi attribuito e il modo di valutazione;

7) le prestazioni a cui sono obbligati i soci di opera;

8) le norme secondo le quali gli utili devono essere ripartiti e la quota di ciascun socio negli utili e nelle perdite;

9) la durata della società.

Art. 2296. Pubblicazione.

L'atto costitutivo della società con sottoscrizione autenticata dei contraenti, o una copia autentica di esso se la stipulazione è avvenuta per atto pubblico, deve entro trenta giorni essere depositato per l'iscrizione a cura degli amministratori presso l'ufficio del registro delle imprese nella cui circoscrizione è stabilita la sede sociale.

Se gli amministratori non provvedono al deposito nel termine indicato nel comma precedente, ciascun socio può provvedervi a spese della società, o far condannare gli amministratori ad eseguirlo.

Se la stipulazione è avvenuta per atto pubblico, è obbligato ad eseguire il deposito anche il notaio.

Art. 2297. Mancata registrazione.

Fino a quando la società non è iscritta nel registro delle imprese i rapporti tra la società e i terzi ferma restando la responsabilità illimitata e solidale di tutti i soci, sono regolati dalle disposizioni relative alla società semplice.

Tuttavia si presume che ciascun socio che agisce per la società abbia la rappresentanza

sociale, anche in giudizio. I patti che attribuiscono la rappresentanza ad alcuno soltanto dei soci o che limitano i poteri di rappresentanza non sono opponibili ai terzi, a meno che si provi che questi ne erano a conoscenza.

Art. 2298. Rappresentanza della società.

L'amministratore che ha la rappresentanza della società può compiere tutti gli atti che rientrano nell'oggetto sociale, salve le limitazioni che risultano dall'atto costitutivo o dalla procura. Le limitazioni non sono opponibili ai terzi, se non sono iscritte nel registro delle imprese o se non si prova che i terzi ne hanno avuto conoscenza.

(…) (1)

(1) "Gli amministratori che hanno la rappresentanza sociale devono, entro quindici giorni dalla notizia della nomina, depositare presso l'ufficio del registro delle imprese le loro firme autografe." Comma abrogato dall'art. 33, comma 1, della L. 24 novembre

2000 n. 340.

Art. 2299. Sedi secondarie.

Un estratto dell'atto costitutivo deve essere depositato per l'iscrizione presso l'ufficio del registro delle imprese del luogo in cui la società istituisce sedi secondarie con una rappresentanza stabile, entro trenta giorni dall'istituzione delle medesime.

L'estratto deve indicare l'ufficio del registro presso il quale è iscritta la società e la data dell'iscrizione.

(...) (1)

L'istituzione di sedi secondarie deve essere denunciata per l'iscrizione nello stesso termine anche all'ufficio del registro del luogo dove è iscritta la società.

(1) "Presso l'ufficio del registro in cui è iscritta la sede secondaria deve essere altresì depositata la firma autografa del rappresentante preposto all'esercizio della sede medesima". Comma abrogato dall'art. 33 della L. 24 novembre 2000, n. 340.

Art. 2300. Modificazioni dell'atto costitutivo.

Gli amministratori devono richiedere nel termine di trenta giorni all'ufficio del registro delle imprese l'iscrizione delle modificazioni dell'atto costitutivo e degli altri fatti relativi alla società, dei quali è obbligatoria l'iscrizione.

Se la modificazione dell'atto costitutivo risulta da deliberazione dei soci, questa deve essere depositata in copia autentica.

Le modificazioni dell'atto costitutivo, finché non sono iscritte, non sono opponibili

ai terzi, a meno che si provi che questi ne erano a conoscenza.

Art. 2301. Divieto di concorrenza.

Il socio non può, senza il consenso degli altri soci, esercitare per conto proprio o altrui un'attività concorrente con quella della società, né partecipare come socio illimitatamente responsabile ad altra società concorrente.

Il consenso si presume, se l'esercizio dell'attività o la partecipazione ad altra società preesisteva al contratto sociale, e gli altri soci ne erano a conoscenza.

In caso di inosservanza delle disposizioni del primo comma la società ha diritto al risarcimento del danno, salva l'applicazione dell'articolo 2286.

Art. 2302. Scritture contabili.

Gli amministratori devono tenere i libri e le altre scritture contabili prescritti dall'articolo 2214.

Art. 2303. Limiti alla distribuzione degli utili.

Non può farsi luogo a ripartizione di somme tra soci se non per utili realmente conseguiti.

Se si verifica una perdita del capitale sociale, non può farsi luogo a ripartizione di utili fino a che il capitale non sia reintegrato o ridotto in misura corrispondente.

Art. 2304. Responsabilità dei soci.

I creditori sociali, anche se la società è in liquidazione, non possono pretendere il pagamento dai singoli soci, se non dopo l'escussione del patrimonio sociale.

Cfr. Cassazione Civile, sez. I, sentenza 16 gennaio 2009, n. 1040 in Altalex Massimario.

Art. 2305. Creditore particolare del socio.

Il creditore particolare del socio, finché dura la società, non può chiedere la liquidazione della quota del socio debitore.

Art. 2306. Riduzione di capitale.

La deliberazione di riduzione di capitale, mediante rimborso ai soci delle quote pagate o mediante liberazione di essi dall'obbligo di ulteriori versamenti può essere eseguita, soltanto dopo tre mesi dal giorno dell'iscrizione nel registro delle imprese, purché entro questo termine nessun creditore sociale anteriore all'iscrizione abbia fatto opposizione.

Il tribunale, nonostante l'opposizione, può disporre che l'esecuzione abbia luogo, previa prestazione da parte della società di un'idonea garanzia.

Art. 2307. Proroga della società.

Il creditore particolare del socio può fare opposizione alla proroga della società, entro tre mesi dall'iscrizione della deliberazione di proroga nel registro delle imprese.

Se l'opposizione è accolta, la società deve, entro tre mesi dalla notificazione della sentenza, liquidare la quota del socio debitore dell'opponente.

In caso di proroga tacita ciascun socio può sempre recedere dalla società, dando preavviso a norma dell'articolo 2285, e il creditore particolare del socio può chiedere la liquidazione della quota del suo debitore a norma dell'articolo 2270.

Art. 2308. Scioglimento della società.

La società si scioglie, oltre che per le cause indicate dall'articolo 2272, per provvedimento dell'autorità governativa nei casi stabiliti dalla legge, e, salvo che abbia per oggetto un'attività non commerciale, per la dichiarazione di fallimento.

Art. 2309. Pubblicazione della nomina dei liquidatori.

La deliberazione dei soci o la sentenza che nomina i liquidatori e ogni atto successivo che importa cambiamento nelle persone dei liquidatori devono essere, entro trenta giorni dalla notizia della nomina, depositati in copia autentica a cura dei liquidatori medesimi per l'iscrizione presso l'ufficio del registro delle imprese.

(...) (1)

(1) "I liquidatori devono altresì depositare presso lo stesso ufficio le loro firme autografe".

Comma abrogato dall'art. 33, L. 24 novembre 2000, n. 340.

Art. 2310. Rappresentanza della società in liquidazione.

Dall'iscrizione della nomina dei liquidatori la rappresentanza della società, anche in giudizio, spetta ai liquidatori.

Art. 2311. Bilancio finale di liquidazione e piano di riparto.

Compiuta la liquidazione, i liquidatori devono redigere il bilancio finale e proporre ai soci il piano di riparto.

Il bilancio, sottoscritto dai liquidatori, e il piano di riparto devono essere comunicati mediante raccomandata ai soci, e s'intendono approvati se non sono stati impugnati nel termine di due mesi dalla comunicazione.

In caso di impugnazione del bilancio e del piano di riparto, il liquidatore può chiedere che le questioni relative alla liquidazione siano esaminate separatamente

da quelle relative alla divisione, alle quali il liquidatore può restare estraneo.

Con l'approvazione del bilancio i liquidatori sono liberati di fronte ai soci.

Art. 2312. Cancellazione della società.

Approvato il bilancio finale di liquidazione, i liquidatori devono chiedere la cancellazione della società dal registro delle imprese.

Dalla cancellazione della società i creditori sociali che non sono stati soddisfatti possono far valere i loro crediti nei confronti dei soci e, se il mancato pagamento è dipeso da colpa dei liquidatori, anche nei confronti di questi.

Le scritture contabili ed i documenti che non spettano ai singoli soci sono depositati presso la persona designata dalla maggioranza.

Le scritture contabili e i documenti devono essere conservati per dieci anni a decorrere dalla cancellazione della società dal registro delle imprese.

CAPO IV – DELLA SOCIETA' IN ACCOMANDITA SEMPLICE

Art. 2313. Nozione.

Nella società in accomandita semplice i soci accomandatari rispondono solidalmente
e illimitatamente per le obbligazioni sociali, e i soci accomandanti rispondono limitatamente alla quota conferita.

Le quote di partecipazione dei soci non possono essere rappresentate da azioni.

Art. 2314. Ragione sociale.

La società agisce sotto una ragione sociale costituita dal nome di almeno uno dei soci accomandatari, con l'indicazione di società in accomandita semplice, salvo il disposto del secondo comma dell'articolo 2292.

L'accomandante, il quale consente che il suo nome sia compreso nella ragione sociale, risponde di fronte ai terzi illimitatamente e solidalmente con i soci accomandatari per le obbligazioni sociali.

Art. 2315. Norme applicabili.

Alla società in accomandita semplice si applicano le disposizioni relative alla società in nome collettivo, in quanto siano compatibili con le norme seguenti.

Art. 2316. Atto costitutivo.

L'atto costitutivo deve indicare i soci accomandatari e i soci accomandanti.

Art. 2317. Mancata registrazione.

Fino a quando la società non è iscritta nel registro delle imprese, ai rapporti fra la società e i terzi si applicano le disposizioni dell'articolo 2297.

Tuttavia per le obbligazioni sociali i soci accomandanti rispondono limitatamente
alla loro quota salvo che abbiano partecipato alle operazioni sociali.

Art. 2318. Soci accomandatari.

I soci accomandatari hanno i diritti e gli obblighi dei soci della società in nome collettivo.

L'amministrazione della società può essere conferita soltanto a soci accomandatari.

Art. 2319. Nomina e revoca degli amministratori.

Se l'atto costitutivo non dispone diversamente, per la nomina degli amministratori
e per la loro revoca nel caso indicato nel secondo comma dell'articolo 2259 sono necessari il consenso dei soci accomandatari e l'approvazione di tanti soci accomandanti che rappresentino la maggioranza del capitale da essi sottoscritto.

Art. 2320. Soci accomandanti.

I soci accomandanti non possono compiere atti di amministrazione, né trattare o concludere affari in nome della società, se non in forza di procura speciale per singoli affari. Il socio accomandante che contravviene a tale divieto assume responsabilità illimitata e solidale verso i terzi per tutte le obbligazioni sociali e può essere escluso a norma dell'articolo 2286.

I soci accomandanti possono tuttavia prestare la loro opera sotto la direzione degli amministratori e, se l'atto costitutivo lo consente, dare autorizzazioni e pareri per determinate operazioni e compiere atti di ispezione e di sorveglianza.

In ogni caso essi hanno diritto di avere comunicazione annuale del bilancio e del conto dei profitti e delle perdite, e di controllarne l'esattezza consultando i libri e gli altri documenti della società.

Art. 2321. Utili percepiti in buona fede.

I soci accomandanti non sono tenuti alla restituzione degli utili riscossi in buona fede secondo il bilancio regolarmente approvato.

Art. 2322. Trasferimento della quota.

La quota di partecipazione del socio accomandante è trasmissibile per causa di morte.

Salvo diversa disposizione dell'atto costitutivo, la quota può essere ceduta, con effetto verso la società, con il consenso dei soci che rappresentano la maggioranza del capitale.

Art. 2323. Cause di scioglimento.

La società si scioglie, oltre che per le cause previste nell'articolo 2308, quando rimangono soltanto soci accomandanti o soci accomandatari, sempreché
nel termine di sei mesi non sia stato sostituito il socio che è venuto meno.

Se vengono a mancare tutti gli accomandatari, per il periodo indicato dal comma precedente gli accomandanti nominano un amministratore provvisorio per il compimento degli atti di ordinaria amministrazione. L'amministratore provvisorio non assume la qualità di socio accomandatario.

Art. 2324. Diritti dei creditori sociali dopo la liquidazione.

Salvo il diritto previsto dal secondo comma dell'articolo 2312 nei confronti degli accomandatari e dei liquidatori, i creditori sociali che non sono stati soddisfatti nella liquidazione della società possono far valere i loro crediti anche nei confronti degli accomandanti, limitatamente alla quota di liquidazione.

CAPO V –SOCIETA' PER AZIONI (1)

(1) Il previgente Capo V: "DELLA SOCIETA' PER AZIONI" è stato così sostituito dall'art.
1 del D.L.vo 17 gennaio 2003, n. 6.

SEZIONE I – Disposizioni generali

Art. 2325. Responsabilità.

Nella società per azioni per le obbligazioni sociali risponde soltanto la società con il suo patrimonio.

In caso di insolvenza della società, per le obbligazioni sociali sorte nel periodo in cui le azioni sono appartenute ad una sola persona, questa risponde illimitatamente quando i conferimenti non siano stati effettuati secondo

quanto previsto dall'articolo 2342 o fin quando non sia stata attuata la pubblicità
prescritta dall'articolo 2362.

Art. 2325-bis. Società che fanno ricorso al mercato del capitale di rischio.

Ai fini dell'applicazione del presente titolo, sono società che fanno ricorso al mercato del capitale di rischio le società emittenti di azioni quotate in mercati regolamentati o diffuse fra il pubblico in misura rilevante.

Le norme di questo titolo si applicano alle società con azioni quotate in mercati regolamentati in quanto non sia diversamente disposto da altre norme di questo codice o di leggi speciali.

Art. 2326. Denominazione sociale.

La denominazione sociale, in qualunque modo formata, deve contenere l'indicazione di società per azioni.

Art. 2327. Ammontare minimo del capitale.

La società per azioni deve costituirsi con un capitale non inferiore a centoventimila
euro.

Art. 2328. Atto costitutivo.

La società può essere costituita per contratto o per atto unilaterale.
L'atto costitutivo deve essere redatto per atto pubblico e deve indicare:
1) il cognome e il nome o la denominazione, la data e il luogo di nascita o lo Stato di costituzione, il domicilio o la sede, la cittadinanza dei soci e degli eventuali promotori, nonché il numero delle azioni assegnate a ciascuno di essi;
2) la denominazione e il comune ove sono poste la sede della società e le eventuali sedi secondarie;
3) l'attività che costituisce l'oggetto sociale;
4) l'ammontare del capitale sottoscritto e di quello versato;
5) il numero e l'eventuale valore nominale delle azioni, le loro caratteristiche e le modalità di emissione e circolazione;
6) il valore attribuito ai crediti e beni conferiti in natura;
7) le norme secondo le quali gli utili devono essere ripartiti;
8) i benefici eventualmente accordati ai promotori o ai soci fondatori;
9) il sistema di amministrazione adottato, il numero degli amministratori e i loro poteri, indicando quali tra essi hanno la rappresentanza della società;
10) il numero dei componenti il collegio sindacale;
11) la nomina dei primi amministratori e sindaci ovvero dei componenti del consiglio di sorveglianza e, quando previsto, del soggetto incaricato di effettuare
la revisione legale dei conti (1);
12) l'importo globale, almeno approssimativo, delle spese per la costituzione poste a carico della società;
13) la durata della società ovvero, se la società è costituita a tempo indeterminato,
il periodo di tempo, comunque non superiore ad un anno, decorso il quale il socio potrà recedere.

Lo statuto contenente le norme relative al funzionamento della società, anche se forma oggetto di atto separato, costituisce parte integrante dell'atto costitutivo. In caso di contrasto tra le clausole dell'atto costitutivo e quelle dello statuto prevalgono le seconde.

(1) Numero così modificato dall'art. 37, comma 1, del D.L.vo 27 gennaio 2010, n. 39.

Art. 2329. Condizioni per la costituzione.

Per procedere alla costituzione della società è necessario:

1) che sia sottoscritto per intero il capitale sociale;
2) che siano rispettate le previsioni degli articoli 2342, 2343 e 2343-ter relative ai conferimenti; (1)
3) che sussistano le autorizzazioni e le altre condizioni richieste dalle leggi speciali per la costituzione della società, in relazione al suo particolare oggetto.

(1) Numero così modificato dall'art. 1, comma 1, del D.L.vo 4 agosto 2008, n. 142.

Art. 2330. Deposito dell'atto costitutivo e iscrizione della società.

Il notaio che ha ricevuto l'atto costitutivo deve depositarlo entro venti giorni presso l'ufficio del registro delle imprese nella cui circoscrizione è stabilita la sede sociale, allegando i documenti comprovanti la sussistenza delle condizioni
previste dall'articolo 2329.

Se il notaio o gli amministratori non provvedono al deposito nel termine indicato nel comma precedente, ciascun socio può provvedervi a spese della società

L'iscrizione della società nel registro delle imprese è richiesta contestualmente al deposito dell'atto costitutivo. L'ufficio del registro delle imprese, verificata la regolarità formale della documentazione, iscrive la società nel registro.

Se la società istituisce sedi secondarie, si applica l'articolo 2299.

Art. 2331. Effetti dell'iscrizione.

Con l'iscrizione nel registro la società acquista la personalità giuridica.
Per le operazioni compiute in nome della società prima dell'iscrizione sono illimitatamente e solidalmente responsabili verso i terzi coloro che hanno agito. Sono altresì solidalmente e illimitatamente responsabili il socio unico fondatore e quelli tra i soci che nell'atto costitutivo o con atto separato hanno deciso, autorizzato o consentito il compimento dell'operazione.

Qualora successivamente all'iscrizione la società abbia approvato un'operazione prevista dal precedente comma, è responsabile anche la società ed essa è tenuta a rilevare coloro che hanno agito.

Le somme depositate a norma del secondo comma dell'articolo 2342 non possono essere consegnate agli amministratori se non provano l'avvenuta iscrizione della società nel registro. Se entro novanta giorni dalla stipulazione dell'atto costitutivo o dal rilascio delle autorizzazioni previste dal numero 3) dell'articolo 2329 l'iscrizione non ha avuto luogo, esse sono restituite ai sottoscrittori e l'atto costitutivo perde efficacia.

Prima dell'iscrizione nel registro è vietata l'emissione delle azioni ed esse, salvo l'offerta pubblica di sottoscrizione ai sensi dell'articolo 2333, non possono costituire oggetto di una offerta al pubblico di prodotti finanziari. (1)

(1) Le parole: "una sollecitazione all'investimento" sono state così sostituite dall'art. 5 del D.L.vo 28 marzo 2007, n. 51.

Art. 2332. Nullità della società.

Avvenuta l'iscrizione nel registro delle imprese, la nullità della società può essere pronunciata soltanto nei seguenti casi:

1) mancata stipulazione dell'atto costitutivo nella forma dell'atto pubblico;
2) illiceità dell'oggetto sociale;
3) mancanza nell'atto costitutivo di ogni indicazione riguardante la denominazione della società, o i conferimenti, o l'ammontare del capitale sociale o l'oggetto sociale.

La dichiarazione di nullità non pregiudica l'efficacia degli atti compiuti in nome della società dopo l'iscrizione nel registro delle imprese.

I soci non sono liberati dall'obbligo di conferimento fino a quando non sono soddisfatti i creditori sociali.

La sentenza che dichiara la nullità nomina i liquidatori.

La nullità non può essere dichiarata quando la causa di essa è stata eliminata e di tale eliminazione è stata data pubblicità con iscrizione nel registro delle imprese.

Il dispositivo della sentenza che dichiara la nullità deve essere iscritto, a cura degli amministratori o dei liquidatori nominati ai sensi del quarto comma, nel registro delle imprese.

SEZIONE II - Della costituzione per pubblica sottoscrizione

Art. 2333. Programma e sottoscrizione delle azioni.

La società può essere costituita anche per mezzo di pubblica sottoscrizione sulla base di un programma che ne indichi l'oggetto e il capitale, le principali disposizioni dell'atto costitutivo e dello statuto, l'eventuale partecipazione che i promotori si riservano agli utili e il termine entro il quale deve essere stipulato l'atto costitutivo.

Il programma con le firme autenticate dei promotori, prima di essere reso pubblico, deve essere depositato presso un notaio.

Le sottoscrizioni delle azioni devono risultare da atto pubblico o da scrittura privata autenticata. L'atto deve indicare il cognome e il nome o la denominazione, il domicilio o la sede del sottoscrittore, il numero delle azioni sottoscritte e la data della sottoscrizione.

Art. 2334. Versamenti e convocazione dell'assemblea dei sottoscrittori.

Raccolte le sottoscrizioni, i promotori, con raccomandata o nella forma prevista nel programma, devono assegnare ai sottoscrittori un termine non superiore a trenta giorni per fare il versamento prescritto dal secondo comma dell'articolo 2342.

Decorso inutilmente questo termine, è in facoltà dei promotori di agire contro i sottoscrittori morosi o di scioglierli dall'obbligazione assunta. Qualora i promotori si avvalgano di quest'ultima facoltà, non può procedersi alla costituzione della società prima che siano collocate le azioni che quelli avevano sottoscritte.

Salvo che il programma stabilisca un termine diverso, i promotori, nei venti giorni successivi al termine fissato per il versamento prescritto dal primo comma del presente articolo, devono convocare l'assemblea dei sottoscrittori mediante raccomandata, da inviarsi a ciascuno di essi almeno dieci giorni prima di quello fissato per l'assemblea, con l'indicazione delle materie da trattare.

Art. 2335. Assemblea dei sottoscrittori.

L'assemblea dei sottoscrittori:

1) accerta l'esistenza delle condizioni richieste per la costituzione della società;
2) delibera sul contenuto dell'atto costitutivo e dello statuto;
3) delibera sulla riserva di partecipazione agli utili fatta a proprio favore dai promotori;
4) nomina gli amministratori, ed i sindaci ovvero i componenti del consiglio di sorveglianza e, quando previsto, il soggetto incaricato di effettuare la revisione legale dei conti. (1)

L'assemblea è validamente costituita con la presenza della metà dei sottoscrittori.

Ciascun sottoscrittore ha diritto a un voto, qualunque sia il numero delle azioni sottoscritte, e per la validità delle deliberazioni si richiede il voto favorevole della maggioranza dei presenti.

Tuttavia per modificare le condizioni stabilite nel programma è necessario il consenso di tutti i sottoscrittori.

(1) Le parole: "cui è demandato il controllo contabile" sono state così sostituite dall'art. 37, comma 2, del D.L.vo 27 gennaio 2010, n. 39.

Art. 2336. Stipulazione e deposito dell'atto costitutivo.

Eseguito quanto è prescritto nell'articolo precedente, gli intervenuti all'assemblea, in rappresentanza anche dei sottoscrittori assenti, stipulano l'atto costitutivo, che deve essere depositato per l'iscrizione nel registro delle imprese a norma dell'articolo 2330.

SEZIONE III – Dei promotori e dei soci fondatori

Art. 2337. Promotori.

Sono promotori coloro che nella costituzione per pubblica sottoscrizione hanno firmato il programma a norma del secondo comma dell'articolo 2333.

Art. 2338. Obbligazioni dei promotori.

I promotori sono solidalmente responsabili verso i terzi per le obbligazioni assunte per costituire la società.

La società è tenuta a rilevare i promotori dalle obbligazioni assunte e a rimborsare loro le spese sostenute, sempre che siano state necessarie per la costituzione della società o siano state approvate dall'assemblea.

Se per qualsiasi ragione la società non si costituisce, i promotori non possono rivalersi verso i sottoscrittori delle azioni.

Art. 2339. Responsabilità dei promotori.

I promotori sono solidalmente responsabili verso la società e verso i terzi:

1) per l'integrale sottoscrizione del capitale sociale e per i versamenti richiesti per la costituzione della società;
2) per l'esistenza dei conferimenti in natura in conformità della relazione giurata indicata nell'articolo 2343;
3) per la veridicità delle comunicazioni da essi fatte al pubblico per la costituzione

della società.

Sono del pari solidalmente responsabili verso la società e verso i terzi coloro per conto dei quali i promotori hanno agito.

Art. 2340. Limiti dei benefici riservati ai promotori.

I promotori possono riservarsi nell'atto costitutivo, indipendentemente dalla loro qualità di soci, una partecipazione non superiore complessivamente a un decimo degli utili netti risultanti dal bilancio e per un periodo massimo di cinque anni.

Essi non possono stipulare a proprio vantaggio altro beneficio.

Art. 2341. Soci fondatori.

La disposizione del primo comma dell'articolo 2340 si applica anche ai soci che nella costituzione simultanea o in quella per pubblica sottoscrizione stipulano l'atto costitutivo.

SEZIONE III-BIS – Dei patti parasociali

Art. 2341-bis. Patti parasociali.

I patti, in qualunque forma stipulati, che al fine di stabilizzare gli assetti proprietari

o il governo della società:

a) hanno per oggetto l'esercizio del diritto di voto nelle società per azioni o nelle società che le controllano;

b) pongono limiti al trasferimento delle relative azioni o delle partecipazioni in società che le controllano;

c) hanno per oggetto o per effetto l'esercizio anche congiunto di un'influenza dominante su tali società, non possono avere durata superiore a cinque anni e si intendono stipulati per questa durata anche se le parti hanno previsto un termine maggiore; i patti sono rinnovabili alla scadenza.

Qualora il patto non preveda un termine di durata, ciascun contraente ha diritto di recedere con un preavviso di centottanta giorni.

Le disposizioni di questo articolo non si applicano ai patti strumentali ad accordi di collaborazione nella produzione o nello scambio di beni o servizi e relativi a società interamente possedute dai partecipanti all'accordo.

Art. 2341-ter. Pubblicità dei patti parasociali.

Nelle società che fanno ricorso al mercato del capitale di rischio i patti parasociali

devono essere comunicati alla società e dichiarati in apertura di ogni assemblea. La dichiarazione deve essere trascritta nel verbale e questo deve essere depositato presso l'ufficio del registro delle imprese.

In caso di mancanza della dichiarazione prevista dal comma precedente i possessori delle azioni cui si riferisce il patto parasociale non possono esercitare

il diritto di voto e le deliberazioni assembleari adottate con il loro voto determinante sono impugnabili a norma dell'articolo 2377.

SEZIONE IV – Dei conferimenti

Art. 2342. Conferimenti.

Se nell'atto costitutivo non è stabilito diversamente, il conferimento deve farsi in danaro.

Alla sottoscrizione dell'atto costitutivo deve essere versato presso una banca almeno il venticinque per cento dei conferimenti in danaro o, nel caso di costituzione con atto unilaterale, il loro intero ammontare.

Per i conferimenti di beni in natura e di crediti si osservano le disposizioni degli articoli 2254 e 2255. Le azioni corrispondenti a tali conferimenti devono essere integralmente liberate al momento della sottoscrizione.

Se viene meno la pluralità dei soci, i versamenti ancora dovuti devono essere effettuati entro novanta giorni.

Non possono formare oggetto di conferimento le prestazioni di opera o di servizi.

Art. 2343. Stima dei conferimenti di beni in natura e di crediti.

Chi conferisce beni in natura o crediti deve presentare la relazione giurata di un esperto designato dal tribunale nel cui circondario ha sede la società, contenente la descrizione dei beni o dei crediti conferiti, l'attestazione che il loro valore è almeno pari a quello ad essi attribuito ai fini della determinazione del capitale sociale e dell'eventuale soprapprezzo e i criteri di valutazione seguiti. La relazione deve essere allegata all'atto costitutivo.

L'esperto risponde dei danni causati alla società, ai soci e ai terzi. Si applicano le disposizioni dell'articolo 64 del codice di procedura civile.

Gli amministratori devono, nel termine di centottanta giorni dalla iscrizione della società, controllare le valutazioni contenute nella relazione indicata nel primo comma e, se sussistano fondati motivi, devono procedere alla revisione della stima. Fino a quando le valutazioni non sono state controllate, le azioni corrispondenti ai conferimenti sono inalienabili e devono restare depositate presso la società.

Se risulta che il valore dei beni o dei crediti conferiti era inferiore di oltre un quinto a quello per cui avvenne il conferimento, la società deve proporzionalmente

ridurre il capitale sociale, annullando le azioni che risultano scoperte. Tuttavia il socio conferente può versare la differenza in danaro o recedere dalla società; il socio recedente ha diritto alla restituzione del conferimento, qualora sia possibile in tutto o in parte in natura. L'atto costitutivo può prevedere, salvo in ogni caso quanto disposto dal quinto comma dell'articolo 2346, che per effetto dell'annullamento delle azioni disposto nel presente comma si determini una loro diversa ripartizione tra i soci.

Art. 2343-bis. Acquisto della società da promotori, fondatori, soci e amministratori.

L'acquisto da parte della società, per un corrispettivo pari o superiore al decimo del capitale sociale, di beni o di crediti dei promotori, dei fondatori, dei soci o degli amministratori, nei due anni dalla iscrizione della società nel registro delle imprese, deve essere autorizzato dall'assemblea ordinaria.

L'alienante deve presentare la relazione giurata di un esperto designato dal tribunale nel cui circondario ha sede la società contenente la descrizione dei beni o dei crediti, il valore a ciascuno di essi attribuito, i criteri di valutazione seguiti, nonché l'attestazione che tale valore non è inferiore al corrispettivo, che deve comunque essere indicato.

La relazione deve essere depositata nella sede della società durante i quindici giorni che precedono l'assemblea. I soci possono prendere visione.

Entro trenta giorni dall'autorizzazione il verbale dell'assemblea, corredato dalla relazione dell'esperto designato dal tribunale, deve essere depositato a cura degli amministratori presso l'ufficio del registro delle imprese.

Le disposizioni del presente articolo non si applicano agli acquisti che siano effettuati a condizioni normali nell'ambito delle operazioni correnti della società né a quelli che avvengono nei mercati regolamentati o sotto il controllo dell'autorità giudiziaria o amministrativa.

In caso di violazione delle disposizioni del presente articolo gli amministratori e l'alienante sono solidalmente responsabili per i danni causati alla società, ai soci ed ai terzi.

Art. 2343-ter. Conferimento di beni in natura o crediti senza relazione di stima. (1)

Nel caso di conferimento di valori mobiliari ovvero di strumenti del mercato monetario non è richiesta la relazione di cui all'articolo 2343, primo comma, se il valore ad essi attribuito ai fini della determinazione del capitale sociale e dell'eventuale sovrapprezzo è pari o inferiore al prezzo medio ponderato al quale sono stati negoziati su uno o più mercati regolamentati nei sei mesi precedenti il conferimento.

Fuori dai casi in cui è applicabile il primo comma, non è altresì richiesta la relazione di cui all'articolo 2343, primo comma, qualora il valore attribuito, ai fini della determinazione del capitale sociale e dell'eventuale sovrapprezzo, ai beni in natura o crediti conferiti sia pari o inferiore:

a) al fair value iscritto nel bilancio dell'esercizio precedente quello nel quale è effettuato il conferimento a condizione che il bilancio sia sottoposto a revisione legale e la relazione del revisore non esprima rilievi in ordine alla valutazione dei beni oggetto del conferimento, ovvero;

b) al valore risultante da una valutazione riferita ad una data precedente di non oltre sei mesi il conferimento e conforme ai principi e criteri generalmente riconosciuti per la valutazione dei beni oggetto del conferimento, a condizione che essa provenga da un esperto indipendente da chi effettua il conferimento, dalla società e dai soci che esercitano individualmente o congiuntamente il controllo sul soggetto conferente o sulla società medesima, dotato di adeguata e comprovata professionalità. (2)

Chi conferisce beni o crediti ai sensi del primo e secondo comma presenta la documentazione dalla quale risulta il valore attribuito ai conferimenti e la sussistenza, per i conferimenti di cui al secondo comma, delle condizioni ivi indicate. La documentazione è allegata all'atto costitutivo.

L'esperto di cui al secondo comma, lettera b), risponde dei danni causati alla società, ai soci e ai terzi.

Ai fini dell'applicazione del secondo comma, lettera a), per la definizione di "fair value" si fa riferimento ai principi contabili internazionali adottati dall'Unione europea. (3)

(1) Articolo inserito dall' art. 1, comma 2, del D.L.vo 4 agosto 2008, n. 142.
(2) Il comma che recitava: "Non è altresì richiesta la relazione di cui all'articolo 2343, primo comma, qualora il valore attribuito, ai fini della determinazione del capitale sociale e dell'eventuale sovrapprezzo, ai beni in natura o crediti conferiti, diversi da quelli di cui al primo comma, corrisponda:
a) al valore equo ricavato da un bilancio approvato da non oltre un anno, purché sottoposto a revisione legale e a condizione che la relazione del revisore non esprima rilievi in ordine alla valutazione dei beni oggetto del conferimento, ovvero b) al valore equo risultante dalla valutazione, precedente di non oltre sei mesi il conferimento e conforme ai principi e criteri generalmente riconosciuti per la valutazione dei beni oggetto del conferimento, effettuata da un esperto indipendente da chi effettua il conferimento e dalla società e dotato di adeguata e comprovata professionalità."
è stato così sostituito dall'art. 1, D.Lgs. 29 novembre 2010, n. 224.
(3) Comma introdotto dall'art. 1, D.Lgs. 29 novembre 2010, n. 224.

Art. 2343-quater. Fatti eccezionali o rilevanti che incidono sulla valutazione.

(1)

Gli amministratori verificano, nel termine di trenta giorni dalla iscrizione della società, se, nel periodo successivo a quello di cui all'articolo 2343-ter, primo comma, sono intervenuti fatti eccezionali che hanno inciso sul prezzo dei valori mobiliari o degli strumenti del mercato monetario conferiti in modo tale da modificare sensibilmente il valore di tali beni alla data di iscrizione della società nel registro delle imprese, comprese le situazioni in cui il mercato dei valori o strumenti non è più liquido. Gli amministratori verificano altresì nel medesimo termine se, successivamente al termine dell'esercizio cui si riferisce il bilancio di cui alla lettera a) del secondo comma dell'articolo 2343-ter, o alla data della valutazione di cui alla lettera b) del medesimo comma, si sono verificati fatti nuovi rilevanti tali da modificare sensibilmente il valore dei beni o dei crediti conferiti alla data di iscrizione della società nel registro delle imprese, nonché i requisiti di professionalità ed indipendenza dell'esperto che ha reso la valutazione di cui all'articolo 2343-ter, secondo comma, lettera b). (2)

Qualora gli amministratori ritengano che siano intervenuti i fatti di cui al primo comma, ovvero ritengano non idonei i requisiti di professionalità e indipendenza dell'esperto che ha reso la valutazione di cui all'articolo 2343-ter, secondo comma, lettera b), si procede, su iniziativa degli amministratori, ad una nuova valutazione ai sensi e per gli effetti dell'articolo 2343. (3)

Fuori dai casi di cui al secondo comma, è depositata per l'iscrizione nel registro delle imprese, nel medesimo termine di cui al primo comma, una dichiarazione degli amministratori contenente le seguenti informazioni:

a) la descrizione dei beni o dei crediti conferiti per i quali non si è fatto luogo alla relazione di cui all'articolo 2343, primo comma;

b) il valore ad essi attribuito, la fonte di tale valutazione e, se del caso, il metodo di valutazione;

c) la dichiarazione che tale valore è almeno pari a quello loro attribuito ai fini della determinazione del capitale sociale e dell'eventuale sovrapprezzo;

d) la dichiarazione che non sono intervenuti fatti eccezionali o rilevanti che incidono sulla valutazione di cui alla lettera b);

e) la dichiarazione di idoneità dei requisiti di professionalità e indipendenza dell'esperto di cui all'articolo 2343-ter, secondo comma, lettera b).

Fino all'iscrizione della dichiarazione le azioni sono inalienabili e devono restare depositate presso la società.

(1) Articolo inserito dall'art. 1, comma 1, del D.L.vo 4 agosto 2008, n. 142.

(2) Il comma che recitava: "Gli amministratori verificano, nel termine di trenta giorni dalla iscrizione della società, se, nel periodo successivo a quello di cui all'articolo 2343-ter, primo comma, sono intervenuti fatti eccezionali che hanno inciso sul prezzo dei valori mobiliari o degli strumenti del mercato monetario conferiti in modo tale da modificare sensibilmente il valore di tali beni alla data effettiva del conferimento, comprese le situazioni in cui il mercato dei valori o strumenti non è più liquido, ovvero se, successivamente al termine dell'esercizio cui si riferisce il bilancio di cui alla lettera a) del secondo comma dell'articolo 2343-ter, o alla data della valutazione di cui alla lettera b) del medesimo comma si sono verificati fatti nuovi rilevanti tali da modificare sensibilmente il valore equo dei beni o dei crediti conferiti. Gli amministratori verificano altresì nel medesimo termine i requisiti di professionalità ed indipendenza dell'esperto che ha reso la valutazione di cui all'articolo 2343-ter, secondo comma, lettera b)." è stato così sostituito dall'art. 1, D.Lgs. 29 novembre 2010, n. 224.

(3) Il comma che recitava: "Qualora gli amministratori ritengano che siano intervenuti i fatti di cui al primo comma ovvero ritengano non idonei i requisiti di professionalità e indipendenza dell'esperto che ha reso la valutazione di cui all'articolo 2343-ter, secondo comma, lettera b), procedono ad una nuova valutazione. Si applica in tal caso l'articolo 2343." è stato così sostituito dall'art. 1, D.Lgs. 29 novembre 2010, n. 224.

Art. 2344. Mancato pagamento delle quote.

Se il socio non esegue i pagamenti dovuti, decorsi quindici giorni dalla pubblicazione
di una diffida nella Gazzetta Ufficiale della Repubblica, gli amministratori, se non ritengono utile promuovere azione per l'esecuzione del conferimento, offrono le azioni agli altri soci, in proporzione alla loro partecipazione,
per un corrispettivo non inferiore ai conferimenti ancora dovuti.

In mancanza di offerte possono far vendere le azioni a rischio e per conto del socio, a mezzo di una banca o di un intermediario autorizzato alla negoziazione
in mercati regolamentati.

Qualora la vendita non possa aver luogo per mancanza di compratori, gli amministratori possono dichiarare decaduto il socio, trattenendo le somme riscosse, salvo il risarcimento dei maggiori danni.

Le azioni non vendute, se non possono essere rimesse in circolazione entro l'esercizio in cui fu pronunziata la decadenza del socio moroso, devono essere estinte con la corrispondente riduzione del capitale.

Il socio in mora nei versamenti non può esercitare il diritto di voto.

Art. 2345. Prestazioni accessorie.

Oltre l'obbligo dei conferimenti, l'atto costitutivo può stabilire l'obbligo dei soci di eseguire prestazioni accessorie non consistenti in danaro, determinandone
il contenuto, la durata, le modalità e il compenso, e stabilendo particolari sanzioni per il caso di inadempimento. Nella determinazione del compenso devono essere osservate le norme applicabili ai rapporti aventi per oggetto le stesse prestazioni.

Le azioni alle quali è connesso l'obbligo delle prestazioni anzidette devono essere nominative e non sono trasferibili senza il consenso degli amministratori.

Se non è diversamente disposto dall'atto costitutivo, gli obblighi previsti in questo articolo non possono essere modificati senza il consenso di tutti i soci.

SEZIONE V – Delle azioni e di altri strumenti finanziari partecipativi

Art. 2346. Emissione delle azioni.

La partecipazione sociale è rappresentata da azioni; salvo diversa disposizione di leggi speciali lo statuto può escludere l'emissione dei relativi titoli o prevedere l'utilizzazione di diverse tecniche di legittimazione e circolazione.

Se determinato nello statuto, il valore nominale di ciascuna azione corrisponde ad una frazione del capitale sociale; tale determinazione deve riferirsi senza eccezioni a tutte le azioni emesse dalla società.

In mancanza di indicazione del valore nominale delle azioni, le disposizioni che ad esso si riferiscono si applicano con riguardo al loro numero in rapporto al totale delle azioni emesse.

A ciascun socio è assegnato un numero di azioni proporzionale alla parte del capitale sociale sottoscritta e per un valore non superiore a quello del suo conferimento. Lo statuto può prevedere una diversa assegnazione delle azioni.

In nessun caso il valore dei conferimenti può essere complessivamente inferiore all'ammontare globale del capitale sociale.

Resta salva la possibilità che la società, a seguito dell'apporto da parte dei soci o di terzi anche di opera o servizi, emetta strumenti finanziari forniti di diritti patrimoniali o anche di diritti amministrativi, escluso il voto nell'assemblea
generale degli azionisti. In tal caso lo statuto ne disciplina le modalità e condizioni di emissione, i diritti che conferiscono, le sanzioni in caso di inadempimento delle prestazioni e, se ammessa, la legge di circolazione.

Art. 2347. Indivisibilità delle azioni.

Le azioni sono indivisibili. Nel caso di comproprietà di un'azione, i diritti dei comproprietari devono essere esercitati da un rappresentante comune nominato secondo le modalità previste dagli articoli 1105 e 1106.

Se il rappresentante comune non è stato nominato, le comunicazioni e le dichiarazioni fatte dalla società a uno dei comproprietari sono efficaci nei confronti di tutti.

I comproprietari dell'azione rispondono solidalmente delle obbligazioni da essa derivanti.

Art. 2348. Categorie di azioni.

Le azioni devono essere di uguale valore e conferiscono ai loro possessori uguali diritti.

Si possono tuttavia creare, con lo statuto o con successive modificazioni di questo, categorie di azioni fornite di diritti diversi anche per quanto concerne la incidenza delle perdite. In tal caso la società, nei limiti imposti dalla legge, può liberamente determinare il contenuto delle azioni delle varie categorie.

Tutte le azioni appartenenti ad una medesima categoria conferiscono uguali diritti.

Art. 2349. Azioni e strumenti finanziari a favore dei prestatori di lavoro.
Se lo statuto lo prevede, l'assemblea straordinaria può deliberare l'assegnazione di utili ai prestatori di lavoro dipendenti delle società o di società controllate mediante l'emissione, per un ammontare corrispondente agli utili stessi, di speciali categorie di azioni da assegnare individualmente ai prestatori di lavoro, con norme particolari riguardo alla forma, al modo di trasferimento ed ai diritti spettanti agli azionisti. Il capitale sociale deve essere aumentato in misura corrispondente.

L'assemblea straordinaria può altresì deliberare l'assegnazione ai prestatori di lavoro dipendenti della società o di società controllate di strumenti finanziari, diversi dalle azioni, forniti di diritti patrimoniali o anche di diritti amministrativi, escluso il voto nell'assemblea generale degli azionisti. In tal caso possono essere previste norme particolari riguardo alle condizioni di esercizio dei diritti attribuiti, alla possibilità di trasferimento ed alle eventuali cause di decadenza o riscatto.

Art. 2350. Diritto agli utili e alla quota di liquidazione.
Ogni azione attribuisce il diritto a una parte proporzionale degli utili netti e del patrimonio netto risultante dalla liquidazione, salvi i diritti stabiliti a favore di speciali categorie di azioni.

Fuori dai casi di cui all'articolo 2447-bis, la società può emettere azioni fornite di diritti patrimoniali correlati ai risultati dell'attività sociale in un determinato settore. Lo statuto stabilisce i criteri di individuazione dei costi e ricavi imputabili al settore, le modalità di rendicontazione, i diritti attribuiti a tali azioni, nonché le eventuali condizioni e modalità di conversione in azioni di altra categoria.

Non possono essere pagati dividendi ai possessori delle azioni previste dal precedente comma se non nei limiti degli utili risultanti dal bilancio della società.

Art. 2351. Diritto di voto.
Ogni azione attribuisce il diritto di voto.

Salvo quanto previsto dalle leggi speciali, lo statuto può prevedere la creazione di azioni senza diritto di voto, con diritto di voto limitato a particolari argomenti, con diritto di voto subordinato al verificarsi di particolari condizioni non meramente potestative. Il valore di tali azioni non può complessivamente superare la metà del capitale sociale.

Lo statuto delle società che non fanno ricorso al mercato del capitale di rischio può prevedere che, in relazione alla quantità di azioni possedute da uno stesso soggetto, il diritto di voto sia limitato ad una misura massima o disporre scaglionamenti.

Non possono emettersi azioni a voto plurimo.

Gli strumenti finanziari di cui agli articoli 2346, sesto comma, e 2349, secondo comma, possono essere dotati del diritto di voto su argomenti specificamente indicati e in particolare può essere ad essi riservata, secondo modalità stabilite dallo statuto, la nomina di un componente indipendente del consiglio di amministrazione o del consiglio di sorveglianza o di un sindaco.

Alle persone così nominate si applicano le medesime norme previste per gli altri componenti dell'organo cui partecipano.

Art. 2352. Pegno, usufrutto e sequestro delle azioni.
Nel caso di pegno o usufrutto sulle azioni, il diritto di voto spetta, salvo convenzione contraria, al creditore pignoratizio o all'usufruttuario. Nel caso di sequestro delle azioni il diritto di voto è esercitato dal custode.

Se le azioni attribuiscono un diritto di opzione, questo spetta al socio ed al medesimo sono attribuite le azioni in base ad esso sottoscritte. Qualora il socio non provveda almeno tre giorni prima della scadenza al versamento delle somme necessarie per l'esercizio del diritto di opzione e qualora gli altri soci non si offrano di acquistarlo, questo deve essere alienato per suo conto a mezzo banca od intermediario autorizzato alla negoziazione nei mercati regolamentati.

Nel caso di aumento del capitale sociale ai sensi dell'articolo 2442, il pegno, l'usufrutto o il sequestro si estendono alle azioni di nuova emissione.

Se sono richiesti versamenti sulle azioni, nel caso di pegno, il socio deve provvedere al versamento delle somme necessarie almeno tre giorni prima della scadenza; in mancanza il creditore pignoratizio può vendere le azioni nel modo stabilito dal secondo comma del presente articolo. Nel caso di usufrutto, l'usufruttuario deve provvedere al versamento, salvo il suo diritto alla restituzione al termine dell'usufrutto.

Se l'usufrutto spetta a più persone, si applica il secondo comma dell'articolo 2347.

Salvo che dal titolo o dal provvedimento del giudice risulti diversamente, i diritti amministrativi diversi da quelli previsti nel presente articolo spettano, nel caso di pegno o di usufrutto, sia al socio sia al creditore pignoratizio o all'usufruttuario; nel caso di sequestro sono esercitati dal custode.

Art. 2353. Azioni di godimento.
Salvo diversa disposizione dello statuto, le azioni di godimento attribuite ai possessori delle azioni rimborsate non danno diritto di voto nell'assemblea. Esse concorrono nella ripartizione degli utili che residuano dopo il pagamento delle azioni non rimborsate di un dividendo pari all'interesse legale e, nel caso di liquidazione, nella ripartizione del patrimonio sociale residuo dopo il rimborso delle altre azioni al loro valore nominale.

Art. 2354. Titoli azionari.
I titoli possono essere nominativi o al portatore, a scelta del socio, se lo statuto o le leggi speciali non stabiliscono diversamente.

Finché le azioni non siano interamente liberate, non possono essere emessi titoli al portatore.

I titoli azionari devono indicare:

1) la denominazione e la sede della società;

2) la data dell'atto costitutivo e della sua iscrizione e l'ufficio del registro delle imprese dove la società è iscritta;

3) il loro valore nominale o, se si tratta di azioni senza valore nominale, il numero complessivo delle azioni emesse, nonché l'ammontare del capitale sociale;

4) l'ammontare dei versamenti parziali sulle azioni non interamente liberate;

5) i diritti e gli obblighi particolari ad essi inerenti.

I titoli azionari devono essere sottoscritti da uno degli amministratori. È valida la sottoscrizione mediante riproduzione meccanica della firma.

Le disposizioni di questo articolo si applicano anche ai certificati provvisori che si distribuiscono ai soci prima dell'emissione dei titoli definitivi.

Sono salve le disposizioni delle leggi speciali in tema di strumenti finanziari negoziati o destinati alla negoziazione nei mercati regolamentati.

Lo statuto può assoggettare le azioni alla disciplina prevista dalle leggi speciali di cui al precedente comma.

Art. 2355. Circolazione delle azioni.

Nel caso di mancata emissione dei titoli azionari il trasferimento delle azioni ha effetto nei confronti della società dal momento dell'iscrizione nel libro dei soci.

Le azioni al portatore si trasferiscono con la consegna del titolo.

Il trasferimento delle azioni nominative si opera mediante girata autenticata da un notaio o da altro soggetto secondo quanto previsto dalle leggi speciali.

Il giratario che si dimostra possessore in base a una serie continua di girate ha diritto di ottenere l'annotazione del trasferimento nel libro dei soci, ed è comunque legittimato ad esercitare i diritti sociali; resta salvo l'obbligo della società, previsto dalle leggi speciali, di aggiornare il libro dei soci.

Il trasferimento delle azioni nominative con mezzo diverso dalla girata si opera a norma dell'articolo 2022.

Nei casi previsti ai commi sesto e settimo dell'articolo 2354, il trasferimento si opera mediante scritturazione sui conti destinati a registrare i movimenti degli strumenti finanziari; in tal caso, se le azioni sono nominative, si applica il terzo comma e la scritturazione sul conto equivale alla girata.

Art. 2355-bis. Limiti alla circolazione delle azioni.

Nel caso di azioni nominative ed in quello di mancata emissione dei titoli azionari, lo statuto può sottoporre a particolari condizioni il loro trasferimento e può, per un periodo non superiore a cinque anni dalla costituzione della società o dal momento in cui il divieto viene introdotto, vietarne il trasferimento.

Le clausole dello statuto che subordinano il trasferimento delle azioni al mero gradimento di organi sociali o di altri soci sono inefficaci se non prevedono,
a carico della società o degli altri soci, un obbligo di acquisto oppure il diritto di recesso dell'alienante; resta ferma l'applicazione dell'articolo 2357. Il corrispettivo dell'acquisto o rispettivamente la quota di liquidazione sono determinati secondo le modalità e nella misura previste dall'articolo 2437-ter.

La disposizione del precedente comma si applica in ogni ipotesi di clausole che sottopongono a particolari condizioni il trasferimento a causa di morte delle azioni, salvo che sia previsto il gradimento e questo sia concesso.

Le limitazioni al trasferimento delle azioni devono risultare dal titolo.

Art. 2356. Responsabilità in caso di trasferimento di azioni non liberate.

Coloro che hanno trasferito azioni non liberate sono obbligati in solido con gli acquirenti per l'ammontare dei versamenti ancora dovuti, per il periodo di tre anni dall'annotazione del trasferimento nel libro dei soci.

Il pagamento non può essere ad essi domandato se non nel caso in cui la richiesta al possessore dell'azione sia rimasta infruttuosa.

Art. 2357. Acquisto delle proprie azioni.

La società non può acquistare azioni proprie se non nei limiti degli utili distribuibili
e delle riserve disponibili risultanti dall'ultimo bilancio regolarmente approvato. Possono essere acquistate soltanto azioni interamente liberate.

L'acquisto deve essere autorizzato dall'assemblea, la quale ne fissa le modalità, indicando in particolare il numero massimo di azioni da acquistare, la durata, non superiore ai diciotto mesi, per la quale l'autorizzazione è accordata, il corrispettivo minimo ed il corrispettivo massimo.

Il valore nominale delle azioni acquistate a norma del primo e secondo comma dalle società che fanno ricorso al mercato del capitale di rischio non può eccedere la quinta parte del capitale sociale, tenendosi conto a tale fine anche delle azioni possedute da società controllate. (1)

Le azioni acquistate in violazione dei commi precedenti debbono essere alienate secondo modalità da determinarsi dall'assemblea, entro un anno dal loro acquisto. In mancanza, deve procedersi senza indugio al loro annullamento
e alla corrispondente riduzione del capitale. Qualora l'assemblea non provveda, gli amministratori e i sindaci devono chiedere che la riduzione sia disposta dal tribunale secondo il procedimento previsto dall'articolo 2446, secondo comma.

Le disposizioni del presente articolo si applicano anche agli acquisti fatti per tramite di società fiduciaria o per interposta persona.

(1) Comma modificato dall'art. 1, comma 3, del D.L.vo 4 agosto 2008, n. 142, è stato così sostituito dall'art. 7, comma 3 sexies, lett. a), del D.L.vo 10 febbraio 2009, n. 5, convertito, con modificazioni, nella L. 9 aprile 2009, n. 33.

Art. 2357-bis. Casi speciali di acquisto delle proprie azioni.

Le limitazioni contenute nell'articolo 2357 non si applicano quando l'acquisto di azioni proprie avvenga:

1) in esecuzione di una deliberazione dell'assemblea di riduzione del capitale, da attuarsi mediante riscatto e annullamento di azioni;

2) a titolo gratuito, sempre che si tratti di azioni interamente liberate;

3) per effetto di successione universale o di fusione o scissione;

4) in occasione di esecuzione forzata per il soddisfacimento di un credito della società, sempre che si tratti di azioni interamente liberate.

Se il valore nominale delle azioni proprie supera il limite della quinta parte del capitale per effetto di acquisti avvenuti a norma dei numeri 2), 3) e 4) del primo comma del presente articolo, si applica per l'eccedenza il penultimo comma dell'articolo 2357, ma il termine entro il quale deve avvenire l'alienazione è di tre anni. (1)

(1) Comma così sostituito dall'art. 7, D. L. 10 febbraio 2009, n. 5, convertito, con modificazioni, con L. 9 aprile 2009, n. 33.

Art. 2357-ter. Disciplina delle proprie azioni.

Gli amministratori non possono disporre delle azioni acquistate a norma dei due articoli precedenti se non previa autorizzazione dell'assemblea, la quale deve stabilire le relative modalità. A tal fine possono essere previste, nei limiti stabiliti dal primo e secondo comma dell'articolo 2357, operazioni successive di acquisto ed alienazione.

Finché le azioni restano in proprietà della società, il diritto agli utili e il diritto di opzione sono attribuiti proporzionalmente alle altre azioni. Il diritto di voto è sospeso, ma le azioni proprie sono tuttavia computate ai fini del calcolo delle maggioranze e delle quote richieste per la costituzione e per le deliberazioni dell'assemblea. Nelle società che fanno ricorso al mercato del capitale di rischio il computo delle azioni proprie è disciplinato dall'articolo 2368, terzo comma. (1)

Una riserva indisponibile pari all'importo delle azioni proprie iscritto all'attivo del bilancio deve essere costituita e mantenuta finché le azioni non siano trasferite o annullate.

(1) Il comma recitava: "Finché le azioni restano in proprietà della società, il diritto agli utili e il diritto di opzione sono attribuiti proporzionalmente alle altre azioni; l'assemblea può tuttavia, alle condizioni previste dal primo e secondo comma dell'articolo 2357, autorizzare l'esercizio totale o parziale del diritto di opzione. Il diritto di voto è sospeso, ma le azioni proprie sono tuttavia computate nel capitale ai fini del calcolo delle quote richieste per la costituzione e per le deliberazioni dell'assemblea."
è stato così sostituito dall'art. 1, D.Lgs. 29 novembre 2010, n. 224.

Art. 2357-quater. Divieto di sottoscrizione delle proprie azioni.

Salvo quanto previsto dall'articolo 2357-ter, secondo comma, la società non può sottoscrivere azioni proprie.

Le azioni sottoscritte in violazione del divieto stabilito nel precedente comma si intendono sottoscritte e devono essere liberate dai promotori e dai soci fondatori o, in caso di aumento del capitale sociale, dagli amministratori. La presente disposizione non si applica a chi dimostri di essere esente da colpa.

Chiunque abbia sottoscritto in nome proprio, ma per conto della società, azioni di quest'ultima è considerato a tutti gli effetti sottoscrittore per conto proprio. Della liberazione delle azioni rispondono solidalmente, a meno che dimostrino di essere esenti da colpa, i promotori, i soci fondatori e, nel caso di aumento del capitale sociale, gli amministratori.

Art. 2358. Altre operazioni sulle proprie azioni. (1)

La società non può, direttamente o indirettamente, accordare prestiti, né fornire garanzie per l'acquisto o la sottoscrizione delle proprie azioni, se non alle condizioni previste dal presente articolo.

Tali operazioni sono preventivamente autorizzate dall'assemblea straordinaria. Gli amministratori della società predispongono una relazione che illustri, sotto il profilo giuridico ed economico, l'operazione, descrivendone le condizioni, evidenziando le ragioni e gli obiettivi imprenditoriali che la giustificano, lo specifico interesse che l'operazione presenta per la società, i rischi che essa comporta per la liquidità e la solvibilità della società ed indicando il prezzo al quale il terzo acquisirà le azioni.

Nella relazione gli amministratori attestano altresì che l'operazione ha luogo a condizioni di mercato, in particolare per quanto riguarda le garanzie prestate e il tasso di interesse praticato per il rimborso del finanziamento, e che il merito di credito della controparte è stato debitamente valutato. La relazione è depositata presso la sede della società durante i trenta giorni che precedono l'assemblea. Il verbale dell'assemblea, corredato dalla relazione degli amministratori, è depositato entro trenta giorni per l'iscrizione nel registro delle imprese.

In deroga all'articolo 2357-ter, quando le somme o le garanzie fornite ai sensi del presente articolo sono utilizzate per l'acquisto di azioni detenute dalla società ai sensi dell'articolo 2357 e 2357-bis l'assemblea straordinaria autorizza gli amministratori a disporre di tali azioni con la delibera di cui al secondo comma. Il prezzo di acquisto delle azioni è determinato secondo i criteri di cui all'articolo 2437-ter, secondo comma.

Nel caso di azioni negoziate in un mercato regolamentato il prezzo di acquisto è pari almeno al prezzo medio ponderato al quale le azioni sono state negoziate nei sei mesi che precedono la pubblicazione dell'avviso di convocazione dell'assemblea.

Qualora la società accordi prestiti o fornisca garanzie per l'acquisto o la sottoscrizione delle azioni proprie a singoli amministratori della società o della controllante o alla stessa controllante ovvero a terzi che agiscono in nome proprio e per conto dei predetti soggetti, la relazione di cui al terzo comma attesta altresì che l'operazione realizza al meglio l'interesse della società.

L'importo complessivo delle somme impiegate e delle garanzie fornite ai sensi del presente articolo non può eccedere il limite degli utili distribuibili e delle riserve disponibili risultanti dall'ultimo bilancio regolarmente approvato, tenuto conto anche dell'eventuale acquisto di proprie azioni ai sensi dell'articolo 2357. Una riserva indisponibile pari all'importo complessivo delle somme impiegate e delle garanzie fornite e' iscritta al passivo del bilancio.

La società non può, neppure per tramite di società fiduciaria, o per interposta persona, accettare azioni proprie in garanzia.

Salvo quanto previsto dal comma sesto, le disposizioni del presente articolo non si applicano alle operazioni effettuate per favorire l'acquisto di azioni da parte di dipendenti della società o di quelli di società controllanti o controllate.

Resta salvo quanto previsto dagli articoli 2391-bis e 2501-bis.

(1) Articolo così sostituito dall'art. 1, comma 4, del D.L.vo 4 agosto 2008, n. 142.

Art. 2359. Società controllate e società collegate.

Sono considerate società controllate:

1) le società in cui un'altra società dispone della maggioranza dei voti esercitabili nell'assemblea ordinaria;

2) le società in cui un'altra società dispone di voti sufficienti per esercitare un'influenza dominante nell'assemblea ordinaria;

3) le società che sono sotto influenza dominante di un'altra società in virtù di particolari vincoli contrattuali con essa.

Ai fini dell'applicazione dei numeri 1) e 2) del primo comma si computano anche i voti spettanti a società controllate, a società fiduciarie e a persona interposta: non si computano i voti spettanti per conto di terzi.

Sono considerate collegate le società sulle quali un'altra società esercita un'influenza notevole. L'influenza si presume quando nell'assemblea ordinaria può essere esercitato almeno un quinto dei voti ovvero un decimo se la società ha azioni quotate in mercati regolamentati.

Cfr. Consiglio di Stato, sez. V, decisione 7 maggio 2008, n. 2087 e Consiglio di Stato, sez. V, decisione 8 settembre 2008, n. 4285 in Altalex Massimario.

Art. 2359-bis. Acquisto di azioni o quote da parte di società controllate.

La società controllata non può acquistare azioni o quote della società controllante se non nei limiti degli utili distribuibili e delle riserve disponibili risultanti dall'ultimo bilancio regolarmente approvato. Possono essere acquistate soltanto azioni interamente liberate.

L'acquisto deve essere autorizzato dall'assemblea a norma del secondo comma dell'articolo 2357.

In nessun caso il valore nominale delle azioni acquistate a norma dei commi primo e secondo può eccedere la quinta parte del capitale della società controllante qualora questa sia una società che faccia ricorso al mercato del capitale di rischio, tenendosi conto a tal fine delle azioni possedute dalla medesima società controllante o dalle società da essa controllate. (1)

Una riserva indisponibile, pari all'importo delle azioni o quote della società controllante iscritto all'attivo del bilancio deve essere costituita e mantenuta finché le azioni o quote non siano trasferite.

La società controllata da altra società non può esercitare il diritto di voto nelle assemblee di questa.

Le disposizioni di questo articolo si applicano anche agli acquisti fatti per il tramite di società fiduciaria o per interposta persona.

(1) Il comma che recitava: "In nessun caso il valore nominale delle azioni o quote acquistate a norma dei commi precedenti può eccedere la decima parte del capitale della società controllante, tenendosi conto a tal fine delle azioni o quote possedute dalla medesima società controllante e dalle società da essa controllate." è stato così sostituito dall'art. 1, D.Lgs. 29 novembre 2010, n. 224.

Art. 2359-ter. Alienazione o annullamento delle azioni o quote della società controllante.

Le azioni o quote acquistate in violazione dell'articolo 2359-bis devono essere alienate secondo modalità da determinarsi dall'assemblea entro un anno dal loro acquisto.

In mancanza, la società controllante deve procedere senza indugio al loro annullamento e alla corrispondente riduzione del capitale, con rimborso secondo i criteri indicati dagli articoli 2437-ter e 2437-quater. Qualora l'assemblea non provveda, gli amministratori e i sindaci devono chiedere che la riduzione sia disposta dal tribunale secondo il procedimento previsto dall'articolo 2446, secondo comma.

Art. 2359-quater. Casi speciali di acquisto o di possesso di azioni o quote della società controllante.

Le limitazioni dell'articolo 2359-bis non si applicano quando l'acquisto avvenga ai sensi dei numeri 2, 3 e 4 del primo comma dell'articolo 2357-bis.

Le azioni o quote così acquistate, che superino il limite stabilito dal terzo comma dell'articolo 2359-bis, devono tuttavia essere alienate, secondo modalità da determinarsi dall'assemblea, entro tre anni dall'acquisto. Si applica il secondo comma dell'articolo 2359-ter.

Se il limite indicato dal terzo comma dell'articolo 2359-bis è superato per effetto di circostanze sopravvenute, la società controllante, entro tre anni dal momento in cui si è verificata la circostanza che ha determinato il superamento del limite, deve procedere all'annullamento delle azioni o quote in misura proporzionale a quelle possedute da ciascuna società, con conseguente riduzione del capitale e con rimborso alle società controllate secondo i criteri indicati dagli articoli 2437-ter e 2437-quater. Qualora l'assemblea non provveda, gli amministratori e i sindaci devono chiedere che la riduzione sia disposta dal tribunale secondo il procedimento previsto dall'articolo 2446, secondo comma.

Art. 2359-quinquies. Sottoscrizione di azioni o quote della società controllante.

La società controllata non può sottoscrivere azioni o quote della società controllante.

Le azioni o quote sottoscritte in violazione del comma precedente si intendono sottoscritte e devono essere liberate dagli amministratori, che non dimostrino di essere esenti da colpa.

Chiunque abbia sottoscritto in nome proprio, ma per conto della società controllata, azioni o quote della società controllante è considerato a tutti gli effetti sottoscrittore per conto proprio. Della liberazione delle azioni o quote rispondono solidalmente gli amministratori della società controllata che non dimostrino di essere esenti da colpa.

Art. 2360. Divieto di sottoscrizione reciproca di azioni.

È vietato alle società di costituire o di aumentare il capitale mediante sottoscrizione reciproca di azioni, anche per tramite di società fiduciaria o per interposta persona.

Art. 2361. Partecipazioni.

L'assunzione di partecipazioni in altre imprese, anche se prevista genericamente nello statuto, non è consentita, se per la misura e per l'oggetto della partecipazione ne risulta sostanzialmente modificato l'oggetto sociale determinato dallo statuto.

L'assunzione di partecipazioni in altre imprese comportante una responsabilità illimitata per le obbligazioni delle medesime deve essere deliberata dall'assemblea; di tali partecipazioni gli amministratori danno specifica informazione nella nota integrativa del bilancio.

Art. 2362. Unico azionista.

Quando le azioni risultano appartenere ad una sola persona o muta la persona dell'unico socio, gli amministratori devono depositare per l'iscrizione del registro delle imprese una dichiarazione contenente l'indicazione del cognome e nome o della denominazione, della data e del luogo di nascita o lo Stato di costituzione, del domicilio o della sede e cittadinanza dell'unico socio.

Quando si costituisce o ricostituisce la pluralità dei soci, gli amministratori ne devono depositare apposita dichiarazione per l'iscrizione nel registro delle imprese.

L'unico socio o colui che cessa di essere tale può provvedere alla pubblicità prevista nei commi precedenti.

Le dichiarazioni degli amministratori previste dai precedenti commi devono essere depositate entro trenta giorni dall'iscrizione nel libro dei soci e devono indicare la data di iscrizione.

I contratti della società con l'unico socio o le operazioni a favore dell'unico socio sono opponibili ai creditori della società solo se risultano dal libro delle adunanze e delle deliberazioni del consiglio di amministrazione o da atto scritto avente data certa anteriore al pignoramento.

SEZIONE VI – Dell'assemblea

Art. 2363. Luogo di convocazione dell'assemblea.

L'assemblea è convocata nel comune dove ha sede la società, se lo statuto non dispone diversamente.

L'assemblea è ordinaria o straordinaria.

Art. 2364. Assemblea ordinaria nelle società prive di consiglio di sorveglianza.

Nelle società prive di consiglio di sorveglianza, l'assemblea ordinaria:
1) approva il bilancio;
2) nomina e revoca gli amministratori; nomina i sindaci e il presidente del collegio sindacale e, quando previsto, il soggetto incaricato di effettuare la revisione legale dei conti (1);
3) determina il compenso degli amministratori e dei sindaci, se non è stabilito dallo statuto;
4) delibera sulla responsabilità degli amministratori e dei sindaci;
5) delibera sugli altri oggetti attribuiti dalla legge alla competenza dell'assemblea,
nonché sulle autorizzazioni eventualmente richieste dallo statuto per il compimento di atti degli amministratori, ferma in ogni caso la responsabilità
di questi per gli atti compiuti;
6) approva l'eventuale regolamento dei lavori assembleari.

L'assemblea ordinaria deve essere convocata almeno una volta l'anno, entro il termine stabilito dallo statuto e comunque non superiore a centoventi giorni dalla chiusura dell'esercizio sociale. Lo statuto può prevedere un maggior termine, comunque non superiore a centottanta giorni, nel caso di società tenute alla redazione del bilancio consolidato ovvero quando lo richiedono
particolari esigenze relative alla struttura ed all'oggetto della società; in questi casi gli amministratori segnalano nella relazione prevista dall'articolo 2428 le ragioni della dilazione.

(1) Comma modificato dall'art. 37, comma 3, del D.L.vo 27 gennaio 2010, n. 39.

Art. 2364-bis. Assemblea ordinaria nelle società con consiglio di sorveglianza.

Nelle società ove è previsto il consiglio di sorveglianza, l'assemblea ordinaria:
1) nomina e revoca i consiglieri di sorveglianza;
2) determina il compenso ad essi spettante, se non è stabilito nello statuto;
3) delibera sulla responsabilità dei consiglieri di sorveglianza;
4) delibera sulla distribuzione degli utili;
5) nomina il soggetto incaricato di effettuare la revisione legale dei conti. (1)

Si applica il secondo comma dell'articolo 2364.

(1) Comma modificato dall'art. 37, comma 4, del D.L.vo 27 gennaio 2010, n. 39.

Art. 2365. Assemblea straordinaria.

L'assemblea straordinaria delibera sulle modificazioni dello statuto, sulla nomina, sulla sostituzione e sui poteri dei liquidatori e su ogni altra materia espressamente attribuita dalla legge alla sua competenza.

Fermo quanto disposto dagli articoli 2420-ter e 2443, lo statuto può attribuire alla competenza dell'organo amministrativo o del consiglio di sorveglianza o del consiglio di gestione le deliberazioni concernenti la fusione nei casi previsti dagli articoli 2505 e 2505-bis, l'istituzione o la soppressione di sedi secondarie, la indicazione di quali tra gli amministratori hanno la rappresentanza
della società, la riduzione del capitale in caso di recesso del socio, gli adeguamenti dello statuto a disposizioni normative, il trasferimento della sede sociale nel territorio nazionale. Si applica in ogni caso l'articolo 2436.

Art. 2366. Formalità per la convocazione.

Salvo quanto previsto dalle leggi speciali per le società, diverse dalle società cooperative, che fanno ricorso al mercato del capitale di rischio, l'assemblea (1) è convocata dagli amministratori o dal consiglio di gestione mediante avviso contenente l'indicazione del giorno, dell'ora e del luogo dell'adunanza e l'elenco delle materie da trattare.

L'avviso deve essere pubblicato nella Gazzetta Ufficiale della Repubblica o in almeno un quotidiano indicato nello statuto almeno quindici giorni prima di quello fissato per l'assemblea. Se i quotidiani indicati nello statuto hanno cessato le pubblicazioni, l'avviso deve essere pubblicato nella Gazzetta Ufficiale.

Per le società, diverse dalle società cooperative, che fanno ricorso al mercato del capitale di rischio, le modalità di pubblicazione dell'avviso sono definite dalle leggi speciali (2).

Lo statuto delle società che non fanno ricorso al mercato del capitale di rischio può, in deroga al comma precedente, consentire la convocazione mediante avviso comunicato ai soci con mezzi che garantiscano la prova dell'avvenuto ricevimento almeno otto giorni prima dell'assemblea.

In mancanza delle formalità previste per la convocazione (3), l'assemblea si reputa regolarmente costituita, quando è rappresentato l'intero capitale sociale e partecipa all'assemblea la maggioranza dei componenti degli organi amministrativi e di controllo. Tuttavia in tale ipotesi ciascuno dei partecipanti può opporsi alla discussione degli argomenti sui quali non si ritenga sufficientemente informato.

Nell'ipotesi di cui al comma precedente, dovrà essere data tempestiva comunicazione

delle deliberazioni assunte ai componenti degli organi amministrativi e di controllo non presenti.

(1) Le parole: "L'assemblea" sono state così sostituite dall'art. 1, comma 1, lett. a), del D.L.vo 27 gennaio 2010, n. 27.

(2) Le parole: "Per le società, diverse dalle società cooperative, che fanno ricorso al mercato del capitale di rischio, le modalità di pubblicazione dell'avviso sono definite dalle leggi speciali" sono state aggiunte dall'art. 1, comma 1, lett. b), del D.L.vo 27 gennaio 2010, n. 27.

(3) La parola: "suddette" è stata così modificata dall'art. 1, comma 1, lett. c), del D.L.vo 27 gennaio 2010, n. 27.

Art. 2367. Convocazione su richiesta di soci.

Gli amministratori o il consiglio di gestione devono convocare senza ritardo l'assemblea, quando ne è fatta domanda da tanti soci che rappresentino almeno il ventesimo del capitale sociale nelle società che fanno ricorso al mercato del capitale di rischio e il decimo del capitale sociale nelle altre (1) o la minore percentuale prevista nello statuto, e nella domanda sono indicati gli argomenti da trattare.

Se gli amministratori o il consiglio di gestione, oppure in loro vece i sindaci o il consiglio di sorveglianza o il comitato per il controllo sulla gestione, non provvedono, il tribunale, sentiti i componenti degli organi amministrativi e di controllo, ove il rifiuto di provvedere risulti ingiustificato, ordina con decreto la convocazione dell'assemblea, designando la persona che deve presiederla.

La convocazione su richiesta di soci non è ammessa per argomenti sui quali l'assemblea delibera, a norma di legge, su proposta degli amministratori o sulla base di un progetto o di una relazione da essi predisposta.

(1) Le parole: "almeno il decimo del capitale sociale" sono state così sostituite dall'art. 1, comma 2, del D.L.vo 27 gennaio 2010, n. 27

Art. 2368. Costituzione dell'assemblea e validità delle deliberazioni.

L'assemblea ordinaria è regolarmente costituita quando è rappresentata (1) almeno la metà del capitale sociale, escluse dal computo le azioni prive del diritto di voto nell'assemblea medesima. Essa delibera a maggioranza assoluta, salvo che lo statuto richieda una maggioranza più elevata. Per la nomina alle cariche sociali lo statuto può stabilire norme particolari.

L'assemblea straordinaria delibera con il voto favorevole di (2) più della metà del capitale sociale, se lo statuto non richiede una maggioranza più elevata. Nelle società che fanno ricorso al mercato del capitale di rischio l'assemblea straordinaria è regolarmente costituita quando è rappresentata (3) almeno la metà del capitale sociale o la maggiore percentuale prevista dallo statuto e delibera con il voto favorevole di almeno i due terzi del capitale rappresentato in assemblea.

Salvo diversa disposizione di legge le azioni per le quali non può essere esercitato il diritto di voto sono computate ai fini della regolare costituzione dell'assemblea. Le medesime azioni e quelle per le quali il diritto di voto non è stato esercitato a seguito della dichiarazione del soggetto al quale spetta il diritto di voto (4) di astenersi per conflitto di interessi non sono computate ai fini del calcolo della maggioranza e della quota di capitale richiesta per l'approvazione della deliberazione.

(1) Le parole: "con l'intervento di tanti soci che rappresentino" sono state così sostituite dall'art. 1, comma 3, lett. a), del D.L.vo 27 gennaio 2010, n. 27

(2) Il periodo che recitava: "tanti soci che rappresentino" è stato soppresso dall'art. 1, comma 3, lett. b) del D.L.vo 27 gennaio 2010, n. 27.

(3) Le parole: " con la presenza di tanti soci che rappresentino" sono state così sostituite dall'art. 1, comma 3, lett. b) del D.L.vo 27 gennaio 2010, n. 27.

(4) La parola: "socio" è stata così sostituita dall'art. 1, comma 3, lett. c) del D.L.vo 27 gennaio 2010, n. 27.

Art. 2369. Seconda convocazione e convocazioni successive.

Se all'assemblea non è complessivamente rappresentata la parte di capitale richiesta dall'articolo precedente, l'assemblea deve essere nuovamente convocata. Lo statuto delle società, diverse dalle società cooperative, che fanno ricorso al mercato del capitale di rischio può escludere il ricorso a convocazioni successive alla prima disponendo che all'unica convocazione si applichino, per l'assemblea ordinaria, le maggiorazioni indicate dal terzo e dal quarto comma, nonché dall'articolo 2368, primo comma, secondo periodo, e, per l'assemblea straordinaria, le maggioranze previste dal settimo comma del presente articolo (1).

Nell'avviso di convocazione dell'assemblea può essere fissato il giorno per la seconda convocazione. Questa non può aver luogo nello stesso giorno fissato per la prima. Se il giorno per la seconda convocazione non è indicato nell'avviso, l'assemblea deve essere riconvocata entro trenta giorni dalla data della prima, e il termine stabilito dal secondo comma dell'articolo 2366 è ridotto ad otto giorni.

In seconda convocazione l'assemblea ordinaria delibera sugli oggetti che avrebbero dovuto essere trattati nella prima, qualunque sia la parte di capitale rappresentata (2), e l'assemblea straordinaria è regolarmente costituita con la partecipazione di oltre un terzo del capitale sociale e delibera con il voto favorevole di almeno i due terzi del capitale rappresentato in assemblea. Lo statuto può richiedere maggioranze più elevate, tranne che per l'approvazione

del bilancio e per la nomina e la revoca delle cariche sociali.

Nelle società che non fanno ricorso al mercato del capitale di rischio è necessario,

anche in seconda convocazione, il voto favorevole di (3) più di un terzo del capitale sociale per le deliberazioni concernenti il cambiamento dell'oggetto sociale, la trasformazione della società, lo scioglimento anticipato, la proroga della società, la revoca dello stato di liquidazione, il trasferimento della sede sociale all'estero e l'emissione delle azioni di cui al secondo comma dell'articolo 2351.

Lo statuto può prevedere eventuali ulteriori convocazioni dell'assemblea, alle quali si applicano le disposizioni del terzo, quarto e quinto comma.

Nelle società che fanno ricorso al mercato del capitale di rischio l'assemblea straordinaria è costituita, nelle convocazioni successive alla seconda, quando è rappresentato (4) almeno un quinto del capitale sociale, salvo che lo statuto richieda una quota di capitale più elevata, e delibera con il voto favorevole

di almeno i due terzi del capitale rappresentato in assemblea (5).

(1) Questo comma è stato così sostituito dall'art. 1, comma 4, lett. a), del D.L.vo 27 gennaio 2010, n. 27.

(2) Le parole: "dai soci partecipanti" sono state soppresse dall'art. 1, comma 4, lett. b) del D.L.vo 27 gennaio 2010, n. 27.

(3) Le parole: "tanti soci che rappresentino" sono state soppresse dall'art. 1, comma 1, lett. c) del D.L.vo 27 gennaio 2010, n. 27.

(4) Le parole: "con la presenza di tanti soci che rappresentino" sono state così sostituite dall'art. 1, comma 4, lett. d) del D.L.vo 27 gennaio 2010, n. 27.

(5) Le parole: "e delibera con il voto favorevole di almeno i due terzi del capitale rappresentato in assemblea" sono state introdotte dall'art. 1, comma 4, lett. d) del D.L.vo 27 gennaio 2010, n. 27.

Art. 2370. Diritto d'intervento all'assemblea ed esercizio del voto. (1)

Possono intervenire all'assemblea coloro ai quali spetta il diritto di voto.
Lo statuto delle società le cui azioni non sono ammesse alla gestione accentrata,
può richiedere il preventivo deposito delle azioni presso la sede sociale
o presso le banche indicate nell'avviso di convocazione, fissando il termine
entro il quale debbono essere depositate ed eventualmente prevedendo
che non possano essere ritirate prima che l'assemblea abbia avuto luogo.
Qualora le azioni emesse dalle società indicate al primo periodo siano diffuse
fra il pubblico in misura rilevante il termine non può essere superiore a
due giorni non festivi.
Se le azioni sono nominative, le società di cui al secondo comma provvedono
all'iscrizione nel libro dei soci di coloro che hanno partecipato
all'assemblea o che hanno effettuato il deposito.
Lo statuto può consentire l'intervento all'assemblea mediante mezzi di telecomunicazione
ovvero l'espressione del voto per corrispondenza o in via
elettronica. Chi esprime il voto per corrispondenza o in via elettronica si
considera intervenuto all'assemblea.
Resta fermo quanto previsto dalle leggi speciali in materia di legittimazione
all'intervento e all'esercizio del diritto di voto nell'assemblea nonché in materia
di aggiornamento del libro soci nelle società con azioni ammesse alla gestione accentrata.

(1) Questo articolo è stato così sostituito all'art. 1, comma 5, del D.Lvo 27 gennaio 2010, n. 27.

Art. 2371. Presidenza dell'assemblea.

L'assemblea è presieduta dalla persona indicata nello statuto o, in mancanza,
da quella eletta con il voto della maggioranza dei presenti. Il presidente
è assistito da un segretario designato nello stesso modo. Il presidente
dell'assemblea verifica la regolarità della costituzione, accerta l'identità e la
legittimazione dei presenti, regola il suo svolgimento ed accerta i risultati
delle votazioni; degli esiti di tali accertamenti deve essere dato conto nel verbale.
L'assistenza del segretario non è necessaria quando il verbale dell'assemblea
è redatto da un notaio.

Art. 2372. Rappresentanza nell'assemblea.

Coloro ai quali spetta il diritto di voto possono farsi rappresentare
nell'assemblea salvo che, nelle società che non fanno ricorso al mercato del
capitale di rischio e nelle società cooperative, lo statuto disponga diversamente.
La rappresentanza deve essere conferita per iscritto e i documenti
relativi devono essere conservati dalla società. (1)
Nelle società che fanno ricorso al mercato del capitale di rischio la rappresentanza
può essere conferita solo per singole assemblee, con effetto anche
per le successive convocazioni, salvo che si tratti di procura generale o di
procura conferita da una società, associazione, fondazione o altro ente collettivo
o istituzione ad un proprio dipendente.
La delega non può essere rilasciata con il nome del rappresentante in bianco
ed è sempre revocabile nonostante ogni patto contrario. Il rappresentante
può farsi sostituire solo da chi sia espressamente indicato nella delega.
Se la rappresentanza è conferita ad una società, associazione, fondazione
od altro ente collettivo o istituzione, questi possono delegare soltanto un
proprio dipendente o collaboratore.
La rappresentanza non può essere conferita né ai membri degli organi amministrativi
o di controllo o ai dipendenti della società, né alle società da
essa controllate o ai membri degli organi amministrativi o di controllo o ai
dipendenti di queste.
La stessa persona non può rappresentare in assemblea più di venti soci o, se
si tratta di società previste nel secondo comma di questo articolo, più di
cinquanta soci se la società ha capitale non superiore a cinque milioni di
euro, più di cento soci se la società ha capitale superiore a cinque milioni di
euro e non superiore a venticinque milioni di euro, e più di duecento soci se
la società ha capitale superiore a venticinque milioni di euro.
Le disposizioni del quinto e del sesto comma di questo articolo si applicano
anche nel caso di girata delle azioni per procura.
Le disposizioni del quinto e del sesto comma non si applicano alle società
con azioni quotate nei mercati regolamentativi diverse dalle società cooperative.
Resta fermo quanto previsto dall'articolo 2359 (2).

(1) Questo comma è stato così sostituito dall'art. 1, comma 6, lett. a) del D.L.vo 27 gennaio 2010, n.27.

(2) Questo comma è stato aggiunto dall'art. 1, comma 6, lett. b), del D.L.vo 27 gennaio 2010, n. 27.

Art. 2373. Conflitto d'interessi.

La deliberazione approvata con il voto determinante di coloro (1) che abbiano,
per conto proprio o di terzi, un interesse in conflitto con quello della
società è impugnabile a norma dell'articolo 2377 qualora possa recarle danno.
Gli amministratori non possono votare nelle deliberazioni riguardanti la loro responsabilità.
I componenti del consiglio di gestione non possono votare
nelle deliberazioni riguardanti la nomina, la revoca o la responsabilità dei
consiglieri di sorveglianza.

(1) Le parole: "dei soci" sono state così sostituite dall'art. 1, comma 7, del D.L.vo 27

Art. 2374. Rinvio dell'assemblea.

I soci intervenuti che riuniscono un terzo del capitale rappresentato nell'assemblea, se dichiarano di non essere sufficientemente informati sugli oggetti posti in deliberazione, possono chiedere che l'assemblea sia rinviata a non oltre cinque giorni.

Questo diritto non può esercitarsi che una sola volta per lo stesso oggetto.

Art. 2375. Verbale delle deliberazioni dell'assemblea.

Le deliberazioni dell'assemblea devono constare da verbale sottoscritto dal presidente e dal segretario o dal notaio. Il verbale deve indicare la data dell'assemblea e, anche in allegato, l'identità dei partecipanti e il capitale rappresentato da ciascuno; deve altresì indicare le modalità e il risultato delle votazioni e deve consentire, anche per allegato, l'identificazione dei soci favorevoli, astenuti o dissenzienti. Nel verbale devono essere riassunte, su richiesta dei soci, le loro dichiarazioni pertinenti all'ordine del giorno.

Il verbale dell'assemblea straordinaria deve essere redatto da un notaio.

Il verbale deve essere redatto senza ritardo, nei tempi necessari per la tempestiva esecuzione degli obblighi di deposito o di pubblicazione.

Art. 2376. Assemblee speciali.

Se esistono diverse categorie di azioni o strumenti finanziari che conferiscono diritti amministrativi, le deliberazioni dell'assemblea, che pregiudicano i diritti di una di esse, devono essere approvate anche dall'assemblea speciale degli appartenenti alla categoria interessata.

Alle assemblee speciali si applicano le disposizioni relative alle assemblee straordinarie.

Quando le azioni o gli strumenti finanziari sono ammessi al sistema di gestione accentrata la legittimazione all'intervento e al voto nella relativa assemblea è disciplinata dalle leggi speciali. (1)

(1) Questo comma è stato aggiunto dall'art. 1, D.Lgs. 18 giugno 2012, n. 91 (G.U. del 2.07.2012, n. 152).

Art. 2377. Annullabilità delle deliberazioni.

Le deliberazioni dell'assemblea, prese in conformità della legge e dell'atto sostitutivo, vincolano tutti i soci, ancorché non intervenuti o dissenzienti.

Le deliberazioni che non sono prese in conformità della legge o dello statuto possono essere impugnate dai soci assenti, dissenzienti od astenuti, dagli amministratori, dal consiglio di sorveglianza e dal collegio sindacale.

L'impugnazione può essere proposta dai soci quando possiedono tante azioni aventi diritto di voto con riferimento alla deliberazione che rappresentino, anche congiuntamente, l'uno per mille del capitale sociale nelle società che fanno ricorso al mercato del capitale di rischio e il cinque per cento nelle altre; lo statuto può ridurre o escludere questo requisito. Per l'impugnazione delle deliberazioni delle assemblee speciali queste percentuali sono riferite al capitale rappresentato dalle azioni della categoria.

I soci che non rappresentano la parte di capitale indicata nel comma precedente e quelli che, in quanto privi di voto, non sono legittimati a proporre l'impugnativa hanno diritto al risarcimento del danno loro cagionato dalla non conformità della deliberazione alla legge o allo statuto.

La deliberazione non può essere annullata:

1) per la partecipazione all'assemblea di persone non legittimate, salvo che tale partecipazione sia stata determinante ai fini della regolare costituzione dell'assemblea a norma degli articoli 2368 e 2369;

2) per l'invalidità di singoli voti o per il loro errato conteggio, salvo che il voto invalido o l'errore di conteggio siano stati determinanti ai fini del raggiungimento della maggioranza richiesta;

3) per l'incompletezza o l'inesattezza del verbale, salvo che impediscano l'accertamento del contenuto, degli effetti e della validità della deliberazione.

L'impugnazione o la domanda di risarcimento del danno sono proposte nel termine di novanta giorni dalla data della deliberazione, ovvero, se questa è soggetta ad iscrizione nel registro delle imprese, entro novanta giorni dall'iscrizione o, se è soggetta solo a deposito presso l'ufficio del registro delle imprese, entro novanta giorni dalla data di questo.

L'annullamento della deliberazione ha effetto rispetto a tutti i soci ed obbliga gli amministratori, il consiglio di sorveglianza e il consiglio di gestione a prendere i conseguenti provvedimenti sotto la propria responsabilità. In ogni caso sono salvi i diritti acquistati in buona fede dai terzi in base ad atti compiuti in esecuzione della deliberazione.

L'annullamento della deliberazione non può aver luogo, se la deliberazione impugnata è sostituita con altra presa in conformità della legge e dello statuto. In tal caso il giudice provvede sulle spese di lite, ponendole di norma a carico della società, e sul risarcimento dell'eventuale danno.

Restano salvi i diritti acquisiti dai terzi sulla base della deliberazione sostituita.

Cfr. Cassazione civile, sez. I, sentenza 30 maggio 2008, n. 14554 e Cassazione civile, sez. I, sentenza 11 luglio 2008, n. 19235 in Altalex Massimario.

Art. 2378. Procedimento d'impugnazione.

L'impugnazione è proposta con atto di citazione davanti al tribunale del luogo dove la società ha sede.

Il socio o i soci opponenti devono dimostrarsi possessori al tempo dell'impugnazione del numero delle azioni previsto dal terzo comma dell'articolo 2377. Fermo restando quanto disposto dall'articolo 111 del codice di procedura civile, qualora nel corso del processo venga meno a seguito di trasferimenti per atto tra vivi il richiesto numero delle azioni, il giudice, previa se del caso revoca del provvedimento di sospensione dell'esecuzione della deliberazione, non può pronunciare l'annullamento e provvede sul risarcimento dell'eventuale danno, ove richiesto.

Con ricorso depositato contestualmente al deposito, anche in copia, della citazione, l'impugnante può chiedere la sospensione dell'esecuzione della deliberazione. In caso di eccezionale e motivata urgenza, il presidente del tribunale, omessa la convocazione della società convenuta, provvede sull'istanza

con decreto motivato, che deve altresì contenere la designazione del giudice per la trattazione della causa di merito e la fissazione, davanti al giudice designato, entro quindici giorni, dell'udienza per la conferma, modifica o revoca dei provvedimenti emanati con il decreto, nonché la fissazione del termine per la notificazione alla controparte del ricorso e del decreto.
Il giudice designato per la trattazione della causa di merito, sentiti gli amministratori
e sindaci, provvede valutando comparativamente il pregiudizio che subirebbe il ricorrente dalla esecuzione e quello che subirebbe la società dalla sospensione dell'esecuzione della deliberazione; può disporre in ogni momento che i soci opponenti prestino idonea garanzia per l'eventuale risarcimento dei danni. All'udienza, il giudice, ove lo ritenga utile, esperisce il tentativo di conciliazione eventualmente suggerendo le modificazioni da apportare alla deliberazione impugnata e, ove la soluzione appaia realizzabile, rinvia adeguatamente l'udienza.
Tutte le impugnazioni relative alla medesima deliberazione, anche se separatamente
proposte ed ivi comprese le domande proposte ai sensi del quarto comma dell'articolo 2377, devono essere istruite congiuntamente e decise con unica sentenza. Salvo quanto disposto dal quarto comma del presente articolo, la trattazione della causa di merito ha inizio trascorso il termine stabilito nel sesto comma dell'articolo 2377.
I dispositivi del provvedimento di sospensione e della sentenza che decide sull'impugnazione devono essere iscritti, a cura degli amministratori, nel registro delle imprese.

Art. 2379. Nullità delle deliberazioni.

Nei casi di mancata convocazione dell'assemblea, di mancanza del verbale e di impossibilità o illiceità dell'oggetto la deliberazione può essere impugnata da chiunque vi abbia interesse entro tre anni dalla sua iscrizione o deposito nel registro delle imprese, se la deliberazione vi è soggetta, o dalla trascrizione nel libro delle adunanze dell'assemblea, se la deliberazione non è soggetta né a iscrizione né a deposito. Possono essere impugnate senza limiti di tempo le deliberazioni che modificano l'oggetto sociale prevedendo attività illecite o impossibili.
Nei casi e nei termini previsti dal precedente comma l'invalidità può essere rilevata d'ufficio dal giudice.
Ai fini di quanto previsto dal primo comma la convocazione non si considera mancante nel caso d'irregolarità dell'avviso, se questo proviene da un componente
dell'organo di amministrazione o di controllo della società ed è idoneo a consentire a coloro che hanno diritto di intervenire di essere preventivamente
avvertiti della convocazione e della data dell'assemblea. Il verbale non si considera mancante se contiene la data della deliberazione e il suo oggetto ed è sottoscritto dal presidente dell'assemblea, o dal presidente del consiglio d'amministrazione o del consiglio di sorveglianza e dal segretario o dal notaio.
Si applicano, in quanto compatibili, il settimo e ottavo comma dell'articolo 2377.

Art. 2379-bis. Sanatoria della nullità.

L'impugnazione della deliberazione invalida per mancata convocazione non può essere esercitata da chi anche successivamente abbia dichiarato il suo assenso allo svolgimento dell'assemblea.
L'invalidità della deliberazione per mancanza del verbale può essere sanata mediante verbalizzazione eseguita prima dell'assemblea successiva. La deliberazione
ha effetto dalla data in cui è stata presa, salvi i diritti dei terzi che in buona fede ignoravano la deliberazione.

Art. 2379-ter. Invalidità delle deliberazioni di aumento o di riduzione del capitale e della emissione di obbligazioni.

Nei casi previsti dall'articolo 2379 l'impugnativa dell'aumento di capitale, della riduzione del capitale ai sensi dell'articolo 2445 o della emissione di obbligazioni non può essere proposta dopo che siano trascorsi centottanta giorni dall'iscrizione della deliberazione nel registro delle imprese o, nel caso di mancata convocazione, novanta giorni dall'approvazione del bilancio dell'esercizio nel corso del quale la deliberazione è stata anche parzialmente eseguita.
Nelle società che fanno ricorso al mercato del capitale di rischio l'invalidità della deliberazione di aumento del capitale non può essere pronunciata dopo che a norma dell'articolo 2444 sia stata iscritta nel registro delle imprese l'attestazione che l'aumento è stato anche parzialmente eseguito; l'invalidità della deliberazione di riduzione del capitale ai sensi dell'articolo 2445 o della deliberazione di emissione delle obbligazioni non può essere pronunciata dopo che la deliberazione sia stata anche parzialmente eseguita.
Resta salvo il diritto al risarcimento del danno eventualmente spettante ai soci e ai terzi.

SEZIONE VI-BIS – Dell'amministrazione e del controllo

§ 1 - Disposizioni generali.

Art. 2380. Sistemi di amministrazione e di controllo.

Se lo statuto non dispone diversamente, l'amministrazione e il controllo della società sono regolati dai successivi paragrafi 2, 3 e 4.
Lo statuto può adottare per l'amministrazione e per il controllo della società il sistema di cui al paragrafo 5, oppure quello di cui al paragrafo 6; salvo che la deliberazione disponga altrimenti, la variazione di sistema ha effetto alla data dell'assemblea convocata per l'approvazione del bilancio relativo all'esercizio
successivo.
Salvo che sia diversamente stabilito, le disposizioni che fanno riferimento agli amministratori si applicano a seconda dei casi al consiglio di amministrazione
o al consiglio di gestione.

§ 2 - Degli amministratori

Art. 2380-bis. Amministrazione della società.

La gestione dell'impresa spetta esclusivamente agli amministratori, i quali compiono le operazioni necessarie per l'attuazione dell'oggetto sociale.
L'amministrazione della società può essere affidata anche a non soci.
Quando l'amministrazione è affidata a più persone, queste costituiscono il consiglio di amministrazione.

Se lo statuto non stabilisce il numero degli amministratori, ma ne indica solamente un numero massimo e minimo, la determinazione spetta all'assemblea.

Il consiglio di amministrazione sceglie tra i suoi componenti il presidente, se questi non è nominato dall'assemblea.

Art. 2381. Presidente, comitato esecutivo e amministratori delegati.

Salvo diversa previsione dello statuto, il presidente convoca il consiglio di amministrazione, ne fissa l'ordine del giorno, ne coordina i lavori e provve

CODICE CIVILE

de affinché adeguate informazioni sulle materie iscritte all'ordine del giorno vengano fornite a tutti i consiglieri.

Se lo statuto o l'assemblea lo consentono, il consiglio di amministrazione può delegare proprie attribuzioni ad un comitato esecutivo composto da alcuni dei suoi componenti, o ad uno o più dei suoi componenti.

Il consiglio di amministrazione determina il contenuto, i limiti e le eventuali modalità di esercizio della delega; può sempre impartire direttive agli organi delegati e avocare a sé operazioni rientranti nella delega. Sulla base delle informazioni ricevute valuta l'adeguatezza dell'assetto organizzativo, amministrativo
e contabile della società; quando elaborati, esamina i piani strategici, industriali e finanziari della società; valuta, sulla base della relazione degli organi delegati, il generale andamento della gestione.

Non possono essere delegate le attribuzioni indicate negli articoli 2420-ter, 2423, 2443, 2446, 2447, 2501-ter e 2506-bis.

Gli organi delegati curano che l'assetto organizzativo, amministrativo e contabile
sia adeguato alla natura e alle dimensioni dell'impresa e riferiscono al consiglio di amministrazione e al collegio sindacale, con la periodicità fissata dallo statuto e in ogni caso almeno ogni sei mesi, sul generale andamento della gestione e sulla sua prevedibile evoluzione nonché sulle operazioni di maggior rilievo, per le loro dimensioni o caratteristiche, effettuate dalla società e dalle sue controllate.

Gli amministratori sono tenuti ad agire in modo informato; ciascun amministratore
può chiedere agli organi delegati che in consiglio siano fornite informazioni relative alla gestione della società.

Art. 2382. Cause di ineleggibilità e di decadenza.

Non può essere nominato amministratore, e se nominato decade dal suo ufficio, l'interdetto, l'inabilitato, il fallito, o chi è stato condannato ad una pena che importa l'interdizione, anche temporanea, dai pubblici uffici o l'incapacità ad esercitare uffici direttivi.

Art. 2383. Nomina e revoca degli amministratori.

La nomina degli amministratori spetta all'assemblea, fatta eccezione per i primi amministratori, che sono nominati nell'atto costitutivo, e salvo il disposto degli articoli 2351, 2449 e 2450.

Gli amministratori non possono essere nominati per un periodo superiore a tre esercizi, e scadono alla data dell'assemblea convocata per l'approvazione del bilancio relativo all'ultimo esercizio della loro carica.

Gli amministratori sono rieleggibili, salvo diversa disposizione dello statuto, e sono revocabili dall'assemblea in qualunque tempo, anche se nominati nell'atto costitutivo, salvo il diritto dell'amministratore al risarcimento dei danni, se la revoca avviene senza giusta causa.

Entro trenta giorni dalla notizia della loro nomina gli amministratori devono chiederne l'iscrizione nel registro delle imprese indicando per ciascuno di essi il cognome e il nome, il luogo e la data di nascita, il domicilio e la cittadinanza,
nonché a quali tra essi è attribuita la rappresentanza della società, precisando se disgiuntamente o congiuntamente.

Le cause di nullità o di annullabilità della nomina degli amministratori che hanno la rappresentanza della società non sono opponibili ai terzi dopo l'adempimento
della pubblicità di cui al quarto comma, salvo che la società
provi che i terzi ne erano a conoscenza.

Art. 2384. Poteri di rappresentanza.

Il potere di rappresentanza attribuito agli amministratori dallo statuto o dalla deliberazione di nomina è generale.

Le limitazioni ai poteri degli amministratori che risultano dallo statuto o da una decisione degli organi competenti non sono opponibili ai terzi, anche se pubblicate, salvo che si provi che questi abbiano intenzionalmente agito a danno della società.

Art. 2385. Cessazione degli amministratori.

L'amministratore che rinunzia all'ufficio deve darne comunicazione scritta al consiglio d'amministrazione e al presidente del collegio sindacale. La rinunzia ha effetto immediato, se rimane in carica la maggioranza del consiglio di amministrazione, o, in caso contrario, dal momento in cui la maggioranza del consiglio si è ricostituita in seguito all'accettazione dei nuovi amministratori.

La cessazione degli amministratori per scadenza del termine ha effetto dal momento in cui il consiglio di amministrazione è stato ricostituito.

La cessazione degli amministratori dall'ufficio per qualsiasi causa deve essere iscritta entro trenta giorni nel registro delle imprese a cura del collegio sindacale.

Art. 2386. Sostituzione degli amministratori.

Se nel corso dell'esercizio vengono a mancare uno o più amministratori, gli altri provvedono a sostituirli con deliberazione approvata dal collegio sindacale,
purché la maggioranza sia sempre costituita da amministratori nominati dall'assemblea. Gli amministratori così nominati restano in carica fino alla prossima assemblea.

Se viene meno la maggioranza degli amministratori nominati dall'assemblea, quelli rimasti in carica devono convocare l'assemblea perché provveda alla sostituzione dei mancanti.

Salvo diversa disposizione dello statuto o dell'assemblea, gli amministratori nominati ai sensi del comma precedente scadono insieme con quelli in carica all'atto della loro nomina.

Se particolari disposizioni dello statuto prevedono che a seguito della cessazione di taluni amministratori cessi l'intero consiglio, l'assemblea per la nomina del nuovo consiglio è convocata d'urgenza dagli amministratori rimasti in carica; lo statuto può tuttavia prevedere l'applicazione in tal caso di quanto disposto nel successivo comma.

Se vengono a cessare l'amministratore unico o tutti gli amministratori, l'assemblea per la nomina dell'amministratore o dell'intero consiglio deve essere convocata d'urgenza dal collegio sindacale, il quale può compiere nel frattempo gli atti di ordinaria amministrazione.

Art. 2387. Requisiti di onorabilità, professionalità e indipendenza.

Lo statuto può subordinare l'assunzione della carica di amministratore al possesso di speciali requisiti di onorabilità, professionalità ed indipendenza, anche con riferimento ai requisiti al riguardo previsti da codici di comportamento redatti da associazioni di categoria o da società di gestione di mercati regolamentati. Si applica in tal caso l'articolo 2382.

Resta salvo quanto previsto da leggi speciali in relazione all'esercizio di particolari attività.

Art. 2388. Validità delle deliberazioni del consiglio.

Per la validità delle deliberazioni del consiglio di amministrazione è necessaria la presenza della maggioranza degli amministratori in carica, quando lo statuto non richiede un maggior numero di presenti. Lo statuto può prevedere che la presenza alle riunioni del consiglio avvenga anche mediante mezzi di telecomunicazione.

Le deliberazioni del consiglio di amministrazione sono prese a maggioranza assoluta dei presenti, salvo diversa disposizione dello statuto.

Il voto non può essere dato per rappresentanza.

Le deliberazioni che non sono prese in conformità della legge o dello statuto possono essere impugnate solo dal collegio sindacale e dagli amministratori assenti o dissenzienti entro novanta giorni dalla data della deliberazione; si applica in quanto compatibile l'articolo 2378. Possono essere altresì impugnate dai soci le deliberazioni lesive dei loro diritti; si applicano in tal caso, in quanto compatibili, gli articoli 2377 e 2378.

In ogni caso sono salvi i diritti acquistati in buona fede dai terzi in base ad atti compiuti in esecuzione delle deliberazioni.

Art. 2389. Compensi degli amministratori.

I compensi spettanti ai membri del consiglio di amministrazione e del comitato esecutivo sono stabiliti all'atto della nomina o dall'assemblea.

Essi possono essere costituiti in tutto o in parte da partecipazioni agli utili o dall'attribuzione del diritto di sottoscrivere a prezzo predeterminato azioni di futura emissione.

La rimunerazione degli amministratori investiti di particolari cariche in conformità dello statuto è stabilita dal consiglio di amministrazione, sentito il parere del collegio sindacale. Se lo statuto lo prevede, l'assemblea può determinare un importo complessivo per la remunerazione di tutti gli amministratori, inclusi quelli investiti di particolari cariche.

Art. 2390. Divieto di concorrenza.

Gli amministratori non possono assumere la qualità di soci illimitatamente responsabili in società concorrenti, né esercitare un'attività concorrente per conto proprio o di terzi, né essere amministratori o direttori generali in società concorrenti, salvo autorizzazione dell'assemblea.

Per l'inosservanza di tale divieto l'amministratore può essere revocato dall'ufficio e risponde dei danni.

Art. 2391. Interessi degli amministratori.

L'amministratore deve dare notizia agli altri amministratori e al collegio sindacale di ogni interesse che, per conto proprio o di terzi, abbia in una determinata operazione della società, precisandone la natura, i termini, l'origine e la portata; se si tratta di amministratore delegato, deve altresì astenersi dal compiere l'operazione, investendo della stessa l'organo collegiale, se si tratta di amministratore unico, deve darne notizia anche alla prima assemblea utile.

Nei casi previsti dal precedente comma la deliberazione del consiglio di amministrazione deve adeguatamente motivare le ragioni e la convenienza per la società dell'operazione.

Nei casi di inosservanza a quanto disposto nei due precedenti commi del presente articolo ovvero nel caso di deliberazioni del consiglio o del comitato esecutivo adottate con il voto determinante dell'amministratore interessato, le deliberazioni medesime, qualora possano recare danno alla società, possono essere impugnate dagli amministratori e dal collegio sindacale entro novanta giorni dalla loro data; l'impugnazione non può essere proposta da chi ha consentito con il proprio voto alla deliberazione se sono stati adempiuti gli obblighi di informazione previsti dal primo comma. In ogni caso sono salvi i diritti acquistati in buona fede dai terzi in base ad atti compiuti in esecuzione della deliberazione.

L'amministratore risponde dei danni derivati alla società dalla sua azione od omissione.

L'amministratore risponde altresì dei danni che siano derivati alla società dalla utilizzazione a vantaggio proprio o di terzi di dati, notizie o opportunità di affari appresi nell'esercizio del suo incarico.

Art. 2391-bis. Operazioni con parti correlate.

Gli organi di amministrazione delle società che fanno ricorso al mercato del capitale di rischio adottano, secondo princìpi generali indicati dalla Consob, regole che assicurano la trasparenza e la correttezza sostanziale e procedurale delle operazioni con parti correlate e li rendono noti nella relazione sulla gestione; a tali fini possono farsi assistere da esperti indipendenti, in ragione della natura, del valore o delle caratteristiche dell'operazione.

I princìpi di cui al primo comma si applicano alle operazioni realizzate direttamente
o per il tramite di società controllate e disciplinano le operazioni stesse in termini di competenza decisionale, di motivazione e di documentazione.
L'organo di controllo vigila sull'osservanza delle regole adottate ai sensi del primo comma e ne riferisce nella relazione all'assemblea.

Art. 2392. Responsabilità verso la società.

Gli amministratori devono adempiere i doveri ad essi imposti dalla legge e dallo statuto con la diligenza richiesta dalla natura dell'incarico e dalle loro specifiche competenze. Essi sono solidalmente responsabili verso la società dei danni derivanti dall'inosservanza di tali doveri, a meno che si tratti di attribuzioni proprie del comitato esecutivo o di funzioni in concreto attribuite ad uno o più amministratori.

In ogni caso gli amministratori, fermo quanto disposto dal comma terzo dell'articolo 2381, sono solidalmente responsabili se, essendo a conoscenza di fatti pregiudizievoli, non hanno fatto quanto potevano per impedirne il compimento o eliminarne o attenuarne le conseguenze dannose.

La responsabilità per gli atti o le omissioni degli amministratori non si estende a quello tra essi che, essendo immune da colpa, abbia fatto annotare senza ritardo il suo dissenso nel libro delle adunanze e delle deliberazioni del consiglio, dandone immediata notizia per iscritto al presidente del collegio sindacale.

Art. 2393. Azione sociale di responsabilità.

L'azione di responsabilità contro gli amministratori è promossa in seguito a deliberazione dell'assemblea, anche se la società è in liquidazione.

La deliberazione concernente la responsabilità degli amministratori può essere presa in occasione della discussione del bilancio, anche se non è indicata nell'elenco delle materie da trattare, quando si tratta di fatti di competenza dell'esercizio cui si riferisce il bilancio.

L'azione di responsabilità può anche essere promossa a seguito di deliberazione del collegio sindacale, assunta con la maggioranza dei due terzi dei suoi componenti.

L'azione può essere esercitata entro cinque anni dalla cessazione dell'amministratore
dalla carica.

La deliberazione dell'azione di responsabilità importa la revoca dall'ufficio degli amministratori contro cui è proposta, purché sia presa con il voto favorevole
di almeno un quinto del capitale sociale. In questo caso, l'assemblea provvede alla sostituzione degli amministratori.

La società può rinunziare all'esercizio dell'azione di responsabilità e può transigere, purché la rinunzia e la transazione siano approvate con espressa deliberazione dell'assemblea, e purché non vi sia il voto contrario di una minoranza di soci che rappresenti almeno il quinto del capitale sociale o, nelle società che fanno ricorso al mercato del capitale di rischio, almeno un ventesimo del capitale sociale, ovvero la misura prevista nello statuto per l'esercizio dell'azione sociale di responsabilità ai sensi dei commi primo e secondo dell'articolo 2393-bis.

Cfr. Tribunale di Mantova, sentenza 19 aprile 2008 e Cassazione civile, sez. lavoro, sentenza 29 ottobre 2008, n. 25977 in Altalex Massimario.

Art. 2393-bis. Azione sociale di responsabilità esercitata dai soci.

L'azione sociale di responsabilità può essere esercitata anche dai soci che rappresentino almeno un quinto del capitale sociale o la diversa misura prevista nello statuto, comunque non superiore al terzo.

Nelle società che fanno ricorso al mercato del capitale di rischio, l'azione di cui al comma precedente può essere esercitata dai soci che rappresentino un quarantesimo del capitale sociale o la minore misura prevista nello statuto.

La società deve essere chiamata in giudizio e l'atto di citazione è ad essa notificato anche in persona del presidente del collegio sindacale.

I soci che intendono promuovere l'azione nominano, a maggioranza del capitale posseduto, uno o più rappresentanti comuni per l'esercizio dell'azione e per il compimento degli atti conseguenti.

In caso di accoglimento della domanda, la società rimborsa agli attori le spese del giudizio e quelle sopportate nell'accertamento dei fatti che il giudice non abbia posto a carico dei soccombenti o che non sia possibile recuperare a seguito della loro escussione.

I soci che hanno agito possono rinunciare all'azione o transigerla; ogni corrispettivo
per la rinuncia o transazione deve andare a vantaggio della società.

Si applica all'azione prevista dal presente articolo l'ultimo comma dell'articolo precedente.

Art. 2394. Responsabilità verso i creditori sociali.

Gli amministratori rispondono verso i creditori sociali per l'inosservanza degli obblighi inerenti alla conservazione dell'integrità del patrimonio sociale.

L'azione può essere proposta dai creditori quando il patrimonio sociale risulta insufficiente al soddisfacimento dei loro crediti.

La rinunzia all'azione da parte della società non impedisce l'esercizio dell'azione
da parte dei creditori sociali. La transazione può essere impugnata dai creditori sociali soltanto con l'azione revocatoria quando ne ricorrono gli estremi.

Cfr. Cassazione civile, sez. lavoro, sentenza 29 ottobre 2008, n. 25977 in Altalex Massimario.

Art. 2394-bis. Azioni di responsabilità nelle procedure concorsuali.

In caso di fallimento, liquidazione coatta amministrativa e amministrazione straordinaria le azioni di responsabilità previste dai precedenti articoli spettano al curatore del fallimento, al commissario liquidatore e al commissario straordinario.

Art. 2395. Azione individuale del socio e del terzo.

Le disposizioni dei precedenti articoli non pregiudicano il diritto al risarcimento
del danno spettante al singolo socio o al terzo che sono stati direttamente danneggiati da atti colposi o dolosi degli amministratori.

L'azione può essere esercitata entro cinque anni dal compimento dell'atto che ha pregiudicato il socio o il terzo.

Art. 2396. Direttori generali.

Le disposizioni che regolano la responsabilità degli amministratori si applicano anche ai direttori generali nominati dall'assemblea o per disposizione dello statuto, in relazione ai compiti loro affidati, salve le azioni esercitabili in base al rapporto di lavoro con la società.

§ 3 - Del collegio sindacale

Art. 2397. Composizione del collegio.

Il collegio sindacale si compone di tre o cinque membri effettivi, soci o non soci. Devono inoltre essere nominati due sindaci supplenti.

Almeno un membro effettivo ed uno supplente devono essere scelti tra i revisori legali iscritti nell'apposito registro (1). I restanti membri, se non iscritti in tale registro, devono essere scelti fra gli iscritti negli albi professionali individuati con decreto del Ministro della giustizia, o fra i professori universitari di ruolo, in materie economiche o giuridiche.

(...) (2).

(1) Questo comma è stato così modificato dal D.Lgs. 27 gennaio 2010, n. 39.

(2) Il comma che recitava: "Per le società aventi ricavi o patrimonio netto inferiori a 1 milione di euro lo statuto può prevedere che l'organo di controllo sia composto da un sindaco unico, scelto tra i revisori legali iscritti nell'apposito registro. " è stato aggiunto dalla L. 12 novembre 2011, n. 183 e successivamente abrogato dal comma

1 dell'art. 35, D.L. 9 febbraio 2012, n. 5, convertito, con modificazioni, dalla L. 4 aprile 2012, n. 35.

Art. 2398. Presidenza del collegio.

Il presidente del collegio sindacale è nominato dall'assemblea.

Art. 2399. Cause d'ineleggibilità e di decadenza.

Non possono essere eletti alla carica di sindaco e, se eletti, decadono dall'ufficio:

a) coloro che si trovano nelle condizioni previste dall'articolo 2382;

b) il coniuge, i parenti e gli affini entro il quarto grado degli amministratori della società, gli amministratori, il coniuge, i parenti e gli affini entro il quarto grado degli amministratori delle società da questa controllate, delle società che la controllano e di quelle sottoposte a comune controllo;

c) coloro che sono legati alla società o alle società da questa controllate o alle società che la controllano o a quelle sottoposte a comune controllo da un rapporto di lavoro o da un rapporto continuativo di consulenza o di prestazione

d'opera retribuita, ovvero da altri rapporti di natura patrimoniale che ne compromettano l'indipendenza.

La cancellazione o la sospensione dal registro dei revisori legali e delle società di revisione legale (1) e la perdita dei requisiti previsti dall'ultimo comma dell'articolo 2397 sono causa di decadenza dall'ufficio di sindaco.

Lo statuto può prevedere altre cause di ineleggibilità o decadenza, nonché cause di incompatibilità e limiti e criteri per il cumulo degli incarichi.

(1) Comma modificato dal D.Lvo 27 gennaio 2010, n. 39.

Art. 2400. Nomina e cessazione dall'ufficio.

I sindaci sono nominati per la prima volta nell'atto costitutivo e successivamente

dall'assemblea, salvo il disposto degli articoli 2351, 2449 e 2450. Essi restano in carica per tre esercizi, e scadono alla data dell'assemblea convocata per l'approvazione del bilancio relativo al terzo esercizio della carica. La cessazione dei sindaci per scadenza del termine ha effetto dal momento in cui il collegio è stato ricostituito.

I sindaci possono essere revocati solo per giusta causa. La deliberazione di revoca deve essere approvata con decreto dal tribunale, sentito l'interessato.

La nomina dei sindaci, con l'indicazione per ciascuno di essi del cognome e del nome, del luogo e della data di nascita e del domicilio, e la cessazione dall'ufficio devono essere iscritte, a cura degli amministratori, nel registro delle imprese nel termine di trenta giorni.

Al momento della nomina dei sindaci e prima dell'accettazione dell'incarico, sono resi noti all'assemblea gli incarichi di amministrazione e di controllo da essi ricoperti presso altre società.

Art. 2401. Sostituzione.

In caso di morte, di rinunzia o di decadenza di un sindaco, subentrano i supplenti

in ordine di età, nel rispetto dell'articolo 2397, secondo comma. I nuovi sindaci restano in carica fino alla prossima assemblea, la quale deve provvedere alla nomina dei sindaci effettivi e supplenti necessari per l'integrazione

del collegio, nel rispetto dell'articolo 2397, secondo comma. I nuovi nominati scadono insieme con quelli in carica.

In caso di sostituzione del presidente, la presidenza è assunta fino alla prossima assemblea dal sindaco più anziano.

Se con i sindaci supplenti non si completa il collegio sindacale, deve essere convocata l'assemblea perché provveda all'integrazione del collegio medesimo.

Art. 2402. Retribuzione.

La retribuzione annuale dei sindaci, se non è stabilita nello statuto, deve essere determinata dalla assemblea all'atto della nomina per l'intero periodo di durata del loro ufficio.

Art. 2403. Doveri del collegio sindacale.

Il collegio sindacale vigila sull'osservanza della legge e dello statuto, sul rispetto

dei principi di corretta amministrazione ed in particolare sull'adeguatezza dell'assetto organizzativo, amministrativo e contabile adottato dalla società e sul suo concreto funzionamento.

Esercita inoltre il controllo contabile nel caso previsto dall'articolo 2409-bis, terzo comma.

Art. 2403-bis. Poteri del collegio sindacale.

I sindaci possono in qualsiasi momento procedere, anche individualmente, ad atti di ispezione e di controllo.

Il collegio sindacale può chiedere agli amministratori notizie, anche con riferimento

a società controllate, sull'andamento delle operazioni sociali o su determinati affari. Può altresì scambiare informazioni con i corrispondenti organi delle società controllate in merito ai sistemi di amministrazione e controllo ed all'andamento generale dell'attività sociale.

Gli accertamenti eseguiti devono risultare dal libro previsto dall'articolo 2421, primo comma, n. 5).

Nell'espletamento di specifiche operazioni di ispezione e di controllo i sindaci sotto la propria responsabilità ed a proprie spese possono avvalersi di propri dipendenti ed ausiliari che non si trovino in una delle condizioni previste dall'articolo 2399.

L'organo amministrativo può rifiutare agli ausiliari e ai dipendenti dei sindaci l'accesso a informazioni riservate.

Art. 2404. Riunioni e deliberazioni del collegio.

Il collegio sindacale deve riunirsi almeno ogni novanta giorni. La riunione può svolgersi, se lo statuto lo consente indicandone le modalità, anche con mezzi di telecomunicazione.

Il sindaco che, senza giustificato motivo, non partecipa durante un esercizio sociale a due riunioni del collegio decade dall'ufficio.

Delle riunioni del collegio deve redigersi verbale, che viene trascritto nel libro previsto dall'articolo 2421, primo comma, n. 5), e sottoscritto dagli intervenuti.

Il collegio sindacale è regolarmente costituito con la presenza della maggioranza dei sindaci e delibera a maggioranza assoluta dei presenti. Il sindaco dissenziente ha diritto di fare iscrivere a verbale i motivi del proprio dissenso.

Art. 2405. Intervento alle adunanze del consiglio di amministrazione e alle assemblee.

I sindaci devono assistere alle adunanze del consiglio di amministrazione, alle assemblee e alle riunioni del comitato esecutivo.

I sindaci, che non assistono senza giustificato motivo alle assemblee o, durante un esercizio sociale, a due adunanze consecutive del consiglio d'amministrazione o del comitato esecutivo, decadono dall'ufficio.

Art. 2406. Omissioni degli amministratori.

In caso di omissione o di ingiustificato ritardo da parte degli amministratori, il collegio sindacale deve convocare l'assemblea ed eseguire le pubblicazioni prescritte dalla legge.

Il collegio sindacale può altresì, previa comunicazione al presidente del consiglio di amministrazione, convocare l'assemblea qualora nell'espletamento del suo incarico ravvisi fatti censurabili di rilevante gravità e vi sia urgente necessità di provvedere.

Art. 2407. Responsabilità.

I sindaci devono adempiere i loro doveri con la professionalità e la diligenza richieste dalla natura dell'incarico; sono responsabili della verità delle loro attestazioni e devono conservare il segreto sui fatti e sui documenti di cui hanno conoscenza per ragione del loro ufficio.

Essi sono responsabili solidalmente con gli amministratori per i fatti o le omissioni di questi, quando il danno non si sarebbe prodotto se essi avessero vigilato in conformità degli obblighi della loro carica.

All'azione di responsabilità contro i sindaci si applicano, in quanto compatibili, le disposizioni degli articoli 2393, 2393-bis, 2394, 2394-bis e 2395.

Art. 2408. Denunzia al collegio sindacale.

Ogni socio può denunziare i fatti che ritiene censurabili al collegio sindacale, il quale deve tener conto della denunzia nella relazione all'assemblea.

Se la denunzia è fatta da tanti soci che rappresentino un ventesimo del capitale sociale o un cinquantesimo nelle società che fanno ricorso al mercato del capitale di rischio, il collegio sindacale deve indagare senza ritardo sui fatti denunziati e presentare le sue conclusioni ed eventuali proposte all'assemblea;

deve altresì, nelle ipotesi previste dal secondo comma dell'articolo 2406, convocare l'assemblea. Lo statuto può prevedere per la denunzia percentuali minori di partecipazione.

Art. 2409. Denunzia al tribunale.

Se vi è fondato sospetto che gli amministratori, in violazione dei loro doveri, abbiano compiuto gravi irregolarità nella gestione che possono arrecare danno alla società o a una o più società controllate, i soci che rappresentano il decimo del capitale sociale o, nelle società che fanno ricorso al mercato del capitale di rischio, il ventesimo del capitale sociale possono denunziare i fatti al tribunale con ricorso notificato anche alla società. Lo statuto può prevedere percentuali minori di partecipazione.

Il tribunale, sentiti in camera di consiglio gli amministratori e i sindaci, può ordinare l'ispezione dell'amministrazione della società a spese dei soci richiedenti, subordinandola, se del caso, alla prestazione di una cauzione. Il provvedimento è reclamabile.

Il tribunale non ordina l'ispezione e sospende per un periodo determinato il procedimento se l'assemblea sostituisce gli amministratori e i sindaci con soggetti di adeguata professionalità, che si attivano senza indugio per accertare se le violazioni sussistono e, in caso positivo, per eliminarle, riferendo al tribunale sugli accertamenti e le attività compiute.

Se le violazioni denunziate sussistono ovvero se gli accertamenti e le attività compiute ai sensi del terzo comma risultano insufficienti alla loro eliminazione, il tribunale può disporre gli opportuni provvedimenti provvisori e convocare l'assemblea per le conseguenti deliberazioni. Nei casi più gravi può revocare gli amministratori ed eventualmente anche i sindaci e nominare un amministratore giudiziario, determinandone i poteri e la durata.

L'amministratore giudiziario può proporre l'azione di responsabilità contro gli amministratori e i sindaci. Si applica l'ultimo comma dell'articolo 2393.

Prima della scadenza del suo incarico l'amministratore giudiziario rende conto al tribunale che lo ha nominato; convoca e presiede l'assemblea per la nomina dei nuovi amministratori e sindaci o per proporre, se del caso, la messa in liquidazione della società o la sua ammissione ad una procedura concorsuale.

I provvedimenti previsti da questo articolo possono essere adottati anche su richiesta del collegio sindacale, del consiglio di sorveglianza o del comitato per il controllo sulla gestione, nonché, nelle società che fanno ricorso al mercato del capitale di rischio, del pubblico ministero; in questi casi le spese per l'ispezione sono a carico della società.

Cfr. Corte Costituzionale, sez. I civile, sentenza 13 gennaio 2010, n. 403 in Altalex Massimario.

§ 4 - Della revisione legale dei conti (1)

(1) Rubrica modificata dal D.L.vo 27 gennaio 2010, n. 39.

Art. 2409-bis. Revisione legale dei conti (1).

La revisione legale dei conti sulla società è esercitata da un revisore legale dei conti o da una società di revisione legale iscritti nell'apposito registro.

Lo statuto delle società che non siano tenute alla redazione del bilancio consolidato può prevedere che la revisione legale dei conti sia esercitata dal collegio sindacale. In tal caso il collegio sindacale è costituito da revisori legali iscritti nell'apposito registro.

(1) Articolo così sostituito per effetto del D.L.vo 27 gennaio 2010, n. 39.

Art. 2409-ter.

(...) (1)

(1) " Funzioni di controllo contabile

Il revisore o la società incaricata del controllo contabile:

a) verifica, nel corso dell'esercizio e con periodicità almeno trimestrale, la regolare tenuta della contabilità sociale e la corretta rilevazione nelle scritture contabili dei fatti di gestione;

b) verifica se il bilancio di esercizio e, ove redatto, il bilancio consolidato corrispondono alle risultanze delle scritture contabili e degli accertamenti eseguiti e se sono conformi alle norme che li disciplinano;

c) esprime con apposita relazione un giudizio sul bilancio di esercizio e sul bilancio consolidato, ove redatto.

La relazione comprende:

a) un paragrafo introduttivo che identifica il bilancio sottoposto a revisione e il quadro delle regole di redazione applicate dalla società;

b) una descrizione della portata della revisione svolta con l'indicazione dei principi di revisione osservati;

c) un giudizio sul bilancio che indica chiaramente se questo è conforme alle norme che ne disciplinano la redazione e se rappresenta in modo veritiero e corretto la situazione patrimoniale e finanziaria e il risultato economico dell'esercizio;

d) eventuali richiami di informativa che il revisore sottopone all'attenzione dei destinatari del bilancio, senza che essi costituiscano rilievi;

e) un giudizio sulla coerenza della relazione sulla gestione con il bilancio.

Nel caso in cui il revisore esprima un giudizio sul bilancio con rilievi, un giudizio negativo o rilasci una dichiarazione di impossibilità di esprimere un giudizio, la relazione illustra analiticamente i motivi della decisione.

La relazione è datata e sottoscritta dal revisore.

La relazione sul bilancio è depositata presso la sede della società a norma dell'articolo 2429.

Il revisore o la società incaricata del controllo contabile può chiedere agli amministratori documenti e notizie utili al controllo e può procedere ad ispezioni; documenta l'attività svolta in apposito libro, tenuto presso la sede della società o in luogo diverso stabilito dallo statuto, secondo le disposizioni dell'articolo 2421, terzo comma."

Articolo abrogato dall'art. 37, comma 9, del D.L.vo 27 gennaio 2010, n. 39.

Art. 2409-quater.

(...) (1)

(1) "Conferimento e revoca dell'incarico

Salvo quanto disposto dal numero 11 del secondo comma dell'articolo 2328, l'incarico del controllo contabile è conferito dall'assemblea, sentito il collegio sindacale, la quale determina il corrispettivo spettante al revisore o alla società di revisione per l'intera durata dell'incarico.

L'incarico ha la durata di tre esercizi, con scadenza alla data dell'assemblea convocata per l'approvazione del bilancio relativo al terzo esercizio dell'incarico.

L'incarico può essere revocato solo per giusta causa, sentito il parere del collegio sindacale. La deliberazione di revoca deve essere approvata con decreto dal tribunale, sentito l'interessato." Articolo abrogato dall'art. 37, comma 9, del D.L.vo 27 gennaio 20010, n.39.

Art. 2409-quinquies.

(...) (1)

(1) "Cause di ineleggibilità e di decadenza

Salvo quanto disposto dall'articolo 2409-bis, terzo comma, non possono essere incaricati del controllo contabile, e se incaricati decadono dall'ufficio, i sindaci della società o delle società da questa controllate, delle società che la controllano o di quelle sottoposte a comune controllo, nonché coloro che si trovano nelle condizioni previste dall'articolo 2399, primo comma.

Lo statuto può prevedere altre cause di ineleggibilità o di decadenza, nonché cause di incompatibilità; può prevedere altresì ulteriori requisiti concernenti la specifica qualificazione professionale del soggetto incaricato del controllo contabile.

Nel caso di società di revisione le disposizioni del presente articolo si applicano con riferimento ai soci della medesima ed ai soggetti incaricati della revisione." Articolo abrogato dall'art. 37, comma 9, del D.L.vo 27 gennaio 2010 n. 39.

Art. 2409-sexies.

(...) (1)

(1) "Responsabilità

I soggetti incaricati del controllo contabile sono sottoposti alle disposizioni dell'articolo 2407 e sono responsabili nei confronti della società, dei soci e dei terzi per i danni derivanti dall'inadempimento ai loro doveri.

Nel caso di società di revisione i soggetti che hanno effettuato il controllo contabile sono responsabili in solido con la società medesima.

L'azione si prescrive nel termine di cinque anni dalla cessazione dell'incarico." Articolo abrogato dall'art. 37, comma 9, del D.L.vo 27 gennaio 2010, n.39.

Art. 2409-septies. Scambio di informazioni

Il collegio sindacale e i soggetti incaricati della revisione legale dei conti (1) si scambiano tempestivamente le informazioni rilevanti per l'espletamento dei rispettivi compiti.

(1) Le parole: "del controllo contabile" sono state così sostituite dalle attuali dall'art. 37, comma 9, del D.L.vo 27 gennaio 2010, n. 39.

§ 5 - Del sistema dualistico.

Art. 2409-octies. Sistema basato su un consiglio di gestione e un consiglio di sorveglianza.

Lo statuto può prevedere che l'amministrazione ed il controllo siano esercitati da un consiglio di gestione e da un consiglio di sorveglianza in conformità alle norme seguenti.

Art. 2409-novies. Consiglio di gestione.

La gestione dell'impresa spetta esclusivamente al consiglio di gestione, il quale compie le operazioni necessarie per l'attuazione dell'oggetto sociale. Può delegare proprie attribuzioni ad uno o più dei suoi componenti; si applicano

in tal caso il terzo, quarto e quinto comma dell'articolo 2381.

È costituito da un numero di componenti, anche non soci, non inferiore a due.

Fatta eccezione per i primi componenti, che sono nominati nell'atto costitutivo, e salvo quanto disposto dagli articoli 2351, 2449 e 2450, la nomina dei componenti il consiglio di gestione spetta al consiglio di sorveglianza, previa

determinazione del loro numero nei limiti stabiliti dallo statuto.
I componenti del consiglio di gestione non possono essere nominati consiglieri di sorveglianza, e restano in carica per un periodo non superiore a tre esercizi, con scadenza alla data della riunione del consiglio di sorveglianza convocato per l'approvazione del bilancio relativo all'ultimo esercizio della loro carica.
I componenti del consiglio di gestione sono rieleggibili, salvo diversa disposizione
dello statuto, e sono revocabili dal consiglio di sorveglianza in qualunque tempo, anche se nominati nell'atto costitutivo, salvo il diritto al risarcimento dei danni se la revoca avviene senza giusta causa.
Se nel corso dell'esercizio vengono a mancare uno o più componenti del consiglio di gestione, il consiglio di sorveglianza provvede senza indugio alla loro sostituzione.

Art. 2409-decies. Azione sociale di responsabilità.
L'azione di responsabilità contro i consiglieri di gestione è promossa dalla società o dai soci, ai sensi degli articoli 2393 e 2393-bis.

L'azione sociale di responsabilità può anche essere proposta a seguito di deliberazione del consiglio di sorveglianza. La deliberazione è assunta dalla maggioranza dei componenti del consiglio di sorveglianza e, se è presa a maggioranza dei due terzi dei suoi componenti, importa la revoca dall'ufficio dei consiglieri di gestione contro cui è proposta, alla cui sostituzione provvede contestualmente lo stesso consiglio di sorveglianza.
L'azione può essere esercitata dal consiglio di sorveglianza entro cinque anni dalla cessazione dell'amministratore dalla carica.
Il consiglio di sorveglianza può rinunziare all'esercizio dell'azione di responsabilità
e può transigerla, purché la rinunzia e la transazione siano approvate dalla maggioranza assoluta dei componenti del consiglio di sorveglianza e purché non si opponga la percentuale di soci indicata nell'ultimo comma dell'articolo 2393.
La rinuncia all'azione da parte della società o del consiglio di sorveglianza non impedisce l'esercizio delle azioni previste dagli articoli 2393-bis, 2394 e 2394-bis.

Art. 2409-undecies. Norme applicabili.
Al consiglio di gestione si applicano, in quanto compatibili, le disposizioni degli articoli 2380-bis, quinto comma, 2381, sesto comma, 2382, 2383, quarto e quinto comma, 2384, 2385, 2387, 2390, 2392, 2394, 2394-bis, 2395.
Si applicano alle deliberazioni del consiglio di gestione gli articoli 2388 e 2391, e la legittimazione ad impugnare le deliberazioni spetta anche al consiglio
di sorveglianza.

Art. 2409-duodecies. Consiglio di sorveglianza.
Salvo che lo statuto non preveda un maggior numero, il consiglio di sorveglianza
si compone di un numero di componenti, anche non soci, non inferiore a tre.
Fatta eccezione per i primi componenti che sono nominati nell'atto costitutivo, e salvo quanto disposto dagli articoli 2351, 2449 e 2450, la nomina dei componenti il consiglio di sorveglianza spetta all'assemblea, previa determinazione
del loro numero nei limiti stabiliti dallo statuto.
I componenti del consiglio di sorveglianza restano in carica per tre esercizi e scadono alla data della successiva assemblea prevista dal secondo comma dell'articolo 2364-bis. La cessazione per scadenza del termine ha effetto dal momento in cui il consiglio di sorveglianza è stato ricostituito.
Almeno un componente effettivo del consiglio di sorveglianza deve essere scelto tra i revisori legali iscritti nell'apposito registro (1).
I componenti del consiglio di sorveglianza sono rieleggibili, salvo diversa disposizione dello statuto, e sono revocabili dall'assemblea in qualunque tempo con deliberazione adottata con la maggioranza prevista dal quinto comma dell'articolo 2393, anche se nominati nell'atto costitutivo, salvo il diritto al risarcimento dei danni, se la revoca avviene senza giusta causa.
Lo statuto, fatto salvo quanto previsto da leggi speciali in relazione all'esercizio di particolari attività, può subordinare l'assunzione della carica al possesso di particolari requisiti di onorabilità, professionalità e indipendenza.
Se nel corso dell'esercizio vengono a mancare uno o più componenti del consiglio di sorveglianza, l'assemblea provvede senza indugio alla loro sostituzione.
Il presidente del consiglio di sorveglianza è eletto dall'assemblea.
Lo statuto determina i poteri del presidente del consiglio di sorveglianza.
Non possono essere eletti alla carica di componente del consiglio di sorveglianza
e, se eletti, decadono dall'ufficio:
a) coloro che si trovano nelle condizioni previste dall'articolo 2382;
b) i componenti del consiglio di gestione;
c) coloro che sono legati alla società o alle società da questa controllate o a quelle sottoposte a comune controllo da un rapporto di lavoro o da un rapporto continuativo di consulenza o di prestazione d'opera retribuita che ne compromettano l'indipendenza.
Lo statuto può prevedere altre cause di ineleggibilità o decadenza, nonché cause di incompatibilità e limiti e criteri per il cumulo degli incarichi.
(1) Comma modificato dal D.L.vo. 27 gennaio 2010, n. 39.

Art. 2409-terdecies. Competenza del consiglio di sorveglianza.
Il consiglio di sorveglianza:
a) nomina e revoca i componenti del consiglio di gestione; ne determina il compenso, salvo che la relativa competenza sia attribuita dallo statuto all'assemblea;
b) approva il bilancio di esercizio e, ove redatto, il bilancio consolidato;
c) esercita le funzioni di cui all'articolo 2403, primo comma;
d) promuove l'esercizio dell'azione di responsabilità nei confronti dei componenti

del consiglio di gestione;

e) presenta la denunzia al tribunale di cui all'articolo 2409;

f) riferisce per iscritto almeno una volta all'anno all'assemblea sull'attività di vigilanza svolta, sulle omissioni e sui fatti censurabili rilevati;

f-bis) se previsto dallo statuto, delibera in ordine alle operazioni strategiche e ai piani industriali e finanziari della società predisposti dal consiglio di gestione,

ferma in ogni caso la responsabilità di questo per gli atti compiuti.

Lo statuto può prevedere che in caso di mancata approvazione del bilancio o qualora lo richieda almeno un terzo dei componenti del consiglio di gestione o del consiglio di sorveglianza la competenza per l'approvazione del bilancio di esercizio sia attribuita all'assemblea.

I componenti del consiglio di sorveglianza devono adempiere i loro doveri con la diligenza richiesta dalla natura dell'incarico. Sono responsabili solidalmente con i componenti del consiglio di gestione per i fatti o le omissioni di questi quando il danno non si sarebbe prodotto se avessero vigilato in conformità degli obblighi della loro carica.

I componenti del consiglio di sorveglianza possono assistere alle adunanze del consiglio di gestione e devono partecipare alle assemblee.

Art. 2409-quaterdecies. Norme applicabili.

Al consiglio di sorveglianza ed ai suoi componenti si applicano, in quanto compatibili, gli articoli 2388, 2400, terzo e quarto comma, 2402, 2403-bis, secondo e terzo comma, 2404, primo, terzo e quarto comma, 2406, 2408 e 2409-septies.

Alla deliberazione del consiglio di sorveglianza con cui viene approvato il bilancio di esercizio si applica l'articolo 2434-bis ed essa può venire impugnata anche dai soci ai sensi dell'articolo 2377.

Art. 2409-quinquiesdecies. Revisione legale.

La revisione legale dei conti è svolta a norma dell'articolo 2409-bis, primo comma (1).

(1) Articolo sostituito dall'art. 37, comma 12, del D.L.vo 27 gennaio 2010, n. 39.

§ 6 - Del sistema monistico.

Art. 2409-sexiesdecies. Sistema basato sul consiglio di amministrazione e un comitato costituito al suo interno.

Lo statuto può prevedere che l'amministrazione ed il controllo siano esercitati rispettivamente dal consiglio di amministrazione e da un comitato costituito al suo interno.

Art. 2409-septiesdecies. Consiglio di amministrazione.

La gestione dell'impresa spetta esclusivamente al consiglio di amministrazione. Almeno un terzo dei componenti del consiglio di amministrazione deve essere in possesso dei requisiti di indipendenza stabiliti per i sindaci dall'articolo 2399, primo comma, e, se lo statuto lo prevede, di quelli al riguardo previsti da codici di comportamento redatti da associazioni di categoria o da società di gestione di mercati regolamentati.

Al momento della nomina dei componenti del consiglio di amministrazione e prima dell'accettazione dell'incarico, sono resi noti all'assemblea gli incarichi di amministrazione e di controllo da essi ricoperti presso altre società.

Art. 2409-octiesdecies. Comitato per il controllo sulla gestione.

Salvo diversa disposizione dello statuto, la determinazione del numero e la nomina dei componenti del comitato per il controllo sulla gestione spetta al consiglio di amministrazione. Nelle società che fanno ricorso al mercato del capitale di rischio il numero dei componenti del comitato non può essere inferiore a tre.

Il comitato è composto da amministratori in possesso dei requisiti di onorabilità e professionalità stabiliti dallo statuto e dei requisiti di indipendenza di cui all'articolo 2409-septiesdecies, che non siano membri del comitato esecutivo ed ai quali non siano attribuite deleghe o particolari cariche e comunque non svolgano, anche di mero fatto, funzioni attinenti alla gestione dell'impresa sociale o di società che la controllano o ne sono controllate. Almeno uno dei componenti del comitato per il controllo sulla gestione deve essere scelto fra i revisori legali iscritti nell'apposito registro (1).

In caso di morte, rinunzia revoca o decadenza di un componente del comitato per il controllo sulla gestione, il consiglio di amministrazione provvede senza indugio a sostituirlo scegliendolo tra gli altri amministratori in possesso dei requisiti previsti dai commi precedenti; se ciò non è possibile, provvede senza indugio a norma dell'articolo 2386 scegliendo persona provvista dei suddetti requisiti.

Il comitato per il controllo sulla gestione:

a) elegge al suo interno, a maggioranza assoluta dei suoi membri, il presidente;
b) vigila sull'adeguatezza della struttura organizzativa della società, del sistema di controllo interno e del sistema amministrativo e contabile, nonché sulla sua idoneità a rappresentare correttamente i fatti di gestione;
c) svolge gli ulteriori compiti affidatigli dal consiglio di amministrazione con particolare riguardo ai rapporti con il soggetto incaricato di effettuare la revisione legale dei conti. (2)

Al comitato per il controllo sulla gestione si applicano altresì, in quanto compatibili, gli articoli 2404, primo, terzo e quarto comma, 2405, primo comma, e 2408.

(1) Le parole: "gli iscritti nel registro dei revisori contabili" sono state sostituite dall'art. 37, comma 13, del D.L.vo 27 gennaio 2010, n. 39

(2) Le parole: "i soggetti incaricati del controllo contabile" sono state sostituite dall'art.37, comma 14, del D.L.vo 27 gennaio 2010, n. 39.

Art. 2409-noviesdecies. Norme applicabili e revisione legale. (1)

Al consiglio di amministrazione si applicano, in quanto compatibili, gli articoli da 2380-bis, 2381, 2382, 2383, 2384, 2385, 2386, 2387, 2388, 2389, 2390, 2391, 2392, 2393, 2393-bis, 2394, 2394-bis, 2395.

La revisione legale dei conti è svolta ai sensi dell'articolo 2409-bis, primo comma (2).

(1) Rubrica modificata dall'art. 37, comma 15, lett. a) del D.L.vo 27 gennaio 2010, n. 39.

(2) Comma così sostituito dall'art. 15, lett. b) D.L.vo 27 gennaio 2010, n. 39.

SEZIONE VII – Delle obbligazioni

Art. 2410. Emissione.

Se la legge o lo statuto non dispongono diversamente, l'emissione di obbligazioni è deliberata dagli amministratori.

In ogni caso la deliberazione di emissione deve risultare da verbale redatto da notaio ed è depositata ed iscritta a norma dell'articolo 2436.

Art. 2411. Diritti degli obbligazionisti.

Il diritto degli obbligazionisti alla restituzione del capitale ed agli interessi può essere, in tutto o in parte, subordinato alla soddisfazione dei diritti di altri creditori della società.

I tempi e l'entità del pagamento degli interessi possono variare in dipendenza di parametri oggettivi anche relativi all'andamento economico della società.

La disciplina della presente sezione si applica inoltre agli strumenti finanziari, comunque denominati, che condizionano i tempi e l'entità del rimborso del capitale all'andamento economico della società.

Art. 2412. Limiti all'emissione.

La società può emettere obbligazioni al portatore o nominative per somma complessivamente non eccedente il doppio del capitale sociale, della riserva legale e delle riserve disponibili risultanti dall'ultimo bilancio approvato. I sindaci attestano il rispetto del suddetto limite.

Il limite di cui al primo comma può essere superato se le obbligazioni emesse in eccedenza sono destinate alla sottoscrizione da parte di investitori professionali soggetti a vigilanza prudenziale a norma delle leggi speciali. In caso di successiva circolazione delle obbligazioni, chi le trasferisce risponde della solvenza della società nei confronti degli acquirenti che non siano investitori professionali.

Non è soggetta al limite di cui al primo comma, e non rientra nel calcolo al fine del medesimo, l'emissione di obbligazioni garantite da ipoteca di primo grado su immobili di proprietà della società, sino a due terzi del valore degli immobili medesimi.

Al computo del limite di cui al primo comma concorrono gli importi relativi a garanzie comunque prestate dalla società per obbligazioni emesse da altre società, anche estere.

I commi primo e secondo non si applicano alle emissioni di obbligazioni destinate ad essere quotate in mercati regolamentati o in sistemi multilaterali di negoziazione ovvero di obbligazioni che danno il diritto di acquisire ovvero di sottoscrivere azioni. (1)

Quando ricorrono particolari ragioni che interessano l'economia nazionale, la società può essere autorizzata con provvedimento dell'autorità governativa, ad emettere obbligazioni per somma superiore a quanto previsto nel presente articolo, con l'osservanza dei limiti, delle modalità e delle cautele stabilite nel provvedimento stesso.

Restano salve le disposizioni di leggi speciali relative a particolari categorie di società e alle riserve di attività.

(...) (2)

(1) Il comma che così recitava: "Il primo e il secondo comma non si applicano all'emissione
di obbligazioni effettuata da società con azioni quotate in mercati regolamentati,
limitatamente alle obbligazioni destinate ad essere quotate negli stessi o in
altri mercati regolamentati." è stato così sostituito dall'art. 32, D.L. 22 giugno 2012,
n. 83 (cd. Decreto Sviluppo) convertito con L.
7 agosto 2012, n. 134 (GU n. 187 dell'11 agosto 2012).

(2) "Le disposizioni del presente articolo si applicano anche alle obbligazioni emesse
all'estero da società italiane ovvero da loro controllate o controllanti, se negoziate
nello Stato, nei limiti stabiliti con regolamento del Ministro dell'economia e delle finanze
e del Ministro della giustizia, da adottare ai sensi dell'articolo 17, comma 3,
della legge 23 agosto 1988, n. 400, su proposta della Commissione nazionale per le
società e la borsa; in questo caso la negoziazione ad opera di investitori professionali
nei confronti di soggetti diversi deve, a pena di nullità, avvenire mediante consegna
di un prospetto informativo contenente le informazioni stabilite dalla Commissione
nazionale per le società e la borsa, anche quando la vendita avvenga su richiesta
dell'acquirente." Comma abrogato dall'art. 11 della L. 28 dicembre 2005, n. 262.

Art. 2413. Riduzione del capitale.

Salvo i casi previsti dal terzo, quarto e quinto comma dell'articolo 2412, la società che ha emesso obbligazioni non può ridurre volontariamente il capitale sociale o distribuire riserve se rispetto all'ammontare delle obbligazioni ancora in circolazione il limite di cui al primo comma dell'articolo medesimo non risulta più rispettato.

Se la riduzione del capitale sociale è obbligatoria, o le riserve diminuiscono in conseguenza di perdite, non possono distribuirsi utili sinché l'ammontare del capitale sociale, della riserva legale e delle riserve disponibili non eguagli la metà dell'ammontare delle obbligazioni in circolazione.

Art. 2414. Contenuto delle obbligazioni.

I titoli obbligazionari devono indicare:

1) la denominazione, l'oggetto e la sede della società, con l'indicazione dell'ufficio del registro delle imprese presso il quale la società è iscritta;

2) il capitale sociale e le riserve esistenti al momento dell'emissione;

3) la data della deliberazione di emissione e della sua iscrizione nel registro;

4) l'ammontare complessivo dell'emissione, il valore nominale di ciascun titolo, i diritti con essi attribuiti, il rendimento o i criteri per la sua determinazione e il modo di pagamento e di rimborso, l'eventuale subordinazione dei diritti degli obbligazionisti a quelli di altri creditori della società;

5) le eventuali garanzie da cui sono assistiti;

6) la data di rimborso del prestito e gli estremi dell'eventuale prospetto informativo.

Art. 2414-bis. Costituzione delle garanzie.

La deliberazione di emissione di obbligazioni che preveda la costituzione di garanzie reali a favore dei sottoscrittori deve designare un notaio che, per conto dei sottoscrittori, compia le formalità necessarie per la costituzione delle garanzie medesime.

Qualora un azionista pubblico garantisca i titoli obbligazionari si applica il numero 5) dell'articolo 2414.

Art. 2415. Assemblea degli obbligazionisti.

L'assemblea degli obbligazionisti delibera:

1) sulla nomina e sulla revoca del rappresentante comune;

2) sulle modificazioni delle condizioni del prestito;

3) sulla proposta di amministrazione controllata e di concordato;

4) sulla costituzione di un fondo per le spese necessarie alla tutela dei comuni

interessi e sul rendiconto relativo;
5) sugli altri oggetti d'interesse comune degli obbligazionisti.

L'assemblea è convocata dal consiglio di amministrazione, dal consiglio di gestione (1) o dal rappresentante degli obbligazionisti, quando lo ritengono necessario, o quando ne è fatta richiesta da tanti obbligazionisti che rappresentino
il ventesimo dei titoli emessi e non estinti.

Si applicano all'assemblea degli obbligazionisti le disposizioni relative all'assemblea
straordinaria dei soci e le sue deliberazioni sono iscritte, a cura del notaio che ha redatto il verbale, nel registro delle imprese. Per la validità delle deliberazioni sull'oggetto indicato nel primo comma, numero 2, è necessario
anche in seconda convocazione il voto favorevole degli obbligazionisti che rappresentino la metà delle obbligazioni emesse e non estinte.

Quando le obbligazioni sono ammesse al sistema di gestione accentrata la legittimazione all'intervento e al voto nell'assemblea degli obbligazionisti è disciplinata dalle leggi speciali. (2)

La società, per le obbligazioni da essa eventualmente possedute, non può partecipare alle deliberazioni.

All'assemblea degli obbligazionisti possono assistere gli amministratori, i sindaci e i componenti del consiglio di gestione o di sorveglianza. (3)

(1) Le parole: "dagli amministratori" sono state così sostituite dall'art. 1, D.Lgs. 18.06.2012, n. 91 (G.U. del 2.07.2012, n. 152).
(2) Periodo aggiunto dall'art. 1, D.Lgs. 18.06.2012, n. 91 (G.U. del 2.07.2012, n. 152).
(3) Le parole: "e i componenti del consiglio di gestione o di sorveglianza" sono state aggiunte dall'art. 1, D.Lgs. 18.06.2012, n. 91 (G.U. del 2.07.2012, n. 152).

Art. 2416. Impugnazione delle deliberazioni dell'assemblea.

Le deliberazioni prese dall'assemblea degli obbligazionisti sono impugnabili a norma degli articoli 2377 e 2379. Le percentuali previste dall'articolo 2377 sono calcolate all'ammontare del prestito obbligazionario e alla circostanza che le obbligazioni siano quotate in mercati regolamentati.

L'impugnazione è proposta innanzi al tribunale, nella cui giurisdizione la società ha sede, in contraddittorio del rappresentante degli obbligazionisti.

Art. 2417. Rappresentante comune.

Il rappresentante comune può essere scelto al di fuori degli obbligazionisti e possono essere nominate anche le persone giuridiche autorizzate all'esercizio dei servizi di investimento nonché le società fiduciarie. Non possono essere nominati rappresentanti comuni degli obbligazionisti e, se nominati, decadono dall'ufficio, gli amministratori, i sindaci, i dipendenti della società debitrice e coloro che si trovano nelle condizioni indicate nell'articolo 2399.

Se non è nominato dall'assemblea a norma dell'articolo 2415, il rappresentante comune è nominato con decreto dal tribunale su domanda di uno o più obbligazionisti o degli amministratori della società.

Il rappresentante comune dura in carica per un periodo non superiore a tre esercizi sociali e può essere rieletto. L'assemblea degli obbligazionisti ne fissa il compenso. Entro trenta giorni dalla notizia della sua nomina il rappresentante
comune deve richiederne l'iscrizione nel registro delle imprese.

Art. 2418. Obblighi e poteri del rappresentante comune.

Il rappresentante comune deve provvedere all'esecuzione delle deliberazioni dell'assemblea degli obbligazionisti, tutelare gli interessi comuni di questi nei rapporti con la società e assistere alle operazioni di sorteggio delle obbligazioni.

Egli ha diritto di assistere all'assemblea dei soci.

Per la tutela degli interessi comuni ha la rappresentanza processuale degli obbligazionisti anche nell'amministrazione controllata, nel concordato preventivo,
nel fallimento, nella liquidazione coatta amministrativa e nell'amministrazione straordinaria della società debitrice.

Art. 2419. Azione individuale degli obbligazionisti.

Le disposizioni degli articoli precedenti non precludono le azioni individuali degli obbligazionisti, salvo che queste siano incompatibili con le deliberazioni dell'assemblea previste dall'articolo 2415.

Art. 2420. Sorteggio delle obbligazioni.

Le operazioni per l'estrazione a sorte delle obbligazioni devono farsi, a pena di nullità, alla presenza del rappresentante comune o, in mancanza, di un notaio.

Art. 2420-bis. Obbligazioni convertibili in azioni.

L'assemblea straordinaria può deliberare l'emissione di obbligazioni convertibili
in azioni, determinando il rapporto di cambio e il periodo e le modalità della conversione. La deliberazione non può essere adottata se il capitale sociale non sia stato interamente versato.

Contestualmente la società deve deliberare l'aumento del capitale sociale per un ammontare corrispondente alle azioni da attribuire in conversione. Si applicano, in quanto compatibili, le disposizioni del secondo, terzo, quarto e quinto comma dell'articolo 2346.

Nel primo mese di ciascun semestre gli amministratori provvedono all'emissione
delle azioni spettanti agli obbligazionisti che hanno chiesto la conversione nel semestre precedente. Entro il mese successivo gli amministratori devono depositare per l'iscrizione nel registro delle imprese un'attestazione dell'aumento del capitale sociale in misura corrispondente al valore nominale delle azioni emesse. Si applica la disposizione del secondo comma dell'articolo 2444.

Fino a quando non siano scaduti i termini fissati per la conversione, la società non può deliberare né la riduzione volontaria del capitale sociale, né la modificazione delle disposizioni dello statuto concernenti la ripartizione degli utili, salvo che ai possessori di obbligazioni convertibili sia stata data la facoltà, mediante avviso depositato presso l'ufficio del registro delle imprese almeno novanta giorni prima della convocazione dell'assemblea, di esercitare il diritto di conversione nel termine di trenta giorni dalla pubblicazione.

Nei casi di aumento del capitale mediante imputazione di riserve e di riduzione del capitale per perdite, il rapporto di cambio è modificato in proporzione alla misura dell'aumento o della riduzione.

Le obbligazioni convertibili in azioni devono indicare in aggiunta a quanto stabilito nell'articolo 2414, il rapporto di cambio e le modalità della conversione.

Art. 2420-ter. Delega agli amministratori.

Lo statuto può attribuire agli amministratori la facoltà di emettere in una o più volte obbligazioni convertibili, fino ad un ammontare determinato e per il periodo massimo di cinque anni dalla data di iscrizione della società nel registro delle imprese. In tal caso la delega comprende anche quella relativa al corrispondente aumento del capitale sociale.

Tale facoltà può essere attribuita anche mediante modificazione dello statuto, per il periodo massimo di cinque anni dalla data della deliberazione.

Si applica il secondo comma dell'articolo 2410.

SEZIONE VIII – Dei libri sociali

Art. 2421. Libri sociali obbligatori.

Oltre i libri e le altre scritture contabili prescritti nell'articolo 2214, la società deve tenere:

1) il libro dei soci, nel quale devono essere indicati il numero delle azioni, il cognome e il nome dei titolari delle azioni nominative, i trasferimenti e i vincoli ad esse relativi e i versamenti eseguiti;

2) il libro delle obbligazioni, il quale deve indicare l'ammontare delle obbligazioni emesse e di quelle estinte, il cognome e il nome dei titolari delle obbligazioni nominative e i trasferimenti e i vincoli ad esse relativi;

3) il libro delle adunanze e delle deliberazioni delle assemblee, in cui devono essere trascritti anche i verbali redatti per atto pubblico;

4) il libro delle adunanze e delle deliberazioni del consiglio di amministrazione;

5) il libro delle adunanze e delle deliberazioni del collegio sindacale;

6) il libro delle adunanze e delle deliberazioni del comitato esecutivo, se questo esiste;

7) il libro delle adunanze e delle deliberazioni delle assemblee degli obbligazionisti, se sono state emesse obbligazioni.

8) il libro degli strumenti finanziari emessi ai sensi dell'articolo 2447-sexies.

I libri indicati nei numeri 1, 2, 3, 4 e 8 sono tenuti a cura degli amministratori o dei componenti del consiglio di gestione, il libro indicato nel n. 5 a cura del collegio sindacale ovvero del consiglio di sorveglianza o del comitato per il controllo sulla gestione, il libro indicato nel n. 6 a cura del comitato esecutivo e il libro indicato nel n. 7 a cura del rappresentante comune degli obbligazionisti.

I libri suddetti, prima che siano messi in uso, devono essere numerati progressivamente in ogni pagina e bollati in ogni foglio a norma dell'articolo 2215.

Art. 2422. Diritto d'ispezione dei libri sociali.

I soci hanno diritto di esaminare i libri indicati nei numeri 1 e 3 dell'articolo precedente e di ottenerne estratti a proprie spese.

Eguale diritto spetta al rappresentante comune degli obbligazionisti per i libri indicati nei numeri 2 e 3 dell'articolo precedente, e ai singoli obbligazionisti per il libro indicato nel n. 7 dell'articolo medesimo.

SEZIONE IX – Del bilancio

Art. 2423. Redazione del bilancio.

Gli amministratori devono redigere il bilancio di esercizio, costituito dallo stato patrimoniale, dal conto economico e dalla nota integrativa.

Il bilancio deve essere redatto con chiarezza e deve rappresentare in modo veritiero e corretto la situazione patrimoniale e finanziaria della società e il risultato economico dell'esercizio.

Se le informazioni richieste da specifiche disposizioni di legge non sono sufficienti a dare una rappresentazione veritiera e corretta, si devono fornire le informazioni complementari necessarie allo scopo.

Se, in casi eccezionali, l'applicazione di una disposizione degli articoli seguenti è incompatibile con la rappresentazione veritiera e corretta, la disposizione non deve essere applicata. La nota integrativa deve motivare la deroga e deve indicarne l'influenza sulla rappresentazione della situazione patrimoniale, finanziaria e del risultato economico. Gli eventuali utili deriCODICE CIVILE

vanti dalla deroga devono essere iscritti in una riserva non distribuibile se non in misura corrispondente al valore recuperato.

Il bilancio deve essere redatto in unità di euro, senza cifre decimali, ad eccezione della nota integrativa che può essere redatta in migliaia di euro.

Art. 2423-bis. Princìpi di redazione del bilancio.

Nella redazione del bilancio devono essere osservati i seguenti princìpi:

1) la valutazione delle voci deve essere fatta secondo prudenza e nella prospettiva della continuazione dell'attività, nonché tenendo conto della funzione economica dell'elemento dell'attivo o del passivo considerato;

2) si possono indicare esclusivamente gli utili realizzati alla data di chiusura dell'esercizio;

3) si deve tener conto dei proventi e degli oneri di competenza dell'esercizio, indipendentemente dalla data dell'incasso o del pagamento;

4) si deve tener conto dei rischi e delle perdite di competenza dell'esercizio, anche se conosciuti dopo la chiusura di questo;

5) gli elementi eterogenei ricompresi nelle singole voci devono essere valutati separatamente;

6) i criteri di valutazione non possono essere modificati da un esercizio all'altro.

Deroghe al principio enunciato nel numero 6) del comma precedente sono consentite in casi eccezionali. La nota integrativa deve motivare la deroga e indicarne l'influenza sulla rappresentazione della situazione patrimoniale e finanziaria e del risultato economico.

Art. 2423-ter. Struttura dello stato patrimoniale e del conto economico.

Salve le disposizioni di leggi speciali per le società che esercitano particolari attività, nello stato patrimoniale e nel conto economico devono essere iscritte separatamente, e nell'ordine indicato, le voci previste negli articoli 2424 e 2425.

Le voci precedute da numeri arabi possono essere ulteriormente suddivise, senza eliminazione della voce complessiva e dell'importo corrispondente; esse possono essere raggruppate soltanto quando il raggruppamento, a causa del loro importo, è irrilevante ai fini indicati nel secondo comma dell'articolo 2423 o quando esso favorisce la chiarezza del bilancio. In questo secondo caso la nota integrativa deve contenere distintamente le voci oggetto di raggruppamento.

Devono essere aggiunte altre voci qualora il loro contenuto non sia compreso in alcuna di quelle previste dagli articoli 2424 e 2425.

Le voci precedute da numeri arabi devono essere adattate quando lo esige la natura dell'attività esercitata.

Per ogni voce dello stato patrimoniale e del conto economico deve essere indicato l'importo della voce corrispondente dell'esercizio precedente. Se le voci non sono comparabili, quelle relative all'esercizio precedente devono essere adattate; la non comparabilità e l'adattamento o l'impossibilità di questo devono essere segnalati e commentati nella nota integrativa.

Sono vietati i compensi di partite.

Art. 2424. Contenuto dello stato patrimoniale.

Lo stato patrimoniale deve essere redatto in conformità al seguente schema.

Attivo:

A) Crediti verso soci per versamenti ancora dovuti, con separata indicazione della parte già richiamata.

B) Immobilizzazioni, con separata indicazione di quelle concesse in locazione finanziaria:

I - Immobilizzazioni immateriali:

1) costi di impianto e di ampliamento;
2) costi di ricerca, di sviluppo e di pubblicità;
3) diritti di brevetto industriale e diritti di utilizzazione delle opere dell'ingegno;
4) concessioni, licenze, marchi e diritti simili;
5) avviamento;
6) immobilizzazioni in corso e acconti;
7) altre.

Totale.

II - Immobilizzazioni materiali:

1) terreni e fabbricati;
2) impianti e macchinario;
3) attrezzature industriali e commerciali;
4) altri beni;
5) immobilizzazioni in corso e acconti.

Totale.

III - Immobilizzazioni finanziarie, con separata indicazione, per ciascuna voce dei crediti, degli importi esigibili entro l'esercizio successivo:

1) partecipazioni in:
a) imprese controllate;
b) imprese collegate;
c) imprese controllanti;
d) altre imprese;

2) crediti:
a) verso imprese controllate;
b) verso imprese collegate;
c) verso controllanti;
d) verso altri;

3) altri titoli;

4) azioni proprie, con indicazione anche del valore nominale complessivo.

Totale.

Totale immobilizzazioni (B);

C) Attivo circolante:

I - Rimanenze:

1) materie prime, sussidiarie e di consumo;
2) prodotti in corso di lavorazione e semilavorati;
3) lavori in corso su ordinazione;
4) prodotti finiti e merci;
5) acconti.

Totale

II - Crediti, con separata indicazione, per ciascuna voce, degli importi esigibili oltre l'esercizio successivo:

1) verso clienti;
2) verso imprese controllate;
3) verso imprese collegate;
4) verso controllanti;
4-bis) crediti tributari;
4-ter) imposte anticipate;
5) verso altri.

Totale.

III - Attività finanziarie che non costituiscono immobilizzazioni:

1) partecipazioni in imprese controllate;
2) partecipazioni in imprese collegate;
3) partecipazioni in imprese controllanti;
4) altre partecipazioni;
5) azioni proprie, con indicazioni anche del valore nominale complessivo;
6) altri titoli.

Totale.

IV - Disponibilità liquide:

1) depositi bancari e postali;
2) assegni;
3) danaro e valori in cassa.

Totale.

Totale attivo circolante (C).

D) Ratei e risconti, con separata indicazione del disaggio su prestiti.

Passivo:

A) Patrimonio netto:

I - Capitale.

II - Riserva da soprapprezzo delle azioni.

III - Riserve di rivalutazione.
IV - Riserva legale.
V - Riserve statutarie
VI - Riserva per azioni proprie in portafoglio.
VII - Altre riserve, distintamente indicate.
VIII - Utili portati a nuovo.
IX - Utile dell'esercizio.
Totale.
B) Fondi per rischi e oneri:
1) per trattamento di quiescenza e obblighi simili;
2) per imposte, anche differite;
3) altri.
Totale.
C) Trattamento di fine rapporto di lavoro subordinato.
D) Debiti, con separata indicazione, per ciascuna voce, degli importi esigibili oltre l'esercizio successivo:
1) obbligazioni;
2) obbligazioni convertibili;
3) debiti verso soci per finanziamenti;
4) debiti verso banche;
5) debiti verso altri finanziatori;
6) acconti;
7) debiti verso fornitori;
8) debiti rappresentati da titoli di credito;
9) debiti verso imprese controllate;
10) debiti verso imprese collegate;
11) debiti verso controllanti;
12) debiti tributari;
13) debiti verso istituti di previdenza e di sicurezza sociale;
14) altri debiti.
Totale.
E) Ratei e risconti, con separata indicazione dell'aggio su prestiti.
Se un elemento dell'attivo o del passivo ricade sotto più voci dello schema, nella nota integrativa deve annotarsi, qualora ciò sia necessario ai fini della comprensione del bilancio, la sua appartenenza anche a voci diverse da quella nella quale è iscritto.
In calce allo stato patrimoniale devono risultare le garanzie prestate direttamente
o indirettamente, distinguendosi fra fideiussioni, avalli, altre garanzie personali e garanzie reali, ed indicando separatamente, per ciascun tipo, le garanzie prestate a favore di imprese controllate e collegate, nonché di controllanti e di imprese sottoposte al controllo di queste ultime; devono inoltre risultare gli altri conti d'ordine.
È fatto salvo quanto disposto dall'articolo 2447-septies con riferimento ai beni e rapporti giuridici compresi nei patrimoni destinati ad uno specifico affare ai sensi della lettera a) del primo comma dell'articolo 2447-bis.

Art. 2424-bis. Disposizioni relative a singole voci dello stato patrimoniale.
Gli elementi patrimoniali destinati ad essere utilizzati durevolmente devono essere iscritti tra le immobilizzazioni.
Le partecipazioni in altre imprese in misura non inferiore a quelle stabilite dal terzo comma dell'articolo 2359 si presumono immobilizzazioni.
Gli accantonamenti per rischi ed oneri sono destinati soltanto a coprire perdite o debiti di natura determinata, di esistenza certa o probabile, dei quali tuttavia alla chiusura dell'esercizio sono indeterminati o l'ammontare o la data di sopravvenienza.
Nella voce: «trattamento di fine rapporto di lavoro subordinato» deve essere indicato l'importo calcolato a norma dell'articolo 2120.
Le attività oggetto di contratti di compravendita con obbligo di retrocessione a termine devono essere iscritte nello stato patrimoniale del venditore.
Nella voce ratei e risconti attivi devono essere iscritti i proventi di competenza dell'esercizio esigibili in esercizi successivi, e i costi sostenuti entro la chiusura dell'esercizio ma di competenza di esercizi successivi. Nella voce ratei e risconti passivi devono essere iscritti i costi di competenza dell'esercizio esigibili in esercizi successivi e i proventi percepiti entro la chiusura dell'esercizio ma di competenza di esercizi successivi. Possono essere iscritte in tali voci soltanto quote di costi e proventi, comuni a due o più esercizi, l'entità dei quali vari in ragione del tempo.

Art. 2425. Contenuto del conto economico.
Il conto economico deve essere redatto in conformità al seguente schema:
A) Valore della produzione:
1) ricavi delle vendite e delle prestazioni;
2) variazioni delle rimanenze di prodotti in corso di lavorazione, semilavorati e finiti;
3) variazioni dei lavori in corso su ordinazione;
4) incrementi di immobilizzazioni per lavori interni;
5) altri ricavi e proventi, con separata indicazione dei contributi in conto esercizio.
Totale.
B) Costi della produzione:
6) per materie prime, sussidiarie, di consumo e di merci;
7) per servizi;
8) per godimento di beni di terzi;
9) per il personale:
a) salari e stipendi;
b) oneri sociali;
c) trattamento di fine rapporto;
d) trattamento di quiescenza e simili;
e) altri costi;
10) ammortamenti e svalutazioni:
a) ammortamento delle immobilizzazioni immateriali;
b) ammortamento delle immobilizzazioni materiali;
c) altre svalutazioni delle immobilizzazioni;
d) svalutazioni dei crediti compresi nell'attivo circolante e delle disponibilità liquide;

11) variazioni delle rimanenze di materie prime, sussidiarie, di consumo e merci;

12) accantonamenti per rischi;

13) altri accantonamenti;

14) oneri diversi di gestione.

Totale.

Differenza tra valore e costi della produzione (A - B).

C) Proventi e oneri finanziari:

15) proventi da partecipazioni, con separata indicazione di quelli relativi ad imprese controllate e collegate;

16) altri proventi finanziari:

a) da crediti iscritti nelle immobilizzazioni, con separata indicazione di quelli da imprese controllate e collegate e di quelli da controllanti;

b) da titoli iscritti nelle immobilizzazioni che non costituiscono partecipazioni;

c) da titoli iscritti nell'attivo circolante che non costituiscono partecipazioni;

d) proventi diversi dai precedenti, con separata indicazione di quelli da imprese controllate e collegate e di quelli da controllanti;

17) interessi e altri oneri finanziari, con separata indicazione di quelli verso imprese controllate e collegate e verso controllanti;

17-bis) utili e perdite su cambi. Totale (15 + 16 – 17 + - 17 bis).

D) Rettifiche di valore di attività finanziarie:

18) rivalutazioni:

a) di partecipazioni;

b) di immobilizzazioni finanziarie che non costituiscono partecipazioni;

c) di titoli iscritti all'attivo circolante che non costituiscono partecipazioni;

19) svalutazioni:

a) di partecipazioni;

b) di immobilizzazioni finanziarie che non costituiscono partecipazioni;

c) di titoli iscritti nell'attivo circolante che non costituiscono partecipazioni.

Totale delle rettifiche (18 - 19).

E) Proventi e oneri straordinari:

20) proventi, con separata indicazione delle plusvalenze da alienazioni i cui ricavi non sono iscrivibili al n. 5);

21) oneri, con separata indicazione delle minusvalenze da alienazioni, i cui effetti contabili non sono iscrivibili al n. 14), e delle imposte relative a esercizi precedenti. Totale delle partite straordinarie (20 - 21).

Risultato prima delle imposte (A – B + - C + - D + - E)

22) imposte sul reddito dell'esercizio, correnti, differite e anticipate;

23) utile (perdite) dell'esercizio.

Art. 2425-bis. Iscrizione dei ricavi, proventi, costi ed oneri.

I ricavi e i proventi, i costi e gli oneri devono essere indicati al netto dei resi, degli sconti, abbuoni e premi, nonché delle imposte direttamente connesse con la vendita dei prodotti e la prestazione dei servizi.

I ricavi e i proventi, i costi e gli oneri relativi ad operazioni in valuta devono essere determinati al cambio corrente alla data nella quale la relativa operazione
è compiuta.

I proventi e gli oneri relativi ad operazioni di compravendita con obbligo di retrocessione a termine, ivi compresa la differenza tra prezzo a termine e prezzo a pronti, devono essere iscritti per le quote di competenza dell'esercizio. Le plusvalenze derivanti da operazioni di compravendita con locazione finanziaria
al venditore sono ripartite in funzione della durata del contratto di locazione.

Art. 2426. Criteri di valutazioni.

Nelle valutazioni devono essere osservati i seguenti criteri:

1) le immobilizzazioni sono iscritte al costo di acquisto o di produzione. Nel costo di acquisto si computano anche i costi accessori. Il costo di produzione comprende tutti i costi direttamente imputabili al prodotto. Può comprendere anche altri costi, per la quota ragionevolmente imputabile al prodotto, relativi al periodo di fabbricazione e fino al momento dal quale il bene può essere utilizzato; con gli stessi criteri possono essere aggiunti gli oneri relativi al finanziamento della fabbricazione, interna o presso terzi;

2) il costo delle immobilizzazioni, materiali e immateriali, la cui utilizzazione è limitata nel tempo deve essere sistematicamente ammortizzato in ogni esercizio in relazione con la loro residua possibilità di utilizzazione. Eventuali modifiche dei criteri di ammortamento e dei coefficienti applicati devono essere motivate nella nota integrativa;

3) l'immobilizzazione che, alla data della chiusura dell'esercizio, risulti durevolmente
di valore inferiore a quello determinato secondo i numeri 1) e 2)
deve essere iscritta a tale minore valore; questo non può essere mantenuto nei successivi bilanci se sono venuti meno i motivi della rettifica effettuata. Per le immobilizzazioni consistenti in partecipazioni in imprese controllate o collegate che risultino iscritte per un valore superiore a quello derivante dall'applicazione del criterio di valutazione previsto dal successivo numero 4) o, se non vi sia obbligo di redigere il bilancio consolidato, al valore corrispondente
alla frazione di patrimonio netto risultante dall'ultimo bilancio dell'impresa partecipata, la differenza dovrà essere motivata nella nota integrativa;

4) le immobilizzazioni consistenti in partecipazioni in imprese controllate o collegate possono essere valutate, con riferimento ad una o più tra dette imprese, anziché secondo il criterio indicato al numero 1), per un importo pari alla corrispondente frazione del patrimonio netto risultante dall'ultimo bilancio delle imprese medesime, detratti i dividendi ed operate le rettifiche richieste dai princìpi di redazione del bilancio consolidato nonché quelle necessarie per il rispetto dei princìpi indicati negli articoli 2423 e 2423-bis. Quando la partecipazione è iscritta per la prima volta in base al metodo del patrimonio netto, il costo di acquisto superiore al valore corrispondente del patrimonio netto risultante dall'ultimo bilancio dell'impresa controllata o collegata può essere iscritto nell'attivo, purché ne siano indicate le ragioni nella nota integrativa. La differenza, per la parte attribuibile a beni ammortizzabili

o all'avviamento, deve essere ammortizzata.
Negli esercizi successivi le plusvalenze, derivanti dall'applicazione del metodo del patrimonio netto, rispetto al valore indicato nel bilancio dell'esercizio precedente sono iscritte in una riserva non distribuibile;
5) i costi di impianto e di ampliamento, i costi di ricerca, di sviluppo e di pubblicità aventi utilità pluriennale possono essere iscritti nell'attivo con il consenso, ove esistente, del collegio sindacale e devono essere ammortizzati entro un periodo non superiore a cinque anni. Fino a che l'ammortamento non è completato possono essere distribuiti dividendi solo se residuano riserve disponibili sufficienti a coprire l'ammontare dei costi non ammortizzati;
6) l'avviamento può essere iscritto nell'attivo con il consenso, ove esistente, del collegio sindacale, se acquisito a titolo oneroso, nei limiti del costo per esso sostenuto e deve essere ammortizzato entro un periodo di cinque anni. È tuttavia consentito ammortizzare sistematicamente l'avviamento in un periodo limitato di durata superiore, purché esso non superi la durata per l'utilizzazione di questo attivo e ne sia data adeguata motivazione nella nota integrativa;
7) il disaggio su prestiti deve essere iscritto nell'attivo e ammortizzato in ogni esercizio per il periodo di durata del prestito;
8) i crediti devono essere iscritti secondo il valore presumibile di realizzazione;
8-bis) le attività e le passività in valuta, ad eccezione delle immobilizzazioni, devono essere iscritte al tasso di cambio a pronti alla data di chiusura dell'esercizio
ed i relativi utili e perdite su cambi devono essere imputati al conto economico e l'eventuale utile netto deve essere accantonato in apposita riserva non distribuibile fino al realizzo. Le immobilizzazioni materiali, immateriali
e quelle finanziarie, costituite da partecipazioni, rilevate al costo in valuta devono essere iscritte al tasso di cambio al momento del loro acquisto o a quello inferiore alla data di chiusura dell'esercizio se la riduzione debba giudicarsi durevole;
9) le rimanenze, i titoli e le attività finanziarie che non costituiscono immobilizzazioni
sono iscritti al costo di acquisto o di produzione, calcolato secondo il numero 1), ovvero al valore di realizzazione desumibile dall'andamento del mercato, se minore; tale minor valore non può essere mantenuto nei successivi bilanci se ne sono venuti meno i motivi. I costi di distribuzione non possono essere computati nel costo di produzione;
10) il costo dei beni fungibili può essere calcolato col metodo della media ponderata o con quelli: «primo entrato, primo uscito» o: «ultimo entrato, primo uscito»; se il valore così ottenuto differisce in misura apprezzabile dai costi correnti alla chiusura dell'esercizio, la differenza deve essere indicata, per categoria di beni, nella nota integrativa;
11) i lavori in corso su ordinazione possono essere iscritti sulla base dei corrispettivi
contrattuali maturati con ragionevole certezza;
12) le attrezzature industriali e commerciali, le materie prime, sussidiarie e di consumo, possono essere iscritte nell'attivo ad un valore costante qualora siano costantemente rinnovate, e complessivamente di scarsa importanza in rapporto all'attivo di bilancio, sempreché non si abbiano variazioni sensibili nella loro entità, valore e composizione.

Art. 2427. Contenuto della nota integrativa.

La nota integrativa deve indicare, oltre a quanto stabilito da altre disposizioni:
1) i criteri applicati nella valutazione delle voci del bilancio, nelle rettifiche di valore e nella conversione dei valori non espressi all'origine in moneta avente corso legale nello Stato;
2) i movimenti delle immobilizzazioni, specificando per ciascuna voce: il costo;
le precedenti rivalutazioni, ammortamenti e svalutazioni; le acquisizioni, gli spostamenti da una ad altra voce, le alienazioni avvenuti nell'esercizio; le rivalutazioni, gli ammortamenti e le svalutazioni effettuati nell'esercizio; il totale delle rivalutazioni riguardanti le immobilizzazioni esistenti alla chiusura dell'esercizio;
3) la composizione delle voci: «costi di impianto e di ampliamento» e: «costi di ricerca, di sviluppo e di pubblicità, nonché le ragioni della iscrizione ed i rispettivi criteri di ammortamento;
3-bis) la misura e le motivazioni delle riduzioni di valore applicate alle immobilizzazioni
materiali e immateriali, facendo a tal fine esplicito riferimento
al loro concorso alla futura produzione di risultati economici, alla loro prevedibile durata utile e, per quanto rilevante, al loro valore di mercato, segnalando altresì le differenze rispetto a quelle operate negli esercizi precedenti
ed evidenziando la loro influenza sui risultati economici dell'esercizio;
4) le variazioni intervenute nella consistenza delle altre voci dell'attivo e del passivo; in particolare, per le voci del patrimonio netto, per i fondi e per il trattamento di fine rapporto, la formazione e le utilizzazioni;
5) l'elenco delle partecipazioni, possedute direttamente o per tramite di società fiduciaria o per interposta persona, in imprese controllate e collegate, indicando per ciascuna la denominazione, la sede, il capitale, l'importo del patrimonio netto, l'utile o la perdita dell'ultimo esercizio, la quota posseduta e il valore attribuito in bilancio o il corrispondente credito;
6) distintamente per ciascuna voce, l'ammontare dei crediti e dei debiti di durata residua superiore a cinque anni, e dei debiti assistiti da garanzie reali su beni sociali, con specifica indicazione della natura delle garanzie e con specifica ripartizione secondo le aree geografiche;
6-bis) eventuali effetti significativi delle variazioni nei cambi valutari verificatesi
successivamente alla chiusura dell'esercizio;
6-ter) distintamente per ciascuna voce, l'ammontare dei crediti e dei debiti relativi ad operazioni che prevedono l'obbligo per l'acquirente di retrocessione a termine;
7) la composizione delle voci «ratei e risconti attivi» e «ratei e risconti passivi » e della voce «altri fondi» dello stato patrimoniale, quando il loro ammontare sia apprezzabile, nonché la composizione della voce «altre riserve
»;
7-bis) le voci di patrimonio netto devono essere analiticamente indicate,

con specificazione in appositi prospetti della loro origine, possibilità di utilizzazione
e distribuibilità, nonché della loro avvenuta utilizzazione nei precedenti esercizi;

8) l'ammontare degli oneri finanziari imputati nell'esercizio ai valori iscritti nell'attivo dello stato patrimoniale, distintamente per ogni voce;

9) gli impegni non risultanti dallo stato patrimoniale; le notizie sulla composizione
e natura di tali impegni e dei conti d'ordine, la cui conoscenza sia
utile per valutare la situazione patrimoniale e finanziaria della società, specificando
quelli relativi a imprese controllate, collegate, controllanti e a imprese
sottoposte al controllo di queste ultime;

10) se significativa, la ripartizione dei ricavi delle vendite e delle prestazioni secondo categorie di attività e secondo aree geografiche;

11) l'ammontare dei proventi da partecipazioni, indicati nell'articolo 2425, numero 15), diversi dai dividendi;

12) la suddivisione degli interessi ed altri oneri finanziari, indicati nell'articolo 2425, n. 17), relativi a prestiti obbligazionari, a debiti verso banche, e altri;

13) la composizione delle voci: «proventi straordinari» e: «oneri straordinari» del conto economico, quando il loro ammontare sia apprezzabile;

14) un apposito prospetto contenente:
a) la descrizione delle differenze temporanee che hanno comportato la rilevazione
di imposte differite e anticipate, specificando l'aliquota applicata e le variazioni rispetto all'esercizio precedente, gli importi accreditati o addebitati a conto economico oppure a patrimonio netto, le voci escluse dal computo e le relative motivazioni;
b) l'ammontare delle imposte anticipate contabilizzato in bilancio attinenti a perdite dell'esercizio o di esercizi precedenti e le motivazioni dell'iscrizione, l'ammontare non ancora contabilizzato e le motivazioni della mancata iscrizione;

15) il numero medio dei dipendenti, ripartito per categoria;

16) l'ammontare dei compensi spettanti agli amministratori ed ai sindaci, cumulativamente per ciascuna categoria;

16-bis) salvo che la società sia inclusa in un ambito di consolidamento e le informazioni siano contenute nella nota integrativa del relativo bilancio consolidato, l'importo totale dei corrispettivi spettanti al revisore legale o alla società di revisione legale per la revisione legale dei conti annuali, l'importo
totale dei corrispettivi di competenza per gli altri servizi di verifica svolti, l'importo totale dei corrispettivi di competenza per i servizi di consulenza
fiscale e l'importo totale dei corrispettivi di competenza per altri servizi diversi dalla revisione contabile (1);

17) il numero e il valore nominale di ciascuna categoria di azioni della società e il numero e il valore nominale delle nuove azioni della società sottoscritte durante l'esercizio;

18) le azioni di godimento, le obbligazioni convertibili in azioni e i titoli o valori simili emessi dalla società, specificando il loro numero e i diritti che essi attribuiscono;

19) il numero e le caratteristiche degli altri strumenti finanziari emessi dalla società, con l'indicazione dei diritti patrimoniali e partecipativi che conferiscono
e delle principali caratteristiche delle operazioni relative;

19-bis) i finanziamenti effettuati dai soci alla società, ripartiti per scadenze e con la separata indicazione di quelli con clausola di postergazione rispetto agli altri creditori;

20) i dati richiesti dal terzo comma dell'articolo 2447-septies con riferimento ai patrimoni destinati ad uno specifico affare ai sensi della lettera a) del primo comma dell'articolo 2447-bis;

21) i dati richiesti dall'articolo 2447-decies, ottavo comma;

22) le operazioni di locazione finanziaria che comportano il trasferimento al locatario della parte prevalente dei rischi e dei benefici inerenti ai beni che ne costituiscono oggetto, sulla base di un apposito prospetto dal quale risulti il valore attuale delle rate di canone non scadute quale determinato utilizzando tassi di interesse pari all'onere finanziario effettivo inerenti i singoli contratti, l'onere finanziario effettivo attribuibile ad essi e riferibile all'esercizio, l'ammontare complessivo al quale i beni oggetto di locazione sarebbero stati iscritti alla data di chiusura dell'esercizio qualora fossero stati considerati immobilizzazioni, con separata indicazione di ammortamenti, rettifiche e riprese di valore che sarebbero stati inerenti all'esercizio.

22-bis) le operazioni realizzate con parti correlate, precisando l'importo, la natura del rapporto e ogni altra informazione necessaria per la comprensione del bilancio relativa a tali operazioni, qualora le stesse siano rilevanti e non siano state concluse a normali condizioni di mercato. Le informazioni relative alle singole operazioni possono essere aggregate secondo la loro natura, salvo quando la loro separata evidenziazione sia necessaria per comprendere gli effetti delle operazioni medesime sulla situazione patrimoniale e finanziaria e sul risultato economico della società; (2)

22-ter) la natura e l'obiettivo economico di accordi non risultanti dallo stato patrimoniale, con indicazione del loro effetto patrimoniale, finanziario ed economico, a condizione che i rischi e i benefici da essi derivanti siano significativi
e l'indicazione degli stessi sia necessaria per valutare la situazione patrimoniale e finanziaria e il risultato economico della società. (2)

Ai fini dell'applicazione del primo comma, numeri 22-bis) e 22-ter), e degli articoli 2427-bis e 2428, terzo comma, numero 6-bis), per le definizioni di "strumento finanziario", "strumento finanziario derivato", "fair value", "parte correlata" e "modello e tecnica di valutazione generalmente accettato" si fa riferimento ai principi contabili internazionali adottati dall'Unione europea. (3)

(1) Numero inserito dal D.L.vo 27 gennaio 2010, n. 39.
(2) Numero aggiunto dal D.L.vo 3 novembre 2008, n. 173.

(3) Comma aggiunto dal D.L.vo 3 novembre 2008, n. 173.

Art. 2427-bis. Informazioni relative al valore equo «fair value» degli strumenti finanziari.

1. Nella nota integrativa sono indicati:

1) per ciascuna categoria di strumenti finanziari derivati:

a) il loro fair value;

b) informazioni sulla loro entità e sulla loro natura;

2) per le immobilizzazioni finanziarie iscritte a un valore superiore al loro fair value, con esclusione delle partecipazioni in società controllate e collegate ai sensi dell'articolo 2359 e delle partecipazioni in joint venture:

a) il valore contabile e il fair value delle singole attività, o di appropriati raggruppamenti di tali attività;

b) i motivi per i quali il valore contabile non è stato ridotto, inclusa la natura degli elementi sostanziali sui quali si basa il convincimento che tale valore possa essere recuperato.

2. Ai fini dell'applicazione delle disposizioni del comma 1, sono considerati strumenti finanziari derivati anche quelli collegati a merci che conferiscono all'una o all'altra parte contraente il diritto di procedere alla liquidazione del contratto per contanti o mediante altri strumenti finanziari, ad eccezione del caso in cui si verifichino contemporaneamente le seguenti condizioni:

a) il contratto sia stato concluso e sia mantenuto per soddisfare le esigenze previste dalla società che redige il bilancio di acquisto, di vendita o di utilizzo delle merci;

b) il contratto sia stato destinato a tale scopo fin dalla sua conclusione;

c) si prevede che il contratto sia eseguito mediante consegna della merce.

3. Il fair value è determinato con riferimento:

a) al valore di mercato, per gli strumenti finanziari per i quali è possibile individuare facilmente un mercato attivo; qualora il valore di mercato non sia facilmente individuabile per uno strumento, ma possa essere individuato per i suoi componenti o per uno strumento analogo, il valore di mercato può essere derivato da quello dei componenti o dello strumento analogo;

b) al valore che risulta da modelli e tecniche di valutazione generalmente accettati, per gli strumenti per i quali non sia possibile individuare facilmente un mercato attivo; tali modelli e tecniche di valutazione devono assicurare una ragionevole approssimazione al valore di mercato.

4. Il fair value non è determinato se l'applicazione dei criteri indicati al comma precedente non dà un risultato attendibile.

(…) (1)

(1) "Ai fini dell'applicazione del presente articolo e dell'articolo 2428, comma 2, numero 6-bis) per la definizione di strumento finanziario, di strumento finanziario derivato, di fair value e di modello e tecnica di valutazione generalmente accettato, si fa riferimento ai princìpi contabili riconosciuti in ambito internazionale e compatibili con la disciplina in materia dell'Unione europea." Comma abrogato dall'art. 1, comma 3, del D.L.vo 3 novembre 2008, n. 173.

Art. 2428. Relazione sulla gestione. (1)

Il bilancio deve essere corredato da una relazione degli amministratori contenente un'analisi fedele, equilibrata ed esauriente della situazione della società e dell'andamento e del risultato della gestione, nel suo complesso e nei vari settori in cui essa ha operato, anche attraverso imprese controllate, con particolare riguardo ai costi, ai ricavi e agli investimenti, nonché una descrizione dei principali rischi e incertezze cui la società è esposta. L'analisi di cui al primo comma è coerente con l'entità e la complessità degli affari della società e contiene, nella misura necessaria alla comprensione della situazione della società e dell'andamento e del risultato della sua gestione, gli indicatori di risultato finanziari e, se del caso, quelli non finanziari pertinenti all'attività specifica della società, comprese le informazioni attinenti all'ambiente e al personale. L'analisi contiene, ove opportuno, riferimenti agli importi riportati nel bilancio e chiarimenti aggiuntivi su di essi.

Dalla relazione devono in ogni caso risultare:

1) le attività di ricerca e di sviluppo;

2) i rapporti con imprese controllate, collegate, controllanti e imprese sottoposte al controllo di queste ultime;

3) il numero e il valore nominale sia delle azioni proprie sia delle azioni o quote di società controllanti possedute dalla società, anche per tramite di società fiduciaria o per interposta persona, con l'indicazione della parte di capitale corrispondente;

4) il numero e il valore nominale sia delle azioni proprie sia delle azioni o quote di società controllanti acquistate o alienate dalla società, nel corso dell'esercizio, anche per tramite di società fiduciaria o per interposta persona, con l'indicazione della corrispondente parte di capitale, dei corrispettivi e dei motivi degli acquisti e delle alienazioni;

5) i fatti di rilievo avvenuti dopo la chiusura dell'esercizio;

6) l'evoluzione prevedibile della gestione;

6-bis) in relazione all'uso da parte della società di strumenti finanziari e se rilevanti per la valutazione della situazione patrimoniale e finanziaria e del risultato economico dell'esercizio:

a) gli obiettivi e le politiche della società in materia di gestione del rischio finanziario, compresa la politica di copertura per ciascuna principale categoria di operazioni previste;

b) l'esposizione della società al rischio di prezzo, al rischio di credito, al rischio di liquidità e al rischio di variazione dei flussi finanziari.

(…) (2)

Dalla relazione deve inoltre risultare l'elenco delle sedi secondarie della società.

(1) Articolo così modificato dal D.L.vo 2 febbraio 2007, n. 32.

(2) "Entro tre mesi dalla fine del primo semestre dell'esercizio gli amministratori delle società con azioni quotate in mercati regolamentati devono trasmettere al collegio sindacale una relazione sull'andamento della gestione, redatta secondo i criteri stabiliti dalla Commissione nazionale per le società e la borsa con regolamento pubblicato nella Gazzetta Ufficiale della Repubblica italiana. La relazione deve essere pubblicata nei modi e nei termini stabiliti dalla Commissione stessa con il regolamento anzidetto." Comma abrogato dal D.L.vo 6 novembre 2007, n. 195.

Art. 2429. Relazione dei sindaci e deposito del bilancio. (1)

Il bilancio deve essere comunicato dagli amministratori al collegio sindacale,

e al soggetto incaricato della revisione legale dei conti, (2) con la relazione, almeno trenta giorni prima di quello fissato per l'assemblea che deve discuterlo.
Il collegio sindacale deve riferire all'assemblea sui risultati dell'esercizio sociale e sull'attività svolta nell'adempimento dei propri doveri, e fare le osservazioni e le proposte in ordine al bilancio e alla sua approvazione, con particolare riferimento all'esercizio della deroga di cui all'articolo 2423, quarto comma (3).
Il bilancio, con le copie integrali dell'ultimo bilancio delle società controllate e un prospetto riepilogativo dei dati essenziali dell'ultimo bilancio delle società collegate, deve restare depositato in copia nella sede della società, insieme con le relazioni degli amministratori, dei sindaci e del soggetto incaricato
della revisione legale dei conti, (4) durante i quindici giorni che precedono l'assemblea, e finché sia approvato. I soci possono prenderne visione.
Il deposito delle copie dell'ultimo bilancio delle società controllate prescritto dal comma precedente può essere sostituito, per quelle incluse nel consolidamento,
dal deposito di un prospetto riepilogativo dei dati essenziali dell'ultimo bilancio delle medesime.

(1) Articolo così modificato dal D.L.vo 2 febbraio 2007, n. 32 e successivamente dal D.L.vo 27 gennaio 2010, n. 39.

(2) Le parole: "e al soggetto incaricato della revisione legale dei conti" sono state così inserite dall'art. 37, comma 17 lett. a), del D.L.vo 27 gennaio 2010, n. 39

(3) Il periodo: "Il collegio sindacale, se esercita il controllo contabile, redige anche la relazione prevista dall'articolo 2409-ter." è stato soppresso dall'art. 37, comma 17 lett. b) del D.L.vo 27 gennaio 2010, n. 39.

(4) Le parole: "del controllo contabile" sono state così sostituite dall'art. 37, comma 17 lett. c) del D.L.vo 27 gennaio 2010, n. 39

Art. 2430. Riserva legale.

Dagli utili netti annuali deve essere dedotta una somma corrispondente almeno alla ventesima parte di essi per costituire una riserva, fino a che questa non abbia raggiunto il quinto del capitale sociale.
La riserva deve essere reintegrata a norma del comma precedente se viene diminuita per qualsiasi ragione.
Sono salve le disposizioni delle leggi speciali.

Art. 2431. Soprapprezzo delle azioni.

Le somme percepite dalla società per l'emissione di azioni ad un prezzo superiore
al loro valore nominale, ivi comprese quelle derivate dalla conversione di obbligazioni, non possono essere distribuite fino a che la riserva legale non abbia raggiunto il limite stabilito dall'articolo 2430.

Art. 2432. Partecipazione agli utili.

Le partecipazioni agli utili eventualmente spettanti ai promotori, ai soci fondatori e agli amministratori sono computate sugli utili netti risultanti dal bilancio, fatta deduzione della quota di riserva legale.

Art. 2433. Distribuzione degli utili ai soci.

La deliberazione sulla distribuzione degli utili è adottata dall'assemblea che approva il bilancio ovvero, qualora il bilancio sia approvato dal consiglio di sorveglianza, dall'assemblea convocata a norma dell'articolo 2364-bis, secondo comma.

Non possono essere pagati dividendi sulle azioni, se non per utili realmente conseguiti e risultanti dal bilancio regolarmente approvato.
Se si verifica una perdita del capitale sociale, non può farsi luogo a ripartizione di utili fino a che il capitale non sia reintegrato o ridotto in misura corrispondente.
I dividendi erogati in violazione delle disposizioni del presente articolo non sono ripetibili, se i soci li hanno riscossi in buona fede in base a bilancio regolarmente
approvato, da cui risultano utili netti corrispondenti.

Cfr. Corte di Cassazione, sez. tributaria, sentenza 24 luglio 2009, n. 17358 in Altalex Massimario.

Art. 2433-bis. Acconti sui dividendi. (1)

La distribuzione di acconti sui dividendi è consentita solo alle società il cui bilancio è assoggettato per legge a revisione legale dei conti, secondo il regime previsto dalle leggi speciali per gli enti di interesse pubblico.
La distribuzione di acconti sui dividendi deve essere prevista dallo statuto ed è deliberata dagli amministratori dopo il rilascio da parte del soggetto incaricato di effettuare la revisione legale dei conti di un giudizio positivo sul bilancio dell'esercizio precedente e la sua approvazione.
Non è consentita la distribuzione di acconti sui dividendi quando dall'ultimo bilancio approvato risultino perdite relative all'esercizio o a esercizi precedenti.
L'ammontare degli acconti sui dividendi non può superare la minor somma tra l'importo degli utili conseguiti dalla chiusura dell'esercizio precedente, diminuito delle quote che dovranno essere destinate a riserva per obbligo legale o statutario, e quello delle riserve disponibili.
Gli amministratori deliberano la distribuzione di acconti sui dividendi sulla base di un prospetto contabile e di una relazione, dai quali risulti che la situazione
patrimoniale, economica e finanziaria della società consente la distribuzione stessa. Su tali documenti deve essere acquisito il parere del soggetto incaricato della revisione legale dei conti.
Il prospetto contabile, la relazione degli amministratori e il parere del soggetto incaricato della revisione legale dei conti debbono restare depositati in copia nella sede della società fino all'approvazione del bilancio dell'esercizio in corso. I soci possono prenderne visione.
Ancorché sia successivamente accertata l'inesistenza degli utili di periodo risultanti dal prospetto, gli acconti sui dividendi erogati in conformità con le altre disposizioni del presente articolo non sono ripetibili se i soci li hanno riscossi in buona fede.

(1) Articolo modificato dal D.L.vo 27 gennaio 2010, n. 39.

Art. 2434. Azione di responsabilità.

L'approvazione del bilancio non implica liberazione degli amministratori, dei direttori generali, dei dirigenti preposti alla redazione dei documenti contabili societari e dei sindaci per le responsabilità incorse nella gestione sociale.

Art. 2434-bis. Invalidità della deliberazione di approvazione del bilancio.

Le azioni previste dagli articoli 2377 e 2379 non possono essere proposte nei confronti delle deliberazioni di approvazione del bilancio dopo che è avvenuta l'approvazione del bilancio dell'esercizio successivo.
La legittimazione ad impugnare la deliberazione di approvazione del bilancio

su cui il soggetto incaricato di effettuare la revisione legale dei conti ha emesso un giudizio privo di rilievi (1) spetta a tanti soci che rappresentino almeno il cinque per cento del capitale sociale.

Il bilancio dell'esercizio nel corso del quale viene dichiarata l'invalidità di cui al comma precedente tiene conto delle ragioni di questa.

(1) Comma modificato dal D.L.vo 27 gennaio 2010, n. 39.

Art. 2435. Pubblicazione del bilancio e dell'elenco dei soci e dei titolari di diritti su azioni.

Entro trenta giorni dall'approvazione una copia del bilancio, corredata dalle relazioni previste dagli articoli 2428 e 2429 e dal verbale di approvazione dell'assemblea o del consiglio di sorveglianza, deve essere, a cura degli amministratori,
depositata presso l'ufficio del registro delle imprese o spedita al medesimo ufficio a mezzo di lettera raccomandata.

Entro trenta giorni dall'approvazione del bilancio le società non aventi azioni quotate in mercati regolamentati sono tenute altresì a depositare per l'iscrizione nel registro delle imprese l'elenco dei soci riferito alla data di approvazione del bilancio, con l'indicazione del numero delle azioni possedute, nonché dei soggetti diversi dai soci che sono titolari di diritti o beneficiari di vincoli sulle azioni medesime. L'elenco deve essere corredato dall'indicazione analitica delle annotazioni effettuate nel libro dei soci a partire dalla data di approvazione del bilancio dell'esercizio precedente.

Art. 2435-bis. Bilancio in forma abbreviata.

Le società, che non abbiano emesso titoli negoziati in mercati regolamentati, possono redigere il bilancio in forma abbreviata quando, nel primo esercizio o, successivamente, per due esercizi consecutivi, non abbiano superato due dei seguenti limiti:

1) totale dell'attivo dello stato patrimoniale: 4.400.000 euro; (1)
2) ricavi delle vendite e delle prestazioni: 8.800.000 euro; (1)
3) dipendenti occupati in media durante l'esercizio: 50 unità.

Nel bilancio in forma abbreviata lo stato patrimoniale comprende solo le voci contrassegnate nell'articolo 2424 con lettere maiuscole e con numeri romani; le voci A e D dell'attivo possono essere comprese nella voce CII; dalle voci BI e BII dell'attivo devono essere detratti in forma esplicita gli ammortamenti e le svalutazioni; la voce E del passivo può essere compresa nella voce D; nelle voci CII dell'attivo e D del passivo devono essere separatamente
indicati i crediti e i debiti esigibili oltre l'esercizio successivo.

Nel conto economico del bilancio in forma abbreviata le seguenti voci previste dall'articolo 2425 possono essere tra loro raggruppate:

voci A2 e A3

voci B9(c), B9(d), B9(e)

voci B10(a), B10(b), B10(c)

voci C16(b) e C16(c)

voci D18(a), D18(b), D18(c)

voci D19(a), D19(b), D19(c)

Nel conto economico del bilancio in forma abbreviata nella voce E20 non è richiesta la separata indicazione delle plusvalenze e nella voce E21 non è richiesta la separata indicazione delle minusvalenze e delle imposte relative a esercizi precedenti.

Nella nota integrativa sono omesse le indicazioni richieste dal numero 10 dell'articolo 2426 e dai numeri 2), 3), 7), 9), 10), 12), 13), 14), 15), 16) e 17) dell'articolo 2427 e dal numero 1) del comma 1 dell'articolo 2427-bis; le indicazioni richieste dal numero 6) dell'articolo 2427 sono riferite all'importo globale dei debiti iscritti in bilancio.

Le società possono limitare l'informativa richiesta ai sensi dell'articolo 2427, primo comma, numero 22-bis, alle operazioni realizzate direttamente o indirettamente
con i loro maggiori azionisti ed a quelle con i membri degli organi di amministrazione e controllo, nonchè limitare alla natura e all'obiettivo economico le informazioni richieste ai sensi dell'articolo 2427, primo comma, numero 22-ter. (2)

Qualora le società indicate nel primo comma forniscano nella nota integrativa le informazioni richieste dai numeri 3) e 4) dell'articolo 2428, esse sono esonerate dalla redazione della relazione sulla gestione.

Le società che a norma del presente articolo redigono il bilancio in forma abbreviata devono redigerlo in forma ordinaria quando per il secondo esercizio consecutivo abbiano superato due dei limiti indicati nel primo comma.

(1) Limite modificato dal D.L.vo 7 novembre 2006, n. 285 e definitivamente così modificato dal D.L.vo 3 novembre 2008, n. 173.

(2) Comma aggiunto dal D.L.vo 3 novembre 2008, n. 173.

SEZIONE X – Delle modificazioni dello statuto

Art. 2436. Deposito, iscrizione e pubblicazione delle modificazioni.

Il notaio che ha verbalizzato la deliberazione di modifica dello statuto, entro trenta giorni, verificato l'adempimento delle condizioni stabilite dalla legge, ne richiede l'iscrizione nel registro delle imprese contestualmente al deposito e allega le eventuali autorizzazioni richieste.

L'ufficio del registro delle imprese, verificata la regolarità formale della documentazione,
iscrive la delibera nel registro.

Se il notaio ritiene non adempiute le condizioni stabilite dalla legge, ne dà comunicazione tempestivamente, e comunque non oltre il termine previsto dal primo comma del presente articolo, agli amministratori. Gli amministratori, nei trenta giorni successivi, possono convocare l'assemblea per gli opportuni provvedimenti oppure ricorrere al tribunale per il provvedimento di cui ai successivi commi; in mancanza la deliberazione è definitivamente inefficace.

Il tribunale, verificato l'adempimento delle condizioni richieste dalla legge e sentito il pubblico ministero, ordina l'iscrizione nel registro delle imprese con decreto soggetto a reclamo.

La deliberazione non produce effetti se non dopo l'iscrizione.

Dopo ogni modifica dello statuto deve esserne depositato nel registro delle imprese il testo integrale nella sua redazione aggiornata.

Art. 2437. Diritto di recesso.

Hanno diritto di recedere, per tutte o parte delle loro azioni, i soci che non

hanno concorso alle deliberazioni riguardanti:
a) la modifica della clausola dell'oggetto sociale, quando consente un cambiamento
significativo dell'attività della società;
b) la trasformazione della società;
c) il trasferimento della sede sociale all'estero;
d) la revoca dello stato di liquidazione;
e) l'eliminazione di una o più cause di recesso previste dal successivo comma ovvero dallo statuto;
f) la modifica dei criteri di determinazione del valore dell'azione in caso di recesso;
g) le modificazioni dello statuto concernenti i diritti di voto o di partecipazione.
Salvo che lo statuto disponga diversamente, hanno diritto di recedere i soci che non hanno concorso all'approvazione delle deliberazioni riguardanti:
a) la proroga del termine;
b) l'introduzione o la rimozione di vincoli alla circolazione dei titoli azionari.
Se la società è costituita a tempo indeterminato e le azioni non sono quotate in un mercato regolamentato il socio può recedere con il preavviso di almeno centottanta giorni; lo statuto può prevedere un termine maggiore, non superiore ad un anno.
Lo statuto delle società che non fanno ricorso al mercato del capitale di rischio può prevedere ulteriori cause di recesso.
Restano salve le disposizioni dettate in tema di recesso per le società soggette ad attività di direzione e coordinamento.
È nullo ogni patto volto ad escludere o rendere più gravoso l'esercizio del diritto di recesso nelle ipotesi previste dal primo comma del presente articolo.

Art. 2437-bis. Termini e modalità di esercizio.

Il diritto di recesso è esercitato mediante lettera raccomandata che deve essere spedita entro quindici giorni dall'iscrizione nel registro delle imprese della delibera che lo legittima, con l'indicazione delle generalità del socio recedente, del domicilio per le comunicazioni inerenti al procedimento, del numero e della categoria delle azioni per le quali il diritto di recesso viene esercitato. Se il fatto che legittima il recesso è diverso da una deliberazione, esso è esercitato entro trenta giorni dalla sua conoscenza da parte del socio.
Le azioni per le quali è esercitato il diritto di recesso non possono essere cedute e devono essere depositate presso la sede sociale.
Il recesso non può essere esercitato e, se già esercitato, è privo di efficacia, se, entro novanta giorni, la società revoca la delibera che lo legittima ovvero se è deliberato lo scioglimento della società.

Art. 2437-ter. Criteri di determinazione del valore delle azioni.

Il socio ha diritto alla liquidazione delle azioni per le quali esercita il recesso.
Il valore di liquidazione delle azioni è determinato dagli amministratori, sentito il parere del collegio sindacale e del soggetto incaricato della revisione legale dei conti, tenuto conto della consistenza patrimoniale della società e delle sue prospettive reddituali, nonché dell'eventuale valore di mercato delle azioni. (1)
Il valore di liquidazione delle azioni quotate in mercati regolamentati è determinato
facendo esclusivo riferimento alla media aritmetica dei prezzi di chiusura nei sei mesi che precedono la pubblicazione ovvero ricezione dell'avviso di convocazione dell'assemblea le cui deliberazioni legittimano il recesso.
Lo statuto può stabilire criteri diversi di determinazione del valore di liquidazione,
indicando gli elementi dell'attivo e del passivo del bilancio che possono essere rettificati rispetto ai valori risultanti dal bilancio, unitamente ai criteri di rettifica, nonché altri elementi suscettibili di valutazione patrimoniale da tenere in considerazione.
I soci hanno diritto di conoscere la determinazione del valore di cui al secondo comma del presente articolo nei quindici giorni precedenti alla data fissata per l'assemblea; ciascun socio ha diritto di prenderne visione e di ottenerne copia a proprie spese.
In caso di contestazione da proporre contestualmente alla dichiarazione di recesso il valore di liquidazione è determinato entro novanta giorni dall'esercizio
del diritto di recesso tramite relazione giurata di un esperto nominato dal tribunale, che provvede anche sulle spese, su istanza della parte più diligente; si applica in tal caso il primo comma dell'articolo 1349.
(1) Comma modificato in virtù del D.L.vo 27 gennaio 2010, n. 39.

Art. 2437-quater. Procedimento di liquidazione.

Gli amministratori offrono in opzione le azioni del socio recedente agli altri soci in proporzione al numero delle azioni possedute. Se vi sono obbligazioni convertibili, il diritto di opzione spetta anche ai possessori di queste, in concorso con i soci, sulla base del rapporto di cambio.
L'offerta di opzione è depositata presso il registro delle imprese entro quindici giorni dalla determinazione definitiva del valore di liquidazione. Per l'esercizio del diritto di opzione deve essere concesso un termine non inferiore a trenta giorni dal deposito dell'offerta.
Coloro che esercitano il diritto di opzione, purché ne facciano contestuale richiesta, hanno diritto di prelazione nell'acquisto delle azioni che siano rimaste non optate.
Qualora i soci non acquistino in tutto o in parte le azioni del recedente, gli amministratori possono collocarle presso terzi; nel caso di azioni quotate in mercati regolamentati, il loro collocamento avviene mediante offerta nei mercati medesimi.
In caso di mancato collocamento ai sensi delle disposizioni dei commi precedenti
entro centottanta giorni dalla comunicazione del recesso, le azioni del recedente vengono rimborsate mediante acquisto da parte della società utilizzando riserve disponibili anche in deroga a quanto previsto dal terzo comma dell'articolo 2357.
In assenza di utili e riserve disponibili, deve essere convocata l'assemblea

straordinaria per deliberare la riduzione del capitale sociale, ovvero lo scioglimento
della società.

Alla deliberazione di riduzione del capitale sociale si applicano le disposizioni del comma secondo, terzo e quarto dell'articolo 2445; ove l'opposizione sia accolta la società si scioglie.

Art. 2437-quinquies. Disposizioni speciali per le società con azioni quotate in mercati regolamentati.

Se le azioni sono quotate in mercati regolamentati hanno diritto di recedere i soci che non hanno concorso alla deliberazione che comporta l'esclusione dalla quotazione.

Art. 2437-sexies. Azioni riscattabili.

Le disposizioni degli articoli 2437-ter e 2437-quater si applicano, in quanto compatibili, alle azioni o categorie di azioni per le quali lo statuto prevede un potere di riscatto da parte della società o dei soci. Resta salva in tal caso l'applicazione della disciplina degli articoli 2357 e 2357-bis.

Art. 2438. Aumento di capitale.

Un aumento di capitale non può essere eseguito fino a che le azioni precedentemente
emesse non siano interamente liberate.

In caso di violazione del precedente comma, gli amministratori sono solidalmente
responsabili per i danni arrecati ai soci ed ai terzi. Restano in ogni caso salvi gli obblighi assunti con la sottoscrizione delle azioni emesse in violazione del precedente comma.

Art. 2439. Sottoscrizione e versamenti.

Salvo quanto previsto nel quarto comma dell'articolo 2342, i sottoscrittori delle azioni di nuova emissione devono, all'atto della sottoscrizione, versare alla società almeno il venticinque per cento del valore nominale delle azioni sottoscritte. Se è previsto un soprapprezzo, questo deve essere interamente versato all'atto della sottoscrizione.

Se l'aumento di capitale non è integralmente sottoscritto entro il termine che, nell'osservanza di quelli stabiliti dall'articolo 2441, secondo e terzo comma, deve risultare dalla deliberazione, il capitale è aumentato di un importo pari alle sottoscrizioni raccolte soltanto se la deliberazione medesima lo abbia espressamente previsto.

Art. 2440. Conferimenti di beni in natura e di crediti. (1)

Se l'aumento di capitale avviene mediante conferimento di beni in natura o di crediti si applicano le disposizioni degli articoli 2342, terzo e quinto comma, e 2343.

L'aumento di capitale mediante conferimento di beni in natura o di crediti può essere sottoposto, su decisione degli amministratori, alla disciplina di cui agli articoli 2343-ter e 2343-quater.

Ai fini dell'applicazione dell'articolo 2343-ter, primo comma, rileva il periodo di negoziazione di sei mesi precedenti la data alla quale si riferisce la relazione degli amministratori redatta ai sensi dell'articolo 2441, sesto comma. Il conferimento è eseguito entro sessanta giorni da tale data, ovvero entro novanta giorni qualora l'aumento sia deliberato da una società che fa ricorso al mercato del capitale di rischio.

Qualora trovi applicazione l'articolo 2343-ter, secondo comma, il conferimento è eseguito, nel caso di cui alla lettera a), entro il termine dell'esercizio successivo a quello cui si riferisce il bilancio, ovvero, nel caso di cui alla lettera b), entro sei mesi dalla data cui si riferisce la valutazione.

La verifica prevista dall'articolo 2343-quater, primo comma, è eseguita dagli amministratori nel termine di trenta giorni dall'esecuzione del conferimento ovvero, se successiva, dalla data di iscrizione nel registro delle imprese della deliberazione di aumento del capitale. La dichiarazione di cui all'articolo 2343-quater, terzo comma, è allegata all'attestazione prevista dall'articolo 2444.

Qualora siano conferiti beni in natura o crediti valutati ai sensi dell'articolo 2343-ter, secondo comma, nel termine indicato al quinto comma uno o più soci che rappresentino, e che rappresentavano alla data della delibera di aumento del capitale, almeno il ventesimo del capitale sociale, nell'ammontare precedente l'aumento medesimo, possono richiedere che si proceda, su iniziativa degli amministratori, ad una nuova valutazione ai sensi e per gli effetti dell'articolo 2343; la domanda dei soci non ha effetto qualora gli amministratori all'esito della verifica prevista dal quinto comma procedano ai sensi dell'articolo 2343-quater, secondo comma.

(1) L'articolo che recitava: "Se l'aumento di capitale avviene mediante conferimento di beni in natura o di crediti si applicano le disposizioni degli articoli 2342, terzo e quinto comma, 2343, 2343-ter, e 2343-quater.

La dichiarazione di cui all'articolo 2343-quater è allegata all'attestazione di cui all'articolo 2444." è stato così modificato dal D.L.vo 4 agosto 2008, n. 142 e successivamente
sostituito dall'art. 1, D.Lgs. 29 novembre 2010, n. 224.

Art. 2440-bis. Aumento di capitale delegato liberato mediante conferimenti di beni in natura e di crediti senza relazione di stima. (1)

(…)

(1) L'articolo che recitava: "Nel caso sia attribuita agli amministratori la facoltà di cui all'articolo 2443, secondo comma, e sia deliberato il conferimento di beni in natura o crediti valutati in conformità dell'articolo 2343-ter, gli amministratori, espletata la verifica di cui all'articolo 2343-quater, primo comma, depositano per l'iscrizione nel registro delle imprese, in allegato al verbale della deliberazione di aumento del capitale, una dichiarazione con i contenuti di cui all'articolo 2343-quater, terzo comma, dalla quale risulti la data della delibera di aumento del capitale.

Entro trenta giorni dall'iscrizione della dichiarazione di cui al primo comma i soci che rappresentano, e che rappresentavano alla data della delibera di aumento del capitale, almeno il ventesimo del capitale sociale, nell'ammontare precedente l'aumento medesimo, possono richiedere la presentazione di una nuova valutazione. Si applica in tal caso l'articolo 2343. Il conferimento non può essere eseguito fino al decorso del predetto termine e, se del caso, alla presentazione della nuova valutazione.

Qualora non sia richiesta la nuova valutazione, gli amministratori depositano per l'iscrizione
nel registro delle imprese congiuntamente all'attestazione di cui all'articolo 2444 la dichiarazione che non sono intervenuti, successivamente alla data della dichiarazione
di cui al secondo comma, i fatti o le circostanze di cui all'articolo 2343-quater, primo comma." è stato inserito dal D.Lgs. 4 agosto 2008, n. 142 e successivamente abrogato dall'art. 1, D.Lgs. 29 novembre 2010, n. 224.

Art. 2441. Diritto di opzione. (1)

Le azioni di nuova emissione e le obbligazioni convertibili in azioni devono essere offerte in opzione ai soci in proporzione al numero delle azioni possedute.

Se vi sono obbligazioni convertibili il diritto di opzione spetta anche ai possessori di queste, in concorso con i soci, sulla base del rapporto di cambio.

L'offerta di opzione deve essere depositata presso l'ufficio del registro delle imprese. Salvo quanto previsto dalle leggi speciali per le società con azioni quotate in mercati regolamentati, per l'esercizio del diritto di opzione deve essere concesso un termine non inferiore a trenta giorni dalla pubblicazione dell'offerta.

Coloro che esercitano il diritto di opzione, purché ne facciano contestuale richiesta, hanno diritto di prelazione nell'acquisto delle azioni e delle obbligazioni convertibili in azioni che siano rimaste non optate. Se le azioni sono quotate in mercati regolamentati, i diritti di opzione non esercitati devono essere offerti nel mercato regolamentato dagli amministratori, per conto della società, entro il mese successivo alla scadenza del termine stabilito a norma del secondo comma, per almeno cinque sedute, salvo che i diritti di opzione siano già stati integralmente venduti. (2)

Il diritto di opzione non spetta per le azioni di nuova emissione che, secondo la deliberazione di aumento del capitale, devono essere liberate mediante conferimenti in natura. Nelle società con azioni quotate in mercati regolamentati lo statuto può altresì escludere il diritto di opzione nei limiti del dieci per cento del capitale sociale preesistente, a condizione che il prezzo di emissione corrisponda al valore di mercato delle azioni e ciò sia confermato in apposita relazione da un revisore legale o da una società di revisione legale. (3)

Quando l'interesse della società lo esige, il diritto di opzione può essere escluso o limitato con la deliberazione di aumento di capitale. (4)

Le proposte di aumento di capitale sociale con esclusione o limitazione del diritto di opzione, ai sensi del primo periodo del quarto comma o del quinto comma del presente articolo, devono essere illustrate dagli amministratori con apposita relazione, dalla quale devono risultare le ragioni dell'esclusione o della limitazione, ovvero, qualora l'esclusione derivi da un conferimento in natura, le ragioni di questo e in ogni caso i criteri adottati per la determinazione del prezzo di emissione. La relazione deve essere comunicata dagli amministratori al collegio sindacale o al consiglio di sorveglianza e al soggetto incaricato della revisione legale dei conti almeno trenta giorni prima di quello fissato per l'assemblea. Entro quindici giorni il collegio sindacale deve esprimere il proprio parere sulla congruità del prezzo di emissione delle azioni. Il parere del collegio sindacale e, nell'ipotesi prevista dal quarto comma, la relazione giurata dell'esperto designato dal Tribunale ovvero la documentazione indicata dall'articolo 2343-ter, terzo comma, devono restare depositati nella sede della società durante i quindici giorni che precedono l'assemblea e finché questa non abbia deliberato; i soci possono prenderne visione. (5) La deliberazione determina il prezzo di emissione delle azioni in base al valore del patrimonio netto, tenendo conto, per le azioni quotate in mercati regolamentati, anche dell'andamento delle quotazioni nell'ultimo semestre.

Non si considera escluso né limitato il diritto di opzione qualora la deliberazione di aumento di capitale preveda che le azioni di nuova emissione siano sottoscritte da banche, da enti o società finanziarie soggetti al controllo della Commissione nazionale per le società e la borsa ovvero da altri soggetti autorizzati all'esercizio dell'attività di collocamento di strumenti finanziari, con obbligo di offrirle agli azionisti della società, con operazioni di qualsiasi tipo, in conformità con i primi tre commi del presente articolo. Nel periodo di detenzione delle azioni offerte agli azionisti e comunque fino a quando non sia stato esercitato il diritto di opzione, i medesimi soggetti non possono esercitare il diritto di voto. Le spese dell'operazione sono a carico della società e la deliberazione di aumento del capitale deve indicarne l'ammontare. Con deliberazione dell'assemblea presa con la maggioranza richiesta per le assemblee straordinarie può essere escluso il diritto di opzione per le (6) azioni di nuova emissione, se queste sono offerte in sottoscrizione ai dipendenti della società o di società che la controllano o che sono da essa controllate. (7)

(1) Articolo così modificato dal D.L.vo 27 gennaio 2010, n. 39.

(2) Le parole: "per almeno cinque riunioni, entro il mese successivo alla scadenza del termine stabilito a norma del secondo comma." sono state così sostituite dall'art. 2, D.Lgs. 11 ottobre 2012, n. 184.

(3) Le parole: "dal revisore legale o dalla società di revisione legale" sono state così sostituite dall'art. 2, D.Lgs. 11 ottobre 2012, n. 184.

(4) Il periodo: "approvata da tanti soci che rappresentino oltre la metà del capitale sociale, anche se la deliberazione è presa in assemblea di convocazione successiva alla prima." è stato soppresso dall'art. 2, D.Lgs. 11 ottobre 2012, n. 184.

(5) Le parole: "Il parere del collegio sindacale e la relazione giurata dell'esperto designato dal tribunale nell'ipotesi prevista dal quarto comma devono restare depositati nella sede della società durante i quindici giorni che precedono l'assemblea e finché questa non abbia deliberato; i soci possono prenderne visione." sono state così sostituite dall'art. 1, comma 7, D.Lgs. 29 novembre 2010, n. 224.

(6) Le parole: "limitatamente a un quarto delle" sono state così sostituite dall'art. 2, D.Lgs. 11 ottobre 2012, n. 184.

(7) Il periodo che recitava: "L'esclusione dell'opzione in misura superiore al quarto deve essere approvata con la maggioranza prescritta nel quinto comma." è stato soppresso dall'art. 2, D.Lgs. 11 ottobre 2012, n. 184.

Art. 2442. Passaggio di riserve a capitale.

L'assemblea può aumentare il capitale, imputando a capitale le riserve e gli altri fondi iscritti in bilancio in quanto disponibili.

In questo caso le azioni di nuova emissione devono avere le stesse caratteristiche di quelle in circolazione, e devono essere assegnate gratuitamente agli azionisti in proporzione di quelle da essi già possedute.

L'aumento di capitale può attuarsi anche mediante aumento del valore nominale delle azioni in circolazione.

Art. 2443. Delega agli amministratori.

Lo statuto può attribuire agli amministratori la facoltà di aumentare in una o più volte il capitale fino ad un ammontare determinato e per il periodo massimo di cinque anni dalla data dell'iscrizione della società nel registro delle imprese. Tale facoltà può prevedere anche l'adozione delle deliberazioni di cui al quarto e quinto comma dell'articolo 2441; in questo caso si applica in quanto compatibile il sesto comma dell'articolo 2441 e lo statuto determina i criteri cui gli amministratori devono attenersi.

La facoltà di cui al secondo periodo del precedente comma può essere attribuita anche mediante modificazione dello statuto per il periodo massimo di cinque anni dalla data della deliberazione. (1)

Il verbale della deliberazione degli amministratori di aumentare il capitale deve essere redatto da un notaio e deve essere depositato e iscritto a norma dall'articolo 2436.

Se agli amministratori è attribuita la facoltà di adottare le deliberazioni di cui all'articolo 2441, quarto comma, qualora essi decidano di deliberare l'aumento di capitale con conferimenti di beni in natura o di crediti senza la relazione dell'esperto di cui all'articolo 2343, avvalendosi delle disposizioni contenute nell'articolo 2343-ter, il conferimento non può avere efficacia, salvo che consti il consenso di tutti i soci, prima del decorso del termine di trenta giorni dall'iscrizione nel registro delle imprese della deliberazione di aumento, contenente anche le dichiarazioni previste nelle lettere a), b), c) ed e), di cui all'articolo 2343-quater, terzo comma. Entro detto termine uno o più soci che rappresentano, e che rappresentavano alla data della delibera di aumento del capitale, almeno il ventesimo del capitale sociale, nell'ammontare
precedente l'aumento medesimo, possono richiedere che si proceda, su iniziativa degli amministratori, ad una nuova valutazione ai sensi e per gli effetti di cui all'articolo 2343. In mancanza di tale domanda, gli amministratori
depositano per l'iscrizione nel registro delle imprese unitamente all'attestazione di cui all'articolo 2444 la dichiarazione prevista all'articolo 2343-quater, terzo comma, lettera d). (2)

(1) Le parole: ", approvata con la maggioranza prevista dal quinto comma dell'articolo 2441," sono state soppresse dall'art. 2, D.Lgs. 11 ottobre 2012, n. 184.
(2) Comma introdotto dall'art. 1, D.Lgs. 29 novembre 2010, n. 224.

Art. 2444. Iscrizione nel registro delle imprese.

Nei trenta giorni dall'avvenuta sottoscrizione delle azioni di nuova emissione gli amministratori devono depositare per l'iscrizione nel registro delle imprese un'attestazione che l'aumento del capitale è stato eseguito.

Fino a che l'iscrizione nel registro non sia avvenuta, l'aumento del capitale non può essere menzionato negli atti della società.

Art. 2445. Riduzione del capitale sociale.

La riduzione del capitale sociale può aver luogo sia mediante liberazione dei soci dall'obbligo dei versamenti ancora dovuti, sia mediante rimborso del capitale ai soci, nei limiti ammessi dagli articoli 2327 e 2413.

L'avviso di convocazione dell'assemblea deve indicare le ragioni e le modalità della riduzione. Nel caso di società cui si applichi l'articolo 2357, terzo comma, la riduzione deve comunque effettuarsi con modalità tali che le azioni proprie eventualmente possedute dopo la riduzione non eccedano la quinta parte del capitale sociale. (1)

La deliberazione può essere eseguita soltanto dopo novanta giorni dal giorno dell'iscrizione nel registro delle imprese, purché entro questo termine nessun creditore sociale anteriore all'iscrizione abbia fatto opposizione.

Il tribunale, quando ritenga infondato il pericolo di pregiudizio per i creditori oppure la società abbia prestato idonea garanzia, dispone che l'operazione abbia luogo nonostante l'opposizione.

(1) Comma così modificato dal D.L. 10 febbraio 2009, n. 5, convertito con modificazioni, nella L. 9 aprile 2009, n. 33.

Art. 2446. Riduzione del capitale per perdite.

Quando risulta che il capitale è diminuito di oltre un terzo in conseguenza di perdite, gli amministratori o il consiglio di gestione, e nel caso di loro inerzia il collegio sindacale ovvero il consiglio di sorveglianza, devono senza indugio convocare l'assemblea per gli opportuni provvedimenti. All'assemblea deve essere sottoposta una relazione sulla situazione patrimoniale della società, con le osservazioni del collegio sindacale o del comitato per il controllo sulla gestione. La relazione e le osservazioni devono restare depositate in copia nella sede della società durante gli otto giorni che precedono l'assemblea, perché i soci possano prenderne visione. Nell'assemblea gli amministratori devono dare conto dei fatti di rilievo avvenuti dopo la redazione della relazione.

Se entro l'esercizio successivo la perdita non risulta diminuita a meno di un terzo, l'assemblea ordinaria o il consiglio di sorveglianza che approva il bilancio
di tale esercizio deve ridurre il capitale in proporzione delle perdite accertate. In mancanza gli amministratori e i sindaci o il consiglio di sorveglianza
devono chiedere al tribunale che venga disposta la riduzione del capitale in ragione delle perdite risultanti dal bilancio. Il tribunale provvede, sentito il pubblico ministero, con decreto soggetto a reclamo, che deve essere iscritto nel registro delle imprese a cura degli amministratori.

Nel caso in cui le azioni emesse dalla società siano senza valore nominale, lo statuto, una sua modificazione ovvero una deliberazione adottata con le maggioranze previste per l'assemblea straordinaria possono prevedere che la riduzione del capitale di cui al precedente comma sia deliberata dal consiglio di amministrazione. Si applica in tal caso l'articolo 2436.

Art. 2447. Riduzione del capitale sociale al di sotto del limite legale.

Se, per la perdita di oltre un terzo del capitale, questo si riduce al disotto del minimo stabilito dall'articolo 2327, gli amministratori o il consiglio di gestione e, in caso di loro inerzia, il consiglio di sorveglianza devono senza indugio convocare l'assemblea per deliberare la riduzione del capitale ed il contemporaneo
aumento del medesimo ad una cifra non inferiore al detto minimo, o la trasformazione della società.

SEZIONE XI – Dei patrimoni destinati ad uno specifico affare

Art. 2447-bis. Patrimoni destinati ad uno specifico affare.

La società può:

a) costituire uno o più patrimoni ciascuno dei quali destinato in via esclusiva ad uno specifico affare;

b) convenire che nel contratto relativo al finanziamento di uno specifico affare al rimborso totale o parziale del finanziamento medesimo siano destinati i proventi dell'affare stesso, o parte di essi.

Salvo quanto disposto in leggi speciali, i patrimoni destinati ai sensi della lettera a) del primo comma non possono essere costituiti per un valore complessivamente superiore al dieci per cento del patrimonio netto della società e non possono comunque essere costituiti per l'esercizio di affari attinenti ad attività riservate in base alle leggi speciali.

Art. 2447-ter. Deliberazione costitutiva del patrimonio destinato.

La deliberazione che ai sensi della lettera a) del primo comma dell'articolo 2447-bis destina un patrimonio ad uno specifico affare deve indicare:

a) l'affare al quale è destinato il patrimonio;

b) i beni e i rapporti giuridici compresi in tale patrimonio;

c) il piano economico-finanziario da cui risulti la congruità del patrimonio rispetto alla realizzazione dell'affare, le modalità e le regole relative al suo impiego, il risultato che si intende perseguire e le eventuali garanzie offerte ai terzi;

d) gli eventuali apporti di terzi, le modalità di controllo sulla gestione e di partecipazione ai risultati dell'affare;

e) la possibilità di emettere strumenti finanziari di partecipazione all'affare, con la specifica indicazione dei diritti che attribuiscono;

f) la nomina di un revisore legale o di una società di revisione legale per la revisione dei conti dell'affare, quando la società non è già assoggettata alla revisione legale (1);

g) le regole di rendicontazione dello specifico affare.

Salvo diversa disposizione dello statuto, la deliberazione di cui al presente articolo è adottata dall'organo amministrativo a maggioranza assoluta dei suoi componenti.

(1) Lettera sostituita per effetto del D.L.vo 27 gennaio 2010, n. 39.

Art. 2447-quater. Pubblicità della costituzione del patrimonio destinato.

La deliberazione prevista dal precedente articolo deve essere depositata e iscritta a norma dell'articolo 2436.

Nel termine di sessanta giorni dall'iscrizione della deliberazione nel registro delle imprese i creditori sociali anteriori all'iscrizione possono fare opposizione.

Il tribunale, nonostante l'opposizione, può disporre che la deliberazione sia eseguita previa prestazione da parte della società di idonea garanzia.

Art. 2447-quinquies. Diritti dei creditori.

Decorso il termine di cui al secondo comma del precedente articolo ovvero dopo l'iscrizione nel registro delle imprese del provvedimento del tribunale ivi previsto, i creditori della società non possono far valere alcun diritto sul patrimonio destinato allo specifico affare né, salvo che per la parte spettante alla società, sui frutti o proventi da esso derivanti.

Qualora nel patrimonio siano compresi immobili o beni mobili iscritti in pubblici registri, la disposizione del precedente comma non si applica fin quando la destinazione allo specifico affare non è trascritta nei rispettivi registri.

Qualora la deliberazione prevista dall'articolo 2447-ter non disponga diversamente,

per le obbligazioni contratte in relazione allo specifico affare la società risponde nei limiti del patrimonio ad esso destinato. Resta salva tuttavia la responsabilità illimitata della società per le obbligazioni derivanti da fatto illecito.

Gli atti compiuti in relazione allo specifico affare debbono recare espressa menzione del vincolo di destinazione; in mancanza ne risponde la società con il suo patrimonio residuo.

Art. 2447-sexies. Libri obbligatori e altre scritture contabili.

Con riferimento allo specifico affare cui un patrimonio è destinato ai sensi della lettera a) del primo comma dell'articolo 2447-bis, gli amministratori tengono separatamente i libri e le scritture contabili prescritti dagli articoli 2214 e seguenti. Qualora siano emessi strumenti finanziari, la società deve altresì tenere un libro indicante le loro caratteristiche, l'ammontare di quelli emessi e di quelli estinti, le generalità dei titolari degli strumenti nominativi e i trasferimenti e i vincoli ad essi relativi.

Art. 2447-septies. Bilancio.

I beni e i rapporti compresi nei patrimoni destinati ai sensi della lettera a) del primo comma dell'articolo 2447-bis sono distintamente indicati nello stato patrimoniale della società.

Per ciascun patrimonio destinato gli amministratori redigono un separato rendiconto, allegato al bilancio, secondo quanto previsto dagli articoli 2423 e seguenti.

Nella nota integrativa del bilancio della società gli amministratori devono illustrare il valore e la tipologia dei beni e dei rapporti giuridici compresi in ciascun patrimonio destinato, ivi inclusi quelli apportati da terzi, i criteri adottati per la imputazione degli elementi comuni di costo e di ricavo, nonché il corrispondente regime della responsabilità.

Qualora la deliberazione costitutiva del patrimonio destinato preveda una responsabilità illimitata della società per le obbligazioni contratte in relazione allo specifico affare, l'impegno da ciò derivante deve risultare in calce allo stato patrimoniale e formare oggetto di valutazione secondo criteri da illustrare nella nota integrativa.

Art. 2447-octies. Assemblee speciali.

Per ogni categoria di strumenti finanziari previsti dalla lettera e) del primo comma dell'articolo 2447-ter l'assemblea dei possessori delibera:

1) sulla nomina e sulla revoca dei rappresentanti comuni di ciascuna categoria, con funzione di controllo sul regolare andamento dello specifico affare, e sull'azione di responsabilità nei loro confronti;

2) sulla costituzione di un fondo per le spese necessarie alla tutela dei comuni interessi dei possessori degli strumenti finanziari e sul rendiconto relativo;

3) sulle modificazioni dei diritti attribuiti dagli strumenti finanziari;

4) sulle controversie con la società e sulle relative transazioni e rinunce;

5) sugli altri oggetti di interesse comune a ciascuna categoria di strumenti finanziari.

Alle assemblee speciali si applicano le disposizioni contenute negli articoli 2415, secondo, terzo, quarto e quinto comma, 2416 e 2419.

Al rappresentante comune si applicano gli articoli 2417 e 2418.

Art. 2447-nonies. Rendiconto finale.

Quando si realizza ovvero è divenuto impossibile l'affare cui è stato destinato un patrimonio ai sensi della lettera a) del primo comma dell'articolo 2447-bis, gli amministratori (1) redigono un rendiconto finale che, accompagnato da una relazione dei sindaci e del soggetto incaricato della revisione legale dei conti (2), deve essere depositato presso l'ufficio del registro delle imprese.

Nel caso in cui non siano state integralmente soddisfatte le obbligazioni contratte per lo svolgimento dello specifico affare cui era destinato il patrimonio, i relativi creditori possono chiederne la liquidazione mediante lettera raccomandata da inviare alla società entro novanta giorni dal deposito di cui al comma precedente. In tale caso, si applicano esclusivamente le disposizioni sulla liquidazione delle società di cui al capo VIII del presente titolo, in quanto compatibili.

Sono comunque salvi, con riferimento ai beni e rapporti compresi nel patrimonio destinato, i diritti dei creditori previsti dall'articolo 2447-quinquies.

La deliberazione costitutiva del patrimonio destinato può prevedere anche altri casi di cessazione della destinazione del patrimonio allo specifico affare. In tali ipotesi ed in quella di fallimento della società si applicano le disposizioni del presente articolo.

(1) Le parole: "o il consiglio di gestione" sono state soppresse dal D.L.vo 6 febbraio 2004, n. 37.

(2) Le parole: "revisione contabile" sono state sostituite dal D.L.vo 27 gennaio 2010, n. 39

Art. 2447-decies. Finanziamento destinato ad uno specifico affare.

Il contratto relativo al finanziamento di uno specifico affare ai sensi della lettera b) del primo comma dell'articolo 2447-bis può prevedere che al rimborso totale o parziale del finanziamento siano destinati, in via esclusiva, tutti o parte dei proventi dell'affare stesso.

Il contratto deve contenere:

a) una descrizione dell'operazione che consenta di individuarne lo specifico oggetto; le modalità ed i tempi di realizzazione; i costi previsti ed i ricavi attesi;

b) il piano finanziario dell'operazione, indicando la parte coperta dal finanziamento e quella a carico della società;

c) i beni strumentali necessari alla realizzazione dell'operazione;

d) le specifiche garanzie che la società offre in ordine all'obbligo di esecuzione del contratto e di corretta e tempestiva realizzazione dell'operazione;

e) i controlli che il finanziatore, o soggetto da lui delegato, può effettuare sull'esecuzione dell'operazione;

f) la parte dei proventi destinati al rimborso del finanziamento e le modalità per determinarli;

g) le eventuali garanzie che la società presta per il rimborso di parte del finanziamento;

h) il tempo massimo di rimborso, decorso il quale nulla più è dovuto al finanziatore.

I proventi dell'operazione costituiscono patrimonio separato da quello della società, e da quello relativo ad ogni altra operazione di finanziamento effettuata ai sensi della presente disposizione, a condizione:

a) che copia del contratto sia depositata per l'iscrizione presso l'ufficio del registro delle imprese;

b) che la società adotti sistemi di incasso e di contabilizzazione idonei ad individuare in ogni momento i proventi dell'affare ed a tenerli separati dal restante patrimonio della società.

Alle condizioni di cui al comma precedente, sui proventi, sui frutti di essi e degli investimenti eventualmente effettuati in attesa del rimborso al finanziatore, non sono ammesse azioni da parte dei creditori sociali; alle medesime condizioni, delle obbligazioni nei confronti del finanziatore risponde esclusivamente il patrimonio separato, salva l'ipotesi di garanzia parziale di cui al secondo comma, lettera g).

I creditori della società, sino al rimborso del finanziamento, o alla scadenza del termine di cui al secondo comma, lettera h) sui beni strumentali destinati alla realizzazione dell'operazione possono esercitare esclusivamente azioni conservative a tutela dei loro diritti.

Se il fallimento della società impedisce la realizzazione o la continuazione dell'operazione cessano le limitazioni di cui al comma precedente, ed il finanziatore ha diritto di insinuazione al passivo per il suo credito, al netto delle somme di cui ai commi terzo e quarto.

Fuori dall'ipotesi di cartolarizzazione previste dalle leggi vigenti, il finanziamento non può essere rappresentato da titoli destinati alla circolazione.

La nota integrativa alle voci di bilancio relative ai proventi di cui al terzo comma, ed ai beni di cui al quarto comma, deve contenere l'indicazione della destinazione dei proventi e dei vincoli relativi ai beni.

SEZIONE XII

Art. 2448. Effetti della pubblicazione nel registro delle imprese.

Gli atti per i quali il codice prescrive l'iscrizione o il deposito nel registro delle imprese sono opponibili ai terzi soltanto dopo tale pubblicazione, a meno che la società provi che i terzi ne erano a conoscenza.

Per le operazioni compiute entro il quindicesimo giorno dalla pubblicazione di cui al comma precedente, gli atti non sono opponibili ai terzi che provino di essere stati nella impossibilità di averne conoscenza.

SEZIONE XIII – Delle società con partecipazione dello Stato o di enti pubblici

Art. 2449. (1) **Società con partecipazione dello Stato o di enti pubblici.**
Se lo Stato o gli enti pubblici hanno partecipazioni in una società per azioni che non fa ricorso al mercato del capitale di rischio, lo statuto può ad essi conferire la facoltà di nominare un numero di amministratori e sindaci, ovvero componenti del consiglio di sorveglianza, proporzionale alla partecipazione del capitale sociale.

Gli amministratori e i sindaci o i componenti del consiglio di sorveglianza nominati a norma del primo comma possono essere revocati soltanto dagli enti che li hanno nominati. Essi hanno i diritti e gli obblighi dei membri nominati dall'assemblea. Gli amministratori non possono essere nominati per un periodo superiore a tre esercizi e scadono alla data dell'assemblea convocata per l'approvazione del bilancio relativo all'ultimo esercizio della loro carica.

I sindaci, ovvero i componenti del consiglio di sorveglianza, restano in carica per tre esercizi e scadono alla data dell'assemblea convocata per l'approvazione del bilancio relativo all'ultimo esercizio della loro carica.

Alle società che fanno ricorso al capitale di rischio si applicano le disposizioni del sesto comma dell'articolo 2346. Il consiglio di amministrazione può altresì proporre all'assemblea, che delibera con le maggioranze previste per l'assemblea ordinaria, che i diritti amministrativi previsti dallo statuto a favore dello Stato o degli enti pubblici siano rappresentati da una particolare categoria di azioni. A tal fine è in ogni caso necessario il consenso dello Stato o dell'ente pubblico a favore del quale i diritti amministrativi sono previsti

(1) Articolo così sostituito dall'art 13, comma 1, della L. 25 febbraio 2008, n. 34.

Art. 2450.

(...) (1)

(1) "Amministratori e sindaci nominati dallo Stato o da enti pubblici
Le disposizioni dell'articolo precedente si applicano anche nel caso in cui la legge o lo statuto attribuisca allo Stato o a enti pubblici, anche in mancanza di partecipazione azionaria, la nomina di uno o più amministratori o sindaci o componenti del consiglio di sorveglianza, salvo che la legge disponga diversamente.
Qualora uno o più sindaci siano nominati dallo Stato, il presidente del collegio sindacale deve essere scelto tra essi." Articolo abrogato dall'art 3, comma 1, del D.L. 15 febbraio 2007, n. 10, convertito, con modificazioni, nella L. 6 aprile 2007, n. 46.

SEZIONE XIV – Delle società di interesse nazionale

Art. 2451. Norme applicabili.
Le disposizioni di questo capo si applicano anche alle società per azioni d'interesse nazionale, compatibilmente con le disposizioni delle leggi speciali che stabiliscono per tali società una particolare disciplina circa la gestione sociale, la trasferibilità delle azioni, il diritto di voto e la nomina degli amministratori, dei sindaci e dei dirigenti.

CAPO VI – DELLA SOCIETA' IN ACCOMANDITA PER AZIONI

Art. 2452. Responsabilità e partecipazioni.
Nella società in accomandita per azioni i soci accomandatari rispondono solidalmente e illimitatamente per le obbligazioni sociali, e i soci accomandanti sono obbligati nei limiti della quota di capitale sottoscritta. Le quote di partecipazione dei soci sono rappresentate da azioni.

Art. 2453. Denominazione sociale.
La denominazione della società è costituita dal nome di almeno uno dei soci accomandatari, con l'indicazione di società in accomandita per azioni.

Art. 2454. Norme applicabili.
Alla società in accomandita per azioni sono applicabili le norme relative alla società per azioni, in quanto compatibili con le disposizioni seguenti.

Art. 2455. Soci accomandatari.
L'atto costitutivo deve indicare i soci accomandatari.
I soci accomandatari sono di diritto amministratori e sono soggetti agli obblighi degli amministratori della società per azioni.

Art. 2456. Revoca degli amministratori.
La revoca degli amministratori deve essere deliberata con la maggioranza prescritta per le deliberazioni dell'assemblea straordinaria della società per azioni.
Se la revoca avviene senza giusta causa, l'amministratore revocato ha diritto al risarcimento dei danni.

Art. 2457. Sostituzione degli amministratori.
L'assemblea con la maggioranza indicata nell'articolo precedente provvede a sostituire l'amministratore che, per qualunque causa, ha cessato dal suo ufficio. Nel caso di pluralità di amministratori, la nomina deve essere approvata dagli amministratori rimasti in carica.
Il nuovo amministratore assume la qualità di socio accomandatario dal momento dell'accettazione della nomina.

Art. 2458. Cessazione dall'ufficio di tutti i soci amministratori.
In caso di cessazione dall'ufficio di tutti gli amministratori, la società si scioglie se nel termine di centottanta giorni non si è provveduto alla loro sostituzione e i sostituti non hanno accettato la carica.
Per questo periodo il collegio sindacale nomina un amministratore provvisorio per il compimento degli atti di ordinaria amministrazione. L'amministratore provvisorio non assume la qualità di socio accomandatario.

Art. 2459. Sindaci, consiglio di sorveglianza e azione di responsabilità.
I soci accomandatari non hanno diritto di voto per le azioni ad essi spettanti nelle deliberazioni dell'assemblea che concernono la nomina e la revoca dei sindaci ovvero dei componenti del consiglio di sorveglianza e l'esercizio dell'azione di responsabilità.

Art. 2460. Modificazioni dell'atto costitutivo.
Le modificazioni dell'atto costitutivo devono essere approvate dall'assemblea con le maggioranze prescritte per l'assemblea straordinaria della società per azioni, e devono inoltre essere approvate da tutti i soci accomandatari.

Art. 2461. Responsabilità degli accomandatari verso i terzi.
La responsabilità dei soci accomandatari verso i terzi è regolata dall'articolo 2304.
Il socio accomandatario che cessa dall'ufficio di amministratore non risponde per le obbligazioni della società sorte posteriormente all'iscrizione nel registro delle imprese della cessazione dall'ufficio.

CAPO VII – DELLA SOCIETA' A RESPONSABILITA' LIMITATA
SEZIONE I – Disposizioni generali

Art. 2462. Responsabilità.

Nella società a responsabilità limitata per le obbligazioni sociali risponde soltanto la società con il suo patrimonio.

In caso di insolvenza della società, per le obbligazioni sociali sorte nel periodo in cui l'intera partecipazione è appartenuta ad una sola persona, questa risponde illimitatamente quando i conferimenti non siano stati effettuati secondo quanto previsto dall'articolo 2464, o fin quando non sia stata attuata la pubblicità prescritta dall'articolo 2470.

Art. 2463. Costituzione.

La società può essere costituita con contratto o con atto unilaterale.

L'atto costitutivo deve essere redatto per atto pubblico e deve indicare:

1) il cognome e il nome o la denominazione, la data e il luogo di nascita o lo Stato di costituzione, il domicilio o la sede, la cittadinanza di ciascun socio;
2) la denominazione, contenente l'indicazione di società a responsabilità limitata, e il comune ove sono poste la sede della società e le eventuali sedi secondarie;
3) l'attività che costituisce l'oggetto sociale;
4) l'ammontare del capitale, non inferiore a diecimila euro, sottoscritto e di quello versato;
5) i conferimenti di ciascun socio e il valore attribuito crediti e ai beni conferiti in natura;
6) la quota di partecipazione di ciascun socio;
7) le norme relative al funzionamento della società, indicando quelle concernenti l'amministrazione, la rappresentanza;
8) le persone cui è affidata l'amministrazione e l'eventuale soggetto incaricato di effettuare la revisione legale dei conti; (1)
9) l'importo globale, almeno approssimativo, della spese per la costituzione poste a carico della società.

Si applicano alla società a responsabilità limitata le disposizioni degli articoli 2329, 2330, 2331, 2332 e 2341.

L'ammontare del capitale può essere determinato in misura inferiore a euro diecimila, pari almeno a un euro. In tal caso i conferimenti devono farsi in denaro e devono essere versati per intero alle persone cui è affidata l'amministrazione.
(2)

La somma da dedurre dagli utili netti risultanti dal bilancio regolarmente approvato, per formare la riserva prevista dall'articolo 2430, deve essere almeno pari a un quinto degli stessi, fino a che la riserva non abbia raggiunto, unitamente al capitale, l'ammontare di diecimila euro. La riserva così formata può essere utilizzata solo per imputazione a capitale e per copertura di eventuali perdite. Essa deve essere reintegrata a norma del presente comma se viene diminuita per qualsiasi ragione. (2)

(1) Numero modificato dal D.Lvo. 27 gennaio 2010, n. 39.
(2) Comma aggiunto dall'art. 9, comma 15-ter, D.L. 28 giugno 2013, n. 76, convertito, con modificazioni, dalla L. 9 agosto 2013, n. 99.

Art.2463-bis. Società a responsabilità limitata semplificata. (1-2)

La società a responsabilità limitata semplificata può essere costituita con contratto o atto unilaterale da persone fisiche. (3)

L'atto costitutivo deve essere redatto per atto pubblico in conformità al modello standard tipizzato con decreto del Ministro della giustizia, di concerto con il Ministro dell'economia e delle finanze e con il Ministro dello sviluppo economico, e deve indicare:

1) il cognome, il nome, la data, il luogo di nascita, il domicilio, la cittadinanza di ciascun socio;
2) la denominazione sociale contenente l'indicazione di società a responsabilità limitata semplificata e il comune ove sono poste la sede della società e le eventuali sedi secondarie;
3) l'ammontare del capitale sociale, pari almeno ad 1 euro e inferiore all'importo di 10.000 euro previsto all'articolo 2463, secondo comma, numero 4), sottoscritto e interamente versato alla data della costituzione. Il conferimento deve farsi in denaro ed essere versato all'organo amministrativo;
4) i requisiti previsti dai numeri 3), 6), 7) e 8) del secondo comma dell'articolo 2463;
5) luogo e data di sottoscrizione;
6) gli amministratori (4).

Le clausole del modello standard tipizzato sono inderogabili. (6)

La denominazione di società a responsabilità limitata semplificata, l'ammontare del capitale sottoscritto e versato, la sede della società e l'ufficio del registro delle imprese presso cui questa è iscritta devono essere indicati negli atti, nella corrispondenza della società e nello spazio elettronico destinato alla comunicazione collegato con la rete telematica ad accesso pubblico.
(....) (5)

Salvo quanto previsto dal presente articolo, si applicano alla società a responsabilità limitata semplificata le disposizioni del presente capo in quanto compatibili.

(1) Questo articolo è stato aggiunto dall'art. 3, D.L. 24 gennaio 2012, n. 1, convertito con modificazioni dalla L. 24 marzo 2012, n. 27.
(2) Il Ministero della Giustizia, in allegato al decreto 23 giugno 2012 n. 138, ha pubblicato il modello standard di atto costitutivo e di statuto delle società a responsabilità limitata semplificata.
(3) Comma così modificato dall'art. 9, comma 13, lett. a), D.L. 28 giugno 2013, n. 76, convertito, con modificazioni, dalla L. 9 agosto 2013, n. 99.
(4) Numero così modificato dall'art. 9, comma 13, lett. b), D.L. 28 giugno 2013, n. 76, convertito, con modificazioni, dalla L. 9 agosto 2013, n. 99.
(5) Comma soppresso dall'art. 9, comma 13, lett. c), D.L. 28 giugno 2013, n. 76, convertito, con modificazioni, dalla L. 9 agosto 2013, n. 99.
(6) Comma inserito dall'art. 9, comma 13, lett. b-bis), D.L. 28 giugno 2013, n. 76, convertito, con modificazioni, dalla L. 9 agosto 2013, n. 99.

Art. 2464. Conferimenti.

Il valore dei conferimenti non può essere complessivamente inferiore all'ammontare globale del capitale sociale.

Possono essere conferiti tutti gli elementi dell'attivo suscettibili di valutazione economica.

Se nell'atto costitutivo non è stabilito diversamente, il conferimento deve farsi in danaro.

Alla sottoscrizione dell'atto costitutivo deve essere versato all'organo amministrativo nominato nell'atto costitutivo almeno il venticinque per cento dei conferimenti in danaro e l'intero soprapprezzo o, nel caso di costituzione con atto unilaterale, il loro intero ammontare. I mezzi di pagamento sono indicati nell'atto. Il versamento può essere sostituito dalla stipula, per un importo almeno corrispondente, di una polizza di assicurazione o di una fideiussione bancaria con le caratteristiche determinate con decreto del Presidente del Consiglio dei Ministri; in tal caso il socio può in ogni momento sostituire la polizza o la fideiussione con il versamento del corrispondente importo in danaro. (1)

Per i conferimenti di beni in natura e di crediti si osservano le disposizioni degli articoli 2254 e 2255. Le quote corrispondenti a tali conferimenti devono essere integralmente liberate al momento della sottoscrizione.

Il conferimento può anche avvenire mediante la prestazione di una polizza di assicurazione o di una fideiussione bancaria con cui vengono garantiti, per l'intero valore ad essi assegnato, gli obblighi assunti dal socio aventi per oggetto la prestazione d'opera o di servizi a favore della società. In tal caso, se l'atto costitutivo lo prevede, la polizza o la fideiussione possono essere sostituite dal socio con il versamento a titolo di cauzione del corrispondente importo in danaro presso la società.

Se viene meno la pluralità dei soci, i versamenti ancora dovuti devono essere effettuati nei novanta giorni.

(1) Comma così modificato dall'art. 9, comma 15-bis, D.L. 28 giugno 2013, n. 76, convertito, con modificazioni, dalla L. 9 agosto 2013, n. 99.

Art. 2465. Stima dei conferimenti di beni in natura e di crediti.

Chi conferisce beni in natura o crediti deve presentare la relazione giurata di un di un revisore legale o di una società di revisione legali iscritti nell'apposito registro. La relazione, che deve contenere la descrizione dei beni o crediti conferiti, l'indicazione dei criteri di valutazione adottati e l'attestazione che il loro valore è almeno pari a quello ad essi attribuito ai fini della determinazione del capitale sociale e dell'eventuale soprapprezzo, deve essere allegata all'atto costitutivo. (1)

La disposizione del precedente comma si applica in caso di acquisto da parte della società, per un corrispettivo pari o superiore al decimo del capitale sociale, di beni o di crediti dei soci fondatori, dei soci e degli amministratori, nei due anni dalla iscrizione della società nel registro delle imprese. In tal caso l'acquisto, salvo diversa disposizione dell'atto costitutivo, deve essere autorizzato con decisione dei soci a norma dell'articolo 2479.

Nei casi previsti dai precedenti commi si applicano il secondo comma dell'articolo 2343 ed il quarto e quinto comma dell'articolo 2343-bis.

(1) Comma modificato dal D.Lgs. 27 gennaio 2010, n. 39.

Art. 2466. Mancata esecuzione dei conferimenti.

Se il socio non esegue il conferimento nel termine prescritto, gli amministratori diffidano il socio moroso ad eseguirlo nel termine di trenta giorni.

Decorso inutilmente questo termine gli amministratori, qualora non ritengano utile promuovere azione per l'esecuzione dei conferimenti dovuti, possono vendere agli altri soci in proporzione alla loro partecipazione la quota del socio moroso. La vendita è effettuata a rischio e pericolo del medesimo per il valore risultante dall'ultimo bilancio approvato. In mancanza di offerte per l'acquisto, se l'atto costitutivo lo consente, la quota è venduta all'incanto.

Se la vendita non può aver luogo per mancanza di compratori, gli amministratori escludono il socio, trattenendo le somme riscosse. Il capitale deve essere ridotto in misura corrispondente.

Il socio moroso non può partecipare alle decisioni dei soci.

Le disposizioni dei precedenti commi si applicano anche nel caso in cui per qualsiasi motivo siano scadute o divengano inefficaci la polizza assicurativa o la garanzia bancaria prestate ai sensi dell'articolo 2464. Resta salva in tal caso la possibilità del socio di sostituirle con il versamento del corrispondente importo di danaro.

Art. 2467. Finanziamenti dei soci.

Il rimborso dei finanziamenti dei soci a favore della società è postergato rispetto alla soddisfazione degli altri creditori e, se avvenuto nell'anno precedente la dichiarazione di fallimento della società, deve essere restituito.

Ai fini del precedente comma s'intendono finanziamenti dei soci a favore della società quelli, in qualsiasi forma effettuati, che sono stati concessi in un momento in cui, anche in considerazione del tipo di attività esercitata dalla società, risulta un eccessivo squilibrio dell'indebitamento rispetto al patrimonio netto oppure in una situazione finanziaria della società nella quale sarebbe stato ragionevole un conferimento.

Art. 2468. Quote di partecipazione.

Le partecipazioni dei soci non possono essere rappresentate da azioni né costituire oggetto di offerta al pubblico di prodotti finanziari (1).

Salvo quanto disposto dal terzo comma del presente articolo, i diritti sociali spettano ai soci in misura proporzionale alla partecipazione da ciascuno posseduta. Se l'atto costitutivo non prevede diversamente, le partecipazioni dei soci sono determinate in misura proporzionale al conferimento.

Resta salva la possibilità che l'atto costitutivo preveda l'attribuzione a singoli soci di particolari diritti riguardanti l'amministrazione della società o la distribuzione degli utili.

Salvo diversa disposizione dell'atto costitutivo e salvo in ogni caso quanto previsto dal primo comma dell'articolo 2473, i diritti previsti dal precedente comma possono essere modificati solo con il consenso di tutti i soci.

Nel caso di comproprietà di una partecipazione, i diritti dei comproprietari devono essere esercitati da un rappresentante comune nominato secondo le modalità previste dagli articoli 1105 e 1106.

(1) Le parole: "sollecitazione all'investimento" sono state così sostituite dal D.L.vo

28 marzo 2007, n. 51.

Art. 2469. Trasferimento delle partecipazioni.

Le partecipazioni sono liberamente trasferibili per atto tra vivi e per successione

a causa di morte, salvo contraria disposizione dell'atto costitutivo.

Qualora l'atto costitutivo preveda l'intrasferibilità delle partecipazioni o ne subordini il trasferimento al gradimento di organi sociali, di soci o di terzi senza prevederne condizioni e limiti, o ponga condizioni o limiti che nel caso concreto impediscono il trasferimento a causa di morte, il socio o i suoi eredi possono esercitare il diritto di recesso ai sensi dell'articolo 2473. In tali casi l'atto costitutivo può stabilire un termine, non superiore a due anni dalla costituzione della società o dalla sottoscrizione della partecipazione, prima del quale il recesso non può essere esercitato.

Art. 2470. Efficacia e pubblicità.

Il trasferimento delle partecipazioni ha effetto di fronte alla società dal momento del deposito di cui al (1) successivo comma.

L'atto di trasferimento, con sottoscrizione autenticata, deve essere depositato entro trenta giorni, a cura del notaio autenticante, presso l'ufficio del registro delle imprese nella cui circoscrizione è stabilita la sede sociale. (2).

In caso di trasferimento a causa di morte il deposito è effettuato (3) a richiesta dell'erede o del legatario verso presentazione della documentazione richiesta per l'annotazione nel libro dei soci dei corrispondenti trasferimenti in materia di società per azioni.

Se la quota è alienata con successivi contratti a più persone, quella tra esse che per prima ha effettuato in buona fede l'iscrizione nel registro delle imprese è preferita alle altre, anche se il suo titolo è di data posteriore.

Quando l'intera partecipazione appartiene ad un solo socio o muta la persona dell'unico socio, gli amministratori devono depositare per l'iscrizione nel registro delle imprese una dichiarazione contenente l'indicazione del cognome e nome o della denominazione, della data e del luogo di nascita o lo Stato di costituzione, del domicilio o della sede e cittadinanza dell'unico socio.

Quando si costituisce o ricostituisce la pluralità dei soci, gli amministratori ne devono depositare apposita dichiarazione per l'iscrizione nel registro delle imprese.

L'unico socio o colui che cessa di essere tale può provvedere alla pubblicità prevista nei commi precedenti (4).

Le dichiarazioni degli amministratori previste dai precedenti quarto e quinto comma devono essere depositate entro trenta giorni dall'iscrizione nel libro dei soci e devono indicare la data di tale iscrizione.

(1) Le parole: "momento dell'iscrizione nel libro dei soci secondo quanto previsto nel" sono state così sostituite dal D.L. 29 novembre 2008, n. 185, convertito con modificazioni,
nella L. 28 gennaio 2009, n. 2.
(2) Il periodo: "L'iscrizione del trasferimento nel libro dei soci ha luogo, su richiesta dell'alienante o dell'acquirente, verso esibizione del titolo da cui risultino il trasferimento e l'avvenuto deposito." è stato soppresso dal D.L. 29 novembre 2008, n. 185, convertito con modificazioni, nella L. 28 gennaio 2009, n. 2.
(3) Le parole: "e l'iscrizione sono effettuati" sono state così sostituite dal D.L. 29 novembre

2008, n. 185, convertito con modificazioni, nella L. 28 gennaio 2009, n. 2.
(4) Questo comma è stato così sostituito dal D.L. 29 novembre 2008, n. 185, convertito con modificazioni, nella L. 28 gennaio 2009, n. 2.

Art. 2471. Espropriazione della partecipazione.

La partecipazione può formare oggetto di espropriazione. Il pignoramento si esegue mediante notificazione al debitore e alla società e successiva iscrizione nel registro delle imprese (1).

L'ordinanza del giudice che dispone la vendita della partecipazione deve essere notificata alla società a cura del creditore.

Se la partecipazione non è liberamente trasferibile e il creditore, il debitore e la società non si accordano sulla vendita della quota stessa, la vendita ha luogo all'incanto; ma la vendita è priva di effetto se, entro dieci giorni dall'aggiudicazione, la società presenta un altro acquirente che offra lo stesso prezzo.

Le disposizioni del comma precedente si applicano anche in caso di fallimento di un socio.

(1) Le parole: "Gli amministratori procedono senza indugio all'annotazione nel libro dei soci." Sono state soppresse dal D.L. 29 novembre 2008, n. 185, convertito con modificazioni, nella L. 28 gennaio 2009, n. 2.

Art. 2471-bis. Pegno, usufrutto e sequestro della partecipazione.

La partecipazione può formare oggetto di pegno, usufrutto e sequestro. Salvo quanto disposto dal terzo comma dell'articolo che precede, si applicano le disposizioni dell'articolo 2352.

Art. 2472. Responsabilità dell'alienante per i versamenti ancora dovuti.

Nel caso di cessione della partecipazione l'alienante è obbligato solidalmente con l'acquirente, per il periodo di tre anni dall'iscrizione del trasferimento nel registro delle imprese (1), per i versamenti ancora dovuti.

Il pagamento non può essere domandato all'alienante se non quando la richiesta al socio moroso è rimasta infruttuosa.

(1) Le parole: "nel libro dei soci" sono state sostituite dal D.L. 29 novembre 2008, n. 185.

Art. 2473. Recesso del socio.

L'atto costitutivo determina quando il socio può recedere dalla società e le relative modalità. In ogni caso il diritto di recesso compete ai soci che non hanno consentito al cambiamento dell'oggetto o del tipo di società, alla sua fusione o scissione, alla revoca dello stato di liquidazione al trasferimento della sede all'estero alla eliminazione di una o più cause di recesso previste dall'atto costitutivo e al compimento di operazioni che comportano una sostanziale modificazione dell'oggetto della società determinato nell'atto costitutivo o una rilevante modificazione dei diritti attribuiti ai soci a norma dell'articolo 2468, quarto comma. Restano salve le disposizioni in materia di recesso per le società soggette ad attività di direzione e coordinamento.

Nel caso di società contratta a tempo indeterminato il diritto di recesso compete al socio in ogni momento e può essere esercitato con un preavviso di almeno centottanta giorni; l'atto costitutivo può prevedere un periodo di preavviso di durata maggiore purché non superiore ad un anno.

I soci che recedono dalla società hanno diritto di ottenere il rimborso della propria partecipazione in proporzione del patrimonio sociale. Esso a tal fine è determinato tenendo conto del suo valore di mercato al momento della dichiarazione di recesso; in caso di disaccordo la determinazione è compiuta tramite relazione giurata di un esperto nominato dal tribunale, che provvede anche sulle spese, su istanza della parte più diligente; si applica in tal caso il primo comma dell'articolo 1349.

Il rimborso delle partecipazioni per cui è stato esercitato il diritto di recesso deve essere eseguito entro centottanta giorni dalla comunicazione del medesimo fatta alla società. Esso può avvenire anche mediante acquisto da parte degli altri soci proporzionalmente alle loro partecipazioni oppure da parte di un terzo concordemente individuato da soci medesimi. Qualora ciò non avvenga, il rimborso è effettuato utilizzando riserve disponibili o, in mancanza, corrispondentemente riducendo il capitale sociale; in quest'ultimo caso si applica l'articolo 2482 e, qualora sulla base di esso non risulti possibile il rimborso della partecipazione del socio receduto, la società viene posta in liquidazione.

Il recesso non può essere esercitato e, se già esercitato, è privo di efficacia, se la società revoca la delibera che lo legittima ovvero se è deliberato lo scioglimento della società.

Art. 2473-bis. Esclusione del socio.

L'atto costitutivo può prevedere specifiche ipotesi di esclusione per giusta causa del socio. In tal caso si applicano le disposizioni del precedente articolo, esclusa la possibilità del rimborso della partecipazione mediante riduzione del capitale sociale.

Art. 2474. Operazioni sulle proprie partecipazioni.

In nessun caso la società può acquistare o accettare in garanzia partecipazioni proprie, ovvero accordare prestiti o fornire garanzia per il loro acquisto o la loro sottoscrizione.

SEZIONE III – Dell'amministrazione della società e dei controlli

Art. 2475. Amministrazione della società.

Salvo diversa disposizione dell'atto costitutivo, l'amministrazione della società è affidata a uno o più soci nominati con decisione dei soci presa ai sensi dell'articolo 2479.

All'atto di nomina degli amministratori si applicano il quarto e quinto comma dell'articolo 2383.

Quando l'amministrazione è affidata a più persone, queste costituiscono il consiglio di amministrazione. L'atto costitutivo può tuttavia prevedere, salvo quanto disposto nell'ultimo comma del presente articolo, che l'amministrazione sia ad esse affidata disgiuntamente oppure congiuntamente; in tali casi si applicano, rispettivamente, gli articoli 2257 e 2258.

Qualora sia costituito un consiglio di amministrazione, l'atto costitutivo può prevedere che le decisioni siano adottate mediante consultazione scritta o sulla base del consenso espresso per iscritto. In tal caso dai documenti sottoscritti dagli amministratori devono risultare con chiarezza l'argomento oggetto della decisione ed il consenso alla stessa.

La redazione del progetto di bilancio e dei progetti di fusione o scissione, nonché le decisioni di aumento del capitale ai sensi dell'articolo 2481 sono in ogni caso di competenza dell'organo amministrativo.

Art. 2475-bis. Rappresentanza della società.

Gli amministratori hanno la rappresentanza generale della società.

Le limitazioni ai poteri degli amministratori che risultano dall'atto costitutivo o dall'atto di nomina, anche se pubblicate, non sono opponibili ai terzi, salvo che si provi che questi abbiano intenzionalmente agito a danno della società.

Art. 2475-ter. Conflitto di interessi.

I contratti conclusi dagli amministratori che hanno la rappresentanza della società in conflitto di interessi, per conto proprio o di terzi, con la medesima possono essere annullati su domanda della società, se il conflitto era conosciuto o riconoscibile dal terzo.

Le decisioni adottate dal consiglio di amministrazione con il voto determinante di un amministratore in conflitto di interessi con la società, qualora le cagionino un danno patrimoniale, possono essere impugnate entro novanta giorni dagli amministratori e, ove esistenti, dai soggetti previsti dall'articolo 2477. In ogni caso sono salvi i diritti acquistati in buona fede dai terzi in base ad atti compiuti in esecuzione della decisione.

Art. 2476. Responsabilità degli amministratori e controllo dei soci.

Gli amministratori sono solidalmente responsabili verso la società dei danni derivanti dall'inosservanza dei doveri ad essi imposti dalla legge e dall'atto costitutivo per l'amministrazione della società. Tuttavia la responsabilità non si estende a quelli che dimostrino di essere esenti da colpa e, essendo a cognizione che l'atto si stava per compiere, abbiano fatto constare del proprio dissenso.

I soci che non partecipano all'amministrazione hanno diritto di avere dagli amministratori notizie sullo svolgimento degli affari sociali e di consultare, anche tramite professionisti di loro fiducia, i libri sociali ed i documenti relativi all'amministrazione.

L'azione di responsabilità contro gli amministratori è promossa da ciascun socio, il quale può altresì chiedere, in caso di gravi irregolarità nella gestione della società, che sia adottato provvedimento cautelare di revoca degli amministratori medesimi. In tal caso il giudice può subordinare il provvedimento alla prestazione di apposita cauzione.

In caso di accoglimento della domanda la società, salvo il suo diritto di regresso nei confronti degli amministratori, rimborsa agli attori le spese di giudizio e quelle da essi sostenute per l'accertamento dei fatti.

Salvo diversa disposizione dell'atto costitutivo, l'azione di responsabilità contro gli amministratori può essere oggetto di rinuncia o transazione da parte della società, purché vi consenta una maggioranza dei soci rappresentante almeno i due terzi del capitale sociale e purché non si oppongano tanti soci che rappresentano almeno il decimo del capitale sociale.

Le disposizioni dei precedenti commi non pregiudicano il diritto al risarcimento dei danni spettante al singolo socio o al terzo che sono stati direttamente danneggiati da atti dolosi o colposi degli amministratori.

Sono altresì solidalmente responsabili con gli amministratori, ai sensi dei precedenti commi, i soci che hanno intenzionalmente deciso o autorizzato il compimento di atti dannosi per la società, i soci o i terzi.

L'approvazione del bilancio da parte dei soci non implica liberazione degli amministratori e dei sindaci per le responsabilità incorse nella gestione sociale.

Art. 2477. Sindaco e revisione legale dei conti. (1)

L'atto costitutivo può prevedere, determinandone le competenze e i poteri, ivi compresa la revisione legale dei conti, la nomina di un organo di controllo o di un revisore. Se lo statuto non dispone diversamente, l'organo di controllo è costituito da un solo membro effettivo (2).

La nomina dell'organo di controllo o del revisore è obbligatoria se il capitale sociale non è inferiore a quello minimo stabilito per le società per azioni (3).

La nomina dell'organo di controllo o del revisore è altresì obbligatoria se la società:

a) è tenuta alla redazione del bilancio consolidato;

b) controlla una società obbligata alla revisione legale dei conti;

c) per due esercizi consecutivi ha superato due dei limiti indicati dal primo comma dell'articolo 2435-bis (4).

L'obbligo di nomina dell'organo di controllo o del revisore di cui alla lettera c) del terzo comma cessa se, per due esercizi consecutivi, i predetti limiti non vengono superati (5).

Nel caso di nomina di un organo di controllo, anche monocratico, si applicano le disposizioni sul collegio sindacale previste per le società per azioni (6).

L'assemblea che approva il bilancio in cui vengono superati i limiti indicati al secondo e terzo comma deve provvedere, entro trenta giorni, alla nomina dell'organo di controllo o del revisore. Se l'assemblea non provvede, alla nomina provvede il tribunale su richiesta di qualsiasi soggetto interessato (7).

(1) L'articolo che così recitava: "Collegio sindacale e revisione legale dei conti. L'atto costitutivo può prevedere, determinandone le competenze e poteri, la nomina di un collegio sindacale o di un revisore.

La nomina del collegio sindacale è obbligatoria se il capitale sociale non è inferiore a quello minimo stabilito per le società per azioni.

La nomina del collegio sindacale è altresì obbligatoria se la società:

a) è tenuta alla redazione del bilancio consolidato;

b) controlla una società obbligata alla revisione legale dei conti;

c) per due esercizi consecutivi ha superato due dei limiti indicati dal primo comma dell'articolo 2435-bis.

L'obbligo di nomina del collegio sindacale di cui alla lettera c) del terzo comma cessa se, per due esercizi consecutivi, i predetti limiti non vengono superati.

Nei casi previsti dal secondo e terzo comma si applicano le disposizioni in tema di società per azioni; se l'atto costitutivo non dispone diversamente, la revisione legale dei conti è esercitata dal collegio sindacale.

L'assemblea che approva il bilancio in cui vengono superati I limiti indicati al secondo e terzo comma deve provvedere, entro trenta giorni, alla nomina del collegio sindacale. Se l'assemblea non provvede, alla nomina provvede il tribunale su richiesta di qualsiasi soggetto interessato." è stato così sostituito dal D.L.vo 27 gennaio 2010, n. 39 e successivamente così modificato dalla L. 12 novembre 2011, n. 183.

(2) Il comma che recitava: "L'atto costitutivo può prevedere, determinandone le competenze e i poteri, la nomina di un sindaco o di un revisore." è stato così sostituito dalla lettera a) del comma 2 dell'art. 35, D.L. 9 febbraio 2012, n. 5, convertito, con modificazioni, dalla L. 4 aprile 2012, n. 35.

(3) Il comma che recitava: "La nomina del sindaco è obbligatoria se il capitale sociale non è inferiore a quello minimo stabilito per le società per azioni." è stato così sostituito dalla lettera b) del comma 2 dell'art. 35, D.L. 9 febbraio 2012, n. 5, convertito, con modificazioni, dalla L. 4 aprile 2012, n. 35.

(4) Il comma che recitava: "La nomina del sindaco è altresì obbligatoria se la società:

a) è tenuta alla redazione del bilancio consolidato;

b) controlla una società obbligata alla revisione legale dei conti;

c) per due esercizi consecutivi ha superato due dei limiti indicati dal primo comma dell'articolo 2435-bis." è stato così sostituito dalla lettera b) del comma 2 dell'art. 35, D.L. 9 febbraio 2012, n. 5, convertito, con modificazioni, dalla L. 4 aprile 2012, n. 35.

(5) Il comma che recitava: "L'obbligo di nomina del sindaco di cui alla lettera c) del terzo comma cessa se, per due esercizi consecutivi, i predetti limiti non vengono superati." è stato così sostituito dalla lettera b) del comma 2 dell'art. 35, D.L. 9 febbraio 2012, n. 5, convertito, con modificazioni, dalla L. 4 aprile 2012, n. 35.

(6) Il comma che recitava: "Nei casi previsti nel secondo e terzo comma si applicano le disposizioni in tema di società per azioni; se l'atto costitutivo non dispone diversamente, la revisione legale dei conti è esercitata dal sindaco." è stato così sostituito dalla lettera c) del comma 2 dell'art. 35, D.L. 9 febbraio 2012, n. 5, convertito, con modificazioni, dalla L. 4 aprile 2012, n. 35.

(7) Il comma che recitava: "L'assemblea che approva il bilancio in cui vengono superati i limiti indicati al secondo e terzo comma deve provvedere, entro trenta giorni, alla nomina del sindaco. Se l'assemblea non provvede, alla nomina provvede il tribunale su richiesta di qualsiasi soggetto interessato." è stato così sostituito dalla lettera c) del comma 2 dell'art. 35, D.L. 9 febbraio 2012, n. 5, convertito, con modificazioni, dalla L. 4 aprile 2012, n. 35.

Art. 2478. Libri sociali obbligatori.

Oltre i libri e le altre scritture contabili prescritti nell'articolo 2214, la società deve tenere:

(…) (1)

2) il libro delle decisioni dei soci, nel quale sono trascritti senza indugio sia i verbali delle assemblee, anche se redatti per atto pubblico, sia le decisioni prese ai sensi del primo periodo del terzo comma dell'articolo 2479; la relativa documentazione è conservata dalla società;

3) il libro delle decisioni degli amministratori;

4) il libro delle decisioni del collegio sindacale nominato ai sensi dell'articolo 2477. (2)

I libri indicati nei numeri 2) e 3) del primo comma (3) devono essere tenuti a cura degli amministratori; il libro indicato nel numero 4) del primo comma deve essere tenuto (4) a cura dei sindaci. (5)

I contratti della società con l'unico socio o le operazioni a favore dell'unico socio sono opponibili ai creditori della società solo se risultano dal libro indicato

nel numero 3 del primo comma o da atto scritto avente data certa anteriore al pignoramento.

(1) "1) il libro dei soci, nel quale devono essere indicati il nome dei soci, la partecipazione di spettanza di ciascuno, i versamenti fatti sulle partecipazioni, nonché le variazioni nelle persone dei soci;" Questo comma è stato abrogato dal D.L. 29 novembre 2008, n. 185 convertito nella L. 28 gennaio 2009, n. 2.

(2) Le parole: " o del revisore nominati" sono state così sostituite dal D.L.vo 27 gennaio 2010, n. 39.

(3) Le parole: "i primi tre libri" sono state così sostituite dal D.L. 29 novembre 2008, n. 185 convertito nella L. 28 gennaio 2009, n. 2

(4) Le parole "e il quarto" sono state così sostituite dal D.L. 29 novembre 2008, n. 185 convertito nella L. 28 gennaio 2009, n. 2

(5) Le parole: "o del revisore" sono state soppresse dal D.L.vo 27 gennaio 2010, n. 39.

Art. 2478-bis. Bilancio e distribuzione degli utili ai soci.

Il bilancio deve essere redatto con l'osservanza degli articoli da 2423, 2423-bis, 2423-ter, 2424, 2424-bis, 2425, 2425-bis, 2426, 2427, 2428, 2429, 2430 e 2431, salvo quanto disposto dall'articolo 2435-bis. Esso è presentato ai soci entro il termine stabilito dall'atto costitutivo e comunque non superiore a centoventi giorni dalla chiusura dell'esercizio sociale, salva la possibilità di un maggior termine nei limiti ed alle condizioni previsti dal secondo comma dell'articolo 2364.

Entro trenta giorni dalla decisione dei soci di approvazione del bilancio deve essere depositata (1) presso l'ufficio del registro delle imprese, a norma dell'articolo 2435, copia del bilancio approvato (2).

La decisione dei soci che approva il bilancio decide sulla distribuzione degli utili ai soci.

Possono essere distribuiti esclusivamente gli utili realmente conseguiti e risultanti da bilancio regolarmente approvato.

Se si verifica una perdita del capitale sociale, non può farsi luogo a ripartizione degli utili fino a che il capitale non sia reintegrato o ridotto in misura corrispondente.

Gli utili erogati in violazione delle disposizioni del presente articolo non sono ripetibili se i soci li hanno riscossi in buona fede in base a bilancio regolarmente approvato, da cui risultano utili netti corrispondenti.

(1) Le parole: "devono essere depositati" sono state così sostituite dal D.L. 29 novembre 2008, n. 185.

(2) Le parole: "e l'elenco dei soci e degli altri titolari di diritti sulle partecipazioni sociali".

Sono state soppresse dal D.L. 29 novembre 2008, n. 185 convertito nella L. 28 gennaio 2009, n. 2

SEZIONE IV – Delle decisioni dei soci

Art. 2479. Decisioni dei soci.

I soci decidono sulle materie riservate alla loro competenza dall'atto costitutivo, nonché sugli argomenti che uno o più amministratori o tanti soci che rappresentano almeno un terzo del capitale sociale sottopongono alla loro approvazione.

In ogni caso sono riservate alla competenza dei soci:

1) l'approvazione del bilancio e la distribuzione degli utili;

2) la nomina, se prevista nell'atto costitutivo, degli amministratori;

3) la nomina nei casi previsti dall'articolo 2477 dei sindaci e del presidente del collegio sindacale o del soggetto incaricato di effettuare la revisione legale dei conti; (1)

4) le modificazioni dell'atto costitutivo;

5) la decisione di compiere operazioni che comportano una sostanziale modificazione dell'oggetto sociale determinato nell'atto costitutivo o una rilevante modificazione dei diritti dei soci.

L'atto costitutivo può prevedere che le decisioni dei soci siano adottate mediante consultazione scritta o sulla base del consenso espresso per iscritto. In tal caso dai documenti sottoscritti dai soci devono risultare con chiarezza l'argomento oggetto della decisione ed il consenso alla stessa.

Qualora nell'atto costitutivo non vi sia la previsione di cui al terzo comma e comunque con riferimento alle materie indicate nei numeri 4) e 5) del secondo comma del presente articolo nonché nel caso previsto dal quarto comma dell'articolo 2482-bis oppure quando lo richiedono uno o più amministratori o un numero di soci che rappresentano almeno un terzo del capitale sociale, le decisioni dei soci debbono essere adottate mediante deliberazione assembleare ai sensi dell'articolo 2479-bis.

Ogni socio ha diritto di partecipare alle decisioni previste dal presente articolo ed il suo voto vale in misura proporzionale alla sua partecipazione.

Salvo diversa disposizione dell'atto costitutivo, le decisioni dei soci sono prese con il voto favorevole di una maggioranza che rappresenti almeno la metà del capitale sociale.

(1) Numero modificato dal D.L.vo 27 gennaio 2010, n. 39.

Art. 2479-bis. Assemblea dei soci.

L'atto costitutivo determina i modi di convocazione dell'assemblea dei soci, tali comunque da assicurare la tempestiva informazione sugli argomenti da trattare. In mancanza la convocazione è effettuata mediante lettera raccomandata spedita ai soci almeno otto giorni prima dell'adunanza nel domicilio risultante dal registro delle imprese.

Se l'atto costitutivo non dispone diversamente, il socio può farsi rappresentare in assemblea e la relativa documentazione è conservata secondo quanto prescritto dall'articolo 2478, primo comma, numero 2).

Salvo diversa disposizione dell'atto costitutivo l'assemblea si riunisce presso la sede sociale ed è regolarmente costituita con la presenza di tanti soci che rappresentano almeno la metà del capitale sociale e delibera a maggioranza assoluta e, nei casi previsti dai numeri 4) e 5) del secondo comma dell'articolo 2479, con il voto favorevole dei soci che rappresentano almeno la metà del capitale sociale.

L'assemblea è presieduta dalla persona indicata nell'atto costitutivo o, in mancanza, da quella designata dagli intervenuti. Il presidente dell'assemblea verifica la regolarità della costituzione, accerta l'identità e la legittimazione dei presenti, regola il suo svolgimento ed accerta i risultati delle votazioni; degli esiti di tali accertamenti deve essere dato conto nel verbale.

In ogni caso la deliberazione s'intende adottata quando ad essa partecipa l'intero capitale sociale e tutti gli amministratori e sindaci sono presenti o informati della riunione e nessuno si oppone alla trattazione dell'argomento.

(1) Le parole: "libro dei soci" sono state così sostituite dal D.L. 29 novembre 2008, n. 185 convertito nella L. 28 gennaio 2009, n. 2.

Art. 2479-ter. Invalidità delle decisioni dei soci.

Le decisioni dei soci che non sono prese in conformità della legge o dell'atto costitutivo possono essere impugnate dai soci che non vi hanno consentito, da ciascun amministratore e dal collegio sindacale entro novanta giorni dalla loro trascrizione nel libro delle decisioni dei soci. Il tribunale, qualora ne ravvisi l'opportunità e ne sia fatta richiesta dalla società o da chi ha proposto l'impugnativa, può assegnare un termine non superiore a centottanta giorni per l'adozione di una nuova decisione idonea ad eliminare la causa di invalidità.

Qualora possano recare danno alla società, sono impugnabili a norma del precedente comma le decisioni assunte con la partecipazione determinante di soci che hanno, per conto proprio o di terzi, un interesse in conflitto con quello della società.

Le decisioni aventi oggetto illecito o impossibile e quelle prese in assenza assoluta di informazione possono essere impugnate da chiunque vi abbia interesse entro tre anni dalla trascrizione indicata nel primo periodo del primo comma. Possono essere impugnate senza limiti di tempo le deliberazioni che modificano l'oggetto sociale prevedendo attività impossibili o illecite.

Si applicano, in quanto compatibili, gli articoli 2377, primo, quinto, settimo, ottavo e nono comma, 2378, 2379-bis, 2379-ter e 2434-bis.

SEZIONE V – Delle modificazioni dell'atto costitutivo

Art. 2480. Modificazioni dell'atto costitutivo.

Le modificazioni dell'atto costitutivo sono deliberate dall'assemblea dei soci a norma dell'articolo 2479-bis. Il verbale è redatto da notaio e si applica l'articolo 2436.

Art. 2481. Aumento di capitale.

L'atto costitutivo può attribuire agli amministratori la facoltà di aumentare il capitale sociale, determinandone i limiti e le modalità di esercizio; la decisione degli amministratori, che deve risultare da verbale redatto senza indugio da notaio, deve essere depositata ed iscritta a norma dell'articolo 2436.

La decisione di aumentare il capitale sociale non può essere attuata fin quando i conferimenti precedentemente dovuti non sono stati integralmente eseguiti.

Art. 2481-bis. Aumento di capitale mediante nuovi conferimenti.

In caso di decisione di aumento del capitale sociale mediante nuovi conferimenti spetta ai soci il diritto di sottoscriverlo in proporzione delle partecipazioni da essi possedute. L'atto costitutivo può prevedere, salvo per il caso di cui all'articolo 2482-ter, che l'aumento di capitale possa essere attuato anche mediante offerta di quote di nuova emissione a terzi; in tal caso spetta ai soci che non hanno consentito alla decisione il diritto di recesso a norma dell'articolo 2473.

La decisione di aumento di capitale prevede l'eventuale soprapprezzo e le modalità ed i termini entro i quali può essere esercitato il diritto di sottoscrizione.

Tali termini non possono essere inferiori a trenta giorni dal momento in cui viene comunicato ai soci che l'aumento di capitale può essere sottoscritto. La decisione può anche consentire, disciplinandone le modalità, che la parte dell'aumento di capitale non sottoscritta da uno o più soci sia sottoscritta dagli altri soci o da terzi.

Se l'aumento di capitale non è integralmente sottoscritto nel termine stabilito dalla decisione, il capitale è aumentato di un importo pari alle sottoscrizioni raccolte soltanto se la deliberazione medesima lo abbia espressamente consentito.

Salvo quanto previsto dal secondo periodo del quarto comma e dal sesto comma dell'articolo 2464, i sottoscrittori dell'aumento di capitale devono, all'atto della sottoscrizione, versare alla società almeno il venticinque per cento della parte di capitale sottoscritta e, se previsto, l'intero soprapprezzo. Per i conferimenti di beni in natura o di crediti si applica quanto disposto dal quinto comma dell'articolo 2464.

Se l'aumento di capitale è sottoscritto dall'unico socio, il conferimento in danaro deve essere integralmente versato all'atto della sottoscrizione.

Nei trenta giorni dall'avvenuta sottoscrizione gli amministratori devono depositare per l'iscrizione nel registro delle imprese un'attestazione che l'aumento di capitale è stato eseguito.

Art. 2481-ter. Passaggio di riserve a capitale.

La società può aumentare il capitale imputando ad esso le riserve e gli altri fondi iscritti in bilancio in quanto disponibili.

In questo caso la quota di partecipazione di ciascun socio resta immutata.

Art. 2482. Riduzione del capitale sociale.

La riduzione del capitale sociale può avere luogo, nei limiti previsti dal numero 4) dell'articolo 2463, mediante rimborso ai soci delle quote pagate o mediante liberazione di essi dall'obbligo dei versamenti ancora dovuti.

La decisione dei soci di ridurre il capitale sociale può essere eseguita soltanto dopo novanta giorni dal giorno dell'iscrizione nel registro delle imprese della decisione medesima, purché entro questo termine nessun creditore sociale anteriore all'iscrizione abbia fatto opposizione.

Il tribunale, quando ritenga infondato il pericolo di pregiudizio per i creditori oppure la società abbia prestato un'idonea garanzia, dispone che l'esecuzione abbia luogo nonostante l'opposizione.

Art. 2482-bis. Riduzione del capitale per perdite.

Quando risulta che il capitale è diminuito di oltre un terzo in conseguenza di perdite, gli amministratori devono senza indugio convocare l'assemblea dei soci per gli opportuni provvedimenti.

All'assemblea deve essere sottoposta una relazione degli amministratori sulla situazione patrimoniale della società, con le osservazioni nei casi previsti dall'articolo 2477 del collegio sindacale o del soggetto incaricato di effettuare la revisione legale dei conti (1). Se l'atto costitutivo non prevede diversamente, copia della relazione e delle osservazioni deve essere depositata nella sede della società almeno otto giorni prima dell'assemblea, perché i soci possano prenderne visione.

Nell'assemblea gli amministratori devono dare conto dei fatti di rilievo avvenuti dopo la redazione della relazione prevista nel precedente comma.

Se entro l'esercizio successivo la perdita non risulta diminuita a meno di un terzo, deve essere convocata l'assemblea per l'approvazione del bilancio e

per la riduzione del capitale in proporzione delle perdite accertate. In mancanza
gli amministratori e i sindaci o il soggetto incaricato di effettuare la
revisione legale dei conti (2) nominati ai sensi dell'articolo 2477 devono
chiedere al tribunale che venga disposta la riduzione del capitale in ragione
delle perdite risultanti dal bilancio.

Il tribunale, anche su istanza di qualsiasi interessato, provvede con decreto
soggetto a reclamo, che deve essere iscritto nel registro delle imprese a
cura degli amministratori.

Si applica, in quanto compatibile, l'ultimo comma dell'articolo 2446.

(1) Le parole: "o del revisore" sono state sostituite dal D.L.vo 27 gennaio 2010, n. 39.

(2) Le parole: "o del revisore" sono state sostituite dal D.L.vo 27 gennaio 2010, n. 39.

Art. 2482-ter. Riduzione del capitale al disotto del minimo legale.

Se, per la perdita di oltre un terzo del capitale, questo si riduce al disotto del
minimo stabilito dal numero 4) dell'articolo 2463, gli amministratori devono
senza indugio convocare l'assemblea per deliberare la riduzione del capitale
ed il contemporaneo aumento del medesimo ad una cifra non inferiore al
detto minimo.

È fatta salva la possibilità di deliberare la trasformazione della società.

Art. 2482-quater. Riduzione del capitale per perdite e diritti dei soci.

In tutti i casi di riduzione del capitale per perdite è esclusa ogni modificazione
delle quote di partecipazione e dei diritti spettanti ai soci.

Art. 2483. Emissione di titoli di debito.

Se l'atto costitutivo lo prevede, la società può emettere titoli di debito. In
tal caso l'atto costitutivo attribuisce la relativa competenza ai soci o agli
amministratori determinando gli eventuali limiti, le modalità e le maggioranze
necessarie per la decisione.

I titoli emessi ai sensi del precedente comma possono essere sottoscritti
soltanto da investitori professionali soggetti a vigilanza prudenziale a norma
delle leggi speciali. In caso di successiva circolazione dei titoli di debito, chi li
trasferisce risponde della solvenza della società nei confronti degli acquirenti
che non siano investitori professionali ovvero soci della società medesima.

La decisione di emissione dei titoli prevede le condizioni del prestito e le
modalità del rimborso ed è iscritta a cura degli amministratori presso il registro
delle imprese. Può altresì prevedere che, previo consenso della maggioranza
dei possessori dei titoli, la società possa modificare tali condizioni e
modalità.

Restano salve le disposizioni di leggi speciali relative a particolari categorie
di società e alle riserve di attività.

CAPO VIII – SCIOGLIMENTO E LIQUIDAZIONE DELLE SOCIETA' DI CAPITALI

Art. 2484. Cause di scioglimento.

Le società per azioni, in accomandita per azioni e a responsabilità limitata si
sciolgono:

1) per il decorso del termine;
2) per il conseguimento dell'oggetto sociale o per la sopravvenuta impossibilità di conseguirlo, salvo che l'assemblea, all'uopo convocata senza indugio, non deliberi le opportune modifiche statutarie;
3) per l'impossibilità di funzionamento o per la continuata inattività dell'assemblea;
4) per la riduzione del capitale al disotto del minimo legale, salvo quanto è disposto dagli articoli 2447 e 2482-ter;
5) nelle ipotesi previste dagli articoli 2437-quater e 2473;
6) per deliberazione dell'assemblea;
7) per le altre cause previste dall'atto costitutivo o dallo statuto.

La società inoltre si scioglie per le altre cause previste dalla legge; in queste
ipotesi le disposizioni dei seguenti articoli si applicano in quanto compatibili.

Gli effetti dello scioglimento si determinano, nelle ipotesi previste dai numeri
1), 2), 3), 4) e 5) del primo comma, alla data dell'iscrizione presso l'ufficio
del registro delle imprese della dichiarazione con cui gli amministratori
ne accertano la causa e, nell'ipotesi prevista dal numero 6) del medesimo
comma, alla data dell'iscrizione della relativa deliberazione.

Quando l'atto costitutivo o lo statuto prevedono altre cause di scioglimento,
essi devono determinare la competenza a deciderle od accertarle, e ad effettuare
gli adempimenti pubblicitari di cui al precedente comma.

Cfr. Tribunale di Mantova, sentenza 23 giugno 2008 in Altalex Massimario.

Art. 2485. Obblighi degli amministratori.

Gli amministratori devono senza indugio accertare il verificarsi di una causa
di scioglimento e procedere agli adempimenti previsti dal terzo comma
dell'articolo 2484. Essi, in caso di ritardo od omissione, sono personalmente
e solidalmente responsabili per i danni subiti dalla società, dai soci, dai
creditori
sociali e dai terzi.

Quando gli amministratori omettono gli adempimenti di cui al precedente
comma, il tribunale, su istanza di singoli soci o amministratori ovvero dei
sindaci, accerta il verificarsi della causa di scioglimento, con decreto che
deve essere iscritto a norma del terzo comma dell'articolo 2484.

Art. 2486. Poteri degli amministratori.

Al verificarsi di una causa di scioglimento e fino al momento della consegna
di cui all'articolo 2487-bis, gli amministratori conservano il potere di gestire
la società, ai soli fini della conservazione dell'integrità e del valore del
patrimonio
sociale.

Gli amministratori sono personalmente e solidalmente responsabili dei
danni arrecati alla società, ai soci, ai creditori sociali ed ai terzi, per atti od
omissioni compiuti in violazione del precedente comma.

Art. 2487. Nomina e revoca dei liquidatori; criteri di svolgimento della liquidazione.

Salvo che nei casi previsti dai numeri 2), 4) e 6) del primo comma dell'articolo
2484 non abbia già provveduto l'assemblea e salvo che l'atto costitutivo o
lo statuto non dispongano in materia, gli amministratori, contestualmente
all'accertamento della causa di scioglimento, debbono convocare l'assemblea
dei soci perché deliberi, con le maggioranze previste per le modificazioni
dell'atto costitutivo o dello statuto, su:

a) il numero dei liquidatori e le regole di funzionamento del collegio in caso

di pluralità di liquidatori;
b) la nomina dei liquidatori, con indicazione di quelli cui spetta la rappresentanza
della società;
c) i criteri in base ai quali deve svolgersi la liquidazione; i poteri dei liquidatori, con particolare riguardo alla cessione dell'azienda sociale, di rami di essa, ovvero anche di singoli beni o diritti, o blocchi di essi; gli atti necessari per la conservazione del valore dell'impresa, ivi compreso il suo esercizio provvisorio, anche di singoli rami, in funzione del migliore realizzo.
Se gli amministratori omettono la convocazione di cui al comma precedente, il tribunale vi provvede su istanza di singoli soci o amministratori, ovvero dei sindaci e, nel caso in cui l'assemblea non si costituisca o non deliberi, adotta con decreto le decisioni ivi previste.
L'assemblea può sempre modificare, con le maggioranze richieste per le modificazioni dell'atto costitutivo o dello statuto, le deliberazioni di cui al primo comma.
I liquidatori possono essere revocati dall'assemblea o, quando sussiste una giusta causa, dal tribunale su istanza di soci, dei sindaci o del pubblico ministero.

Art. 2487-bis. Pubblicità della nomina dei liquidatori ed effetti.

La nomina dei liquidatori e la determinazione dei loro poteri, comunque avvenuta, nonché le loro modificazioni, devono essere iscritte, a loro cura, nel registro delle imprese.
Alla denominazione sociale deve essere aggiunta l'indicazione trattarsi di società in liquidazione.
Avvenuta l'iscrizione di cui al primo comma gli amministratori cessano dalla carica e consegnano ai liquidatori i libri sociali, una situazione dei conti alla data di effetto dello scioglimento ed un rendiconto sulla loro gestione relativo al periodo successivo all'ultimo bilancio approvato. Di tale consegna viene redatto apposito verbale.

Art. 2487-ter. Revoca dello stato di liquidazione.

La società può in ogni momento revocare lo stato di liquidazione, occorrendo previa eliminazione della causa di scioglimento, con deliberazione dell'assemblea presa con le maggioranze richieste per le modificazioni dell'atto costitutivo o dello statuto. Si applica l'articolo 2436.
La revoca ha effetto solo dopo sessanta giorni dall'iscrizione nel registro delle imprese della relativa deliberazione, salvo che consti il consenso dei creditori della società o il pagamento dei creditori che non hanno dato il consenso. Qualora nel termine suddetto i creditori anteriori all'iscrizione abbiano fatto opposizione, si applica l'ultimo comma dell'articolo 2445.

Art. 2488. Organi sociali.

Le disposizioni sulle decisioni dei soci, sulle assemblee e sugli organi amministrativi
e di controllo si applicano, in quanto compatibili, anche durante la liquidazione.

Art. 2489. Poteri, obblighi e responsabilità dei liquidatori.

Salvo diversa disposizione statutaria, ovvero adottata in sede di nomina, i liquidatori hanno il potere di compiere tutti gli atti utili per la liquidazione della società.
I liquidatori debbono adempiere i loro doveri con la professionalità e diligenza richieste dalla natura dell'incarico e la loro responsabilità per i danni derivanti dall'inosservanza di tali doveri è disciplinata secondo le norme in tema di responsabilità degli amministratori.

Art. 2490. Bilanci in fase di liquidazione.

I liquidatori devono redigere il bilancio e presentarlo, alle scadenze previste per il bilancio di esercizio della società, per l'approvazione all'assemblea o, nel caso previsto dal terzo comma dell'articolo 2479, ai soci. Si applicano, in quanto compatibili con la natura, le finalità e lo stato della liquidazione, le disposizioni degli articoli 2423 e seguenti.
Nella relazione i liquidatori devono illustrare l'andamento, le prospettive, anche temporali, della liquidazione, ed i princìpi e criteri adottati per realizzarla.
Nella nota integrativa i liquidatori debbono indicare e motivare i criteri di valutazione adottati.
Nel primo bilancio successivo alla loro nomina i liquidatori devono indicare le variazioni nei criteri di valutazione adottati rispetto all'ultimo bilancio approvato, e le ragioni e conseguenze di tali variazioni. Al medesimo bilancio deve essere allegata la documentazione consegnata dagli amministratori a norma del terzo comma dell'articolo 2487-bis, con le eventuali osservazioni dei liquidatori.
Quando sia prevista una continuazione, anche parziale, dell'attività di impresa, le relative poste di bilancio devono avere una indicazione separata; la relazione deve indicare le ragioni e le prospettive della continuazione; la nota integrativa deve indicare e motivare i criteri di valutazione adottati.
Qualora per oltre tre anni consecutivi non venga depositato il bilancio di cui al presente articolo, la società è cancellata d'ufficio dal registro delle imprese con gli effetti previsti dall'articolo 2495.

Art. 2491. Poteri e doveri particolari dei liquidatori.

Se i fondi disponibili risultano insufficienti per il pagamento dei debiti sociali, i liquidatori possono chiedere proporzionalmente ai soci i versamenti ancora dovuti.
I liquidatori non possono ripartire tra i soci acconti sul risultato della liquidazione,
salvo che dai bilanci risulti che la ripartizione non incide sulla disponibilità di somme idonee alla integrale e tempestiva soddisfazione dei creditori sociali; i liquidatori possono condizionare la ripartizione alla prestazione
da parte del socio di idonee garanzie.
I liquidatori sono personalmente e solidalmente responsabili per i danni cagionati ai creditori sociali con la violazione delle disposizioni del comma precedente.

Art. 2492. Bilancio finale di liquidazione.

Compiuta la liquidazione, i liquidatori devono redigere il bilancio finale, indicando
la parte spettante a ciascun socio o azione nella divisione dell'attivo.
Il bilancio, sottoscritto dai liquidatori e accompagnato dalla relazione dei

sindaci e del soggetto incaricato di effettuare la revisione legale dei conti, è depositato presso l'ufficio del registro delle imprese. (1)

Nei novanta giorni successivi all'iscrizione dell'avvenuto deposito, ogni socio può proporre reclamo davanti al tribunale in contraddittorio dei liquidatori. I reclami devono essere riuniti e decisi in unico giudizio, nel quale tutti i soci possono intervenire. La trattazione della causa ha inizio quando sia decorso il termine suddetto. La sentenza fa stato anche riguardo ai non intervenuti.

(1) Comma così modificato dal D.L.vo 27 gennaio 2010, n. 39.
Cfr. Corte di Cassazione, sez. tributaria, sentenza 24 luglio 2009, n. 17358 in Altalex Massimario.

Art. 2493. Approvazione tacita del bilancio.

Decorso il termine di novanta giorni senza che siano stati proposti reclami, il bilancio finale di liquidazione s'intende approvato, e i liquidatori, salvi i loro obblighi relativi alla distribuzione dell'attivo risultante dal bilancio, sono liberati di fronte ai soci.

Indipendentemente dalla decorrenza del termine, la quietanza, rilasciata senza riserve all'atto del pagamento dell'ultima quota di riparto, importa approvazione del bilancio.

Art. 2494. Deposito delle somme non riscosse.

Le somme spettanti ai soci, non riscosse entro novanta giorni dall'iscrizione dell'avvenuto deposito del bilancio a norma dell'articolo 2492, devono essere depositate presso una banca con l'indicazione del cognome e del nome del socio o dei numeri delle azioni, se queste sono al portatore.

Art. 2495. Cancellazione della società.

Approvato il bilancio finale di liquidazione, i liquidatori devono chiedere la cancellazione della società dal registro delle imprese.

Ferma restando l'estinzione della società, dopo la cancellazione i creditori sociali non soddisfatti possono far valere i loro crediti nei confronti dei soci, fino alla concorrenza delle somme da questi riscosse in base al bilancio finale di liquidazione, e nei confronti dei liquidatori, se il mancato pagamento è dipeso da colpa di questi. La domanda, se proposta entro un anno dalla cancellazione, può essere notificata presso l'ultima sede della società.

Cfr. Corte di Cassazione, sez. I civile, ordinanza 15 settembre 2009, n. 19804 in Altalex Massimario.

Art. 2496. Deposito dei libri sociali.

Compiuta la liquidazione, la distribuzione dell'attivo o il deposito indicato nell'articolo 2494, i libri della società devono essere depositati e conservati per dieci anni presso l'ufficio del registro delle imprese; chiunque può esaminarli, anticipando le spese.

CAPO IX – DIREZIONE E COORDINAMENTO DI SOCIETA'

Art. 2497. Responsabilità.

Le società o gli enti che, esercitando attività di direzione e coordinamento di società, agiscono nell'interesse imprenditoriale proprio o altrui in violazione dei princìpi di corretta gestione societaria e imprenditoriale delle società medesime, sono direttamente responsabili nei confronti dei soci di queste per il pregiudizio arrecato alla redditività ed al valore della partecipazione sociale, nonché nei confronti dei creditori sociali per la lesione cagionata all'integrità del patrimonio della società. Non vi è responsabilità quando il danno risulta mancante alla luce del risultato complessivo dell'attività di direzione e coordinamento ovvero integralmente eliminato anche a seguito di operazioni a ciò dirette (1).

Risponde in solido chi abbia comunque preso parte al fatto lesivo e, nei limiti del vantaggio conseguito, chi ne abbia consapevolmente tratto beneficio.

Il socio ed il creditore sociale possono agire contro la società o l'ente che esercita l'attività di direzione e coordinamento, solo se non sono stati soddisfatti dalla società soggetta alla attività di direzione e coordinamento.

Nel caso di fallimento, liquidazione coatta amministrativa e amministrazione straordinaria di società soggetta ad altrui direzione e coordinamento, l'azione spettante ai creditori di questa è esercitata dal curatore o dal commissario liquidatore o dal commissario straordinario.

(1) A norma dell'art. 19, comma 6, del D.L. 1 luglio 2009, n. 78, convertito con modificazioni,
nella L. 3 agosto 2009, n. 102, questo comma si interpreta nel senso che
"per enti si intendono i soggetti giuridici collettivi, diversi dallo Stato, che detengono la partecipazione sociale nell'ambito della propria attività imprenditoriale ovvero per finalità di natura economica o finanziaria."

Art. 2497-bis. Pubblicità.

La società deve indicare la società o l'ente alla cui attività di direzione e coordinamento è soggetta negli atti e nella corrispondenza, nonché mediante iscrizione, a cura degli amministratori, presso la sezione del registro delle imprese di cui al comma successivo.

È istituita presso il registro delle imprese apposita sezione nella quale sono indicate le società o gli enti che esercitano attività di direzione e coordinamento e quelle che vi sono soggette.

Gli amministratori che omettono l'indicazione di cui al comma primo ovvero l'iscrizione di cui al comma secondo, o le mantengono quando la soggezione è cessata, sono responsabili dei danni che la mancata conoscenza di tali fatti abbia recato ai soci o ai terzi.

La società deve esporre, in apposita sezione della nota integrativa, un prospetto riepilogativo dei dati essenziali dell'ultimo bilancio della società o dell'ente che esercita su di essa l'attività di direzione e coordinamento.

Parimenti, gli amministratori devono indicare nella relazione sulla gestione i rapporti intercorsi con chi esercita l'attività di direzione e coordinamento e con le altre società che vi sono soggette, nonché l'effetto che tale attività ha avuto sull'esercizio dell'impresa sociale e sui suoi risultati.

Art. 2497-ter. Motivazione delle decisioni.

Le decisioni delle società soggette ad attività di direzione e coordinamento, quando da questa influenzate, debbono essere analiticamente motivate e recare puntuale indicazione delle ragioni e degli interessi la cui valutazione ha inciso sulla decisione. Di esse viene dato adeguato conto nella relazione di cui all'articolo 2428.

Art. 2497-quater. Diritto di recesso.

Il socio di società soggetta ad attività di direzione e coordinamento può recedere:

a) quando la società o l'ente che esercita attività di direzione e coordinamento ha deliberato una trasformazione che implica il mutamento del suo scopo sociale, ovvero ha deliberato una modifica del suo oggetto sociale consentendo l'esercizio di attività che alterino in modo sensibile e diretto le condizioni economiche e patrimoniali della società soggetta ad attività di direzione e coordinamento;

b) quando a favore del socio sia stata pronunciata, con decisione esecutiva, condanna di chi esercita attività di direzione e coordinamento ai sensi dell'articolo 2497; in tal caso il diritto di recesso può essere esercitato soltanto per l'intera partecipazione del socio;

c) all'inizio ed alla cessazione dell'attività di direzione e coordinamento, quando non si tratta di una società con azioni quotate in mercati regolamentati e ne deriva un'alterazione delle condizioni di rischio dell'investimento e non venga promossa un'offerta pubblica di acquisto.

Si applicano, a seconda dei casi ed in quanto compatibili, le disposizioni previste per il diritto di recesso del socio nella società per azioni o in quella a responsabilità limitata.

Art. 2497-quinquies. Finanziamenti nell'attività di direzione e coordinamento.

Ai finanziamenti effettuati a favore della società da chi esercita attività di direzione e coordinamento nei suoi confronti o da altri soggetti ad essa sottoposti si applica l'articolo 2467.

Art. 2497-sexies. Presunzioni.

Ai fini di quanto previsto nel presente capo, si presume salvo prova contraria che l'attività di direzione e coordinamento di società sia esercitata dalla società o ente tenuto al consolidamento dei loro bilanci o che comunque le controlla ai sensi dell'articolo 2359.

Art. 2497-septies. Coordinamento fra società.

Le disposizioni del presente capo si applicano altresì alla società o all'ente che, fuori dalle ipotesi di cui all'articolo 2497-sexies, esercita attività di direzione e coordinamento di società sulla base di un contratto con le società medesime o di clausole dei loro statuti.

CAPO X – DELLA TRASFORMAZIONE DELLA FUSIONE E DELLA SCISSIONE

SEZIONE I - Della trasformazione

Art. 2498. Continuità dei rapporti giuridici.

Con la trasformazione l'ente trasformato conserva i diritti e gli obblighi e prosegue in tutti i rapporti anche processuali dell'ente che ha effettuato la trasformazione.

Art. 2499. Limiti alla trasformazione.

Può farsi luogo alla trasformazione anche in pendenza di procedura concorsuale, purché non vi siano incompatibilità con le finalità o lo stato della stessa.

Art. 2500. Contenuto, pubblicità ed efficacia dell'atto di trasformazione.

La trasformazione in società per azioni, in accomandita per azioni o a responsabilità limitata deve risultare da atto pubblico, contenente le indicazioni previste dalla legge per l'atto di costituzione del tipo adottato.

L'atto di trasformazione è soggetto alla disciplina prevista per il tipo adottato ed alle forme di pubblicità relative, nonché alla pubblicità richiesta per la cessazione dell'ente che effettua la trasformazione.

La trasformazione ha effetto dall'ultimo degli adempimenti pubblicitari di cui al comma precedente.

Art. 2500-bis. Invalidità della trasformazione.

Eseguita la pubblicità di cui all'articolo precedente, l'invalidità dell'atto di trasformazione non può essere pronunciata.

Resta salvo il diritto al risarcimento del danno eventualmente spettante ai partecipanti all'ente trasformato ed ai terzi danneggiati dalla trasformazione.

Art. 2500-ter. Trasformazione di società di persone.

Salvo diversa disposizione del contratto sociale, la trasformazione di società di persone in società di capitali è decisa con il consenso della maggioranza dei soci determinata secondo la parte attribuita a ciascuno negli utili; in ogni caso al socio che non ha concorso alla decisione spetta il diritto di recesso.

Nei casi previsti dal precedente comma il capitale della società risultante dalla trasformazione deve essere determinato sulla base dei valori attuali degli elementi dell'attivo e del passivo e deve risultare da relazione di stima redatta a norma dell'articolo 2343 o, nel caso di società a responsabilità limitata, dell'articolo 2465. Si applicano altresì, nel caso di società per azioni o in accomandita per azioni, il secondo, terzo e, in quanto compatibile, quarto comma dell'articolo 2343.

Art. 2500-quater. Assegnazione di azioni o quote.

Nel caso previsto dall'articolo 2500-ter, ciascun socio ha diritto all'assegnazione di un numero di azioni o di una quota proporzionale alla sua partecipazione, salvo quanto disposto dai commi successivi.

Il socio d'opera ha diritto all'assegnazione di un numero di azioni o di una quota in misura corrispondente alla partecipazione che l'atto costitutivo gli riconosceva precedentemente alla trasformazione o, in mancanza, d'accordo tra i soci ovvero, in difetto di accordo, determinata dal giudice secondo equità.

Nelle ipotesi di cui al comma precedente, le azioni o quote assegnate agli altri soci si riducono proporzionalmente.

Art. 2500-quinquies. Responsabilità dei soci.

La trasformazione non libera i soci a responsabilità illimitata dalla responsabilità per le obbligazioni sociali sorte prima degli adempimenti previsti dal terzo comma dell'articolo 2500, se non risulta che i creditori sociali hanno dato il loro consenso alla trasformazione.

Il consenso si presume se i creditori, ai quali la deliberazione di trasformazione sia stata comunicata per raccomandata o con altri mezzi che garantiscano la prova dell'avvenuto ricevimento, non lo hanno espressamente negato nel termine di sessanta giorni dal ricevimento della comunicazione.

Art. 2500-sexies. Trasformazione di società di capitali.

Salvo diversa disposizione dello statuto, la deliberazione di trasformazione di società di capitali in società di persone è adottata con le maggioranze previste per le modifiche dello statuto. È comunque richiesto il consenso dei soci che con la trasformazione assumono responsabilità illimitata.

Gli amministratori devono predisporre una relazione che illustri le motivazioni e gli effetti della trasformazione. Copia della relazione deve restare depositata presso la sede sociale durante i trenta giorni che precedono l'assemblea convocata per deliberare la trasformazione; i soci hanno diritto di prenderne visione e di ottenerne gratuitamente copia.

Ciascun socio ha diritto all'assegnazione di una partecipazione proporzionale al valore della sua quota o delle sue azioni.

I soci che con la trasformazione assumono responsabilità illimitata, rispondono illimitatamente anche per le obbligazioni sociali sorte anteriormente alla trasformazione.

Art. 2500-septies. Trasformazione eterogenea da società di capitali.

Le società disciplinate nei capi V, VI, VII del presente titolo possono trasformarsi in consorzi, società consortili, società cooperative, comunioni di azienda, associazioni non riconosciute e fondazioni.

Si applica l'articolo 2500-sexies, in quanto compatibile.

La deliberazione deve essere assunta con il voto favorevole dei due terzi degli aventi diritto, e comunque con il consenso dei soci che assumono responsabilità illimitata.

La deliberazione di trasformazione in fondazione produce gli effetti che il capo II del titolo II del Libro primo ricollega all'atto di fondazione o alla volontà del fondatore.

Art. 2500-octies. Trasformazione eterogenea in società di capitali.

I consorzi, le società consortili, le comunioni d'azienda, le associazioni riconosciute e le fondazioni possono trasformarsi in una delle società disciplinate nei capi V, VI e VII del presente titolo.

La deliberazione di trasformazione deve essere assunta, nei consorzi, con il voto favorevole della maggioranza assoluta dei consorziati; nelle comunioni di aziende all'unanimità; nelle società consortili e nelle associazioni con la maggioranza richiesta dalla legge o dall'atto costitutivo per lo scioglimento anticipato.

La trasformazione di associazioni in società di capitali può essere esclusa dall'atto costitutivo o, per determinate categorie di associazioni, dalla legge; non è comunque ammessa per le associazioni che abbiano ricevuto contributi pubblici oppure liberalità e oblazioni del pubblico. Il capitale sociale della società risultante dalla trasformazione è diviso in parti uguali fra gli associati, salvo diverso accordo tra gli stessi.

La trasformazione di fondazioni in società di capitali è disposta dall'autorità governativa, su proposta dell'organo competente. Le azioni o quote sono assegnate secondo le disposizioni dell'atto di fondazione o, in mancanza, dell'articolo 31.

Art. 2500-nonies. Opposizione dei creditori.

In deroga a quanto disposto dal terzo comma dell'articolo 2500, la trasformazione eterogenea ha effetto dopo sessanta giorni dall'ultimo degli adempimenti pubblicitari previsti dallo stesso articolo, salvo che consti il consenso dei creditori o il pagamento dei creditori che non hanno dato il consenso.

I creditori possono, nel suddetto termine di sessanta giorni, fare opposizione. Si applica in tal caso l'ultimo comma dell'articolo 2445.

SEZIONE II – Della fusione della società

Art. 2501. Forme di fusione.

La fusione di più società può eseguirsi mediante la costituzione di una nuova società, o mediante l'incorporazione in una società di una o più altre.

La partecipazione alla fusione non è consentita alle società in liquidazione che abbiano iniziato la distribuzione dell'attivo.

Art. 2501-bis. Fusione a seguito di acquisizione con indebitamento.

Nel caso di fusione tra società, una delle quali abbia contratto debiti per acquisire il controllo dell'altra, quando per effetto della fusione il patrimonio di quest'ultima viene a costituire garanzia generica o fonte di rimborso di detti debiti, si applica la disciplina del presente articolo.

Il progetto di fusione di cui all'articolo 2501-ter deve indicare le risorse finanziarie previste per il soddisfacimento delle obbligazioni della società risultante dalla fusione.

La relazione di cui all'articolo 2501-quinquies deve indicare le ragioni che giustificano l'operazione e contenere un piano economico e finanziario con indicazione della fonte delle risorse finanziarie e la descrizione degli obiettivi che si intendono raggiungere.

La relazione degli esperti di cui all'articolo 2501-sexies, attesta la ragionevolezza delle indicazioni contenute nel progetto di fusione ai sensi del precedente secondo comma.

Al progetto deve essere allegata una relazione del soggetto incaricato della revisione legale dei conti della società obiettivo o della società acquirente. (1)

Alle fusioni di cui al primo comma non si applicano le disposizioni degli articoli 2505 e 2505-bis.

(1) Comma modificato dal D.L.vo 27 gennaio 2010, n. 39.

Art. 2501-ter. Progetto di fusione.

L'organo amministrativo delle società partecipanti alla fusione redige un progetto di fusione, dal quale devono in ogni caso risultare:

1) il tipo, la denominazione o ragione sociale, la sede delle società partecipanti alla fusione;

2) l'atto costitutivo della nuova società risultante dalla fusione o di quella incorporante, con le eventuali modificazioni derivanti dalla fusione;

3) il rapporto di cambio delle azioni o quote, nonché l'eventuale conguaglio in danaro;

4) le modalità di assegnazione delle azioni o delle quote della società che risulta dalla fusione o di quella incorporante;

5) la data dalla quale tali azioni o quote partecipano agli utili;

6) la data a decorrere dalla quale le operazioni delle società partecipanti alla fusione sono imputate al bilancio della società che risulta dalla fusione o di quella incorporante;

7) il trattamento eventualmente riservato a particolari categorie di soci e ai possessori di titoli diversi dalle azioni;

8) i vantaggi particolari eventualmente proposti a favore dei soggetti cui compete l'amministrazione delle società partecipanti alla fusione.

Il conguaglio in danaro indicato nel numero 3) del comma precedente non può essere superiore al dieci per cento del valore nominale delle azioni o delle quote assegnate.

Il progetto di fusione è depositato per l'iscrizione nel registro delle imprese del luogo ove hanno sede le società partecipanti alla fusione. In alternativa al deposito presso il registro delle imprese il progetto di fusione è pubblicato nel sito Internet della società, con modalità atte a garantire la sicurezza del sito medesimo, l'autenticità dei documenti e la certezza della data di pubblicazione. (1)

Tra l'iscrizione o la pubblicazione nel sito Internet del progetto (2) e la data fissata per la decisione in ordine alla fusione devono intercorrere almeno trenta giorni, salvo che i soci rinuncino al termine con consenso unanime.

(1) Il comma che recitava: "Il progetto di fusione è depositato per l'iscrizione nel registro delle imprese del luogo ove hanno sede le società partecipanti alla fusione." è stato così modificato dall'art. 1, D.Lgs. 21 giugno 2012, n. 123.

(2) Le parole: "o la pubblicazione nel sito Internet" sono state aggiunte dall'art. 1, D.Lgs. 21 giugno 2012, n. 123.

Art. 2501-quater. Situazione patrimoniale.

L'organo amministrativo delle società partecipanti alla fusione redige, con l'osservanza delle norme sul bilancio d'esercizio, la situazione patrimoniale delle società stesse, riferita ad una data non anteriore di oltre centoventi giorni al giorno in cui il progetto di fusione è depositato nella sede della società ovvero pubblicato sul sito Internet di questa. (1)

La situazione patrimoniale può essere sostituita dal bilancio dell'ultimo esercizio, se questo è stato chiuso non oltre sei mesi prima del giorno del deposito o della pubblicazione indicato nel primo comma, ovvero, nel caso di società quotata in mercati regolamentati, dalla relazione finanziaria semestrale prevista dalle leggi speciali, purché non riferita ad una data antecedente sei mesi dal giorno di deposito o pubblicazione indicato al primo comma. (2)

La situazione patrimoniale non è richiesta se vi rinunciano all'unanimità i soci e i possessori di altri strumenti finanziari che attribuiscono il diritto di voto di ciascuna delle società partecipanti alla fusione. (3)

(1) Le parole: "deve redigere" sono state così sostituite e le parole: "ovvero pubblicato sul sito Internet di questa" sono state aggiunte dall'art. 1, D.Lgs. 21 giugno 2012, n. 123.

(2) Le parole: "dal giorno di deposito indicato al primo comma" sono state così sostituite dall'art. 1, D.Lgs. 21 giugno 2012, n. 123.

(3) Questo comma è stato aggiunto dall'art. 1, D.Lgs. 21 giugno 2012, n. 123.

Art. 2501-quinquies. Relazione dell'organo amministrativo.

L'organo amministrativo delle società partecipanti alla fusione deve predisporre una relazione che illustri e giustifichi, sotto il profilo giuridico ed economico, il progetto di fusione e in particolare il rapporto di cambio delle azioni o delle quote.

La relazione deve indicare i criteri di determinazione del rapporto di cambio.

Nella relazione devono essere segnalate le eventuali difficoltà di valutazione.

L'organo amministrativo segnala ai soci in assemblea e all'organo amministrativo delle altre società partecipanti alla fusione le modifiche rilevanti degli elementi dell'attivo e del passivo eventualmente intervenute tra la data in cui il progetto di fusione è depositato presso la sede della società ovvero pubblicato nel sito Internet di questa e la data della decisione sulla fusione. (1)

La relazione di cui al primo comma non è richiesta se vi rinunciano all'unanimità i soci e i possessori di altri strumenti finanziari che attribuiscono il diritto di voto di ciascuna delle società partecipanti alla fusione. (1)

(1) Questo comma è stato aggiunto dall'art. 1, D.Lgs. 21 giugno 2012, n. 123.

Art. 2501-sexies. Relazione degli esperti.

Uno o più esperti per ciascuna società redigono (1) una relazione sulla congruità del rapporto di cambio delle azioni o delle quote, che indichi:

a) il metodo o i metodi seguiti per la determinazione del rapporto di cambio proposto e i valori risultanti dall'applicazione di ciascuno di essi;

b) le eventuali difficoltà di valutazione.

La relazione deve contenere, inoltre, un parere sull'adeguatezza del metodo o dei metodi seguiti per la determinazione del rapporto di cambio e sull'importanza relativa attribuita a ciascuno di essi nella determinazione del valore adottato.

L'esperto o gli esperti sono scelti tra i soggetti di cui al primo comma dell'articolo 2409-bis e, se la società incorporante o la società risultante dalla fusione è una società per azioni o in accomandita per azioni, sono designati dal tribunale del luogo in cui ha sede la società. Se la società è quotata in mercati regolamentati, l'esperto è scelto tra le società di revisione sottoposte alla vigilanza della Commissione Nazionale per le Società e la Borsa. (2)

In ogni caso, le società partecipanti alla fusione possono congiuntamente richiedere al tribunale del luogo in cui ha sede la società risultante dalla fusione o quella incorporante la nomina di uno o più esperti comuni.

Ciascun esperto ha diritto di ottenere dalle società partecipanti alla fusione tutte le informazioni e i documenti utili e di procedere ad ogni necessaria verifica.

L'esperto risponde dei danni causati alle società partecipanti alle fusioni, ai loro soci e ai terzi. Si applicano le disposizioni dell'articolo 64 del codice di procedura civile.

Ai soggetti di cui ai precedenti terzo e quarto comma è altresì affidata, in ipotesi di fusione di società di persone con società di capitali, la relazione di stima del patrimonio della società di persone a norma dell'articolo 2343.

La relazione di cui al primo comma non è richiesta se vi rinunciano all'unanimità

i soci e i possessori di altri strumenti finanziari che attribuiscono il diritto di voto di ciascuna società partecipante alla fusione. (3)

(1) Le parole: "devono redigere" sono state così sostituite dall'art. 1, D.Lgs. 21 giugno 2012, n. 123.
(2) Questo comma è stato così modificato dal D.L.vo 27 gennaio 2010, n. 39.
(3) Questo comma è stato aggiunto dal D.L.vo 13 ottobre 2009, n. 147 e successivamente così modificato dall'art. 1, D.Lgs. 21 giugno 2012, n. 123.

Art. 2501-septies. Deposito di atti.

Devono restare depositati in copia nella sede delle società partecipanti alla fusione ovvero pubblicati sul sito Internet delle stesse, (1) durante i trenta giorni che precedono la decisione in ordine alla fusione, salvo che i soci rinuncino

al termine con consenso unanime, e finché la fusione sia decisa:

1) il progetto di fusione con le relazioni, ove redatte, (2) indicate negli articoli 2501-quinquies e 2501-sexies;

2) i bilanci degli ultimi tre esercizi delle società partecipanti alla fusione, con le relazioni dei soggetti cui compete l'amministrazione e la revisione legale; (3)

3) le situazioni patrimoniali delle società partecipanti alla fusione ove redatte a norma dell'articolo 2501-quater, primo comma, ovvero, nel caso previsto dall'articolo 2501-quater, secondo comma, la relazione finanziaria semestrale. (4)

I soci hanno diritto di prendere visione di questi documenti e di ottenerne gratuitamente copia. Su richiesta del socio le copie gli sono trasmesse telematicamente.

La società non è tenuta a fornire copia dei documenti, qualora gli stessi siano stati pubblicati sul sito Internet della società dal quale sia possibile effettuarne liberamente copia o stampa. (5)

(1) Le parole: "ovvero pubblicati sul sito Internet delle stesse," sono state aggiunte dall'art. 1, D.Lgs. 21 giugno 2012, n. 123.
(2) Le parole: ", ove redatte," sono state aggiunte dall'art. 1, D.Lgs. 21 giugno 2012, n. 123.
(3) Numero modificato dal D.L.vo 27 gennaio 2010, n. 39.
(4) Il numero che così recitava: "le situazioni patrimoniali delle società partecipanti alla fusione redatte a norma dell'articolo 2501-quater." è stato sostituito dall'art. 1, D.Lgs. 21 giugno 2012, n. 123.
(5) Questo comma è stato così modificato dall'art. 1, D.Lgs. 21 giugno 2012, n. 123.

Art. 2502. Decisione in ordine alla fusione.

La fusione è decisa da ciascuna delle società che vi partecipano mediante approvazione del relativo progetto. Se l'atto costitutivo o lo statuto non dispongono diversamente, tale approvazione avviene, nelle società di persone, con il consenso della maggioranza dei soci determinata secondo la parte attribuita a ciascuno negli utili, salva la facoltà di recesso per il socio che non abbia consentito alla fusione e, nelle società di capitali, secondo le norme previste per la modificazione dell'atto costitutivo o statuto.

La decisione di fusione può apportare al progetto di cui all'articolo 2501-ter solo le modifiche che non incidono sui diritti dei soci o dei terzi.

Art. 2502-bis. Deposito e iscrizione della decisione di fusione.

La deliberazione di fusione delle società previste nei capi V, VI e VII deve essere depositata per l'iscrizione nel registro delle imprese, insieme con i documenti indicati nell'articolo 2501-septies. Si applica l'articolo 2436.

La decisione di fusione delle società previste nei capi II, III e IV deve essere depositata per l'iscrizione nell'ufficio del registro delle imprese, insieme con i documenti indicati nell'articolo 2501-septies; il deposito va effettuato a norma dell'articolo 2436 se la società risultante dalla fusione o quella incorporante

è regolata dai capi V, VI, VII.

Art. 2503. Opposizione dei creditori.

La fusione può essere attuata solo dopo sessanta giorni dall'ultima delle iscrizioni previste dall'articolo 2502-bis, salvo che consti il consenso dei creditori

delle società che vi partecipano anteriori all'iscrizione o alla pubblicazione (1) prevista nel terzo comma dell'articolo 2501-ter, o il pagamento dei creditori che non hanno dato il consenso, ovvero il deposito delle somme corrispondenti presso una banca, salvo che la relazione di cui all'articolo 2501-sexies sia redatta, per tutte le società partecipanti alla fusione, da un'unica società di revisione la quale asseveri, sotto la propria responsabilità ai sensi del sesto comma dell'articolo 2501-sexies, che la situazione patrimoniale

e finanziaria delle società partecipanti alla fusione rende non necessarie garanzie a tutela dei suddetti creditori.

Se non ricorre alcuna di tali eccezioni, i creditori indicati al comma precedente possono, nel suddetto termine di sessanta giorni, fare opposizione. Si applica in tal caso l'ultimo comma dell'articolo 2445.

(1) Le parole: "o alla pubblicazione" sono state inserite dall'art. 1, D.Lgs. 21 giugno 2012, n. 123.

Art. 2503-bis. Obbligazioni.

I possessori di obbligazioni delle società partecipanti alla fusione possono fare opposizione a norma dell'articolo 2503, salvo che la fusione sia approvata dall'assemblea degli obbligazionisti.

Ai possessori di obbligazioni convertibili deve essere data facoltà, mediante avviso da pubblicarsi nella Gazzetta Ufficiale della Repubblica Italiana almeno novanta giorni prima della iscrizione del progetto di fusione, di esercitare il diritto di conversione nel termine di trenta giorni dalla pubblicazione dell'avviso.

Ai possessori di obbligazioni convertibili che non abbiano esercitato la facoltà di conversione devono essere assicurati diritti equivalenti a quelli loro spettanti prima della fusione, salvo che la modificazione dei loro diritti sia stata approvata dall'assemblea prevista dall'articolo 2415.

Art. 2504. Atto di fusione.

La fusione deve risultare da atto pubblico.

L'atto di fusione deve essere depositato per l'iscrizione, a cura del notaio o dei soggetti cui compete l'amministrazione della società risultante dalla fusione o di quella incorporante, entro trenta giorni, nell'ufficio del registro delle imprese dei luoghi ove è posta la sede delle società partecipanti alla fusione, di quella che ne risulta o della società incorporante.

Il deposito relativo alla società risultante dalla fusione o di quella incorporante non può precedere quelli relativi alle altre società partecipanti alla fusione.

Art. 2504-bis. Effetti della fusione.

La società che risulta dalla fusione o quella incorporante assumono i diritti e gli obblighi delle società partecipanti alla fusione, proseguendo in tutti i loro rapporti, anche processuali, anteriori alla fusione.

La fusione ha effetto quando è stata eseguita l'ultima delle iscrizioni prescritte dall'articolo 2504. Nella fusione mediante incorporazione può tuttavia essere stabilita una data successiva.

Per gli effetti ai quali si riferisce il primo comma dell'articolo 2501-ter, numeri 5) e 6), possono essere stabilite date anche anteriori.

Nel primo bilancio successivo alla fusione le attività e le passività sono iscritte ai valori risultanti dalle scritture contabili alla data di efficacia della fusione medesima; se dalla fusione emerge un disavanzo, esso deve essere imputato, ove possibile, agli elementi dell'attivo e del passivo delle società partecipanti alla fusione e, per la differenza e nel rispetto delle condizioni previste dal numero 6 dell'articolo 2426, ad avviamento. Quando si tratta di società che fa ricorso al mercato del capitale di rischio, devono altresì essere allegati alla nota integrativa prospetti contabili indicanti i valori attribuiti alle attività e passività delle società che hanno partecipato alla fusione e la relazione di cui all'articolo 2501-sexies. Se dalla fusione emerge un avanzo, esso è iscritto ad apposita voce del patrimonio netto, ovvero, quando sia dovuto a previsione di risultati economici sfavorevoli, in una voce dei fondi per rischi ed oneri.

La fusione attuata mediante costituzione di una nuova società di capitali ovvero mediante incorporazione in una società di capitali non libera i soci a responsabilità illimitata dalla responsabilità per le obbligazioni delle rispettive società partecipanti alla fusione anteriori all'ultima delle iscrizioni prescritte dall'articolo 2504, se non risulta che i creditori hanno dato il loro consenso.

Cfr. Cassazione Civile, sez. I, sentenza 3 maggio 2010, n. 10653 in Altalex Massimario.

Art. 2504-ter. Divieto di assegnazione di azioni o quote.

La società che risulta dalla fusione non può assegnare azioni o quote in sostituzione di quelle delle società partecipanti alla fusione possedute, anche per il tramite di società fiduciarie o di interposta persona, dalle società medesime.

La società incorporante non può assegnare azioni o quote in sostituzione di quelle delle società incorporate possedute, anche per il tramite di società fiduciaria o di interposta persona, dalle incorporate medesime o dalla società incorporante.

Art. 2504-quater. Invalidità della fusione.

Eseguite le iscrizioni dell'atto di fusione a norma del secondo comma dell'articolo 2504, l'invalidità dell'atto di fusione non può essere pronunciata.

Resta salvo il diritto al risarcimento del danno eventualmente spettante ai soci o ai terzi danneggiati dalla fusione.

Art. 2505. Incorporazione di società interamente possedute.

Alla fusione per incorporazione di una società in un'altra che possiede tutte le azioni o le quote della prima non si applicano le disposizioni dell'articolo 2501-ter, primo comma, numeri 3), 4) e 5) e degli articoli 2501-quinquies e 2501-sexies.

L'atto costitutivo o lo statuto può prevedere che la fusione per incorporazione di una società in un'altra che possiede tutte le azioni o le quote della prima sia decisa, con deliberazione risultante da atto pubblico, dai rispettivi organi amministrativi, sempre che siano rispettate, con riferimento a ciascuna delle società partecipanti alla fusione, le disposizioni dell'articolo 2501-ter, terzo e quarto comma, nonché, quanto alla società incorporante, quelle dell'articolo 2501-septies. (1)

I soci della società incorporante che rappresentano almeno il cinque per cento del capitale sociale possono in ogni caso, con domanda indirizzata alla società entro otto giorni dal deposito o dalla pubblicazione (2) di cui al terzo comma dell'articolo 2501-ter, chiedere che la decisione di approvazione della fusione da parte della incorporante medesima sia adottata a norma del primo comma dell'articolo 2502.

(1) Le parole: "le disposizioni dell'articolo 2501-ter e, quanto alla società incorporante, anche quelle dell'articolo 2501-septies, primo comma, numeri 1 e 2" sono state così sostituite dall'art. 1, D.Lgs. 21 giugno 2012, n. 123.

(2) Le parole: "o dalla pubblicazione" sono state aggiunte dall'art. 1, D.Lgs. 21 giugno 2012, n. 123.

Art. 2505-bis. Incorporazione di società possedute al novanta per cento.

Alla fusione per incorporazione di una o più società in un'altra che possiede almeno il novanta per cento delle loro azioni o quote non si applicano le disposizioni degli articoli 2501-quater, 2501-quinquies, 2501-sexies e 2501-septies, (1) qualora venga concesso agli altri soci della società incorporata il diritto di far acquistare le loro azioni o quote dalla società incorporante per un corrispettivo determinato alla stregua dei criteri previsti per il recesso.

L'atto costitutivo o lo statuto possono prevedere che la fusione per incorporazione

di una o più società in un'altra che possiede almeno il novanta per cento delle loro azioni o quote sia decisa, quanto alla società incorporante, dal suo organo amministrativo, con deliberazione risultante da atto pubblico, sempre che siano rispettate le disposizioni dell'articolo 2501-septies e che l'iscrizione o la pubblicazione (2) prevista dall'articolo 2501-ter, terzo comma, sia fatta, per la società incorporante, almeno trenta giorni prima della data fissata per la decisione di fusione da parte della società incorporata.

Si applica la disposizione di cui al terzo comma dell'articolo 2505.

(1) Le parole: "dell'articolo 2501-sexies" sono state così sostituite dall'art. 1, D.Lgs. 21 giugno 2012, n. 123.

(2) Le parole: ", primo comma, numeri 1) e 2)," sono state soppresse e le parole: "o la pubblicazione" sono state aggiunte dall'art. 1, D.Lgs. 21 giugno 2012, n. 123.

Art. 2505-ter. Effetti della pubblicazione degli atti del procedimento di fusione nel registro delle imprese.

Alle iscrizioni nel registro delle imprese ai sensi degli articoli 2501-ter, 2502-bis e 2504 conseguono gli effetti previsti dall'articolo 2448.

Art. 2505-quater. Fusioni cui non partecipano società con capitale rappresentato da azioni.

Se alla fusione non partecipano società regolate dai capi V e VI del presente titolo, né società cooperative per azioni, non si applicano le disposizioni degli articoli 2501, secondo comma, e 2501-ter, secondo comma; (1) i termini di cui agli articoli 2501-ter, quarto comma, 2501-septies, primo comma, e 2503, primo comma, sono ridotti alla metà.

(1) Le parole: "le disposizioni dell'articolo 2501-sexies possono essere derogate con il consenso di tutti i soci delle società partecipanti alla fusione;" sono state soppresse dal D.L.vo 13 ottobre 2009, n. 147.

SEZIONE III – Della scissione delle società

Art. 2506. Forme di scissione.

Con la scissione una società assegna l'intero suo patrimonio a più società, preesistenti o di nuova costituzione, o parte del suo patrimonio, in tal caso anche ad una sola società, e le relative azioni o quote ai suoi soci.

È consentito un conguaglio in danaro, purché non superiore al dieci per cento del valore nominale delle azioni o quote attribuite. È consentito inoltre che, per consenso unanime, ad alcuni soci non vengano distribuite azioni o quote di una delle società beneficiarie della scissione, ma azioni o quote della società scissa.

La società scissa può, con la scissione, attuare il proprio scioglimento senza liquidazione, ovvero continuare la propria attività.

La partecipazione alla scissione non è consentita alle società in liquidazione che abbiano iniziato la distribuzione dell'attivo.

Art. 2506-bis. Progetto di scissione.

L'organo amministrativo delle società partecipanti alla scissione redige un progetto dal quale devono risultare i dati indicati nel primo comma dell'articolo 2501-ter ed inoltre l'esatta descrizione degli elementi patrimoniali da assegnare a ciascuna delle società beneficiarie e dell'eventuale conguaglio in danaro.

Se la destinazione di un elemento dell'attivo non è desumibile dal progetto, esso, nell'ipotesi di assegnazione dell'intero patrimonio della società scissa, è ripartito tra le società beneficiarie in proporzione della quota del patrimonio netto assegnato a ciascuna di esse, così come valutato ai fini della determinazione del rapporto di cambio; se l'assegnazione del patrimonio della società è solo parziale, tale elemento rimane in capo alla società trasferente.

Degli elementi del passivo, la cui destinazione non è desumibile dal progetto, rispondono in solido, nel primo caso, le società beneficiarie, nel secondo la società scissa e le società beneficiarie. La responsabilità solidale è limitata al valore effettivo del patrimonio netto attribuito a ciascuna società beneficiaria.

Dal progetto di scissione devono risultare i criteri di distribuzione delle azioni o quote delle società beneficiarie. Qualora il progetto preveda una attribuzione delle partecipazioni ai soci non proporzionale alla loro quota di partecipazione originaria, il progetto medesimo deve prevedere il diritto dei soci che non approvino la scissione di far acquistare le proprie partecipazioni per un corrispettivo determinato alla stregua dei criteri previsti per il recesso, indicando coloro a cui carico è posto l'obbligo di acquisto.

Il progetto di scissione è depositato per l'iscrizione nel registro delle imprese ovvero pubblicato sul sito Internet della società a norma dell'articolo 2501-ter, commi terzo e quarto. (1)

(1) Il comma che così recitava: "Il progetto di scissione deve essere pubblicato a norma dell'ultimo comma dell'articolo 2501-ter." è stato così sostituito dall'art. 1, D.Lgs. 21 giugno 2012, n. 123.

Art. 2506-ter. Norme applicabili.

L'organo amministrativo delle società partecipanti alla scissione redige la situazione patrimoniale e la relazione illustrativa in conformità agli articoli 2501-quater e 2501-quinquies.

La relazione dell'organo amministrativo deve inoltre illustrare i criteri di distribuzione delle azioni o quote e deve indicare il valore effettivo del patrimonio netto assegnato alle società beneficiarie e di quello che eventualmente rimanga nella società scissa.

Si applica alla scissione l'articolo 2501-sexies; la situazione patrimoniale prevista dall'articolo 2501-quater e le relazioni previste dagli articoli 2501-quinquies e 2501-sexies, non sono richieste (1) quando la scissione avviene mediante la costituzione di una o più nuove società e non siano previsti criteri di attribuzione delle azioni o quote diversi da quello proporzionale.

Con il consenso unanime dei soci e dei possessori di altri strumenti finanziari che danno diritto di voto nelle società partecipanti alla scissione l'organo amministrativo può essere esonerato dalla redazione dei documenti previsti nei precedenti commi.

Sono altresì applicabili alla scissione gli articoli 2501-septies, 2502, 2502-bis, 2503, 2503-bis, 2504, 2504-ter, 2504-quater, 2505, primo e secondo comma, (2) 2505-bis e 2505-ter. Tutti i riferimenti alla fusione contenuti in detti articoli s'intendono riferiti anche alla scissione.

(1) Le parole: "la relazione ivi prevista non è richiesta" sono state così sostituite dall'art. 1, D.Lgs. 21 giugno 2012, n. 123.

(2) Le parole: "primo e secondo comma," sono state inserite dall'art. 1, D.Lgs. 21 giugno 2012, n. 123.

Art. 2506-quater. Effetti della scissione.

La scissione ha effetto dall'ultima delle iscrizioni dell'atto di scissione nell'ufficio del registro delle imprese in cui sono iscritte le società beneficiarie; può essere tuttavia stabilita una data successiva, tranne che nel caso di scissione mediante costituzione di società nuove. Per gli effetti a cui si riferisce l'articolo 2501-ter, numeri 5) e 6), possono essere stabilite date anche anteriori. Si applica il quarto comma dell'articolo 2504-bis.

Qualunque società beneficiaria può effettuare gli adempimenti pubblicitari relativi alla società scissa.

Ciascuna società è solidalmente responsabile, nei limiti del valore effettivo del patrimonio netto ad essa assegnato o rimasto, dei debiti della società scissa non soddisfatti dalla società cui fanno carico.

CAPO XI – DELLE SOCIETA' COSTITUITE ALL' ESTERO

Art. 2507. Rapporti con il diritto comunitario.

L'interpretazione ed applicazione delle disposizioni contenute nel presente capo è effettuata in base ai princìpi dell'ordinamento delle Comunità europee.

Art. 2508. Società estere con sede secondaria nel territorio dello Stato.

Le società costituite all'estero, le quali stabiliscono nel territorio dello Stato una o più sedi secondarie con rappresentanza stabile, sono soggette, per ciascuna sede, alle disposizioni della legge italiana sulla pubblicità degli atti sociali. Esse devono inoltre pubblicare, secondo le medesime disposizioni, il cognome, il nome, la data e il luogo di nascita delle persone che le rappresentano
stabilmente nel territorio dello Stato, con indicazione dei relativi
poteri.

Ai terzi che hanno compiuto operazioni con le sede secondaria non può essere opposto che gli atti pubblicati ai sensi dei commi precedenti sono difformi da quelli pubblicati nello Stato ove è situata la sede principale.

Le società costituite all'estero sono altresì soggette, per quanto riguarda le sedi secondarie, alle disposizioni che regolano l'esercizio dell'impresa o che la subordinano all'osservanza di particolari condizioni.

Negli atti e nella corrispondenza delle sedi secondarie di società costituite all'estero devono essere contenute le indicazioni richieste dall'articolo 2250; devono essere altresì indicati l'ufficio del registro delle imprese presso la quale è iscritta la sede secondaria e il numero di iscrizione.

Art. 2509. Società estere di tipo diverso da quelle nazionali.

Le società costituite all'estero, che sono di tipo diverso da quelli regolati in questo codice, sono soggette alle norme della società per azioni, per ciò che riguarda gli obblighi relativi all'iscrizione degli atti sociali nel registro delle imprese e la responsabilità degli amministratori.

Art. 2509-bis. Responsabilità in caso di inosservanza delle formalità.

Fino all'adempimento delle formalità sopra indicate, coloro che agiscono in nome della società rispondono illimitatamente e solidalmente per le obbligazioni
sociali.

Art. 2510. Società con prevalenti interessi stranieri.

Sono salve le disposizioni delle leggi speciali che vietano o sottopongono a particolari condizioni l'esercizio di determinate attività da parte di società nelle quali siano rappresentati interessi stranieri.

TITOLO VI – DELLE SOCIETA' COOPERATIVE E DELLE MUTUE ASSICURATRICI

CAPO I – DELLE SOCIETA' COOPERATIVE

SEZIONE I – Disposizioni generali. Cooperative a mutualità prevalente

Art. 2511. Società cooperative.

Le cooperative sono società a capitale variabile con scopo mutualistico iscritte presso l'albo delle società cooperative di cui all'articolo 2512, secondo comma, e all'articolo 223 *sexiesdecies* delle disposizioni per l'attuazione del presente codice (1).

(1) Le parole: "iscritte presso l'albo delle società cooperative di cui all'articolo 2512, secondo comma, e all'articolo 223 sexiesdecies delle disposizioni per l'attuazione del presente codice" sono state aggiunte dall'art. 1, comma 1, della L. 23 luglio 2009, n. 99.

Art. 2512. Cooperativa a mutualità prevalente.

Sono società cooperative a mutualità prevalente, in ragione del tipo di scambio mutualistico, quelle che:

1) svolgono la loro attività prevalentemente in favore dei soci, consumatori o utenti di beni o servizi;

2) si avvalgono prevalentemente, nello svolgimento della loro attività, delle prestazioni lavorative dei soci;

3) si avvalgono prevalentemente, nello svolgimento della loro attività, degli apporti di beni o servizi da parte dei soci.

Le società cooperative a mutualità prevalente si iscrivono in un apposito albo, presso il quale depositano annualmente i propri bilanci.

Art. 2513. Criteri per la definizione della prevalenza.

Gli amministratori e i sindaci documentano la condizione di prevalenza di cui al precedente articolo nella nota integrativa al bilancio, evidenziando contabilmente i seguenti parametri:

a) i ricavi dalle vendite dei beni e dalle prestazioni di servizi verso i soci sono superiori al cinquanta per cento del totale dei ricavi delle vendite e delle prestazioni ai sensi dell'articolo 2425, primo comma, punto A1;

b) il costo del lavoro dei soci è superiore al cinquanta per cento del totale del costo del lavoro di cui all'articolo 2425, primo comma, punto B9 computate le altre forme di lavoro inerenti lo scopo mutualistico;

c) il costo della produzione per servizi ricevuti dai soci ovvero per beni conferiti
dai soci è rispettivamente superiore al cinquanta per cento del totale dei costi dei servizi di cui all'articolo 2425, primo comma, punto B7, ovvero al costo delle merci o materie prime acquistate o conferite, di cui all'articolo 2425, primo comma, punto B6.

Quando si realizzano contestualmente più tipi di scambio mutualistico, la condizione di prevalenza è documentata facendo riferimento alla media ponderata delle percentuali delle lettere precedenti.

Nelle cooperative agricole la condizione di prevalenza sussiste quando la quantità o il valore dei prodotti conferiti dai soci è superiore al cinquanta per cento della quantità o del valore totale dei prodotti.

Art. 2514. Requisiti delle cooperative a mutualità prevalente.

Le cooperative a mutualità prevalente devono prevedere nei propri statuti:

a) il divieto di distribuire i dividendi in misura superiore all'interesse massimo dei buoni postali fruttiferi, aumentato di due punti e mezzo rispetto al capitale effettivamente versato;

b) il divieto di remunerare gli strumenti finanziari offerti in sottoscrizione ai soci cooperatori in misura superiore a due punti rispetto al limite massimo previsto per i dividendi;

c) il divieto di distribuire le riserve fra i soci cooperatori;

d) l'obbligo di devoluzione, in caso di scioglimento della società, dell'intero patrimonio sociale, dedotto soltanto il capitale sociale e i dividendi eventualmente maturati, ai fondi mutualistici per la promozione e lo sviluppo della cooperazione.

Le cooperative deliberano l'introduzione e la soppressione delle clausole di cui al comma precedente con le maggioranze previste per l'assemblea straordinaria.

Art. 2515. Denominazione sociale.

La denominazione sociale, in qualunque modo formata, deve contenere l'indicazione di società cooperativa.

L'indicazione di cooperativa non può essere usata da società che non hanno scopo mutualistico.

(1) Il comma: "Le società cooperative a mutualità prevalente devono indicare negli atti e nella corrispondenza il numero di iscrizione presso l'albo delle cooperative a mutualità prevalente." È stato abrogato dall'art. 10, comma 5, della L. 23 luglio 2009, n. 99.

Art. 2516. Rapporti con i soci.

Nella costituzione e nell'esecuzione dei rapporti mutualistici deve essere rispettato il principio di parità di trattamento.

Art. 2517. Enti mutualistici.

Le disposizioni del presente titolo non si applicano agli enti mutualistici diversi dalle società.

Art. 2518. Responsabilità per le obbligazioni sociali.

Nelle società cooperative per le obbligazioni sociali risponde soltanto la società con il suo patrimonio.

Art. 2519. Norme applicabili.

Alle società cooperative, per quanto non previsto dal presente titolo, si applicano in quanto compatibili le disposizioni sulla società per azioni.

L'atto costitutivo può prevedere che trovino applicazione, in quanto compatibili, le norme sulla società a responsabilità limitata nelle cooperative con un numero di soci cooperatori inferiore a venti ovvero con un attivo dello stato patrimoniale non superiore ad un milione di euro.

Art. 2520. Leggi speciali.

Le cooperative regolate dalle leggi speciali sono soggette alle disposizioni del presente titolo, in quanto compatibili.

La legge può prevedere la costituzione di cooperative destinate a procurare beni o servizi a soggetti appartenenti a particolari categorie anche di non soci.

SEZIONE II – Della costituzione

Art. 2521. Atto costitutivo.

La società deve costituirsi per atto pubblico.

L'atto costitutivo stabilisce le regole per lo svolgimento dell'attività mutualistica e può prevedere che la società svolga la propria attività anche con terzi.

L'atto costitutivo deve indicare:

1) il cognome e il nome o la denominazione, il luogo e la data di nascita o di costituzione, il domicilio o la sede, la cittadinanza dei soci;

2) la denominazione, e il comune ove è posta la sede della società e le eventuali sedi secondarie;

3) la indicazione specifica dell'oggetto sociale con riferimento ai requisiti e agli interessi dei soci;

4) la quota di capitale sottoscritta da ciascun socio, i versamenti eseguiti e, se il capitale è ripartito in azioni, il loro valore nominale;

5) il valore attribuito ai crediti e ai beni conferiti in natura;

6) i requisiti e le condizioni per l'ammissione dei soci e il modo e il tempo in cui devono essere eseguiti i conferimenti;

7) le condizioni per l'eventuale recesso o per la esclusione dei soci;

8) le regole per la ripartizione degli utili e i criteri per la ripartizione dei ristorni;

9) le forme di convocazione dell'assemblea, in quanto si deroga alle disposizioni di legge;

10) il sistema di amministrazione adottato, il numero degli amministratori e i loro poteri, indicando quali tra essi hanno la rappresentanza della società;

11) il numero dei componenti del collegio sindacale;

12) la nomina dei primi amministratori e sindaci;

13) l'importo globale, almeno approssimativo, delle spese per la costituzione poste a carico delle società.

Lo statuto contenente le norme relative al funzionamento della società, anche se forma oggetto di atto separato, si considera parte integrante dell'atto costitutivo.

I rapporti tra la società e i soci possono essere disciplinati da regolamenti che determinano i criteri e le regole inerenti allo svolgimento dell'attività mutualistica tra la società e i soci. I regolamenti, quando non costituiscono parte integrante dell'atto costitutivo, sono predisposti dagli amministratori e approvati dall'assemblea con le maggioranze previste per le assemblee straordinarie.

Art. 2522. Numero dei soci.

Per costituire una società cooperativa è necessario che i soci siano almeno nove.

Può essere costituita una società cooperativa da almeno tre soci quando i medesimi sono persone fisiche e la società adotta le norme della società a responsabilità limitata; nel caso di attività agricola possono essere soci anche le società semplici.

Se successivamente alla costituzione il numero dei soci diviene inferiore a quello stabilito nei precedenti commi, esso deve essere integrato nel termine massimo di un anno, trascorso il quale la società si scioglie e deve essere posta in liquidazione.

La legge determina il numero minimo di soci necessario per la costituzione di particolari categorie di cooperative.

Art. 2523. Deposito dell'atto costitutivo e iscrizione della società.

Il notaio che ha ricevuto l'atto costitutivo deve depositarlo entro venti giorni presso l'ufficio del registro delle imprese nella cui circoscrizione è stabilita

la sede sociale, a norma dell'articolo 2330.
Gli effetti dell'iscrizione e della nullità sono regolati rispettivamente dagli articoli 2331 e 2332.

Art. 2524. Variabilità del capitale.

Il capitale sociale non è determinato in un ammontare prestabilito.

Nelle società cooperative l'ammissione di nuovi soci, nelle forme previste dall'articolo 2528 non importa modificazione dell'atto costitutivo.

La società può deliberare aumenti di capitale con modificazione dell'atto costitutivo nelle forme previste dagli articoli 2438 e seguenti.

L'esclusione o la limitazione del diritto di opzione può essere autorizzata dall'assemblea su proposta motivata degli amministratori.

SEZIONE III – Delle quote e delle azioni

Art. 2525. Quote e azioni.

Il valore nominale di ciascuna azione o quota non può essere inferiore a venticinque euro né per le azioni superiore a cinquecento euro.

Ove la legge non preveda diversamente, nelle società cooperative nessun socio può avere una quota superiore a centomila euro, né tante azioni il cui valore nominale superi tale somma.

L'atto costitutivo, nelle società cooperative con più di cinquecento soci, può elevare il limite previsto nel precedente comma sino al due per cento del capitale sociale. Le azioni eccedenti tale limite possono essere riscattate o alienate nell'interesse del socio dagli amministratori e, comunque, i relativi diritti patrimoniali sono destinati a riserva indivisibile a norma dell'articolo 2545-ter.

I limiti di cui ai commi precedenti non si applicano nel caso di conferimenti di beni in natura o di crediti, nei casi previsti dagli articoli 2545-quinquies e 2545-sexies, e con riferimento ai soci diversi dalle persone fisiche ed ai sottoscrittori
degli strumenti finanziari dotati di diritti di amministrazione.

Alle azioni si applicano, in quanto compatibili, le disposizioni degli articoli 2346, 2347, 2348, 2349, 2354 e 2355. Tuttavia nelle azioni non è indicato l'ammontare del capitale né quello dei versamenti parziali sulle azioni non completamente liberate.

Art. 2526. Soci finanziatori e altri sottoscrittori di titoli di debito.

L'atto costitutivo può prevedere l'emissione di strumenti finanziari, secondo la disciplina prevista per le società per azioni.

L'atto costitutivo stabilisce i diritti patrimoniali o anche amministrativi attribuiti ai possessori degli strumenti finanziari e le eventuali condizioni cui è sottoposto il loro trasferimento. I privilegi previsti nella ripartizione degli utili e nel rimborso del capitale non si estendono alle riserve indivisibili a norma dell'articolo 2545-ter. Ai possessori di strumenti finanziari non può, in ogni caso, essere attribuito più di un terzo dei voti spettanti all'insieme dei soci presenti ovvero rappresentati in ciascuna assemblea generale.

Il recesso dei possessori di strumenti finanziari forniti del diritto di voto è disciplinato dagli articoli 2437 e seguenti.

La cooperativa cui si applicano le norme sulla società a responsabilità limitata può offrire in sottoscrizione strumenti privi di diritti di amministrazione solo a investitori qualificati.

Art. 2527. Requisiti dei soci.

L'atto costitutivo stabilisce i requisiti per l'ammissione dei nuovi soci e la relativa procedura, secondo criteri non discriminatori coerenti con lo scopo mutualistico e l'attività economica svolta.

Non possono in ogni caso divenire soci quanti esercitano in proprio imprese in concorrenza con quella della cooperativa.

L'atto costitutivo può prevedere, determinandone i diritti e gli obblighi, l'ammissione del nuovo socio cooperatore in una categoria speciale in ragione dell'interesse alla sua formazione ovvero del suo inserimento nell'impresa. I soci ammessi alla categoria speciale non possono in ogni caso superare un terzo del numero totale dei soci cooperatori. Al termine di un periodo comunque non superiore a cinque anni il nuovo socio è ammesso a godere i diritti che spettano agli altri soci cooperatori.

Art. 2528. Procedura di ammissione e carattere aperto della società.

L'ammissione di un nuovo socio è fatta con deliberazione degli amministratori su domanda dell'interessato. La deliberazione di ammissione deve essere comunicata all'interessato e annotata a cura degli amministratori nel libro dei soci.

Il nuovo socio deve versare, oltre l'importo della quota o delle azioni, il soprapprezzo
eventualmente determinato dall'assemblea in sede di approvazione del bilancio su proposta dagli amministratori.

Il consiglio di amministrazione deve entro sessanta giorni motivare la deliberazione
di rigetto della domanda di ammissione e comunicarla agli interessati.

Qualora la domanda di ammissione non sia accolta dagli amministratori, chi l'ha proposta può entro sessanta giorni dalla comunicazione del diniego chiedere che sull'istanza si pronunci l'assemblea, la quale delibera sulle domande
non accolte, se non appositamente convocata, in occasione della sua prossima successiva convocazione.

Gli amministratori nella relazione al bilancio illustrano le ragioni delle determinazioni
assunte con riguardo all'ammissione dei nuovi soci.

Art. 2529. Acquisto delle proprie quote o azioni.

L'atto costitutivo può autorizzare gli amministratori ad acquistare o rimborsare quote o azioni della società, purché sussistano le condizioni previste dal secondo comma dell'articolo 2545-quinquies e l'acquisto o il rimborso è

fatto nei limiti degli utili distribuibili e delle riserve disponibili risultanti dall'ultimo bilancio regolarmente approvato.

Art. 2530. Trasferibilità della quota o delle azioni.

La quota o le azioni dei soci cooperatori non possono essere cedute con effetto verso la società, se la cessione non è autorizzata dagli amministratori.

Il socio che intende trasferire la propria quota o le proprie azioni deve darne comunicazione agli amministratori con lettera raccomandata.

Il provvedimento che concede o nega l'autorizzazione deve essere comunicato al socio entro sessanta giorni dal ricevimento della richiesta.

Decorso tale termine, il socio è libero di trasferire la propria partecipazione e la società deve iscrivere nel libro dei soci l'acquirente che abbia i requisiti previsti per divenire socio.

Il provvedimento che nega al socio l'autorizzazione deve essere motivato. Contro il diniego il socio entro sessanta giorni dal ricevimento della comunicazione

può proporre opposizione al tribunale.

Qualora l'atto costitutivo vieti la cessione della quota o delle azioni il socio può recedere dalla società, con preavviso di novanta giorni. Il diritto di recesso, in caso di divieto statutario di trasferimento della partecipazione, non può essere esercitato prima che siano decorsi due anni dall'ingresso del socio nella società.

Art. 2531. Mancato pagamento delle quote o delle azioni.

Il socio che non esegue in tutto o in parte il pagamento delle quote o delle azioni sottoscritte può, previa intimazione da parte degli amministratori, essere escluso a norma dell'articolo 2533.

Art. 2532. Recesso del socio.

Il socio cooperatore può recedere dalla società nei casi previsti dalla legge e dall'atto costitutivo. Il recesso non può essere parziale.

La dichiarazione di recesso deve essere comunicata con raccomandata alla società. Gli amministratori devono esaminarla entro sessanta giorni dalla ricezione. Se non sussistono i presupposti del recesso, gli amministratori devono darne immediata comunicazione al socio, che entro sessanta giorni dal ricevimento della comunicazione, può proporre opposizione innanzi il tribunale.

Il recesso ha effetto per quanto riguarda il rapporto sociale dalla comunicazione del provvedimento di accoglimento della domanda. Ove la legge o l'atto costitutivo non preveda diversamente, per i rapporti mutualistici tra socio e società il recesso ha effetto con la chiusura dell'esercizio in corso, se comunicato tre mesi prima, e, in caso contrario, con la chiusura dell'esercizio successivo.

Art. 2533. Esclusione del socio.

L'esclusione del socio, oltre che nel caso indicato all'articolo 2531, può aver luogo:

1) nei casi previsti dall'atto costitutivo;
2) per gravi inadempienze delle obbligazioni che derivano dalla legge, dal contratto sociale, dal regolamento o dal rapporto mutualistico;
3) per mancanza o perdita dei requisiti previsti per la partecipazione alla società;
4) nei casi previsti dall'articolo 2286;
5) nei casi previsti dell'articolo 2288, primo comma.

L'esclusione deve essere deliberata dagli amministratori o, se l'atto costitutivo lo prevede, dall'assemblea.

Contro la deliberazione di esclusione il socio può proporre opposizione al tribunale, nel termine di sessanta giorni dalla comunicazione.

Qualora l'atto costitutivo non preveda diversamente, lo scioglimento del rapporto sociale determina anche la risoluzione dei rapporti mutualistici pendenti.

Art. 2534. Morte del socio.

In caso di morte del socio, gli eredi hanno diritto alla liquidazione della quota o al rimborso delle azioni secondo le disposizioni dell'articolo seguente.

L'atto costitutivo può prevedere che gli eredi provvisti dei requisiti per l'ammissione alla società subentrino nella partecipazione del socio deceduto. Nell'ipotesi prevista dal secondo comma, in caso di pluralità di eredi, questi debbono nominare un rappresentante comune, salvo che la quota sia divisibile e la società consenta la divisione.

Art. 2535. Liquidazione della quota o rimborso delle azioni del socio uscente.

La liquidazione della quota o il rimborso delle azioni ha luogo sulla base del bilancio dell'esercizio in cui si sono verificati il recesso, l'esclusione o la morte del socio.

La liquidazione della partecipazione sociale, eventualmente ridotta in proporzione

alle perdite imputabili al capitale, avviene sulla base dei criteri stabiliti nell'atto costitutivo. Salvo diversa disposizione, la liquidazione comprende

anche il rimborso del soprapprezzo, ove versato, qualora sussista nel patrimonio della società e non sia stato destinato ad aumento gratuito del capitale ai sensi dell'articolo 2545-quinquies, terzo comma.

Il pagamento deve essere fatto entro centottanta giorni dall'approvazione del bilancio. L'atto costitutivo può prevedere che, per la frazione della quota o le azioni assegnate al socio ai sensi degli articoli dell'articolo 2545-quinquies e 2545-sexies, la liquidazione o il rimborso, unitamente agli interessi legali, possa essere corrisposto in più rate entro un termine massimo di cinque anni.

Art. 2536. Responsabilità del socio uscente e dei suoi eredi.

Il socio che cessa di far parte della società risponde verso questa per il pagamento

dei conferimenti non versati, per un anno dal giorno in cui il recesso, la esclusione o la cessione della quota si è verificata.

Se entro un anno dallo scioglimento del rapporto associativo si manifesta l'insolvenza della società, il socio uscente è obbligato verso questa nei limiti di quanto ricevuto per la liquidazione della quota o per il rimborso delle azioni.

Nello stesso modo e per lo stesso termine sono responsabili verso la società gli eredi del socio defunto.

Art. 2537. Creditore particolare del socio.

Il creditore particolare del socio cooperatore, finché dura la società, non può agire esecutivamente sulla quota e sulle azioni del medesimo.

SEZIONE IV – Degli organi sociali

Art. 2538. Assemblea.

Nelle assemblee hanno diritto di voto coloro che risultano iscritti da almeno novanta giorni nel libro dei soci.

Ciascun socio cooperatore ha un voto, qualunque sia il valore della quota o il numero delle azioni possedute. L'atto costitutivo determina i limiti al diritto di voto degli strumenti finanziari offerti in sottoscrizione ai soci cooperatori. Ai soci cooperatori persone giuridiche l'atto costitutivo può attribuire più voti, ma non oltre cinque, in relazione all'ammontare della quota oppure al numero dei loro membri.

Nelle cooperative in cui i soci realizzano lo scopo mutualistico attraverso l'integrazione delle rispettive imprese o di talune fasi di esse, l'atto costitutivo può prevedere che il diritto di voto sia attribuito in ragione della partecipazione allo scambio mutualistico. Lo statuto stabilisce un limite per il voto plurimo per tali categorie di soci, in modo che nessuno di essi possa esprimere più del decimo dei voti in ciascuna assemblea generale. In ogni caso, ad essi non può essere attribuito più di un terzo dei voti spettanti all'insieme dei soci presenti o rappresentati in ciascuna assemblea generale.

Le maggioranze richieste per la costituzione delle assemblee e per la validità delle deliberazioni sono determinate dall'atto costitutivo e sono calcolate secondo il numero dei voti spettanti ai soci.

L'atto costitutivo può prevedere che il voto venga espresso per corrispondenza, ovvero mediante altri mezzi di telecomunicazione. In tal caso l'avviso di convocazione deve contenere per esteso la deliberazione proposta. Se sono poste in votazione proposte diverse da quelle indicate nell'avviso di convocazione, i voti espressi per corrispondenza non si computano ai fini della regolare costituzione dell'assemblea.

Art. 2539. Rappresentanza nell'assemblea.

Nelle cooperative disciplinate dalle norme sulla società per azioni ciascun socio può rappresentare sino ad un massimo di dieci soci.

Il socio imprenditore individuale può farsi rappresentare nell'assemblea anche dal coniuge, dai parenti entro il terzo grado e dagli affini entro il secondo che collaborano all'impresa.

Art. 2540. Assemblee separate.

L'atto costitutivo delle società cooperative può prevedere lo svolgimento di assemblee separate, anche rispetto a specifiche materie ovvero in presenza di particolari categorie di soci.

Lo svolgimento di assemblee separate deve essere previsto quando la società cooperativa ha più di tremila soci e svolge la propria attività in più province ovvero se ha più di cinquecento soci e si realizzano più gestioni mutualistiche.

L'atto costitutivo stabilisce il luogo, i criteri e le modalità di convocazione e di partecipazione all'assemblea generale dei soci delegati e assicura in ogni caso la proporzionale rappresentanza delle minoranze espresse dalle assemblee separate.

I delegati debbono essere soci. Alla assemblea generale possono assistere anche i soci che hanno preso parte alle assemblee separate.

Le deliberazioni della assemblea generale possono essere impugnate ai sensi dell'articolo 2377 anche dai soci assenti e dissenzienti nelle assemblee separate quando, senza i voti espressi dai delegati delle assemblee separate irregolarmente tenute, verrebbe meno la maggioranza richiesta per la validità della deliberazione.

Le deliberazioni delle assemblee separate non possono essere autonomamente impugnate.

Le disposizioni del presente articolo non si applicano alle società cooperative con azioni ammesse alla quotazione in mercati regolamentati.

Art. 2541. Assemblee speciali dei possessori degli strumenti finanziari.

Se sono stati emessi strumenti finanziari privi di diritto di voto, l'assemblea speciale di ciascuna categoria delibera:

1) sull'approvazione delle deliberazioni dell'assemblea della società cooperativa che pregiudicano i diritti della categoria;

2) sull'esercizio dei diritti ad essa eventualmente attribuiti ai sensi dell'articolo 2526;

3) sulla nomina e sulla revoca dei rappresentanti comuni di ciascuna categoria e sull'azione di responsabilità nei loro confronti;

4) sulla costituzione di un fondo per le spese, necessario alla tutela dei comuni interessi dei possessori degli strumenti finanziari e sul rendiconto relativo;

5) sulle controversie con la società cooperativa e sulle relative transazioni e rinunce;

6) sugli altri oggetti di interesse comune a ciascuna categoria di strumenti finanziari.

La assemblea speciale è convocate dagli amministratori della società cooperativa
o dal rappresentante comune, quando lo ritengano necessario o quando almeno un terzo dei possessori degli strumenti finanziari ne faccia richiesta.

Il rappresentante comune deve provvedere all'esecuzione delle deliberazioni dell'assemblea speciale e deve tutelare gli interessi comuni dei possessori degli strumenti finanziari nei rapporti con la società cooperativa.

Il rappresentante comune ha diritto di esaminare i libri di cui all'articolo 2421, numeri 1) e 3) e di ottenere estratti; ha altresì il diritto di assistere all'assemblea della società cooperativa e di impugnarne le deliberazioni.

Art. 2542. Consiglio di amministrazione.

La nomina degli amministratori spetta all'assemblea fatta eccezione per i primi amministratori che sono nominati nell'atto costitutivo e salvo quanto disposto nell'ultimo comma del presente articolo.

La maggioranza degli amministratori è scelta tra i soci cooperatori ovvero tra le persone indicate dai soci cooperatori persone giuridiche.

(…) (1)

L'atto costitutivo può prevedere che uno o più amministratori siano scelti tra gli appartenenti alle diverse categorie dei soci, in proporzione dell'interesse che ciascuna categoria ha nell'attività sociale. In ogni caso, ai possessori di strumenti finanziari non può essere attribuito il diritto di eleggere più di un terzo degli amministratori.

La nomina di uno o più amministratori può essere attribuita dall'atto costitutivo allo Stato o ad enti pubblici. In ogni caso, la nomina della maggioranza degli amministratori è riservata all'assemblea.

(1) Questo comma: "Nelle società cooperative cui si applica la disciplina delle società per azioni, l'atto costitutivo stabilisce i limiti al cumulo delle cariche e alla rieleggibilità degli amministratori nel limite massimo di tre mandati consecutivi." è soppresso dall'art. 29, D.L.vo 28 dicembre 2004, n. 310.

Art. 2543. Organo di controllo.

La nomina del collegio sindacale è obbligatoria nei casi previsti dal secondo e terzo comma dell'articolo 2477, nonché quando la società emette strumenti finanziari non partecipativi.

L'atto costitutivo può attribuire il diritto di voto nell'elezione dell'organo di controllo proporzionalmente alle quote o alle azioni possedute ovvero in ragione della partecipazione allo scambio mutualistico.

I possessori degli strumenti finanziari dotati di diritti di amministrazione possono eleggere, se lo statuto lo prevede, nel complesso sino ad un terzo dei componenti dell'organo di controllo.

Art. 2544. Sistemi di amministrazione.

Indipendentemente dal sistema di amministrazione adottato non possono essere delegati dagli amministratori, oltre le materie previste dall'articolo 2381, i poteri in materia di ammissione, di recesso e di esclusione dei soci e le decisioni che incidono sui rapporti mutualistici con i soci.

Se la cooperativa ha adottato il sistema di amministrazione di cui all'articolo 2409-octies, i possessori di strumenti finanziari non possono eleggere più di un terzo dei componenti del consiglio di sorveglianza e più di un terzo dei componenti del consiglio di gestione. I componenti del consiglio di sorveglianza
eletti dai soci cooperatori devono essere scelti tra i soci cooperatori ovvero tra le persone indicate dai soci cooperatori persone giuridiche.

Se la cooperativa ha adottato il sistema di amministrazione di cui all'articolo 2409-sexiesdecies agli amministratori eletti dai possessori di strumenti finanziari,

in misura comunque non superiore ad un terzo, non possono essere attribuite deleghe operative né gli stessi possono fare parte del comitato esecutivo.

Art. 2545. Relazione annuale sul carattere mutualistico della cooperativa.

Gli amministratori e i sindaci della società, in occasione della approvazione del bilancio di esercizio debbono, nelle relazioni previste dagli articoli 2428 e 2429 indicare specificamente i criteri seguiti nella gestione sociale per il conseguimento dello scopo mutualistico.

Art. 2545-bis. Diritti dei soci.

Nelle società cooperative cui si applica la disciplina della società per azioni, oltre a quanto stabilito dal primo comma dell'articolo 2422, i soci, quando almeno un decimo del numero complessivo lo richieda ovvero almeno un ventesimo quando la cooperativa ha più di tremila soci, hanno diritto di esaminare, attraverso un rappresentante, eventualmente assistito da un professionista di sua fiducia, il libro delle adunanze e delle deliberazioni del consiglio di amministrazione e il libro delle deliberazioni del comitato esecutivo,
se esiste.

I diritti di cui al comma precedente non spettano ai soci in mora per la mancata esecuzione dei conferimenti o inadempienti rispetto alle obbligazioni contratte con la società.

Art. 2545-ter. Riserve indivisibili.

Sono indivisibili le riserve che per disposizione di legge o dello statuto non possono essere ripartite tra i soci, neppure in caso di scioglimento della società.

Le riserve indivisibili possono essere utilizzate per la copertura di perdite solo dopo che sono esaurite le riserve che la società aveva destinato ad operazioni di aumento di capitale e quelle che possono essere ripartite tra i soci in caso di scioglimento della società.

Art. 2545-quater. Riserve legali, statutarie e volontarie.

Qualunque sia l'ammontare del fondo di riserva legale, deve essere a questo destinato almeno il trenta per cento degli utili netti annuali.

Una quota degli utili netti annuali deve essere corrisposta ai fondi mutualistici per la promozione e lo sviluppo della cooperazione, nella misura e con le modalità previste dalla legge.

L'assemblea determina, nel rispetto di quanto previsto dall'articolo 2545-quinquies, la destinazione degli utili non assegnati ai sensi del primo e secondo comma.

Art. 2545-quinquies. Diritto agli utili e alle riserve dei soci cooperatori.

L'atto costitutivo indica le modalità e la percentuale massima di ripartizione dei dividendi tra i soci cooperatori.

Possono essere distribuiti dividendi, acquistate proprie quote o azioni ovvero assegnate ai soci le riserve divisibili se il rapporto tra il patrimonio netto e il complessivo indebitamento della società è superiore ad un quarto. La condizione non si applica nei confronti dei possessori di strumenti finanziari.

L'atto costitutivo può autorizzare l'assemblea ad assegnare ai soci le riserve divisibili attraverso:

a) l'emissione degli strumenti finanziari di cui all'articolo 2526;

b) mediante aumento proporzionale delle quote sottoscritte e versate, o mediante l'emissione di nuove azioni, anche in deroga a quanto previsto dall'articolo 2525, nella misura massima complessiva del venti per cento del valore originario.

Le riserve divisibili, spettanti al socio in caso di scioglimento del rapporto, possono essere assegnate, se lo statuto non prevede diversamente, attraverso l'emissione di strumenti finanziari liberamente trasferibili e devono esserlo ove il rapporto tra il patrimonio netto e il complessivo indebitamento della società sia inferiore ad un quarto.

Le disposizioni dei commi secondo e terzo non si applicano alle cooperative con azioni quotate in mercati regolamentati.

Art. 2545-sexies. Ristorni.

L'atto costitutivo determina i criteri di ripartizione dei ristorni ai soci proporzionalmente
alla quantità e qualità degli scambi mutualistici.

Le cooperative devono riportare separatamente nel bilancio i dati relativi all'attività svolta con i soci, distinguendo eventualmente le diverse gestioni mutualistiche.

L'assemblea può deliberare la ripartizione dei ristorni a ciascun socio anche mediante aumento proporzionale delle rispettive quote o con l'emissione di nuove azioni, in deroga a quanto previsto dall'articolo 2525, ovvero mediante l'emissione di strumenti finanziari.

Art. 2545-septies. Gruppo cooperativo paritetico.

Il contratto con cui più cooperative appartenenti anche a categorie diverse regolano, anche in forma consortile, la direzione e il coordinamento delle rispettive imprese deve indicare:

1) la durata;
2) la cooperativa o le cooperative cui è attribuita direzione del gruppo, indicandone
i relativi poteri;
3) l'eventuale partecipazione di altri enti pubblici e privati;
4) i criteri e le condizioni di adesione e di recesso dal contratto;
5) i criteri di compensazione e l'equilibrio nella distribuzione dei vantaggi derivanti dall'attività comune.

La cooperativa può recedere dal contratto senza che ad essa possano essere imposti oneri di alcun tipo qualora, per effetto dell'adesione al gruppo, le condizioni dello scambio risultino pregiudizievoli per i propri soci.

Le cooperative aderenti ad un gruppo sono tenute a depositare in forma scritta l'accordo di partecipazione presso l'albo delle società cooperative.

SEZIONE V – Delle modificazioni dell'atto costitutivo

Art. 2545-octies. Perdita della qualifica di cooperativa a mutualità prevalente.

La cooperativa perde la qualifica di cooperativa a mutualità prevalente quando, per due esercizi consecutivi, non rispetti la condizione di prevalenza, di cui all'articolo 2513, ovvero quando modifichi le previsioni statutarie di cui all'articolo 2514.

In questo caso, sentito il parere del revisore esterno, ove presente, gli amministratori
devono redigere un apposito bilancio, da notificarsi entro sessanta giorni dalla approvazione al Ministero delle attività produttive, al fine di determinare il valore effettivo dell'attivo patrimoniale da imputare alle riserve indivisibili. Il bilancio deve essere verificato senza rilievi da una società di revisione.

Qualora la cooperativa abbia perso la qualifica di cooperativa a mutualità prevalente per il mancato rispetto della condizione di prevalenza di cui all'articolo 2513, l'obbligo di cui al secondo comma si applica soltanto nel caso in cui la cooperativa medesima modifichi le previsioni statuarie di cui all'articolo 2514 o abbia emesso strumenti finanziari (2).

In tutti i casi di perdita della citata qualifica, la cooperativa è tenuta a segnalare espressamente tale condizione attraverso gli strumenti di comunicazione informatica previsti dall'articolo 223 *sexiesdecies* delle disposizioni per l'attuazione del presente codice (2).

Lo stesso obbligo sussiste per la cooperativa nel caso in cui le risultanze contabili relative al primo anno successivo alla perdita della detta qualifica evidenzino il rientro nei parametri della mutualità prevalente (2).

In seguito alle predette segnalazioni, l'amministrazione presso la quale è tenuto l'albo delle società cooperative provvede alla variazione della sezione di iscrizione all'albo medesimo senza alcun ulteriore onere istruttorio. (2)

L'omessa o ritardata comunicazione della perdita della qualifica di cooperativa a mutualità prevalente è segnalata all'amministrazione finanziaria e comporta l'applicazione della sanzione amministrativa della sospensione semestrale di ogni attività dell'ente, intesa come divieto di assumere nuove eventuali obbligazioni contrattuali. (2)

(2) Questo comma è stato aggiunto dalla L. 23 luglio 2009, n. 99.

Art. 2545-nonies. Modificazioni dell'atto costitutivo.

Alle deliberazioni che importano modificazioni dell'atto costitutivo si applica l'articolo 2436.

La fusione e la scissione di società cooperative sono disciplinate dal titolo V, capo X, sezione II e III.

Art. 2545-decies. Trasformazione.

Le società cooperative diverse da quelle a mutualità prevalente possono deliberare, con il voto favorevole di almeno la metà dei soci della cooperativa, la trasformazione in una società del tipo previsto dal titolo V, capi II, III, IV, V, VI e VII, o in consorzio.

Quando i soci sono meno di cinquanta, la deliberazione deve essere approvata con il voto favorevole dei due terzi di essi. Quando i soci sono più di diecimila, l'atto costitutivo può prevedere che la trasformazione sia deliberata con il voto favorevole dei due terzi dei votanti se all'assemblea sono presenti, personalmente o per delega, almeno il venti per cento dei soci.

All'esito della trasformazione gli strumenti finanziari con diritto di voto sono convertiti in partecipazioni ordinarie, conservando gli eventuali privilegi.

Art. 2545-undecies. Devoluzione del patrimonio e bilancio di trasformazione.

La deliberazione di trasformazione devolve il valore effettivo del patrimonio, dedotti il capitale versato e rivalutato e i dividendi non ancora distribuiti, eventualmente aumentato fino a concorrenza dell'ammontare minimo del capitale della nuova società, esistenti alla data di trasformazione, ai fondi mutualistici per la promozione e lo sviluppo della cooperazione.

Alla proposta di deliberazione di trasformazione gli amministratori allegano una relazione giurata di un esperto designato dal tribunale nel cui circondario ha sede la società cooperativa, attestante il valore effettivo del patrimonio dell'impresa.

L'assemblea non può procedere alla deliberazione di cui ai precedenti commi qualora la cooperativa non sia stata sottoposta a revisione da parte dell'autorità di vigilanza nell'anno precedente o, comunque, gli amministratori non ne abbiano fatto richiesta da almeno novanta giorni.

Art. 2545-duodecies. Scioglimento.

La società cooperativa si scioglie per le cause indicate ai numeri 1), 2), 3), 5), 6) e 7) dell'articolo 2484, nonché per la perdita del capitale sociale.

Art. 2545-terdecies. Insolvenza.

In caso di insolvenza della società, l'autorità governativa alla quale spetta il controllo sulla società dispone la liquidazione coatta amministrativa. Le cooperative che svolgono attività commerciale sono soggette anche al fallimento.

La dichiarazione di fallimento preclude la liquidazione coatta amministrativa e il provvedimento di liquidazione coatta amministrativa preclude la dichiarazione
di fallimento.

SEZIONE VI – Dei controlli

Art. 2545-quaterdecies. Controllo sulle società cooperative.

Le società cooperative sono sottoposte alle autorizzazioni, alla vigilanza e agli altri controlli sulla gestione previsti dalle leggi speciali.

Art. 2545-quinquiesdecies. Controllo giudiziario.

I fatti previsti dall'articolo 2409 possono essere denunciati al tribunale dai soci che siano titolari del decimo del capitale sociale ovvero da un decimo del numero complessivo dei soci, e, nelle società cooperative che hanno più di tremila soci, da un ventesimo dei soci.

Il ricorso deve essere notificato a cura dei ricorrenti anche all'autorità di vigilanza.

Il tribunale, sentiti in camera di consiglio gli amministratori, i sindaci e l'autorità di vigilanza, dichiara improcedibile il ricorso se per i medesimi fatti sia stato già nominato un ispettore o un commissario dall'autorità di vigilanza.

L'autorità di vigilanza dispone la sospensione del procedimento dalla medesima iniziato se il tribunale per i medesimi fatti ha nominato un ispettore o un amministratore giudiziario.

Art. 2545-sexiesdecies. Gestione commissariale.

In caso di irregolare funzionamento delle società cooperative, l'autorità di vigilanza può revocare gli amministratori e i sindaci, e affidare la gestione della società ad un commissario, determinando i poteri e la durata. Ove l'importanza della società cooperativa lo richieda, l'autorità di vigilanza può nominare un vice commissario che collabora con il commissario e lo sostituisce in caso di impedimento.

Al commissario possono essere conferiti per determinati atti anche i poteri dell'assemblea, ma le relative deliberazioni non sono valide senza l'approvazione dell'autorità di vigilanza.

Se l'autorità di vigilanza accerta irregolarità nelle procedure di ammissione dei nuovi soci, può diffidare la società cooperativa e, qualora non si adegui, assumere i provvedimenti di cui ai commi precedenti.

Art. 2545-septiesdecies. Scioglimento per atto dell'autorità.

L'autorità di vigilanza, con provvedimento da pubblicarsi nella Gazzetta Ufficiale e da iscriversi nel registro delle imprese, può sciogliere le società cooperative e gli enti mutualistici che non perseguono lo scopo mutualistico o non sono in condizione di raggiungere gli scopi per cui sono stati costituiti o che per due anni consecutivi non hanno depositato il bilancio di esercizio o non hanno compiuto atti di gestione.

Se vi è luogo a liquidazione, con lo stesso provvedimento sono nominati uno o più commissari liquidatori.

Art. 2545-octiesdecies. Sostituzione dei liquidatori.

In caso di irregolarità o di eccessivo ritardo nello svolgimento della liquidazione ordinaria di una società cooperativa, l'autorità di vigilanza può sostituire i liquidatori o, se questi sono stati nominati dall'autorità giudiziaria, può chiederne la sostituzione al tribunale.

Fatti salvi i casi di liquidazione per i quali è intervenuta la nomina di un liquidatore da parte dell'autorità giudiziaria, l'autorità di vigilanza dispone la pubblicazione nella Gazzetta Ufficiale, per la conseguente cancellazione dal registro delle imprese, dell'elenco delle società cooperative e degli enti mutualistici in liquidazione ordinaria che non hanno depositato i bilanci di esercizio relativi agli ultimi cinque anni.

Entro il termine perentorio di trenta giorni dalla pubblicazione i creditori e gli altri interessati possono presentare all'autorità di vigilanza formale e motivata domanda intesa a consentire la prosecuzione della liquidazione. Trascorso il suddetto termine, a seguito di comunicazione da parte dell'autorità di vigilanza, il conservatore del registro delle imprese territorialmente competente provvede alla cancellazione della società cooperativa o dell'ente mutualistico dal registro medesimo.

CAPO II – DELLE MUTUE ASSICURATRICI

Art. 2546. Nozione.

Nella società di mutua assicurazione le obbligazioni sono garantite dal patrimonio sociale.

I soci sono tenuti al pagamento dei contributi fissi o variabili, entro il limite massimo determinato dall'atto costitutivo.

Nelle mutue assicuratrici non si può acquistare la qualità di socio, se non assicurandosi presso la società, e si perde la qualità di socio con l'estinguersi dell'assicurazione, salvo quanto disposto dall'articolo 2548.

Art. 2547. Norme applicabili.

Le società di mutua assicurazione sono soggette alle autorizzazioni, alla vigilanza e agli altri controlli stabiliti dalle leggi speciali sull'esercizio dell'assicurazione, e sono regolate dalle norme stabilite per le società cooperative, in quanto compatibili con la loro natura.

Art. 2548. Conferimenti per la costituzione di fondi di garanzia.

L'atto costitutivo può prevedere la costituzione di fondi di garanzia per il pagamento delle indennità, mediante speciali conferimenti da parte di assicurati o di terzi, attribuendo anche a questi ultimi la qualità di socio.

L'atto costitutivo può attribuire a ciascuno dei soci sovventori più voti, ma non oltre cinque, in relazione all'ammontare del conferimento.

I voti attribuiti ai soci sovventori, come tali, devono in ogni caso essere inferiori al numero dei voti spettanti ai soci assicurati.

I soci sovventori possono essere nominati amministratori. La maggioranza degli amministratori deve essere costituita da soci assicurati.

TITOLO VII – DELL'ASSOCIAZIONE IN PARTECIPAZIONE

Art. 2549. Nozione.

Con il contratto di associazione in partecipazione l'associante attribuisce all'associato una partecipazione agli utili della sua impresa o di uno o più affari verso il corrispettivo di un determinato apporto.

Qualora l'apporto dell'associato consista anche in una prestazione di lavoro, il numero degli associati impegnati in una medesima attività non può essere superiore a tre, indipendentemente dal numero degli associanti, con l'unica eccezione nel caso in cui gli associati siano legati all'associante da rapporto coniugale, di parentela entro il terzo grado o di affinità entro il secondo. In caso di violazione del divieto di cui al presente comma, il rapporto con tutti

gli associati il cui apporto consiste anche in una prestazione di lavoro si considera
di lavoro subordinato a tempo indeterminato. (1)

Le disposizioni di cui al secondo comma non si applicano, limitatamente alle imprese a scopo mutualistico, agli associati individuati mediante elezione dall'organo assembleare di cui all'articolo 2540, il cui contratto sia certificato dagli organismi di cui all'articolo 76 del decreto legislativo 10 settembre 2003, n. 276, e successive modificazioni, nonché in relazione al rapporto fra produttori e artisti, interpreti, esecutori, volto alla realizzazione di registrazioni sonore, audiovisive o di sequenze di immagini in movimento. (1)

(1) Comma aggiunto dall'art. 1, comma 28, L. 28 giugno 2012, n. 92, come modificato dall'art. 7, comma 5, lett. a), n. 2-bis, D.L. 28 giugno 2013, n. 76, convertito, con modificazioni, dalla L. 9 agosto 2013, n. 99.

Cfr. Cass. 9264/2007 e Cass. trib. 16455/2008 in Altalex Massimario.

Art. 2550. Pluralità di associazioni.

Salvo patto contrario, l'associante non può attribuire partecipazioni per la stessa impresa o per lo stesso affare ad altre persone senza il consenso dei precedenti associati.

Art. 2551. Diritti ed obbligazioni dei terzi.

I terzi acquistano diritti e assumono obbligazioni soltanto verso l'associante.

Art. 2552. Diritti dell'associante e dell'associato.

La gestione dell'impresa o dell'affare spetta all'associante.

Il contratto può determinare quale controllo possa esercitare l'associato sull'impresa o sullo svolgimento dell'affare per cui l'associazione è stata contratta.

In ogni caso l'associato ha diritto al rendiconto dell'affare compiuto o a quello annuale della gestione se questa si protrae per più di un anno.

Art. 2553. Divisione degli utili e delle perdite.

Salvo patto contrario, l'associato partecipa alle perdite nella stessa misura in cui partecipa agli utili, ma le perdite che colpiscono l'associato non possono superare il valore del suo apporto.

Art. 2554. Partecipazione agli utili e alle perdite.

Le disposizioni degli articoli 2551 e 2552 si applicano anche al contratto di cointeressenza agli utili di una impresa senza partecipazione alle perdite, e al contratto con il quale un contraente attribuisce la partecipazione agli utili e alle perdite della sua impresa, senza il corrispettivo di un determinato apporto.

Per le partecipazioni agli utili attribuite ai prestatori di lavoro resta salva la disposizione dell'articolo 2102.

Cfr. Cass. trib. 16455/2008 in Altalex Massimario.

TITOLO VIII – DELL'AZIENDA

CAPO I – DISPOSIZIONI GENERALI

Art. 2555. Nozione.

L'azienda è il complesso dei beni organizzati dall'imprenditore per l'esercizio dell'impresa.

Cfr. Cassazione Civile, sez. I, sentenza 9 ottobre 2009, n. 21481 in Altalex Massimario.

Art. 2556. Imprese soggette a registrazione.

Per le imprese soggette a registrazione i contratti che hanno per oggetto il trasferimento della proprietà o il godimento dell'azienda devono essere provati per iscritto, salva l'osservanza delle forme stabilite dalla legge per il trasferimento dei singoli beni che compongono l'azienda o per la particolare natura del contratto.

I contratti di cui al primo comma, in forma pubblica o per scrittura privata autenticata, devono essere depositati per l'iscrizione nel registro delle imprese, nel termine di trenta giorni, a cura del notaio rogante o autenticante.

Art. 2557. Divieto di concorrenza.

Chi aliena l'azienda deve astenersi, per il periodo di cinque anni dal trasferimento,
dall'iniziare una nuova impresa che per l'oggetto, l'ubicazione o altre circostanze sia idonea a sviare la clientela dell'azienda ceduta.

Il patto di astenersi dalla concorrenza in limiti più ampi di quelli previsti dal comma precedente è valido, purché non impedisca ogni attività professionale dell'alienante. Esso non può eccedere la durata di cinque anni dal trasferimento.

Se nel patto è indicata una durata maggiore o la durata non è stabilita, il divieto di concorrenza vale per il periodo di cinque anni dal trasferimento.

Nel caso di usufrutto o di affitto dell'azienda il divieto di concorrenza disposto dal primo comma vale nei confronti del proprietario o del locatore per la durata dell'usufrutto o dell'affitto.

Le disposizioni di questo articolo si applicano alle aziende agricole solo per le attività ad esse connesse, quando rispetto a queste sia possibile uno sviamento di clientela.

Art. 2558. Successione nei contratti.

Se non è pattuito diversamente, l'acquirente dell'azienda subentra nei contratti stipulati per l'esercizio dell'azienda stessa che non abbiano carattere personale.

Il terzo contraente può tuttavia recedere dal contratto entro tre mesi dalla notizia del trasferimento, se sussiste una giusta causa, salvo in questo caso la responsabilità dell'alienante.

Le stesse disposizioni si applicano anche nei confronti dell'usufruttuario e dell'affittuario per la durata dell'usufrutto e dell'affitto.

Cfr. Cassazione Civile, sez. III, sentenza 21 marzo 2008, n. 7686 in Altalex Massimario.

Art. 2559. Crediti relativi all'azienda ceduta.

La cessione dei crediti relativi all'azienda ceduta, anche in mancanza di notifica al debitore o di sua accettazione, ha effetto, nei confronti dei terzi, dal momento dell'iscrizione del trasferimento nel registro delle imprese. Tuttavia il debitore ceduto è liberato se paga in buona fede all'alienante.

Le stesse disposizioni si applicano anche nel caso di usufrutto dell'azienda, se esso si estende ai crediti relativi alla medesima.

Art. 2560. Debiti relativi all'azienda ceduta.

L'alienante non è liberato dai debiti, inerenti all'esercizio dell'azienda ceduta anteriori al trasferimento, se non risulta che i creditori vi hanno consentito.

Nel trasferimento di un'azienda commerciale risponde dei debiti suddetti anche l'acquirente dell'azienda, se essi risultano dai libri contabili obbligatori.

Art. 2561. Usufrutto dell'azienda.

L'usufruttuario dell'azienda deve esercitarla sotto la ditta che la contraddistingue.

Egli deve gestire l'azienda senza modificarne la destinazione e in modo da conservare l'efficienza dell'organizzazione e degli impianti e le normali dotazioni
di scorte.

Se non adempie a tale obbligo o cessa arbitrariamente dalla gestione dell'azienda,
si applica l'articolo 1015.

La differenza tra le consistenze d'inventario all'inizio e al termine dell'usufrutto è regolata in danaro, sulla base dei valori correnti al termine dell'usufrutto.

Art. 2562. Affitto dell'azienda.

Le disposizioni dell'articolo precedente si applicano anche nel caso di affitto dell'azienda.

CAPO II – DELLA DITTA E DELL'INSEGNA

Art. 2563. Ditta.

L'imprenditore ha diritto all'uso esclusivo della ditta da lui prescelta.

La ditta, comunque sia formata, deve contenere almeno il cognome o la sigla dell'imprenditore, salvo quanto è disposto dall'articolo 2565.

Art. 2564. Modificazione della ditta.

Quando la ditta è uguale o simile a quella usata da altro imprenditore e può creare confusione per l'oggetto dell'impresa e per il luogo in cui questa è esercitata, deve essere integrata o modificata con indicazioni idonee a differenziarla.

Per le imprese commerciali l'obbligo dell'integrazione o modificazione spetta a chi ha iscritto la propria ditta nel registro delle imprese in epoca posteriore.

Art. 2565. Trasferimento della ditta.

La ditta non può essere trasferita separatamente dall'azienda.

Nel trasferimento dell'azienda per atto tra vivi la ditta non passa all'acquirente senza il consenso dell'alienante.

Nella successione nell'azienda per causa di morte la ditta si trasmette al successore, salvo diversa disposizione testamentaria.

Art. 2566. Registrazione della ditta.

Per le imprese commerciali, l'ufficio del registro delle imprese deve rifiutare l'iscrizione della ditta, se questa non è conforme a quanto è prescritto dal secondo comma dell'articolo 2563 o, trattandosi di ditta derivata, se non è depositata copia dell'atto in base al quale ha avuto luogo la successione nell'azienda.

Art. 2567. Società.

La ragione sociale e la denominazione delle società sono regolate dai titoli V e VI di questo libro.

Tuttavia si applicano anche ad esse le disposizioni dell'articolo 2564.

Art. 2568. Insegna.

Le disposizioni del primo comma dell'articolo 2564 si applicano all'insegna.

CAPO III – DEL MARCHIO

Art. 2569. Diritto di esclusività.

Chi ha registrato nelle forme stabilite dalla legge un nuovo marchio idoneo a distinguere prodotti o servizi ha diritto di valersene in modo esclusivo per i prodotti o servizi per i quali è stato registrato.

In mancanza di registrazione il marchio è tutelato a norma dell'articolo 2571.

Art. 2570. Marchi collettivi.

I soggetti che svolgono la funzione di garantire l'origine, la natura o la qualità di determinati prodotti o servizi possono ottenere la registrazione di marchi collettivi per concederne l'uso, secondo le norme dei rispettivi regolamenti,
a produttori o commercianti.

Art. 2571. Preuso.

Chi ha fatto uso di un marchio non registrato ha la facoltà di continuare ad usarne, nonostante la registrazione da altri ottenuta, nei limiti in cui anteriormente
se ne è valso.

Art. 2572. Divieto di soppressione del marchio.

Il rivenditore può apporre il proprio marchio ai prodotti che mette in vendita, ma non può sopprimere il marchio del produttore.

Art. 2573. Trasferimento del marchio.

Il marchio può essere trasferito o concesso in licenza per la totalità o per una parte dei prodotti o servizi per i quali è stato registrato, purché in ogni caso dal trasferimento o dalla licenza non derivi inganno in quei caratteri dei prodotti o servizi che sono essenziali nell'apprezzamento del pubblico.

Quando il marchio è costituito da un segno figurativo, da una denominazione di fantasia o da una ditta derivata, si presume che il diritto all'uso esclusivo di esso sia trasferito insieme con l'azienda.

Art. 2574. Leggi speciali.

Le condizioni per la registrazione dei marchi e degli atti di trasferimento dei medesimi, nonché gli effetti della registrazione sono stabiliti dalle leggi speciali.

TITOLO IX – DEI DIRITTI SULLE OPERE DELL'INGEGNO E SULLE INVENZIONI INDUSTRIALI

CAPO I – DEL DIRITTO DI AUTORE SULLE OPERE DELL'INGEGNO LETTERARIE E ARTISTICHE

Art. 2575. Oggetto del diritto.

Formano oggetto del diritto di autore le opere dell'ingegno di carattere creativo che appartengono alle scienze, alla letteratura, alla musica, alle arti figurative, all'architettura, al teatro e alla cinematografia qualunque ne sia il modo o la forma di espressione.

Art. 2576. Acquisto del diritto.

Il titolo originario dell'acquisto del diritto di autore è costituito dalla creazione dell'opera, quale particolare espressione del lavoro intellettuale.

Art. 2577. Contenuto del diritto.

L'autore ha il diritto esclusivo di pubblicare l'opera e di utilizzarla economicamente
in ogni forma e modo, nei limiti e per gli effetti fissati dalla legge.

L'autore, anche dopo la cessione dei diritti previsti dal comma precedente, può rivendicare la paternità dell'opera e può opporsi a qualsiasi deformazione, mutilazione o altra modificazione dell'opera stessa, che possa essere di pregiudizio al suo onore o alla sua reputazione.

Art. 2578. Progetti di lavori.
All'autore di progetti di lavori di ingegneria o di altri lavori analoghi che costituiscono
soluzioni originali di problemi tecnici, compete oltre il diritto
esclusivo di riproduzione dei piani e disegni dei progetti medesimi, il diritto
di ottenere un equo compenso da coloro che eseguono il progetto tecnico a scopo di lucro senza il suo consenso.

Art. 2579. Interpreti ed esecutori.
Agli artisti, attori o interpreti di opere o composizioni drammatiche o letterarie, e agli artisti esecutori di opere o composizioni musicali, anche se le
opere o composizioni sovraindicate sono in dominio pubblico, compete, nei limiti, per gli effetti e con le modalità fissati dalle leggi speciali, indipendentemente
dall'eventuale retribuzione loro spettante per la recitazione, rappresentazione od esecuzione, il diritto ad un equo compenso nei confronti
di chiunque diffonda o trasmetta per radio, telefono od altro apparecchio equivalente, ovvero incida, registri o comunque riproduca su dischi fonografici, pellicola cinematografica od altro apparecchio equivalente la suddetta recitazione, rappresentazione od esecuzione.
Gli artisti attori od interpreti e gli artisti esecutori hanno diritto di opporsi alla diffusione, trasmissione o riproduzione della loro recitazione, rappresentazione
od esecuzione che possa essere di pregiudizio al loro onore o alla loro reputazione.

Art. 2580. Soggetti del diritto.
Il diritto di autore spetta all'autore ed ai suoi aventi causa nei limiti e per gli effetti fissati dalle leggi speciali.
(…) (1)

(1) Il secondo comma che recitava: "L'autore che ha compiuto diciotto anni ha capacità di compiere tutti gli atti giuridici relativi alle opere da lui create e di esercitare le azioni che ne derivano." è stato abrogato dall'art. 12 della L. 8 marzo 1975, n. 39.

Art. 2581. Trasferimento dei diritti di utilizzazione.
I diritti di utilizzazione sono trasferibili.
Il trasferimento per atto tra vivi deve essere provato per iscritto.

Art. 2582. Ritiro dell'opera dal commercio.
L'autore, qualora concorrano gravi ragioni morali, ha diritto di ritirare l'opera dal commercio, salvo l'obbligo d'indennizzare coloro che hanno acquistato
i diritti di riprodurre, diffondere, eseguire, rappresentare o mettere in commercio l'opera medesima.
Questo diritto è personale e intrasmissibile.

Art. 2583. Leggi speciali.
L'esercizio dei diritti contemplati in questo capo e la loro durata sono regolati dalle leggi speciali.

CAPO II – DEL DIRITTO DI BREVETTO PER INVENZIONI INDUSTRIALI

Art. 2584. Diritto di esclusività.
Chi ha ottenuto un brevetto per un'invenzione industriale ha il diritto esclusivo di attuare l'invenzione e di disporne entro i limiti e alle condizioni stabilite dalla legge.
Il diritto si estende anche al commercio del prodotto a cui l'invenzione si riferisce.

Art. 2585. Oggetto del brevetto.
Possono costituire oggetto di brevetto le nuove invenzioni atte ad avere un'applicazione industriale, quali un metodo o un processo di lavorazione industriale, una macchina, uno strumento, un utensile o un dispositivo meccanico,
un prodotto o un risultato industriale e l'applicazione tecnica di un principio scientifico, purché essa dia immediati risultati industriali.
In quest'ultimo caso il brevetto è limitato ai soli risultati indicati dall'inventore.

Art. 2586. Brevetto per nuovi metodi o processi di fabbricazione.
Il brevetto concernente un nuovo metodo o processo di fabbricazione industriale
ne attribuisce al titolare l'uso esclusivo.
(…) (1)

(1) Questo secondo comma che recita: "Se il metodo o processo è diretto ad ottenere un prodotto industriale nuovo, il brevetto si estende anche al prodotto ottenuto, purché questo possa formare oggetto di brevetto." è stato abrogato dall'art. 13, D.L.vo 19 marzo 1996, n. 198.

Art. 2587. Brevetto dipendente da brevetto altrui.
Il brevetto per invenzione industriale, la cui attuazione implica quella di invenzioni
protette da precedenti brevetti per invenzioni industriali ancora in vigore, non pregiudica i diritti dei titolari di quest'ultimi, e non può essere attuato né utilizzato senza il consenso di essi.
Sono salve le disposizioni delle leggi speciali.

Art. 2588. Soggetti del diritto.
Il diritto di brevetto spetta all'autore dell'invenzione e ai suoi aventi causa.

Art. 2589. Trasferibilità.
I diritti nascenti dalle invenzioni industriali, tranne il diritto di esserne riconosciuto
autore, sono trasferibili.

Art. 2590. Invenzione del prestatore di lavoro.
Il prestatore di lavoro ha diritto di essere riconosciuto autore dell'invenzione fatta nello svolgimento del rapporto di lavoro.
I diritti e gli obblighi delle parti relativi all'invenzione sono regolati dalle leggi speciali.

Art. 2591. Rinvio alle leggi speciali.
Le condizioni e le modalità per la concessione del brevetto, l'esercizio dei diritti che ne derivano e la loro durata sono regolati dalle leggi speciali.

CAPO III – DEL DIRITTO DI BREVETTO PER MODELLI DI UTILITA' E DI REGISTRAZIONE PER DISEGNI O MODELLI

Art. 2592. Modelli di utilità.

Chi, in conformità della legge, ha ottenuto un brevetto per un'invenzione atta a conferire a macchine o parti di esse, strumenti, utensili od oggetti, particolare efficacia o comodità di applicazione o d'impiego, ha il diritto esclusivo di attuare l'invenzione, di disporne e di fare commercio dei prodotti a cui si riferisce.

Il brevetto per le macchine nel loro complesso non comprende la protezione delle singole parti.

Art. 2593. Modelli e disegni.

Chi ha ottenuto una registrazione per un nuovo disegno o modello che abbia carattere individuale, ha il diritto esclusivo di utilizzarlo e di vietare a terzi di utilizzarlo senza il suo consenso, in conformità alle leggi speciali.

Art. 2594. Norme applicabili.

Ai diritti di brevetto e di registrazione contemplati in questo capo, si applicano gli articoli 2588, 2589 e 2590. Le condizioni e le modalità per la concessione del brevetto e della registrazione, l'esercizio dei diritti che ne derivano e la loro durata sono regolati dalle leggi speciali.

TITOLO X – DELLA DISCIPLINA DELLA CONCORRENZA E DEI CONSORZI

CAPO I – DELLA DISCIPLINA DELLA CONCORRENZA

SEZIONE I – Disposizioni generali

Art. 2595. Limiti legali della concorrenza.

La concorrenza deve svolgersi in modo da non ledere gli interessi dell'economia

nazionale e nei limiti stabiliti dalla legge (1).

(1) L'espressione: " e dalle norme corporative" è stata soppressa dal R.D.L. 9 agosto 1943, n. 721, e dal D.L.vo Lgt. 23 novembre 1944, n. 369.

Art. 2596. Limiti contrattuali della concorrenza.

Il patto che limita la concorrenza deve essere provato per iscritto. Esso è valido se circoscritto ad una determinata zona o ad una determinata attività, e non può eccedere la durata di cinque anni.

Se la durata del patto non è determinata o è stabilita per un periodo superiore a cinque anni, il patto è valido per la durata di un quinquennio.

Art. 2597. Obbligo di contrattare nel caso di monopolio.

Chi esercita un'impresa in condizione di monopolio legale ha l'obbligo di contrattare con chiunque richieda le prestazioni che formano oggetto dell'impresa, osservando la parità di trattamento.

SEZIONE II – Della concorrenza sleale

Art. 2598. Atti di concorrenza sleale.

Ferme le disposizioni che concernono la tutela dei segni distintivi e dei diritti di brevetto, compie atti di concorrenza sleale chiunque:

1) usa nomi o segni distintivi idonei a produrre confusione con i nomi o con i segni distintivi legittimamente usati da altri, o imita servilmente i prodotti di un concorrente, o compie con qualsiasi altro mezzo atti idonei a creare confusione con i prodotti e con l'attività di un concorrente;

2) diffonde notizie e apprezzamenti sui prodotti e sull'attività di un concorrente, idonei a determinare il discredito o si appropria di pregi dei prodotti o dell'impresa di un concorrente;

3) si vale direttamente o indirettamente di ogni altro mezzo non conforme ai principi della correttezza professionale e idoneo a danneggiare l'altrui azienda.

Cfr. Cassazione Civile, sez. I, sentenza 22 luglio 2009, n. 17144 e Cassazione Civile, sez. I, sentenza 30 ottobre 2009, n. 23045 in Altalex Massimario.

Art. 2599. Sanzioni.

La sentenza che accerta atti di concorrenza sleale ne inibisce la continuazione e dà gli opportuni provvedimenti affinché ne vengano eliminati gli effetti.

Art. 2600. Risarcimento del danno.

Se gli atti di concorrenza, sleale sono compiuti con dolo o con colpa, l'autore è tenuto al risarcimento dei danni.

In tale ipotesi può essere ordinata la pubblicazione della sentenza.

Accertati gli atti di concorrenza, la colpa si presume.

Art. 2601. Azione delle associazioni professionali.

Quando gli atti di concorrenza sleale pregiudicano gli interessi di una categoria professionale, l'azione per la repressione della concorrenza sleale può essere promossa anche dagli enti che rappresentano la categoria (1).

(1) Il D.L.vo Lgt 23 novembre 1944, n. 369 ha soppresso le associazioni professionali costituite in rappresentanza delle categorie.

CAPO II – DEI CONSORZI PER IL COORDINAMENTO DELLA PRODUZIONE E DEGLI SCAMBI

SEZIONE I – Disposizioni generali

Art. 2602. Nozione e norme applicabili.

Con il contratto di consorzio più imprenditori istituiscono un'organizzazione comune per la disciplina o per lo svolgimento di determinate fasi delle rispettive imprese.

Il contratto di cui al precedente comma è regolato dalle norme seguenti, salve le diverse disposizioni delle leggi speciali.

Art. 2603. Forma e contenuto del contratto.

Il contratto deve essere fatto per iscritto sotto pena di nullità.

Esso deve indicare:

1) l'oggetto e la durata del consorzio;

2) la sede dell'ufficio eventualmente costituito;

3) gli obblighi assunti e i contributi dovuti dai consorziati;

4) le attribuzioni e i poteri degli organi consortili anche in ordine alla rappresentanza in giudizio;

5) le condizioni di ammissione di nuovi consorziati;

6) i casi di recesso e di esclusione;

7) le sanzioni per l'inadempimento degli obblighi dei consorziati.

Se il consorzio ha per oggetto il contingentamento della produzione o degli scambi, il contratto deve inoltre stabilire le quote dei singoli consorziati o i criteri per la determinazione di esse.

Se l'atto costitutivo deferisce la risoluzione di questioni relative alla determinazione
delle quote ad una o più persone, le decisioni di queste possono
essere impugnate innanzi all'autorità giudiziaria, se sono manifestamente
inique od erronee, entro trenta giorni dalla notizia.

Art. 2604. Durata del consorzio.

In mancanza di determinazione della durata del contratto, questo è valido per dieci anni.

Art. 2605. Controllo sull'attività dei singoli consorziati.

I consorziati devono consentire i controlli e le ispezioni da parte degli organi
previsti dal contratto, al fine di accertare l'esatto adempimento delle obbligazioni
assunte.

Art. 2606. Deliberazioni consortili.

Se il contratto non dispone diversamente, le deliberazioni relative all'attuazione
dell'oggetto del consorzio sono prese col voto favorevole della maggioranza
dei consorziati.

Le deliberazioni che non sono prese in conformità alle disposizioni di questo
articolo o a quelle del contratto possono essere impugnate davanti all'autorità
giudiziaria entro trenta giorni. Per i consorziati assenti il termine decorre
dalla comunicazione o, se si tratta di deliberazione soggetta ad iscrizione,
dalla data di questa.

Art. 2607. Modificazioni del contratto.

Il contratto, se non è diversamente convenuto, non può essere modificato
senza il consenso di tutti i consorziati.

Le modificazioni devono essere fatte per iscritto sotto pena di nullità.

Art. 2608. Organi preposti al consorzio.

La responsabilità verso i consorziati di coloro che sono preposti al consorzio
è regolata dalle norme sul mandato.

Art. 2609. Recesso ed esclusione.

Nei casi di recesso e di esclusione previsti dal contratto, la quota di partecipazione
del consorziato receduto o escluso si accresce proporzionalmente a
quelle degli altri.

Il mandato conferito dai consorziati per l'attuazione degli scopi del consorzio,
ancorché dato con unico atto, cessa nei confronti del consorziato receduto
o escluso.

Art. 2610. Trasferimento dell'azienda.

Salvo patto contrario, in caso di trasferimento a qualunque titolo dell'azienda
l'acquirente subentra nel contratto di consorzio.

Tuttavia, se sussiste una giusta causa, in caso di trasferimento dell'azienda
per atto fra vivi, gli altri consorziati possono deliberare, entro un mese dalla
notizia dell'avvenuto trasferimento, l'esclusione dell'acquirente dal consorzio.

Art. 2611. Cause di scioglimento.

Il contratto di consorzio si scioglie:

1) per il decorso del tempo stabilito per la sua durata;
2) per il conseguimento dell'oggetto o per l'impossibilità di conseguirlo;
3) per volontà unanime dei consorziati;
4) per deliberazione dei consorziati, presa a norma dell'articolo 2606, se sussiste una giusta causa;
5) per provvedimento dell'autorità governativa, nei casi ammessi dalla legge;
6) per le altre cause previste nel contratto.

SEZIONE II – Dei consorzi con attività esterna

Art. 2612. Iscrizione nel registro delle imprese.

Se il contratto prevede l'istituzione di un ufficio destinato a svolgere un'attività
con i terzi, un estratto del contratto deve, a cura degli amministratori,
entro trenta giorni dalla stipulazione, essere depositato per l'iscrizione presso
l'ufficio del registro delle imprese del luogo dove l'ufficio ha sede.

L'estratto deve indicare:

1) la denominazione e l'oggetto del consorzio e la sede dell'ufficio;
2) il cognome e il nome dei consorziati;
3) la durata del consorzio;
4) le persone a cui vengono attribuite la presidenza, la direzione e la rappresentanza
del consorzio ed i rispettivi poteri;
5) il modo di formazione del fondo consortile e le norme relative alla liquidazione.

Del pari devono essere iscritte nel registro delle imprese le modificazioni del
contratto concernenti gli elementi sopra indicati.

Art. 2613. Rappresentanza in giudizio.

I consorzi possono essere convenuti in giudizio in persona di coloro ai quali
il contratto attribuisce la presidenza o la direzione, anche se la rappresentanza
è attribuita ad altre persone.

Art. 2614. Fondo consortile.

I contributi dei consorziati e i beni acquistati con questi contributi costituiscono
il fondo consortile. Per la durata del consorzio i consorziati non possono
chiedere la divisione del fondo, e i creditori particolari dei consorziati
non possono far valere i loro diritti sul fondo medesimo.

Art. 2615. Responsabilità verso i terzi.

Per le obbligazioni assunte in nome del consorzio dalle persone che ne hanno
la rappresentanza, i terzi possono far valere i loro diritti esclusivamente
sul fondo consortile.

Per le obbligazioni assunte dagli organi del consorzio per conto dei singoli
consorziati rispondono questi ultimi solidalmente col fondo consortile. In
caso di insolvenza nei rapporti tra i consorziati il debito dell'insolvente si
ripartisce tra tutti in proporzione delle quote.

Art. 2615-bis. Situazione patrimoniale.

Entro due mesi dalla chiusura dell'esercizio annuale le persone che hanno la
direzione del consorzio redigono la situazione patrimoniale osservando le
norme relative al bilancio di esercizio delle società per azioni e la depositano
presso l'ufficio del registro delle imprese.

Alle persone che hanno la direzione del consorzio sono applicati gli articoli
2621, n. 1), e 2626.

Negli atti e nella corrispondenza del consorzio devono essere indicati la sede

di questo, l'ufficio del registro delle imprese presso il quale esso è iscritto
e il numero di iscrizione.

SEZIONE II-BIS - Società consortili

Art. 2615-ter. Società consortili.

Le società previste nei capi III e seguenti del titolo V possono assumere come oggetto sociale gli scopi indicati nell'articolo 2602.

In tal caso l'atto costitutivo può stabilire l'obbligo dei soci di versare contributi in denaro.

SEZIONE III – Dei consorzi obbligatori

Art. 2616. Costituzione.

Con provvedimento dell'autorità governativa, può essere disposta anche per zone determinate, la costituzione di consorzi obbligatori tra esercenti lo stesso ramo o rami similari di attività economica, qualora la costituzione stessa risponda alle esigenze dell'organizzazione della produzione.

Nello stesso modo, ricorrendo le condizioni di cui al comma precedente, possono essere trasformati in obbligatori i consorzi costituiti volontariamente.

Art. 2617. Consorzi per l'ammasso dei prodotti agricoli.

Quando la legge prescrive l'ammasso di determinati prodotti agricoli, la gestione
collettiva di questi è fatta per conto degli imprenditori interessati a
mezzo di consorzi obbligatori, secondo le disposizioni delle leggi speciali.

SEZIONE IV – Dei controlli dell'attività governativa

Art. 2618. Approvazione del contratto consortile.

I contratti previsti nel presente capo, se sono tali da influire sul mercato generale dei beni in essi contemplati, sono soggetti ad approvazione da parte dell'autorità governativa.

Art. 2619. Controllo sull'attività del consorzio.

L'attività dei consorzi è sottoposta alla vigilanza dell'autorità governativa. Quando l'attività del consorzio risulta non conforme agli scopi per cui è stato costituito, l'autorità governativa può sciogliere gli organi del consorzio e affidare la gestione a un commissario governativo ovvero, nei casi più gravi, può disporre lo scioglimento del consorzio stesso.

Art. 2620. Estensione delle norme di controllo alle società.

Le disposizioni di questa sezione si applicano anche alle società che si costituiscono
per raggiungere gli scopi indicati nell'articolo 2602.

L'autorità governativa può sempre disporre lo scioglimento della società, quando la costituzione di questa non abbia avuto l'approvazione prevista nell'articolo 2618.

TITOLO XI – DISPOSIZIONI PENALI IN MATERIA DI SOCIETA' E DI CONSORZI

CAPO I – DELLE FALSITA'

Art. 2621. False comunicazioni sociali.

Salvo quanto previsto dall'articolo 2622, gli amministratori, i direttori generali, i dirigenti preposti alla redazione dei documenti contabili societari, i sindaci e i liquidatori, i quali, con l'intenzione di ingannare i soci o il pubblico e al fine di conseguire per sé o per altri un ingiusto profitto, nei bilanci, nelle relazioni o nelle altre comunicazioni sociali previste dalla legge, dirette ai soci o al pubblico, espongono fatti materiali non rispondenti al vero ancorché oggetto di valutazioni ovvero omettono informazioni la cui comunicazione è imposta dalla legge sulla situazione economica, patrimoniale o finanziaria della società o del gruppo al quale essa appartiene, in modo idoneo ad indurre in errore i destinatari sulla predetta situazione, sono puniti con l'arresto fino a due anni.

La punibilità è estesa anche al caso in cui le informazioni riguardino beni posseduti o amministrati dalla società per conto di terzi.

La punibilità è esclusa se le falsità o le omissioni non alterano in modo sensibile
la rappresentazione della situazione economica, patrimoniale o finanziaria della società o del gruppo al quale essa appartiene. La punibilità è comunque esclusa se le falsità o le omissioni determinano una variazione del risultato economico di esercizio, al lordo delle imposte, non superiore al 5 per cento o una variazione del patrimonio netto non superiore all'1 per cento.

In ogni caso il fatto non è punibile se conseguenza di valutazioni estimative che, singolarmente considerate, differiscono in misura non superiore al 10 per cento da quella corretta.

Nei casi previsti dai commi terzo e quarto, ai soggetti di cui al primo comma sono irrogate la sanzione amministrativa da dieci a cento quote e l'interdizione dagli uffici direttivi delle persone giuridiche e delle imprese da sei mesi a tre anni, dall'esercizio dell'ufficio di amministratore, sindaco, liquidatore, direttore generale e dirigente preposto alla redazione dei documenti contabili societari, nonché da ogni altro ufficio con potere di rappresentanza della persona giuridica o dell'impresa.

Art. 2622. False comunicazioni sociali in danno della società, dei soci o dei creditori.

Gli amministratori, i direttori generali, i dirigenti preposti alla redazione dei documenti contabili societari, i sindaci e i liquidatori, i quali, con l'intenzione di ingannare i soci o il pubblico e al fine di conseguire per sé o per altri un ingiusto profitto, nei bilanci, nelle relazioni o nelle altre comunicazioni sociali previste dalla legge, dirette ai soci o al pubblico, esponendo fatti materiali non rispondenti al vero ancorché oggetto di valutazioni, ovvero omettendo informazioni la cui comunicazione è imposta dalla legge sulla situazione economica, patrimoniale o finanziaria della società o del gruppo al quale essa appartiene, in modo idoneo ad indurre in errore i destinatari sulla predetta situazione, cagionano un danno patrimoniale alla società, ai soci o ai creditori, sono puniti, a querela della persona offesa, con la reclusione da sei mesi a tre anni.

Si procede a querela anche se il fatto integra altro delitto, ancorché aggravato, a danno del patrimonio di soggetti diversi dai soci e dai creditori, salvo che sia commesso in danno dello Stato, di altri enti pubblici o delle Comunità europee.

Nel caso di società soggette alle disposizioni della parte IV, titolo III, capo II, del testo unico di cui al decreto legislativo 24 febbraio 1998, n. 58, e successive modificazioni, la pena per i fatti previsti al primo comma è da uno a quattro anni e il delitto è procedibile d'ufficio.

La pena è da due a sei anni se, nelle ipotesi di cui al terzo comma, il fatto cagiona un grave nocumento ai risparmiatori.

Il nocumento si considera grave quando abbia riguardato un numero di risparmiatori superiore allo 0,1 per mille della popolazione risultante dall'ultimo censimento ISTAT ovvero se sia consistito nella distruzione o riduzione del valore di titoli di entità complessiva superiore allo 0,1 per mille del prodotto interno lordo.

La punibilità per i fatti previsti dal primo e terzo comma è estesa anche al caso in cui le informazioni riguardino beni posseduti o amministrati dalla società per conto di terzi.

La punibilità per i fatti previsti dal primo e terzo comma è esclusa se le falsità o le omissioni non alterano in modo sensibile la rappresentazione della situazione economica, patrimoniale o finanziaria della società o del gruppo al quale essa appartiene. La punibilità è comunque esclusa se le falsità o le omissioni determinano una variazione del risultato economico di esercizio, al lordo delle imposte, non superiore al 5 per cento o una variazione del patrimonio netto non superiore all'1 per cento.

In ogni caso il fatto non è punibile se conseguenza di valutazioni estimative che, singolarmente considerate, differiscono in misura non superiore al 10 per cento da quella corretta.

Nei casi previsti dai commi settimo e ottavo, ai soggetti di cui al primo comma sono irrogate la sanzione amministrativa da dieci a cento quote e l'interdizione dagli uffici direttivi delle persone giuridiche e delle imprese da sei mesi a tre anni, dall'esercizio dell'ufficio di amministratore, sindaco, liCODICE CIVILE

quidatore, direttore generale e dirigente preposto alla redazione dei documenti contabili societari, nonché da ogni altro ufficio con potere di rappresentanza della persona giuridica o dell'impresa.

Art. 2623.
(...) (1)

(1) " Falso in prospetto

Chiunque, allo scopo di conseguire per sé o per altri un ingiusto profitto, nei prospetti richiesti ai fini della sollecitazione all'investimento o dell'ammissione alla quotazione nei mercati regolamentati, ovvero nei documenti da pubblicare in occasione delle offerte pubbliche di acquisto o di scambio, con la consapevolezza della falsità e l'intenzione di ingannare i destinatari del prospetto, espone false informazioni od occulta dati o notizie in modo idoneo ad indurre in errore i suddetti destinatari è punito, se la condotta non ha loro cagionato un danno patrimoniale, con l'arresto fino ad un anno.

Se la condotta di cui al primo comma ha cagionato un danno patrimoniale ai destinatari del prospetto, la pena è dalla reclusione da uno a tre anni." Articolo abrogato dall'art. 34, L. 28 dicembre 2005, n. 262.

Art. 2624.
(...) (1)

(1) " Falsità nelle relazioni o nelle comunicazioni delle società di revisione
I responsabili della revisione i quali, al fine di conseguire per sé o per altri un ingiusto profitto, nelle relazioni o in altre comunicazioni, con la consapevolezza della falsità e l'intenzione di ingannare i destinatari delle comunicazioni, attestano il falso od occultano informazioni concernenti la situazione economica, patrimoniale o finanziaria della società, ente o soggetto sottoposto a revisione, in modo idoneo ad indurre in errore i destinatari delle comunicazioni sulla predetta situazione, sono puniti, se la condotta non ha loro cagionato un danno patrimoniale, con l'arresto fino a un anno.

Se la condotta di cui al primo comma ha cagionato un danno patrimoniale ai destinatari delle comunicazioni, la pena è della reclusione da uno a quattro anni." Articolo abrogato dal D.Lgs. 27 gennaio 2010, n. 39

Art. 2625. Impedito controllo.

Gli amministratori che, occultando documenti o con altri idonei artifici, impediscono o comunque ostacolano lo svolgimento delle attività di controllo (1) legalmente attribuite ai soci o ad altri organi sociali (2) sono puniti con la sanzione amministrativa pecuniaria fino a 10.329 euro.

Se la condotta ha cagionato un danno ai soci, si applica la reclusione fino ad un anno e si procede a querela della persona offesa.

La pena è raddoppiata se si tratta di società con titoli quotati in mercati regolamentati italiani o di altri Stati dell'Unione europea o diffusi tra il pubblico in misura rilevante ai sensi dell'articolo 116 del testo unico di cui al decreto legislativo 24 febbraio 1998, n. 58 .

(1) Le parole: " o di revisione"sono state soppresse dal D.L.vo 27 gennaio 2010, n. 39.

(2) Le parole: " ad altri organi sociali o alle società di revisione" sono state modificate dal D.L.vo 27 gennaio 2010, n. 39.

CAPO II – DEGLI ILLECITI COMMESSI DAGLI AMMINISTRATORI

Art. 2626. Indebita restituzione dei conferimenti.

Gli amministratori che, fuori dei casi di legittima riduzione del capitale sociale, restituiscono, anche simulatamente, i conferimenti ai soci o li liberano dall'obbligo di eseguirli, sono puniti con la reclusione fino ad un anno.

Art. 2627. Illegale ripartizione degli utili e delle riserve.

Salvo che il fatto non costituisca più grave reato, gli amministratori che ripartiscono utili o acconti su utili non effettivamente conseguiti o destinati per legge a riserva, ovvero che ripartiscono riserve, anche non costituite con utili, che non possono per legge essere distribuite, sono puniti con l'arresto fino ad un anno.

La restituzione degli utili o la ricostituzione delle riserve prima del termine previsto per l'approvazione del bilancio estingue il reato.

Art. 2628. Illecite operazioni sulle azioni o quote sociali o della società controllante.

Gli amministratori che, fuori dei casi consentiti dalla legge, acquistano o sottoscrivono azioni o quote sociali, cagionando una lesione all'integrità del capitale sociale o delle riserve non distribuibili per legge, sono puniti con la reclusione fino ad un anno.

La stessa pena si applica agli amministratori che, fuori dei casi consentiti dalla legge, acquistano o sottoscrivono azioni o quote emesse dalla società controllante, cagionando una lesione del capitale sociale o delle riserve non distribuibili per legge.

Se il capitale sociale o le riserve sono ricostituiti prima del termine previsto per l'approvazione del bilancio relativo all'esercizio in relazione al quale è stata posta in essere la condotta, il reato è estinto.

Art. 2629. Operazioni in pregiudizio dei creditori.

Gli amministratori che, in violazione delle disposizioni di legge a tutela dei creditori, effettuano riduzioni del capitale sociale o fusioni con altra società o scissioni, cagionando danno ai creditori, sono puniti, a querela della persona offesa, con la reclusione da sei mesi a tre anni.

Il risarcimento del danno ai creditori prima del giudizio estingue il reato.

CAPO III – DEGLI ILLECITI COMMESSI TRAMITE MEDIANTE OMISSIONE

Art. 2629-bis. Omessa comunicazione del conflitto d'interessi.

L'amministratore o il componente del consiglio di gestione di una società con titoli quotati in mercati regolamentati italiani o di altro Stato dell'Unione europea o diffusi tra il pubblico in misura rilevante ai sensi dell'articolo 116 del testo unico di cui al decreto legislativo 24 febbraio 1998, n. 58, e successive modificazioni, ovvero di un soggetto sottoposto a vigilanza ai sensi del testo unico di cui al decreto legislativo 1° settembre 1993, n. 385, del citato testo unico di cui al decreto legislativo n. 58 del 1998, del decreto legislativo 7 settembre 2005, n. 209 (1), del decreto legislativo 21 aprile 1993, n. 124, che viola gli obblighi previsti dall'articolo 2391, primo comma, è punito con la reclusione da uno a tre anni, se dalla violazione siano derivati danni alla società o a terzi.

(1) Le originarie parole: "legge 12 agosto 1982, n. 576" sono state sostituite dal D.L.vo 29 dicembre 2006, n. 303.

Art. 2630. Omessa esecuzione di denunce, comunicazioni o depositi. (1)

Chiunque, essendovi tenuto per legge a causa delle funzioni rivestite in una società o in un consorzio, omette di eseguire, nei termini prescritti, denunce, comunicazioni o depositi presso il registro delle imprese, ovvero omette di fornire negli atti, nella corrispondenza e nella rete telematica le informazioni prescritte dall'articolo 2250, primo, secondo, terzo e quarto comma, è punito con la sanzione amministrativa pecuniaria da 103 euro a 1.032 euro.

Se la denuncia, la comunicazione o il deposito avvengono nei trenta giorni successivi alla scadenza dei termini prescritti, la sanzione amministrativa pecuniaria è ridotta ad un terzo. Se si tratta di omesso deposito dei bilanci, la sanzione amministrativa pecuniaria è aumentata di un terzo.

(1) L'articolo che così recitava: "Chiunque, essendovi tenuto per legge a causa delle funzioni rivestite in una società o in un consorzio, omette di eseguire, nei termini prescritti, denunce, comunicazioni o depositi presso il registro delle imprese, ovvero omette di fornire negli atti, nella corrispondenza e nella rete telematica le informazioni prescritte dall'articolo 2250, primo, secondo, terzo e quarto comma (2), è punito con la sanzione amministrativa pecuniaria da 206 euro a 2.065 euro.
Se si tratta di omesso deposito dei bilanci, la sanzione amministrativa pecuniaria è aumentata di un terzo." è stato sostituito dalla L. 11 novembre 2011, n. 180.
(2) Le parole: "ovvero omette di fornire negli atti, nella corrispondenza e nella rete telematica le informazioni prescritte dall'articolo 2250, primo, secondo, terzo e quarto comma" sono state inserite dall'art. 42, comma 2, della L. 7 luglio 2009, n. 88.

Art. 2631. Omessa convocazione dell'assemblea.

Gli amministratori e i sindaci che omettono di convocare l'assemblea dei soci nei casi previsti dalla legge o dallo statuto, nei termini ivi previsti, sono puniti con la sanzione amministrativa pecuniaria da 1.032 a 6.197 euro. Ove la legge o lo statuto non prevedano espressamente un termine, entro il quale effettuare la convocazione, questa si considera omessa allorché siano trascorsi trenta giorni dal momento in cui amministratori e sindaci sono venuti a conoscenza del presupposto che obbliga alla convocazione dell'assemblea
dei soci.

La sanzione amministrativa pecuniaria è aumentata di un terzo in caso di convocazione a seguito di perdite o per effetto di espressa legittima richiesta da parte dei soci.

CAPO IV – DEGLI ATTI ILLECITI, DELLE CIRCOSTANZE ATTENUANTI E DELLE MISURE DI SICUREZZA PATRIMONIALI

Art. 2632. Formazione fittizia del capitale.

Gli amministratori e i soci conferenti che, anche in parte, formano od aumentano
fittiziamente il capitale sociale mediante attribuzioni di azioni o quote in misura complessivamente superiore all'ammontare del capitale sociale, sottoscrizione reciproca di azioni o quote, sopravvalutazione rileCODICE
CIVILE

vante dei conferimenti di beni in natura o di crediti ovvero del patrimonio della società nel caso di trasformazione, sono puniti con la reclusione fino ad un anno.

Art. 2633. Indebita ripartizione dei beni sociali da parte dei liquidatori.

I liquidatori che, ripartendo i beni sociali tra i soci prima del pagamento dei creditori sociali o dell'accantonamento delle somme necessarie a soddisfarli, cagionano danno ai creditori, sono puniti, a querela della persona offesa, con la reclusione da sei mesi a tre anni.

Il risarcimento del danno ai creditori prima del giudizio estingue il reato.

Art. 2634. Infedeltà patrimoniale.

Gli amministratori, i direttori generali e i liquidatori, che, avendo un interesse in conflitto con quello della società, al fine di procurare a sé o ad altri un ingiusto profitto o altro vantaggio, compiono o concorrono a deliberare atti di disposizione dei beni sociali, cagionando intenzionalmente alla società un danno patrimoniale, sono puniti con la reclusione da sei mesi a tre anni.

La stessa pena si applica se il fatto è commesso in relazione a beni posseduti o amministrati dalla società per conto di terzi, cagionando a questi ultimi un danno patrimoniale.

In ogni caso non è ingiusto il profitto della società collegata o del gruppo, se compensato da vantaggi, conseguiti o fondatamente prevedibili, derivanti dal collegamento o dall'appartenenza al gruppo.

Per i delitti previsti dal primo e secondo comma si procede a querela della persona offesa.

Art. 2635. Corruzione tra privati. (1)

Salvo che il fatto costituisca più grave reato, gli amministratori, i direttori generali, i dirigenti preposti alla redazione dei documenti contabili societari, i sindaci e i liquidatori, che, a seguito della dazione o della promessa di denaro o altra utilità, per sé o per altri, compiono od omettono atti, in violazione degli obblighi inerenti al loro ufficio o degli obblighi di fedeltà, cagionando nocumento alla società, sono puniti con la reclusione da uno a tre anni.

Si applica la pena della reclusione fino a un anno e sei mesi se il fatto è commesso da chi è sottoposto alla direzione o alla vigilanza di uno dei soggetti indicati al primo comma.

Chi dà o promette denaro o altra utilità alle persone indicate nel primo e nel secondo comma è punito con le pene ivi previste.

Le pene stabilite nei commi precedenti sono raddoppiate se si tratta di società con titoli quotati in mercati regolamentati italiani o di altri Stati dell'Unione europea o diffusi tra il pubblico in misura rilevante ai sensi dell'articolo 116 del testo unico delle disposizioni in materia di intermediazione finanziaria, di cui al decreto legislativo 24 febbraio 1998, n. 58, e successive modificazioni.

Si procede a querela della persona offesa, salvo che dal fatto derivi una distorsione della concorrenza nella acquisizione di beni o servizi.

(1) L'articolo che recitava: "Infedeltà a seguito di dazione o promessa di utilità. Gli amministratori, i direttori generali, i dirigenti preposti alla redazione dei documenti contabili societari, i sindaci, e i liquidatori, i quali, a seguito della dazione o della promessa di utilità, compiono od omettono atti, in violazione degli obblighi inerenti al loro ufficio, cagionando nocumento alla società, sono puniti con la reclusione sino a tre anni. (2)

La stessa pena si applica a chi dà o promette l'utilità.

La pena è raddoppiata se si tratta di società con titoli quotati in mercati regolamentati italiani o di altri Stati dell'Unione europea o diffusi tra il pubblico in misura rilevante ai sensi dell'articolo 116 del testo unico di cui al decreto legislativo 24 febbraio 1998, n. 58.

Si procede a querela della persona offesa." è stato così sostituito dall'art. 1, L. 6 novembre 2012, n. 190.

(2) Comma così modificato dal D.Lgs. 27 gennaio 2010, n. 39.

Art. 2636. Illecita influenza sull'assemblea.

Chiunque, con atti simulati o fraudolenti, determina la maggioranza in assemblea, allo scopo di procurare a sé o ad altri un ingiusto profitto, è punito con la reclusione da sei mesi a tre anni.

Art. 2637. Aggiotaggio.

Chiunque diffonde notizie false, ovvero pone in essere operazioni simulate o altri artifici concretamente idonei a provocare una sensibile alterazione del prezzo di strumenti finanziari non quotati o per i quali non è stata presentata una richiesta di ammissione alle negoziazioni in un mercato regolamentato, ovvero ad incidere in modo significativo sull'affidamento che il pubblico ripone nella stabilità patrimoniale di banche o di gruppi bancari, è punito con la pena della reclusione da uno a cinque anni.

Art. 2638. Ostacolo all'esercizio delle funzioni delle autorità pubbliche di vigilanza.

Gli amministratori, i direttori generali, i dirigenti preposti alla redazione dei documenti contabili societari, i sindaci e i liquidatori di società o enti e gli altri soggetti sottoposti per legge alle autorità pubbliche di vigilanza, o tenuti ad obblighi nei loro confronti, i quali nelle comunicazioni alle predette autorità previste in base alla legge, al fine di ostacolare l'esercizio delle funzioni di vigilanza, espongono fatti materiali non rispondenti al vero, ancorché oggetto di valutazioni, sulla situazione economica, patrimoniale o finanziaria dei sottoposti alla vigilanza ovvero, allo stesso fine, occultano con altri mezzi fraudolenti, in tutto o in parte fatti che avrebbero dovuto comunicare, concernenti la situazione medesima, sono puniti con la reclusione da uno a quattro anni. La punibilità è estesa anche al caso in cui le informazioni riguardino beni posseduti o amministrati dalla società per conto di terzi.

Sono puniti con la stessa pena gli amministratori, i direttori generali, i dirigenti preposti alla redazione dei documenti contabili societari, i sindaci e i liquidatori di società, o enti e gli altri soggetti sottoposti per legge alle autorità pubbliche di vigilanza o tenuti ad obblighi nei loro confronti, i quali, in qualsiasi forma, anche omettendo le comunicazioni dovute alle predette autorità, consapevolmente ne ostacolano le funzioni.

La pena è raddoppiata se si tratta di società con titoli quotati in mercati regolamentati italiani o di altri Stati dell'Unione europea o diffusi tra il pubblico in misura rilevante ai sensi dell'articolo 116 del testo unico di cui al decreto legislativo 24 febbraio 1998, n. 58.

Art. 2639. Estensione delle qualifiche soggettive.

Per i reati previsti dal presente titolo al soggetto formalmente investito della qualifica o titolare della funzione prevista dalla legge civile è equiparato sia chi è tenuto a svolgere la stessa funzione, diversamente qualificata, sia chi esercita in modo continuativo e significativo i poteri tipici inerenti alla qualifica o alla funzione.

Fuori dei casi di applicazione delle norme riguardanti i delitti dei pubblici ufficiali contro la pubblica amministrazione, le disposizioni sanzionatorie relative agli amministratori si applicano anche a coloro che sono legalmente incaricati dall'autorità giudiziaria o dall'autorità pubblica di vigilanza di amministrare la società o i beni dalla stessa posseduti o gestiti per conto di terzi.

Art. 2640. Circostanza attenuante.

Se i fatti previsti come reato agli articoli precedenti hanno cagionato un'offesa di particolare tenuità la pena è diminuita.

Art. 2641. Confisca.

In caso di condanna o di applicazione della pena su richiesta delle parti per uno dei reati previsti dal presente titolo è ordinata la confisca del prodotto o del profitto del reato e dei beni utilizzati per commetterlo.

Quando non è possibile l'individuazione o l'apprensione dei beni indicati nel comma primo, la confisca ha ad oggetto una somma di denaro o beni di valore equivalente.

Per quanto non stabilito nei commi precedenti si applicano le disposizioni dell'articolo 240 del codice penale.

Art. 2642.

(...) (1)

(1) Questo articolo è stato abrogato dall'art. 1 del D.L.vo 11 aprile 2002, n. 61 che ha interamente sostituito il Titolo XI, recante disposizioni in materia di società e consorzi, ora comprensivo degli art. 2621 – 2641.

CODICE CIVILE
Libro VI - Della tutela dei diritti

Sommario

TITOLO I - DELLA TRASCRIZIONE 199

TITOLO II – DELLE PROVE 204

TITOLO III – DELLA RESPONSABILITA' PATRIMONIALE, DELLE CAUSE DI PRELAZIONE E DELLA CONSERVAZIONE DELLA GARANZIA PATRIMONIALE 207

TITOLO IV – DELLA TUTELA GIURISDIZIONALE DEI DIRITTI 218

TITOLO V – DELLA PRESCRIZIONE E DELLA DECADENZA 220

CODICE CIVILE
LIBRO SESTO - DELLA TUTELA DEI DIRITTI
TITOLO I - DELLA TRASCRIZIONE
CAPO I – DELLA TRASCRIZIONE DEGLI ATTI RELATIV AI BENI IMMOBILI

Art. 2643. Atti soggetti a trascrizione.

Si devono rendere pubblici col mezzo della trascrizione:

1) i contratti che trasferiscono la proprietà di beni immobili;

2) i contratti che costituiscono, trasferiscono o modificano il diritto di usufrutto su beni immobili, il diritto di superficie i diritti del concedente e dell'enfiteuta;

2-bis) i contraenti che trasferiscono, costituiscono o modificano i diritti edificatori comunque denominati, previsti da normative statali o regionali, ovvero da strumenti di pianificazione territoriale; (1)

3) i contratti che costituiscono la comunione dei diritti menzionati nei numeri precedenti;

4) i contratti che costituiscono o modificano servitù prediali, il diritto di uso sopra beni immobili, il diritto di abitazione;

5) gli atti tra vivi di rinunzia ai diritti menzionati nei numeri precedenti;

6) i provvedimenti con i quali nell'esecuzione forzata si trasferiscono la proprietà di beni immobili o altri diritti reali immobiliari, eccettuato il caso di vendita seguita nel processo di liberazione degli immobili dalle ipoteche a favore del terzo acquirente;

7) gli atti e le sentenze di affrancazione del fondo enfiteutico;

8) i contratti di locazione di beni immobili che hanno durata superiore a nove anni;

9) gli atti e le sentenze da cui risulta liberazione o cessione di pigioni o di fitti non ancora scaduti, per un termine maggiore di tre anni;

10) i contratti di società e di associazione con i quali si conferisce il godimento di beni immobili o di altri diritti reali immobiliari, quando la durata della società o dell'associazione eccede i nove anni o è indeterminata;

11) gli atti di costituzione dei consorzi che hanno l'effetto indicato dal numero precedente;

12) i contratti di anticresi;

12-bis) gli accordi di mediazione che accertano l'usucapione con la sottoscrizione del processo verbale autenticata da un pubblico ufficiale a ciò autorizzato; (2)

13) le transazioni che hanno per oggetto controversie sui diritti menzionati nei numeri precedenti;

14) le sentenze che operano la costituzione, il trasferimento o la modificazione di uno dei diritti menzionati nei numeri precedenti.

(1) Numero inserito dal D.L. 13 maggio 2011, n. 70, convertito con L. 12 luglio 2011, n. 106.

(2) Numero inserito dall'art. 84-bis, comma 1, D.L. 21 giugno 2013, n. 69, convertito con L. 9 agosto 2013, n. 98.

Art. 2644. Effetti della trascrizione.

Gli atti enunciati nell'articolo precedente non hanno effetto riguardo ai terzi che a qualunque titolo hanno acquistato diritti sugli immobili in base a un atto trascritto o iscritto anteriormente alla trascrizione degli atti medesimi.

Seguita la trascrizione, non può avere effetto contro colui che ha trascritto alcuna trascrizione o iscrizione di diritti acquistati verso il suo autore, quantunque l'acquisto risalga a data anteriore.

Art. 2645. Altri atti soggetti a trascrizione.

Deve del pari rendersi pubblico, agli effetti previsti dall'articolo precedente, ogni altro atto o provvedimento che produce in relazione a beni immobili o a diritti immobiliari taluno degli effetti dei contratti menzionati nell'articolo 2643, salvo che dalla legge risulti che la trascrizione non è richiesta o è richiesta a effetti diversi.

Art. 2645-bis. Trascrizione di contratti preliminari.

1. I contratti preliminari aventi ad oggetto la conclusione di taluno dei contratti di cui ai numeri 1), 2), 3) e 4) dell'articolo 2643, anche se sottoposti a condizione o relativi a edifici da costruire o in corso di costruzione, devono essere trascritti se risultano da atto pubblico o da scrittura privata con sottoscrizione autentica o accertata giudizialmente.

2. La trascrizione del contratto definitivo o di altro atto che costituisca comunque esecuzione dei contratti preliminari di cui al comma 1, ovvero della sentenza che accoglie la domanda diretta ad ottenere l'esecuzione in forma

specifica dei contratti preliminari predetti, prevale sulle trascrizioni ed iscrizioni
eseguite contro il promittente alienante dopo la trascrizione del contratto preliminare.

3. Gli effetti della trascrizione del contratto preliminare cessano e si considerano
come mai prodotti se entro un anno dalla data convenuta tra le parti
per la conclusione del contratto definitivo, e in ogni caso entro tre anni
dalla trascrizione predetta, non sia eseguita la trascrizione del contratto
definitivo o di altro atto che costituisca comunque esecuzione del contratto
preliminare o della domanda giudiziale di cui all'articolo 2652, primo comma, numero 2).

4. I contratti preliminari aventi ad oggetto porzioni di edifici da costruire o
in corso di costruzione devono indicare, per essere trascritti, la superficie
utile della porzione di edificio e la quota del diritto spettante al promissario
acquirente relativa all'intero costruendo edificio espressa in millesimi.

5. Nel caso previsto nel comma 4 la trascrizione è eseguita con riferimento
al bene immobile per la quota determinata secondo le modalità di cui al
comma stesso. Non appena l'edificio viene ad esistenza gli effetti della tra
scrizione si producono rispetto alle porzioni materiali corrispondenti alle
quote di proprietà predeterminate nonché alle relative parti comuni. L'eventuale
differenza di superficie o di quota contenuta nei limiti di un ventesimo
rispetto a quelle indicate nel contratto preliminare non produce effetti.

6. Ai fini delle disposizioni di cui al comma 5, si intende esistente l'edificio
nel quale sia stato eseguito il rustico, comprensivo delle mura perimetrali
delle singole unità, e sia stata completata la copertura.

Cfr. Cassazione civile, SS.UU., sentenza 1° ottobre 2009, n. 21045 in Altalex Massimario.

Art. 2645-ter. Trascrizione di atti di destinazione per la realizzazione di interessi meritevoli di tutela riferibili a persone con disabilità, a pubbliche amministrazioni, o ad altri enti o persone fisiche.

Gli atti in forma pubblica con cui beni immobili o beni mobili iscritti in pubblici
registri sono destinati, per un periodo non superiore a novanta anni o
per la durata della vita della persona fisica beneficiaria, alla realizzazione di
interessi meritevoli di tutela riferibili a persone con disabilità, a pubbliche
amministrazioni, o ad altri enti o persone fisiche ai sensi dell'articolo 1322,
secondo comma, possono essere trascritti al fine di rendere opponibile ai
terzi il vincolo di destinazione; per la realizzazione di tali interessi può agire,
oltre al conferente, qualsiasi interessato anche durante la vita del conferente
stesso. I beni conferiti e i loro frutti possono essere impiegati solo per la
realizzazione del fine di destinazione e possono costituire oggetto di esecuzione,
salvo quanto previsto dall'articolo 2915, primo comma, solo per debiti
contratti per tale scopo.

Art. 2645-quater. Trascrizione di atti costitutivi di vincolo. (1)

Si devono trascrivere, se hanno per oggetto beni immobili, gli atti di diritto
privato, i contratti e gli altri atti di diritto privato, anche unilaterali, nonché
le convenzioni e i contratti con i quali vengono costituiti a favore dello Stato,
della regione, degli altri enti pubblici territoriali ovvero di enti svolgenti
un servizio di interesse pubblico, vincoli di uso pubblico o comunque ogni
altro vincolo a qualsiasi fine richiesto dalle normative statali e regionali,
dagli strumenti urbanistici comunali nonché dai conseguenti strumenti di
pianificazione territoriale e dalle convenzioni urbanistiche a essi relative.

(1) Questo articolo è stato aggiunto dall'art. 6, D.L. 2 marzo 2012, n. 16, convertito con L. 26 aprile 2012, n. 44.

Art. 2646. Trascrizione delle divisioni.

Si devono trascrivere le divisioni che hanno per oggetto beni immobili, come
pure i provvedimenti di aggiudicazione degli immobili divisi mediante
incanto, i provvedimenti di attribuzione delle quote tra condividenti, e i
verbali di estrazione a sorte delle quote.
Si devono pure trascrivere la domanda di divisione giudiziale e l'atto di opposizione
indicato dall'art. 1113, per gli effetti ivi enunciati.

Art. 2647. Costituzione del fondo patrimoniale e separazione di beni.

Devono essere trascritti, se hanno per oggetto beni immobili, la costituzione
del fondo patrimoniale, le convenzioni matrimoniali che escludono i beni
medesimi dalla comunione tra i coniugi, gli atti e i provvedimenti di scioglimento
della comunione, gli atti di acquisto di beni personali a norma delle
lettere c), d), e) ed f) dell'articolo 179, a carico, rispettivamente, dei coniugi
titolari del fondo patrimoniale o del coniuge titolare del bene escluso o che
cessa di far parte della comunione.
Le trascrizioni previste dal precedente comma devono essere eseguite anche
relativamente ai beni immobili che successivamente entrano a far parte
del patrimonio familiare o risultano esclusi dalla comunione tra i coniugi.
La trascrizione del vincolo derivante dal fondo patrimoniale costituito per
testamento deve essere eseguita d'ufficio dal conservatore contemporaneamente
alla trascrizione dell'acquisto a causa di morte.

Art. 2648. Accettazione di eredità e acquisto di legato.

Si devono trascrivere l'accettazione dell'eredità che importi acquisto dei
diritti enunciati nei numeri 1, 2 e 4 dell'articolo 2643 o liberazione dai medesimi
e l'acquisto del legato che abbia lo stesso oggetto.
La trascrizione dell'accettazione dell'eredità si opera in base alla dichiarazione
del chiamato all'eredità, contenuta in un atto pubblico ovvero in una
scrittura privata con sottoscrizione autenticata o accertata giudizialmente.
Se il chiamato ha compiuto uno degli atti che importano accettazione tacita
dell'eredità, si può richiedere la trascrizione sulla base di quell'atto, qualora
esso risulti da sentenza, da atto pubblico o da scrittura privata con sottoscrizione
autenticata o accertata giudizialmente.
La trascrizione dell'acquisto del legato si opera sulla base di un estratto autentico
del testamento.

Art. 2649. Cessione dei beni ai creditori.

Deve essere trascritta, qualora comprenda beni immobili, la cessione che il debitore fa dei suoi beni ai creditori, perché questi procedano alla liquidazione dei medesimi e alla ripartizione del ricavato.

Non hanno effetto, rispetto ai creditori, le trascrizioni o iscrizioni di diritti acquistati verso il debitore, se eseguite dopo che la cessione è stata trascritta.

Art. 2650. Continuità delle trascrizioni.

Nei casi in cui per le disposizioni precedenti, un atto di acquisto è soggetto a trascrizione, le successive trascrizioni o iscrizioni a carico dell'acquirente non producono effetto, se non è stato trascritto l'atto anteriore di acquisto.

Quando l'atto anteriore di acquisto è stato trascritto, le successive trascrizioni o iscrizioni producono effetto secondo il loro ordine rispettivo, salvo il disposto dell'articolo 2644.

L'ipoteca legale a favore dell'alienante e quella a favore del condividente, iscritte contemporaneamente alla trascrizione del titolo di acquisto o della divisione, prevalgono sulle trascrizioni o iscrizioni eseguite anteriormente contro l'acquirente o il condividente tenuto al conguaglio.

Art. 2651. Trascrizione di sentenze.

Si devono trascrivere le sentenze da cui risulta estinto per prescrizione o acquistato per usucapione ovvero in altro modo non soggetto a trascrizione uno dei diritti indicati dai numeri 1, 2 e 4 dell'articolo 2643.

Art. 2652. Domande riguardanti atti soggetti a trascrizione. Effetti delle relative trascrizioni rispetto ai terzi.

Si devono trascrivere, qualora si riferiscano ai diritti menzionati nell'articolo 2643, le domande giudiziali indicate dai numeri seguenti, agli effetti per ciascuna di esse previsti:

1) le domande di risoluzione dei contratti e quelle indicate dal secondo comma dell'articolo 648 e dall'ultimo comma dell'articolo 793, le domande di rescissione, le domande di revocazione delle donazioni, nonché quelle indicate dall'articolo 524.

Le sentenze che accolgono tali domande non pregiudicano i diritti acquistati dai terzi in base a un atto trascritto o iscritto anteriormente alla trascrizione della domanda;

2) le domande dirette a ottenere la esecuzione in forma specifica dell'obbligo a contrarre.

La trascrizione della sentenza che accoglie la domanda prevale sulle trascrizioni e iscrizioni eseguite contro il convenuto dopo la trascrizione della domanda;

3) le domande dirette a ottenere l'accertamento giudiziale della sottoscrizione di scritture private in cui si contiene un atto soggetto a trascrizione o a iscrizione.

La trascrizione o l'iscrizione dell'atto contenuto nella scrittura produce effetto dalla data in cui è stata trascritta la domanda;

4) le domande dirette all'accertamento della simulazione di atti soggetti a trascrizione.

La sentenza che accoglie la domanda non pregiudica i diritti acquistati dai terzi di buona fede in base a un atto trascritto o iscritto anteriormente alla trascrizione della domanda;

5) le domande di revoca degli atti soggetti a trascrizione, che siano stati compiuti in pregiudizio dei creditori.

La sentenza che accoglie la domanda non pregiudica i diritti acquistati a titolo oneroso dai terzi di buona fede in base a un atto trascritto o iscritto anteriormente alla trascrizione della domanda;

6) le domande dirette a far dichiarare la nullità o a far pronunziare l'annullamento di atti soggetti a trascrizione e le domande dirette a impugnare la validità della trascrizione.

Se la domanda è trascritta dopo cinque anni dalla data della trascrizione dell'atto impugnato, la sentenza che l'accoglie non pregiudica i diritti acquistati a qualunque titolo dai terzi di buona fede in base a un atto trascritto o iscritto anteriormente alla trascrizione della domanda. Se però la domanda è diretta a far pronunziare l'annullamento per una causa diversa dalla incapacità legale, la sentenza che l'accoglie non pregiudica i diritti acquistati dai terzi di buona fede in base a un atto trascritto o iscritto anteriormente alla trascrizione della domanda, anche se questa è stata trascritta prima che siano decorsi cinque anni dalla data della trascrizione dell'atto impugnato, purché in questo caso i terzi abbiano acquistato a titolo oneroso;

7) le domande con le quali si contesta il fondamento, di un acquisto a causa di morte.

Salvo quanto disposto dal secondo e dal terzo comma dell'art. 534, se la trascrizione della domanda è eseguita dopo cinque anni dalla data della trascrizione dell'acquisto, la sentenza che accoglie la domanda non pregiudica i terzi di buona fede che, in base a un atto trascritto o iscritto anteriormente alla trascrizione della domanda, hanno a qualunque titolo acquistato diritti da chi appare erede o legatario;

8) le domande di riduzione delle donazioni e delle disposizioni testamentarie per lesione di legittima.

Se la trascrizione è eseguita dopo dieci anni dall'apertura della successione, la sentenza che accoglie la domanda non pregiudica i terzi che hanno acquistato a titolo oneroso diritti in base a un atto trascritto o iscritto anteriormente alla trascrizione della domanda;

9) le domande di revocazione e quelle di opposizione di terzo contro le sentenze soggette a trascrizione per le cause previste dai numeri 1, 2, 3 e 6 dell'articolo 395 del c.p.c. e dal secondo comma dell'art. 404 dello stesso codice.

Se la domanda è trascritta dopo cinque anni dalla trascrizione della sentenza impugnata, la sentenza che l'accoglie non pregiudica i diritti acquistati dai terzi di buona fede in base a un atto trascritto o iscritto anteriormente alla trascrizione della domanda.

Alla domanda giudiziale è equiparato l'atto notificato con il quale la parte, in presenza di compromesso o di clausola compromissoria, dichiara all'altra la propria intenzione di promuovere il procedimento arbitrale, propone la domanda e procede, per quanto le spetta, alla nomina degli arbitri.

Art. 2653. Altre domande e atti soggetti a trascrizione a diversi effetti.
Devono parimenti essere trascritti:
1) le domande dirette a rivendicare la proprietà o altri diritti reali di godimento su beni immobili e le domande dirette all'accertamento dei diritti stessi.
La sentenza pronunciata contro il convenuto indicato nella trascrizione della domanda ha effetto anche contro coloro che hanno acquistato diritti dal medesimo in base a un atto trascritto dopo la trascrizione della domanda;
2) la domanda di devoluzione del fondo enfiteutico.
La pronunzia di devoluzione ha effetto anche nei confronti di coloro che hanno acquistato diritti dall'enfiteuta in base a un atto trascritto posteriormente alla trascrizione della domanda;
3) le domande e le dichiarazioni di riscatto nella vendita di beni immobili.
Se la trascrizione di tali domande o dichiarazioni è eseguita dopo sessanta giorni dalla scadenza del termine per l'esercizio del riscatto, restano salvi i diritti acquistati dai terzi dopo la scadenza del termine medesimo in base a un atto trascritto o iscritto anteriormente alla trascrizione della domanda o della dichiarazione;
4) le domande di separazione degli immobili dotali (1) e quelle di scioglimento della comunione tra coniugi avente per oggetto beni immobili.
La sentenza che pronunzia la separazione o lo scioglimento non ha effetto a danno dei terzi che, anteriormente alla trascrizione della domanda, hanno validamente acquistato dal marito diritti relativi a beni dotali (1) o a beni della comunione;
5) gli atti e le domande che interrompono il corso dell'usucapione di beni immobili.
L'interruzione non ha effetto riguardo ai terzi che hanno acquistato diritti dal possessore in base a un atto trascritto o iscritto, se non dalla data della trascrizione dell'atto o della domanda.
Alla domanda giudiziale è equiparato l'atto notificato con il quale la parte, in presenza di compromesso o di clausola compromissoria, dichiara all'altra la propria intenzione di promuovere il procedimento arbitrale, propone la domanda e procede, per quanto le spetta, alla nomina degli arbitri.
(1) L'istituto della dote è stato soppresso dalla L. 19 maggio 1975, n. 151.

Art. 2654. Annotazione di domande o atti soggetti a trascrizione.
La trascrizione degli atti e delle domande indicati dai due articoli precedenti dev'essere anche annotata in margine alla trascrizione o iscrizione, quando si riferisce a un atto trascritto o iscritto.

Art. 2655. Annotazione di atti e di sentenze.
Qualora un atto trascritto o iscritto sia dichiarato nullo o sia annullato, risoluto, rescisso, o revocato, o sia soggetto a condizione risolutiva, la dichiarazione di nullità e, rispettivamente, l'annullamento, la risoluzione, la rescissione, la revocazione, l'avveramento della condizione devono annotarsi in margine alla trascrizione o alla iscrizione dell'atto.
Si deve del pari annotare, in margine alla trascrizione della relativa domanda, la sentenza di devoluzione del fondo enfiteutico.
Se tali annotazioni non sono eseguite, non producono effetto le successive trascrizioni o iscrizioni a carico di colui che ha ottenuto la dichiarazione di nullità o l'annullamento, la risoluzione, la rescissione, la revoca o la devoluzione o a favore del quale si è avverata la condizione. Eseguita l'annotazione, le trascrizioni o iscrizioni già compiute hanno il loro effetto secondo l'ordine rispettivo.
L'annotazione si opera in base alla sentenza o alla convenzione da cui risulta uno dei fatti sopra indicati; se si tratta di condizione, può eseguirsi in virtù della dichiarazione unilaterale del contraente in danno del quale la condizione stessa si è verificata.

Art. 2656. Forme per l'annotazione.
L'annotazione si esegue secondo le norme, stabilite dagli articoli seguenti per la trascrizione, in quanto applicabili.

Art. 2657. Titolo per la trascrizione.
La trascrizione non si può eseguire se non in forza di sentenza di atto pubblico o di scrittura privata con sottoscrizione autenticata o accertata giudizialmente.
Le sentenze e gli atti seguiti in paese estero devono essere legalizzati.

Art. 2658. Atti da presentare al conservatore.
La parte che domanda la trascrizione del titolo deve presentare al conservatore dei registri immobiliari copia autenticata, se si tratta di atti pubblici o di sentenze, e, se si tratta di scritture private, deve presentare l'originale, salvo che questo si trovi depositato in un pubblico archivio o negli atti di un notaio. In questo caso basta la presentazione di una copia autenticata dall'archivista o dal notaio, dalla quale risulti che la scrittura ha i requisiti indicati dall'articolo precedente.
Per la trascrizione di una domanda giudiziale occorre presentare copia autentica del documento che la contiene, munito della relazione di notifica alla controparte.

Art. 2659. Nota di trascrizione.
Chi domanda la trascrizione di un atto tra vivi deve presentare al conservatore dei registri immobiliari, insieme con la copia del titolo, una nota in doppio originale, nella quale devono essere indicati:
1) il cognome ed il nome, il luogo e data di nascita e il numero di codice fiscale delle parti, nonché il regime patrimoniale delle stesse, se coniugate, secondo quanto risulta da loro dichiarazione resa nel titolo o da certificato dell'ufficiale di stato civile; la denominazione o la ragione sociale, la sede e il numero di codice fiscale delle persone giuridiche, delle società previste dai capi II, III e IV del titolo V del libro quinto e delle associazioni non riconosciute,
con l'indicazione, per queste ultime e per le società semplici, anche delle generalità delle persone che le rappresentano secondo l'atto costitutivo.
Per i condominii devono essere indicati l'eventuale denominazione, l'ubicazione e il codice fiscale; (1)
2) il titolo di cui si chiede la trascrizione e la data del medesimo;
3) il cognome e il nome del pubblico ufficiale che ha ricevuto l'atto o autenticato le firme o l'autorità giudiziaria che ha pronunciato la sentenza;
4) la natura e la situazione dei beni a cui si riferisce il titolo, con le indicazioni richieste dall'articolo 2826, nonché, nel caso previsto dall'articolo 2645-bis, comma 4, la superficie e la quota espressa in millesimi di cui a quest'ultima

disposizione.

Se l'acquisto, la rinunzia o la modificazione del diritto sono sottoposti a termine o a condizione, se ne deve fare menzione nella nota di trascrizione. Tale menzione non è necessaria se, al momento in cui l'atto si trascrive, la condizione sospensiva si è verificata o la condizione risolutiva è mancata ovvero il termine iniziale è scaduto.

(1) Periodo aggiunto dall'art. 17, L. 11 dicembre 2012, n. 220, in vigore dal 17 giugno 2013.

Art. 2660. Trascrizione degli acquisti a causa di morte.

Chi domanda la trascrizione di un acquisto a causa di morte, deve presentare, oltre l'atto indicato dall'articolo 2648, il certificato di morte dell'autore della successione e una copia o un estratto autentico del testamento, se l'acquisto segue in base a esso.

Deve anche presentare una nota in doppio originale con le seguenti indicazioni:
1) il cognome e il nome, il luogo e la data di nascita dell'erede o legatario e del defunto;
2) la data di morte;
3) se la successione è devoluta per legge, il vincolo che univa all'autore il chiamato e la quota a questo spettante;
4) se la successione è devoluta per testamento, la forma e la data del medesimo, il nome del pubblico ufficiale che l'ha ricevuto o che l'ha in deposito;
5) la natura e la situazione dei beni con le indicazioni richieste dall'articolo 2826;
6) la condizione o il termine, qualora siano apposti alla disposizione testamentaria,
salvo il caso contemplato dal secondo comma del precedente articolo, nonché la sostituzione fidecommissaria, qualora sia stata disposta a norma dell'articolo 692.

Art. 2661. Ulteriori trascrizioni in base allo stesso titolo.

Quando si domanda la trascrizione di un acquisto a causa di morte e per la stessa successione è stato già trascritto altro acquisto in base allo stesso titolo, basta presentare l'atto di accettazione se si tratta di acquisto a titolo di erede. Deve essere anche indicata la trascrizione anteriormente eseguita, se si tratta dello stesso ufficio, e, se si tratta di ufficio diverso, deve essere presentato il certificato della trascrizione medesima.

Se chi ha trascritto anteriormente ha presentato un estratto del testamento, alla domanda di nuova trascrizione deve essere allegato, qualora occorra, un altro estratto o la copia dell'intero testamento.

Art. 2662. Trascrizione di acquisti a causa di morte in luogo di altri chiamati.

Qualora l'acquisto a causa di morte si colleghi alla rinunzia o alla morte di uno dei chiamati, chi domanda la trascrizione deve presentare il documento comprovante la morte o la rinunzia, facendone menzione nella nota.

Se invece l'acquisto dipende da altra ragione che impedisce ad alcuno dei chiamati di succedere, non è necessario esibire un documento che giustifichi la ragione stessa, ma il richiedente risponde dei danni, quando le sue dichiarazioni non corrispondono a verità.

Qualora alcuna delle cause di impedimento sopra indicate si sia constatata dopo la trascrizione dell'acquisto a causa di morte, essa si annota in margine alla trascrizione stessa, purché risulti da regolare documento.

Art. 2663. Ufficio in cui deve farsi la trascrizione.

La trascrizione deve essere fatta presso ciascun ufficio dei registri immobiliari nella cui circoscrizione sono situati i beni.

Art. 2664. Conservazione dei titoli. Trascrizione e restituzione della nota.

Il conservatore dei registri immobiliari deve custodire negli archivi, in appositi volumi, i titoli che gli sono consegnati e deve inserire, con numerazione progressiva annuale, nella raccolta delle note costituente il registro particolare delle trascrizioni uno degli originali della nota, indicandovi il giorno della consegna del titolo e il numero d'ordine assegnato nel registro generale.

Il conservatore deve restituire al richiedente uno degli originali della nota, nel quale deve certificare l'eseguita trascrizione con le indicazioni sopra accennate.

Art. 2665. Omissioni o inesattezze nelle note.

L'omissione o l'inesattezza di alcuna delle indicazioni richieste nelle note menzionate negli articoli 2659 e 2660 non nuoce alla validità della trascrizione, eccetto che induca incertezza sulle persone, sul bene o sul rapporto giuridico a cui si riferisce l'atto o, rispettivamente, la sentenza o la domanda.

Art. 2666. Limiti soggettivi dell'efficacia della trascrizione.

La trascrizione, da chiunque si faccia, giova a tutti coloro che vi hanno interesse.

Art. 2667. Atti compiuti per persona incapace.

I rappresentanti di persone incapaci e coloro che hanno prestato assistenza alle medesime devono curare che si esegua la trascrizione degli atti, delle sentenze o delle domande giudiziali che sono soggetti a trascrizione e rispetto ai quali essi hanno esercitato il loro ufficio.

La mancanza della trascrizione può anche essere opposta ai minori, agli interdetti
e a qualsiasi altro incapace, salvo ai medesimi il regresso contro i tutori, gli amministratori o i curatori che avevano l'obbligo della trascrizione.

La mancanza della trascrizione non può essere opposta dalle persone che avevano l'obbligo di eseguirla per i propri rappresentati o amministrati, né dai loro eredi.

Art. 2668. Cancellazione della trascrizione.

La cancellazione della trascrizione delle domande enunciate dagli articoli 2652 e 2653 e delle relative annotazioni si esegue quando è debitamente consentita dalle parti interessate ovvero è ordinata giudizialmente con sentenza passata in giudicato.

Deve essere giudizialmente ordinata, qualora la domanda sia rigettata o il processo sia estinto per rinunzia o per inattività delle parti.

Si deve cancellare l'indicazione della condizione o del termine negli atti trascritti,
quando l'avveramento o la mancanza della condizione ovvero la scadenza del termine risulta da sentenza o da dichiarazione, anche unilaterale, della parte, in danno della quale la condizione sospensiva si è verificata o la

condizione risolutiva è mancata ovvero il termine iniziale è scaduto.

Si deve cancellare la trascrizione dei contratti preliminari quando la cancellazione

è debitamente consentita dalle parti interessate ovvero è ordinata giudizialmente con sentenza passata in giudicato.

Art. 2668-bis. (1) Durata dell'efficacia della trascrizione della domanda giudiziale

La trascrizione della domanda giudiziale conserva il suo effetto per venti anni dalla sua data. L'effetto cessa se la trascrizione non è rinnovata prima che scada detto termine.

Per ottenere la rinnovazione si presenta al conservatore una nota in doppio originale conforme a quella della precedente trascrizione, in cui si dichiari che si intende rinnovare la trascrizione originaria.

In luogo del titolo si può presentare la nota precedente.

Il conservatore deve osservare le disposizioni dell'articolo 2664.

Se al tempo della rinnovazione gli immobili a cui si riferisce il titolo risultano dai registri delle trascrizioni passati agli eredi o aventi causa di colui contro il quale venne eseguita la formalità, la rinnovazione deve essere fatta anche nei confronti degli eredi o aventi causa e la nota deve contenere le indicazioni stabilite dall'articolo 2659, se queste risultano dai registri medesimi.

(1) Articolo inserito dall'art. 62 della L. 18 giugno 2009, n. 69.

Art. 2668-ter. (1) Durata dell'efficacia della trascrizione del pignoramento immobiliare e del sequestro conservativo sugli immobili

Le disposizioni di cui all'articolo 2668-bis si applicano anche nel caso di trascrizione

del pignoramento immobiliare e del sequestro conservativo sugli immobili.

(1) Articolo inserito dall'art. 62 della L. 18 giugno 2009, n. 69.

Art. 2669. Trascrizione anteriore al pagamento dell'imposta di registro.

La trascrizione può essere domandata, quantunque non sia stata ancora pagata l'imposta di registro a cui è oggetto il titolo, se si tratta di atto pubblico ricevuto nello Stato o di sentenza pronunziata da un'autorità giudiziaria dello Stato.

(...) (1)

(1) Il secondo comma che recitava: "In tal caso però il richiedente deve presentare al conservatore, oltre la nota indicata dall'articolo 2659, una copia della medesima, la quale, a cura del conservatore, deve essere vidimata e trasmessa immediatamente all'ufficiale incaricato di riscuotere l'imposta suddetta" è stato abrogato dall'art. 30 della L. 27 febbraio 1985, n. 52

Art. 2670. Spese della trascrizione.

Le spese della trascrizione devono essere anticipate da chi la domanda, salvo il diritto al rimborso verso l'interessato.

Se più sono gli interessati, ciascuno di essi deve rimborsare la persona che ha eseguito la trascrizione della parte di spesa corrispondente alla quota per cui è interessato.

Art. 2671. Obbligo dei pubblici ufficiali.

Il notaio o altro pubblico ufficiale che ha ricevuto o autenticato l'atto soggetto a trascrizione ha l'obbligo di curare che questa venga eseguita nel più breve tempo possibile, ed è tenuto al risarcimento dei danni in caso di ritardo, salva l'applicazione delle pene pecuniarie previste dalle leggi speciali, se lascia trascorrere trenta giorni dalla data dell'atto ricevuto o autenticato.

Rimangono ferme le disposizioni delle leggi speciali che stabiliscono a carico di altre persone l'obbligo di richiedere la trascrizione di determinati atti e le relative sanzioni.

Art. 2672. Leggi speciali.

Sono salve le disposizioni delle leggi speciali che richiedono la trascrizione di atti non contemplati dal presente capo e le altre disposizioni che non sono incompatibili con quelle contenute nel capo medesimo.

CAPO II – DELLA PUBBLICITA' DEI REGISTRI IMMOBILIARI E DELLA RESPONSABILITA' DEI CONSERVATORI

Art. 2673. Obblighi del conservatore.

Il conservatore dei registri immobiliari deve rilasciare a chiunque ne fa richiesta

copia delle trascrizioni, delle iscrizioni e delle annotazioni, o il certificato che non ve ne è alcuna.

Deve, altresì, permettere l'ispezione dei suoi registri nei modi e nelle ore fissati dalla legge.

Il conservatore deve anche rilasciare copia dei documenti che sono depositati presso di lui in originale o i cui originali sono depositati negli atti di un notaio o in pubblico archivio fuori della circoscrizione del tribunale nella quale ha sede il suo ufficio.

Art. 2674. Divieto di rifiutare gli atti del proprio ufficio.

Il conservatore può ricusare di ricevere le note e i titoli, se non sono in carattere intelligibile e non può riceverli quando il titolo non ha i requisiti stabiliti dagli articoli 2657, 2660, primo comma, 2821, 2835 e 2837 o non è presentato con le modalità previste dall'articolo 2658 e quando la nota non contiene le indicazioni prescritte dagli articoli 2659, 2660 e 2839, numeri 1), 3), 4) e 7.

In ogni altro caso il conservatore non può ricusare o ritardare di ricevere la consegna dei titoli presentati e di eseguire le trascrizioni, iscrizioni o annotazioni

richieste, nonché di spedire le copie o i certificati. Le parti possono far stendere immediatamente verbale del rifiuto o del ritardo da un notaio o da un ufficiale giudiziario assistito da due testimoni.

Cfr. Cassazione Civile, sez. III, sentenza 12 marzo 2008, n. 6628 in Altalex Massimario.

Art. 2674-bis. Trascrizione e iscrizione con riserva e impugnazione.

Al di fuori dei casi di cui al precedente articolo, qualora emergano gravi e fondati dubbi sulla trascrivibilità di un atto o sulla iscrivibilità di una ipoteca, il conservatore, su istanza della parte richiedente, esegue la formalità con riserva.

La parte a favore della quale è stata eseguita la formalità con riserva deve proporre reclamo all'autorità giudiziaria.

Art. 2675.

(...) (1)

(1) "Responsabilità del conservatore

Il conservatore è responsabile dei danni derivati:

1) dall'omissione, nei suoi registri, delle trascrizioni, delle iscrizioni e delle relative annotazioni, come pure dagli errori incorsi in tali operazioni;

2) dall'omissione, nei suoi certificati, delle trascrizioni, iscrizioni o annotazioni, come pure dagli errori incorsi nei medesimi, salvo che l'omissione o l'errore provenga da indicazioni insufficienti a lui non imputabili;

3) dalle cancellazioni indebitamente operate." Articolo abrogato dall'art. 2, L. 21 gennaio 1983, n. 22.

Art. 2676. Diversità tra registri, copie e certificati.

Nel caso di diversità tra i risultati dei registri e quelli delle copie o dei certificati
rilasciati dal conservatore dei registri immobiliari, prevale ciò che risulta
dai registri.

Art. 2677. Orario per le domande di trascrizione o di iscrizione.

Il conservatore non può ricevere alcuna domanda di trascrizione o di iscrizione
fuorché nelle ore, determinate dalla legge, nelle quali l'ufficio è aperto
al pubblico.

Art. 2678. Registro generale.

Il conservatore è obbligato a tenere un registro generale d'ordine in cui
giornalmente deve annotare, secondo l'ordine di presentazione, ogni titolo
che gli è rimesso perché sia trascritto, iscritto o annotato.

Questo registro deve indicare il numero d'ordine, il giorno della richiesta ed
il relativo numero di presentazione, la persona dell'esibitore e le persone
per cui la richiesta è fatta, i titoli presentati con la nota, l'oggetto della richiesta,
e cioè se questa è fatta per trascrizione, per iscrizione o per annotazione,
e le persone riguardo alle quali la trascrizione, la iscrizione o l'annotazione
si deve eseguire.

Appena avvenuta l'accettazione del titolo e della nota, il conservatore ne
deve dare ricevuta in carta libera all'esibitore, senza spesa; la ricevuta contiene
l'indicazione del numero di presentazione.

Art. 2679. Altri registri da tenersi dal conservatore.

Oltre al registro generale, il conservatore deve tenere, nei modi previsti
dall'articolo 2664, i registri particolari:

1) per le trascrizioni;
2) per le iscrizioni;
3) per le annotazioni.

Deve inoltre tenere gli altri registri che sono ordinati dalla legge.

Art. 2680. Tenuta del registro generale d'ordine.

Il registro generale deve essere vidimato in ogni foglio dal presidente o da
un giudice del tribunale nella cui circoscrizione è stabilito l'ufficio, indicando
nel relativo processo verbale il numero dei fogli e il giorno in cui sono stati
vidimati.

Questo registro deve essere scritto di seguito, senza spazi in bianco o interlinee
e senza aggiunte. Le cancellature di parole devono essere approvate
dal conservatore in fine di ciascun foglio con la sua firma e con l'indicazione
del numero delle parole cancellate.

Il registro, alla fine di ciascun giorno, deve essere chiuso con l'indicazione
del numero dei titoli annotati e firmato dal conservatore.

In esso si deve rigorosamente osservare la serie delle date, dei fogli e dei
numeri d'ordine.

Art. 2681. Divieto di rimozione dei registri.

I registri sopra indicati non possono essere rimossi dall'ufficio del conservatore,
fuorché per ordine di una corte d'appello, qualora ne sia riconosciuta
la necessità e mediante le cautele determinate dalla stessa corte.

Art. 2682.

(…) (1)

(1) "Sanzioni contro il conservatore" Articolo abrogato dall'art. 2, L. 21 gennaio 1983, n. 22.

CAPO III – DELLA TRASCRIZIONE DEGLI ATTI RELATIVI AD ALCUNI BENI MOBILI

SEZIONE I – Della trascrizione relativamente alle navi, agli aeromobili e agli autoveicoli

Art. 2683. Beni per i quali è disposta la pubblicità.

Devono essere resi pubblici col mezzo della trascrizione, osservate le altre
forme di pubblicità stabilite dalla legge, gli atti menzionati negli articoli
seguenti
quando hanno per oggetto:

1) le navi e i galleggianti iscritti nei registri indicati dal codice della navigazione;
2) gli aeromobili iscritti nei registri indicati dallo stesso codice;
3) gli autoveicoli iscritti nel pubblico registro automobilistico.

Art. 2684. Atti soggetti a trascrizione.

Sono soggetti alla trascrizione per gli effetti stabiliti dall'articolo 2644:

1) i contratti che trasferiscono la proprietà o costituiscono la comunione;
2) i contratti che costituiscono o modificano diritti di usufrutto o di uso o che trasferiscono il diritto di usufrutto;
3) gli atti tra vivi di rinunzia ai diritti indicati dai numeri precedenti;
4) le transazioni che hanno per oggetto controversie sui diritti indicati dai numeri precedenti;
5) i provvedimenti con i quali nel giudizio di espropriazione si trasferiscono la proprietà o gli altri diritti menzionati nei numeri precedenti;
6) le sentenze che operano la costituzione, la modificazione o il trasferimento di uno dei diritti indicati dai numeri precedenti.

Art. 2685. Altri atti soggetti a trascrizione.

Si devono trascrivere le divisioni e gli altri atti menzionati nell'articolo 2646,
la costituzione del fondo patrimoniale e gli altri atti menzionati nell'articolo
2647, l'accettazione dell'eredità e l'acquisto del legato che importano acquisto
dei diritti indicati dai numeri 1 e 2 dell'articolo 2684 o liberazione dai
medesimi.

La trascrizione ha gli effetti stabiliti per i beni immobili.

Art. 2686. Sentenze.

Devono essere trascritte, agli effetti dell'articolo 2644, le sentenze da cui
risulta acquistato, modificato o estinto uno dei diritti indicati dai numeri 1 e
2 dell'articolo 2684 in forza di un titolo non trascritto.

Art. 2687. Cessione dei beni ai creditori.

Deve essere trascritta, per gli effetti indicati dall'articolo 2649, la cessione
che il debitore fa dei suoi beni ai creditori, perché questi procedano alla

Art. 2688. Continuità delle trascrizioni.

Nei casi in cui, per le disposizioni precedenti, un atto di acquisto è soggetto a trascrizione, le successive trascrizioni o iscrizioni non producono effetto se non è stato trascritto l'atto anteriore di acquisto.

Quando l'atto anteriore di acquisto è stato trascritto, le successive trascrizioni o iscrizioni producono il loro effetto secondo l'ordine rispettivo, salvo il disposto dell'articolo 2644.

Art. 2689. Usucapione.

Devono essere trascritte le sentenze da cui risulta acquistato per usucapione uno dei diritti indicati dai numeri 1 e 2 dell'art. 2684.

Art. 2690. Domande relative ad atti soggetti a trascrizione.

Devono essere trascritte, qualora si riferiscano ai diritti menzionati dall'articolo 2684:

1) le domande indicate dai numeri 1, 2, 3, 4 e 5 dell'articolo 2652 per gli effetti ivi disposti;
2) le domande dirette all'accertamento di uno dei contratti indicati dai numeri 1 e 2 dell'articolo 2684.

La trascrizione della sentenza che accoglie la domanda prevale sulle trascrizioni e iscrizioni eseguite contro il convenuto dopo la trascrizione della domanda;
3) le domande dirette a far dichiarare la nullità o a far pronunciare l'annullamento di atti soggetti a trascrizione e le domande dirette a impugnare la validità della trascrizione.

La sentenza che accoglie la domanda non pregiudica i diritti acquistati a qualunque titolo dai terzi di buona fede in base a un atto trascritto o iscritto anteriormente alla trascrizione della domanda medesima, se questa è stata resa pubblica dopo tre anni dalla data della trascrizione dell'atto che si impugna.

Se però la domanda è diretta a far pronunciare l'annullamento per una causa diversa dalla incapacità legale, la sentenza che l'accoglie non pregiudica i diritti acquistati dai terzi di buona fede in base a un atto trascritto o iscritto anteriormente alla trascrizione della domanda, anche se questa è stata trascritta prima che siano decorsi tre anni dalla data della trascrizione dell'atto impugnato, purché in questo caso i terzi abbiano acquistato a titolo oneroso;
4) le domande con le quali si contesta il fondamento di un acquisto a causa di morte.

Salvo quanto è disposto dal secondo e dal terzo comma dell'articolo 534, se la domanda è trascritta dopo tre anni dalla data della trascrizione dell'atto impugnato, la sentenza che l'accoglie non pregiudica i terzi di buona fede che, in base a un atto trascritto o iscritto anteriormente alla trascrizione della domanda, hanno a qualunque titolo acquistato diritti da chi appare erede o legatario;
5) le domande di riduzione delle donazioni e delle disposizioni testamentarie per lesione di legittima.

Se la trascrizione è eseguita dopo tre anni dall'apertura della successione, la sentenza che accoglie la domanda non pregiudica i terzi che hanno acquistato a titolo oneroso diritti in base a un atto trascritto o iscritto anteriormente alla trascrizione della domanda;
6) le domande di revocazione e quelle di opposizione di terzo contro le sentenze soggette a trascrizione per le cause previste dai numeri 1, 2, 3 e 6 dell'articolo 395 del codice di procedura civile e dal secondo comma dell'articolo 404 dello stesso codice.

Se la domanda è trascritta dopo tre anni dalla trascrizione della sentenza impugnata, la sentenza che l'accoglie non pregiudica i diritti acquistati dai terzi di buona fede in base a un atto trascritto o iscritto anteriormente alla trascrizione della domanda.

Alla domanda giudiziale è equiparato l'atto notificato con il quale la parte, in presenza di compromesso o di clausola compromissoria, dichiara all'altra la propria intenzione di promuovere il procedimento arbitrale, propone la domanda e procede, per quanto le spetta, alla nomina degli arbitri.

Art. 2691. Altre domande e atti soggetti a trascrizione.

Devono del pari trascriversi, quando si riferiscono ai beni menzionati nell'articolo 2683, le domande e gli atti indicati dai numeri 1, 3, 4 e 5 dell'articolo 2653, per gli effetti ivi disposti.

Alla domanda giudiziale è equiparato l'atto notificato con il quale la parte, in presenza di compromesso o di clausola compromissoria, dichiara all'altra la propria intenzione di promuovere il procedimento arbitrale, propone la domanda e procede, per quanto le spetta, alla nomina degli arbitri.

Art. 2692. Annotazione della trascrizione delle domande e degli atti.

La trascrizione delle domande e degli atti indicati dai due articoli precedenti dev'essere anche annotata secondo le modalità stabilite dall'articolo 2654.

Si osservano inoltre le disposizioni del primo, terzo e quarto comma dell'articolo 2655 e quelle dell'articolo 2656.

Art. 2693. Trascrizione del pignoramento e del sequestro.

Deve essere trascritto dopo la notificazione, il provvedimento che ordina il sequestro conservativo per gli effetti disposti dall'articolo 2906. Si deve trascrivere del pari l'atto di pignoramento per gli effetti disposti dagli articoli 2913, 2914, 2915 e 2916.

Cfr. Cassazione Penale, sez. VI, sentenza 28 settembre 2009, n. 38099 in Altalex Massimario.

Art. 2694. Richiamo di altre leggi.

Sono salve le disposizioni del codice della navigazione e delle leggi speciali che richiedono la trascrizione di atti non contemplati dal presente capo e le altre disposizioni non incompatibili con quelle contenute nel capo medesimo.

Art. 2695. Forme e modalità della trascrizione.

Le forme e le modalità delle trascrizioni previste in questo capo sono regolate dal codice della navigazione per quanto riguarda le navi e gli aeromobili e dalla legge speciale per quanto riguarda gli autoveicoli.

In mancanza, si osservano le norme concernenti la trascrizione degli atti relativi ai beni immobili, in quanto sono applicabili.

SEZIONE II – Della trascrizione relativamente ad altri beni mobili

Art. 2696. Rinvio.

Per gli altri beni mobili per cui è disposta la trascrizione di determinati atti si osservano le disposizioni delle leggi che li riguardano.

TITOLO II – DELLE PROVE
CAPO I – DISPOSIZIONI GENERALI

Art. 2697. Onere della prova.

Chi vuol far valere un diritto in giudizio deve provare i fatti che ne costituiscono

il fondamento.

Chi eccepisce l'inefficacia di tali fatti ovvero eccepisce che il diritto si è modificato

o estinto deve provare i fatti su cui l'eccezione si fonda.

Cfr. Cassazione Civile, sez. I, sentenza 10 ottobre 2007, n. 21140, Cassazione Civile, sez. lavoro, sentenza 21 dicembre 2007, n. 27113 e T.A.R. Lazio-Latina, sez. I, sentenza 10 marzo 2008, n. 173, Cassazione Civile, sez. tributaria, sentenza 11 giugno 2008, n. 15395, Cassazione Civile, sez. lavoro, sentenza 23 giugno 2008, n. 17057, Consiglio di Stato, sez. VI, sentenza 19 giugno 2009, n. 4120, Cassazione Civile, sez. lavoro, sentenza 26 giugno 2009, n. 15080, Cassazione Civile, sez. lavoro, sentenza 1° luglio 2009, n. 15405, Cassazione Civile, sez. lavoro, sentenza 10 luglio 2009, n. 16214, Cassazione Civile, sez. lavoro, ordinanza 23 settembre 2009, n. 20519, Cassazione Civile, sez. tributaria, ordinanza 30 settembre 2009, n. 21020, Cassazione Civile, sez. lavoro, sentenza 6 ottobre 2009, n. 21311, Cassazione Civile, sez. tributaria, ordinanza 6 ottobre 2009, n. 21317 e Cassazione Civile, sez. tributaria, sentenza 16 ottobre 2009, n. 21976, Tribunale di Bari, sez. IV civile, sentenza 16 ottobre 2009, n. 3103 e Cassazione Civile, sez. I, sentenza 6 novembre 2009, n. 23630 in Altalex Massimario.

Art. 2698. Patti relativi all'onere della prova.

Sono nulli i patti con i quali è invertito ovvero è modificato l'onere della prova, quando si tratta di diritti di cui le parti non possono disporre o quando l'inversione o la modificazione ha per effetto di rendere a una delle parti eccessivamente difficile l'esercizio del diritto.

CAPO II – DELLA PROVA DOCUMENTALE
SEZIONE I – Dell'atto pubblico

Art. 2699. Atto pubblico.

L'atto pubblico è il documento redatto, con le richieste formalità, da un notaio o da altro pubblico ufficiale autorizzato ad attribuirgli pubblica fede nel luogo dove l'atto è formato.

Art. 2700. Efficacia dell'atto pubblico.

L'atto pubblico fa piena prova, fino a querela di falso, della provenienza del documento dal pubblico ufficiale che lo ha formato, nonché delle dichiarazioni delle parti e degli altri fatti che il pubblico ufficiale attesta avvenuti in sua presenza o da lui compiuti.

Cfr. Cassazione Civile, sez. lavoro, sentenza 10 luglio 2007, n. 15372 e Cassazione Civile, SS.UU., sentenza 11 gennaio 2008, n. 577 in Altalex Massimario.

Art. 2701. Conversione dell'atto pubblico.

Il documento formato da ufficiale pubblico incompetente o incapace ovvero senza l'osservanza delle formalità prescritte, se è stato sottoscritto dalle parti, ha la stessa efficacia probatoria della scrittura privata.

SEZIONE II – Della scrittura privata

Art. 2702. Efficacia della scrittura privata.

La scrittura privata fa piena prova, fino a querela di falso, della provenienza delle dichiarazioni da chi l'ha sottoscritta, se colui contro il quale la scrittura è prodotta ne riconosce la sottoscrizione, ovvero se questa è legalmente considerata come riconosciuta.

Cfr. Corte di Appello di Roma, sez. I, sentenza 13 luglio 2009.

Art. 2703. Sottoscrizione autenticata.

Si ha per riconosciuta la sottoscrizione autenticata dal notaio o da altro pubblico ufficiale a ciò autorizzato.

L'autenticazione consiste nell'attestazione da parte del pubblico ufficiale che la sottoscrizione è stata apposta in sua presenza. Il pubblico ufficiale deve previamente accertare l'identità della persona che sottoscrive.

Art. 2704. Data della scrittura privata nei confronti dei terzi.

La data della scrittura privata della quale non è autenticata la sottoscrizione non è certa e computabile riguardo ai terzi se non dal giorno in cui la scrittura è stata registrata o dal giorno della morte o della sopravvenuta impossibilità fisica di colui o di uno di coloro che l'hanno sottoscritta o dal giorno in cui il contenuto della scrittura è riprodotto in atti pubblici o, infine, dal giorno in cui si verifica un altro fatto che stabilisca in modo egualmente certo l'anteriorità della formazione del documento.

La data di scrittura privata che contiene dichiarazioni unilaterali non destinate a persona determinata può essere accertata con qualsiasi mezzo di prova.

Per l'accertamento della data nelle quietanze il giudice, tenuto conto delle circostanze, può ammettere qualsiasi mezzo di prova.

Art. 2705. Telegramma.

Il telegramma ha l'efficacia probatoria della scrittura privata, se l'originale consegnato all'ufficio di partenza è sottoscritto dal mittente, ovvero se è stato consegnato o fatto consegnare dal mittente medesimo, anche senza sottoscriverlo.

La sottoscrizione può essere autenticata da notaio.

Se l'identità della persona che ha sottoscritto l'originale del telegramma è stata accertata nei modi stabiliti dai regolamenti, è ammessa la prova contraria. Il mittente può fare indicare nel telegramma se l'originale è stato firmato con o senza autenticazione.

Art. 2706. Conformità tra originale e riproduzione del telegramma.

La riproduzione del telegramma consegnata al destinatario si presume, fino a prova contraria, conforme all'originale.

Il mittente, se ha fatto collazionare il telegramma secondo le disposizioni dei regolamenti, si presume esente da colpa per le divergenze verificatesi tra originale e riproduzione.

Art. 2707. Carte e registri domestici.

Le carte e registri domestici fanno prova contro chi li ha scritti:
1) quando enunciano espressamente un pagamento ricevuto;
2) quando contengono la menzione espressa che l'annotazione è stata fatta per supplire alla mancanza di titolo in favore di chi è indicato come creditore.

Art. 2708. Annotazione in calce, in margine o a tergo di un documento.

L'annotazione fatta dal creditore in calce, in margine o a tergo di un documento rimasto in suo possesso fa prova, benché non sottoscritta da lui, se tende ad accertare la liberazione del debitore.

Lo stesso valore ha l'annotazione fatta dal creditore in calce, in margine o a tergo di una quietanza o di un esemplare del documento del debito posseduto dal debitore.

SEZIONE III – Delle scritture contabili delle imprese soggette a registrazione

Art. 2709. Efficacia probatoria contro l'imprenditore.

I libri e le altre scritture contabili delle imprese soggette a registrazione fanno prova contro l'imprenditore. Tuttavia chi vuol trarne vantaggio non può scindere il contenuto.

Art. 2710. Efficacia probatoria tra imprenditori.

I libri bollati e vidimati nelle forme di legge, quando sono regolarmente tenuti possono fare prova tra imprenditori per i rapporti inerenti all'esercizio dell'impresa.

Art. 2711. Comunicazione ed esibizione.

La comunicazione integrale dei libri, delle scritture contabili e della corrispondenza può essere ordinata dal giudice solo nelle controversie relative allo scioglimento della società, alla comunione dei beni e alla successione per causa di morte.

Negli altri casi il giudice può ordinare, anche d'ufficio, che si esibiscano i libri per estrarne le registrazioni concernenti la controversia in corso. Può ordinare altresì l'esibizione di singole scritture contabili, lettere, telegrammi o fatture concernenti la controversia stessa.

SEZIONE IV – Delle riproduzioni meccaniche

Art. 2712. Riproduzioni meccaniche.

Le riproduzioni fotografiche, informatiche o cinematografiche, le registrazioni fonografiche e, in genere, ogni altra rappresentazione meccanica di fatti e di cose formano piena prova dei fatti e delle cose rappresentate, se colui contro il quale sono prodotte non ne disconosce la conformità ai fatti o alle cose medesime.

SEZIONE V – Delle taglie o tacche di contrassegno

Art. 2713. Taglie o tacche di contrassegno.

Le taglie o tacche di contrassegno corrispondenti al contrassegno di riscontro formano piena prova tra coloro che usano provare in tal modo le somministrazioni che fanno o ricevono al minuto.

SEZIONE VI – Delle copie degli atti

Art. 2714. Copie di atti pubblici.

Le copie di atti pubblici spedite nelle forme prescritte da depositari pubblici autorizzati fanno fede come l'originale.

La stessa fede fanno le copie di copie di atti pubblici originali, spedite da depositari pubblici di esse, a ciò autorizzati.

Art. 2715. Copie di scritture private originali depositate.

Le copie delle scritture private depositate presso pubblici uffici e spedite da pubblici depositari autorizzati hanno la stessa efficacia della scrittura originale da cui sono estratte.

Art. 2716. Mancanza dell'atto originale o di copia depositata.

In mancanza dell'originale dell'atto pubblico o di una copia di esso presso un pubblico depositario, le copie spedite in conformità dell'articolo 2714 fanno piena prova; ma se tali copie, o anche la copia esistente presso un pubblico depositario quando manca l'originale, presentano cancellature, abrasioni, intercalazioni o altri difetti esteriori, è rimesso al giudice di apprezzarne
l'efficacia probatoria.

In mancanza dell'originale scrittura privata le copie di essa spedite in conformità
dell'articolo 2715 fanno egualmente prova; ma se presentano cancellature, abrasioni, intercalazioni o altri difetti esteriori, è rimesso parimenti al giudice di apprezzarne l'efficacia probatoria. Resta in ogni caso salva la questione circa l'autenticità dell'originale mancante.

Art. 2717. Valore probatorio di altre copie.

Le copie rilasciate da pubblici ufficiali fuori dei casi contemplati dagli articoli precedenti hanno l'efficacia di un principio di prova per iscritto.

Art. 2718. Valore probatorio di copie parziali.

Le copie parziali o le riproduzioni per estratto, rilasciate nella forma prescritta da pubblici ufficiali che ne sono depositari e sono debitamente autorizzati, fanno piena prova solo per quella parte dell'originale che riproducono letteralmente.

Art. 2719. Copie fotografiche di scrittura.

Le copie fotografiche di scritture hanno la stessa efficacia delle autentiche, se la loro conformità con l'originale è attestata da pubblico ufficiale competente ovvero non è espressamente disconosciuta.

SEZIONE VII – Degli atti di ricognizione o di rinnovazione

Art. 2720. Efficacia probatoria.

L'atto di ricognizione o di rinnovazione fa piena prova delle dichiarazioni contenute nel documento originale, se non si dimostra, producendo quest'ultimo,
che vi è stato errore nella ricognizione o nella rinnovazione.

CAPO III – DELLA PROVA TESTIMONIALE

Art. 2721. Ammissibilità: limiti di valore.

La prova per testimoni dei contratti non è ammessa quando il valore dell'oggetto eccede gli € 2,58.

Tuttavia l'autorità giudiziaria può consentire la prova oltre il limite anzidetto, tenuto conto della qualità delle parti, della natura del contratto e di ogni altra circostanza.

Cfr. Cassazione Civile, sez. lavoro, ordinanza 23 settembre 2009, n. 20519

Art. 2722. Patti aggiunti o contrari al contenuto di un documento.
La prova per testimoni non è ammessa se ha per oggetto patti aggiunti o contrari al contenuto di un documento, per i quali si alleghi che la stipulazione è stata anteriore o contemporanea.
Cfr. Cassazione Civile, SS.UU., sentenza 26 marzo 2007, n. 7246 in Altalex Massimario.

Art. 2723. Patti posteriori alla formazione del documento.
Qualora si alleghi che, dopo la formazione di un documento, è stato stipulato un patto aggiunto o contrario al contenuto di esso, l'autorità giudiziaria può consentire la prova per testimoni soltanto se, avuto riguardo alla qualità delle parti, alla natura del contratto e a ogni altra circostanza, appare verosimile che siano state fatte aggiunte o modificazioni verbali.

Art. 2724. Eccezioni al divieto della prova testimoniale.
La prova per testimoni è ammessa in ogni caso:
1) quando vi è un principio di prova per iscritto: questo è costituito da qualsiasi scritto, proveniente dalla persona contro la quale è diretta la domanda o dal suo rappresentante, che faccia apparire verosimile il fatto allegato;
2) quando il contraente è stato nell'impossibilità morale o materiale di procurarsi
una prova scritta;
3) quando il contraente ha senza sua colpa perduto il documento che gli forniva la prova.

Art. 2725. Atti per i quali è richiesta la prova per iscritto o la forma scritta.
Quando secondo la legge o la volontà delle parti, un contratto deve essere provato per iscritto, la prova per testimoni è ammessa soltanto nel caso indicato dal n. 3 dell'articolo precedente.
La stessa regola si applica nei casi in cui la forma scritta è richiesta sotto pena di nullità.

Art. 2726. Prova del pagamento e della remissione.
Le norme stabilite per la prova testimoniale dei contratti si applicano anche al pagamento e alla remissione del debito.

CAPO IV – DELLE PRESUNZIONI

Art. 2727. Nozione.
Le presunzioni sono le conseguenze che la legge o il giudice trae da un fatto noto per risalire a un fatto ignoto.
Cfr. Consiglio di Stato, sez. VI, decisione 12 gennaio 2009, n. 38 e Consiglio di Stato, sez. VI, decisione 11 gennaio 2010, n. 14 in Altalex Massimario.

Art. 2728. Prova contro le presunzioni legali.
Le presunzioni legali dispensano da qualunque prova coloro a favore dei quali esse sono stabilite.
Contro le presunzioni sul fondamento delle quali la legge dichiara nulli certi atti o non ammette l'azione in giudizio non può essere data prova contraria, salvo che questa sia consentita dalla legge stessa.

Art. 2729. Presunzioni semplici.
Le presunzioni non stabilite dalla legge sono lasciate alla prudenza del giudice, il quale non deve ammettere che presunzioni gravi, precise e concordanti.
Le presunzioni non si possono ammettere nei casi in cui la legge esclude la prova per testimoni.
Cfr. Cassazione Civile, sez. I, sentenza 29 ottobre 2008, n. 25995, Corte Costituzionale, ordinanza 2 aprile 2009, n. 95, Cassazione Civile, sez. tributaria, sentenza 24 luglio 2009, n. 17358, Cassazione Civile, sez. tributaria, ordinanza 30 settembre 2009, n. 21020, Cassazione Civile, sez. tributaria, sentenza 16 ottobre 2009, n. 21976 e Cassazione Civile, sez. tributaria, sentenza 11 novembre 2009, n. 23852 in Altalex Massimario.

CAPO V – DELLA CONFESSIONE

Art. 2730. Nozione.
La confessione è la dichiarazione che una parte fa della verità di fatti ad essa sfavorevoli e favorevoli all'altra parte.
La confessione è giudiziale o stragiudiziale.
Cfr. Cassazione Civile, sez. II, sentenza 9 novembre 2009, n. 23687 in Altalex Massimario.

Art. 2731. Capacità richiesta per la confessione.
La confessione non è efficace se non proviene da persona capace di disporre del diritto, a cui i fatti confessati si riferiscono. Qualora sia resa da un rappresentante, è efficace solo se fatta entro i limiti e nei modi in cui questa vincola il rappresentato.
Cfr. Cassazione Civile, sez. II, sentenza 9 novembre 2009, n. 23687 in Altalex Massimario.

Art. 2732. Revoca della confessione.
La confessione non può essere revocata se non si prova che è stata determinata da errore di fatto o da violenza.
Cfr. Cassazione Civile, sez. III, ordinanza 14 gennaio 2009, n. 603 in Altalex Massimario.

Art. 2733. Confessione giudiziale.
È giudiziale la confessione resa in giudizio.
Essa forma piena prova contro colui che l'ha fatta, purché non verta su fatti relativi a diritti non disponibili.
In caso di litisconsorzio necessario, la confessione resa da alcuni soltanto dei litisconsorti è liberamente apprezzata dal giudice.
Cfr. Cassazione Civile, sez. III, sentenza 25 gennaio 2008, n. 1680 in Altalex Massimario.

Art. 2734. Dichiarazioni aggiunte alla confessione.
Quando alla dichiarazione indicata dall'articolo 2730 si accompagna quella di altri fatti o circostanze tendenti a infirmare l'efficacia del fatto confessato ovvero a modificarne o a estinguerne gli effetti, le dichiarazioni fanno piena prova nella loro integrità se l'altra parte non contesta la verità dei fatti o delle circostanze aggiunte. In caso di contestazione, è rimesso al giudice di apprezzare, secondo le circostanze, l'efficacia probatoria delle dichiarazioni.

Art. 2735. Confessione stragiudiziale.
La confessione stragiudiziale fatta alla parte o a chi la rappresenta ha la stessa efficacia probatoria di quella giudiziale. Se è fatta a un terzo o se è contenuta in un testamento, è liberamente apprezzata dal giudice.
La confessione stragiudiziale non può provarsi per testimoni, se verte su un oggetto per il quale la prova testimoniale non è ammessa dalla legge.

CAPO VI – DEL GIURAMENTO

Art. 2736. Specie.
Il giuramento è di due specie:
1) è decisorio quello che una parte deferisce all'altra per farne dipendere la decisione totale o parziale della causa;
2) è suppletorio quello che è deferito d'ufficio dal giudice a una delle parti al fine di decidere la causa quando la domanda o le eccezioni non sono pienamente
provate, ma non sono del tutto sfornite di prova, ovvero quello

che è deferito al fine di stabilire il valore della cosa domandata, se non si può accertarlo altrimenti.

Art. 2737. Capacità delle parti.
Per deferire o riferire il giuramento si chiedono le condizioni indicate dall'articolo 2731.

Art. 2738. Efficacia.
Se è stato prestato il giuramento deferito o riferito, l'altra parte non è ammessa a provare il contrario, né può chiedere la revocazione della sentenza qualora il giuramento sia stato dichiarato falso.
(...) (1)
In caso di litisconsorzio necessario, il giuramento prestato da alcuni soltanto dei litisconsorti è liberamente apprezzato dal giudice.

(1) Il secondo comma recitava: "Può tuttavia domandare il risarcimento dei danni nel caso di condanna penale per falso giuramento. Se la condanna penale non può essere pronunziata perché il reato è estinto, il giudice civile può conoscere del reato al solo fine del risarcimento". La Corte costituzionale, con sentenza 4 aprile 1996, n. 105 ha dichiarato l'illegittimità del presente comma nella parte in cui non prevede che il giudice civile possa conoscere del reato di falso giuramento al solo fine del risarcimento anche nel caso in cui la sentenza irrevocabile di assoluzione pronunziata nel giudizio penale non abbia efficacia di giudicato nei confronti del danneggiato.

Art. 2739. Oggetto.
Il giuramento non può essere deferito o riferito per la decisione di cause relative a diritti di cui le parti non possono disporre né sopra un fatto illecito o sopra un contratto per la validità del quale sia richiesta la forma scritta, né per negare un fatto che da un atto pubblico risulti avvenuto alla presenza del pubblico ufficiale che ha formato l'atto stesso.
Il giuramento non può essere deferito che sopra un fatto proprio della parte a cui si deferisce o sulla conoscenza che essa ha di un fatto altrui e non può essere riferito qualora il fatto che ne è l'oggetto non sia comune a entrambe le parti.

TITOLO III – DELLA RESPONSABILITA' PATRIMONIALE, DELLE CAUSE DI PRELAZIONE E DELLA CONSERVAZIONE DELLA GARANZIA PATRIMONIALE

CAPO I – DISPOSIZIONI GENERALLI

Art. 2740. Responsabilità patrimoniale.
Il debitore risponde dell'adempimento delle obbligazioni con tutti i suoi beni presenti e futuri.
Le limitazioni della responsabilità non sono ammesse se non nei casi stabiliti dalla legge.

Art. 2741. Concorso dei creditori e cause di prelazione.
I creditori hanno eguale diritto di essere soddisfatti sui beni del debitore, salvo le cause legittime di prelazione.
Sono cause legittime di prelazione i privilegi, il pegno e le ipoteche.

Art. 2742. Surrogazione dell'indennità alla cosa.
Se le cose soggette a privilegio, pegno o ipoteca sono perite o deteriorate, le somme dovute dagli assicuratori per indennità della perdita o del deterioramento
sono vincolate al pagamento dei crediti privilegiati, pignoratizi o ipotecari, secondo il loro grado, eccetto che le medesime vengano impiegate a riparare la perdita o il deterioramento. L'autorità giudiziaria può su istanza degli interessati, disporre le opportune cautele per assicurare l'impiego delle somme nel ripristino o nella riparazione della cosa.
Gli assicuratori sono liberati qualora paghino dopo trenta giorni dalla perdita o dal deterioramento, senza che sia stata fatta opposizione. Quando però si tratta di immobili su cui gravano iscrizioni, gli assicuratori non sono liberati se non dopo che è decorso senza opposizione il termine di trenta giorni dalla notificazione ai creditori iscritti del fatto che ha dato luogo alla perdita o al deterioramento.
Sono del pari vincolate al pagamento dei crediti suddetti le somme dovute per causa di servitù coattive o di comunione forzosa o di espropriazione per pubblico interesse, osservate, per quest'ultima, le disposizioni della legge speciale.

Art. 2743. Diminuzione della garanzia.
Qualora la cosa data in pegno o sottoposta a ipoteca perisca o si deteriori, anche per caso fortuito, in modo da essere insufficiente alla sicurezza del creditore, questi può chiedere che gli sia prestata idonea garanzia su altri beni e, in mancanza, può chiedere l'immediato pagamento del suo credito.

Art. 2744. Divieto del patto commissorio.
È nullo il patto col quale si conviene che, in mancanza del pagamento del credito nel termine fissato, la proprietà della cosa ipotecata o data in pegno passi al creditore. Il patto è nullo anche se posteriore alla costituzione dell'ipoteca o del pegno.
Cfr. Cassazione civile, sez. II, sentenza 7 settembre 2009, n. 19288 e Cassazione civile, sez. II, sentenza 18 gennaio 2010, n. 649 in Altalex Massimario.

CAPO II – DEI PRIVILEGI

SEZIONE I – Disposizioni generali

Art. 2745. Fondamento del privilegio.
Il privilegio è accordato dalla legge in considerazione della causa del credito. La costituzione del privilegio può tuttavia dalla legge essere subordinata alla convenzione delle parti; può anche essere subordinata a particolari forme di pubblicità.

Art. 2746. Distinzione dei privilegi.
Il privilegio è generale o speciale. Il primo si esercita su tutti i beni mobili del debitore, il secondo su determinati beni mobili o immobili.

Art. 2747. Efficacia del privilegio.
Il privilegio generale non può esercitarsi in pregiudizio dei diritti spettanti ai terzi sui mobili che ne formano oggetto, salvo quanto è disposto dagli articoli 2913, 2914, 2915 e 2916.
Se la legge non dispone diversamente, il privilegio speciale sui mobili sempre che sussista la particolare situazione alla quale è subordinato, può esercitarsi in pregiudizio dei diritti acquistati dai terzi posteriormente al sorgere

Art. 2748. Efficacia del privilegio speciale rispetto al pegno e alle ipoteche.
Se la legge non dispone altrimenti, il privilegio speciale sui beni mobili non può esercitarsi in pregiudizio del creditore pignoratizio.
I creditori che hanno privilegio sui beni immobili sono preferiti ai creditori ipotecari se la legge non dispone diversamente.

Art. 2749. Estensione del privilegio.
Il privilegio accordato al credito si estende alle spese ordinarie per l'intervento nel processo di esecuzione. Si estende anche agli interessi dovuti per l'anno in corso alla data del pignoramento e per quelli dell'anno precedente. Gli interessi successivamente maturati hanno privilegio nei limiti della misura legale fino alla data della vendita.

Art. 2750. Privilegi marittimi, aeronautici e privilegi stabiliti da leggi speciali.
I privilegi sulla nave, sul nolo e sulle cose caricate e i privilegi sull'aeromobile, sul nolo e sulle cose caricate sono regolati dal codice della navigazione.
Ai privilegi previsti da leggi speciali si applicano le norme di questo capo, se non è diversamente disposto.

SEZIONE II – Dei privilegi sui mobili

§ 1 - Dei privilegi generali sui mobili

Art. 2751. Crediti per le spese funebri, d'infermità, alimenti.
Hanno privilegio generale sui mobili, nell'ordine che segue, i crediti riguardanti:
1) le spese funebri necessarie secondo gli usi;
2) le spese d'infermità fatte negli ultimi sei mesi della vita del debitore;
3) le somministrazioni di vitto, vesti e alloggio, nei limiti della stretta necessità, fatte al debitore per lui e per la sua famiglia negli ultimi sei mesi;
4) i crediti di alimenti per gli ultimi tre mesi a favore delle persone alle quali gli alimenti sono dovuti per legge.

Art. 2751-bis. Crediti per retribuzioni e provvigioni, crediti dei coltivatori diretti, delle società od enti cooperativi e delle imprese artigiane.
Hanno privilegio generale sui mobili i crediti riguardanti:
1) le retribuzioni dovute, sotto qualsiasi forma, ai prestatori di lavoro subordinato
e tutte le indennità dovute per effetto della cessazione del rapporto di lavoro, nonché il credito del lavoratore per i danni conseguenti alla mancata corresponsione, da parte del datore di lavoro, dei contributi previCODICE
CIVILE

denziali ed assicurativi obbligatori ed il credito per il risarcimento del danno subito per effetto di un licenziamento inefficace, nullo o annullabile; (1)
2) le retribuzioni dei professionisti e di ogni altro prestatore d'opera intellettuale dovute per gli ultimi due anni di prestazione; (2)
3) le provvigioni derivanti dal rapporto di agenzia dovute per l'ultimo anno di prestazione e le indennità dovute per la cessazione del rapporto medesimo;
4) i crediti del coltivatore diretto, sia proprietario che affittuario, mezzadro, colono soccidario o comunque compartecipante, per i corrispettivi della vendita dei prodotti, nonché i crediti del mezzadro o del colono indicati dall'articolo 2765;
5) i crediti dell'impresa artigiana, definita ai sensi delle disposizioni legislative vigenti, nonché delle società ed enti cooperativi di produzione e lavoro per i corrispettivi dei servizi prestati e della vendita dei manufatti; (3)
5-bis) i crediti delle società cooperative agricole e dei loro consorzi per i corrispettivi della vendita dei prodotti;
5-ter) i crediti delle imprese fornitrici di lavoro temporaneo di cui alla legge 24 giugno 1997, n. 196, per gli oneri retributivi e previdenziali addebitati alle imprese utilizzatrici.

(1) La Corte costituzionale con sentenza 28 novembre 1983, n. 326 ha dichiarato l'illegittimità
del presente numero nella parte in cui non munisce del privilegio generale istituito dall'art. 2, Legge n. 426 del 1975, il credito del lavoratore subordinato per danni conseguenti ad infortunio sul lavoro, del quale sia responsabile il datore di lavoro, se e nei limiti in cui il creditore non sia soddisfatto dalla percezione delle indennità previdenziali ed assistenziali obbligatorie dovute al lavoratore subordinato in dipendenza dello stesso infortunio. La stessa Corte con sentenza 29 maggio 2002, n. 220 ha dichiarato l'illegittimità del presente numero nella parte in cui non munisce del privilegio generale sui mobili il credito del lavoratore subordinato per danni conseguenti a malattia professionale, della quale sia responsabile il datore di lavoro. Infine con sentenza 6 aprile 2004, n. 113 ha dichiarato l'illegittimità del presente numero nella parte in cui non munisce del privilegio generale sui mobili il credito del lavoratore subordinato per danni da demansionamento subiti a causa dell'illegittimo comportamento del datore di lavoro.

(2) La Corte costituzionale con sentenza 29 gennaio 1998, n. 1 ha dichiarato l'illegittimità del presente numero limitatamente alla parola "intellettuale".

(3) Il numero che così recitava: "5) i crediti dell'impresa artigiana e delle società od enti cooperativi di produzione e di lavoro, per i corrispettivi dei servizi prestati e della vendita dei manufatti;" è stato così sostituito dall'art. 36, D.L. 9 febbraio 2012, n. 5, convertito, con modificazioni, dalla L. 4 aprile 2012, n. 35.

Cfr. Cassazione civile, sez. I, sentenza 24 aprile 2007, n. 9911 e Tribunale di Vicenza, sentenza 12 luglio 2007 in Altalex Massimario.

Art. 2752. Crediti per tributi diretti dello Stato per l'imposta sul valore aggiunto e per i tributi degli enti locali.
Hanno privilegio generale sui mobili del debitore i crediti dello Stato per le imposte e le sanzioni dovute secondo le norme in materia di imposta sul reddito delle persone fisiche, imposta sul reddito delle persone giuridiche, imposta sul reddito delle società, imposta regionale sulle attività produttive ed imposta locale sui redditi. (1) (2)
(…) (3)
Hanno altresì privilegio generale sui mobili del debitore i crediti dello Stato per le imposte, le pene pecuniarie e le soprattasse dovute secondo le norme relative all'imposta sul valore aggiunto.
Hanno lo stesso privilegio, subordinatamente a quello dello Stato, i crediti per le imposte, tasse e tributi dei comuni e delle province previsti dalla legge per la finanza locale e dalle norme relative all'imposta comunale sulla pubblicità e ai diritti sulle pubbliche affissioni.

(1) Comma sostituito dall'art. 33, D.L.vo 26 febbraio 1999, n. 46 e così da ultimo modificato dal D.L.vo 1 ottobre 2007, n. 159.

(2) Le parole: "per l'imposta sul reddito delle persone fisiche, per l'imposta sul reddito

delle persone giuridiche, per l'imposta regionale sulle attività produttive e per l'imposta locale sui redditi, diversi da quelli indicati nel primo comma dell'art. 2771, iscritti nei ruoli resi esecutivi nell'anno in cui il concessionario del servizio di riscossione procede o interviene nell'esecuzione e nell'anno precedente" sono state così sostituite dal D.L. 6 luglio 2011, n. 98, convertito con L. 15 luglio 2011, n. 111.

(3) Il secondo comma recitava: "Se si tratta di ruoli suppletivi, e si procede per imposte relative a periodi d'imposta anteriori agli ultimi due, il privilegio non può esercitarsi per un importo superiore a quello degli ultimi due anni, qualunque sia il periodo cui le imposte si riferiscono." è stato soppresso dall'art. 33, D.L.vo 26 febbraio 1999, n. 46, entrato in vigore il 1° luglio 1999.

Art. 2753. Crediti per contributi di assicurazione obbligatoria per l'invalidità, la vecchiaia e i superstiti.

Hanno privilegio generale sui mobili del datore di lavoro i crediti derivanti dal mancato versamento dei contributi ad istituti, enti o fondi speciali, compresi quelli sostitutivi o integrativi, che gestiscono forme di assicurazione obbligatoria per l'invalidità, la vecchiaia ed i superstiti.

Art. 2754. Crediti per contributi relativi ad altre forme di assicurazione.

Hanno pure privilegio generale sui mobili del datore di lavoro i crediti per i contributi dovuti a istituti ed enti per forme di tutela previdenziale e assistenziale

diverse da quelle indicate dal precedente articolo, nonché gli accessori, limitatamente al cinquanta per cento del loro ammontare, relativi a tali crediti ed a quelli indicati dal precedente articolo.

§ 2 - Dei privilegi sopra determinati mobili

Art. 2755. Spese per atti conservativi o di espropriazione.

I crediti per spese di giustizia fatte per atti conservativi o per l'espropriazione di beni mobili nell'interesse comune dei creditori hanno privilegio sui beni stessi.

Art. 2756. Crediti per prestazioni e spese di conservazione e miglioramento.

I crediti per le prestazioni e le spese relative alla conservazione o al miglioramento

di beni mobili hanno privilegio sui beni stessi, purché questi si trovino ancora presso chi ha fatto le prestazioni o le spese.

Il privilegio ha effetto anche in pregiudizio dei terzi che hanno diritti sulla cosa, qualora chi ha fatto le prestazioni o le spese sia stato in buona fede.

Il creditore può ritenere la cosa soggetta al privilegio finché non è soddisfatto del suo credito e può anche venderla secondo le norme stabilite per la vendita del pegno.

Art. 2757. Crediti per somministrazione e lavori occorrenti per la produzione agricola.

I crediti per le somministrazioni di sementi, di materie fertilizzanti e antiparassitarie

e di acqua per irrigazione, come pure i crediti per lavori di coltivazione e di raccolta dell'annata agricola hanno privilegio sui frutti, alla cui produzione abbiano concorso.

Il privilegio si può esercitare finché i frutti si trovano nel fondo o nelle sue dipendenze.

Si applica la disposizione del secondo comma dell'art. 2756.

Art. 2758. Crediti per tributi indiretti.

I crediti dello Stato per i tributi indiretti hanno privilegio sui mobili ai quali i tributi si riferiscono e sugli altri beni indicati dalle leggi relative, con l'effetto da esse stabilito.

Eguale privilegio hanno i crediti di rivalsa verso il cessionario ed il committente

previsti dalle norme relative all'imposta sul valore aggiunto, sui beni che hanno formato oggetto della cessione o ai quali si riferisce il servizio.

Il privilegio, per quanto riguarda l'imposta di successione, non ha effetto in pregiudizio dei creditori che hanno esercitato il diritto di separazione dei beni del defunto da quelli dell'erede.

Art. 2759. Crediti per le imposte sul reddito.

I crediti dello Stato per l'imposta sul reddito delle persone fisiche, sul reddito delle persone giuridiche e per l'imposta locale sui redditi, dovuta per i due anni anteriori a quello in cui si procede, hanno privilegio limitatamente all'imposta o alla quota d'imposta imputabile al reddito d'impresa, sopra i mobili che servono all'esercizio di imprese commerciali e sopra le merci che si trovano nel locale adibito all'esercizio stesso o nell'abitazione dell'imprenditore.

Il privilegio si applica sui beni indicati nel comma precedente ancorché appartenenti

a persona diversa dall'imprenditore, salvo che si tratti di beni rubati o smarriti, di merci affidate all'imprenditore per la lavorazione o di merci non ancora nazionalizzate munite di regolare bolletta doganale.

Qualora l'accertamento del reddito iscritto a ruolo sia stato determinato sinteticamente ai fini dell'imposta sul reddito delle persone fisiche, la ripartizione

proporzionale dell'imposta prevista dal primo comma, viene effettuata sulla base dei redditi iscritti o iscrivibili ai fini dell'imposta locale sui redditi.

Art. 2760. Crediti dell'albergatore.

I crediti dell'albergatore per mercedi e somministrazioni verso le persone albergate hanno privilegio sulle cose da queste portate nell'albergo e nelle dipendenze e che continuano a trovarvisi.

Il privilegio ha effetto anche in pregiudizio dei terzi che hanno diritti sulle cose stesse, a meno che l'albergatore fosse a conoscenza di tali diritti al tempo in cui le cose sono state portate nell'albergo.

Art. 2761. Crediti del vettore, del mandatario, del depositario e del sequestratario.

I crediti dipendenti dal contratto di trasporto e quelli per le spese d'imposta anticipate dal vettore hanno privilegio sulle cose trasportate finché queste rimangono presso di lui.

I crediti derivanti dall'esecuzione del mandato hanno privilegio sulle cose del mandante che il mandatario detiene per l'esecuzione del mandato.

I crediti derivanti dal deposito o dal sequestro convenzionale a favore del depositario e del sequestratario hanno parimenti privilegio sulle cose che questi detengono per effetto del deposito o del sequestro.

Si applicano a questi privilegi le disposizioni del secondo e del terzo comma dell'articolo 2756.

Art. 2762. Privilegio del venditore di macchine.

Chi ha venduto macchine per un prezzo superiore a € 15,49 ha privilegio per il prezzo non pagato sulle macchine vendute e consegnate, anche se sono incorporate o congiunte all'immobile di proprietà del compratore o di un terzo.

Il privilegio è subordinato alla trascrizione dei documenti, dai quali la vendita e il credito risultano, nel registro indicato dal secondo comma dell'articolo 1524. La trascrizione è eseguita presso il tribunale nella giurisdizione del quale è collocata la macchina.

Il privilegio dura per un triennio dalla data della vendita e ha effetto fino a quando la macchina si trova in possesso del compratore nel luogo dove è stata eseguita la trascrizione, salvo il caso di sottrazione fraudolenta.

Il privilegio stabilito in questo articolo spetta anche alle banche autorizzate all'esercizio di prestiti con garanzia sul macchinario, le quali abbiano anticipato al compratore il prezzo per l'acquisto. Il privilegio sussiste a condizione che il documento rilasciato a prova della sovvenzione indichi lo scopo, l'ammontare e la scadenza del credito, contenga l'esatta designazione della macchina soggetta al privilegio e sia trascritto a norma del secondo comma di questo articolo.

Se il privilegio della banca concorre con quello del venditore, è preferito il creditore che ha trascritto per primo.

Art. 2763. Crediti per canoni enfiteutici.

I crediti del concedente, per il canone dovuto all'enfiteuta per l'anno in corso e per il precedente hanno privilegio sui frutti dell'anno e su quelli raccolti anteriormente, purché si trovino nel fondo o nelle sue dipendenze.

Art. 2764. Crediti del locatore di immobili.

Il credito delle pigioni e dei fitti degli immobili, ha privilegio sui frutti dell'anno e su quelli raccolti anteriormente, nonché sopra tutto ciò che serve a fornire l'immobile o a coltivare il fondo locato.

Il privilegio sussiste per il credito dell'anno in corso, dell'antecedente e dei successivi, se la locazione ha data certa, e in caso diverso, per quello dell'anno in corso e del susseguente.

Lo stesso privilegio ha il credito dipendente da mancate riparazioni le quali siano a carico del conduttore, il credito per i danni arrecati all'immobile locato, per la mancata restituzione delle scorte e ogni altro credito dipendente da inadempimento del contratto.

Il privilegio sui frutti sussiste finché si trovano nel fondo o nelle sue dipendenze.

Esso si può far valere anche nei confronti del subconduttore.

Il privilegio sulle cose, che servono a fornire l'immobile locato o alla coltivazione

del fondo sussiste pure se le cose appartengono al subconduttore, nei limiti in cui il locatore ha azione contro il medesimo.

Il privilegio sulle cose che servono a fornire l'immobile locato ha luogo altresì nei confronti dei terzi, finché le cose si trovano nell'immobile, salvo che si provi che il locatore conoscesse il diritto del terzo al tempo in cui sono state introdotte.

Qualora le cose che servono a fornire la casa o il fondo locato ovvero a coltivare

il medesimo vengano asportate dall'immobile senza il consenso del locatore, questi conserva su di esse il privilegio, purché ne domandi il sequestro,

nei modi stabiliti dal c.p.c. per il sequestro conservativo, entro il termine di trenta giorni dall'asportazione, se si tratta di mobili che servono a fornire o a coltivare il fondo rustico, e di quindici giorni, se si tratta di mobili che servono a fornire la casa. Restano salvi in ogni caso i diritti acquistati dopo l'asportazione dai terzi che ignoravano l'esistenza del privilegio.

Art. 2765. Crediti derivanti dai contratti di mezzadria e di colonia.

Colui che concede un fondo a mezzadria o a colonia e il mezzadro o il colono hanno, per i crediti derivanti dal contratto, privilegio sulla rispettiva parte dei frutti e sulle cose che servono a coltivare o a fornire il fondo dato a mezzadria o a colonia.

Il privilegio sui frutti sussiste finché questi si trovano nel fondo o nelle sue dipendenze.

Si applicano le disposizioni degli ultimi tre commi dell'articolo 2764.

Art. 2766.

(...) (1)

(1) "Crediti degli istituti di credito agrario

Gli istituti che esercitano il credito agrario hanno privilegio sui frutti del fondo per i mutui concessi per la conduzione dell'azienda agraria e per l'utilizzazione, manipolazione e trasformazione dei prodotti.

Per i mutui concessi per acquisto di bestiame, di macchine e di attrezzi agricoli essi hanno eguale privilegio sulle cose acquistate con il denaro preso a mutuo.

A garanzia dei crediti indicati dai commi precedenti, nonché dei mutui per opere di miglioramento del fondo può essere inoltre costituito un privilegio sui frutti del fondo e sopra tutto ciò che serve a coltivare o a fornire il fondo stesso, limitatamente alla parte di valore che eccede l'ammontare dei crediti assistiti dal privilegio indicato dai due commi anzidetti.

I privilegi previsti da questo articolo sono regolati dalle leggi speciali. Articolo abrogato dall'art. 161 del D.L.vo 1 settembre 1993, n. 385.

Art. 2767. Crediti per risarcimento di danni contro l'assicurato.

Nel caso di assicurazione della responsabilità civile, il credito del danneggiato per il risarcimento ha privilegio sull'indennità dovuta dall'assicuratore.

Art. 2768. Crediti dipendenti da reato.

Per i crediti dipendenti da reato hanno privilegio sulle cose sequestrate lo Stato e le altre persone indicate dal codice penale secondo le disposizioni del codice stesso e del codice di procedura penale.

Art. 2769. Sequestro della cosa soggetta a privilegio.

Il creditore che ha privilegio su una cosa mobile, se ha fondati motivi di temere la rimozione della cosa dalla particolare situazione alla quale è subordinata la sussistenza del privilegio, può domandarne il sequestro conservativo.

SEZIONE III – Dei privilegi sopra gli immobili

Art. 2770. Crediti per atti conservativi o di espropriazione.

I crediti per le spese di giustizia fatte per atti conservativi o per l'espropriazione di beni immobili nell'interesse comune dei creditori sono privilegiati sul prezzo degli immobili stessi.

Del pari ha privilegio il credito dell'acquirente di un immobile per le spese fatte per la dichiarazione di liberazione dell'immobile dalle ipoteche.

Art. 2771. Crediti per le imposte sui redditi immobiliari.

(...) (1)

(1) L'articolo che recitava: "I crediti dello Stato per l'imposta sul reddito delle persone fisiche, per l'imposta sul reddito delle persone giuridiche e per l'imposta locale sui redditi, limitatamente all'imposta o alla quota proporzionale di imposta imputabile ai redditi immobiliari, compresi quelli di natura fondiaria non determinabili catastalmente,

sono privilegiati sopra gli immobili tutti del contribuente situati nel territorio del comune in cui il tributo si riscuote e sopra i frutti, i fitti e le pigioni degli stessi immobili, senza pregiudizio dei mezzi speciali di esecuzione autorizzati dalla legge.

Il privilegio previsto nel primo comma è limitato alle imposte iscritte nei ruoli resi esecutivi nell'anno in cui il concessionario del servizio di riscossione procede o interviene nell'esecuzione e nell'anno precedente.

Qualora l'accertamento del reddito iscritto a ruolo sia stato determinato sinteticamente ai fini dell'imposta sul reddito delle persone fisiche, la ripartizione proporzionale dell'imposta, prevista dal primo comma, viene effettuata sulla base dei redditi iscritti o iscrivibili ai fini dell'imposta locale sui redditi." è stato abrogato dal D.L. 6 luglio 2011, n. 98, convertito con L. 15 luglio 2011, n. 111.

Art. 2772. Crediti per tributi indiretti.

Hanno pure privilegio i crediti dello Stato per ogni tributo indiretto, nonché quelli derivanti dall'applicazione dell'imposta comunale sull'incremento di valore degli immobili, sopra gli immobili ai quali il tributo si riferisce.

I crediti dello Stato, derivanti dall'applicazione dell'imposta sul valore aggiunto, hanno privilegio, in caso di responsabilità solidale del cessionario, sugli immobili che hanno formato oggetto della cessione o ai quali si riferisce il servizio prestato.

Eguale privilegio hanno i crediti di rivalsa, verso il cessionario ed il committente, previsti dalle norme relative all'imposta sul valore aggiunto, sugli immobili che hanno formato oggetto della cessione o ai quali si riferisce il servizio.

Il privilegio non si può esercitare in pregiudizio dei diritti che i terzi hanno anteriormente acquistato sugli immobili.

Per le imposte suppletive il privilegio non si può neppure esercitare in pregiudizio dei diritti acquistati successivamente dai terzi.

Lo stesso privilegio, per quanto riguarda l'imposta di successione, non ha effetto a danno dei creditori del defunto che hanno iscritto la loro ipoteca nei tre mesi dalla morte di lui, né ha effetto a danno dei creditori che hanno esercitato il diritto di separazione dei beni del defunto da quelli dell'erede.

Art. 2773. Crediti dei comuni e delle province per tributi.

(...) (1)

(1) L'articolo che recitava: "I crediti dei comuni e delle province per i tributi previsti dalla legge per la finanza locale hanno privilegio sopra gli immobili ai quali i tributi stessi si riferiscono.

Il privilegio non è opponibile ai terzi che hanno acquistato anteriormente diritti sugli immobili." è stato abrogato dall'art. 9, L. 29 luglio 1975, n. 426.

Art. 2774. Crediti per concessione di acque.

I crediti dello Stato per i canoni dovuti dai concessionari di acque pubbliche o di acque derivate da canali demaniali ovvero per i lavori eseguiti d'ufficio sono privilegiati sugli impianti in conformità delle leggi speciali.

Tale privilegio, per quanto riguarda i canoni, non è opponibile ai terzi che hanno acquistato diritti sugli immobili anteriormente all'atto di concessione o, trattandosi di crediti per lavori, anteriormente al sorgere dei crediti stessi.

Art. 2775. Contributi per opere di bonifica e di miglioramento.

I crediti per i contributi indicati dall'articolo 864 sono privilegiati sugli immobili
che traggono beneficio dalle opere di bonifica o di miglioramento.

La costituzione del privilegio per le opere di miglioramento è subordinata all'osservanza delle leggi speciali.

Art. 2775-bis. Credito per mancata esecuzione di contratti preliminari.

Nel caso di mancata esecuzione del contratto preliminare trascritto ai sensi dell'articolo 2645-bis, i crediti del promissario acquirente che ne conseguono hanno privilegio speciale sul bene immobile oggetto del contratto preliminare, sempre che gli effetti della trascrizione non siano cessati al momento della risoluzione del contratto risultante da atto avente data certa, ovvero al momento della domanda giudiziale di risoluzione del contratto o di condanna al pagamento, ovvero al momento della trascrizione del pignoramento
o al momento dell'intervento nell'esecuzione promossa da terzi.

Il privilegio non è opponibile ai creditori garantiti da ipoteca relativa a mutui erogati al promissario acquirente per l'acquisto del bene immobile nonché ai creditori garantiti da ipoteca ai sensi dell'articolo 2825-bis.

Cfr. Cassazione civile, SS.UU., sentenza 1° ottobre 2009, n. 21045 in Altalex Massimario.

Art. 2776. Collocazione sussidiaria sugli immobili.

I crediti relativi al trattamento di fine rapporto nonché all'indennità di cui all'articolo 2118 sono collocati sussidiariamente, in caso di infruttuosa esecuzione
sui mobili, sul prezzo degli immobili, con preferenza rispetto ai crediti chirografari.

I crediti indicati dagli articoli 2751 e 2751-bis, ad eccezione di quelli indicati al precedente comma, ed i crediti per contributi dovuti a istituti, enti o fondi speciali, compresi quelli sostitutivi o integrativi, che gestiscono forme di assicurazione obbligatoria per l'invalidità, la vecchiaia ed i superstiti, di cui all'articolo 2753, sono collocati sussidiariamente, in caso di infruttuosa esecuzione
sui mobili, sul prezzo degli immobili, con preferenza rispetto ai crediti chirografari, ma dopo i crediti indicati al primo comma.

I crediti dello Stato indicati dal primo e (1) dal terzo comma dell'articolo 2752 sono collocati sussidiariamente, in caso di infruttuosa esecuzione sui mobili, sul prezzo degli immobili, con preferenza rispetto ai crediti chirografari,

ma dopo i crediti indicati al comma precedente.

(1) Le parole: "dal primo e" sono state inserite dal D.L. 6 luglio 2011, n. 98, convertito con L. 15 luglio 2011, n. 111.

SEZIONE IV – Dell'ordine dei privilegi

Art. 2777. Preferenza delle spese di giustizia e di crediti.

I crediti per spese di giustizia enunciati dagli articoli 2755 e 2770 sono preferiti ad ogni altro credito anche pignoratizio o ipotecario.

Immediatamente dopo le spese di giustizia sono collocati i crediti aventi privilegio generale mobiliare di cui all'articolo 2751-bis nell'ordine seguente:

a) i crediti di cui all'articolo 2751-bis, numero 1;

b) i crediti di cui all'articolo 2751-bis, numeri 2 e 3 (1);

c) i crediti di cui all'articolo 2751-bis, numeri 4 e 5.

I privilegi che le leggi speciali dichiarano preferiti ad ogni altro credito sono sempre posposti al privilegio per le spese di giustizia ed ai privilegi indicati nell'articolo 2751-bis.

Art. 2778. Ordine degli altri privilegi sui mobili.

Salvo quanto è disposto dall'articolo 2777, nel concorso di crediti aventi privilegio generale o speciale sulla medesima cosa, la prelazione si esercita nell'ordine che segue:

1) i crediti per contributi ad istituti, enti o fondi speciali - compresi quelli sostitutivi o integrativi - che gestiscono forme di assicurazione obbligatoria per l'invalidità, la vecchiaia ed i superstiti, indicati dall'articolo 2753;

2) i crediti per le imposte sui redditi immobiliari, indicati dall'articolo 2771, quando il privilegio si esercita separatamente sopra i frutti, i fitti e le pigioni degli immobili;

(…) (1)

4) i crediti per prestazioni e spese di conservazione e miglioramento di beni mobili, indicati dall'articolo 2756;

5) i crediti per le mercedi dovute ai lavoratori impiegati nelle opere di coltivazione

e di raccolta indicate dall'articolo 2751;

6) i crediti per sementi e materie fertilizzanti e antiparassitarie e per somministrazione

di acqua per irrigazione, nonché i crediti per i lavori di coltivazione e di raccolta indicati dall'articolo 2757. Qualora tali crediti vengano in concorso tra loro, sono preferiti quelli di raccolta, seguono quelli di coltivazione

e, infine, gli altri crediti indicati dallo stesso articolo;

7) i crediti per i tributi indiretti, indicati dall'articolo 2758 salvo che la legge speciale accordi un diverso grado di preferenza e i crediti per le imposte sul reddito, indicati dall'articolo 2759;

8) i crediti per contributi dovuti a istituti ed enti per forme di tutela previdenziale

e assistenziale indicati dall'articolo 2754, nonché gli accessori, limitatamente al cinquanta per cento del loro ammontare, relativi a tali crediti ed a quelli indicati dal precedente n. 1) del presente articolo;

(…) (2)

10) i crediti dipendenti da reato, indicati dall'articolo 2768, sulle cose sequestrate,

nei casi e secondo l'ordine stabiliti dal codice penale e dal codice di procedura penale;

11) i crediti per risarcimento, indicati dall'articolo 2767;

12) i crediti dell'albergatore, indicati dall'articolo 2760;

13) i crediti del vettore, del mandatario, del depositario e del sequestratario, indicati dall'articolo 2761;

14) i crediti del venditore di macchine o della banca per le anticipazioni del prezzo, indicati dall'articolo 2762;

15) i crediti per i canoni enfiteutici, indicati dall'articolo 2763;

16) i crediti del locatore e i crediti del concedente dipendenti dai contratti di mezzadria e colonia, indicati rispettivamente dagli articoli 2764 e 2765;

17) i crediti per spese funebri, d'infermità per somministrazioni ed alimenti nell'ordine indicato dall'articolo 2751;

18) i crediti dello Stato per tributi diretti, indicati dal primo comma dell'articolo 2752;

19) i crediti dello Stato indicati dal terzo comma dell'articolo 2752;

20) i crediti degli enti locali per tributi indicati dal quarto comma dell'articolo 2752.

(1) " 3) i crediti degli istituti esercenti il credito agrario, indicati dai due primi commi dell'art. 2766;" Numero abrogato dall'art. 161 del Testo unico delle leggi in materia bancaria e creditizia approvato con D.L.vo 1 settembre 1993, n. 385.

(2) " 9) i crediti degli istituti esercenti il credito agrario, indicati dal terzo comma dell'art. 2766;". Numero abrogato dall'art. 161 del Testo unico delle leggi in materia bancaria e creditizia approvato con D.L.vo 1 settembre 1993, n. 385.

Art. 2779. Concorso dei privilegi con ipoteche sugli autoveicoli.

Se i privilegi indicati dall'articolo precedente concorrono con le ipoteche sugli autoveicoli, menzionate nell'articolo 2810, queste sono posposte ai privilegi menzionati nei primi dieci numeri dell'articolo 2778 e sono preferite a tutti gli altri.

Art. 2780. Ordine dei privilegi sugli immobili.

Quando sul prezzo dello stesso immobile concorrono più crediti privilegiati, la prelazione ha luogo secondo l'ordine seguente:

1) i crediti per le imposte sui redditi immobiliari indicati dall'articolo 2771;

2) i crediti per i contributi, indicati dall'articolo 2775;

3) i crediti dello Stato per le concessioni di acque, indicati dall'articolo 2774;

4) i crediti per i tributi indiretti, indicati dall'articolo 2772;

5) i crediti per l'imposta comunale sull'incremento di valore degli immobili;

5-bis) i crediti del promissario acquirente per mancata esecuzione dei contratti preliminari, indicati all'articolo 2775-bis.

Art. 2781. Concorso di privilegi speciali con crediti pignoratizi.

Qualora con crediti assistiti dal privilegio speciale concorra un credito garantito con pegno e uno dei privilegi debba essere preferito rispetto al pegno, tale privilegio prevale su quegli altri che devono essere posposti al pegno, anche se anteriori di grado.

Art. 2782. Concorso di crediti egualmente privilegiati.

I crediti egualmente privilegiati concorrono tra loro in proporzione del rispettivo importo.

La stessa disposizione si osserva quando concorrono tra loro più crediti privilegiati ai quali le leggi speciali attribuiscono genericamente una prelazione su ogni altro credito.

Art. 2783. Preferenza non determinata dalla legge.

Quando dalla legge non risulta il grado di preferenza di un determinato privilegio speciale, esso prende grado dopo ogni altro privilegio speciale regolato nel codice.

Art. 2783-bis. Crediti derivanti dall'applicazione dei prelievi di cui agli articoli 49 e 50 del trattato che istituisce la Comunità europea del carbone e dell'acciaio.

I crediti derivanti dall'applicazione dei prelievi di cui agli articoli 49 e 50 del Trattato che istituisce la Comunità europea del carbone e dell'acciaio, nonché dalle relative maggiorazioni di mora, sono equiparati, ai fini dell'applicazione delle disposizioni del presente capo, ai crediti dello Stato per l'imposta sul valore aggiunto.

Art. 2783-ter. Crediti dello Stato attinenti alle risorse proprie tradizionali di pertinenza del bilancio generale dell'Unione europea. (1)

I crediti dello Stato attinenti alle risorse proprie tradizionali di cui all'articolo 2, paragrafo 1, lettera a), della decisione n. 2007/436/CE/Euratom del Consiglio, del 7 giugno 2007, di pertinenza del bilancio generale dell'Unione europea sono equiparati, ai fini dell'applicazione delle disposizioni del presente capo, ai crediti dello Stato per l'imposta sul valore aggiunto.

(1) Questo articolo è stato aggiunto dall'art. 9, D.L. 2 marzo 2012, n. 16 convertito con L. 24 aprile 2012, n. 44.

CAPO III – DEL PEGNO

SEZIONE I – Disposizioni generali

Art. 2784. Nozione.

Il pegno è costituito a garanzia dell'obbligazione dal debitore o da un terzo per il debitore.

Possono essere dati in pegno, i beni mobili, le universalità di mobili, i crediti e altri diritti aventi per oggetto beni mobili.

Art. 2785. Rinvio a leggi speciali.

Le disposizioni del presente capo non derogano alle leggi speciali concernenti casi e forme particolari di costituzione di pegno, né a quelle concernenti gli istituti autorizzati a fare prestiti sopra pegni.

SEZIONE II – Del pegno dei beni mobili

Art. 2786. Costituzione.

Il pegno si costituisce con la consegna al creditore della cosa o del documento che conferisce l'esclusiva disponibilità della cosa.

La cosa o il documento possono essere anche consegnati a un terzo designato dalle parti o possono essere posti in custodia di entrambe, in modo che il costituente sia nell'impossibilità di disporne senza la cooperazione del creditore.

Cfr. Tribunale di Pistoia, ordinanza 15 marzo 2006 in Altalex Massimario.

Art. 2787. Prelazione del creditore pignoratizio.

Il creditore ha diritto di farsi pagare con prelazione sulla cosa ricevuta in pegno.

La prelazione non si può far valere se la cosa data in pegno non è rimasta in possesso del creditore o presso il terzo designato dalle parti.

Quando il credito garantito eccede la somma di € 2,58, la prelazione non ha luogo se il pegno non risulta da scrittura con data certa, la quale contenga sufficiente indicazione del credito e della cosa.

Se però il pegno risulta da polizza o da altra scrittura di enti che, debitamente autorizzati, compiono professionalmente operazioni di credito su pegno, la data della scrittura può essere accertata con ogni mezzo di prova.

Cfr. Cassazione civile, sez. I, sentenza 2 ottobre 2007, n. 20699 in Altalex Massimario.

Art. 2788. Prelazione per il credito degli interessi.

La prelazione ha luogo per gli interessi dell'anno in corso alla data del pignoramento o, in mancanza di questo, alla data della notificazione del precetto.

La prelazione ha luogo inoltre per gli interessi successivamente maturati, nei limiti della misura legale, fino alla data della vendita.

Art. 2789. Rivendicazione della cosa da parte del creditore pignoratizio.

Il creditore che ha perduto il possesso della cosa ricevuta in pegno, oltre le azioni a difesa del possesso, può anche esercitare l'azione di rivendicazione, se questa spetta al costituente.

Art. 2790. Conservazione della cosa e spese relative.

Il creditore è tenuto a custodire la cosa ricevuta in pegno e risponde, secondo le regole generali, della perdita e del deterioramento di essa.

Colui che ha costituito il pegno è tenuto al rimborso delle spese occorse per la conservazione della cosa.

Art. 2791. Pegno di cosa fruttifera.

Se è data in pegno una cosa fruttifera, il creditore, salvo patto contrario, ha la facoltà di fare suoi i frutti, imputandoli prima alle spese e agli interessi e poi al capitale.

Art. 2792. Divieto di uso e disposizione della cosa.

Il creditore non può, senza il consenso del costituente, usare della cosa salvo che l'uso sia necessario per la conservazione di essa. Egli non può darla in pegno o concederne ad altri il godimento.

In ogni caso, deve imputare l'utile ricavato prima alle spese e agli interessi e poi al capitale.

Art. 2793. Sequestro della cosa.

Se il creditore abusa della cosa data in pegno, il costituente può domandarne il sequestro.

Art. 2794. Restituzione della cosa.

Colui che ha costituito il pegno non può esigerne la restituzione, se non sono stati interamente pagati il capitale e gli interessi, e non sono state rimborsate le spese relative al debito e al pegno.

Se il pegno è stato costituito dal debitore e questi ha verso lo stesso creditore un altro debito sorto dopo la costituzione del pegno e scaduto prima che sia pagato il debito anteriore, il creditore ha soltanto il diritto di ritenzione a garanzia del nuovo credito.

Art. 2795. Vendita anticipata.

Se la cosa data in pegno si deteriora in modo da far temere che essa divenga insufficiente alla sicurezza del creditore, questi, previo avviso a colui che ha costituito il pegno, può chiedere al giudice l'autorizzazione a vendere la cosa.

Con il provvedimento che autorizza la vendita il giudice dispone anche circa il deposito del prezzo a garanzia del credito. Il costituente può evitare la vendita e farsi restituire il pegno, offrendo altra garanzia reale che il giudice riconosca idonea.

Il costituente può del pari, in caso di deterioramento o di diminuzione di valore della cosa data in pegno, domandare al giudice l'autorizzazione a venderla oppure chiedere la restituzione del pegno, offrendo altra garanzia reale che il giudice riconosca idonea.

Il costituente può chiedere al giudice la autorizzazione a vendere la cosa qualora si presenti un'occasione favorevole. Con il provvedimento di autorizzazione
il giudice dispone le condizioni della vendita e il deposito del
prezzo.

Art. 2796. Vendita della cosa.

Il creditore per il conseguimento di quanto gli è dovuto può far vendere la cosa ricevuta in pegno secondo le forme stabilite dall'articolo seguente.

Art. 2797. Forme della vendita.

Prima di procedere alla vendita il creditore, a mezzo di ufficiale giudiziario, deve intimare al debitore di pagare il debito e gli accessori, avvertendolo che, in mancanza, si procederà alla vendita. L'intimazione deve essere notificata
anche al terzo che abbia costituito il pegno.

Se entro cinque giorni dall'intimazione non è proposta opposizione, o se questa è rigettata, il creditore può far vendere la cosa al pubblico incanto, o, se la cosa ha un prezzo di mercato, anche a prezzo corrente, a mezzo di

persona autorizzata a tali atti. Se il debitore non ha residenza o domicilio eletto nel luogo di residenza del creditore, il termine per l'opposizione è determinato a norma dell'articolo 166 del codice di procedura civile.

Il giudice, sull'opposizione del costituente, può limitare la vendita a quella tra più cose date in pegno, il cui valore basti a pagare il debito.

Per la vendita della cosa data in pegno le parti possono convenire forme diverse.

Cfr. Tribunale di Salerno, sentenza 30 marzo 2009 in Altalex Massimario.

Art. 2798. Assegnazione della cosa in pagamento.

Il creditore può sempre domandare al giudice che la cosa gli venga assegnata in pagamento fino alla concorrenza del debito, secondo la stima da farsi con perizia o secondo il prezzo corrente, se la cosa ha un prezzo di mercato.

Art. 2799. Indivisibilità del pegno.

Il pegno è indivisibile e garantisce il credito finché questo non è integralmente soddisfatto, anche se il debito o la cosa data in pegno è divisibile.

SEZIONE III – Del pegno di crediti e di altri diritti

Art. 2800. Condizioni della prelazione.

Nel pegno di crediti la prelazione non ha luogo, se non quando il pegno risulta da atto scritto e la costituzione di esso è stata notificata al debitore del credito dato in pegno ovvero è stata da questo accettata con scrittura avente data certa.

Art. 2801. Consegna del documento.

Se il credito costituito in pegno risulta da un documento il costituente è tenuto a consegnarlo al creditore.

Art. 2802. Riscossione d'interessi e di prestazioni periodiche.

Il creditore pignoratizio è tenuto a riscuotere gli interessi del credito o le altre prestazioni periodiche, imputandone l'ammontare in primo luogo alle spese e agli interessi e poi al capitale. Egli è tenuto a compiere gli atti conservativi
del credito ricevuto in pegno.

Art. 2803. Riscossione del credito dato in pegno.

Il creditore pignoratizio è tenuto a riscuotere, alla scadenza, il credito ricevuto in pegno e, se questo ha per oggetto danaro o altre cose fungibili, deve, a richiesta del debitore, effettuarne il deposito nel luogo stabilito d'accordo o altrimenti determinato dall'autorità giudiziaria. Se il credito garantito è scaduto, il creditore può ritenere del danaro ricevuto quanto basta per il soddisfacimento delle sue ragioni e restituire il residuo al costituente o, se si tratta di cose diverse dal danaro, può farle vendere o chiederne l'assegnazione secondo le norme degli articoli 2797 e 2798.

Art. 2804. Assegnazione o vendita del credito dato in pegno.

Il creditore pignoratizio non soddisfatto può in ogni caso chiedere che gli sia assegnato in pagamento il credito ricevuto in pegno, fino a concorrenza del suo credito.

Se il credito non è ancora scaduto, egli può anche farlo vendere nelle forme stabilite dall'articolo 2797.

Art. 2805. Eccezioni opponibili dal debitore del credito dato in pegno.

Il debitore del credito dato in pegno può opporre al creditore pignoratizio le eccezioni che gli spetterebbero contro il proprio creditore.

Se il debitore medesimo ha accettato senza riserve la costituzione del pegno, non può opporre al creditore pignoratizio la compensazione verificatasi anteriormente.

Art. 2806. Pegno di diritti diversi dai crediti.

Il pegno di diritti diversi dai crediti si costituisce nella forma rispettivamente richiesta per il trasferimento dei diritti stessi fermo il disposto del terzo comma dell'articolo 2787.

Sono salve le disposizioni delle leggi speciali.

Art. 2807. Norme applicabili al pegno di crediti.

Per tutto ciò che non è regolato nella presente sezione si osservano, in quanto applicabili, le norme della sezione precedente.

CAPO IV – DELLE IPOTECHE

SEZIONE I – Disposizioni generali

Art. 2808. Costituzione ed effetti dell'ipoteca.

L'ipoteca attribuisce al creditore il diritto di espropriare, anche in confronto del terzo acquirente, i beni vincolati a garanzia del suo credito e di essere soddisfatto con preferenza sul prezzo ricavato dall'espropriazione.

L'ipoteca può avere per oggetto beni del debitore o di un terzo e si costituisce mediante iscrizione nei registri immobiliari.

L'ipoteca è legale, giudiziale o volontaria.

Art. 2809. Specialità e indivisibilità dell'ipoteca.

L'ipoteca deve essere iscritta su beni specialmente indicati e per una somma determinata in danaro.

Essa è indivisibile e sussiste per intero sopra tutti i beni vincolati, sopra ciascuno
di essi e sopra ogni loro parte.

Art. 2810. Oggetto dell'ipoteca.

Sono capaci d'ipoteca:

1) i beni immobili che sono in commercio con le loro pertinenze;
2) l'usufrutto dei beni stessi;
3) il diritto di superficie;
4) il diritto dell'enfiteuta e quello del concedente sul fondo enfiteutico.

Sono anche capaci d'ipoteca le rendite dello Stato nel modo determinato dalle leggi relative al debito pubblico, e inoltre le navi, gli aeromobili e gli autoveicoli, secondo le leggi che li riguardano.

Sono considerati ipoteche i privilegi iscritti sugli autoveicoli a norma della legge speciale.

Art. 2811. Miglioramenti e accessioni.

La ipoteca si estende ai miglioramenti nonché alle costruzioni e alle altre accessioni dell'immobile ipotecato, salve le eccezioni stabilite dalla legge.

Art. 2812. Diritti costituiti sulla cosa ipotecata.

Le servitù di cui sia stata iscritta la costituzione dopo la iscrizione dell'ipoteca non sono opponibili al creditore ipotecario, il quale può far subastare la cosa come libera. La stessa disposizione si applica per i diritti di usufrutto, di uso e di abitazione.

Tali diritti si estinguono con l'espropriazione del fondo e i titolari sono ammessi
a far valere le loro ragioni sul ricavato, con preferenza rispetto alle ipoteche iscritte posteriormente alla trascrizione dei diritti medesimi.

Per coloro che hanno acquistato il diritto di superficie o il diritto d'enfiteusi sui beni soggetti all'ipoteca e hanno trascritto l'acquisto posteriormente all'iscrizione dell'ipoteca, si osservano le disposizioni relative ai terzi acquirenti.

Le cessioni e le liberazioni di pigioni e di fitti non scaduti, che non siano trascritte
o siano inferiori al triennio, sono opponibili ai creditori ipotecari solo se hanno data certa anteriore al pignoramento e per un termine non superiore a un anno dal giorno del pignoramento.

Le cessioni e le liberazioni trascritte non sono opponibili ai creditori ipotecari anteriori alla trascrizione, se non per il termine stabilito dal comma precedente.

Art. 2813. Pericolo di danno alle cose ipotecate.

Qualora il debitore o un terzo compia atti da cui possa derivare il perimento o il deterioramento dei beni ipotecati, il creditore può domandare all'autorità giudiziaria che ordini la cessazione di tali atti o disponga le cautele necessarie per evitare il pregiudizio della sua garanzia.

Art. 2814. Ipoteca sull'usufrutto e sulla nuda proprietà.

Le ipoteche costituite sull'usufrutto si estinguono col cessare di questo. Tuttavia,
se la cessazione si verifica per rinunzia o per abuso da parte dell'usufruttuario ovvero per acquisto della nuda proprietà da parte del medesimo, l'ipoteca perdura fino a che non si verifichi l'evento che avrebbe altrimenti prodotto l'estinzione dell'usufrutto.

Se la nuda proprietà è gravata da ipoteca, questa, avvenendo l'estinzione dell'usufrutto, si estende alla piena proprietà. Ma nei casi in cui, secondo la disposizione del comma precedente, perdura l'ipoteca costituita sull'usufrutto l'estensione non pregiudica il credito garantito con l'ipoteca stessa.

Art. 2815. Ipoteca sul diritto del concedente e sul diritto dell'enfiteuta.

Nel caso di affrancazione, le ipoteche gravanti sul diritto del concedente si risolvono sul prezzo dovuto per l'affrancazione; le ipoteche gravanti sul diritto dell'enfiteuta si estendono alla piena proprietà.

Nel caso di devoluzione o di cessazione dell'enfiteusi per decorso del termine, le ipoteche gravanti sul diritto dell'enfiteuta si risolvono sul prezzo dovuto per i miglioramenti, senza deduzione di quanto è dovuto al concedente per i canoni non soddisfatti. Il prezzo dei miglioramenti, se da atto scritto non risulta concordato con i creditori ipotecari, deve determinarsi giudizialmente, anche in contraddittorio dei medesimi. Le ipoteche gravanti sul diritto del concedente si estendono alla piena proprietà.

Quando l'enfiteusi si estingue per prescrizione, si estinguono le ipoteche che gravano sul diritto dell'enfiteuta.

Se per causa diversa da quelle sopra indicate vengono a riunirsi in una medesima
persona il diritto del concedente e il diritto dell'enfiteuta, le ipoteche gravanti sull'uno o sull'altro continuano a gravarli separatamente; ma se l'ipoteca grava soltanto sull'uno o sull'altro diritto, essa estende alla piena proprietà.

Art. 2816. Ipoteca sul diritto di superficie.

Le ipoteche che hanno per oggetto il diritto di superficie si estinguono nel caso di devoluzione della superficie al proprietario del suolo per decorso del termine. Se però il superficiario ha diritto a un corrispettivo, le ipoteche iscritte contro di lui si risolvono sul corrispettivo medesimo. Le ipoteche iscritte contro il proprietario del suolo non si estendono alla superficie.

Se per altre cause si riuniscono nella medesima persona il diritto del proprietario
del suolo e quello del superficiario, le ipoteche sull'uno e sull'altro diritto continuano a gravare separatamente i diritti stessi.

SEZIONE II – Dell'ipoteca legale

Art. 2817. Persone a cui compete.

Hanno ipoteca legale:

1) l'alienante sopra gli immobili alienati per l'adempimento degli obblighi che derivano dall'atto di alienazione;

2) i coeredi, i soci e altri condividenti per il pagamento dei conguagli sopra gli immobili assegnati ai condividenti ai quali incombe tale obbligo;

3) lo Stato sopra i beni dell'imputato e della persona civilmente responsabile, secondo le disposizioni del codice penale e del codice di procedura penale.

SEZIONE III – Dell'ipoteca giudiziale

Art. 2818. Provvedimenti da cui deriva.

Ogni sentenza che porta condanna al pagamento di una somma o all'adempimento di altra obbligazione ovvero al risarcimento dei danni da liquidarsi successivamente è titolo per iscrivere ipoteca sui beni del debitore.

Lo stesso ha luogo per gli altri provvedimenti giudiziali ai quali la legge attribuisce tale effetto.

Art. 2819. Sentenze arbitrali.

Si può iscrivere ipoteca in base al lodo degli arbitri, quando è stato reso esecutivo.

Art. 2820. Sentenze straniere.

Si può parimenti iscrivere ipoteca in base alle sentenze pronunziate dalle autorità giudiziarie straniere, dopo che ne è stata dichiarata l'efficacia dall'autorità giudiziaria italiana, salvo che le convenzioni internazionali dispongano diversamente.

SEZIONE IV – Dell'ipoteca volontaria

Art. 2821. Concessione d'ipoteca.

L'ipoteca può essere concessa anche mediante dichiarazione unilaterale. La concessione deve farsi per atto pubblico o per scrittura privata, sotto pena di nullità.

Non può essere concessa per testamento.

Art. 2822. Ipoteca sui beni altrui.

Se l'ipoteca è concessa da chi non è proprietario della cosa, l'iscrizione può essere validamente presa solo quando la cosa è acquistata dal concedente.

Se l'ipoteca è concessa da persona che agisce come rappresentante senza averne la qualità, l'iscrizione può essere validamente presa solo quando il proprietario ha ratificato la concessione.

Art. 2823. Ipoteca su beni futuri.

L'ipoteca su cosa futura può essere validamente iscritta solo quando la cosa è venuta a esistenza.

Art. 2824. Ipoteca iscritta in base a titolo annullabile.

L'iscrizione d'ipoteca eseguita in virtù di un titolo annullabile rimane convalidata con la convalida del titolo.

Art. 2825. Ipoteca su beni indivisi.

L'ipoteca costituita sulla propria quota da uno dei partecipanti alla comunione produce effetto rispetto a quei beni o a quella porzione di beni che a lui verranno assegnati nella divisione.

Se nella divisione sono assegnati a un partecipante beni diversi da quello da lui ipotecato, l'ipoteca si trasferisce su questi altri beni, col grado derivante dall'originaria iscrizione e nei limiti del valore del bene in precedenza ipotecato,

quale risulta dalla divisione, purché l'ipoteca sia nuovamente iscritta con l'indicazione di detto valore entro novanta giorni dalla trascrizione della divisione medesima.

Il trasferimento però non pregiudica le ipoteche iscritte contro tutti i partecipanti,

né l'ipoteca legale spettante ai condividenti per i conguagli.

I creditori ipotecari e i cessionari di un partecipante, al quale siano stati assegnati

beni diversi da quelli ipotecati o ceduti, possono far valere le loro ragioni anche sulle somme a lui dovute per conguagli o, qualora sia stata attribuita una somma di danaro in luogo di beni in natura, possono far valere le loro ragioni su tale somma, con prelazione determinata dalla data di iscrizione o di trascrizione dei titoli rispettivi, nel limite però del valore dei beni precedentemente ipotecati o ceduti.

I debitori delle somme sono tuttavia liberati quando le abbiano pagate al condividente dopo trenta giorni da che la divisione è stata notificata ai creditori ipotecari o ai cessionari senza che da costoro sia stata fatta opposizione.

Art. 2825-bis. Ipoteca sul bene oggetto di contratto preliminare.

L'ipoteca iscritta su edificio o complesso condominiale, anche da costruire o in corso di costruzione, a garanzia di finanziamento dell'intervento edilizio ai sensi degli articoli 38 e seguenti del D.Lgs. 1 settembre 1993, n. 385, prevale sulla trascrizione anteriore dei contratti preliminari di cui all'articolo 2645-bis, limitatamente alla quota di debito derivante dal suddetto finanziamento

che il promissario acquirente si sia accollata con il contratto preliminare o con altro atto successivo eventualmente adeguata ai sensi dell'articolo 39, comma 3, del citato decreto legislativo n. 385 del 1993. Se l'accollo risulta da atto successivo, questo è annotato in margine alla trascrizione

del contratto preliminare.

Cfr. Cassazione civile, SS.UU., sentenza 1° ottobre 2009, n. 21045 in Altalex Massimario.

Art. 2826. Indicazione dell'immobile ipotecato.

Nell'atto di concessione dell'ipoteca l'immobile deve essere specificamente designato con l'indicazione della sua natura, del comune in cui si trova, nonché dei dati di identificazione catastale; per i fabbricati in corso di costruzione devono essere indicati i dati di identificazione catastale del terreno su cui insistono.

SEZIONE V – Dell'iscrizione e rinnovazione delle ipoteche

§ 1 - Dell'iscrizione

Art. 2827. Luogo dell'iscrizione.

L'ipoteca si iscrive nell'ufficio dei registri immobiliari del luogo in cui si trova l'immobile.

Art. 2828. Immobili su cui può iscriversi l'ipoteca giudiziale.

L'ipoteca giudiziale si può iscrivere su qualunque degli immobili appartenenti al debitore e su quelli che gli pervengono successivamente alla condanna, a misura che egli li acquista.

Art. 2829. Iscrizione sui beni del defunto.
L'iscrizione d'ipoteca sui beni di un defunto può eseguirsi con la semplice indicazione della sua persona, osservate per il resto le regole ordinarie. Se però risulta trascritto l'acquisto dei beni da parte degli eredi, l'iscrizione deve eseguirsi contro costoro.

Art. 2830. Ipoteca giudiziale sui beni dell'eredità beneficiata e dell'eredità giacente.
Se l'eredità è accettata con beneficio d'inventario o se si tratta di eredità giacente, non possono essere iscritte ipoteche giudiziali sui beni ereditari, neppure in base a sentenze pronunziate anteriormente alla morte del debitore.

Art. 2831. Ipoteca a garanzia di obbligazioni all'ordine o al portatore.
Le obbligazioni risultanti dai titoli all'ordine o al portatore possono essere garantite con ipoteca.

Per i titoli all'ordine l'ipoteca è iscritta a favore dell'attuale possessore e si trasmette ai successivi possessori; questi non sono tenuti a effettuare l'annotazione
prevista dall'articolo 2843.

Per i titoli al portatore l'ipoteca a favore degli obbligazionisti è iscritta con l'indicazione dell'emittente, della data dell'atto di emissione, della serie, del numero e del valore delle obbligazioni emesse. In margine all'iscrizione deve essere annotato il nome del rappresentante degli obbligazionisti, appena questo sia nominato. Per l'annotazione deve presentarsi copia della deliberazione
o del provvedimento giudiziale di nomina.

Art. 2832.
(…) (1)

(1) "Iscrizione dell'ipoteca legale della moglie
L'ipoteca legale spettante alla moglie deve essere iscritta nel termine di venti giorni a cura del marito e del notaio che ha ricevuto l'atto di costituzione della dote.
Se l'ipoteca non è stata ristretta a determinati beni, il notaio deve far dichiarare dal marito la situazione dei beni a lui appartenenti, con le indicazioni stabilite dall'articolo 2826.
L'iscrizione dell'ipoteca legale può essere richiesta, oltre che dalla moglie, anche da chi ha costituito la dote."
Articolo abrogato dall'art. 209, L. 19 maggio 1975, n. 151.

Art. 2833.
(…) (1)

(1) "Responsabilità per mancata iscrizione
Le persone obbligate a richiedere l'iscrizione dell'ipoteca legale secondo l'articolo precedente, se non adempiono tale obbligo nel termine stabilito, rispondono dei danni e incorrono in una pena pecuniaria estensibile fino a lire tremila."
Articolo abrogato dall'art. 209, L. 19 maggio 1975, n. 151.

Art. 2834. Iscrizione dell'ipoteca legale dell'alienante e del condividente.
Il conservatore dei registri immobiliari, nel trascrivere un atto di alienazione o di divisione, deve iscrivere d'ufficio l'ipoteca legale che spetta all'alienante o al condividente a norma dei numeri 1 e 2 dell'articolo 2817, a meno che gli sia presentato un atto pubblico o una scrittura privata con sottoscrizione autenticata o accertata giudizialmente, da cui risulti che gli obblighi sono stati adempiuti o che vi è stata rinunzia all'ipoteca da parte dell'alienante o del condividente.

Art. 2835. Iscrizione in base a scrittura privata.
Se il titolo per l'iscrizione risulta da scrittura privata, la sottoscrizione di chi ha concesso l'ipoteca deve essere autenticata o accertata giudizialmente.
Il richiedente deve presentare la scrittura originale o, se questa è depositata in pubblico archivio o negli atti di un notaio, una copia autenticata, con la certificazione che ricorrono i requisiti innanzi indicati.
L'originale o la copia rimane in deposito nell'ufficio dei registri immobiliari.

Art. 2836. Iscrizione in base ad atto pubblico o a sentenza.
Se il titolo per l'iscrizione risulta da un atto pubblico ricevuto nello Stato o da una sentenza o da altro provvedimento giudiziale ad essa parificato, si deve presentare copia del titolo.
(…) (1)

(1) Il secondo comma che recitava: "Se non è stata ancora pagata l'imposta di registro, si osservano le disposizioni dell'articolo 2669." è stato abrogato dall'art. 30, L. 27 febbraio 1985, n. 52.

Art. 2837. Atti formati all'estero.
Gli atti formati in paese estero che si presentano per la iscrizione devono essere legalizzati.

Art. 2838. Somma per cui l'iscrizione è eseguita.
Se la somma di danaro non è altrimenti determinata negli atti in base ai quali è eseguita l'iscrizione o in atto successivo essa è determinata dal creditore nella nota per l'iscrizione.
Qualora tra la somma enunciata nell'atto e quella enunciata nella nota vi sia divergenza, l'iscrizione ha efficacia per la somma minore.

Art. 2839. Formalità per l'iscrizione dell'ipoteca.
Per eseguire l'iscrizione deve presentarsi il titolo costitutivo insieme con una nota sottoscritta dal richiedente in doppio originale.
La nota deve indicare:
1) il cognome, il nome, il luogo e la data di nascita e il numero di codice fiscale del creditore, del debitore e dell'eventuale terzo datore di ipoteca; la denominazione o la ragione sociale, la sede e il numero di codice fiscale delle persone giuridiche, delle società previste dai capi II, III e IV del titolo V del libro quinto e delle associazioni non riconosciute, con l'indicazione, per queste ultime e per le società semplici, anche delle generalità delle persone che le rappresentano secondo l'atto costitutivo.
Per le obbligazioni all'ordine o al portatore si devono osservare le norme dell'art. 2831. Per le obbligazioni all'ordine si deve inoltre esibire il titolo al conservatore, il quale vi annota l'eseguita iscrizione dell'ipoteca. Per le obbligazioni
al portatore si deve presentare copia dell'atto di emissione e del
piano di ammortamento;
2) il domicilio eletto dal creditore nella circoscrizione del tribunale in cui ha sede l'ufficio dei registri immobiliari;
3) il titolo, la sua data e il nome del pubblico ufficiale che lo ha ricevuto o autenticato;
4) l'importo della somma per la quale l'iscrizione è presa;

5) gli interessi e le annualità che il credito produce;
6) il tempo dell'esigibilità;
7) la natura e la situazione dei beni gravati, con le indicazioni prescritte dall'art. 2826.

Art. 2840. Certificato dell'iscrizione.
Eseguita l'iscrizione, il conservatore restituisce al richiedente uno degli originali
della nota, certificando, in calce al medesimo, la data e il numero d'ordine dell'iscrizione.
I titoli consegnati al conservatore sono custoditi secondo quanto è disposto dall'articolo 2664.

Art. 2841. Omissioni e inesattezze nei titoli o nelle note.
L'omissione o l'inesattezza di alcune delle indicazioni nel titolo, in base al quale è presa l'iscrizione, o nella nota non nuoce alla validità dell'iscrizione, salvo che induca incertezza sulla persona del creditore o del debitore o sull'ammontare del credito ovvero sulla persona del proprietario del bene gravato, quando l'indicazione ne è necessaria, o sull'identità dei singoli beni gravati.
Nel caso di altre omissioni o inesattezze, si può ordinare la rettificazione a istanza e a spese della parte interessata.

Art. 2842. Variazione del domicilio eletto.
È in facoltà del creditore, del suo mandatario o del suo erede o avente causa di variare il domicilio eletto nell'iscrizione, sostituendone un altro nella stessa circoscrizione.
Il cambiamento deve essere annotato dal conservatore in margine o in calce all'iscrizione.
La dichiarazione circa il cambiamento del domicilio deve risultare da atto ricevuto o autenticato da notaio e deve rimanere depositata nell'ufficio del conservatore.

Art. 2843. Annotazione di cessione, di surrogazione e di altri atti dispositivi del credito.
La trasmissione o il vincolo dell'ipoteca per cessione, surrogazione, pegno postergazione di grado o costituzione in dote del credito ipotecario, nonché per sequestro, pignoramento o assegnazione del credito medesimo si deve annotare in margine all'iscrizione dell'ipoteca.
La trasmissione o il vincolo dell'ipoteca non ha effetto finché l'annotazione non sia stata eseguita. Dopo l'annotazione l'iscrizione non si può cancellare senza il consenso dei titolari dei diritti indicati nell'annotazione medesima e le intimazioni o notificazioni che occorrono in dipendenza dell'iscrizione devono essere loro fatte nel domicilio eletto.
Per l'annotazione deve essere consegnata al conservatore copia del titolo e, qualora questo sia una scrittura privata o un atto formato in paese estero, si applicano le disposizioni degli articoli 2835 e 2837.

Art. 2844. Azioni e notificazioni.
Le azioni a cui le iscrizioni possono dar luogo contro i creditori sono promosse davanti all'autorità giudiziaria competente, per mezzo di citazione da farsi alla persona in mani proprie o all'ultimo domicilio da essi eletto.
La stessa disposizione si applica per ogni altra notificazione relativa alle dette iscrizioni.

Se non è stata fatta elezione di domicilio o se è morta la persona ovvero è cessato l'ufficio presso cui si era eletto il domicilio, le citazioni e le notificazioni
possono essere fatte all'ufficio presso il quale l'iscrizione è stata presa.
Se si tratta di giudizio promosso dal debitore contro il suo creditore per la riduzione dell'ipoteca o per la cancellazione totale o parziale dell'iscrizione,
il creditore deve essere citato nei modi ordinari stabiliti dal codice di procedura civile.

Art. 2845. Notificazioni relative a iscrizioni per obbligazioni all'ordine e al portatore.
Se l'iscrizione è presa per obbligazioni risultanti da titoli all'ordine, le citazioni e notificazioni previste dall'articolo precedente devono farsi nei confronti di chi ha preso l'iscrizione a norma degli articoli 2831 e 2839, salvo che dai registri risulti l'annotazione a favore di un possessore successivo.
Se si tratta di obbligazioni al portatore, le citazioni e le notificazioni devono essere fatte al rappresentante degli obbligazionisti il cui nome è annotato in margine all'iscrizione. Le citazioni e le notificazioni devono essere iscritte nel registro delle imprese e pubblicate per estratto in un giornale quotidiano designato dall'autorità giudiziaria.
Se manca per qualsiasi causa il rappresentante o il nome di lui non è stato annotato in margine all'iscrizione dell'ipoteca, le citazioni e le notificazioni sono fatte nei confronti di un curatore da nominarsi dall'autorità giudiziaria.
Il decreto di nomina del curatore deve essere pubblicato con le modalità prescritte nel comma precedente.

Art. 2846. Spese d'iscrizione.
Le spese d'iscrizione dell'ipoteca sono a carico del debitore, se non vi è patto contrario, ma devono essere anticipate dal richiedente.

§ 2 - Della rinnovazione

Art. 2847. Durata dell'efficacia dell'iscrizione.
L'iscrizione conserva il suo effetto per venti anni dalla sua data. L'effetto cessa se l'iscrizione non e rinnovata prima che scada detto termine.

Art. 2848. Nuova iscrizione dell'ipoteca.
Nonostante il decorso del termine indicato dall'articolo precedente, il creditore può procedere a nuova iscrizione; in tal caso l'ipoteca prende grado
dalla data della nuova iscrizione.
La nuova iscrizione non può essere presa contro i terzi acquirenti dell'immobile ipotecato che hanno trascritto il loro titolo.

Art. 2849.
(…) (1)

(1) "Durata dell'ipoteca legale della moglie
L'iscrizione dell'ipoteca legale della moglie conserva il suo effetto, senza che sia rinnovato,
durante il matrimonio e per un anno successivo allo scioglimento del medesimo."
Articolo abrogato dall'art. 209, L. 19 maggio 1975, n. 151.

Art. 2850. Formalità per la rinnovazione.

Per ottenere la rinnovazione si presenta al conservatore una nota in doppio originale conforme a quella della precedente iscrizione in cui si dichiari che s'intende rinnovare l'iscrizione originaria.

In luogo del titolo si può presentare la nota precedente.

Il conservatore deve osservare le disposizioni dell'articolo 2840.

Art. 2851. Rinnovazione rispetto a beni trasferiti agli eredi o aventi causa.

Se al tempo della rinnovazione gli immobili ipotecati risultano dai registri delle trascrizioni passati agli eredi del debitore o ai suoi aventi causa, la rinnovazione

deve essere fatta anche nei confronti degli eredi o aventi causa e

la nota deve contenere le indicazioni stabilite dall'articolo 2839, se queste risultano dai registri medesimi.

SEZIONE VI – Dell'ordine delle ipoteche

Art. 2852. Grado dell'ipoteca.

L'ipoteca prende grado dal momento della sua iscrizione, anche se è iscritta per un credito condizionale. La stessa norma si applica per i crediti che possano eventualmente nascere in dipendenza di un rapporto già esistente.

Art. 2853. Richieste contemporanee di iscrizione.

Il numero d'ordine delle iscrizioni determina il loro grado. Nondimeno, se più persone presentano contemporaneamente la nota per ottenere iscrizione contro la stessa persona o sugli stessi immobili, le iscrizioni sono eseguite sotto lo stesso numero, e di ciò si fa menzione nella ricevuta spedita dal conservatore a ciascuno dei richiedenti.

Art. 2854. Ipoteche iscritte nello stesso grado.

I crediti con iscrizione ipotecaria dello stesso grado sugli stessi beni concorrono tra loro in proporzione dell'importo relativo.

Art. 2855. Estensione degli effetti dell'iscrizione.

L'iscrizione del credito fa collocare nello stesso grado le spese dell'atto di costituzione d'ipoteca, quelle dell'iscrizione e rinnovazione e quelle ordinarie occorrenti per l'intervento nel processo di esecuzione. Per il credito di maggiori spese giudiziali le parti possono estendere l'ipoteca con patto espresso, purché sia presa la corrispondente iscrizione.

Qualunque sia la specie d'ipoteca, l'iscrizione di un capitale che produce interessi fa collocare nello stesso grado gli interessi dovuti, purché ne sia enunciata la misura nell'iscrizione. La collocazione degli interessi è limitata alle due annate anteriori e a quella in corso al giorno del pignoramento, ancorché sia stata pattuita l'estensione a un maggior numero di annualità; le iscrizioni particolari prese per altri arretrati hanno effetto dalla loro data.

L'iscrizione del capitale fa pure collocare nello stesso grado gli interessi maturati

dopo il compimento dell'annata in corso alla data del pignoramento,

però soltanto nella misura legale e fino alla data della vendita.

Art. 2856. Surrogazione del creditore perdente.

Il creditore che ha ipoteca sopra uno o più immobili, qualora si trovi perdente perché sul loro prezzo si è in tutto o in parte soddisfatto un creditore anteriore, la cui ipoteca si estendeva ad altri beni dello stesso debitore, può surrogarsi nell'ipoteca iscritta a favore del creditore soddisfatto, al fine di esercitare l'azione ipotecaria su questi altri beni con preferenza rispetto ai creditori posteriori alla propria iscrizione. Lo stesso diritto spetta ai creditori perdenti in seguito alla detta surrogazione.

Questa disposizione si applica anche ai creditori perdenti per causa di privilegi immobiliari.

Art. 2857. Limiti della surrogazione.

La surrogazione non si può esercitare sui beni dati in ipoteca da un terzo, né sui beni alienati dal debitore, quando l'alienazione è stata trascritta anteriormente

all'iscrizione del creditore perdente.

Trattandosi di beni acquistati dal debitore posteriormente a detta iscrizione, se il creditore soddisfatto aveva esteso a essi la sua ipoteca giudiziale, il creditore perdente può esercitare la surrogazione anche su tali beni.

Per far valere il diritto alla surrogazione deve essere eseguita annotazione in margine all'ipoteca del creditore soddisfatto; per l'annotazione deve presentarsi al conservatore copia dello stato di graduazione dal quale risulta l'incapienza.

SEZIONE VII – Degli effetti dell'ipoteca rispetto al terzo acquirente

Art. 2858. Facoltà del terzo acquirente.

Il terzo acquirente dei beni ipotecati, che ha trascritto il suo titolo di acquisto e non è personalmente obbligato, se non preferisce pagare i creditori iscritti, può rilasciare i beni stessi ovvero liberarli dalle ipoteche, osservando le norme contenute nella sezione XII di questo capo. In mancanza, l'espropriazione

segue contro di lui secondo le forme prescritte dal codice di procedura civile.

Art. 2859. Eccezioni opponibili dal terzo acquirente.

Se la domanda diretta a ottenere la condanna del debitore è posteriore alla trascrizione del titolo del terzo acquirente, questi, ove non abbia preso parte al giudizio può opporre al creditore procedente tutte le eccezioni non opposte dal debitore e quelle altresì che spetterebbero a questo dopo la condanna.

Le eccezioni suddette però non sospendono il corso dei termini stabiliti per la liberazione del bene dalle ipoteche.

Art. 2860. Capacità per il rilascio.

Può procedere al rilascio soltanto chi ha la capacità di alienare.

Art. 2861. Termine di esecuzione del rilascio.

Il rilascio dei beni ipotecati si esegue con dichiarazione alla cancelleria del tribunale competente per l'espropriazione. La dichiarazione deve essere fatta non oltre i dieci giorni dalla data del pignoramento.

Il certificato della cancelleria attestante la dichiarazione deve, a cura del terzo, essere annotato in margine alla trascrizione dell'atto di pignoramento e deve essere notificato, entro cinque giorni dalla sua data, al creditore procedente.

Sull'istanza di questo o di qualunque altro interessato, il tribunale provvede alla nomina di un amministratore, in confronto del quale prosegue il processo di espropriazione.

Il terzo rimane responsabile della custodia dell'immobile fino alla consegna all'amministratore.

Art. 2862. Ipoteche e altri diritti reali a carico e a favore del terzo.

Il rilascio non pregiudica le ipoteche, le servitù e gli altri diritti reali resi pubblici contro il terzo prima dell'annotazione del rilascio.

Le ipoteche, le servitù e gli altri diritti reali che già spettavano al terzo prima dell'acquisto riprendono efficacia dopo il rilascio o dopo la vendita all'incanto eseguita contro di lui.

Del pari riprendono efficacia le servitù che al momento dell'iscrizione dell'ipoteca
esistevano a favore del fondo ipotecato e a carico di altro fondo del terzo. Esse sono comprese nell'espropriazione del fondo ipotecato.

Art. 2863. Ricupero dell'immobile rilasciato e abbandonato dell'esecuzione.

Finché non sia avvenuta la vendita, il terzo può ricuperare l'immobile rilasciato, pagando i crediti iscritti e i loro accessori, oltre le spese.

Qualora la vendita sia avvenuta e, dopo pagati i creditori iscritti, vi sia un residuo del prezzo, questo spetta al terzo acquirente.

Il rilascio non ha effetto se il processo di esecuzione si estingue per rinunzia o per inattività delle parti.

Art. 2864. Danni causati dal terzo e miglioramenti.

Il terzo è tenuto a risarcire i danni che da sua colpa grave sono derivati all'immobile in pregiudizio dei creditori iscritti.

Egli non può ritenere l'immobile per causa di miglioramenti; ma ha il diritto di far separare dal prezzo di vendita la parte corrispondente ai miglioramenti eseguiti dopo la trascrizione del suo titolo, fino a concorrenza del valore dei medesimi al tempo della vendita.

Se il prezzo non copre il valore dell'immobile nello stato in cui era prima dei miglioramenti e insieme quello dei miglioramenti, esso deve dividersi in due parti proporzionali ai detti valori.

Art. 2865. Frutti dovuti dal terzo.

I frutti dell'immobile ipotecato sono dovuti dal terzo a decorrere dal giorno in cui è stato eseguito il pignoramento.

Nel caso di liberazione dell'immobile dalle ipoteche i frutti sono del pari dovuti dal giorno del pignoramento o, in mancanza di pignoramento, dal giorno della notificazione eseguita in conformità dell'articolo 2890.

Art. 2866. Diritti del terzo nei confronti del debitore e di altri terzi acquirenti.

Il terzo che ha pagato i creditori iscritti ovvero ha rilasciato l'immobile o sofferto l'espropriazione ha ragione d'indennità verso il suo autore, anche se si tratta di acquisto a titolo gratuito.

Ha pure diritto di subingresso nelle ipoteche costituite a favore del creditore soddisfatto sugli altri beni del debitore; se questi sono stati acquistati da terzi, non ha azione che contro coloro i quali hanno trascritto il loro acquisto in data posteriore alla trascrizione del suo titolo. Per esercitare il subingresso deve fare eseguire la relativa annotazione in conformità dell'articolo 2843.

Il subingresso non pregiudica l'esercizio del diritto di surrogazione stabilito dall'articolo 2856 a favore dei creditori che hanno un'iscrizione anteriore alla trascrizione del titolo del terzo acquirente.

Art. 2867. Terzo debitore di somma in dipendenza dell'acquisto.

Se il terzo acquirente, che ha trascritto il suo titolo, è debitore, in dipendenza dell'acquisto, di una somma attualmente esigibile, la quale basti a soddisfare tutti i creditori iscritti contro il precedente proprietario, ciascuno di questi può obbligarlo al pagamento.

Se il debito del terzo non è attualmente esigibile, o è minore o diverso da ciò che è dovuto ai detti creditori, questi, purché di comune accordo, possono egualmente richiedere che venga loro pagato, fino alla rispettiva concorrenza, ciò che il terzo deve nei modi e termini della sua obbligazione.

Nell'uno e nell'altro caso l'acquirente non può evitare di pagare, offrendo il rilascio dell'immobile, ma, eseguito il pagamento, l'immobile è liberato da ogni ipoteca, non esclusa quella che spetta all'alienante, e il terzo ha diritto di ottenere che si cancellino le relative iscrizioni.

SEZIONE VIII – Degli effetti dell'ipoteca rispetto al terzo datore

Art. 2868. Beneficio di escussione.

Chi ha costituito un'ipoteca a garanzia del debito altrui non può invocare il beneficio della preventiva escussione del debitore, se il beneficio non è stato convenuto.

Art. 2869. Estinzione dell'ipoteca per fatto del creditore.

L'ipoteca costituita dal terzo si estingue se, per fatto del creditore, non può avere effetto la surrogazione del terzo nei diritti, nel pegno, nelle ipoteche e nei privilegi del creditore.

Art. 2870. Eccezioni opponibili dal terzo datore.

Il terzo datore che non ha preso parte al giudizio diretto alla condanna del debitore può opporre al creditore le eccezioni indicate dall'articolo 2859.

Art. 2871. Diritti del terzo datore che ha pagato i creditori iscritti o ha sofferto
l'espropriazione.

Il terzo datore che ha pagato i creditori iscritti o ha sofferto l'espropriazione ha regresso contro il debitore. Se vi sono più debitori obbligati in solido, il terzo che ha costituito l'ipoteca a garanzia di tutti ha regresso contro ciascuno per l'intero.

Il terzo datore ha regresso contro i fideiussori del debitore. Ha inoltre regresso contro gli altri terzi datori per la loro rispettiva porzione e può esercitare, anche nei confronti dei terzi acquirenti, il subingresso previsto dal secondo comma dell'articolo 2866.

SEZIONE IX – Della riduzione delle ipoteche

Art. 2872. Modalità della riduzione.

La riduzione delle ipoteche si opera riducendo la somma per la quale è stata presa l'iscrizione o restringendo l'iscrizione a una parte soltanto dei beni.

Questa restrizione può aver luogo anche se l'ipoteca ha per oggetto un solo bene, qualora questo abbia parti distinte o tali che si possano comodamente distinguere.

Art. 2873. Esclusione della riduzione.

Non è ammessa domanda di riduzione riguardo alla quantità dei beni né riguardo alla somma, se la quantità dei beni o la somma è stata determinata per convenzione o per sentenza.

Tuttavia, se sono stati eseguiti pagamenti parziali così da estinguere almeno il quinto del debito originario, si può chiedere una riduzione proporzionale per quanto riguarda la somma.

Nel caso d'ipoteca iscritta su un edificio, il costituente che dopo l'iscrizione ha eseguito sopraelevazioni può chiedere che l'ipoteca sia ridotta, per modo che le sopraelevazioni ne restino esenti in tutto o in parte, osservato il limite stabilito dall'articolo 2876 per il valore della cautela.

Art. 2874. Riduzione dell'ipoteca legale e dell'ipoteca giudiziale.

Le ipoteche legali, eccettuate quelle indicate dai numeri 1 e 2 dell'articolo 2817, e le ipoteche giudiziali devono ridursi su domanda degli interessati, se i beni compresi nell'iscrizione hanno un valore che eccede la cautela da somministrarsi o se la somma determinata dal creditore nell'iscrizione eccede di un quinto quella che l'autorità giudiziaria dichiara dovuta.

Art. 2875. Eccesso nel valore dei beni.

Si reputa che il valore dei beni ecceda la cautela da somministrarsi, se tanto alla data dell'iscrizione dell'ipoteca, quanto posteriormente, supera di un terzo l'importo dei crediti iscritti, accresciuto degli accessori a norma dell'articolo 2855.

Art. 2876. Limiti della riduzione.

La riduzione si opera rispettando l'eccedenza del quinto per ciò che riguarda la somma del credito e l'eccedenza del terzo per ciò che riguarda il valore della cautela.

Art. 2877. Spese della riduzione.

Le spese necessarie per eseguire la riduzione, anche se consentita dal creditore, sono sempre a carico del richiedente, a meno che la riduzione abbia luogo per eccesso nella determinazione del credito fatta dal creditore, nel qual caso sono a carico di quest'ultimo.

Se la riduzione è stata ordinata con sentenza, le spese del giudizio sono a carico del soccombente, salvo che siano compensate tra le parti.

SEZIONE X – Dell'estinzione delle ipoteche

Art. 2878. Cause di estinzione. (1)

L'ipoteca si estingue:
1) con la cancellazione dell'iscrizione;
2) con la mancata rinnovazione della iscrizione entro il termine indicato dall'articolo 2847;
3) con l'estinguersi dell'obbligazione;
4) col perimento del bene ipotecato, salvo quanto è stabilito dall'articolo 2742;
5) con la rinunzia del creditore;
6) con lo spirare del termine a cui la ipoteca è stata limitata o col verificarsi della condizione risolutiva.
7) con la pronunzia del provvedimento che trasferisce all'acquirente il diritto espropriato e ordina la cancellazione delle ipoteche.

(1) Si veda l'art. 13, comma 8 sexies – 8 quaterdecies, del D.L. 31 gennaio 2007, n. 7, convertito con modificazioni, nella L. 2 aprile 2007, n. 40.

Art. 2879. Rinunzia all'ipoteca.

La rinunzia del creditore all'ipoteca deve essere espressa e deve risultare da atto scritto, sotto pena di nullità.

La rinunzia non ha effetto di fronte ai terzi che anteriormente alla cancellazione dell'ipoteca abbiano acquistato il diritto all'ipoteca medesima ed eseguito la relativa annotazione a termini dell'articolo 2843.

Art. 2880. Prescrizione rispetto a beni acquistati da terzi.

Riguardo ai beni acquistati da terzi, l'ipoteca si estingue per prescrizione, indipendentemente dal credito, col decorso di venti anni dalla data della trascrizione del titolo di acquisto, salve le cause di sospensione e d'interruzione.

Art. 2881. Nuova iscrizione dell'ipoteca.

Salvo diversa disposizione di legge se la causa estintiva dell'obbligazione è dichiarata nulla o altrimenti non sussiste ovvero è dichiarata nulla la rinunzia fatta dal creditore all'ipoteca, e la iscrizione non è stata conservata, si può procedere a nuova iscrizione e questa prende grado dalla sua data.

SEZIONE XI – Della cancellazione dell'iscrizione

Art. 2882. Formalità per la cancellazione.

La cancellazione consentita dalle parti interessate deve essere eseguita dal conservatore in seguito a presentazione dell'atto contenente il consenso del creditore.

Per quest'atto devono essere osservate le forme prescritte dagli articoli 2821, 2835 e 2837.

Art. 2883. Capacità per consentire la cancellazione.

Chi non ha la capacità richiesta per liberare il debitore non può consentire la cancellazione dell'iscrizione se non è assistito dalle persone il cui intervento è necessario per la liberazione.

Il rappresentante legale dell'incapace e ogni altro amministratore, anche se autorizzati a esigere il credito e a liberare il debitore, non possono consentire la cancellazione dell'iscrizione, ove il credito non sia soddisfatto.

Cfr. Tribunale di Torino, sez. III civile, sentenza 10 febbraio 2009 in Altalex Massimario.

Art. 2884. Cancellazione ordinata con sentenza.

La cancellazione deve essere eseguita dal conservatore, quando è ordinata con sentenza passata in giudicato o con altro provvedimento definitivo emesso dalle autorità competenti.

Art. 2885. Cancellazione sotto condizione.

Se è stato convenuto od ordinato che la cancellazione non debba aver luogo che sotto la condizione di nuova ipoteca, di nuovo impiego o sotto altra condizione, la cancellazione non può essere eseguita se non si fa constatare al conservatore che la condizione è stata adempiuta.

Art. 2886. Formalità per la cancellazione.

Chi richiede la cancellazione totale o parziale deve presentare al conservatore l'atto su cui la richiesta è fondata.

La cancellazione di un'iscrizione o la rettifica deve essere eseguita in margine all'iscrizione medesima, con l'indicazione del titolo dal quale è stata consentita od ordinata e della data in cui si esegue, e deve portare la sottoscrizione del conservatore.

Art. 2887. Cancellazione delle ipoteche a garanzia dei titoli all'ordine.

La cancellazione della ipoteca costituita a garanzia dell'obbligazione risultante da un titolo all'ordine è consentita dal creditore risultante nei registri immobiliari e l'atto di consenso deve essere presentato al conservatore insieme con il titolo, il quale è restituito dopo che il conservatore vi ha eseguito l'annotazione della cancellazione.

La cancellazione dell'ipoteca importa la perdita del diritto di regresso contro i giranti anteriori alla cancellazione medesima.

Art. 2888. Rifiuto di cancellazione.

Qualora il conservatore rifiuti di procedere alla cancellazione di un'iscrizione, il richiedente può proporre reclamo all'autorità giudiziaria.

SEZIONE XII – Del modo di liberare i beni dalle ipoteche

Art. 2889. Facoltà di liberare i beni dalle ipoteche.

Il terzo acquirente dei beni ipotecati, che ha trascritto il suo titolo e non è personalmente obbligato a pagare i creditori ipotecari, ha facoltà di liberare i beni da ogni ipoteca iscritta anteriormente alla trascrizione del suo titolo di acquisto.

Tale facoltà spetta all'acquirente anche dopo il pignoramento, purché nel termine di trenta giorni proceda in conformità dell'articolo che segue.

Art. 2890. Notificazione.

L'acquirente deve far notificare, per mezzo di ufficiale giudiziario, ai creditori iscritti, nel domicilio da essi eletto e al precedente proprietario un atto nel quale siano indicati:

1) il titolo, la data del medesimo e la data della sua trascrizione;
2) la qualità e la situazione dei beni col numero del catasto o altra loro designazione, quale risulta dallo stesso titolo;
3) il prezzo stipulato o il valore da lui stesso dichiarato, se si tratta di beni pervenutigli a titolo lucrativo o di cui non sia stato determinato il prezzo.

In ogni caso, il prezzo o il valore dichiarato non può essere inferiore a quello stabilito come base degli incanti dal codice di procedura civile in caso di espropriazione.

Nell'atto della notificazione il terzo acquirente deve eleggere domicilio nel comune dove ha sede il tribunale competente per l'espropriazione e deve offrire di pagare il prezzo o il valore dichiarato.

Un estratto sommario della notificazione è inserito nel giornale degli annunzi giudiziari.

Art. 2891. Diritto dei creditori di far vendere i beni.

Entro il termine di quaranta giorni dalla notificazione indicata dall'articolo precedente, qualunque dei creditori iscritti o dei relativi fideiussori ha diritto di richiedere l'espropriazione dei beni con ricorso al presidente del tribunale competente a norma del codice di procedura civile, purché adempia le condizioni che seguono:

1) che la richiesta sia notificata al terzo acquirente nel domicilio da lui eletto a norma dell'articolo precedente e al proprietario anteriore;
2) che contenga la dichiarazione del richiedente di aumentare di un decimo il prezzo stipulato o il valore dichiarato;
3) che contenga l'offerta di una cauzione per una somma eguale al quinto del prezzo aumentato come sopra;
4) che l'originale e le copie della richiesta siano sottoscritti dal richiedente o da un suo procuratore munito di mandato speciale.

L'omissione di alcuna di queste condizioni produce nullità della richiesta.

Art. 2892. Divieto di proroga dei termini.

I termini fissati dal secondo comma dell'articolo 2889 e dal primo comma dell'articolo 2891 non possono essere prorogati.

Art. 2893. Mancata richiesta dell'incanto.

Se l'incanto non è domandato nel tempo e nel modo prescritti dall'articolo 2891, il valore del bene rimane definitivamente stabilito nel prezzo che l'acquirente ha posto a disposizione dei creditori a norma dell'articolo 2890, n. 3.

La liberazione del bene dalle ipoteche avviene dopo che è stato depositato il prezzo e si è provveduto nei modi indicati dal codice di procedura civile.

Art. 2894. Effetti del mancato deposito del prezzo.

Se il terzo acquirente non deposita il prezzo entro il termine stabilito dall'articolo 792 del codice di procedura civile, la richiesta di liberazione del bene dalle ipoteche rimane senza effetto, salva la responsabilità del richiedente per i danni verso i creditori iscritti.

Art. 2895. Desistenza del creditore.

La desistenza del creditore che ha richiesto l'incanto non può impedire l'espropriazione, a meno che vi consentano espressamente gli altri creditori iscritti.

Art. 2896. Aggiudicazione al terzo acquirente.

Se l'aggiudicazione segue a favore del terzo acquirente, il decreto di trasferimento deve essere annotato in margine alla trascrizione dell'atto di acquisto.

Art. 2897. Regresso dell'acquirente divenuto compratore all'incanto.

Il terzo acquirente al quale è stato aggiudicato l'immobile ha regresso contro il venditore per il rimborso di ciò che eccede il prezzo stipulato nel contratto di vendita.

Art. 2898. Beni non ipotecati per il credito per il quale si procede.

Nel caso in cui il titolo d'acquisto del terzo acquirente comprende mobili e immobili, o comprende più immobili, gli uni ipotecati e gli altri liberi, ovvero non tutti gravati dalle stesse iscrizioni, situati nella giurisdizione dello stesso tribunale o in diverse giurisdizioni di tribunali, alienati per un unico prezzo ovvero per prezzi distinti, il prezzo di ciascun immobile assoggettato a particolari e separate iscrizioni deve dichiararsi nella notificazione, ragguagliato al prezzo totale espresso nel titolo.

Il creditore che richiede l'espropriazione non può in nessun caso essere costretto a estendere la sua domanda ai mobili, o ad altri immobili, fuori di quelli che sono ipotecati per il suo credito, salvo il regresso del terzo acquirente contro il suo autore per il risarcimento del danno che venga a soffrire a causa della separazione dei beni compresi nell'acquisto e delle relative coltivazioni.

SEZIONE XIII – Della rinunzia e dell'astensione del creditore nell'espropriazione forzata

Art. 2899. Divieto di rinunzia a un'ipoteca a danno di altro creditore.

Il creditore, che ha ipoteca su vari immobili, dopo che gli è stata fatta la notificazione
indicata dall'articolo 2890, se si tratta del processo di liberazione
dalle ipoteche, o dopo la notificazione del provvedimento che dispone la
vendita, in caso di espropriazione, non può rinunziare alla sua ipoteca sopra
uno di quegli immobili né astenersi dall'intervenire nel giudizio di
espropriazione
qualora sia con ciò favorito un creditore a danno di altro creditore
anteriormente iscritto; se egli rinunzia o si astiene, è responsabile dei danni,
a meno che vi siano giusti motivi.

La stessa disposizione si applica nel caso in cui la rinunzia o l'astensione favorisca
un terzo acquirente a danno di un creditore con ipoteca anteriore o
di un altro terzo acquirente che abbia un titolo anteriormente trascritto.

CAPO V – DEI MEZZI DI CONSERVAZIONE DELLA GARANZIA PATRIMONIALE

SEZIONE I – Dell'azione surrogatoria

Art. 2900. Condizioni, modalità ed effetti.

Il creditore, per assicurare che siano soddisfatte o conservate le sue ragioni,
può esercitare i diritti e le azioni che spettano verso i terzi al proprio debitore
e che questi trascura di esercitare, purché i diritti e le azioni abbiano contenuto
patrimoniale e non si tratti di diritti o di azioni che, per loro natura o
per disposizione di legge, non possono essere esercitati se non dal loro titolare.

Il creditore, qualora agisca giudizialmente, deve citare anche il debitore al
quale intende surrogarsi.

Cfr. Cassazione Civile, sez. III, sentenza 11 maggio 2009, n. 10744 in Altalex Massimario.

SEZIONE II – Dell'azione revocatoria

Art. 2901. Condizioni.

Il creditore, anche se il credito è soggetto a condizione o a termine, può
domandare che siano dichiarati inefficaci nei suoi confronti gli atti di
disposizione
del patrimonio con i quali il debitore rechi pregiudizio alle sue ragioni,
quando concorrono le seguenti condizioni:

1) che il debitore conoscesse il pregiudizio che l'atto arrecava alle ragioni
del creditore o, trattandosi di atto anteriore al sorgere del credito, l'atto
fosse dolosamente preordinato al fine di pregiudicarne il soddisfacimento;
2) che, inoltre, trattandosi di atto a titolo oneroso, il terzo fosse consapevole
del pregiudizio e, nel caso di atto anteriore al sorgere del credito, fosse
partecipe della dolosa preordinazione.

Agli effetti della presente norma, le prestazioni di garanzia, anche per debiti
altrui, sono considerate atti a titolo oneroso, quando sono contestuali al
credito garantito.

Non è soggetto a revoca l'adempimento di un debito scaduto.

L'inefficacia dell'atto non pregiudica i diritti acquistati a titolo oneroso dai
terzi di buona fede, salvi gli effetti della trascrizione della domanda di
revocazione.

Cfr. Cassazione Civile, sez. II, sentenza 17 aprile 2007, n. 9134, Cassazione Civile, sez. III, sentenza 16 aprile 2008, n. 9970, Cassazione Civile, sez. III, sentenza 13 maggio 2008, n. 11914 e Cassazione Civile, sez. I, sentenza 28 maggio 2008, n. 13996 in Altalex Massimario.

Art. 2902. Effetti.

Il creditore, ottenuta la dichiarazione di inefficacia, può promuovere nei
confronti dei terzi acquirenti le azioni esecutive o conservative sui beni che
formano oggetto dell'atto impugnato.

Il terzo contraente, che abbia verso il debitore ragioni di credito dipendenti
dall'esercizio dell'azione revocatoria, non può concorrere sul ricavato dei
beni che sono stati oggetto dell'atto dichiarato inefficace, se non dopo che il
creditore è stato soddisfatto.

Art. 2903. Prescrizione dell'azione.

L'azione revocatoria si prescrive in cinque anni dalla data dell'atto.

Art. 2904. Rinvio.

Sono salve le disposizioni sull'azione revocatoria in materia fallimentare e in
materia penale.

SEZIONE III – Del sequestro conservativo

Art. 2905. Sequestro nei confronti del debitore o del terzo.

Il creditore può chiedere il sequestro conservativo dei beni del debitore,
secondo le regole stabilite dal codice di procedura civile.

Il sequestro può essere chiesto anche nei confronti del terzo acquirente dei
beni del debitore, qualora sia stata proposta l'azione per far dichiarare
l'inefficacia
dell'alienazione.

Art. 2906. Effetti.

Non hanno effetto in pregiudizio del creditore sequestrante le alienazioni e
gli altri atti che hanno per oggetto la cosa sequestrata, in conformità delle
regole stabilite per il pignoramento.

Non ha parimenti effetto in pregiudizio del creditore opponente il pagamento
eseguito dal debitore, qualora l'opposizione sia stata proposta nei
casi e con le forme stabilite dalla legge.

Cfr. Cassazione Civile, sez. III, sentenza 3 settembre 2007, n. 18536 in Altalex Massimario.

TITOLO IV – DELLA TUTELA GIURISDIZIONALE DEI DIRITTI

CAPO I – DISPOSIZIONI GENERALI

Art. 2907. Attività giurisdizionale.

Alla tutela giurisdizionale dei diritti provvede l'autorità giudiziaria su domanda
di parte e, quando la legge lo dispone, anche su istanza del pubblico
ministero o d'ufficio.

(…) (1)

*"La tutela giurisdizionale dei diritti, nell'interesse delle categorie professionali, è attuata
su domanda delle associazioni legalmente riconosciute, nei casi determinati
dalla legge e con le forme da questa stabilite." Comma da ritenersi abrogato poiché
le associazioni professionali obbligatorie rappresentative per legge, sono state sciolte
dal D.L.vo Lgt. 23 novembre 1944, n. 369.*

Art. 2908. Effetti costitutivi delle sentenze.

Nei casi previsti dalla legge, l'autorità giudiziaria può costituire, modificare o
estinguere rapporti giuridici, con effetto tra le parti, i loro eredi o aventi

causa.

Art. 2909. Cosa giudicata.

L'accertamento contenuto nella sentenza passata in giudicato fa stato a ogni effetto tra le parti, i loro eredi o aventi causa.

Cfr. Cassazione Civile, SS.UU., sentenza 5 aprile 2007, n. 8521, Corte di Giustizia UE, sez. Grande, sentenza 18.07.2007, n. C-119/05, Cassazione Civile, sez. III, sentenza 21 settembre 2007, n. 19492 e Cassazione Civile, sez. tributaria, sentenza 21 dicembre 2007, n. 26996, Cassazione Civile, sez. II, sentenza 22 gennaio 2008, n. 12119, Cassazione Civile, sez. lavoro, sentenza 19 ottobre 2009, n. 2210 e Cassazione Civile, sez. lavoro, sentenza 22 ottobre 2009, n. 22418 in Altalex Massimario.

CAPO II – DELL'ESECUZIONE FORZATA
SEZIONE I – Dell'espropriazione
§ 1 - Disposizioni generali

Art. 2910. Oggetto dell'espropriazione.

Il creditore, per conseguire quanto gli è dovuto, può fare espropriare i beni del debitore, secondo le regole stabilite dal Codice di procedura civile.

Possono essere espropriati anche i beni di un terzo quando sono vincolati a garanzia del credito o quando sono oggetto di un atto che è stato revocato perché compiuto in pregiudizio del creditore.

Art. 2911. Beni gravati da pegno o ipoteca.

Il creditore che ha pegno su beni del debitore non può pignorare altri beni del debitore medesimo, se non sottopone a esecuzione anche i beni gravati dal pegno. Non può parimenti, quando ha ipoteca, pignorare altri immobili, se non sottopone a pignoramento anche gli immobili gravati dall'ipoteca.

La stessa disposizione si applica se il creditore ha privilegio speciale su determinati
beni.

§ 2 - Degli effetti del pignoramento

Art. 2912. Estensione del pignoramento.

Il pignoramento comprende gli accessori, le pertinenze e i frutti della cosa pignorata.

Art. 2913. Inefficacia delle alienazioni del bene pignorato.

Non hanno effetto in pregiudizio del creditore pignorante e dei creditori che intervengono nell'esecuzione gli atti di alienazione dei beni sottoposti a pignoramento, salvi gli effetti del possesso di buona fede per i mobili non iscritti in pubblici registri.

Cfr. Cassazione Penale, sez. VI, sentenza 28 settembre 2009, n. 38099 in Altalex Massimario.

Art. 2914. Alienazioni anteriori al pignoramento.

Non hanno effetto in pregiudizio del creditore pignorante e dei creditori che intervengono nell'esecuzione, sebbene anteriori al pignoramento:

1) le alienazioni di beni immobili o di beni mobili iscritti in pubblici registri, che siano state trascritte successivamente al pignoramento;
2) le cessioni di crediti che siano state notificate al debitore ceduto o accettate dal medesimo successivamente al pignoramento;
3) le alienazioni di universalità di mobili che non abbiano data certa;
4) le alienazioni di beni mobili di cui non sia stato trasmesso il possesso; anteriormente al pignoramento, salvo che risultino da atto avente data certa.

Art. 2915. Atti che limitano la disponibilità dei beni pignorati.

Non hanno effetto in pregiudizio del creditore pignorante e dei creditori che intervengono nell'esecuzione gli atti che importano vincoli di indisponibilità, se non sono stati trascritti prima del pignoramento, quando hanno per oggetto beni immobili o beni mobili iscritti in pubblici registri e, negli altri casi, se non hanno data certa anteriore al pignoramento.

Non hanno del pari effetto in pregiudizio del creditore pignorante e dei creditori che intervengono nell'esecuzione gli atti e le domande per la cui efficacia rispetto ai terzi acquirenti la legge richiede la trascrizione, se sono trascritti successivamente al pignoramento.

Art. 2916. Ipoteche e privilegi.

Nella distribuzione della somma ricavata dall'esecuzione non si tiene conto:
1) delle ipoteche, anche se giudiziali, iscritte dopo il pignoramento;
2) dei privilegi per la cui efficacia è necessaria l'iscrizione, se questa ha luogo dopo il pignoramento;
3) dei privilegi per crediti sorti dopo il pignoramento.

Art. 2917. Estinzione del credito pignorato.

Se oggetto del pignoramento è un credito, l'estinzione di esso per cause verificatesi in epoca successiva al pignoramento non ha effetto in pregiudizio del creditore pignorante e dei creditori che intervengono nell'esecuzione.

Art. 2918. Cessioni e liberazioni di pigioni e di fitti.

Le cessioni e le liberazioni di pigioni e di fitti non ancora scaduti per un periodo
eccedente i tre anni non hanno effetto in pregiudizio del creditore pignorante e dei creditori che intervengono nell'esecuzione, se non sono trascritte anteriormente al pignoramento. Le cessioni e le liberazioni per un tempo inferiore a tre anni e le cessioni e le liberazioni superiori ai tre anni non trascritte non hanno effetto, se non hanno data certa anteriore al pignoramento
e, in ogni caso, non oltre il termine di un anno dalla data del pignoramento.

§ 3 - Effetti della vendita forzata e dell'assegnazione

Art. 2919. Effetto traslativo della vendita forzata.

La vendita forzata trasferisce all'acquirente i diritti che sulla cosa spettavano a colui che ha subito l'espropriazione salvi gli effetti del possesso di buona fede. Non sono però opponibili all'acquirente i diritti acquistati da terzi sulla cosa, se i diritti stessi non hanno effetto in pregiudizio del creditore pignorante e dei creditori intervenuti nell'esecuzione.

Art. 2920. Diritti di terzi sulla cosa mobile venduta.

Se oggetto della vendita è una cosa mobile, coloro che avevano la proprietà o altri diritti reali su di essa, ma non hanno fatto valere le loro ragioni sulla somma ricavata dall'esecuzione, non possono farle valere nei confronti dell'acquirente di buona fede, né possono ripetere dai creditori la somma distribuita. Resta ferma la responsabilità del creditore procedente di mala fede per i danni e per le spese.

Art. 2921. Evizione.

L'acquirente della cosa espropriata, se ne subisce l'evizione, può ripetere il

prezzo non ancora distribuito, dedotte le spese, e, se la distribuzione è già
avvenuta, può riperterne da ciascun creditore la parte che ha riscossa e dal
debitore l'eventuale residuo, salva la responsabilità del creditore procedente
per i danni e per le spese.

Se l'evizione è soltanto parziale, l'acquirente ha diritto di ripetere una parte
proporzionale del prezzo. La ripetizione ha luogo, anche se l'aggiudicatario,
per evitare l'evizione, ha pagato una somma di danaro.

In ogni caso l'acquirente non può ripetere il prezzo nei confronti dei creditori
privilegiati o ipotecari ai quali la causa di evizione non era opponibile.

Art. 2922. Vizi della cosa. Lesione.

Nella vendita forzata non ha luogo la garanzia per i vizi della cosa.
Essa non può essere impugnata per causa di lesione.

Art. 2923. Locazioni.

Le locazioni consentite da chi ha subito l'espropriazione sono opponibili
all'acquirente se hanno data certa anteriore al pignoramento, salvo che,
trattandosi di beni mobili, l'acquirente ne abbia conseguito il possesso in
buona fede.

Le locazioni immobiliari eccedenti i nove anni che non sono state trascritte
anteriormente al pignoramento non sono opponibili all'acquirente, se non
nei limiti di un novennio dall'inizio della locazione.

In ogni caso l'acquirente non è tenuto a rispettare la locazione qualora il
prezzo convenuto sia inferiore di un terzo al giusto prezzo o a quello risultante
da precedenti locazioni.

Se la locazione non ha data certa, ma la detenzione del conduttore è anteriore
al pignoramento della cosa locata, l'acquirente non è tenuto a rispettare
la locazione che per la durata corrispondente a quella stabilita per le
locazioni a tempo indeterminato.

Se nel contratto di locazione è convenuto che esso possa risolversi in caso di
alienazione, l'acquirente può intimare licenza al conduttore secondo le
disposizioni
dell'articolo 1603.

Art. 2924. Cessioni e liberazioni di pigioni e di fitti.

Le cessioni e le liberazioni di pigioni e di fitti non ancora scaduti non sono
opponibili all'acquirente, salvo che si tratti di cessioni o di liberazioni eccedenti
al triennio e trascritte anteriormente al pignoramento o si tratti di
anticipazioni fatte in conformità degli usi locali.

Art. 2925. Norme applicabili all'assegnazione forzata.

Le norme concernenti la vendita forzata si applicano anche all'assegnazione
forzata, salvo quanto è disposto negli articoli seguenti.

Art. 2926. Diritti dei terzi sulla cosa assegnata.

Se l'assegnazione ha per oggetto beni mobili, i terzi che ne avevano la proprietà
possono, entro il termine di sessanta giorni dall'assegnazione, rivolgersi
contro l'assegnatario che ha ricevuto in buona fede il possesso, al solo
scopo di ripetere la somma corrispondente al suo credito soddisfatto con
l'assegnazione. La stessa facoltà spetta ai terzi che avevano sulla cosa altri
diritti reali, nei limiti del valore del loro diritto.

L'assegnatario conserva le sue ragioni nei confronti del debitore, ma si
estinguono le garanzie prestate da terzi.

Art. 2927. Evizione della cosa assegnata.

L'assegnatario, se subisce l'evizione della cosa, ha diritto di ripetere quanto
ha pagato agli altri creditori, salva la responsabilità del creditore procedente
per i danni e per le spese.

L'assegnatario conserva le sue ragioni nei confronti del debitore espropriato,
ma non le garanzie prestate da terzi.

Art. 2928. Assegnazione di crediti.

Se oggetto dell'assegnazione è un credito, il diritto dell'assegnatario verso il
debitore che ha subito l'espropriazione non si estingue che con la riscossione
del credito assegnato.

Art. 2929. Nullità del processo esecutivo.

La nullità degli atti esecutivi che hanno preceduto la vendita o l'assegnazione
non ha effetto riguardo all'acquirente o all'assegnatario, salvo il caso di
collusione con il creditore procedente. Gli altri creditori non sono in nessun
caso tenuti a restituire quanto hanno ricevuto per effetto dell'esecuzione.

Cfr. Cassazione Civile, sez. III, sentenza 13 febbraio 2009, n. 3531 in Altalex Massimario.

SEZIONE II – Dell'esecuzione forzata in forma specifica

Art. 2930. Esecuzione forzata per consegna o rilascio.

Se non è adempiuto l'obbligo di consegnare una cosa determinata, mobile o
immobile, l'avente diritto può ottenere la consegna o il rilascio forzati a
norma delle disposizioni del codice di procedura civile.

Art. 2931. Esecuzione forzata degli obblighi di fare.

Se non è adempiuto un obbligo di fare, l'avente diritto può ottenere che
esso sia eseguito a spese dell'obbligato nelle forme stabilite dal codice di
procedura civile.

Art. 2932. Esecuzione specifica dell'obbligo di concludere un contratto.

Se colui che è obbligato a concludere un contratto non adempie l'obbligazione,
l'altra parte, qualora sia possibile e non sia escluso dal titolo, può
ottenere una sentenza che produca gli effetti del contratto non concluso.

Se si tratta di contratti che hanno per oggetto il trasferimento della proprietà
di una cosa determinata o la costituzione o il trasferimento di un altro
diritto, la domanda non può essere accolta, se la parte che l'ha proposta
non esegue la sua prestazione o non ne fa offerta nei modi di legge, a meno
che la prestazione non sia ancora esigibile.

*Cfr. Cassazione Civile, sez. II, sentenza 27 novembre 2007, n. 24655, Cassazione Civile,
sez. II, sentenza 30 novembre 2007, n. 25050, Cassazione Civile, sez. II, sentenza
10 marzo 2008, n. 6308, Cassazione Civile, sez. II, sentenza 22 maggio 2008, n.
13225, Cassazione Civile, sez. II, sentenza 2 aprile 2009, n. 8038, T.A.R. Veneto-
Venezia, sez. II, sentenza 11 giugno 2009, n. 1731, Cassazione Civile, sez. II, sentenza
8 febbraio 2010, n. 2717 e Cassazione Civile, sez. II, sentenza 17 maggio 2010, n.
12039 in Altalex Massimario.*

Art. 2933. Esecuzione forzata degli obblighi di non fare.

Se non è adempiuto un obbligo di non fare, l'avente diritto può ottenere
che sia distrutto, a spese dell'obbligato, ciò che è stato fatto in violazione
dell'obbligo.

Non può essere ordinata la distruzione della cosa e l'avente diritto può
conseguire

solo il risarcimento dei danni, se la distruzione della cosa è di pregiudizio all'economia nazionale.

TITOLO V – DELLA PRESCRIZIONE E DELLA DECADENZA
CAPO I – DELLA PRESCRIZIONE
SEZIONE I – Disposizioni generali

Art. 2934. Estinzione dei diritti.

Ogni diritto si estingue per prescrizione, quando il titolare non lo esercita per il tempo determinato dalla legge.

Non sono soggetti alla prescrizione i diritti indisponibili e gli altri diritti indicati dalla legge.

Cfr. Cassazione Civile, sez. lavoro, sentenza 27 aprile 2007, n. 10046 in Altalex Massimario.

Art. 2935. Decorrenza della prescrizione.

La prescrizione comincia a decorrere dal giorno in cui il diritto può essere fatto valere.

Cfr. Cassazione Civile, sez. II, sentenza 27 luglio 2007, n. 16658, Cassazione Civile, sez. lavoro, sentenza 18 settembre 2007, n. 19355, Cassazione Civile, SS.UU., sentenza 11 gennaio 2008, n. 583, Tribunale di Reggio Emilia, sentenza 29 gennaio 2009, Cassazione Civile, sez. lavoro, sentenza 23 aprile 2009, n. 9695 e Cassazione Civile, sez. III, sentenza 15 luglio 2009, n. 16463 in Altalex Massimario.

Art. 2936. Inderogabilità delle norme sulla prescrizione.

È nullo ogni patto diretto a modificare la disciplina legale della prescrizione.

Cfr. Cassazione Civile, sez. lavoro, sentenza 6 giugno 2008, n. 15069 in Altalex Massimario.

Art. 2937. Rinunzia alla prescrizione.

Non può rinunziare alla prescrizione chi non può disporre validamente del diritto.

Si può rinunziare alla prescrizione solo quando questa è compiuta.

La rinunzia può risultare da un fatto incompatibile con la volontà di valersi della prescrizione.

Cfr. Cassazione Civile, sez. I, sentenza 29 maggio 2008, n. 14350 in Altalex Massimario.

Art. 2938. Non rilevabilità d'ufficio.

Il giudice non può rilevare d'ufficio la prescrizione non opposta.

Art. 2939. Opponibilità della prescrizione da parte dei terzi.

La prescrizione può essere opposta dai creditori e da chiunque vi ha interesse, qualora la parte non la faccia valere. Può essere opposta anche se la parte vi ha rinunziato.

Art. 2940. Pagamento del debito prescritto.

Non è ammessa la ripetizione di ciò che è stato spontaneamente pagato in adempimento di un debito prescritto.

SEZIONE II – Della sospensione della prescrizione

Art. 2941. Sospensione per rapporti tra le parti.

La prescrizione rimane sospesa:

1) tra i coniugi;

2) tra chi esercita la potestà di cui all'articolo 316 o i poteri a essa inerenti e le persone che vi sono sottoposte;

3) tra il tutore e il minore o l'interdetto soggetti alla tutela, finché non sia stato reso e approvato il conto finale, salvo quanto è disposto dall'articolo 387 per le azioni relative alla tutela;

4) tra il curatore e il minore emancipato o l'inabilitato;

5) tra l'erede e l'eredità accettata con beneficio d'inventario;

6) tra le persone i cui beni sono sottoposti per legge o per provvedimento del giudice all'amministrazione altrui e quelle da cui l'amministrazione è esercitata, finché non sia stato reso e approvato definitivamente il conto;

7) tra le persone giuridiche e i loro amministratori finché sono in carica, per le azioni di responsabilità contro di essi (1);

8) tra il debitore che ha dolosamente occultato l'esistenza del debito e il creditore, finché il dolo non sia stato scoperto.

(1) La Corte costituzionale con sentenza 24 luglio 1998, n. 322 ha dichiarato l'illegittimità del presente numero nella parte in cui non prevede che la prescrizione rimane sospesa tra la società in accomandita semplice ed i suoi amministratori, finché sono in carica, per le azioni di responsabilità contro di essi.

Cfr. Cassazione Civile, sez. III, sentenza 10 marzo 2009, n. 5818 in Altalex Massimario.

Art. 2942. Sospensione per la condizione del titolare.

La prescrizione rimane sospesa:

1) contro i minori non emancipati e gli interdetti per infermità di mente, per il tempo in cui non hanno rappresentante legale e per sei mesi successivi alla nomina del medesimo o alla cessazione dell'incapacità;

2) in tempo di guerra contro i militari in servizio e gli appartenenti alle forze armate dello Stato e contro coloro che si trovano per ragioni di servizio al seguito delle forze stesse, per il tempo indicato dalle disposizioni delle leggi di guerra.

Cfr. Cassazione Civile, sez. I, sentenza 1 febbraio 2007, n. 2211 e Cassazione Civile, sez. II, sentenza 20 maggio 2009, n. 11743 in Altalex Massimario.

SEZIONE III – Dell'interruzione della prescrizione

Art. 2943. Interruzione da parte del titolare.

La prescrizione è interrotta dalla notificazione dell'atto con il quale si inizia un giudizio, sia questo di cognizione ovvero conservativo o esecutivo.

È pure interrotta dalla domanda proposta nel corso di un giudizio.

L'interruzione si verifica anche se il giudice adito è incompetente.

La prescrizione è inoltre interrotta da ogni altro atto che valga a costituire in mora il debitore e dall'atto notificato con il quale una parte, in presenza di compromesso o clausola compromissoria, dichiara la propria intenzione di promuovere il procedimento arbitrale, propone la domanda e procede, per quanto le spetta, alla nomina degli arbitri.

Cfr. Cassazione Civile, sez. lavoro, sentenza 4 settembre 2007, n. 18570 e Cassazione Civile, sez. II, sentenza 20 maggio 2009, n. 11743 in Altalex Massimario.

Art. 2944. Interruzione per effetto di riconoscimento.

La prescrizione è interrotta dal riconoscimento del diritto da parte di colui contro il quale il diritto stesso può essere fatto valere.

Cfr. Cassazione Civile, sez. II, sentenza 26 marzo 2007, n. 7847 e Cassazione Civile, sez. III, sentenza 27 gennaio 2010, n. 1687 in Altalex Massimario.

Art. 2945. Effetti e durata dell'interruzione.

Per effetto dell'interruzione s'inizia un nuovo periodo di prescrizione.

Se l'interruzione è avvenuta mediante uno degli atti indicati dai primi due commi dell'articolo 2943, la prescrizione non corre fino al momento in cui passa in giudicato la sentenza che definisce il giudizio.

Se il processo si estingue, rimane fermo l'effetto interruttivo e il nuovo periodo di prescrizione comincia dalla data dell'atto interruttivo.

Nel caso di arbitrato la prescrizione non corre dal momento della notificazione dell'atto contenente la domanda di arbitrato sino al momento in cui il lodo che definisce il giudizio non è più impugnabile o passa in giudicato la sentenza resa sull'impugnazione.

SEZIONE IV – Del termine della prescrizione

§ 1 - Della prescrizione ordinaria

Art. 2946. Prescrizione ordinaria.

Salvi i casi in cui la legge dispone diversamente i diritti si estinguono per prescrizione con il decorso di dieci anni.

Cfr. Tribunale di Lecce, sez. II civile, sentenza 5 dicembre 2007, n. 1787 e Cassazione Civile, sez. tributaria, sentenza 11 novembre 2009, n. 23843 in Altalex Massimario.

§ 2 - Delle prescrizioni brevi

Art. 2947. Prescrizione del diritto al risarcimento del danno.

Il diritto al risarcimento del danno derivante da fatto illecito si prescrive in cinque anni dal giorno in cui il fatto si è verificato.

Per il risarcimento del danno prodotto dalla circolazione dei veicoli di ogni specie il diritto si prescrive in due anni.

In ogni caso, se il fatto è considerato dalla legge come reato e per il reato è stabilita una prescrizione più lunga, questa si applica anche all'azione civile.

Tuttavia, se il reato è estinto per causa diversa dalla prescrizione o è intervenuta sentenza irrevocabile nel giudizio penale, il diritto al risarcimento del danno si prescrive nei termini indicati dai primi due commi, con decorrenza dalla data di estinzione del reato o dalla data in cui la sentenza è divenuta irrevocabile.

Cfr. Cassazione Civile, sez. II, sentenza 27 luglio 2007, n. 16658, Cassazione Civile, SS.UU., sentenza 11 gennaio 2008, n. 583 e Cassazione Civile, sez. III, sentenza 21 ottobre 2009, n. 22291 in Altalex Massimario.

Art. 2948. Prescrizione di cinque anni.

Si prescrivono in cinque anni:

1) le annualità delle rendite perpetue o vitalizie;

1-bis) il capitale nominale dei titoli di Stato emessi al portatore;

2) le annualità delle pensioni alimentari;

3) le pigioni delle case, i fitti dei beni rustici e ogni altro corrispettivo di locazioni;

4) gli interessi e, in generale, tutto ciò che deve pagarsi periodicamente ad anno o in termini più brevi (1);

5) le indennità spettanti per la cessazione del rapporto di lavoro.

(1) La Corte costituzionale con sentenza 10 giugno 1966, n. 63 ha dichiarato l'illegittimità costituzionale del presente numero limitatamente alla parte in cui consente che la prescrizione del diritto alla retribuzione decorra durante il rapporto di lavoro.

Art. 2949. Prescrizione in materia di società.

Si prescrivono in cinque anni i diritti che derivano dai rapporti sociali, se la società è iscritta nel registro delle imprese.

Nello stesso termine si prescrive l'azione di responsabilità che spetta ai creditori sociali verso gli amministratori nei casi stabiliti dalla legge.

Art. 2950. Prescrizione del diritto del mediatore.

Si prescrive in un anno il diritto del mediatore al pagamento della provvigione.

Art. 2951. Prescrizione in materia di spedizione e di trasporto.

Si prescrivono in un anno i diritti derivanti dal contratto di spedizione e dal contratto di trasporto.

La prescrizione si compie con il decorso di diciotto mesi se il trasporto ha inizio o termine fuori d'Europa.

Il termine decorre dall'arrivo a destinazione della persona o, in caso di sinistro, dal giorno di questo, ovvero dal giorno in cui è avvenuta o sarebbe dovuta avvenire la riconsegna della cosa al luogo di destinazione.

Si prescrivono parimenti in un anno dalla richiesta del trasporto i diritti verso gli esercenti pubblici servizi di linea indicati dall'articolo 1679.

Art. 2952. Prescrizione in materia di assicurazione.

Il diritto al pagamento delle rate di premio si prescrive in un anno dalle singole scadenze.

Gli altri diritti derivanti dal contratto di assicurazione e dal contratto di riassicurazione si prescrivono in due anni dal giorno in cui si è verificato il fatto su cui il diritto si fonda, ad esclusione del contratto di assicurazione sulla vita i cui diritti si prescrivono in dieci anni. (1)

Nell'assicurazione della responsabilità civile, il termine decorre dal giorno in cui il terzo ha richiesto il risarcimento all'assicurato o ha promosso contro di questo l'azione.

La comunicazione all'assicuratore della richiesta del terzo danneggiato o dell'azione da questo proposta sospende il corso della prescrizione finché il credito del danneggiato non sia divenuto liquido ed esigibile oppure il diritto del terzo danneggiato non sia prescritto.

La disposizione del comma precedente si applica all'azione del riassicurato verso il riassicuratore per il pagamento dell'indennità.

(1) Il comma che recitava: "Gli altri diritti derivanti dal contratto di assicurazione si prescrivono in due anni dal giorno in cui si è verificato il fatto su cui il diritto si fonda" è stato così sostituito dall'art. 3, D.L.vo 28 agosto 2008, n. 134e successivamente dall'art. 22, D.L. 18 ottobre 2012, n. 179, convertito con L. 17 dicembre 2012, n. 221.

Art. 2953. Effetti del giudicato sulle prescrizioni brevi.

I diritti per i quali la legge stabilisce una prescrizione più breve di dieci anni, quando riguardo ad essi è intervenuta sentenza di condanna passata in giudicato, si prescrivono con il decorso di dieci anni.

§ 3 - Delle prescrizioni presuntive

Art. 2954. Prescrizione di sei mesi.

Si prescrive in sei mesi il diritto degli albergatori e degli osti per l'alloggio e il vitto che somministrano, e si prescrive nello stesso termine il diritto di tutti coloro che danno alloggio con o senza pensione.

Art. 2955. Prescrizione di un anno.

Si prescrive in un anno il diritto:

1) degli insegnanti, per la retribuzione delle lezioni che impartiscono a mesi o a giorni o a ore;

2) dei prestatori di lavoro, per le retribuzioni corrisposte a periodi non superiori al mese (1);

3) di coloro che tengono convitto o casa di educazione e d'istruzione, per il

prezzo della pensione e dell'istruzione;

4) degli ufficiali giudiziari, per il compenso degli atti compiuti nella loro qualità;

5) dei commercianti per il prezzo delle merci vendute a chi non ne fa commercio;

6) dei farmacisti, per il prezzo dei medicinali.

(1) La Corte costituzionale con sentenza 10 giugno 1966, n. 63 ha dichiarato l'illegittimità costituzionale del presente numero limitatamente alla parte in cui consente che la prescrizione del diritto alla retribuzione decorra durante il rapporto di lavoro.

Art. 2956. Prescrizione di tre anni.

Si prescrive in tre anni il diritto:

1) dei prestatori di lavoro, per le retribuzioni corrisposte a periodi superiori al mese (1);

2) dei professionisti, per il compenso dell'opera prestata e per il rimborso delle spese correlative;

3) dei notai, per gli atti del loro ministero;

4) degli insegnanti, per la retribuzione delle lezioni impartite a tempo più lungo di un mese.

(1) La Corte costituzionale con sentenza 10 giugno 1966, n. 63 ha dichiarato l'illegittimità costituzionale del presente numero, limitatamente alla parte in cui consente che la prescrizione del diritto alla retribuzione decorra durante il rapporto di lavoro.

Art. 2957. Decorrenza delle prescrizioni presuntive.

Il termine della prescrizione decorre dalla scadenza della retribuzione periodica o dal compimento della prestazione.

Per le competenze dovute agli avvocati, ai procuratori e ai patrocinatori legali il termine decorre dalla decisione della lite, dalla conciliazione delle parti o dalla revoca del mandato; per gli affari non terminati, la prescrizione decorre dall'ultima prestazione.

Art. 2958. Corso della prescrizione.

La prescrizione decorre anche se vi è stata continuazione di somministrazione o di prestazioni.

Cfr. Cassazione Civile, sez. I, sentenza 16 aprile 2008, n. 10071 in Altalex Massimario.

Art. 2959. Ammissioni di colui che oppone la prescrizione.

L'eccezione è rigettata, se chi oppone la prescrizione nei casi indicati dagli articoli 2954, 2955 e 2956 ha comunque ammesso in giudizio che l'obbligazione non è stata estinta.

Art. 2960. Delazione di giuramento.

Nei casi indicati dagli articoli 2954, 2955 e 2956, colui al quale la prescrizione è stata opposta può deferire all'altra parte il giuramento per accertare se si è verificata l'estinzione del debito.

Il giuramento può essere deferito al coniuge superstite e agli eredi o ai loro rappresentanti legali per dichiarare se hanno notizia dell'estinzione del debito.

Art. 2961. Restituzione di documenti.

I cancellieri, gli arbitri, gli avvocati, i procuratori e i patrocinatori legali sono esonerati dal rendere conto degli incartamenti relativi alle liti dopo tre anni da che queste sono state decise o sono altrimenti terminate.

Tale esonero si verifica, per gli ufficiali giudiziari, dopo due anni dal compimento

degli atti ad essi affidati.

Anche alle persone designate in questo articolo può essere deferito il giuramento

perché dichiarino se ritengono o sanno dove si trovano gli atti o le carte.

Si applica in questo caso il disposto dell'articolo 2959.

§ 4 - Del computo dei termini

Art. 2962. Compimento della prescrizione.

In tutti i casi contemplati dal presente codice e dalle altre leggi, la prescrizione si verifica quando è compiuto l'ultimo giorno del termine.

Art. 2963. Computo dei termini di prescrizione.

I termini di prescrizione contemplati dal presente codice e dalle altre leggi si computano secondo il calendario comune.

Non si computa il giorno nel corso del quale cade il momento iniziale del termine e la prescrizione si verifica con lo spirare dell'ultimo istante del giorno finale.

Se il termine scade in giorno festivo, è prorogato di diritto al giorno seguente non festivo.

La prescrizione a mesi si verifica nel mese di scadenza e nel giorno di questo corrispondente al giorno del mese iniziale.

Se nel mese di scadenza manca tale giorno, il termine si compie con l'ultimo giorno dello stesso mese.

CAPO II – DELLA DECADENZA

Art. 2964. Inapplicabilità di regole della prescrizione.

Quando un diritto deve esercitarsi entro un dato termine sotto pena di decadenza,

non si applicano le norme relative all'interruzione della prescrizione.

Del pari non si applicano le norme che si riferiscono alla sospensione salvo che sia disposto altrimenti.

Art. 2965. Decadenze stabilite contrattualmente.

È nullo il patto con cui si stabiliscono termini di decadenza che rendono eccessivamente

difficile a una delle parti l'esercizio del diritto.

Art. 2966. Cause che impediscono la decadenza.

La decadenza non è impedita se non dal compimento dell'atto previsto dalla legge o dal contratto. Tuttavia, se si tratta di un termine stabilito dal contratto o da una norma di legge relativa a diritti disponibili, la decadenza può essere anche impedita dal riconoscimento del diritto proveniente dalla persona contro la quale si deve far valere il diritto soggetto a decadenza.

Art. 2967. Effetto dell'impedimento della decadenza.

Nei casi in cui la decadenza è impedita, il diritto rimane soggetto alle disposizioni

che regolano la prescrizione.

Cfr. Cassazione Civile, sez. II, sentenza 26 marzo 2007, n. 7847 in Altalex Massimario.

Art. 2968. Diritti indisponibili.

Le parti non possono modificare la disciplina legale della decadenza né possono
rinunziare alla decadenza medesima, se questa è stabilita dalla legge
in materia sottratta alla disponibilità delle parti.

Art. 2969. Rilievo d'ufficio.

La decadenza non può essere rilevata d'ufficio dal giudice, salvo che, trattandosi
di materia sottratta alla disponibilità delle parti, il giudice debba
rilevare le cause d'improponibilità dell'azione.

DISPOSIZIONI PER L'ATTUAZIONE DEL CODICE CIVILE E DISPOSIZIONI TRANSITORIE

Sommario

CAPO I – DISPOSIZIONI DI ATTUAZIONE 223

CAPO II - DISPOSIZIONI TRANSITORIE 233

CAPO III - DISPOSIZIONI GENERALI E FINALI 242

R.D. 30 MARZO 1942 n. 318

DISPOSIZIONI PER L'ATTUAZIONE DEL CODICE CIVILE E DISPOSIZIONI TRANSITORIE

CAPO I – DISPOSIZIONI DI ATTUAZIONE

SEZIONE I – Disposizioni relative al libro I

Art. 1. (1)

(…)

(1) L'articolo che recitava: "L'esercizio delle facoltà attribuite all'autorità governativa nel titolo II del libro I del codice può dal Governo essere delegato in tutto o in parte ai prefetti per gli enti che esercitano la loro attività nell'ambito di una provincia" è stato abrogato dall'art. 11, d.P.R. 10 febbraio 2000, n. 361.

Art. 2. (1)

(…)

(1) L'articolo che recitava: "La domanda per il riconoscimento di una persona giuridica deve essere accompagnata dalla copia autentica dell'atto costitutivo e dello statuto e da quegli altri documenti che possono, secondo le circostanze, servire a dimostrare lo scopo dell'ente ed i mezzi patrimoniali per provvedervi.
Il riconoscimento delle fondazioni può essere concesso dall'autorità governativa anche d'ufficio." è stato abrogato dall'art. 11, d.P.R. 10 febbraio 2000, n. 361.

Art. 3.

Il notaio che interviene per la stipulazione di atti tra vivi ovvero per la pubblicazione
di testamenti, con i quali si dispongono fondazioni o si fanno donazioni
o lasciti in favore di enti da istituire, è obbligato a farne denunzia al prefetto entro trenta giorni.

La denunzia deve contenere gli estremi essenziali dell'atto, il testo letterale concernente la liberalità, l'indicazione degli eredi e della loro residenza.

Il prefetto è autorizzato a promuovere nei modi e nei casi stabiliti dalla legge,
gli atti conservativi che reputa necessari per l'esecuzione della disposizione
sia nei confronti degli eredi, sia nei confronti dei terzi.

Può anche chiedere al tribunale, in caso di urgenza o di necessità, la nomina
di un amministratore provvisorio dei beni. Il tribunale provvede con decreto
in camera di consiglio.

Art. 4. (1)

(...)

(1) L'articolo che recitava: "La domanda per ottenere l'approvazione delle modificazioni dell'atto costitutivo e dello statuto deve essere accompagnata da una copia autentica della deliberazione relativa e dai documenti necessari per dimostrare l'osservanza
delle condizioni prescritte dal secondo comma dell'articolo 21 del codice.
Gli amministratori della persona giuridica devono chiedere l'approvazione entro trenta giorni dalla deliberazione." è stato abrogato dall'art. 11, d.P.R. 10 febbraio 2000, n. 361.

Art. 5.

La domanda per ottenere l'autorizzazione prevista nell'articolo 17 del codice
deve essere presentata al prefetto della provincia in cui la persona giuridica
ha la sua sede e accompagnata dai documenti necessari per dimostrare
l'entità, le condizioni, l'opportunità dell'acquisto, nonché la destinazione dei beni.

Il prefetto raccoglie le opportune informazioni, sente, quando trattasi di atti
di ultima volontà, coloro ai quali per successione sarebbero devoluti i beni
lasciati alla persona giuridica, e, ove non sia delegato a concedere la chiesta
autorizzazione, trasmette la domanda al ministero competente secondo
l'attività che la persona giuridica svolge. In tal caso l'autorizzazione è data
con decreto del presidente della Repubblica.

Durante il procedimento i rappresentanti della persona giuridica possono
compiere gli atti che tendono a conservarne i diritti.

Art. 6.

L'acquisto di beni immobili in seguito a subastazione effettuata a carico di
un debitore della persona giuridica non è soggetto alla necessità
dell'autorizzazione.

Tuttavia entro trenta giorni dall'acquisto i rappresentanti della
persona giuridica devono darne comunicazione al prefetto.

Art. 7.

Il notaio che interviene per la stipulazione di atti tra vivi ovvero per la pubblicazione
di testamenti, nei quali si dispongono donazioni o lasciti in favore
di una persona giuridica, deve darne notizia entro trenta giorni al rappresentante
della persona giuridica e al prefetto della provincia in cui questa ha
la sua sede.

Art. 8.

La convocazione dell'assemblea delle associazioni deve farsi nelle forme
stabilite dallo statuto e, se questo non dispone, mediante avviso personale
che deve contenere l'ordine del giorno degli argomenti da trattare.

Se non è vietato dall'atto costitutivo o dallo statuto, gli associati possono farsi rappresentare nell'assemblea da altri associati mediante delega scritta anche in calce all'avviso di convocazione.

Art. 9.

Nell'ipotesi prevista dal quarto comma dell'articolo 23 del codice il provvedimento
di sospensione deve essere comunicato agli amministratori, i quali possono entro quindici giorni proporre reclamo.

In tal caso l'autorità governativa, se non ritiene di revocare il provvedimento, ne dà comunicazione al pubblico ministero, il quale promuove l'azione di annullamento della deliberazione.

Art. 10. (1)

(...)

(1) L'articolo che recitava: "Il provvedimento con il quale l'autorità governativa dichiara l'estinzione o dispone la trasformazione della persona giuridica è comunicato agli amministratori e al presidente del tribunale, il quale ne ordina l' iscrizione nel registro delle persone giuridiche." è stato abrogato dall'art. 11, d.P.R. 10 febbraio 2000, n. 361.

Art. 11.

Quando la persona giuridica è dichiarata estinta o quando l'associazione è sciolta, il presidente del tribunale, su istanza degli amministratori, dei soci, dei creditori, del pubblico ministero o anche di ufficio, nomina uno o più commissari liquidatori, salvo che l'atto costitutivo o lo statuto non preveda una diversa forma di nomina e a questa si proceda entro un mese dal provvedimento.

La preventiva designazione dei liquidatori nell'atto costitutivo o nello statuto non ha effetto.

Quando lo scioglimento dell'associazione è deliberato dall'assemblea, la nomina può essere fatta dall'assemblea medesima con la maggioranza prevista dall'articolo 21 del codice.

Possono essere nominati liquidatori anche gli amministratori uscenti.

In ogni caso la nomina fatta dall'assemblea o nelle forme previste nell'atto costitutivo o nello statuto deve essere comunicata immediatamente al presidente
del tribunale.

Art. 12.

I liquidatori esercitano la loro funzione sotto la diretta sorveglianza del presidente
del tribunale e si considerano ad ogni effetto di legge pubblici ufficiali.

Essi possono essere revocati e sostituiti in ogni tempo anche di ufficio dallo stesso presidente con provvedimento non soggetto a reclamo.

I liquidatori deliberano a maggioranza.

Art. 13.

I liquidatori, entro quindici giorni della comunicazione avutane, devono procedere
all'annotazione della loro nomina nel registro dove la persona giuridica è iscritta, e richiedere agli amministratori la consegna dei beni e delle scritture della persona giuridica. All'atto della consegna è redatto inventario, di cui è trasmessa copia al presidente del tribunale.

Se gli amministratori si rifiutano di procedere alla consegna, il presidente del tribunale autorizza il rilascio coattivo con decreto non soggetto a reclaCODICE
CIVILE

mo. In questo caso l'inventario è redatto dall'ufficiale giudiziario procedente.

Art. 14.

Entro trenta giorni dalla formazione dell'inventario i liquidatori, dopo avere determinato la consistenza dell'attivo e del passivo dell'ente, se riconoscono che il patrimonio non è sufficiente al pagamento integrale delle passività, devono iniziare la liquidazione generale dei beni nell'interesse di tutti i creditori, dandone avviso mediante annotazione nel registro delle persone giuridiche.

Il medesimo avviso deve essere dato nel caso in cui i liquidatori non ritengno di dover procedere alla liquidazione generale, essendovi eccedenza dell'attivo sul passivo.

In quest'ultimo caso i creditori dell'ente possono fare opposizione entro trenta giorni dall'annotazione chiedendo la liquidazione generale del patrimonio.

Le opposizioni si propongono davanti al presidente del tribunale. Contro il provvedimento di questo è ammesso reclamo davanti al presidente della corte nel termine di quindici giorni. Il provvedimento definitivo è annotato nel registro a cura dei liquidatori.

Art. 15.

Quando non sono intervenute opposizioni ai sensi dell'articolo precedente o queste sono state rigettate con provvedimento definitivo, i liquidatori provvedono
a riscuotere i crediti dell'ente, a convertire in danaro, nei limiti in cui è necessario, i beni e a pagare i creditori a misura che si presentano.

I liquidatori possono provvedere al pagamento anche dei creditori il cui credito non è attualmente esigibile, e devono provvedere alle cautele necessarie per assicurare il pagamento dei creditori condizionali.

Soddisfatti i creditori, i liquidatori formano l'inventario dei beni residuati e rendono conto della gestione al presidente del tribunale.

Copia dell'inventario e del rendiconto approvato dal presidente del tribunale deve essere trasmessa all'autorità governativa.

I liquidatori distribuiscono i beni residuati a norma dell'articolo 31 del codice, provocando, quando è necessario, le disposizioni dell'autorità governativa.

Art. 16.

Quando è disposta la liquidazione generale del patrimonio dell'ente si osservano,
in quanto applicabili, le disposizioni degli articoli 201, 207, 208, 209, 210, 212 e 213 del regio decreto 16 marzo 1942, n. 267, salve le disposizioni
seguenti.

Art. 17.

I termini, che secondo le disposizioni richiamate nell'articolo precedente decorrono dalla data del provvedimento di liquidazione o di nomina dei liquidatori o dalla sua pubblicazione nella Gazzetta ufficiale, decorrono dalla data in cui è stato annotato nel registro il provvedimento che dispone la liquidazione generale della persona giuridica ai sensi del precedente articolo 14.

Art. 18.
La pubblicità del provvedimento che ordina la liquidazione e del bilancio finale di liquidazione si attua mediante annotazione nel registro delle persone giuridiche a cura dei liquidatori. Nei casi in cui le norme richiamate nell'articolo 16 richiedono il deposito di atti nella cancelleria del tribunale, il deposito si deve effettuare presso la cancelleria in cui è tenuto il registro delle persone giuridiche.

Art. 19.
Le attribuzioni, che secondo le norme sulla liquidazione coatta amministrativa sono demandate all'autorità che ha nominato il liquidatore, spettano al presidente del tribunale.

Art. 20.
Chiusa la liquidazione, il presidente del tribunale ordina la cancellazione dell'ente dal registro delle persone giuridiche.
(...) (1)

(1) Il comma che recitava: "Il provvedimento di cancellazione è annotato d'ufficio nel registro a cura della cancelleria del tribunale." è stato abrogato dall'art. 11, d.P.R. 10 febbraio 2000, n. 361.

Art. 21.
La competenza per i provvedimenti relativi alla liquidazione spetta al tribunale del capoluogo della provincia in cui è registrata la persona giuridica.

Art. 22. (1)
(...)

(1) L'articolo che recitava: "Il registro delle persone giuridiche è istituito presso la cancelleria del tribunale di ogni capoluogo di provincia ed è tenuto sotto la diretta sorveglianza del presidente del tribunale." è stato abrogato dall'art. 11, d.P.R. 10 febbraio 2000, n. 361.

Art. 23. (1)
(...)

(1) L'articolo che recitava: "Il registro consta di due parti, l'una generale e l'altra analitica.
Nella prima parte del registro sono iscritte le persone giuridiche con la sola indicazione della loro denominazione.
L'iscrizione è contrassegnata da un numero d'ordine, ed è accompagnata dalla indicazione della data, del nome del richiedente, delle pagine riservate nella parte analitica alla stessa persona giuridica e del volume in cui sono contenuti lo statuto e l'atto costitutivo. Alla fine della parte generale il registro è munito di una rubrica alfabetica contenente il nome della persona giuridica, il numero della pagina in cui la stessa è iscritta e il riferimento alla parte analitica del registro.
Nella seconda parte del registro, distintamente per ogni persona giuridica, sono iscritti tutti gli elementi e i fatti indicati nel secondo comma dell'articolo 33 e nel primo comma dell'articolo 34 del codice.
Ogni iscrizione è contrassegnata da un numero d'ordine e deve contenere l'indicazione della data, del nome del richiedente, del volume in cui sono raccolti l'atto costitutivo e lo statuto e di quello dove sono raccolte le copie delle deliberazioni e dei provvedimenti iscritti nel registro.
Ad ogni persona giuridica è riservato nella seconda parte del registro un intero foglio costituito da due pagine contrapposte. Le iscrizioni successive si fanno nello stesso foglio. Quando il foglio riservato per una persona giuridica è esaurito, le iscrizioni sono fatte in un foglio successivo. La continuazione deve risultare chiaramente dalla pagina esaurita." è stato abrogato dall'art. 11, d.P.R. 10 febbraio 2000, n. 361.

Art. 24. (1)
(...)

(1) L'articolo che recitava: "Le iscrizioni si eseguono nel registro tenuto nel capoluogo della provincia, nella quale è la sede della persona giuridica.
Al richiedente deve essere rilasciata ricevuta in carta libera della richiesta di iscrizione." è stato abrogato dall'art. 11, d.P.R. 10 febbraio 2000, n. 361.

Art. 25. (1)
(...)

(1) L'articolo che recitava: "Per ottenere l'iscrizione della persona giuridica, il richiedente deve presentare copia autentica in carta libera del decreto di riconoscimento, dell'atto costitutivo e dello statuto.
Quando il riconoscimento è avvenuto per decreto del presidente della Repubblica, è sufficiente l'esibizione del numero della Gazzetta ufficiale nel quale il decreto è stato pubblicato.
L'atto costitutivo e lo statuto rimangono depositati nella cancelleria e sono ordinati in volumi muniti di rubrica alfabetica." è stato abrogato dall'art. 11, d.P.R. 10 febbraio 2000, n. 361.

Art. 26. (1)
(...)

(1) L'articolo che recitava: "Per ottenere l'iscrizione dei fatti indicati nell'articolo 34 del codice, il richiedente deve presentare copia autentica in carta libera della deliberazione o del provvedimento da iscrivere.
Tali copie restano depositate in cancelleria e sono ordinate in volumi muniti di rubrica alfabetica." è stato abrogato dall'art. 11, d.P.R. 10 febbraio 2000, n. 361.

Art. 27. (1)
(...)

(3) L'articolo che così recitava: "L'obbligo di richiedere le iscrizioni nel registro delle persone giuridiche deve essere adempiuto dagli amministratori e dai liquidatori nel termine di giorni quindici.
Per le iscrizioni previste nell'articolo 33 del codice, il termine decorre dalla data di pubblicazione del decreto del presidente della Repubblica di riconoscimento nella Gazzetta ufficiale e, se il riconoscimento è concesso con decreto del prefetto, dalla data di comunicazione del provvedimento prefettizio.
Per gli amministratori, che al momento della pubblicazione o della comunicazione del decreto di riconoscimento non erano in carica, il termine decorre dal momento in cui essi hanno accettato la nomina.
Per le iscrizioni previste nell'articolo 34 del codice, il termine decorre, se trattasi di provvedimenti dell'autorità, dalla data della loro comunicazione, se di deliberazioni dell'ente o dei suoi organi dalla data delle medesime. Quando la deliberazione è soggetta ad approvazione dell'autorità governativa a norma dell'articolo 16 del codice, il termine decorre dalla data in cui l'approvazione è comunicata." è stato abrogato dall'art. 11, d.P.R. 10 febbraio 2000, n. 361.

Art. 28. (1)
(...)

(1) L'articolo che recitava: "La registrazione della persona giuridica prevista nell'articolo 33 del codice può essere richiesta da coloro che hanno fatto istanza per il riconoscimento.

Disposizioni per l'attuazione del Codice Civile e disposizioni transitorie

La registrazione di ufficio prevista nel terzo comma dell'articolo 33 del codice può essere disposta dal pubblico ministero presso il tribunale dove è tenuto il registro." è stato abrogato dall'art. 11, d.P.R. 10 febbraio 2000, n. 361.

Art. 29. (1)

(...)

(1) L'articolo che recitava: "Il registro e i documenti relativi possono essere esaminati da chiunque ne fa richiesta.
La cancelleria deve rilasciare gli estratti e i certificati che sono richiesti." è stato abrogato dall'art. 11, d.P.R. 10 febbraio 2000, n. 361.

Art. 30. (1)

(...)

(1) L'articolo che recitava: "Il registro, prima di essere posto in uso, deve essere numerato e vidimato in ciascun foglio dal presidente del tribunale o da un giudice del tribunale delegato dal presidente con decreto da iscriversi nella prima pagina del registro.
Nell'ultima pagina del registro il presidente o il giudice delegato indica il numero dei fogli di cui è composto il registro." è stato abrogato dall'art. 11, d.P.R. 10 febbraio 2000, n. 361.

Art. 31.

Il trasferimento della residenza si prova con la doppia dichiarazione fatta al comune che si abbandona e a quello dove s'intende fissare dimora abituale.
Nella dichiarazione fatta al comune che si abbandona deve risultare il luogo in cui è fissata la nuova residenza.

Art. 32. (1)

Il pubblico ministero deve essere sempre sentito nei procedimenti di volontaria giurisdizione riguardanti il fondo patrimoniale.

(1) Articolo così sostituito dall'art. 213, L. 19 maggio 1975, n. 151.

Art. 33. (1)

Nel caso previsto dall'articolo 183 del codice, il tribunale, in camera di consiglio,
provvede con decreto, su istanza dell'altro coniuge, e sentito il pubblico ministero.

(1) Articolo così sostituito dall'art. 214, L. 19 maggio 1975, n. 151.

Art. 34. (1)

Sulla domanda del figlio (2) per ottenere il mantenimento, l'istruzione e l'educazione
di cui all'articolo 279, primo comma, del codice provvede il tribunale per i minorenni.

(1) Articolo così sostituito dall'art. 215, L. 19 maggio 1975, n. 151.
(2) L'art. 1, L. 10 dicembre 2012, n. 219, ha disposto che nel codice civile, le parole: "figli legittimi" e "figli naturali", ovunque ricorrano, siano sostituite dalla parola: "figli".

Art. 34-bis. (1)

Il notaio rogante deve, nel termine di trenta giorni dalla data del matrimonio o dalla data dell'atto pubblico di modifica delle convenzioni, ovvero di quella dell'omologazione nel caso previsto dal secondo comma dell'articolo 163 del codice, richiedere l'annotazione a margine dell'atto di matrimonio della convenzione matrimoniale dell'atto di modifica della stessa.
Nello stesso termine deve richiedere l'annotazione di cui all'ultimo comma dell'articolo 163 del codice.

(1) Articolo aggiunto dall'art. 216, L. 19 maggio 1975, n. 151.

Art. 35. (1)

Il riconoscimento di cui al secondo comma dell'articolo 251 del codice è autorizzato dal tribunale per i minorenni se il figlio da riconoscere è minore.
Sulla domanda di legittimazione, di adozione e di revoca della adozione di minore di età provvede il tribunale per i minorenni.

(1) Articolo così sostituito dall'art. 217, L. 19 maggio 1975, n. 151.

Art. 36. (1)

La rinunzia alla cittadinanza di cui all'articolo 143-ter del codice deve essere fatta dinanzi all'ufficiale di stato civile del luogo dove la rinunziante risiede, ed è trascritta nei registri di cittadinanza.
Qualora la rinunziante risieda all'estero, la rinunzia deve essere fatta dinanzi all'agente diplomatico o consolare del luogo di residenza. L'agente la trascrive in apposito registro e ne rimette immediatamente copia al Ministero dell'interno che ne cura, a mezzo dell'autorità competente, la trascrizione nei registri di cittadinanza.

(1) Articolo così sostituito dall'art. 218, L. 19 maggio 1975, n. 151.

Art. 37. (1)

L'iscrizione nel registro previsto nell'articolo 314 del codice si esegue senza spese.
L'iscrizione della sentenza che revoca la adozione deve essere altresì annotata in margine all'iscrizione del decreto di adozione.

(1) Articolo così sostituito dall'art. 220, L. 19 maggio 1975.

Art. 38. (1)

Sono di competenza del tribunale per i minorenni i provvedimenti contemplati dagli articoli 84, 90, 330, 332, 333, 334, 335 e 371, ultimo comma, del codice civile. Per i procedimenti di cui all'articolo 333 resta esclusa la competenza
del tribunale per i minorenni nell'ipotesi in cui sia in corso, tra le stesse parti, giudizio di separazione o divorzio o giudizio ai sensi dell'articolo 316 del codice civile; in tale ipotesi per tutta la durata del processo la competenza,
anche per i provvedimenti contemplati dalle disposizioni richiamate nel primo periodo, spetta al giudice ordinario.
Sono emessi dal tribunale ordinario i provvedimenti relativi ai minori per i quali non è espressamente stabilita la competenza di una diversa autorità giudiziaria. Nei procedimenti in materia di affidamento e di mantenimento dei minori si applicano, in quanto compatibili, gli articoli 737 e seguenti del codice di procedura civile.
Fermo restando quanto previsto per le azioni di stato, il tribunale competente provvede in ogni caso in camera di consiglio, sentito il pubblico ministero, e i provvedimenti emessi sono immediatamente esecutivi, salvo che il giudice disponga diversamente. Quando il provvedimento è emesso dal tribunale
per i minorenni, il reclamo si propone davanti alla sezione di corte di appello per i minorenni.

(1) L'articolo che recitava: "Sono di competenza del tribunale per i minorenni i provvedimenti
contemplati dagli articoli 84, 90, 171, 194, secondo comma 250, 252, 262, 264, 316, 317-bis, 330, 332, 333, 334, 335 e 371, ultimo comma, nonché nel caso di minori dall'articolo 269, primo comma, del codice civile. Sono emessi dal tribunale

ordinario i provvedimenti per i quali non è espressamente stabilita la competenza di una diversa autorità giudiziaria.
In ogni caso il tribunale provvede in camera di consiglio sentito il pubblico ministero. Quando il provvedimento è emesso dal tribunale per i minorenni il reclamo si propone davanti alla sezione di corte di appello per i minorenni." è stato prima sostituito dall'art. 221, L. 19 maggio 1975, n. 151, poi modificato dall'art. 68, L. 4 maggio 1983, n. 184 e, infine, così sostituito dall'art. 3, L. 10 dicembre 2012, n. 219.

Art. 39. (1)

(...)

(1) L'articolo che recitava: "L'omologazione prevista negli articoli 406 e 412 del codice è di competenza del tribunale per i minorenni." è stato abrogato dall'art. 11, L. 9 gennaio 2004, n. 6.

Art. 40.

La domanda per l'interdizione del minore emancipato e quella per l'interdizione o la inabilitazione del minore nell'ultimo anno della minore età devono essere proposte davanti al tribunale per i minorenni.

Art. 41. (1)

I provvedimenti previsti nell'articolo 145 del codice sono di competenza del tribunale del circondario del luogo in cui è stabilita la residenza familiare o, se questa manchi, del tribunale del luogo del domicilio di uno dei coniugi. Il tribunale provvede in composizione monocratica.

(1) L'articolo che recitava: "I provvedimenti previsti nell'articolo 145 del codice sono di competenza del pretore del mandamento del luogo in cui è stabilita la residenza familiare o, se questa manchi, del pretore del mandamento del luogo del domicilio di uno dei coniugi." è stato così sostituito, dall'art. 222, L. 19 maggio 1975, n. 151 e successivamente dall'art. 151, D.Lgs. 19 febbraio 1998, n. 51.

Art. 42.

I provvedimenti indicati nell'articolo 423 del codice e le sentenze di revoca previste nell'articolo 429 del codice stesso devono essere trasmessi in copia in carta libera, entro dieci giorni dalla pubblicazione, al giudice tutelare a cura del cancelliere dell'autorità giudiziaria che li ha pronunziati.

Art. 43.

I provvedimenti del giudice tutelare sono emessi con decreto.
Nei casi urgenti la richiesta di un provvedimento può essere fatta al giudice anche verbalmente.

Art. 44. (1)

Il giudice tutelare può convocare in qualunque momento il tutore, il protutore, il curatore e l'amministratore di sostegno allo scopo di chiedere informazioni, chiarimenti e notizie sulla gestione della tutela, della curatela o dell'amministrazione di sostegno, e di dare istruzioni inerenti agli interessi morali e patrimoniali del minore o del beneficiario.

(1) L'articolo che recitava: "Il giudice tutelare può convocare in qualunque momento il tutore, il protutore e il curatore allo scopo di chiedere informazioni, chiarimenti e notizie sulla gestione della tutela o della curatela, e di dare istruzioni inerenti agli interessi
morali e patrimoniali del minore." è stato così sostituito dall'art. 12, L. 9 gennaio 2004, n. 6.

Art. 45.

La competenza a decidere dei reclami avverso i decreti del giudice tutelare spetta al tribunale ordinario quando si tratta dei provvedimenti indicati negli articoli 320, 321, 372, 373, 374, 376, secondo comma, 386, 394 e 395 del codice.
La competenza spetta al tribunale per i minorenni in tutti gli altri casi.
Nell'ipotesi prevista nell'articolo 386, ultimo comma, del codice l'autorità giudiziaria competente provvede in sede contenziosa.

Art. 46.

Tutti gli atti della procedura della tutela, compresi l'inventario, i conti annuali e il conto finale, sono esenti da tasse di bollo e di registro.
Sono dal pari esenti da tasse di bollo e di registro gli atti previsti nel titolo XI del libro I del codice.

Art. 46-bis. (1)

Gli atti e i provvedimenti relativi ai procedimenti previsti dal titolo XII del libro primo del codice non sono soggetti all'obbligo di registrazione e sono esenti dal contributo unificato previsto dall'articolo 9 del testo unico delle disposizioni legislative e regolamentari in materia di spese di giustizia, di cui al decreto del Presidente della Repubblica 30 maggio 2002, n. 115.

(1) Articolo aggiunto dall'art. 13, L. 9 gennaio 2004, n. 6.

Art. 47.

Presso l'ufficio del giudice tutelare sono tenuti un registro delle tutele dei minori e degli interdetti, un registro delle curatele dei minori emancipati e degli inabilitati ed un registro delle amministrazioni di sostegno. (1)

(1) L'articolo che recitava: "Presso l'ufficio del giudice tutelare sono tenuti un registro delle tutele dei minori e degli interdetti e un altro delle curatele dei minori emancipati e degli inabilitati." è stato così sostituito dall'art. 14, L. 9 gennaio 2004, n. 6.

Art. 48.

Nel registro delle tutele, in un capitolo speciale per ciascuna di esse, si devono annotare a cura del cancelliere:
il giorno in cui si è aperta la tutela;
la data e gli estremi essenziali della sentenza che ha pronunziato la interdizione se trattasi di interdetti;
il nome, il cognome, la condizione e il domicilio del tutore e del protutore, la data della loro nomina e della prestazione del giuramento da parte del tutore;
le risultanze dell'inventario e del conto annuale;
l'esonero e la rimozione del tutore o del protutore e in generale tutti i provvedimenti
che portano modificazioni allo stato personale e patrimoniale
della persona sottoposta a tutela;
la chiusura della tutela e la menzione del provvedimento che ne ha provocato la chiusura;
le risultanze del rendiconto definitivo.

Art. 49.

Nel registro delle curatele, in un capitolo speciale per ciascuna di esse, si devono annotare a cura del cancelliere:
la data e gli estremi essenziali del provvedimento che concede l'emancipazione o della sentenza che pronuncia l'inabilitazione;

il nome, il cognome, la condizione, l'età e il domicilio della persona emancipata o inabilitata;

il nome, il cognome, la condizione e il domicilio del curatore nominato all'emancipato o all'inabilitato;

la data del provvedimento che revoca l'emancipazione o della sentenza che revoca l'inabilitazione.

Art. 49-bis. (1)

Nel registro delle amministrazioni di sostegno, in un capitolo speciale per ciascuna di esse, si devono annotare a cura del cancelliere:

1) la data e gli estremi essenziali del provvedimento che dispone l'amministrazione di sostegno, e di ogni altro provvedimento assunto dal giudice nel corso della stessa, compresi quelli emanati in via d'urgenza ai sensi dell'articolo 405 del codice;

2) le complete generalità della persona beneficiaria;

3) le complete generalità dell'amministratore di sostegno o del legale rappresentante del soggetto che svolge la relativa funzione, quando non si tratta di persona fisica;

4) la data e gli estremi essenziali del provvedimento che dispone la revoca o la chiusura dell'amministrazione di sostegno.

(1) Articolo aggiunto dall'art. 15, L. 9 gennaio 2004, n. 6.

Art. 50. (1)

Il cancelliere è responsabile della tenuta dei registri, che sono da lui numerati e vidimati prima di essere posti in uso.

(1) L'articolo che così recitava: "Il giudice tutelare vigila sulla tenuta dei registri che sono da lui numerati e vidimati prima di essere posti in uso. Alla fine di ogni anno fa rapporto sulla tenuta medesima al procuratore della Repubblica." è stato così sostituito dall'art. 152, D.Lgs. 19 febbraio 1998, n. 51.

Art. 51. (1)

Nel registro delle tutele devono essere annotati, in capitoli speciali per ciascun minore, i provvedimenti emanati dal tribunale per i minorenni ai sensi degli articoli 252, 262, 279, 316, 317-bis, 330, 332, 333, 334 e 335 del codice. A tal fine la cancelleria del tribunale che ha emesso il provvedimento deve trasmetterne copia in carta libera entro dieci giorni all'ufficio del giudice tutelare del luogo in cui il minore ha il domicilio per la prescritta annotazione.

(1) L'articolo che recitava: "In aggiunta a quanto disposto nell'articolo 51 disp. att. c.c., nel registro delle tutele devono essere annotati i provvedimenti emanati dal tribunale per i minorenni ai sensi dell'articolo 10 della presente legge." è stato così sostituito dall'art. 223, L. 19 maggio 1975, n. 151.

SEZIONE II - Disposizioni relative al libro II

Art. 51-bis. (1)

I provvedimenti previsti negli articoli 485, primo comma, 508, primo comma, 509, primo comma, 517, secondo comma, 528, primo comma, 529, 530, primo comma, 620, secondo e sesto comma, 621, primo comma, 730, primo comma, e 736, secondo comma, del codice sono adottati dal tribunale in composizione monocratica.

(1) Articolo inserito dall'art. 153, D.Lgs. 19 febbraio 1998, n. 51.

Art. 52.

Presso la cancelleria di ogni tribunale è tenuto, a cura del cancelliere, il registro delle successioni. (1)

In questo registro sono inseriti gli estremi degli atti e delle dichiarazioni indicati dalla legge. L'inserzione è fatta d'ufficio dal cancelliere, se si tratta di dichiarazioni da lui ricevute o di provvedimenti del tribunale; (2) su istanza della parte e dietro produzione di copia autentica dell'atto, negli altri casi.

Il registro è diviso in tre parti. Nella prima sono registrati le dichiarazioni di accettazione dell'eredità con beneficio d'inventario e tutti gli atti e le indicazioni relativi al beneficio d'inventario e all'amministrazione e liquidazione delle eredità beneficiate, comprese le nomine del curatore previste dagli articoli 508 e 509 del codice e la menzione della pubblicazione dell'invito ai creditori per la presentazione delle dichiarazioni di credito. Nella seconda sono registrate le dichiarazioni di rinunzia all'eredità. Nella terza sono registrati i provvedimenti di nomina dei curatori delle eredità giacenti, nonché gli atti relativi alla curatela e le dichiarazioni di accettazione o di rinunzia degli esecutori testamentari.

Il registro deve essere alla fine munito di una rubrica alfabetica contenente l'indicazione del nome delle persone la cui successione si è aperta e il riferimento alla pagina nella quale sono contenute le diverse indicazioni.

(1) Il comma che recitava: "Presso la cancelleria di ogni pretura è tenuto, a cura del cancelliere e sotto la sorveglianza del pretore, il registro delle successioni." è stato così sostituito dall'art. 154, D.Lgs. 19 febbraio 1998, n. 51.

(2) La parola: "pretore" è stata sostituita dalla parola: "tribunale" per effetto dell'art. 154, D.Lgs. 19 febbraio 1998, n. 5.

Art. 53.

Il registro, prima di essere posto in uso, deve essere numerato e vidimato in ciascun foglio dal cancelliere. (1) Nell'ultima pagina il pretore indica il numero dei fogli di cui esso è composto.

Il registro può essere esaminato da chiunque ne faccia domanda e la cancelleria deve rilasciare gli estratti e i certificati che sono richiesti.

(1) La parola: "pretore" è stata sostituita dalla parola: "cancelliere" per effetto dell'art. 155, D.Lgs. 19 febbraio 1998, n. 51.

Art. 54.

I creditori e i legatari non separatisti, se hanno proposto domanda giudiziale allo scopo di far valere sugli immobili separati il diritto loro attribuito dal secondo comma dell'articolo 514 del codice, possono fare annotare tale domanda in margine all'iscrizione in separazione.

Eseguita l'annotazione della domanda di concorso, il vincolo della separazione non può cessare se non col consenso di coloro che hanno eseguito l'annotazione, salvo che la loro pretesa sia stata giudizialmente esclusa.

Art. 55.

Le copie dei verbali e dei testamenti, che sono trasmesse alla cancelleria del tribunale (1) secondo l'articolo 622 del codice, devono, a cura, del cancelliere, essere raccolte in appositi volumi e annotate in una rubrica alfabetica generale. Le copie possono essere esaminate da chiunque ne faccia richiesta.

(1) La parola: "pretore" è stata sostituita dalla parola: "tribunale" per effetto dell'art. 154, D.Lgs. 19 febbraio 1998, n. 5.

SEZIONE III - Disposizioni relative al libro III

Art. 56.

Il provvedimento dell'autorità amministrativa con il quale si dispone che si proceda all'espropriazione a norma dell'articolo 838 del codice è dato con decreto motivato del ministro competente. Il decreto deve contenere la designazione precisa del bene soggetto a espropriazione e deve essere notificato all'interessato, il quale può impugnarlo con ricorso al Consiglio di Stato.

Si osservano nell'espropriazione, in quanto applicabili, le norme della legge generale sull'espropriazione per pubblica utilità.

Art. 57.

Le azioni previste dagli articoli 848 e 849 del codice sono di competenza del tribunale, qualunque sia il valore della causa.

Nel caso regolato dall'articolo 849 il giudice fissa con ordinanza l'udienza per la comparizione del rappresentante dell'associazione professionale, il quale può delegare altra persona. (1) Si osservano nel resto, in quanto applicabili,

le disposizioni dettate dal codice di procedura civile per i consulenti tecnici.

(1) Le associazioni professionali sono state soppresse con il D.Lgs.Lgt. 23 novembre 1944, n. 369.

Art. 57-bis. (1)

L'autorizzazione prevista nell'articolo 915, primo comma, del codice è data dal tribunale in composizione monocratica.

(1) Articolo aggiunto dall'art. 157, D.Lgs. 19 febbraio 1998, n. 51.

Art. 58.

Le modalità e gli effetti dell'affrancazione del fondo enfiteutico sono regolati dalle disposizioni della legge 11 giugno 1925, n. 998 e del regio decreto 7 febbraio 1926, n. 426.

Il prezzo di affrancazione può essere corrisposto anche in titoli del debito pubblico consolidato di qualsiasi specie, osservate, per la determinazione del loro valore, le disposizioni dell'articolo 9 della legge anzidetta.

Le disposizioni del primo comma del presente articolo si applicano anche alla riduzione in misura fissa dei canoni enfiteutici, dei censi e di altre prestazioni

perpetue consistenti in una quota di prodotti naturali.

Art. 59.

La domanda per la nomina dell'amministratore o per la designazione dell'istituto

di credito nei casi previsti dall'articolo 1003 del codice, se non è proposta in corso di giudizio, si propone con ricorso al presidente del tribunale: nel caso di nomina dell'amministratore, al presidente del tribunale del luogo in cui si trovano gli immobili o si trova la parte più rilevante di essi.

Il presidente del tribunale provvede con decreto, sentita l'altra parte.

Contro tale provvedimento si può proporre reclamo al presidente della corte d'appello nel termine di dieci giorni dalla notificazione.

Art. 60.

Gli uffici tecnici che devono essere sentiti a norma del terzo comma dell'articolo

1092 del codice sono l'ufficio locale del genio civile e il locale ispettorato dell'agricoltura.

Art. 61.

Qualora un edificio o un gruppo di edifici appartenenti per piani o porzioni di piano a proprietari diversi si possa dividere in parti che abbiano le caratteristiche

di edifici autonomi, il condominio può essere sciolto e i comproprietari di ciascuna parte possono costituirsi in condominio separato.

Lo scioglimento è deliberato dall'assemblea con la maggioranza prescritta dal secondo comma dell'articolo 1136 del codice, o è disposto dall'autorità giudiziaria su domanda di almeno un terzo dei comproprietari di quella parte dell'edificio della quale si chiede la separazione.

Art. 62.

La disposizione del primo comma dell'articolo precedente si applica anche se restano in comune con gli originari partecipanti alcune delle cose indicate dall'articolo 1117 del codice.

Qualora la divisione non possa attuarsi senza modificare lo stato delle cose e occorrano opere per la sistemazione diversa dei locali o delle dipendenze tra i condomini, lo scioglimento del condominio deve essere deliberato dall'assemblea con la maggioranza prescritta dal quinto comma dell'articolo 1136 del codice stesso.

Art. 63. (1)

Per la riscossione dei contributi in base allo stato di ripartizione approvato dall'assemblea, l'amministratore, senza bisogno di autorizzazione di questa, può ottenere un decreto di ingiunzione immediatamente esecutivo, nonostante opposizione, ed è tenuto a comunicare ai creditori non ancora soddisfatti che lo interpellino i dati dei condomini morosi.

I creditori non possono agire nei confronti degli obbligati in regola con i pagamenti,

se non dopo l'escussione degli altri condomini.

In caso di mora nel pagamento dei contributi che si sia protratta per un semestre,

l'amministratore può sospendere il condomino moroso dalla fruizione dei servizi comuni suscettibili di godimento separato.

Chi subentra nei diritti di un condomino è obbligato solidalmente con questo al pagamento dei contributi relativi all'anno in corso e a quello precedente.

Chi cede diritti su unità immobiliari resta obbligato solidalmente con l'avente causa per i contributi maturati fino al momento in cui è trasmessa all'amministratore copia autentica del titolo che determina il trasferimento del diritto.

(1) Articolo così sostituito dall'art. 18, co. 1, L. 11 dicembre 2012, n. 220, in vigore dal 17 giugno 2013. Il testo in vigore fino al 16 giugno 2013 è il seguente: "Per la riscossione

dei contributi in base allo stato di ripartizione approvato dall'assemblea, l'amministratore può ottenere decreto d'ingiunzione immediatamente esecutivo, nonostante opposizione.

Chi subentra nei diritti di un condomino è obbligato, solidalmente con questo, al pagamento

dei contributi relativi all'anno in corso e a quello precedente.
In caso di mora nel pagamento dei contributi, che si sia protratta per un semestre, l'amministratore, se il regolamento di condominio ne contiene l'autorizzazione, può sospendere al condomino moroso l'utilizzazione dei servizi comuni che sono suscettibili di godimento separato."

Art. 64. (1)

Sulla revoca dell'amministratore, nei casi indicati dall'undicesimo comma dell'articolo 1129 e dal quarto comma dell'articolo 1131 del codice, il tribunale provvede in camera di consiglio, con decreto motivato, sentito l'amministratore in contraddittorio con il ricorrente.

Contro il provvedimento del tribunale può essere proposto reclamo alla corte d'appello nel termine di dieci giorni dalla notificazione o dalla comunicazione.

(1) Articolo così sostituito dall'art. 19, L. 11 dicembre 2012, n. 220, in vigore dal 17 giugno 2013. Il testo in vigore fino al 16 giugno 2013 è il seguente: "Sulla revoca dell'amministratore, nei casi indicati dal terzo comma dell'articolo 1129 e dall'ultimo comma dell'articolo 1131 del codice, il tribunale provvede in camera di consiglio, con decreto motivato, sentito l'amministratore medesimo.
Contro il provvedimento del tribunale può essere proposto reclamo alla corte d'appello nel termine di dieci giorni dalla notificazione."

Art. 65.

Quando per qualsiasi causa manca il legale rappresentante dei condomini, chi intende iniziare o proseguire una lite contro i partecipanti a un condominio può richiedere la nomina di un curatore speciale ai sensi dell'articolo 80 del codice di procedura civile.

Il curatore speciale deve senza indugio convocare l'assemblea dei condomini per avere istruzioni sulla condotta della lite.

Art. 66.

L'assemblea, oltre che annualmente in via ordinaria per le deliberazioni indicate dall'articolo 1135 del codice, può essere convocata in via straordinaria dall'amministratore quando questi lo ritiene necessario o quando ne è fatta richiesta da almeno due condomini che rappresentino un sesto del valore dell'edificio. Decorsi inutilmente dieci giorni dalla richiesta, i detti condomini possono provvedere direttamente alla convocazione.

In mancanza dell'amministratore, l'assemblea tanto ordinaria quanto straordinaria può essere convocata a iniziativa di ciascun condomino.

L'avviso di convocazione, contenente specifica indicazione dell'ordine del giorno, deve essere comunicato almeno cinque giorni prima della data fissata per l'adunanza in prima convocazione, a mezzo di posta raccomandata, posta elettronica certificata, fax o tramite consegna a mano, e deve contenere l'indicazione del luogo e dell'ora della riunione. In caso di omessa, tardiva o incompleta convocazione degli aventi diritto, la deliberazione assembleare è annullabile ai sensi dell'articolo 1137 del codice su istanza dei dissenzienti o assenti perché non ritualmente convocati. (1)

L'assemblea in seconda convocazione non può tenersi nel medesimo giorno solare della prima. (2)

L'amministratore ha facoltà di fissare più riunioni consecutive in modo da assicurare lo svolgimento dell'assemblea in termini brevi, convocando gli aventi diritto con un unico avviso nel quale sono indicate le ulteriori date ed ore di eventuale prosecuzione dell'assemblea validamente costituitasi. (2)

(1) Il comma che recitava: "L'avviso di convocazione deve essere comunicato ai condomini
almeno cinque giorni prima della data fissata per l'adunanza." è stato così sostituito dall'art. 20, L. 11 dicembre 2012, n. 220, in vigore dal 17 giugno 2013.
(2) Comma aggiunto dall'art. 20, L. 11 dicembre 2012, n. 220, a decorrere dal 17 giugno 2013.

Art. 67. (1)

Ogni condomino può intervenire all'assemblea anche a mezzo di rappresentante, munito di delega scritta. Se i condomini sono più di venti, il delegato non può rappresentare più di un quinto dei condomini e del valore proporzionale.

Qualora un'unità immobiliare appartenga in proprietà indivisa a più persone, queste hanno diritto a un solo rappresentante nell'assemblea, che è designato dai comproprietari interessati a norma dell'articolo 1106 del codice.

Nei casi di cui all'articolo 1117-bis del codice, quando i partecipanti sono complessivamente più di sessanta, ciascun condominio deve designare, con la maggioranza di cui all'articolo 1136, quinto comma, del codice, il proprio rappresentante all'assemblea per la gestione ordinaria delle parti comuni a più condominii e per la nomina dell'amministratore. In mancanza, ciascun partecipante può chiedere che l'autorità giudiziaria nomini il rappresentante del proprio condominio. Qualora alcuni dei condominii interessati non abbiano nominato il proprio rappresentante, l'autorità giudiziaria provvede alla nomina su ricorso anche di uno solo dei rappresentanti già nominati, previa diffida a provvedervi entro un congruo termine. La diffida ed il ricorso all'autorità giudiziaria sono notificati al condominio cui si riferiscono in persona dell'amministratore o, in mancanza, a tutti i condomini.

Ogni limite o condizione al potere di rappresentanza si considera non apposto.

Il rappresentante risponde con le regole del mandato e comunica tempestivamente all'amministratore di ciascun condominio l'ordine del giorno e le decisioni assunte dall'assemblea dei rappresentanti dei condominii. L'amministratore riferisce in assemblea.

All'amministratore non possono essere conferite deleghe per la partecipazione a qualunque assemblea.

L'usufruttuario di un piano o porzione di piano dell'edificio esercita il diritto di voto negli affari che attengono all'ordinaria amministrazione e al semplice godimento delle cose e dei servizi comuni.

Nelle altre deliberazioni, il diritto di voto spetta ai proprietari, salvi i casi in cui l'usufruttuario intenda avvalersi del diritto di cui all'articolo 1006 del codice ovvero si tratti di lavori od opere ai sensi degli articoli 985 e 986 del codice. In tutti questi casi l'avviso di convocazione deve essere comunicato sia all'usufruttuario sia al nudo proprietario.

Il nudo proprietario e l'usufruttuario rispondono solidalmente per il pagamento dei contributi dovuti all'amministrazione condominiale.

(1) Articolo così sostituito dall'art. 21, L. 11 dicembre 2012, n. 220, in vigore dal 17 giugno 2013. Il testo in vigore fino al 16 giugno 2013 è il seguente: "Ogni condomino può intervenire all'assemblea anche a mezzo di rappresentante.

Qualora un piano o porzione di piano dell'edificio appartenga in proprietà indivisa a più persone, queste hanno diritto a un solo rappresentante nell'assemblea che è designato dai comproprietari interessati; in mancanza provvede per sorteggio il presidente.
L'usufruttuario di un piano o porzione di piano dell'edificio esercita il diritto di voto negli affari che attengono all'ordinaria amministrazione e al semplice godimento delle cose e dei servizi comuni.
Nelle deliberazioni che riguardano innovazioni, ricostruzioni od opere di manutenzione straordinaria delle parti comuni dell'edificio il diritto di voto spetta invece al proprietario."

Art. 68. (1)

Ove non precisato dal titolo ai sensi dell'articolo 1118, per gli effetti indicati dagli articoli 1123, 1124, 1126 e 1136 del codice, il valore proporzionale di ciascuna unità immobiliare è espresso in millesimi in apposita tabella allegata al regolamento di condominio.

Nell'accertamento dei valori di cui al primo comma non si tiene conto del canone locatizio, dei miglioramenti e dello stato di manutenzione di ciascuna unità immobiliare.

(1) Articolo così sostituito dall'art. 22, L. 11 dicembre 2012, n. 220, in vigore dal 17 giugno 2013. Il testo in vigore fino al 16 giugno 2013 è il seguente: "Per gli effetti indicati dagli articoli 1123, 1124, 1126 e 1136 del codice, il regolamento di condominio deve precisare il valore proporzionale di ciascun piano o di ciascuna porzione di piano spettante in proprietà esclusiva ai singoli condomini [c.c. 1101].
I valori dei piani o delle porzioni di piano, ragguagliati a quello dell'intero edificio, devono essere espressi in millesimi in apposita tabella allegata al regolamento di condominio [c.c. 1138].
Nell'accertamento dei valori medesimi non si tiene conto del canone locatizio, dei miglioramenti e dello stato di manutenzione di ciascun piano o di ciascuna porzione di piano."

Art. 69. (1)

I valori proporzionali delle singole unità immobiliari espressi nella tabella millesimale di cui all'articolo 68 possono essere rettificati o modificati all'unanimità.

Tali valori possono essere rettificati o modificati, anche nell'interesse di un solo condomino, con la maggioranza prevista dall'articolo 1136, secondo comma, del codice, nei seguenti casi:

1) quando risulta che sono conseguenza di un errore;
2) quando, per le mutate condizioni di una parte dell'edificio, in conseguenza di sopraelevazione, di incremento di superfici o di incremento o diminuzione delle unità immobiliari, è alterato per più di un quinto il valore proporzionale dell'unità immobiliare anche di un solo condomino. In tal caso il relativo costo è sostenuto da chi ha dato luogo alla variazione.

Ai soli fini della revisione dei valori proporzionali espressi nella tabella millesimale

allegata al regolamento di condominio ai sensi dell'articolo 68, può essere convenuto in giudizio unicamente il condominio in persona dell'amministratore.

Questi è tenuto a darne senza indugio notizia all'assemblea dei condomini. L'amministratore che non adempie a quest'obbligo può essere revocato ed è tenuto al risarcimento degli eventuali danni.

Le norme di cui al presente articolo si applicano per la rettifica o la revisione delle tabelle per la ripartizione delle spese redatte in applicazione dei criteri legali o convenzionali.

(1) Articolo così sostituito dall'art. 23, L. 11 dicembre 2012, n. 220, in vigore dal 17 giugno 2013. Il testo in vigore fino al 16 giugno 2013 è il seguente: "I valori proporzionali dei vari piani o porzioni di piano possono essere riveduti o modificati, anche nell'interesse di un solo condomino, nei seguenti casi:
1) quando risulta che sono conseguenza di un errore;
2) quando, per le mutate condizioni di una parte dell'edificio, in conseguenza della sopraelevazione di nuovi piani, di espropriazione parziale o di innovazioni di vasta portata, è notevolmente alterato il rapporto originario tra i valori dei singoli piani o porzioni di piano."

Art. 70. (1)

Per le infrazioni al regolamento di condominio può essere stabilito, a titolo di sanzione, il pagamento di una somma fino ad euro 200 e, in caso di recidiva, fino ad euro 800. La somma è devoluta al fondo di cui l'amministratore dispone per le spese ordinarie.

(1) Articolo così sostituito dall'art. 24, L. 11 dicembre 2012, n. 220, in vigore dal 17 giugno 2013. Il testo in vigore fino al 16 giugno 2013 è il seguente: "Per le infrazioni al regolamento di condominio può essere stabilito, a titolo di sanzione, il pagamento di una somma fino a euro 0,052. La somma è devoluta al fondo di cui l'amministratore dispone per le spese ordinarie."

Art. 71.

Il registro indicato dal quarto comma dell'articolo 1129 e dal terzo comma dell'articolo 1138 del codice è tenuto presso l'associazione (1) dei proprietari di fabbricati.

(1) L'inciso: "professionale" deve ritenersi abrogato per effetto del D.Lgs.Lgt. 23 novembre
1944, n. 369.

Art. 71-bis. (1)

Possono svolgere l'incarico di amministratore di condominio coloro:
a) che hanno il godimento dei diritti civili;

b) che non sono stati condannati per delitti contro la pubblica amministrazione, l'amministrazione della giustizia, la fede pubblica, il patrimonio o per ogni altro delitto non colposo per il quale la legge commina la pena della reclusione non inferiore, nel minimo, a due anni e, nel massimo, a cinque anni;

c) che non sono stati sottoposti a misure di prevenzione divenute definitive, salvo che non sia intervenuta la riabilitazione;

d) che non sono interdetti o inabilitati;

e) il cui nome non risulta annotato nell'elenco dei protesti cambiari;

f) che hanno conseguito il diploma di scuola secondaria di secondo grado;

g) che hanno frequentato un corso di formazione iniziale e svolgono attività di formazione periodica in materia di amministrazione condominiale.

I requisiti di cui alle lettere f) e g) del primo comma non sono necessari qualora l'amministratore sia nominato tra i condomini dello stabile.

Possono svolgere l'incarico di amministratore di condominio anche società di cui al titolo V del libro V del codice. In tal caso, i requisiti devono essere posseduti dai soci illimitatamente responsabili, dagli amministratori e dai dipendenti incaricati di svolgere le funzioni di amministrazione dei condominii a favore dei quali la società presta i servizi.

La perdita dei requisiti di cui alle lettere a), b), c), d) ed e) del primo comma comporta la cessazione dall'incarico. In tale evenienza ciascun condomino può convocare senza formalità l'assemblea per la nomina del nuovo amministratore.

A quanti hanno svolto attività di amministrazione di condominio per almeno un anno, nell'arco dei tre anni precedenti alla data di entrata in vigore della presente disposizione, è consentito lo svolgimento dell'attività di amministratore anche in mancanza dei requisiti di cui alle lettere f) e g) del primo comma. Resta salvo l'obbligo di formazione periodica.

(1) Articolo aggiunto dall'art. 25, L. 11 dicembre 2012, n. 220, in vigore dal 17 giugno 2013.

Art. 71-ter. (1)

Su richiesta dell'assemblea, che delibera con la maggioranza di cui al secondo comma dell'articolo 1136 del codice, l'amministratore è tenuto ad attivare un sito internet del condominio che consenta agli aventi diritto di consultare ed estrarre copia in formato digitale dei documenti previsti dalla delibera assembleare. Le spese per l'attivazione e la gestione del sito internet sono poste a carico dei condomini.

(1) Articolo aggiunto dall'art. 25,L. 11 dicembre 2012, n. 220, in vigore dal 17 giugno 2013.

Art. 71-quater. (1)

Per controversie in materia di condominio, ai sensi dell'articolo 5, comma 1, del decreto legislativo 4 marzo 2010, n. 28, si intendono quelle derivanti dalla violazione o dall'errata applicazione delle disposizioni del libro III, titolo VII, capo II, del codice e degli articoli da 61 a 72 delle presenti disposizioni per l'attuazione del codice.

La domanda di mediazione deve essere presentata, a pena di inammissibilità, presso un organismo di mediazione ubicato nella circoscrizione del tribunale nella quale il condominio è situato.

Al procedimento è legittimato a partecipare l'amministratore, previa delibera assembleare da assumere con la maggioranza di cui all'articolo 1136, secondo comma, del codice.

Se i termini di comparizione davanti al mediatore non consentono di assumere la delibera di cui al terzo comma, il mediatore dispone, su istanza del condominio, idonea proroga della prima comparizione.

La proposta di mediazione deve essere approvata dall'assemblea con la maggioranza di cui all'articolo 1136, secondo comma, del codice. Se non si raggiunge la predetta maggioranza, la proposta si deve intendere non accettata.

Il mediatore fissa il termine per la proposta di conciliazione di cui all'articolo 11 del decreto legislativo 4 marzo 2010, n. 28, tenendo conto della necessità per l'amministratore di munirsi della delibera assembleare.

(1) Articolo aggiunto dall'art. 25, L. 11 dicembre 2012, n. 220, in vigore dal 17 giugno 2013.

Art. 72.

I regolamenti di condominio non possono derogare alle disposizioni dei precedenti articoli 63, 66, 67 e 69 disp.att.c.c.

SEZIONE IV - Disposizioni relative al libro IV

Art. 73.

Gli atti di offerta reale e quelli di deposito previsti dagli articoli 1209, primo comma, 1212 e 1214 del codice, sono eseguiti da un notaio o da un ufficiale giudiziario.

Le offerte per intimazione, previste dagli articoli 1209, secondo comma, e 1216, primo comma, sono eseguite con atto di ufficiale giudiziario.

Art. 73-bis. (1)

I provvedimenti previsti negli articoli 1211, 1514, primo comma, 1515, terzo comma, e 1841 del codice sono adottati dal tribunale in composizione monocratica.

(1) Articolo aggiunto dall'art. 158, D.Lgs. 19 febbraio 1998, n. 51.

Art. 74.

Il processo verbale dell'offerta reale deve essere redatto in conformità delle disposizioni dell'articolo 126 del codice di procedura civile e deve in particolare contenere la specificazione dell'oggetto dell'offerta e le dichiarazioni del creditore.

Quando l'offerta è accettata, il pubblico ufficiale esegue il pagamento e riceve le dichiarazioni del creditore per quietanza e per liberazione dalle garanzie.

Se il creditore non è presente all'offerta, il processo verbale deve essergli notificato nelle forme prescritte per la citazione.

L'intimazione prescritta dall'articolo 1212, n. 1, del codice, può essere fatta con lo stesso atto di notificazione del verbale dell'offerta. In ogni caso fra l'intimazione e il deposito deve trascorrere un termine non minore di giorni tre.

Art. 75.

L'atto di intimazione, nei casi previsti dagli articoli 1209, secondo comma, e 1216, primo comma, del codice, deve contenere l'indicazione del giorno, dell'ora e del luogo in cui il debitore intende procedere alla consegna delle cose mobili o al rilascio dell'immobile a favore del creditore, con rispetto di un intervallo non minore di giorni tre.

La mancata comparizione del creditore o il suo rifiuto di accettare l'offerta sono accertati con verbale redatto da un notaio o da un ufficiale giudiziario nel luogo, nel giorno e nell'ora indicati nell'atto di intimazione, con tutte le altre indicazioni prescritte dal primo comma dell'articolo precedente, e da tale giorno decorrono gli effetti della mora.

Art. 76.

I depositi che hanno per oggetto titoli di credito o somme di danaro debbono essere eseguiti presso la Cassa dei depositi e prestiti secondo le norme della legge speciale, oppure presso un istituto di credito.

Art. 77.

Il deposito di cose mobili diverse dal danaro e di titoli di credito, nei casi previsti dagli articoli 1210, primo comma, e 1214 del codice e in ogni altro caso in cui esso sia prescritto dalla legge o dal giudice ovvero sia voluto dalle parti, si esegue presso stabilimenti di pubblico deposito a norma delle leggi speciali.

Qualora non esistano stabilimenti di pubblico deposito nel luogo in cui deve essere eseguita la prestazione, o se ricorrono particolari ragioni, il pretore del luogo predetto, su ricorso della parte interessata, può autorizzare con decreto il deposito presso altro locale idoneo.

Art. 78.

Il pubblico ufficiale, che a norma dell'articolo 1210 del codice procede al deposito di danaro, di titoli di credito o di altre cose mobili, deve redigere processo verbale della relativa operazione in conformità del successivo articolo 1212, n. 3, e dell'articolo 126 del codice di procedura civile, e consegnarne copia al depositario, nonché al creditore comparso, se la richiede.

Se il creditore non è stato presente, deve essergli notificata copia del processo verbale nelle forme prescritte per gli atti di citazione.

Art. 79.

Il sequestratario dell'immobile, nel caso previsto dal secondo comma dell'articolo 1216 del codice, è nominato, se non vi è giudizio pendente, dal presidente del tribunale del luogo in cui si trova l'immobile.

Il presidente del tribunale provvede con decreto, sentito il creditore. Contro tale decreto è ammesso reclamo al presidente della corte di appello, entro dieci giorni dalla notificazione.

La consegna dell'immobile al sequestratario deve risultare da processo verbale redatto da un notaio o da un ufficiale giudiziario. Copia del processo verbale deve essere notificata al creditore che non sia stato presente.

Art. 80.

L'atto d'intimazione previsto dall'articolo 1217 del codice, se non è determinato il tempo in cui la prestazione deve essere eseguita, e in ogni caso se la prestazione medesima deve effettuarsi in località diversa dal domicilio del creditore, deve contenere l'indicazione del giorno, dell'ora e del luogo in cui il debitore intende eseguire la prestazione, col rispetto di un intervallo di almeno tre giorni, a meno che la natura del rapporto non imponga un intervallo minore.

Il mancato ricevimento della prestazione da parte del creditore nel giorno stabilito può essere accertato nelle forme di uso e da tale giorno decorrono gli effetti della mora.

Art. 81.

Nei casi previsti dagli articoli 1286, terzo comma, e 1287, terzo comma, del codice, l'istanza per la fissazione del termine entro il quale deve essere fatta la scelta e quella per la scelta della prestazione da parte del giudice si propongono,

se non vi è giudizio pendente, davanti l'autorità giudiziaria del luogo in cui la prestazione deve eseguirsi, osservate le disposizioni previste rispettivamente dagli articoli 749 e 750 del codice di procedura civile.

Art. 82.

L'istanza per la nomina del terzo nei casi previsti dal secondo comma dell'articolo 1473 del codice, qualora non vi sia giudizio in corso, si propone con ricorso al presidente del tribunale del luogo in cui deve eseguirsi la consegna della cosa a norma dell'articolo 1510 del codice.

Il ricorso deve essere notificato alle altre parti interessate e al terzo. Il presidente

del tribunale provvede con decreto; contro di questo è ammesso reclamo al primo presidente della corte di appello entro dieci giorni dalla notificazione.

La nomina deve cadere normalmente su persona esperta iscritta in albi o elenchi o ruoli istituiti a norma di legge

Art. 83.

Sono autorizzati alle operazioni di vendita con o senza incanto a norma dell'articolo 1515 del codice, o alle operazioni di compra a norma del successivo

articolo 1516:

1) gli agenti di cambio, per i valori pubblici e per i titoli di credito specificati nelle leggi sulle borse;

2) i mediatori in merci iscritti presso i consigli provinciali delle corporazioni per le merci e le derrate.

La vendita all'incanto deve essere annunziata con le forme di una pubblicità commerciale adeguata alla natura ed al valore delle cose poste in vendita.

Il verbale d'incanto è depositato nella cancelleria della pretura (1) del luogo in cui si è proceduto alla vendita.

Le operazioni di vendita senza incanto e quelle di compra devono essere documentate mediante certificato, fattura o fissato bollato, in doppio esemplare, uno dei quali è consegnato alla parte richiedente e l'altro, vistato da questa, è conservato dalla persona che ha eseguito l'incarico.

Il compenso dovuto alla persona predetta, se non esiste una tariffa approvata, è stabilito con decreto del pretore del luogo in cui l'incarico è stato eseguito.

(1) L'ufficio del pretore è stato soppresso dal D.Lgs. 19 febbraio 1998, n. 51.

Art. 84.

Il contratto di vendita con riserva di proprietà di macchine per prezzo superiore a euro 15,49, deve essere iscritto agli effetti previsti dal secondo comma dell'articolo 1524 del codice, nel registro istituito presso la cancelleria del tribunale nella cui giurisdizione la macchina viene collocata.

Le sottoscrizioni delle parti devono essere autenticate, se il contratto non risulta da atto pubblico.

SEZIONE V - Disposizioni relative al libro V

Art. 85. (1)

(...)

(1) L'articolo che recitava: "Gli organi corporativi, che a norma dall'articolo 2089 del codice possono denunciare al pubblico ministero l'inosservanza degli obblighi imposti dall'ordinamento corporativo nell'interesse della produzione, sono la corporazione, l'ispettorato corporativo e il consiglio provinciale delle corporazioni.

La denuncia deve essere trasmessa al pubblico ministero presso la corte d'appello della quale fa parte la magistratura del lavoro, che ha giurisdizione sul territorio in cui si trova la sede principale dell'impresa. Il pubblico ministero, prima di promuovere i provvedimenti contro l'imprenditore, può compiere le indagini occorrenti.

L'istanza del pubblico ministero corredata dei documenti è depositata nella cancelleria della magistratura del lavoro." è stato implicitamente abrogato del R.D.L. 9 agosto 1943, n. 721.

Art. 86. (1)

(...)

(1) L'articolo che recitava: "Il presidente della magistratura del lavoro fissa, con decreto in calce all'istanza, l'udienza collegiale per la comparizione dell'imprenditore, assegnandogli un termine entro il quale egli deve depositare nella cancelleria le proprie deduzioni insieme coi documenti che intende produrre a sua difesa.
Il termine di comparizione non può essere inferiore a dieci giorni.
Copia dell'istanza col decreto presidenziale è notificata a cura del cancelliere all'imprenditore.
Copia del decreto e copia delle deduzioni dell'imprenditore sono comunicate al pubblico ministero." è stato implicitamente abrogato dal R.D.L. 9 agosto 1943, n. 72.

Art. 87. (1)

(...)

(1) L'articolo che recitava: "Per i provvedimenti previsti nell'articolo 2091 del codice la magistratura del lavoro è costituita a norma dell'articolo 14 della legge 3 aprile 1926, n. 563." è stato implicitamente abrogato dal R.D.L. 9 agosto 1943, n. 721.

Art. 88. (1)

(...)

(1) L'articolo che recitava: "L'imprenditore deve comparire personalmente. In caso di legittimo impedimento può essere autorizzato dal presidente della magistratura del lavoro a farsi rappresentare da un mandatario speciale. Il mandato può essere scritto in calce alla copia del decreto notificata all'imprenditore." è stato implicitamente abrogato dal R.D.L. 9 agosto 1943, n. 721.

Art. 89. (1)

(...)

(1) L'articolo che recitava: "La magistratura del lavoro, se accerta che l'inosservanza non sussisteva o è cessata, dichiara che non vi è luogo a procedere. Se risulta che l'inosservanza
perdura, stabilisce il termine entro il quale l'imprenditore deve uniformarsi agli obblighi impostigli dall'ordinamento corporativo." è stato implicitamente abrogato dal R.D.L. 9 agosto 1943, n. 721.

Art. 90. (1)

(...)

(1) L'articolo che recitava: "Se l'imprenditore non ha ottemperato agli obblighi impostigli nel termine fissato a norma dell'articolo precedente, il pubblico ministero richiede alla magistratura del lavoro i provvedimenti previsti nel secondo e terzo comma dell'articolo 2091 del codice.
La procedura è regolata dagli articoli 85, terzo comma, 86, 87 e 88 di queste disposizioni."
è stato implicitamente abrogato dal R.D.L. 9 agosto 1943.

Art. 91. (1)

(...)

(1) L'articolo che recitava: "I provvedimenti previsti dai precedenti articoli 89 e 90 sono dati con sentenza.
La sentenza è notificata all'imprenditore nelle forme prescritte per l'istanza e comunicata al pubblico ministero.
Il dispositivo della sentenza che nomina un amministratore deve essere pubblicato, entro cinque giorni, a cura del cancelliere e a spese dell'imprenditore, nel foglio degli annunzi legali della provincia. La sentenza può stabilire altre forme di pubblicità.
Se la sentenza riguarda un'impresa commerciale o una società soggetta a registrazione, il dispositivo deve essere inoltre comunicato entro cinque giorni, a cura del cancelliere, all'ufficio del registro delle imprese per l'iscrizione. Fino all'attuazione del registro delle imprese l'iscrizione deve essere eseguita nel registro della società
provvisoriamente mantenuto a norma dell'articolo 100 di queste disposizioni." è stato abrogato dal R.D.L. 9 agosto 1943, n. 721.

Art. 92. (1)

Il decreto, previsto dall'articolo 2409 del codice, che nomina l'amministratore giudiziario nelle società di cui ai capi V e VI del titolo V del libro V del codice priva l'imprenditore, dalla sua data, dell'amministrazione della società nei limiti dei poteri conferiti all'amministratore giudiziario.

Salvo che il decreto disponga diversamente, l'amministratore giudiziario non può compiere atti eccedenti l'ordinaria amministrazione, senza l'autorizzazione
del tribunale.

Entro i limiti dei poteri conferitigli, l'amministratore sta in giudizio nelle controversie,
anche pendenti, relative alla gestione della società.

All'amministratore giudiziario possono essere attribuiti per determinati atti i poteri dell'assemblea. Le relative deliberazioni non sono efficaci senza l'approvazione
del tribunale.

Il compenso dell'amministratore giudiziario è determinato dal tribunale.

(1) L'articolo che recitava: "La sentenza che nomina l'amministratore incaricato di assumere la gestione dell'impresa priva l'imprenditore, dalla sua data, dell'amministrazione
dell'impresa nei limiti dei poteri conferiti all'amministratore giudiziario.
Salvo che la sentenza disponga diversamente, l'amministratore giudiziario non può compiere atti eccedenti l'ordinaria amministrazione senza l'autorizzazione del presidente della magistratura del lavoro.
Entro i limiti dei poteri conferitigli l'amministratore sta in giudizio nelle controversie, anche in corso, relative alla gestione dell'impresa.
Se, trattandosi di società, sono conferiti all'amministratore per determinati atti anche i poteri dell'assemblea, le relative deliberazioni non sono efficaci senza l'approvazione del presidente della magistratura del lavoro.
Il compenso dell'amministratore è determinato dal presidente della magistratura del lavoro all'atto della nomina o successivamente." è stato così sostituito, dall'art. 9, D.Lgs. 17 gennaio 2003, n. 6.

Art. 93.

L'amministratore giudiziario è, per quanto attiene all'esercizio delle sue funzioni,
pubblico ufficiale.

Art. 94.

L'amministratore giudiziario deve adempiere ai doveri del proprio ufficio con la diligenza richiesta dalla natura del proprio ufficio e può essere revocato dal tribunale su richiesta dei soggetti legittimati a chiederne la nomina.
(1)

L'amministratore che cessa dal suo ufficio deposita nella cancelleria del tribunale
del luogo, ove è la sede principale dell'impresa, il conto della gestione.
L'avvenuto deposito è comunicato immediatamente alla società. (2)

Il presidente del tribunale con decreto fissa l'udienza, in termine non inferiore a quindici giorni dal deposito, nella quale le parti possono presentare le loro osservazioni, e nomina un giudice per la procedura. Non sono ammesse contestazioni relative ai criteri tecnici della gestione nei limiti dei poteri conferiti all'amministratore.

Si applicano le disposizioni degli articoli 263, secondo comma, e seguenti del codice di procedura civile.

(1) Il comma che recitava: "L'amministratore giudiziario deve adempiere con diligenza ai doveri del proprio ufficio e può essere revocato dalla magistratura del lavoro con decreto in ogni tempo, su richiesta del pubblico ministero o di chiunque vi abbia interesse." è stato così sostituito.

(2) Il comma che recitava: "L'amministratore che cessa dal suo ufficio deposita nella cancelleria del tribunale del luogo, ove è la sede principale dell'impresa, il conto della gestione. L'avvenuto deposito è comunicato immediatamente all'imprenditore." è stato così sostituito dall'art. 9, D.Lgs. 17 gennaio 2003, n. 6.

Art. 95.

Quando le leggi (1) non dispongono, l'appartenenza alla categoria d'impiegato o di operaio è determinata dal regio decreto-legge 13 novembre 1924, n. 1825, convertito nella legge 18 marzo 1926, n. 562.

(1) Le norme corporative sono state abrogate dal R.D.L. 9 agosto 1943, n. 721.

Art. 96.

L'imprenditore deve far conoscere al prestatore di lavoro, al momento dell'assunzione, la categoria e la qualifica che gli sono assegnate in relazione alle mansioni per cui è stato assunto.

Le qualifiche dei prestatori di lavoro, nell'ambito di ciascuna delle categorie indicate nell'articolo 2095 del codice, possono essere stabilite e raggruppate per gradi secondo la loro importanza nell'ordinamento dell'impresa. Il prestatore di lavoro assume il grado gerarchico corrispondente alla qualifica e alle mansioni.

I contratti collettivi di lavoro possono stabilire che, nel caso di divergenza tra l'imprenditore e il prestatore di lavoro circa l'assegnazione della qualifica, l'accertamento dei fatti rilevanti per la determinazione della qualifica venga fatto da un collegio costituito da un funzionario dell'ispettorato corporativo (1), che presiede, e da un delegato di ciascuna delle associazioni (2) che rappresentano le categorie interessate.

Sui fatti rilevanti per la determinazione della qualifica che hanno formato oggetto dell'accertamento compiuto con tali forme, non sono ammesse nuove indagini o prove, salvo che l'accertamento sia viziato da errore manifesto.

(1) L'Ispettorato corporativo è stato sostituito dall'Ispettorato del lavoro dall'art. 6, D.Lgt. 10 agosto 1945, n. 474.

(2) La parola: "professionali" è stata soppressa con il D.Lgs.Lgt. 23 novembre 1944, n. 369.

Art. 97. (1)

(...)

(1) L'articolo che recitava: "Nel caso previsto dall'articolo 2106 del codice, ai prestatori di lavoro addetti alle imprese esercitate da enti pubblici inquadrati sindacalmente, le sanzioni disciplinari stabilite nei regolamenti emanati dagli enti medesimi, si applicano solo in quanto compatibili con le particolari disposizioni dei contratti collettivi a cui gli enti sono soggetti." è stato implicitamente abrogato dal R.D.L. 9 agosto 1943, n. 721.

Art. 98.

Nei rapporti d'impiego inerenti all'esercizio dell'impresa, in mancanza (1) di usi più favorevoli, per quanto concerne il trattamento cui ha diritto l'impiegato nei casi di infortunio, di malattia, di gravidanza o di puerperio, la durata del periodo feriale, del periodo di preavviso, la misura dell'indennità sostitutiva di questo e l'ammontare dell'indennità di anzianità in caso di cessazione del rapporto, si applicano le corrispondenti norme del regio decreto-legge 13 novembre 1924, n. 1825 convertito nella legge 18 marzo 1926, n. 562.

Le richiamate norme si applicano altresì ai rapporti d'impiego dei dipendenti di enti pubblici anche se non inquadrati sindacalmente, in quanto il rapporto non sia diversamente disciplinato da leggi o regolamenti speciali, nonché ai rapporti d'impiego non inerenti all'esercizio di un'impresa, in quanto non esistano convenzioni od usi più favorevoli al prestatore di lavoro.

(1) Le norme corporative sono state abrogate, quali fonti di diritto, dal R.D.L. 9 agosto 1943, n. 721.

Art. 99.

Le disposizioni relative all'istituzione del registro delle imprese previsto dall'articolo 2188 del codice saranno emanate con decreto del presidente della Repubblica. (1) Tale decreto stabilirà altresì la data di attuazione del registro delle imprese, nonché le condizioni per l'iscrizione delle imprese individuali e sociali esistenti in tale momento.

(1) Testo così modificato a seguito della mutata forma istituzionale dello Stato.

Art. 100. (1)

(...)

(5) L'articolo che recitava: "Fino all'attuazione del registro delle imprese gli atti di autorizzazione alla continuazione dell'esercizio di un'impresa commerciale nell'interesse di un minore o di un interdetto, gli atti di autorizzazione all'esercizio di una impresa commerciale da parte di un minore emancipato o di un inabilitato, i provvedimenti di revoca delle autorizzazioni stesse, le procure istitorie le nomine di procuratori nonché gli atti e i fatti relativi alle società, per i quali il codice stabilisce l'iscrizione nel registro delle imprese, sono soggetti all'iscrizione nei registri di cancelleria presso il tribunale secondo le modalità stabilite dalle leggi anteriori.

Tuttavia il contenuto degli atti da iscrivere, i termini per l'iscrizione e gli effetti della medesima sono determinati dal codice.

Fino all'attuazione del registro delle imprese non sono soggetti a registrazione gli imprenditori individuali e gli enti pubblici che esercitano un'attività commerciale, salvo quanto disposto dal primo comma del presente articolo.

Non si applicano inoltre le disposizioni contenute nel secondo comma dell'articolo 2556 e nell'articolo 2559 del codice." è stato abrogato dall'art. 111-sexies delle disposizioni per l'attuazione del codice civile, aggiunto dall'art. 9, D.Lgs. 17 gennaio 2003, n. 6.

Art. 101. (1)

(...)

(1) L'articolo che recitava: "Fino all'attuazione del registro delle imprese i depositi di atti o documenti, che secondo il codice devono eseguirsi presso l'ufficio del registro delle imprese, si eseguono presso la cancelleria del tribunale.

Le attribuzioni del giudice del registro spettano al presidente del tribunale o a un giudice da lui delegato." è stato abrogato dall'art. 111-sexies delle disposizioni per l'attuazione del codice civile, aggiunto dall'art. 9, D.Lgs. 17 gennaio 2003, n. 6.

Art. 101-bis. (1)

Copia integrale o parziale di ogni atto per il quale è prescritta l'iscrizione o il deposito nel registro delle imprese deve essere rilasciata a chi ne faccia richiesta anche per corrispondenza, senza che il costo di tale copia possa eccedere il costo amministrativo.

(1) Articolo aggiunto dall'art. 20, d.P.R. 29 dicembre 1969, n. 1127.

Art. 101-ter. (1)

Ai fini della pubblicità prescritta dagli articoli 2506 e 2507 del codice civile la società richiedente deve allegare agli atti e documenti ivi previsti la traduzione giurata in lingua italiana e deve indicare gli estremi della pubblicità attuata nello Stato ove è situata la sede principale. Dell'avvenuto deposito dei documenti deve essere fatta menzione nel Bollettino ufficiale delle società per azioni e a responsabilità limitata.

(1) Articolo aggiunto dall'art. 5, D.Lgs. 29 dicembre 1992, n. 516.

Art. 101-quater. (1)

Le società soggette alla legislazione di un altro Stato appartenente alla Comunità economica europea, le quali stabiliscono nel territorio dello Stato più sedi secondarie con rappresentanza stabile, possono attuare la pubblicità dell'atto costitutivo, dello statuto e dei bilanci nell'ufficio del registro delle imprese di una soltanto delle sedi secondarie, depositando negli altri l'attestazione dell'eseguita pubblicità.

(1) Articolo aggiunto dall'art. 5, D.Lgs. 29 dicembre 1992, n. 516.

Art. 102. (1)

Le norme per la formazione del ruolo, per la nomina e per la disciplina dei revisori ufficiali dei conti e quelle per la vigilanza e per la disciplina dei sindaci delle società saranno emanate con decreto del presidente della Repubblica. Fino all'entrata in vigore di tale decreto continueranno ad applicarsi le disposizioni anteriori.

(1) Testo così modificato a seguito della mutata forma istituzionale, dello Stato.

Art. 103.

I provvedimenti del tribunale previsti dall'articolo 2409 del codice sono disposti con decreto, il quale deve essere comunicato a cura del cancelliere, entro cinque giorni, all'ufficio del registro delle imprese per l'iscrizione. (1)
(...) (2)

(1) Il comma che recitava: "I provvedimenti del tribunale previsti dall'articolo 2409 del codice sono disposti con decreto, il quale deve essere comunicato a cura del cancelliere, entro cinque giorni, all'ufficio del registro delle imprese per l'iscrizione e, fino a che questo non sia istituito, alla cancelleria del tribunale per l'iscrizione nel registro delle società." è stato così sostituito dall'art. 9, D.Lgs. 17 gennaio 2003, n. 6.

(2) Il comma che recitava: "L'amministratore giudiziario, nominato dal tribunale a norma dell'articolo 2409 del codice, è scelto possibilmente fra gli iscritti nel ruolo degli amministratori giudiziari. A lui si applicano gli articoli 92, 93 e 94 di queste disposizioni, intendendosi sostituiti nei poteri della magistratura del lavoro e del presidente della magistratura del lavoro rispettivamente quelli del tribunale e del presidente del tribunale." è stato abrogato dall'art. 9, D.Lgs. 17 gennaio 2003, n. 6.

Art. 104. (1)

Il tribunale, prima di procedere alla nomina del rappresentante degli obbligazionisti prevista dall'articolo 2417 del codice, deve sentire gli amministratori o il consiglio di gestione della società.

(1) L'articolo che recitava: "Il presidente del tribunale, prima di procedere alla nomina del rappresentante degli obbligazionisti prevista dall'articolo 2417 del codice, deve sentire gli amministratori della società. Le funzioni di rappresentante degli obbligazionisti possono essere attribuite alle società fiduciarie." è stato così sostituito dall'art. 9, D.Lgs. 17 gennaio 2003, n. 6.

Art. 105.

La liquidazione coatta amministrativa delle società cooperative è regolata dalle norme generali sulla liquidazione coatta amministrativa delle società, salvo che le leggi speciali dispongano diversamente.

Art. 106. (1)

Le norme degli articoli 92, 93 e 94 di queste disposizioni si applicano anche al commissario governativo incaricato della gestione della società cooperativa a norma dell'articolo 2545-sexiesdecies del codice, intendendosi sostituiti nei poteri del tribunale, per quanto riguarda le disposizioni dei precedenti articoli 92 e 94, primo comma, l'autorità governativa che ha nominato il commissario.

(1) L'articolo che recitava: "Le norme degli articoli 92, 93 e 94 di queste disposizioni si applicano anche al commissario governativo incaricato della gestione della società cooperativa a norma dell'articolo 2543, intendendosi sostituiti nei poteri della magistratura del lavoro e del presidente della magistratura del lavoro, per quanto riguarda le disposizioni dei precedenti articoli 92 e 94, primo comma, l'autorità governativa che ha nominato il commissario." è stato così sostituito dall'art. 9, D.Lgs. 17 gennaio 2003, n. 6.

Art. 107.

Alle mutue assicuratrici regolate da leggi speciali le disposizioni del capo II del titolo VI del libro V del codice si applicano in quanto compatibili con le leggi medesime.

Art. 108. (1)

(...)

(1) L'articolo che recitava: "Fino all'attuazione del registro delle imprese l'iscrizione dei contratti di consorzio prevista dall'articolo 2612 del codice deve essere eseguita nel registro delle società presso la cancelleria del tribunale nella cui circoscrizione ha sede l'ufficio, e pubblicata nel foglio degli annunzi legali. Per le modalità dell'iscrizione si osservano le norme stabilite per le società in quanto applicabili. Al commissario governativo, nominato dall'autorità governativa in sostituzione degli organi del consorzio a norma dell'articolo 2619 del codice, si applica l'articolo 106 di queste disposizioni." è stato abrogato dall'art. 111-sexies delle disposizioni per l'attuazione del codice civile, aggiunto dall'art. 9, D.Lgs. 17 gennaio 2003, n. 6.

Art. 109. (1)

(...)

(1) L'articolo che recitava: "Per le società per azioni soggette al R.D.L. 25 ottobre 1941, n. 1148 e per la durata di tale decreto, non si applicano le disposizioni del libro V del codice relative alle azioni al portatore." è stato abrogato dall'art. 111-sexies delle disposizioni per l'attuazione del codice civile, aggiunto dall'art. 9, D.Lgs. 17 gennaio 2003, n. 6.

Art. 110.

La competenza dell'autorità governativa nell'esercizio dei poteri ad essa demandati dal libro V del codice è determinata dalle leggi speciali.

Art. 111.

Le norme per l'attuazione delle disposizioni contenute nelle sezioni III e IV del capo II del titolo X del libro V del codice saranno emanate con decreto del Presidente della Repubblica. (1)

Fino all'entrata in vigore di tale decreto la disciplina dei consorzi obbligatori e i controlli dell'autorità governativa sui consorzi volontari continuano ad essere regolati dalle leggi anteriori.

(1) Testo così modificato a seguito della mutata forma istituzionale dello Stato.

Art. 111-bis. (1)

La misura rilevante di cui all'articolo 2325-bis del codice è quella stabilita a norma dell'articolo 116 del decreto legislativo 24 febbraio 1998, n. 58. Nel caso previsto dall'articolo 2409-bis, secondo comma, del codice, si applicano alla società di revisione le disposizioni degli articoli 155, comma 2, 162, commi 1 e 2, 163, commi 1 e 4 del decreto legislativo n. 58 del 1998. (2)

Ai fini di cui all'articolo 2343-ter, per valori mobiliari e strumenti del mercato monetario si intendono quelli di cui all'articolo 1, commi 1-bis e 1-ter, del testo unico delle disposizioni in materia di intermediazione finanziaria, di cui al decreto legislativo 24 febbraio 1998, n. 58. (3)

(1) Articolo aggiunto dall'art. 9, D.Lgs. 17 gennaio 2003, n. 6.
(2) Il comma che recitava: "La misura rilevante di cui all'articolo 2325-bis del codice è quella stabilita a norma dell'articolo 116 del decreto legislativo 24 febbraio 1998, n. 58, e risultante alla data del 1° gennaio 2004. Nel caso previsto dall'articolo 2409-bis, secondo comma, del codice, si applicano alla società di revisione le disposizioni degli articoli 155, comma 2, 162, commi 1 e 2, 163, commi 1 e 4 del decreto legislativo n. 58 del 1998." è stato così modificato dall'art. 3, D.Lgs. 11 ottobre 2012, n. 184.
(3) Comma aggiunto dall'art. 2, D.Lgs. 4 agosto 2008, n. 142.

Art. 111-ter. (1)

Chi richiede l'iscrizione presso il registro delle imprese dell'atto costitutivo di una società deve indicarne nella domanda l'indirizzo, comprensivo della via e del numero civico, ove è posta la sua sede. In caso di successiva modificazione
di tale indirizzo gli amministratori ne depositano apposita dichiarazione presso il registro delle imprese.

(1) Articolo aggiunto dall'art. 9, D.Lgs. 17 gennaio 2003, n. 6.

Art. 111-quater. (1)

La società di revisione di cui all'articolo 2447-ter del codice è scelta tra quelle iscritte nell'albo speciale delle società di revisione tenuto dalla Commissione nazionale per le società e la borsa a norma delle leggi speciali.

(1) L'articolo che recitava: "La società di revisione di cui all'articolo 2447-ter del codice è scelta tra quelle iscritte nell'albo speciale delle società di revisione tenuto dalla Commissione nazionale per le società e la borsa a norma delle leggi speciali; essa non può essere una persona fisica." è stato aggiunto dall'art. 9, D.Lgs. 17 gennaio 2003, n. 6 e successivamente modificato dall'art. 5, D.Lgs. 6 febbraio 2004, n. 37.

Art. 111-quinquies. (1)

(...)

(1) Articolo aggiunto dall'art. 9, D.Lgs. 17 gennaio 2003, n. 6 che sostituisce l'art. 2632 del codice civile.

Art. 111-sexies. (1)

Gli articoli 100, 101, 108 e 109 sono abrogati.

(1) Articolo aggiunto dall'art. 9, D.Lgs. 17 gennaio 2003, n. 6.

Art. 111-septies. (1)

Le cooperative sociali che rispettino le norme di cui alla legge 8 novembre 1991, n. 381, sono considerate, indipendentemente dai requisiti di cui all'articolo
2513 del codice, cooperative a mutualità prevalente. Le cooperative agricole che esercitano le attività di cui all'articolo 2135 del codice sono considerate cooperative a mutualità prevalente se soddisfano le condizioni di cui al terzo comma dell'articolo 2513 del codice. Le piccole società cooperative
costituite ai sensi della legge 7 agosto 1997, n. 266, nel termine previsto all'articolo 223-duodecies del codice devono trasformarsi nella società cooperativa disciplinata dall'articolo 2522 del codice.

(1) Articolo aggiunto dall'art. 9, D.Lgs. 17 gennaio 2003, n. 6.

Art. 111-octies. (1)

Sono investitori istituzionali destinati alle società cooperative quelli costituiti ai sensi della legge 25 febbraio 1985, n. 49, i fondi mutualistici e i fondi pensione costituiti da società cooperative.

(1) Articolo aggiunto dall'art. 9, D.Lgs. 17 gennaio 2003, n. 6.

Art. 111-nonies. (1)

Le società di revisione di cui al secondo comma dell'articolo 2545-octies del codice sono quelle di cui al decreto legislativo 27 gennaio 1992, n. 88.

(1) Articolo aggiunto, dall'art. 9, D.Lgs. 17 gennaio 2003, n. 6.

Art. 111-decies. (1)

Ferma restando la natura indivisibile delle riserve accantonate, non rilevano ai fini dell'obbligo di devoluzione previsto dall'articolo 17 della legge 23 dicembre
2000, n. 388, la modificazione delle clausole previste dall'articolo 26 del decreto legislativo Capo provvisorio dello Stato 14 dicembre 1947, n. 1577, ovvero la decadenza dai benefici fiscali per effetto della perdita del requisito della prevalenza come disciplinato dagli articoli 2512 e 2513 del codice.

Gli amministratori devono, tuttavia, redigere un bilancio ai sensi dell'articolo 2545-octies del codice.

(1) Articolo aggiunto dall'art. 9, D.Lgs. 17 gennaio 2003, n. 6.

Art. 111-undecies. (1)

Il Ministro delle attività produttive, di concerto con il Ministro dell'economia e delle finanze, stabilisce, con proprio decreto, regimi derogatori al requisito della prevalenza, così come definiti dall'articolo 2513 del codice, in relazione alla struttura dell'impresa e del mercato in cui le cooperative operano, a specifiche disposizioni normative cui le cooperative devono uniformarsi e alla circostanza che la realizzazione del bene destinato allo scambio mutualistico richieda il decorso di un periodo di tempo superiore all'anno di esercizio.

(1) Articolo aggiunto dall'art. 9, D.Lgs. 17 gennaio 2003, n. 6.

Art. 111-duodecies. (1)

Qualora tutti i loro soci illimitatamente responsabili, di cui all'articolo 2361, comma secondo, del codice, siano società per azioni, in accomandita per azioni o società a responsabilità limitata, le società in nome collettivo o in accomandita semplice devono redigere il bilancio secondo le norme previste per le società per azioni; esse devono inoltre redigere e pubblicare il bilancio consolidato come disciplinato dall'articolo 26 del decreto legislativo 9 aprile 1991, n. 127, ed in presenza dei presupposti ivi previsti.

(1) Articolo aggiunto dall'art. 9, D.Lgs. 17 gennaio 2003, n. 6.

Art. 111-terdecies. (1)

La deliberazione prevista dal secondo comma dell'articolo 2446 del codice è verbalizzata ed iscritta nel registro delle imprese a norma dell'articolo 2436 del codice.

(1) Articolo aggiunto dall'art. 9, D.Lgs. 17 gennaio 2003, n. 6 come modificato dall'art. 5, D.Lgs. 6 febbraio 2004, n. 37.

Art. 111-quaterdecies. (1)

La durata del primo incarico di controllo contabile può coincidere con quello di revisione affidato alla stessa società.

(1) Articolo aggiunto dall'art. 35, D.Lgs. 28 dicembre 2004, n. 310.

SEZIONE VI - Disposizioni relative al libro VI

Art. 112. (1)

(...)

(1) L'articolo che recitava: "All'applicazione della pena pecuniaria stabilita dall'articolo 2682 del codice provvede con decreto motivato il tribunale in camera di consiglio sentiti il conservatore e il pubblico ministero.
Contro il provvedimento del tribunale è ammesso reclamo alla corte d'appello, nel termine di dieci giorni dalla notificazione, da eseguirsi a cura del cancelliere.
Le stesse disposizioni si osservano per l'applicazione della pena pecuniaria stabilita dall'articolo 2833 del codice. In questo caso devono essere sentite, oltre il pubblico ministero, le persone che non hanno adempiuto all'obbligo di richiedere l'iscrizione."
è stato abrogato dall'art. 2, L. 21 gennaio 1983, n. 22.

Art. 113.

Il reclamo menzionato nell'articolo 2888 del codice si propone al tribunale, il quale provvede con decreto motivato in camera di consiglio, sentiti il conservatore
e il pubblico ministero.
Contro il provvedimento che non accoglie la domanda il richiedente può proporre reclamo alla corte d'appello.
Il tribunale o la corte può ordinare che la domanda di cancellazione sia proposta
nelle forme ordinarie in contraddittorio delle persone che ritiene abbiano interesse contrario alla cancellazione medesima.

Art. 113-bis. (1)

Il conservatore, nel caso in cui non riceva i titoli e le note ai sensi dell'articolo 2674 del codice, indica sulle note i motivi del rifiuto e restituisce uno degli originali alla parte richiedente. La parte può avvalersi del procedimento stabilito nell'articolo 745 del codice di procedura civile.
Dello stesso procedimento la parte può avvalersi per il ritardo nel rilascio di certificati o di copie.
Il pubblico ministero comunica al Ministero di grazia e giustizia e al Ministero delle finanze la decisione adottata.

(1) Articolo aggiunto dall'art. 6, L. 27 febbraio 1985, n. 52.

Art. 113-ter. (1)

Il reclamo previsto nell'articolo 2674-bis del codice si propone con ricorso, entro il termine perentorio di trenta giorni dalla esecuzione della formalità, davanti al tribunale nella cui circoscrizione è stabilita la conservatoria; entro lo stesso termine il ricorso deve essere notificato al conservatore, a pena di improcedibilità.
Il tribunale provvede in camera di consiglio, con decreto motivato, immediatamente
esecutivo, sentiti il pubblico ministero, il conservatore e le parti interessate.
Contro il provvedimento del tribunale è consentito reclamo alla corte d'appello, con ricorso notificato, a pena di improcedibilità, anche al conservatore.
A margine della formalità eseguita con riserva il conservatore annota la proposizione del reclamo, il decreto immediatamente esecutivo del tribunale e il decreto definitivo.
Quando il reclamo non è proposto o è rigettato definitivamente, la formalità perde ogni effetto.

(1) Articolo aggiunto dall'art. 8, L. 27 febbraio 1985, n. 52.

CAPO II - DISPOSIZIONI TRANSITORIE

SEZIONE I - Disposizioni relative al libro I

Art. 114.

La pronunzia di immissione nel possesso definitivo dei beni dell'assente, emessa a termini degli articoli 36 e 38 del codice del 1865, equivale a tutti gli effetti alla dichiarazione di morte presunta prevista nell'articolo 58 del nuovo codice.
Fino al 30 giugno 1942 non può essere dichiarata la morte presunta nell'ipotesi prevista nell'articolo 58 del nuovo codice, se non quando concorrono le condizioni indicate negli articoli 36 e 38 del codice 1865 per la pronunzia di immissione definitiva nei beni dell'assente.

Art. 115.

Il termine di tre mesi, previsto nel secondo comma dell'art. 14, L. 27 maggio 1929, n. 847, (1) è ridotto a un mese.
Il capo primo della legge suddetta è abrogato.

Art. 116.

L'impugnazione prevista nell'articolo 123, primo comma, del codice non può essere proposta dal coniuge impotente per i matrimoni anteriori al 1 luglio 1939.
I matrimoni che sono stati celebrati anteriormente al 1 luglio 1939 davanti ad un ufficiale dello stato civile incompetente o senza la presenza dei testimoni

non si possono più impugnare.

Art. 117.

Se il matrimonio è stato annullato prima dell'1 luglio 1939 ed è stata riconosciuta
la mala fede di entrambi i coniugi, i figli nati o concepiti durante il matrimonio possono acquistare lo stato di figli (1) riconosciuti ai sensi dell'articolo 128, ultimo comma, del codice con effetto dal giorno della domanda
giudiziale proposta in contraddittorio dei genitori o dei loro eredi.

(1) L'art. 1, L. 10 dicembre 2012, n. 219, ha disposto che nel codice civile le parole: "figli legittimi" e "figli naturali", ovunque ricorrano, siano sostituite dalla parola: "figli".

Art. 118.

Gli atti di costituzione di dote aventi per oggetto beni futuri, stipulati prima dell'1 luglio 1939, conservano la loro efficacia anche rispetto ai beni che pervengono alla moglie dopo tale data.

Art. 119.

I lucri dotali in favore del coniuge sopravvivente, stipulati prima dell'1 luglio 1939, conservano la loro efficacia.

Conservano parimenti la loro efficacia le ipoteche iscritte a garanzia dei lucri medesimi.

Art. 120.

L'azione di disconoscimento di paternità è soggetta ai termini e alle cause di decadenza previsti nel nuovo codice, anche quando si tratta di impugnare la legittimità di figli nati prima dall'entrata in vigore dello stesso codice, sempre che l'azione non sia già estinta a norma delle disposizioni del codice del 1865.

Art. 121.

Le azioni di reclamo di stato di figlio, (1) spettanti agli eredi che non siano discendenti del figlio a norma dell'articolo 178 del codice del 1865, possono essere continuate quando la domanda è stata proposta prima dell'1 luglio 1939.

(1) L'art. 1, L. 10 dicembre 2012, n. 219, ha disposto che nel codice civile, le parole: "figli legittimi" e "figli naturali", ovunque ricorrano, siano sostituite dalla parola: "figli".

Art. 122.

Le disposizioni del codice relative al riconoscimento dei figli (1) si applicano anche ai figli nati o concepiti prima dell'1 luglio 1939.

Il riconoscimento di figli naturali, compiuto prima di tale data fuori dei casi in cui era ammesso secondo le leggi anteriori, non può essere annullato, se al momento in cui fu fatto concorrevano le condizioni per cui sarebbe ammissibile
secondo le disposizioni del codice.

Tale riconoscimento vale anche agli effetti delle successioni aperte prima dell'1 luglio 1939, purché i diritti successori del figlio non siano stati esclusi con sentenza passata in giudicato o non sia intervenuta transazione tra le parti interessate o non siano trascorsi tre anni dall'apertura della successione senza che il figlio abbia fatto valere alcuna ragione ereditaria sui beni della successione.

(1) L'art. 1, L. 10 dicembre 2012, n. 219, ha disposto che nel codice civile, le parole: "figli legittimi" e "figli naturali", ovunque ricorrano, siano sostituite dalla parola: "figli".

Art. 123.

L'azione per la dichiarazione giudiziale di paternità può essere proposta dai figli nati prima dell'1 luglio 1939 solo nel caso in cui ricorrono le condizioni previste dall'articolo 189 del codice del 1865. L'azione può essere proposta, sempre che ricorrano tali condizioni, anche dai figli adulterini per i quali è ammessa dall'articolo 278 del nuovo codice. (1)

I figli naturali che si trovano nelle condizioni previste nei numeri 1 e 4 dell'articolo 269 del codice, ma che non possono ottenere la dichiarazione giudiziale di paternità perché nati prima dell'1 luglio 1939, possono agire soltanto per ottenere gli alimenti. (1)

Nei casi in cui l'azione per la dichiarazione giudiziale di paternità è ammessa secondo le norme del codice del 1865, essa è soggetta al termine stabilito dall'articolo 271 del nuovo codice.

Le disposizioni del codice relative alle forme dei giudizi per la dichiarazione giudiziale di paternità o di maternità naturale si applicano anche ai figli nati o concepiti prima dell'1 luglio 1939.

I giudizi relativi alla dichiarazione di paternità o di maternità (2) proposti prima dell'1 luglio 1939 non possono essere proseguiti se non è intervenuto il decreto contemplato dall'articolo 274 del codice stesso, salvo il caso che si sia già ottenuta una sentenza anche se interlocutoria.

*(1) La Corte costituzionale, con sentenza 7-16 febbraio 1963, n. 7 ha dichiarato l'illegittimità
istituzionale del co. 1, e, in conseguenza, l'illegittimità costituzionale del
secondo comma dell'art. 123 e del secondo comma dell'art. 136 delle disposizioni transitorie.*

(2) L'art. 1, L. 10 dicembre 2012, n. 219, ha disposto che nel codice civile, le parole: "figli legittimi" e "figli naturali", ovunque ricorrano, siano sostituite dalla parola: "figli".

Art. 124.

La disposizione dell'articolo 286 del codice è applicabile anche per la legittimazione
dei figli, (1) i cui genitori sono morti prima dell'1 luglio 1939.

(1) L'art. 1, L. 10 dicembre 2012, n. 219, ha disposto che nel codice civile, le parole: "figli legittimi" e "figli naturali", ovunque ricorrano, siano sostituite dalla parola: "figli".

Art. 125.

La disposizione dell'articolo 287 del codice è applicabile anche ai casi in cui era ammessa, secondo le leggi anteriori, la celebrazione del matrimonio per procura.

Art. 126.

La disposizione del secondo comma dell'articolo 293 del nuovo codice è applicabile anche alle adozioni costituite prima dell'1 luglio 1939, a meno che siano state già impugnate ai sensi dell'articolo 205 del codice del 1865.

Art. 127.

Le disposizioni del codice sulla revoca dell'adozione si applicano anche alle adozioni costituite prima dell'1 luglio 1939.

Art. 128. (1)

(...)

(1) L'articolo che recitava: "Se l'ipotesi prevista dall'articolo 342 del codice si è verificata prima dell'1 luglio 1939, il tribunale, su istanza del figlio medesimo o dei parenti o del pubblico ministero, può privare il genitore della patria potestà sui figli, quando risulta che egli impartisce ad essi una educazione non corrispondente ai fini nazionali, e può provvedere in conformità all'articolo 342 del codice." deve ritenersi abrogato per effetto dell'abrogazione dell'art. 342, con l'art. 3, D.Lgs.Lgt. 14 settembre 1944, n. 287.

Art. 129.

Le norme del codice in materia di tutela e di curatela si applicano anche alle tutele e alle curatele che si sono aperte prima dell'1 luglio 1939.

Tuttavia i tutori, i protutori e i curatori già nominati conservano l'ufficio, salve le disposizioni degli articoli 383, 384, e 393 del codice, e sempre che non ricorrano cause d'incapacità previste dal codice stesso.

Art. 130.

La disposizione dell'articolo 428 del codice è applicabile anche se gli atti in essa contemplati sono stati compiuti prima dell'1 luglio 1939.

Art. 131.

Le ipoteche legali sui beni del tutore iscritte a norma degli articoli 292, 293 e 1969, n. 3, del codice del 1865 possono essere cancellate quando il tutore ne fa istanza al giudice tutelare, il quale, se ordina la cancellazione, provvede secondo l'articolo 381 del nuovo codice.

SEZIONE II - Disposizioni relative al libro II

Art. 132.

L'erede col beneficio d'inventario può promuovere la procedura di liquidazione ai sensi dell'articolo 503 del codice anche se l'accettazione è stata fatta prima del 21 aprile 1940.

Art. 133.

La rinuncia all'eredità o al legato, fatta dopo il 21 aprile 1940, produce tutti gli effetti previsti dal codice, ancorché si tratti di successione apertasi anteriormente a quella data.

Art. 134.

La disposizione dell'articolo 528 del codice è applicabile anche per le successioni apertesi prima del 21 aprile 1940, se il chiamato non ha ancora accettato e non è nel possesso di beni ereditari.

L'obbligo del curatore di procedere alla liquidazione dell'eredità giacente incombe anche sui curatori già nominati, se, in caso di opposizione dei creditori o legatari, il pretore ritiene opportuno disporre la liquidazione.

Art. 135.

Le norme sulla riduzione delle donazioni sono applicabili anche alle donazioni fatte anteriormente al 21 aprile 1940, purché la successione si sia aperta dopo. Tali donazioni sono soggette a riduzione, avuto riguardo alla misura dei diritti riservati ai legittimari stabilita dal codice.

La medesima disposizione si applica per le regole stabilite dal codice sulla collazione sull'imputazione e sulla riunione fittizia.

Tuttavia per le donazioni di beni mobili fatte anteriormente al 21 aprile 1940, si tiene conto del valore risultante dalla stima annessa all'atto di donazione.

Art. 136.

Le disposizioni degli articoli 580 e 594 del codice si applicano anche alle successioni apertesi prima del 21 aprile 1940, se i diritti dei figli (1) non riconoscibili o non riconosciuti non sono stati definiti con sentenza passata in giudicato o mediante convenzione.

Possono inoltre valersi delle disposizioni degli articoli 580 e 594 i figli (1) che si trovano nelle condizioni previste dai numeri 1 e 4 dell'articolo 269 del codice, ma che non possono ottenere la dichiarazione giudiziale di paternità perché nati anteriormente all'1 luglio 1939. (2)

I figli (1) indicati dal comma precedente hanno facoltà di chiedere l'assegno vitalizio anche per le successioni già aperte, ma non oltre cinque anni prima del 21 aprile 1940; l'assegno in questo caso deve essere calcolato con riguardo allo stato e al valore che i beni ereditari avevano a tale data.

(1) L'art. 1, L. 10 dicembre 2012, n. 219, ha disposto che nel codice civile, le parole: "figli legittimi" e "figli naturali", ovunque ricorrano, siano sostituite dalla parola: "figli".
(2) La Corte costituzionale, con sentenza 7-16 febbraio 1963, n. 7 ha dichiarato l'illegittimità istituzionale dell'art. 123, co. 1 e, in conseguenza, l'illegittimità costituzionale del secondo comma del presente articolo.

Art. 137.

Non possono essere promosse né proseguite azioni per la dichiarazione di nullità, per vizio di forma, per incapacità a ricevere o per altre cause, di disposizioni testamentarie e di donazioni che sono valide secondo il codice. La nullità ammessa anche da questo non può essere pronunziata se non nei limiti da esso previsti.

Art. 138.

Le condizioni di vedovanza ammesse dall'ultimo comma dell'articolo 850 del codice del 1865, relative alle successioni apertesi prima del 21 aprile 1940, conservano la loro efficacia.

Art. 139.

I diritti derivanti da una disposizione testamentaria sotto condizione sospensiva si trasmettono agli eredi dell'onorato, se questi muore dopo il 21 aprile 1940 senza che la condizione si sia verificata.

Art. 140.

Ancorché la divisione sia stata già effettuata, si applica la norma dell'articolo 759 del codice, se l'evizione ha luogo dopo il 21 aprile 1940.

Art. 141.

Le norme sulla revocazione per ingratitudine sono applicabili alle donazioni anteriori, se la causa di revocazione si è verificata dopo il 21 aprile 1940.

Tuttavia la norma del secondo comma dell'articolo 802 del codice è applicabile anche se la causa di revocazione è anteriore.

SEZIONE III - Disposizioni relative al libro III

Art. 142. (1)
(...)

(1) L'articolo che recitava: "Le enfiteusi costituite sotto le leggi anteriori sono regolate dalle leggi medesime, salvo quanto è disposto negli articoli seguenti." è stato abrogato dall'art. 18, L. 22 luglio 1966, n. 607.

Art. 143. (1)
(...)

(1) L'articolo che recitava: "Alle enfiteusi, che secondo le leggi del tempo in cui furono costituite importano l'indivisibilità degli obblighi da parte degli enfiteuti anche nel caso di divisione del fondo, la disposizione del secondo comma dell'articolo 961 del codice si applica solo quando, seguita la divisione, il godimento del fondo e il pagamento

del canone sono avvenuti separatamente per la durata di un decennio." è stato abrogato dall'art. 18, L. 22 luglio 1966, n. 607, in materia di enfiteusi e prestazioni fondiarie perpetue.

Art. 144. (1)
(...)

(1) L'articolo che recitava: "Per le enfiteusi costituite anteriormente al 28 ottobre 1941 la revisione del canone a norma dell'articolo 962 del codice non può essere chiesta se non trascorso un triennio dalla data anzidetta. In ogni caso, il nuovo canone non può, per effetto della prima revisione, essere superiore al doppio né inferiore alla metà del canone precedente.

Per determinare la differenza di valore ai fini della revisione del canone, si considera come valore iniziale quello che il fondo aveva al 21 agosto 1923, se l'enfiteusi è stata costituita anteriormente all'1 gennaio 1919.

Qualora prima del decorso del triennio dal 28 ottobre 1941 sia proposta domanda di affrancazione, si procede, agli effetti della determinazione del prezzo dell'affrancazione stessa, alla revisione del canone, in conformità del primo comma del presente articolo." è stato abrogato dall'art. 18, L. 22 luglio 1966, n. 607.

Art. 145. (1)
(...)

(1) L'articolo che recitava: "Sono aboliti dal 28 ottobre 1941 i laudemi di qualsiasi specie, che per convenzione, per legge o per consuetudine siano dovuti nelle enfiteusi costituite anteriormente all'1 gennaio 1866, ma il concedente può chiedere che il canone sia aumentato di una somma pari alla trentesima parte del laudemio.

Se il titolo costitutivo, la legge o la consuetudine prevedono il pagamento di più laudemi di specie diversa, si ha riguardo, agli effetti dell'aumento del canone, al laudemio di maggiore importo.

Per la determinazione del laudemio si applica il secondo comma dell'articolo 11 della legge 11 giugno 1925, n. 998." è stato abrogato dall'art. 18, L. 22 luglio 1966, n. 607.

Art. 146. (1)
(...)

(1) L'articolo che recitava: "Qualora il canone sia stato aumentato a norma dell'articolo precedente, non si aggiunge al prezzo di affrancazione l'indennità stabilita dal primo comma dell'articolo 11 della legge 11 giugno 1925, n. 998." è stato abrogato dall'art. 18, L. 22 luglio 1966, n. 607.

Art. 147. (1)
(...)

(1) L'articolo che recitava: "La revisione ai sensi dell'articolo 144 può essere chiesta anche nel caso in cui il canone sia stato aumentato in conformità del primo comma dell'articolo 145, ma nella revisione si deve tener conto dell'aumento già disposto." è stato abrogato dall'art. 18, L. 22 luglio 1966, n. 607.

Art. 148. (1)
(...)

(1) L'articolo che recitava: "Quando, secondo la legge del tempo in cui l'enfiteusi è stata costituita, al concedente spetta la prelazione in caso di vendita del diritto dell'enfiteuta, si applicano le disposizioni dell'articolo 966 del codice." è stato abrogato dall'art. 18, L. 22 luglio 1966, n. 607.

Art. 149. (1)
(...)

(1) L'articolo che recitava: "Alle enfiteusi costituite sotto le leggi anteriori si applicano altresì le disposizioni del n. 2 e del secondo comma dell'articolo 972, nonché quelle degli articoli 973 e 974 del codice." è stato abrogato dall'art. 18, L. 22 luglio 1966, n. 607.

Art. 150.
Per l'acquisto dei frutti al termine dell'usufrutto se questo ha avuto inizio anteriormente al 28 ottobre 1941, si osserva il disposto dell'articolo 480 del codice del 1865.

Art. 151.
Le disposizioni dell'articolo 999 del codice si applicano anche alle locazioni concluse dall'usufruttuario anteriormente al 28 ottobre 1941.

Art. 152.
Il diritto di ritenzione ammesso dagli articoli 1006 e 1011 del codice spetta all'usufruttuario anche per le somme a lui dovute in dipendenza di anticipazioni effettuate prima del 28 ottobre 1941.

Art. 153.
La disposizione dell'articolo 1023 del codice si applica anche ai diritti di uso e di abitazione costituiti prima del 28 ottobre 1941.

Art. 154.
Se l'interclusione del fondo si è verificata per effetto di vendita anteriore al 28 ottobre 1941, il compratore non è tenuto a dare il passaggio senza indennità.

Art. 155.
Le disposizioni concernenti la revisione dei regolamenti di condominio e la trascrizione di essi si applicano anche ai regolamenti formati prima del 28 ottobre 1941.

Cessano di avere effetto le disposizioni dei regolamenti di condominio che siano contrarie alle norme richiamate nell'ultimo comma dell'articolo 1138 del codice e nell'articolo 72 di queste disposizioni.

Art. 155-bis. (1)
L'assemblea, ai fini dell'adeguamento degli impianti non centralizzati di cui all'articolo 1122-bis, primo comma, del codice, già esistenti alla data di entrata in vigore del predetto articolo, adotta le necessarie prescrizioni con le maggioranze di cui all'articolo 1136, commi primo, secondo e terzo, del codice.

(1) Articolo aggiunto dall'art. 26, L. 11 dicembre 2012, n. 220, in vigore dal 17 giugno 2013.

Art. 156.
I condomini costituiti in forma di società cooperativa possono conservare tale forma di amministrazione.

Ai rapporti di condominio negli edifici di cooperative edilizie le quali godono del contributo dello Stato nel pagamento degli interessi sui mutui si applicano le disposizioni delle leggi speciali.

Art. 157.

Per i diritti spettanti al possessore, all'usufruttuario o all'enfiteuta a causa di riparazioni, di miglioramenti o di addizioni eseguite anteriormente al 28 ottobre 1941 si applicano le norme del codice del 1865, salvo quanto è stabilito dall'articolo 152 di queste disposizioni.

Art. 158.

Il termine per l'usucapione delle servitù discontinue apparenti comincia a decorrere dal 28 ottobre 1941.

La disposizione dell'articolo 1075 del codice si applica se la prescrizione del modo della servitù non si è compiuta prima del 28 ottobre 1941.

SEZIONE IV - Disposizioni relative al libro IV

Art. 159.

Il luogo in cui devono essere adempiute le obbligazioni che scadono dopo l'entrata in vigore del codice, si determina in conformità dell'articolo 1182 del codice stesso, anche se si tratta di obbligazioni sorte anteriormente.

Art. 160.

Le disposizioni del codice relative alla mora del creditore, all'inadempimento e alla mora del debitore si applicano anche se si tratta di obbligazione sorta prima dell'entrata in vigore del codice stesso, se l'offerta di pagamento sia stata compiuta ovvero l'inadempimento o la mora si sia verificato posteriormente.

Art. 161.

I crediti di somme di danaro che siano divenuti esigibili prima dell'entrata in vigore nel nuovo codice, producono, da questa data, interessi di pieno diritto, anche se tale effetto non si verificava secondo le disposizioni del codice del 1865.

Gli interessi legali che si maturano dopo la data predetta devono essere computati al saggio stabilito dall'articolo 1284 del nuovo codice.

Art. 162.

La disposizione dell'articolo 1283 del codice si applica anche se si tratta di obbligazioni sorte anteriormente all'entrata in vigore del codice stesso, quando gl'interessi sono dovuti per almeno sei mesi.

Art. 163.

Il giudice può ridurre la penale manifestamente eccessiva anche se il contratto sia stato concluso anteriormente all'entrata in vigore del codice e anche se il pagamento della penale sia stato giudizialmente domandato e il giudizio sia pendente alla data suddetta.

Art. 164.

Le disposizioni del secondo e terzo comma dell'articolo 1385 del codice si applicano anche se il contratto sia stato concluso anteriormente al giorno della entrata in vigore del codice stesso, e anche se a tale data sia stato già iniziato il giudizio e questo sia tuttora pendente.

Art. 165.

Gli effetti dell'annullamento o della risoluzione dei contratti rispetto ai terzi sono regolati dalle disposizioni del codice civile del 1865 se la domanda sia stata proposta anteriormente all'entrata in vigore del nuovo codice.

Art. 166.

Per le vendite immobiliari stipulate anteriormente all'entrata in vigore del codice, la rescissione a causa di lesione è regolata dalle disposizioni del codice del 1865.

Art. 167.

Le disposizioni dell'articolo 1462 del codice si applicano anche se la clausola ivi prevista sia inserita in un contratto stipulato prima del giorno dell'entrata in vigore del codice stesso, quando l'eccezione del debitore sia opposta dopo o, se proposta prima, il relativo giudizio sia ancora pendente alla data predetta.

Art. 168.

Le disposizioni relative agli effetti dell'eccessiva onerosità sopravvenuta si applicano anche per i contratti conclusi prima dell'entrata in vigore del codice se le circostanze e gli avvenimenti da cui deriva l'eccessiva onerosità si siano verificati dopo.

Art. 169.

Le disposizioni che regolano le conseguenze del sopravvenuto mutamento nelle condizioni patrimoniali del debitore si applicano anche quando si tratti di contratti anteriori all'entrata in vigore del codice, se il mutamento si avveri posteriormente.

Art. 170.

Le disposizioni del secondo comma dell'articolo 1473 del codice si applicano anche ai contratti di vendita conclusi anteriormente all'entrata in vigore del codice stesso, se il rifiuto o l'impedimento del terzo ad accettare l'incarico si verificano dopo.

Art. 171.

Le disposizioni degli articoli 1478, 1479 e 1480 del codice si applicano anche ai contratti di vendita conclusi anteriormente al giorno dell'entrata in vigore di esso, se a tale data non ne era stato domandato in giudizio l'annullamento.

Art. 172.

Le disposizioni che impongono la denuncia dei vizi o della mancanza di qualità della cosa venduta e stabiliscono i termini per farla, si applicano anche se il contratto sia stato concluso anteriormente all'entrata in vigore del codice, purché la consegna o il ricevimento della cosa abbiano avuto luogo posteriormente.

Art. 173.

Le disposizioni relative al riscatto convenzionale nel contratto di vendita, tranne quella del primo comma dell'articolo 1501, si applicano anche ai contratti conclusi anteriormente all'entrata in vigore del codice quando il diritto di riscatto venga esercitato posteriormente.

Art. 174.

Le disposizioni dell'articolo 1512 del codice si applicano ai contratti di vendita anteriori all'entrata in vigore di esso se il difetto di funzionamento sia scoperto posteriormente.

Art. 175.

Qualora secondo le leggi anteriori i contratti di vendita di cose mobili con riserva di proprietà fossero opponibili ai creditori o ai terzi aventi causa dal compratore indipendentemente dai requisiti prescritti dall'articolo 1524 del codice, le formalità relative, trattandosi di contratti conclusi anteriormente al giorno dell'entrata in vigore di esso, devono essere adempiute entro tre mesi dalla data medesima. In mancanza, la riserva di proprietà non può essere opposta ai creditori del compratore che abbiano pignorato la cosa e ai terzi aventi causa dal medesimo che abbiano acquistato diritti sulla cosa stessa posteriormente alla data anzidetta.

Art. 176.

Le disposizioni degli articoli 1525 e 1526 del codice si applicano ai contratti conclusi anteriormente al giorno dell'entrata in vigore di esso e anche se la risoluzione per inadempimento sia stata giudizialmente domandata e il giudizio sia tuttora pendente alla data suddetta.

Art. 177.

Le disposizioni degli articoli 1531, secondo comma, e 1550 secondo comma, del codice, relative all'esercizio del diritto di voto, si applicano anche ai contratti
di vendita a termine o di riporto di titoli di credito, che siano in corso
di esecuzione all'entrata in vigore del codice stesso.

Art. 178.

La prescrizione stabilita dall'articolo 1541 del codice si applica anche se si tratta di contratto di vendita anteriore alla data dell'entrata in vigore del codice stesso qualora la consegna dell'immobile sia stata eseguita posteriormente
e al momento della consegna non sia già decorso il termine stabilito dall'articolo 1478 del codice del 1865.

Art. 179.

I patti di preferenza previsti dall'articolo 1566 del codice che alla data dell'entrata in vigore di questo devono ancora durare oltre cinque anni, sono validi nei limiti di un quinquennio computabile da tale data.
Le modalità per l'esercizio del diritto di preferenza stabilite dal secondo comma dell'articolo 1566 predetto, si osservano se l'esercizio medesimo ha

luogo dopo l'entrata in vigore del codice, anche se il patto sia stato stipulato anteriormente.

Art. 180.

I rapporti di locazione in corso al giorno dell'entrata in vigore del nuovo codice sono regolati dal codice del 1865.
Tuttavia si applicano, con effetto da tale data, le disposizioni del nuovo codice dichiarate inderogabili, o che siano comunque di ordine pubblico, e
tutte le altre che regolano fatti o situazioni non previste specificamente dalla legge anteriore.

Art. 181.

Le disposizioni degli articoli 1665, 1666, 1667 e 1668 del codice si applicano anche per i contratti anteriori, se l'opera o singole partite di essa siano compiute o comunque alla loro consegna si addivenga dopo l'entrata in vigore del codice stesso.

Art. 182.

Le disposizioni dell'articolo 1694 e della seconda parte dell'articolo 1698 del codice si osservano anche se il contratto sia anteriore all'entrata in vigore del codice stesso.

Art. 183.

Le disposizioni degli articoli 1706 e 1707 del codice si applicano anche se il mandato sia stato conferito anteriormente all'entrata in vigore del codice stesso.

Art. 184.

Le cause di estinzione del mandato [c.c. 1722] sono regolate dal codice se si verificano dopo l'entrata in vigore di questo, anche se si tratta di mandato conferito anteriormente.

Art. 185.

La disposizione del secondo comma dell'articolo 1815 del codice si applica anche se il contratto di mutuo sia anteriore all'entrata in vigore del codice stesso.

Art. 186.

Il creditore di una rendita o di ogni altra prestazione annua costituita anteriormente
all'entrata in vigore del nuovo codice, può pretendere dal debitore
il rilascio di un nuovo documento secondo la disposizione dell'articolo 1870 del codice stesso, ma il termine di nove anni decorre dall'entrata in vigore di questo se non scada prima il termine di ventotto anni stabilito dall'articolo 2136 del codice del 1865.

Art. 187.

Le disposizioni degli articoli 1888, secondo comma e terzo comma, 1889, 1902, 1903, secondo comma, 1930 e 1931 del codice si applicano anche ai contratti in corso. Si applicano parimenti ai contratti suddetti le disposizioni degli articoli 1897, 1898 e 1926, quando le modificazioni del rischio da esse previste si verificano dopo l'entrata in vigore del codice, la disposizione del secondo comma dell'articolo 1899, se la proroga tacita non è già avvenuta anteriormente all'entrata in vigore medesima, le disposizioni dell'articolo 1901 relativamente ai premi che scadono dopo l'entrata in vigore medesima, le disposizioni degli articoli 1914, secondo comma, e 1915, secondo comma, per i sinistri verificatisi dopo l'entrata in vigore medesima.

Art. 188.

Le disposizioni dell'articolo 1921 del codice si applicano alle dichiarazioni di revoca posteriori all'entrata in vigore di esso, anche se il contratto di assicurazione
sia stato concluso anteriormente.

Qualora i fatti che producono la decadenza del beneficiario o che autorizzano la revoca del beneficio si siano verificati dopo l'entrata in vigore predetta, si applicano le disposizioni dell'articolo 1922 del codice, anche se il contratto di assicurazione sia anteriore.

Art. 189.

Le disposizioni del primo comma dell'articolo 1943 del codice si osservano quando la presentazione del fideiussore avviene posteriormente all'entrata in vigore del codice stesso, anche se l'obbligazione di dare un fideiussore sia sorta anteriormente.

La disposizione del precedente comma non si applica se l'obbligazione di dare un fideiussore deriva da un contratto.

Art. 190.

La disposizione dell'articolo 1957 del codice si applica anche alle fideiussioni anteriori all'entrata in vigore del codice stesso se l'obbligazione principale scade dopo.

Se l'obbligazione è già scaduta, il termine di sei mesi stabilito dal primo comma dell'articolo 1957 decorre dall'entrata in vigore suddetta.

Art. 191.

La disposizione del secondo comma dell'articolo 1962 del codice si applica anche ai contratti di anticresi anteriori, ma il termine di dieci anni decorre dall'entrata in vigore del codice stesso.

Art. 192.

Il debitore può valersi della facoltà accordatagli dall'articolo 1964 del codice, anche se il contratto di anticresi sia anteriore all'entrata in vigore del codice stesso.

Art. 193.

Le disposizioni degli articoli 1979, 1980, 1982, 1983, 1984 e 1985 del codice si applicano anche ai contratti di cessione dei beni ai creditori, conclusi anteriormente
all'entrata in vigore di esso.

Art. 194.

Le disposizioni degli articoli 2045, 2057 e 2058 del codice si applicano anche se i fatti da cui deriva la responsabilità del loro autore sono avvenuti anteriormente
all'entrata in vigore del codice stesso.

SEZIONE V - Disposizioni relative al libro V

Art. 195.

Le disposizioni contenute nelle sezioni III e IV del capo I del titolo II del libro V del codice e quelle contenute nelle sezioni II, III, IV e V del capo II dello stesso titolo si applicano anche ai rapporti in corso al momento dell'entrata in vigore del codice, salvo quanto è stabilito negli articoli seguenti.

Art. 196.

Nei contratti di lavoro a tempo determinato in corso al giorno dell'entrata in vigore del codice, che devono ancora durare per un periodo superiore a quello indicato dall'ultimo comma dell'articolo 2097 del codice stesso, il prestatore di lavoro può recedere dal contratto, decorso il quinquennio o il decennio dal giorno suddetto.

Art. 197.

Le rinunzie e le transazioni successive alla cessazione del rapporto di lavoro previste dall'articolo 2113 del codice, che hanno avuto luogo nei tre mesi anteriori all'entrata in vigore del codice, sono impugnabili a norma dell'articolo medesimo, e il termine per l'impugnazione decorre dalla data predetta.

Art. 198.

I patti di non concorrenza previsti dall'articolo 2125 del codice, che al giorno dell'entrata in vigore del codice devono ancora durare per un periodo superiore a quello stabilito nell'articolo stesso, sono efficaci per il periodo previsto nella detta disposizione a decorrere dalla data predetta.

Art. 199.

L'inabilitato, che al giorno dell'entrata in vigore del codice esercita un'impresa commerciale, non può continuarla se non con l'autorizzazione prevista dall'articolo 425 del codice stesso. Questa autorizzazione produce effetto fino dal detto giorno qualora sia pubblicata, secondo le nuove disposizioni, entro tre mesi successivi.

Art. 200.

Le disposizioni del codice, relative alla tenuta delle scritture contabili e alla redazione del bilancio per gli imprenditori che esercitano un'attività commerciale
e per le società soggette a registrazione, entreranno in vigore l'1 gennaio 1943.

Fino a tale data le scritture contabili si considerano regolarmente tenute a tutti gli effetti previsti dal codice in quanto siano regolarmente tenute secondo le leggi anteriori.

Fino all'attuazione delle disposizioni relative al registro delle imprese, la numerazione, la bollatura e la vidimazione dei libri contabili prescritte dal codice saranno eseguite dal cancelliere del tribunale o della pretura, (1) o da un notaio secondo le leggi anteriori, e le relative richieste dovranno essere annotate nel registro dei libri di commercio istituito presso la cancelleria del tribunale a norma delle leggi anteriori.

(1) L'ufficio del pretore è stato soppresso dal D.Lgs. 19 febbraio 1998, n. 51.

Art. 201.

Ai contratti d'opera, stipulati prima dell'entrata in vigore del codice non si applica la decadenza prevista nel secondo comma dell'articolo 2226 del codice, salvo che la consegna dell'opera avvenga posteriormente all'entrata in vigore del codice stesso.

Art. 202.

Le disposizioni contenute nel capo II del titolo III del libro V del codice si applicano anche ai rapporti di prestazione d'opera intellettuale in corso al giorno dell'entrata in vigore del codice stesso, salva l'osservanza delle leggi speciali.

Art. 203.

Le disposizioni contenute nel capo II del titolo IV del libro V del codice si applicano anche ai rapporti di lavoro domestico in corso al giorno dell'entrata in vigore del codice stesso.

Art. 204.

Le società civili a tempo determinato, esistenti al giorno dell'entrata in vigore del codice, continuano ad essere soggette alle leggi anteriori per la durata del contratto, purché questa risulti da atto scritto di data anteriore al 27 febbraio 1942.

Le società civili a tempo indeterminato e quelle, il cui termine di durata non risulta da atto scritto di data anteriore al 27 febbraio 1942, sono soggette alle norme del codice sulle società semplici a partire dall'1 luglio 1945. Tuttavia
anche dopo tale data le obbligazioni sociali sorte antecedentemente alla data suddetta sono regolate dalle disposizioni delle leggi anteriori.

Alle società civili costituite in forma di società per azioni, esistenti al giorno dell'entrata in vigore del codice, si applicano le disposizioni relative a questo tipo di società.

Art. 205.

Le società commerciali e le società cooperative, esistenti al giorno dell'entrata

in vigore del codice, ma non legalmente costituite secondo le leggi
anteriori, devono adempiere, entro il 31 dicembre 1942, le formalità stabilite
dal codice secondo le norme dettate dall'articolo 100 di queste disposizioni.

Art. 206.

Le società commerciali e le società cooperative, legalmente costituite al
giorno dell'entrata in vigore del codice, devono provvedere ad uniformare
l'atto costitutivo e lo statuto alle nuove disposizioni entro il 30 giugno 1945.
Fino a questa data le disposizioni dell'atto costitutivo e dello statuto, in vigore
al momento dell'attuazione del codice, conservano la loro efficacia,
anche se non sono a questo conformi, salve le norme degli articoli seguenti.

Art. 207.

Non è necessario il consenso del socio receduto o degli eredi del socio defunto,
richiesto dal secondo comma dell'articolo 2292 del codice, se il socio
è receduto o defunto almeno un anno prima dell'entrata in vigore del codice
stesso, ed il suo nome è stato conservato nella ragione sociale senza
opposizione
del socio receduto o degli eredi del socio defunto.

Art. 208.

L'incapace, che sia socio di una società in nome collettivo o socio
accomandatario
di una società in accomandita, deve ottenere le autorizzazioni previste
dagli articoli 320, 371, 397, 424 e 425 del codice entro tre mesi dalla
entrata in vigore di questo.
Se entro tale termine non sono state ottenute le autorizzazioni prescritte,
l'incapace può essere escluso a norma dell'articolo 2286 del codice.

Art. 209.

Hanno immediata applicazione con l'entrata in vigore del codice, anche per
le società esistenti a tale data, nonostante ogni contraria disposizione
dell'atto costitutivo o dello statuto, gli articoli 2357 a 2362, 2367, 2373,
2377 a 2379, 2389, 2391 a 2396, 2398 a 2409, 2422 e 2446, nonché le
disposizioni
del titolo XI del libro V del codice.
Le società, che anteriormente al giorno dell'entrata in vigore del codice
hanno investito in tutto o in parte il proprio capitale in difformità delle
disposizioni
degli articoli 2359 e 2360, devono uniformarsi alle disposizioni
stesse entro il 30 giugno 1945.

Art. 210.

L'emissione di obbligazioni da parte di società per azioni, esistenti al giorno
dell'entrata in vigore del codice, è regolata dalle nuove disposizioni.
Gli articoli 2415, 2416, 2417, 2418, 2419 e 2420 del codice si applicano anche
alle obbligazioni emesse anteriormente alla suddetta data.

Art. 211.

Le modificazioni dell'atto costitutivo e dello statuto delle società commerciali
e delle società cooperative, esistenti al giorno dell'entrata in vigore del
codice, nonché la trasformazione e la fusione delle società stesse sono regolate
dalle nuove disposizioni.

Art. 211-bis. (1)

Il secondo periodo dell'articolo 2441, settimo comma, del codice non si applica
alle azioni detenute, alla data del 7 marzo 1992, dai soggetti indicati
nel medesimo comma, con obbligo di offrirle agli azionisti.

(1) Articolo aggiunto dall'art. 210, D.Lgs. 24 febbraio 1998, n. 58.

Art. 212.

Le azioni a voto plurimo, esistenti al 27 febbraio 1942, nonché quelle emesse
a norma dell'ultimo comma, potranno essere conservate per tutta la durata
della società emittente prevista dall'atto costitutivo o dalle modificazioni
di questo anteriori alla data suindicata.
Dalla data predetta sono vietate anche per le società esistenti le emissioni
di azioni a voto plurimo. Sono nulle altresì le deliberazioni con le quali si
attribuisce alle azioni a voto plurimo esistenti un maggior numero di voti.
Le disposizioni del comma precedente non si applicano alle azioni a voto
plurimo, emesse in occasione di aumenti di capitale deliberati prima dell'entrata
in vigore del Codice e dirette a mantenere inalterato il rapporto tra le
varie categorie di azioni.

Art. 213.

Salvo contraria disposizione dell'atto costitutivo o dello statuto, la durata
dell'ufficio degli amministratori delle società esistenti al giorno dell'entrata
in vigore del codice, resta regolata dalla legge anteriore sino al 30 giugno
1945. Gli amministratori in carica a questa data decadono dall'ufficio alla
prima scadenza, per decorrenza del termine, di uno o più amministratori,
successiva alla data stessa, salva la disposizione del secondo comma
dell'articolo
2385 del codice.

Art. 214.

Le disposizioni dell'articolo 2387 del codice non si applicano agli
amministratori
in carica al giorno dell'entrata in vigore del codice stesso per la durata
della loro nomina.

Art. 215.

Le società per azioni, che al giorno dell'entrata in vigore del codice hanno
un capitale non inferiore a cinquecentomila lire, possono conservare la forma
della società per azioni per il tempo stabilito per la loro durata
antecedentemente
al 27 febbraio 1942.
Le società per azioni, che al giorno dell'entrata in vigore del codice, hanno
un capitale inferiore a cinquecentomila lire, e che entro il 30 giugno 1945
non abbiano provveduto a conformarsi a uno dei tipi sociali previsti dal codice,
sono sciolte, e gli amministratori devono entro un mese convocare
l'assemblea per le deliberazioni relative alla liquidazione secondo le norme
stabilite dal codice stesso.

Art. 216.

Le società a garanzia limitata, esistenti al giorno dell'entrata in vigore del
codice nella Venezia Giulia e Tridentina, a norma del regio decreto 4 novembre
1928, n. 2325 se non hanno provveduto a conformarsi al codice
entro il 30 giugno 1945, sono soggette a decorrere dall'1 luglio 1945 alle
nuove disposizioni sulle società a responsabilità limitata.

Art. 217.

Le società cooperative in nome collettivo e quelle per azioni, esistenti al

giorno dell'entrata in vigore del codice, sono soggette alle disposizioni dettate
dal codice stesso rispettivamente per le società cooperative a responsabilità
illimitata e per le società cooperative a responsabilità limitata, salvo
quanto disposto dagli articoli 206 e seguenti di queste disposizioni.

Le società cooperative in accomandita, esistenti al giorno dell'entrata in
vigore del codice, che, entro il 30 giugno 1945 non abbiano provveduto a
conformarsi al medesimo, devono essere poste in liquidazione.

Le disposizioni di questo articolo si applicano anche ai consorzi conservati in
vigore nella Venezia Giulia e Tridentina a norma del primo comma dell'articolo
41 del regio decreto 4 novembre 1928, n. 2325.

Art. 218. (1)

Le società in liquidazione alla data del 1° gennaio 2004, sono liquidate secondo
le leggi anteriori.

Le società in liquidazione dal 1° gennaio 2004, sono liquidate secondo le
nuove disposizioni.

(1) L'articolo che recitava: "Le società poste in liquidazione alla data del 1° gennaio 2004, sono liquidate secondo le leggi anteriori.
Le società poste in liquidazione dal 1° gennaio 2004, sono liquidate secondo le nuove disposizioni." è stato così sostituito dall'art. 9, D.Lgs. 17 gennaio 2003, n. 6.

Art. 219.

I rapporti di associazione in partecipazione costituiti anteriormente all'entrata
in vigore del codice sono regolati dalle leggi anteriori.

Art. 220.

La disposizione del secondo comma dell'articolo 2560 del codice non si applica
ai trasferimenti di azienda anteriori all'entrata in vigore del codice.

Art. 221.

L'imprenditore deve, entro il 30 giugno 1945 uniformare alla disposizione
dell'articolo 2563 del codice la ditta costituita anteriormente all'entrata in
vigore del codice stesso.

Art. 222.

La disposizione dell'articolo 2596 del codice non si applica ai patti limitativi
della concorrenza conclusi anteriormente al 27 febbraio 1942.

Tuttavia i patti limitativi della concorrenza, conclusi prima del 27 febbraio
1942 per tempo indeterminato, o che alla data di entrata in vigore del codice
devono ancora durare per oltre cinque anni, hanno efficacia entro i limiti
di un quinquennio da quest'ultima data.

Art. 223.

I contratti di consorzio previsti dal capo II del titolo X del libro V del codice,
stipulati anteriormente all'entrata in vigore del codice stesso sono soggetti
alle nuove disposizioni a partire dall'1 luglio 1945.

Entro il 30 giugno 1945 tali contratti devono essere uniformati alle disposizioni
stesse: le relative deliberazioni sono prese con il voto favorevole della
maggioranza dei consorziati e possono essere impugnate davanti l'autorità
giudiziaria dai consorziati assenti o dissenzienti entro trenta giorni dalla data
della deliberazione. In mancanza il consorzio è sciolto.

Art. 223-bis. (1)

Le società di cui ai capi V, VI e VII del titolo V del libro V, del codice civile,
iscritte nel registro delle imprese alla data del 1° gennaio 2004, devono
uniformare
l'atto costitutivo e lo statuto alle nuove disposizioni inderogabili
entro il 30 settembre 2004.

Le decisioni di trasformazione della società a responsabilità limitata in società
per azioni possono essere prese entro il 30 settembre 2004, anche in
deroga a clausole statutarie, con il voto favorevole di una maggioranza che
rappresenti più della metà del capitale sociale.

Le deliberazioni dell'assemblea straordinaria di mero adattamento dell'atto
costitutivo e dello statuto a nuove disposizioni inderogabili possono essere
assunte, entro il termine di cui al primo comma, a maggioranza semplice,
qualunque sia la parte di capitale rappresentata in assemblea. Con la medesima
maggioranza ed entro il medesimo termine possono essere assunte le
deliberazioni dell'assemblea straordinaria aventi ad oggetto l'introduzione
nello statuto di clausole che escludono l'applicazione di nuove disposizioni
di legge, derogabili con specifica clausola statutaria; fino alla avvenuta
adozione
della modifica statutaria e comunque non oltre il 30 settembre 2004,
per tali società resta in vigore la relativa disciplina statutaria e di legge vigente
alla data del 31 dicembre 2003.

Le modifiche statutarie necessarie per l'attribuzione all'organo amministrativo,
al consiglio di sorveglianza o al consiglio di gestione della competenza
all'adeguamento dello statuto alle disposizioni di cui all'articolo 2365, secondo
comma, del codice sono deliberate dall'assemblea straordinaria con
le modalità e le maggioranze indicate nei commi precedenti.

Fino alla data indicata al primo comma, le previgenti disposizioni dell'atto
costitutivo e dello statuto conservano la loro efficacia anche se non sono
conformi alle disposizioni inderogabili del presente decreto.

Dalla data del 1° gennaio 2004 non possono essere iscritte nel registro delle
imprese le società di cui ai capi V, VI e VII del titolo V del libro V del codice
civile, anche se costituite anteriormente a detta data, che siano regolate da
atto costitutivo e statuto non conformi al decreto medesimo. Si applica in
tale caso l'articolo 2331, quarto comma, del codice.

Le società costituite anteriormente al 1° gennaio 2004 possono, in sede di
costituzione o di modificazione dello statuto, adottare clausole statutarie
conformi ai decreti legislativi attuativi della legge 3 ottobre 2001, n. 366.
Tali clausole avranno efficacia a decorrere dal momento, successivo alla
data del 1° gennaio 2004, in cui saranno iscritte nel registro delle imprese
con contestuale deposito dello statuto nella sua nuova versione.

(1) Articolo aggiunto dall'art. 9, D.Lgs. 17 gennaio 2003, n. 6, come modificato dall'art. 5, D.Lgs. 6 febbraio 2004, n. 37.

Art. 223-ter. (1)

Le società per azioni costituite prima del 1° gennaio 2004 con un capitale
sociale inferiore a centoventimila euro possono conservare la forma della
società per azioni per il tempo, stabilito antecedentemente alla data del 1°
gennaio 2004, per la loro durata.

(1) Articolo aggiunto dall'art. 9, D.Lgs. 17 gennaio 2003, n. 6.

Art. 223-quater. (1)

Nel caso in cui la legge prevede che le autorizzazioni di cui agli articoli 2329, numero 3), e 2436, secondo comma, del codice civile siano rilasciate successivamente
alla stipulazione dell'atto costitutivo o, rispettivamente, alla
deliberazione, i termini previsti dalle suddette disposizioni decorrono dal
giorno in cui l'originale o la copia autentica del provvedimento di autorizzazione
è stato consegnato al notaio.

L'autorità competente al rilascio delle autorizzazioni di cui al primo comma
è altresì legittimata, qualora l'iscrizione nel registro delle imprese sia avvenuta
nonostante la loro mancanza o invalidità, a proporre istanza per la
cancellazione della società medesima dal registro. Il tribunale provvede,
sentita la società, in camera di consiglio e nel caso di accoglimento dell'istanza
si applica l'articolo 2332 del codice.

(1) Articolo aggiunto dall'art. 9, D.Lgs. 17 gennaio 2003, n. 6.

Art. 223-quinquies. (1)

Tutti i termini previsti in disposizioni speciali con riferimento all'omologazione
dell'atto costitutivo o di deliberazioni assembleari decorrono dalla
data di iscrizione di tali atti nel registro delle imprese.

(1) Articolo aggiunto, a decorrere dal 1° gennaio 2004, dall'art. 9, D.Lgs. 17 gennaio 2003, n. 6.

Art. 223-sexies. (1)

Le disposizioni degli articoli 2377, 2378, 2379, 2379-bis, 2379-ter e 2434-bis
del codice civile si applicano anche alle deliberazioni anteriori alla data del
1° gennaio 2004, salvo che l'azione sia stata già proposta. Tuttavia se i termini
scadono entro il 31 marzo 2004, le azioni per l'annullamento o la dichiarazione
di nullità delle deliberazioni possono essere esercitate entro il
31 marzo 2004.

(1) Articolo aggiunto dall'art. 9, D.Lgs. 17 gennaio 2003, n. 6.

Art. 223-septies. (1)

Se non diversamente disposto, le norme del codice civile che fanno riferimento
agli amministratori e ai sindaci trovano applicazione, in quanto compatibili,
anche ai componenti del consiglio di gestione e del consiglio di sorveglianza,
per le società che abbiano adottato il sistema dualistico, e ai
componenti del consiglio di amministrazione e ai componenti del comitato
per il controllo sulla gestione, per le società che abbiano adottato il sistema
monistico.

Ogni riferimento al collegio sindacale o ai sindaci presente nelle leggi speciali
è da intendersi effettuato anche al consiglio di sorveglianza e al comitato
per il controllo sulla gestione o ai loro componenti, ove compatibile con
le specificità di tali organi.

(1) Articolo aggiunto dall'art. 9, D.Lgs. 17 gennaio 2003, n. 6.

Art. 223-octies. (1)

La trasformazione prevista dall'articolo 2500-octies del codice civile è consentita
alle associazioni e fondazioni costituite prima del 1° gennaio 2004
soltanto quando non comporta distrazione, dalle originarie finalità, di fondi
o valori creati con contributi di terzi o in virtù di particolari regimi fiscali di
agevolazione. Nell'ipotesi di fondi creati in virtù di particolari regimi fiscali di agevolazione, la trasformazione è consentita nel caso in cui siano previamente versate le relative imposte.

La trasformazione di cui al primo comma non è consentita alle fondazioni bancarie.

(1) Articolo aggiunto dall'art. 9, D.Lgs. 17 gennaio 2003, n. 6.

Art. 223-nonies. (1)

I procedimenti previsti dall'articolo 2409 del codice, pendenti alla data del
1° gennaio 2004, proseguono secondo le norme anteriormente vigenti.

Il tribunale ha il potere di dichiarare cessata la materia del contendere, qualora
le modifiche introdotte comportino la sanatoria delle irregolarità denunciate.

(1) Articolo aggiunto dall'art. 9, D.Lgs. 17 gennaio 2003, n. 6.

Art. 223-decies. (1)

Gli articoli da 2415 a 2420 del codice civile si applicano anche alle obbligazioni
emesse anteriormente al 1° gennaio 2004.

(1) Articolo aggiunto dall'art. 9, D.Lgs. 17 gennaio 2003, n. 6.

Art. 223-undecies. (1)

I bilanci relativi ad esercizi chiusi prima del 1° gennaio 2004 sono redatti
secondo le leggi anteriormente vigenti.

I bilanci relativi ad esercizi chiusi tra il 1° gennaio 2004 e il 30 settembre
2004 possono essere redatti secondo le leggi anteriormente vigenti o secondo
le nuove disposizioni.

I bilanci relativi ad esercizi chiusi dopo la data del 30 settembre 2004 sono
redatti secondo le nuove disposizioni.

(1) Articolo aggiunto dall'art. 9, D.Lgs. 17 gennaio 2003, n. 6.

Art. 223-duodecies. (1)

Le società di cui al capo I del titolo VI del libro V del codice civile, iscritte nel
registro delle imprese alla data del 1° gennaio 2004, devono uniformare
l'atto costitutivo e lo statuto alle nuove disposizioni inderogabili entro il 31
marzo 2005. (2)

Le deliberazioni necessarie per l'adeguamento dell'atto costitutivo e dello
statuto alle nuove disposizioni inderogabili possono essere adottate, in terza
convocazione, a maggioranza semplice dei presenti.

L'articolo 2365, secondo comma, del codice civile, nella parte relativa all'adeguamento
dello statuto a disposizioni normative, trova applicazione anche
per l'adeguamento alle norme introdotte con i decreti legislativi attuativi
della legge n. 366 del 2001. Le modifiche statutarie necessarie per l'attribuzione
all'organo amministrativo, al consiglio di sorveglianza o al consiglio
di gestione della competenza all'adeguamento dello statuto alle disposizioni
di cui al presente decreto sono deliberate dall'assemblea straordinaria
con le modalità e le maggioranze indicate nei commi precedenti.

Fino alla data indicata al primo comma le previgenti disposizioni dell'atto
costitutivo e dello statuto conservano la loro efficacia anche se non sono
conformi alle disposizioni inderogabili del presente decreto.

Dalla data del 1° gennaio 2004 non possono essere iscritte nel registro delle
imprese le società di cui al capo I del titolo VI del libro V del codice, anche se

costituite anteriormente a detta data, che siano regolate da atto costitutivo e statuto non conformi al decreto medesimo. Si applica in tale caso l'articolo 2331, quarto comma, del codice civile.

Le disposizioni fiscali di carattere agevolativo previste dalle leggi speciali si applicano soltanto alle cooperative a mutualità prevalente.

Conservano le agevolazioni fiscali le società cooperative e i loro consorzi che, con le modalità e le maggioranze previste per le deliberazioni assembleari dall'articolo 2538 del codice, adeguano i propri statuti alle disposizioni che disciplinano le società cooperative a mutualità prevalente entro il 31 marzo 2005. (3)

(1) Articolo aggiunto dall'art. 9, D.Lgs. 17 gennaio 2003, n. 6.

(2) Il comma che recitava: "Le società di cui al capo I del titolo VI del libro V del codice civile, iscritte nel registro delle imprese alla data del 1° gennaio 2004, devono uniformare l'atto costitutivo e lo statuto alle nuove disposizioni inderogabili entro il 31 dicembre 2004." è stato così modificato dall'art. 36, D.Lgs. 28 dicembre 2004, n. 310.

(3) Il comma che recitava: "Conservano le agevolazioni fiscali le società cooperative e i loro consorzi che, con le modalità e le maggioranze previste per le deliberazioni assembleari dall'articolo 2538 del codice, adeguano i propri statuti alle disposizioni che disciplinano le società cooperative a mutualità prevalente entro il 31 dicembre 2004." è stato così modificato dall'art. 19-ter, D.L. 9 novembre 2004, n. 266, convertito in legge con L. 27 dicembre 2004, n. 306.

Art. 223-terdecies. (1)

Alle banche popolari e alle banche di credito cooperativo si applica l'articolo 223-duodecies; il termine per l'adeguamento degli statuti alle nuove disposizioni inderogabili del codice civile è fissato al 30 giugno 2005. Entro lo stesso termine le banche cooperative provvedono all'iscrizione presso l'Albo delle società cooperative.

Ai consorzi agrari continuano ad applicarsi le norme vigenti alla data di entrata in vigore della legge n. 366 del 2001.

(1) L'articolo che recitava: "Le banche di credito cooperativo che rispettino le norme delle leggi speciali sono considerate cooperative a mutualità prevalente. Alle banche popolari, alle banche di credito cooperativo ed ai consorzi agrari continuano ad applicarsi le norme vigenti alla data di entrata in vigore della legge n. 366 del 2001." è stato aggiunto dall'art. 9, D.Lgs. 17 gennaio 2003, n. 6 e poi così sostituito dall'art. 37, D.Lgs. 28 dicembre 2004, n. 310.

Art. 223-quaterdecies. (1)

Nelle cooperative che hanno adottato e osservano le clausole previste dall'articolo 14 del decreto del Presidente della Repubblica 29 settembre 1973, n. 601, alla data del 1° gennaio 2004, la deliberazione di trasformazione deve devolvere il patrimonio in essere alla data di trasformazione, dedotti il capitale versato e rivalutato ed i dividendi non ancora distribuiti, eventualmente aumentato sino a concorrenza dell'ammontare minimo del capitale della nuova società, ai fondi mutualistici per la promozione e lo sviluppo della cooperazione.

(1) Articolo aggiunto dall'art. 9, D.Lgs. 17 gennaio 2003, n. 6.

Art. 223-quinquiesdecies. (1)

Le cooperative che non hanno adottato le clausole previste dall'articolo 14 del decreto del Presidente della Repubblica 29 settembre 1973, n. 601, alla data del 1° gennaio 2004, possono deliberare la trasformazione in società lucrative con le maggioranze previste dall'articolo 2545-decies del codice senza che trovi applicazione la devoluzione del patrimonio ai fondi mutualistici.

In deroga all'articolo 2545-quater del codice civile, le cooperative di cui al primo comma, qualora non accedano ai benefici fiscali, devono destinare al fondo di riserva legale il venti per cento degli utili netti annuali.

L'obbligo di cui all'articolo 2545-undecies del codice si applica, salva la rinunzia
ai benefici fiscali da parte della cooperativa, limitatamente alle riserve indivisibili accantonate ai sensi dell'articolo 2545-ter, primo comma, del codice dal 1° gennaio 2004.

(1) Articolo aggiunto dall'art. 9, D.Lgs. 17 gennaio 2003, n. 6, così come modificato dall'art. 5, D.Lgs. 6 febbraio 2004, n. 37.

Art. 223-sexiesdecies. (1)

Entro il 30 giugno 2004, il Ministro delle attività produttive predispone un Albo delle società cooperative tenuto a cura del Ministero delle attività produttive, ove si iscrivono le cooperative a mutualità prevalente, e a tal fine consente di comunicare annualmente attraverso strumenti di comunicazione
informatica le notizie di bilancio, anche ai fini della dimostrazione del possesso del requisito di cui all'articolo 2513 del codice, all'amministrazione presso la quale è tenuto l'albo. L'omessa comunicazione comporta l'applicazione della sanzione amministrativa della sospensione semestrale di ogni attività dell'ente, intesa come divieto di assumere nuove eventuali obbligazioni contrattuali. In una diversa sezione del medesimo Albo sono tenute ad iscriversi anche le cooperative diverse da quelle a mutualità
prevalente. (2)

Il Ministro delle attività produttive, di concerto con il Ministro dell'economia e delle finanze, adegua ogni tre anni, con proprio decreto le previsioni di cui all'articoli 2519 e 2525 del codice tenuto conto delle variazioni dell'indice
nazionale generale annuo dei prezzi al consumo delle famiglie di operai e impiegati, calcolate dall'Istat.

(1) Articolo aggiunto dall'art. 9, D.Lgs. 17 gennaio 2003, n. 6.

(2) Il comma che recitava: "Entro il 30 giugno 2004, il Ministro delle attività produttive predispone un Albo delle società cooperative tenuto a cura del Ministero delle attività produttive, ove si iscrivono le cooperative a mutualità prevalente, e a tal fine consente di depositare i bilanci attraverso strumenti di comunicazione informatica. In una diversa sezione del medesimo Albo sono tenute ad iscriversi anche le cooperative diverse da quelle a mutualità prevalente." è stato così modificato dall'art. 10, L. 23 luglio 2009, n. 99.

Art. 223-septiesdecies. (1)

Fermo restando quanto previsto degli articoli 2545-septiesdecies e 2545-octiesdecies del codice, gli enti cooperativi che non hanno depositato i bilanci di esercizio da oltre cinque anni, qualora non risulti l'esistenza di valori patrimoniali immobiliari, sono sciolti senza nomina del liquidatore con provvedimento dell'autorità di vigilanza da iscriversi nel registro delle imprese. Entro il termine perentorio di trenta giorni dalla pubblicazione nella Gazzetta Ufficiale i creditori o gli altri interessati possono presentare formale

e motivata domanda all'autorità governativa, intesa ad ottenere la nomina
del commissario liquidatore; in mancanza, a seguito di comunicazione
dell'autorità di vigilanza, il conservatore del registro delle imprese
territorialmente
competente provvede alla cancellazione della società cooperativa
o dell'ente mutualistico dal registro medesimo.

(1) L'articolo che recitava: "Fermo restando quanto previsto degli articoli 2545-
septiesdecies e 2545-octiesdecies del codice, entro il 31 dicembre 2004 gli enti cooperativi
che non hanno depositato i bilanci di esercizio da oltre cinque anni, qualora
non risulti l'esistenza di valori patrimoniali immobiliari, sono sciolti senza nomina del
liquidatore con provvedimento dell'autorità di vigilanza da iscriversi nel registro delle
imprese. Entro il termine perentorio di trenta giorni dalla pubblicazione nella Gazzetta
Ufficiale i creditori o gli altri interessati possono presentare formale e motivata
domanda all'autorità governativa, intesa ad ottenere la nomina del commissario
liquidatore;
in mancanza, a seguito di comunicazione dell'autorità di vigilanza, il conservatore
del registro delle imprese territorialmente competente provvede alla cancellazione
della società cooperativa o dell'ente mutualistico dal registro medesimo."

è stato aggiunto dall'art. 9, D.Lgs. 17 gennaio 2003, n. 6 e poi così modificato
dall'art. 10, L. 23 luglio 2009, n. 99.

Art. 223-octiesdecies. (1)
I bilanci relativi ad esercizi chiusi prima del 1° gennaio 2004 sono redatti
secondo le leggi anteriormente vigenti.
I bilanci relativi ad esercizi chiusi tra la data del 1° gennaio 2004 e quella del
31 dicembre 2004 possono essere redatti secondo le leggi anteriormente
vigenti o secondo le nuove disposizioni.
I bilanci relativi ad esercizi chiusi dopo la data del 31 dicembre 2004 sono
redatti secondo le nuove disposizioni.

(1) Articolo aggiunto dall'art. 9, D.Lgs. 17 gennaio 2003, n. 6.

Art. 223-noviesdecies. (1)
Le società cooperative poste in liquidazione prima del 1° gennaio 2004 sono
liquidate secondo le leggi anteriori.
Le società cooperative poste in liquidazione dopo il 1° gennaio 2004 sono
liquidate secondo le nuove disposizioni.

(1) Articolo aggiunto dall'art. 9, D.Lgs. 17 gennaio 2003, n. 6.

Art. 223-vicies. (1)
I procedimenti riguardanti società cooperative previsti dall'articolo 2409 del
codice, pendenti al 1° gennaio 2004, proseguono secondo le norme
anteriormente
vigenti.

(1) Articolo aggiunto dall'art. 9, D.Lgs. 17 gennaio 2003, n. 6.

Art. 223-vicies semel. (1)
Il limite di cinque anni previsto dall'articolo 2341-bis si applica ai patti
parasociali
stipulati prima del 1° gennaio 2004 e decorre dalla medesima data.

(1) Articolo aggiunto dall'art. 9, D.Lgs. 17 gennaio 2003, n. 6.

Art. 223-vicies ter. (1)
Non si applica la lettera e) del primo comma dell'articolo 2437 del codice
alla eliminazione delle cause di recesso, previste nel secondo comma del
medesimo articolo, purché deliberata entro il 30 giugno 2004.

(1) Articolo aggiunto dall'art. 9, D.Lgs. 17 gennaio 2003, n. 6.

Art. 223-vicies bis. (1)
Qualora la fattispecie di cui al primo comma dell'articolo 2362 del codice sia
precedente al 1° gennaio 2004, il termine ivi previsto decorre dalla sua data
di entrata in vigore.

(1) Articolo aggiunto dall'art. 9, D.Lgs. 17 gennaio 2003, n. 6.

SEZIONE VI - Disposizioni relative al libro VI

Art 224.
Salvo quanto è disposto dagli articoli seguenti, la trascrizione di un atto,
eseguita in conformità delle leggi anteriori a effetti diversi da quelli stabiliti
dal codice, produce gli effetti previsti dal codice stesso, a decorrere dal
giorno dell'entrata in vigore di questo.

Art. 225.
Le disposizioni del codice che regolano gli effetti della omissione della
trascrizione
o dell'annotazione non si applicano agli atti anteriori all'entrata in
vigore del codice stesso, per i quali la trascrizione non era richiesta secondo
le leggi precedenti o era richiesta a effetti diversi.

Art. 226.
La trascrizione delle domande giudiziali prevista dagli articoli 2652 e 2653
del codice, anche se eseguita prima dell'entrata in vigore di questo, non
pregiudica in nessun caso i diritti acquistati dai terzi prima di tale entrata in
vigore, se essi erano fatti salvi dalle leggi anteriori.

Art. 227.
Le disposizioni del codice, secondo le quali la trascrizione di una domanda
giudiziale eseguita oltre un certo termine non pregiudica i diritti acquistati
dai terzi, non si applicano ai diritti che sono stati acquistati anteriormente
all'entrata in vigore del codice stesso e che non erano fatti salvi dalle leggi
anteriori, a meno che i diritti medesimi siano resi pubblici prima della
trascrizione
della domanda e il termine stabilito dal codice per la loro salvezza
sia decorso dal giorno dell'entrata in vigore di questo.

Art. 228.
La trascrizione del testamento o del certificato di denunciata successione,
eseguita a norma delle leggi anteriori, produce dal giorno dell'entrata in
vigore del codice gli stessi effetti che questo attribuisce alla trascrizione
dell'accettazione dell'eredità.

Art. 229.
Le disposizioni degli articoli 2650 e 2834 del codice relative all'ipoteca legale
a favore del condividente non si applicano alle divisioni stipulate prima
dell'entrata in vigore del codice stesso, ancorché trascritte successivamente.

Art. 230.
Salvo quanto è disposto dai successivi articoli 231 e 232, le norme del regio
decreto 28 marzo 1929, n. 499, e della legge sui libri fondiari nel testo allegato
al decreto medesimo, fino a che non sarà provveduto al loro coordinamento
con le disposizioni del codice, continuano ad avere vigore nei territori
delle nuove province, e in luogo delle disposizioni del codice del 1865

s'intendono richiamate le corrispondenti disposizioni del nuovo codice.

Art. 231.

Formano oggetto di annotazione, secondo le disposizioni della legge sui libri fondiari, anche:

1) gli atti menzionati dai numeri 10, 11 e 12 dell'articolo 2643 del codice agli effetti previsti dall'articolo 19 della legge sui libri fondiari;

2) gli atti di costituzione del patrimonio familiare agli effetti previsti dalle disposizioni del codice;

3) la cessione dei beni ai creditori agli effetti previsti dalle disposizioni del codice stesso;

4) le domande e gli atti indicati dagli articoli 2652 e 2653 del codice agli effetti disposti dagli articoli medesimi, in quanto non siano incompatibili con gli effetti stabiliti dalla legge sui libri fondiari.

Art. 232.

L'annotazione del vincolo dotale e della comunione dei beni tra coniugi prevista dall'articolo 19, lett. c) della legge sui libri fondiari o l'omissione dell'annotazione medesima produce dal giorno dell'entrata in vigore del codice gli effetti da questo stabiliti.

Art. 232-bis. (1)

A decorrere dal 25 novembre 1973, la responsabilità per danni del conservatore dei registri immobiliari è regolata dalle norme relative agli impiegati civili dello Stato, salvo che per i rapporti definiti con sentenza passata in giudicato, con transazione, o comunque esauriti.

(1) Articolo aggiunto dall'art. 5, L. 21 gennaio 1983, n. 22.

Art. 233.

Le disposizioni del codice relative alle prove si applicano anche nei giudizi pendenti, se non è stata pronunziata sentenza definitiva, ancorché di primo grado.

La prova testimoniale per gli atti seguiti anteriormente all'entrata in vigore del codice rimane tuttavia ammissibile anche nei casi in cui non è da questo consentita, se essa poteva essere ammessa a norma del codice civile del 1865 o del codice di commercio del 1882.

Art. 234.

Le disposizioni del codice relative ai diritti dei creditori privilegiati, all'ordine dei privilegi e all'efficacia di questi rispetto al pegno, alle ipoteche e agli altri diritti reali si osservano anche per i privilegi sorti anteriormente all'entrata in vigore del codice stesso, se sono fatti valere posteriormente.

Art. 235.

La disposizione dell'articolo 2767 del codice si applica anche ai crediti per risarcimento sorti prima dell'entrata in vigore del codice stesso, se l'indennità dovuta dall'assicuratore non è stata ancora corrisposta.

Art. 236.

Quando un credito al quale le leggi speciali attribuiscono il privilegio del creditore pignoratizio viene in concorso con i crediti indicati dall'articolo 2778 del codice, esso è preferito a quelli di cui ai numeri 12 e seguenti dello stesso articolo e posposto agli altri.

Art. 237.

Se il pegno è stato costituito anteriormente all'entrata in vigore del codice le condizioni per l'efficacia della prelazione sono determinate dalle leggi anteriori.

Si osservano invece le disposizioni del codice per ciò che concerne i poteri e gli obblighi del creditore pignoratizio.

Continua tuttavia ad applicarsi la disposizione del secondo comma dell'articolo 1888 del codice del 1865 se il secondo credito è divenuto esigibile anteriormente all'entrata in vigore del nuovo codice.

Art. 238.

L'opponibilità ai creditori ipotecari dei diritti costituiti sulla cosa ipotecata e delle cessioni o liberazioni di pigioni o di fitti è regolata dalle disposizioni del codice, quantunque si tratti di diritti sorti o di cessioni o liberazioni effettuate anteriormente all'entrata in vigore del codice stesso, sempre che il pignoramento sia eseguito posteriormente.

Art. 239.

Le disposizioni dell'articolo 2825 del codice si applicano anche alle ipoteche costituite e alle cessioni effettuate anteriormente all'entrata in vigore del codice stesso, se la divisione ha luogo posteriormente.

Art. 240.

Le ipoteche iscritte prima dell'entrata in vigore del codice conservano la loro efficacia per venti anni dall'entrata in vigore del codice stesso, a meno che per la cessazione di tale efficacia, secondo le disposizioni del codice del 1865, rimanga a decorrere un termine più breve.

Art. 241.

La disposizione dell'ultimo comma dell'articolo 2855 del codice non si applica alle ipoteche iscritte prima dell'entrata in vigore del codice stesso. L'estensione degli effetti dell'iscrizione continua a essere regolata dalle leggi anteriori.

Art. 242.

Le disposizioni del codice, secondo le quali l'esercizio di determinate facoltà del terzo acquirente dell'immobile ipotecato è subordinato alla trascrizione del titolo, non si applicano a coloro il cui acquisto è anteriore all'entrata in vigore del codice stesso, se a norma del codice del 1865 la trascrizione non era a quell'effetto richiesta.

Art. 243.

Le disposizioni degli articoli 2872, secondo comma, e 2873, secondo e terzo comma, del codice si applicano anche alle ipoteche iscritte anteriormente all'entrata in vigore del codice stesso.

Art. 244.

Se il processo di liberazione dei beni dalle ipoteche è in corso all'entrata in vigore del codice, esso prosegue secondo le norme delle leggi anteriori, ma, per quanto concerne l'espropriazione, si osservano le disposizioni dell'articolo 222 delle norme di attuazione e transitorie relative al codice di procedura civile, approvate con regio decreto 18 dicembre 1941, n. 1368.

Art. 245.

Gli effetti del sequestro conservativo e del pignoramento eseguiti anteriormente all'entrata in vigore del nuovo codice sono determinati dalle disposizioni del codice del 1865.

Art. 246.

Le disposizioni dell'articolo 2932 del codice si applicano anche se l'obbligo di concludere il contratto è sorto anteriormente all'entrata in vigore del codice stesso, purché l'inadempimento si verifichi posteriormente.

Art. 247.

Cessano di avere effetto dalla data dell'entrata in vigore del codice le cause di sospensione della prescrizione che non sono da questo ammesse.

Art. 248.

Rimangono immutate le disposizioni vigenti circa il termine della prescrizione nei riguardi dei buoni del tesoro ordinari e pluriennali, dei titoli del debito pubblico, delle cartelle della sezione autonoma del credito comunale e provinciale, dei libretti postali di risparmio, dei buoni postali fruttiferi e di quelli della cassa depositi e prestiti.

Rimangono parimenti immutate le disposizioni delle leggi speciali che stabiliscono

termini di prescrizione diversi da quello ordinario.

CAPO III - DISPOSIZIONI GENERALI E FINALI

Art. 249. (1)

(...)

(1) L'articolo che recitava: "Nulla è innovato a quanto dispone la legge 2 luglio 1890, n. 6917, sullo stato delle persone della Famiglia reale." deve ritenersi abrogato a seguito della mutata forma istituzionale dello Stato.

Art. 250. (1)

(...)

(1) L'articolo che recitava: "Nelle leggi speciali possono essere stabilite discriminazioni tra gli appartenenti a razze diverse da quella ariana ai fini di escludere in tutto o in parte le limitazioni poste nel codice per le persone di razza non ariana." è stato abrogato dall'art. 3, D.Lgs.Lgt. 14 settembre 1944, n. 287.

Art. 251.

Quando nel codice o in queste disposizioni si fa riferimento a istituti di credito, in detta espressione s'intendono comprese, oltre l'istituto d'emissione, le imprese autorizzate e controllate, a norma delle leggi vigenti, dal Comitato interministeriale per il credito ed il risparmio.

(...) (1)

(1) Il comma che recitava: "Tuttavia il deposito prescritto dal n. 2 dell'articolo 2329 deve essere eseguito presso l'istituto d'emissione." è stato abrogato dall'art. 36, d.P.R. 10 febbraio 1986, n. 30.

Art. 252.

Quando per l'esercizio di un diritto ovvero per la prescrizione o per l'usucapione

il codice stabilisce un termine più breve di quello stabilito dalle leggi anteriori, il nuovo termine si applica anche all'esercizio dei diritti sorti anteriormente

e alle prescrizioni e usucapioni in corso, ma il nuovo termine decorre dall'1 luglio 1939 se esso è stabilito dal I libro del codice, dal 21 aprile 1940 se è stabilito dal II libro, dal 28 ottobre 1941 se è stabilito dal III libro e dall'entrata in vigore del codice stesso se è stabilito dagli altri libri, purché, a norma della legge precedente, non rimanga a decorrere un termine minore.

La stessa disposizione si applica in ogni altro caso in cui l'acquisto di un diritto è subordinato al decorso di un termine più breve di quello stabilito dalle leggi anteriori.

Art. 253.

Le trascrizioni e le annotazioni di vincolo previste dal codice e da queste disposizioni, quando si tratta di rendite del debito pubblico o di altri beni per i quali leggi speciali stabiliscano determinate forme di pubblicità, si eseguono

con l'osservanza di dette leggi.

Art. 254.

I modelli dei registri delle persone giuridiche, delle legittimazioni per decreto del presidente della Repubblica, (1) delle adozioni, delle tutele e curatele, delle successioni e di quello previsto dal secondo comma dell'articolo 1524 del codice sono determinati con decreto del ministro di grazia e giustizia.

(1) Testo così modificato a seguito della mutata forma istituzionale dello Stato.

Art. 255.

Per la tenuta del registro previsto dal secondo comma dell'articolo 1524 del codice e per le formalità della trascrizione, si osservano, in quanto applicabili, le disposizioni degli articoli 2658, primo comma, 2659, 2664, 2673, 2677 e 2680, primo, secondo e quarto comma, del codice stesso.

Le trascrizioni devono essere eseguite giornalmente al momento della presentazione

della nota e dell'atto da trascriversi.

Il numero d'ordine della trascrizione è quello progressivo del registro delle trascrizioni.

Il cancelliere deve formare un fascicolo per ogni trascrizione secondo le disposizioni

stabilite per i fascicoli di cancelleria dall'articolo 36 del regio decreto 18 dicembre 1941, n. 1368.

Art. 256.

Quando nelle leggi e nei regolamenti sono richiamate le disposizioni del codice civile del 1865 e del codice di commercio del 1882 s'intendono richiamate

le disposizioni corrispondenti del nuovo codice.

www.ingramcontent.com/pod-product-compliance
Lightning Source LLC
Chambersburg PA
CBHW080234180526
45167CB00006B/2272